Introduction to
Management Science and Business Analytics
A Modeling and Case Studies Approach with Spreadsheets

7e

경영과학

Frederick S. Hillier, Mark S. Hillier, Karl Schmedders, and Molly Stephens 공저

김성문 · 김진민 · 서동원 · 이근철 · 정예림 · 진현웅 · 최성용 · 홍성조 공역

Mc Graw Hill

한 경 사

Introduction to Management Science and Business Analytics — A Modeling and Case Studies Approach with Spreadsheets, 7th Edition

1 2 3 4 5 6 7 8 9 10 HKS 20 23

Original: Introduction to Management Science and Business Analytics — A Modeling and Case Studies Approach with Spreadsheets, 7th Edition © 2023
By Frederick S. Hillier, Mark S. Hillier
ISBN 978-1-260-71629-0

This authorized Korean translation edition is jointly published by McGraw-Hill Education Korea, Ltd. and Hankyungsa. This edition is authorized for sale in the Republic of Korea.

This book is exclusively distributed by Hankyungsa.

When ordering this title, please use ISBN 978-89-6844-476-0

Printed in Korea.

| 역자 머리말 |

경영과학 과목을 이십 년 이상 학생들에게 강의해 오면서, 많은 학생들이 이 과목에 대해 어려움을 느끼고 있으며, 보다 쉽게 설명하는 교재를 원하는 것을 잘 알고 있다. 과거에 주로 그랬고, 현재도 많은 경영과학 교재들이 모형의 해법에 사용되는 효율적인 알고리즘 자체를 설명하는 데 상당한 지면을 들여 노력을 해 오고 있다.

하지만 IT기술의 발달로 대부분의 교육용 문제에 있어서는 계산 시간의 차이가 느껴지지 않을 정도로 문제를 빨리 풀기 때문에, 정작 이 과목을 공부하는 학생들은 계산 시간을 더 줄여 주는 효율적 알고리즘을 배우는 것을 지루해 하고, 그다지 필요하다고 느끼지도 않는다.

그러한 관점에서 볼 때, 이 책 내용 상당 부분의 근간이 되며, 모형의 해법에 사용되는 알고리즘을 상세히 설명하는 경영과학 분야의 세계적 베스트셀러인 Introduction to Operations Research(Frederick S. Hillier와 Gerald J. Lieberman 저)를 시대적 요구와 학생들의 눈높이에 맞춰 다시 새롭게 역술한 본 교재는 분명 큰 장점을 가지고 있다.

본 교재로 다년간 학생들에게 강의를 하며 수업시간에 사용해 온 경험으로 볼 때, 기존의 경영과학 교재들과 차별화된 특징은 다음과 같다.

먼저, 이 교재는 엑셀 스프레드시트에서 바로 모형을 수립하는 체계적인 훈련을 할 수 있다. 일단 올바른 모형이 세워지고 나면, 그 모형을 풀어 최적해를 찾는 알고리즘 설명을 과감히 생략하는 대신, 엑셀의 해찾기 등 소프트웨어를 이용하여 바로 최적해를 찾고, 그 결과를 엑셀 스프레드시트에서 경영자적 관점에서 해석하는 법에 초점을 둔다.

또한, 7판에서도 강력한 기능을 가지고 있는 Analytic Solver를 사용함으로써, 이전 판에서 사용하여 온 수많은 엑셀 추가기능(add-ins)에 의존할 필요가 없어졌다. 또한, 이론적 내용이 실제로 세계적인 대기업의 경영 현장에 어떻게 적용되어 성공을 거둘 수 있었는지를 보여 주는 '응용사례(Application Vignette)'가 교재 전반에 걸쳐 약 30개 이상 삽입되어 있으며, 장별로 배운 이론들을 각 장 마지막 부분의 통합사례에서 직접 풀어보고 적용하면서 실전 감각을 익힐 수 있다.

기존 6판과 달리 이번 7판에서 가장 큰 변화라고 한다면 경영과학의 보완 요소로서 추가되는 경영분석에 해당하는 내용을 여러 장에 추가했다는 것이다. 경영과학에 대한 기존의 장을 줄이지 않으면서 경영분석에 대한 소개를 제공하여, 두 학문 간의 밀접한 관계를 설명했다. 1장에서는 경영분석과 경영과학 간의 관계를 묘사하는 부분을 새롭게 추가했다. 2장은 경영분석과 경영과학의 기법들을 혼합하는 주요 연구의 개요를 제공하여 완전히 새롭게 개편했고, 3장 또한 예측적 분석을 위한 기본적인 모델들을 소개를 하는 것으로 새롭게 작성되었다. 이렇게 새로 추가된 장을 통해 학생들은 경영분석과 경영과학의 상호 보완에 대한 더 깊이 이

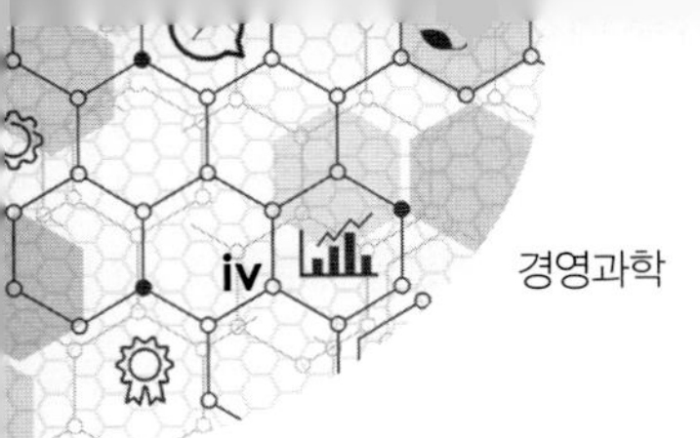

해를 할 수 있다.

1장과 5장은 정예림 교수, 2장은 김진민 교수, 3장과 4장, 13장은 홍성조 교수, 6장과 8장은 이근철 교수, 7장과 9장은 최성용 교수, 10장은 김성문 교수, 11장과 12장은 진현웅 교수, 14장과 15장은 서동원 교수가 번역하였으며, 파워포인트 강의자료 번역은 김진민 교수가 하였다. 이후 전체를 김성문 교수가 검토하며 용어 및 내용의 일관성을 체크하였다. 역자들은 원 저자들의 의도를 충실하게 전달하기 위해 최선을 다 했으나, 경우에 따라서 이해를 돕기 위해 의역한 부분이 존재한다. 번역의 오류가 발견되면 독자 여러분께서 지적해 주길 바라며, 앞으로 지속적인 개선을 약속드린다.

아무쪼록, 본 교재를 이용하여 경영과학 분야에 흥미를 가지고, 학문적 깊이와 실용적 넓이의 조화를 추구하기를 희망한다.

2023년 10월

역자 대표 김성문

| 저자 머리말 |

이 책의 여섯 번째 출판까지의 호의적인 반응에 저자는 큰 보람을 느꼈다. 강의자들은 일상적인 업데이트 및 개선 외에는 6판에서 커다란 변화를 원하지 않는 것을 알고 있고, 그런 의견을 받아들였다. 다만, 현재의 내용을 보완을 할 중요한 자료들을 새롭게 추가하기에 적절한 시기라고 생각한다. 새롭게 추가된 내용들의 특성과 근거는 후술하는 바와 같다.

경영과학의 보완요소로서 추가되는 경영분석

지난 10년이 넘는 기간 동안 분석 기술의 혁신을 경험해 왔다. 빅데이터의 시대에 접어들면서 데이터 과학을 포함하는 분석 기술은 수많은 경영적인 문제해결의 핵심적인 역할을 하게 되었다. 이런 문제들을 분석하는 경영분석가는 더 이상 경영과학 기법에만 의존할 수 없고, 경영분석 분야 또한 활용을 해야 한다. 이에 따라, 수많은 경영대학에서는 경영분석 석사 과정을 제공하기도 한다.

따라서 경영과학에 대한 범위를 줄이지 않으면서 경영분석에 대한 소개를 제공하여, 두 학문 간의 밀접한 관계를 명확히 하고자 한다. 첫 세 장을 이렇게 풀어나갈 예정이다(6판에서는 10장에 해당되던 4장까지). 1장에서는 경영분석과 경영과학 간의 관계를 묘사하는 부분을 새롭게 추가했다. 2장은 경영분석과 경영과학의 기법들을 혼합하는 주요 연구의 개요를 제공하여 완전히 새롭게 개편했고, 3장 또한 예측적 분석을 위한 기본적인 모델들을 소개를 하는 것으로 새롭게 작성되었다. 6판과 동일하게 4장(이전의 10장)에서는 과거 데이터를 사용하여 특정 측정치가 미래에 어떻게 변화할지 예측하는 또 다른 예측적 기법을 소개한다. 이를 통해 학생들은 경영분석과 경영과학의 상호보완에 대한 더 깊은 이해를 갖출 수가 있다.

그러나 5장부터 15장까지(웹에 있는 장 포함)은 모두 6판에 있던 모든 경영과학에 대한 내용을 담고 있어서, 경영과학자 강의자들이 이 책을 더욱 융통성 있게 활용할 수가 있다. 경영분석을 다룰 시간이나 의도가 없더라도, 1장에서 곧바로 5~15장으로 건너뛸 수가 있다. 경영분석과 경영과학의 대략적인 상호작용을 소개하고 싶다면 2장을 포함해도 좋다. 경영과학을 더욱 심도 있게 소개하면서 경영분석을 구체적으로 다루고자 한다면 3장과 4장까지도 포함할 수 있다. 경영분석 분야의 석사 과정들은 대부분 경영과학 기법을 중심적으로 다루는 강의를 포함하는데, 이 책은 그런 강의에도 적합하다.

다음의 세 하위 절에서 기술할 바와 같이, 현대적인 경영과학 입문서에는 스프레드시트, 모형화, 사례연구, 이 세 가지 요소를 포함하고 있어야한다.

스프레드시트

경영과학 강의의 새로운 추세는 주 강의도구로 스프레드시트를 사용하는 것이다. 스프레

드시트는 교육 환경을 보다 편안하고 친숙하게 만들기 때문에 경영학도나 경영자들이 많이 사용하고 있다. 이 책에서 사용할 마이크로소프트 엑셀을 포함하여 최신 스프레드시트 소프트웨어들은 실제 경영과학 문제를 해결하는 데 사용될 수 있다. (많은 현실 문제를 포함하는) 학생용 모형에 있어서는 전통적인 수리적 소프트웨어보다 스프레드시트가 훨씬 좋은 도구가 될 수 있다. 이는 곧 전통적인 경영과학 강의와 교재들에서 사용했던 수리적 해법들로부터의 탈출을 의미한다.

그러나 스프레드시트만을 고집하다보면 너무 극단적으로 나갈 수 있다. 스프레드시트만이 경영과학 분석을 할 수 있는 것은 아니다. 때때로 대수적 기법이나 도해법을 사용하는 것이 더 유용할 수 있으며, 학생들이 이러한 분야의 기법을 공부할 기회를 박탈할 수도 있기 때문이다. 또한 이 책이 스프레드시트 사용 매뉴얼이 되어서는 안 된다. 스프레드시트는 목표를 위한 도구이지, 목표 그 자체가 되어서는 안 되기 때문이다.

모형화에 의한 접근

이 책의 두 번째 요소인 모형화 방법에 대해서 살펴보자. 모형의 수립은 경영과학 도구의 핵심이다. 따라서 이 책에서는 모형수립 기법, 모형의 역할 및 모형 결과의 해석에 대해 중점적으로 다룬다. 모형은 주로 스프레드시트 형태로 기술하고자 한다. 그러나 현실 문제를 스프레드시트 모형으로 수립하는 것은 단순히 스프레드시트를 설계하고 자료를 입력하는 것만을 의미하지는 않는다.

어떤 강의자는 수리 모형을 수립하여 모형화를 가르치는 데 오랜 경험을 갖고 있을 것이다. 이들 중에서 일부는 학생들이 이러한 방식으로 모형화하고, 단지 그 모형을 풀기 위해서만 엑셀 해찾기를 사용해야 한다고 생각할 수도 있다. 우리는 이러한 접근법에 동의하지 않는다. 우리의 경험(그리고 많은 사람의 경험)에 의하면 대부분의 경영학도는 모형을 그대로 스프레드시트에 입력하는 것이 편리하다고 느낀다. 더구나 최상의 스프레드시트 모형화 기법을 사용할 때 스프레드시트 모형을 공식화하는 것이 수리 모형을 공식화하는 것보다 더 효율적이고 명확하다. 또 다른 장점은 스프레드시트 모형은 수리적 모형에서 표현될 수 있는 모든 관계를 표현할 수 있다는 것이며, 이에 따라 우리는 스프레드시트의 형식으로 모델을 종종 요약할 것이다.

이 책에서 또 다른 혁신적인 점은 모형을 푸는 데 사용되는 알고리즘을 사실상 무시한다는 것이다. 우리는 일반 경영학도들이 컴퓨터에 의해서 수행되는 알고리즘의 세부 내용을 배워야 하는 것에 회의적이다. 한 학기의 경영과학 수업에 있어서 한정된 시간 안에 배워야 할 중요한 내용이 많이 있다. 그러므로 이 책에서는 우리가 더 중요하다고 믿는 것에 초점을 맞추고 있다. 이러한 리스트의 상위에는 스프레드시트상에 경영문제들을 모형화하는 기술이 자리하고 있다.

사례연구에 의한 접근

하지만 이 모든 것은 단순 예제를 스프레드시트 모형으로 많이 수립해본다고 해서 충족되지는 않을 것이다. 이에 세 번째 접근 방법인 사례연구가 필요하다. 거의 모든 장은 예제뿐만 아니라 하나 또는 두 개의 실제 사례연구(물론, 강의용으로 축소되었다)를 제시하고 있는데, 경영과학을 적용하는 모든 과정이 기술되어 있다. 더욱이 어느 장은 전체가 하나의 사례연구를 중심으로 기술되었다. 각 사례는 줄거리를 가지는 이야기 형태로 기술되는데, 각 장의 기법이 현실의 의사결정과 매우 관련이 깊다는 사실을 학생들에게 생생하게 전달하기 위해서다. 이러한 줄거리 중심의 사례 기술 방법은 경영과학을 적용함에 있어서 매우 중요한 현실적 감각을 키우기도 하지만 강의를 보다 흥미롭게 들을 수 있도록 자극제 역할을 할 수도 있다.

우리의 사례연구의 접근 방식에 대해서 이전 독자들이 고마움을 표시한 것에 대해 기쁘게 생각한다. 이러한 접근 방법은 다른 경영과학 교과서에서 거의 사용되고 있지 않지만 모든 면에서 경영과학의 응용을 위해 학생이 준비해야 할 중요한 사항이라고 생각한다. 일부 독자들은 어떤 사례연구에서 예시된 대화형 시나리오의 효과성에 매우 흥미로워 했다. 비록 비대화형이라 할지라도 사례연구 접근법은 경영과학의 도움으로 경영관리적 의사결정을 내리는 과정을 보여주는 방식으로 제공되었다. 이것 또한 경영이란 언어로 주요한 개념을 시연하는 방식이다.

모든 장은 마지막 부분에 거의 완벽한 사례를 기술하고 있다. 이들 역시 줄거리 중심으로 기술되었기 때문에 학생들이 흥미를 가지고 도전해 볼만한 프로젝트로 사용될 수 있다. 이들 사례 대부분은 두 명의 사례 집필자, Karl Schmedders(스위스 국제경영개발원 교수)와 Molly Stephens(전 앤더슨 컨설팅사의 경영과학 컨설턴트)이 공동으로 작성한 것이다. 저자들도 몇 가지 사례를 추가하였다.

물론 우리가 처음으로 경영과학 교재에 이러한 특징을 편입시킨 것은 아니다. 그러나 이 책이 모든 주요한 특징을 충분히 편입시킨 방법에 있어서는 현재로서 독보적이라고 믿는다.

그 외의 특징

그 외에 6판으로부터 계속되는 이 책의 추가적인 특징은 다음과 같다.

- 다양한 예제, 문제, 사례를 통하여 경영과학의 광범위한 연관성을 보여준다.

- 경영자의 관점을 강조하였다.
- 각 장의 첫 부분에 학습목표를 두었다.
- 주요 포인트를 명확하게 하고 강조하는 다수의 각주를 두었다.
- 엑셀 힌트를 각주 가운데 포함시켰다.
- 각 절 끝부분에 복습문제를 게재하였다.
- 각 장 마지막에 용어를 해설하였다.
- 각 장 마지막에 학습문제(완전한 해답을 제공하는 문제)를 제시하였다.
- 책의 뒷부분에 연습문제 일부에 대한 답을 개략적으로 제시하였다.
- 방대한 양의 보충 자료(교재의 내용에 대한 10개의 보충 자료와 7개의 추가 챕터)가 웹사이트 www.mhhe.com/Hillier/7e에서 제공된다.

특별한 소프트웨어 패키지

7판에서도 책 전반에 걸쳐 엑셀과 Frontline Systems사에서 최근에 출시한 제품인 Analytics Solver를 사용한다. 다운받을 수 있는 소프트웨어는 윈도우즈용 엑셀과 호환이 되지만, AnalyticsSolver.com에서 이 제품을 클라우드 기반으로도 제공한다. 클라우드 기반 제품은 엑셀(맥킨토시용 및 윈도우즈용)과 함께 사용 가능하며 다운받을 수 있는 엑셀의 Analytics Solver 추가기능과 유사하도록 설계되었다. Analytic Solver의 해찾기 기능은 기존 엑셀의 해찾기 소프트웨어와 몇몇 특징을 공유하고 있다. 하지만 엑셀 해찾기의 주요한 기능을 제공하는 것 이외에도, Analytic Solver는 다음과 같은 주요 기능들을 추가하였다.

- 기존의 해찾기 대화상자에서만 볼 수 있던 것과 달리, 모형의 매개변수들을 엑셀의 기본 스프레드시트 화면에서 보여주는 사용자 친화적인 인터페이스
- 모형의 데이터 변화의 효과를 체계적으로 보여주는 편리한 방식의 매개변수 분석 보고서
- 모형의 특성(예: 선형, 비선형, 연속, 불연속 등)을 보여주는 모형 분석 도구
- 스프레드시트에서 의사결정나무를 생성하고 문제를 푸는 도구
- 넓은 범위의 시계열 예측과 데이터 마이닝 모델
- 세련된 몬테카를로 시뮬레이션 모형을 세우고 풀 수 있는 능력
- 시뮬레이션 모형에 변화가 있을 때마다 즉시 시뮬레이션 결과를 보여주는 사용자 친화적 시뮬레이션 모드
- 시뮬레이션 최적화를 위하여 컴퓨터 시뮬레이션과 결합될 수 있는 Analytic Solver 해찾기

엑셀과 Solver에 대한 계속적인 집중

이전 판과 마찬가지로, 7판은 계속해서 엑셀로 스프레드시트 모형을 구현하는 데 집중했다. 비록 Analytic Solver에 비해서 몇몇 기능이 부족하긴 하지만, 엑셀의 해찾기Solver는 여전히 이 책에 있는 대부분의 스프레드시트 모형을 해결하기에 충분히 보완적이며 만족스러운 방법이다. 이번 판은 Analytic Solver가 쓰일 수 있는지 여부와 관계없이 계속해서 엑셀의 해찾기를 대표적으로 사용한다.

많은 강의자는 이렇게 엑셀에 초점을 맞추는 것을 선호하는데, 이는 엑셀이 학생들을 혼란스럽게 만들 수 있는 다른 문제들을 피하기 때문이다.

하지만 이번 판에서 소개하는 Analytic solver의 핵심적인 장점은 엑셀 해찾기에 대한 완전한 보완을 제공해준다는 것이다. 이 책에는 엑셀 해찾기가 해결하기에는 기능이 다소 부족한 중요한 주제들(의사결정 분석, 컴퓨터 시뮬레이션 등)이 있다. 다양한 엑셀의 추가기능(Solver Table, TreePlan, SensIt, RiskSim, Crystal Ball, OptQuest)이 이전 판에서 이러한 기능을 제공하기 위해서 소개되었다. 이제 Analytic Solver가 이러한 추가기능을 대체할 수 있다.

엑셀과 Solver에 대한 초점을 더욱 강화하기 위해서, McGraw Hill의 Connect Instructor Resources에는 이 책의 다양한 예제와 케이스 스터디에 대한 스프레드시트를 제공하는 엑셀 파일이 있다. 또한 예제와 케이스 스터디를 더 탐구하기 위해, 학생이나 강의자들은 이러한 스프레드 시트를 유사한 문제를 모형화하고 해결하기 위한 템플릿으로 활용할 수 있다. 또한 이 웹사이트는 대기행렬 모형에서 컴퓨터 시뮬레이션을 수행할 수 있는 Queueing Simulator(14장에서 사용)과 더불어 이 책의 다양한 모형을 풀 수 있는 많은 템플릿을 제공한다.

7판의 새로운 내용

7판에서는 몇 가지 중요한 내용을 보충하였다.

- 경영분석을 설명하는 새로운 절: 최근 경영계는 경영분석이 경영자의 의사결정에 큰 역할을 할 수 있음을 인식했다. 이에 따라 새롭게 추가된 1.2절에서는 경영분석의 세 가지 분류를 설명하고, 데이터 과학, 기계학습 그리고 인공지능의 역할을 소개한다.
- 경영과학과 경영분석의 관계를 설명하는 새로운 절: 경영과학과 경영분석은 데이터 과학과 같은 수리과학 기법을 활용해서 경영자의 의사결정을 보조하는 분야라는 점에서 동일하다. 1.3절에서는 두 분야의 상호보완성을 설명한다.
- 경영분석과 경영과학을 사용하는 전반적인 분석 과정을 보여주는 새로운 절: 2장에서는 경영 분석가들이 주요 연구를 수행하기 위해 경영분석과 경영과학을 적용하는 전반적인

과정을 설명한다. 경영진과 협력하여 문제를 신중하게 정의해야 한다는 점을 강조한 후, 분석의 3단계(서술적, 예측적, 규범적)의 수행 절차에 대해 설명한다. 이 전반적인 과정에서 경영분석과 경영과학은 상호보완적인 관계를 갖는다.

- 예측적 분석에 널리 활용되는 모형을 설명하는 새로운 절: 예측적 분석을 수행하기 위해 상당히 많은 모형이 개발되었다. 이런 모형들 중 분류 모형은 결과를 특정 결과 분류에 맞추어 분류하는 방식으로 예측하고, 예측 모형은 결과를 수치적으로 예측한다. 3장에서는 분류 모형과 예측 모형에 해당하는 여러 모형들을 소개한다.
- 대기행렬 모형을 인간의 행동까지 고려하도록 확장하는 새로운 절: 고객이 서버server에게 서비스를 받기 위해 줄을 설 때, 대기행렬 모형(13장의 주제)을 통해 고객의 대기시간을 예측할 수 있다. 그러나 이런 모형은 고객과 서버의 행동을 수학적 가정으로 단순화하는 것에 기반을 둔다. 최근의 연구에서는 고객과 서버의 전형적인 행동을 고려하는 행동 대기행렬론을 개발한 바 있다. 13.10절에서 이런 접근법을 소개한다.
- 책의 5부에 이해를 돕기 위한 새로운 소개글: 책이 경영과학과 경영분석을 지속적으로 바꿔가며 설명하므로, 책을 공통의 주제를 가진 장들로 이루어진 5부로 나누었다. 각 주제에 대한 이해를 돕기 위해 각 부의 앞부분에 소개글을 제공한다.
- 자료의 가시성을 위한 다양한 색상으로 이루어진 책: 6판까지는 책이 단색으로 구성되었지만, 7판은 다양한 색상으로 자료를 표현하고 있다. 예를 들면, 색상을 많이 활용하는 서술적 분석을 이제는 완벽하게 표현할 수 있게 되었다. 또한 스프레드시트 모델의 여러 구성요소를 색상으로 구별할 수 있게 되었다. (원서 한정 사항 — 편집자주)
- 책 전반에 대한 광범위한 개정: 1판을 작성한 지 20년이 지났다는 점을 고려할 때, 내용의 일부가 다소 오래되었다는 것을 부정할 수 없다. 경영과학 기술의 묘사가 정확할지라도, 몇몇 문제, 사례, 예제의 수치나 응용 사례의 세부 사항이 이제는 다소 구식으로 보인다. 임금 기준이 변화했으며, 가격 역시 변화했다. 기술과 날짜도 변화했다. 비록 매판 개정을 했지만, 이번 판에서 2022년의 상황을 반영하기 위해 각별한 노력을 했다.
- 실제 응용사례를 기술한 논문 보기 제공: 6판에는 26개의 응용사례가 있었으며, 이번 7판에서는 8개를 새로 추가하였다. 각 응용사례는 이 책의 각 장에서 소개하는 것과 같은 기법을 사용함으로써 경영과학의 실제 응용이 기업이나 조직에 얼마나 큰 효과가 있는지를 간략하게 설명하고 있다. 이전 판과 같이 응용 사례를 완전히 기술하는 논문에 대한 링크를 제공한다. INFORMSInstitute of Operations Research and the Management Science와 협의를 통하여 이러한 사례에 관한 실제 논문을 볼 수 있도록 하였기 때문에 담당 교수는 강의 내용

과 관련된 실제 응용사례를 수강생이 탐구할 수 있게 함으로써 수강생들에게 동기를 부여할 수 있다. 우리는 이러한 경영과학의 우수한 응용사례에 관한 논문을 제공하기 위하여 이 분야의 전문학회인 INFORMS와 새로운 파트너십을 맺게 된 것에 크게 고무되었다. INFORMS는 학생, 연구자, 실무자를 위한 정량적이고 분석적인 분야의 전문 학술단체이다. INFORMS의 학술지, 학술대회, 구직정보, 장학금, 수상, 강의자료 등에 관한 정보는 웹사이트 www.informs.org에서 볼 수 있다.

- 각 장의 명확성을 높이기 위한 면밀한 검토: 각 판의 대표적인 특징은 내용의 명확성을 높이기 위해서 다양한 기법을 사용한 것이다. 이러한 기법의 예로 실생활과 관련된 예제, 절을 다양한 부분으로 나누기, 짧은 문단 사용하기, 중요 항목 기호 사용, 특별 결론 추가, 앞 장의 내용에 대한 이해를 지나치게 가정하지 않는 것 등이 있다. 이번 판에서는 검토자들의 의견을 반영하면서, 각 장의 명확성을 높이기 위해서 단어마다 면밀한 검토를 시행하여 명확성을 더욱 강화하였다.

우리는 독자의 비평, 제안, 그리고 오탈자에 대한 지적을 바란다. 다음의 이메일 주소 중 어느 곳으로나 연락이 가능하다. 그러나 우리에게 아래 주소로 연락하는 어느 누구(학생을 포함하여)에게도 이 책의 연습문제와 사례에 대한 해답은 제공하지 않을 것이다. 이 책이 여러분에게 도움이 되길 바란다.

Frederick S. Hillier (Stanford University)
fhillier@stanford.edu

Mark S. Hillier(University of Washington)
mhillier@uw.edu

|차례|

11장 비선형계획법 551

12장 의사결정 분석 617

13장 대기행렬 모형 687

14장 컴퓨터 시뮬레이션: 기본 개념 755

15장 Analytic Solver를 활용한 컴퓨터 시뮬레이션 805

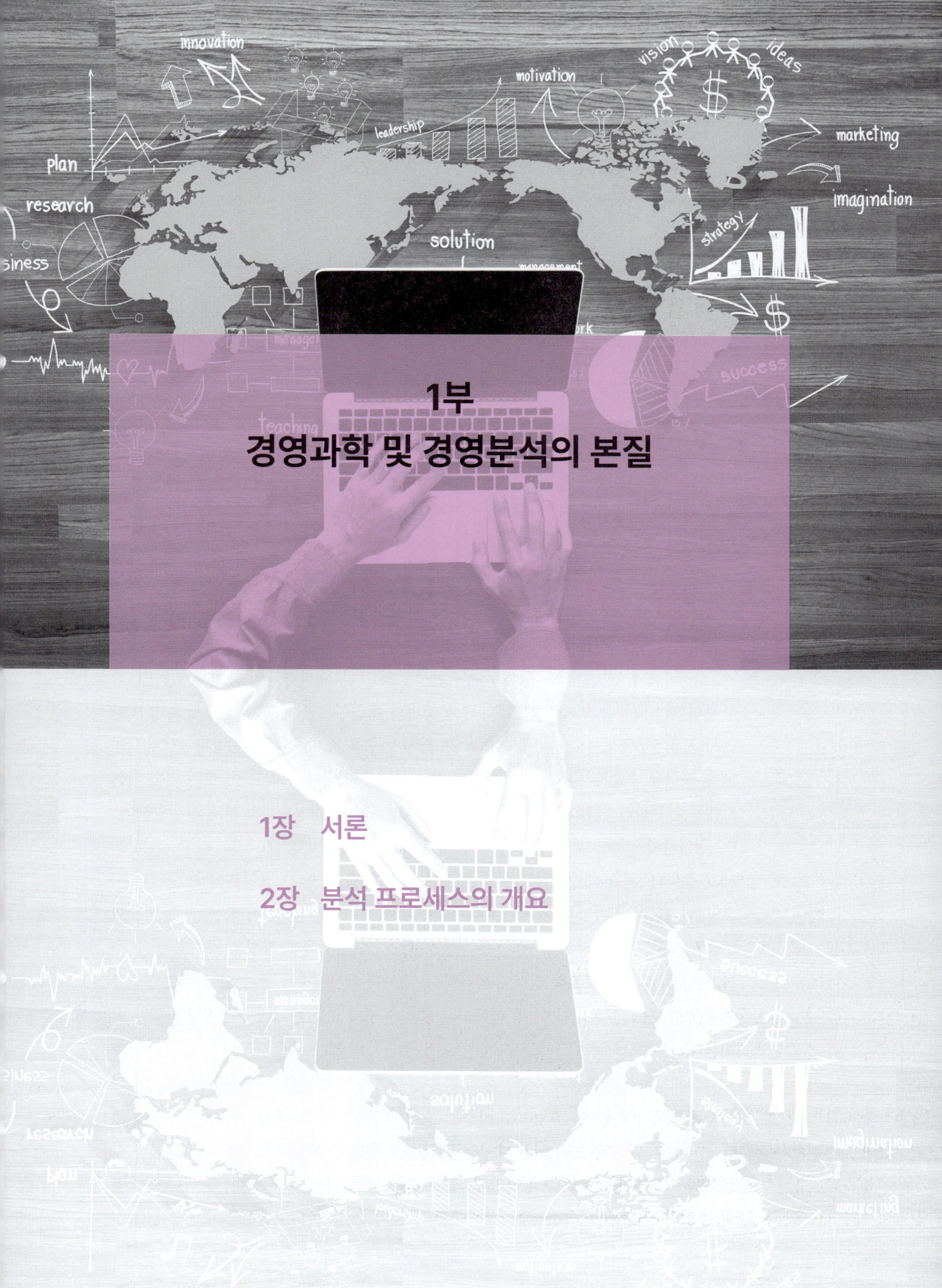

1부
경영과학 및 경영분석의 본질

1장 서론

2장 분석 프로세스의 개요

이 책은 다섯 부분으로 나눠져 있다. 1장과 2장으로 구성되어 있는 1부는 경영과학과 경영분석의 본질에 대해 하고 있다. 1부의 역할을 명확히 하기 위해 먼저 1부의 내용을 전반적으로 소개하고, 그 후에 1장의 내용들을 중점적으로 다루고자 한다.

1부(1장과 2장) 소개 – 경영과학 및 경영분석의 본질

경영과학과 경영분석business analytics은 서로 밀접하게 관련되어 있으며, 전 세계 기업들의 경영을 개선하기 위한 과학적 접근 방식을 제공하고 있다. 이 책은 경영과학에 좀 더 중점을 두고 있는데, 실제로 5장부터 15장까지 11개 장은 경영과학의 주요 기법을 소개하고 있다. 경영과학에 대한 내용을 다루기에 앞서, 1장부터 4장까지 경영과학과 경영분석의 보완적 역할에 대해 살펴보고, 경영분석의 몇 가지 핵심 기법(데이터 과학, 데이터 마이닝, 머신 러닝 등)을 소개하고자 한다.

경영과학과 경영분석을 함께 아우르는 이 책은 1부에서 5부로 나눠져 있는데, 각 부분의 핵심내용을 명확히 하고, 다른 부분과의 관련성을 이해하는 것이 필요하다. 따라서, 3, 4, 5부에서는 경영과학 기법의 세 가지 범주를 소개한다. 2부(3장과 4장)에서는 예측 분석을 수행하기 위한 경영분석 기법을 살펴볼 것이다. 그리고 이 모든 것을 위한 토대를 마련하기 위해 1부(1장과 2장)에서는 경영과학 및 경영분석의 본질을 설명한다.

경영과학management science(경영대학 외에서는 **운영연구**Operations research라고 함)은 20세기 중반에 처음 개발되었으며 그 이후로 큰 영향을 미쳤다. **경영분석**business analytics은 21세기로의 전환 시점에 발생하여 훨씬 젊지만, 이제는 **분석 혁명**analytics revolution의 중요한 부분으로 부상하고 있다. 두 학문 모두 각자의 독특한 강점을 가지고 있을 뿐만 아니라 몇 가지 주요한 강점도 공유한다. 경영적 의사결정을 돕기 위해 주요 연구가 필요할 때, 서로 보완적인 이 두 학문의 결합은 연구의 모든 단계에서 실질적인 힘을 발휘한다.

1장에서는 경영과학과 경영분석의 특수성을 별도로 설명한 후 이 두 학문 간의 밀접한 관계를 강조한다. 그리고 (1) **서술적 분석**descriptive analytics(지금까지 일어난 일에 대한 유익한 설명을 만들기 위한 데이터 분석), (2) **예측적 분석**predictive analytics(모델을 사용하여 미래에 일어날 가능성이 있는 일에 대한 예측력을 높이기 위한 분석), (3) **규범적 분석**prescriptive analytics(경영과학의 최적화 모델을 포함한 의사결정 모델을 사용하여 경영적 의사결정을 위한 최적의 대안을 처방하기 위한 분석)으로 구성된 분석의 세 단계에 대한 설명을 포함하고 있다.

경영분석은 서술적 분석과 예측적 분석에서 특별한 강점을 가진다. 경영과학에서도 예측 분석을 수행하기는 하지만, 경영과학은 특히 규범적 분석을 수행하는 데 강점이 있다. 경영에 대한 주요 연구를 수행하기 위해서는 세 단계 분석이 모두 필요한 경우가 많기 때문에, 경영분석팀은 경영분석과 경영과학의 많은 기법을 모두 사용한다. 1장에서는 이러한 접근 방식이 전 세계 수많은 기업의 효율성과 수익성을 개선하는 데 어떻게 결정적인 영향을 미쳤는지 설명한다.

2장은 경영분석과 경영과학 간의 밀접한 관계를 더욱 강조한다. 또한, 복잡한 경영 문제에 대한 프로젝트를 수행할 때 경영분석과 경영과학을 활용하는 분석 과정analysis process에 대한 전체적인 개요를 담고 있다. 특히, 2.3절은 서술적 분석이 어떻게 수행되는지 상세한 단계별 설명과 그림을 제공한다. 데이터가 주는 메시지를 시각화하기 위해 원본 데이터를 재구성하는 도구들을 설명한다. 또한, 2.4절과 2.5절은 각각 예측적 분석과 규범적 분석을 수행하기 위해 어떤 준비가 필요한지 자세한 단계별 설명과 그림을 제공한다.

분석 과정에 대한 개요 부분에서는 예측적 분석이나 규범적 분석을 실제로 수행하는 데 필요한 특정 기법에 대해서는 자세히 다루지 않는다. 반면, 문제를 완전히 정의하고 **알고리즘**algorithm(체계적인 해법)을 제공하는 **모형**model을 개발하는 것이 필요하다. 2부에서는 예측적 분석을 수행하기 위한 몇몇 모형에 초점을 맞출 것이다. 3부와 4부에서는 규범적 분석을 수행하는 데 필요한 모형을 중점적으로 다룰 것이다. 5부는 미래의 사건들이 불확실할 때 예측적 분석 또는 규범적 분석을 수행하기 위해 사용되는 전통적인 불확실성 모형을 소개할 것이다.

1부는 이러한 모형을 적용하기 위해 먼저 수행되어야 하는 광범위한 작업들에 대해 소개하는 것을 목표로 한다. 또 다른 목표는 미래의 경영진과 경영분석가들에게 경영과학과 경영분석이 가져올 수 있는 광범위한 영향에 대한 이해를 제공하는 것이다.

이 책의 웹사이트에는 1부에 대한 추가 정보가 포함되어 있다. 특히 1장에는 “경영과학 접근법의 예시: 손익분기점 분석”이라는 제목의 부록이 있다.

서론

1 CHAPTER

학습목표: 1장을 학습한 후에는,

1. 경영과학을 정의할 수 있어야 한다.
2. 경영과학의 특성을 기술할 수 있어야 한다.
3. 수리 모형과 스프레드시트 모형을 설명할 수 있어야 한다.
4. 경영분석의 정의를 기술할 수 있어야 한다.
5. 경영분석의 특성을 기술할 수 있어야 한다.
6. 경영분석의 세 가지 범주에 대해 설명할 수 있어야 한다.
7. 경영과학과 경영분석의 관계를 설명할 수 있어야 한다.
8. 경영과학이 조직에게 제공할 수 있는 연간 비용 절약 수준을 알 수 있어야 한다.
9. 이 책의 특징을 알 수 있어야 한다.

1부 소개에서 이 책이 경영과학에 대한 소개를 제공하는 동시에 보완적인 역할을 하는 경영분석의 기본 개념을 소개하는 데 초점을 두고 있음을 밝혔다. 이 장은 밀접하게 관련되어 있는 이 두 학문의 일반적인 특성을 설명하는 것으로 시작한다.

경영과학과 경영분석을 함께 소개하는 이유는 이 두 학문이 상호 보완적이기 때문이다. 두 학문 모두 기업의 경영을 개선하기 위해 수학, 통계학, 컴퓨터 과학, 정보 기술 등 과학적인 접근법을 사용하고 있으며, 이들 분야의 차이는 점점 줄어들고 있다. 따라서, 서로 보완적인 이 두 학문을 함께 소개하는 것은 매우 필요하다.

경영과학이나 경영분석의 전문가가 되기 위해서는 수학 등 관련 분야에 대한 기본 지식이 요구된다. 이런 이유로, 수학에 대한 지식이 없는 학생들은 두려움을 느낄 수도 있지만 걱정할 필요는 전혀 없다.

대부분의 독자는 수학자가 아닌 경영자가 되기를 원하기 때문에, 이 책은 미래의 경영자가 경영과학 및 경영분석에 대해 알아 두면 유익한 내용을 수록하였다. 물론 전혀 수학을 사용하지 않는 것은 아니지만, 독자는 간단한 기초 수학과 초보적인 확률 이론 정도를 접하게 될 것이다. 경영자들은 경영과학과 경영분석의 다양한 기법의 기초가 되는 수학 이론을 알 필요가 없기 때문에, 이 책에서는 수학을 도구로만 활용한다.

경영과학과 경영분석을 적용함에 있어서, 우리가 수학을 중요시하지 않는 이유는 스프레드시트 소프트웨어spreadsheet software라는 강력한 도구를 사용할 수 있기 때문이다. 스프레드시트는 경영 문제를 모형으로 정립하고 분석함에 있어서 매우 편리하고 친숙한 환경을 제공한다. 즉, 사용자는 최소한의 자료만을 입력하면 그 이후의 복잡한 수학적 계산은 소프트웨어가 자동적으로 수행해주는 것이다. 바로 이러한 점 때문에 경영과학과 경영분석이 최근 들어 많이 활용되기 시작했다. 과거에는 경영과학 분석을 위해서는 수학적인 지식을 가진 경영과학자가 필요했다. 그러나 지금은 경영자 본인이 스프레드시트를 이용하기 때문에 어렵지 않게 문제를 분석할 수 있으며, 경영과학의 많은 도구와 개념을 적용할 수 있게 되었다. 이 책은 미래의 경영자(그리고 경영 컨설턴트)들을 대상으로 하기 때문에 경영과학을 적용함에 있어 스프레드시트의 사용을 전제로 한다.

이 책은 경영과학에 중점을 두고 있지만 동시에 경영분석이 가지는 보완적 역할을 소개하고 있다. 그렇다면 미래의 경영자들은 이 두 주제에 대해 무엇을 배워야 하는가?

1. 경영과학과 경영분석의 관련성과 위력을 이해해야 한다(따라서 이 책에서는 경영과학과 경영분석의 실제 응용사례와 그 효과에 대해 많은 지면을 할애할 것이다).
2. 경영과학과 경영분석이 어떤 경영 문제에 적용 가능한지를 배워야 한다(따라서 이러한 기법이 적용될 수 있는 여러 유형의 문제를 다룬다).
3. 경영 문제 유형별로 경영과학과 경영분석 기법의 적용 방법을 배워야 한다(독자는 이 책에서 소개하는 수준의 경영과학과 경영분석에 대한 지식만을 가지고도 스프레드시트를 자유자재로 적용할 수 있다).
4. 경영과학과 경영분석 연구의 결과를 해석하고 이해하는 능력을 키워야 한다(관련된 많은 사례연구를 제시하고, 사용된 가정과 자료에 따라서 어떻게 분석 결과가 변하는지를 설명한다).
5. 경영과학과 경영분석의 주요 기법을 학습하고, 경영분석의 보완적 역할을 이해해야 한다.

이상이 이 책의 주요한 학습목표이다.

다음의 다섯 절에서는 경영과학 및 경영분석의 특성과 여러 조직에 미치는 영향에 대해 소개한다. (이 주제에 대해서는 이 책의 다른 장에서도 계속해서 논의된다.) 1.1절과 1.2절에서는 경영과학과 경영분석의 특성에 대해 각각 설명한다. 1.3절에서는 경영과학과 경영분석의 관계를 설명한다. 1.4절에서는 경영과학 및 경영분석의 일반적인 적용 사례를 다룬다. 1.5절은 경영과학 및 경영분석의 영향에 대해 살펴볼 것이다. 그리고 1.6절에서는 이 책의 몇 가지 특징에 대해 살펴볼 것이다.

1.1 경영과학의 특성

경영과학이란 무엇인가? 경영과학은 경영과 과학을 포함하는데 좀 더 정확히는 경영의 과학을 의미한다. 좀더 정확한 정의는 다음과 같다.

> **경영과학**management science은 하나의 학문 분야로 경영 의사결정을 지원하기 위해 과학적 접근 방법을 계량적 요소를 가지는 경영학적 문제에 적용하는 것이다.

앞으로 우리는 위의 정의에서 이탤릭체로 표시된 각 용어에 대한 설명을 통해 경영과학의 본질에 대해 논의해 볼 것이다.

경영과학은 하나의 학문 분야이다

경영과학은 하나의 학문 분야로서, 과학적 기반을 갖는 지식과 기법의 총합체를 의미한다. 경영과학자들은 경영과학 분야를 이해하기 위해서 기본적인 훈련을 받는다. 현실 문제를 접하게 되면 우선 그 문제를 진단하고, 문제 분석을 위한 적절한 경영과학 기법을 선택하여 분석을 실시하는데, 경영자는 이 분석 결과를 받아들일 것인지를 최종적으로 결정하게 된다. 비교적 간단한 문제는 경영과학자에게 자문을 받기보다 자신의 기본적인 경영과학 지식을 가지고 스스로 분석하기도 한다.

경영과학 분야는 오랜 역사를 가지고 있지만 1940~1950년대에 크게 발전하였다. 그 계기는 제2차 세계대전 초기에 많은 과학자가 전쟁에 과학적 접근 방법을 응용한 것에서 시작하였다. 전쟁이 끝난 후인, 1950년대 초반부터 경영과학이 기업, 산업, 정부 등 여러 조직에서 활용되었고, 대학에서도 경영과학 강의가 시작되었다. 또 하나의 획기적인 사건은 1947년 George Dantzig가 선형계획문제를 쉽게 풀 수 있는 심플렉스법simplex method을 발견한 것이다. 또한, 컴퓨터 혁명도 경영과학의 급속한 발전에 많은 기여를 했다.

전에는 경영과학을 Operations Research라고 불렀다. 이 호칭은 제2차 세계대전 중 과학자팀이 군사작전operations에 대해 연구research하면서 사용되었다. 약자 OR로도 호칭되고 있는데, 때때로 경영과학management science의 약자 MS와 결합되어 쓰이기도 한다(**이후 OR과 MS 모두 경영과학이라 함**). 2021년 미국 노동부의 통계에 따르면 미국에서 평균 약 8만5천 달러의 연봉을 받으며 Operations Research에 종사하는 인원은 대략 10만5천여 명에 이르며, 이는 향후 10년동안 25%까지 증가할 수 있다고 한다.

경영분석business analytics은 경영과학과 관련된 또 하나의 학문이다. 경영과학처럼, 경영분석은 경영적 의사결정을 돕는 것을 목적으로 하지만, 특히 다음 세 가지 분석 방법을 강조한다. (1) 서술적 분석descriptive analytics — 트렌드를 분석하기 위해 방대한 양의 빅데이터를 사용(2.3절에 소개할 몇몇 기법을 사용), (2) 예측적 분석predictive analytics — 미래에 발생할 일에 대한 예측하기 위해 데이터를 사용(3장과 4장에서 소개할 예측 기법들을 사용), (3) 규범적 분석 prescriptive analytics — 최선의 행동 방침을 처방하기 위해 데이터를 사용(이 책의 여러 장에서 다룰 최적화 기법들을 사용). 대체로, 경영과학의 기법들은 규범적인 분석을 수행함에 있어 매우 강력한 반면, 예측적인 분석이나 서술 분석에는 상대적으로 덜 효과적이라 할 수 있다(1.3절에서 경영과학과 경영분석의 관계에 대해 더 자세히 설명할 것이다).

이 분야(경영분석을 포함한)에서 가장 유명한 국제적 학회는 INFORMS The Institute for Operations Research and Management Sciences다. 미국을 중심으로 1만 2천명 이상의 회원을 보유하고 있는 INFORMS는 해마다 미국에서 주요한 학술대회를 개최하고 있고(경영분석학회 Business Analytics Conference와 매년 열리는 IMFROMS Meeting을 포함하여), 외에도 비정기적인 학술대회를 개최하고 있다. 이 학회는 또한, 여러 종류의 학술지를 발간하고 있는데, 대표적인 학술지로는 Management Science, Operations Research, Analytics, 그리고 INFORMS Journal on Applied Analytics(2019년 이전의 명칭은 Interfaces) 등이 있다. (INFORMS Journal on Applied Analytics에는 경영과학의 실질적인 적용에 관한 논문이 많이 수록되어 있어서 이 책 전반에 걸쳐 이 저널을 참고문헌으로 많이 인용하고 있다). 또한, 전 세계 수십 개국에서 경영과학학회가 활동하고 있다.

경영과학은 경영 의사결정을 지원한다

위 문장의 핵심은 '지원한다'이다. 즉, 경영과학을 적용하여 얻은 결론이 최종적인 의사결정이 되는 것이 아니라, 단지 경영적 의사결정을 지원한다는 것이다. 결국 최종 의사결정은 경영자의 몫이다. 경영과학은 문제의 계량적 요소를 분석하고, 이를 통해 얻은 대안을 추천함으로써 경영자가 의사결정을 내리는 데 필요한 자료를 제공한다. 한편, 경영자는 경영과학에서 고려하기 어려운 다양한 질적인 요소를 추가로 고려한 후 최종 의사결정을 내린다. 소규모의 경영과학 연구는 경영자 혼자서도 수행할 수 있지만, 대규모의 경우 보통 경영과학팀이 담당하게 된다. 팀에는 기업의 내부 구성원과 경영과학자 외에도 경영분석 전문가, 외부 컨설턴트 등이 포함되기도 하는데, 이는 분석에 필요한 전문지식을 제공하기 위함이다.

이 책에서 경영과학 및 다양한 기술을 적용하는 경영분석가 팀이 수행하는 작업을 설명하기 위해 연구 study라는 단어를 사용하지만, 종종 이러한 팀은 경영진의 안내를 받고 본격적으로 프로젝트에 참여한다. 이들은 관리자에게 단순한 보고나 발표를 하는 것이 아니라, 경영진 및 임원들과 긴밀히 협력하여 필요한 데이터를 수집하고 프로젝트에 대한 경영진의 목표를 정의하는 역할을 한다. 또한, 경영진이 연구팀의 의견을 받아들여 새 시스템에 대한 결정을 내리면 팀은 경영진의 요구 사항이 제대로 시스템에 구현될 수 있도록 최선을 다한다.

경영과학은 과학적 접근 방법을 사용한다

경영과학은 수학과 통계학, 컴퓨터 과학 등의 과학 분야와 경제학을 위주로 한 사회과학 분야에 그 기반을 두고 있다. 또한, 조직에서 발생하는 현실적인 경영 문제를 주로 다루기 때문에 경영학에도 그 기반을 두고 있다. 경영과학팀은 연구 수행에 있어서 과학적 기법을 사용한다. 이는 면밀한 자료 수집, 관련 문제에 대한 가설(보통 수리 모형의 형태를 가짐)의 개발 및 검정, 올바른 논리적 분석 등의 체계적 조사를 의미한다.

이 체계적인 조사를 수행할 때 경영과학 팀은 일반적으로 문제 정의, 관련 데이터 수집, 수리 모형 작성, 모형에 대한 해법 개발, 모형의 유효성 검토 및 수정하는 단계를 따르며, 경영진을 위한 최선의 대안을 찾아내고, 경영진이 채택한 대안을 구현하는 것을 돕는 역할을 한다. 2장에서는 서술적 분석, 예측적 분석, 그리고 규범적 분석을 모두 포함하여 전체적인 연구를 수행하는 각 단계에 대해 자세히 설명할 것이다.

경영과학은 계량적 요소를 고려한다

많은 경영 문제는 생산량, 수익, 비용, 사용가능한 자원 양 등의 계량적 요소를 고려한다. 경영과학은 계량적 요소들을 **수리 모형**mathematical model에 포함시키고, 이 모형을 풀기 위해 수리적 해법을 적용함으로써 경영 문제를 효과적으로 분석할 수 있다. 이처럼 경영과학은 계량적 요소들을 다루는 탁월한 능력으로 조직의 실질적 경영에 기여하고 있다.

www.mhhe.com/Hillier7e에서 제공하는 1장 보충 자료는 계량적 요소를 다루는 경영과학 접근 방식에 대한 사례연구로 신제품의 손익분기점 분석을 다룬다. 여기에는 손익분기점 분석을 위한 스프레드시트 모형과 수리모형, 그리고 몇 가지 문제와 케이스가 포함되어 있다.

복습문제

1. 경영과학이 학문적으로 크게 발전하기 시작한 것은 언제부터인가?
2. 경영과학의 과거 이름으로 경영대학 밖에서 널리 사용되는 이 이름은 무엇인가?
3. 경영과학은 어떻게 경영자의 의사결정을 도와주는가?
4. 경영과학은 어떤 과학 분야에 기초를 두고 있는가?
5. 경영상의 문제들을 풀기 위해 고려되는 계량적 요소들은 무엇인가?

1.2 경영분석이란 무엇인가

경영분석과 이를 경영 의사결정에 접목시키는 것의 중요성은 지난 수십 년 동안 경영 분야에서 논의되어 왔다. 이러한 논의는 경영문제솔루션의 대가인 Thomas H. Davenport의 이 쓴 일련의 기사와 책에서 시작되었다. 그는 2006년 1월 Harvard Business Review에 게재한 「Competing on Analytics」라는 논문을 통해 경영분석의 기본 개념을 소개하였다. 이후 Thomas Davenport는 자신의 논문을 토대로 『Competing on Analytics: The New Science of Winning』와 『Analytics at Work: Smarter Decisions, Better Results』라는 두 베스트셀러를 출간하였다.

그렇다면, 경영분석이란 무엇인가? 여기 간결한 그 정의가 있다.

> **경영분석**은 다양한 혁신적 기술을 사용하여 데이터를 더 나은 경영 결정을 위한 통찰로 바꾸는 예술이자 과학으로 정의할 수 있다.

비교적 짧은 시간 동안 많은 수의 혁신 기술을 개발하는 과정에서, 경영분석은 경영과학, 수학, 통계학, 컴퓨터과학, 정보기술학, 산업공학 등 많은 계량적 의사결정과학 분야를 포함하게 되었다. 예를 들어, 방대한 양의 데이터를 이해하고 계산하기 위해 통계학과 컴퓨터 과학을 활용하고 있다.

따라서 비즈니스 분석의 많은 응용사례는 주어진 문제를 분석하는 데 의사결정과학을 사용합니다. 따라서 기업의 경영분석팀은 경영학과 더불어 위에서 언급한 모든 의사결정과학 분야에 숙달된 전문가들로 구성된다.

경영분석은 지난 수십 년 동안 크게 성장했는데, 이는 방대한 양의 데이터가 기업의 경영 의사결정을 위해 활용될 수 있는 **빅데이터**big data 시대에 접어들었기 때문이다. 데이터는 컴퓨터에 의한 정교한 물류, 판매, 공급과 고객에 대한 데이터 뿐 아니라, 웹 트래픽, 소셜 네트워크, 이미지와 비디오로부터 홍수처럼 쏟아지고 있다. 경영분석의 주안점은 이러한 방대한 양의 데이터를 어떻게 효과적으로 사용할지에 있다.

비즈니스 분석의 세 가지 범주

경영분석의 응용 분야는 3개의 카테고리로 구분할 수 있다. 이러한 각 범주는 다음 장에서 자세히 설명할 것이다.

- 카테고리 1: **서술적 분석** — 일어난 사건에 대한 설명력을 제공하기 위한 데이터 분석
- 카테고리 2: **예측적 분석** — 미래에 일어날 사건에 대한 예측력을 제공할 수 있는 예측모형을 사용
- 카테고리 3: **규범적 분석**prescriptive analytics — 의사결정능력을 향상시키기 위해 최적화모형을 포함한 규범적 모형들을 활용

첫 번째인 서술적 분석은 방대한 양의 데이터를 다루는 것을 필요로 한다. 정보 기술은 현재의 일을 기록할 뿐만 아니라 과거의 일에 대한 데이터를 저장하고, 이에 접근하는 데 사용된다. 서술적 분석은 혁신적인 기법(알고리즘 포함)을 사용하여, 데이터를 탐색하고 관련 데이

터를 추출하여 흥미로운 패턴을 식별하고 데이터를 요약한다. 서술적 분석의 성능을 더 효과적으로 설명하기 위해 혁신적인 성능지표performance matrix가 사용될 수도 있다. **데이터 시각화**data visualization는 서술적 분석의 핵심 도구로, 데이터에서 도출한 통찰력을 시각적 그래픽을 이용하여 경영자와 다른 사용자에게 명확하고 효과적으로 전달하는 것을 목적으로 한다(2.3절에서 보다 상세히 다룰 것이다).

특히 서술적 분석을 포함한 비즈니스 분석의 중요한 목표는 사용 가능한 모든 데이터로부터 현재 관심 있는 비즈니스 문제 및 문제와 연관 있는 부분을 추적하고 연결하는 것이다. 이는 경영적인 가치를 가지기 위해, 어떤 종류의 데이터가 요약되고 시각화 되어야 하는지에 대한 정보를 제공한다.

경영분석 중 특히 서술적 분석과 예측적 분석의 경우 데이터 준비에 상당한 자원과 노력이 투입되고 있으며, 이는 데이터 과학자의 중요한 업무이기도 하다.

예측 분석에는 종종 통계 모델을 적용하여 미래 이벤트 또는 추세를 예측하는 것이 포함된다. 예를 들어, 4장(시계열 예측에 기반한 예측적 분석)에서는 특정 유형의 과거 수량 패턴을 기반으로 미래 수량을 예측하기 위한 다양한 **예측 모형**forecasting model을 살펴볼 것이다. (경영과학자들은 수십 년 동안 통계 분야에서 예측 모형을 사용해왔는데, 이러한 예측 모형은 경영분석 도구상자toolkit의 핵심적 도구가 되었다.) 14장과 15장에서 살펴볼 **컴퓨터 시뮬레이션**computer simulation은 미래에 발생할 수 있는 사건을 보여주는 데 매우 유용하다. (컴퓨터 시뮬레이션은 또 하나의 전통적인 경영과학 기법이다.) 통계와 컴퓨터 과학에 뿌리를 두고 있는 시뮬레이션은 예측적인 분석을 수행하기 위해 경영분석 도구상자에 포함되었다.

또한, 21세기로의 전환기에 시작된 분석 혁명으로 인해 경영분석 커뮤니티는 예측적 분석을 수행하기 위한 기법들을 개발하고 개선하는데 많은 발전을 이루었다. 때로는 특정 유형의 과거 수량 패턴(예측 모델을 사용할 때처럼)을 기반으로 미래 수량을 예측하는 대신, 예 또는 아니오(또는 가능한 결과 중 하나의 결과)를 예측하는 것을 목표로 하기도 한다. 예를 들어, 기업은 종종 잠재고객의 행동을 예측하는 데 관심이 있다. 어떤 고객이 계속해서 제품을 구매할 것인가? 이런 질문은 어떻게 답해야 할 것인가?

이와 같이 숫자가 아닌 예 또는 아니오 에 대한 결과를 예측하는 것은 예측prediction보다는 **분류**classification라고 한다. 분류 문제에 대한 답을 찾는 것은 기존 고객의 특성 및 행동 데이터를 수집하는 것에서 시작한다. 이후 장래 고객과 가장 유사한 특징을 가지는 고객들의 데이터를 결정한다. 이후 장래 고객의 제품 구매 여부를 앞에서 선별한 장래 고객과 유사한 특징을 가지는 과거 고객의 데이터에 기반해 결정한다.

잠재고객을 분류하는 이 예는 상당히 직관적으로 보이지만, 우리는 아직 이 방법론을 효과적이고 효율적으로 구현하는 데 필요한 여러 세부 절차에 대해서는 전혀 논의하지 않았다. 이에 대한 내용은 3장에서 찾아볼 수 있다. 3장은 다양한 상황에서 분류 모형을 적용하거나

응용사례

IBM(International Business Machines)은 170개국 이상에서 운영되는 미국의 국제적 기술 기업으로, 2020년 기준으로 345,000명 이상의 직원을 고용하고 있는 세계 최대 기업 중 하나이다. 컴퓨터 하드웨어, 미들웨어 및 소프트웨어를 생산 및 판매하는 동시에 수많은 고객에게 호스팅 및 컨설팅 서비스를 제공하고 있으며, 세계 최고의 연구 기관 중 하나로써 혁신적인 비즈니스 관행을 구현하는 데 앞장서고 있다.

IBM GTS(Global Technology Services)는 고객을 위해 세계 최대 규모의 데이터 센터를 운영하고 있다. 유지 보수나 교체를 위해 서버 운영이 중단되는 시간이 발생하면 비용이 많이 들기 때문에, 이 시간을 줄이는 것은 매우 중요하다. 이를 위한 전통적인 방식은 서버의 수명이 특정 시점(예: 5년)에 도달하면, 해당 서버를 교체하는 것이다. 대신에, IBM은 예측 분석의 기법을 사용하여, 서버를 교체해야 하는 시점을 더 잘 예측할 수 있는 더 나은 방식을 개발하였다.

이를 위한 IBM의 방법론을 PASIR(Predictive Analytics for Server Incident Reduction)이라고 부른다. PASIR은 기계학습(인공 지능의 한 형태)을 사용하여 특정 유형의 서버 기록에 대한 방대한 양의 데이터(일부 서버에서 발생한 비정상적 사건에 대한 6백만 건 이상의 데이터를 포함)를 수집, 분류 및 분석한다.

서버 중단과 같은 파급력이 큰 문제는 서버 구성과 관련이 있다. 이 때 PASIR은 향후 발생 가능한 문제에 대한 예측을 가능하게 하고, 나아가 각 서버의 최적의 교체 시기를 계산할 수 있게 한다.

2013년부터 IBM은 360개 이상의 고객 환경에서 840,000개 이상의 고객 서버에 PASIR을 적용하여 훨씬 더 정확한 업그레이드 비용과 환경적 이익을 얻을 수 있었다. 이를 통해 IBM 고객에게 연간 평균 10억 달러의 비용 절감을 제공하는 것으로 추정된다.

이러한 극적인 사례를 통해 IBM은 고급 분석, 운영 연구 및 경영과학 부문에서 2020년 프란츠 에델만 상(Franz Edelman Award)의 전 세계 결선 진출 사례 5개 중 하나로 선정되는 영예를 안았다.

출처: J. Bogojeska, I. Giurgiu, G. Stark, and D. Wiesmann, "IBM Predictive Analytics Reduces Server Downtime," *INFORMS Journal on Applied Analytics* 51, no. 1 (January–February 2021): 63–75. (이 사례에 대한 링크는 www.mhhe.com/hillier7e에서 볼 수 있다.)

수정하는 내용을 담고 있다. 예측적인 분석 방법들은 매우 복잡하기 때문에 서술적 분석보다는 더 고급 분석 방법이라고 할 수 있다.

규범적 분석은 가장 상위의 분석 방법으로, 데이터에 의사결정 모델을 적용하여 미래에 수행해야 할 일을 알아낸다. 우리 교재에서 소개하는 최적화 모형들이 여기에 속한다. 규범적 분석의 목적은 경영 의사결정을 지원하는 것이고, 따라서 의사결정 분석으로 불리기도 한다.

경영분석(서술적, 예측적 및 규범적 분석)의 기본 용어 중 일부를 소개했지만, 경영분석 분야의 용어는 혁신과 시장의 변화에 따라 빠르게 변하고 있다. 예를 들어 경영분석은 데이터 분석data analytics, 의사결정 분석decision analytics, 또는 데이터 과학data science으로도 불린다.

데이터 사이언스의 역할

경영분석은 데이터data를 통찰력insight으로 변환하는 과학science에 중점을 두기 때문에 **데이터 과학**data science라고 불린다. 경영분석과 데이터 과학은 밀접하게 관련되어 있지만, 실제로는 별개의 두 분야이다. 경영분석은 더 나은 경영적 결정을 내리기 위해 데이터를 통찰력으로 변환하는 예술 및 과학으로 정의됨을 생각해보자. 아래의 데이터 과학의 정의와는 상당히 다름을 알 수 있다.

데이터 과학은 과학적 방법, 프로세스, 알고리즘, 시스템을 사용하여 다양한 형태를 가진 방대한 데이터에서 지식이나 통찰력을 추출하는 학제 간 연구 분야이다.

비록 경영분석도 학제적이고 과학적 방법을 사용하지만, 데이터 과학과의 주요한 차이점은 데이터 과학은 더 학제간적인 성격을 가진다는 점이다. 또 데이터 과학은 과학적 방법에 더 많은 기반을 두고 있으며, 경영 이외의 다양한 영역에 적용 가능하다는 점과, 다양한 형태를 가진 방대한 양의 데이터를 처리하는 방법에 더 관심을 가진다는 점이다.

현재 많은 대학에서 경영분석 또는 데이터 과학(또는 둘 다) 학위 과정을 제공하고 있고, 이 둘 사이에는 뚜렷한 차이가 있다. 경영분석 학위 과정은 일반적으로 경영대학의 석사 과정으로 제공되는데, 그 이유는 중요한 경영적 의사결정을 내리기 위해 구조화된 경영 데이터를 분석하는 데 초점을 맞추고 있기 때문이다. 데이터 과학 학위 과정은 주로 STEM(과학, 기술, 공학 및 수학을 의미함) 학과에서 제공하고 있으며 통계, 컴퓨터 과학 및 관련 기술과 같은 기초영역을 더 깊이 파고든다. 이러한 학제간 접근 방식은 경영적 적용만이 아닌 다양한 영역에서의 적용을 가능하게 한다.

데이터 분석에 과학을 적용하는 것이 중요해짐에 따라서 훈련된 데이터 과학 실무자는 **데이터 과학자**data scientist라는 직함을 가지게 된다. 반면, 경영분석 전문가의 경우에는 경영학적 이해에 더 중점을 두기 때문에 데이터 과학자라는 직함을 갖는 경우는 드물다. 경영분석가 팀에는 적어도 데이터 과학자가 포함되는 경우가 많은데, 그 이유는 수학, 통계 및 컴퓨터 과학에 대한 배경 지식을 가지고 있는 데이터 과학자가 경영분석팀에 도움이 되기 때문이다.

기계학습의 역할

현대의 컴퓨터는 매우 강력해서 인간의 능력을 훨씬 뛰어넘는 막대한 양의 정보와 계산을 단 몇 초 만에 처리할 수 있다. 이를 통해 컴퓨터 시스템("기계")은 데이터의 패턴을 자동으로 "학습"하고, 이를 바탕으로 특정 작업에 대한의 성능을 꾸준하게 향상시킬 수 있다.

기계학습machine learning의 목표는 컴퓨터가 데이터 기반 예측 등을 수행하기 위해 데이터의 과거 관계 및 추세로부터 자동으로 학습할 수 있도록 하는 것이다.

기계학습의 응용사례는 자율 주행 자동차, 실용적인 음성 인식, 효과적인 웹 검색, 이미지 인식, 의료 진단 및 인간 게놈 분석 등을 포함한다.

기계학습 프로세스를 설명하기 위해, 숙련된 의사(방사선 전문의)가 어떻게 패턴 인식을 사용하여 질병을 진단하는지 살펴보자. 방사선 전문의들은 일상적인 X-레이, 컴퓨터 단층 촬영, MRI, 초음파 및 기타 이미지 양식에서 얻은 이미지를 판독한다. 이 작업은 방사선과에서 수년간의 교육을 받은 후에만 수행할 수 있었지만, 최근에는 기계학습이 방사선 전문의가 이미지를 판독하는 데 도움을 주고 있다. 기계학습 과정은 인간 방사선 전문의의 훈련 과정을 모사화하여, 패턴 인식을 학습할 수 있는 디지털 "신경망"을 만들고, "정답"과 함께 수많은 훈련 이미지를 제공하여 학습시키는 과정을 포함한다. 그리고 그 결과로 얻어진 컴퓨터 응용 프로그램은 특정 질병을 예측하거나 진단하는데 도움이 되는 "두 번째 의견"을 방사선 전문의에게 제공한다.

이 방사선과 사례는 경영분석과 어떤 관련이 있을까? 직접적으로는 아닐지 모르지만, 간접적으로 엄청난 관련이 있다. 경영분석은 자주 다른 분야의 패턴 인식을 사용한다. 일 예로, 사기를 감지하기 위해 재무 기록에서 패턴을 찾고, 스팸을 감지하기 위해 이메일 메시지에서 패턴을 찾고, 신규 고객에게 추가 구매를 추천하기 위해 과거 고객의 구매 행동 패턴을 찾는 것을 들 수 있다. (유사한 예측 분석의 사례는 3장에서 볼 수 있다.)

인공지능의 역할

인공지능(AI)이라는 용어는 1956년에 처음 소개되었지만, 21세기 초에 와서야 그 중요성이 주목을 받고 있다. 2010년대 초 이미지 인식에 몇 가지 중요한 돌파구가 있었고, 그 후 자연어 처리도 발전하였다. 인공지능 관련 연구가 계속되고 있지만 인공지능의 목표를 완전히 실현하려면 아직 갈 길이 멀다.

인공지능(AI)artificial intelligence의 목표는 인간의 사고 능력과 행동을 시뮬레이션 할 수 있는 지능형 컴퓨터 프로그램과 기계를 구축하는 것이다.

인공지능의 유명한 예로 1997년의 Deep Blue가 있다. Deep Blue는 인공지능을 이용하여 6개의 체스 게임으로 구성된 경기에서 세계 체스 챔피언(Garry Kasparov)을 물리칠 수 있었다. Deep Blue는 초당 약 2억 개의 체스 위치를 생성하고 평가할 수 있기 때문에, 자신과 상대방이 놓을 수 있는 다양한 수의 조합을 평가하면서 몇 수를 미리 내다볼 수 있었다. 체스 선수들은 항상 미래의 수를 내다보지만 체스의 대가조차도 Deep Blue만큼 잘 하지는 못하였다. 즉, Deep Blue는 인간의 사고 능력과 행동을 시뮬레이션하고 있었지만, AI의 힘을 통해 인해 세계 챔피언보다 더 효과적으로 이를 수행할 수 있었다.

기계학습(ML)과 인공지능(AI)은 밀접하게 관련된 기술이다. 이 두 용어는 종종 같은 의미로 사용되지만 ML은 실제로 AI의 중요한 부분 중 하나일 뿐이다. ML은 데이터의 과거 관계 및 추세에서 자동으로 학습하는 데 중점을 두기 때문에, AI 수행을 위한 이상적인 플랫폼을 제공한다. 어려운 부분은 이 플랫폼을 사용하여 인간의 사고 능력과 행동을 실제로 구현하는 다음 단계로 넘어가는 것이다.

컨설턴트를 포함하여 많은 실무자은 이제 AI를 경영과학, 운영연구, 분석, 기계학습 등을 포함하는 포괄적인 용어로 사용하고 있다. 그러나 일반적으로 사용되고 있는 알고리즘은 인공지능보다는 인간의 지능을 기반으로 개발되어 왔다. 때문에 완전한 AI의 실현은 아직 갈 길이 멀다.

복습문제

1. 경영분석 분야에 포함될 수 있는 계량적 의사결정과학 방법에는 무엇이 있는가?
2. 빅데이터 시대란 무엇을 의미하며 경영분석의 탄생에 빅데이터는 어떤 역할을 했는가?
3. 서술적 분석은 무엇인가?
4. 예측적 분석은 무엇인가?
5. 규범적 분석은 무엇인가?
6. 데이터 과학이란 무엇이며 경영분석과 어떻게 다른가?
7. 기계학습이란 무엇이며 경영분석과 어떤 관련이 있는가?
8. 인공지능이란 무엇이며 기계학습과 어떤 관련이 있는가?

1.3 경영과학과 경영분석의 관계

1.1절과 1.2절에서 각각 경영과학과 경영분석 분야를 소개하였다. 두 분야 모두 데이터와 계량적 요소를 사용하여 경영적 의사결정을 지원하는 정교한 분석을 수행한다는 점에서 경영과학과 경영분석은 많은 유사점을 가지며 서로를 잘 보완하고 있다.

경영과학과 경영분석은 상호 보완적이다. 따라서 경영과학 전문가도는 이제는 경영분석에 대한 교육을 받아야 하며, 경영분석 전문가도 경영과학 교육이 필요하다. 같은 맥락에서 경영대학은 이제 경영과학과 경영분석이라는 전통적인 학문 분야에서 확고한 기반을 갖춘 미래의 경영분석가를 양성해야 한다. (이 교과서는 경영과학에 필요한 견고한 기초를 제공하는 동시에 경영분석의 역할과 관련한 내용을 모두 포함한다.)

경영과학의 기법으로 시작된 모든 연구프로젝트는 대부분 경영분석 기법으로 마무리되고, 경영분석으로 시작된 모든 프로젝트는 경영과학적 기법으로 마무리된다는 점에서 경영과학과 경영분석의 보완적 관계를 확인할 수 있다. 예를 들어 적절한 경영과학 기법을 찾고 있는 경영분석가는 여지없이 1.2절에 소개되었던 세가지 범주의 분석이 모두 필요하다는 것을 알게 된다. 먼저, 서술적인 분석을 통해 데이터를 이해하고, 예측적인 분석을 통해 미래에 일어날 수 잇는 일들을 예측한 다음, 경영과학에서 도출된 최적화 기법을 활용하여 프로젝트를 마무리 짓게 된다.

경영과학과 경영분석은 역사에서 차이가 있는데, 경영과학은 20세기 중반에 확립되어 기술을 더욱 발전시키고 확장해온 반면, 경영분석은 21세기 초반에서 하나의 학문 분야로 확립

응용사례

Intel Corporation은 실리콘 밸리에 본사를 둔 미국의 다국적 기술 회사로, 매출 기준으로 세계 최대의 반도체 칩 제조업체이다. 2020년 Fortune지 선정 500대 미국 기업 중 매출 780억 달러로 45위를 기록했다. 인텔의 집적 회로는 50년 이상 정보 혁명의 원동력이었는데, 최근 인텔 기반 컴퓨터로 인해 클라우드 컴퓨팅, 빅데이터, 인공 지능의 실질적인 부활이 가능해졌다.

방대한 고객의 요구를 충족하기 위해 인텔은 여러 가지 개별 제품을 생산한 다음 공급망을 통해 전 세계에 배포해야 하는데, 최근 몇 년 동안 제조 공정과 제품 경로는 더 많은 제조 단계와 더 긴 처리 시간, 그리고 여러 용량 관련한 어려움으로 인해 훨씬 더 복잡해졌다. 따라서 2000년대 후반에 Intel은 회사 전체에서 제품 설계 최적화 및 공급망 계획 최적화에 고급 분석을 개발하고 적용하기 시작했다. 경영과학의 전통적인 기법들(예: 선형계획법과 혼합정수계획법)과 경영분석의 새로운 기법들(예: 인공지능과 기계학습)에서 가져온 다양한 종류의 규범적인 분석 방법이 사용되었는데, 대략 1,300만 개의 결정변수, 30,000개의 정수 변수 및 410만 개의 제약조건을 포함하는 모델을 다루었다.

인텔은 고도로 정교한 고급 분석의 적용을 통해 많은 양의 배당금을 지급할 수 있었는데, 새로운 접근 방식을 도입한 2009년 첫 해의 매출 증가와 비용 절감을 모두 고려하면 이익은 5억 달러나 증가하였다. 새로운 방식의 효과가 확고해짐에 따라 이익에 대한 기여도는 점차 증가하여 2019년에는 50억 달러에 도달했다(이후 몇 년 동안 더 크게 성장할 것으로 예상됨). 2009년부터 2019년까지 총이익 증가액은 250억 달러가 넘었다. 이러한 놀라운 결과는 세계 경제에서 빠르게 변화하는 분야의 선두 기업으로서 인텔의 위치를 유지하는 데 중요한 역할을 했다.

경영과학과 경영분석의 이러한 극적인 적용으로 인해 인텔은 고급 분석, 운영연구 및 경영과학 부문에서 권위 있는 국제 2020 프란츠 에델만 상(Franz Edelman Award)의 1등상을 수상하였다.

출처: J. Heiney, R. Lovrien, N. Mason, I. Ovacik, E. Rash, N. Sarkar, H. Travis, Z. Zhao, K. Ching, S. Shirodkar, and K. G. Kempf, "Intel Realizes $25 Billion by Applying Advanced Analytics from Product Architecture Design Through Supply Chain Planning," *INFORMS Journal on Applied Analytics* 51, no. 1 (January–February, 2021): 9–25. (이 사례에 대한 링크는 www.mhhe.com/hillier7e에서 볼 수 있다.)

될 수 있었다. 이것이 경영분석이 경영과학을 포함한 다른 분야에 크게 의존적인 이유이기도 하다. 하지만, 예측적인 분석을 수행하는 자체 기술이 급속하게 발전하면서 경영분석은 잃어버린 시간을 만회할 수 있었다.

경영과학과 경영분석의 전통적인 기법의 사용을 비교해보면, 경영분석가는 일반적으로 기술적인 분석이 필요한 영역을 다룰 때 경영분석에서 더 많은 도움을 얻는다. 경영분석은 또한, 데이터 전처리 및 예측적인 분석을 수행하는 데 유용한 도구들을 제공한다. 경영과학도 이 영역에서 유용한 몇몇 기술을 제공하긴 하지만, 경영과학 기법은 일반적으로 규범적인 분석을 수행할 때 주로 사용된다. 따라서 세 가지 유형의 분석을 모두 필요로 하는 본격적인 연구를 수행하기에 이상적인 경영분석가 팀이 되기 위해서는 두 분야의 강점을 모두 가지고 있어야 한다.

이 책은 경영 문제에 초점을 맞추고 있지만, 경영과학과 경영분석은 경영 밖의 세계에서도 큰 영향을 미치고 있다. 예를 들어, 스포츠 팬들은 스포츠 분석sports analytics이 야구, 미식축구, 농구를 포함한 스포츠계 전반에 걸쳐 사용되는 전략을 실질적으로 변화시켰다는 것을 알게 되었다. 분석은 또한, 정치 캠페인, 건강 관리, 범죄 퇴치, 개인 재무분석 등과 같은 영역에서 중요한 공헌을 해왔다. 마찬가지로 경영과학도 기업경영 외에도 다양한 분야에서 활용되고 있다. 예를 들어, 암 치료를 위한 화학방사선 요법의 계획, 환자 흐름 제어, 장기 이식 자격을 위한 3자 매칭, 글로벌 소아마비 퇴치, 공중 보건 정책 등의 최적화를 통해 보건 영역에 기여하고 있다. 다른 응용 분야로는 기후 변화 퇴치, 작물 생산성 증가, 군사 전략 개발, 재해 구호, 범죄학 등이 있다.

경영분석 및 경영과학 전문가에 대한 수요 증가

2010년대 McKinsey Global Institute와 같은 비즈니스 씽크탱크는 세계의 기업들이 경영분석 및 경영과학의 강력한 방법론을 최대한 활용할 만큼 충분히 신속하게 행동하지 않는다고 경고했다. 문제는 이러한 방법론을 사용하는 전문가가 심각하게 부족했을 뿐 아니라, 또 그러한 전문가들이 수행한 연구를 활용할 수 있는 경영자와 경영분석가는 훨씬 더 부족하다는 것이었다.

현재 수많은 기업의 최고 경영진은 이러한 분석 방법들이 기업의 최종 성과에 미칠 수 있는 영향을 이해하고 있으며, 조직 내 분석팀의 역할을 확대하는 것에 관심을 가지고 있다. 이는 경영분석과 경영과학을 전문적으로 훈련받은 인력이 계속해서 더 필요하게 됨을 의미한다.

대학들은 이러한 거대한 요구에 부응하고 있다. 경영과학 또는 운영연구 학위 프로그램이 계속해서 운영되고 있으며, 미국을 비롯한 전 세계의 여러 경영대학에서는 경영분석과 관련한 교과목을 만들고 관련 학위 프로그램을 석사 과정으로 운영하고 있다. 이 책에서 다루는 여러 내용(경영과학)은 경영분석을 지원하는 다른 계량적 의사결정과학(통계, 컴퓨터 과학 및 정보 기술)과 더불어 이러한 교육 프로그램의 주요 구성요소이다.

동시에 대학은 경영과학 또는 경영과학과 경영분석의 융합 전공 대학원생의 수를 대폭 늘릴 필요가 있다. 수년 동안 미국 노동 통계국은 운영연구분석가operations research analysts의 고용이 "모든 직종의 평균보다 훨씬 빠르게" 증가할 것이라고 예측해왔다. (경영대학 밖에서는 운영연구operations research라는 이름이 사용되었지만 이 책에서는 일관되게 경영과학이라 호칭함.) 미국 외에도 세계 여러 지역에서 경영과학/운영연구 및 경영분석을 융합하는 학위 과정과 취업 기회가 증가하고 있는데, 특히 STEM(과학, 기술, 엔지니어링 및 수학)에 관심을 가지고 있는 경영대학 학생들에게 탁월한 기회가 주어지고 있다. Thomas H. Davenport의 말에 따르면 분석 전문가의 직업은 "21세기의 가장 섹시한 직업"이 될 것이라고 한다.

경영분석과 경영과학을 설명하면서 여러 가지 차이점을 이야기하였지만 이러한 차이는 시간이 지남에 따라 줄어들 것이다. 경영분석과 경영과학은 서로 보완적인 학문으로, 서로의 특수 기술에 대한 공유 소유권을 점차적으로 주장하게 될 것이다.

경영과학과 경영분석 간에 긴밀한 파트너십을 증명하는 한 가지 예로, 세계에서 가장 큰 경영과학 및 경영분석 관련 학회인 INFORMSInstitute of Operations Research and the Management Sciences가 경영분석을 완전히 도입했다는 점을 들 수 있다. 이 국제학회는 경영과학과 경영분석을 모두 포함하는 연례 INFORMS 학회와 더불어 매년 많은 사람들이 참석하는 경영분석 학회를 개최한다.

INFORMS는 현재 다양한 경영과학 및 경영분석 분야에서 16개의 저명한 저널을 발행하고 있다. 가장 인기 있는 저널은 INFORMS Journal on Applied Analytics(2019년 이전에는 Interfaces)이다. 이 저널은 경영분석과 경영과학 사이의 긴밀한 관계를 활용한 여러 응용사례를 담고 있다. (이 책 전반에 걸쳐 사용된 응용사례들은 이 저널에서 발췌하였다.)

INFORMS는 분석에 대한 비중을 높이고 있는데, 매년 가장 훌륭한 응용사례에 수여되는 INFORMS상의 이름이 "Franz Edelman Award for Achievement in Advanced Analytics, Operations Research, and Management Science"로 변경되기도 하였다. 또 다른 INFORMS 간행물인 Analytics Magazine는 경영분석 세계의 중요한 발전에 대해 연 6회 발행하고 있다. INFORMS는 관심사에 따라 나뉘는 단체들이 있는데, 그 중 가장 큰 단체는 데이터 마이닝 섹션을 포함하고 있는 분석 단체Analytics Society이다. 또한, INFORMS는 일련의 교육과 시험을 통과한 분석 전문가들에게 자격을 부여하는 Certified Analytics Professional(CAP) 프로그램을 운영하고 있다. 이러한 모든 면에서 INFORMS가 경영분석을 경영과학에 대한 필수적인 보완책으로 인식하고 있음을 알 수 있다.

경영분석 분야는 계속해서 빠른 속도로 발전하고 있다. 경영과학은 경영분석 분야의 핵심이기 때문에 이 책에서 소개하는 강력한 경영과학 기법 또한, 지속적으로 관심을 받고 있다. 지금까지 경영분석과 경영과학의 상호 보완적인 관계를 살펴보았다. 다음 절에서는 서술적인 분석, 예측적인 분석, 그리고 규범적인 분석을 모두 거치는 사례연구를 통해 경영분석과 경영과학이 어떻게 협동하는지 살펴볼 것이다. 각 단계에서 경영분석 또는 경영과학의 기법 중 하나가 적용되는 것을 볼 것이다. 지금은 독자들의 학습 욕구를 자극하기 위해 전형적인 기법에 대해 간단히 소개하겠지만, 각 기법에 대한 자세한 설명이 어디에 있는지 책 뒷부분에 표시할 것이다

이 책의 특징은 경영분석 및 경영과학 모형의 작성과 적용을 위해 스프레드시트 모델링을 사용하는 것을 주제로 하고 있다. 다음 절에서는 스프레드시트 모델링에 대해 소개한다.

복습문제

1. 경영분석과 경영과학은 일반적으로 분석의 세 가지 단계를 어떻게 구분하고 있는가?
2. 경영 분야 밖에서 분석이 적용되는 응용 분야는 무엇인가?
3. 경영분석과 경영과학을 훈련한 경영분석가에 대한 수요 추세는 어떠한가?
4. 경영대학 밖에서 경영과학을 부르는 흔한 호칭은 무엇인가?
5. 경영분석과 경영과학을 모두 아우르는 저명한 국제 학회의 이름은 무엇인가?

1.4 사례: VRX 회사의 광고 집행 예산 할당 문제

VRX는 가상현실 헤드셋을 전문으로 하는 작은 기술 회사이다. 여러 모델을 보유하고 있으며, 가장 인기 있는 모델은 VRX2000이다. VRX2000은 약 2년 전 출시된 이후로 여러 기술 웹사이트에서 극찬을 받은 모델이며, 꾸준한 인기를 누리고 있는 모델이다. 하지만 VRX는 지명도나 브랜드 인지도가 그리 높지 않은 기업이기 때문에, 지속적인 제품의 판매를 위해 광고에 크게 의존하고 있다. 과거에 VRX2000의 광고는 큰 전략 없이 집행되었기 때문에 광고 예산은 그때마다 크게 달랐다. 그러나 경영진은 다음 분기 VRX2000 광고 예산을 집행하는데 있어, 정보에 기반한 의사결정을 내리기로 하였다. 대표이사는 분석analytics이 다른 회사에 미치는 영향을 들었기 때문에, 이 중요한 결정에 분석을 사용하기로 결정했다.

다행히도 VRX는 경영분석 및 경영과학 교육을 모두 받은 경영분석가가 포함된 부서가 있는 진보적인 회사이다. 그러므로 CEO는 최적의 VRX2000 광고 예산 집행 규모를 결정하기 위한 분석 연구 팀을 구성했다.

대부분의 VRX 광고는 인터넷을 통해 여러 게임 및 가상현실 팬 사이트에 게재된다. VRX2000은 광고를 전혀 하지 않는 것에서부터 20만 달러에 이르는 다양한 광고 예산을 집행한 적이 있었다. 당연하게도, 경영진은 광고와 판매 사이의 강력한 관계가 있음을 -광고를 더 많이 하면 더 많이 판매한다는 사실- 확인했다. 그러나 더 이상 광고가 판매를 늘리지 않는 지점이 있을까? 이 질문에 대답하기 위해서는 데이터들이 필요하다. 예를 들어 'VRX2000 판매에 따른 수익은 얼마인가?' 'VRX2000 생산 비용은 얼마인가?' 등의 데이터이다.

수익 데이터는 간단하다. VRX2000은 VRX 웹사이트를 통해 소비자에게 직접 판매되고, 개당 400달러에 판매된다. VRX2000에 대한 비용 데이터는 좀 더 복잡하다. 원자재 비용, 조립 비용, 급여, 마케팅, 토지와 건물, 세금, 설비 비용 등이 있다. 이러한 비용 중 일부는 생산 개수에 따라 달라진다. 예를 들어, 원자재 비용과 조립 인건비는 생산된 제품의 개수에 대략 비례한다. 그 밖에 관리 급여, 토지, 자본 장비 등의 비용은 기본적으로 고정되어 있기 때문에 생산 개수와 상관없이 일정하다. 그러나 마케팅 비용과 같은 다른 비용은 경영진의 결정에 크게 좌우된다. 그리고 이러한 결정은 판매에 영향을 미친다.

분석 연구팀은 비용을 변동비용, 고정비용 그리고 마케팅 비용으로 분류하기로 하였다. 변동비용에는 생산 대수에 비례하는 모든 원가가 포함될 것이다. 여기에는 각 단위를 생산하는 데 필요한 원자재 비용, 각 단위를 조립하는 데 필요한 인건비, 그리고 추가 생산 및 판매에 대해 발생하는 기타 비용이 포함된다. VRX는 각 VRX2000을 생산하는 데 드는 평균 변동비를 295달러로 추정했다.

VRX2000의 고정비용에는 생산 대수에 관계없이 발생하는 비용이 포함된다. 여기에는 고위 경영진의 연봉, 설비비용, 재산세 등이 포함될 수 있다. VRX는 이러한 고정비용을 분기당 10만 달러로 추정한다.

마케팅 비용의 경우는 좀 다르다. VRX는 그들이 원하는 만큼을 VRX2000의 광고 예산으로 선택할 수 있다. 고정비도 변동비도 아니고 결정해야 할 사항이다. 그러나 이 결정은 이 모델의 판매에 영향을 미치므로 (판매에서 발생하는) 총수익과 총 변동비용 모두에 영향을 미친다(판매 수요를 충족하기 위해 생산 비용은 생산해야 하는 단위의 수에 따라 달라지기 때문이다). 그러나 판매량과 광고의 정확한 관계는 불분명하다. 최적의 광고 수준을 효과적으로 결정하기 위해서는 광고가 판매량에 어떤 영향을 미치는지 아는 것이 중요할 것이다. 이를 위해서는 과거 데이터에 대한 신중한 분석이 필요하다.

〈표 1-1〉은 지난 분기의 다양한 광고 예산과 VRX2000 모델에 대한 분기별 판매 수치(판매 개수)를 모두 보여준다. (전체의 판매 수치에는 판매 개수가 표시되며, 판매 수익은 표시되지 않는다.)

〈표 1-1〉 VRX2000의 과거 광고 및 판매 데이터

	광고 예산	판매
Q4	$60,000	2,118
Q1	$120,000	2,998
Q2	$20,000	1,376
Q3	$80,000	2,296
Q4	$200,000	3,454
Q1	$100,000	2,622
Q2	$0	399
Q3	$40,000	1,808
Q4	$160,000	3,206

이어서, 분석 연구 팀이 세 단계의 분석을 차례로 체계적으로 수행하여 이 문제를 해결한 방법에 대해 설명한다.

데이터를 탐색하고 광고가 판매량에 미치는 영향을 보다 효과적으로 시각화하기 위한 서술적 분석 수행

분석을 시작하기 위해서는, 광고와 판매 사이의 관계를 더 잘 이해하기 위해 데이터의 서술적 분석이 수행되어야 한다. 〈표 1-1〉의 데이터를 살펴보면 광고 예산이 더 많은 분기의 판매량이 더 높았음을 알 수 있다. 하지만, 그 효과는 얼마나 컸으며, 광고와 판매 사이의 관계의 특징은 무엇일까? 표에 있는 많은 숫자들을 살펴보는 것에는 한계가 있다.

따라서 분석 연구팀은 이 경우에 사용해야 하는 서술적 분석의 주요 기법 중 하나가 데이터 시각화라고 결정했다. 1.2절과 2.3절에서 설명한 바와 같이, 데이터 시각화의 목표는 시각적 그래픽의 혁신적인 사용을 통해 수치 정보(데이터 탐색 중 얻은 통찰력을 포함)의 이해를 개선하는 것이다. 이 기법은 수십 년 동안 통계 분야에서 강조되어 왔기 때문에 매우 긴 역사를 가지고 있다. 그러나 경영분석 커뮤니티는 이 기술을 새로운 차원으로 끌어올렸다. 많은 데이터 과학자가 고도화된 데이터 시각화 기술의 우월성에 자부심을 가지고 있다.

데이터 시각화를 위한 많은 유용한 도구가 있다. 그러나 이 사례의 경우 **산점도**scatter plot라고 하는 비교적 간단한 시각적 그래픽만 있으면 된다. 특히 〈표 1-1〉의 모든 데이터는 각 광고 예산이 같은 분기의 판매량과 짝을 이루는 데이터paired data이다. 이 경우 산점도는 각 데이터 쌍을 2차원 차트에 단일 점으로 표시하고, 광고 금액은 수평축에, 판매량은 수직축에 표시한다. 〈그림 1-1〉은 〈표 1-1〉의 데이터를 엑셀 스프레드시트에 입력하여 생성된 산점도를 보여준다. (수직축에 의해 다소 가려지지만 왼쪽의 첫 번째 점은 광고 예산이 0달러일 때의 판매량을 보여준다.)

〈그림 1-1〉 VRX2000에 대한 판매와 광고 예산을 보여주는 산점도

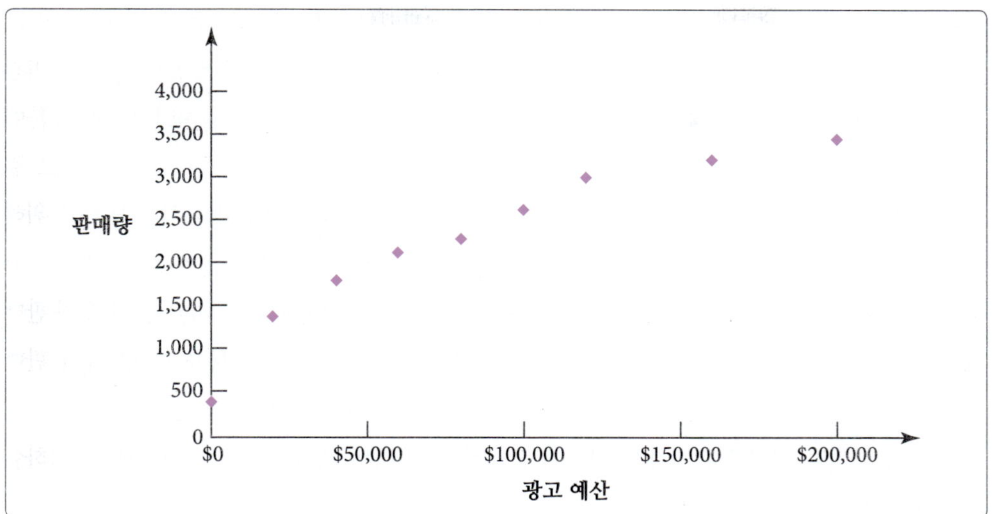

이 산점도가 데이터를 시각화하는 데 어떻게 도움이 될까? 차트에서 오른쪽으로 이동할수록 광고 예산이 증가하여 판매량이 증가했음을 알 수 있다. 더욱이 그래프의 기울기가 상당히 가파르다는 것은 광고가 판매량에 상당히 큰 영향을 미치고 있음을 보여준다.

산점도을 통해 얻을 수 있는 또 다른 정보는 광고 예산 증가에 따른 판매량 증가율이 다소 감소하는 것으로 보인다는 것이다. 데이터 점을 왼쪽에서 오른쪽으로 따라가다 보면, 오른쪽으로 이동할수록 약간 곡선을 그리며 평평해지는 것처럼 보인다. (데이터의 랜덤성이 이러한 효과의 일부를 희석시키지만, 첫 번째부터 세 번째 점을 거쳐 여섯~여덟 번째 점으로 왼쪽에서 오른쪽으로 이동할 때 기울기가 평평해지는 것을 살펴볼 수 있다. 이는 광고로부터 얻는 수익이 감소하는 것(**수확 체감**diminishing returns)으로 보인다는 것을 드러낸다. 즉, 추가적으로 광고를 함에 따라 광고의 효과성이 점차 감소한다는 것이다. 초기 광고 달러는 판매에 크고 긍정적인 영향을 미치고 있지만, 광고에 더 많은 달러가 사용됨에 따라 추가로 발생하는 달러의 영향은 더 작아지는 것으로 보인다. 즉, 가성비가 떨어진다.

곡선 데이터가 암시하는 광고의 수익 감소는 산점도를 사용하여 쉽게 발견할 수 있다. 〈표 1-1〉의 숫자들만 보고는 이를 알아차리기가 거의 불가능했을 것이다. 이는 데이터 시각화를 효과적으로 사용함으로써 데이터의 핵심을 통찰할 수 있음을 보여준다.

예측 분석을 수행하여 광고가 판매에 미치는 영향 예측하기

분석 연구팀은 데이터 탐색, 서술적 분석 및 산점도를 바탕으로 판매량과 광고의 관계를 시각화할 수 있었다. 판매량은 광고와 함께 증가하지만 수익은 감소하는 것으로 보인다. 예측 분석의 목표는 이 관계를 정량화하는 것이다. 광고를 하면 판매량이 얼마나 증가하는가? 수익 감

소가 얼마나 중요한 것인가? 주어진 광고량에 대해 판매량이 (대략) 얼마가 될지 예측할 수 있는가? 분석 연구팀은 다양한 예측 모델을 탐색하여 어떤 모델이 최선인지 확인해야 한다.

VRX2000의 다음 분기 광고 수준에 따른 판매량을 예측하는 간단한 방법은 광고 수준이 동일했던 지난 분기의 판매량과 동일할 것이라고 결론을 내리는 것이다. 그러나 이 예측이 부적절한 세 가지 이유가 있다.

한 가지 이유는 동일한 광고량을 가지더라도 다음 분기의 판매 잠재력이 이전 분기의 판매 잠재력과 동일하지 않을 수 있으며, 그 결과 두 분기의 매출이 상당히 다를 수 있기 때문이다. 아마도 분기별로 판매량이 상승하거나 하락하는 추세가 있었을 것이다. 또는 분기별 판매량에 영향을 미치는 특별한 이유(예: 크리스마스 판매량)가 있을 수 있다. 다행히 VRX 마케팅 관리자와 상의하여 데이터를 연구한 결과, 분석 연구팀은 이러한 이유가 VRX2000에는 적용되지 않는다고 결론 내렸다. (4장에서 예측적 분석이 추세 또는 계절성 요인을 어떻게 고려할 수 있는지 설명한다)

두 번째 이유는 분기별 판매량에는 대개 어느 정도의 **무작위성**randomness(즉, 사건의 패턴이나 예측 가능성의 명백한 결여)이 존재하기 때문이다. (확률 이론의 용어에서, 특정 수준의 광고량에 대한 분기별 판매량은 어떤 확률 분포를 따르는 확률 변수이다.) 따라서 다음 분기와 이전 분기의 광고 수준이 동일하더라도, 다음 분기의 판매량은 단지 우연으로 인해 이전 분기보다 약간 높거나 조금 낮을 수 있다. 다른 데이터를 활용해 우연히 전 분기 판매량이 평년보다 조금 높은지 조금 낮은지를 알아낼 수 있는 좀 더 정교한 예측 방법이 필요하다.

세 번째 이유는 다음 분기의 광고 수준이 이전 분기와 다를 수 있기 때문이다. 가장 유사한 두 개의 이전 분기(하나는 광고 수준이 조금 높고 다른 하나는 광고 수준이 조금 낮을 때)를 고려한 다음 이 두 개의 이전 분기 판매량의 중간 값을 고려해볼 수 있다. 그러나 무작위성으로 인해 이 두 분기 판매량이 평균값과 다른지 여부를 다른 데이터를 활용해 확인할 수 있는 정교한 예측 방법이 필요하다.

분석 연구팀은 VRX2000의 다음 분기 판매량을 광고 수준이 동일한 이전 분기의 판매량을 기반으로 예측해서는 안되는 위의 세 가지 이유를 잘 이해하고 있다. 그들은 또한, 그러한 예측을 위해 모든 데이터를 최대한 활용할 수 있는 보다 정교한 예측적 분석 기법을 사용하는데 익숙하다. 그럼 분석은 어떻게 진행되어야 할까?

궁극적인 목표는 (다음 절의 규범적 분석을 수행하여) 최적의 광고 예산을 선택하는 것이다. 이를 달성하기 위해서, VRX는 먼저 광고 수준의 함수로 표현되는 판매량이 어떻게 변화할 것인지를 예측하고 현실적인 후보군들 중 최선의 선택지를 추려낼 수 있어야 한다.

분석 연구팀은 이를 위한 핵심 기법이 (선형 또는 비선형) **회귀분석을 통한 인과적 예측**causal forecasting with regression이라는 것을 알아냈다. 인과적 예측은 데이터의 산점도를 사용하여 관심 변수 값과 연관이 있는 하나 이상의 다른 변수 값(이 경우 광고 예산)과 직접 관련시켜 관심 변수 값의 예측값(이 경우 판매량)을 얻는 것을 포함한다. 그러므로 인과적 예측은 어떤 특정한 광고 예산 값에 대하여 판매량이 어떻게 될 것인지에 대한 예측 값을 제공할 것이다.

회귀분석 부분은 산점도에서 추세선을 생성하는 것을 말하며, **추세선**trendline의 각 점은 각 광고 예산의 값에 대한 예상 판매량를 나타낸다. 추세선은 직선(**선형 회귀분석**linear regression의 경우) 또는 곡선(**비선형 회귀분석**nonlinear regression의 경우)일 수 있다. 두 경우 모두 추세선이 산점도의 모든 데이터 점 근처를 부드럽게 통과해야 한다. 무작위성 때문에 일반적으로 일부 점들은 추세선보다 약간 위에 있고 다른 점들은 약간 아래에 있다. (추세선 위에 놓이는 점이 없는 것은 드문 일이 아니다.) 그러나 회귀분석 방법을 잘 활용하면 모든 데이터 점이 추세선에 상당히 가깝게 놓일 수 있다.

회귀 기법을 사용한 인과적 예측은 통계 분야에서 매우 오랜 역사를 가지고 있다. (선형 회귀의 역사는 실제로 200년 이상 거슬러 올라간다.) 경영학을 포함한 많은 다른 분야(예: 경제학, 공학, 과학)에서도 널리 사용되고 있다. 선형 회귀를 이용한 인과적 예측은 4.5절에 자세히 설명한다.

그러나 인과적 예측을 적용하기 전에 어떤 특정 유형의 회귀분석을 사용해야 하는지를 결정해야 한다. 목표는 데이터를 특히 잘 설명하는 추세선의 형태를 선택하는 것이다. 회귀분석에서 직선인 추세선을 사용해야 하는가(선형 회귀분석)? 또는 일부 비선형 회귀를 이용해서 부드러운 곡선의 추세선을 생성해야 하는가(비선형 회귀분석)? 이를 결정하기 위해서는 분석이 필요하다.

선형 회귀분석이 얼마나 잘 작동하는지 확인하는 것으로 이러한 분석을 시작하는 것이 일반적이기 때문에 분석 연구팀은 분석의 첫 번째 단계로 이 분석을 수행하기로 결정한다. 이 경우 선형 회귀분석에는 판매량(종속변수)과 광고 예산(독립변수) 사이의 관계를 직선 추세선으로 근사하는 것이 포함된다. 일반적으로 선형 회귀 추세선에 대한 방정식은 다음과 같은 형식을 취한다.

$$y = ax + b$$

여기서, y = 종속변수의 추정 값
a = 선형 회귀 추세선의 기울기
x = 독립변수의 값
b = 선형 회귀 추세선의 y절편

〈그림 1-1〉과 같은 스프레드시트의 산점도가 주어지면 엑셀은 과거 데이터에 가장 적합한 추세선을 찾아 선형 회귀를 수행하는 편리한 방법을 제공한다. 데이터 점위에 마우스를 두고 오른쪽 버튼으로 클릭한 후 팝업 메뉴에서 "추세선 추가"를 선택하면 선형 회귀분석이 수행되고 데이터에 대한 "최적 적합선"이 결정된다(4.5절에서 자세히 설명하겠지만, 이 선은 선형 회귀선과 과거 데이터 사이의 오차 제곱 평균을 최소화하는 선이다). 〈그림 1-2〉는 선형 회귀 추세

〈그림 1-2〉 선형 회귀 추세선이 포함된 산점도

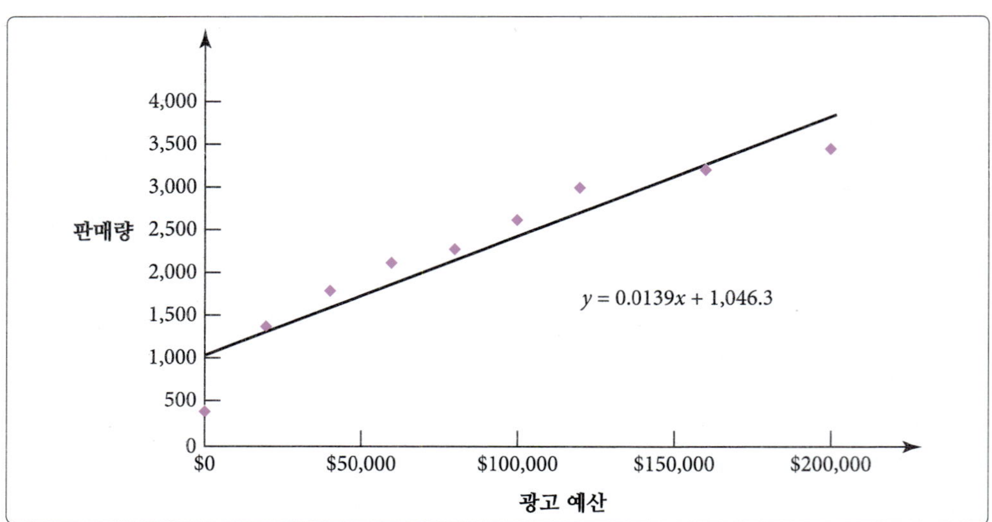

선의 결과를 보여준다.

〈그림 1-2〉에서 살펴본 바와 같이, 이 선형 회귀 추세선은 다음과 같이 표현된다.

$$y = 0.0139x + 1{,}046.3$$

y는 예상 판매량을 나타내고 x는 광고 예산을 나타내므로, 이 방정식이 의미하는 바는 다음과 같다.

$$\text{판매량} \approx 0.0139(\text{광고비}) + 1{,}046.3$$

따라서 광고가 집행되지 않았을 때 예상 판매량은 1,046.3으로, 광고비로 지출되는 달러당 0.0139대의 판매량 증가가 예상된다. 불행히도 〈그림 1-2〉는 이 선형 회귀 추세선이 데이터에 적합하지 않음을 보여준다. 왼쪽의 첫 번째 데이터 점은 추세선 아래에 있으며 오른쪽의 마지막 두 데이터 점들은 추세선 아래로 내려가기 시작한다.

서술적 분석 단계를 거치는 동안 분석 연구팀은 데이터 시각화를 통해 VXR2000의 광고 수익이 상당히 감소한다는 것을 확인했다. 이는 선형 회귀분석이 데이터에 적합하지 않다는 명확한 증거이다. 광고로 인한 수익이 줄어드는 경향이 있다는 것은 마케팅에서 잘 알려진 현상이기 때문에 이것은 놀라운 일이 아니다. 초기 광고는 일반적으로 시청자에게 생소하기 때문에 가장 큰 영향을 미친다. 하지만, 너무 많은 광고에 노출되면, 시청자들은 이전에 광고를 본 적이 있기 때문에 광고를 무시하는 경향이 있다.

이 경우 과거 데이터를 〈그림 1-2〉의 추세선과 비교하면 광고 수익이 감소하는 것을 명확하게 알 수 있다. 과거 판매량 데이터는 시작할 때 추세선(작은 광고 예산 값을 나타내는 가장 왼쪽의 데이터 점)보다 크게 증가하고 마지막에는 추세선(높은 광고 예산을 나타내는 가장 오

〈그림 1-3〉 다항식 방정식으로 표현되는 비선형 추세선을 가진 VRX2000에 대한 판매 대 광고 데이터

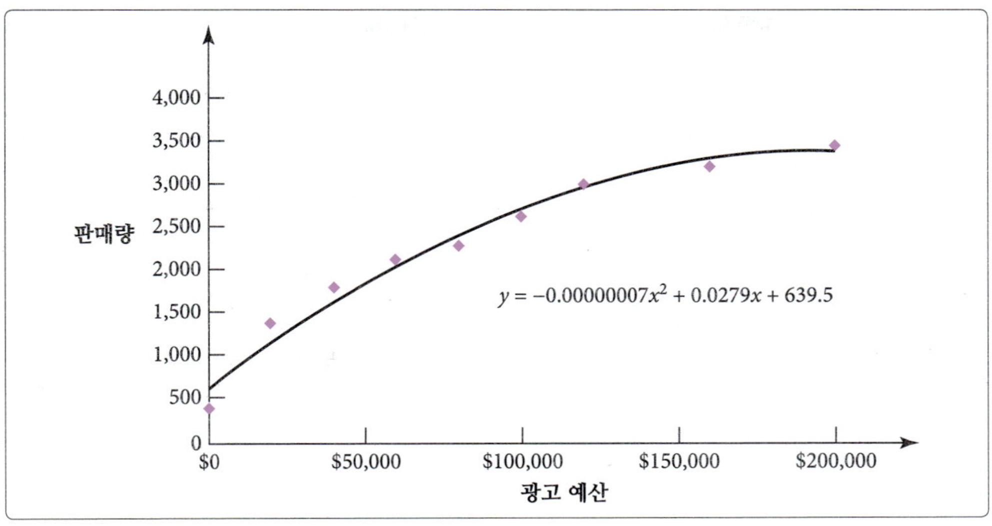

른쪽의 데이터 점) 아래로 감소하는 것으로 보인다.

광고로 인한 수익이 상당히 감소하므로 분석 연구팀은 VRX2000에 선형 회귀를 사용해서는 안 된다는 결론을 내렸다. 다행히도 엑셀에는 비선형 회귀분석(비선형 추세선 사용)을 수행할 수 있는 옵션도 있다. 〈그림 1-3〉은 회귀 방정식에 x^2항을 추가하는 다항식 추세선을 나타낸다.

이 2차 다항식 방정식은 직선 추세선보다 과거 데이터에 더 적합한 것으로 보인다. 2차 다항식 방정식 추세선이 광고의 감소하는 수익을 더 잘 반영하여 보여준다. 그러나 이 다항식 방정식을 사용하는 것은 심각한 결함이 있다. 만약 $200,000 이상의 광고 예산에 대해 판매량이 얼마가 될지 예측하는 데 사용된다면 기울기가 감소하기 시작할 것이다. 즉, 광고가 20만 달러 이상 증가함에 따라 판매량이 감소할 것으로 예측된다. (〈그림 1-6〉은 $200,000 이상의 다항식 방정식에서 어떤 일이 일어나는지 보여준다.) 우리는 직관적으로 광고가 증가함에 따라 수익이 감소할 것으로 예상하지만(즉, 지출된 달러당 추가 판매가 감소할 것으로 예상한다), 실제로 판매량이 감소할 것으로는 예상하지는 않는다.

그러나 이 2차 다항식 방정식은 직선 추세선보다 데이터에 훨씬 더 적합하기 때문에, 고차 다항식을 사용함으로써 데이터에 대한 적합성을 계속 개선할 수 있는 것으로 보인다. 〈그림 1-4〉는 엑셀의 Add Trendline 기능으로 사용할 수 있는 가장 높은 차수 다항식인 6차 다항식으로 이동하면 어떤 일이 발생하는지 보여준다. (E는 10의 지수에 대한 엑셀 표기법이다. 예를 들어, 7E−07은 7에 10의 −1승을 7번 곱한 값으로 0.0000007이다.)

언뜻 보기에 이 6차 다항식 방정식에 기초한 비선형 회귀는 거의 완벽한 작업을 수행하는 것처럼 보일 수 있다. 결국 추세선은 실제로 거의 모든 데이터 지점을 정확하게 통과하므로 거

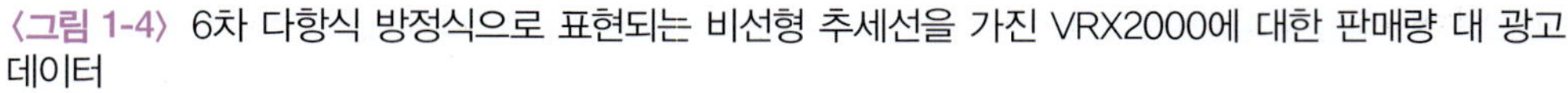
〈그림 1-4〉 6차 다항식 방정식으로 표현되는 비선형 추세선을 가진 VRX2000에 대한 판매량 대 광고 데이터

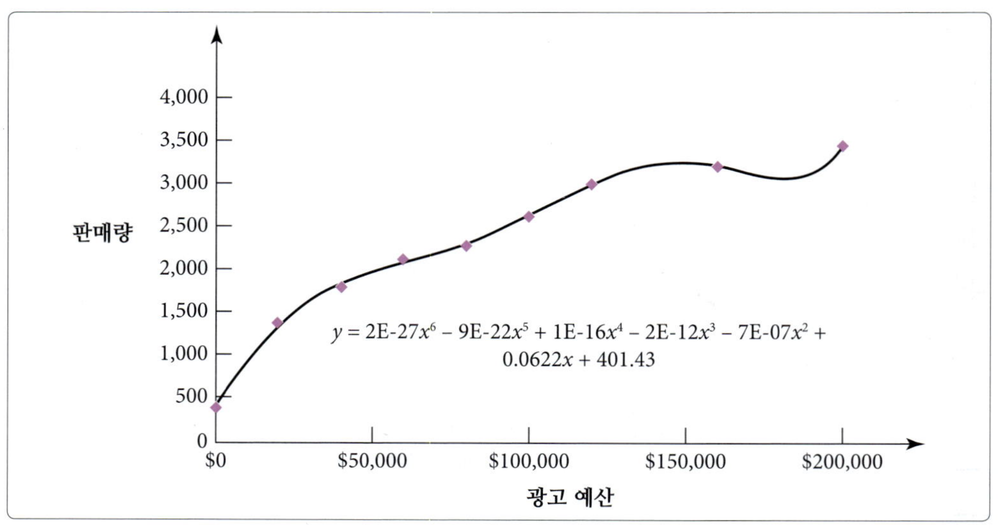

의 “데이터에 완벽하게 적합perfectly fits the data”하다. 그러나 문제는 이 추세선이 무작위성을 고려하지 않는다는 것이다. 즉, 각 데이터 값이 해당 분기의 판매량 확률 분포에서 하나의 랜덤 관측 값 만을 나타내는 판매량 값의 무작위성을 고려하지 못한다는 의미이다. 9개 분기에 대한 다른 랜덤 관측치를 사용하면 매우 다른 추세선을 얻게 될 것이다. 우리는 추세선이 데이터에 너무 얽매여 광고 수준을 높이는 데 따른 판매 효과(항상 증가하지만 광고 수익이 감소함)에 대해 우리가 알고 있는 것과 모순되는 이상한 모양을 보여주는 것을 원하지 않는다. 이는 **데이터 과적합**overfitting the data의 극단적인 예이다(무작위성 때문에 주어진 데이터의 고유한 특성을 고려하는 대신 모델이 주어진 데이터에 너무 가깝게 정렬되도록 함으로써 새로운 데이터 세트를 사용할 때 예측 모델의 정확도를 떨어뜨린다). 이는 일부 다른 유형의 경영분석 모델을 다룰 때도 발생하는 위험이다(3장에서 자세히 설명한다).

분석 연구팀은 다음 단계를 수행하기 전에 VRX의 마케팅 관리자와 상의하여 광고 증가와 판매량의 관계에 대해 자세히 알아보았다. 마케팅 관리자는 VRX에서의 수년간의 경험을 통해 판매량과 광고의 관계에 대한 경험 법칙을 개발했다고 말한다. 특히 제곱근 효과square-root effect가 나타나는 경향이 있다고 말한다. 즉, 광고의 수준에 비례하여 판매량이 증가하는 것이 아니라 광고의 제곱근에 비례하여 증가한다는 것이다. 예를 들어, 광고의 영향을 두 배로 늘리려면 광고 예산을 네 배로 늘려야 한다(4의 제곱근은 2이기 때문이다). 광고의 영향을 3배로 늘리려면 9배의 비용을 지출해야 한다(9의 제곱근은 3이기 때문이다).

제곱근 효과를 통해 다음의 선형 회귀 추세선을 사용하는 대신,

$$y = ax + b \quad (\text{판매량} \approx a(\text{광고비}) + b)$$

아래의 비선형 회귀를 사용하여 추세선을 찾아야 한다는 것을 알 수 있다.

$$y = ax + b \quad (\text{판매량} \approx a\sqrt{\text{광고비}} + b)$$

분석 연구팀은 이 방법이 (과적합 없이) 데이터에 더 적합한지 여부를 확인하기로 결정했다.

또한, 이 팀은 실제로 선형 회귀분석을 사용하여 위의 제곱근 방정식에서 a와 b의 최적값을 결정할 수 있다는 것을 알게 되었다. 다음으로 독립변수를 $\sqrt{\text{광고비}}$로 바꾸는 작업이 필요하다. 이후 종속변수(판매량)와 새로운 독립변수($\sqrt{\text{광고비}}$) 사이에 가장 적합한 선형 관계를 찾을 수 있다.

〈그림 1-5〉는 〈표 1-1〉의 각 데이터 점에 대한 광고의 제곱근을 계산하는 스프레드시트를

〈그림 1-5〉 판매 대 VRX2000 광고의 제곱근과 이 관계에 대한 선형 회귀 추세선

	A	B	C	D
1	**VRX 2000 Sales vs. Square Root of Advertising**			
2				
3			**Square Root**	
4		**Advertising**	**of Advertising**	**Unit Sales**
5		60,000	245	2,118
6		120,000	346	2,998
7		20,000	141	1,376
8		80,000	283	2,296
9		200,000	447	3,454
10		100,000	316	2,622
11		0	0	399
12		40,000	200	1,808
13		160,000	400	3,206

	C
3	**Square Root**
4	**of Advertising**
5	=SQRT(B5)
6	=SQRT(B6)
7	=SQRT(B7)
8	=SQRT(B8)
9	=SQRT(B9)
10	=SQRT(B10)
11	=SQRT(B11)
12	=SQRT(B12)
13	=SQRT(B13)

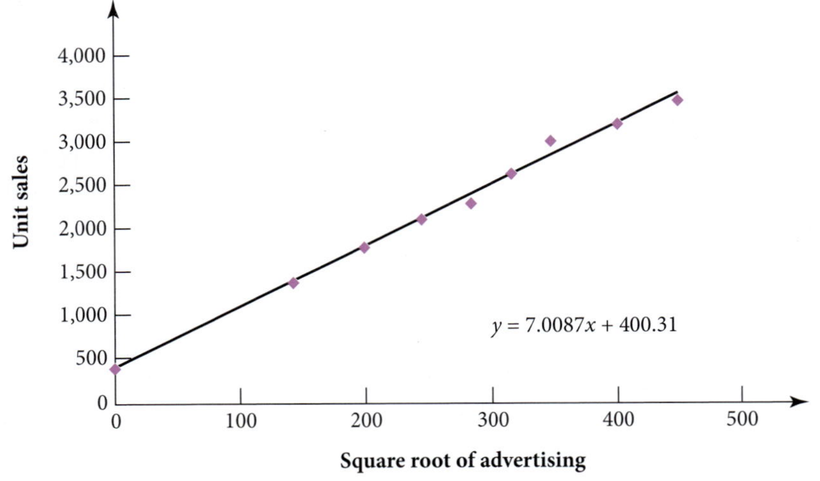

보여준다. 이는 〈그림 1-5〉 아래의 새로운 산점도 그림으로 확인할 수 있다. 이전과 마찬가지로 수직축(y축)은 판매량을 나타내며, 수평축(x축)은 광고의 제곱근을 의미한다.

〈그림 1-5〉의 선형 추세선은 아래의 방정식으로 표현할 수 있다.

$$y = 7.0087x + 400.31$$

y는 예상 판매량을 의미하고 x는 $\sqrt{\text{광고비}}$를 나타내기 때문에 아래와 같이 표현할 수 있다.

$$\text{예상 판매량} \approx 7.01\sqrt{\text{광고비}} + 400$$

광고 없이 판매량은 기본적으로 400이 될 것이며, 판매는 광고비 제곱근의 약 7배로 증가할 것이다.

직관적으로, 우리는 광고에 더 많이 쓸수록 판매량이 늘어날 것이라고 예상하지만, 광고로 인한 수익이 감소하기 때문에, 우리는 또한, 광고가 증가함에 따라 판매 증가율이 감소할 것으로 기대한다. 제곱근 공식은 선형 방정식이나 2차 다항식 방정식보다 판매량과 광고의 관계에 대한 이러한 직관과 더 잘 일치한다. 이는 〈그림 1-6〉에 나타나 있으며, 여기서 세 가지 회귀 방정식(선형, 2차 다항식, 제곱근)에 의해 생성된 추세선이 과거 판매량 데이터와 함께 표시된다. 〈그림 1-6〉의 가로축은 이제 $\sqrt{\text{광고비}}$ 아닌 제곱근이 없는 광고비를 측정하기 때문에, 제곱근 방정식은 〈그림 1-5〉에 나타난 것처럼 직선이 아닌 곡선으로 표시된다. 이제 제곱근 회귀

〈그림 1-6〉 선형 회귀 방정식, 2차 다항식 회귀 방정식 및 제곱근 회귀 방정식의 비교

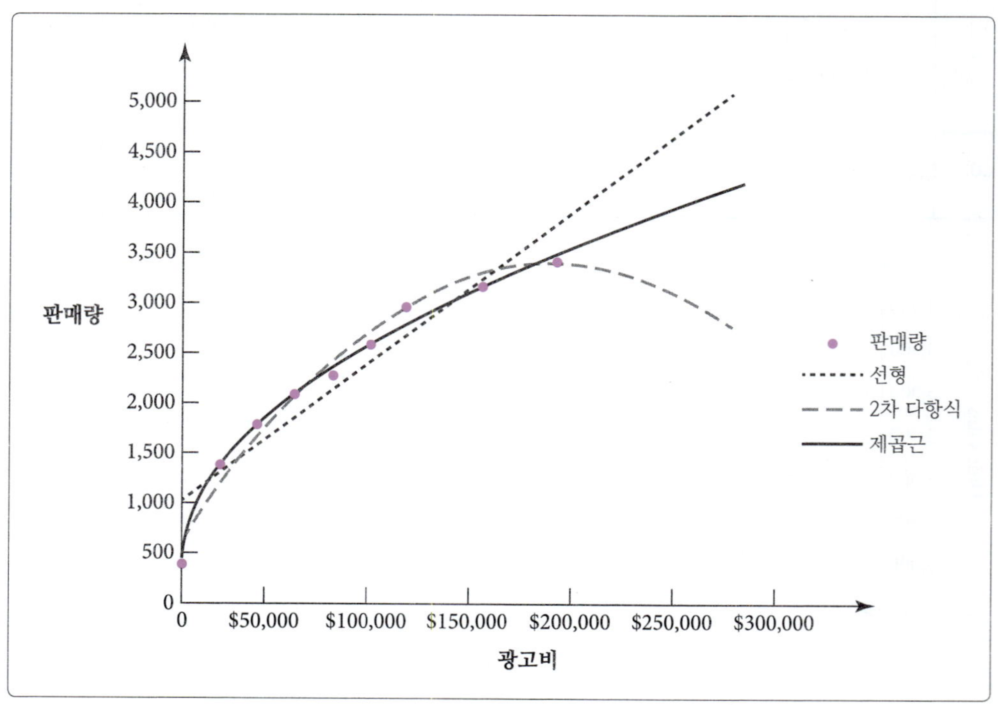

방정식을 다른 회귀 방정식과 비교해 보자. 선형 방정식과 달리 제곱근 방정식에서는 우리가 예상한 대로 수익율의 감소를 확인할 수 있다(과거 데이터를 참조해 보라). 그러나 다항식 방정식과 달리 제곱근 공식은 20만 달러 이상의 광고 가치에 대해 감소하기 시작하기보다는 추가 광고와 함께 항상 판매량이 증가할 것으로 예측한다.

분석 연구팀이 어떻게 예측 모델을 개선시켰는지 확인해보자. 먼저 가장 가까운 과거의 데이터 포인트를 사용하는 것을 고려한 다음 회귀분석을 사용한 인과 예측(선형 방정식, 다항식, 그리고 제곱근 방정식 포함)을 기반으로 한 다양한 모델을 고려한 가장 잘 작동하는 것으로 보이는 모델로 발전한다. 예측적인 분석에서는 일반적으로 여러 모델을 시도하고 데이터를 사용하여 다양한 모델의 품질을 추정한 다음 가장 성능이 좋은 모델을 선택하는 것이 일반적인 방법이다.

분석 연구팀은 제곱근 회귀분석 추세선이 데이터에 얼마나 근접하게 적합한지를 확인할 수 있음에 만족한다. 이를 통해 주어진 광고 예산에 대한 판매를 정확하게 예측할 수 있다. 그들은 VRX 마케팅 관리자에게 제곱근 회귀 추세선의 효과를 보여주는 〈그림 1-6〉을 제시하고, 마케팅 매니저는 VRX2000의 판매량을 예측하는 훌륭한 방법을 받게 되어 기뻐한다.

동시에 분석 연구팀은 마케팅 매니저에게 이 예측 방법을 너무 믿지 말라고 당부한다. 예측은 단지 예측일 뿐이다. 회귀분석 등 인과적 예측을 기반으로 사용 가능한 최상의 예측을 제공하지만, 예측은 자주 조금이라도 약간은 틀릴 수 있기 때문이다. 판매량은 제곱근 회귀분석 공식에 표시된 것과 정확히 일치하지 않을 가능성이 높다. 긍정적인 부분은 예측이 적어도 꽤 가까울 것이고 또한, 광고가 판매량에 미치는 영향을 (적어도 대략) 포착할 것이라는 것이다. 만약 그렇다면, 우리는 예측이 완벽하게 정확하지 않은 것으로 판명되더라도 여전히 광고 예산(가능한 거의 최고의 이익으로 이어질 예산)을 결정하는 데 이 공식을 사용할 수 있다.

마케팅 관리자는 과거의 경험을 통해 이 모든 것을 잘 이해하고 있다. 시간이 지남에 따라 새로운 데이터가 들어오면 분석 연구팀은 새로운 정보를 통합하기 위해 예측 공식을 업데이트할 것이다. (이 장의 끝에서 사례 1-1을 통해 이에 대해 자세히 설명한다.)

분석 연구팀이나 마케팅 관리자가 판매량을 예측할 때 고려해야 할 다른 사항이 있을 수 있다. 예를 들어, 경제 상태와 같이 판매에 영향을 미치는 다른 요소들이 있는지, 아니면 다른 경쟁자들이 새로운 모델을 시장에 내놓았는지? 아니면 판매 데이터에 상승 또는 하강 추세가 있는지? 1년 중 특정 시기에 판매를 더 높이는 경우 계절 효과(예: 크리스마스 직전 주에 판매 증가)가 있는지? 4장에서는 추세와 계절성 효과를 설명하는 시계열 예측 방법을 살펴볼 것이다.

그러나 이 시점에서 분석 연구팀은 제곱근 예측 방법이 분석의 최종 단계인 규범적 분석으로 넘어갈 수 있는 충분한 기반을 제공한다고 생각한다. 그 이야기는 다음에서 계속된다.

최적의 광고 수준을 결정하기 위한 규범적 분석 수행

이제 주어진 광고 수준에 대한 판매량을 예측하기 위해 개발된 예측 모델을 통해 분석 연구팀은 다음 분기 동안 VRX2000 광고에 사용할 최적의 금액을 결정하기 위해 규범적 분석 prescriptive analytics을 시작할 준비가 되었다. 팀은 스프레드시트 모델링을 사용하여 이 작업을 수행한다.

스프레드시트 모델은 임의의 광고 예산에 대한 이익을 추정하기 위해 〈그림 1-7〉과 같이 설계되었다. 비용 및 수익 데이터는 C4, C5 및 C6 셀에 입력된다. 광고 예산은 C9 셀에 선택되어 입력된다. 일단 광고 예산으로 5만 달러의 시범 금액이 입력된다. 제곱근 예측 공식에 대한 매개변수parameter a와 b는 셀 C12와 C13에 입력된다.

셀 C15는 〈그림 1-7〉의 스프레드시트에 표시된 엑셀 방정식을 사용하여 예상 판매 대수를 계산한다. 엑셀 방정식은 셀 참조(예: C15=C12*SQRT(C9)+C11)를 사용하여 작성될 수 있다. 그러나 스프레드시트 모델은 주요 셀 또는 셀 블록에 "범위명"을 지정하여 더 명확하게 만든다. **범위명**range name은 셀(또는 셀의 범위)에 주어져 셀을 설명하는 이름으로, 셀이 무엇이 있는지 즉시 알 수 있게 한다(부록 A에 범위명을 스프레드시트 모델에 통합하는 방법에 대한 자세한 내용이 나와 있다.) 선택한 셀(또는 셀 범위)의 이름을 정의하려면 셀을 선택하고 수식에서 이름 정의를 선택한다. 탭을 누른 후 이름을 입력한다. 그런 다음 이러한 범위명을 다른 공식에서 사용하여 해독하기 쉬운 방정식을 만들 수 있다(예: C15=C12*SQRT(C9)+C11 대신, ExpectedUnitsSold = a*SQRT(AdvertisingBudget)+b로 표현). 범위명에는 공백을 사용할 수 없다. 범위명에 두 개 이상의 단어가 있을 경우 각 새 단어의 시작을 구분하기 위해 대문자를 사용한다(예: AdvertisingBudget).

〈그림 1-7〉의 스프레드시트 오른쪽에 있는 상자는 스프레드시트에서 사용된 범위명과 해당 셀의 위치를 제공한다. 이 방법은 작은 스프레드시트에 특별히 필요하지는 않지만 이 책의 뒷부분에 있는 큰 스프레드시트를 사용할 때 유용하다.

셀 C17에서 C20까지 계산된 총수익과 비용은 스프레드시트 아래에 표시된 공식을 사용하는 상당히 간단한 계산이다. 마지막으로, 총이익은 C22 셀에서 계산된다. 이와 동일한 스프레드시트와 이 책의 다른 모든 스프레드시트는 www.mhhe.com/Hillier7e에서 확인할 수 있다.

〈그림 1-7〉에 표시된 스프레드시트 모델을 사용하면 시행착오를 통해 광고 예산(C15)에 여러 값을 입력하여 총이익(C22)에 미치는 영향을 쉽게 확인할 수 있다. 〈표 1-2〉는 여러 광고 예산에서 예상 판매 대수와 총수익이 어떻게 달라지는지를 보여준다.

〈표 1-2〉 다양한 광고 예산에 대한 예상 판매량 및 그에 따른 총수익

광고 예산	예상 판매량	총수익
$0	400	–$57,967
$25,000	1,508	$33,391
$50,000	1,968	$56,588
$75,000	2,320	$68,571
$100,000	2,617	$74,749
$125,000	2,878	$77,217
$150,000	3,115	$77,051
$175,000	3,332	$74,887
$200,000	3,535	$71,143

〈그림 1-7〉 VRX2000의 스프레드시트로 주어진 광고 수준에 대한 예상 수익을 계산한다. 이 모델은 5만 달러의 광고 예산을 사용하여 56,588달러의 수익을 예측한다.

	A	B	C
1	**VRX2000 Optimization Model**		
2			
3		**Parameters:**	
4		Unit Variable Cost	$295
5		Unit Revenue	$400
6		Fixed Cost	$100,000
7			
8		**Decision Variable:**	
9		Advertising Budget	$50,000
10			
11		**Prediction Formula:**	**Sales ≈ a √x + b**
12		a	7.01
13		b	400
14			
15		Expected Units Sold	1,968
16			
17		Total Revenue	$787,001
18		Total Variable Cost	$580,413
19		Fixed Cost	$100,000
20		Advertising Cost	$50,000
21			
22		**Total Profit**	$56,588

Range Name	**Cell**
a	C12
AdvertisingBudget	C9
b	C13
ExpectedUnitsSold	C15
FixedCost	C6
TotalProfit	C22
TotalRevenue	C17
TotalVariableCost	C18
UnitRevenue	C5
UnitVariableCost	C4

	B	C
15	Expected Units Sold	=a*SQRT(AdvertisingBudget)+b
16		
17	Total Revenue	=UnitRevenue*ExpectedUnitsSold
18	Total Variable Cost	=UnitVariableCost*ExpectedUnitsSold
19	Fixed Cost	=FixedCost
20	Advertising Cost	=AdvertisingBudget
21		
22	**Total Profit**	=TotalRevenue-TotalVariableCost-FixedCost-AdvertisingBudget

광고 예산이 $0에서 부터 증가함에 따라 총이익이 매우 빠르게 증가하여 VRX2000을 광고할 가치가 있음을 알 수 있다. 그러나 광고 예산이 10만 달러에 도달함에 따라, 총이익의 개선은 더 작아졌다가 (판매 수익이 변동비용보다 더 느리게 증가하기 시작하기 때문에) 거의 15만 달러 이상에서 감소하기 시작한다. 이것은 광고 수익 감소의 효과를 분명히 보여준다.

그렇다면 최적의 광고 예산은 얼마일까? 광고 예산이 12만 5천 달러에서 15만 달러 사이일 때 총이익이 극대화될 것으로 보인다. 시행착오를 통해 〈그림 1-7〉의 광고 예산(셀 C9)에 시행값을 입력하여 최적의 광고 예산을 파악할 수 있다.

또는, 엑셀에는 해찾기[Solver]라는 도구가 있는데, 이는 목표셀(이 경우 Total Profit 또는 C22)의 값을 최대화하는 의사결정변수셀(Advertising Budget 또는 C9)의 값을 찾을 수 있다. 이것이 의사결정 모델에 가장 적합한 해[best solution]를 찾는 **최적화**[optimization]의 예라고 할 수 있다. 최적해를 찾는 작업은 특히 5장부터 12장까지 포함하여 이 교과서의 절반 이상을 포함할 정도로 경영과학에서 아주 중요한 부분이다. 여기서는 엑셀의 해찾기 기능에 대해 간략하게 설명한다. 그런 다음 해찾기[Solver], Analytic Solver, 그리고 일반적인 최적화에 대해 책 후반부에서 훨씬 더 자세히 다룰 것이다.

해찾기에 처음 액세스하려면 해찾기를 설치해야 한다. 윈도 버전의 엑셀에서는 파일 메뉴에서 엑셀 옵션을 선택한 다음 창 왼쪽에 있는 추가 기능을 클릭하고 창 하단에 있는 관리 엑셀 추가 기능을 선택한 다음 이동 단추를 누른다. 추가 기능 대화상자에서 해찾기 프로그램이 선택되어 있는지 확인하고 버튼을 누르면 해찾기가 활성화된다. 그런 다음 엑셀 상단의 데이터 탭을 클릭하면 오른쪽 상단에 해찾기 버튼이 생긴다. 맥킨토시 버전의 엑셀의 경우 도구 메뉴에서 추가 기능을 선택하고 해찾기가 선택되었는지 확인한 다음 OK를 클릭한다. 이제 해찾기가 데이터 탭에 나타난다.

엑셀에서 해찾기를 사용하려면 데이터 탭에서 해찾기 버튼을 클릭한다. 〈그림 1-8〉은 모델의 각 구성 요소가 스프레드시트에서 어디에 있는지 해찾기에게 알려주는 데 사용되는 해찾기 대화상자를 보여준다. 첫 번째 상자에서 Total Profit(C22)을 클릭하여 목표셀을 지정한다. 목적함수 값을 최대화하는 것이 목표

〈그림 1-8〉 Solver 대화상자는 목표셀(Total Profit)과 변수셀(Advertising Budget)을 입력하는 데 사용된다.

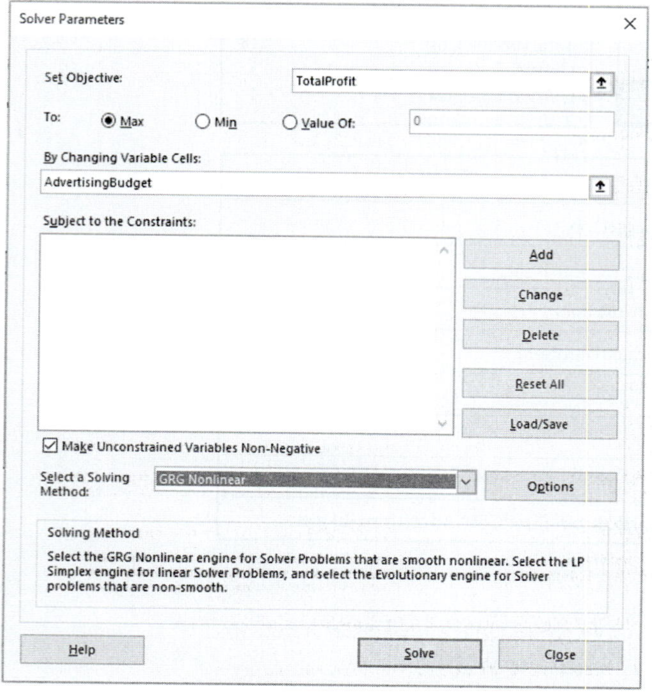

이기 때문에 Max를 선택한다. 해결사 대화상자의 다음 항목은 변수셀을 광고 예산(C9)으로 지정하는 것이다. 그리고 해법solving method에 대한 옵션 중에서 하나를 선택해야 한다. (여기서 해법으로 선택한 옵션은 비선형 관계를 사용하는 의사결정 모델 중 하나인 **비선형 프로그래밍**nonlinear programming을 사용한다. 이는 20세기 중반 직후부터 경영학의 핵심 기술이었다. 이 기법은 11장의 주제로 다루어질 예정이다.)

그리고 해찾기 대화상자에서 해찾기 버튼을 클릭하면 모델이 최적화된다. 즉, 목표셀의 값(총이익)이 최대가 되는 변수셀changing variable cell의 값(광고 예산)을 찾게 된다. 그러면 해찾기는 최적의 솔루션을 찾았다고 표시하고, 변수셀(광고 예산)의 원래 값을 찾은 값으로 대체한다. 그 결과는 〈그림 1-9〉와 같다. 〈그림 1-9〉는 이 스프레드시트 모델에 따른 최적의 솔루션이 135,392달러의 광고 예산을 선택하는 것이며, 이는 77,425달러의 예상 최대 이익을 제공할 것임을 보여준다.

〈그림 1-9〉 VRX2000 최적화 모델을 풀이한 후 얻은 스프레드시트

	A	B	C
1	**VRX2000 Optimization Model**		
2			
3		**Parameters:**	
4		Unit Variable Cost	$295
5		Unit Revenue	$400
6		Fixed Cost	$100,000
7			
8		**Decision Variable:**	
9		Advertising Budget	$135,392
10			
11		**Prediction Formula:**	**Sales ≈ a √x + b**
12		a	7.01
13		b	400
14			
15		Expected Units Sold	2,979
16			
17		Total Revenue	$1,191,683
18		Total Variable Cost	$878,867
19		Fixed Cost	$100,000
20		Advertising Cost	$135,392
21			
22		**Total Profit**	$77,425

이로써 분석 연구팀의 이 프로젝트 작업은 대부분 완료되었지만 아직 끝난 것은 아니다. 2.9절과 2.10절에서는 연구팀과 경영진이 모델을 적용하고 구현하기 위해 추가로 해야 하는 작업에 대해 설명한다. 이 경우 분석 연구팀은 VRX CEO와 마케팅 매니저를 만나 연구와 결론을 설명하는 구두 및 서면 보고서를 제공한다. 이 팀은 또한, 각 후속 분기의 데이터를 업데이트하고 해당 분기의 최적의 광고 예산을 결정할 수 있는 의사결정지원시스템(대화형 컴퓨터 기반 시스템)을 제공한다.

CEO는 분석 연구팀의 업무 결과에 만족한다. 그녀는 또한, 회사 전체에서 분석 사용을 더욱 늘리기로 결심한다.

복습문제

1. 변동비용이란 무엇인가?
2. 고정비용이란 무엇인가?
3. 판매량과 광고의 관계에서 선형 회귀에 의해 포착되지 않는 속성은 무엇인가?

복습문제

4. 다항식 방정식을 사용하여 판매량을 예측할 때 잠재적으로 발생하는 문제점은 무엇인가?
5. 제곱근 효과는 판매량과 광고의 관계에 대해 무엇을 시사하는가?
6. 최적화를 수행하는 데 사용할 수 있는 엑셀 도구는 무엇인가?

1.5 경영과학과 경영분석의 영향

경영과학management science(operations research로도 불림)과 경영분석business analytics은 전 세계적으로 수많은 조직의 효율성 증진에 커다란 영향을 주고 있다. 또한, 이 두 학문 분야는 다양한 국가의 경제 생산성 증진에도 상당한 영향을 미치고 있다. 경영과학의 경우, 현재 INFORMSInternational Federation of Operational Research Societies에는 많은 국가가 참여하고 있는데, 각국에는 자국의 경영과학학회가 설립되어 있다. 유럽과 아시아에서는 국제적인 컨퍼런스를 공동으로 개최하는 학회들의 연합체가 결성되어 있으며, 국제 저널을 발간하고 있다. 최근 경영분석이 부상함에 따라 세계 각국의 경영과학회에서는 경영분석을 함께 다루고 있다. 이미 1.1절에서 INFORMS가 경영분석을 완전히 수용한 국제학회임을 설명하였다. 여러 저널 중에서 INFORMS Journal on Applied Analytics는 주요한 경영과학 연구와 그것이 조직에 미치는 영향을 소개하는 저널이다.

서로 긴밀히 연관되어 있는 이 두 분야는 수많은 응용사례를 가지는데, 때때로 기업 경영에서 연간 수백만 또는 수천만 달러의 비용 절감을 가능케 한 다양한 형태의 실제 사례들이 있다. 예로, 항공기와 승무원을 항공편에 가장 효과적으로 배치하는 방법, 수익을 극대화하는 운임 구조를 개발하는 방법 등의 항공 산업의 여러 문제에 대한 광범위한 사례들을 들 수 있다. 수십 년 동안 재무 서비스 기업들은 경제학 분야에서 노벨상을 받은 경영과학 연구자에 의해 개발된 포트폴리오 선택 기법을 사용하고 있다. 경영분석 모델은 마케팅 분야의 중요한 요소로 자리잡았다. 다국적 기업은 기업의 공급사슬의 경영에 도움을 주는 경영과학을 적극 활용하고 있다. 이와 같이 경영과학에 대한 다양한 실제 응용사례는 경영과학과 경영분석이 기업들에게 커다란 영향을 미치고 있음을 보여준다.

또한, 경영과학은 기업 경영 외에도 다른 분야에서 다양하게 활용되고 있다. 예를 들면 의료 분야에서 수송과 운영, 질병 관리, 임상 진단 및 의사결정, 방사선 요법 등에 실제 사용됨으로써 그 영향력이 더욱 확대되고 있다. 한편 경영과학은 연방정부의 국가 비상에 관한 문제로부터 지방자치 수준의 응급 상황 수송에 이르기까지 다양한 수준의 정부 업무에 실제로 응용되고 있다. 경영과학의 또 다른 중요한 정부 차원의 실제 응용사례는 에너지 관리, 환경 업무, 지구 온난화 문제 등을 포함한다. 초창기 경영과학의 실제 응용사례는 수송 계획과 전쟁 수행에 관련된 내용이었는데, 이는 현재까지도 응용되고 있다. 이러한 실제 응용사례는 조직에 중요한 영향을 미치는 경영과학과 경영분석의 수많은 응용사례 중 일부에 불과하다.

응용사례

GM(General Motors)은 세계적으로 성공한 기업 중 하나이다. 이러한 큰 성공을 거둔 주요한 이유 중 하나는 GM이 세계적으로 고급 경영분석 기법과 경영과학 분야의 활용을 선도하는 기업이기 때문이다. 이러한 활용이 기업 성공에 지대한 공헌을 한 것이 인정되어 GM은 2016년 INFORMS Prize를 수상하였다. INFORMS는 매년 고급 경영분석 기법과 경영과학을 활용하여 탁월한 성과를 이룬 기업들을 시상하고 있다. 수상 기업들은 선도적이고 다양하고 고급 화된 이러한 분석 기법들을 지속적으로 꾸준히 적용해야 한다. 다음은 2016년에 GM이 수상하게 된 이유를 설명하고 있다.

2016 INFORMS Prize는 경영과학 분야의 혁신적이고 영향력 있는 지속적인 업적을 이룬 GM에게 수여되었다. GM에는 디자인, 판매, 구매, 배송, 품질에 관련한 서비스에 이르기까지 전 분야에 걸친 데이터 기반 의사결정에 핵심적인 역할을 하는 경영과학 실무진이 수백 명이 있다. 이러한 팀은 지속적으로 비즈니스모델을 개발하고 새로운 기회를 분석하고 있다.

GM은 소비자가 원하는 제품과 기능을 이해하고, 자사 딜러들이 재고로 가져가고 싶은 이상적인 차종을 결정하고, 평생고객을 만들겠다는 GM의 목표를 이룰 수 있는 단계를 발견하기 위해서, 새로운 시장조사방법과 분석기술들을 개발해왔다.

GM은 또한, 고객이 불편해하기 전에 자동차의 부품과 시스템의 오류 등을 예측할 수 있는 데이터 과학과 고급 분석 기법을 사용하여 업계를 선도하고 있다.

"지난 70년 동안 물류, 공급사슬, 교통시스템에서부터 제조 생산성, 제품개발, 차량의 컴퓨터 통신과 예측에 이르기까지 모든 부문에 대한 우리의 이해를 증진시키기 위해 서 경영과학 기술이 사용되었다." GM Global R& D 연구센터의 수석 책임자인 Gary Smyth의 말이다. "이러한 문제 해결 접근들은 우리가 하는 거의 모든 영역에 스며들었다."

경영과학의 영향은 GM이 베스트 프랙티스와 새로운 기술을 도입하기 위해 OR 전문센터를 건립한 시점부터 그들의 사업을 활성화하고 있다. 그 후 제품개발, 공급망, 금융, 정보기술 및 기타 기능에 있어서 파트너 팀들이 포함되도록 확대되고 있다.

출처: "Past INFORMS Awards, 2016: General Motors," INFORMS.com

경영과학과 경영분석의 다양한 실제 응용사례를 한눈에 볼 수 있도록, 〈표 1-3〉에 이 책의 응용사례를 정리하였다. 각 열에 해당 조직과 응용 분야, 이 책의 어디에서 다루었는지 위치와 그 결과를 표시하였다. 고객에게 제공되는 개선된 서비스와 향상된 경영 관리 능력과 같은 추가적인 혜택은 표에 기록되지 않았지만, 그러한 것이 때때로 재무적인 이득보다 훨씬 더 중요하게 고려된다. (문제 1.3과 1.4에서 이러한 혜택에 대해 조사할 기회가 주어질 것이다.)

이러한 실제 응용사례를 상세히 설명한 Interfaces or the INFORMS Journal on Applied Analytics의 논문은 www.mhhe.com/Hillier7e에 링크되어 있다. 이 링크를 통해 논문들을 이용할 수 있게 한 INFORMS에 감사드린다. 이 논문들은 흥미로울 것이며, 다양한 조직에서 성공을 이끈 경영과학의 중대한 영향을 이해하는 데 효과적이라는 것을 이해하게 될 것이다.

독자는 또한, 이 책의 사례연구, 예제, 그리고 단원 마지막의 케이스를 통해 경영과학과 경영분석의 다양한 실제 응용 분야를 접할 수 있다. 응용사례는 주로 생산관리, 재무, 그리고 마케팅 영역에 관한 것으로, 〈표 1-4〉, 〈표 1-5〉, 〈표 1-6〉에 해당 사례를 구분하여 열거하였다. 첫 번째 열은 그 사례의 위치를, 두 번째 열은 경영과학과 경영분석이 경영 의사결정의 향상에 실제적 영향을 미친 많은 다양한 방법을 보여준다. 〈표 1-3〉에서 〈표 1-6〉까지의 다양한 사례

〈표 1-3〉 응용사례에 소개된 경영과학의 사례

조직	응용 분야	위치	연간 절약 액수
IBM	840,000개 이상의 서버에 대한 중단 시간 감소	1.2	10억 달러
Intel	제품 설계 및 공급망 최적화	1.3	50억 달러 추가 이익
General Motors	다양한 분석 활용	1.5	추정 안 됨
Vungle	모바일 광고에 예측 분석 적용	2.4	1,200만 달러 추가 수익
Continental and United	일정 차질 발생 시 승무원 재배정	2.5	4천만 달러
Ingram Micro	데이터 기반 마케팅 캠페인	3.1	3억 5천만 달러 추가 수익
CSAV	글로벌 운송 최적화	4.6	8,100만 달러
Swift & Company	판매와 생산능력 향상	5.1	1,200만 달러
Samsung Electronics	생산시간과 재고수준 감소	5.7	2억 달러 추가 수익
INDEVAL	멕시코 전체 증권시장 시스템 구축	6.2	1억 5천만 달러
Chevron	정유공정의 최적화	6.4	거의 10억 달러
Taylor Communications	프린트 작업을 프린터에 할당	6.6	1,000만 달러
Welch's	원자재의 이용과 운반의 최적화	7.3	15만 달러
Hewlett-Packard	생산 포트폴리오 경영	9.1	1억 8천만 달러
CSX Transportation	빈 화차를 고객에게 할당	9.1	5,100만 달러
Norwegian companies	해상 파이프라인 네트워크를 통한 천연가스 흐름 극대화	9.3	1억 4천만 달러
Swedish Forest Industry	운송 서비스를 위한 경로 최적화	9.4	4천만 달러~1억 2천만 달러
Waste Management	폐기물 수집과 폐기에 대한 경로관리시스템 개발	10.2	1억만 달러
Netherlands Railways	철로 네트워크의 운영 최적화	10.5	1억 500만 달러
Vattenfall	해상 풍력 발전소 설계 최적화	10.6	1억 7,500만 달러 추가 NPV
Bank Hapoalim Group	투자 자문을 위한 의사결정보조시스템 개발	11.3	3,100만 달러 추가 수익
DHL	마케팅 자원 활용 최대화	11.5	2억 6천만 달러
CDC	소아마비 예측	12.7	15억 달러
General Motors	생산라인 수율 개선	13.5	1억 5천만 달러
Syngenta	작물의 생산성 증대	14.1	5,700만 달러
FAA	기상악화에 따른 항공운항 흐름관리	14.2	2억 달러
Sasol	생산공정 효율성 개선	14.3	2,300만 달러
Merrill Lynch	재무서비스 제공에 대한 가격책정 분석	15.4	5천만 달러 추가 수익

는 전 세계의 조직들 사이에서 응용되고 있는 경영과학과 경영분석의 수많은 중요한 방법 중 일부에 불과하다. 다양한 실제 응용사례를 소개하기에는 지면이 부족하기에 다른 여러 사례는 www.mhhe.com/Hillier7e를 참조하기 바란다. 경영과학과 경영분석의 특징은 새롭게 등장하는 경영상의 문제를 다루는 데 매우 유연하다는 점이다.

〈표 1-4〉 생산운영관리 부문의 통합사례와 예제

사례 위치	응용 유형
5.1절 이후	사례연구: 가장 수익성이 높은 제품 조합은 무엇인가?
통합사례 5-1	어떤 차종의 조합을 생산해야 하는가?
통합사례 5-2	대학 구내식당의 캐서롤(서양식 전골요리의 일종)에 들어갈 재료는?
통합사례 5-3	콜센터 직원으로 채용해야 하는 고객 서비스 상담원 조합은?
6.3절	고객 서비스 상담원의 인력 일정
6.5절	공장에서 고객에게 제품을 배송하는 비용 최소화
6.6절	작업에 대한 인력 할당 최적화
통합사례 6-1	제품을 시장에 어떻게 출하해야 하는가?
통합사례 8-1	날씨가 변덕스러운 곳에 위치한 농장의 가축과 작물의 사육과 재배 혼재 계획
9.1절	유통망 운영 비용 최소화
9.2절, 9.3절	사례연구: 유통망을 통한 상품 흐름 극대화
9.4절	출발지에서 목적지까지의 최단 경로 찾기
10.3절	R&D 프로젝트의 최상의 조합 선택
10.4절	응급 서비스 시설을 위한 최적의 장소 선택
10.5절	항공사 승무원 일정
10.6절	준비 비용이 존재하는 생산 계획
11.4절	초과 근무가 필요할 때의 생산 계획
11.6절	미국의 모든 리그 야구장을 방문하는 최단 경로 찾기
13.2절	상용 서비스 시스템, 내부 서비스 시스템 및 대기 모델로 분석 가능한 교통 서비스 시스템
13.4절 이후	사례연구: 고객에게 보다 신속하게 유지보수 서비스를 제공하기 위한 경쟁 제안 분석
통합사례 13-1, 14-2	공정재고 절감 방안 분석
14.1절	교정 유지보수 또는 예방 유지보수 중 더 나은 비교
14.2절, 14.3절	사례연구: 소기업 소유주가 동료를 추가하는 것이 수익성이 있는가?
통합사례 14-1	생산 차질 해소 방안 분석
15.1절	사례연구: 소매업체의 재고에 얼마나 많은 부패하기 쉬운 제품을 추가해야 할까?
15.3절	프로젝트 기한을 맞출 가능성이 높도록 복잡한 프로젝트 계획

〈표 1-5〉 재무 부문의 통합사례와 예제

사례 위치	응용 유형
통합사례 1-1	손익분기점 분석 및 What-If 분석
2.1절 이후	사례연구: 은행의 무담보 대출 신청 평가
6.2절	항공사의 비행기 구매 의사결정
6.2절	부동산 개발 프로젝트의 자본 예산 편성
통합사례 6-2	기업 전산장비 투자 일정 수립
7.1절 이후	사례연구: 미래의 현금 흐름 요구 사항을 충족하기 위한 재무 계획 개발

〈표 1-5〉 재무 부문의 통합사례와 예제 〈계속〉

사례 위치	응용 유형
통합사례 7-1	연기금 투자 및 현금흐름 계획 수립
9.4절	자동차 소유 비용 최소화
통합사례 9-1	다양한 외화 환전의 가장 비용 효율적인 방법
10.2절	사례연구: 가장 수익성이 높은 투자처 조합 결정
통합사례 10-1	미술품 구매를 위한 투자계획 수립
11.3절	기대 수익률과 위험의 균형을 이루는 포트폴리오 선택
11.6절	가능한 한 자주 시장을 이길 수 있는 포트폴리오 선택
통합사례 11-1	최적의 주식 포트폴리오 결정
12.1절 이후	사례연구: 석유를 시추할 것인가 아니면 땅을 팔 것인지?
통합사례 12-1	게임쇼 '누가 백만장자가 되고 싶나?'를 위한 전략 선택
14.1절	신규 도박 게임 분석
15.2절	경쟁 입찰 과정에서 제출할 입찰 선택
15.4절	미래 현금 흐름을 예측할 수 없을 때의 재무 계획 수립
15.5절	금융 투자 평가 시 위험 분석
15.6절	여행 산업은 얼마나 많은 초과 예약을 해야 할까?
통합사례 15-1	내년도 기업의 현금흐름 변화 분석
통합사례 15-2	유럽 콜옵션 가치 산정

〈표 1-6〉 마케팅 부문의 통합사례와 예제

사례 위치	응용 유형
1.4절	사례연구: 제품 광고량 최적화
1.3절 이후	사례연구: 잠재고객의 미래 행동 예측
3.6절	선호도 분석 및 추천 시스템
통합사례 4-1	콜센터에 대한 수요 예측 개선
4.2절 이후	사례연구: 상품 마케팅을 위한 콜센터 관리
5.7절과 6.3절	최적의 광고 매체 조합 결정
통합사례 5-1	광고 캠페인의 가치 평가
6.1절과 6.4절	사례연구: 경영 목표를 가장 잘 달성하는 광고 계획은 무엇인가?
9.4절	신제품을 시장에 출시하는 속도와 관련 비용의 균형
11.4절	비선형 마케팅 비용 처리

1.6 이 책의 특징

본 교재는 목적은 기술적인 분석가가 아닌 미래의 경영자가 경영과학과 경영분석 과목에서 배워야 할 것을 알려주는 것이다. 이를 위해 저자들은 본 교재의 다양한 사례를 통해 독자 여러분이 즐겁게 학습할 수 있기를 바란다.

본 교재의 한 가지 특징은 내용 전체에서 경영자가 마주할 수 있는 경영 의사결정을 지원하는 모델을 다루고 있다는 점이다. 비록, 현장의 경영자는 "모델 수립 과정"이라는 용어를 사용하지 않지만, 그들은 모델 수립 과정을 통해 분석을 위한 문제의 핵심을 추출하는 과정에 참여하게 된다. 때문에 모델 수립에 대한 학습은 경영자에게 매우 중요하다. 또한, 경영자는 다른 사람들을 시켜 이 경영과학이나 경영분석 대한 연구를 수행하게 하는데, 이때 다양한 경영 문제를 알고 있는 경영자라면, 해당 연구가 도움이 될 수 있는 적절한 분야를 쉽게 찾을 수 있을 것이다. 따라서 미래의 경영자들은 어떤 경우에 경영과학이나 경영분석 모형이 적용 가능한지를 알고, 그 모형의 분석 결과를 해석할 수 있어야 한다. 그래서 본 교재에서는 수학적 이론, 해법 체계, 스프레드시트의 조작 등을 자세히 설명하기보다는 모형 수립 기술, 모형의 역할, 모형 적용 결과의 해석 등에 초점을 맞추었다. 이를 위해 다양한 형태의 모형들을 소개하고자 하였다.

본 교재의 또 다른 특징은 사례연구에 중점을 두었다는 점이다. 각 장은 기법을 소개하고, 그 응용 분야를 현실감 있게 보여줄 수 있는 한 개 이상의 사례연구를 담고 있다. 일부 장에서는 전체 내용 전개를 사례연구와 함께 진행한다. 비록 사례연구는 실제보다 간단하지만, 이러한 사례연구를 통해 실제 경영과학과 경영분석의 적용에 대한 패턴을 배울 수 있다. 결과적으로 사례연구는 이러한 연구의 전 과정과 의사결정을 하는 데 있어서의 경영과학팀과 경영자의 보완적 역할 등을 보여준다.

사례연구를 보완하기 위해서, 각 장의 말미에는 주요한 사례를 소개된다. 이러한 실제 사례들은 수업에서 개인 과제, 팀 프로젝트, 또는 사례연구 등을 위해서 사용될 수 있다.

본 교재의 또다른 특징은 교재의 웹사이트(www.mhhe.com/Hillier7e)를 통해 더 심도 깊은 학습을 할 수 있다는 점이다. 웹사이트는 인쇄판의 10개 장에 대한 보충 자료와 완전한 7개의 장을 포함하고 있다. 웹사이트의 7개 장 중 한 개를 제외하고는 모두 각 장의 내용에 해당하는 사례연구case study와 end-of-the-chapter case를 포함하고 있다. 따라서 독자들은 본 권 인쇄판의 15개 장에 실린 42개의 사례 외에도, 10개의 추가 사례를 학습할 수 있다.

또한, 본 교재는 경영과학과 경영분석을 통해 효율성이 개선된 전 세계의 다양한 조직의 사례를 소개한다. 이러한 사례들은 본 교재의 "응용사례application vignettes"를 통해 확인할 수 있다. 나아가 본 교재의 웹사이트(www.mhhe.com/Hillier7e)는 실제 사례에 대한 기사article를 제공한다. 이러한 사례들을 통해 우리는 〈표 1-3〉과 같이 다양한 조직에서 경영과학과 경영분석을 통해 수백만, 수천만, 또는 수억 달러를 절약했음을 확인할 수 있다.

이 책은 또한, 독자가 현실에서 경영과학과 경영분석의 특성을 폭넓게 볼 수 있도록 하였다. 교재의 연습 문제를 통해 풀이 기법에 집중하다 보면, 실제 문제에 대한 통찰력을 잃어버리기 쉽다. 따라서 저자들은 독자들이 이러한 기술적인 기법에 집중하기보다는 전체적인 그림을 볼 수 있기 위해, 사례연구, 사례, 실제 응용에 대한 설명 등을 활용하였다. 또 새롭게 추가된 2개의 장은 비즈니스 분석가가 문제를 분석하기 위해 경영과학과 경영분석을 어떻게 활용하는지를 개략적으로 다룬다.

본 교재는 McGraw-Hill의 웹기반 학습도구인 Connect를 지원한다. Connect는 SmartBook이라는 개별 학생에 맞춘 자료를 제공할 수 있는 도구를 포함하고 있다. 이러한 도구들은 connect.mheducation.com에서 사용할 수 있다.

또 본 교재의 장별로 한 개 이상의 학습문제solved problem를 통해, 해당 챕터의 숙제에 도움을 받을 수 있다. 학습문제에 대한 설명은 해당 장의 문제 섹션 바로 위에서 찾을 수 있고, 그 해답은 www.mhhe.com/Hillier7e에서 확인할 수 있다.

서문에서 언급한 바와 같이, 같은 웹사이트는 학생들에게 보충 자료를 포함한 다양한 추가 자료를 제공한다. 본 교재의 웹사이트에는 각 장의 문제를 풀기 위한 다수의 스프레드시트 파일이 포함되어 있다. 독자는 이를 다른 문제를 풀 때 도움이 될 수 있는 자료로 활용할 수 있을 것이다. 또 독자는 주어진 템플릿에 데이터만 입력해도 문제를 풀 수 있다.

마지막 특징은 본 교재가 소프트웨어를 활용한다는 점이다. 우리는 다양한 모델을 스프레드시트 형식으로 표현하기 위해, 대중적으로 사용되는 스프레드시트 패키지인 마이크로소프트 엑셀의 사용법을 다룰 것이다. 본 교재에서 다루는 대부분의 모형은 엑셀로 풀리지만, 엑셀의 추가기능add-in을 통해 다른 모형의 풀이도 가능하다. 부록 A는 엑셀 사용법을 소개한다.

본 교재의 앞 절반에서 다루는 최적화 모델은 엑셀의 해찾기Solver를 통해 수행할 수 있다. 또, Frontline Systems의 Analytic Solver 교육용 버전도 활용하였다. Analytic Solver는 www.mhhe.com/Hillier7e에서 다운받을 수 있다. Analytic Solver의 특징은 엑셀의 해찾기를 강력하게 개선시켜 주는데, 데이터 마이닝 소프트웨어 패키지(2장과 3장에서 다룸), 예측 도구들(4장에서 다룸), 엑셀 내에서 의사결정나무를 만들 수 있게 하는 도구(12장에서 다룸), 엑셀에서 컴퓨터 시뮬레이션 모델을 구성할 수 있게 하는 도구(15장에서 다룸)를 제공한다. 엑셀의 추가기능인 Analytic Solver에 대한 내용은 AnalyticSolver.com에서도 확인할 수 있다. 이것은 클라우드 기반 소프트웨어이다. 다운로드 없이 어떠한 컴퓨터라도 인터넷에 접속되어 있으면 사용 가능하다.

본 교재에서 사용되는 대부분의 소프트웨어는 윈도우 운영체제와 매킨토시(이하 맥) 운영체제에서 사용 가능하다. 다만, Analytic Solver는 인텔 CPU 기반의 맥에서 Boot camp와 같은 가상 환경 시스템을 통해서만 사용할 수 있다. 대신, 클라우드 기반의 소프트웨어는 AnalyticSolver.com에서 이용할 수 있다. 이 버전은 엑셀(맥 또는 윈도우에서)과 함께 작동하며, 다운로드한 엑셀용 Analytic Solver 추가기능과 유사하도록 설계되었다. 윈도우용 컴퓨터와 맥용 컴퓨터의 소프트웨어 호환성과 관련된 다른 점들과 그 최신 정보는 www.mhhe.com/Hillier7e에서 확인할 수 있다.

한 가지 언급이 필요한 점은 엑셀로는 현실에서 발생하는 큰 크기의 모형을 다루기 어렵다는 것이다. 일반적으로 이러한 큰 크기의 모형을 풀기 위해서는 스프레드시트에 기반을 두지 않고, 더 강력한 소프트웨어 패키지가 사용된다. 물론 경영과학팀은 이러한 복잡한 소프트웨어 패키지를 주로 사용하지만, 앞에서 언급한 바와 같이 본 교재는 미래의 경영자를 위한 것이기 때문에, 본 교재는 이를 다루지 않는다.

관련한 학습 자료를 제공하기 위해서 각 장 말미에 '이 장에 대한 학습지원'을 포함시켰다.

1.7 요약

이 장에서는 경영과학과 경영분석을 소개했다. 두 과목은 모두 경영적인 문제에 대해 과학적인 접근을 통해 경영 의사결정을 도와줄 수 있다.

완전한 분석은 다음의 3단계를 거친다. 첫째, 서술적 분석descriptive analytics은 과거부터 현재까지 발생한 사건들에 대한 정보를 줄 수 있는 설명descriptions을 얻기 위한 데이터 분석을 다룬다. 둘째로, 예측적 분석predictive analytics에서는 미래에 어떠한 상건이 발생할지를 예측predictions하기 위해 모델을 사용한다. 셋째로, 규범적 분석prescriptive analytics에서는 경영 의사결정에 최선의 선택지를 처방prescribe하기 위해, 경영과학의 최적화 모형을 포함하는 의사결정 모델을 사용한다. 비록 경영과학과 경영분석 모두가 이 3단계에서 사용되지만, 경영분석은 특히 앞의 2단계에 중점을 두고 있다. 마찬가지로 경영과학 역시 3단계 모두 활용될 수 있지만, 경영과학은 마지막 3단계에 더 중점을 두고 있다. 때문에 이 두 학문은 상호 보완적이라고 볼 수 있다. 따라서 주요한 경영학 문제를 해결하기 위한 팀은 경영과학과 경영분석 전문가를 모두 포함하고 있다. 나아가, 둘 중 하나의 전문가는 일반적으로 다른 하나에 대해서도 상당한 수준의 지식을 가지고 있다.

두 학문 사이에는 방법론적인 차이가 있는데, 경영과학은 수리 모형과 스프레드시트 모형을 주로 사용하는 반면, 경영분석은 문제를 분석하기 위해 데이터를 어떻게 분석할 것인지에 더 중점을 두고 있다.

두 학문의 또 다른 차이는 이들의 역사이다. 경영과학은 20세기 중반에 소개된 이후에 많은 발전이 있었기 때문에, 경영과학의 방법론은 잘 반전하였고 강력하다. 반면, 경영분석은 상대적으로 최근에 소개된 과목으로 아직도 빠르게 발전하고 있다. 경영분석은 20세기 초 빅데이터 시대가 도래하면서, 많은 양의 데이터를 효과적으로 분석할 수 있는 방법을 제공한다. 따라서 경영분석의 발전은 앞으로도 매우 인상적일 것이다.

1.4절은 경영과학과 경영분석을 소개했다. 2장는 문제를 분석하기 위해 경영분석가 경영과

학과 경영분석을 어떻게 활용할 수 있는지를 보여준다.

경영과학은 전 세계적으로 다양한 기관에서 효율을 증가시키는 데 큰 영향을 끼쳐왔다. 실제로 상을 탈 만큼의 의미 있는 응용사례들은 100만에서 수억 달러에 이르는 경비를 절약했다는 결과가 보고됐다.

이 책은 미래 경영자가 경영과학과 경영분석으로부터 배울 필요가 있는 것을 학습시키는 데 초점을 맞추었다. 그러므로 이 책은 경영상의 의사결정을 도와주는 하나의 도구로써 모형을 설정하여 이용할 수 있도록 했다. 이러한 아이디어를 더 잘 전달할 수 있도록 많은 응용사례(각 장의 중간)와 통합사례(각 장의 끝)를 포함시켰다.

용어

경영과학 management science 경영학적 의사결정을 지원하기 위해, 정량적인 요인과 관련 있는 경영학적 문제에 대해 과학적으로 접근하는 분야이다. (1.1절)

경영분석 business analytics 더 나은 경영 의사결정을 위해서 데이터를 인사이트로 바꾸는 예술이자 과학이다. (1.2절)

규범적 분석 prescriptive analytics 경영 의사결정에 가장 좋은 처방을 하기 위해 다양한 모델을 사용하는 것이다. (1.2절)

기계학습 machine learning 데이터 기반 예측과 같은 일을 수행하기 위해 컴퓨터가 자동적으로 과거 관계와 트렌드를 학습할 수 있도록 하는 기술이다. (1.2절)

데이터 과적합 overfitting the data 새로운 데이터에 모델을 과도하게 맞추려고 하는 경우에는 과거 데이터를 통해 계산된 내재된 특징 대신에 새로운 데이터의 무작위성이 크게 반영되기 때문에 예측 모델의 정확도가 낮아질 수 있다. (1.4절)

데이터 과학자 data scientist 과학적으로 데이터를 분석하는 고도로 훈련된 데이터 과학이나 비즈니스 애널리틱스의 전문가를 지칭하는 표현이다. (1.2절)

데이터 사이언스 data science 다양한 형태의 방대한 데이터 속에서 과학적 방법, 프로세스, 알고리즘, 시스템을 사용하여 지식이나 인사이트를 추출하는 학제 간 분야이다. (1.2절)

데이터 시각화 data visualization 통찰을 얻기 위해 데이터를 탐색한 이후, 데이터 시각화의 목표는 매니저와 다른 이용자들에게 얻은 인사이트를 가장 효과적인 시각 그래픽을 통해 명확하고 효율적으로 전달하는 것이다. (1.2절, 1.4절)

모델 model 어떤 것을 근사적으로 표현한 것을 의미한다. (1.1절)

무작위성 randomness 사건을 예측하기 위한 패턴이나 예측 가능성이 상당히 부족한 상태이다. (1.4절)

범위명 range name 하나의 셀이나 셀의 범위 안에 무엇이 있는지 즉시 정의되도록 설명하는 이름. (1.4절)

분류 classification 예-아니오를 예측하기 위해 모델을 사용하는 것을 의미한다(혹은 가능한 결과의 작은 집합을 의미한다). (1.2절)

비선형 계획법 nonlinear programming 비선형 관계를 포함하는 의사결정 모델이다. 11장에서 다룬다. (1.4절)

비선형 회귀 nonlinear regression 관심이 있는 대상(종속변수)의 수량과 연관 있는 대상(독립변수)의 수량과의 관계를 부드러운 커브를 통해 근사하는 방법이다. (1.4절)

빅데이터 big data 빅데이터의 시대는 최근 수십년 동안 방대하고 빠르게 증가하고 있는 트랜잭션 데이터가 일상적이 되고, 이를 분석에 사용할 수 있음을 의미한다. (1.2절)

산점도 scatter plot x, y축을 가지는 2 차원 그래프로, 산점도의 각 점은 두 쌍의 값을 표현하는데, 한 개는 x 축을 나머지 한 개는 y축을 나타낸다. (1.4절)

서술적 분석 descriptive analytics 과거부터 현재까지 발생한 사건에 대한 정보를 줄 수 있는 서술descriptions을 데이터 분석을 통해 제공하는 것을 의미한다. (1.2절)

선형 회귀 linear regression 관심이 있는 대상(종속변수)의 수량과 연관 있는 대상(독립변수)의 수량과의 관계를 선형식을 통해 근사하는 방법이다. (1.4절)

수리 모델 mathematical model 경영상의 문제를 수리적인 기호와 표기 방법으로 근사적으로 표현하는 방법이다. (1.1절)

수확 체감 diminishing returns 어떤 활동의 단위 이윤이 활동을 계속함에 따라, 감소하는 것을 의미한다. (1.4절)

스프레드시트 모델링 spreadsheet modeling 경영과학화 비즈니스 애널리틱스의 모델을 작성하고 적용하기 위해 스프레드시트를 사용하는 것이다. (1.3절)

스프레드시트 모형 spreadsheet model 분석의 용이성을 위하여 대상 문제(예: 경영 문제)를 스프레드시트에 정리한 대략적 표현. (1.1절)

예측 모델 forecasting model 대상의 과거 수량 패턴에 기반하여, 대상의 미래 수량을 예측하는 모델로, 4장에서 다룬다. (1.2절)

예측적 분석 predictive analytics 미래에 발생 가능성이 높은 일을 예측하기 위해 모델들을 사용하는 것이다. (1.2절)

운영과학 분석가 operations research analyst 경영과학 분석가의 다른 이름이다. (1.3절)

운영과학 operations research 경영대학 밖에서 널리 쓰이는 경영과학의 전통적인 명칭이다. (1.1절)

인공지능 artificial intelligence 인공지능의 목적은 사람의 사고 능력과 행동을 모방한 지능형 컴퓨터 프로그램과 기계를 만드는 것이다. (1.2절)

최적화 optimization 의사결정 모델에서 가장 좋은 값을 찾는 것이다. (1.4절)

추세선 trendline 연관된 수량(독립변수)에 대한 분석하고자 하는 대상(종속변수)의 수량의 예상 추세를 보여주는 직선 혹은 곡선이다. (1.4절)

컴퓨터 시뮬레이션 computer simulation 운영상의 전체 프로세스나 시스템을 시뮬레이션하기 위해 컴퓨터를 사용하는 것이다. 14장과 15장에서 다룬다. (1.2절)

회귀를 통한 인과 예측 causal forecasting with regression 예측하고자 하는 대상의 수량을 한 개 혹은 그 이상의 대상의 수량과의 회귀식을 통해 예측하는 것이다. (1.4절)

Connect SmartBook과 교수 자료를 제공하는 웹 기반의 학습 플랫폼이다. (1.6절)

INFORMS Institute for Operations Research and the Management Sciences의 약자로, 경영과학과 경영분석을 모두 다루는 국제학회. (1.3절)

SmartBook 학생들이 학습 자료를 더 잘 이해할 수 있도록 개인화된 교안을 제공하는 Connect에 포함된 웹 기반 툴. (1.6절)

이 장에 대한 학습지원

풀이는 www.mhhe.com/Hillier7e에 제공된다.

엑셀 파일:

VRX2000

이 장의 보충 자료:

경영과학 분석의 사례: 손익분기점 분석

학습문제

1.S1. 광고 예산 결정 문제

1.4 절에서 소개된 VRX사의 광고 예산을 선택하는 문제를 고려해 보자. VRX2000외에도 VRX는 저가형 가상현실 해드셋인 VRX1000을 가진다. VRX 1000은 $299에 팔리고, 생산비용은 $245이다. VRX1000을 생산하는데 필요한 분기별 고정비는 $120,000이다. VRX사는 VRX1000을 위한 최적의 광고 전략을 수립하려고 한다. 과거 광고비와 그에 따른 판매량은 다음의 표와 같다.

	광고비	판매량
Q4	$120,000	8,023
Q1	$240,000	11,984
Q2	$40,000	5,135
Q3	$160,000	9,843
Q4	$400,000	13,845
Q1	$200,000	10,134
Q2	$0	1,645
Q3	$80,000	7,384
Q4	$320,000	12,146

a. 엑셀을 사용하여, 판매량과 광고비의 상관관계를 보여 줄 수 있는 산점도를 그리시오.

b. VRX사는 1.4절에서 VRX2000에 사용한 것과 동일한 제곱근 관계를 VRX1000의 판매량과 광고비 데이터에 적용하여, 판매량≈a$\sqrt{\text{광고비}}$+b와 같은 식을 계산하고자 한다. 엑셀을 사용하여, 판매량을 수직축에 광고비를 수평축에 나타내는 산점도를 그려라. 이후 엑셀의 추세선 기능을 이용하여 예측식인 판매량≈a$\sqrt{\text{광고비}}$+b에 가장 잘 맞는 a와 b의 값을 찾으라.

c. b에서 찾은 예측식을 사용하여, VRX1000에 대한 광고비를 결정할 수 있는 최적화 모델을 구하라. (VRX2000에서 사용한 스프레드시트를 템플릿으로 사용해도 무방하다. 이 템플릿은 www.mhhe.com/Hillier7e에서 찾을 수 있다.) 구한 모델을 해찾기로 풀어보라. 최적의 광고비와 그에 따른 총이익은 얼마인가?

연습문제

1.1 1.2절의 응용사례에 있는 IBM의 예측 분석 활용 사례를 읽고, IBM의 사례에서 사용된 세 가지 모델에 대해 간략하게 설명하라.

1.2 1.3절의 응용사례에 있는 Intel의 end-to-end analytics 활용 사례를 읽어보자. 사례에 적용된 경영과학과 경영분석의 기법을 간략히 설명하고, 이 사례에서의 다양한 경제적, 비경제적인 이익에 대해 논의하라.

1.3 〈표 1-3〉에 나열된 경영과학과 경영분석 사례 중 1개를 골라 보자. 이후 선택한 사례에 해당하는 응용사례를 읽고(이에 대한 링크는 www.mhhe.com/Hillier7e에서 찾을 수 있다), 해당 사례와 그로 인한 이익(비경제적인 부분을 포함하는)에 대한 2쪽 분량의 보고서를 작성하라.

1.4 〈표 1-3〉에 나열된 경영과학과 경영분석 사례 3개를 골라 보자. 각 사례에 대해서 해당하는 응용사례를 읽고 (이에 대한 링크는 www.mhhe.com/Hillier7e에서 찾을 수 있다) 각 사례에 대해서 사례와 그로 인한 이익(비경제적인 부분을 포함하는)에 대한 1쪽 분량의 보고서를 작성하라.

1.5 아래 내용에 대해 참 혹은 거짓을 판단하고, 거짓인 경우에는 그 이유를 설명하라.

a. 컴퓨터 기술의 발전은 경영과학 분야의 성장에 촉매제가 되었다.

b. 경영과학은 경영 의사결정을 위한 강력한 도구이다.

c. 경영과학은 복잡한 정성적인 요인들에 관련된 경영 의사결정 문제를 풀 수 있다.

1.6 아래 내용에 대해 참 혹은 거짓을 판단하고, 거짓인 경우에는 그 이유를 설명하라.

a. 빅데이터 시대의 도래는 경영분석이 필요한 새로운 도전을 만들었다.

b. 경영분석는 경영 의사결정을 만들기 위한 관련 데이터를 식별하는 데 집중한다.

c. 강력한 경영과학의 기술들은 흔히 규범적 분석을 수행하기 위해 사용된다.

1.7 아래 내용에 대해 참 혹은 거짓인 판단하고, 거짓인 경우에는 그 이유를 설명하라.

a. 경영과학과 경영분석은 지난 수십 년간 경영학 문제를 풀기 위해 함께 발전해왔다.

b. 경영과학과 경영분석은 상호 보완적이기 때문에 시간이 지남에 따라 둘은 합쳐지고 있다.

c. 경영대학은 성장하고 있는 경영 수요에 맞추어, 교육과정을 경영과학과 경영분석을 다룰 줄 아는 미래의 경영분석가를 기르는 교육으로 확장할 필요가 있다.

1.8 1.4절에서 소개된 VRX사의 광고 예산을 선택하는 문제를 고려해 보자. 사례에서 광고비는 $135,392가 사용되었고, 이익은 $77,425이었다. 이제 VRX2000의 가격에 변동이 생겼다고 생각해 보자. VRX2000의 생산비는 $295에서 $315로 증가하였다. 또한, 경쟁이 치열해진 시장 상황으로 인해, VRX사는 증가한 생산비용을 고객에게 부담시킬 수 없다. 따라서 VRX2000의 판매가는 $400으로 동결되었다.

a. 증가한 생산비용은 VRX2000의 수익에 부정적인 영향을 미칠 것이다. 이로 인해 기존에 계산한 최적의 광고비는 어떠한 영향을 받을 것 같은가? 만약 영향이 있다면, 광고비는 증가할 것 같은가? 아니면 감소할 것 같은가? 당신이 세운 가설을 설명하라.

b. 증가된 생산비를 고려하여 VRX2000의 최적화 모형을 다시 풀어보라. (VRX2000의 최적화 모형은 www.mhhe.com/Hillier7e에서 찾을 수 있다). 증가된 생산비가 기존의 최적 광고비에 미치는 영향은 무엇인가?

c. 상황을 바꾸어 VRX2000의 생산비가 $275로 감소한 상황을 고려해 보자. 감소한 생산비를 고려하여 VRX2000의 최적화 모형을 다시 풀어보라. 감소한 생산비가 기

존의 최적 광고비에 미치는 영향은 무엇인가?

d. 당신이 a에서 세운 가설을 생각해 보자. 우리는 b와 c에서 생산비의 변화에 따라 모형을 다시 풀어보았다. 생산비와 광고비에는 어떠한 상관관계가 있는 것 같은가? 상관관계 이면의 직관에 대해 설명하라.

1.9 1.4절에서 소개된 VRX사의 광고 예산을 선택하는 문제를 다시 고려해 보자. VRX사는 VRX2000 외에도 전문가형 기상 현실 헤드셋인 VR3000을 출시하였다. VRX 3000의 생산비는 $495이고, 판매가는 $725이다. VRX3000을 생산하는데 필요한 분기별 고정비는 $80,000이다. VRX사는 VRX3000을 위한 최적의 광고 전략을 수립하려고 한다. 과거 광고비와 그에 따른 판매량은 다음의 표와 같다.

	광고비	판매량
Q4	$30,000	568
Q1	$60,000	750
Q2	$10,000	380
Q3	$40,000	612
Q4	$100,000	910
Q1	$50,000	697
Q2	$0	149
Q3	$20,000	496
Q4	$80,000	838

a. 엑셀을 사용하여, 판매량과 광고비의 상관관계를 보여줄 수 있는 산점도를 그려라.

b. VRX사는 1.4.절에서 VRX2000에 사용한 것과 동일한 제곱근 관계를 VRX3000의 판매량과 광고비 데이터에 적용하여, 판매량$\approx a\sqrt{\text{광고비}}+b$와 같은 식을 계산하고자 한다. 엑셀을 사용하여, 판매량을 수직축에 광고비를 수평축에 나타내는 산점도를 그려라. 이후 엑셀의 추세선 기능을 이용하여 예측식인 판매량$\approx a\sqrt{\text{광고비}}+b$에 가장 잘 맞는 a와 b의 값을 찾으라.

c. b에서 찾은 예측식을 사용하여 VRX3000에 대한 광고비를 결정할 수 있는 최적화 모델을 구하라. (VRX2000에서 사용한 스프레드시트를 템플릿으로 사용해도 무방하다. 이 템플릿은 www.mhhe.com/Hillier7e에서 찾을 수 있다.) 구한 모델을 해찾기로 풀어보라. 최적의 광고비와 그에 따른 총이익은 얼마인가?

통합사례 1-1: VRX 재방문 — 시간이 지나면서 수집된 새로운 데이터를 통한 모형 업데이트

1.4절에서 분석팀은 VRX2000을 위해 돌아오는 1분기(Q1)의 광고비를 제안하였다. 분석팀은 과거 데이터를 기반으로 판매량$\approx 7.01\sqrt{\text{광고비}}+400$인 상관관계를 근사하였다. 이때 VRX2000의 생산관련 비용은 분기당 고정비가 $100,000이고, 개당 생산비용은 $295이고, 개당 수익은 $400이었다. 이를 고려하여 최적의 광고비는 #135,000이었다. 〈그림 1-9〉와 같이 이를 통해 VRX2000을 2,979개 판매하고, 그 이익은 $77,425이었다. 하지만 분석팀이 강조한 것처럼, 이는 예측치일 뿐이다. 예측치는 자주 그리고 조금씩 실제와 다르기 마련이다. VRX사는 분석팀의 제안을 받아들여, 1분기 광고비를 $135,000으로 책정하였다. 이제 1분기말이 되었고, 결과를 확인하였을 때, 실제 판매량은 2,847로 예측 보다 약간 적은 수치이다. 이제 2분기의 광고비를 결정할 시기가 되었다.

a. VRX사는 분기에서 분기의 판매량에 변동을 일으킬 수 있는 상당한 계절효과를 발표하지 않았다. VRX는 Q2의 판매량이 Q1의 판매량과 유사할 것으로 예상하고 있다(광고비에 상관없이). VRX사가 다시 모델을 사용하여 Q2의 광고비를 $135,000으로 책정해야 하는가? 이에 관한 논의하라.

b. 분석팀은 새로운 데이터를 모델에 추가할 것을 제안하다. Q1의 새로운 데이터를 추가하여, 〈그림 1-1〉과 같이 판매량과 광고비 사이의 상관관계를 시각화하기 위한 산점도를 다시 그려라. 새롭게 추가된 데이터로 인해 상관관계에 큰 변화가 생겼는가?

c. 이전에 사용한 것과 같이, Q1의 데이터를 추가한 상황에서 판매량과 광고비 사이의 제곱근 관계 "판매량$\approx a\sqrt{\text{광고비}}+b$"를 생각해 보자. Q1의 데이터를 추가하여 〈그림 1-5〉와 같이 판매량을 수직축에 광고비

를 수평축에 나타내는 산점도를 그려라. 이후 엑셀의 추세선 기능을 이용하여 예측식인 판매량≈a$\sqrt{광고비}$+b에 가장 잘 맞는 a와 b의 값을 찾아라.

d. c에서 새롭게 구한 공식을 사용하여 〈그림 1-7〉의 최적화 모델을 업데이트하고, Q2의 광고비를 엑셀 해찾기를 실행하여 다시 계산하라. 이 결과를 이전 〈그림 1-9〉의 Q2 결과와 비교하라. 새롭게 사용한 Q1의 데이터가 결과에 어떠한 영향을 미치는가?

e. VRX사가 Q2의 광고비를 d에서 계산한 값에서 $1,000 단위에서 반올림한 값으로 결정하였다. 이후 Q2 말에 집계한 VRX2000의 판매량은 3,012이었다. Q3의 광고비를 계산하기 위해, Q2의 데이터를 추가하여 b,c,d를 다시 수행하라.

분석 프로세스의 개요

2 CHAPTER

학습목표: 이 장을 마치면 당신은, 비즈니스 분석가가 주요 관리 문제를 해결하기 위해 경영분석 및 경영과학을 사용하는 프로젝트의 다음 단계를 설명할 수 있어야 한다.

1. 문제 정의
2. 관련 데이터 수집 및 정리
3. 데이터 정리
4. 기술 통계 분석을 통해 데이터 탐색
5. 데이터 시각화를 통한 성과 정보 전달
6. 예측 분석 준비 : 변수와 모형 선택
7. 예측 또는 분류 모형 개발
8. 모형 분할 및 테스트
9. 최적의 예측 모형 선택 및 구현
10. 규범적 분석을 적용하기 위한 의사결정 모형
11. 의사결정 모형로부터 해결책 도출 방법 학습
12. 의사결정 모형 테스트
13. 의사결정 모형 적용 준비
14. 구현

이 장에서는 경영진을 대신하여 비즈니스 분석팀이 일반적으로 수행하는 전형적인 대규모 프로젝트에 포함되는 주요 단계에 대한 개요를 제공한다. 이 장 전체에 걸쳐 사용된 사례연구용 프로젝트는 팀이 주요 경영 문제를 연구한 다음, 경영진과 협력하여 새로운 시스템과 절차를 포함한 더 나은 접근 방식을 구현하는 과정을 보여준다.

이 교재를 사용하는 많은 학생은 경영과학 또는 경영분석으로 상당한 훈련을 받은 비즈니스 분석가가 아닌 경영진이 될 것이다. 이러한 학생들을 위해 이 장은 경영진이 주요 연구를 수행하는 비즈니스 분석팀을 더 잘 감독하고 평가할 수 있도록 작성되었다. 비즈니스 분석가가 되고자 하는 학생들에게 이 장은 관련 업무의 범위에 대한 더 넓은 관점을 제공할 것이다.

보다 제한적인 연구(사례)에서는 분석의 한두 단계만 수행할 수도 있으나, 이 장에서는 그 이상의 많은 단계 중 각 단계의 필요한 절차에 대해 설명할 것이다.

2.1 사례연구: First Bank사의 무담보 대출 신청 평가 문제

First Bank사는 북부 캘리포니아의 번창한 도시에서 가장 오래된 은행이다. 골드러시 시대에 도시가 설립된 이래로 도시와 함께 성장해 왔다. 이 은행은 도시의 번영을 도운 비즈니스 커뮤니티의 선도적인 일원으로서 높은 평가를 받고 있다. 따라서 도시와 인접 지역에 거주하는 대부분의 사람은 다양한 서비스를 받기 위해 이 은행을 이용하고 있다. 이 은행을 이용하는 고객은 다양한 재무 배경을 가지고 있으며 First Bank사는 다양한 고객층에게 서비스를 제공하는데 자부심을 가지고 있다.

주택 대출과 자동차 대출 외에도 First Bank사는 일부 고객을 대상으로 무담보 개인 대출을 제공한다. 무담보 대출은 주택이나 자동차와 같은 자산을 담보로 제공할 필요가 없다. 따라서 무담보 대출의 경우 주택 담보 대출이나 자동차 대출에 비해 높은 이자율이 부과된다.

무담보 대출은 이자율이 높기 때문에 First Bank사에 수익성이 높을 수 있으나, 채무 불이행 위험이 상당히 높다. 예를 들어, 주택이나 자동차 대출의 경우 고객이 채무 불이행을 하면 주택이나 자동차와 같은 담보를 처분하여 대출을 상환할 수 있다. 그러나 무담보 대출의 경우 은행에 이러한 안전장치가 없기 때문에 고객이 여러 번 상환을 연체하면, 추심 대행사를 통해 연체된 자금을 회수하려고 시도한다. 그러나 때때로 이러한 대출은 채무 불이행으로 끝나고 손실로 기록된다.

무담보 대출과 관련된 위험으로 인해 First Bank사는 대출을 승인할 때 매우 신중을 기해야 한다. 각 잠재고객은 소득, 고용 기간, 기타 부채 및 정기 월별 지불액(임대료 또는 주택담보대출) 등의 정보를 포함한 재무 상세 정보를 대출 신청서에 작성한다. 또한, First Bank사는 신용 평가 회사를 통해 신용 조사를 실시한다.

신용 평가 회사는 수백만 명의 개인 신용 등급을 관리한다. 신용 점수는 300점에서 850점 사이에서 나타난다. 이 점수에는 개인의 결제 내역, 부채, 나이, 신용 조회 횟수 등이 반영된다. 부채가 적고 제때 결제한 이력이 있으며 오랫동안 좋은 신용을 유지한 고객일수록 신용 점수가 높으며 일반적으로 채무 불이행이 낮은 것으로 간주된다. 이전에 대금을 연체했거나, 파산 신청을 했거나, 신용 기록이 거의 없는 고객은 신용 점수가 낮고 채무 불이행 위험이 더 높은 것으로 간주된다.

은행 설립 이래로 대출 이자는 은행의 주요 수입원이었다. 이러한 대출은 원래 담보를 필요로 했다. 하지만, 2000년 초부터 은행은 무담보 대출을 더 높은 이자율로 신청할 수 있도록 정책을 변경했다. 어떤 대출이 가능한 안전할지(채무 불이행으로 끝날 가능성이 거의 없는지) 잘 예측하여 은행의 순수익을 늘리려는 계획이었다. 그러나 지금까지의 결과는 엇갈리고 있다. 따라서 분석의 힘에 대해 수년간 들어온 경영진은 최근 이 예측 프로세스를 개선하기 위해 "과학적 방법"을 적용해야 한다고 지시했다.

다음 절에서는 First Bank사의 대출 정책을 개선하기 위해 비즈니스 분석가가 비즈니스 분석과 경영과학을 어떻게 사용하는지에 대한 이야기를 다룰 예정이다.

복습문제

1. 무담보 대출과 담보 대출의 주요 차이점은 무엇인가?
2. 신용 평가 회사는 개인의 신용 점수를 결정하기 위해 어떤 요인들을 사용하는가?

2.2 문제 정의

이 장의 나머지 부분에서는 경영진이 주요 문제 해결에 대한 불확실한 상황을 고려하여 비즈니스 분석팀에게 이 문제를 주의 깊게 연구하고 권장 사항을 제시하는 과제를 부여한 것에 대해 다루고 있다. 이 연구팀은 경영진의 전폭적인 지원을 받아 적절한 비즈니스 분석 및 경영과학의 도구를 사용하여 문제를 분석한다. 이 장에서는 사례연구를 통해 프로젝트의 다양한 단계를 설명하고자 한다.

연구팀과 경영진의 상호 보완적 역할

가장 먼저 알아야 할 것은 연구팀이 일반적으로 자문 역할을 한다는 점이다. 팀원들은 문제가 주어졌을 때 각자의 방식대로 단순히 해결을 하는 것이 아니라, 경영진(주로 주요 의사결정권자)에게 조언을 제공한다. 연구팀은 문제에 대한 상세한 서술적 분석을 수행한 후 경영진에게 권장사항을 제시한다. 보통 경영진에게 제출하는 보고서에서는 다양한 가정하에서 또는 경영진만이 평가할 수 있는 일부 정책 매개변수(예: 비용과 편익 간의 균형)의 다양한 값 범위에서 매력적인 몇 가지 대안을 제시한다. 경영진은 연구와 그 권장사항을 평가하고, 다양한 무형적 요소를 고려한 후 최선의 판단에 따라 최종 결정을 내린다. 따라서 연구팀이 경영진과 같은 시각을 가지고(경영진의 관점에서 "올바른" 문제를 파악하는 것 포함) 연구 진행 과정에 대한 경영진의 지지를 확보하는 것이 중요하다.

교재 예시와는 달리, 연구팀이 실제 직면하는 대부분의 문제는 모호하고 정확하지 않는 방식으로 시작하여 설명된다. 따라서 가장 먼저 해야 할 일은 관련 시스템을 연구한 다음, 경영진과 협의하여 경영진이 우려하는 문제에 대해 잘 정의된 문제를 개발하는 것이다.

연구팀이 경영진과 논의해야 할 또 다른 핵심 주제는 데이터 문제이다. 관련 데이터의 가용성에 관한 상황을 평가해야 한다. 얼마나 쉽게 이용할 수 있는가? 얼마나 더 많은 데이터를 얻을 수 있는가? 분석 연구는 데이터에 의해 주도되기 때문에, 이러한 사용 가능한 데이터의 양과 데이터 세부 정보 수준에 대한 평가는 프로젝트의 실현 가능 범위에 상당한 영향을 미친다.

연구팀은 경영진과의 대화의 일환으로, 연구팀이 할 수 있는 특별한 종류의 기여에 대해 명확히 설명해야 한다. 특히 2.3~2.5절에 설명된 분석의 세 단계(서술적, 예측적, 처방적)를 간략하게 검토하여 경영진이 조사하고자 하는 구체적인 문제를 탐구한다. 경영진이 서술적 분석과 데이터 시각화 기술을 통해 회사의 성과를 측정하기 위해 원하는 몇 가지 지표가 있는가? 경영진이 관심을 가질 만한 잠재고객의 행동에 대한 예측이 있는가? 그렇다면 예측 분석을 사용하여 이러한 예측을 개발할 수 있다. 경영진이 규범적 분석을 사용하여 향후 수행해야 할 특정 권장 사항이 있는가? 이 세 단계 각각에 대해 연구팀은 각 단계에 대해 경영진이 추구하는 것이 무엇인지에 대한 구체적인 세부 사항을 이끌어내야 한다. 일부 연구는 서술적 분석만 필요할 수도 있고, 어떤 연구는 두 단계 또는 세 단계를 모두 거쳐야 할 수도 있다.

처음 두 단계의 분석에서는 경영진과 무엇을 추구할 것인지에 대해 논의하는 것이므로 간단할 수 있다. 그러나 규범적 분석의 경우 문제를 정의하는 데 결정해야 하는 경우의 수가 상당하므로 훨씬 더 복잡해진다. 후자의 경우를 살펴보자.

규범적 분석에 필요한 추가적인 문제 정의

2.5절에서는 의사결정 모형이 규범적 분석을 수행하는 방법에 대해 설명한다. 이러한 모형은 수학적 언어를 사용하여 문제를 완전히 정의해야 한다. 이 문제를 수학적으로 해결하면 모형에 따라 미래에 무엇을 해야 할지에 대한 최선의 처방을 식별할 수 있다.

의사결정 모형에서 전체 문제를 정의하려면 (1) 개별 의사결정, (2) 문제에 대한 전체 목표, (3) 수행할 수 있는 작업에 대한 제약조건을 정의해야 한다. 문제 정의 과정은 연구의 결론이 관련성의 정도에 큰 영향을 미치기 때문에 매우 중요한 과정이다. "틀린" 문제에서 "올바른" 답을 추출하는 것은 어렵다!

의사결정 모형의 특성을 설명하기 위해 제품-조합 문제를 생각해보자. 이 문제는 한 회사가 여러 제품을 보유하고 있고, 제품을 생산하는데 사용할 수 있는 자원이 제한되어 있는 상황에서 제품 생산의 최적 조합을 결정하고자 할 때 발생한다. 개별 결정 사항은 개별 제품의 생산 비율이다. 전반적인 목표는 일반적으로 총 수익을 극대화 하는 것이다(아래에서 일부 처방적 문제에 대한 몇 가지 대안에 대해 논의한다). 각 자원에 대해 그 자원을 사용할 수 있는 것보다 더 많은 자원을 사용하지 않도록 수학적으로 명시하는 제약조건이 필요하다.

적절한 전체 목표를 확인하는 것은 문제 정의에서 특히 중요하다. 이를 위해서는 먼저 연구 중인 시스템과 관련하여 실제로 의사결정을 내릴 경영진의 구성원을 파악한 다음, 관련 목표에 대한 구성원의 생각을 조사하는 것이 필요하다. (의사 결정권자를 처음부터 참여시키는 것은 연구 실행에 대한 지지를 구축하는 데에도 필수적이다.)

경영과학과 경영 분석은 본질적으로 일부 구성원의 복지가 아닌 조직 전체의 복지에 관심을 갖는다. 따라서 한 구성원에만 가장 적합한 차선책이 아닌 전체 조직에 가장 적합한 솔루션을 찾는다. 따라서 이상적으로 수립되는 목표는 조직 전체의 목표가 되어야 한다. 그러나 이것이 항상 편리한 것은 아니다. 많은 문제들이 주로 조직의 일부에만 관련되어 있기 때문에, 목표가 너무 일반적이고 나머지 조직에 대한 모든 부작용을 명시적으로 고려하면 분석이 어려워질 수 있다. 대신, 연구에 사용되는 목표는 가능한 한 구체적이면서도 의사 결정권자의 주요 목표를 포괄하고 조직의 상위 목표와 합리적인 수준의 일관성을 유지해야 한다.

이를 달성하기 위해 영리 조직의 한 가지 접근 방식은 **장기적인 수익 극대화**long-run profit maximization를 유일한 목표로 삼는 것이다(돈의 시간 가치를 고려하여 즉각적인 수익에 더 많은 비중을 두는 것). 장기적이라는 형용사는 이 목표가 당장 수익으로 이어지지는 않지만(예: 연구 개발 프로젝트) 결국에는 수익으로 이어져야 가치가 있는 활동을 고려할 수 있는 유연성을 제공한다는 것을 나타낸다. 이 접근 방식에는 상당한 장점이 있는데, 편리하게 사용할 수 있을 만큼 구체적이면서도 영리 조직의 기본 목표를 포괄할 수 있을 만큼 광범위하다. 사실, 다른 모든 합법적인 목표가 이 목표에 포함될 수 있다고 주장할 수도 있다.

그러나 실제로는 많은 영리 조직이 이러한 접근 방식을 사용하지 않는다. 미국 기업을 대상으로 한 여러 연구에 따르면 경영진은 장기적인 이익 극대화에 초점을 맞추는 대신 다른 목표와 결합하여 만족스러운 이익이라는 목표를 채택하는 경향이 있는 것으로 나타났다. 일반적으로 이러한 다른 목표 중 일부에는 안정적인 수익 유지, 시장 점유율 증가(또는 유지), 제품 다양화, 안정적인 가격 유지, 직원 사기 향상, 가족에 의한 기업 지배력 유지, 회사 명성 제고 등이 있다. 이러한 목표를 달성하면 장기적으로 이익 극대화를 달성할 수 있지만, 그 관계가 모호하여 이 모든 목표를 하나의 목표에 통합하는 것이 편리하지 않을 수 있다.

사례연구로 돌아가기: First Bank의 문제 정의

First Bank의 무담보 대출을 연구하기 위해 비즈니스 분석가들로 구성된 한 팀이 프로젝트를 맡게 되었다. 연구팀은 은행의 CEO를 만나 문제를 정의하는 데 도움을 요청하였다. 대출 부서를 총괄하는 부사장도 참석하였다.

회의는 은행의 수익 개선을 위해 이 프로젝트의 중요성을 강조하는 CEO의 발언으로 시작되었다. 은행은 비교적 양호한 실적을 거두고 있지만 채무 불이행으로 끝나는 대출은 은행에 큰 부정적인 영향을 미칠 수 있다. 반면에 무담보 대출에 부과되는 높은 이자율은 채무 불이행이 드물게 발생한다면 은행에 큰 도움이 될 수 있다.

CEO는 부사장에게 무담보 대출 신청 승인 여부와 부과할 이자율이 어떻게 결정되는지 설명해 달라고 요청하였다. 부사장은 은행에 우수한 대출 심사팀이 있어 신청서를 면밀히 평가한 후 대출 승인 여부에 대한 추천과 함께 신청서를 자신에게 전달한다고 설명하였다. 대출이 승인되면 신청자의 신용 점수에 따라 이자율을 정하고 신용 점수가 낮은 고객에게는 더 높은 이자율을 부과하는 것이 정책이다. 이어진 회의에서 부사장은 일부 대출 담당자가 다른 대출 담당자에 비해 상당히 보수적으로 대출을 추천하기 때문에 면밀히 판단하기 어렵다는 점을 인정하였다. 그는 대출 승인 결정을 내릴 때 좀 더 객관적인 방법이 있었으면 좋겠다고 말하였다. 또한, 적절한 이자율을 설정할 수 있는 보다 포괄적인 방법이 있었으면 좋겠다고 발언했다.

CEO는 이것이 바로 연구팀이 해결하기를 원하는 문제라고 설명하였다. CEO는 분석의 힘에 대해 아주 좋은 이야기를 많이 들었고, 연구팀이 이러한 과학적 방법을 사용하여 대출 담당자들이 밝혀낸 각 사례의 사실을 기반으로 최선의 결정을 내리기를 원한다. 추가적인 논의를 통해, CEO는 은행의 평균 이익을 극대화하기 원하기에 연구팀은 이 목표를 채택하였다(통계학자들은 '평균 이익'을 '기대 이익'이라고 부르며, 여기서는 후자의 용어를 사용하기로 한다).

또한, CEO는 리스크를 관리하면서 수익을 개선하기 위해 은행의 전반적인 대출 상품 포트폴리오를 검토하는데 관심이 있다. 특히, 무담보 대출과 담보 대출(예: 자동차 대출 및 주택 대출) 모두를 포함하여 어떤 조합이 First Bank사에 최적인지 결정하는 방법에 대해 물어보았다.

CEO의 의견을 바탕으로 연구팀은 이제 문제를 정의할 준비가 되었다. 첫번째 단계는 지금까지 First Bank사의 대출 실적이 어땠는지 연구하는 것이다. 대출이 얼마나 자주 채무 불이행으로 끝나는가? 어떤 유형의 고객이 채무 불이행할 가능성이 더 높은가? 이러한 대출이 First Bank사에 얼마나 수익성이 있었는가? 이러한 질문들은 2.3절에서 다룬 서술적 분석 도구를 활용하여 답을 찾을 수 있다.

이제 연구팀은 무담보 대출 신청에 대한 승인 여부와 대출에 부과할 이자율 결정이 어떻게 이루어져 있는지 파악할 수 있게 되었다. 궁극적인 목표는 경영진과 협력하여 이러한 프로세스를 개선하는 것이다. First Bank사가 신규 대출 신청자에 대한 대출 승인 여부와 부과할 이자율을 결정하기 위해서는 채무 불이행 가능성을 예측할 수 있어야 한다. 이러한 예측은 신용 점수, 소득, 부채 등 신청자의 다양한 특성을 기반으로 이루어진다. 기존의 과거 데이터를 바탕으로 2.4절에서 소개한 예측 분석 기법과 모형을 사용하여 이러한 유형의 예측을 수행할 수 있다.

특정 고객의 채무 불이행 가능성을 예측할 수 있는 수학적 모형을 개발하면, First Bank사에 가장 적합한 정책을 처방하는데 도움이 된다. 다양한 고객 범주에 대해 어떤 이자율을 부과해야 하는가? 위험과 수익간 균형을 가장 잘 맞출 수 있는 최적의 대출 포트폴리오는 무엇인가? 이러한 질문들은 2.5절에서 소개한 규범적 분석 모형을 사용하여 해결할 수 있다.

복습문제

1. 문제를 정의하는 데 있어 연구팀과 경영진의 상호 보완적인 역할은 무엇인가?
2. 연구팀이 분석을 완료하면 최종 결정을 내리는 절차는 어떻게 되는가?
3. 의사결정 모형의 구성 요소는 무엇인가?
4. 경영진이 연구를 위해 선택할 수 있는 목표에는 어떤 것이 있는가?
5. First Bank사에서 대출 이자율은 어떻게 결정되는가?
6. 서술적 분석을 통해 First Bank사의 무담보 대출이 어떻게 수행되었는지 보여주는 세 가지 질문은 무엇인가?
7. First Bank사의 신규 대출 신청자에 대한 필수적인 예측에는 무엇이 있는가?
8. 예측 분석을 수행할 때, First Bank사의 신규 대출 신청자가 채무 불이행 가능성이 있는지 판단하는 데 어떤 기준을 사용하는가?
9. First Bank사의 연구팀은 규범적 분석을 사용하여 어떤 두 가지 정책을 연구할까?

2.3 서술적 분석 수행하기

서술적 분석은 데이터를 분석하여 지금까지 일어난 일에 대한 유용한 정보를 주는 설명을 생성하는 데 중점을 둔다. 간략한 소개 뒤에 서술적 분석을 수행하기 위해 아래에 열거된 네 가지 단계를 설명한다.

1단계: 관련 데이터 수집 및 정리
2단계: 데이터 정리
3단계: 데이터 탐색
4단계: 데이터 시각화를 사용하여 성과 정보 전달

서술적 분석은 데이터를 탐색하고 데이터를 사용하여 비즈니스를 설명하는 일반적인 작업을 포함하기 때문에 가장 흔히 사용되고 가장 잘 이해할 수 있는 비즈니스 분석 유형이다. 빅데이터 시대에 접어들면서, 서술적 분석은 거의 모든 주요 기업(그리고 가끔 다른 조직들)에게 관련된 대량 데이터를 분석하고 중요한 결론을 보고하는 데 있어 핵심 도구가 되었다.

위에서 나열된 네 가지 단계는 모두 데이터를 언급하는데, 이는 서술적 분석이 관련 데이터에 전적으로 의존하기 때문이다. 빅데이터 시대에는 다양한 출처에 방대한 양의 관련 데이터가 저장되어 있을 수 있다. 따라서 관련 데이터를 수집하고 정리하는 것이 첫번째 과제이다. 다양한 출처에서 데이터를 추출할 때 특정 데이터 포인트가 어떤 식으로든 결함(부정확하거나 불완전하거나 형식이 부적절한 등)이 있는 것은 거의 불가피하므로 이러한 데이터를 "정리"하는 것이 중요하다. 이후 데이터를 주의 깊게 검토하여 무엇이 있는지 완전히 이해해야 한다.

이제 네 단계에서 큰 성과를 거둘 수 있는 발판이 마련되었다. 많은 비즈니스 분석가("**데이터 과학자**data scientist"라는 직함을 가진 사람들 포함)들은 강력한 "데이터 시각화" 기술을 사용하여 관리자와 다른 사람들에게 성과 정보를 생생하게 전달하는 기술을 배웠다. 이는 가장 효과적인 시각적 그래픽을 신중하게 선택하고 때로는 여러 가지 색상을 사용하여 수행된다. 뒤에서 몇 가지 예제를 살펴볼 것이다.

지금은 네 단계를 자세히 살펴보도록 하자.

1단계: 관련 데이터 수집 및 정리

20세기 후반에는 비즈니스 분석가가 모든 관련 데이터를 수집하는 데 놀라울 정도로 많은 시간을 소비해야 하는 경우가 많았다. 조직의 직원들 또한, 이러한 작업을 지원하기 위해 많은 노력을 기울여야 하는 경우가 많았다. 이후 거의 모든 문제를 연구할 수 있는 방대한 양의 데이터를 사용할 수 있게 된 **빅데이터**big data 시대가 도래했다. 데이터의 급증은 조직의 모든 내부 거래를 추적하는 정교한 컴퓨터의 결과이다. 또한, 웹 트래픽, 소셜 네트워크, 다양한 유형의 센서, 오디오 및 비디오 녹화 캡처와 같은 출처에서 데이터가 쏟아져 나올 수도 있다. 결과적으로 현재 데이터를 수집할 때 흔히 직면하는 문제는 사용할 수 있는 데이터가 너무 적은 것이 아니라 편리하게 사용할 수 있는 데이터가 너무 많다는 것이다. 따라서 데이터를 검색하고, 정리하고, 분석하여 현재 연구와 관련된 부분을 파악해야 한다.

새로운 빅데이터 시대에 한 가지 의문점은 필요에 따라 쉽게 접근할 수 있는 방대한 양의 데이터를 어떻게 보관하고 구성할 것인지 이다. 지금까지는 특정 유형의 개별 거래(예: 송장 발송 또는 결제)에 대한 세부 정보를 제공하는 거래 데이터베이스에 데이터가 저장되는 경우가 많았다. 하지만 다양한 유형의 데이터가 홍수처럼 쏟아져 들어오면서 이제는 고객, 공급업체, 제품 및 활동 내역을 중심으로 정리된 대량의 데이터를 수용할 수 있는 데이터 웨어하우스를 사용하는 것이 일반화되고 있다. **데이터 웨어하우스**data warehouse는 여러 출처의 데이터를 하나의 컬렉션으로 통합하는 시스템으로, 비즈니스 분석가들과 데이터 과학자가 비즈니스 분석을 수행하여 가치 있는 인사이트를 도출할 수 있도록 지원하는 도구를 포함하고 있다.

또 다른 질문은 데이터를 어떻게 추가로 정리하여 관련 부분을 식별하고 필요에 따라 조작하여 고려 중인 문제를 분석하는 데 도움이 되게 할 것인지이다. 일반적으로 모든 대규모 조직에는 이러한 작업을 가장 효율적이고 효과적으로 수행하는 방법을 전문으로 하는 정보기술IT 부서가 있다. 빅데이터의 시대는 IT 방법론에 큰 발전을 가져왔다.

조직이 합리적으로 정확하고 관련성 있는 데이터를 수집하여 정리할 수 있는 능력은 올바른 연구를 수행하기 위한 핵심 전제 조건이다. 사용 가능한 데이터는 고려 중인 문제에 대한 이야기를 들려준다. 이러한 데이터 중 일부는 고려 중인 문제를 표현하고 연구하는 데 사용되는 모형에 통합되어야 한다. 문제를 연구하기 위해 수집된 데이터는 문제의 유효한 표현을 전달할 수 있을 만큼 완전하고 정확해야 한다.

데이터를 수집하려면 다양한 출처에서 데이터를 추출해야 하는 경우가 많다. 여기에는 서로 다른 출처의 데이터가 호환되는지 확인하기 위한 데이터 유효성 검사가 필수적으로 포함된다. 이 추출 과정은 관련 데이터가 여러 개의 대규모 데이터베이스 또는 데이터 웨어하우스에 있을 수 있기 때문에 까다로운 작업이 될 수 있다. 이 과정을 시작하려면 관련 데이터를 식별할 수 있도록 연구의 목적과 평가 기준을 명확히 명시하는 등 문제를 신중하게 정의해야 한다(2.2 절에 설명된 대로). 그런 다음 관련 데이터를 찾기 위한 탐색 과정에서는 다양한 데이터 출처를 통한 체계적인 표본 추출 과정이 필요하다.

데이터를 이해하는 데 시간을 할애 하는 것도 중요하다. 데이터 형식은 어떻게 지정되는가? 데이터가 숫자 값으로 표현되어 있는가? 그렇다면, 이러한 값들의 단위는 무엇인가? 예들 들어, 달러 금액을 다룰 때는 개별 달러 대신 수천 달러(또는 수백만 달러) 단위를 사용하는 것이 편리할 때가 많다.

사례연구로 돌아가기: First Bank사의 관련 데이터 수집 및 정리

First Bank사의 가장 적합한 대출 승인 정책을 결정하기 위해 연구팀은 몇 가지 데이터를 수집해야 한다. 연구팀은 궁극적으로 신청자의 금융 기록을 바탕으로 채무 불이행 가능성을 예측할 수 있기를 원한다.

이러한 분석을 위해 어떤 데이터가 필요할까? 연구팀은 대출 승인 결정 시점에 모든 신청자의 금융 기록과 각 고객이 대출을 상환했는지 혹은 채무를 불이행 하였는지에 대한 정보가 필요하다고 결정했다. 이러한 데이터가 주어지면 금융 요인과 채무 불이행 가능성 사이의 관계를 파악하기 위한 분석을 수행될 수 있다.

고객이 First Bank에서 개인 대출을 신청하면 대출 신청 데이터가 데이터베이스 입력된다. 대출이 인수 프로세스를 거쳐 최종 결정(대출 승인 또는 거부) 단계로 진행됨에 따라 동일한 대출 승인 데이터베이스에서 상태도 추적된다. 대출이 승인되고 자금이 지급되면, 대출 상환은 First Bank사의 대출 수금 부서에서 처리한다. 이 부서에서는 대출 처리 데이터베이스에서 대출을 추적하여 대출 잔액, 미지급 이자, 지불 상태 및 대출이 성공적으로 종료(전액 상환)되었는지 또는 채무 불이행으로 종료 되었는지와 같은 정보를 유지한다.

연구팀은 고객 재무 기록과 대출의 채무 불이행 여부를 알아야 하므로 대출 신청 데이터베이스(고객 금융 기록)와 대출 처리 데이터베이스(대출의 채무 불이행 여부 확인) 데이터를 모두 결합해야 한다. 다행히도 두 데이터베이스의 데이터는 공통 대출 계좌 번호 기반으로 쉽게 동기화할 수 있기 때문에 이 과정은 간단하다. 연구팀은 First Bank사가 무담보 대출을 제공하기 시작한 이래로 승인한 모든 무담보 대출의 전체 기록을 스프레드시트에 정리했다. 아직 상환이 완료되지 않은 대출에 대한 최근 데이터는 채무 불이행 여부 아직 알 수 없기 때문에 의도적으로 제외했다. 〈그림 2-1〉은 처음 10명의 고객에 대한 데이터를 보여준다. 3,684건의 무담보 대출에 대한 전체 데이터는 www.mhhe.hillier7e에서 다운로드할 수 있다.

서술적 분석에 대한 몇 가지 용어

이 소절에서는 서술적 분석과 관련된 몇 가지 용어를 정의한다. 사례연구 예제를 사용하여 이러한 용어들을 설명할 것이다.

데이터의 집합을 **데이터 세트**dataset이라고 한다. 데이터 세트은 거의 항상 행과 열로 배열된 2차원으로 표시된다. 각 행은 데이터가 수집된(또는 수집될) 개체, 즉 **기록**record(예: First Bank사의 과거, 현재 또는 잠재적 고객)을 나타낸다. 일반적인 데이터 세트에는 수천 개의 기록 행을 포함할 수 있다. 각 열은 측정된 특성(예: 신용 점수) 또는 결과(고객의 채무 불이행 여부)를 포함한다. 이러한 각 특성 또는 결과를 **변수**variable라고 한다.

데이터를 수집한 후에는 데이터를 이해하는 데 시간을 할애하는 것이 중요하다. 예를 들

〈그림 2-1〉 First Bank사의 첫 10건의 무담보 대출 데이터. 각 열 제목의 의미는 〈그림 2-2〉에 정의되어 있다.

	A	B	C	D	E	F	G	H	I	J	K	L
1	ID	Date	Credit	Income	Debt	dti	Employment	Purpose	Loan	Term	Rate	Default
2	102379	2/17/2000	658	30	708	28.3%	1-2	HI	4.2	60	16.99%	0
3	103052	2/28/2000	714	67	1867	33.4%	1-2	DC	3.3	48	12.99%	0
4	100630	3/23/2000	635	32	470	17.6%	1-2	EE	3.1	36	17.99%	0
5	100407	3/29/2000	832	46	1175	30.7%	4-5	EE	2.4	36	8.99%	0
6	103030	3/30/2000	598	62	1047	20.3%	2-3	HI	3.6	60	19.99%	0
7	100187	4/6/2000	696	43	1220	34.0%	5+	DC	12.7	60	14.99%	0
8	100575	4/11/2000	721	42	327	9.4%	2-3	HI	3.2	36	12.99%	0
9	101531	6/30/2000	690	62	1055	20.4%	1-2	O	22.5	60	14.99%	0
10	101201	7/7/2000	728	46	1073	28.0%	5+	DC	19.2	48	12.99%	0
11	100531	8/9/2000	645	51	1282	30.2%	5+	DC	2.9	60	17.99%	1

어, '각 변수의 의미는 무엇인가?' '변수와 관련된 단위가 있는지(예: 소득의 경우 $/년, 부채의 경우 $/월)?' '가능한 값의 범위는 어떻게 되는지?' 각 변수의 의미를 설명하는 **데이터 사전**data dictionary을 포함하는 것이 유용할 수 있다. 예를 들어, 〈그림 2-2〉는 First Bank사의 데이터 사전을 보여준다.

이러한 변수 중 일부는 텍스트로 표시되고, 다른 일부는 숫자 값으로 표시된다. 예를 들어 Purpose는 DC(부채 통합), EE(긴급 비용), HI(주택 개량), O(기타)의 텍스트 코드를 제공한다.

신용과 같은 **수치형 변수**numerical variable는 숫자 값을 취하는 변수이다(예: 신용 점수). 가능한 숫자 값은 연속적(숫자 또는 소수 값)이거나 정수일 수 있으며, 주로 주어진 범위(예: 0보다

〈그림 2-2〉 First Bank 데이터 세트에 대한 데이터 사전으로 각 변수의 의미를 설명한다.

Variable	Description
ID	Loan account number
Date	Date of loan approval
Credit	FICO credit score
Income	Household income ($thousands/year)
Debt	Monthly debt payments (including rent/mortgage, in $)
dti	Debt-to-Income ratio
Employment	Years at current job (<1, 1~2, 2~3, 3~4, 4~5, or 5+)
Purpose	Purpose of loan (DC, EE, HI, O)
Loan	Size of loan ($thousands)
Term	Term of loan (36, 48, or 60 months)
Rate	Annual interest rate of loan
Default	Did customer default? (0 = no; 1 = yes)

크거나 300과 850 사이) 내에서 사용된다.

범주형 변수categorical variable는 몇 가지 가능한 범주를 나타내는 소수의 값만을 가질 수 있다. 값은 숫자(예: 0 또는 1) 또는 텍스트(예:DC, EE, HI, O)로 표현될 수 있다. 범주형 변수는 명목 변수(가능한 값의 순서가 특별한 의미가 없는 경우) 또는 서수 변수(이러한 값의 자연스러운 순서가 있는 경우)로 세분화될 수 있다.

2단계: 데이터 정리

관련 데이터를 수집한 후 다음 단계는 고려할 수 있도록 데이터를 '정리'하는 것이다. 부정확하거나 불완전하거나 형식이 잘못되었거나 심지어 중복된 데이터를 저장하는 것을 피하기는 어렵지만 가능한 한 이를 피하는 것이 매우 중요하다. 이를 위해 데이터 입력에 사용되는 소프트웨어는 입력된 데이터가 지정된 기준을 충족하지 않을 때 경고 메시지를 표시할 수 있다. 예를 들어 각 데이터 항목이 목록에서 가져온 코드인 경우 소프트웨어는 입력한 코드가 해당 목록에 있는지 확인할 수 있다. 데이터 항목이 숫자인 경우, 일반적인 범위 내에 없으면 사용자에게 경고할 수 있다. 예를 들어, 주택 가치는 달러 단위로 저장해야 한다고 가정해 보자. 사용자가 단위가 천 달러라고 생각하고 25만 달러짜리 집에 대해 250을 입력하면, 소프트웨어는 너무 작은 값에 대해 경고 메세지를 나타낼 수 있다.

데이터 입력 과정에서 오류를 수정하고 깨끗한 데이터 베이스를 유지하려는 노력에도 불구하고, 잘못된 데이터와 누락된 데이터가 여전히 문제가 되어 데이터 정리가 필요하다. **데이터 클리닝**data cleaning(데이터 스크러빙data scrubbing이라고도함)은 대규모 데이터베이스에 저장된 데이터를 수정하고 재구성하는 대부분 자동화된 과정이다.

이 데이터 클리닝 작업을 설명할 때, 머릿속에 떠오르는 이미지는 데이터베이스의 각 항목을 검토하여 필요한 수정을 하는 사람일 수 있다. 그러나 일반적으로 매우 큰(또는 대규모) 데이터를 다루기 때문에, 기술을 활용하는 것이 일반적인 접근 방식이다. 예를 들어, 엑셀은 이러한 작업을 돕기 위해 정렬 및 필터링 도구를 포함하고 있다. 최근 몇 년 동안 데이터 오류를 수정할 수 있는 다양한 데이터 클리닝 도구 개발에 상당한 진전이 이루어졌다.

이러한 과제를 해결하기 위해 현재 일반적으로 사용되는 방법론은 **ETL 프로세스**ETL process이다. ETL은 추출Extract, 변환Transform, 적재(저장)Load의 약자이다. 이는 여러 데이터 출처의 데이터를 결합하고 변환하여 일관된 단일 데이터 저장소로 변환하는 데이터 통합 프로세스이다. 추출 단계에는 1단계 하위 섹션에 설명된 대로 관련 데이터를 추출하는 작업이 포함된다. 관련 데이터를 추출한 후, 변환 단계의 목적은 위에서 설명한 대로 데이터를 "정리"하는 것이다. 데이터를 정리한 후에는 유효한 원시 데이터를 표준 양식으로 처리하여 변환 단계를 계속 진행한다. 여기에는 원시 데이터의 계산, 변환 또는 요약을 수행한 다음 데이터를 테이블로 서식을 지정하는 작업도 포함될 수 있다. 적재(저장) 단계에는 변환된 데이터를 대상 데이터 저장소로 이동하는 작업이 포함된다. 여기에는 일반적으로 모든 데이터를 처음 적재(저장)한 다음 증가된 데이터 변경 사항을 주기적으로 적재(저장)하는 작업이 포함된다.

빅데이터 시대에는 일반적으로 전체 ETL 프로세스가 자동화되었다. 많은 소프트웨어 회사들이 ETL 프로세스를 수행하기 위한 정교한 소프트웨어 패키지를 개발하여 판매하고 있다.

사례연구로 돌아가기: First Bank의 데이터 정리

다양한 데이터를 수집한 후, First Bank사의 연구팀은 이제 정확한 분석을 위해 데이터를 정리해야 한다. 연구팀은 4,000여 개의 기록에 걸쳐 약 40,000개 이상의 데이터를 확인해야 한다는 생각에 약간 겁이 났다. 다행히 엑셀에는 이 프로세스를 자동화하는 데 도움이 되는 강력한 필터 기능이 포함되어 있다. 필터 기능을 사용하려면 데이터 세트의 아무 곳이나 클릭한 다음 Data 탭에서 Filter 단추를 클릭한다. 그러면 데이터 세트의 각 열 머리글 옆에 필터링 메뉴(아래쪽을 향한 삼각형이 있는 정사각형 버튼으로 표시됨)가 추가된다. 특정 열의 필터 메뉴를 클릭하면 해당 열의 데이터를 정렬하고 필터링할 수 있는 다양한 옵션이 표시된다. 〈그림 2-3〉은 Income 열에 대해 선택된 이 필터링 메뉴를 보여준다.

이 메뉴의 처음 두 선택 항목을 사용하면 특정 변수의 값을 기준으로 데이터 세트의 기록

〈그림 2-3〉 First Bank사의 데이터 세트의 Income 열에 대한 필터링 메뉴

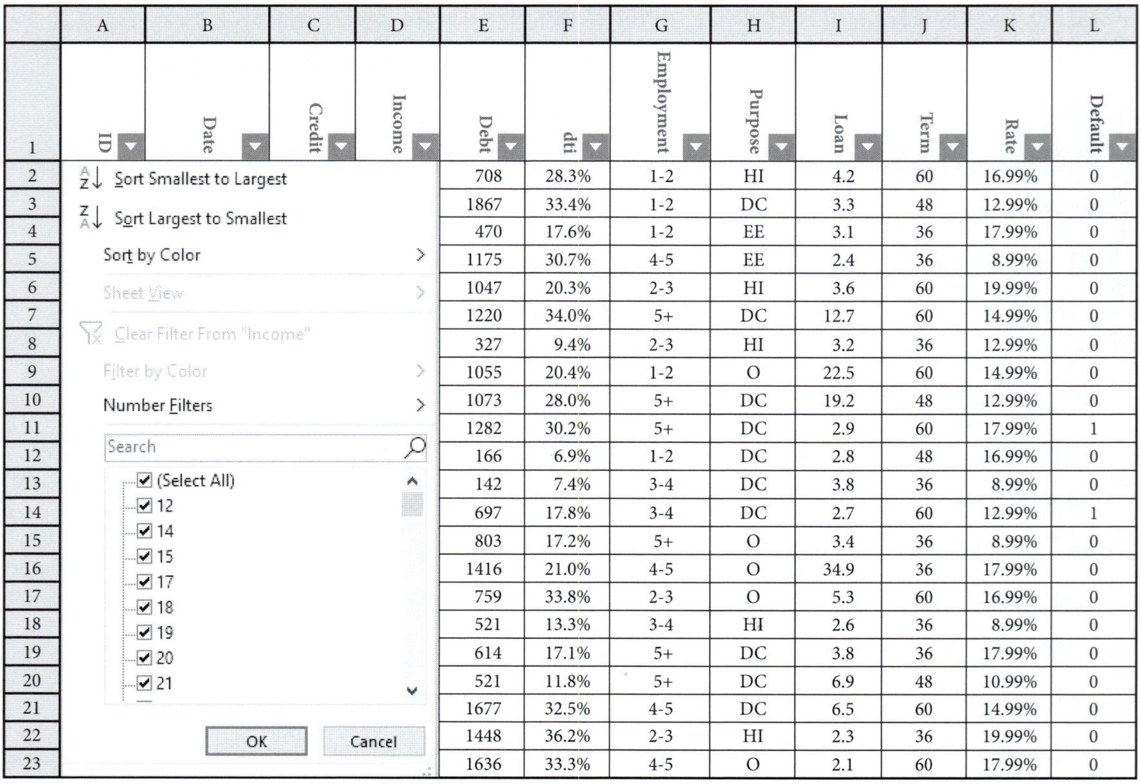

	A	B	C	D	E	F	G	H	I	J	K	L
1	ID	Date	Credit	Income	Debt	dti	Employment	Purpose	Loan	Term	Rate	Default
2					708	28.3%	1-2	HI	4.2	60	16.99%	0
3					1867	33.4%	1-2	DC	3.3	48	12.99%	0
4					470	17.6%	1-2	EE	3.1	36	17.99%	0
5					1175	30.7%	4-5	EE	2.4	36	8.99%	0
6					1047	20.3%	2-3	HI	3.6	60	19.99%	0
7					1220	34.0%	5+	DC	12.7	60	14.99%	0
8					327	9.4%	2-3	HI	3.2	36	12.99%	0
9					1055	20.4%	1-2	O	22.5	60	14.99%	0
10					1073	28.0%	5+	DC	19.2	48	12.99%	0
11					1282	30.2%	5+	DC	2.9	60	17.99%	1
12					166	6.9%	1-2	DC	2.8	48	16.99%	0
13					142	7.4%	3-4	DC	3.8	36	8.99%	0
14					697	17.8%	3-4	DC	2.7	60	12.99%	1
15					803	17.2%	5+	O	3.4	36	8.99%	0
16					1416	21.0%	4-5	O	34.9	36	17.99%	0
17					759	33.8%	2-3	O	5.3	60	16.99%	0
18					521	13.3%	3-4	HI	2.6	36	8.99%	0
19					614	17.1%	5+	DC	3.8	36	17.99%	0
20					521	11.8%	5+	DC	6.9	48	10.99%	0
21					1677	32.5%	4-5	DC	6.5	60	14.99%	0
22					1448	36.2%	2-3	HI	2.3	36	19.99%	0
23					1636	33.3%	4-5	O	2.1	60	17.99%	0

Sort Smallest to Largest
Sort Largest to Smallest
Sort by Color
Sheet View
Clear Filter From "Income"
Filter by Color
Number Filters
Search
(Select All)
12
14
15
17
18
19
20
21
OK Cancel

〈그림 2-4〉 First Bank 데이터 세트의 처음 몇 행은 소득별로 정렬되어 있다(최댓값에서 최솟값)

	A	B	C	D	E	F	G	H	I	J	K	L
1	ID	Date	Credit	Income	Debt	dti	Employment	Purpose	Loan	Term	Rate	Default
2	100841	2/22/2010	679	96,128	1,716	21.5%	2-3	HI	6.0	48	12.99%	0
3	100815	9/23/2020	756	816	12,043	17.6%	2-3	DC	4.4	60	8.99%	0
4	100018	5/22/2012	743	790	12,158	18.5%	5+	EE	12.2	60	8.99%	0
5	101273	12/20/2011	764	732	7,855	12.9%	5+	EE	229.2	48	7.99%	0
6	101985	1/15/2010	655	520	11,815	27.3%	5+	O	22.2	36	14.99%	0
7	101822	12/23/2014	716	496	12,323	29.8%	2-3	DC	23.5	36	10.99%	0

을 정렬할 수 있다. 예를 들어, Income 열의 필터 메뉴에서 소득이 가장 높은 기록을 위에서 아래로, 소득이 가장 낮은 기록을 아래에서 위로 표시하려면 소득 열의 필터 메뉴에서 가장 큰 것부터 가장 작은 것 순으로 정렬을 클릭한다. 그러면 〈그림 2-4〉에 표시된 스프레드시트가 나타난다.

다양한 열 각각에 대한 데이터를 정렬하면(최댓값에서 최솟값으로, 최솟값에서 최댓값으로) 이상값을 찾는 데 도움이 될 수 있다. 이 경우 가장 높은 소득인 96,128달러로, 다른 소득값보다 백 배 이상 크므로 분명히 이상치이다. 소득 열의 단위는 수천 달러이므로 96,128은 연간 소득이 $96,128,000임을 의미한다. 연구팀은 이 소득을 천달러가 아닌 달러 단위(즉, 연 소득 96,128달러)로 잘못 입력한 것으로 의심하고 있으므로 96으로 입력해야 한다고 생각한다. 그들은 이 항목을 원래 대출 신청서를 다시 확인하기 위해 표시한다.

신용 점수를 가장 작은 값부터 큰 값까지 정렬하면 79.8의 낮은 신용 점수가 나온다. 이것은 명백한 오류인데, 신용 점수는 300에서 850사이의 범위를 가지기 때문이다. 연구팀은 소수점이 잘못 배치되어 실제 점수는 798점일 것으로 추정하고 있다. 마찬가지로 이자율을 정렬하면 0.0799%의 이자율이 표시된다. 이 역시 소수점이 잘못 배치되었거나 데이터 입력 오류일 가능성이 높다(예: 7.99%를 나타내기 위해 0.0799를 입력했는데, 입력이 백분율로 해석된다는 사실을 인지하지 못해 0.0799가 0.0799%가 됨). 이상값이 우연히 특별히 높거나 낮은 실제 값이 아니라 실제 오류인지 확인하기 위해 주의를 기울여야 한다.

동일한 메뉴를 사용하여 특정 기준을 충족하는 기록만 표시하도록 결과를 필터링할 수도 있다. 〈그림 2-5〉는 Purpose 변수에 대한 필터 메뉴를 보여준다. 메뉴 하단에는

〈그림 2-5〉 First Bank 데이터 세트의 Purpose 열에 대한 필터링 메뉴

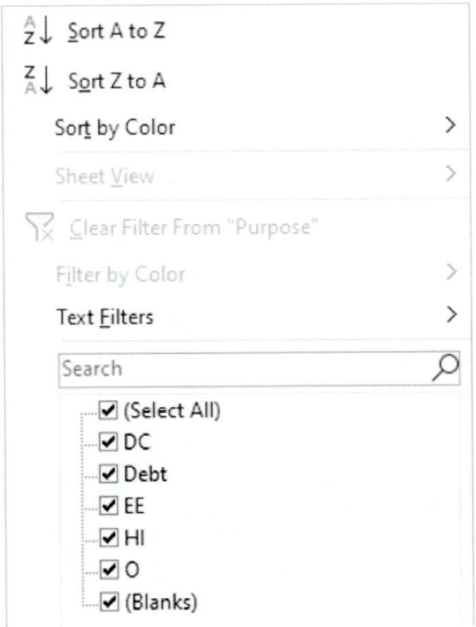

Sort A to Z
Sort Z to A
Sort by Color
Sheet View
Clear Filter From "Purpose"
Filter by Color
Text Filters
Search
(Select All)
DC
Debt
EE
HI
O
(Blanks)

열에 표시되는 모든 값의 전체 목록이 있다. 다양한 값 옆의 확인 표시는 현재 표시되는 값을 나타낸다(기본적으로 모든 값이 선택되어 있으므로 모든 기록이 표시됨).

대출 목적에는 네 가지 선택 항목이 있어야 한다(부채 통합의 경우 DC, 긴급 비용의 경우 EE, 주택 개선의 경우 HI, 기타의 경우 O). 그러나 메뉴에 '부채'와 '(공백)'이라는 두 개의 추가 값이 표시되어 있어 지정된 네 가지 범주에 맞지 않거나 아예 누락된 항목이 있음을 나타낸다. 이러한 기록만 표시하려면 부채 및 (공백)을 제외한 하단의 모든 상자를 체크 해제하면 된다. 그러면 〈그림 2-6〉에 표시된 것처럼 '문제' 기록만 표시되는 스프레드시트가 나타난다.

첫 번째 행의 '부채'는 DC로 입력해야 하는 데이터 입력 오류일 가능성이 높다. 나머지 두 개의 기록에는 데이터가 누락되어 있다. 연구팀은 이러한 데이터를 추가로 조사하여 대출의 목적을 파악할 수 있다. 실패할 경우 누락된 데이터를 어떻게 처리할지 결정해야 한다. 공백을 그대로 두거나(사실상 목적을 알 수 없는 다섯 번째 카테고리를 만드는 것), 기록을 삭제하거나(그러한 기록이 거의 없는 경우 합리적일 수 있음), 값을 채울 수 있다(예: 기타에 임의로 O를 선택). 이 결정에는 주의를 기울여야 한다. 누락된 데이터를 공백으로 남겨두면 분석이 복잡해질 수 있고, 기록을 삭제하거나 누락된 데이터를 채우면 결과가 편향될 수 있다.

이번 절에서 발견된 오류 중 상당수는 데이터 입력 소프트웨어에 더 나은 오류 확인 기능을 포함시켰더라면 데이터를 입력할 때 발견할 수 있었을 것이다. 예를 들어, 소프트웨어는 (1) 지정된 한도를 초과하는 소득 항목을 표시하도록 하거나, (2) 신용 점수와 이자율이 특정 범위 내에 있도록 하거나, (3) 사용자가 목록에서 목적 코드를 리스트에서 선택하도록 할 수 있다.

3단계: 데이터 탐색

2단계에서는 관련 데이터를 추출, 변환 및 대상 데이터 저장소에 적재(저장)하는 ETL 프로세스(또는 이에 상응하는 프로세스)에 대해 설명하였다. 다음 단계는 데이터가 제공하는 유용한 지식을 발견하기 위해 데이터를 탐색하는 것이다. 이를 위해 널리 사용되는 프로세스는 **데이터베이스 속의 지식 발견 프로세스**Knowledge Discovery in Databases (KDD) process이다. 이 프로세스는 ETL 프로세스와 겹치지만, 유용한 지식을 발견하기 위해 데이터를 탐색하는 데 초점을 맞

〈그림 2-6〉 Purpose 변수에 누락되었거나 잘못된 값이 있는 모든 기록을 표시하도록 필터링된 데이터 세트

	A	B	C	D	E	F	G	H	I	J	K	L
1	ID	Date	Credit	Income	Debt	dti	Employment	Purpose	Loan	Term	Rate	Default
1262	100119	4/15/2005	687	74	1,316	21.3%	4-5	Debt	3.3	60	13.99%	0
2689	102347	12/12/2003	819	41	784	22.9%	5+		17.5	48	8.99%	0
3272	101704	2/12/2003	710	31	633	24.5%	<1		2.5	48	12.99%	0

춘다는 점에서 더 발전되었다. 이 프로세스는 대상 데이터를 선택 및 전처리하고, 데이터를 유용한 형태로 변환하고, 데이터의 패턴을 식별한 다음, 이 정보를 해석 및 평가하여 새로운 지식을 제공하는 작업이 포함된다.

이 프로세스는 일반적으로 **성과 지표**performance metrics(성과의 수치적 측정)를 계산하여 최근 비즈니스에서 무슨 일이 일어난 일과 다른 기간과 비교하는 정확한 그림을 제공한다. 경영진이 정의한 이러한 지표는 지역별 매출, 고객 이탈, 마케팅 캠페인의 성공 등과 같은 과거 사건을 요약할 수 있다. 재무 지표는 매우 유용하다. 예를 들어, 투자한 자본의 수익률ROIC은 순이익, 배당금 및 총자본의 세 가지 데이터 포인트를 가져와 한 회사의 성과를 다른 회사와 비교하는데 사용할 수 있는 이해하기 쉬운 비율로 변환할 수 있다.

사용 가능한 데이터 양은 종종 엄청나게 방대하여 압도적일 수 있다. 다행히도 데이터를 탐색하는 또 다른 유용한 기법은 데이터를 정렬하고 필터링하여 현재 특별히 관심 있는 작은 양의 데이터만 표시하는 것이다. 예를 들어, 극단적인 값이 표시되는 데이터는 특별한 주의가 필요하다. 적절한 소프트웨어는 이 과정을 빠르게 진행할 수 있다(사례연구에서 나오게 될 것이다).

요약 통계량(성능 지표와 같이 제공됨)은 개별 변수의 여러 특성 및 두 변수 간의 관계를 양적으로 측정하는 데 유용하다. 데이터와 변수 간의 관계를 탐색하는 또 다른 방법은 유용한 그래픽을 사용하여 데이터를 시각화하는 것이다. 이를 통해 요약 통계만으로는 알 수 없는 변수의 특성이나 변수 쌍 간의 관계가 드러나는 경우가 많다. 따라서 데이터를 충분히 탐색하려면 요약 통계를 통한 데이터의 정량적 분석과 데이터를 시각화하는 철저한 프로세스가 모두 필요하다.

다행히도 다양한 시각적 그래픽을 사용할 수 있다. 숫자 데이터는 점, 선 또는 막대를 사용하여 정량적 메시지를 시각적으로 전달할 수 있다. 그런 다음 이러한 데이터를 시각적 그래픽을 사용하여 다양한 방식으로 표시할 수 있다. 몇 가지 옵션을 소개하자면 다음과 같다. 1.4절의 예에서 볼 수 있듯이 분산형 차트는 두 가지 유형의 데이터 간의 상관관계를 표시하는 데 유용한 시각적 그래프의 한 유형이다. 막대형 차트는 데이터의 여러 하위 그룹에 따라 결과가 어떻게 달라지는지 보여줄 수 있다. 원형 차트는 시장 내 경쟁업체의 시장 점유율과 같은 비율의 비교를 보여줄 수 있다. 히스토그램 또는 상자 도표(박스플롯)는 빈도 분포를 보여줄 수 있다. 꺾은선형 차트는 시간 경과에 따른 특정 유형의 데이터 추세를 보여준다. 이 목록은 계속 이어진다. 이 절의 뒷부분에서 다양한 예를 살펴보자.

Analytic Solver를 이용하여 데이터 탐색하기

Frontline Systems에서는 서술적 및 예측 분석은 물론 최적화, 의사결정 트리, 컴퓨터 시뮬레이션(이후 장에서 다룸)을 수행하기 위한 강력한 소프트웨어 패키지인 Analytic Solver(엑셀용 추가기능add-in)을 개발하였다. Analytic Solver의 데이터 마이닝 구성 요소에는 데이터 세트의 데이터를 빠르게 시각화 할 수 있는 여러 가지 편리한 도구가 포함되어 있다. 데이터를 시각화 하는데 도움이 되는 차트는 Analytic Solver를 사용하지 않고 엑셀에서 직접 만들 수 있다. 여기서는 이 두 가지 방법을 모두 사용해보고자 한다.

Analytic Solver를 다운로드하고 설치하는 저렴한 학생 라이선스에 대한 지침은 서문과 www.mhhe.com/Hillier7e에서 제공하고 있다. 다운로드 된 소프트웨어는 윈도우용 엑셀에서만 작동한다. 그러나 클라우드 기반 버전의 이 소프트웨어도 AnalyticSolver.com에서 사용할 수 있다. 클라우드 기반 버전은 맥 또는 윈도우에서 엑셀과 함께 사용할 수 있도록 설계되었으며, 다운로드 된 Analytic Solver add-in for Excel 기능과 최대한 유사하게 설계되었다.

Analytic Solver를 설치하면 엑셀 리본에 Analytic Solver 및 Data Mining이라는 두 개의 새로운 탭이 나타난다. Data Mining 탭을 선택하면 〈그림 2-7〉처럼 리본이 표시된다. 이 리본의 버튼은 Analytic Solver의 데이터 마이닝 기능과 상호 작용하는 데 사용된다. (Analytic Solver 탭은 이 장에서 사용되지 않지만 5장에서 소개되며 대부분의 나머지 장에서 사용된다.)

Analytic Solver의 Data Mining 탭에 있는 탐색 메뉴(〈그림 2-7〉의 왼쪽에서 세 번째 버튼)에서 데이터를 탐색하는 다양한 방법을 사용할 수 있다. 탐색 메뉴에서 차트 마법사를 선택하면 〈그림 2-8〉과 같은 대화상자가 나타난다. 차트 마법사를 사용하면 데이터 세트의 데이터를 시각화하는 데 유용한 다양한 종류의 차트를 빠르게 생성할 수 있다. 먼저 차트 유형을 선택한 후 다음을 클릭한다. 그러면 마법사가 세로축 및/또는 가로축에 표시할 내용을 선택하는 일련의 단계를 안내한다. 마법사를 사용하면 추가 범주형 변수의 값을 기준으로 결과를 색상(값에 따라 다른 색상) 또는 패널(값에 따라 별도의 차트)로 구분하여 개별적으로 표시할 수도 있다. 색상으로 구분하는 방법은 이후 〈그림 2-15〉와 〈그림 2-16〉에서 설명하고자 한다.

사례연구로 돌아가기: First Bank사의 데이터 탐색

데이터를 수집하고 정리한 후 First Bank 연구팀의 다음 단계는 데이터를 탐색하여 더 깊은 이해를 얻는 것이다. 예를 들어, 각 변수의 값 범위는 어떻게 되는가? 평균 또는 일반적인 값은 무엇인가? 변수 간에 유의미한 관계가 있는가?

연구팀은 데이터를 탐색하기 위해 세 가지 접근 방식을 사용한다. 첫째, 데이터에 대한 다

〈그림 2-7〉 Analytic Solver의 Data Mining 탭

File Home Insert Page Layout Formulas Data Review View Add-ins Help Analytic Solver Data Mining

Model | Get Data | Explore Transform Cluster Text | Partition ARIMA Smoothing | Partition Classify Predict Associate | Score | License | Help

Model | Data | Data Analysis | Time Series | Data Mining | Tools | License | Help

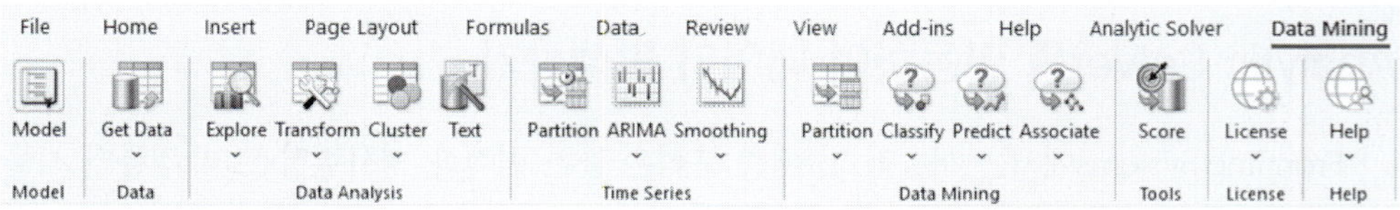

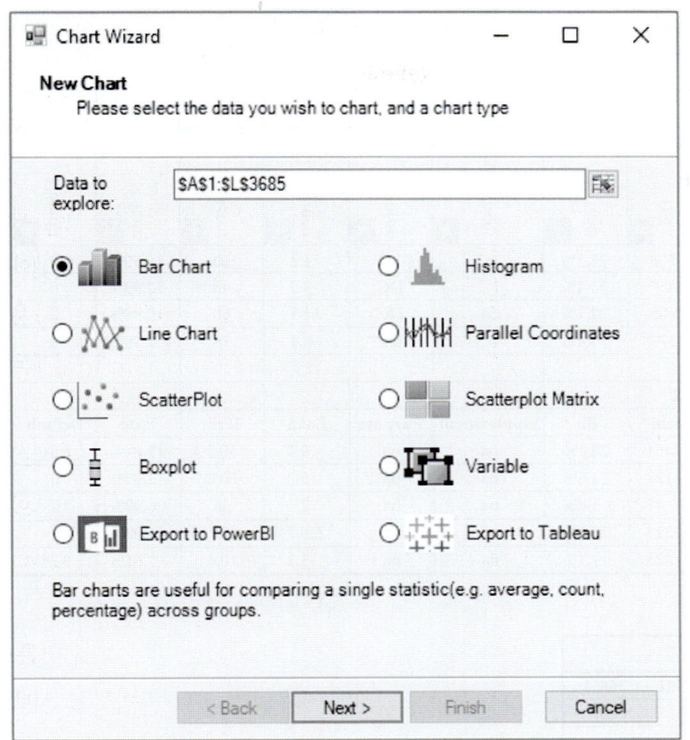

〈그림 2-8〉 차트 마법사는 데이터 세트의 다양한 종류의 차트를 빠르게 생성할 수 있는 기능이다. Analytic Solver의 Data Mining 탭에서 Explore 메뉴 아래에서 사용할 수 있다.

양한 요약 통계를 계산하면 변수와 변수 간의 관계를 정량적으로 이해하는 데 도움이 될 수 있다. 둘째, 데이터를 다양한 방식으로 정렬하거나 필터링하면 추가적인 인사이트를 발견할 수 있다. 마지막으로, 다양한 유형의 차트를 사용하여 데이터를 시각적으로 탐색하는 것이 도움이 될 수 있다. 이 세 가지 접근 방식은 다음 세 개의 절에 걸쳐 설명하도록 한다.

First Bank의 요약 통계로 데이터 살펴보기

〈그림 2-1〉의 데이터 세트이 주어지면 각 수치형 변수에 대한 요약 통계를 간단하게 계산할 수 있다. 예를 들어, 셀 C3689에 =AVERAGE(C2:C3685)를 입력하여 엑셀 함수 AVERAGE를 사용하면 평균을 계산할 수 있다. 마찬가지로, 연구팀은 〈그림 2-9〉에 표시된 것처럼 각 수치형 변수의 중앙값, 값의 범위(최솟값에서 최댓값까지) 및 변동량(표준편차)을 계산하기 위해 엑셀 함수 MEDIAN, MIN, MAX 및 STDEV.S를 사용한다. 예를 들어, 승인된 대출 신청의 신용점수는 평균 699점, 중앙값 702점, 범위는 529~840점, 표준편차는 62점이었다. 또한, 채무 불이행의 평균값은 0.16으로, 전체 대출의 16%가 채무 불이행으로 끝났음을 나타낸다.

변수 간의 관계를 탐색하려면 한 쌍의 수치형 변수 간의 상관계수를 계산하는 것이 유용할 수 있다. **상관계수**correlation coefficient는 데이터에서 계산된 −1에서 +1 사이의 값으로, 두 변수가 서로 얼마나 밀접하게 연관되어 움직이는지 측정한다. 일반적으로 한 변수의 값이 높으

〈그림 2-9〉 First Bank 데이터 세트의 수치 변수에 대한 요약 통계는 그림 상단의 스프레드시트의 3689~3693행에 표시된다. 열 B와 C에 대한 계산에 필요한 공식은 스프레드시트 아래에 표시된다. (이후 열에 대한 공식도 유사하다.)

	A	B	C	D	E	F	G	H	I	J	K	L
1	ID	Date	Credit	Income	Debt	dti	Employment	Purpose	Loan	Term	Rate	Default
2	102379	2/17/2000	658	30	708	28.3%	1-2	HI	4.2	60	16.99%	0
3	103052	2/28/2000	714	67	1867	33.4%	1-2	DC	3.3	48	12.99%	0
3684	100834	12/30/2020	704	109	2005	22.1%	5+	DC	14.5	60	10.99%	0
3685	101152	12/30/2020	781	107	1377	15.4%	4-5	DC	6.4	36	7.99%	0
3686												
3687	**Summary Statistics for Complete Data set**											
3688		Date	Credit	Income	Debt	dti	Employment	Purpose	Loan	Term	Rate	Default
3689	Mean	4/8/2012	699	73.4	1461	24.1%	na	na	9.7	50.3	12.64%	0.16
3690	Median	4/9/2012	702	57	1127	24.6%	na	na	5.3	60.0	12.99%	0
3691	Min	2/17/2000	529	12	47	1.8%	na	na	2	36	6.99%	0
3692	Max	12/30/2020	840	819	12323	39.9%	na	na	229.2	60	21.99%	1
3693	St. Dev.	1903.10	62.0	56.2	1225	7.7%	na	na	13.2	10.6	3.61%	0.36

Formulas:

	A	B	C
3689	Mean	=AVERAGE(B2:B3685)	=AVERAGE(C2:C3685)
3690	Median	=MEDIAN(B3:B3686)	=MEDIAN(C3:C3686)
3691	Min	=MIN(B2:B3685)	=MIN(C2:C3685)
3692	Max	=MAX(B2:B3685)	=MAX(C2:C3685)
3693	St. Dev.	=STDEV.S(B2:B3685)	=STDEV.S(C2:C3685)

면(예: 평균보다 높은 값) 다른 변수의 값이 높다는 것을 의미하며, 상관계수가 양수이면 두 변수는 양의 상관관계가 있다고 할 수 있다. 이 관계가 강할수록 상관계수는 +1에 가까워진다. 상관계수 +1은 완벽한 양의 상관관계를 나타내며, 두 변수가 완벽하게 함께 움직인다는 것을 의미한다. 반면, 일반적으로 한 변수의 값이 높을수록 다른 변수의 값이 낮다는 것을 의미하는 경우, 상관계수가 0보다 작아 두 변수가 음의 상관관계를 갖는다고 하며, −1까지 내려가면 완벽한 음의 상관관계를 갖는다.

〈그림 2-10〉은 데이터 세트 내 모든 수치형 변수에 대한 상관계수를 보여주는 **상관관계 표**correlation table를 보여준다. 대각선 아래쪽의 상관계수는 각 변수가 자신과 함께 어떻게 함께 움직이는지 보여주기 때문에 항상 +1임에 유의하자.

표의 값은 데이터를 더 쉽게 시각화할 수 있도록 색상으로 구분되어 있다. 양의 상관관계는 빨간색(상관관계가 강할수록 진한 색조)으로 표시되고 음의 상관관계는 파란색(음의 상관관계가 강할수록 진한 색조)으로 표시된다. 상관관계가 거의 없는 값(0에 가까운 값)은 거의 음영 처리되지 않는다. **히트 맵**heat map이라고 하는 이러한 유형의 색상 코딩을 사용하면 더 강한 양의 상관관계와 음의 상관관계를 훨씬 더 쉽게 식별할 수 있다. 히트 맵은 데이터 시각화(데이터를 시각화하기 쉽게 만드는 것)의 한 예이다. 이 섹션의 4단계에서 데이터 시각화의 다

〈그림 2-10〉 First Bank사 데이터 세트의 각 수치형 변수 쌍 간의 상관관계를 보여주는 표이다. 이 표는 히트 맵으로 시각화되며, 양의 상관관계는 빨간색으로 표시되고(어두운 음영은 상관관계가 강함) 음의 상관관계는 파란색으로 표시된다(어두운 음영은 음의 상관관계가 강함)

	Date	Credit	Income	Debt	dti	Loan	Term	Rate	Default
Date	1.000								
Credit	−0.013	1.000							
Income	0.003	0.055	1.000						
Debt	0.003	−0.023	0.873	1.000					
dti	0.022	−0.174	−0.019	0.373	1.000				
Loan	0.018	0.122	0.466	0.363	−0.042	1.000			
Term	−0.004	0.022	−0.007	−0.017	−0.027	−0.028	1.000		
Rate	−0.145	−0.963	−0.057	0.015	0.157	−0.119	−0.021	1.000	
Default	0.011	−0.265	−0.036	0.034	0.196	−0.044	0.018	0.256	1.000

른 많은 예에 대해 설명한다.

〈그림 2-10〉의 많은 변수 쌍 간에는 상관관계가 거의 없다(예: 학기와 날짜 간의 상관계수는 −0.004). 반면에 몇몇 변수 쌍은 상당한 상관관계를 보여준다.

예를 들어, 신용과 채무 불이행 간의 상관관계는 −0.266으로 상당히 강한 음의 상관관계를 나타낸다. 신용 점수가 높을수록 채무 불이행률이 낮아지는 경향이 있어, 연구팀은 채무 불이행을 예측하는 데 있어 신용 점수의 잠재적 가치를 입증했다. 소득과 부채의 상관관계는 0.873으로 매우 강한 양의 상관관계를 나타낸다. 소득 수준이 높을수록 부채 상환액도 높은 경향이 있다. 소득이 높을수록 일반적으로 더 높은 임대료/모기지 상환액(및 기타 부채)을 감당할 수 있으므로, 소득과 부채 간의 양의 상관관계는 연구팀에게 의미가 있다.

Rate(대출 이자율)와 Credit(신청자의 신용 점수) 사이에는 거의 완벽한 음의 상관관계가 있다. 연구팀이 2.2절의 CEO 및 대출 부서 부사장과의 대화에서 알게 된 바와 같이, First Bank사의 정책은 전적으로 고객의 신용 점수에 기반한 공식을 사용하여 대출 이자율을 설정하는 것이었다. 따라서 완벽한 상관관계도 의미가 있다.

정렬 및 필터링으로 First Bank사의 데이터 살펴보기

이 절의 2단계에서 엑셀의 필터 기능을 사용할 때 정렬 및 필터링이 데이터를 정리하는 데 어떻게 도움이 되는지 살펴보았다. 이 기능은 데이터를 탐색하고 유용한 인사이트를 얻는 데에도 사용할 수 있다. 따라서 First Bank사의 연구팀은 신용 점수별로 기록을 정렬하여 신용 점수가 가장 높은(또는 가장 낮은) 고객에 대한 데이터를 탐색할 수 있는 옵션이 있다. 또한, Purpose 열에 값이 DC인 기록만 표시되도록 결과를 필터링하여 부채 통합을 위해 대출을 사용하는 고객에 대한 데이터만 탐색할 수도 있다. 유사한 접근 방식을 사용하여 모든 변수를

〈그림 2-11〉 First Bank 데이터 세트의 신용 열에 대한 필터 메뉴로, 숫자 필터 하위 메뉴가 선택되어 사용 가능한 다양한 필터링 선택 사항을 표시한다.

	A	B	C	D	E	F	G	H	I	J	K	L
1	ID	Date	Credit	Income	Debt	dti	Employment	Purpose	Loan	Term	Rate	Default
				30	708	28.3%	1-2	HI	4.2	60	16.99%	0
				67	1867	33.4%	1-2	DC	3.3	48	12.99%	0
				32	470	17.6%	1-2	EE	3.1	36	17.99%	0
				46	1175	30.7%	4-5	EE	2.4	36	8.99%	0
				62	1047	20.3%	2-3	HI	3.6	60	19.99%	0
				43	1220	34.0%	5+	DC	12.7	60	14.99%	0
				42	327	9.4%	2-3	HI	3.2	36	12.99%	0
				62	1055	20.4%	1-2	O	22.5	60	14.99%	0
							5+	DC	19.2	48	12.99%	0
							5+	DC	2.9	60	17.99%	1
							-2	DC	2.8	48	16.99%	0
							-4	DC	3.8	36	8.99%	0
							-4	DC	2.7	60	12.99%	1
							5+	O	3.4	36	8.99%	0
							-5	O	34.9	36	17.99%	0
							-3	O	5.3	60	16.99%	0
							-4	HI	2.6	36	8.99%	0
							5+	DC	3.8	36	17.99%	0
							5+	DC	6.9	48	10.99%	0
							-5	DC	6.5	60	14.99%	0
							-3	HI	2.3	36	19.99%	0
							-5	O	2.1	60	17.99%	0
24	101442	5/25/2001	795				-5	DC	5.1	48	9.99%	0
25	102279	5/30/2001	782				-3	DC	20.6	60	9.99%	0
26	100476	6/7/2001	703	122	2360	23.2%	4-5	DC	6.3	60	12.99%	0

Sort Smallest to Largest
Sort Largest to Smallest
Sort by Color
Sheet View
Clear Filter From "Credit"
Filter by Color
Number Filters
Search
(Select All)
529
530
533
535
537
538
539
542
OK Cancel

Equals...
Does Not Equal...
Greater Than...
Greater Than Or Equal To...
Less Than...
Less Than Or Equal To...
Between...
Top 10...
Above Average
Below Average
Custom Filter...

정렬하거나 필터링할 수 있다.

〈그림 2-11〉의 신용 열에 표시된 것처럼 숫자 필터 메뉴에서 선택 사항 중 하나를 선택하면 더 정교한 필터링을 수행할 수 있다. 이 메뉴를 사용하면 변수에 대해 지정된 일부 기준을 충족하는 기록만 표시하고 나머지는 필터링할 수 있다. 예를 들어 변수의 값이 상위 10위 또는 하위 10위(또는 다른 숫자 또는 백분율)에 해당하는 기록만 표시할 수 있다. 마찬가지로 변수의 평균 또는 지정된 값보다 높거나 낮은 값을 가진 기록만 표시할 수도 있다. 다른 많은 옵션도 사용할 수 있다.

또 다른 옵션은 여러 변수에 걸쳐 필터를 결합하는 것이다. 이렇게 하면 매우 구체적인 기준을 충족하는 기록을 탐색할 수 있다. 예를 들어, 대출 부서에서 신용 점수가 720점 이상이고 소득 대비 부채 비율이 32% 이하인 대출만 승인하는 정책을 고려하고 있다고 가정해 보도록 하자. 〈그림 2-12〉는 이 두 필터가 모두 켜져 있을 때 데이터 세트의 처음 몇 행을 보여준다. 이 경우 2-4, 6, 7, 11, 12, 14 행은 기준을 충족하지 않으므로 숨겨진다. 나머지 모든 기록은 기준을 충족한다.

〈그림 2-12〉 신용 점수가 720점 이상이고 소득 대비 부채 비율이 0.32 미만인 기록만 표시되도록 필터링된 First Bank 데이터 세트이다.

	A	B	C	D	E	F	G	H	I	J	K	L
1	ID	Date	Credit	Income	Debt	dti	Employment	Purpose	Loan	Term	Rate	Default
5	100407	3/29/2000	832	46	1175	30.7%	4-5	EE	2.4	36	8.99%	0
8	100575	4/11/2000	721	42	327	9.4%	2-3	HI	3.2	36	12.99%	0
10	101201	7/7/2000	728	46	1073	28.0%	5+	DC	19.2	48	12.99%	0
13	100930	10/4/2000	801	23	142	7.4%	3-4	DC	3.8	36	8.99%	0
15	101207	11/9/2000	824	56	803	17.2%	5+	O	3.4	36	8.99%	0

필터링된 데이터를 탐색할 때 필터링된 데이터에 대한 요약 통계를 보는 것이 유용할 수 있다. 〈그림 2-9〉에서 전체 데이터 세트에 대한 요약 통계를 계산하는 방법을 살펴보았다. 엑셀의 필터 기능을 사용하면 기준을 충족하지 않는 기록은 숨겨진다. 그러나 요약 통계는 숨겨진 행을 포함한 모든 데이터에 대해 여전히 계산되므로 이 계산에서 숨겨진 행을 제외하려면 다른 방법이 필요하다.

다행히 엑셀에는 필터링된 데이터만을 기반으로 이러한 요약 통계를 계산하는 대체 함수가 포함되어 있다. 이 함수의 구문은 다음과 같다. AGGREGATE(function_num, option, range). function_num 매개변수는 계산할 특정 함수를 지정하는 데 사용되며, option은 계산에 포함할 값을 지정하는 데 사용되며, range는 계산에 포함할 셀의 범위를 정한다. 일반적으로 사용되는 function_num 값으로는 평균의 경우 1, 카운트의 경우 2, 최댓값의 경우 4, 최솟값의 경우 5, STDEV.S의 경우 7, 합계 값의 경우 9, 중앙값의 경우 12 등이 있다. 옵션에 5를 사용하면 숨겨진 행을 무시하도록 지정하고, 6은 오류 값을 무시하며, 7은 숨겨진 행과 오류 값을 무시한다. 예를 들어 C3697 셀의 =AGGREGATE(1, 5, C2:C3685)는 필터링된 데이터 세트의 평균 신용 점수를 계산한다.

〈그림 2-13〉은 필터링된 데이터 세트의 모든 수치형 변수에 대한 요약 통계를 보여준다. 필터링된 데이터 세트의 디폴트 평균값은 0.06에 불과하다(〈그림 2-9〉에 표시된 전체 데이터 세트의 0.16과 비교). 이는 퍼스트 은행이 신용 점수가 720점 미만이거나 소득 대비 부채 비율이 0.32 이상인 신청자의 대출을 모두 거부하고 다른 모든 기준을 동일하게 유지했다면 채무 불이행률을 16%에서 6%로 낮출 수 있었음을 의미한다. 이러한 필터링 도구를 사용하여 데이터를 탐색하고 다른 가능한 정책 규칙의 잠재적 영향도 확인할 수 있다

First Bank사의 데이터 시각적으로 탐색하기

First Bank의 연구팀은 다양한 유형의 차트를 사용하여 대부분의 변수를 시각적으로 탐색하고자 한다. 아래에서는 각 유형의 차트가 어떻게 사용되는지 설명한 다음 분석 결과 중 흥

〈그림 2-13〉 필터링된 First Bank 데이터 세트의 모든 수치 변수에 대한 요약 통계는, 신용 점수가 720 이상이고 부채 대 소득 비율이 0.32 이하인 기록만 표시하도록 필터링된 상태에서 나타난다. 열 B와 C에서 필요한 AGGREGATE 공식이 그림 아래에 표시되어 있다. (나중 열의 공식도 유사하다.)

	A	B	C	D	E	F	G	H	I	J	K	L
3695	**Summary Statistics for Filtered Dataset**											
3696		Date	Credit	Income	Debt	dti	Employment	Purpose	Loan	Term	Rate	Default
3697	Mean	3/22/2012	762	77.0	1327	21.1%	na	na	11.8	50.4	9.11%	0.06
3698	Median	3/23/2012	759	60	1021	21.7%	na	na	6.3	60.0	8.99%	0
3699	Min	3/29/2000	720	14	47	0.025	na	na	2	36	6.99%	0
3700	Max	12/30/2020	840	819	12158	0.320	na	na	229.2	60	12.99%	1
3701	St. Dev.	1879.32	28.7	62.5	1139	0.066	na	na	16.0	10.5	1.32%	0.25

Formulas:

	A	B	C
3697	Mean	=AGGREGATE(1,5,B2:B3685)	=AGGREGATE(1,5,C2:C3685)
3698	Median	=AGGREGATE(12,5,B2:B3685)	=AGGREGATE(12,5,C2:C3685)
3699	Min	=AGGREGATE(5,5,B2:B3685)	=AGGREGATE(5,5,C2:C3685)
3700	Max	=AGGREGATE(4,5,B2:B3685)	=AGGREGATE(4,5,C2:C3685)
3701	St. Dev.	=AGGREGATE(7,5,B2:B3685)	=AGGREGATE(7,5,C2:C3685)

〈그림 2-14〉 First Bank에서 각 Purpose 범주 (a) 및 고용 기간 (b)별로 얼마나 많은 무담보 대출이 이루어졌는지, 그리고 각 목적 범주 (c)와 고용 기간별 기본율(d)을 나타내는 막대형 차트이다.

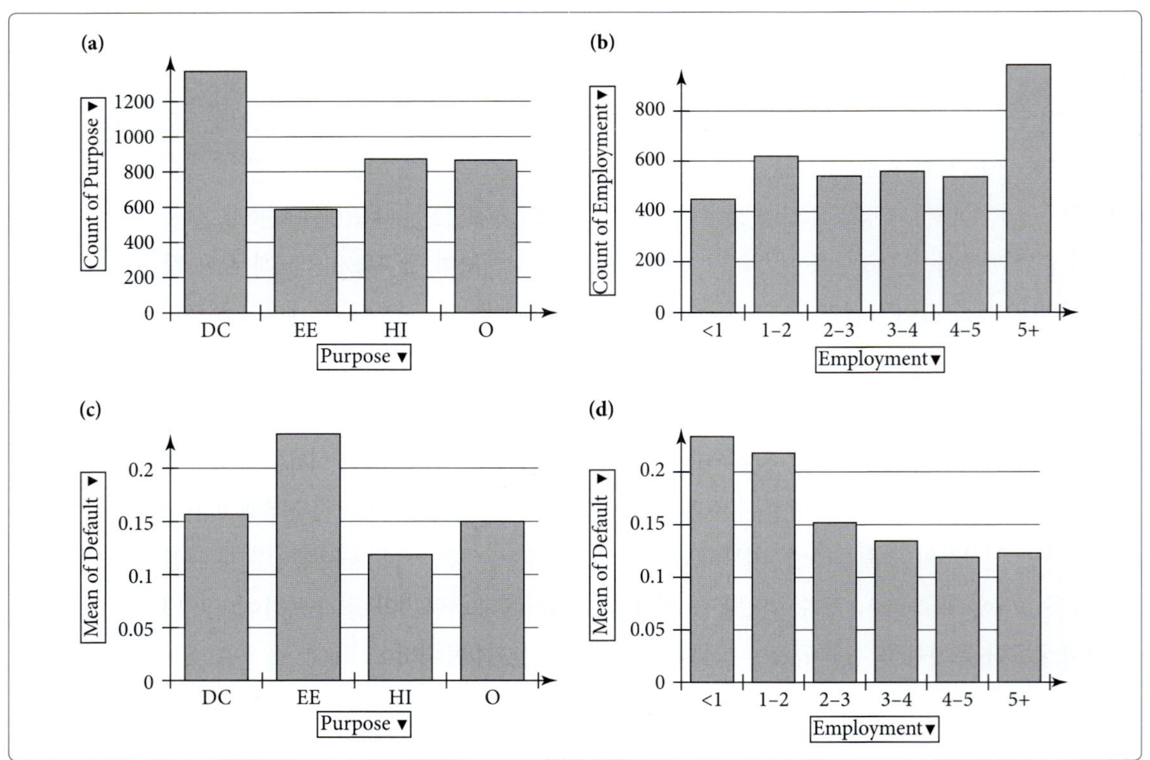

미로운 몇 가지를 보여주고자 한다.

막대형 차트bar chart는 범주형 변수를 탐색하고 시각화하는 데 유용하다. 막대 그래프에서 각 범주형 변수의 가능한 값은 별도의 막대로 나타내어지며, 막대의 세로 길이는 각 범주의 기록에 대한 통계량을 측정한다. 예를 들어, 〈그림 2-14〉는 Purpose 및 Employment 변수의 막대 그래프를 보여준다. (a)와 (b) 차트는 각각 Purpose와 Employment의 각 범주별 대출 총 수를 보여준다. 이러한 차트에서는 대출의 가장 큰 부분이 부채 합병을 위한 것이며, 신청자 중 가장 많은 비율이 5년 이상의 경력을 가지고 있다는 것을 보여준다.
(c)와 (d) 차트는 각각 목적(Purpose)과 고용 기간(Employment) 카테고리별로 대출의 기본값 평균 (실질적으로 기본율)을 보여준다. 긴급 비용을 위해 대출을 받은 대출은 다른 대출에 비해 더 높은 기본율을 보이며, 최소 두 년 이상 고용된 지원자들의 기본율이 뚜렷하게 낮아짐을 보여준다.

히스토그램histogram은 수치형 변수의 값 분포를 시각화하는 데 유용한 차트 유형 중 하나이다. 〈그림 2-15〉의 (a)는 신용 점수 분포에 대한 히스토그램 차트를 표시한다. 이 히스토그램은 가로축에 신용 점수의 다양한 구간(520-540, 540-560, …, 820-840)을 표시한 다음 세로 막대의 길이에 따라 해당 구간에 속하는 기록 수를 표시한다. 이 세로 막대는 색상별로 구분되어 불이행하지 않은 대출(짙은 회색)과 불이행한 대출(옅은 회색)의 수를 표시한다. 이 차트는 신용 점수의 대부분이 640~760점대에 속하며 700점 근처에서 정점을 찍은 후 중간 신용 점수에서 멀어질수록 점점 더 적은 수의 기록으로 상당히 대칭적인 분포를 보여준다. 히스토그램에서 왼쪽에서 오른쪽으로 이동함에 따라 노란색 막대의 상대적 크기가 파란색에 비해 줄어들다가 800점 이상에서는 거의 사라진다. 이는 신용 점수가 높아질수록 채무 불이행 가능성

〈그림 2-15〉 (a) First Bank의 신용 점수 분포를 보여주는 히스토그램(채무 불이행 경우가 없거나 혹은 색상으로 구분되어 있다). (b) 채무를 이행한 고객(왼쪽)과 채무 불이행 고객(오른쪽)에 대한 신용 점수 범위를 나란히 보여주는 상자 도표

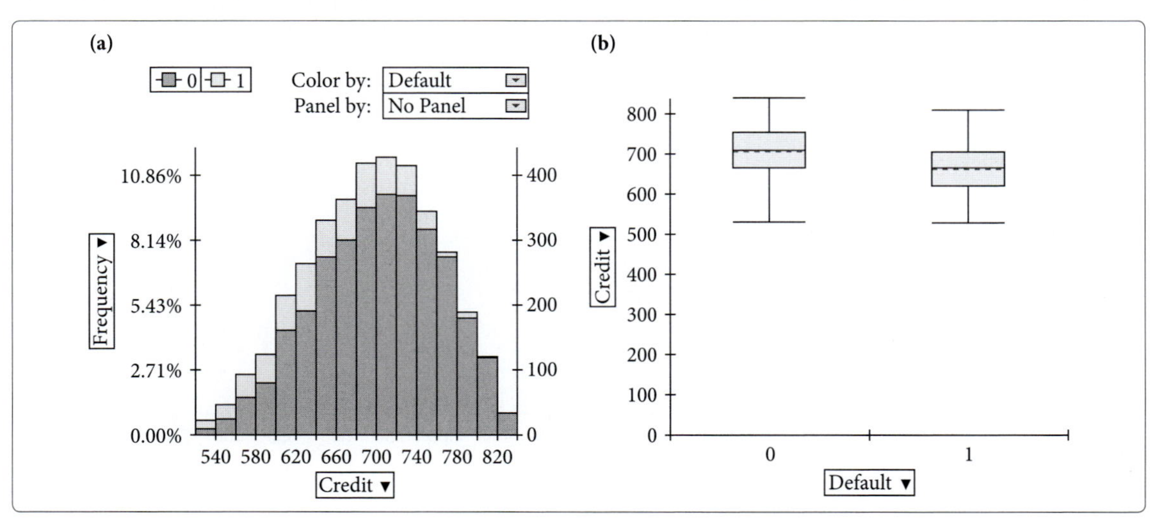

이 크게 낮아진다는 것을 나타낸다.

박스플롯boxplot(상자 도표box-and whisker chart라고도 함)은 수치형 변수의 값 분포를 시각화하는 데에도 유용하다. 〈그림 2-15〉의 (b)는 박스플롯과 수염형 도표를 함께 보여준다. 왼쪽 박스플롯은 연체하지 않은 고객의 신용 점수 분포를 나타내고, 오른쪽 박스플롯은 연체한 고객의 신용 점수 분포를 나타낸다. 각각의 경우, 상자는 신용 점수 중간 50%의 범위를 나타낸다. 상자 가운데 수평선은 중간 신용 점수(50 번째 백분위수)를 나타내고, 상자 위와 아래는 75번째 백분위수에서 25번째 백분위수까지 연장된다. 평균 신용 점수는 점선으로 표시되며(중간선에 매우 가까움), 마지막으로 선은 최대 및 최소 신용 점수까지 상자 위와 아래로 연장된다.

연구팀은 이 나란한 박스플롯에서 몇 가지를 간파했다. 두 박스플롯의 평균과 중앙값이 매우 가깝다는 것은 분포가 크게 왜곡되지 않았음을 나타낸다. 왼쪽의 상자가 오른쪽의 상자보다 훨씬 높으며, 이는 채무 불이행을 하지 않은 대부분의 고객이 채무 불이행을 한 대부분의 고객보다 신용 점수가 높다는 것을 나타낸다. 마지막으로, 오른쪽의 최대 신용 점수는 808점까지만 확장되므로 신용 점수가 808점 이상인 고객 중 대출을 불이행한 고객은 없음을 나타낸다.

산점도scatter plot는 한 쌍의 변수 간의 관계를 보여줄 때 유용하다. 1장의 〈그림 1-1〉에서 VRX 사례연구에 대한 산점도를 처음 보았다. 〈그림 2-16〉은 현재 사례연구의 소득과 부채 간의 관계를 시각화하는 데 도움이 되는 산점도를 보여준다. 각 기록은 그래프에서 한 점으로 표시되며, 가로축에는 소득이, 세로축에는 부채가 측정된다. 불이행한 고객은 노란색으로, 불이행하지 않은 고객은 파란색으로 표시하여 기록을 색상으로 더욱 잘 구분할 수 있다.

〈그림 2-16〉 First Bank 데이터 세트에서 부채와 소득 사이의 관계를 보여주는 산점도이다. 수평 축에는 소득이, 수직 축에는 부채가 표시된다. 채무 불이행 고객은 옅은 회색으로, 채무 불이행이 아닌 고객은 진한 회색으로 표시된다.

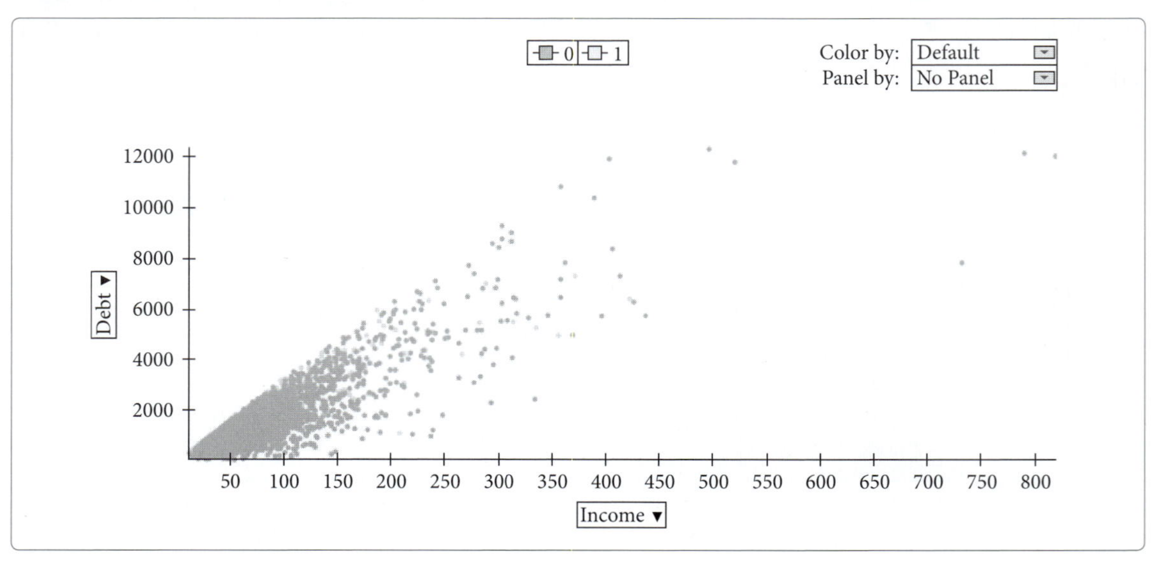

산점도를 보면 소득과 부채 사이에 뚜렷한 양의 상관관계가 있음을 알 수 있다. 이는 〈그림 2-10〉에 표시된 상관계수 0.873으로 정량적으로 측정되었다. 분산형 차트는 이러한 밀접한 관계를 시각화하는 데 도움이 된다. 분명히, 소득이 높은 고객들은 높은 부채를 가지는 경향이 있었다. 이 차트에서 쉽게 볼 수 있는 놀라운 특징은, 주어진 소득 수준에서의 최대 부채액이 소득과 거의 완벽하게 비례한다는 것이다. 예를 들어, 소득이 약 $100,000 정도인 모든 고객은 최대 $3,000의 부채 상환금을 갖고 있으며, 소득이 두 배인(약 $200,000 정도) 모든 고객은 최대 부채 상환금이 두 배인 $6,000을 갖게 된다. 많은 고객은 이 최댓값 아래에서 부채 상환금을 갚지만, 부채액이 넘어가는 "경직된 대각선"이 있는 것으로 나타났다.

연구팀은 대출 부서에 문의하여 이 문제에 대한 이유를 파악했으며, 수입에 따른 "부채 한도"가 있는 이유를 발견했다. First Bank사의 정책은 부채 대 수입 비율이 40%를 초과하는 대출 신청을 자동으로 거절하는 것이었다. 데이터 세트에는 승인된 대출만 포함되어 있으므로, 월별 부채 상환액이 월별 소득의 40%를 초과하는 대출이 데이터 세트에는 없다.

선 도표line chart는 변수가 시간에 따라 어떻게 변화하는지 보여주는 데 주로 사용된다. 〈그림 2-17〉은 해마다 대출 건수(검은색)와 이들 대출 중 채무 불이행 비율(회색)을 보여주는 선 도표를 보여준다. 가로축은 연도를 나타내며(2000년부터 2020년까지), 두 개의 세로축 중 왼쪽 세로축은 각 연도의 대출 건수를 측정한다(검은색 선의 높이로 표시됨), 오른쪽 세로축은 채무 불이행 비율을 측정한다(회색 선의 높이로 표시됨).

First Bank사는 2000년에 무담보 개인 대출을 시작했다. 검은색 선은 초반 몇 년간 First Bank사에게 성장하는 비즈니스였으며, 2005년 이후로는 대출 건수가 약 200~230건 정도로 거의 일정한 상태이다.

한편, 대출 채무 불이행률은 대체로 연도별로 안정적으로 유지되고 있다(일반적으로 10%

〈그림 2-17〉 First Bank사의 무담보 대출 건수(검은색)와 불이행 비율(회색)이 시간에 따라 어떻게 변화하는지 보여주는 선 도표이다.

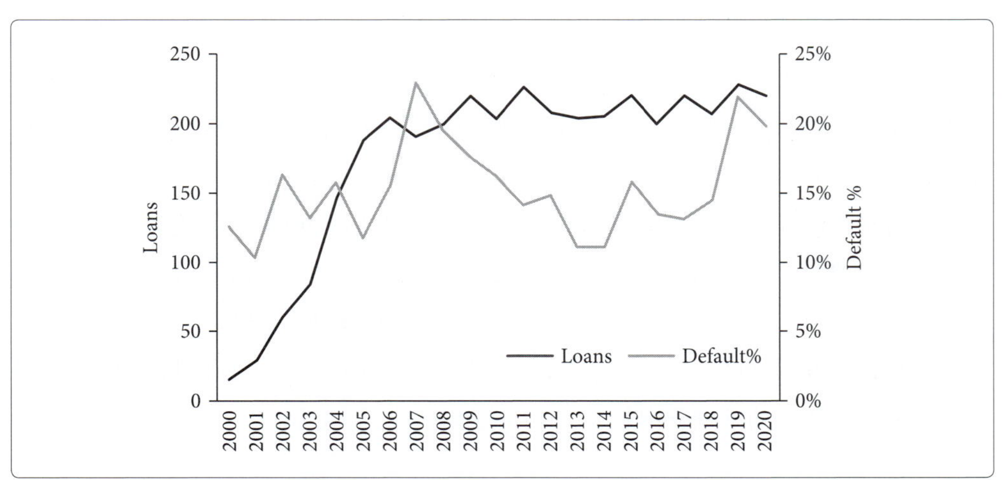

에서 16% 범위 내)만, 2007-2008년과 2019-2020년에 대출을 받은 경우 높은 채무 불이행률이 발생한 것으로 나타난다. 이러한 높은 채무 불이행률이 가능한 이유는 2008년 대공황 및 Covid-19 대유행으로 이어진 시기에 대출을 받은 것이었을 수 있다.

4단계: 데이터 시각화를 통한 성과 정보 전달

서술 분석에는 두 가지 주요 목표가 있다. **데이터 친숙화 목표**data familiarization objective는 주로 3단계에서 설명한 대로 모든 관련 데이터에 완전히 익숙해지기 위해 데이터를 탐색하는 것이다. **커뮤니케이션 목표**communication objective는 원시 데이터를 재구성하여 관리자, 투자자 및 기타 이해관계자가 쉽게 이해할 수 있고 의미 있게 만드는 것이다.

궁극적인 목표는 과거에 일어난 일과 현재 일어나고 있는 일을 실시간으로 더 잘 이해한 다음, 많은 사람에게 가장 유용한 방식으로 이러한 현황을 설명하는 보고서를 개발하는 것이다. 서술적 분석은 비즈니스 성과에 대한 중요한 인사이트를 제공하고 사용자가 비즈니스 프로세스를 더 잘 모니터링하고 관리할 수 있게 해준다. 따라서 서술적 분석은 예측 분석 또는 규범적 분석(다음 두 섹션에서 설명할 예정)을 성공적으로 적용하기 위한 첫 번째 단계의 역할을 하는 경우가 많다. 비즈니스 분석의 다음 단계로 넘어가기 위해서는 항상 데이터 숙지 목표를 달성하는 것이 중요하다. 이러한 다음 단계에서 커뮤니케이션 목표를 달성하는 것이 항상 필요한 것은 아니지만, 종종 도움이 되는 경우도 있다.

서술적 분석의 한 가지 초점은 관리자는 물론 주주에게도 도움이 되도록 결론을 쉽게 이해할 수 있는 형식으로 제시하는 것이다. 예를 들어, 조직의 운영, 영업, 재무 및 고객에 대한 과거 검토를 통해 얻은 결론을 주주에게 제공하는 회사 보고서에 제시할 수 있다.

서술적 분석의 많은 응용 프로그램은 비즈니스 인텔리전스 소프트웨어 또는 스프레드시트 도구로 구현된다. 그러나 서술적 분석은 종종 사람이 데이터를 검토하는 작업에도 의존한다. 이 검토에는 데이터 웨어하우스와 데이터베이스에서 데이터를 수집하고 정리하는 과정에서 간과한 추가 데이터 정리가 포함될 수 있다.

서술적 분석의 커뮤니케이션 목표를 위한 핵심 도구는 **데이터 시각화**data visualization이다. 가장 효과적인 시각적 그래픽을 신중하게 선택하여 관리자와 다른 사용자에게 데이터의 의미를 명확하고 효율적으로 전달하는 것이 목표이다. 3단계(First Bank사에서 시각적으로 데이터 탐색)의 마지막 하위 절에서 이미 데이터 시각화가 연구팀이 데이터와 변수 간의 관계를 이해하는 데 어떻게 도움이 되었는지 다양한 사례를 살펴보았다. 이 중 일부는 연구팀만 관심을 가질 수 있지만(예: 그림 2-16), 다른 일부는 경영진에게 성과 정보를 전달하는 두 번째 목적으로도 사용될 수 있다. 예를 들어, 〈그림 2-17〉은 무담보 대출의 시간 경과에 따른 성과에 대한 중요한 정보를 경영진에게 제공한다.

고급 데이터 시각화를 수행하는 데 특히 널리 사용되는 소프트웨어 패키지 중 하나는 **태블로**Tableau이다. 이 소프트웨어는 2003년에 설립되어 2019년에 Salesforce에 인수된 Tableau Software, Inc.에서 만들었다. 이 회사의 사명은 "사람들이 데이터를 보고 이해하도록 돕는 것"이다. 태블로는 비즈니스에서 데이터 시각화를 위한 최고의 소프트웨어 패키지 중 하나로 성장했다. 이 소프트웨어는 데이터베이스 또는 스프레드시트에 저장할 수 있는 데이터 세트에서 다양한 대화형 그래픽 시각화를 생성한다.

데이터 시각화는 종종 기존의 막대형 도표, 분산형 도표, 꺾은선 도표 등을 뛰어넘는 방식으로 정보를 표시할 수 있다. **지도 도표**map chart가 그러한 예 중 하나이다. 많은 데이터 세트에 지리적 정보가 포함되어 있다. 지도 위에 데이터를 입히면 다른 방법으로는 쉽게 볼 수 없는 패턴을 발견할 수 있는 경우가 많다. 〈그림 2-18〉은 미국 전역에서 매장을 운영하는 한 소매업체의 수익성을 보여주는 태블로를 사용하여 만든 예이다.

각 소매점의 수익성(또는 손실)은 지도 위에 동그라미으로 표시되며, 동그라미의 크기는 해당 매장의 매출 규모에 비례한다. 색상은 수익성을 나타내는 데 사용되며, 수익률이 양수인

〈그림 2-18〉 태블로 소프트웨어로 만든, 대규모 소매업체의 성과가 미국 전역에서 어떻게 달랐는지 보여주는 상호작용 지도 차트이다. 이 지도는 날짜 범위, 지역, 주 또는 이익 비율에 따라 데이터를 필터링할 수 있는 상호작용이 가능하다.

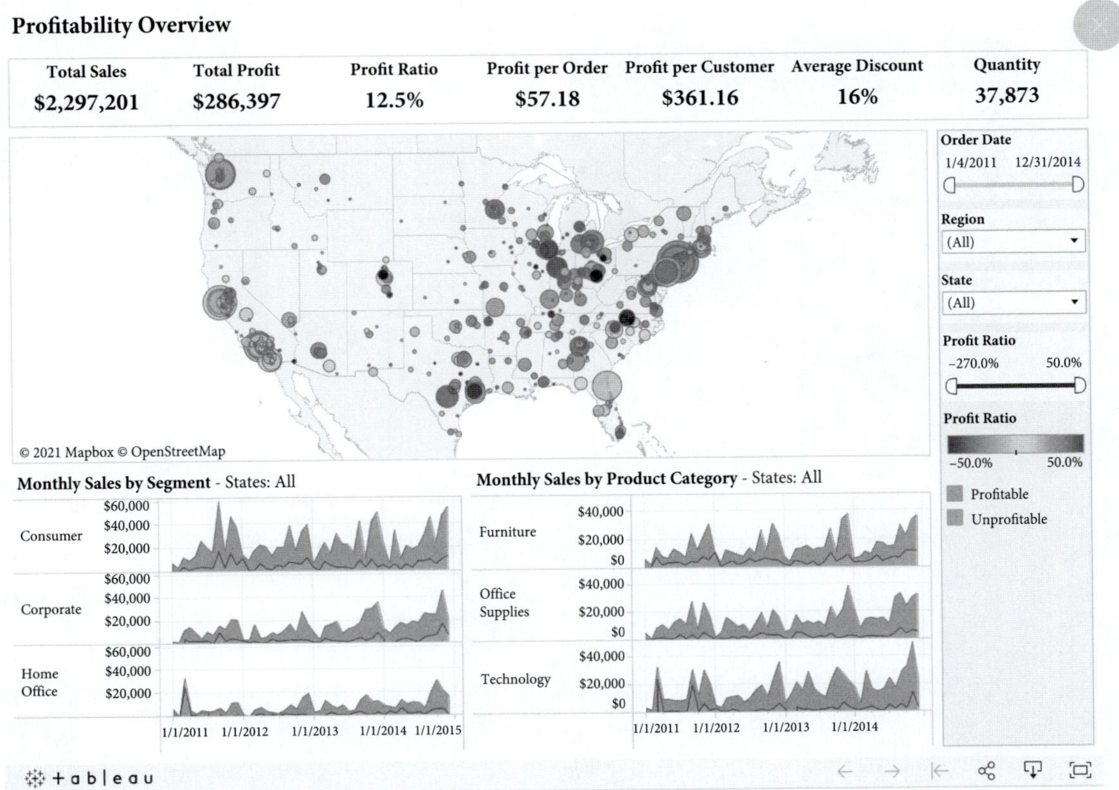

출처: www.tableau.com

경우 파란색으로, 수익률이 음수인 경우 빨간색으로 표시된다(번역서의 경우에는 색의 구별이 안 됨 – 역자주). 요약 통계는 상단에 표시되며 시간 경과에 따른 제품 범주별 매출 분석은 하단에 추가 도표와 함께 시각화된다. 이 차트는 상호작용이 가능하다. 지도 도표 오른쪽에는 슬라이더와 메뉴를 사용하여 날짜 범위와 지역별 데이터를 필터링할 수 있다.

계층형 데이터를 시각화하는 데 도움이 되는 다른 특수한 차트는 **나무지도**treemap이다. 계층형 데이터에서는 전체를 다양한 범주로 분류할 수 있으며, 각 범주는 하위 범주로 더 세분화될 수 있다. 이러한 구조는 나무 모양과 유사다. 나무지도는 직사각형 모양으로 표시되며, 카테고리와 하위 카테고리를 보여주기 위해 점점 더 작은 직사각형으로 나누어진다. 각 직사각형의 크기는 측정 대상을 나타내며, 색상은 범주 집합을 명확히 표시하기 위해 사용된다.

나무지도의 흥미로운 예는 〈그림 2-19〉에 나와 있다. 이 나무지도는 2016년 미국 예산을 세분화하여 보여준다. 이 지도는 납세자들이 세금이 어디에 쓰이는지 시각화할 수 있도록 오바마 행정부 산하 미국 예산관리처에서 만든 것이다. 다양한 카테고리에 레이블이 지정되어 있고 색상별로 구분되어 있다(번역서의 경우에는 색의 구별이 안 됨 – 역자주). 각 카테고리는 다시 하위 카

〈그림 2-19〉 미국 예산 관리청에서 제공한 2016년 미국 예산을 보여주는 나무지도

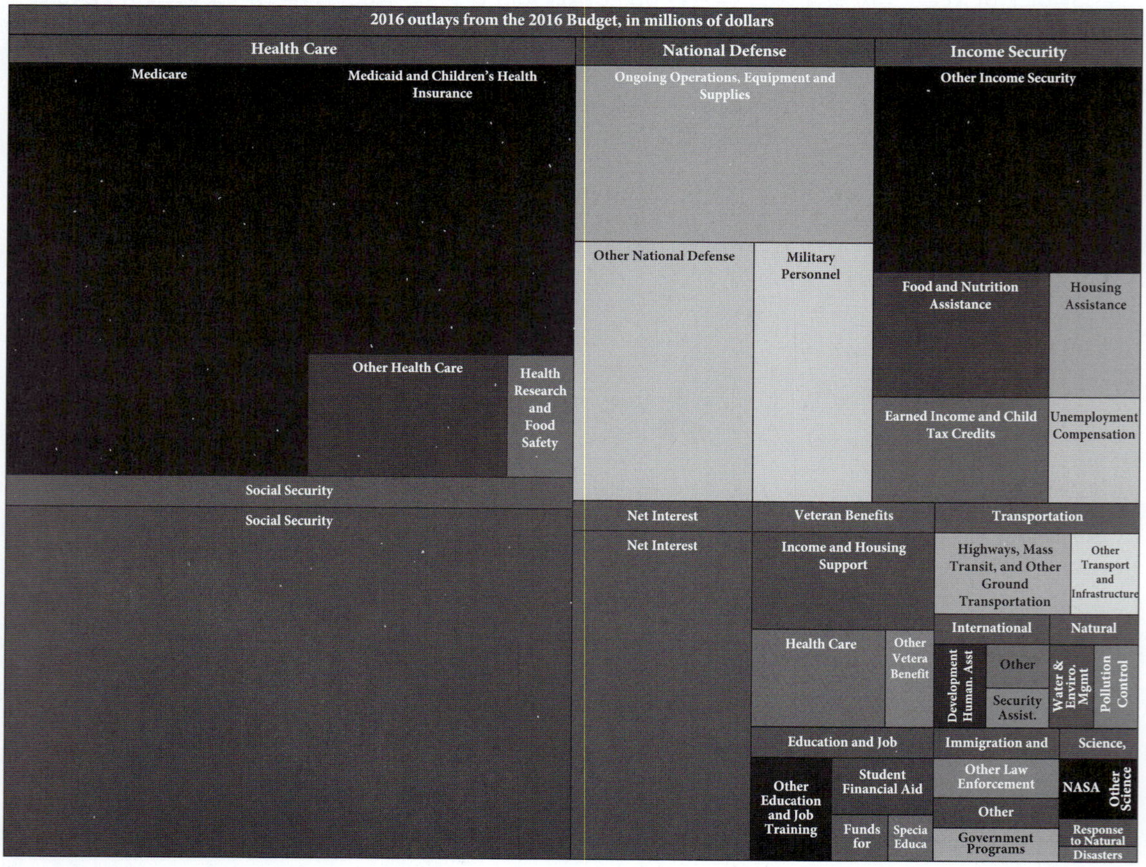

출처: US Office of Management and Budget.

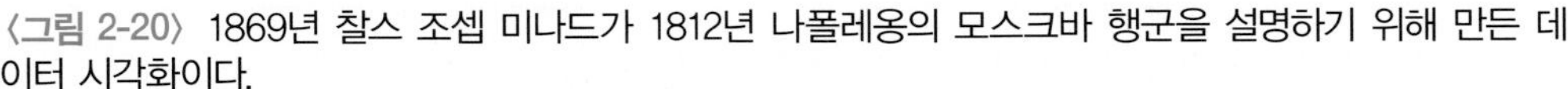

〈그림 2-20〉 1869년 찰스 조셉 미나드가 1812년 나폴레옹의 모스크바 행군을 설명하기 위해 만든 데이터 시각화이다.

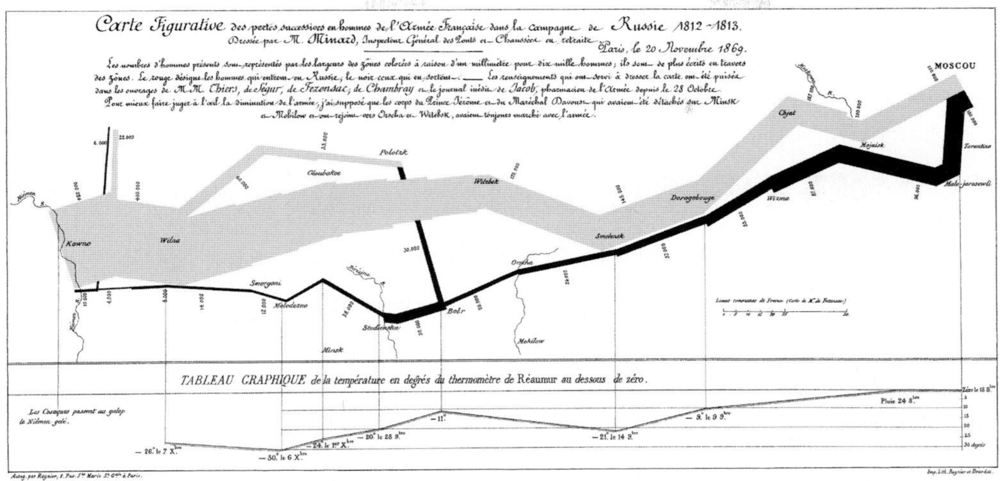

테고리로 나뉜다. 각 직사각형의 크기는 각 범주 및 하위 범주에 지출된 금액을 명확하게 전달한다. 이 시각화는 다양한 정부 프로그램의 규모를 맥락에 맞게 파악하는 데 도움이 된다.

The Economist가 "역사상 최고의 차트"로, 존 코베트가 "지금까지 그려진 최고의 통계 그래픽"이라고 묘사한 데이터 시각화가 〈그림 2-20〉이다. 이 도표는 1812년 나폴레옹의 모스크바 행군을 설명하기 위해 1869년 찰스 조셉 메나르가 만든 것이다. 이 행군은 47만 명의 솔디에로 시작하여 1만 명만 돌아오는 역사적으로 파괴적인 행군이었다. 이 차트에는 여정을 보여주는 지도(회색은 모스크바로 향하고 검은색은 프랑스로 후퇴)가 포함되어 있으며, 선의 너비는 총 병사 수를 나타낸다. 또한, 하단의 꺾은선 도표는 나폴레옹의 패배에 중요한 역할을 한 겨울철 추위(섭씨)를 보여준다. 이 차트는 엄청난 양의 정보를 시각적인 방식으로 전달하여 엄청난 참상에 대한 이야기를 효과적으로 전달한다.

복습문제

1. 서술적 분석의 4단계는 무엇인가?
2. 빅데이터 시대에 데이터 급증의 원인은 무엇인가?
3. 수치형 변수와 범주형 변수의 차이점은 무엇인가?
4. 데이터 정리 중에 수정되는 오류 유형에 대한 세 가지 예는 무엇인가?
5. ETL 프로세스의 세 단계에서는 어떤 작업이 수행되는가?
6. 데이터베이스에서 지식 검색(KDD) 프로세스란 무엇인가?
7. 요약 통계는 데이터를 탐색하는 데 어떻게 유용한가?
8. 정렬 및 필터링은 데이터를 탐색하는 데 어떻게 유용한가?
9. 차트는 데이터를 탐색하는데 어떻게 유용한가?
10. 데이터 시각화란 무엇인가?

복습문제

11. 서술적 분석에 익숙해지기 위한 목표는 무엇인가?
12. 서술적 분석의 커뮤니케이션 목표는 무엇인가?
13. 서술 분석의 궁극적인 목표는 무엇인가?

2.4 예측 분석 수행

예측 분석은 모형을 사용하여 미래에 일어날 수 있는 일에 대한 예측을 생성하는 데 중점을 둔다. 간략한 소개에 이어 예측 분석을 수행하는 5단계에 대해 설명한다.

1단계: 모형 개발
2단계: 데이터 분할
3단계: 현재 모형 테스트 및 개선
4단계: 여러 모형에 대한 1~3단계 반복과 적합한 모형 선택
5단계: 구현

서술적 분석의 사용은 조직이 지금가지 일어난 일을 잘 이해하는 데 중요하다. 하지만 앞으로 일어날 일을 대비하기 위해서는 미래에 일어날 가능성이 높은 일을 더 잘 이해하는 것도 중요하다. 예측 분석은 데이터를 사용하여 미래의 사건, 트렌드 또는 행동을 예측하는 것에 중점을 두기 때문에 중요한 역할을 한다. 기본적인 접근 방식은 예측 모형을 사용하여 트렌드와 관계를 파악하는 등 과거 데이터를 분석하여 미래를 예측하는 것이다.

예측 분석은 데이터 마이닝이라고도 하며, 비즈니스 분석의 일상적이지 않은 작업 대부분을 포괄하는 광범위한 용어로 사용되기도 한다. 또한, 다양한 자료에서 관련 데이터를 추출하는 데 중점을 두는 것처럼 보이기 때문에 오해를 받기도 한다. 하지만 이 용어는 데이터 자체의 추출(마이닝)이 아니라 대량의 데이터에서 패턴과 경험을 추출하는 것이 목표이기 때문에 잘못된 용어이다.

그렇다면 데이터 마이닝에 대한 적절한 정의는 무엇인가? 유명한 소프트웨어 회사인 SAS Institute는 다음과 같이 정의하였다.

데이터 마이닝data mining은 대규모 데이터 세트 내에서 이상 징후, 패턴, 그리고 상관관계를 찾아 결과를 예측하는 프로세스이다.

데이터 마이닝을 수행하기 위한 **알고리즘**algorithm(체계적인 솔루션 절차)은 3장에서 소개한 것들을 포함하여 상당수 개발되었다. 이러한 알고리즘의 적용을 종종 예측 분석 또는 데이터 마이닝이라고 한다. 이후 이러한 종류의 분석을 설명하기 위해 예측 분석이라는 용어를 사용한다.

모든 분야의 비즈니스 기업 대부분은, 특히 마케팅 영역에서 흔히 발생하는 특정 문제를 해결할 때 예측 분석을 사용하는 경향이 있다. 예를 들어, 다양한 제품의 과거 판매량 데이터가 주어지면, 기업은 일반적으로 해당 제품에 대한 최고의 예측 통해 향후 생산 계획을 수립하고자 한다. 마찬가지로, 회사의 고객에 대한 정보가 주어지면 마케팅 부서에서는 일반적으로 특정 고객에게 어필할 수 있는 마케팅 캠페인을 개발하여 향후 판매로 이어질 수 있도록 한다. 마케팅을 담당하는 기업 외에도 예측 분석을 가장 많이 사용하는 조직은 보험 계리, 보험, 의료, 금융 서비스, 신용 평가 등의 분야를 전문적으로 한다.

3장과 4장에서는 예측 분석에 사용되는 핵심 기법에 대해 설명한다. 3장은 특정 고객이 특정 제품을 구매할 가능성과 같이 특정 분야의 하나의 사건에 대한 예측을 중점에 둔다. 4장은 **시계열 예측**time series forecasting(예: 과거 판매량 데이터를 기반으로 미래 판매량 예측)에 중점을 둔다. 또한, 경영과학의 전통적인 기법(대기열 모형 및 컴퓨터 시뮬레이션)을 소개한다. 13~15장에서 소개하는 내용은 예측 분석을 이해하는 데 유용할 수 있다.

예측 분석 프로세스는 경영진이 원하는 종류의 예측을 수행하기 위한 모형을 개발하는 것에서 시작되었다. 이 모형에는 예측을 수행하기 위한 체계적인 절차('알고리즘')가 명시되어 있어 있어야 하며 관련 데이터가 이 절차를 주도한다. 모형을 테스트하기 위해 데이터를 최소 두 부분으로 분할하여 한 부분은 모형을 개발하고 적용하는 데 사용하고, 다른 부분은 모형

응용사례

Vungle Inc.는 글로벌 모바일 광고 네트워크 회사로 2011년 실리콘밸리에서 설립되어 큰 성공을 거두었다. 10년이 지난 지금은 10억 대의 고유 기기에서 매월 40억 회 이상의 동영상 조회수를 기록하면서 연 매출 7,500만 달러의 수익을 창출하고 있다.

업계 모바일 성능 지표에서 크로스 플랫폼 사용자 유지율 부분 1위를 지속적으로 차지하고 있다. 2021년 말 Liftoff와 합병하기 전까지 약 300명의 직원을 고용하였으며, 이들 중 상당수는 전 세계 여러 국가에 위치한 소프트웨어 엔지니어, 비즈니스 개발자, 데이터 과학자였다.

모바일 기기는 광고 산업에 혁신을 가지고 왔다. 고객이 모바일 기기를 통해 광고 네트워크에 들어오면 고객에게 어떤 광고를 보여줄지 즉시 개인화된 결정을 한다. 개별 고객에 대한 '빅데이터'로 무장한 Vungle은 방문자에 대한 방대한 양의 데이터를 처리한 후 약 6밀리초(0.006 second) 만에 이러한 결정을 내릴 수 있다. 따라서 광고가 표시되기 전에 눈에 띄는 망설임이 없다. Vungle의 목표는 고객이 관심을 가질만한 콘텐츠를 최대한 예측하여 방문자가 광고를 시청한 후 관련 구매를 함으로써 발생하는 수익을 최대화 하는 것이다.

Vungle은 창업 직후 이를 위한 효과적인 절차를 개발하였다. 하지만 비즈니스 분석에 대한 강력한 교육을 받은 비즈니스 분석가들은 곧 이 절차를 개선하기 위해 대대적인 연구에 착수하였다. 머신 러닝과 분류 알고리즘을 포함한 최고의 예측 분석 방법을 사용하여, 이들은 최첨단 광고 게재 알고리즘을 개발하였다. 이는 기존 방식 대비, 약 23%의 매출 증가 효과가 있는 것으로 보여졌다.

이러한 예측 분석의 뛰어난 적용으로 Vungle은 2016 Daniel H. Wagner 운영 연구 실무 우수상이라는 권위 있는 INFORMS 상 최종 후보에 선정되었다.

출처: B. de Reyck, I. Fragkos, Y. Grushka-Cockayne, C. Lichendahl, H. Guerin, and A. Kritzer, "Vungle Inc. Improves Monetization Using Big Data Analytics," *Interfaces* (현 *INFORMS Journal on Applied Analytics*) 47, no. 1 (September–October 2017): 454–466. (이 사례에 대한 논문은 www.mhhe.com/hillier7e에서 볼 수 있다.)

의 유효성을 점검하고 더 세분화하는 데 사용하는 경우가 많다.

일반적으로 모형의 알고리즘 부분에는 몇 가지 합리적인 옵션이 있다. 최적의 선택을 하기 위해서 여러 버전을 테스트하고 비교해야 한다. 이를 통해 원하는 예측을 수행하고 구현할 수 있다.

이 프로세스는 앞서 설명한 5단계로 나눌 수 있다. 이제 5단계를 차례로 알아보자.

1단계: 모형 개발

모형은 다양한 형태로 존재한다. **예측 모델링**model for predictive analytics은 알고리즘을 적용하여 관련 데이터를 기반으로 예측을 수행하는 체계적인 절차를 의미한다. 이 절차는 예측하고자 하는 대상을 정의한 다음 관련 데이터를 식별하는 것에서 시작된다. 마지막 단계는 예측 분석을 위해 사용 가능한 여러 예측 분석 알고리즘 중 하나를 선택하여 예측을 수행하는 것이다.

예측할 대상을 결정하려면 경영진과 신중하게 소통해야 한다. 목표가 수치적 결과(예: 다음 분기 매출)를 예측하는 것인지 아니면 예/아니오의 결과(예: 이 고객이 이 제품을 구매할 가능성이 있는지)를 예측하는 것인지에 따라 다양한 유형의 모형이 필요하다. 이러한 종류의 모형(예측 모형 및 분류 모형)은 다음 절에서 설명한다.

데이터 세트에는 일반적으로 수많은 변수가 포함된다. 예측을 위한 효과적인 모형을 개발하는 데 있어 핵심적인 부분은 이러한 변수 중 어떠한 변수를 모형에 포함할지 결정하는 것이다. 예를 들어 어떤 변수는 결과와의 상관관계가 높아 정확한 예측에 유용할 수 있는 반면, 어떤 변수는 상관관계가 거의 없어 예측력이 낮을 수 있다.

모형 개발의 마지막 단계는 예측에 가장 적합한 알고리즘을 선택하는 것이다. 일반적으로 여러 알고리즘을 시도하고, 테스트하고, 개선한 후, 비교하여 어떤 알고리즘이 수행을 가장 잘 하는지 확인한다.

알고리즘은 비즈니스 분석 및 경영과학의 다양한 영역에서 널리 사용된다. 다음은 알고리즘의 일반적인 정의이다.

> 알고리즘은 솔루션으로 결론을 내리기까지 규정된 일련의 단계(종종 이러한 단계를 반복의 반복을 거듭)를 따른다. 비즈니스 분석 및 경영과학에서는 이러한 단계에 일반적으로 컴퓨터가 수행하는 계산이 포함된다.

예측 분석을 다룰 때, 솔루션은 예측을 의미한다. 3장에서는 이러한 유형의 몇 가지 알고리즘을 소개한다.

예를 들어, 3.2절에 제시된 알고리즘 중 특히 직관적인 알고리즘은 **k-근접 이웃 알고리즘**k-nearest-neighbors (KNN) algorithm이다. 잠재고객의 행동을 예측하려고 할 때 이 알고리즘은 다음의 단계를 따른다. 첫째, 계산을 수행하여 잠재고객과 가장 유사한 특성을 가진 과거 고객의 수(미리 선택된 값, *k*로 표시)를 결정한다. 둘째, 이러한 고객(이 고객의 가장 가까운 이웃 고객 k명)의 관찰된 행동을 이용하여 잠재고객이 어떤 행동을 취할지 예측한다. 이 장의 뒷부분에서 예측 분석의 알고리즘의 역할을 설명하기 위해 이 알고리즘을 반복적으로 언급할 것이며, First Bank에서 진행 중인 사례연구도 포함되어 있다. 이 알고리즘에 대한 자세한 내용은 3장에서 설명하지만, 이 장에서는 위에 제시된 알고리즘의 기본적인 직관만 이해하면 된다.

예측 및 분류 모형

예측 분석에는 예측 모형과 분류 모형이라는 두 가지 주요 범주의 모형이 있다. 이러한 모형 범주는 앞서 제시한 두 가지 예를 사용하여 정의하고자 한다.

1.4절의 VRX 예시를 떠올려 보면, VRX는 자사 제품 중 하나(VRX2000)의 매출이 광고 수준에 따라 어떻게 달라질지 예측하려고 한다. 사용 가능한 데이터는 지난 분기의 과거 데이터로 구성되며, 각 데이터는 특정 광고 수준과 함께 특정 매출 수준을 초래하였다. 과거 데이터를 기반으로 회귀를 사용하여 특정 광고 수준에 대한 매출 수준을 추정하는 예측 모형을 만들었다. 이와 같이 수치로 결과를 예측하는 모형을 **예측 모형**prediction model이라고 한다.

2.1절의 First Bank 사례연구는 다른 종류의 예측이 필요한 경우를 제시한다. First Bank는 매출과 같은 숫자 값을 예측하는 대신 미래의 이분법적(예/아니오) 결과, 즉 잠재고객의 채무불이행 여부를 예측해야 한다. 이러한 예측은 해당 고객의 다양한 특성(예: 연간 소득, 신용 점수 등)을 기반으로 이루어진다. 이러한 예측에 사용할 수 있는 데이터는 과거 고객의 특성과 관찰된 결과를 결합하여 구성된다. 이와 같이 예/아니오로 결과를 예측하려는 모형을 **분류 모형**classification model이라고 한다. 더 일반적으로는 예/아니오가 아닌 여러 가지 가능한 결과가 있을 수 있다. 이 경우 가능한 각 결과를 **클래스**class라고 하며, 분류 모형은 결과의 가능성이 높은 클래스를 예측한다.

이러한 종류의 분류 문제를 해결하기 위한 기본적인 접근 방식은 잠재고객과 가장 유사한 특성을 가진 이전 고객의 하위 집합을 결정하는 것이다. (앞서 언급했듯이, 예측 분석을 위해 KNN 알고리즘을 사용하는 접근 방식이다). 그런 다음 이전 고객 하위 집단의 과거 결과를 기반으로 잠재고객을 분류한다. 3장에서는 분류에 사용할 이전 고객의 하위 집합을 선택하는 데 각각 다른 접근 방식을 사용하는 몇 가지 분류 모형에 대해 설명한다.

First Bank의 예시에서 과거 고객에 대한 정보를 사용하여 잠재고객을 분류하는 방법을 설명한다. 그러나 적용 범위는 이보다 훨씬 더 광범위할 수 있다. 예측이 반드시 사람에 관한 것일 필요는 없다. 예측 분석을 개인 아닌 다른 개체(제품, 그룹, 회사, 기타 유형의 조직 등)에 적용하는 데 관심이 있는 경우도 있다. 각 종류의 개체에 대해 우리는 여전히 어떤 활동에 대해 이야기하고 있으며, 과거에 이러한 활동에 참여하여 어떤 결과를 달성할 많은 대표자에게 이야기하고 있다.

예측 및 분류 모형에 대한 몇 가지 용어

과거(현재까지)에 대한 기록을 **과거 기록**historical record이라고 하고 새로운 (예측이 필요한) 기록을 **예측 기록**predictor record이라고 한다.

우리가 예측하고자 하는 변수는 **결과변수**outcome variable 또는 줄여서 **결과**outcome라고 한다. 일반적으로 *Y*(종속변수, 출력변수, 반응 또는 레이블이라고도 한다)로 표시된다. 예측에 사용되는 기록의 특성을 나타내는 변수를 **예측변수**predictor variable라고 한다. 일반적으로 *X*(독립변수, 입력변수 또는 특징이라고도 한다)로 표시된다.

사례연구로 돌아가기: First Bank의 모형 개발

First Bank의 대출 담당자가 정기적으로 하는 중요한 결정은 특정 신청자에 대한 무담보 대출 승인 여부이다. 이러한 결정을 내리기 위해서는 신청자의 채무 불이행 가능성을 예측해야 한다.

이 결정을 지원하기 위해 연구팀은 채무 불이행 가능성에 따라 잠재적 대출 신청자를 분류하는 분류 모형을 개발할 것이다. 승인된 대출에 대한 후속 결정은 부과할 이자율을 결정하는 것이며 이것 역시 채무 불이행 가능성에 따라 결정된다. 예상되는 채무 불이행율이 극히 낮으면 First Bank는 상대적으로 낮은 이자율을 부과하고도 수익을 낼 수 있다. 예상되는 채무 불이행률이 더 높으면 First Bank는 채무 불이행 고객으로 인해 발생하는 손실에도 불구하고 전체적으로 합리적인 수익을 낼 수 있을 만큼 충분히 높은 이자율을 부과해야 한다.

연구팀은 CEO 및 대출 부서의 부사장과 상의하여 대출 신청자를 범주별 — A, B, C, D — 로 분류해야 한다고 생각한다. 범주 A(프라임) 신청자가 채무 불이행 가능성이 매우 낮을 것으로 예상되는 고객으로 가장 낮은 이자율을 적용 받게 된다. 분류B(거의 프라임) 신청자는 채무 불이행 가능성이 다소 높지만 여전히 낮은 것으로 추정되며 이자율이 다소 높다. 범주 C(서브프라임) 신청자는 예상 채무 불이행률이 상대적으로 높기 때문에 상대적으로 높은 이자율이 부과된다. 마지막으로 범주 D 신청자는 예상 채무 불이행률이 높기 때문에 대출이 거부되어야 한다.

First Bank 모형에 포함될 변수 선택하기

연구팀은 모형을 개발하기 위해 데이터 세트에서 출력 변수와 예측변수를 선택하야 한다. 연구팀은 채무 불이행 가능성에 따라 지원자를 분류하고자 하므로 출력 변수는 이분변수 Default를 선택한다.

하지만 예측변수로 포함되어야 하는 다른 변수는 무엇인가? 데이터 세트의 다른 모든 변수를 예측변수로 포함시켜 모형이 사용 가능한 모든 정보를 사용하여 결과를 예측할 수 있도록 해야 한다고 생각할 수 있다.

사실, 많다고 해서 반드시 좋은 것은 아니다. 예측변수가 많으면 모형이 더 복잡해지고 변수 간의 관계를 정확하게 평가하기 위해서는 더 많은 기록이 필요하다. 특정 변수 쌍이 전달하는 정보가 중복될 수 있다. 다른 변수는 결과와 관련이 없을 수도 있다. 모형의 차원을 줄이면(예: 예측변수로 더 적은 수의 변수를 포함한다) 모형의 정확도가 향상될 수 있다.

상관관계 표(〈그림 2-10〉에서 히트맵으로 시각적으로 표시됨)는 포함하거나 제외할 잠재적 변수를 결정하는 데 매우 유용할 수 있다. 예를 들어, 이 표는 부채와 소득 간에 매우 강한 양의 상관관계를 보여주며, 이는 이 변수 쌍 간에 매우 강력한 정보 중첩이 있음을 나타낸다. 일반적으로 변수가 이와 같이 강한 상관관계가 있을 경우 두 변수를 모두 예측변수로 포함해서는 안 된다.

또한, 신용과 금리 사이에는 강한 양의 상관관계가 있다. 이자율(Rate)은 전적으로 신청자의 신용 점수(Credit)에 따라 대출이 승인된 후 First Bank에서 결정한다. 따라서 금리는 신용 변수 외에 추가적인 예측 정보를 제공하지 않으므로 금리를 예측변수로 사용해서는 안 된다.

상관관계 표는 변수의 예측력을 추정하는 추가로 사용할 수 있다. 특정 변수와 기본값(결과 변수) 사이의 강한 상관관계는 둘 사이의 밀접한 관계를 나타낸다. 이는 이 특정 변수가 결과에 대해 강력한 예측력을 가질 수 있으므로 예측변수가 될 수 있는 좋은 후보임을 시사한다.

〈그림 2-10〉의 상관관계 표의 마지막 행은 각 수치형 변수와 결과(Default) 간의 상관관계를 보여준다. 이는 Credit, dti 및 Rate가 결과와 가장 강한 상관관계(Credit에 대해 음의 상관관계, dti 및 Rate에 대해 양의 상관관계)를 나타냄을 의미한다. 위에서 논의한 바와 같이 Rate는 신용을 직접적으로 기반으로 하므로 예측변수로 포함되어서는 안 된다. 그러나 dti와 Credit은 상당히 강력한 예측력을 가지고 있는 것으로 나타나므로 예측변수로 사용할 수 있는 강력한 후보이다. 다른 수치형 변수는 Default와의 상관관계가 거의 없음을 보여주며 예측력이 거의 없음을 나타낸다.

이 상관관계 분석에 대한 몇 가지 주의사항을 알려주고자 한다. 첫째, 변수와 결과 간의 상관관계가 0에 가깝다고 해서 반드시 해당 변수의 예측력이 거의 없다는 의미는 아니다. 관계가 비선형적인 경우(예: 변수에 따라 결과가 먼저 감소한 다음 증가하는 경우) 상관관계가 0에 가까워도 상당한 사전 예측력을 의미하는 강력한 관계가 있을 수 있다. 이러한 관계는 상관관계 표에는 숨겨져 있지만 데이터를 탐색할 때 생성되는 차트를 통해 시각적으로 드러날 수 있다. 두 번째 주의 사항은 상관관계 테이블에는 수치형 변수만 포함된다는 것이다. 범주형 변수의 경우 〈그림 2-14〉와 같은 막대형 차트를 사용하여 변수와 결과 간의 관계를 대신 조사할 수 있다.

때때로 변수를 결합하거나, 변수를 변형하거나, 새로운 변수를 만드는 것이 유용할 수 있다. 예를 들어, 연구팀은 부채와 소득이 결과와 밀접한 상관관계가 없다는 점에 주목하였다. 반면에 이러한 변수를 그대로 결합하여 월별 부채 상환액을 월별 소득으로 나누어 별도로 계산된 변수인 총부채상환비율(DTI)로 만들면 이 새로운 변수가 결과를 강력하게 예측하는 것으로 나타났다.

고용(신청자의 고용기간)에 따른 불이행률을 보여주는 〈그림 2-14〉 (d)의 막대 도표를 살펴보면, 연구팀은 신청자가 2년 이상 고용된 경우 불이행률이 뚜렷하게 감소하는 것을 발견할 수 있다. 연구팀은 고용 상태를 범주형 변수(여섯 가지 가능한 값)에서 이진형 변수(두 가지 가능한 값)로 변환하여 신청자가 2년 이상 고용된 경우를 1, 그렇지 않는 경우를 0으로 설정하였다. 이와 같이 범주형 변수를 이진 변수로 변환하는 것은 모형의 차원을 줄이는 또 다른 방법이며 정확도를 향상시킬 수 있다.

또한, 일부 알고리즘에서는 변수가 숫자형이어야 하는 반면, 다른 알고리즘에서는 변수가 범주형이어야 한다. 이 경우 알고리즘에서 사용할 수 있는 형태로 변수를 변환해야 하는 경우도 있다. 예를 들어, 수치형 변수는 "구간차원"을 사용하여 범주형 변수로 변환할 수 있다. 낮음, 중간, 높음과 같은 범주("구간차원")를 생성하여 원래 변수의 숫자 값을 기반으로 적절한 범주를 할당함으로써 수치형 변수를 범주형 변수로 변환할 수 있다. 범주형 변수(순서가 없는 명목 범주형 변수 포함)는 범주형 변수의 가능한 각 범주에 대해 더미 변수를 생성하여 여러 개의 수치형 변수로 변환할 수 있다. 더미 변수는 원래 변수가 해당 범주의 멤버인 경우 1, 그렇지 않은 경우 0의 값을 갖는다.

모든 변수를 신중하게 평가한 후 연구팀은 분류 모형에서 신용과 총부채상환비율을 예측변수로 사용하기로 결정한다. 또한, 연구팀은 고용의 이진 버전을 예측변수로 사용하여 모형의 성능이 향상되었는지 실험해볼 것이다.

First Bank 모형의 알고리즘 선택

연구팀은 3장에서 다룰 몇 가지 알고리즘을 포함하여 First Bank의 대출 신청자를 분류하기 위해 여러 가지 알고리즘을 시도할 계획이다. 가장 먼저 시도할 알고리즘은 앞서 간략히 설명한 KNN 알고리즘이다.

2단계: 데이터 분할

예측 분석 모형의 기본 접근 방식은 과거 데이터를 사용하여 예측변수와 그 결과 사이의 관계를 분석하는 것이다. 직관적으로는 예측 분석 모형이 기존의 과거 데이터에 최대한 정확하게 맞아야 한다고 생각할 수 있다. 사실, 데이터를 그렇게 정확하게 맞추는 것이 바람직한 것은 아니다. 1.4절에서 설명한 것처럼, 데이터를 지나치게 잘 맞추지 않도록 주의해야 한다.

다음에서는 데이터 과적합의 함정을 설명한 다음 과적합을 방지하기 위해 분할을 사용하는 방법을 보여준다.

데이터 과적합

미래는 불확실하다. 따라서 향후 결과에 임의성이 예상된다. 또한, 선택한 예측변수 외에 결과에 영향을 줄 수 있는 다양한 추가 요인이 있을 수 있다. 따라서 과거 데이터에 상당한 양의 노이즈가 있을 것으로 예상된다. 그러나 전체적으로 볼 때 모든 데이터는 새로운 예측 기록에 대한 가능한 결과에 대한 신호를 제공한다. 가능한 한 모형이 노이즈가 아닌 신호를 설명하기를 원한다.

1.4절에서 설명한 것처럼, 과거 데이터를 너무 정확하게 맞추는 모형을 **데이터 과적합** overfitting the data라고 하는데, 이는 노이즈를 지나치게 많이 설명하기 때문이다.

예측 분석 모형의 목표는 과거 데이터에 완벽하게 맞추는 것이 아니라 새로운 예측 기록에 대한 예측변수를 기반으로 결과를 효과적으로 예측하는 것이다. 과거 데이터에 지나치게 잘 맞는 모형은 노이즈를 너무 많이 통합하고 설명하여 잠재적으로 주요 신호를 놓칠 수 있으므로 새로운 데이터로 잘못된 예측을 할 수 있다. 과거 데이터와 정확히 일치하지는 않지만 과거 기록에 대한 데이터와 그 결과(신호) 간의 관계에 대한 일반적인 구조를 더 잘 포착하는 모형이 새로운 데이터를 기반으로 미래에 대한 예측을 할 때 훨씬 더 나은 성능을 발휘하는 경우가 많다.

1.4절의 VRX 예시를 다시 살펴보면, VRX는 자사 제품 중 하나(VRX2000)의 매출이 광고 수준에 따라 어떻게 달라질지 예측하려고 했다. 1.4절의 〈그림 1-1〉의 산점도에 표시된 것처럼 과거 데이터를 기반으로 선형 관계(〈그림 1-2〉 참조), 2차 다항식(〈그림 1-3〉 참조), 제곱근 관계(〈그림 1-5〉 참조) 등 매출과 광고 간의 여러 가능한 관계를 고려했다.

고차 다항식을 사용하면 이러한 함수보다 훨씬 더 정밀하게 모형을 과거 데이터에 맞출 수 있다. 예를 들어, 〈그림 1-4〉는 6차 다항식을 사용한 그림이다. 이제 과거 데이터를 8차 다항식에 맞추어 보자. x가 광고 예산이고 y가 예측 단위 판매량인 경우, 과거 데이터에 가장 잘 맞는 8차 다항식은 〈그림 2-21〉에서 볼 수 있다. 이 함수는 과거 데이터에 정확하게 맞는 경우이다. 곡선은 각 데이터 포인트를 정확하게 통과한다.

그러나 이것은 데이터를 과도하게 맞추는 명백한 예이다. 이 함수는 과거 데이터와 완벽하게 일치하지만, 광고 예산을 기반으로 미래의 결과를 예측하는 것은 실패할 가능성이 높다. 예를 들어, 이 함수가 예측하는 것처럼 판매 단위가 광고 예산에 따라 변동하여 광고 예산이 $190,000 정도 급증한 다음 $200,000를 훨씬 넘는 광고 예산에 대해 급격히 감소할 것으로 예

〈그림 2-21〉 VRX2000의 광고 예산 대 매출 실적과 관련된 과거 데이터에 대해 8차 다항식을 적합시킨다. (정확한 데이터는 1.4절의 〈표 1-1〉 참조)

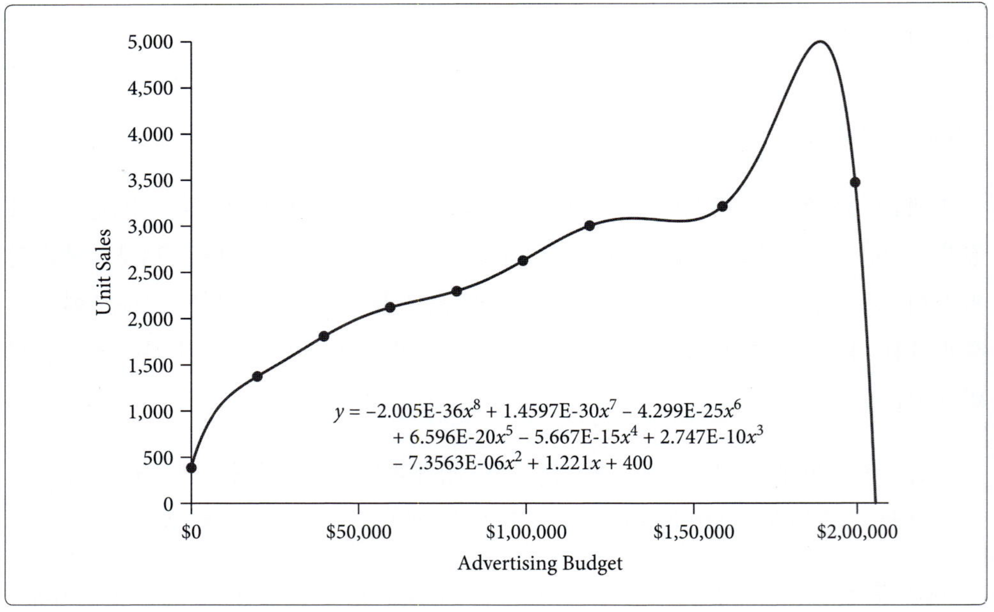

〈그림 2-22〉 VRX 2000의 광고 예산의 제곱근 함수를 사용하여 매출 실적을 예측한다.

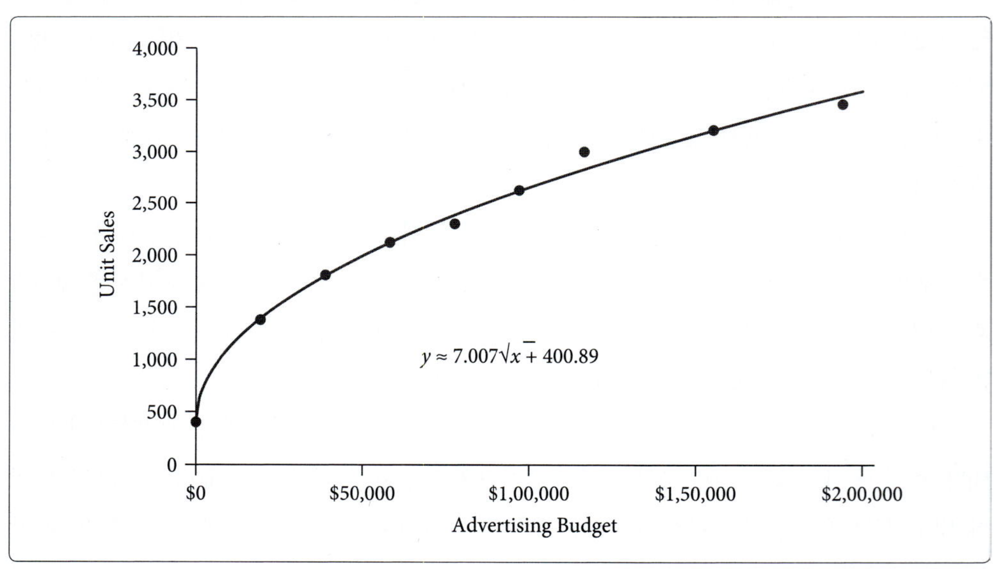

상하지 않는다. 실제로 이 공식에 따르면 광고 예산이 20만 달러를 훨씬 초과하는 경우 마이너스 매출을 예측할 수 있는데 이는 명백히 터무니없는 예측이다.

〈그림 1-5〉에 표시되고 〈그림 2-22〉에서 반복되는 것처럼 1.4절에서 광고의 함수로 매출을 예측하기 위해 개발된 훨씬 간단한 제곱근 공식을 고려해보자. 이 함수는 과거 데이터와 정확

히 일치하지는 않지만(곡선이 각 데이터 포인트를 정확하게 통과하지 않음), 그것은 미래의 데이터에 대해 훨씬 더 믿을 만한 예측으로 이어진다. 데이터의 노이즈에 과도하게 맞추지 않고 매출과 광고(신호) 간의 일반적인 전체 관계를 효과적으로 포착한다.

데이터 분할

앞에서 과거 데이터를 과적합하는 예를 살펴보았다. 그렇다면 과거 데이터 과적합의 함정을 피하려면 어떻게 해야 하는가? 다양한 예측 분석 모형을 일반적으로 과거 데이터를 기반으로 예측을 수행하지만, 목표는 예측자 기록에 대한 새로운 데이터를 기반으로 예측자 기록의 미래 결과를 가장 효과적으로 예측하는 것이다. 중요한 것은 새로운 데이터에 직면했을 때 모형이 얼마나 잘 수행되었는지를 살펴보는 것이다. 새 데이터가 들어올 때 모형이 얼마나 잘 수행되는지 확인하고 예측된 결과가 실제 결과와 얼마나 잘 일치하는지 확인하여 시간이 지남에 따라 모형을 검증할 수 있다. 하지만 새로운 데이터를 기다려야 하므로 시간이 오래 걸리고 느릴 수 있다.

모형을 검증(때로는 개선)하는 빠른 접근 방식은 기록 데이터 세트를 **학습 자료**training partition와 **검증 자료**validation partition의 두 부분으로 분할하는 것이다. 학습 자료의 데이터를 사용하여 모형을 개발('학습')한 다음, 유효성 검증 자료의 데이터를 사용하여 모형의 유효성을 검사한다. 따라서 유효성 검증 자료의 기록이 실제로는 알려진 결과가 있는 과거 기록이지만, 예측 기록인 것처럼 취급되므로 예측을 알려진 결과와 비교할 수 있다. 유효성 검사 데이터는 학습 데이터와 분리되어 있으므로(따라서 모형의 새로운 데이터) 모형이 "새로운" 데이터에서 어떻게 작동하는지 확인할 수 있다. 데이터는 일반적으로 어느 한 쪽에 편향되지 않도록 이 두 세트에 무작위로 분할된다.

유효성 검증 자료은 모형이 새 데이터로 잘 작동하는지 확인하기 위해 모형을 검증하는 것 외에도 모형을 구축하는 프로세스의 일부로 작동할 수 있다. 이 아이디어는 아래 3단계에서 자세히 살펴볼 것이다.

유효성 검사 데이터 세트를 사용하여 모형을 구축하면 학습 데이터에 대한 모형의 과적합을 방지하는 데 도움이 된다. 그러나 유효성 검사 데이터에 모형을 과적합할 위험은 높아진다. 학습 데이터와 검증 데이터를 모두 사용하여 모형을 구축한 수 모형을 추가로 테스트하기 위해 세 번째 자료(**테스트 자료**test partition라고 함)을 생성하는 경우도 있다. 이 하위 섹션에 설명된 분할 방식은 매우 효과적이기 때문에 자주 사용된다. 하지만 각 자료가 제 역할을 제대로 수행하기 위해 적절한 수의 과거 기록을 보유하려면 상당한 수의 기록(최소 100개 이상, 바람직하게는 수천 개 이상)이 필요하다.

사례연구로 돌아가서: First Bank의 데이터 분할

연구팀은 KNN 알고리즘을 사용할 준비를 하고 있다. 데이터를 분할하면 (1) 모형 타당성 검증, (2) 최상의 *k*에 대한 값(새로운 예측 기록을 분류하기 위해 KNN 알고리즘에서 사용되는 "가장 가까운 이웃"의 수), (3) 모형이 데이터에 과적합되지 않도록 한다.

이 분할은 분석 해찻기로 쉽게 구현할 수 있다. Data Mining 탭의 분류 메뉴에서 알고리즘(*k* 최근접 이웃)을 선택하면 〈그림 2-23〉 (a)에 표시된 대화상자가 나타난다. 이 대화상자에서 알고리즘의 변수 및 기타 설정을 선택할 수 있다. 변수를 지정한 후 (예측변수의 경우 Credit 및 dti, 출력 변수의 경우 Default) 다음을 클릭하면 (b)에 표시된 Parameters 탭의 내용이 표시된다. (b)의 Partition Data 버튼을 클릭하면 (c)와 같은 파티션 대화상자가 표시된다. (c)에서 무작위 파티션 및 자동을 선택하면 데이터가 무작위로 분할되며, 학습 자료에 60%의 기록이, 검증 자료에 40%의 기록이 포함된다. 사용자 정의를 선택하고 원하는 비율을 지정하여 대체 비율을 선택할 수 있다.

〈그림 2-23〉 Analytic solver의 k-nearest Neighbors 대화상자의 (a) Data 탭 및 (b) Parameters 탭. (b)의 Partition Data 버튼을 클릭하면 데이터 세트를 분할하는 방법에 대한 매개변수를 설정하는 데 사용되는 파티션 대화상자 (c)가 표시된다.

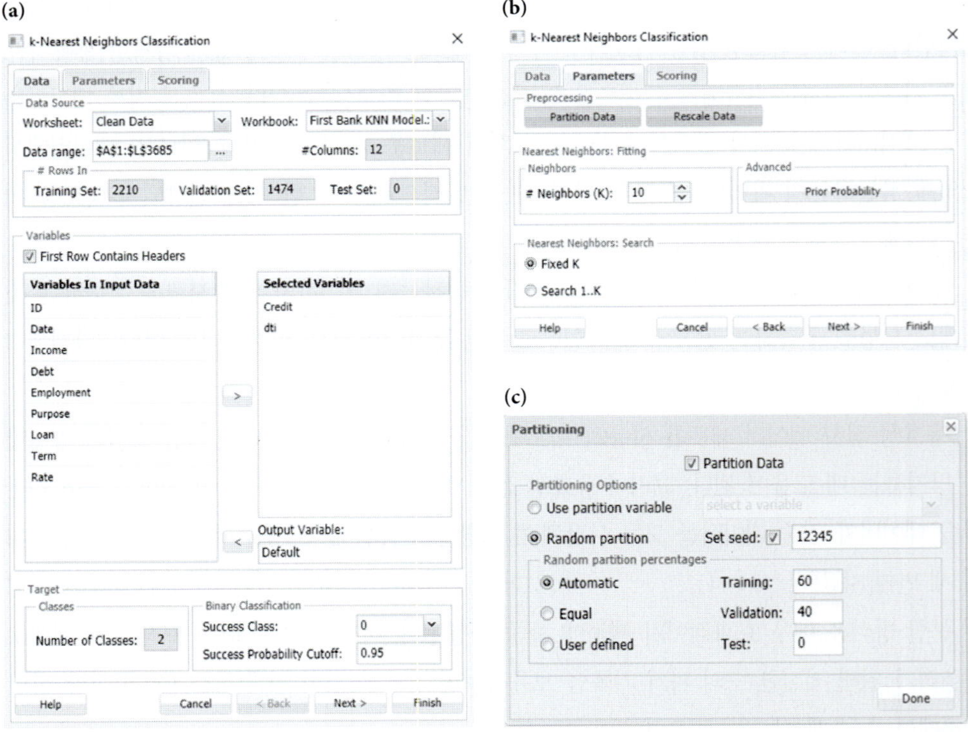

3단계: 모형 타당성검증 및 개선하기

예측 분석을 수행하기 위한 다양한 알고리즘(동일한 기본 알고리즘의 다양한 변형 포함)의 성능을 비교할 수 있는 다양한 도구와 기준을 사용할 수 있다. 여기에는 혼동 행렬, 오류 보고서, 다양한 지표(예: 정확도, 특이도, 민감도)는 물론 상승도 차트와 같은 시각적 그래픽을 포함한다. 사례연구로 돌아가 살펴보자.

사례연구로 돌아가기: First Bank에서의 KNN 모형 테스트

연구팀은 1단계 모형 개발 하위 섹션에서 소개한 KNN 알고리즘을 적용하여 대출 신청자의 채무 불이행 가능성이 가장 낮다고 간주되면 가장 선호되는 금리가 적용되는 범주 A(프라임 대출)로의 분류 여부를 파악한다. CEO와 대출 부서 부사장이 협의하여 부도 확률이 5%이하로 예측되는 고객만을 범주 A로 결정한다.

따라서 연구팀은 〈그림 2-23〉 (a)에 표시된 분석 해찾기의 KNN 알고리즘 설정을 사용한다. 예측변수는 Credit과 dti이며 출력 변수는 Default이다. 출력 변수의 "성공" 클래스는 0이고 (0은 Default가 없음을 의미하므로), 확률 컷오프는 0.95로 설정된다(Default가 없을 확률이 최소 95% 이상이어야 한다). 연구팀은 KNN 알고리즘에 대해 *k*값을 40으로 시작하기로 결정하며 예측 기록은 40개의 "최근접 이웃"(예측자의 특성과 가장 유사한 특성을 가진 40개의 과거 기록)의 과거 데이터를 기반으로 분류된다. 이 *k*값은 〈그림 2-23〉 (b)의 대화상자에 입력되며, 표준화(3장에서 다룰 개념)를 사용하여 데이터의 스케일도 재조정된다.

2단계(데이터 분할 단계)에서 학습 자료와 검증 자료로 분할되었다는 점을 기억해보면, "새로운" 데이터에 대한 알고리즘의 성능을 테스트하기 위해 검증 자료의 데이터에 알고리즘을 적용한다. 학습 자료에서 가장 가까운 40개의 이웃을 사용하여 검증 자료의 각 기록(예측 기록으로 취급)을 분류한다. 그러면 유효성 검사 집합의 각 기록에 대한 결과를 알 수 있으므로 알고리즘에서 예측한 결과를 실제 결과와 비교할 수 있다.

〈그림 2-24〉 (a)의 혼동 행렬은 예측된 결과가 실제 결과와 어떻게 비교되는지 보여준다. 예를 들어 혼동 행렬이 각 열을 읽어 내려가면서 알고리즘은 총 222번의 0(기본값이 아닐 가능성)을 예측하였다. 실제로 이 222개 기록 중 213개는 기본값이 지정되지 않았으므로 알고리즘은 이러한 기록에 대해 정확하게 예측하였다. 그러나 222개 기록 중 9개 기록이 실제로 기본값이 되었으므로 알고리즘이 몇 가지 사례에서 잘못 예측한 것이다. 알고리즘은 총 1,252개의 기록에 대해 1(상대적으로 불이행 가능성이 높음)을 예측하였지만, 이 중 223개 기록만 실제로 불이행하였다. 따라서 222개는 올바르게 예측되었지만 1,029는 그렇지 않다. 고객을 너무 낮게 분류하는 것보다 채무 불이행을 피하는 것이 훨씬 더 중요하기 때문에 연구팀은 이 결과를 지나치게 걱정하지 않았다.

〈그림 2-24〉 분석 해찾기의 Data Mining 탭을 사용하여 2,211개의 과거 기록이 있는 학습 자료와 예측 기록으로 취급되는 1,474개의 과거 기록이 있는 검증 자료를 사용할 때, First Bank 사례연구에 대한 (a) 혼동 행렬, (b) 오류 보고서 및 (c) 기타 행렬을 표시하는 KNN 알고리즘의 성능이다.

(a)

Confusion Matrix

Actual\Predicted	0	1
0	213	1029
1	9	223

(b)

Error Report

Class	# Cases	# Errors	% Error
0	1,242	1,029	82.85024155
1	232	9	3.879310345
Overall	1,474	1,038	70.42062415

(c)

Metrics

Metric	Value
Accuracy (#correct)	436
Accuracy (%correct)	29.579376
Specificity	0.9612069
Sensitivity (Recall)	0.1714976
Precision	0.9594595
F1 score	0.2909836
Success Class	0
Success Probability	0.95

유효성 검사 데이터에 대한 알고리즘의 정확도는 〈그림 2-24〉 (b)의 오류 보고서 표에 다른 방식으로 표시되어 있다. 여기에는 1,242개의 기록이 기본값이 되지 않았음을 보여준다(0으로 표시). 이 중 1,029개는 상대적으로 불이행 가능성이 높을 것으로 예측되었으므로 예측에 오류가 발생하여 오류율은 1,029/1,242=82.9%이다. 반면에 유효성 검사 세트에서 232개의 기록이 기본값으로 되었다(1로 표시됨). 232개 기록 중 9개는 기본값이 될 가능성이 낮은 것으로 사전 지정되어 오류율은 9/232=3.9%였다. 전체적으로 1,474개 중 1,038개의 예측 오류가 발생하여 70.4%의 오류율을 기록하였다.

마지막으로 〈그림 2-24〉 (c)의 행렬 표에는 몇 가지 추가 통계가 나와있다. 예를 들어 정확도(전체 예측 정확도 비율)는 29.6%였다. 특이도(부정적인 결과를 정확하게 예측하는 능력으로 정의된다)는 96.1%, 민감도(긍정적인 결과를 정확하게 예측하는 능력으로 정의된다)는 17.1%이다.

KNN 알고리즘의 정확도가 29.6%에 불과하여 성능이 좋지 않은 것처럼 보일 수 있다. 실제도 모든 기록이 기본값으로 설정되지 않을 것이라고 단순히 예측만 하는 알고리즘의 경우를 생각해보자. 1,474개의 기록 중 1,242개의 기록이 기본값으로 설정되지 않았으므로, 이 단순한 알고리즘의 정확도는 1,242/1,474=84.3%로 훨씬 더 높았을 것이다.

이 특별한 경우의 정확도는 속임수이다. 알고리즘에 의해 1로 분류되었다고 해서 해당 기록이 불이행할 가능성이 높다는 뜻이 아니라 불이행 확률이 5%를 초과할 것이라는 예측일 뿐이라는 점을 기억해야 한다. 즉, 1로 분류된 기록이라도 채무 불이행이 발생하지 않을 확률이 거의 95%에 달할 수 있다는 뜻이다. 연구팀은 1로 분류된 대부분의 기록이 불이행되지 않을 것으로 충분히 예상하고 있었으므로 낮은 정확도에 놀라지 않는다.

First Bank의 경우, 알고리즘의 목표는 대출의 채무 불이행 여부를 정확하게 예측하는 것이 아니다. 그보다는 채무 불이행이 거의 확실하지 않으므로 범주 A(프라임) 대출을 받을 자격이 있는 대출 신청자를 정확하게 찾아내는 것이 주요 목표이다. 이러한 프라임 대출에는 가장 낮은 이자율이 적용된다. 이러한 대출 중 일부라도 채무 불이행이 발생하면 이자로 벌어들이는 수익이 채무 불이행으로 인한 잠재적 손실을 극복할 만큼 충분하지 않는다.

그렇다면 정확도가 중요한 성능 지표가 아니라면 어떤 것이 중요한가? 알고리즘이 부정적인 결과(채무 불이행)의 상당한 가능성을 정확하게 예측하는 것이 First Bank에게는 더 중요하다. 알고리즘의 특이성은 이러한 부정적인 결과를 정확하게 예측하는 능력을 측정한다. 연구팀은 96.1%의 특이도에 만족하다고 있다.

프라임 대출에서 채무 불이행이 발생할 때마다 은행의 수익의 크게 감소하기 때문에 특이도로 측정한 부정적인 결과(채무 불이행)의 상당한 가능성을 정확하게 예측하는 것은 First Bank에게 매우 중요한다. 반면에 민감도로 측정한 긍정적인 결과(채무 불이행 없음)를 정확하게 예측하는 것은 중요하지 않다. 긍정적인 결과가 나온 기록이 범주 A(프라임)로 분류되지 않으면 일반적으로 해당 기록은 단순히 더 낮은 범주(예: B, C, 또는 D)로 할당된다.

앞서 언급한 모든 기록은 기본값이 아닐 것으로 예측하는 단순한 알고리즘을 다시 생각해보자. 이 알고리즘의 정확도와 민감도는 84.3%로 훨씬 뛰어나지만 (KNN의 경우 각각 29.6%와 17.1%), 특이도는 0%에 불과하다. 모든 부정적인 결과를 잘못 예측했을 것이다. 특이도는 First Bank에서 가장 중요한 지표이므로 이 단순한 알고리즘에는 재앙이 될 수 있다.

알고리즘의 효율성 평가에서 리프트 차트의 역할

〈그림 2-24〉는 First Bank에 대한 KNN 알고리즘의 효율성에 대한 상당한 정보를 제공한다. 그러나 다양한 통계의 의미를 해석하려면 노력이 필요하다. 차트를 보고 알고리즘의 효과를 빠르고 쉽게 평가할 수 있는 방법이 있다면 도움이 될 것이다. 상승도 차트는 분석 해찾기의 Data Mining 탭에서 생성할 수 있다. 〈그림 2-25〉는 KNN 알고리즘을 사례연구에 적용한 결과의 리프트 차트를 보여준다. 이 차트를 해석하는 방법은 다음과 같다.

> **리프트 차트**lift chart는 직선 대각선으로 표시된 무작위 추측과 비교했을 때 알고리즘이 제공하는 개선 사항을 그래픽으로 보여준다. 차트의 곡선은 검증 자료의 다른 기록(예측 기록 역할)이 학습 자료의 데이터를 기반으로 분류될 때마다 어떤 일이 발생하는지 보여준다. 가로축은 지금까지 과거 기록의 수를 그래프에 나타낸 것이다. 예 또는 아니오 결과를 처리할 때 예시가 바람직한 결과인 경우 세로축은 바람직한 결과를 가진 이러한 과거 기록의 수를 나타낸다. 직선의 대각선은 무작위로 추측했을 때 발생할 수 있는 긍정적인 결과의 평균 수를 나타내므로, 이 선위의 곡선(끝 부분 제외)의 높이가 알고리즘의 효율성을 측정한다.

리프트 차트를 생성하는 중요한 단계는 알고리즘에 따라 가장 유리하게 분류된 기록(즉,

〈그림 2-25〉 Analytic Solver의 Data Mining 탭이 적용된 First Bank 사례연구의 검증 자료에 대한 KNN 알고리즘(k=40)의 리프트 차트이다.

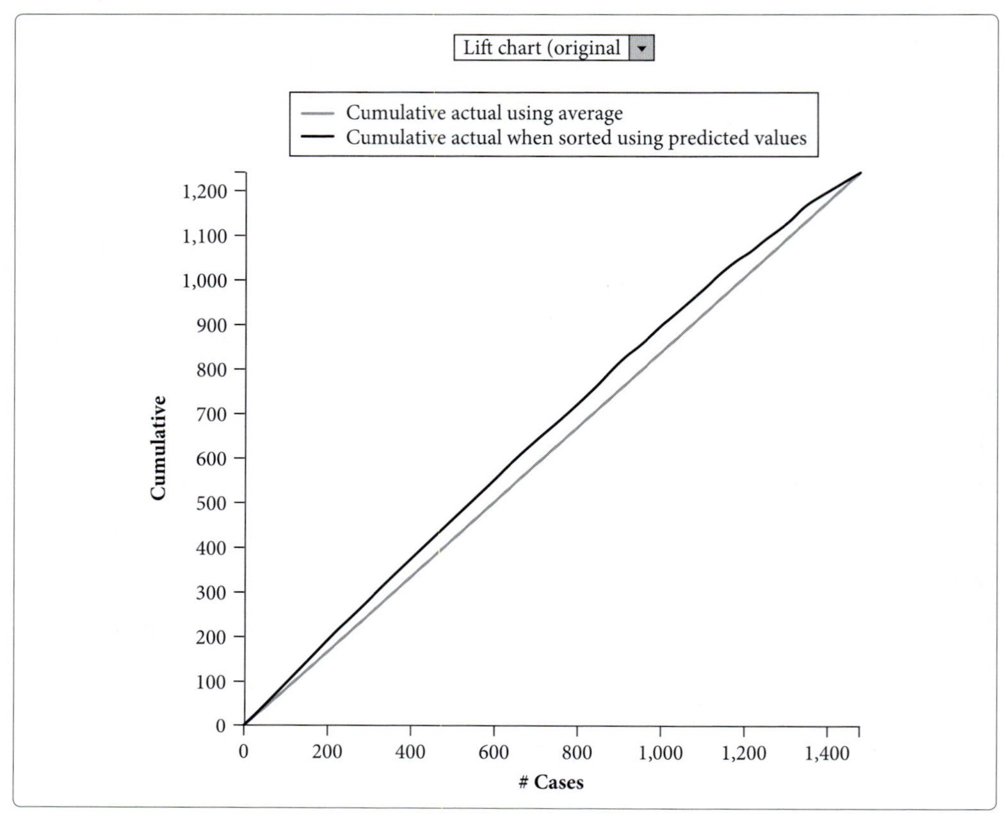

유리한 결과가 예측될 확률이 가장 높은 기록)이 가장 먼저 고려되도록 유효성 검사에서 과거 기록을 정렬하는 것이다. 그런 다음 정렬은 가장 마지막에 가장 유리한 분류를 가진 과거 기록으로 내려간다. 따라서 효과적인 알고리즘은 유효성 검증 자료의 초기 과거 기록 중 거의 모든 과거 기록이 바람직한 결과를 얻은 반면, 마지막 과거 기록 중 바람직한 결과를 얻은 과거 기록은 거의 없어야 한다(결과의 무작위성이 완벽한 결과를 방해하기 때문에 거의라는 표현을 사용한다). 이것이 바로 〈그림 2-25〉의 곡선이 보여주는 것이다. 처음에는 가능한 최대 기울기인 1(고려되는 각 기록에 대한 긍정적인 결과가 하나씩 증가)로 올라가고, 부정적인 결과가 더 두드러지기 시작하면서 기울기가 점차 감소한다.

위에서 언급했듯이, 직선의 대각선은 알고리즘의 도움 없이 단순히 무작위 순서로 과거 기록을 선택했을 때 발생할 수 있는 긍정적인 결과의 평균수를 나타낸다. 검증용 데이터의 과거 기록 1,474개 중 1,242개가 긍정적인 결과를 가져왔으므로, 무작위로 선택된 각 기록은 긍정적인 결과를 가져올 확률이 1,242/1,474가 될 것이다. 따라서 이는 1,242/1,474의 일정한 기울기로 상승하는 직선이다.

따라서 곡선과 직선을 비교하면 알고리즘의 효율성을 측정할 수 있다. 알고리즘이 효과적이라면 처음에는 평균보다 더 빠르게 상승하여(가장 유리한 분류를 가진 과거 기록을 먼저 정렬했기 때문에) 대각선 위로 상승할 것으로 예상할 수 있다. (〈그림 2-25〉의 직선은 기울기가 1에 가깝기 때문에 곡선이 처음에 직선보다 더 많이 상승하는 것이 인상적이다.) 알고리즘이 비효율적이라면(정렬된 목록이 무작위 순서로 선택된 목록보다 낫지 않다면) 곡선이 대각선을 대략 따라갈 것으로 예상할 수 있다. (데이터의 무작위성으로 인해 위아래로 튀어 오를 수 있다). 끝 부분을 제외하고는 대각선 위의 곡선 높이(즉, 간격의 크기)가 알고리즘의 효율성을 측정한다. 〈그림 2-25〉에 표시된 특정 활용의 경우 유효성 검증 자료에서 과거 기록의 정렬은 간단한 방식으로 수행된다. 이 KNN 알고리즘의 적용에서 *k*=40이므로, 검증 자료에서 기록을 가장 유리하게 분류하는 것은 학습 자료의 가장 가까운 이웃 40개 모두가 바람직한 결과를 가진 경우이고, 두 번째로 유리하게 분류하는 것은 가장 불리한 분류까지 내려가는 것이다. 이렇게 하면 동점을 임의로 끊으면서도 원하는 정렬이 가능하다. 위의 리프트 차트는 예/아니오 결과의 경우에 대해 설명하였다. 그러나 리프트 차트는 숫자 결과에도 비슷한 방식을 사용할 수 있다. 이 경우 유효성 검증 자료의 과거 기록은 예측된 수치 결과(가장 큰 것부터 가장 작은 것까지)에 따라 정렬된다. 직선 대각선은 무작위로 정렬된 목록의 예상되는 수치 결과를 기반으로 한다.

First Bank의 KNN 모형 개선

연구팀은 다양한 행렬을 사용하여 KNN 알고리즘의 성능을 다른 알고리즘과 비교할 수 있으며 이 아이디어는 4단계에서 탐색할 것이다. 그러나 이러한 동일한 행렬을 사용하여 알고리즘을 개선할 수도 있다. KNN 알고리즘에는 기록에 대한 예측을 할 때 고려할 가장 가까운 이웃의 수를 나타내는 *k*로 표시되는 주요 매개변수가 있다.

3.2절(KNN 알고리즘의 전체 적용 범위가 제시됨)에서 더 자세히 논의하겠지만 *k*를 선택하는 데는 장단점이 있다. 한 극단에서 *k*=1인 경우, 예측은 예측자 기록에 가장 가까운 단일 데이터 포인트만을 기반으로 한다. 통계학자들은 무작위성 때문에 표본 크기를 1에 의존해서는 안 된다고 말한다. 그러나 k가 커질수록 예측은 예측 기록과 점점 더 유사한 과거 기록을 기반으로 예측하기 시작한다.

연구팀은 어떤 값의 *k*가 최상의 성능을 제공하는지 알고 싶어한다. *k*에 대해 다양한 값을 시도하고 성능 행렬을 비교하면 이 질문에 답하는 데 도움이 될 수도 있다.

〈표 2-1〉은 여러 가지 *k*값을 사용하여 First Bank에 대한 KNN 알고리즘을 수행할 때의 성능 행렬을 요약한 것이다. 특이도를 높이려면 상대적으로 높은 *k*값(40 또는 50)이 가장 좋은 성능을 제공하는 것으로 나타났다. *k*값이 작을 경우(예: 10) 알고리즘의 특이도가 떨어지는 것은 놀라운 일도 아니다. 10개의 기록만 검사하여 불이행 비율이 5%(20개 중 1개)를 넘지 않는지 정확하게 판단하기는 어렵다.

〈표 2-1〉 Analytic Solver의 Data Mining 탭에서 KNN 알고리즘의 성능이 First Bank 사례연구의 여러 다른 *k*값에 대해 표시된다. *k*=40 또는 *k*=50을 사용하면 96% 이상의 특이도로 최상의 성능이 나타난다.

k	Accuracy (percent)	Specificity (percent)	Sensitivity (percent)
10	40.2	85.8	31.7
20	44.6	85.3	37.0
30	34.1	91.8	23.3
40	29.6	96.1	17.1
50	32.0	96.6	20.0

이 경우 이상적인 특이성은 100%가 아니라는 점을 유의해야 한다. 예를 들어, 모든 기록을 단순히 불이행 가능성이 있는 것으로 분류하는 단순한 알고리즘이라면 실제로 불이행한 모든 기록이 그렇게 분류되었을 것이므로 100% 특이도를 달성할 수 있다. 하지만 이것은 그다지 유용한 알고리즘은 아니다.

기록을 분류할 때 불이행 예상 확률의 커트라인으로 0.95를 설정했음을 잊지 말자. 즉, 0(불이행 가능성이 낮음)으로 분류된 기록 중 최대 5%가 불이행할 것으로 예상해야 한다는 뜻이다. 따라서 커트라인을 고려할 때, 특이도에 대한 합리적인 목표 값은 90%대 초반이 될 것이다. *k*=40 또는 *k*=50인 KNN이 목표치에 도달한다.

4단계: 여러 모형에 대해 1~3단계를 반복한 다음 가장 적합한 모형 선택하기

분류를 수행하는 데 사용할 수 있는 많은 예측 분석 모형이 있다. 3장에서는 KNN, 분류 트리, 로지스틱 회귀, 나이브 베이즈 등을 포함하여 다룰 예정이다.

3장에서 설명하겠지만, 다양한 유형의 모형에는 각각 다른 장단점이 있다. 일반적으로 여러 가지 모형에 대해 1~3단계를 반복하여 어떤 모형이 특정 응용 모형에 가장 적합한지 확인하는 것이 좋다.

사례연구로 돌아가기: 여러 모형 타당성검증 후 최상의 모형 선택하기

연구팀은 대출 신청자가 분류A(프라임 대출)에 해당되는지 여부를 분류하기 위해 KNN 모형을 개발, 분할, 테스트 및 개선하였다. 이제 분류 트리, 로지스틱 회귀, 나이브 베이즈 등 세 가지 다른 분류 모형에 대해서도 동일한 단계를 수행할 것이다. 이러한 모형은 여기서는 자세히 설명하지 않겠지만 결과는 www.mhhe/Hillier7e에 있는 First Bank 기타 모형 스프레드시트에서 확인할 수 있다.

1단계에서 모형에 사용할 변수를 선택할 때 연구팀은 고용 변수의 이진 버전(2년 이상 고

〈표 2-2〉 First Bank 데이터 세트의 검증 자료에 적용할 때 각 분류 모형의 성능이다. 각 모형은 Credit과 dti만 예측변수로 사용하거나 세 번째 예측변수로 Employment를 추가하여 테스트된다.

Classification Model	Using Credit and dti as Predictor Variables			Using Credit, dti, and Employment as Predictor Variables		
	Accuracy (percent)	Specificity (percent)	Sensitivity (percent)	Accuracy (percent)	Specificity (percent)	Sensitivity (percent)
KNN	32.0	96.6	20.0	30.1	95.8	18.7
Classification Tree	37.0	93.5	29.6	39.7	93.5	29.6
Logistic Regression	29.4	98.2	16.6	29.7	98.3	16.9
Naïve Bayes	35.8	97.0	24.3	35.8	97.0	24.3

용된 경우 1, 그렇지 않은 경우 0)을 추가 예측변수로 사용하는 방안도 검토하고 싶었다. 따라서 연구팀은 이 추가 예측변수를 포함하거나 포함하지 않은 상태에서 모든 알고리즘을 테스트 할 것이다(신용 및 총부채상환비율(DTI) 제외).

학습 자료를 사용하여 모형을 결정하고 검증 자료를 사용하여 모형을 테스트할 때 각 알고리즘의 성능 요약은 〈표 2-2〉에 나와 있다. 연구팀은 Employment를 예측변수로 추가하면 KNN 알고리즘이 모든 행렬에서 덜 효과적이지만 분류 트리 및 로지스틱 회귀 모형의 정확도는 약간 향상되는 반면 나이브 베이즈에서는 영향을 미치지 않는 것으로 보인다.

특이성은 First Bank의 가장 중요한 지표이기 때문에 연구팀은 KNN, 로지스틱 회귀, 나이브 베이즈에 가장 깊은 인상을 받았다. 연구팀은 KNN이 매우 간단하고 직관적임을 높이 평가한다. 따라서 그들은 k=50 최근접 이웃과 함께 KNN을 사용하고 예측변수로 Credit 및 dti만 사용하여 진행하기로 결정하였다.

5단계: 구현

다양한 모형을 테스트하고 가장 성능이 좋은 모형을 선택한 후에는 아래 그림과 같이 해당 모형을 사용하여 앞으로 분류 또는 예측을 수행할 수 있다.

사례연구로 돌아가기: First Bank에서의 모형 구현

First Bank의 대출 담당자는 분류A의 프라임 대출을 고려할 만한 유망한 후보자라고 판단되는 3명의 대출 신청서를 부서의 부사장에게 전달하였다. 이러한 대출 신청자에 대한 데이터는 〈그림 2-26〉에서 확인할 수 있다.

연구팀과 부사장은 대출 신청자를 분류하기 위해 새로 개발한 모형을 시험해보고 싶어 한다. 분석 해찾기를 사용하면 분류 모형로 새로운 기록에 점수를 매기는 것이 간단하다. 필

〈그림 2-26〉 First Bank의 세 명의 신규 대출 신청자에 대한 데이터 기록

	A	B	C	D	E	F	G	H	I	J
3716	**New Records to be Classified**									
3717			Credit	Income	Debt	dti	Employment	Purpose	Loan	Term
3718	New Loan Applicant 1		784	68	2033	35.9%	3-4	O	7.5	36
3719	New Loan Applicant 2		765	122	2635	25.9%	5+	DC	15.0	60
3720	New Loan Applicant 3		722	95	877	11.1%	4-5	EE	8.6	36

〈그림 2-27〉 First Bank의 세 명의 새로운 대출 신청자를 분류하기 위해 Analytic Solver k-Nearest Neighbors Classification 대화상자에서 필요한 설정

(a)

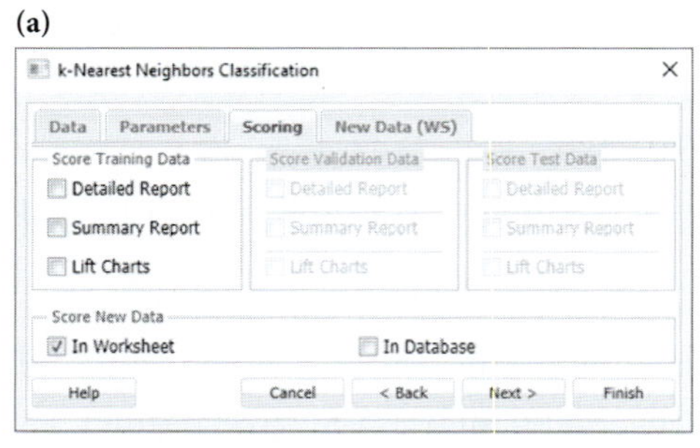

(b)

k-Nearest Neighbors Classification
Data | Parameters | Scoring | New Data (WS)
Data Source
Worksheet: Clean Data Workbook: First Bank KNN Model.
Data range: $C$3717:$J$3720 #Rows: 3 #Cols: 8
Variables
First Row Contains Headers
Variables In New Data: Credit, Income, Debt, dti, Employment, Purpose, Loan, Term
Scale Variables In Input Data: Credit, dti
Match Selected | Unmatch Selected | Unmatch All | Match By Name | Match Sequentially
Help | Cancel | < Back | Next > | Finish

(c)

k-Nearest Neighbors Classification
Data | Parameters | Scoring | New Data (WS)
Data Source
Worksheet: Clean Data Workbook: First Bank KNN Model.
Data range: $C$3717:$J$3720 #Rows: 3 #Cols: 8
Variables
First Row Contains Headers
Variables In New Data: Income, Debt, Employment, Purpose, Loan, Term
Scale Variables In Input Data: Credit<-->Credit, dti<-->dti
Match Selected | Unmatch Selected | Unmatch All | Match By Name | Match Sequentially
Help | Cancel | < Back | Next > | Finish

요한 설정은 〈그림 2-27〉에 나와있다. (a)에 표시된 k-근접 이웃 분류 대화상자의 Scoring 탭에서 워크시트에 새 데이터 점수를 매기는 확인란을 선택한다. 그런 다음 (b)에서 워크시트에서 새 데이터가 저장되는 위치를 지정한다(〈그림 2-26〉과 같이 첫 번째 행에 헤더가 있는

C3717:J3720). 새 데이터 기록의 변수는 기록 데이터 세트의 변수와 "일치"해야 한다. 새 예측자 기록 데이터와 기록 데이터의 첫 번째 행에 변수의 레이블이 동일하게 지정되어 있으면 이름으로 일치 버튼을 클릭하여 변수를 일치시킬 수 있다. 이렇게 하면 그림 (c)와 같이 변수가 일치한다.

그런 다음 마침을 클릭하면 〈그림 2-28〉과 같이 모형에 대한 알고리즘이 실행되고 새 예측 기록에 점수가 매겨진다. 각 기록의 분류는 기본값의 출력 변수에 대한 예측을 기반으로 한다. 마지막 두 열은 출력 변수가 각각 1(기본값) 또는 0(기본값 없음)이 될 것으로 예상되는 확률을 보여준다. 그런 다음 기본값이 없을 확률이 0.95 이상인지 여부에 따라 두번째 열(예측: 기본값으로 레이블 지정)에서 기록이 0 또는 1로 분류된다.

〈그림 2-28〉 First Bank의 새로운 대출 신청자에 KNN 모형을 적용한 결과

Record ID	Prediction: Default	PostProb: 0	PostProb: 1
Record 1	1	0.92	0.08
Record 2	1	0.94	0.06
Record 3	0	0.98	0.02

이 모형에 따르면 세 번째 대출 신청자는 채무 불이행이 없을 확률이 98%이므로 프라임 대출의 경우 범주 A로 분류되어야 한다. 그러나 처음 두 명의 대출 신청자는 부도가 나지 않을 확률이 각각 92%와 94%이다. 이러한 대출은 이 범주의 컷오프가 92% 이하인 경우 거의 우대 대출 범주 B로 분류되어야 한다.

복습문제

1. 예측 분석을 수행하기 위한 5단계는 무엇인가?
2. 데이터 마이닝이란 무엇인가?
3. 예측 분석의 마케팅 활용 분야에는 어떤 것이 있는가?
4. 가장 가까운 이웃 알고리즘은 무엇을 기반으로 예측하는가?
5. 예측 모형과 분류 모형의 차이점은 무엇인가?
6. 과거 기록과 예측 기록의 차이점은 무엇인가?
7. 예측변수와 결과변수의 차이점은 무엇인가?
8. 모형에 포함할 변수를 선택할 때 상관관계를 사용할 수 있는 두 가지 방법을 제시하라.
9. 데이터에 과도하게 적합하다는 것은 무엇을 의미하는가?
10. 데이터를 분할하는 두 가지 이유를 제시하라.
11. 특이도와 민감도의 차이점은 무엇인가?

2.5 규범적 분석 수행

규범적 분석은 최적화 모형을 포함한 의사결정 모형을 사용하여 경영 의사결정에 가장 적합한 옵션을 처방하는 분석 접근 방식의 단계이다. 이 단계는 경영과학이 특히 강력한 힘을

발위하는 단계이다. (머신 러닝은 비즈니스 분석의 도구 중 하나로 규범적 분석의 기능을 수행할 수 있다.) 간략한 소개에 이어, 규범적 분석을 수행하기 위해 아래 설명된 5단계를 설명하고자 한다.

1단계: 의사결정 모형 수립
2단계: 모형에서 솔루션을 도출하는 방법 알아보기
3단계: 모형 테스트
4단계: 모형 적용 준비하기
5단계: 구현

문제 분석의 예측 분석 단계를 완료한 후에는 어떤 단계가 남아있는가? 이 모든 것은 2.2절에서 설명한 문제 분석의 첫 번째 단계(문제 정의)에 따라 달라진다. 이 단계에서 문제 분석을 요청한 관리자의 관점에서 연구의 적절한 목표를 파악해야 한다. 그들은 앞으로 일어날 일에 대한 확실한 예측을 얻은 후 더 이상 아무것도 원하지 않을 수 있으며, 이 경우 연구는 이 섹션에서 설명한 단계를 건너뛴다. 그러나 관리자는 종종 연구가 향후 수행해야 할 작업에 대한 의사결정을 개선하는 방법에 대한 분석에 초점을 맞춘 규범적 분석 단계로 진행되기를 원한다.

다음 단계는 경영진의 관심사인 의사결정을 다루는 의사결정 모형을 공식화하는 것으로 시작된다. 의사결정 모형에는 다양한 최적화 모형을 포함하여 많은 유형이 있다. 이러한 의사결정 모형 중 가장 많이 사용되는 모형은 이 책의 다른 장에 설명되어 있다.

다음 단계는 의사결정 모형에서 솔루션(최적 솔루션 포함)을 도출하는 방법을 배우는 것이다. 다행히도 이제는 널리 사용되는 의사결정 모형의 방대한 버전도 해결할 수 있는 체계적인 솔루션 절차(소위 알고리즘)를 쉽게 사용할 수 있다.

의사결정 모형을 실제로 풀기 전에 모형을 신중하게 테스트하고 개선하여 관심 있는 문제를 정확하게 정의하는지 확인하는 것이 중요하다. 이를 위해 몇 가지 기법을 사용할 수 있다. 준비가 되면 연구팀은 경영진이 원하는 대로 반복적으로 모형을 적용할 준비를 한다. 일단 적용되면 연구팀은 경영진과 협력하여 새로운 시스템과 절차를 구현해야 한다.

이제 이러한 각 단계를 차례로 자세히 살펴보자.

1단계: 의사결정 모형 수립하기

1단계는 의사 결정권자의 문제를 정의한 다음, 이 문제를 분석하기 편리한 형태로 재구성하는 단계이다. 이를 위한 전통적인 경영과학 접근 방식은 문제의 본질을 나타내는 모형을 구축하는 것이다. 이전 섹션에서 이미 예측 분석을 위한 모형을 소개하였다. 규범적 분석용 모형은 예측 대신 의사결정(또는 여러 의사결정)에 초점을 맞추기 때문에 상당히 다르다. 두 가지 유형의 모형을 구분하기 위해 여기서는 규범적 분석용 모형을 의사결정 모형이라고 한다.

의사결정 모형decision model은 수학적 기호 및 표현으로 표현된다. 비즈니스 문제에 대한 의사결정 모형은 문제의 본질을 설명하는 방정식 및 관련 수학적 표현의 체계이다. 따라서 정량화할 수 있는 의사결정이 n개 있을 경우, **의사결정변수**decision variable(예: $x_1, x_2, \cdots, x_n$)로 표현되며 각각의 값을 결정해야 한다. 그런 다음 적절한 성과 측정값(예: 수익)은 이러한 의사결정변수의 수학적 함수로 표현되며(예: $P = 3x_1 + 2x_2 + \cdots + 5x_n$) 이 함수를 **목적함수**objective function라고 한다. 이러한 의사결정변수에 할당할 수 있는 값에 대한 제한도 일반적으로 부등식이나 방정식을 사용하여 수학적으로 표현된다(예: $x_1 + 3x_1x_2 + 2x_2 \leq 10$). 이러한 제한에 대한 수학적 표현을 일반적으로 **제약조건**constraint이라고 한다. 제약조건과 목적함수의 상수(즉, 계수와 우변)를 모형의 **매개변수**parameter라고 한다. 그런 다음 결정 모형은 지정된 제약조건에 따라 목적함수를 최대화하기 위해 결정변수의 값을 선택하는 것이 문제라고 말할 수 있다. 이러한 모형과 그 약간의 변형은 경영과학의 결정 모형을 대표한다.

모형의 매개변수에 할당할 적절한 값(매개변수당 하나의 값)을 결정하는 것은 모형 구축 프로세스에서 매우 중요하면서도 어려운 부분이다. 숫자가 주어지는 교과서 문제와 달리 실제 문제에 대한 매개변수 값을 결정하려면 관련 데이터를 수집해야 한다. 2.3절에서 설명한 것처럼 정확도 데이터를 자주 수집하는 것은 어렵지만, 서술적 분석 도구는 이 과정에서 도움이 될 수 있다. 그런 다음 데이터를 모형의 매개변수 값으로 변환하여 모형에 데이터를 통합하는 추가 작업이 필요하다.

매개변수에 할당된 값은 대개 대략적인 추정치일 뿐이다. 이러한 매개변수의 실제 값에 대한 불확실성 때문에 매개변수에 할당된 값을 다른 그럴듯한 값으로 변경할 경우 모형에서 도출된 솔루션이 어떻게 변경되는지(만약 변경된다면) 분석하는 것이 중요하다. 이 프로세스를 **What-If 분석**what-if analysis(또는 민감도 분석sensitivity analysis)이라고 하며, 다음 절과 8장에서 자세히 설명한다.

우리는 비즈니스 문제의 '의사결정 모형'을 언급하지만, 실제 문제에는 일반적으로 단 하나의 '올바른' 모형만 있는 것은 아니다. 3단계에서는 일반적으로 모형을 테스트하는 프로세스를 통해 문제를 더 잘 표현할 수 있는 모형을 연속적으로 개발하는 방법을 설명한다. 동일한 문제를 분석하기 위해 두 가지 이상의 완전히 다른 유형의 모형을 개발할 수도 있다.

이 책의 나머지 부분에서는 의사결정 모형의 수많은 예제를 볼 수 있다. 특히 5~9장에서 다루는 중요한 유형 중 하나는 **선형 프로그래밍 모형**linear programming model로, 목적함수와 제약조건에 나타나는 수학 함수가 모두 선형함수이다(선형함수는 각 항이 단순히 상수에 단일 변수를 곱한 값인 항의 합으로 구성된 수학적 표현식이다). 선형 프로그래밍 모형은 매우 다양한 문제를 연구하는 데 널리 사용되어 왔다. 예를 들어, 6장에선느 (1) 수익을 극대화하는 제품 조합, (2) 예상 광고 노출 횟수를 극대화하는 광고 매체 조합, (3) 장기적으로 가장 수익성이 높은 상업용 부동산 개발 프로젝트 조합, (4) 최소 비용으로 만족스러운 수준의 서비스를 제공하는 인력 스케줄링 등의 다양한 문제에 적합한 구체적인 선형 프로그래밍 모형을 구성한다.

의사결정 모형은 문제를 구두로 설명하는 것보다 많은 장점이 있다. 한 가지 장점은 의사결정 모형이 문제를 훨씬 더 간결하게 설명한다는 것이다. 이는 문제의 전체 구조를 더 이해하기 쉽게 만드는 경향이 있으며, 중요한 원인과 결과 관계를 밝히는 데 도움이 된다. 이러한 방식으로 분석과 관련된 추가 데이터가 무엇인지 더 명확하게 나타난다. 또한, 문제를 전체적으로 다루고 모든 상호 관계를 동시에 고려하는 데 도움이 된다. 마지막으로, 의사결정 모형은 문제를 분석하기 위해 수학적 기법과 컴퓨터를 사용할 수 있는 가교 역할을 한다. 실제로 많은 의사결정 모형을 해결하기 위해 패키지 소프트웨어가 널리 사용되고 있다.

그러나 의사결정 모형을 사용할 때 피해야 할 함정이 있다. 이러한 모형은 반드시 문제를 추상적으로 이상화한 것이므로, 모형을 추적 가능(해결 가능)하게 하려면 일반적으로 근사치와 단순화 가정이 필요하다. 따라서 모형이 문제의 유효한 표현으로 남을 수 있도록 주의를 기울여야 한다. 모형의 타당성을 판단하는 적절한 기준은 모형이 올바른 결정을 내릴 수 있도록 대안 행동 방침의 상대적 효과를 충분히 정확하게 예측하는지 여부이다. 따라서 중요하지 않은 세부 사항이나 고려되는 모든 대체 행동 방침에 대해 거의 동일한 효과를 갖는 요인을 포함할 필요는 없다. 상대적인 값(즉, 값 간의 차이)이 충분히 정확하다면 다양한 대안에 대해 성과 측정의 절대적인 크기가 거의 정확할 필요도 없다. 따라서 필요한 것은 모형의 예측과 실제 세계에서 실제로 일어나는 일 사이에 높은 상관관계가 존재하기만 하면 된다. 이 요건이 충족되는지 확인하려면 2단계 하위 섹션의 주제가 될 상당한 테스트와 그에 따른 모형 수정이 중요하다.

이 테스트 단계는 이 절 뒷부분에 배치되어 있지만, 실제로 이 모형 타당성검증 작업의 대부분은 의사결정 모형의 구축을 안내하기 위해 연구의 모형 구축 단계에서 수행된다.

모형을 개발할 때 좋은 접근 방식은 매우 간단한 버전으로 시작한 다음 실제 문제의 복잡성을 더 거의 반영하는 더 정교한 모형로 진화하는 방식으로 이동하는 것이다. 이 **모형 보강** model enrichment 프로세스는 모형이 다루기 쉬운 상태로 유지되는 동안에만 계속된다. 지속적으로 고려되는 기본 트레이드 오프는 모형의 정밀도와 취급 용이성 사이에 있다.

결정 모형을 구성하는 중요한 단계는 목적함수를 구성하는 것이다. 이를 위해서는 문제가 정의되는 동안 식별된 각 의사결정자의 궁극적인 목표를 포함하는 성능의 정량적 측정을 개발해야 한다. 여러 목표가 있는 경우 일반적으로 각각의 측정값이 변환되어 **전체 성능 측정값**이라고 하는 복합 측정값으로 결합된다. 이 전반적인 측정은 조직의 더 높은 목표에 해당하는 유형(예: 이익)이거나 여러 목표를 결합하려는 것일 수 있다. 후자의 경우, 이 척도를 개발하는 작업은 복잡한 경향이 있어 목표와 상대적 중요성을 주의 깊게 비교해야 한다.

응용사례

2012년 United Airlines와의 합병이 완료되기 전, Continental Airline는 승객, 화물, 우편물을 운송하는 미국의 주요 항공사였다. 매일 2,000편 이상의 항공편을 100개 이상의 국내 목적지와 100개에 가까운 해외 목적지로 운항하였다. United Airlines이라는 이름으로 합병된 후, 합병 항공사는 최대 370개 목적지로 운항하는 700대 이상의 항공기를 보유하게 되었다.

Continental Airline(현재는 United Airlines 일부로 재탄생)과 같은 항공사는 악천후, 항공기 기계적 문제, 승무원 결항 등 예기치 못한 상황으로 이핸 매일 일정에 차질이 생긴다. 이러한 장애로 인한 항공편 지연 및 취소가 발생할 수 있다. 그 결과 승무원이 남은 예정된 항공편에 서비스를 제공하지 못할 수도 있다. 항공사는 모든 정부 규정, 계약 의무 및 삶의 질 요건을 준수하면서 비용 효율적인 방식으로 결항 항공편을 커버하고 원래의 스케줄로 복귀할 수 있도록 승원을 신속하게 재배치해야 한다.

이러한 문제를 해결하기 위해 Continental Airline의 비즈니스 분석 연구팀은 경영과학을 사용하여 세부적인 의사결정 모형을 개발하여 비상 상황이 발생하자마자 승무원을 항공편에 재배지하는 문제에 규범적 분석을 적용하기 시작했다. 이 항공사는 수천 명의 승무원과 매일 운항하는 항공편이 많기 때문에 승무원과 항공편의 가능한 모든 페어링을 고려하기 위해 방대한 모형이 필요했다. 따라서 이 모형에는 수백만 개의 결정변수와 수천 개의 제약조건이 있다. 사용 첫해(주로 2001년)에 이 모형은 4 차례의 (두 차례의 눈보라, 홍수, 911 테러 공격) 큰 사건으로부터 일정 문제를 복구하였다. 그 결과 첫해에만 약 4,000만 달러의 비용을 절감할 수 있었다. 이후에는 일상적인 사소한 장애에도 적용 범위를 넓혔다.

Continental Airline이 선도적인 모습을 보임에 따라 다른 주요 항공사들도 는 이후 비슷한 방식으로 규범적 분석을 적용하기 위해 분주하게 움직였다. 사실, 일부 항공사는 이미 다른 방식으로 규범적 분석을 적용해 온 오랜 역사를 가지고 있었기 때문에 곧바로 이 애플리케이션을 추가할 수 있는 전문성을 갖추고 있었다. 오늘날의 항공 업계 에 규범적 분석을 적용하는 데 있어 선도적인 역할을 계속하고 있다. 다양한 방법으로 수익에 극적인 영향을 미쳤다. 따라서 Continental Airline이 특히 중요한 애플리케이션을 선도한 지 수십 년이 지난 지금, 주요 항공사들은 이 특정 방법론을 채택하고 다른 많은 대규모 문제에도 확대 적용하고 있다.

이 획기적인 이니셔티브를 통해 콘티넨탈은 2002년 국제 대회에서 현재 고급 분석, 운영 연구 및 관리 과학 분야의 공로상인 '프란츠 에델만 어워드'로 불리는 권위 있는 1등상을 수상하게 되었다.

출처: G. Yu, M. Arguello, G. Song, S. M. McCowan, and A. White, "A New Era for Crew Recovery at Continental Airlines," *Interfaces* (현 *INFORMS Journal on Applied Analytics*) 33, no. 1 (January–February 2003): 15–22. (이 사례에 대한 링크를 www.mhhe.com/hillier7e에서 볼 수 있다.)

측정값이 개발되면 이 측정값을 의사결정변수의 수학적 함수로 표현하여 목적함수를 구할 수 있다. 또는 여러 목표를 동시에 명시적으로 고려하는 방법도 있다. 목표 프로그래밍이라고 하는 이러한 방법 중 하나는 이 책 웹사이트에 있는 '웹 챕터' 중 하나인 19장에 설명되어 있다.

사례연구로 돌아가지: First Bank의 의사결정 모형 수립

2.2절에서 설명한 바와 같이, First Bank의 CEO는 은행의 기대 수익을 극대화할 수 있는 의사결정을 내리는 것이 주요 목표라고 말했다. 연구팀은 기대 수익에 직접적인 영향을 미치는 의사결정에는 두 가지 유형이 있다고 생각한다. 첫째, 대출 신청이 승인된 잠재고객에게 부과할 예상 이자율을 결정해야 한다. 2.4절의 1단계에서 분류 모형을 사용하여 이러한 고객을 다양한 채무 불이행 위험 범주(A, B, C, D)로 분류했는데, 범주 D 고객에게는 대출이 승인되지

않는다는 점을 기억해야 한다. 범주 A, B, C에 해당하는 고객에게는 어떤 이자율을 부과해야 할까? 둘째, 사용 가능한 자금을 고려할 때 First Bank의 포트폴리오에 포함할 무담보 및 담보 대출의 최상의 조합은 무엇인가? 이러한 결정을 내리는 데 도움을 주기 위해 연구팀은 두 가지 의사결정 모형을 사용할 계획이다.

첫 번째 결정 모형은 이자율 선택에 대한 결정을 다룬다. 이 선택에는 트레이드오프가 있다. 이자율이 높을수록 대출금을 상환하는 고객으로부터 First Bank가 더 많은 수입을 얻을 수 있다. 그러나 은행 대출 산업은 경쟁이 치열한 비즈니스이므로 부과되는 이자율이 너무 높으면 고객은 다른 곳으로 갈 것이다. 또한, First Bank는 단골 고객을 유지하기 위해 경쟁력 있는 이자율을 유지하고자 한다.

이 첫 번째 의사결정 모형에서 의사결정변수는 주어진 부도 위험 범주에 속하는 고객에게 부과할 이자율이다. 목표는 기대 수익을 극대화하는 것이다. 이는 각 고객의 예상 수익(채무 불이행 위험에 직면)과 예상 고객 수를 기반으로 계산된다. 또한, 경쟁력을 갖추기 위해 최대 이자율에 제약조건을 설정할 수 있다. 이러한 유형의 의사결정 모형은 비선형 프로그래밍 모형이며 이러한 유형의 모형과 이를 해결하는 방법은 11장에서 다루게 된다.

첫 번째 의사결정 모형을 사용하여 다양한 무담보 대출 범주의 이자율이 결정되면 연구팀은 담보 대출과 무담보 대출의 최상의 포트폴리오를 선택하는 두 번째 의사결정을 처리할 준비가 된 것이다. 다행히도 투자 과학의 선구자인 해리 마코위츠는 이미 포트폴리오를 최적화하는 데 널리 사용되는 의사결정 모형을 개발했다. 이 포트폴리오 최적화 모형의 일반적인 형태는 기대 수익률이 지정된 최솟값을 충족하거나 초과한다는 제약조건 하에 포트폴리오의 위험을 최소화하는 것이다. 이러한 종류의 모형은 11.3절에 자세히 설명되어 있다.

First Bank의 경우, 두 번째 의사결정 모형의 의사결정변수는 각 대출 유형에 할당된 대출 포트폴리오의 비율이다. 여기에는 무담보 대출의 범주(A, B, C)와 다양한 담보 대출 유형(예: 자동차 대출 및 주택 대출)에 대한 별도의 변수가 포함된다. 목표는 수익률의 변동성으로 측정되는 리스크를 최소화하는 것이다. First Bank의 경우 이러한 변동성은 채무 불이행 위험으로 인한 것이다. 한 가지 제약조건은 원하는 최소 수익률을 요구한다. 또 다른 제약조건은 전체 포트폴리오를 나타내기 위해 각 카테고리에 할당된 대출 포트폴리오의 비율이 1로 합산되어야 한다는 것이다.

위험과 수익 사이의 최적의 절충점을 결정하는 것은 어렵다. 이를 위해 연구팀은 원하는 최소 수익률에 대해 여러 가지 값을 시도하고 모형을 다시 풀어서 각 수익률 수준과 관련된 위험 수준을 결정한다. 그런 다음 데이터 시각화를 통해 이러한 결과를 요약하면 경영진이 이러한 절충점을 탐색하는 데 도움이 된다.

2단계: 모형에서 솔루션 도출하는 방법 알아보기

고려 중인 문제에 대한 의사결정 모형이 공식화되면 연구의 다음 단계는 이 모형에서 문제에 대한 해결책을 도출하는 절차(일반적으로 컴퓨터 기반 절차)를 개발하는 것이다. 이것이 연구의 주요 부분이라고 생각할 수 있지만 실제로는 대부분의 경우 그렇지 않다. 때로는 쉽게 구할 수 있는 여러 소프트웨어 패키지 중 하나를 사용하여 경영과학 또는 비즈니스 분석의 표준 알고리즘(체계적인 솔루션 절차) 중 하나를 컴퓨터에서 적용하는 비교적 간단한 단계이기도 하다. 숙련된 비즈니스 분석가에게는 솔루션을 찾는 것이 재미있는 부분이지만, 실제 작업은 이 절의 뒷부분에서 설명하는 최적화 후 분석을 포함하여 이전 단계와 다음 단계에 있다.

이 책에서는 나중에 여러 가지 중요한 유형의 의사결정 모형에 대한 솔루션을 얻는 방법을 설명하므로 여기서는 이에 대해 거의 언급할 필요가 없다. 하지만 그러한 솔루션의 본질에 대해서는 논의할 필요가 있다.

특히 경영과학의 일반적인 주제는 **최적해**optimal solution(목적함수에 따라 실현 가능한 최상의 해법)을 찾는 것이다. 실제로 특정 종류의 문제에 대해 이러한 솔루션을 찾기 위한 많은 절차가 개발되었다. 그러나 이러한 솔루션은 사용 중인 모형과 관련해서만 최적이라는 점을 인식할 필요가 있다. 모형은 실제 문제를 정확히 표현한 것이 아니라 이상화된 것이기 때문에 모형에 대한 최적의 솔루션이 실제 문제에 대해 구현할 수 있는 최선의 솔루션이라는 유토피아적인 보장은 없다. 실제 문제와 관련된 불가항력과 불확실성이 너무 많기 때문이다. 그러나 모형이 잘 공식화되고 테스트된 경우, 결과 솔루션은 실제 문제에 대한 이상적인 행동 방침에 대한 좋은 근사치가 되는 경향이 있다. 따라서 불가능한 것을 요구하는 것에 현혹되지 말고, 연구의 실질적인 성공 여부는 다른 방법으로 얻을 수 있는 것보다 더 나은 행동 지침을 제공하는지 여부로 판단해야 한다.

저명한 경영과학자이자 노벨 경제학상 수상자인 고 Herbert Simon은 실제 실무에서는 최적화보다 만족시키기가 훨씬 더 널리 퍼져 있다고 지적했다. 만족스럽다는 뜻의 만족과 최적화라는 뜻의 최적화라는 단어를 결합하여 **만족**satisficing이라는 용어를 만든 Simon은 당면한 문제에 대해 "충분히 좋은" 해결책을 찾는 관리자의 경향을 설명했다. 다양한 바람직한 목표(조직의 여러 부문의 성과를 판단하기 위해 잘 정립된 기준 포함) 간의 충돌을 최적으로 조정하기 위해 전반적인 성과 측정 기준을 개발하는 대신, 보다 실용적인 접근 방식을 사용할 수 있다. 과거 성과 수준이나 경쟁사의 성과를 바탕으로 다양한 영역에서 만족할 만한 최소한의 성과 수준을 설정하는 목표를 설정할 수 있다. 일부 의사결정 모형에는 최소한의 만족스러운 수준의 성과를 달성해야 하는 제약조건이 포함된다. 이러한 모든 목표를 달성할 수 있는 솔루션이 발견되면 더 이상 고민하지 않고 채택할 가능성이 높으며 이것이 만족의 본질이다.

최적화와 만족의 차이는 이론과 그 이론을 실제로 구현하려고 할 때 자주 직면하는 현실

사이의 차이를 반영한다. 영국의 선구적인 경영과학 리더 중 한 명인 사무엘 에일런은 "최적화는 궁극의 과학이고 만족은 실현 가능한 예술이다"라고 말했다.

비즈니스 분석가 팀은 의사결정 과정에 가능한 한 많은 '궁극의 과학'을 도입하려고 노력한다. 그러나 성공적인 팀은 합리적인 기간 내에 만족스러운 행동 지침을 얻어야 하는 의사 결정권자의 가장 중요한 요구를 충분히 인식하여 연구를 수행한다. 따라서 연구의 목표는 모형에 대한 최적의 솔루션을 찾는 것과 관계없이 최적의 방식으로 연구를 수행하는 것이어야 한다. 따라서 연구팀은 궁극적인 과학을 추구하는 것 외에도 연구 비용과 연구 완료 지연에 따른 불이익을 고려한 다음 연구로 인한 순이익을 극대화하기 위해 노력해야 한다.

이러한 개념을 인식하여 연구팀은 때때로 **휴리스틱 이론**heuristic procedure만 사용하기도 한다. 즉, 최적의 솔루션을 보장하지 않는 직관적으로 설계된 절차를 사용하여 좋은 차선책을 찾을 수 있다. 이는 문제의 적절한 모형에 대한 최적의 솔루션을 찾는 데 필요한 시간이나 비용이 엄청나게 많이 드는 경우에 주로 사용된다. 최근 수십 년 동안 특정 종류의 문제에 맞는 특정 휴리스틱 프로세스를 설계하기 위한 일반적인 구조와 전략 지침을 모두 제공하는 효율적이고 효과적인 **메타휴리스틱**metaheuristics을 개발하는 데 큰 진전이 이루어졌다. 메타휴리스틱의 사용은 계속 증가하고 있다.

지금까지의 논의는 이 연구가 최적일 수도 있고 아닐 수도 있는 단 하나의 해결책만을 찾으려 한다는 것을 암시했다. 실제로는 그렇지 않은 경우가 많다. 원래 모형에 대한 최적의 솔루션은 실제 문제에 이상적이지 않을 수 있으므로 추가적인 분석이 필요하다. 따라서 **최적해 사후 분석**post-optimality analysis(최적 솔루션을 찾은 후 수행하는 분석)은 대부분의 연구에서 매우 중요한 부분이다. 이 분석은 미래 조건에 대해 다른 가정을 할 경우 최적의 솔루션이 어떻게 될지에 대한 몇 가지 질문을 해결하는 것을 포함하기 때문에 **What-If 분석**what-if analysis이라고도 한다. 이러한 질문은 연구팀보다는 최종 결정을 내릴 관리자가 제기하는 경우가 많다.

강력한 스프레드시트 소프트웨어의 등장으로 이제 스프레드시트는 사후 최적화 분석을 수행하는 데 있어 핵심적인 역할을 하는 경우가 많다. 스프레드시트의 가장 큰 강점 중 하나는 관리자를 포함한 누구나 쉽게 대화형으로 사용하여 모형을 변경했을 때 현재 버전의 모형에 따라 최적의 솔루션이 어떻게 되는지 확인할 수 있다는 것이다. 이러한 모형 변경 실험 프로세스는 모형의 동작을 이해하고 모형의 유효성에 대한 확신을 높이는 데에도 매우 유용할 수 있다.

부분적으로 최적 후 분석에는 해결책을 결정하는 데 가장 중요한 모형의 매개변수("민감한 매개변수")를 결정하기 위해 가정 분석을 수행하는 작업이 포함된다. 이 책 전체에서 사용되는 민감한 매개변수의 일반적인 정의는 다음과 같다:

> 모든 매개변수의 값이 지정된 의사결정 모형의 경우, 다른 매개변수 값을 변경하지 않고 최적의 솔루션을 변경하지 않고는 해당 매개변수 값을 변경할 수 없는 경우 해당

매개변수 중 하나를 **민감한 매개변수**sensitive parameter라고 한다.

민감한 매개변수를 식별하는 것은 모형의 출력이 왜곡되지 않도록 특별히 주의를 기울여 값을 할당해야 하는 매개변수를 식별하는 것이 중요하기 때문이다.

일반적으로 매개변수에 할당된 값은 솔루션이 구현된 후에야 정확한 값을 알 수 있는 일부수량(예: 단위 수익)에 대한 추정치일 뿐이다. 따라서 민감한 매개변수를 식별한 후에는 각 매개변수를 더 면밀히 추정하거나 적어도 가능한 값의 범위를 추정하는 데 특별한 주의를 기울인다. 그런 다음 민감한 매개변수의 모든 가능한 값 조합에 대해 특히 좋은 솔루션을 찾는다.

솔루션이 지속적으로 구현되는 경우, 나중에 민감한 매개변수의 값이 변경될 경우 매개변수가 변경되면 즉시 솔루션 변경이 필요하다는 신호가 된다.

어떤 경우에는 모형의 특정 매개변수가 정책 결정(예: 리소스 할당)을 나타낸다. 이러한 경우 이러한 매개변수에 할당된 값에 약간의 유연성이 있는 경우가 많다. 어떤 매개변수는 다른 매개변수를 줄임으로써 증가시킬 수도 있다. 최적해 사후 분석에는 이러한 트레이드오프에 대한 조사가 포함된다.

3단계에서 설명한 연구 단계와 함께, 최적해 사후 분석에는 이상적인 행동 과정에 대한 일련의 개선된 근사치로 구성된 일련의 솔루션을 얻는 것도 포함된다. 따라서 초기 솔루션의 명백한 약점은 모형, 입력 데이터 및 솔루션 절차의 개선을 제안하는 데 사용된다. 그런 다음 새로운 솔루션을 얻고 이 과정을 반복한다. 이 프로세스는 후속 솔루션의 개선 사항이 너무 작아 계속할 수 없을 때까지 계속된다. 이 경우에도 여러 가지 대안 솔루션(아마도 모형과 입력 데이터의 여러 그럴듯한 버전 중 하나에 가장 적합한 솔루션)이 최종 선택을 위해 경영진에게 제시될 수 있다. 2.2절에서 제시된 바와 같이, 이러한 대안 제시가 경영진의 판단에 맡겨야 하는 최종 선택이 고려사항에 근거해야 하는 경우라면 일반적으로 이러한 대안 제시가 이루어진다.

3단계: 모형 테스트

대규모 의사결정 모형을 개발하는 것은 어떤 면에서 컴퓨터 소프트웨어 개발과 유사하다. 소프트웨어 코딩이 처음 완료되면 필연적으로 많은 버그가 포함될 수밖에 없다. 가능한 한 많은 버그를 찾아 수정하기 위해 코드를 철저히 테스트해야 한다. 결국 프로그래머(또는 프로그래밍 팀)는 오랜 기간에 걸친 개선 작업 끝에 이제 소프트웨어가 일반적으로 합리적으로 유효한 결과를 제공한다고 결론을 내린다. 일부 사소한 버그는 의심할 여지없이 코드에 숨겨져 있지만(절대 발견되지 않을 수도 있음), 주요 버그는 충분히 제거되어 이제 소프트웨어를 안정적으로 사용할 수 있다.

마찬가지로 대규모 의사결정 모형의 첫 번째 버전에는 필연적으로 많은 결함이 포함되어 있다. 일부 관련 요인이나 상호 관계가 모형에 통합되지 않았을 수 있으며, 일부 매개변수가 올바르게 추정되지 않은 경우가 많다. 이는 복잡한 운영 문제의 모든 측면과 미묘한 점을 전달하고 이해하기 어렵고 신뢰할 수 있는 데이터를 수집하기 어렵다는 점을 고려할 때 불가피한 현상이다. 따라서 모형을 사용하기 전에 가능한 한 많은 결함을 식별하고 수정하기 위해 철저한 테스트를 거쳐야 한다. 결국 연구팀은 오랜 기간에 걸쳐 모형을 개선한 끝에 현재 모형이 합리적으로 유효한 결과를 제공한다고 결론지었다. 일부 사소한 결함은 의심할 여지없이 모형에 숨겨져 있지만(결코 발견되지 않을 수도 있음), 주요 결함은 충분히 제거되었으므로 이제 모형을 안정적으로 사용할 수 있다.

모형의 유효성을 높이기 위해 모형을 테스트하고 개선하는 이 프로세스를 일반적으로 모형 유효성 검사라고 한다. **모형 유효성 검사**model validation는 고려 중인 문제의 성격과 사용되는 모형에 따라 크게 달라지기 때문에 모형 유효성 검사가 어떻게 수행되는지 설명하기는 어렵다. 하지만 몇 가지 일반적인 사항을 언급할 수는 있다.

연구팀은 모형의 모든 세부 부분을 개발하는 데 몇 달을 보낼 수 있으므로 "나무를 위해 숲을 잃기" 쉽다. 따라서 세부 사항("나무") 모형의 초기 버전이 완료되면 모형 유효성 검사를 시작하는 좋은 방법은 전체 모형("숲")을 새롭게 살펴보고 명백한 오류나 실수가 있는지 확인하는 것이다. 이 검토를 수행하는 그룹에는 모형 공식화에 참여하지 않은 개인이 적어도 한 명 이상 포함되어야 한다. 문제의 정의를 재검토하고 모형과 비교하면 실수를 발견하는 데 도움이 될 수 있다. 모든 수학적 표현이 사용된 단위에서 차원적으로 일치하는지 확인하는 것도 유용하다. 매개변수 및/또는 결정변수의 값을 변경하고 모형의 출력이 그럴듯한 방식으로 작동하는지 확인하여 모형의 유효성에 대한 추가 통찰력을 얻을 수 있다. 이는 매개변수 또는 변수에 최댓값 또는 최솟값 근처의 극단값이 할당될 때 특히 드러난다.

모형을 테스트하는 보다 체계적인 접근 방식은 **회고 테스트**retrospective test를 사용하는 것이다. 이 테스트는 과거 데이터를 사용하여 과거를 재구성한 다음, 해당 모형을 사용했다면 모형과 결과 솔루션이 얼마나 잘 수행되었을지 결정하는 것이다. 이 가상의 성과와 실제로 발생한 성과를 비교하면 이 모형을 사용하면 현재 관행보다 크게 개선되는 경향이 있는지 여부를 알 수 있다. 또한, 이 모형에 단점이 있어 수정이 필요한 영역이 표시될 수도 있다. 또한, 모형의 대체 솔루션을 사용하고 가설적인 역사적 성과를 추정함으로써 모형이 대체 행동 과정의 상대적 효과를 얼마나 잘 예측하는지에 대한 상당한 증거를 수집할 수 있다.

반면에 회고적 테스트의 단점은 모형 수립에 사용된 것과 동일한 데이터를 사용한다는 것이다. 중요한 질문은 과거가 미래를 진정으로 재현하는지 여부이다. 그렇지 않다면 모형이 과거와 미래에 상당히 다르게 작동할 수 있다.

이러한 소급 테스트의 단점을 피하기 위해 일시적으로 현상 유지를 계속하여 모형을 추가로 테스트하는 것이 유용할 때가 있다. 이렇게 하면 모형을 만들 때 사용할 수 없었던 새로운 데이터가 제공된다. 그런 다음 이러한 데이터를 이 섹션의 앞부분에서 설명한 것과 동일한 방식으로 사용하여 모형을 평가한다.

2.4절의 2단계에서는 예측 분석을 수행할 때 데이터를 분할할 때의 이점에 대해 설명한다. 이렇게 하면 일부 데이터를 보류하여 나중에 모형을 추가로 테스트하는 데 사용할 수 있다. 이는 예측 분석을 수행할 때 효과적이다. 그러나 규범적 분석을 수행할 때는 데이터의 특성이 상당히 다르기 때문에 이 분할 기법은 규범적 분석에는 거의 사용되지 않는다.

모형 타당성검증에 사용된 프로세스를 문서화하는 것은 중요하다. 이는 후속 사용자의 모형에 대한 신뢰도를 높이는 데 도움이 된다. 또한, 향후 모형에 대한 문제가 발생할 경우 이 문서가 문제의 원인을 진단하는 데 도움이 될 것이다.

4단계: 모형 적용 준비하기

테스트 단계가 완료되고 수용 가능한 의사결정 모형이 개발되면 어떻게 될까? 모형을 반복적으로 사용하려면 다음 단계는 경영진의 필요에 따라 모형을 적용하기 위해 잘 문서화된 시스템을 설치하는 것이다. 이 시스템에는 모형, 솔루션 절차(최적해 사후 분석 포함), 실행을 위한 운영 절차가 포함된다. 그런 다음 인력이 변경되더라도 정기적으로 시스템을 호출하여 구체적인 결론을 제공할 수 있다.

이 시스템은 일반적으로 컴퓨터 기반이다. 실제로 상당한 수의 다양한 유형의 컴퓨터 소프트웨어를 사용하고 통합해야 하는 경우가 많다. 데이터베이스와 경영 정보 시스템은 모형을 사용할 때마다 최신 입력을 제공할 수 있으며, 이 경우 사용자 인터페이스를 개발해야 한다. 솔루션 절차가 의사결정 모형에 적용된 후 추가 컴퓨터 소프트웨어가 자동으로 결과의 구현을 트리거 할 수 있다. 다른 경우에는 **의사결정 지원 시스템**decision support system이라는 대화형 컴퓨터 기반 시스템을 설치하여 관리자가 필요에 따라 데이터와 모형을 사용하여 의사결정을 지원(대체하지 않음)할 수 있도록 지원한다. 추가 소프트웨어는 모형의 결과와 적용에 대한 함의를 해석하는 관리 보고서(관리용 언어)를 생성할 수 있다.

주요 연구에서는 이 컴퓨터 시스템을 개발, 테스트 및 설치하는 데 몇 개월(또는 그 이상)이 필요할 수 있다. 이러한 노력의 일부에는 향후 사용 전반에 걸쳐 시스템을 유지 관리하기 위한 프로세스 개발 및 구현이 포함된다. 시간이 지남에 따라 조건이 변경되면 이 프로세스는 그에 따라 컴퓨터 시스템(모형 또는 모형 포함)을 수정해야 한다.

5단계: 구현

모형을 적용하기 위한 시스템이 개발된 후, 주요 연구의 마지막 단계는 경영진의 명령에 따라 이 시스템을 구현하는 것이다. 이 단계가 중요한 이유는 바로 이 단계에서만 연구의 이점을 얻을 수 있기 때문이다. 따라서 연구팀은 모형 솔루션이 운영 절차로 정확하게 변환되었는지 확인하고 솔루션에서 발견되지 않은 결함을 수정하기 위해 이 단계를 시작하는 데 참여하는 것이 중요하다.

실행 단계의 성공 여부는 최고 경영진과 운영 경영진의 지원에 따라 크게 달라진다. 연구팀이 연구 진행 과정에서 경영진에게 충분한 정보를 제공하고 경영진의 적극적인 지침을 장려한다면 연구팀은 이러한 지원을 받을 가능성이 훨씬 더 높다. 원활한 커뮤니케이션은 경영진이 원하는 연구 성과를 달성하는 데 도움이 되며, 경영진이 연구와 그 실행에 대한 주인의식을 가질 수 있도록 한다.

구현 단계에는 여러 단계가 포함된다. 먼저, 연구팀은 운영 관리자에게 도입할 새로운 시스템과 운영 현실과의 관계에 대해 세심하게 설명한다. 다음으로, 이 두 당사자는 이 시스템을 실행하는 데 필요한 절차를 개발하는 책임을 공유한다. 그런 다음 운영 경영진은 관련 직원에게 상세한 교육이 이루어지도록 한다. 성공하면 새로운 시스템은 앞으로 몇 년 동안 사용될 수 있다. 이를 염두에 두고 연구팀은 시스템 운영의 초기 경험을 모니터링하고 향후 수정해야 할 사항을 파악한다.

새 시스템을 사용하는 전체 기간 동안 시스템이 얼마나 잘 작동하는지, 모형의 가정이 계속 충족되는지에 대한 피드백을 지속적으로 받는 것이 중요하다. 원래 가정에서 상당한 편차가 발생하면 모형을 재검토하여 시스템을 수정해야 하는지 여부를 결정해야 한다. 앞서 수행한 최적해 사후 분석(위의 2단계 하위 섹션에 설명된 대로)은 이 검토 프로세스를 안내하는 데 도움이 될 수 있다.

연구가 끝나면 연구팀은 작업을 재현할 수 있을 정도로 명확하고 정확하게 방법론을 문서화하는 것이 적절하다. 재현성은 비즈니스 분석가의 전문 윤리 강령의 일부가 되어야 한다. 재현성은 논란이 많은 공공 정책 문제를 연구할 때 특히 중요하다.

복습문제

1. 의사결정 모형의 구성 요소는 무엇인가?
2. What-If 분석이란 무엇인가?
3. 선형 프로그래밍 모형의 특징은 무엇인가?
4. 문제를 구두로 설명하는 것보다 의사결정 모형의 많은 장점은 무엇인가?
5. 의사결정 모형을 사용할 때 피해야 할 함정에는 어떤 것이 있나?
6. 모형 강화 과정은 어떻게 진행되나?
7. First Bank에서 계획 중인 의사결정 모형에는 어떤 두 가지 유형이 있나?
8. 의사결정 모형에 대한 최적의 솔루션과 실제 문제에 대해 가능한 최선의 솔루션의 차이점은 무엇인가?

복습문제

9. 연구 결과를 최적화하는 것이 아니라 만족시킨다는 것은 무엇을 의미하는가?
10. 휴리스틱 절차 및 메타휴리스틱이란 무엇인가?
11. 최적해 사후 분석이 연구에서 중요한 부분을 차지하는 이유는 무엇인가?
12. 의사결정 모형의 민감한 매개변수란 무엇이며 이를 식별하는 것이 중요한 이유는 무엇인가?
13. 모형을 사용하기 전에 테스트하는 것이 중요한 이유는 무엇인가?
14. 소급 테스트의 장점과 단점은 무엇인가?
15. 모형을 적용하기 위해 잘 문서화된 시스템을 개발하는 것이 중요한 이유는 무엇인가?
16. 이 시스템이 일반적으로 컴퓨터 기반인 이유는 무엇인가?
17. 연구팀이 구현 단계를 시작하는 데 참여하는 것이 중요한 이유는 무엇인가?
18. 구현의 모든 단계를 설명하라.

2.6 요약

이 장에서는 비즈니스 분석가가 경영 분석과 경영과학을 적용하여 관리 문제를 분석하기 위한 주요 연구를 수행할 때 사용하는 분석 프로세스에 대한 개요를 제공한다. 이 연구는 경영진의 지도 아래 수행되어 그들의 요구를 충족시키기 위해 수행되었다. 결과적으로 연구팀과 경영진은 중요한 프로젝트에 참여하여 중요한 관리적 문제를 더 잘 해결하기 위한 파트너가 되었다.

2.1절에서는 이 장에서 설명한 분석 프로세스를 설명하는 데 사용되는 사례연구를 제시한다. 사례연구에서는 무담보 대출 신청을 평가하고 다양한 범주의 고객에 대해 적절한 이자율을 설정하는 은행 프로세스 개선에 대한 사례이다.

경영진이 특정 문제를 연구하는 비즈니스 분석팀을 할당하면, 팀의 첫 번째 작업은 경영진의 시각에서 경영진과 함께 문제를 신중하게 정의하는 데 협력하는 것이다. 2.2절에서는 이 작업을 수행할 때 연구팀과 경영진의 보완적인 역할에 대해 설명한다.

서술적 분석의 목표는 현재까지의 회사의 성과에 대한 정보를 개발하고 전달하기 위해 관련 데이터를 분석하는 것이다. 이를 달성하기 위해서는 (1) 관련 데이터를 수집하고 정리하고 (2) 데이터를 정제하고 (3) 데이터를 탐색하고 (4) 데이터 시각화를 사용하여 성과 정보를 전달하는 것이 필요하다. 2.3절에서는 이 네 가지 단계를 모두 상세히 설명한다. 데이터 시각화는 서술적 분석의 핵심 도구이므로 가장 효과적인 데이터 시각화를 선택하여 수행하는 데 상당한 주의가 필요하다.

예측 분석은 모형을 사용하여 미래에 무엇이 발생할 가능성이 높은지 예측하는 것이다.

이를 수행하는 단계는 (1) 모형 개발, (2) 데이터 자료, (3) 모형 테스트 및 수정, (4) 여러 모형에 대해 단계 1-3을 반복한 후 최상의 모형을 선택하고 (5) 구현한다. 2.4절은 이러한 단계를 설명하는 데 집중하며, 데이터 자료의 중요성과 데이터를 과적재하지 않는 것의 중요성에 대해 특별히 강조하고 있으며, 예측 모형을 해결하는 *k* 최근접 이웃(KNN) 알고리즘도 소개된다. (이 알고리즘과 다른 알고리즘들은 3장에서 소개된다.)

규범적 분석은 미래에 무엇을 해야 할지에 대한 최상의 옵션을 규정하는 것이다. 예측 대신 의사결정에 초점을 맞추기 때문에 의사결정 모형(문제와 필요한 의사결정을 설명하는 수학적 모형)이 사용된다. 여러 종류의 의사결정 모형과 응용은 이 책의 이후 장에서 제시된다. 2.5절에서는 규범적 분석을 수행하기 위해 (1) 결정 모형 제시, (2) 모형에서 솔루션 도출하는 방법, (3) 모형 타당성검증, (4) 모형 적용 준비, (5) 구현의 다섯 단계를 설명한다.

용어

검증 자료 validation partition 예측 분석 모형의 사용 가능한 역사적 데이터 중 일부로, 학습 자료를 사용하여 모형을 개발한 후 모형을 검증하는 데 사용된다. (2.4절)

결과변수 outcome variable 예측하고자 하는 변수이다(줄여서 결과라고도 함). (2.4절)

결정변수 decision variable 정량화할 수 있는 결정을 나타내는 대수적 변수이다. (2.5절)

과거 기록 historical record 데이터가 이미 수집된 객체이다. (2.4절)

기록 record 데이터가 수집되었거나 수집될 객체이다. (2.3절)

나무지도 treemap 계층적 데이터를 다양한 범주와 하위 범주로 분해하는 도표이다. (2.3절)

데이터 과적합 overfitting the data 무작위성으로 인해 주어진 데이터의 고유한 특성을 고려하지 않고 모형을 주어진 데이터에 너무 가깝게 정렬하여 새로운 데이터 세트를 사용할때 예측 모형의 정확도를 떨어트리는 경우이다. (2.4절)

데이터 마이닝 data mining 결과를 예측하기 위해 대용량 데이터 세트 내에서 이상 징후, 패턴 및 상관관계를 찾는 과정이다. (2.4절)

데이터 사이언티스트 data scientist 고도로 숙련된 데이터 과학 또는 비즈니스 분석 실무자에게 부여되는 일반적인 직함이다. (2.3절)

데이터 사전 data dictionary 기록의 각 변수의 의미를 설명하는 사전이다. (2.3절)

데이터 세트 dataset 데이터의 모음이다. (2.3절)

데이터 숙지 목표 data familiarization objective 모든 관련 데이터에 완전히 숙지하기 위해 데이터를 탐색하는 서술적 분석의 목표이다. (2.3절)

데이터 시각화 data visualization 데이터 시각화의 목표는 가장 효과적인 시각적 그래픽을 신중하게 선택하여 관리자 및 기타 사용자에게 명확하게 정보를 전달하는 것이다. (2.3절)

데이터 웨어하우스 data warehouse 여러 출처의 데이터를 단일 컬렉션으로 통합하는 시스템이다. (2.3절)

데이터 정제 data cleaning 대형 데이터베이스에 저장된 관련 데이터를 자동으로 교정 및 재서식하는 과정이다. (2.3절)

데이터베이스 속의 지식 발견 프로세스 knowledge discovery in databases (KDD) process 관련 데이터를 찾고 유용한 지식을 발견하기 위해 데이터베이스를 통한 체계적인 샘플링 프로세스이다. (2.3절)

리프트 차트 lift chart 특정 애플리케이션에 대한 예측 분석 알고리즘의 효과성을 시각적으로 표시하는 차트이다. (2.4절)

막대 도표 bar chart 범주형 변수의 각 가능한 값이 별도의 막대로 표시되는 그래프이다. (2.3절)

만족 satisficing 당면한 문제에 대해 충분히 좋은 해결책(그러나 반드시 최적은 아님)을 찾는 것이다. (2.5절)

매개변수 parameter 의사결정 모형의 상수 중 하나이다. (2.5절)

메타휴리스틱 metaheuristics 특정 종류의 문제에 적합한 휴리스틱 절차를 설계하기 위한 일반 구조와 전략 지침을 제공하는 솔루션 방법의 일반적인 종류이다. (2.5절)

모형 강화 model enrichment 매우 단순한 버전의 모형에서 시작하여 실제 문제의 복잡성을 보다 정확하게 반영하는 더 정교한 모형로 발전적으로 이동하는 과정이다. (2.5절)

모형 타당성검증 model validation 모형의 타당성을 높이기 위해 모형을 테스트하고 개선해가는 과정이다. (2.5절)

목적함수 objective function 결정 모형에서 성과의 전체적인 척도를 결정변수로 나타내는 수학적 표현이다. (2.5절)

민감도 매개변수 sensitive parameter 최적해를 변경하지 않고(다른 매개변수 값은 변경하지 않음)는 값을 변경할 수 없는 의사결정 모형의 매개변수이다. (2.5절)

박스플롯 boxplot 수치 변수의 분포에 대한 다양한 통계치를 강조하는 그래프이다. (2.3절)

범주형 변수 categorical variable 소수의 가능한 범주를 나타내는 작은 수의 값만 가질 수 있는 변수 유형. (2.3절)

변수 variable 기록의 측정된 특성 또는 결과이다. (2.3절)

분류 모형 classification model 예 또는 아니오 결과(또는 여러 가능한 결과 중 하나)를 예측하려는 모형이다. (2.4절)

빅데이터 big data 최근 수십 년간 우리가 맞이한 빅데이터 시대를 의미하며, 이 시대에는 일반적으로 방대하고 증가하는 트랜잭션 데이터를 분석할 수 있다. (2.3절)

산점도 scatter plot 점을 사용하여 두 개의 서로 다른 수치형 변수에 대한 다양한 동시 값을 나타내는 2차원 그래프이다. (2.3절)

상관계수 correlation coefficient 두 개의 수치 변수가 얼마나 함께 움직이는지를 측정하는 지표이다. (2.3절)

상관관계 표 correlation table 데이터 세트에서 모든 수치 변수 쌍에 대한 상관관계를 보여주는 표이다. (2.3절)

선 도표 line chart 시간에 따라 수치형 변수가 어떻게 변하는지 주로 보여주는 차트이다. (2.3절)

선형 프로그래밍 모형 linear programming model 목적함수와 제약조건에 나타나는 수학 함수가 모두 선형함수인 결정 모형이다. (2.5절)

성능 지표 performance metrics 성능의 수치적 측정치이다. (2.3절)

수치형 변수 numerical variable 수치 값을 갖는 변수이다. (2.3절)

시계열 예측 time series forecasting 시계열의 과거 관측치를 사용하여 다음 값이 어떻게 될지 예측 하는 방법이다. (2.4절)

알고리즘 algorithm 일련의 지정된 단계를 따르는 체계적인 절차로, 해결책이 도출될 때까지 진행된다. (2.4절)

예측 모형 prediction model 숫자 결과를 예측하는 모형이다. (2.4절)

예측변수 predictor variable 원하는 예측을 하는 데 사용되는 과거 기록의 특성 중 하나를 나타내는 변수이다. (2.4절)

예측 분석 모형 model for predictive analytics 관련 데이터를 기반으로 예측을 내리기 위해 알고리즘을 적용하는 체계적 절차이다. (2.4절)

예측자 기록 predictor record 예측이 필요한 새 객체이다. (2.4절)

의사결정 모형 decision model 경영진에 대한 권고 사항으로 향후 수행해야 할 작업을 규정하는것과 같은 의사결정에 사용하는 수학 모형. (2.5절)

의사결정 지원 시스템 decision support system 관리자가 데이터와 모형을 사용하여 의사결정을 지원하는 데 도움이 되는 대화형 컴퓨터 기반 시스템. (2.5절)

장기 이익 최대화 long-run profit maximization 단기 이익뿐만 아니라 미래 이익(금전의 시간 가치를 고려)을 고려하는 결정 모형의 매력적인 목표이다. (2.2절)

전반적인 성과 측정 overall measure of performance 의사 결정권자의 궁극적인 목표가 얼마나 잘 달성되고 있는지를 종합적으로 측정. (2.5절)

제약조건 constraint 의사결정변수에 할당할 수 있는 값에 대한 일부 제한을 나타내는 의사결정 모형의 부등식 또는 방정식이다. (2.5절)

지도 도표 map chart 지리적 정보를 보여주기 위해 데이터를 지도에 표시하는 도표이다. (2.3절)

최적해 optimal solution 특정 문제에 대한 의사결정 모형과 관련하여 가장 좋은 해결책이다. (2.5절)

최적해 사후 분석 post-optimality analysis 의사결정 모형에 대한 최적해를 찾은 후 수행하는 분석이다. What-If 분석이

라고도 한다. (2.5절)

커뮤니케이션 목표 communication objective 원시 데이터를 재구성하여 관리자, 투자자 및 기타 이해관계자가 이해할 수 있고 의미 있게 만드는 서술적 분석의 목표이다. (2.3절)

클래스 class 분류 모형을 사용할 때 각 가능한 결과는 클래스라고 한다. (2.4절)

태블로 Tableau 데이터 시각화를 수행하기 위한 인기 있는 소프트웨어 패키지이다. (2.3절)

테스트 자료 test partition 예측 분석 모형의 사용 가능한 역사적 데이터 중 일부로, 학습 및 검증 자료를 사용한 후 추가로 모형을 검증하는 데 사용할 수 있다. (2.4절)

학습 자료 training partition 예측 분석 모형의 사용 가능한 역사적 데이터 중 일부로, 모형을 개발("학습")하는 데 사용된다. (2.4절)

혼동 행렬 confusion matrix 예측 분석 알고리즘을 사용할 때 예측 결과가 실제 결과와 어떻게 비교되는지 보여주는 행렬이다. (2.4절)

회고적 테스트 retrospective test 과거 데이터를 사용하여 과거를 재구성한 다음 모형과 결과 솔루션이 사용되었다면 얼마나 잘 수행되었을지 결정하는 테스트이다. (2.5절)

휴리스틱 이론 heuristic procedure 직관적으로 설계된 절차로, 해당 문제에 대한 좋은(하지만 반드시 최적은 아닌) 해결책을 찾는 데 사용된다. (2.5절)

히스토그램 histogram 수치형 변수에 대한 데이터 포인트 그룹을 사용자가 지정한 범위로 구성하는 차트이다. (2.3절)

히트맵 heat map 눈에 띄는 값을 강조하기 위해 색상의 강도를 사용하는 색상 코드화된 표이다. (2.3절)

ETL 프로세스 ETL process 다양한 출처에서 관련 데이터를 추출하고 데이터를 표준 형식으로 변환한 후 대상 데이터 저장소에 데이터를 적재하는 데이터 통합 프로세스이다. (2.3절)

k-근접 이웃 알고리즘 k-nearest-neighbors(KNN) algorithm 알고리즘 예측 분석을 수행하는 데 자주 사용되는 직관적 알고리즘이다. (2.4절)

What-If 분석 what-if analysis 하나 이상의 매개변수에 할당된 값이 다른 타당한 값으로 변경된 경우, 결정 모형에서 도출된 해결책에 어떤 일이 발생할지 분석한다. 최적해 사후 분석(또는 민감도 분석)이라고도 한다. (2.5절)

이 장에 대한 학습지원

모든 학습지원 자료는 www.mhhe.com/Hillier7e에서 이용할 수 있다.

엑셀 파일:

First Bank Data
First Bank KNN Model
First Bank Other Models
Pathfinder College Data
Friendly Bank Data

엑셀 추가기능:

Analytic Solver

학습문제

풀이는 www.mhhe.com/Hillier7e에 제공된다.

2.S1. First Bank의 범주 D 대출 신청자

이 장에서 고려한 First Bank 사례연구에서는 무담보 대출 신청자의 예상 채무 불이행률이 대출을 거부해야 할 만큼 높은 경우 범주 D로 분류한다. CEO와 대출 부서의 부사장은 채무 불이행 가능성이 25% 이상으로 추정되는 신청자는 범주 D에 속하여 대출이 거부되어야 한다고 판단했다. www.mhhe.com/Hillier7e에서 제공되는 First Bank 데이터 스프레드시트의 데이터 정리 탭에 있는 데이터 세트를 사용하여 다음 각 질문에 답하라.

a. First Bank는 대출을 승인하기 위해 신용 600점 이상, 총부채, 상환비율(D등급을 피하기 위해) 36% 이하를 요구할 것을 고려하고 있다. 데이터 세트를 필터링하고 집계 함수를 사용하여 다음 각 기준을 충족하는 과거 고객의 평균 연체율이 얼마였는지 확인하라.

(i) 신용 ≥ 600, DTI ≤ 36%.
(ii) 신용 < 600.
(iii) DTI > 36%.

b. 과거 기록을 학습 자료(기록의 60%)와 검증 자료(기록의 나머지 40%)로 분할하라. 데이터를 표준화한 상태에서 신용 및 dti를 예측변수로 사용한다. 신청자의 채무 불이행 가능성(25% 이상의 확률로 정의됨)을 분류하는 데 사용되는 k=10(학습 자료의 과거 데이터 기준)의 KNN 모형에 대한 정확도, 민감도 및 특이도를 측정하라.

c. 신용 및 dti를 예측변수로 사용하고 표준화된 데이터를 사용하여, 전체 데이터 세트(분할되지 않은)에 k= 10으로 이 문제에 KNN 알고리즘을 적용하라. 다음 신청자 각각을 채무 불이행 가능성(25% 이상의 확률로 정의됨)으로 분류하고 각 신청자의 예상 채무 불이행 확률을 표시하라.
(i) 신용 = 582, DTI = 33.2%.
(ii) 신용 = 624, DTI = 36.1%.
(iii) 신용 = 574, DTI = 34.4%.

연습문제

Analytic Solver(또는 유사한 소프트웨어)가 필요한 문제에는 AS가 표시되어 있으며, 번호에 별표(*)가 있는 문제는 책 뒷부분에 정답의 일부가 있다.

2.1 2.4절의 응용사례에 있는 Vungle Inc.에서 수행한 예측 분석 연구에 대해 자세한 참조 문서를 읽고, 이 연구에서 예측 분석의 핵심 기법이 어떻게 적용되었는지 간략하게 설명하라.

2.2 2.5절의 응용사례에 있는 Continental Airline에서 수행한 경영과학 연구에 대해 자세히 설명하는 참고 문헌을 읽어보라. 이 연구에서 의사결정 모형이 어떻게 적용되었는지 간략하게 설명하고, 이 연구를 통해 얻은 다양한 재정적 및 비재정적 이점을 나열하라.

2.3 다음 각 문장의 참/거짓을 구별하고, 거짓인 경우 그 이유를 설명하라.
a. 비즈니스 분석가들로 구성된 연구팀의 목표는 어려운 경영 문제를 해결하는 결정을 내리는 것이다.
b. 영리를 목적으로 하는 조직을 상대할 때 연구팀은 일반적으로 장기적인 이익 극대화를 목표로 삼는다.
c. 비즈니스 분석은 데이터 분석에 특히 중점을 둔다.

2.4 다음 각 문장의 참/거짓을 구별하고, 거짓인 경우 그 이유를 설명하라.
a. 주로 경영과학을 전문으로 하는 비즈니스 분석가를 데이터 과학자라고 부르는 경우가 많다.
b. 데이터 마이닝은 데이터를 찾을 수 있는 위치를 검색하는 방법으로 정의할 수 있다.
c. 데이터 정제는 결함이 있는 데이터를 찾아 수정하거나 제거하는 작업을 말한다.

2.5 다음 각 문장의 참/거짓을 구별하고, 거짓인 경우 그 이유를 설명하라.
a. 서술적 분석의 목표는 연구에 사용되는 분석 도구를 설명하는 것이다.
b. 데이터 시각화의 목표는 시각화할 수 있도록 데이터를 찾는 것이다.
c. 예측 분석의 초점은 연구를 수행 하기위해 어떤 분석 도구를 사용해야 하는지 예측하는 데 있다.

2.6* 다음 각 문장의 참/거짓을 구별하고, 거짓인 경우 그 이유를 설명하라.
a. 인간과학에 대한 고도의 훈련을 받은 비즈니스 분석가는 규범적 분석을 위한 특별한 전문 지식을 갖추고 있다.
b. 비즈니스 문제의 의사결정 모형은 문제의 본질을 설명하는 방정식 및 관련 수학적 표현의 체계이다.
c. 의사결정 모형의 타당성을 판단하는 적절한 기준은 모형이 올바른 결정을 내릴 수 있도록 대체 행동 방침의 상대적인 효과를 충분히 정확하게 예측하는지 여부이다.

2.7 다음 각 문장의 참/거짓을 구별하고, 거짓인 경우 그 이유를 설명하라.
a. 의사결정 모형을 개발 할때는 실제 문제의 복잡성을 반영하는 정교한 모형부터 시작하는 것이 좋다.
b. 경영과학은 다양한 종류의 의사결정 모형에 대한 최적의 솔루션을 빠르게 찾을 수 있는 알고리즘을 제공한다.
c. 의사결정 모형을 사용할 때는 최적해를 찾아 구현하는 것이 특히 중요하다.

2.8 다음 각 문장의 참/거짓을 구별하고, 거짓인 경우 그 이유를 설명하라.

a. What-If 분석은 최적의 솔루션을 얻을 수 없을 때 대안적인 형태의 분석을 제공한다.

b. 의사결정 모형에서 민감한 매개변수를 식별하는 것은 모형의 결과가 왜곡되지 않도록 특별히 주의를 기울여 값을 할당해야 하는 매개변수를 식별하는 것이므로 중요하다.

c. 비즈니스 분석가로 구성된 연구팀의 작업은 경영진이 최종적으로 결과 변경 사항을 구현할 준비가 될 때까지 끝나지 않는다.

2.9 Pathfinder College는 입학 과정을 개선하려는 작은 예술대학이다. 특히, 수많은 신입생이 다양한 이유로 졸업하지 못하고 있다. 그 이유로는 중도 포기, 다른 대학으로 전학, 졸업 기준 충족 실패 등이 있다. 따라서 입학 사무소는 지원자가 졸업에 성공할지 예측하는 더 나은 방법을 갖고 싶어한다.

대학은 지원자를 평가하기 위해 주로 두 가지 예측변수, 즉 고등학교 평균 학점(GPA)과 SAT 점수를 사용한다. 둘 중 하나가 충분히 높다면(학점 평균 3.30 이상 또는 SAT 점수 1,200 이상) 지원자는 즉시 합격한다. 이러한 지원자들은 대학에 입학을 수락하면 보통 잘 해내어 성공적으로 졸업한다. 그러나 입학 사무소는 신입생 반을 채우기 위해 지원자 풀을 더 깊게 파고들어야 한다. 문제는 이러한 다른 지원자 중 어떤 사람이 졸업에 성공할 가능성이 더 큰지 예측하는 방법이다. 입학 사무소는 지원자가 성공적으로 졸업할 가능성이 더 크다고 예측될 경우에만 입학을 고려하려고 한다. (지원자에 대한 정성적 정보도 최종 입학 결정을 내리기 전에 고려되지만, 이 문제의 중점은 GPA와 SAT 점수를 어떻게 사용할지에 대한 것이다.)

입학 사무소는 즉시 합격 기준을 충족하지 못한 이전에 입학 허가를 받고 등록한 800명의 학생을 임의로 선정했다. 모두에게 충분한 졸업 시간이 주어졌다. 이러한 과거 기록의 데이터, 졸업 여부를 포함하여, www.mhhe.com/Hillier7e에 있는 'Pathfinder College Data'라는 스프레드시트 파일에 제공된다. 원본 데이터(Original Data 탭)를 정리해야 한다. 다음 데이터 정리 작업을 수행하라.

a. 누락된 데이터를 찾으라. 학생 번호와 누락된 데이터를 지정하여 누락된 데이터가 있는 학생을 확인하라.

b. 각 열을 정렬하여 이상치를 찾아 잘못 입력된 데이터를 찾아 의심스러운 데이터를 나열하고, 학생 번호와 무엇이 의심스러운지, 가능하다면 그 가능한 진짜 값에 대해 추측하라.

c. 일부 분석에는 텍스트가 아닌 숫자 데이터가 필요하다. 데이터 세트에 "졸업 0/1"이라는 레이블이 있는 또 다른 열을 추가하고, "졸업" 열의 예/아니오 데이터를 새 열의 0과 1로 변환하라. 여기서 1은 예를 나타내고 0은 아니오를 나타낸다.

2.10 문제 2.9를 다시 검토해보자. 이제 Clean Data 탭의 데이터를 사용하여 다음과 같이 요약 통계를 평가하여 데이터를 정량적으로 탐색하라.

a. 데이터 세트의 각 숫자 데이터 열(고등학교 평점, SAT 점수, 대학 평점, 졸업 0/1)에 대해 평균, 중앙값, 표준편차, 최솟값 및 최댓값을 계산하라.

b. 다음 네 가지 변수 간의 상관계수를 보여주는 상관관계 표를 생성하라. 고등학교 평점, SAT 점수, 대학 평점, 졸업 여부(0/1). 이 표는 〈그림 2-10〉과 유사하게 아래쪽 대각선을 채운 4×4 형식이어야 한다.

2.11 문제 2.9를 다시 검토해보자. Clean Data 탭의 데이터를 사용하여 데이터 세트에 정렬 및 필터링을 적용하여 다음과 같이 데이터를 탐색하라.

a. 고등학교 평점별로 데이터를 정렬하라. 고등학교 내신 성적이 가장 높은 학생과 가장 낮은 학생의 졸업에 대한 관찰 결과를 설명하라.

b. SAT 점수별로 데이터를 정렬하라. SAT 점수가 가장 높은 학생과 가장 낮은 학생의 졸업에 대한 관찰 결과를 설명하라.

c. 대학 평점별로 데이터를 정렬하라. SAT 점수가 가장 높은 학생과 가장 낮은 학생의 졸업에 대한 관찰 결과를 설명하라.

2.12* 문제 2.9를 다시 검토해보자. Clean Data 탭의 데이터를 사용하여 다음과 같이 데이터 세트에 정렬 및 필터링을 적용하라.

a. 데이터 세트의 각 숫자 데이터 열(고등학교 평점, SAT 점수, 대학 평점, 졸업 0/1)에 대해 스프레드시트를 설정하여 필터링된 데이터의 평균을 AGGREGATE 함수를 사용하여 계산하라.

b. 패스파인더 대학이 데이터 세트의 모든 학생을 고등학교 평점 2.8점 이상, SAT 점수 1,000점 이상으로 입학시켰다면 이 학생의 평균 졸업률은 얼마인가?

2.13 문제 2.9를 다시 검토해보자. Clean Data 탭의 데이터를 사용하여 다음과 같이 시각적으로 데이터를 탐색하라.

a. 세로축에 대학 성적을, 가로축에 고등학교 성적을 사용하여 분산형 차트를 생성하라. 관찰 내용에 대해 설명하라.

b. 세로축에 대학 평점, 가로축에 수능 점수가 있는 분산형 차트를 생성하라. 관찰 내용에 대해 설명하라.
c. 세로축에 수능 점수를, 가로축에 고등학교 내신 성적을 사용하여 분산형 차트를 생성하라. 관찰 내용에 대해 설명하라.

AS**2.14** 문제 2.9를 다시 검토해보자. 표준화로 재조정된 Clean Data 탭의 모든 데이터(평준화되지 않은)를 사용하여, k=7이고 데이터가 표준화된 이 문제에 KNN 알고리즘을 적용하라. 지원자가 졸업 가능성이 50% 이상인 경우 합격 가능성(및 입학)으로 분류된다고 가정하고, 다음 지원자를 각각 분류하고 지원자의 예상 졸업 확률도 표시하라.
a. 지원자의 GPA는 2.99점이고 SAT 점수는 1,020점이다.
b. 지원자의 GPA는 2.78점이고 SAT 점수는 1,160점이다.
c. 지원자의 GPA는 3.26점이고 SAT 점수는 890점이다.

AS**2.15** 문제 2.9를 다시 검토해보자. Clean Data 탭의 데이터를 사용하여 기록을 학습 자료(기록의 60%)와 검증 자료(기록의 나머지 40%)로 분할하라.
a. 1에서 9까지의 k값을 검색하여 유효성 검증 자료의 지원자를 졸업 가능성(또는 졸업하지 않을 가능성)으로 분류하는 데 사용되는 KNN 알고리즘에서 k에 가장 적합한 값을 찾아라.
b. a에서 결정된 k의 최적값을 사용하여 알고리즘의 정확도, 민감도 및 특이도를 결정하라.
c. a에서 결정된 k의 최적값을 사용하여 알고리즘에 대한 리프트 차트를 생성하라.

2.16* Friendly Bank는 지역사회 사람들에게 대출을 제공하는 데 매우 적극적이다. 그러나 은행은 대출을 받는 사람이 예정대로 대출금을 상환할 가능성이 있는지 확인하기 위해 각 대출을 신중하게 평가해야 한다. 따라서 은행은 이 가능성과 그 확률에 대한 예측을 얻어야 한다. 은행은 주로 대출을 신청하는 사람의 연간 소득과 신용 등급을 이러한 예측을 얻기 위한 예측변수로 사용한다.

은행은 최근 몇 년 동안 대출과 그 결과에 대한 모든 기록을 모았다. 이 정보는 www.mhhe.com/Hillier7e에 있는 Friendly Bank 데이터라는 스프레드시트에 제공된다. 완전히 상환되거나 채무 불이행으로 끝난 대출만 포함되어 총 4,985건의 기록이 있다.

원본 데이터(Original Data 탭)를 정리해야 한다. 다음 데이터 정리 작업을 수행하라.
a. 누락된 데이터를 찾는다. 대출 번호와 누락된 데이터를 지정하여 누락된 데이터가 있는 대출 신청자를 확인한다.
b. 각 열을 정렬하여 이상치를 찾아 잘못 입력된 데이터를 찾는다. 의심스러운 데이터를 나열하고, 대출 번호와 무엇이 의심스러운지, 가능하다면 그 가능한 진짜 값에 대해 추측한다.
c. 일부 분석에는 텍스트가 아닌 숫자 데이터가 필요하다. 데이터 세트에 "채무 불이행 0/1"이라는 레이블이 있는 또 다른 열을 추가하고, "채무 불이행" 열의 예/아니오 데이터를 새 열의 0과 1로 변환한다. 여기서 1은 예를 나타내고 0은 아니오를 나타낸다.

2.17 문제 2.16을 다시 검토해보자. Clean Data 탭의 데이터를 사용하여 다음과 같이 요약 통계를 평가하여 데이터를 정량적으로 탐색하라.
a. 데이터 세트의 각 숫자 데이터 열(연간소득, 신용 점수, 연체료, 기본값 0/1)에 대해 평균, 중앙값, 표준편차, 최솟값 및 최댓값을 계산하라.
b. 다음 네 가지 변수의 간의 상관계수를 보여주는 상관관계 표를 만들어라. 연간 소득, 신용 점수, 연체료, 기본값 0/1. 이 표는 〈그림 2-10〉과 유사하게 아래쪽 대각선이 채워진 4×4 형식이어야 한다.

2.18 문제 2.16을 다시 검토해보자. Clean Data 탭의 데이터를 사용하여 데이터 세트에 정렬 및 필터링을 적용하여 다음과 같이 데이터를 탐색하라.
a. 연간 소득을 기준으로 데이터를 정렬하라. 연소득이 가장 높은 사람과 가장 낮은 사람의 대출 불이행에 대한 관찰 결과에 대해 설명하라.
b. 신용 점수별로 데이터를 정렬하라. 가장 높은 신용 점수와 가장 낮은 신용 점수를 가진 사람들의 대출 채무 불이행에 대한 관찰 결과에 대해 의견을 제시하라.
c. 연체 횟수별로 데이터를 정렬하라. 연체 횟수가 가장 많은 사람과 가장 적은 사람의 대출 채무 불이행에 대한 관찰 내용에 대해 설명하라.

2.19 문제 2.16을 다시 검토해보자. Clean Data 탭의 데이터를 사용하여 다음과 같이 데이터 세트에 정렬 및 필터링을 적용하라.
a. 데이터 세트의 각 숫자 데이터 열(연간소득,신용 점수, 연체료, 기본값 0/1)에 대해 스프레드시트를 설정하여 필터링된 데이터의 평균을 AGGREGATE 함수를 사용하여 계산하라.
b. Friendly Bank가 소득이 3만5천 달러 이상이고 신용 점수가 600점 이상인 모든 신청자를 승인했다면, 이 신청자들의 평균 채무 불이행률은 얼마인가?

2.20 문제 2.16을 다시 검토해보자. Clean Data 탭의 데

이터를 사용하여 다음과 같이 데이터를 시각적으로 살펴보자.

a. 수직 축이 지불 지연이고 수평 축에 연간 소득이 있는 산점도를 생성하라. 관찰 내용에 대해 설명하라.

b. 수직 축이 지불 지연이고 수평 축에 신용 점수가 있는 산점도를 생성하라. 관찰 내용에 대해 설명하라.

2.21 문제 2.16을 다시 검토해보자. 표준화를 통해 재조정된 Clean Data 탭의 모든 데이터(분할되지 않은)를 사용하여 k=10 인 KNN 알고리즘을 이 문제에 적용하여 다음 각 신청자를 채무 불이행 확률이 10% 이상인 경우로 분류하거나 채무 불이행 확률이 10% 이하인 경우로 분류하라. 또한, 각각에 대한 추정 채무 불이행 확률은 얼마인가?

a. 대출 신청자의 연간 소득이 54,000달러이고 신용 등급이 750이다.

b. 대출 신청자의 연간 소득이 112,000달러이고 신용 등급이 630이다.

c. 대출 신청자의 연간 소득이 87,000달러이고 신용 등급이 690이다.

2.22 문제 2.16을 다시 검토해보자. Clean Data 탭의 데이터를 사용하여 기록을 학습 자료(기록의 60%)와 검증 자료(기록의 나머지 40%)로 분할하라.

a. 학습 자료의 기록 데이터를 기반으로 k=10인 KNN 모형의 정확도, 민감도 및 특이도를 결정하라. 이 모형은 신청자를 채무 불이행 가능성이 10% 초과인지 여부에 따라 분류하는 데 사용된다.

b. k=10인 알고리즘에 대한 리프트 차트를 생성하라.

통합사례 2-1: Vegas Villas에서의 휴가

Vegas Villas는 라스베이거스 스트립에서 몇 블록 떨어진 타임쉐어 리조트이다. Vegas Villas에는 싱글룸 스튜디오, 1, 2, 3 베드룸 스위트와 소수의 대통령 스위트 등 다양한 유형의 유닛이 있다. 모든 유닛에는 완비된 주방, 파티오에 바베큐 그릴, 스위트 내 세탁기와 건조기, 대형 평면 TV, 벽난로 등이 포함되어 있다. 리조트 부지에는 수영장, 워터 슬라이드, 여러 개의 온수 욕조, 레이지 리버, 테니스 코트 2개, 퍼팅 그린, 고급 레스토랑, 바 등의 부대시설이 있다.

소유자들은 매년 갱신되는 휴가 크레딧을 구매함으로써 Vegas Villas에 참여할 수 있다. 이 크레딧은 매년 숙박을 예약하는 데 사용할 수 있다. 최소 구매 금액은 3,000개의 휴가 크레딧으로, 매년 스튜디오에서 2박 주말 숙박이 가능하다. 더 큰 유닛과 더 긴 숙박은 추가 휴가 크레딧으로 이용할 수 있다. 휴가 크레딧을 구매하여 초기 비용이 많이 들지만, 이로 인해 소유자가 되고 매년 휴가 크레딧이 갱신되어 매년 무료로 숙박할 수 있다. 유지비만 매년 지불하면 된다.

Silver State Development(SSD)는 Vegas Villas의 개발자이다. 새로운 구매자를 유치하기 위해, SSD는 라스베이거스에서 저렴한 휴가를 제공한다. $69에 Vegas Villas에서 3박을 하고, 고급 레스토랑에서 무료 식사를 하며, 라스베이거스의 몇 가지 쇼 중 하나를 선택할 수 있다. 유일한 조건은 90분간의 프레젠테이션에 참석해야 하며, 판매 대표가 Vegas Villas의 소유권 혜택을 하나씩 설명한다. 이를 통해 휴가 크레딧 구매를 유도하고자 한다

이 저렴한 휴가는 잠재 구매자들이 리조트 직접 경험하고 소유의 혜택을 직접 눈으로 확인할 수 있는 기회를 제공한다. SSD는 이러한 저렴한 휴가를 통해 휴가 크레딧 판매에 중간 정도의 성공을 거두었으며, 25%의 성공률을 기록했다. 그러나 이런 저렴한 휴가를 제공하는 것은 비용이 많이 드는 일이다. 따라서 SSD는 휴가 크레딧을 구매할 가능성이 높은 사람들에게만 이런 저렴한 휴가를 제공하고자 한다.

SSD는 저렴한 휴가를 신청하는 사람들에게 설문 조사를 완료해야 한다. 수집된 데이터에는 가구 소득, 나이, 결혼 여부, 지난 5년 동안 라스베이거스를 방문한 횟수 등이 포함된다. 또한, SSD는 어떤 휴가객이 Vegas Villas에서 크레딧을 구매했는지와 몇 개의 크레딧을 구매했는지를 추적한다. 이 데이터를 사용하여 가능한 구매자를 예측하고, 따라서 누구에게 저렴한 휴가를 제공할지 결정하려고 한다.

데이터 세트에는 842건의 과거 기록이 포함되어 있으며, 이 데이터는 www.mhhe.com/Hillier7e 에서 확인할 수 있는 Vegas Villas Data 스프레드시트 파일에 제공된다. 데이터 세트에 대한 데이터 사전은 다음과 같다.

변수	설명
기록	기록 번호
소득	가구 소득($천/년)
나이	나이(년 단위)(부부의 경우는 나이가 많은 쪽의 나이)
결혼 상태	기혼 또는 미혼
방문	최근 5년간 라스베이거스 방문 횟수
Purchased	Were vacation credits purchased? (Yes or No)
Credits	Number of vacation credits purchased

이 데이터를 사용하여 서술 및 예측 분석 연구의 다음 단계를 수행하라. a, b, c는 스프레드시트의 Original Data 탭에 있는 데이터 세트를 사용하라.

데이터 정제하기

a. 누락된 데이터를 찾으라. 기록 번호와 누락된 데이터를 지정하여 누락된 데이터가 있는 기록을 확인하라.

b. 이상치를 찾기 위해 각 열을 정렬하여 잘못 입력된 데이터를 찾으라. 의심스러운 데이터를 나열하고, 기록 번호와 의심스러운 내용을 지정하고, 가능하다면 그 가능성이 높은 진짜 값을 추측하라.

c. 일부 분석에서는 텍스트 데이터보다 숫자 데이터가 필요하다. 데이터 세트에 "Married 0/1"과 "Purchased 0/1"이라는 두 개의 열을 추가하라. "Marital Status" 열의 데이터를 새로운 "Married 0/1" 열의 0과 1로 변환하며, 결혼한 경우 1, 싱글인 경우 0으로 나타내라. "Purchased" 열의 Yes 및 No 데이터를 새로운 "Purchased 0/1" 열의 0과 1로 변환하며, Yes를 나타내는 경우 1, No를 나타내는 경우 0을 사용하라.

이제 누락된 데이터와 의심스러운 데이터를 조사했다고 가정하고 필요한 경우 모든 데이터를 정리했다. 정리된 데이터는 스프레드시트 파일의 Clean Data 탭에서 확인할 수 있다. 나머지 부분에서는 Clean Data 탭의 데이터 세트를 사용하여 분석을 수행하라.

정량적으로 데이터 탐색하기

d. 데이터 세트의 각 숫자 데이터열(소득,나이,방문횟수, 결혼 0/1, 구매 0/1, 구매한 크레딧)에 대해 평균, 중앙, 표준편차, 최솟값 및 최댓값을 계산하라.

e. 다음 다섯 가지 변수 간의 상관계수를 보여주는 상관관계 표를 만들어라. 소득, 나이, 기혼 0/1, 방문 횟수, 구매 횟수 0/1. 이 테이블은 〈그림 2-10〉과 유사하게 아래쪽 대각선을 채운 5×5 형식이어야 한다.

f. 소득을 기준으로 데이터를 정렬한다. 소득이 가장 높은 사람과 가장 낮은 사람의 휴가 크레딧 구매에 대한 관찰 결과에 댓글을 달 수 있다. 반복하되, 이제 연령을 기준으로 정렬한 다음 방문 횟수를 기준으로 정렬한다.

시각적으로 데이터 탐색하기

g. 크레딧을 세로축으로, 수입을 가로축으로 하는 분산형 차트를 생성하라. 관찰한 내용에 대해 설명하라.

h. 결혼 여부별 구매 확률을 보여주는 막대 도표를 생성하라. 관찰한 내용에 대해 설명하라.

모형 개발하기

i. 휴가 크레딧 구매 여부에 큰 영향을 미치는 예측변수는 KNN 같은 분류 모형에 포함할 수 있는 좋은 후보이다. 데이터 탐색을 기반으로 어떤 예측변수가 좋은 후보인가?

데이터 세트를 분할하여 모형 구체화하기

j. i에서 결정한 예측변수를 사용하여 KNN 알고리즘을 적용하라. 표준화를 사용하여 데이터의 규모를 다시 조정한다. 과거 기록을 학습 자료(기록의 60%)와 검증 자료(기록의 나머지 40%)로 분할한다. 1에서 10까지의 k값을 검색하여 유효성 검증 자료에서 잠재 구매자를 구매할 가능성이 있는(25% 이상의 확률) 구매자로 분류하는 데 사용될 때 정확도를 최대화하는(또는 동등하게, 오분류를 최소화하는) KNN 알고리즘의 k값을 찾아라.

k. j에서 결정된 k의 최적값을 사용하여 KNN 알고리즘의 정확도, 감도 및 특이도를 결정한다.

예측하기

l. i에서 예측변수를 결정하고 j에서 k의 최적값을 결정하여 전체(분할되지 않은) 데이터 세트을 사용하여 KNN 알고리즘을 적용하라. 다음 잠재 구매자를 각각 구매 가능성(25% 이상의 확률) 또는 비구매 가능성(25% 미만의 확률)으로 분류한다. 또한, 각각에 대한 예상 구매 확률을 표시하라.

잠재고객	수입	나이	결혼 여부	방문
1	93	34	기혼	3
2	132	42	기혼	1
3	55	28	미혼	7

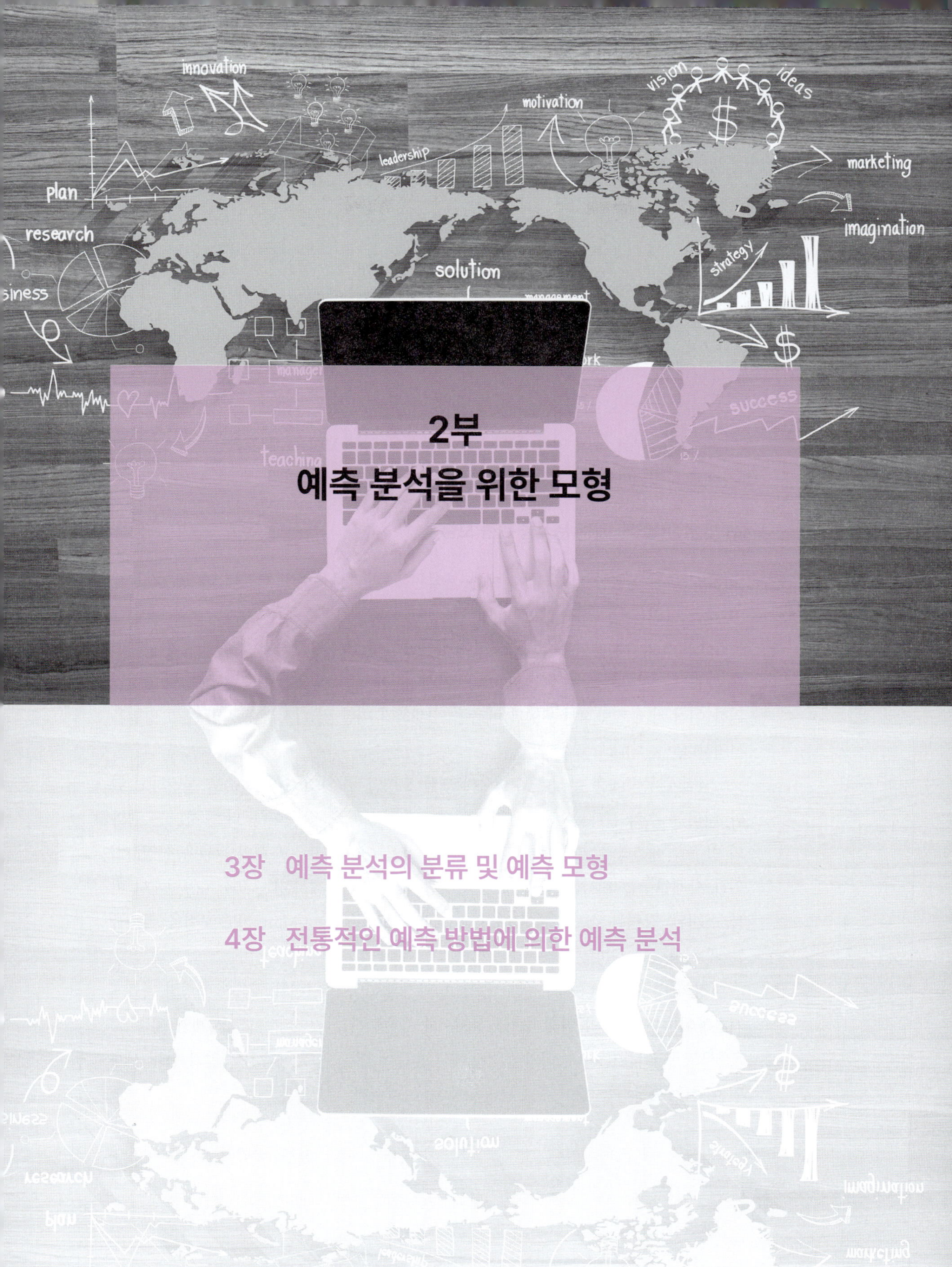

2부
예측 분석을 위한 모형

3장 예측 분석의 분류 및 예측 모형

4장 전통적인 예측 방법에 의한 예측 분석

이 책은 5부로 되어 있다. 2부는 예측 분석을 위한 모형을 제시하는 주제로, 3장과 4장으로 구성된다. 먼저 2부에 대한 소개를 한 후 3장을 설명한다.

2부(3, 4장) 소개: 예측 분석을 위한 모형

1.3절에서 설명한 바와 같이, 예측 분석은 모형을 사용하여 미래에 일어날 가능성이 높은 사건을 예측하는 것을 의미한다. 예를 들어 기업은 종종 잠재고객의 미래 행동을 예측하는 데 관심이 있다. 2.4절에서는 예측 분석을 수행하기 위해 필요한 단계별 프로세스를 설명하고 예를 들고 있다. 이제 2부에서는 실제로 예측 분석을 수행하기 위한 여러 가지 일반적인 모형과 예측을 수행하기 위한 몇 가지 전통적인 예측 방법을 설명한다.

2.4절에서는 예측 분석을 수행하기 위한 모형의 두 가지 주요 범주를 설명하고 있다. 하나는 수치 결과를 예측하기 위한 **예측 모형**prediction models이다. 다른 하나는 결과의 범주를 예측하기 위한 **분류 모형**classification model이다. **3장**은 모형의 적용을 설명하기 위한 사례연구를 제시한 후 두 유형의 일반적인 모형을 제시한다. 또한 (2.4절에서 처음 소개된) 강력한 소프트웨어 패키지(Analytic Solver Data Mining)도 모형을 적용하는 데 사용할 수 있다.

4장의 대부분은 다른 유형의 예측, 즉 과거에 관측된 일련의 이러한 유형의 자료에 기초하여 어떤 유형의 미래 수치를 예측하는 것에 관한 것이다. 이를 **시계열 예측**time series forecasting이라고 한다. 다양한 기업에서 제품에 대한 판매 예측치를 얻기 위해 시계열 예측을 사용하는 것이 주요 응용사례 중 하나이다.

4.5절에서는 종속변수와 독립변수 사이의 관계를 직선으로 근사하는 **선형 회귀**linear regression 분석을 사용한 인과형 예측을 설명한다. 통계학 분야에서는 시계열 예측과 선형 회귀를 개발하고 적용해 온 매우 오랜 역사를 가지고 있기 때문에, 현재 두 가지 모두 예측 분석에 널리 사용되는 통계적 예측 방법이다. 그러나 관리자들은 때때로 4.6절에 설명된 **주관적 판단 예측법**judgmental forecasting method을 사용하는 것을 선호한다.

5장부터 12장까지는 규범적 분석prescriptive analytics을 수행하기 위한 모형을 다룰 것이다. (13~15장에서는 두 가지 유형의 분석을 혼합하여 설명한다.)

예측 분석의 분류 및 예측 모형

3 CHAPTER

학습목표: 3장을 학습한 후에는,

1. 스스로 예측 분석을 수행할 수 있어야 한다.
2. 예측 분석 수행 여부를 파악할 수 있어야 한다.
3. 이러한 연구를 관리하는 방법에 대해 이해해야 한다.
4. KNN 알고리즘을 기반으로 한 분류 및 예측 모형의 개념을 이해해야 한다.
5. 분류 트리 알고리즘 또는 예측 트리 알고리즘을 기반으로 한 모형의 개념을 이해해야 한다.
6. 분류 및 회귀 트리가 어떻게 생성되는지에 대한 개념을 이해하고, 트리를 읽고 해석할 수 있어야 한다.
7. Analytic Solver Data Mining 소프트웨어 패키지를 사용하여 예측 분석을 수행할 수 있어야 한다.
8. 나이브 베이즈 알고리즘 또는 다중 선형 회귀분석 또는 로지스틱 회귀분석을 기반으로 한 모형을 적용할 문제유형을 설명할 수 있어야 한다.
9. 고나련성 분석 및 추천 시스템 기술이 제공할 수 있는 관리 지침의 종류를 설명할 수 있어야 한다.

예측 분석은 모형을 사용하여 미래에 발생할 가능성이 높은 예측을 하는 데 초점을 맞추고 있다. 이때 예측은 두 가지 기본적인 유형으로 나뉜다. 하나는 숫자 값을 예측하는 것이며, 다른 하나는 결과의 범주를 예측하는 것이다(아마도 두 가지 이하의 범주만 있는 경우일 것이다). 2.4절에서 모형의 두 가지 주요 유형 즉 수치 결과를 예측하기 위한 **예측 모형**과 결과의 범주를 예측하기 위한 **분류 모형**을 설명하였다. 이 장에서는 두 가지 유형의 모형을 모두 다루게 된다.

2.4절에서 예측 분석을 수행하기 위한 5단계 과정을 설명하였다. 이 과정은 관련 데이터를 기반으로 알고리즘을 적용하여 예측을 수행하는 모형을 개발하는 것으로 시작한다. 충분한 양의 데이터가 있다면, 다음 단계는 과거 데이터를 적어도 두 개 부분, 즉 모형을 개발하기 위한 **학습 자료**training partition와 나중에 모형을 테스트하는 데 사용할 수 있는 **검증 자료**validation partition로 분할하는 것이다. 이 과정은 모형을 테스트하고 개선하는 것으로 이어진다. 이 전체 과정을 여러 번 반복하여 여러 모형을 비교하고 최선의 모형을 선택한 다음 실제 구현하는 것이 일반적이다.

이 장에서는 2.4절에서 소개한 예측 분석 용어를 계속 사용할 예정이므로, 2장과 해당 용어를 다시 보는 것이 도움이 될 수 있다. 예를 들어 잠재고객이 무엇을 할 것인지에 대한 **결과**outcome 예측이 필요한 경우, 그 잠재고객(그리고 그 특성에 대한 기록)을 **예측 기록**predictor record이라고 부른다. 유사한 모든 이전 고객(그들의 기록 및 결과를 포함하여)을 **과거 기록** historical record이라고 한다. **예측변수**predictor variable는 원하는 예측을 하는 데 사용되는 기록의 특성을 나타낸다.

2.4절에서는 예측 분석의 전반적인 과정을 상세하게 설명하고 있지만, 이 과정을 수행하는 데 다양한 모형에 대해서는 설명하지 않았다. 이 장에서는 이러한 모형 중 몇 가지를 소개한다. 이 모형들을 설명하기 위해 3.1절에 소개된 사례연구를 사용할 것이다.

3.1 EVERGREEN SOLAR 예측 분석 문제

제니퍼는 어린 시절부터 환경 보호에 관심이 많았다. 그녀는 지구 온난화, 증가하는 이산화탄소 배출, 수질 오염 등에 대한 최신 연구를 보고 걱정이 커졌다. 그녀는 지구를 구하는 데 도움이 될 수 있는 모든 것을 한다. 가능한 경우 재활용하고 적극적으로 쓰레기를 줄이려고 노력한다. 가능하면 걸어다니거나 자전거를 타거나 대중교통을 이용하며, 지역산 식품을 섭취하면서 고기와 유제품은 줄이는 등 지속 가능한 식생활을 유지하려고 노력한다.

제니퍼는 자신이 가장 잘한 결정이 집 지붕에 태양광 패널을 설치한 것이라고 생각한다. 전기 요금을 줄일 수 있는 것 외에도, 태양광이 100% 깨끗하고 재생 가능한 에너지원이라는 것이 특히 중요하다고 생각한다. 이것은 석유, 석탄 또는 천연 가스 등을 사용하여 전기를 생산하는 것에 대한 의존도를 줄이고, 그로 인한 유해한 배출물도 줄일 수 있기 때문이다. 하지만 한 사람의 습관으로는 한계가 있다. 제니퍼는 더 큰 변화를 만들고 싶었다. 그래서 그녀는 주거용 지붕에 태양광 패널을 설치하는 Evergreen Solar라는 회사를 설립하였다. "태양광으로 전환"하는 것에 대한 자신의 긍정적인 경험을 바탕으로, 다른 사람들이 같은 일을 하는 것을 돕고 싶었다.

Evergreen Solar는 현재 시작한 지 약 1년이 되었고 몇몇 가정에 태양광 패널을 설치하였다. 비용을 절감하기 위해 규모는 매우 작다. 제니퍼는 모든 판매 업무를 직접 처리하며, 3명의 설치자를 고용하고 있고, 태양 전지판과 기타 재료를 보관하기 위한 창고를 운영하고 있다.

이 비즈니스를 성장시키는 데 있어 두 가지 과제는 새로운 고객을 발굴하고 판매를 완료하는 것이다. 그녀는 이전에 만족했던 고객뿐만 아니라 회사의 웹사이트를 통해 관심을 표명한 사람들로부터 잠재고객을 확보한다. 그런 다음 제니퍼가 개인적으로 하는 판매 상담으로 이어진다.

태양광 패널 설치는 복잡하고, 모든 가정은 환경이 서로 다르다. 태양광 패널의 효율은 지붕선과 방향(예: 북반구에서는 남향이 태양을 마주하기에 가장 좋다), 높은 나무, 근처 건물이나 산에 의해 발생할 수 있는 그늘, 그리고 지역 날씨 패턴에 의해 영향을 받는다. 비용은 에너지 수요를 충족하기 위해 필요한 태양광 패널의 수, 전기 승압 여부, 백업 배터리 전원 필요 여부, 지붕 개선 혹은 수리 필요 여부에 따라 결정된다. 태양광의 재정적 이익은 고객의 세무 상황(정부 및 지방의 세금 공제가 가능함)과 지역 전기 공급자가 그리드에 에너지를 효과적으로 저장할 수 있는 태양광 인센티브인 넷 미터링을 제공하는지 여부에 따라 달라질 수 있다. 특히, 필요 이상의 전기를 생산할 때(햇볕이 잘 드는 날), 초과 에너지는 크레딧과 교환하여 그리드로 전송된다. 그리고 밤이나 비가 와서 태양광 전지판의 생산이 저조할 때, 이 크레딧을 사용하여 그리드에서 에너지를 공급받는다.

집마다 세부 사항이 다르고 많기 때문에 제니퍼는 맞춤식 영업 방식이 가장 좋다고 생각한다. 설치 상담을 받을 만한 잠재고객을 유인하기 위해 제니퍼는 고급 레스토랑에서 세 가지 코스의 고급 식사를 제공한다. 식사를 하는 동안 잠재고객을 개인적으로 알아가려고 노력한다. 또한, 태양광 발전의 많은 이점을 설명하여 잠재고객이 태양광 발전으로 바꿀 마음을 갖게 하기 위해 노력한다. 그 후 집을 방문하여 지붕과 전기시스템을 확인하고 주변의 나무나 구조물, 햇빛 차단에 미치는 잠재적 영향 등을 조사하는 '그늘 분석'이 이루어진다. 마지막으로, 다양한 옵션, 설치 비용, 전기 요금의 연간 예상 절감액, 세금 영향 등을 자세히 설명한 견적서를 작성한다. 그런 다음, 운이 좋게도 잠재고객이 실제 고객이 되어 설치를 예약한다.

제니퍼는 이 일을 매우 즐기고 있다. 새로운 사람 만나는 것을 좋아하고 새로운 고객이 설치를 진행할 때마다 환경에 미치는 긍정적인 영향에 기뻐한다. 그러나 잠재고객을 유치하는 데 비용이 많이 든다. 식사 접대 비용, 지붕 검사, 전기 검사, 그늘 분석 및 견적서 작성에 드는 비용 때문에 영업에 수백 달러의 비용이 든다. 판매에 성공하면 이러한 비용이 회수되고 수익이 생기기 때문에 괜찮지만, 고객이 태양광 패널을 설치하지 않는 경우에는 상당한 손실로 이어질 수 있다.

고객이 패널 설치를 거부하는 가장 일반적인 이유는 너무 비싸다는 것이다. 전기 요금의 장기적인 절감은 보통 6~12년 내에 패널 비용을 완전히 상환하지만, 초기 비용은 많은 사람에게 위협적이고 (Evergreen Solar의 자금 지원에도 불구하고) 감당하기 어려울 수 있다. 또 다른 요인은 특정 주택의 지붕에 비치는 일조량에 의해 초기 비용이 영향을 받는다는 것인데, 이는 지붕의 방향, 그늘, 날씨 등에 따라 달라진다.

사업이 막 시작되었을 때, 제니퍼는 모든 잠재고객을 관리하고 판매 홍보를 하였다. 무료 식사는 매우 매력적인 제안이 되어, 대부분의 사람이 그녀의 제안을 받아들여 집 검사와 견적서를 받았다. 그러나 판매 상담과 견적 이후 약 절반 정도만 설치까지 진행되었다.

사업이 성장하면서 모든 신규 잠재고객을 제니퍼 혼자 관리하는 게 점점 더 어려워지고 있다. 특히 판매가 성사되지 않을 경우에는 더욱 그렇다. 시간적 요인뿐만 아니라 높은 영업 홍보 비용, 검사 비용, 견적 작성 비용 때문에, 제니퍼는 이제 확신할 수 있을 때만 신규 잠재고객을 관리하기로 결정하였다.

따라서 제니퍼는 각 신규 잠재고객에 대해 태양광 패널 설치 가능성 여부에 대한 예측을

응용사례

Ingram Micro는 세계 최대의 기술 제품 유통업체이다. 캘리포니아주 어바인에 본사를 두고 있으며, 약 1,400개의 공급업체(세계 최대 기술 기업 포함)로부터 제품을 구입한 후 최종 소비자(소매점)인 전 세계 200,000개 이상의 고객(솔루션 공급업체 및 재판매업자)에게 판매함으로써 박리다매 방식으로 운영되고 있다. 매년 1,000만 달러의 사업 실적을 달성하고 1억 개 이상의 주문을 처리하는 포춘 100대 글로벌 기업이다. (2016년 12월, 신흥 시장에서 더 많은 사업 기회를 창출하기 위해 중국 HNA 그룹의 자회사가 되었다.)

다양한 제품 조합으로 인해, Ingram Micro는 정보 기술 유통 및 제조업체 중에서 가장 많은 양의 거래 데이터를 보유하고 있다. 회사는 이러한 방대한 양의 데이터를 처리하고 활용하기 위해 Global Business Intelligence and Analytics(GBIA) 센터로서 명성이 있는 최첨단 정보 기술 및 분석 부서를 보유하고 있다. 2015년까지, 40명 이상의 경영과학자, 데이터 과학자, 그리고 기타 엔지니어들을 보유할 만큼 성장했다.

GBIA는 회사 운영의 기반을 제공하는 고급 데이터 인프라를 개발하였다. 이러한 인프라에는 중앙 집중식 데이터 저장소, 관련 데이터 추출 프로세스 및 데이터 마이닝과 같은 분석 작업을 수행하기 위한 알고리즘이 등이 있다.

이러한 데이터 인프라를 전 세계로 확장할 목적으로 처음에는 예측 분석의 정교한 적용을 통하여 북미 전역에서 마케팅 활동을 하였다. 이러한 마케팅 활동을 위해서는 방대한 제품에 대해 향후 수요를 비교적 정확하게 예측하는 것이 중요하다. 예측은 두 가지 소스를 기반으로 한다. 하나는 다양한 지역에 존재하는 회사 고객의 많은 수의 구매 신호이다. 좀 더 어려운 소스는 제품의 최종 구매 고객으로부터 오는 구매 의도 신호이다. 이러한 신호는 최종 구매 고객의 온라인 활동을 통해 수집된다. 이 회사는 매일 평균 700만 개의 기록을 수집하며, 이는 최종 구매 고객에게 예상되는 행동과 의도에 대한 가치 있는 정보를 제공한다. 또한 이러한 예측은 데이터 기반 마케팅 홍보의 기초를 제공한다.

빅데이터와 분석과 관련된 사용은 Ingram Micro의 최종 결산 수익에 극적인 영향을 미쳤다. 아래에 인용된 기사가 발표될 당시, 북미에서 이 접근법을 시행하여 연간 약 3억 5천만 달러의 제품 수익 증대와 1천만 달러의 총이익 증가가 발생하였다. 이러한 성공은 세계의 다른 지역에서도 동일한 접근법을 실행하는 것으로 이어졌다.

이러한 예측 분석의 극적인 적용으로 Ingram Micro는 2015년 Franz Edelman Award for Achievement in Advanced Analytics, Operations Research, and Management Science로 불리는 부문에서 전 세계 최종 여섯 후보 중 하나라는 명성을 얻게 되었다.

출처: R. Mookherjee and co-authors, "End-to-End Predictive Analytics and Optimization in Ingram Micro's Two-Tier Distribution Business," *Interfaces* (현 *INFORMS Journal on Applied Analytics*), 46, no. 1, (January–February 2016), 49–73. (이 사례에 대한 링크는 www.mhhe.com/hillier7e에서 볼 수 있다.)

알고자 한다. 제니퍼는 이전 잠재고객에 대한 데이터를 수집하고 분석한 후(2.3절에 설명된 절차에 따라), 잠재고객이 패널을 설치할 확률에 큰 영향을 미치는 요인은 가구 소득과 집 지붕이 햇빛을 얼마나 받는지 여부라고 결론을 내렸다. 따라서 제니퍼는 2.4절에 설명된 절차에 따라 연간 가구 소득과 최대일조시간(아래 정의)을 예측변수로 선택하고 가구가 설치를 진행했는지 여부를 출력변수로 선택한다. 〈표 3-1〉은 이전에 판매 홍보, 주택 검사 및 견적을 받은 16개 가구에 대한 데이터를 보여준다.

최대일조시간peak sun hour은 햇빛 강도가 제곱미터당 평균 1킬로와트의 에너지에 도달하는 1시간으로 정의된다. 이것은 일사량의 강도와 세기를 고려하기 때문에, 햇빛이 비추는 시간과는 같지 않다. 겨울철과 적도에서 멀리 떨어진 곳은 햇빛이 대기권의

〈표 3-1〉 Evergreen Solar 사례연구에서 이전에 16개 가구에 대한 가구 소득, 최대일조시간, 패널 설치 데이터

가구 번호	가구 소득	최대일조시간	설치 여부
1	114	4.5	Yes
2	98	6.4	Yes
3	130	2.9	No
4	198	1.6	No
5	124	3.4	No
6	175	4.6	Yes
7	80	4.2	No
8	224	2.3	Yes
9	58	5.3	No
10	188	4.0	No
11	38	4.1	No
12	215	3.6	Yes
13	154	5.2	Yes
14	45	2.7	No
15	212	5.4	Yes
16	108	2.8	Yes

더 많은 층을 통해 걸러지기 때문에 최대일조시간이 적을 수 있다. 햇빛이 비추는 시간, 패널의 방향(태양을 직접 바라보는 것이 가장 좋다), 구름, 그늘 등도 모두 최대일조시간에 영향을 미칠 것이다. PSH^Peak Sun Hours^ 측정값은 연 평균 일일 최대일조시간이다.

〈그림 3-1〉은 〈표 3-1〉의 데이터 산점도를 보여준다. 각 가구에 대해 고객이 패널을 설치하지 않은 경우 X로 표시되고, 패널을 설치한 경우에는 O로 표시된다. X나 O 옆의 첨자는 〈표 3-1〉의 가구 번호를 나타낸다. 각 표시의 위치는 가구 소득(수평축)과 최대일조시간(수직축)을 기준으로 한다.

이 산점도를 바탕으로 하고, 이전의 다른 데이터 탐색 및 자신의 경험을 토대로 제니퍼는 이제 가구 소득과 집에 얼마나 햇빛이 잘 드는지가 결국 태양광 패널 설치 여부를 판단하는 두 가지 주요 지표라고 확신한다. 그녀는 〈표 3-1〉의 데이터와 각 신규 잠재고객에 대한 해당 데이터를 사용하여 그 잠재고객이 패널을 설치할 가능성이 있는지 여부를 예측하려고 한다. 먼저, 예측 결과가 해당 잠재고객이 패널을 설치할 가능성이 있는지 여부(분류라고도 함)를 알려주도록 하고자 한다. (이후에는 패널 설치 여부를 고려하여 수익과 손실을 모두 고려한 예상 순이익을 예측하고자 한다.)

제니퍼는 이제 막 새로운 잠재고객을 확보했다. 이 새로운 잠재고객(예측 기록)은 연간 가구 소득이 115,000달러이며 제니퍼는 지붕이 3.0시간의 최대일조시간을 받을 것으로 추정했다. 이 장의 나머지 부분에서는 이러한 상황의 결과를 예측하는 절차를 제시한 후 이를 잠재고객에 적용한다.

〈그림 3-1〉 Evergreen Solar 사례연구에 대하여 가구 소득 및 최대일조시간을 기준으로 이전의 가구(과거 기록)와 각 가구의 패널 설치 여부(결과)를 보여주는 산점도

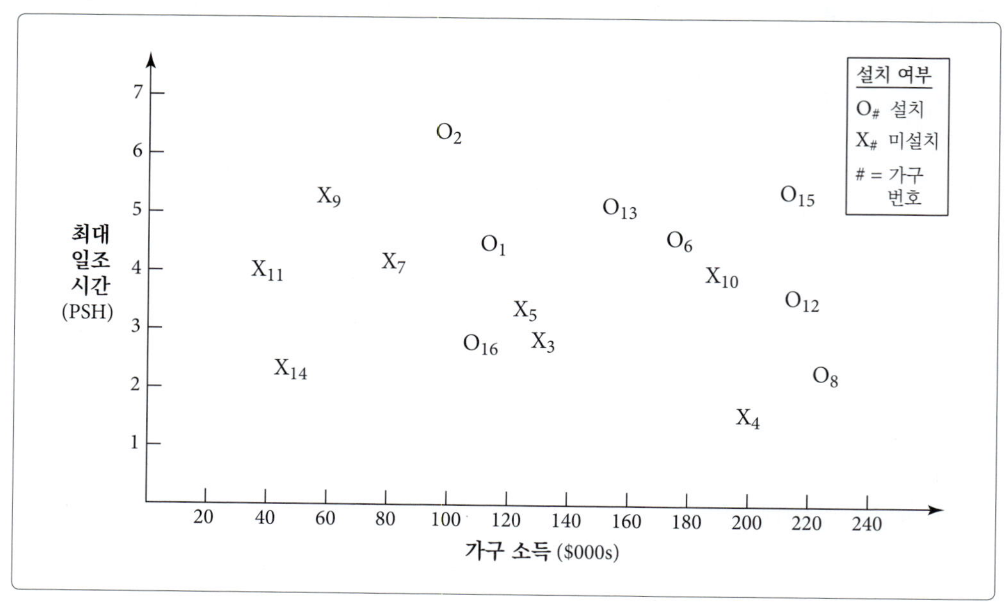

> **복습문제**
>
> 1. Evergreen Solar가 태양광 패널 설치 가능성이 높은 신규 잠재고객에만 관심을 가지는 것이 왜 중요한가?
> 2. 최대일조시간은 어떻게 정의되는가?
> 3. 가정에 태양광 설비가 설치될 것인지 여부를 보여주는 두 가지 주요 지표는 무엇인가?

3.2 k-근접 이웃 알고리즘(KNN) 기반 모델

2.4절에서는 **k-근접 이웃 알고리즘**k-nearest-neighbors (KNN) algorithm을 기반으로 한 모형을 간략하게 소개하였다. 이 모형은 비교적 간단하고 직관적인 모형이기 때문에 특히 인기 있는 유형의 모형이다. 작은 정수 값 *k*를 선택한 후, 기본 아이디어는 예측변수와 가장 유사한 *k*개의 과거 기록("가장 가까운 이웃")을 식별한 다음 이들 과거 기록의 결과를 사용하여 예측 기록의 결과를 예측하는 것이다.

예측변수가 두 개뿐인 경우 2차원 산점도에 이를 표시하여 KNN 알고리즘이 어떻게 수행되는지를 쉽게 이해할 수 있다.

이를 설명하기 위해 3.1절의 Evergreen Solar 사례연구를 고려해보자. 여기서 사용되는 두 가지 예측변수는 연간 가구 소득과 주택 지붕의 최대일조시간이다. 이 데이터 쌍을 〈그림 3-1〉에 표시된 산점도의 점으로 표시할 수 있다.

3.1절의 끝에 설명한 바와 같이, 제니퍼(Evergreen Solar의 소유주)는 새로운 잠재고객을

〈그림 3-2〉 Evergreen Solar 사례연구에 대하여 가구 소득 및 최대일조시간을 기준으로 새로운 잠재고객(예측 기록)와 이전의 가구(과거 기록)와 각 가구의 패널 설치 여부(결과)를 보여주는 산점도

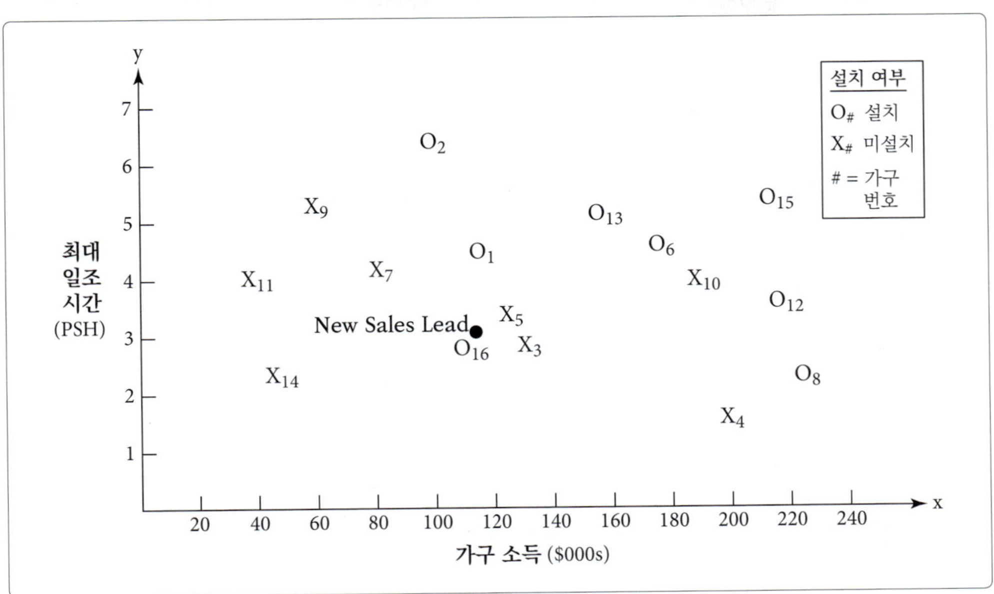

확보했다. 따라서 이 잠재고객이 패널을 설치할 가능성이 있는지 없는지에 대한 예측을 수행하고자 한다.

이 새로운 잠재고객(예측 기록)은 연간 가구 소득이 11만 5천 달러이며, 제니퍼는 그들의 집 최대일조시간을 3.0시간이라고 추정하고 있다. 이 데이터 점(New Sales Lead)을 〈그림 3-1〉에 추가하면 〈그림 3-2〉가 생성되고 알고리즘 적용을 시작할 수 있다. 〈그림 3-2〉에서 볼 수 있듯이 3개의 과거 기록(가구 16, 3, 5의 과거 기록)이 예측 기록에 가깝고 나머지 과거 기록은 상당히 멀리 떨어져 있다. 예측 기록에 대한 이 3개의 가장 가까운 이웃은 예측 기록(새로운 잠재고객)에 대한 예측을 제공할 주요 후보가 된다.

이 사례연구의 알고리즘 적용을 이해하기 쉬운 이유는, 과거 기록과 예측 기록의 특성을 설명하기 위해 두 개의 예측변수만 필요하여, 〈그림 3-2〉의 산점도를 사용하여 문제를 시각화할 수 있기 때문이다. 다른 많은 응용에서는 세 개 이상의 예측변수가 필요하다. 세 개의 예측변수가 있는 경우에도 데이터 점 사이의 거리를 시각화할 수 있지만 세 개 이상의 예측변수를 사용하면 이 개념이 매우 추상적인 것이 된다. 다행히도 예측변수의 수에 관계없이 데이터 점 사이의 거리를 계산하는 공식이 있으며 이 절의 마지막 부분에서 간략하게 설명하지만, 주로 두 가지 예측변수에 대해서 사례연구를 통해 절차를 설명하는 데 초점을 맞출 것이다.

KNN 알고리즘 요약

다음은 괄호 안에 있는 사례연구에 해당하는 용어를 식별할 때의 알고리즘을 요약한 것

이다.

새로운 **예측 기록**(새로운 잠재고객)이 주어지면 다음 숫자의 값을 결정한다.

k = 예측변수의 결과를 예측할 때 포함할 과거 기록의 수

예측 기록과 가장 유사한 **예측변수**(연간 가구 소득 및 최대일조시간)를 가지는 k개의 **과거 기록**(가구 및 데이터)을 찾아 이러한 k개의 과거 기록이 산점도에서 예측 기록에 가장 가까운 k개의 이웃이 되도록 한다. 그런 다음 이 k개의 과거 기록의 **결과**(패널 설치 여부)를 사용하여 예측 기록의 예상 결과를 예측한다.

여기서 다음과 같은 두 가지 중요한 질문이 제기된다.

1. 가장 가까운 이웃을 결정하는 데 필요한 계산은 무엇인가?
2. k값으로 어떤 값을 선택해야 하는가?

다음 절에서는 이 두 가지 질문에 대해 설명한다.

사례연구에 대한 가장 가까운 이웃 찾기

위에서 설명한 것처럼 예측 기록이 원래 데이터와 동일한 산점도에 표시된 후 〈그림 3-2〉를 생성하면 예측 기록에 가장 가까운 이웃은 산점도에서 예측 기록에 가장 가까운 데이터 점이다. 거리는 일반적으로 두 점 사이의 유클리드 거리(직선 거리)로 측정된다.

이 거리를 계산하기 위하여 가구 소득을 x축으로, 최대일조시간을 y축으로 지정한다. 관심 있는 과거 기록을 좌표 (x_1, y_1), 예측 기록을 좌표 (x_2, y_2)로 가정하자. 그러면 직각삼각형의 빗변의 길이에 대한 피타고라스 정리에 따라, 이 과거 기록과 예측 기록 사이의 거리는 다음과 같다.

$$(x_1, y_1)\text{과 } (x_2, y_2) \text{ 사이의 거리} = \sqrt{(x_2 - x_1)^2 + (y_2 - y_1)^2}$$

예를 들어 예측 기록 $(x_2, y_2) = (115, 3.0)$이고 16번째 가구의 경우 $(x_1, y_1) = (108, 2.8)$이므로

$$\text{가구 16과 예측 기록 사이의 거리} = \sqrt{(108 - 115)^2 + (2.8 - 3.0)^2} = 7.00$$

가구 16은 〈그림 3-2〉에서 예측 기록에 가장 가까운 가구이다. 〈그림 3-2〉에서 예측 기록에서 가장 멀리 있는 것으로 보이는 가구 1 $(x_1, y_1) = (114, 4.5)$를 확인해보자. 이 경우에는 가구 16보다 훨씬 가깝게 위치하게 된다.

$$\text{가구 1과 예측 기록 사이의 거리} = \sqrt{(114 - 115)^2 + (2.8 - 4.5)^2} = 1.80$$

어떻게 된 것인가? 무엇이 문제인지 다음 절에서 이에 대해 살펴보겠다.

예측변수가 세 개 이상일 때는 하나의 조정이 필요하다. 더 많은 수(예: p)가 필요한 경우 데이터 점은 2차원이 아니라 p차원을 갖게 된다. 이제 과거 기록과 예측 기록 사이의 거리를 계산하는 공식은 다음과 같다.

$$(x_1, x_2, \cdots, x_p)\text{와 } (y_1, y_2, \cdots, y_p) \text{ 사이의 거리} = \sqrt{\Sigma_{i=1}^{p}(x_i - y_i)^2}$$

데이터 척도 조정의 중요성

위의 가구 16과 가구 1에 대한 놀라운 거리 결과의 문제는 두 예측변수가 비교적 비슷한 중요도를 갖는 것으로 가정되었지만 두 예측변수의 척도scaling가 매우 다르기 때문에 연간 가구 소득이 최대일조시간보다 훨씬 더 중요하게 만들었다.

예측변수의 측정 단위가 다르거나 척도가 다를 때마다 이러한 변수의 척도를 조정해야 한다. 예를 들어 〈표 3-1〉에서 가구 소득 값은 38에서 224(천 달러 단위)까지 변동되는 반면 최대일조시간은 1.6에서 6.4까지 변동된다. 재조정하지 않으면 가구 소득의 변동성(일반적으로 수십 또는 수백 단위)이 거리 측정을 지배하게 되어 최대일조시간의 변동성(모두 한 자릿수)은 거의 고려되지 않을 수 있다.

데이터 크기를 조정하는 한 가지 일반적인 방법은 데이터를 0에서 1 사이의 범위에 놓이도록 하는 **데이터 정규화**normalize the data이다. 이는 각 데이터 열에 대한 최솟값과 최댓값(예: 〈표 3-1〉의 가구 소득과 최대일조시간에 대한 최솟값과 최댓값)을 확인하여 쉽게 할 수 있다. 그리고 다음과 같이 각 데이터 값의 크기를 조정한다.

$$\text{정규화된 값} = \frac{\text{원래 값} - \text{최솟값}}{\text{최댓값} - \text{최솟값}}$$

이 방법을 사용하면 모든 값이 0에서 1 사이의 동일한 척도로 변환된다.

데이터 크기를 조정하는 또 다른 방법은 표준 정규 분포를 기반으로 하는 **데이터 표준화**standardize the data이다. 이 재조정 방법은 각 데이터 열에 대한 표본 평균과 표본 표준편차(예: 〈표 3-1〉의 가구 소득 및 최대일조시간에 대한 표본 평균과 표본 표준편차)를 계산하기 위해 표준 통계 공식을 사용하는 컴퓨터로 계산한다. 그 다음 각 데이터 점은 다음과 같이 몇 개의 표준편차 위 또는 아래에 있는지(통계학에서 z값으로 알려진)에 따라 다음과 같이 변환된다.

$$\text{표준화된 값} = \frac{\text{원래 값} - \text{평균}}{\text{표준편차}}$$

이렇게 하면 모든 데이터 값이 동일한 척도로 되고, 대부분의 값이 일반적으로 −2에서 +2 사이의 범위에 있게 된다. (이후 〈그림 3-9〉는 Analytic Solver로 데이터 표준화를 수행하는 방법을 설명한다.)

〈그림 3-3〉 사례연구에 대하여 가구 소득 및 최대일조시간(예측변수)에 대한 표준화된 값을 기반으로 한 새로운 잠재고객(예측 기록), 이전의 가구(과거 기록) 및 패널 설치 여부(결과)

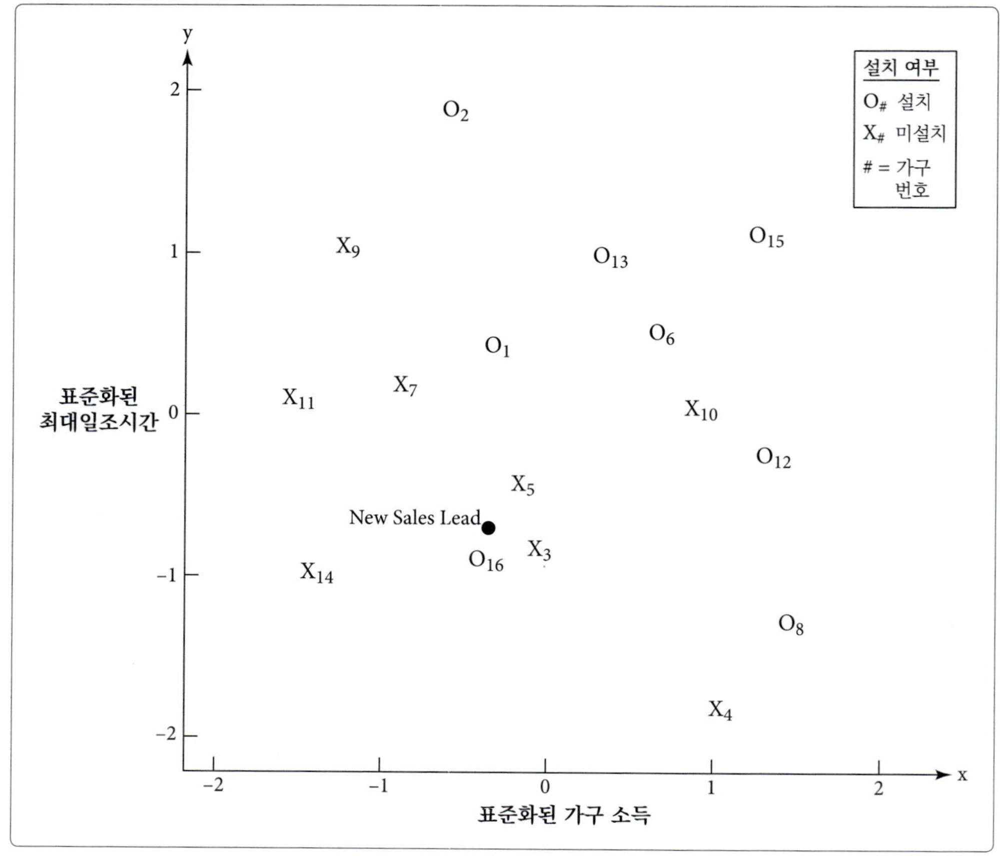

〈그림 3-3〉은 〈표 3-1〉의 데이터를 표준화하여 나타낸 것이다. 〈그림 3-3〉과 〈그림 3-2〉를 비교하면 산점도에서 데이터의 상대적인 위치는 변하지 않고 축의 척도만 재조정되었다. 이제 두 예측변수의 값은 비슷한 범위(대략 −2에서 +2) 내에서 변동하므로 둘 다 거리 측정에서 우위를 차지하지 않는다.

k 선택 (예측에 포함할 과거 기록 수)

KNN 알고리즘에서 사용할 *k*의 값은 어떻게 선택하는가? 먼저 사례연구에 대해 *k*값에 대한 두 개의 표본을 선택할 경우 어떤 효과가 있는지 알아보자.

만약 *k*=1이면, 알고리즘은 가장 가까운 단일 이웃의 결과를 기반으로 새로운 잠재고객(예측 기록)을 분류하게 된다. 〈그림 3-3〉에서 보는 바와 같이, 가구 16이 가장 가까운 이웃이다(가구 3 또는 가구 5보다 새로운 잠재고객에 약간 더 가깝다). 가구 16이 패널을 설치했으므로 새로운 잠재고객도 패널을 설치할 가능이 높다고 분류될 것이다.

만약 k=3이면, 알고리즘은 새 잠재고객에 가장 가까운 세 이웃을 찾는다. 〈그림 3-3〉은 가장 가까운 세 이웃이 가구 16, 3, 5임을 보여준다. 이 중 한 가구(가구 16)는 패널을 설치했지만 두 가구(가구 3, 가구 5)는 설치하지 않았다. 가장 가까운 이웃의 대다수가 패널을 설치하지 않았기 때문에, 새로운 잠재고객에 대한 예측은 패널 설치 가능성이 낮다는 것이다.

알고리즘이 k=1인지 k=3인지에 따라 새로운 잠재고객에 대해 다른 예측 결과로 이어진다는 불행한 사실을 어떻게 받아들여야 할까? 이에 대해 더 자세히 알아보자.

k값은 k=1에서 k=n까지 선택할 수 있다. 여기서 n은 데이터 집합의 전체 기록 수이다. k값의 선택에는 트레이드오프trade off가 있다. k=1일 때 알고리즘은 다른 비슷한 과거 기록에서 제공하는 정보를 무시하고 가장 가까운 단일 데이터 점만을 기반으로 예측 기록에 대해 예측한다. 무작위성 때문에 통계학자들은 표본 크기가 1인 것에 의존해서는 안 된다고 말한다. 이 가장 가까운 이웃이 "이웃"에 있는 다른 데이터의 대표적인 것이 아닌 경우 문제가 될 수 있다. 이것은 확실히 이 사례연에서 문제가 될 수 있다. 가구 16(신규 잠재고객과 가장 가까운 이웃)은 실제로 패널을 설치했지만, 산점도에서 가구 16 근처의 다른 이웃은 대부분 설치하지 않았다. 이는 가구 16이 다소 특이할 수 있음을 시사한다. 간단히 말해서, k=1을 사용할 때의 주요 위험은 결과 예측이 그 데이터 점이 일반적일 수도 있고 그렇지 않을 수도 있는 단일 데이터 점에만 기초하여 이루어진다는 것이다. 이것은 데이터를 **과적합**overfitting하는 경우가 될 수 있다. (1.4절과 2.4절에서 데이터 과적합의 위험성에 대해 논의하였다.)

더 많은 이웃(더 큰 k의 값)을 고려하는 것은 결과 예측이 더 많은 데이터(여러 개의 가장 가까운 이웃)를 기반으로 하기 때문에 문제를 해결하는 데 도움이 될 수 있다. 한편 k를 너무 큰 값으로 선택하면 데이터의 지역 구조를 고려하는 능력이 감소하여 예측 기록과 멀리 떨어져 있는 데이터를 포함하게 되므로 예측에 무관한 데이터를 사용하게 된다. 극단적으로 k=n을 선택하면 모든 데이터가 포함되므로 전체 데이터 집합의 다수에 대한 결과를 기반으로 예측 기록의 결과를 예측하게 된다. 이 방법은 많은 양의 데이터를 통합하여 무작위성의 영향을 줄이지만, 결국 관련이 없고 오해의 소지가 있는 정보를 많이 사용하게 될 수 있다.

k에 대해 더 큰 값을 선택했을 때의 평활 효과를 설명하기 위해 〈그림 3-4〉(k=1일 때 결과를 나타냄)와 〈그림 3-5〉(k=3일 때 결과를 나타냄)를 비교해보자. 각 그림에서 새 잠재고객이 보라색 부분에 있는 경우 알고리즘은 새 잠재고객(예측 기록)이 패널을 설치할 것으로 예측한다. 〈그림 3-4〉(k=1)의 경우, 가장 가까운 이웃이 패널을 설치한 산점도의 영역이다. 〈그림 3-5〉(k=3)의 경우, 가장 가까운 이웃 세 곳 중 대부분이 패널을 설치한 영역이다.

〈그림 3-4〉(k=1)에서 가구 16과 가구 10이 결과에 미치는 영향에 주목하자. 가구 16은 패널을 설치했지만, 다른 가구들은 패널을 설치하지 않은 영역에 위치하고 있다. 가구가 의사결정을 내리는 과정에 내제된 무작위성 때문에 일반적이지 않을 가능성이 크다. 비슷한 소득과 일조량을 갖는 대부분의 가구는 패널을 설치하지 않았지만, 이 가구는 어떤 이유에서인지 설

〈그림 3-4〉 보라색 영역은 사례연구에서 *k*=1일 때 새로운 잠재고객(예측 기록)이 패널을 설치할 가능성이 높은 KNN 알고리즘의 예측 위치를 나타냄

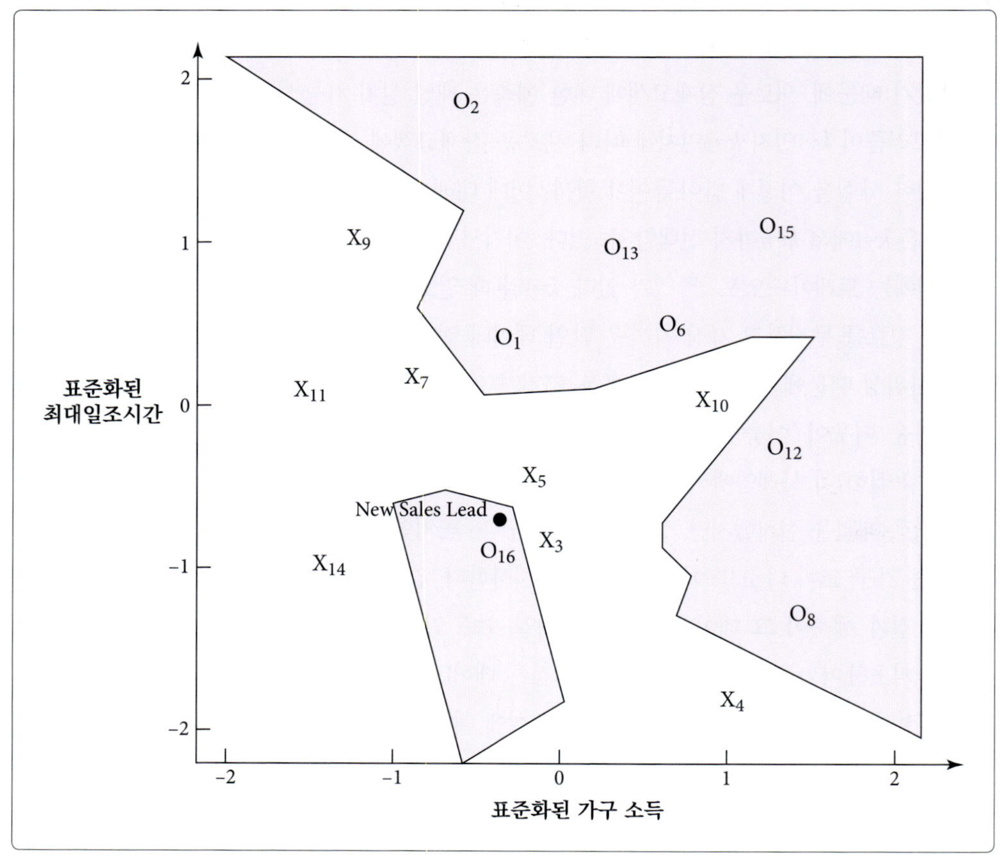

치했다.

아마도 가구 소득과 최대일조시간 외에 가구 16이 패널을 설치하게 된 다른 외부 요인이 있었을 것이다(예를 들면 지속 가능한 발전을 지지하는 환경주의자이거나 전기 사용량이 많을 수도 있다). 가구 16은 단독으로 상당한 수준의 보라색 영역을 만들었으며 알고리즘이 이 지역에 있는 다른 새로운 잠재고객도 패널을 설치할 것이라고 예측한다. 그러나 만약 가구 16이 비전형적인 경우, 이는 알고리즘이 이 지역의 신규 잠재고객에 대해 부정확한 예측 결과를 초래할 수 있다.

반면에, 대부분의 다른 세대가 패널을 설치한 산점도 지역에 있지만 패널을 설치하지 않았다. 이는 〈그림 3-4〉의 상당 부분(가구 10 주변)이 보라색 처리되지 않도록 만든다. 가구 10 또한 이례적인 경우, 이 알고리즘은 이 지역에 있는 신규 잠재고객이 패널을 설치하지 않을 것이라고 부정확한 예측을 할 수 있다.

〈그림 3-5〉는 *k*를 1에서 3으로 증가시키는 것이 어떻게 일을 원활하게 하는 데 도움이 되는지 보여준다. 하나의 특이점이 보라색 영역에 큰 영향을 미치지는 않는다. 한 개가 아닌 세

〈그림 3-5〉 보라색 영역은 사례연구에서 k=3일 때 새로운 잠재고객(예측 기록)이 패널을 설치할 가능성이 높은 KNN 알고리즘의 예측 위치를 나타냄

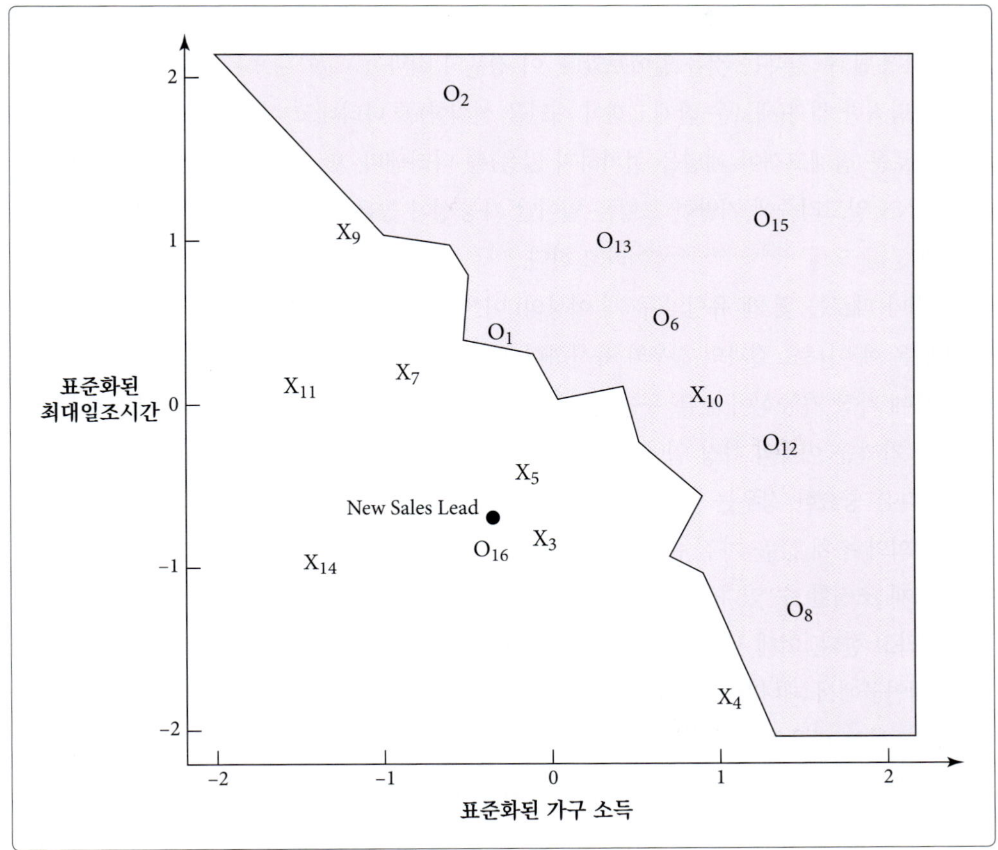

개의 가장 가까운 이웃(단 한 개의 가까운 이웃 대신에)을 고려함으로써, 새로운 잠재고객에 대한 예측을 할 때 하나의 이례적인 값은 근처의 다른(아마도 더 전형적인) 데이터에 의해 버려질 수 있다.

일반적으로 결과를 왜곡 없이 하려면 $k > 1$을 선택하는 것이 유리하다. 하나의 데이터 점 대신 여러 이웃을 고려함으로써 단일 이상치로 인한 잡음에 과적합 되는 것을 피할 수 있다. 또한, 예/아니요 결과에서는 k값으로 홀수 값이 더 적절하며 그렇게 하면 예측할 때 동률이 되는 상황이 발생하지 않을 것이다. 그러나 k가 너무 커서 고려된 데이터가 새 잠재고객의 데이터와 더 이상 비슷하지 않게 되지 않도록 해야 한다. 제니퍼의 문제에서는 데이터 양이 적기(16개의 과거 기록) 때문에 더 멀리 있는 이웃들이 새로운 잠재고객과 충분히 유사하지 않을 것을 우려하여 3보다 높게 설정하는 것을 주저하였다. 그러나 수백 또는 수천 개의 과거 기록이 있는 대규모 데이터 집합에서는 상당히 큰 k값을 사용하는 것이 흔한 일이다. 예를 들어 수천 개의 과거 기록이 있을 2장의 First Bank 사례연구에서는 k값이 50까지 사용되었다.

KNN 알고리즘을 이용한 수치 결과 예측

KNN 알고리즘이 가까운 이웃의 결과를 기반으로 새로운 잠재고객에 대한 예측을 수행하는 데 사용될 수 있다는 것을 알아보았다. 이 경우의 결과는 **예/아니요 결과**yes-or-no outcome로, 예는 바람직한 결과(새로운 잠재고객이 패널을 설치함)를 나타내고 아니요는 바람직하지 않은 결과(새로운 잠재고객이 패널을 설치하지 않음)를 나타낸다. 단 두 가지 유형의 결과만 있는 경우, KNN 알고리즘에 기반한 모형은 일어날 가능성이 높은 유형을 식별하는 것이 목표이기 때문에 **분류 모델**classification model이라고 한다.

그러나 때로는 몇 개 유형의(두 개 이상의) 이산적인 분류 결과가 있을 수 있다. 이 경우 접근 방법은 예/아니요 결과의 경우와 유사하다. KNN 알고리즘을 기반으로 한 모형은 여전히 예측 기록에 가장 가능성이 높은 유형을 식별하는 것이기 때문에 분류 모형이다. 이 분류는 *k*개의 가장 가까운 이웃의 가장 일반적인 결과를 기반으로 한다.

또 다른 중요한 경우는 **수치적 결과**numerical outcome를 갖는 것이므로 결과는 특정 범위에 있는 임의의 수치 값을 가질 수 있다. 다행히도 KNN 알고리즘은 수치 결과의 값을 예측하기 위해 쉽게 조정할 수 있다. 이 경우, KNN 알고리즘을 기반으로 한 모형을 **예측 모형**prediction model이라고 한다. 이제 사례연구를 통해 이러한 종류의 모형을 설명한다.

사례연구에서 제니퍼가 이전의 각 고객에 대해 견적 비용(판매 광고, 검사 및 견적 준비 비용 포함), 설치 비용 및 수입이 포함된 추가 자료를 수집하였다고 가정하자. 마지막으로, 〈표 3-2〉와 같이 순이익이 계산된다. 패널을 설치한 고객의 경우, 순이익은 고객으로부터 받은 수익에서 설치 비용과 견적 비용을 뺀 것이다. 설치하지 않은 고객의 경우, 순이익은 견적 비용만을 계산한 것이다(따라서 음수가 된다).

이제 제니퍼는 KNN 알고리즘을 사용하여 가구의 소득이 115,000달러이고 최대일조시간이 3.0인 동일한 신규 잠재고객에 대하여 벌어들일 순이익을 예측하려고 한다. 유일한 변화는

〈표 3-2〉 Evergreen Solar의 이전 16개 고객에 대한 비용, 수익 및 수입 자료

가구 번호	견적 비용 (천 달러)	설치 비용 (천 달러)	수익 (천 달러)	순이익 (천 달러)
1	0.62	15.46	21.90	5.82
2	0.73	10.64	19.84	8.47
3	0.65	0	0	−0.65
4	0.54	0	0	−0.54
5	0.42	0	0	−0.42
6	0.75	17.53	27.89	9.61
7	0.45	0	0	−0.45
8	0.78	20.92	31.53	9.83
9	0.54	0	0	−0.54
10	0.67	0	0	−0.67
11	0.53	0	0	−0.53
12	0.84	33.49	51.02	16.69
13	1.02	19.27	28.70	8.41
14	0.63	0	0	−0.63
15	0.95	24.33	39.00	13.72
16	0.82	18.07	27.57	8.68

예측 단계에서 발생한다. 따라서 알고리즘은 〈표 3-1〉의 데이터와 〈그림 3-3〉의 표준화된 산점도를 사용할 때 이전과 같이 거리를 기준으로 한 가장 가까운 이웃을 결정하는 것으로 시작한다. *k*=3을 사용할 때 새 잠재고객(예측 기록)에 가장 가까운 세 이웃은 다시 가구 16, 3, 5이다.

그러나 현재 예측은 *k*개의 가장 가까운 이웃 사이의 다수결 결과를 기반으로 하는 것이 아니라 이러한 가장 가까운 이웃들의 수치 결과의 평균을 기반으로 한다. 따라서 신규 잠재고객에서 얻은 순이익에 대한 예측은 가구 16, 3, 5의 평균 순이익이 될 것이다. 즉

$$\text{예측} = \frac{8.68 - 0.65 - 0.42}{3} = \$2.54(\text{천})$$

(가끔 가중치 평균을 사용하는데, 가장 가까운 이웃에 가장 높은 가중치를 부여하고 다른 이웃과의 거리가 증가함에 따라 점진적으로 더 작은 가중치를 할당한다.)

KNN 알고리즘에 대한 계산은 비교적 간단하지만, 일반적으로 크기가 큰 문제에는 컴퓨터가 사용된다. 다음에서는 Analytic Solver를 사용하여 이것을 수행하는 방법을 보여준다.

Analytic Solver를 사용하여 사례연구에 KNN 알고리즘 적용

Analytic Solver를 적용하기 위해 제니퍼는 스프레드시트(〈표 3-1〉과 〈표 3-2〉의 데이터 결합)에 모든 관련 자료를 수집하였다. 이 데이터 집합은 데이터 사전과 함께 〈그림 3-6〉에 나와 있다.

얼마 후, 앞에서 분석한 신규 잠재고객 외에도 제니퍼는 현재 4개의 신규 잠재고객을 보유하고 있다. 따라서 모두 5개의 예측 기록이 있다. 〈그림 3-7〉은 이러한 다섯 가지 예측 기록(New Lead 1~5로 표시됨)에 대한 주요 자료를 보여준다. Analytic Solver Data Mining은 이러한 5개의 예측 기록 모두에 KNN을 적용하여 각 기록의 결과를 예측하는 데 사용된다.

우리는 사례연구에 대해 앞에서 논의한 두 가지 유형의 결과를 고려하는 데 Analytic Solver를 사용한다. 한 가지 유형은 예/아니요 결과로, 여기서 문제는 새로운 잠재고객의 패널 설치 여부를 예측하는 것이다. 두 번째 유형은 수치 결과로, 새로운 잠재고객으로 얻게 될 순이익을 예측하는 것이다. 첫 번째 유형부터 시작해보자.

분류에 KNN을 적용하려면(새로운 잠재고객이 패널 설치를 선택할 가능성이 있는지 여부를 확인하기 위해) Data Mining탭의 분류^Classify^ 메뉴에서 k-근접 이웃^k-Nearest Neighbors^을 선택한다. 그러면 〈그림 3-8〉에 표시된 대화상자가 나타난다. Analytic Solver는 스프레드시트에서 데이터의 위치를 추측하려고 하며 여기서는 셀 A1:H17과 같이 올바르게 지정한다. (초기 추측이 올바르지 않은 경우 필요에 따라 수정할 수 있다.) 이 확인란^checkbox^은 해당 열의 데이터 레이블을 나타내는 첫 번째 행 이름표 사용^First Row Contains Header^을 나타내기 위해 선택된다.

〈그림 3-6〉 Evergreen Solar의 이전 16개 고객에 대한 데이터 집합과 데이터 사전

	A	B	C	D	E	F	G	H
1	**Household**	**Income**	**PSH**	**Install?**	**Bid**	**Installation**	**Revenue**	**Profit**
2	1	114	4.5	Yes	0.62	15.46	21.90	5.82
3	2	98	6.4	Yes	0.73	10.64	19.84	8.47
4	3	130	2.9	No	0.65	0	0	−0.65
5	4	198	1.6	No	0.54	0	0	−0.54
6	5	124	3.4	No	0.42	0	0	−0.42
7	6	175	4.6	Yes	0.75	17.53	27.89	9.61
8	7	80	4.2	No	0.45	0	0	−0.45
9	8	224	2.3	Yes	0.78	20.92	31.53	9.83
10	9	58	5.3	No	0.54	0	0	−0.54
11	10	188	4.0	No	0.67	0	0	−0.67
12	11	38	4.1	No	0.53	0	0	−0.53
13	12	215	3.6	Yes	0.84	33.49	51.02	16.69
14	13	154	5.2	Yes	1.02	19.27	28.70	8.41
15	14	45	2.7	No	0.63	0	0	−0.63
16	15	212	5.4	Yes	0.95	24.33	39.00	13.72
17	16	108	2.8	Yes	0.82	18.07	27.57	8.68

Variable	Description
Household	Household number
Income	Household income ($thousands/year)
PSH	Peak sun hours
Install?	Did the customer install solar? (Yes/No)
Bid	Bid cost ($thousands)
Installation	Installation cost ($thousands)
Revenue	Revenue from installation ($thousands)
Profit	Net profit ($thousands)

〈그림 3-7〉 Evergreen Solar의 새로운 잠재고객에 대한 자료의 스프레드시트

	A	B	C
19	**Household**	**Income**	**PSH**
20	New Lead 1	115	3.0
21	New Lead 2	186	5.1
22	New Lead 3	220	3.8
23	New Lead 4	77	5.9
24	New Lead 5	164	3.6

다음으로 기록을 특정 짓는 주요 변수를 선택할 필요가 있다. 입력 데이터의 변수Variables in Input Data 상자에는 데이터 집합의 모든 데이터 열을 나열한다. 예측변수로 소득Income 및 PSH를 선택하기 위하여 해당 변수를 클릭한 다음 오른쪽 화살표를 클릭하여 선택된 변수Selected Variables 상자로 이동한다(그림 3-8 참조).

제니퍼는 패널 설치 여부로 예측 기록을 분류하려는 것으로 출력변수는 설치?Install?이다. 따라서 입력 데이터의 변수Variables in Input Data 상자에서 이 변수를 선택하여 출력변수Output Variables 상자로 이동한다(그림 3-8 참조).

〈그림 3-8〉의 대화상자 하단에서 출력변수는 두 개의 유형(예 및 아니요)을 갖는 것으로 식별된다. 이 중에서 "Success"로 간주되는 항목은 메뉴의 오른쪽 아래 부분에서 선택할 수 있다. (Yes는 패널을 설치하기로 선택한 기록을 의미하기 때문에 성공으로 간주된다.) 마지막으로 새로운 잠재고객이 성공할 것으로 예측하는 데 필요한 컷오프 확률cutoff probability은 0.5(기본

값)로 지정된다. 이는 만약 가장 가까운 이웃의 절반(0.5명) 이상이 패널을 설치했다면 새로운 잠재고객은 패널을 설치할 가능성이 높은 것으로 분류된다는 것을 의미한다.

다른 시나리오, 즉 성공하지 못한 결과가 특히 바람직하지 않은 경우(예: 은행 고객이 대출을 체납하는 경우), 관심이 이러한 결과의 발생 확률을 추정하는 것으로 이동할 수 있다. 이 경우 성공에 대한 컷오프 확률(기본값 없음)은 매우 높게 설정될 수 있다. 예를 들어 채무 불이행을 하지 않을 확률이 95% 이상인 고객만 "채무 불이행 가능성이 낮은" 고객으로 분류될 수 있다. (2장의 First Bank 사례연구는 프라임 대출에 이 컷오프 확률을 사용했다.)

〈그림 3-8〉 Analytic Solver Data Mining에서 분류를 수행할 때 KNN 알고리즘의 초기 대화상자. 이는 자료가 〈그림 3-6〉에 표시된 스프레드시트의 셀 A1:H17에 있음을 나타냄. 또한, 사례연구의 예측변수는 소득 및 PSH이고 출력변수는 Install?이라고 지정함

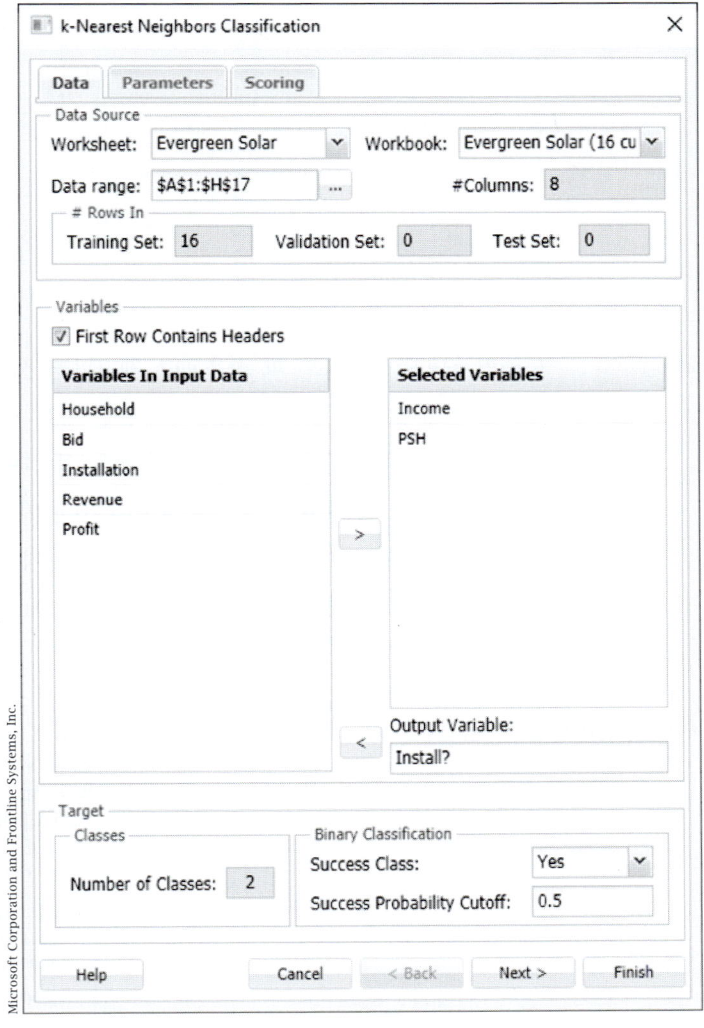

〈그림 3-8〉 대화상자 하단의 다음Next(또는 상단의 매개변수 탭)을 클릭하면, 〈그림 3-9〉와 같은 k-근접 이웃k-Nearest Neighbors 대화상자의 매개변수Parameter 탭으로 이동한다. 여기서 *k*(알고리즘이 예측을 위해 사용하는 가장 가까운 이웃의 수)의 값은 3으로 한다. 또한, 두 예측변수에 대한 데이터가 크게 다른 척도를 사용하고 있기 때문에 데이터 척도 조정Rescale Data 버튼을 누른다. 그러면 〈그림 3-9〉의 오른쪽에 표시된 대화상자가 나타난다. 여기서 재조정 방법으로 표준화Standardization를 선택한다(표준 정규 분포에 기반한 *z*값 사용).

매개변수Parameters 탭에는 데이터 집합을 분할하는 데 사용할 수 있는 분할Partition 버튼도 있다. 2.4절에서 예측 분석을 수행하기 위한 5단계 과정을 설명하였다. 여기서 단계 2는 데이터를 분할하는 것이다. 이것은 과거 기록을 (적어도) 두 부분, 즉 모형을 개발하기 위한 학습 자료와 모형을 테스트하기 위한 검증 자료로 나누는 것이 포함된다. 이러한 분할은 예측 분석의 많은 응용에서 중요한 부분이다.

〈그림 3-9〉 Analytic Solver Data Mining에서 분류를 수행할 때 KNN 알고리즘의 Parameters 탭. 이웃 수(*k*)는 3으로 지정. 데이터는 표준화를 하여 스케일이 조정됨.

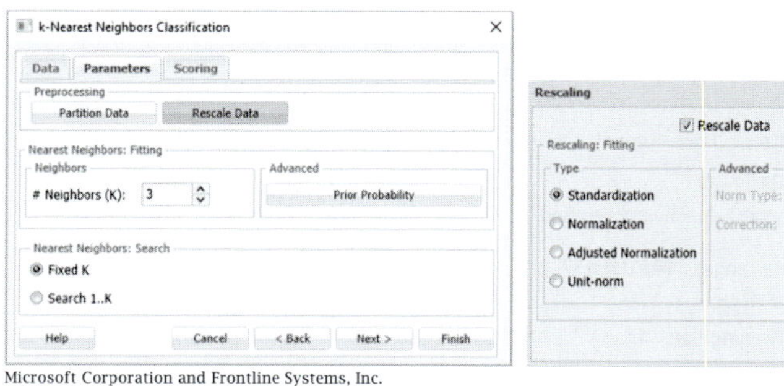

Microsoft Corporation and Frontline Systems, Inc.

그러나 이러한 분할은 사례연구의 경우 이 시점에서 수행되지는 않는다. 그 이유는 상당히 많은 수의 과거 기록(예를 들어 적어도 100개)이 필요하기 때문이다. 사례연구는 16개의 과거 기록만 가지고 있기 때문에 모형을 즉시 적용하기 위해 모두 필요하다. 이 분할 과정은 3.5절에서 몇 년이 지난 후의 사례연구를 다시 검토할 때 적용된다. 제니퍼는 3.2~3.4절에서 다루는 다양한 모형을 테스트하기 위해 분할을 사용할 수 있도록 충분한 과거 기록을 확보하게 된다.

〈그림 3-9〉에 표시된 대화상자의 하단에 있는 다음Next 버튼을 클릭하면 〈그림 3-10〉에 표시된 대화상자의 스코어링Scoring 탭으로 이동한다. 여기서 체크 상자에 체크하면 점수를 매길 새 데이터가 워크시트에 포함된다. 그러면 대화상자에 네 번째 탭인 New Data(WS)가 추가된다.

〈그림 3-10〉의 스코어링Scoring 탭(혹은 New Data (WS) 탭)에서 다음Next을 클릭하면 〈그림

〈그림 3-10〉 Analytic Solver Data Mining에서 분류를 수행할 때 KNN 알고리즘의 Scoring 탭

k-Nearest Neighbors Classification
Data | Parameters | Scoring | New Data (WS)
Score Training Data: Detailed Report, Summary Report, Lift Charts
Score Validation Data: Detailed Report, Summary Report, Lift Charts
Score Test Data: Detailed Report, Summary Report, Lift Charts
Score New Data: In Worksheet, In Database
Help | Cancel | < Back | Next > | Finish

Microsoft Corporation and Frontline Systems, Inc.

〈그림 3-11〉 Evergreen Solar 사례연구의 Analytic Solver Data Mining에서 분류를 수행할 때 KNN 알고리즘의 New Data 탭. 데이터 범위는 A19:C23으로 지정되며 새 데이터의 변수는 Match By Name을 사용하여 입력 데이터와 일치시킴.

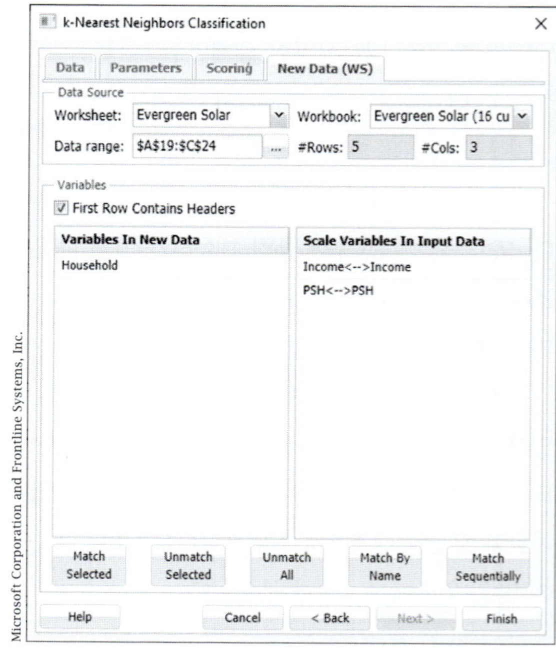

Microsoft Corporation and Frontline Systems, Inc.

3-11〉에 표시된 대화상자의 네 번째 및 마지막 탭으로 이동한다. 여기서는 새 데이터의 소스가 선택되고(〈그림 3-7에 표시된 스프레드시트의 셀 A19:C24) 그리고 첫 번째 행 이름표 사용First Row Contains Header(데이터의 레이블)하는 것으로 선택한다. 마지막으로, 새로운 데이터의 데이터 열(〈그림 3-7〉의 셀 A19C24)은 입력 데이터의 데이터 열(〈그림 3-6〉의 셀 A1:H17)과 일치해야 한다. 입력 데이터와 새 데이터에 대해 이름표Header에 동일한 레이블을 사용하도록 주의하고 Match by Name 버튼을 클릭하면 두 데이터 집합의 소득과 PSH가 정확하게 일치한다. 그 결과는 〈그림 3-11〉과 같다.

이 새 데이터 탭New Data에서 마침Finish을 클릭하면 5개의 예측 기록(새 잠재고객) 각각에 대해 k-근접 이웃 알고리즘(*k*=3)이 실행된다. Analytic Solver는 워크북에 여러 개의 새 탭을 만들어 결과를 표시한다. Analytic Solver의 설정에 관한 모든 것은 〈그림 3-12〉의 왼쪽에 요약되어 있다. 그림 오른쪽에 다섯 개의 예측 기록을 분류하는 표가 있다.

예측 기록 2, 3, 4는 패널을 설치할 가능성이 높다고 예측하고, 예측 기록 1과 5는 패널을 설치할 가능성이 낮다고 예측한다. 3개의 근접 이웃의 비율로 결정되는 각 유형에 속할 사후 확률도 표시된다. 예측 기록 2와 5는 만장일치(근접 이웃 3개 모두 같은 부류에 속함)였고, 예측 기록 1, 3, 4의 경우 근접 이웃 3개 중 2:1 다수 기준으로 예측하였다.

마찬가지로 k-근접 이웃 알고리즘을 사용하여 수치 값에 대한 예측을 할 수 있다. 제니퍼는 새로운 잠재고객(예측 기록)으로부터 얻게 될 순이익을 예측하는 데 이 알고리즘을 사용하려고 한다. 이를 위하여 데이터 마이닝Data Mining 탭의 예측Predict 메뉴에서 k-근접 이웃k-Nearest Neighbors을 선택한다. 〈그림 3-8〉과 매우 유사한 대화상자가 나타난다. 출력변수가 Install? 대신 Profit?가 되는 것을 제외하고 동일한 데이터가 입력된다. 〈그림 3-9〉~〈그림 3-11〉에서 보는 것처럼 대화상자의 다음 탭은 이 이전과 동일한 방식으로 작성된다.

그런 다음 마침Finish을 클릭하면 5개의 예측 기록(새 잠재고객) 각각에 대해 k-근접 이웃k-Nearest Neighbors 알고리즘(*k*=3)이 실행된다. Analytic Solver의 설정에 관한 모든 것은 〈그림 3-13〉

〈그림 3-12〉 Analytic Solver 설정(왼쪽)과 Evergreen Solar 사례에 대한 다섯 가지 예측 기록(새 잠재고객)에 대한 KNN 알고리즘의 결과(오른쪽). 결과는 Evergreen Solar의 새 잠재고객 2, 3, 4는 패널을 설치했을 가능성이 높지만, 1과 5는 설치할 가능성이 낮은 것으로 나타남.

Analytic Solver Settings
k-Nearest Neighbor Classification **Data Range:** A1:H17 **Predictor Variables:** *Income, PSH* **Output Variable:** *Install?* **Success Class:** Yes **Success Probability Cutoff:** 0.5 **Partition Data:** No **Re-Scale Data:** Standardization **# Neighbors (*K*):** 3 (fixed) **Score:** New Data in Worksheet **Scoring Data Range:** A19:C24

Record ID	Prediction: Install?	PostProb: No	PostProb: Yes
Record 1	No	0.666666667	0.333333333
Record 2	Yes	0	1
Record 3	Yes	0.333333333	0.666666667
Record 4	Yes	0.333333333	0.666666667
Record 5	No	1	0

〈그림 3-13〉 Evergreen Solar 사례연구에서 다섯 개의 예측 기록(새 잠재고객) 각각에 대한 예상 순이익을 예측할 때 KNN 알고리즘의 Analytic Solver 설정(왼쪽)과 결과(오른쪽).

Analytic Solver Settings
k-Nearest Neighbor Prediction
Data Range: A1:H17
Predictor Variables: *Income, PSH*
Output Variable: *Profit*
Partition Data: No
Re-Scale Data: Standardization
 # Neighbors (*K*): 3 (fixed)
Score: New Data in Worksheet
Scoring Data Range: A19:C24

Record ID	Prediction
Record 1	4.33523769
Record 2	10.6069046
Record 3	14.8694214
Record 4	4.44967465
Record 5	-0.59482624

의 왼쪽에 요약되어 있다. 오른쪽에는 다섯 가지 예측 기록 각각에 대해 얻게 될 순이익을 예측하는 표가 나와 있다.

KNN 알고리즘은 예측 분석을 수행하는 인기 있는 모형 중 하나이다. KNN 알고리즘을 사용하여 이러한 결과를 얻은 제니퍼는 자신의 응용에서 가장 적합한 하나를 선택하기 위하여 다른 모형들에도 이 과정을 계속 적용해볼 계획이다.

KNN 알고리즘의 장단점

KNN 알고리즘의 주요 장점은 단순하다는 것이다. *k*값을 선택하는 것 외에는 모형을 만들거나 임의 매개변수를 결정하는 어떤 작업도 필요하지 않다. 따라서 k-근접 이웃이 확인되면 알고리즘을 사용하여 예측 기록에 대한 결과를 즉시 예측할 수 있다. 절차 또한, 매우 직관적이기 때문에 쉽게 이해할 수 있다.

그러나 알고리즘의 단점은 각각의 예측을 하는 데 필요한 몇 가지 작업이 있다는 것이다. *k*개의 가장 가까운 이웃을 결정하려면 데이터 집합의 각 과거 기록에서 예측 기록까지의 거리를 계산해야 한다(이 결정을 시각적으로 수행하기 위해 산점도를 사용할 수 없는 경우). 이것은 데이터 집합에 수천 개의 과거 기록이 있는 경우 특히 번거로울 수 있다. 다행히도 위의 Analytic Solver에서 설명한 것처럼 이 작업을 컴퓨터를 사용하여 아주 빠르게 수행할 수 있다.

알고리즘의 더 중요한 단점은 새로운 예측 기록마다 처음부터 다시 적용해야 한다는 것이다. 이것은 고려해야 할 예측 기록이 많을 때 심각한 단점이다. 다행히도, 다음 절에 제시된 알고리즘은 예측 기록이 많이 있을 사례에 잘 적용할 수 있다.

복습문제

1. KNN 알고리즘에서 가장 가까운 이웃은 어떻게 결정되는가?
2. 언제 데이터 크기 조정이 중요하게 되는가?
3. 데이터를 정규화한다는 것은 무엇을 의미하는가?
4. 데이터를 표준화한다는 것은 무엇을 의미하는가?
5. KNN 알고리즘에서 k에 대한 다른 값을 선택하는 데 있어서 절충점tradeoff은 무엇인가?
6. 예/아니요 결과는 어떤 것인가? 사례연구에서 예는 어떤 것이 있는가?
7. 수치적 결과란 어떤 것인가? 사례연구에서 예는 어떤 것이 있는가?
8. KNN 알고리즘에 기반한 모형을 해결하기 위해 Analytic Solver를 어떻게 사용할 수 있는가?

복습문제

9. KNN 알고리즘을 사용함에 있어서 장점은 어떤 것이 있는가?
10. KNN 알고리즘을 사용함에 있어서 단점은 어떤 것이 있는가?

3.3 분류 트리 및 회귀 트리 알고리즘 기반 모델

Evergreen Solar 사례연구로 돌아와서 제니퍼는 연 소득이 11만 5천 달러인 가구와 최대 일조시간이 3인 새로운 잠재고객이 패널을 설치할지 여부를 결정해야 한다. 이 결정을 내리는 데 이용할 수 있는 과거 정보는 〈표 3-1〉에 표시된 16개의 과거 기록으로 구성된다. 각 과거 기록은 이전의 잠재고객에 대한 예측변수(연간 가구 소득과 최대일조시간)를 제공한다. 이 표는 또한, 이러한 잠재고객 중 8명이 패널을 설치했고 나머지 8명은 하지 않았음을 나타낸다. 〈그림 3-3〉에 표시된 산점도를 참조하면, 16개의 과거 기록에 대한 데이터 점에 비해 새로운 잠재고객에 대한 데이터 점의 위치는 제니퍼의 결정이 애매할 것임을 시사한다.

그녀는 여전히 새로운 잠재고객이 패널을 설치할 가능성이 더 높은지 아닌지에 대한 예/아니요 예측을 하는 것부터 시작하기를 원한다.

제니퍼는 이제 이전 절에서 설명한 k-근접 이웃[KNN] 알고리즘이 자신의 결정을 위해 무엇을 할 수 있는지를 배웠다. 그녀는 KNN 알고리즘이 가장 유사한 가구("가장 가까운 이웃")만을 기준으로 새로운 잠재고객을 분류할 수 있는 비교적 단순하고 직관적인 절차라는 사실을 좋아한다. 그녀는 *k*값(예측할 때 포함할 과거 기록의 수)을 다르게 선택하면 새로운 잠재고객에 대한 예측이 다를 수 있다는 것을 약간 우려한다. 그러나 그녀의 주된 걱정은 새로운 잠재고객을 확보할 때마다 전체 알고리즘을 처음부터 다시 반복해야 한다는 것이다. 그녀는 앞으로도 많은 새로운 잠재고객을 갖기를 희망한다. 그녀는 새로운 잠재고객마다 매번 많은 계산을 해야 한다는 생각을 좋아하지 않는다. 새로운 잠재고객이 가능성이 있는 경우에는 신속하게 후속 조치를 취하는 것이 중요하다.

따라서 제니퍼는 새로운 잠재고객이 패널을 설치할지 여부를 신속하게 결정할 수 있는 간단한 의사결정 규칙을 제공할 수 있는 다른 절차가 있는지 궁금하다. 실제로 **분류 트리**classification tree를 사용하여 새 예측 기록을 분류하기 위한 간단한 규칙을 만들 수 있다. 이 절에서 제시하는 **분류 트리 알고리즘**classification tree algorithm이 그녀가 원하는 것일 수도 있다. 시간이 지나면서 데이터베이스가 확장됨에 따라 가끔 업데이트할 필요가 있다. 제니퍼는 현재 16개의 과거 기록을 가지고 있는데, 이는 적은 편이기 때문에, 그녀는 더 큰 데이터베이스를 이용하여 결정 내리는 것을 원하지만, 의사결정 규칙은 가끔씩만 업데이트하는 것을 좋아한다.

분류 트리 알고리즘 소개

검토를 위해, 우리는 이전 절에서 설명한 분류 문제의 유형을 고려하고 있다. 다음은 이 유형의 요약이다(괄호 안은 사례연구에서 사용한 용어임).

> **예측 기록**(새로운 잠재고객)이 주어지면 **과거 기록**(이전의 잠재고객과 그들의 자료)에 대한 결과를 분석하여 예측 기록에 대한 **결과**(패널 설치 혹은 설치하지 않음)를 예측하려고 한다. 분석은 수치적 결과(순이익)를 예측하기보다는 가능한 결과의 분류classes(패널 설치 여부의 예/아니요)를 고려한다. 따라서 분석은 수치적 결과를 예측하기보다는 상대적으로 발생 가능성이 높은지를 식별하여 결과를 분류classifying the outcome하는 것을 목표로 한다. (이 절의 뒷부분에 제시된 회귀 트리 알고리즘은 후자를 수행하는 것이다.)

이전 절에서 제시된 KNN 알고리즘과 여기서 제시하는 분류 트리 알고리즘의 주요 차이점은 예측의 기초가 되는 과거 기록을 식별하는 방법에 있다. KNN 알고리즘은 사전에 많은 작업을 수행하지 않는다. 대신, 각각의 새로운 예측 기록에 대해 KNN 알고리즘은 (일부 계산 노력을 통해) 가장 가까운 *k*개의 이웃을 찾고 그 결과를 사용하여 예측한다.

반대로 분류 트리 알고리즘의 대부분의 작업은 사전에 수행된다. 각 지역 내의 대부분의 기록이 유사한 결과를 갖도록 과거 기록을 지역의 집합으로 나눈다.

이러한 영역이 생성되면 새로운 예측 기록과 하나의 영역을 매칭시키는 새 예측 기록에 대한 분류가 이루어지고, 그 다음 해당 영역의 지배적 결과를 기준으로 기록을 분류하면 된다. 이 알고리즘은 지역 집합을 업데이트해야하기 전에 상당한 수의 미래 예측 기록에 쉽게 재적용할 수 있다.

분류 트리 알고리즘은 다음과 같이 요약할 수 있다.

분류 트리 알고리즘 개요:

1. 과거 기록을 영역별로 **나눈다**.
   a. 모든 과거 기록에 대한 하나의 큰 영역으로 시작한다.
   b. 단일 예측변수에 대한 분할선을 기준으로 현재 영역 중 하나의 과거 기록을 두 개의 새로운 영역으로 **분할한다**. 두 개의 새 영역에 몇 개의 기록이 남게 된다. (이 분할선을 선택하는 절차는 잠시 후에 설명된다.) 그때마다 목표는 각 영역의 과거 기록들이 가능한 동질적으로 되도록 한다는 것이다.
   c. 원하는 만큼 **단계 b를 반복하고** 중지 규칙에 도달하면 각 영역의 과거 기록은 과적합overfitting되지 않고 적어도 거의 동질적homogeneous이어야 한다.
2. 해당 예측변수의 값을 기반으로 예측 기록들을 적절한 영역과 **매칭시킨다**.

3. 매칭된 영역의 과거 기록에 대한 결과를 기준으로 예측 기록에 대한 가능성 있는 결과를 **분류한다**.

예측변수가 두 개만 있는 경우 이 알고리즘은 과거 기록에 대한 산점도를 사용하여 쉽게 시각화할 수 있다. 그런 다음 분할은 단순히 영역의 경계를 짓는 수직 또는 수평 분할선을 그어서 수행된다. 이 시각적 접근법은 직관을 형성하는 데 유용하며 다음 절에서 분할을 시연하는 데 사용된다. 다음 절에서는 산점도에서 분할 선의 최적 위치를 결정하기 위해 동질성을 측정하는 방법을 설명한다.

분할 및 영역을 추적하는 또 다른 방법은 분류 트리를 체계적으로 구축하는 것이다. 여기서 트리의 각 새 분기는 분할을 나타내고 트리의 최종 마디node는 영역을 나타낸다. 이 방법은 산점도를 사용할 필요가 없으므로 두 개의 예측변수만 사용하는 것으로 제한되지 않는다. 이 접근법에 대한 설명은 이 절의 뒷부분에 나와 있다.

이 설명에 이어 **회귀 트리**regression trees를 사용하여 수치적 양을 예측하는 것을 설명한다. 사례연구의 경우, 이전 절의 후반부에서 KNN 알고리즘으로 수행했던 Evergreen Solar의 새로운 잠재고객의 순이익(평균)을 예측하는 것이다.

이번 절에서는 분류 트리와 회귀 트리에 대한 장점과 단점에 대한 논의로 마무리한다.

사례연구를 위한 과거 기록의 영역 분할

〈표 3-1〉에 제시된 자료와 〈그림 3-1〉에 있는 산점도를 다시 고려하자. 이 산점도는 사례연구에 대한 16개의 과거 기록을 하나의 큰 영역에 모두 나타내고 있다. 분류 트리 알고리즘의 분할 단계는 이 큰 영역을 점점 더 작은 영역으로 나누는 것이다.

시작하기 위해 〈그림 3-14〉는 첫 번째 분할에 대한 한 가지 방법을 보여준다. 여기서 점선은 가구 소득이 89,000달러 이하인 과거 기록과 89,000달러 이상인 과거 기록으로 분할한다.

사례연구에는 두 가지 예측변수(가구 소득 및 최대일조시간)만 있기 때문에 산점도에 수평 또는 수직 분할선을 삽입하여 두 개의 새로운 영역으로 쉽게 분할할 수 있다. 예측변수가 세 개 이상인 문제에서는 개념은 유사하지만 분할을 통해 영역이 다차원 직사각형으로 분할된다. 이는 산점도로 시각화하기 어렵기 때문에 분류 트리가 일반적으로 사용된다(나중에 설명함).

〈그림 3-14〉에서 생성된 분할(가구 소득 89,000달러로 나눈)의 경우, 분할선 왼쪽의 모든 과거 기록(4개 중 4개)은 동일한 결과를 가지고 있다. 즉, 패널은 설치되지 않았다. 오른쪽에 있는 대부분의 데이터(12개 중 8개)도 동일한 결과를 나타낸다. 즉, 패널이 설치되었다. 따라서 이 분할은 각 영역이 비교적 동질성을 갖는 새로운 영역 생성에 좋은 역할을 하는 것으로 보인다.

그러나 이것은 첫 번째 분할에 사용할 수 있는 몇 가지 합리적인 옵션 중 하나일 뿐이다. 어떤 옵션이 최선인지 결정하는 데 사용할 수 있는 객관적인 테스트가 있는가? 있다. 다음에 설명된 기술은 그러한 테스트 중 하나이다.

지니지수를 이용한 동질성 측정

한 영역을 분할할 때 목표는 가능한 각 영역이 동질적이게 만드는 것이다. 특정 지역의 동질성을 어떻게 측정할 수 있을까? 이를 위해 고안된 하나의 척도가 지니지수이다.

> 지니지수Gini Index는 어떤 영역의 비동질성을 측정한다. 그 값의 범위는 0~0.5이며, 0인 경우 해당 영역이 완전히 동질적임을 나타내는 반면, 0.5인 경우 해당 영역이 완전히 동질성이 없다는 것을 나타낸다.

지니지수는 각 기록에 대해 두 가지 가능한 결과(예: 패널을 설치하지 않음과 설치함)가 있을 때 다음과 같이 계산된다. 주어진 영역에 대해 p_i = 그 영역에서 결과 $i (i = 1, 2)$를 갖는 과거 기록의 비율이라고 하자. 그러면 그 영역의 지니지수는 다음과 같이 계산된다.

$$\text{지니지수} = 1 - p_1^2 - p_2^2$$

이 지수는 그 영역의 모든 과거 기록이 동일한 결과($p_1 = 1$ 또는 $p_2 = 1$)를 가질 때 최솟값인 0이 된다. 그 영역이 두 유형에 균등하게 분할될 때 최댓값이 0.5가 된다($p_1 = p_2 = 0.5$).

이제 〈그림 3-14〉에 표시된 두 영역을 갖는 사례연구를 보자. 이 경우 어떤 기록이든 두 가

〈그림 3-14〉 Evergreen Solar 사례연구에 대해 과거 기록을 두 개의 영역(가구 소득이 $89,000 이하인 영역과 가구 소득이 $89,000 초과인 영역)으로 분할하는 데이터의 초기 분할

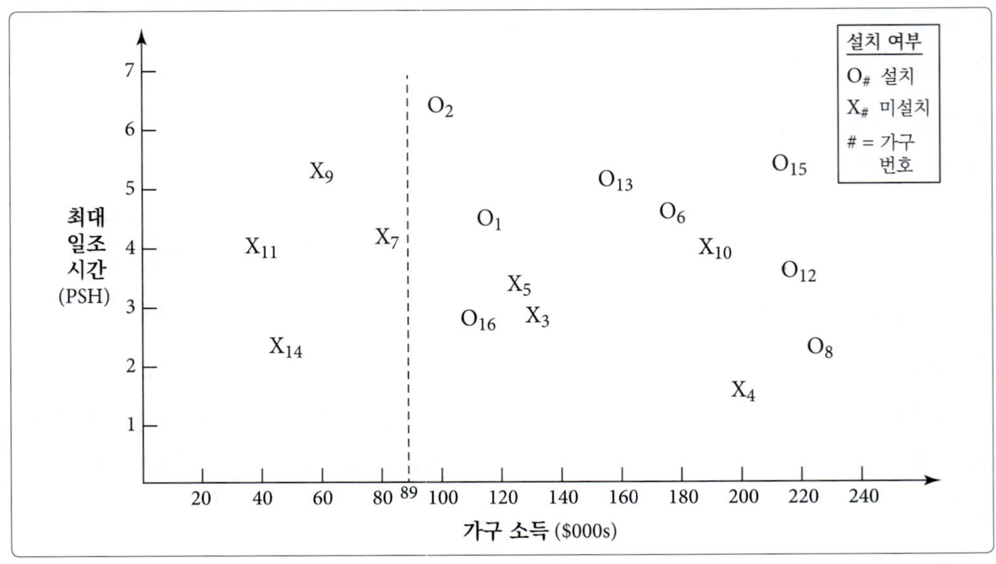

지 가능한 결과 중 하나이다.

결과 1: 과거 기록이 패널을 설치하지 않았다.
결과 2: 과거 기록이 패널을 설치하였다.

분할을 하기 전에, 왼쪽 영역과 오른쪽 영역의 모든 기록 중 8개의 과거 기록은 결과 1을 가지고 있고, 나머지 8개의 과거 기록은 결과 2이다. 따라서 $p_1 = p_2 = 0.5$이다. 그러므로

$$\text{지니지수(분할 전)} = 1 - p_1^2 - p_2^2 = 0.5$$

이것은 동질성이 전혀 없다는 것이다.

이제 〈그림 3-14〉에 표시된 두 영역이 있는 사례연구를 고려하자. 이 그림의 왼쪽 영역의 경우, 4개의 과거 기록 모두 결과 1(패널을 설치하지 않음)을 가지고 있으므로, 이 영역의 지니지수는 다음과 같다.

$$\text{지니지수(가구 소득 89,000달러 이하)} = 1 - \left(\frac{4}{4}\right)^2 - \left(\frac{0}{4}\right)^2 = 0$$

그래서 이 영역은 완전히 동질적이다. 4개의 과거 기록이 결과 1을, 8개가 결과 2를 갖는 오른쪽 지역의 경우 지니지수는 다음과 같다.

$$\text{지니지수(가구 소득 89,000달러 초과)} = 1 - \left(\frac{4}{12}\right)^2 - \left(\frac{8}{12}\right)^2 = 0.44$$

그래서 이 영역은 완전히는 아니지만 대체로 동질성이 부족하다.

지니지수는 단지 해당 영역의 비동질성을 평가할 뿐이다. 영역 그룹(예: 영역을 분할하여 생성된 새로운 영역의 쌍)의 전체적인 비동질성을 평가하는 것도 종종 유용하다. 이 척도는 전체 지니지수로 주어진다.

전체 지니지수 Overall Gini Index는 영역 집단의 전체적인 비동질성을 측정한다. 그 값의 범위는 0(모든 영역이 완전히 동질적임)에서 0.5(모든 영역은 전혀 동질성이 없음)까지이다.

임의의 영역 그룹에 대한 전체 지니지수는 그룹 내 각 영역에 대한 지니지수의 가중 평균으로 계산되며, 가중치는 각 영역에 속하는 과거 기록의 수에 기초한다. 예를 들어 사례연구에 대한 〈그림 3-14〉에 표시된 영역 쌍을 보자. 가구 소득 89,000달러로 분할선을 설정한 가운데, 4개의 과거 기록이 왼쪽 영역에 있고 나머지 12개의 과거 기록이 오른쪽 영역에 있다. 따라서 위에서 계산한 두 영역 각각에 대한 지니지수를 사용하면 〈그림 3-6〉의 영역 쌍에 대한 전체 지니지수는 다음과 같다.

$$\text{전체 지니지수(〈그림 3-14〉의 두 영역)} = \left(\frac{4}{16}\right)(0) - \left(\frac{12}{16}\right)(0.44) = 0.33$$

이제 〈그림 3-14〉의 분할이 실제로 가능한 초기 분할 중 가장 좋은 이유를 말할 수 있다.

각 새로운 분할에 대한 선택 규칙: 분류 트리 알고리즘의 분할 단계에서 두 개의 새로운 영역으로 분할하기 위해 선택되는 영역은 전체 동질성 향상을 극대화하는 영역이어야 한다.

〈그림 3-14〉에 표시된 분할을 수행하여 전체 동질성이 개선되는 정도는 다음과 같다.

지니지수(분할 전) − 전체 지니지수(〈그림 3-14〉의 두 개의 새로운 영역)

$$= 0.5 - 0.33 = 0.17$$

이 과정에서 다음 각 단계(추가 분할)를 설명하기 위해 분류 트리 알고리즘은 각 영역에 대한 지니지수와 분할로 생성된 새로운 영역 쌍에 대한 전체 지니지수를 모두 활용한다. 〈그림 3-14〉에 표시된 분할을 하게 된 사례연구의 첫 번째 단계에서, 알고리즘은 수직선 또는 수평선 하나를 추가하여 가능한 모든 분할을 고려한다. 이 그림의 산점도에는 16개의 데이터 점이 있으며 어느 축에서도 데이터 값이 반복되지 않는다. 따라서 산점도에서 왼쪽에서 오른쪽으로 이동하면 15개의 수직 분할선 후보가 있다(가구 소득의 인접 값 사이의 중간점을 사용하는 경우). 마찬가지로 산점도의 맨 아래에서 맨 위로 이동할 때 15개의 수평 분할선 후보가 있다(최대일조시간의 인접 값 사이의 중간점을 사용하는 경우).

첫 번째 분할을 선택하기 위해 분류 트리 알고리즘은 30개의 분할선 후보를 모두 고려한 다음 가장 작은 전체 지니지수(따라서 전반적인 동질성을 가장 많이 증가시키는)로 되는 후보를 선택한다. 〈그림 3-14〉에 표시된 데이터에 대하여(〈표 3-1〉에서 가져옴), 전체 동질성을 가장 많이 개선하는 분할선이 〈그림 3-14〉에 표시된 것이다. 구체적으로, 이 분할선은 가구 소득을 89,000달러(가구 7의 소득 80,000달러와 가구 2의 소득 98,000달러의 중간점)로 나눈다.

이 분할 이후, 분류 트리 알고리즘은 전체 동질성 향상을 최대화하는 추가 분할을 선택하여 계속 진행한다. 계속 이어가기 전에, 잠시 멈추고 분할 단계를 수행하고 기록하기 위한 다른 접근법인 분류 트리를 소개한다.

분류 트리

산점도를 사용하여 영역 형성 과정을 설명하는 것은 유용하지만 실무에서는 이 작업을 수행하는 데 분류 트리가 더 일반적으로 사용된다. 모든 계산을 포함한 전체 프로세스는 그대로 유지되지만 분류 트리는 산점도를 사용하는 것보다 컴퓨터에서 실행하기에 더 적합하다.

분류 트리는 어떻게 생겼을까? 〈그림 3-15〉는 가구를 소득이 89,000달러 이하인 가구와

89,000달러 초과인 가구로 나눈 사례연구의 초기 분할 후 분류 트리를 보여준다.

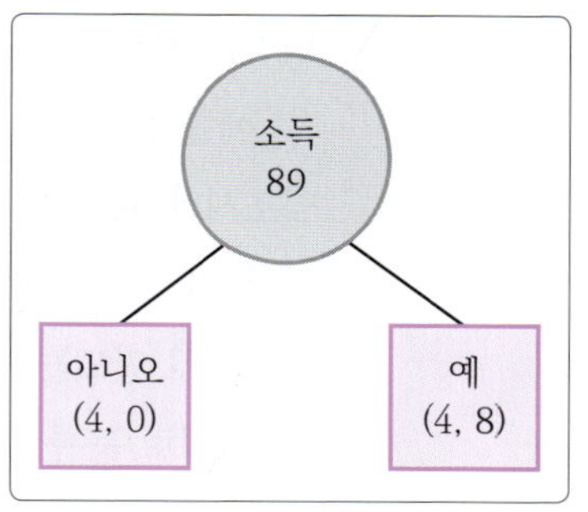

〈그림 3-15〉 $89,000의 소득에서 단일 분할 후 사례연구에 대한 초기 분류 트리. 여기서 더 작은 값은 왼쪽 분기로, 더 큰 값은 오른쪽 분기로 이동한다.

이 그림은 실제로 협소한 공간에서 상당한 양의 정보를 전달하고 있다. 먼저 분류 트리를 "읽는" 방법을 설명한다. 분류 트리에는 두 가지 종류의 마디가 있다. **원형 마디**circular node는 하나의 예측변수에 대한 분할선에 의한 분할을 나타낸다. 〈그림 3-15〉의 원형 마디에서 "소득income"이라는 단어는 가구 연 소득이 분할에 고려되고 있는 데이터 유형임을 나타낸다. 이 마디의 숫자 89는 분할이 89,000달러에서 발생하고 있음을 나타낸다. 소득이 분할선($89,000) 이하인 과거 기록은 왼쪽 분기로 분할되고, 소득이 분할선보다 큰 과거 기록은 오른쪽 분기로 분할된다.

사각형 마디square node는 각각 더 이상 분할되지 않은 영역을 나타낸다. 각 사각형 마디의 괄호 안의 두 숫자는 해당 지역의 과거 기록 중 (1) 결과 1(패널 미설치)을 보인 기록과 (2) 결과 2(패널 설치)를 보인 기록 수를 나타낸다. 이 숫자는 다음과 같은 것을 나타낸다.

소득이 89,000달러 이하인 과거 기록의 경우, 4개의 패널 미설치와 0개의 패널 설치 기록이 있다.

소득이 89,000달러 초과인 과거 기록의 경우, 4개의 패널 미설치와 8개의 패널 설치 기록이 있다.

마지막으로 왼쪽의 사각형 마디는 "아니요"를 포함하고 오른쪽의 사각형 마디는 "예"를 포함한다. 이 단어들은 예측 기록에 패널이 설치될 것인지에 대한 두 가지 결과 유형을 정의한다. 따라서 분할 과정이 지금 종료되고 새로운 잠재고객(예측 기록)이 이러한 마디 중 하나에 일치된다면 예측 기록은 해당 유형에 속하는 것으로 분류된다. 결론은 예측 기록이 해당 유형에 의해 정의된 결과를 가질 가능성이 높다는 것이다.

그러나 이 시점에서 분할 프로세스를 종료하는 것은 너무 시기상조이다. 우리는 아직 최대 일조시간을 고려하지도 않았다. 게다가, 새로운 잠재고객(예측 기록)이 오른쪽 영역에 맞는다면, 그 영역의 과거 기록의 적어도 3분의 1이 패널을 설치하지 않은 것으로 나타나므로 "패널을 설치할 가능성이 높다"는 예측 기록은 그리 믿음직스럽지 않다. 또한, 현재의 두 영역에 대한 전체 지니지수는 0.33으로 계산되었다. 우리는 이 숫자가 각 영역에 대해 상당히 높은 수준의 동질성을 얻기 위해 이 숫자가 0에 훨씬 더 가깝게 되기를 원할 것이다.

분할 과정을 계속하도록 하자. 직관적인 산점도 접근법으로 다시 시작하고, 이후 완전한 분류 트리를 구성하도록 하겠다.

데이터 집합 추가 분할

〈그림 3-14〉의 산점도는 하나의 현재 영역을 두 개의 새로운 영역으로 더 분할할 수 있다. 왼쪽에 있는 영역은 이미 완전히 동질적이기 때문에 더 이상 분할할 점이 없다. 그러나 오른쪽 영역은 이전과 마찬가지로 수직 또는 수평의 다른 분할선을 삽입하여 추가로 분할할 수 있다.

예를 들어 〈그림 3-16〉은 가구 소득 $89,000 기준으로 초기 분할선의 오른쪽 영역이 최대 일조시간 4.25에서 수평 분할선을 사용하여 두 개의 새로운 영역으로 추가 분할된 것을 보여준다. 새로운 분할의 일반적인 목표는 초기 분할과 동일하다. 두 새로운 영역을 가능한 한 동질적으로 만드는 것이다.

실제로 분류 트리 알고리즘은 전반적인 영역 동질성을 극대화하기 때문에 이 특정 분할을 선택한다. 우리는 이미 왼쪽에 완전히 동질인 영역을 가지고 있고 이제 오른쪽 위에 있는 새로운 영역도 완전히 동질적이다(다섯 가구가 모두 패널을 설치함). 그러나 오른쪽 하단의 새로운 영역은 동질성(패널을 설치한 세 가구와 그렇지 않은 네 가구)과는 거리가 멀다. 다음에 어떻게 하면 좋은가?

〈그림 3-16〉의 오른쪽 아래 부분이 유일하게 동질적이지 않은 영역이므로 분류 트리 알고리즘의 다음 단계는 이 영역을 두 개의 새로운 영역으로 나누는 것이다. 이는 〈그림 3-17〉에 표시된 데이터의 세 번째 분할이 이루어지며, 수직 분할선은 가구 소득=$206,500에 삽입되었다.

이 세 번째 분할로 예측이 매우 좋아질 것 같다. 두 개의 새로운 영역 중 하나(맨 오른쪽 아래에 있는 영역)는 완전히 동질적이다. 원래의 두 영역에 덧붙여, 이것은 현재 네 개 영역 중 세개 영역이 완전히 동질적이라는 것을 의미한다. 유일하게 동질적이지 않은 또 다른 새로운

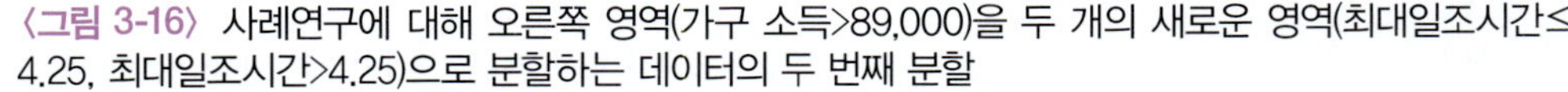

〈그림 3-16〉 사례연구에 대해 오른쪽 영역(가구 소득>89,000)을 두 개의 새로운 영역(최대일조시간≤4.25, 최대일조시간>4.25)으로 분할하는 데이터의 두 번째 분할

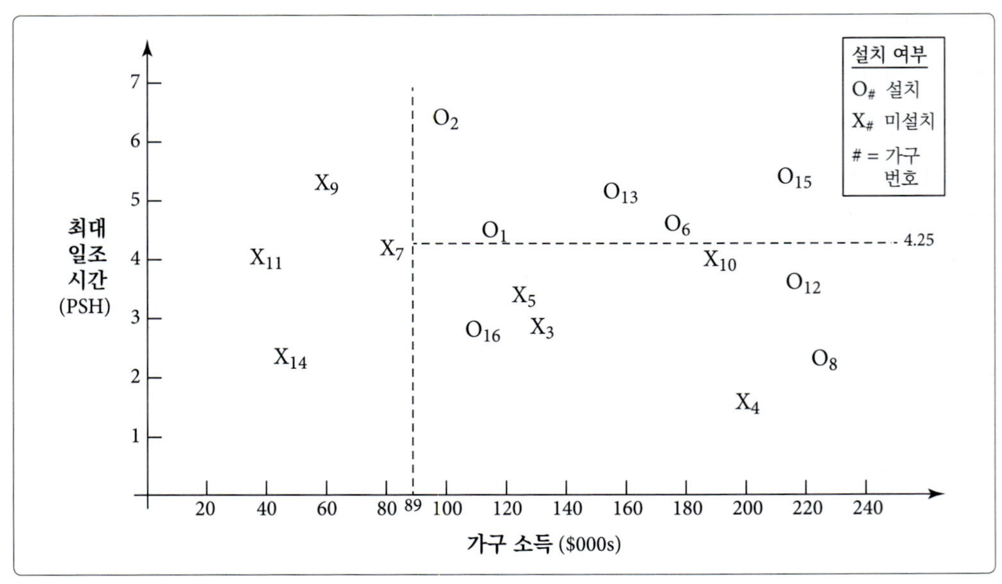

〈그림 3-17〉 사례연구에 대해 그림 3-16의 오른쪽 아래 영역(가구 소득>89,000달러이고 최대일조시간≤4.25)을 두 개의 새로운 영역(가구 소득≤206,500달러와 가구 소득>206,500달러)으로 분할하는 데이터의 세 번째 분할

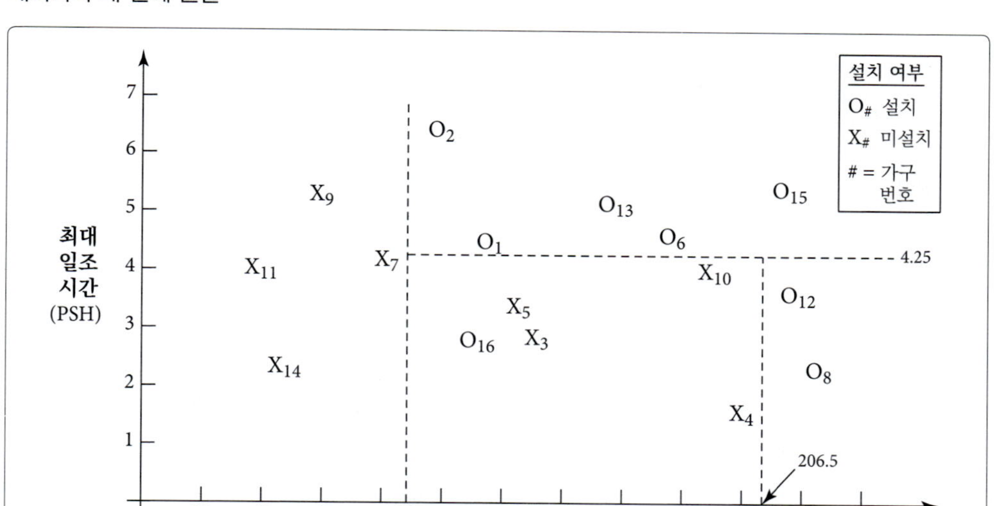

영역이 있긴 하지만, 이 영역에는 패널을 설치한 기록이 단 한 건뿐이고 나머지 4개의 과거 기록은 모두 패널을 설치하지 않았기 때문에 이 영역도 서로 유사하다.

완전히 동질적이지 않은 한 영역에서 가구 소득=$116,000을 기준으로 한 번 더 수직 분할하여 모든 지역을 완전히 동질적으로 할 수 있다. 〈그림 3-18〉은 현재 모든 영역이 완벽하게 동질적인 최종 결과를 보여준다. 하지만 이것이 우리가 정말로 기대하고 있던 것인가?

모든 영역이 완전히 동질적으로 되는 것은 얼핏 바람직해 보일 수 있지만, 이것이 항상 최선의 결과는 아닐 수 있다. 과적합은 분류 트리에서 흔히 발생하는 문제이다. 즉, 모형이 학습 데이터에 너무 맞춰져서 새로운 데이터에 대한 일반화 능력이 떨어지게 된다. 따라서 적절한 균형을 유지하며 영역을 분할하는 것이 중요하다.

데이터 과적합 방지

제니퍼는 분류 알고리즘의 분할 단계 수행 결과에 만족하였다. 그러나 그녀는 가구 소득 116,000달러에 수직 분할선을 삽입하여 이루어진 〈그림 3-18〉의 최종 분할에 대해 고민하고 있다. 이것은 소득이 적은 가구($89,000<소득≤$116,000)는 패널을 설치할 가능성이 높지만, 소득이 다소 많은 가구($116,000<소득≤$206,500)는 그렇지 않음을 시사한다. 이것은 제니퍼에게는 일상적이지 않다. 제니퍼는, 소득이 더 많은 고객일수록 패널을 설치할 가능성이 더 높아질 것으로 보고 있다.

이 문제는 이미 훌륭한 영역 집합을 얻은 후에도 분할을 계속하는 것의 위험성, 즉 **데이**

〈그림 3-18〉 사례연구에 대해 각 영역이 완전히 동질적인 데이터의 전체 분할

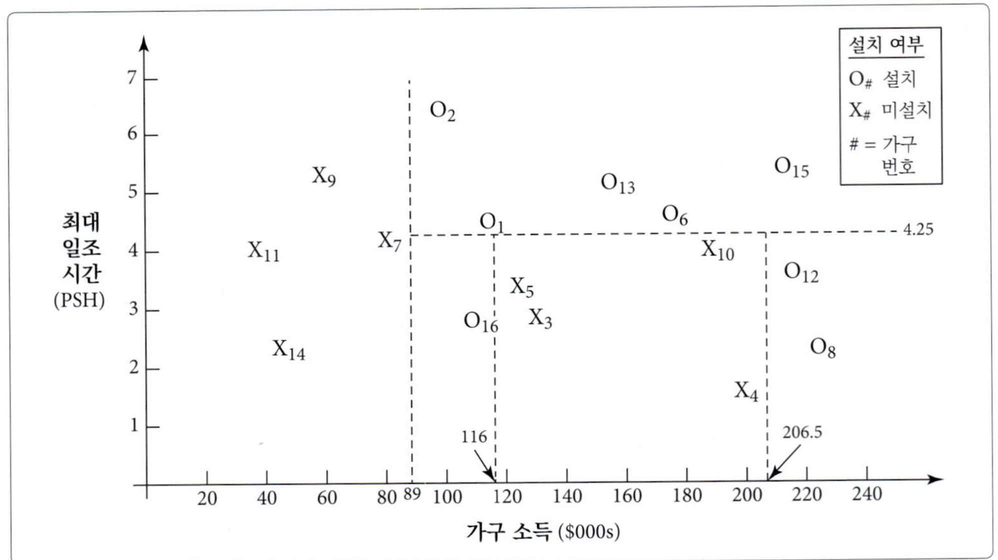

터 과적합overfitting the data의 위험성을 보여주고 있다. 분할을 계속하면 영역 수가 늘어나는데, 이는 영역당 평균 과거 기록의 수가 줄어드는 것을 의미한다. 예를 들어 〈그림 3-18〉에 표시된 사례연구에 대한 네 번째 분할은 가구 16이 해당 영역에서 유일한 기록이다. 개별 과거 기록에 대한 결과에는 일반적으로 상당한 우연성randomness이 있다. 이와 같이 적은 양의 데이터를 기준으로 분류하다 보면 산점도의 여러 영역에서 과거 기록의 보다 일반적인 결과에 관한 직관적인 정보를 무시하고 데이터의 노이즈(우연성)에 맞춰질 수 있다. 이것은 k-근접 이웃KNN 알고리즘에서 k=1(일반적으로 적절하지 않는 작은 k값)을 사용하는 것과 유사하다. 앞 절에서 설명한 바와 같이 데이터에서 노이즈의 영향을 완화하는 데 도움이 되도록 더 많은 데이터를 보유하는 것이 좋다.

일반적으로 데이터 분할이 계속되면 점점 더 동질적인 영역이 늘어나서 초기에는 성능이 향상된다. 그러면 성능이 최고조에 달하게 되면 각 영역에 포함되는 과거 기록이 점점 줄어들면서 데이터 과적합으로 인해 나빠지기 시작할 것이다.

따라서 일반적으로 분류 트리 알고리즘이 데이터를 과적합하기 시작하기 전에 분할 부분에 대한 **중지 규칙**stopping rule을 두는 것이 좋다. 일반적인 중지 규칙은 하나의 영역 안에 있는 과거 기록 수에 하한을 부과하는 것이다. 따라서 너무 적은 과거 기록으로 새로운 영역이 생성될 경우 분할이 금지된다.

만약 데이터 집합을 분할하기에 충분한 데이터가 있는 경우 과적합을 방지하기 위한 또 다른 방법은 분류 트리에서 일부 분기를 제거하는 것이다. 이 개념은 3.5절에서 다룬다.

사례연구에 대한 최종 분류 트리

Evergreen Solar의 경우, 데이터의 양이 매우 적다(16개의 과거 기록에 대한 데이터). 그러나 제니퍼는 만약 분할이 단 하나의 과거 기록(이상치일지도 모르는)만을 가진 영역으로 된다면 영역을 새로운 더 작은 영역으로 분할해서는 안 된다고 생각한다. 따라서 그녀는 알고리즘에서 이 중지 규칙을 사용할 것이다. 〈그림 3-18〉에 표시된 최종 분할($116,000의 가계소득 분할선 기준)은 과거 기록이 하나만 있는 영역으로 귀결되기 때문에 허용되지 않는다.

이 중지 규칙을 포함할 때, 분류 트리 알고리즘의 적용으로 〈그림 3-19〉의 최종 분류 트리를 얻게 된다. 〈그림 3-14〉, 〈그림 3-16〉 및 〈그림 3-17〉에 있는 산점도는 위에서 언급한 중지 규칙과 함께 분류 트리 알고리즘을 사용하여 최종 영역 집합을 얻게 되는 일련의 분할을 생생하게 보여준다. 〈그림 3-19〉의 분류 트리도 동일한 정보를 제공하지만 훨씬 더 간결하게 제공한다.

〈그림 3-19〉 단일 기록만 있는 영역을 생성하는 경우 분할이 허용되지 않을 때의 사례연구에 대한 최종 분류 트리

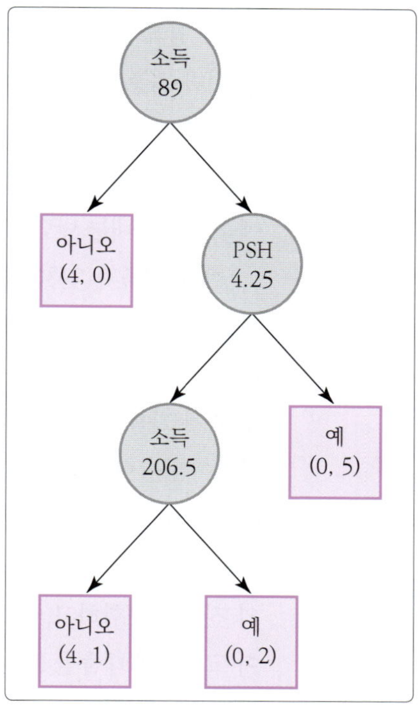

매칭 단계 실행

최종 분류 트리가 완료되면(예: 사례연구에서 〈그림 3-19〉에 있는 것), 현재의 예측 기록과 발생할 미래 예측 기록(분류 트리를 다시 업데이트할 때까지)에 대해 매칭 실행이 쉬워진다. 이 절의 시작 부분에서 설명한 것처럼, 매칭 단계는 현재의 예측 기록을 예측변수가 예측 기록들과 가장 유사한 영역을 일치시키는 것으로 구성된다. 이것은 분류 트리를 한 번에 한 단계씩 아래로 이동하면서 수행된다. 만약 예측 기록에 대한 현재 데이터 값이 원형 마디에 지정된 데이터 값보다 작거나 같으면 왼쪽으로 이동하고, 그렇지 않으면 오른쪽으로 이동한 다음 종료 사각형 마디에 도달하면 중지한다.

이 절차를 사례연구의 현재 신규 잠재고객(가구 소득이 115,000달러이고 최대일조시간이 3.0)에 적용할 때, 관련 분류 트리는 〈그림 3-19〉에 표시된 것이다. 이 새로운 판매에 대한 데이터를 원형 마디에 지정된 해당 데이터와 비교하면, 트리를 내려가는 경로는 먼저 오른쪽(왜냐하면 $115,000>$89,000)으로 가고, 그 다음에는 왼쪽(3.0≤4.25)으로 가고, 그 다음에는 다시 왼쪽($115,000≤$206,500)으로 가서 트리 하단의 왼쪽에 있는 사각형 마디에 도달한다. 이 세 가지 부등식을 바탕으로 하면 이 사각형 마디는 새로운 잠재고객에 가장 적합한 영역을 나타낸다.

분류 단계 실행

분류 트리 알고리즘의 분류 단계는 매우 간단하다. 현재 예측 기록이 특정 영역과 매칭되면, 이 영역의 과거 기록에 대한 결과를 사용하여 예측 기록을 분류한다. 분류 트리 알고리즘은 이미 최종 영역 각각에 대해 분류를 수행하는 데 필요한 표시하고 사각형 마디에 해당 영역에 대한 예측을 기록한다. (사례연구의 경우 〈그림 3-19〉의 분류 트리에 대해 각 사각형 마디의 "예" 또는 "아니요"를 참고하자. 여기서 "예"는 예측 기록이 "패널을 설치할 가능성이 높다"는 예측을 나타내는 반면, "아니요"는 "패널을 설치할 가능성이 낮다"는 예측을 나타낸다.)

예측 기록과 일치하는 영역에 초점을 맞추었으면, 다음 단계는 해당 영역 과거 기록의 결과를 살펴보는 것이다. 만약 결과가 다를 경우 과거 기록에 대한 다수의 결과가 예측 기록에 대한 예측 결과로 사용된다. (가능한 결과가 세 가지 이상인 더 복잡한 문제의 경우, 일반적으로 과거 기록에 대한 결과 중 가장 공통적인 결과가 예측에 사용된다.) 만약 결과가 불확실한 상황이라면 예측 기록에 대한 "예측 결과가 '그럴 가능성'이 꽤 높다"라는 식으로 예측 문장에 반영될 수 있다. 이 말은 또한, "예측 기록에 대한 결과가 '이러이러한' 것이 될 수 있는 유의한 가능성이 있다"고 말할 수 있다. 특히 바람직하지 않은 결과에 대한 가능성을 다룰 때는 후자의 진술을 포함하고, 다른 소득에 대한 추정 확률을 제공하는 것이 중요하다. 예를 들어 은행이 고객에게 대출을 고려하는 경우(2장의 First Bank 사례연구와 같이), 추정된 채무 불이행에 대한 기본 위험 추정 확률이 일정 기준 이하인지를 중점적으로 검토해야 할 필요가 있다.

사례연구의 경우, 현재의 새로운 잠재고객(예측 기록)은 〈그림 3-19〉의 분류 트리 왼쪽 하단에 해당하는 영역과 매칭되었다. 이 마디에 기록된 (4, 1)은 해당 영역에 결과 1(패널 미설치)이 4개, 결과 2(패널 설치)가 1개인 과거 기록을 가지고 있다. 따라서 다수의 결과를 바탕으로 이 잠재고객은 패널을 설치하지 않을 것으로 예측한다. 이것이 〈그림 3-19〉의 해당 사각형 마디에서 "아니요"로 표시된다.

제니퍼는 〈그림 3-19〉에 나타난 분류 트리에 만족한다. 현재의 신규 잠재고객 예에서 알 수 있듯이, 향후 잠재고객을 분류하기 위한 매우 간단한 규칙이 된다. 그녀는 잠재고객이 패널을 설치할 가능성이 높다는 예측이 있을 경우에만 새로운 잠재고객을 지속적으로 관리하기로 결정하였다. 따라서 그녀는 이제 분류 트리를 "읽어" 가구 소득이 89,000달러 이하인 잠재고객에게는 마케팅을 하지 않아야 된다는 것을 알게 되었다. 만약 가구 소득이 이 한도를 초과하는 경우에도 최대일조시간이 4.25시간 초과인 경우에는 계속 마케팅을 하며, 그렇지 않은 경우에는 가구 소득이 매우 높은 경우(206,500달러 초과)에만 마케팅을 해야 한다.

회귀 트리를 사용한 수치 예측

우리는 지금까지 각 기록의 결과를 말로 설명할 수 있다고 가정하였다(예: 사례연구에서 패널 설치 또는 패널 미설치). 예를 들어 사례연구에서 결과는 패널 설치 여부를 나타내기 때문에 (앞 절에서 논의한 바와 같이) 예/아니요 결과이다. 이제 결과가 **수치 결과 변수**numerical outcome variable로 측정된다고 가정해보자. 사례연구에서 결과를 16명 고객의 순이익으로 측정하였다고 하자(〈표 3-2〉 및 설명 참조). 이러한 측정치는 패널 설치 여부에 대한 고객의 결정 효과를 여전히 반영하는 동시에 다른 비용 고려 사항도 반영된다는 장점이 있다.

우리는 가능한 결과를 말로 설명할 수 있을 때 분류 트리를 이용하여 예측 기록에 대한 결과를 예측할 수 있음을 보았다. 목표가 수치적 결과(순이익과 같은)를 예측하는 것일 때, 분류 트리를 약간 변형한 **회귀 트리**가 대신 사용된다.

회귀 트리 알고리즘regression tree algorithm은 분류 트리 알고리즘과 매우 유사하다. 분할 단계의 목표는 여전히 각 영역 내의 과거 기록이 가능한 동질적으로 되도록 하는 것이다. 분류 트리와 마찬가지로 한 번에 하나의 데이터 유형에 대한 분할선을 선택하여 수행된다. 분할은 여러 번 반복되며, 매번 영역을 비교적 균일한 새로운 영역으로 분할한다.

회귀 트리 알고리즘은 두 가지 방식에서 분류 트리 알고리즘과 차이가 있다. (1) 동질성을 측정하는 방법과 (2) 최종 예측이 이루어지는 방법. 결과가 숫자 대신 말로 설명되는 분류 트리의 경우, 동질성은 지니지수에 의해 측정된다. 결과가 출력변수의 수치로 표현되는 회귀 트리의 경우, 해당 영역의 과거 기록에 대한 결과의 출력변수 값의 평균을 계산하여 영역의 동질성을 측정한다. 영역의 동질성은 다음과 같이 계산된다.

> 회귀 트리 알고리즘은 일반적으로 **회귀지수**Regression Index를 계산하여 한 영역의 동질성 부족lack of homogeneity 정도를 측정한다. 해당 영역에 있는 과거 기록에 대한 결과의 출력변수 값의 평균을 계산한 후, 회귀지수는 이 평균으로부터 이들 출력변수 값의 편차 제곱의 합이다.

회귀지수를 설명하기 위해 사례연구에서 16개의 과거 기록 각각에 대한 순이익(출력변수)을 보여주는 〈표 3-2〉를 다시 고려해보자. 과거 기록 중 7개는 〈그림 3-16〉의 오른쪽 하단에 있다. 〈표 3-2〉는 이들 7개의 과거 기록에 대한 천 달러 단위로 순이익이 각각 8.68, −0.42, −0.65, −0.67, −0.54, 16.69 및 9.83이다. 이 7개의 순이익의 평균은 4.70이다. 따라서 이 영역의 회귀지수는 다음과 같다.

$$\begin{aligned}&\text{회귀지수}(\text{소득}>89,\ \text{PSH}\leq 4.25)\\&=(8.68-4.70)^2+(-0.42-4.70)^2+\cdots+(9.83-4.70)^2=294.7\end{aligned}$$

개별 순이익에 비해 상대적으로 매우 큰 이 숫자는 이 영역에 대한 동질성이 매우 약하다는 것을 나타낸다.

그러나 〈그림 3-17〉과 같이 이 영역을 두 개의 새로운 영역으로 분할하면 전체적인 동질성이 상당히 개선될 것으로 기대된다. 왼쪽의 새 영역에는 평균 순이익이 1.28인 5개의 과거 기록이 있고, 오른쪽의 새로운 영역에는 평균 순이익 13.26인 과거 기록이 2개 있다. 위에서 설명한 것처럼 각각의 새로운 영역에 대해 회귀지수를 계산하면 다음과 같다.

$$\text{회귀지수}(89<\text{소득}\leq 206.5,\ PSH\leq 4.25) = 68.5$$
$$\text{회귀지수}(\text{소득}>206.5,\ PSH\leq 4.25) = 23.5$$

이 숫자들은 전반적인 동질성이 크게 개선되었음을 나타낸다. 그러나 우리는 이것을 어떻게 측정할 수 있을까? 전체 회귀지수가 이것을 나타낸다.

수치 결과를 다룰 때, **전체 회귀지수**Overall Regression Index는 현재 영역을 분할하여 얻은 두 개의 새로운 영역에 대해 이 영역 그룹의 비동질성 정도를 측정한다.

전체 회귀지수는 전체 지니지수와 동일한 방식으로 계산된다. 즉, 개별 영역의 가중 평균을 계산한다. 여기서 가중치는 새로운 영역 각각에 있는 과거 기록에 근거하여 한다. 따라서 〈그림 3-16〉에 표시된 오른쪽 하단 영역을 〈그림 3-17〉에 표시된 두 개의 새로운 영역으로 분할하는 경우에 대해 계산하면,

$$\text{전체 회귀지수}(\langle\text{그림 3-17}\rangle\text{의 두 개의 새로운 영역}) = \left(\frac{5}{7}\right)(68.5) - \left(\frac{2}{7}\right)(23.5) = 55.6$$

이며, 이것은 분할되기 전 원래 영역의 회귀지수 295에서 매우 큰 감소를 나타낸다. 〈그림 3-16〉의 오른쪽 하단 영역을 분할할 때의 개선 사항은 다음과 같다.

$$\text{동질성 향상} = 294.7 - 55.6 = 239.1.$$

회귀 트리 알고리즘은 다음 분할할 영역으로 동질성을 가장 크게 향상시키는 영역을 선택하기 때문에, 이 특정 영역이 다른 분할보다 나은 개선 결과를 가져오므로 이 특정 영역을 선택하게 된다.

이제 이 절 앞부분에서 설명한 분류 트리 알고리즘에서 하나가 변경된 회귀 트리 알고리즘에 대한 분할 단계를 다음과 같이 요약할 수 있다.

분할 단계에서 주요 변경: 회귀 트리 알고리즘의 분할 단계는 분류 트리 알고리즘의 분할 단계와 동일하지만, 지니지수 대신 회귀지수가 사용되며 전체 회귀지수가 전체 지니지 수를 대체한다.

따라서 각 단계에서 알고리즘은 영역의 다른 모든 분할 가능한 방법을 검토한 다음 앞서 설명한 분할 단계에서 주요 변경을 사용하여 두 개의 새로운 영역을 생성하여 동질성을 최대로 향상시키는 분할을 선택한다.

일단 분할 단계가 완료되면 통상적인 방식으로 매칭 단계가 진행된다. 특히 예측 기록에 대한 예측변수가 해당 영역의 경계 내부에 맞을 경우 예측 기록이 특정 영역과 매칭된다.

분류 트리 알고리즘과 가장 큰 차이는 예측단계라고 불리는 마지막 단계이다. 이는 알고리즘이 결과의 분류 대신 숫자 값을 예측하기 때문이다. 행동의 유형(예: 패널 미설치 혹은 패널 설치 진행)을 예측하기보다는 수치 출력변수(예: 예상 순이익)로 예측해야 한다.

예측 단계: 예측은 일반적으로 매칭 단계에서 지정된 영역의 모든 과거 기록에 대한 출력변수의 평균값으로 나타낸다.

회귀 트리 알고리즘은 분류 트리 알고리즘과 차이가 거의 없으므로 여기서 더 이상은 다루지 않을 것이다. 그러나 일반적으로 컴퓨터가 이 두 알고리즘을 모두 실행하는 데 사용되기 때문에 이제 Analytic Solver로 이를 수행하는 방법을 설명하고자 한다.

사례연구에 대해 Analytic Solver를 이용한 회귀 트리 알고리즘 적용

Analytic Solver Data Mining을 사용하여 분류 트리 알고리즘을 적용하려면 데이터 마이닝Data Mining 탭의 분류Classify 메뉴에서 분류 트리Classification Tree를 선택한다. 이것은 기본적으로 k-근접 이웃 알고리즘의 경우의 〈그림 3-8〉에 표시된 것과 같은 데이터 선택 대화상자가 나타나며, 이 대화상자는 동일한 방식으로 작성된다.

다음Next을 클릭하면 〈그림 3-20〉에 표시된 대화상자의 매개변수Parameters 탭으로 이동한다. 데이터Data 탭과 달리 분류 트리의 매개변수Parameters 탭은 k-근접 이웃 알고리즘의 〈그림 3-9〉에 표시된 등가equivalent 탭과 크게 다르다. 과적합overfitting을 방지하기 위해 트리가 늘어나는 것을 제한하는 옵션Options이 포함되어 있다. 이러한 옵션은 트리의 최대 수준 수, 최대 마디 수, 최대 "분할"의 수(분할되는 영역 수) 및/또는 마지막 마디 분할을 허용하는 데 필요한 최소 과거 기록 수를 제한할 수 있다. 〈그림 3-20〉은 레벨 3 이후 또는 마디에 있는 과거 기록 수가 4개 미만인 경우 분할이 허용되지 않는 옵션을 사용한다. 최종 분류 트리를 표시하려면 Trees to Display 버튼을 클릭하면 완전히 성장한fully grown 트리를 표시하는 옵션을 선택할 수 있는 〈그림 3-20〉 오른쪽에 표시된 대화상자가 나타난다.

그런 다음 Scoring and New Data 탭은 각각 〈그림 3-10〉과 〈그림 3-11〉의 k-근접 이웃 알고리즘과 동일한 방식으로 작성된다. 그런 다음 종료Finish를 클릭하면 분류 트리 알고리즘이 실행되고 워크북workbook에 여러 개의 새 탭이 생성되어 결과가 표시된다. 〈그림 3-21〉은 예측 기록(새로운 잠재고객)를 분류하는 데 사용할 수 있는 Analytic Solver의 모든 설정과 전체 분류 트리를 보여준다. (사용 중인 Analytic Solver 버전에 따라 마디node, 상위parents 및 하위children가 나열된 테이블만 표시될 수 있다. 테이블을 선택하고 데이터 마이닝Data Mining 탭의 차트Chart 버튼을 클릭하면 〈그림 3-21〉에 표시된 분류 트리가 표시된다.)

〈그림 3-20〉 Analytic Solver Data Mining 분류 트리 알고리즘의 매개변수 탭. 트리 성장은 세 가지 수준으로 제한되며 마디 분할을 허용하는 데 필요한 최소 기록 수는 4개로 설정됨.

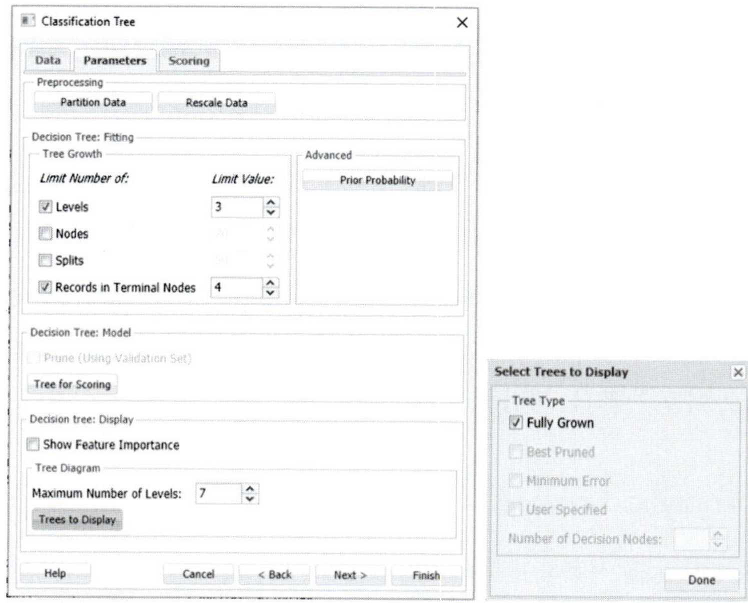

〈그림 3-21〉 Analytic Solver의 Classification Tree 알고리즘에 의한 Evergreen Solar의 다섯 가지 예측 기록(새로운 잠재고객)에 대한 설정(왼쪽 위), 분류 트리(오른쪽 아래) 및 예측(왼쪽 아래)

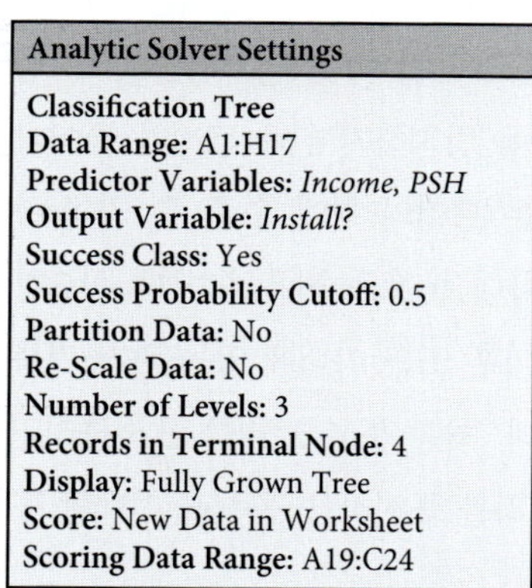
Analytic Solver Settings

Classification Tree
Data Range: A1:H17
Predictor Variables: *Income, PSH*
Output Variable: *Install?*
Success Class: Yes
Success Probability Cutoff: 0.5
Partition Data: No
Re-Scale Data: No
Number of Levels: 3
Records in Terminal Node: 4
Display: Fully Grown Tree
Score: New Data in Worksheet
Scoring Data Range: A19:C24

Record ID	Prediction: Install?	PostProb: No	PostProb: Yes
Record 1	No	0.8	0.2
Record 2	Yes	0	1
Record 3	Yes	0	1
Record 4	No	1	0
Record 5	No	0.8	0.2

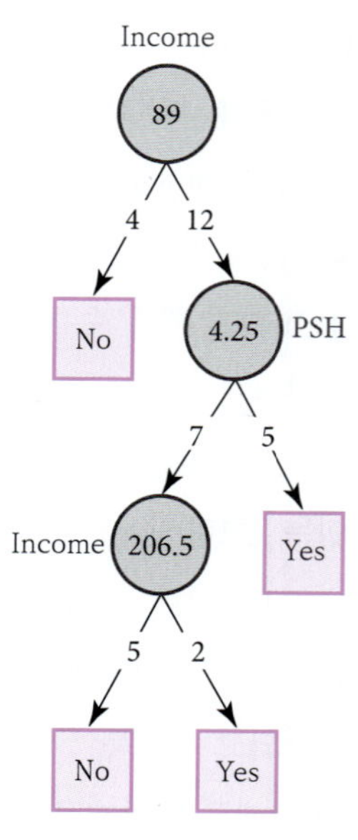

〈그림 3-21〉의 왼쪽 아래에 표시된 표는 분류 트리를 기반으로 5개의 예측 기록(새로운 잠재고객) 각각에 대한 예측을 보여준다. 예측 기록 2와 3은 패널 설치 가능성이 높은 것으로 분류되고, 예측 기록 1, 4, 5는 패널 설치 가능성이 낮은 것으로 분류된다. k-근접 이웃 알고리즘(〈그림 3-12〉 참조)과 마찬가지로 예측된 분류에 속하는 마지막 마디에 있는 과거 기록의 비율에 따라 결정되는 각 예측 기록에 대한 사후 확률이 주어진다. 예측 기록 2, 3, 4는 만장일치의 결과에 근거한 분류(최종 마디의 모든 과거 기록은 동일한 유형에 있음)인 반면 예측 기록 1과 5는 4-1 다수에 근거하여 분류되었다.

〈그림 3-12〉(k-근접 이웃 알고리즘 기반)의 분류와 〈그림 3-21〉(분류 트리 알고리즘 기반)의 분류를 비교하는 것은 흥미롭다. 이 알고리즘은 5개의 예측 기록 중 4개에 대해 패널 설치 가능성이 높은 것으로 분류하는 k-근접 이웃 알고리즘에 동의하지만 예측 기록 4에 대해서는 동의하지 않고, 분류 알고리즘은 패널 설치 가능성이 높은 것으로 예측한다.

Analytic Solver 데이터 마이닝을 사용하여 회귀 트리 알고리즘 적용

수치 결과(예: 순이익)를 예측하기 위해 회귀 트리는 분류 트리와 거의 동일한 방식으로 사용될 수 있다. 이제 제니퍼는 회귀 트리 알고리즘을 사용하여 새로운 잠재고객(예측 기록)이 패널을 설치할 경우 얻게 될 순이익을 예측하려고 한다. 이렇게 하려면 데이터 마이닝Data Mining 탭의 예측Predict 메뉴에서 회귀 트리Regression Tree를 선택한다. 이렇게 하면 〈그림 3-8〉과 매우 유사한 대화상자가 보인다. 출력변수가 Install? 대신 Profit?가 되는 것을 제외하고 동일한 데이터가 입력된다. 대화상자의 이후의 탭들(〈그림 3-10〉, 〈그림 3-11〉, 〈그림 3-20〉 참조)은 이전과 동일한 방법으로 작성된다. 그 다음 마침Finish을 클릭하면 회귀 트리 알고리즘이 실행된다. Analytic Solver 모든 설정과 회귀 트리 결과는 〈그림 3-22〉에 나와 있다. (다시 말하지만, 사용하고 있는 Analytic Solver 의 버전에 따라 마디, 부모parents와 자식children이 나열된 테이블만 표시될 수 있다. 테이블을 선택하고 차트Chart 버튼을 클릭하면 〈그림 3-22〉에 표시된 트리가 표시된다.)

Analytic Solver는 또한, 〈그림 3-22〉의 왼쪽 하단에 표시된 것처럼 5개의 예측 기록 각각에 대해 얻을 수 있는 순이익을 예측하는 표를 생성한다. 〈그림 3-13〉(k-근접 이웃 알고리즘 기반)의 예측과 〈그림 3-22〉(회귀 트리 알고리즘 기반)의 예측을 비교하는 것은 흥미롭다. 예측 기록 2, 3 및 5의 예측은 상당히 유사하지만 예측 기록 1과 4에 대해서는 다소 다르다.

분류 트리와 회귀 트리 알고리즘의 장점과 단점

분류 트리 또는 회귀 트리 알고리즘의 매력적인 특성은 시각적으로 해석하기 쉽다는 것이다. 또한 트리가 구성된 후에는 새로운 예측 기록마다 추가적인 계산을 수행할 필요가 없다.

〈그림 3-22〉 Analytic Solver의 회귀 트리 알고리즘에 의한 Evergreen Solar의 다섯 가지 예측 기록(새로운 잠재고객)에 대한 설정(왼쪽 위), 회귀 트리(오른쪽 아래) 및 예측(왼쪽 아래)

Analytic Solver Settings
Regression Tree **Data Range:** A1:H17 **Predictor Variables:** *Income, PSH* **Output Variable:** *Profit* **Partition Data:** No **Re-Scale Data:** No **Number of Levels:** 3 **Records in Terminal Node:** 4 **Display:** Fully Grown Tree **Score:** New Data in Worksheet **Scoring Data Range:** A19:C24

Record ID	Prediction: Profit
Record 1	−0.544
Record 2	8.0775
Record 3	13.41333333
Record 4	−0.54
Record 5	−0.544

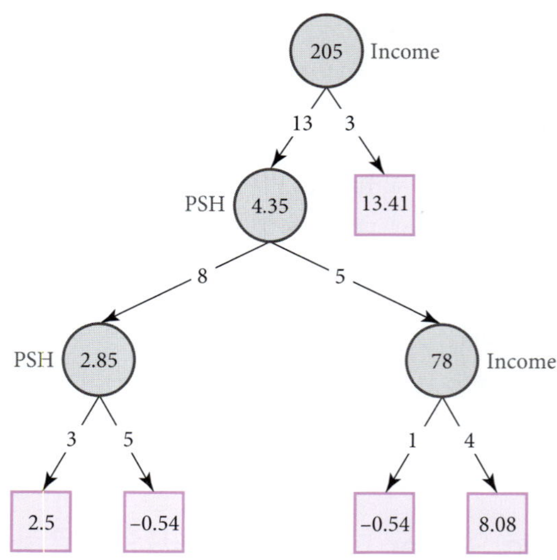

(이것은 각 새 예측 기록에 대해 가장 가까운 이웃을 찾기 위해 계산이 필요한 k-근접 이웃KNN 알고리즘과 다른 점이다.) 대신에 새로운 예측 기록에 대한 예측변수가 주어지면, 예측변수를 트리에 따라 내려가서 해당 영역과 매칭하여 분류 또는 예측을 할 수 있다.

분류 및 회귀 트리 알고리즘의 또 다른 장점은 예측 기록에 대한 데이터와 그 결과 사이에 어떠한 특별한 관계를 가정하지 않는 것이다. 예를 들면 선형 회귀분석(1.4절에서 처음 소개하였고 3.4절과 4.5절에서 더 자세히 설명함)은 이들 데이터와 그 출력 사이에 선형 관계를 가정하는 반면 분류 트리 또는 회귀 트리는 보다 더 복잡한 관계를 허용할 수 있다.

그러나 분류 트리 및 회귀 트리 알고리즘과 관련된 몇 가지 과제와 문제가 있다. 첫째, 트리를 만들기 위해 상당한 양의 계산 작업이 필요하며, 이 작업은 트리가 진부해지기 전에 종종 반복되어야 한다. (다행히도 앞서 Analytic Solver를 사용하여 설명한 대로 소프트웨어를 사용하여 이 작업을 할 수 있다.) 둘째, 분류 트리 및 회귀 트리 알고리즘은 특정 데이터에 매우 민감할 수 있다. 데이터에 있어서 작은 변화가 매우 다른 트리를 만들어낼 수 있다. 셋째, 효과적으로 운영하기 위해서는 상당한 양의 데이터가 필요하다. 마지막으로, 데이터의 과적합을 방지하는 것이 과제가 될 수 있다.

복습문제

1. 분류 트리 알고리즘이 새로운 작은 영역으로 분할하기 위한 영역을 선택할 때 사용하는 규칙은 무엇인가?
2. 지니지수와 전체 지니지수는 무엇을 측정하는가?

복습문제

3. 분류 트리 알고리즘의 분할 단계 부분이 너무 오래 지속되는 것에 대한 위험성은 무엇인가?
4. 분류 트리 알고리즘에서 회귀 트리 알고리즘으로 바꾸어야 할 필요가 있는 새로운 유형의 결과는 무엇인가?
5. 회귀지수와 전체 회귀지수는 무엇을 측정하는가?
6. 회귀 트리 알고리즘과 분류 트리 알고리즘은 어떻게 다른가?
7. KNN 알고리즘과 비교하여 분류 트리 또는 회귀 트리 알고리즘의 주요 장점은 무엇인가?
8. KNN 알고리즘과 비교하여 분류 트리 또는 회귀 트리 알고리즘의 단점은 무엇인가?

3.4 분류 및 예측을 위한 알고리즘에 기반 기타 모델

이 절에서는 예측 분석을 위한 분류 및 예측 모형에 초점을 맞춘다. 분류 모형은 결과의 유형(예: 예/아니요 결과)을 다루며, 어떤 유형이 발생할 가능성이 높은지에 대한 분류를 한다. 한편, 예측 모형은 성과에 대한 어떤 측정 수치(예: 순이익)를 다루며, 이 수치 값이 어떻게 될 것인지를 예측하게 된다. 이 두 유형의 모형은 결론을 도출하는 데 필요한 계산을 위해 일부 알고리즘을 사용한다.

이제 앞의 두 절에서 두 가지 인기 있는 알고리즘 유형을 살펴보았다. 3.2절에서는 k-근접 이웃KNN 알고리즘을 설명하였고 이는 단일 예측 기록에 대한 예측 분석을 신속하게 수행하는 직관적인 방법을 제공한다. 이 알고리즘은 분류 또는 예측에도 적용될 수 있다. 3.3절에서 설명한 모형은 일련의 예측 기록에 대한 예측 분석을 수행하는 데 적합하다. 이러한 모형은 예/아니요 결과(또는 적어도 이산 결과)에 대한 분류 트리 알고리즘과 수치 결과 변수에 대한 회귀 트리 알고리즘을 기반으로 한다.

이제 분류 또는 예측(또는 둘 다)에 사용할 수 있는 다른 세 가지 인기 있는 모형을 소개한다.

나이브 베이즈 알고리즘

나이브 베이즈 알고리즘naïve Bayes algorithm(이후 나이브 베이즈로 부름)은 잘 알려진 베이즈 정리Bayes Theorem를 사용하기 때문에 토머스 베이즈Thomas Bayes 목사의 이름을 따서 명명된 알고리즘이다. (베이즈 목사는 관행을 따르지 않는 18세기 영국 목사로 철학자이자 수학자로 명성을 얻었으며, 이 책 12장의 주제인 의사결정 분석에 근본적인 기여를 하였다.)

이 알고리즘은 주로 분류에 중점을 두며, 예측 단계에서 확률로 표현하는 혁신적인 단계로 끝난다. 그러나 3.2절과 3.3절에서 다룬 알고리즘과는 많이 다르다. 주요 차이점 중 하나는 모든 예측변수가 범주형이어야 한다는 것이다. **범주형 변수**[categorical variable]는 일부 한정된 값이나 범주의 집합에서 가질 수 있는 변수이다. 예를 들어 성별(남성 또는 여성), 주택 소유자(예 또는 아니요), 혈액형(A, B, AB, O) 또는 머리카락 색(금색, 빨간색, 갈색, 검은색)이 포함될 수 있다.

수치 예측변수는 **구간화**[binning]를 통해 범주형 변수로 변환하여 나이브 베이즈를 사용할 수 있다. 여기서 숫자 값은 "묶음[bin]"(예: 낮음, 중간, 높음)으로 범주화된다. 3.1절에서 소개한 Evergreen Solar 사례연구의 경우, 두 가지 예측변수(연간 가구 소득과 가구의 최대일조시간)는 모두 수치형이다. 이러한 값을 범주의 집합으로 묶어서 범주형 변수로 바꿀 수 있다. 예를 들어 다음과 같이 가구 소득을 묶음으로 나눌 수 있다.

저소득:	가구 소득 < $60,000
중간 소득:	$60,000 ≤ 가구 소득 < 160,000,000
고소득:	가구 소득 ≥ $160,000

마찬가지로, 다음과 같이 최대일조시간을 다음과 같이 묶음으로 나눌 수 있다.

낮은 PSH:	PSH < 2.5
중간 PSH:	2.5≤ PSH < 5.0
높은 PSH:	PSH ≥ 5.0

〈표 3-1〉의 수치 데이터를 묶으면 〈표 3-3〉의 범주형 데이터가 생성된다.

범주형 예측변수를 다룰 때 예측 분석[predictive analytics]을 적용하는 것은 수치 예측변수를 다룰 때와는 다른 새로운 문제가 발생한다. 일반적인 방법은 진행하면 사례연구와 같은 매우 작은 문제에 잘 작동하지만 많은 수의 예측 변수 및 범주를 갖는 문제에 대해서는 쉽게 작동되지 않는 주요 결점이 있다. 따라서 예측 기록이 원하는 결과를 가질 추정 확률을 계산하려

〈표3-3〉 Evergreen Solar 사례연구에 있어서 16개 가구의 가구 소득(높음, 중간, 낮음으로 묶임), 최대일조시간(높음, 중간, 낮음으로 묶임) 및 패널 설치 데이터

가구 번호	연간 가구 소득	최대일조시간	설치 여부
1	중간	중간	설치
2	중간	높음	설치
3	중간	중간	미설치
4	높음	낮음	미설치
5	중간	중간	미설치
6	높음	중간	설치
7	중간	중간	미설치
8	높음	낮음	설치
9	낮음	높음	미설치
10	높음	중간	미설치
11	낮음	중간	미설치
12	높음	중간	설치
13	중간	높음	설치
14	낮음	중간	미설치
15	높음	높음	설치
16	중간	중간	설치

면 다른 방법(나이브 베이즈)이 필요하다.

나이브 베이즈가 어떻게 작동하는지 자세히 설명하기 전에, 먼저 **완전한 베이즈 분류 알고리즘**complete Bayes classification algorithm이 어떻게 작동하는지 설명하는 것이 도움이 된다. (이 알고리즘을 앞으로 완전한 베이즈라고 부른다.) 그런 다음 이 접근 방식의 주요 결점(적어도 몇 개 이상의 예측 변수 및 범주가 있는 문제의 경우)을 자세히 설명하고, 이 문제를 해결하기 위해 베이즈 정리(통계 분야에서 유명한 정리)를 이용한 완전 베이즈의 대안적인 접근 방식을 설명한다. 이 대안적 접근법은 주요 결점을 해결하지는 않지만, 대부분의 결점을 피하기 위해 근사치를 사용하는 나이브 베이즈를 직접 이용한다. 다음 4개의 절에서 이 내용을 설명한다.

완전한 베이즈(직접 방법)

과거 기록의 집합이 주어졌을 때, 완전한 베이즈를 구현하는 직접적인 방법이 있다. 새로운 예측 기록을 분류하려면 예측변수가 범주형 값으로 완전히 일치하는 데이터 집합에서 모든 과거 기록을 찾는다. 예측 기록의 예측변수에 해당하는 범주형 값과 완전히 일치하는 과거 기록의 집합을 **매칭 집합**matching set이라고 부른다. 매칭 집합에서 가장 높은 빈도로 나타나는 결과를 결정한다. 그런 다음 새로운 예측 기록도 이와 같은 동일한 결과를 가질 가능성이 높다고 예측한다.

마찬가지로, 매칭 집합 내에서 이 결과가 나타날 확률을 해당 과거 기록의 비율을 통해 추정할 수 있다. 가능한 결과를 $Y_1, Y_2, \cdots, Y_m$으로 표시하고 벡터 $\mathbf{X} = (x_1, x_2, \cdots, x_p)$를 예측 기록에 대한 예측변수의 집합이라고 하자. (결과와 예측변수 모두 한정된 수의 값 또는 범주인 범주형 변수이다.) 예측변수 값이 벡터 $\mathbf{X}$로 주어졌을 때 원하는 결과, 예를 들어 Y_1의 확률을 다음과 같이 나타낸다.

$P(Y_1|\mathbf{X})$ = 예측 기록에 대한 예측변수 값이 벡터 $\mathbf{X}$로 주어졌을 때 결과 Y_1의 조건부 확률

$P(Y_1|\mathbf{X})$는 매칭 집합 내에서 결과 Y_1을 갖는 기록의 비율로 계산할 수 있다.

이를 계산하기 위해 3.1절에 제시된 Evergreen Solar 사례연구를 고려해보자. 앞에서와 마찬가지로 제니퍼는 가구 소득이 115,000달러이고 최대일조시간이 3.0인 새로운 잠재고객을 분류하기를 원한다. 위에서 설명한 묶기를 사용하면, 이 잠재고객(예측 기록)은 가구 소득($60,000~$160,000)과 최대일조시간(2.5~5.0) 모두에서 중간 정도의 범주에 속한다. 이 예측 기록을 분류하려면, 먼저 이와 동일한 범주(즉, 중간 정도의 가구 소득과 중간 정도의 최대일조시간을 가짐)에 속하는 과거 기록에 있는 다른 모든 가구를 찾는다. 〈표 3-3〉의 데이터를 참조하면, 매칭 집합은 가구 1, 3, 5, 7, 16이다. 매칭 집합에 속한 가구 중에서 가구 1과 16은 패널을 설치했고, 가구 3, 5, 7은 패널을 설치하지 않았다. 매칭 집합 내에서 패널을 설치하지 않은 가

구가 더 많기 때문에, 우리는 예측 기록이 패널을 설치할 가능성이 적다고 예측하게 된다. 또한, 매칭 집합 기준으로 새 잠재고객이 패널을 설치할 확률을 추정할 수 있다. 다섯 가구 중 두 가구가 패널을 설치했기 때문에, 새로운 잠재고객이 패널을 설치할 확률은 2/5 혹은 40%이다.

완전한 베이즈의 주요 단점

완전 베이즈의 주요 단점은 매칭 집합에 일부 기록이 있는 경우에만 적용할 수 있다는 것이다. 몇 가지 예측 변수와 각 변수에 대해 몇 가지 범주가 있으면 완전 베이즈는 잘 적용된다. 이 경우 일반적으로 예측의 기반이 되는 매칭 집합에 과거 기록이 있게 된다. 그러나 예측변수가 크게 증가하면(실무에서는 아주 흔한 일임) 있거나 또는 각 예측변수에 대해 훨씬 더 많은 범주가 있는 경우에는 매칭 집합과 일치하는 기록이 없을 가능성이 높아진다.

예를 들어 각각 5개의 범주가 있는 16개의 예측변수가 있는 중간 크기의 문제를 고려해보면, 예측변수의 가능한 값의 조합은 $16^5 = 1{,}048{,}576$개가 된다. 수십만 건의 과거 기록이 있는 큰 데이터 집합을 사용하더라도 예측 기록과 매칭되는 과거 기록을 찾기가 어려울 수 있다. 따라서 매칭 집합 내에 적어도 하나 이상의 과거 기록이 있어야 분류와 예측을 기반으로 하는 알고리즘이 작동할 수 있다. 이것은 하나의 예시이지만 예측 변수 및 범주의 수가 좀 더 적은 경우도 동일한 현상이 쉽게 발생할 수 있다.

다행히도, 나이브 베이즈는 이 문제를 피할 수 있다. 그러나 나이브 베이즈는 베이즈 정리를 사용하는 완전한 베이즈의 대안적 접근법을 이용한다. 따라서 나이브 베이즈를 설명하기 위해 먼저 완전한 베이즈를 수행하기 위한 대안적인 접근법을 살펴보고자 한다.

완전한 베이즈(베이즈 정리 사용)

우리는 예측변수 값의 집합이 주어졌을 때 원하는 결과의 추정 확률을 계산하는 직접적인 방법을 설명하였다. 예측변수 값의 집합 $\mathbf{X}$가 주어졌을 때 원하는 결과 Y_1이 일어날 확률 $P(Y_1|\mathbf{X})$은 매칭 집합 내에서 결과가 Y_1인 예측 기록 수의 비율이다.

$P(Y_1|\mathbf{X})$를 결정하는 다른 방법은 다음과 같은 베이즈 정리Bayes' theorem를 사용하는 것이다. 즉,

$$P(Y_1|\mathbf{X}) = \frac{P(\mathbf{X} \mid Y_1)P(Y_1)}{\Sigma_i P(\mathbf{X} \mid Y_i)P(Y_i)}$$

따라서 먼저 $i = 1, 2, \cdots, m$에 대해 $P(\mathbf{X}|Y_i)$와 $P(Y_i)$를 결정한 다음 베이즈 정리에 대입하여 원하는 결과를 얻을 수 있다.

예를 들어 사례연구에서 예측 기록은 새로운 잠재고객이고 이에 대한 예측변수 값은 중간 정도의 소득 및 중간 정도의 PSH이다. 원하는 결과는 이 잠재고객이 패널 설치를 선택하게 되

는 것이다. 따라서 베이즈 정리의 좌변은 P(패널 설치| 중간 소득 & 중간 PSH)이다. 이 확률을 계산하기 위해서는 먼저 P(중간 소득 & 중간 PSH | 패널 설치)와 P(패널 설치)를 계산해야 한다. 두 개 값을 곱한 것이 베이즈 정리의 분자가 된다. 분모는 이와 동일한 곱과 P(중간 소득 & 중간 PSH | 패널 미설치)와 P(패널 미설치)의 곱을 합한 것으로 구성된다. 이 모든 값은 〈표 3-3〉의 과거 데이터를 기반으로 다음과 같이 쉽게 계산할 수 있다.

계산	설명
P(중간 소득& 중간 PSH |패널 설치) = 0.25	패널을 설치한 8가구 중 2가구가 중간 소득과 중간 PHS 임
P(패널 설치) = 0.5	16가구 중 8가구가 패널 설치
P(중간 소득& 중간 PSH |패널 미설치) = 0.375	패널을 설치하지 않은 8가구 중 3가구가 중간 소득과 중간 PHS 임
P(패널 미설치) = 0.5	16가구 중 8가구가 패널 미설치

이제 베이즈 정리에 대입하면

$$
\begin{aligned}
&P(\text{패널 설치} \mid \text{중간 소득 \& 중간 PSH}) \\
&= \frac{P(\text{중간 소득 \& 중간 PHS} \mid \text{패널 설치}) \times P(\text{패널 설치})}{\left(\begin{array}{l} P(\text{중간 소득 \& 중간 PHS} \mid \text{패널 설치}) \times P(\text{패널 설치}) + \\ P(\text{중간 소득 \& 중간 PHS} \mid \text{패널 미설치}) \times P(\text{패널 미설치}) \end{array}\right)} \\
&= \frac{(0.25)(0.5)}{(0.25)(0.5) + (0.375)(0.5)} = 0.4
\end{aligned}
$$

이 확률은 매칭 집합의 데이터(중간 소득과 중간 PSH인 5개 가구 중 2가구가 패널을 설치함)를 기반으로 이전의 완전한 베이즈에 대한 직접적인 방법으로 계산한 것과 동일한 0.4이다. 어느 방법을 사용하더라도 항상 동일한 결과를 얻게 된다. 그러나 이 대안적 접근법은 직접적으로 $P(Y_1|\mathbf{X})$를 계산하는 데이터보다는 $P(\mathbf{X}|Y_i)$와 $P(Y_i)$를 추정하는 데이터를 더 쉽게 이용할 수 있는 경우에 종종 사용된다.

그러나 완전한 베이즈에 대한 이 대안적인 접근법은 앞에서 설명한 주요 결함을 해결하지 못한다. 직접적인 방법 혹은 베이즈 정리 접근법 어느 것을 사용하더라도 예측변수 기록이 없을 가능성이 있기 때문이다.

나이브 베이즈

완전한 베이즈에서 예측변수 값의 가능한 조합이 너무 많은 것을 해결하기 위해, 나이브 베이즈는 예측변수의 조합에 초점을 두지 않는다. 오히려 개별 예측변수에 개별적으로 초점을 둔다.

앞에서 본 베이즈 정리는 다음과 같았다.

$$P(Y_1|\mathbf{X}) = \frac{P(\mathbf{X} \mid Y_1)P(Y_1)}{\Sigma_i P(\mathbf{X} \mid Y_i)P(Y_i)}$$

완전한 베이즈와 달리, 나이브 베이즈는 예측변수 값의 특정 조합에 대한 확률 $P(\mathbf{X}|Y_i)$를 직접 계산하지 않는다. 대신에 개별 예측변수에 대한 확률 $P(x_1|Y_i)$, $P(x_2|Y_i)$, $\cdots$, 및 $P(x_p|Y_i)$을 개별적으로 계산한다. 그런 다음 이러한 확률의 곱(결합 확률)이 개별 확률의 곱과 같다고 "순진하게naïvely" 가정한다.

$$P(\mathbf{X}|Y_i) = P(x_1|Y_i) \times P(x_2|Y_i) \times \cdots \times P(x_p|Y_i)$$

그러면 베이즈 정리를 사용하여 $P(Y_i|\mathbf{X})$를 계산할 수 있다. 나이브 베이즈는 완전한 베이즈보다 간단하며 빠르게 예측변수 값을 처리할 수 있다. 그러나 개별 예측변수 간의 종속성을 고려하지 않기 때문에 성능이 저하될 수 있다.

예를 들어 사례연구에서 P(패널 설치 | 중간 소득 & 중간 PSH)를 알고 싶으면 먼저 P(중간 소득 | 패널 설치), P(중간 PSH | 패널 설치), P(패널 설치), P(중간 소득 | 패널 미설치), P(중간 PSH | 패널 미설치), P(패널 미설치)를 계산한다. 이것은 모두 다음과 같이 〈표 3-3〉의 과거 데이터를 기반으로 쉽게 계산할 수 있다.

계산	설명
P(중간 소득|패널 설치) = 0.5	패널을 설치한 8가구 중 4가구가 중간 소득
P(중간 PSH|패널 설치) = 0.5	패널을 설치한 8가구 중 4가구가 중간 PSH
P(패널 설치) = 0.5	16가구 중 8가구가 패널 설치
P(중간 소득|패널 미설치) = 0.375	패널을 미설치한 8가구 중 4가구가 중간 소득
P(중간 PSH|패널 미설치) = 0.75	패널을 미설치한 8가구 중 4가구가 중간 PSH
P(패널 미설치) = 0.5	16가구 중 8가구가 패널 미설치

이제 베이즈 정리에 대입하면

$$P(\text{패널 설치} \mid \text{중간 소득 \& 중간 PSH})$$
$$= \frac{P(\text{중간 소득} \mid \text{패널 설치}) \times P(\text{중간 PSH} \mid \text{패널 설치}) \times P(\text{패널 설치})}{\left(\begin{array}{l} P(\text{중간 소득} \mid \text{패널 설치}) \times P(\text{중간 PSH} \mid \text{패널 설치}) \times P(\text{패널 설치}) + \\ P(\text{중간 소득} \mid \text{패널 미설치}) \times P(\text{중간 PSH} \mid \text{패널 미설치}) \times P(\text{패널 미설치}) \end{array}\right)}$$
$$= \frac{(0.5)(0.5)(0.5)}{(0.5)(0.5)(0.5) + (0.375)(0.75)(0.5)} = 0.471$$

나이브 베이즈는 결합 확률은 개별 확률의 곱과 같다는 가정을 기반으로 한다. 이 가정은 예측변수가 서로 독립적일 때(개별 예측변수가 어떤 범주 값을 가질 확률이 다른 예측변수의 범주 값에 의존하지 않을 때) 정확하게 성립된다. 그러나 변수 간의 상관관계가 있는 경우는 이 가정에 위배된다.

실제로는 완전히 독립적인 예측변수는 드물기 흔하지 않기 때문에 이 가정은 일반적으로 어느 정도 위배된다. 이는 계산된 확률이 완전히 정확하지 않을 수 있다는 것을 의미한다. 그럼에도 불구하고, 그 절차는 여전히 잘 이용할 수 있다. 왜냐하면 우리는 결과의 상대적인 값 또는 어떤 결과가 가장 가능성이 높은지 알기 위해 각 결과에 대한 정확한 확률을 알 필요가 없기 때문이다. 나이브 베이즈를 사용하면 일반적으로 각 결과에 대해 계산된 확률에 약간의 오류가 발생하지만, 다양한 결과의 가능성에 대한 순위 매김은 대개 꽤 정확하다.

Analytic Solver를 사용하여 나이브 베이즈를 수행하려면 데이터 마이닝Data Mining 탭의 분류Classify 메뉴에서 나이브 베이즈Naïve Bayes를 선택한 다음 〈그림 3-23〉에 요약된 설정을 적용하면 된다.

가구 소득이 115,000달러이고 최대일조시간이 3.0인 신규 잠재고객(〈그림 3-23〉의 기록 1)에 대해 나이브 베이즈를 적용하면 이 고객이 패널을 설치하게 될 확률이 47.1%(앞에서 수기로 계산한 확률과 동일함)로 추정한다. 이 고객이 패널을 설치하지 않을 가능성이 더 높기 때문에 예측 기록은 패널을 설치하지 않은 것으로 분류된다. 나이브 베이즈는 완전한 베이즈와 동일한 예측을 하지만 추정 확률은 약간 다르다(완전한 베이즈의 경우 40%에 비해 47.1%).

나이브 베이즈의 장점은 각 예측변수에 대한 개별 확률을 계산하는데 모든 데이터가 사용될 수 있다는 것이다. 이에 비해 완전한 베이즈는 예측을 하기 위해 매칭 집합(모든 예측변수에 대해 예측 기록과 정확히 일치하는 과거 기록들)의 데이터만 사용하여 예측한다. 불행하게도 매칭 집합이 매우 작거나 혹은 집합 내 기록이 없을 수 있다. 그러나 나이브 베이즈의 단점

〈그림 3-23〉 나이브 베이즈 알고리즘을 Evergreen Solar 사례연구의 예측 기록(새로운 잠재고객)에 적용할 때의 Analytic Solver 설정(위)과 결과(아래)

Analytic Solver Settings
Naïve Bayes Classification **Data Range:** A1:H17 **Predictor Variables:** *Income, PSH* **Output Variable:** *Install?* **Success Class:** Yes **Success Probability Cutoff:** 0.5 **Partition Data:** No **Rescale Data:** No **Score:** New Data in Worksheet **Scoring Data Range:** A19:C24

Classification:

Record ID	Prediction: Install?	PostProb: No	PostProb: No
Record 1	No	0.470588235	0.529411765
Record 2	Yes	0.857142857	0.142857143
Record 3	Yes	0.571428571	0.428571429
Record 4	Yes	0.8	0.2
Record 5	Yes	0.571428571	0.428571429

은 예측변수가 독립적이지 않으면 나이브 베이즈로 계산된 확률이 다소 부정확할 수 있다는 것이다. 이러한 단점으로 인해 결과의 확률을 추정하는 데 나이브 베이즈를 사용하는 것은 그다지 유용하지 않을 수 있다. 그러나 앞에서 설명한 바와 같이, 그럼에도 불구하고 결과에 대한 순위를 매기는 데는 꽤 정확하기 때문에 나이브 베이즈는 여전히 분류에 상당히 정확할 수 있다. 또 다른 잠재적인 단점은 예측 기록에 이전 과거 기록 중 어느 것에서도 발생하지 않은 예측변수 값이 포함된 경우 해당 결과에 대한 추정 확률이 0이 될 수 있다는 것이다.

다중 선형 회귀분석

다중 선형 회귀분석multiple linear regression은 각 예측변수 값에 비례하는 수치 결과를 예측하는 데 널리 사용되는 방법이다. 다시 말하면, 수치 결과 변수(예: y)와 각 예측변수들(예: x_1, x_2, …, x_p) 사이의 관계를 결정하는 것이다. 이때 가정되는 것은 다음과 같다.

$$y \approx a_1x_1 + a_2x_2 + \cdots + a_px_p + b$$

1.4절에서 선형 회귀의 예를 설명하였다. 1.4절에서 소개한 VRX 사례에서 회사는 자사 제품 중 하나인 VRX2000의 판매가 광고 수준에 따라 어떻게 달라질지 예측하려고 하였다. 이 경우 (단일) 예측변수는 x = 광고 예산이고, 출력변수는 y = VRX2000의 예상 판매량이다. 1.4절에서 (선형 회귀분석을 사용하여) 최적 적합 직선best fit line이 다음과 같이 추정되었다.

$$y \approx 0.0139x + 1046.6$$

데이터의 산점도와 이 선형 회귀직선이 함께 표시된 그래프가 〈그림 1-2〉에 나와 있다. 단일 예측변수를 갖는 선형 회귀분석은 4.5절에서 더 자세히 다루게 될 것이다.

동일한 개념이 여러 개의 예측변수가 있는 경우에도 적용될 수 있다. 예를 들어 Evergreen Solar 사례연구에서 제니퍼가 가구 소득과 지붕의 최대일조시간을 기준으로 새로운 잠재고객이 창출할 순이익을 예측하려고 한다고 가정해보자. 여기서 예측변수는 x_1 [5] 가구 소득, x_2 = 최대 태양 시간이고, 출력변수는 y = 순이익이다.

다중 선형 회귀의 목표는 다음과 같은 함수의 a_1, a_2, b의 값을 결정하여 가능한 정확한 예측을 하는 것이다.

$$y \approx a_1x_1 + a_2x_2 + b$$

이를 위한 통계적 방법인 최소자승법method of least square을 사용한다.

Analytic Solver를 사용하여 다중 선형 회귀를 수행하려면 데이터 마이닝Data Mining 탭의 예측Predict 메뉴에서 선형 회귀분석Linear Regression을 선택한 다음 〈그림 3-24〉에 표시된 설정을 적용하여 다중 선형 회귀분석을 수행할 수 있다.

16명의 고객의 기록을 사용하여 〈그림 3-24〉의 계수 표를 기반으로 분석한 결과, 고객의

〈그림 3-24〉 다중 선형 회귀 알고리즘을 Evergreen Solar 사례연구의 예측 기록(새로운 잠재고객)에 적용할 때의 Analytic Solver 설정(위)과 결과(아래)

Analytic Solver Settings
Multiple Linear Regression **Data Range:** A1:H17 **Predictor Variables:** *Income, PSH* **Output Variable:** *Profit* **Partition Data:** No **Rescale Data:** No **Score:** New Data in Worksheet **Scoring Data Range:** A19:C24

Coefficients:

Predictor	Estimate
Intercept	−11.150082
Income	0.0635532
PSH	1.870839

Predictions:

Record ID	Prediction: Profit
Record 1	1.771052413
Record 2	10.2120913
Record 3	9.940809215
Record 4	4.781464161
Record 5	6.007662435

순이익을 추정하기 위한 다음 식이 얻어진다.

$$\text{순이익}(\$000) \approx 0.0636(\text{소득}) + 1.871(\text{PSH}) - 11.15$$

가구 소득이 115,000달러이고 최대일조시간이 3.0인 새로운 잠재고객(〈그림 3-24〉의 예측 표에서 기록 1)에 대하여, 다음과 같은 순이익 추정치가 도출된다.

$$\text{순이익}(\$000) \approx 0.0636(115) + 1.871(3.0) - 11.15 = 1.771,\ \text{즉 } 1{,}771\text{달러.}$$

다중 선형 회귀분석의 장점은 구현하기 쉽고 해석하기 쉽다는 것이다. 개별 예측변수가 예측에 미치는 영향을 명확하게 보여준다. 이것은 결과에 매우 중요한 영향을 미치는 예측변수를 식별하는 데 특히 유용할 수 있다. 사실, 다중 선형 회귀는 주로 이러한 유형의 설명적인 모델링을 위해 자연 및 사회 과학 분야에서 종종 사용된다. 거기서 관심은 결과를 예측하는 것이 아니라 어떤 변수가 결과에 얼마나 많은 영향을 미치는지 결정하는 데 있다. 예를 들어 흡연이 폐암의 높은 발병률과 관련이 있는가?

다중 선형 회귀분석의 한 가지 우려 사항은 모형은 예측에 대한 각 예측변수의 효과가 그 계수 값에 정확히 비례한다고 가정한다는 것이다. 따라서 회귀 함수의 예측변수 계수는 예측변수의 단위 변화 당 예측이 얼마나 증가(또는 감소)할 것인지를 정확하게 나타내는 것으로 가정한다. 또한, 예측변수의 변화는 다른 예측변수의 값에 관계없이 동일한 영향을 준다고 가정한다. 만약 이러한 가정 중 하나 또는 모두가 성립되지 않으면 부정확한 예측을 할 수 있다.

로지스틱 회귀분석

로지스틱 회귀분석logistic regression은 다중 선형 회귀분석과 밀접한 관련이 있다. 그러나 다중 선형 회귀분석처럼 수치 결과를 예측하는 대신 로지스틱 회귀분석을 사용하여 몇 가지 가능성(예: 패널 설치 여부) 중에서 어떤 범주형 결과가 발생할 가능성이 높은지를 예측하는 데 사용된다.

다중 선형 회귀분석에서 목표는 수치 결과 변수(예: y)와 각 예측변수(예: $x_1, x_2, \cdots, x_p$) 사이의 관계를 결정하는 것이고, 여기서 가정은 다음과 같다는 것을 기억하면,

$$y \approx a_1x_1 + a_2x_2 + \cdots + a_px_p + b$$

이것은 결과 y는 수치적인 결과라는 것을 말한다.

그러나 위에서 언급한 것처럼 로지스틱 회귀분석에서는 수치 결과를 다루지 않는다. 대신 몇 가지의 가능한 값이 있는 범주형 변수인 결과 변수를 다룬다. 실제로, yes-or-no 결과에 해당하는 두 가지 가능한 값만 가지고 있는 경우가 많다. 이 결과 변수는 알려지지 않는 확률 분포를 갖는 확률변수이다. 이 확률변수를 Y로 표시하고 가장 바람직한 결과를 A로 표시하자. 로지스틱 회귀분석의 목표는 일반적으로 다음을 추정하는 것이다.

$$P(Y=\mathrm{A}) = \text{결과가 A가 될 확률}$$

Y에 대한 다중 선형 회귀 방정식을 사용하여 이 확률을 계산할 수 있을까? 그렇다. 이것이 로지스틱 회귀분석 방법의 핵심이다.

앞의 사례연구를 보면, 사건 A는 패널을 설치하기로 한 새로운 잠재고객에 해당한다. 이 결과에 대한 확률은 이 잠재고객의 예측변수(가구 소득과 가구의 최대일조시간)와 밀접한 관련이 있다. 특히 이러한 예측변수가 증가함에 따라 이 확률은 지속적으로 증가한다. 따라서 예측변수의 계수를 적절하게 선택하여 다중 선형 회귀에 대한 식으로 $P(Y=\mathrm{A})$를 근사할 수 있다. 즉,

$$P(Y=\mathrm{A}) \approx a_1x_1 + a_2x_2 + \cdots + a_px_p + b$$

그러나 이 접근 방식의 문제는 이 확률이 0과 1 사이에 있어야 함에도 불구하고 이 확률 계산이 그것을 보장하지 않는다는 것이다. 해결책은 대신 $P(Y)$를 추정하기 위해 다음과 같이 수정된다.

$$P(Y=\mathrm{A}) \approx \frac{1}{1 + e^{-(a_1x_1 + a_2x_2 + \cdots + a_px_p + b)}}$$

이것을 로지스틱 반응 함수logistic response function라고 한다. 이렇게 함으로써 예측변수의 값에 관계없이 0과 1 사이의 값이 된다.

다중 선형 회귀와 마찬가지로, 이제는 함수가 가능한 정확한 결과를 예측하도록 $a_1, a_2, \cdots, a_p$와 b의 값을 결정하는 것이다. 이러한 값은 대개 최우추정법maximum likelihood estimation을 사용하여 추정된다. 이러한 값을 결정하는 알고리즘은 여기서는 자세히 다루지 않을 것이다.

로지스틱 회귀분석은 Analytic Solver를 사용하여 데이터 마이닝Data Mining 탭의 분류Classify 메뉴에서 로지스틱 회귀분석Logistic Regression을 선택한 다음 〈그림 3-25〉에 표시된 설정을 적용하여 수행할 수 있다.

16명의 이전 고객 기록을 사용하여 패널 설치 가능성을 추정한 결과는 다음 식(〈그림 3-25〉의 계수 표 기반)이 된다.

$$P(\text{패널 설치}) \approx \frac{1}{1 + e^{-(0.0272(\text{수익}) + 1.0533(\text{PSH}) + 7.828)}}$$

〈그림 3-25〉의 분류표에서 가구 소득이 115,000달러이고 최대일조시간이 3.0인 새로운 잠재고객(기록 1)의 경우, 이 값은 다음과 같다.

$$P(\text{패널 설치}) \approx \frac{1}{1 + e^{-(0.0272(115) + 1.0533(3.0) + 7.828)}} = 0.177$$

확률이 0.5 이하이기 때문에 이 고객은 패널 설치 가능성이 낮다. 로지스틱 회귀분석의 장점은 이 고객이 패널을 설치하지 않을 확률을 $1 - 0.165 = 0.823$으로 추정하여 이 예측을 상당히 구체화한 것이다.

로지스틱 회귀분석은 다중 선형 회귀분석과 많은 장단점을 공유하고 있다. 다중 선형 회귀

〈그림 3-25〉 로지스틱 회귀분석 알고리즘을 Evergreen Solar 사례연구의 예측 기록(새로운 잠재고객)에 적용할 때 Analytic Solver의 설정(위)과 결과(아래)

Analytic Solver Settings
Logistic Regression Classification **Data Range:** A1:H17 **Predictor Variables:** *Income, PSH* **Output Variable:** *Profit* **Success Class:** Yes **Success Probability Cutoff:** 0.5 **Partition Data:** No **Re-Scale Data:** No **Score:** New Data in Worksheet **Scoring Data Range:** A19:C24

Coefficients:

Predictor	Estimate
Intercept	−7.8277908
Income	0.0272102
PSH	1.053257

Classification:

Record ID	Prediction: Install?	PostProb: Yes	PostProb: No
Record 1	No	0.176702596	0.823297404
Record 2	Yes	0.931177093	0.068822907
Record 3	Yes	0.896675982	0.103324018
Record 4	Yes	0.618127796	0.381872204
Record 5	Yes	0.605014514	0.394985486

분석과 마찬가지로 구현하기 쉽고 해석하기도 쉽다(로지스틱 함수를 제외하면). 또한, 각 예측변수가 결과에 미치는 영향을 파악할 수 있다. 부정적인 측면에서는 다중 선형 회귀분석의 경우와 마찬가지로 각 예측변수의 영향이 다른 예측변수의 값과 독립적이라는 불확실한 가정을 하는 것이다. 이 가정이 거의 성립하지 않는 경우, 추정 확률의 정확도가 크게 감소할 수 있다.

최적의 알고리즘 선택

이 장에서는 예측 분석을 수행하기 위한 다섯 가지 유형의 알고리즘을 소개하였다. 3.2절 소개한 K-근접 이웃KNN 알고리즘과 3.3절에서 소개한 분류 트리 또는 회귀 트리 알고리즘과 이 절에서 소개된 세 가지 알고리즘(나이브 베이즈, 다중 선형 회귀 및 로지스틱 회귀) 등이다. 이들은 가장 많이 사용되는 5개의 알고리즘 중 하나이지만, 이 분야에서 개발된 수십 개의 다른 알고리즘도 있다.

이 다섯 가지 알고리즘은 각각 특별한 장점이 있어서 특정 유형의 응용에 적합하다. KNN 알고리즘은 매우 직관적이어서 어느 정도의 중간 크기의 문제에 특히 시각적 검사를 통해 적용할 수 있다. 그러나 새 예측 기록마다 처음부터 다시 적용해야 한다. 반면, 분류 트리 또는 회귀 트리 알고리즘은 연속되는 새로운 예측 기록에 신속하게 재적용할 수 있다.

나이브 베이즈 알고리즘의 주요 특징은 예측변수에 범주형 변수를 사용하여 값의 범위와 특별한 범주를 예측변수와 함께 고려할 수 있다는 것이다. 다중 선형 회귀분석은 각 예측변수에 비례한다고 가정되는 수치를 예측하기 위해 특별히 설계되었다. 이 비례성 가정이 유지되고 몇 가지 범주형 결과가 고려되는 경우, 로지스틱 회귀분석은 예측 기록이 특정 결과가 확률의 근사치를 얻기 위해 설계되었다.

어떤 알고리즘이 특정 응용에서 최적의 성과를 발휘하는가는 사전에 미리 알 수는 없다. 최적의 알고리즘을 선택하는 한 가지 방법은 예측 정확도prediction accuracy를 비교하는 것이다. 이것은 2.4절에서 설명한 바와 같이 데이터 집합의 유효성 검사 또는 테스트 파티션을 사용할 때의 오차 비율error rates을 비교하여 측정할 수 있다. 여러 알고리즘을 시도하고 예측 정확도를 비교하며 가장 잘 수행하는 알고리즘을 선택하는 것이 일반적이다. 이 작업은 2.5절에서 사례 연구를 다시 검토할 때 수행된다. 때로는 모형의 총체적 효과ensembles를 동시에 사용하여 결과를 결합하여 정확도를 향상시킬 수 있다.

예측 정확도 외에도, 알고리즘을 이해하고 설명하기 쉬운 것이 중요한 경우도 있다. 이것은 고객이나 의사결정자에게 모델링 접근 방식과 결과의 정당화할 필요가 있는 경우 특히 중요할 수 있다. KNN 알고리즘, 분류 트리 또는 회귀 트리 알고리즘 및 다중 선형 회귀분석은 비교적 이해하고 설명하기 쉽다.

알고리즘 간의 또 다른 차이점은 이들이 전역global인지 지역local인지에 따라 다르다. 로지스틱 회귀분석과 다중 선형 회귀분석은 전역 알고리즘global algorithm이다. 이는 예측변수 값이 증가(또는 감소)하면 예측 값이 현재 값 혹은 다른 예측변수 값과 상관없이 항상 동일한 방법으로 예측을 변경한다고 가정하는 의미이다(예를 들면, 소득이 많을수록 항상 패널을 설치할 가능성이 높아진다). 반면에, KNN 알고리즘과 분류 또는 회귀 트리 알고리즘은 특정 결과를 초래하는 지역 영역(또는 "pockets")을 식별할 수 있다는 점에서 지역 알고리즘local algorithm이다. 예를 들어 중간 소득 포켓은 패널을 설치할 가능성이 높지만 소득 가치가 더 높거나 더 낮을 경우에는 설치하지 않을 가능성이 있다. 또는 소득과 최대일조시간의 지역 조합이 특정한 방식으로 작동할 수 있다. 예측변수와 결과 사이의 관계의 특성에 따라 지역 알고리즘 또는 전역 알고리즘이 더 적합할 수 있다.

복습문제

1. 나이브 베이즈 알고리즘의 주요 가정은 무엇인가?
2. 수치형 예측변수를 범주형 예측변수로 변환하려면 어떻게 해야 하는가?
3. 다중 선형 회귀분석에서 예측변수와 결과 사이의 어떤 관계를 가정하고 있는가?
4. 다중 선형 회귀분석과 로지스틱 회귀분석의 중요한 차이점은 무엇인가?
5. 예측 정확도 이외에 알고리즘과 결과를 고객 또는 의사결정자에게 정당화해야 할 필요가 있는 경우 알고리즘이 갖는 어떤 측면이 유용한가?
6. 어떤 알고리즘이 지역 알고리즘이고 어떤 알고리즘이 전역 알고리즘인가?

3.5 사례연구 재검토: 모형 개선 및 검정

몇 년이 지나 제니퍼는 창업 이후 처음으로 100명의 고객에게 판매 영업을 하였다. 패널 설치 여부에 대한 각 고객의 결정을 포함하여 결과로 얻어진 모든 데이터는 www.mhhe.com/Hillier7e에 있는 Evergreen Solar(100 Customers) 스프레드시트에서 확인할 수 있다. 이 스프레드시트의 일부는 〈그림 3-26〉에 나와 있다.

3.1절에서 소개한 처음의 사례연구에서는 16건의 과거 기록만 있어서 모형이 적절한지를 충분히 테스트할 수 없었다. 이제 100명의 고객 데이터가 있으므로 데이터 집합을 학습 집합training set과 검증 집합validation set으로 분할할 수 있다. 데이터 집합을 분할하면 2.4절에서 설명한 예측 분석의 두 가지 주요 단계를 수행할 수 있다. 첫째, 현재 모형을 검증하고 개선하는 데 사용할 수 있다(단계 3). 검증 집합은 KNN 및 분류 트리 모형을 개선하는 데 사용할 수 있다. 둘째, 다양한 모형을 테스트하고 최적의 모형을 선택하는 데 사용할 수 있다(단계 4). 다섯 가지 모형 모두를 테스트하여 어떻게 수행하는지를 확인하는 것으로 사례연구를 마무리하고자 한다.

〈그림 3-26〉 Evergreen Solar의 고객 100명에 대한 과거 데이터(6~94 가구의 데이터는 숨겨져 있음)

	A	B	C	D	E	F	G	H
1	Household	Income	PSH	Install?	Bid	Installation	Revenue	Profit
2	1	114	4.5	Yes	0.62	15.46	21.90	5.82
3	2	98	6.4	Yes	0.73	10.64	19.84	8.47
4	3	130	2.9	No	0.65	0	0	−0.65
5	4	198	1.6	No	0.54	0	0	−0.54
6	5	124	3.4	No	0.42	0	0	−0.42
96	95	175	6.4	Yes	0.63	26.88	43.39	15.88
97	96	91	4.6	Yes	0.85	11.55	17.08	4.68
98	97	197	3.8	Yes	0.65	26.89	41.63	14.09
99	98	85	2.2	No	0.74	0	0	−0.74
100	99	91	5.1	No	0.56	0	0	−0.56
101	100	172	6.6	Yes	0.98	21.87	33.32	10.47

데이터 분할 적용하여 *k*에 대한 최적값을 선택하여 KNN 모형을 개선하기

KNN 알고리즘을 기반으로 하는 모형의 경우 분할된 데이터를 사용하여 최적의 *k*값(고려해야 할 가장 가까운 이웃의 수)을 결정할 수 있다. 학습 집합 데이터는 KNN 알고리즘에 의해 과거 데이터로 처리되며, 알고리즘은 검정 집합의 각 기록을 분류하고 해당 기록의 실제 결과와 이 분류를 비교한다. 여러 가지 *k*값에 대해 이 과정이 반복되어 알고리즘이 검증 데이터 집합에서 올바르게 분류된 비율이 가장 높은 *k*값으로 선택된다.

확장된 데이터 집합에 KNN 알고리즘을 적용하기 위해 3.2절에서 설명한 동일한 단계를 적용한다(〈그림 3-8〉~〈그림 3-12〉 참조). 여기에서 두 가지 주요 차이점이 있다.

첫째는 데이터 집합을 분할하기 위해 매개변수Parameters 탭에서 데이터 분할Partition Data 버튼을 누르고(〈그림 3-9〉 참조) 기본 분할(데이터의 60%는 학습 집합에 할당되고 나머지 40%는 검증 집합에 할당됨)을 하기 위해 랜덤 분할Random Partition 버튼을 선택하여 데이터 집합을 분할한다. 둘째, 동일한 매개변수Parameters 탭에서 검색Search 1을 클릭해서 K옵션을 선택한다. 여기서 상한값은 *K*=7이다. 이렇게 하면 Analytic Solver는 1부터 7까지 *k*의 각 값에 대해 유효성 검증 집합에서 KNN 알고리즘을 평가해서 가장 잘 수행되는 *k*값을 찾게 된다.

〈그림 3-27〉에는 1부터 7까지의 각 *k* 값에 대한 KNN 모형의 Analytic Solver

〈그림 3-27〉 k의 7가지 다른 값에 대해 Analytic Solver Data Mining에서 KNN 알고리즘의 성능. k=5를 사용하면 잘못된 예측 비율이 22.5%로 가장 우수한 성능을 얻을 수 있음.

Analytic Solver Settings
k-Nearest Neighbor Classification
Data Range: A1:H101
Predictor Variables: *Income, PSH*
Output Variable: *Install?*
Success Class: Yes
Success Probability Cutoff: 0.5
Partition Data: Yes (T 60%)/(V 40%)
Re-Scale Data: Standardization
 # Neighbors (*K*): Search 1..7

K	% Misclassification
1	25
2	25
3	25
4	25
5	22.5
6	25
7	27.5

설정과 결과가 요약되어 있다. k의 각 값에 대해 유효성 검증 데이터 집합에서 과거 기록의 몇 퍼센트가 "분류 오류"(그 고객이 패널 설치를 선택했는지 여부에 대한 잘못된 분류)를 초래했는지 보여준다. k=5를 사용하면 과거 기록의 22.5%만 잘못된 분류를 생성할 수 있을 정도로 최상의 성능을 제공한다. 따라서 제니퍼는 앞으로 이 모형에 k=5를 사용할 것이다.

데이터 분할을 적용하여 분류 트리 가지치기

데이터 분할을 이용하여 분류 트리를 **가지치기**[prune the tree]하는 방법에 대해 설명한다. 분할된 데이터는 검증 데이터로 사용되며, 트리에서 가장 하위에 추가된 몇 개의 가지[branch]를 제거하여 트리를 가지치기한다. 가지치기된 트리가 검증 데이터의 예측 정확도가 가장 높은지를 확인한다. (동일한 접근 방법이 회귀 트리 모형에도 사용될 수 있다.)

이를 위해서는 Analytic Solver를 사용하여 3.3절에서 설명한 단계를 따르면 된다.(〈그림 3-20〉 및 〈그림 3-21〉 참조). 그러나 〈그림 3-28〉에 표시된 매개변수[Parameter] 탭에서 몇 가지 주요 차이점이 있다. 첫째, 데이터는 분할된다(위의 KNN 알고리즘을 사용할 때와 동일). 둘째, 트리가 너무 커지는 것을 막기 위해, 이 경우에는 5단계 이상 분할하지 않거나 하나의 마디에 5개 미만의 과거 기록이 있는 경우 분할하지 않도록 제한한다. Tree for Scoring 버튼을 클릭하여 검증 데이터 집합의 점수를 매기는데[Scoring](또는 예측 정확도를 평가할) 사용할 트리를 선택할 수 있다. Full Tree는 가지치기 되지 않은 완전한 트리를 사용한다. Best Pruned는 잘 작동하는 가장 간단한 트리(가장 적은 수의 가지를 가진 트리)를 선택한다. Minimum Error는

〈그림 3-28〉 Analytic Solver Data Mining의 분류 트리 알고리즘의 Parameter 탭. 데이터는 60-40으로 학습 집합과 검증 집합으로 분할. 완전히 성장한 최상의 제거 및 최소 오류 트리가 표시됨

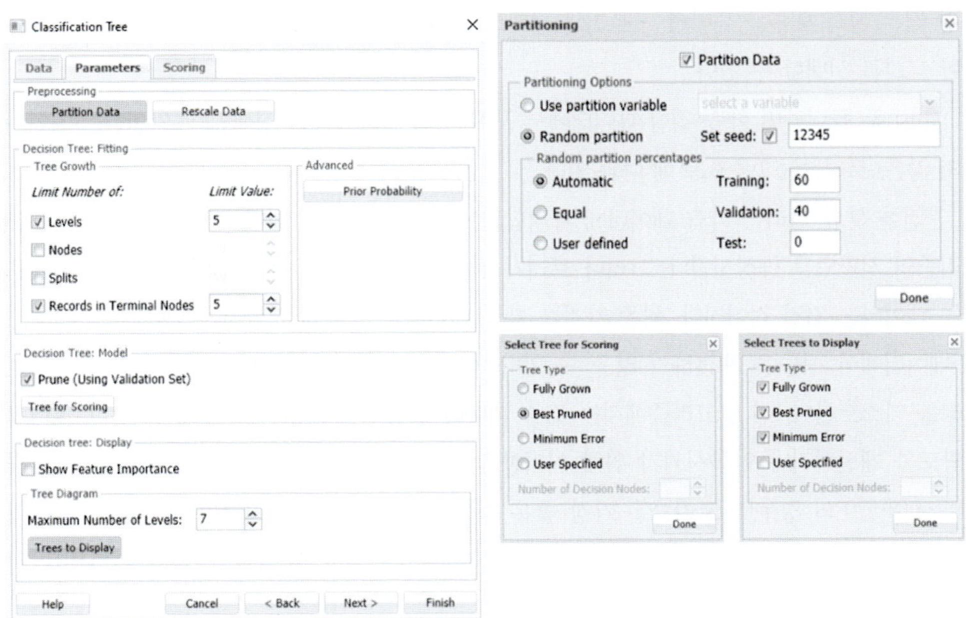

〈그림 3-29〉 Evergreen Solar 사례연구에서 훈련 집합에 대한 완전한 분류 트리

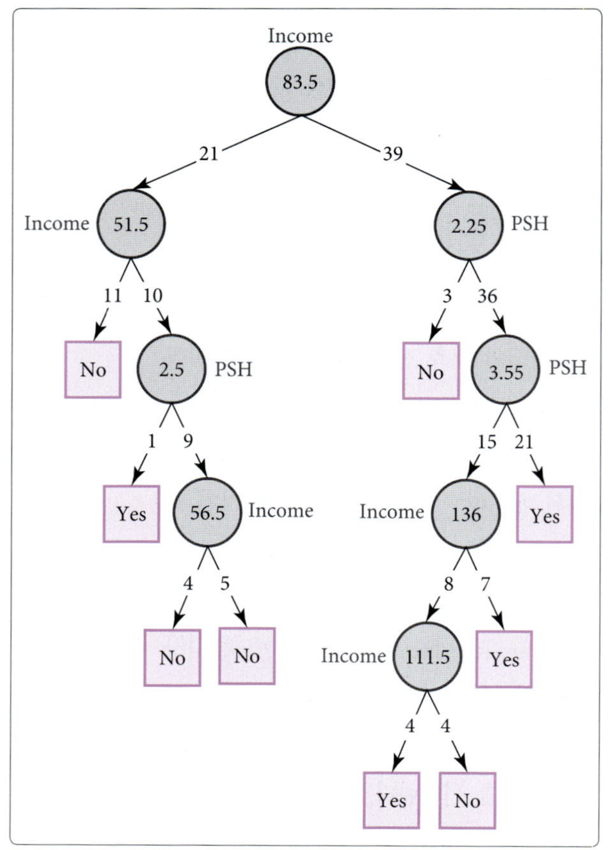

〈그림 3-30〉 Analytic Solver Data Mining의 분류 트리 알고리즘을 Evergreen Solar 사례연구의 검정 데이터 집합에 적용할 경우의 최소 오류 트리

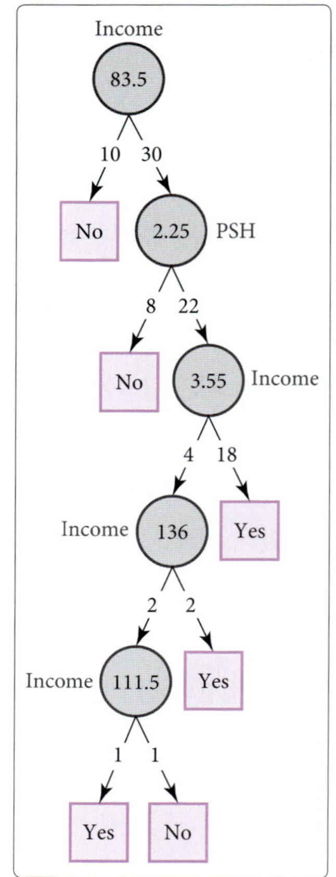

가장 적은 예측 오류를 유발하는 트리를 선택한다. Trees to Display 버튼을 클릭하여 따로 표시할 트리를 선택할 수 있다.

Finish를 클릭하면 학습 집합 데이터에서 분류 트리 알고리즘이 실행된다. 완전한(가지치기되지 않은) 트리는 〈그림 3-29〉에 나와 있다.

완전한 분류 트리는 학습 데이터에 과적합되어 있을 가능성이 있다. 보통 초기 가지는 알고리즘의 정확도를 향상시킨다. 그러나 트리가 점점 더 깊게 구축됨에 따라 개별 마디에 사용되는 데이터는 점점 적어진다. 최종 가지는 학습 데이터의 잡음에 적합하게 되어 실제로 새로운 데이터에서 성능을 개선하지 않을 수 있다. 이것을 확인하기 위하여 검증 집합 데이터로 트리를 테스트한다. 이 알고리즘에서는 검증 데이터 집합에서 과거 기록을 분류할 때 트리의 정확도를 개선하거나 악화시키기 위해 이러한 깊은 가지들을 가지치기한다. 최소 오류 트리 minimum error tree의 경우, 알고리즘은 가장 좋은 성능을 발휘하는 가지치기된 트리를 찾기 위해 가능한 모든 가지치기된 가지들의 조합을 고려한다(검증 집합에서 대부분의 과거 기록을 정

확하게 예측함으로써). 결과적으로 최소 오류 트리는 3개의 의사결정 마디(초기 마디의 왼쪽에 있는 마디)를 가지치기하여 <그림 3-30>에 표시된 분류 트리를 얻는다.

최적의 가지치기된 분류 트리는 추가적인 가지치기로 인해 정확도가 크게 저하되지 않는 한 간단한 트리(가지가 더 적은)를 만들기 위해 가지치기를 조금 더 할 것이다. 이 경우 최적의 가지치기된 트리는 오른쪽 하단의 3개의 하위 마디를 가지치기하여 <그림 3-31>에 나와 있는 매우 단순한 분류 트리를 얻는다.

<그림 3-31> Analytic Solver Data Mining의 분류 트리 알고리즘을 Evergreen Solar 사례연구의 검정 데이터 집합에 적용할 경우의 최적의 제거된 트리

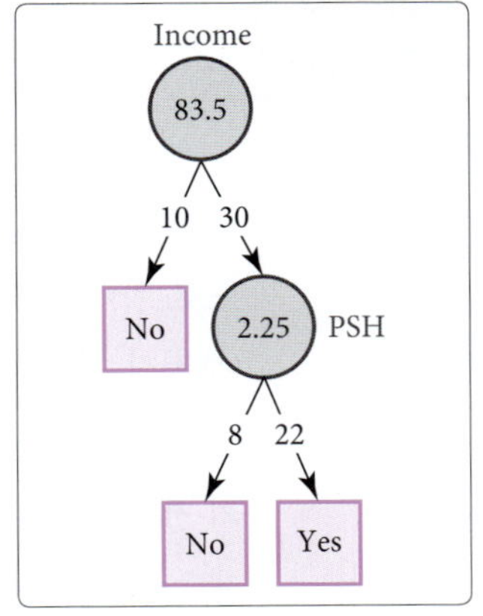

최소 오류 트리 대신 최적 가지치기 트리를 선호하는 것은 직관적일 수 있습니다. 왜냐하면 최소 오류 트리는 (정의상) 검증 데이터 집합에서 가장 우수한 전반적인 성능을 가지기 때문이다. 그러나 최적의 가지치기된 트리는 최소 오류 트리에 비해 두 가지 잠재적인 이점이 있다. 첫째는 일반적으로 더 적은 분기를 가진 더 단순한 트리가 된다. 따라서 분류 규칙이 더 단순해지도록 한다. 둘째, 최소 오류 트리는 실제로 검증 데이터에 과적합 되어 있을 가능성이 있기 때문에 검증 데이터 집합에서 성능이 향상되어 있을 가능성이 있다. 때로는 약간의 추가 가지치기를 하면 이러한 과적합을 완화하여 새로운 데이터에 대한 알고리즘의 성능을 향상시킬 수 있다. 때로는 새로운 데이터에서 가지치기된 트리를 추가로 검증하기 위해 세 번째 분할(테스트 분할)을 사용하기도 한다.

최적의 가자치기된 트리는 다 단순한 트리를 만들면서도 전반적인 정확도를 유지하는 균형을 맞추려고 하는 점 때문에 제니퍼는 최적의 가지치기된 트리가 새로운 잠재 고객을 분류하고 결과를 예측하는 데 사용할 최적의 트리라고 생각한다. 또한 이 트리를 사용할 때의 결과 결정 규칙이 얼마나 단순한지에 대해 특히 매력을 느낀다. 소득이 835만달러 이상이고 PSH가 2.25달러 이상인 잠재 고객에 대해서만 영업을 집중하면 된다.

데이터 분할을 적용하여 다양한 모형을 테스트하는 방법

모형을 개선하는 것뿐만 아니라 분할된 데이터를 사용하여 모형의 성능을 테스트할 수도 있다. 이제 Analytic Solver를 사용하여 이 장에서 고려한 모든 모형에 대해 테스트해보자. 검증 집합을 사용하여 모형을 테스트하려면 알고리즘의 Analytic Solver 대화상자의 점수매김Scoring 탭에서 하나 이상의 Score Validation Data 설정(예: Summary Report나 Lift Chart 등)을 켜야on 한다. (KNN 모형의 Scoring 탭에 대해서는 그림 3-10을 참조하면 된다.) 요약 보고서Summary Report에는 2.4절에서 다루는 혼동 행렬confusion matrix, 오류 보고서error report 및 2.4절에 소개한 다양한 매트릭스가 표시된다(<그림 2-24> 참조). 리프트 차트Lift Chart(2.4절에 기술)는 모형의 효과를 시각화하는 데 도움이 되는 차트를 제공한다(<그림 2-25> 참조).

〈표 3-4〉 Evergreen Solar 사례연구의 검증 데이터 집합을 사용한 경우의 다양한 분류 모형의 정확도, 특이성 및 민감도 비교

분류 모형	정확도(%)	특이성(%)	민감도(%)
KNN(k=5)	77.5	72.2	81.8
분류 트리(최적 삭제)	80.0	77.8	81.8
나이브 베이즈	67.5	50.0	81.8
로지스틱 회귀	75.0	66.7	81.8

〈표 3-5〉 Evergreen Solar 사례연구의 검증 데이터 집합을 사용한 경우의 다양한 예측 모형에 대한 평균 절대 편차(MAD)와 평균 제곱 오차(MSE) 비교

예측 모형	MSE	MAD
KNN(k=5)	17.85	2.91
회귀 트리(최적 삭제)	16.09	2.86
다중 선형 회귀	18.88	3.14

첫째, 우리는 다양한 모형이 다양한 고객을 패널 설치 가능성이 있는지 아닌지로 어느 정도로 잘 분류하는지를 테스트한다. 〈표 3-4〉는 이 장에서 고려한 다양한 분류 모형의 특이도(부정적 결과를 올바르게 예측하는 능력으로 정의됨), 민감도(긍정적 결과를 올바르게 예측하는 능력으로 정의됨) 및 전반적인 오류율의 비교를 나타낸 것이다. 이러한 결과로 나타난 분석의 세부 사항은 연습문제로 남겨둔다(www.mhhe/Hillier7e에서 해답이 이용 가능한 학습문제 3.S2 참조).

모형 간에 결과를 비교하는 것은 흥미롭다. 분류 트리 모형은 정확도는 가장 높지만 거의 차이가 없다. 또한, 분류 트리 모형은 가장 높은 특이도(부정적 결과를 정확하게 예측하는)를 보여준다. 4개의 알고리즘 모두 동일한 민감도(긍정적 결과를 정확하게 예측)를 가지고 있었다.

제니퍼는 모든 알고리즘의 성능에 만족하고 있다. 분류 트리 모형은 잠재고객을 더 관리할지 여부를 결정할 때 간단한 결정 규칙을 따를 수 있기 때문에 구현이 간단하다는 장점이 있다. 따라서 제니퍼는 분류 트리 모형을 계속 사용할 예정이다.

다음으로 각 고객에 대한 순이익을 예측하는 데 각 모형이 얼마나 잘 수행하는지 테스트한다. 〈표 3-5〉는 각 모형의 평균 절대 편차(MAD)와 평균 제곱 오차(MSE)를 비교한 것이다. MAD는 유효성 검정 집합에서 예상 순이익과 실제 순이익의 차이의 절대치의 평균을 측정한다. MSE는 예상 순이익과 실제 순이익의 차이의 제곱의 평균을 측정한다. 이러한 결과를 가져오는 상세한 분석은 연습문제로 남겨둔다(www.mhhe/Hillier7e에서 해답이 이용가능한 학습문제 3.S3 참조)

이러한 결과는 회귀 트리가 이 경우 가장 정확하게 순이익을 예측하는 가장 효과적인 모형이지만, 세 모형 모두 유사한 성능을 발휘한다는 것을 보여준다.

복습문제

1. 제니퍼는 이제 100명의 고객을 보유하게 되었다. 이전에 16명의 고객으로부터 데이터를 가지고 있었을 때는 실현 불가능했던 모형 개선이나 테스트를 할 수 있게 되었다. 그렇게 하기 위해서 어떻게 하면 좋은가?
2. 데이터 분할을 사용하여 KNN 모델을 개선하는 방법은 무엇인가?

3. 데이터 분할을 적용하여 분류 트리 모형을 개선하는 방법은 무엇인가?
4. 관심이 있는 다양한 모형을 데이터 분할로 테스트한 결과, 어느 모형을 계속 사용할 것인가에 대한 제니퍼의 결론은 무엇인가?

복습문제

3.6 관련성 분석 및 추천 시스템

지금까지 다룬 모형과 알고리즘은 예측 기록과 유사한 특성을 갖는 과거 기록의 행동을 기반으로 예측 기록의 행동을 예측하도록 설계되었다. 그러나 예측 분석은 때로 다른 유형의 예측도 할 수 있다. 예를 들어 소매업자가 고객에게 어떤 제품을 판매할 때, 그 고객이 유사 제품도 구매할 수 있는지를 예측하고 싶은 경우가 흔히 있다. 즉, 다양한 제품 쌍 간의 연관성degree of association between various pairs은 어느 정도 되는지를 파악하는 것이다. 이 절에서는 이러한 예측 분석의 응용에 대해 간략하게 소개한다.

대규모의 고객 거래 데이터베이스를 사용하여 구입한 제품 간의 연관성의 정도를 간단하게 분석할 수 있다. 어떤 제품들이 함께 구매되는 경향이 있는지를 알 수 있을까? **관련성 분석**affinity analysis의 목적은 고객의 관점에서 이러한 제품들 사이의 연관성 정도를 파악하여 "어느 것이 어느 것과 함께 쓰이는지"를 식별하는 것이다. 가장 관련성이 높은 제품은 이러한 제품을 함께 홍보할 것을 권고하는 **추천 시스템**recommendation systems과 연계가 된다. 현대의 온라인 소매업자들은 추천 시스템을 적극적으로 활용한다.

아마존은 그 대표적인 사례이다. 아마존을 사용하다 보면 이러한 경험을 하였을 것이다. 여러분이 특정 종류의 제품에 대한 선택을 검색하는 동안, 아마존은 여러분에게 다양한 선택지를 계속해서 제공한다. 일단 결정을 하면, 해당 제품과 함께 사용하는 다른 보완적인 제품도 추천해준다. 구매하고 하루나 이틀이 지나면 최근 구매한 상품과 관련이 있는 제품을 홍보하는 친절한 메시지를 받게 될 것이다. 이러한 접근 방식은 아마존에는 확실히 효과를 발휘하였다. 그것이 회사의 수익 증대에 큰 역할을 한 것으로 알려져 있다.

넷플릭스도 또 다른 대표 사례이다. 고객이 영화를 선택한 후(그리고 평가를 한 후), 넷플릭스는 해당 정보와 비슷한 취향을 가진 다른 고객이 어떻게 영화를 선택하고 평가했는지에 대한 데이터를 모두 활용하여 고객에게 다음에 선택할 영화를 추천한다. 그 결과 고객은 이 추천을 따라 다음 선택을 하는 경우가 많고, 넷플릭스는 이러한 접근 방식이 충성 고객을 유지하는 데 도움이 되었다고 생각한다.

오프라인 소매점들도 이러한 접근 방식을 사용할 수 있다. 예를 들어 제품의 배치, 주간 판촉 행사 및 제품 묶음bundling을 안내하는 데 도움이 될 수 있다. 이러한 맥락에서, 이 접근 방식을 때때로 **장바구니 분석**market basket analysis이라고 부른다.

이러한 응용사례를 분석하기 위한 체계는 이번 장에서 가정한 체계와 유사하다. A제품의 구매자가 B제품을 구매할 가능성을 고려할 때, 예측 기록은 A제품을 구매한지 얼마 되지 않은 사람일 것이다. 과거 기록은 이전에 A제품를 구매하고 B제품도 구매한 고객이다. 이러한 과거 기록과 예측 기록의 특성을 비교하면 예측 기록이 B제품도 구입할 가능성이 얼마나 되는지를 결정할 수 있다. 이 장에서 제시된 모형과 알고리즘은 이러한 종류의 응용사례에 적합하도록 조정할 수 있다.

복습문제

1. 관련성 분석의 목표는 무엇인가?
2. 관련성 분석과 추천 시스템 사이에 어떤 관계가 있는가?
3. 현대 온라인 소매업체 중 추천 시스템을 많이 활용하는 몇 가지 예시를 들어보라.

3.7 요약

3.1절은 이후 제시되는 모형과 그 알고리즘을 설명하는 데 사용되는 사례연구인 Evergreen Solar라는 스타트업 회사를 소개하였다. 이 회사는 주택 지붕에 태양광 패널을 설치한다. 새로운 잠재고객에 대한 판매 홍보에 드는 많은 초기 비용 때문에 회사의 소유주인 제니퍼는 가능성이 있는 잠재고객에게만 집중할 필요가 있다. 따라서 제니퍼는 새로운 잠재고객이 패널 설치 가능성이 있는지 여부를 예측하기 위한 적절한 절차를 찾아야 한다. 그녀는 과거 예상 고객(과거 기록)과 그와 같은 결과를 예측하기 위한 새로운 잠재고객(예측 기록) 모두의 주요 특징(예측변수)은 각 예상 고객의 연간 가구 소득과 최대일조시간이라고 생각한다.

3.2절은 k-근접 이웃[KNN] 알고리즘을 제시한다. 이 알고리즘은 예측 기록의 데이터 점에 가장 가까운 데이터 점(예측변수에 기초한)을 가진 *k*개의 과거 기록을 사용하여 분류 또는 예측 결정을 내린다. 결과가 '예' 또는 '아니요'인 경우, 이러한 결정은 이 *k*개의 과거 기록의 결과에 기초한다. 결과가 수치인 경우, 예측 기록에 대한 결과 예측은 *k*개의 과거 기록에 대한 결과의 평균이다.

KNN 알고리즘은 결과를 예측하기 위한 직관적인 절차를 제공하지만, 새로운 예측 기록마다 모든 계산을 다시 해야 한다는 문제점이 있다. 이를 해결하기 위해 3.3절에 제시된 분류 트리와 회귀 트리 알고리즘을 사용한다. 분류 트리 또는 회귀 트리가 작성되면, 전체적인 과거 기록 영역 내에서 각 새로운 예측 기록이 속하는 적절한 하위 영역을 분류하는 데 재사용할 수 있다. (트리는 종종 갱신되어야 한다.) 분류 트리 알고리즘은 예/아니오 결과(또는 세 가지 이상의 선택지가 있는 다른 개별 결과)를 처리할 때 적용할 수 있고, 회귀 알고리즘은 수치 결과를 다룰 때 사용된다.

3.4절은 예측 분석을 수행하기 위한 세 가지 알고리즘을 더 소개한다. 나이브 베이즈 알고리즘은 범주형 변수(제한된 값 또는 범주인 변수)를 사용하여 예측변수를 활용할 수 있게 해

준다. 다중 선형 회귀는 예측할 숫자 결과가 각 예측변수와 비례한다고 가정하는 경우에 자주 사용되는 방법이다. 로지스틱 회귀는 예측변수가 특정 결과를 가질 확률을 대략적으로 추정하는 데 사용된다.

3.5절은 이 장에서 제시된 모형과 알고리즘을 개선하고 검증하는 데 초점을 맞추고 있다. 과거 기록이 충분히 많을 경우(최소 100개 이상), 인기 있는 접근 방식은 이러한 과거 기록을 학습 집합과 검증 집합으로 분할하는 것이다. 학습 집합은 모형을 개발하는 데 사용되고, 검증 집합은 모형을 테스트하는 데 사용된다. 이 절에서는 데이터 분할을 사용하여 (1) KNN 모형에 사용할 최적의 *k*값(사용할 최근 이웃의 수)을 선택하고, (2) 분류 트리를 적절하게 가지치기하고, (3) 다양한 모형을 적용할 때 결과를 얻고 비교하는 방법을 보여준다.

3.6절에서는 연관성 분석과 추천 시스템을 소개한다. 관련성 분석은 고객의 관점에서 제품 간의 연관성 정도를 분석한다. 추천 시스템은 함께 홍보해야 할 제품을 추천한다.

용어

검증 자료 validation partition 학습 자료로 모형을 개발한 후에 모형을 검증하는 데 사용되는 사용 가능한 과거 기록의 일부. (서론, 3.2절)

결과 outcome 미래의 행동을 예측할 때, 결과는 실제로 발생한 행동을 가리킴. 또한, 과거 기록의 관찰된 행동을 말하기도 함. (서론, 3.2절, 3.3절)

결과 분류 classifying the outcome 예측 기록의 가능한 결과 중 어느 것이 상대적으로 발생할 가능성이 높은지를 식별하는 것. (3.3절)

과거 기록 historical record 과거(현재까지의) 비슷한 고객에 대한 결과에 기초하여 고객(또는 다른 기업)의 미래 행동을 예측할 때, 관련 데이터(예측변수)와 결과를 포함한 각 과거 고객의 특성(관련 데이터(예측 변수)와 결과)에 대한 정보. (서론, 3.2절, 3.3절)

관련성 분석 affinity analysis 제품 간의 연관성 정도를 분석하여 "무엇이 무엇과 어울리는지"를 파악하기 위해, 함께 구매할 수 있는 제품 간의 연관성의 정도를 분석. (3.6절)

구간화 binning 각 수치 값의 범위를 묶음(bin) 분류하여 수치 예측변수를 범주형 변수로 변환함. (3.4절)

나이브 베이즈 알고리즘 naïve Bayes algorithm 예측변수가 범주형 변수인 경우 널리 사용되는 분류 알고리즘. (3.4절)

다중 선형 회귀분석 multiple linear regression 예측할 수치 결과가 각 예측변수 값에 비례한다고 가정하고 예측하는 방법. (3.4절)

데이터 과적합 overfitting the data 영역을 지나치게 분할하여 예측이 지나치게 적은 표본을 기반으로 하도록 만드는 것. (3.2절과 2.2절)

데이터 정규화 normalizing the data 각 유형의 데이터 값이 0과 1사의 값이 되도록 크기를 재조정하는 것. (3.2절)

데이터 표준화 standardizing the data 표준 정규 분포의 평균에서 몇 개의 표준편차만큼 떨어져 있는지를 측정하도록 각 데이터 유형의 크기를 조정하는 것. (3.2절)

로지스틱 회귀 logistic regression 예측변수의 값과 해당 확률 간의 관계를 결정하여 특정 범주형 결과에 대한 확률을 예측하는 방법. (3.4절)

매칭 집합 matching set 예측변수의 범주형 값이 예측 기록의 해당 범주형 값과 완전히 일치하는 과거 기록의 집합. (3.4절)

범주형 변수 categorical variable 일정한 값 또는 범주만을 가질 수 있는 변수. (3.4절)

부류 class 예측 기록의 가능한 결과 범주 중 하나. (3.3절)

분류 classification 과거 기록을 분석하여 예측 기록이 특정 부류에 속할 가능성이 높다고 판단하는 것. (3.2절)

분류 모형 classification mode 예측 기록의 결과에 대한 부류를 예측하기 위한 모형. (서론, 3.2절)

분류 트리 classification tree 연결된 마디와 가지(branch)로 이루어진 다이어그램으로, 과거 기록의 다양한 영역을 식별하고 새로운 예측 기록 이러한 영역 중 하나에 속하는지를 분류할 수 있도록 함. (3.3절)

분류 트리 알고리즘 classification tree algorithm 예/아니오 결과(또는 두 개 이상의 명확한 결과가 있는 이산적 결과)를 다룰 때 예측 분석을 수행하기 위해 분류 트리를 사용하는 알고리즘. (3.3절)

사각형 마디 square node 분류 트리 또는 회귀 트리에서 과거 기록 영역을 나타내는 마디. (3.3절)

수치 출력변수 numerical output variable 수치 결과를 나타내는 변수. (3.3절)

수치적 결과 numerical outcomes 결과가 일정 범위 내의 모든 수치 값을 가질 수 있는 상황. (3.2절)

예/아니요 결과 yes-or-no outcomes 두 가지 결과만 가능한 상황으로, 바람직한 결과에 '예'로 표시하고, 바람직하지 않은 결과에 '아니요'라고 표시할 수 있는 상황. (3.2절)

예측 기록 predictor record 새로운 고객의 미래 행동에 대한 예측을 할 때, 그 새로운 고객과 특성(예측변수)을 예측 기록이라고 함. (서론, 3.2절, 3.3절)

예측 모형 prediction model 예측 기록의 수치 결과를 예측하기 위한 모형. (서론, 3.2절)

예측변수 predictor variable 예측을 위해 (다른 예측변수와 함께) 사용되는 기록(과거 기록 예측 기록 모두)의 주요 특성. (서론, 3.2절)

완전한 베이즈 분류 알고리즘 complete Bayes classification algorithm 예측 기록과 일치하는 예측 변수 값을 가진 기록을 사용하는 나이브 베이즈 알고리즘의 확장. (3.4절)

원형 마디 circular node 하나의 영역을 새 영역으로 분할하는 의사결정을 나타내는 것으로, 분류 트리 또는 회귀 트리에 있는 마디. (3.3절)

장바구니 분석 market basket analysis 어떤 제품이 함께 구매될 가능성이 높은지 분석하여, 해당 제품들을 함께 판매하거나 묶음으로 하는 것을 결정하는 것. (3.6절)

전체 지니지수 overall Gini index 예/아니오 결과와 관련된 여러 영역의 동질성의 부족을 측정하는 지수. (3.3절)

전체 회귀지수 overall regression index 수치 결과를 처리할 때 여러 영역의 동질성 부족을 측정하는 지수. (3.3절)

중지 규칙 stopping rule 데이터 과적합을 시작하기 전에 알고리즘을 종료하는 규칙. (3.3절)

지니지수 Gini index 예/아니오 결과를 다룰 때, 영역의 동질성의 결여를 측정하는 지수. (3.3절)

최대일조시간 peak sun hour 햇빛의 세기가 평방미터당 평균 1킬로와트의 에너지에 도달하는 1시간. (3.1절)

추천 시스템 recommendation systems 관련성 분석을 사용하여 함께 판촉 활동을 할 제품을 추천하는 데 사용. (3.6절)

학습 자료 training partition 예측분석모형에 대한 이용 가능한 과거 자료의 일부로 모형을 개발(학습)하는 데 사용되는 됨. (서론, 3.2절)

회귀지수 regression index 수치 결과를 다룰 때 영역의 동질성 부족을 측정하는 지수. (3.3절)

회귀 트리 regression tree 수치 결과를 다룰 때 사용되는 분류 트리의 변형. (3.3절)

회귀 트리 알고리즘 regression tree algorithm 수치 결과를 다룰 때 회귀 트리를 사용하여 예측 분석을 수행하는 알고리즘. (3.3절)

KNN 알고리즘 KNN algorithm k-근접 이웃 알고리즘의 약어. (3.2절)

k-근접 이웃 알고리즘 k-nearest-neighbors algorithm 분류 및 예측을 위해, 예측 기록에 가장 가까운 *k*개의 과거 기록(*k*개의 가장 가까운 이웃)을 사용하여 예측 기록이 분류되는 지역을 결정하는 알고리즘. (3.2절)

이 장에 대한 학습지원

모든 학습지원 자료는 www.mhhe.com/Hillier7e에서 이용할 수 있다.

엑셀 파일:

Evergreen Solar (16 customers)

Evergreen Solar (20 customers)

Evergreen Solar (100 customers)

First Bank Data

Pathfinder College Data

Friendly Bank Data

Vegas Villas Data

엑셀 추가기능:

Analytic Solver

학습문제

해답은 www.mhhe.com/Hillier7e에서 이용할 수 있다.

3.S1. First Bank에 분류 트리 적용

2.1절에서 처음 소개된 First Bank 사례연구를 다시 보자. First Bank의 데이터 집합은 www.mhhe.com/Hillier7e에서 이용할 수 있다. 2장에서는 KNN 모델이 대출 신청자가 채무 불이행 가능성이 높지 않으므로(5% 확률 이하) 프라임 대출을 받을 가능성이 있다는 것을 분류하기 위해 사용되었다. 이러한 유형의 분류를 수행하기 위해 Credit 및 dti를 예측변수로 사용하여 동일한 유형의 분류를 하기 위해 분류 트리 모형을 개발하시오. 중지 규칙으로 최대 4개의 분할을 사용한다. 이 결과로 나온 분류 트리를 사용하여 〈그림 2-26〉에 표시된 세 가지 대출 신청자를 분류하시오.

3.S2. Evergreen Solar의 분류 모델 비교

이 장에서 고려된 Evergreen Solar 사례연구를 다시 생각해보자. www.mhhe.com/Hillier7e에서 제공하는 Evergreen Solar(100명의 고객) 데이터 집합을 사용하여 과거 기록을 학습 자료(기록의 60%)와 검증 자료(기록의 40%)로 분할한다.

a. 50% 컷오프를 기준으로 검증 자료에서 구매 가능성이 있는(또는 그렇지 않은) 것으로 잠재고객을 분류할 때, (학습 자료에 있는 과거 데이터 기준으로) k=5의 KNN 모형에 대한 정확성, 민감도 및 특이성을 결정하시오.
b. 5단계 또는 마디에 과거 기록이 5개 미만인 경우에는 분할하지 않는 분류 트리 모형에 대해 문항 a의 각 항목에 답하시오. 최적의 가지치기된 트리를 사용하여 모형의 점수를 매기시오.
c. 소득 및 PSH가 각각 높음, 중간 및 낮음으로 구분이 된 범주화된 데이터 워크시트 탭의 Evergreen Solar(100 customers) 데이터 집합을 사용하여 나이브 베이즈 모델에 대해 문항 a의 각 항목에 답하시오.
d. 로지스틱 회귀분석 모형에 대해 문항 a의 각 항목에 답하시오.
e. 어떤 모형이 가장 성능이 좋은지 설명하시오.

3.S3. Evergreen Solar 예측 모델 비교

이 장에서 고려된 Evergreen Solar 사례연구를 다시 고려하자. www.mhhe.com/Hillier7e에서 제공하는 Evergreen Solar(100명의 고객) 데이터 집합을 사용하여 과거 기록을 학습 자료(기록의 60%)와 검증 자료(기록의 40%)로 분할한다.

a. 검증 자료에서 잠재고객의 이익을 예측하는 데 사용되는 k=5인 KNN 알고리즘에 대한 MAD 및 MSE를 구하시오.
b. 5단계 또는 마디에 과거 기록이 5개 미만인 경우에는 분할하지 않는 분류 트리 모형에 대해 문항 a의 각 항목에 답하시오. 최적의 가지치기된 트리를 사용하여 모형의 점수를 매기시오.
c. 다중 선형 회귀 모형에 대해 문항 a의 각 항목에 답하시오.
d. 어떤 모형이 가장 성능이 좋은지를 설명하시오.

연습문제

Analytic Solver(또는 유사한 소프트웨어)가 필요한 문제에는 AS가 표시되어 있으며, 번호에 별표(*)가 있는 문제는 책 뒷부분에 정답의 일부가 있다.

3.1 3.1절에서 소개된 Ingram Micro에서 수행한 예측 분석 연구를 완전히 설명하는 참조 논문을 읽고, 이 연구에서 데이터 마이닝과 예측 분석이 어떻게 적용되었는지 간략히 설명하고, 이 연구에서 얻은 다양한 재정 및 비재정적 이점을 나열하시오.

3.2 EVERGREEN SOLAR 사례연구에서 k=3인 KNN 알고리즘을 적용하여 예측된 잠재고객(예측기록)에 대한 표준화된 예측변수 값이 사용된 경우를 보여주는 〈그림 3-5〉를 다시 보자. 새로운 잠재고객에 대한 예측은 패널이 설치되지 않을 가능성이 높지만, 실제로 새로운 잠재고

객이 패널을 설치할 확률은 (모든 과거 기록 중에서) 가장 가까운 이웃 세 곳 중 하나가 패널을 설치했기 때문에 비교적 높은 1/3이다. 이 예에서는 새로운 잠재고객에 대해 예측변수 중 하나의 값을 크게 감소시키면 이 확률은 크게 감소하는 반면 예측변수를 크게 증가시키면 반대 효과가 발생한다는 것을 이 응용사례에서 잘 이해된다. 이것을 좀 더 탐구해보자.

a. 가구 소득의 값을 변경하지 않고 새로운 잠재고객에 대해 최대일조시간의 표준화된 값인 −1.5, −1.0, −0.5, 0, +0.5에서 추정 확률이 어떻게 변화하는가? 최대일조시간의 이러한 주요 변화는 추정된 확률을 얼마나 변화시켰는가?

b. 새로운 잠재고객의 최대일조시간 값을 변경하지 않고 가구 소득의 표준화된 값인 −1.0, −0.5, 0, +0.5, +1.0에서 추정 확률이 어떻게 변화하는가? 이러한 가구 소득의 주요 변화는 추정확률을 얼마나 변화시켰는가?

c. 개별 과거 기록에 대한 결과의 무작위성이 어떻게 문항 a와 b의 결과로 이어질 수 있는지에 대한 의견을 제시하시오.

d. 과거 기록의 수를 크게 늘리고 k의 값을 조금 늘리면 예측변수가 변화함에 따라 예측변수의 변화에 따라 이들 확률이 어떻게 변하는지 더 정확하게 보여주는 것을 포함하여 새로운 판매 리드에 태양열이 설치될 것으로 추정되는 확률의 정확도가 얼마나 향상되어야 하는지에 대한 의견을 제시하시오.

3.3* 〈그림 3-19〉는 사례연구에 대한 최종 분류 트리를 보여준다. 다음의 각 새로운 잠재고객(예측 기록)에 대해 이 분류 트리를 따라 내려가서 이 새로운 잠재고객의 패널 설치 여부를 예측하시오. 또한, 트리를 따라 내려오는 경로를 정하시오.

a. 연간 가구 소득이 25만 달러이고 최대일조시간이 3.5인 새로운 잠재고객.

b. 연간 가구 소득이 10만 달러이고 최대일조시간이 5.5인 새로운 잠재고객.

c. 연간 가구 소득이 15만 달러이고 최대일조시간이 2.3인 새로운 잠재고객.

3.4 〈그림 3-16〉과 〈그림 3-17〉은 사례연구에 대한 분류 트리 알고리즘을 적용할 때 데이터를 영역으로 분할하는 두 번째와 세 번째 분할을 보여준다.

a. 두 번째 분할에 의해 생성된 두 개의 새로운 영역 각각에 대한 지니지수와 전체 지니지수 및 전체 동질성의 향상을 계산하시오.

b. 세 번째 분할에 의해 생성된 두 개의 새 영역에 대해 문항 a의 각 항목에 답하시오.

3.5 3.3절의 회귀 트리를 사용하여 수치 출력 변수로 결과를 측정하는 경우, 회귀 트리 알고리즘은 영역을 분할하여 영역의 균질성을 최대화한다. 〈그림 3-17〉에서 표시된 두 개의 새 영역에 대한 회귀지수는 각각 68.5와 23.5이다. 이 두 값의 계산 과정을 제시하시오,

AS**3.6*** 문제 2.9에서 처음 설명한 것처럼 Pathfinder College는 입학 전형을 개선하고자 하는 소규모 교양 대학이다. 특히 신입생들 중 너무 많은 수가 중퇴를 하거나 다른 대학으로 전학을 가거나 졸업 기준을 충족하지 못하는 등 다양한 이유로 졸업에 실패했다. 따라서 입학처는 지원자가 졸업에 성공할 것인지를 더 잘 예측할 수 있는 방법을 알고자 한다. 이 대학은 주로 지원자를 평가하기 위해 두 가지 예측변수, 즉 고등학교 성적 평균과 SAT 점수를 사용한다. 둘 중 하나가 충분히 높을 경우(GPA≥3.30 또는 SAT≥1200), 지원자는 즉시 합격한다. 입학 허가를 받은 지원자들은 보통 성공적으로 졸업할 때까지 잘한다. 하지만 입학처는 신입생을 채우기 위해 더 많은 지원자 풀을 늘릴 필요가 있다. 문제는 다른 지원자들 중 어느 지원자가 졸업에 성공할 가능성이 높은지 예측하는 방법이 필요하다는 것이다. 입학처는 지원자가 졸업에 성공할 가능성이 50% 이상이면 입학을 고려한다. 입학처는 기존에 입학 허가를 받았거나 입학했지만 즉시 합격 기준을 충족하지 못한 800명을 무작위로 선발했다. 이들 모두 졸업하기에 충분한 시간이 있었다. 졸업 여부를 포함한 이러한 과거 기록에 대한 데이터는 www.mhhe.com/Hillier7e에서 제공되는 Pathfinder College Data라는 스프레드시트 파일에 제공된다. 입학처는 현재 아래에 나열된 세 명의 지원자를 평가하고 있으며, 따라서 최종적으로 졸업할 수 있는 가능성에 대한 각각의 예측을 알고자 한다. Clean Data 워크시트 탭의 모든 데이터(분할되지 않음)를 사용하여 이 문제에 k=7인 KNN 알고리즘을 적용하고 표준화를 사용하여 데이터 크기를 조정한다. 지원자가 졸업할 가능성이 50% 이상인 경우 합격 가능성이 있는 것으로 분류된다고 가정하고, 다음 지원자를 각각 분류하여 졸업할 것으로 예상되는 확률을 표시하시오.

a. GPA가 3.21이고 SAT 점수가 920점인 지원자.

b. GPA가 2.84이고 SAT 점수가 1120점인 지원자.

c. GPA가 3.03이고 SAT 점수가 1010점인 지원자

AS**3.7** 문제 3.6을 다시 보자. 과거 기록을 학습 자료(800개 기록 중 60%)와 검증 자료(800개 기록 중 나머지 40%)로 분할한다.

a. k=1에서 9까지의 값으로 수행하여 KNN 알고리즘에서 최적의 k값을 구하시오.

b. 검증 자료에 적용할 때 최적의 k값으로 이 알고리즘에 대한 리프트 차트를 생성하시오.

AS**3.8** 문제 3.6을 다시 고려하자. 입학처는 이제 세 명의 지원자(a, b, c)의 대학 GPA를 예측하려고 한다. k=7인 KNN 알고리즘을 적용하여 세 명의 지원자 각각에 대한 대학 GPA를 예측하시오.

AS**3.9** 문제 3.6를 다시 보자.

a. 지원자가 졸업할 가능성이 50% 이상이라면 성공 가능성이 있는 것으로 분류된다고 가정할 때, 분류 트리를 생성하시오. 중지 규칙으로 최대 네 개의 분할을 허용한다.

b. 분류 트리 결과를 사용하여 고려중인 문제 3.6(a, b, c)의 지원자 3명을 각각 분류하시오.

c. 지원자가 졸업할 가능성이 60% 이상이라면 성공 가능성이 있는 것으로 분류된다고 가정할 때, a를 반복하여 분류 트리를 생성하시오.

d. 생성된 분류 트리를 사용하여 문제 3.6(a, b, c)의 지원자 3명을 각각 분류하시오.

AS**3.10** 문제 3.6을 다시 고려하자. 과거 기록을 학습 자료(800 기록 중 60%)와 검증 자료(800 기록 중 나머지 40%)로 분할한다.

a. 최대 7번의 분할을 중지 규칙으로 사용하여 최적의 가지치기된 분류 트리를 생성하시오.

b. 검증 자료에 적용할 때 최적의 k값을 적용하여 리프트 차트를 생성하시오.

c. 생성된 분류 트리를 사용하여 문제 3.6(a, b, c)의 지원자 3명을 각각 분류하시오.

AS**3.11** 문제 3.6을 다시 보자.

a. 회귀 트리 알고리즘을 적용하여 고등학교 GPA 및 SAT 점수의 예측변수를 기반으로 지원자의 대학 내신을 예측하시오. 최대 4개의 분할을 중지 규칙으로 사용하여 회귀 트리를 생성하시오.

b. 생성된 회귀 트리를 사용하여 문제 3.6(a, b, c)의 지원자 세 명의 대학 GPA를 예측하시오.

AS**3.12** 문제 3.6을 다시 고려하자. 대학 GPA 및 SAT 점수에 대한 데이터는 이제 각각 범주화된 데이터 워크시트 탭에서 5개 범주(Low, Medium Low, Medium, Medium High 및 High)로 구분되었다. 50% 컷오프를 기준으로 범주화된 데이터 집합에 나이브 베이즈를 적용하여 문제 3.6(a, b, c)의 지원자 3명을 각각 졸업(또는 그렇지 않음) 가능성이 있는지를 분류하시오.

AS**3.13*** 문제 3.6을 다시 고려하자.

a. 다중 선형 회귀 분석을 적용하여 고등학교 성적과 SAT 점수를 예측변수로 사용하여 대학 성적을 예측하시오. 대학 성적의 예측 방정식을 고등학교 성적과 SAT 점수의 함수로 결정하시오.

b. 결과로 얻은 다중 선형 회귀 모형을 사용하여 문제 3.6(a, b, c)의 세 지원자 각각의 대학 GPA를 예측하시오.

AS**3.14** 문제 3.6을 다시 고려하자.

a. 로지스틱 회귀 분석을 적용하여 고등학교 성적과 SAT 점수에 따라 지원자를 졸업 가능성이 높거나 낮은 것으로 분류하시오. 고등학교 성적과 SAT 점수의 함수로 졸업 확률을 계산하는 로지스틱 반응 함수를 결정하시오.

b. 결과로 얻은 로지스틱 회귀 모형을 사용하여 50%의 컷오프 기준으로 문제 3.6(a, b, c)의 지원자 세 명을 각각 졸업할 가능성이 높거나 낮은 것으로 분류하시오.

AS**3.15** 문제 3.6을 다시 고려하자. 과거 기록을 학습 자료(800개 기록 중 60%)와 검증 자료(800개 기록 중 나머지 40%)로 분할한다.

a. 50% 컷오프를 기반으로 검증 자료의 지원자를 졸업 가능성이 있는(또는 그렇지 않은) 것으로 분류하는 데 사용될 때 (학습 자료의 과거 데이터에 기초하여) k=5인 KNN 모델(학습 자료의 기존 자료 기반)의 정확성, 민감도 및 특이성을 결정하시오.

b. 최대 7개 분할의 중지 규칙을 사용하고 최적으로 가지치기된 트리를 사용하는 분류 트리 모형으로 문항 a의 각 항목에 대해 답하시오.

c. 범주화된 워크시트 탭의 데이터를 사용하여 나이브 베이즈 모형으로 문항 a의 각 항목에 대해 답하시오.

d. 로지스틱 회귀분석 모형을 사용하여 문항 a의 각 항목에 대해 답하시오.

e. 어떤 모형이 가장 성능이 좋은지 설명하시오.

AS**3.16** 문제 3.6을 다시 고려하자. 과거 기록을 학습 자료(800개 기록 중 60%)와 검증 자료(800개 기록 중 나머지 40%)로 분할한다.

a. k=5인 KNN 알고리즘을 사용하여 검증 자료에서 지원자의 GPA를 예측할 때 MAD 및 MSE를 구하시오.

b. 최대 7개 분할을 중지 규칙으로 사용하고 최적의 가지치기된 트리를 사용하는 분류 트리 모형으로 문항 a의 각 항목에 대해 답하시오.

c. 다중 선형 회귀 모형을 사용하여 문항 a의 각 항목에 대해 답하시오.

d. 어떤 모형이 가장 성능이 좋은지 설명하시오.

AS**3.17** 문제 2.16에서 처음 설명한 것처럼, Friendly Bank는 지역 사회에서 자격이 있는 사람들에게 대출을 하는 데 매우 적극적이다. 그러나 은행은 대출을 받은 사람이 예정대로 대출을 상환할 가능성이 있는지 확인하기 위해 각 대출을 신중하게 평가할 필요가 있다. 따라서 은행은 이러한 예측을 하기 위해 예측변수로 주로 대출을 신청하는 사람의 연간 수익과 신용 등급을 사용한다.

이 은행은 최근 몇 년간의 상당한 대출의 과거 기록과 그 결과를 모두 정리하였다. 이 정보는 www.mhhe.com/Hillier7e에서 이용할 수 있는 Friendly Bank Data라는 제목의 스프레드시트에 있다. 계약이 끝난(완납되거나 채무 불이행으로 끝난) 대출만 포함돼 총 4,985건의 기록이 작성되었다.

은행은 현재 아래에 설명된 세 가지 대출 신청을 평가하고 있다. 표준화를 사용하여 크기를 조정한 데이터가 있는 Clean Data 워크시트 탭의 모든 데이터(분할되지 않은 데이터)를 사용하여 k=10인 KNN 알고리즘을 이 문제에 적용하여 다음 각 신청자를 채무 불이행 가능성이 높음(채무 불이행 가능성 10% 이상으로 정의됨) 또는 채무 불이행 가능성이 낮음(채무 불이행 가능성 10% 이하로 정의)으로 분류하시오. 또한, 각 항목에 대한 채무 불이행의 추정 확률도 구하시오.

a. 대출 신청자의 연소득은 110,000달러이고 신용 등급은 640달러이다.
b. 대출 신청자의 연소득은 58,000달러이고 신용 등급은 740달러이다.
c. 대출 신청자의 연소득은 82,000달러이고 신용 등급은 700달러이다.

AS**3.18** 문제 3.17을 다시 고려하자. 이제 k=10인 KNN 알고리즘을 사용하여 세 명의 신청자(a, b, c) 각각에 대한 연체 횟수를 예측하시오.

AS**3.19** 문제 3.17을 다시 고려하자.

a. 최대 4개의 분할을 중지 규칙으로 분류 트리 알고리즘을 적용하시오. 신청자가 채무 불이행 가능성이 10%를 초과하는 경우 채무 불이행 가능성이 있는 것으로 분류된다고 가정하여 분류 트리를 생성하시오.
b. 결과로 얻어진 분류 트리를 사용하여 문제 3.17(a, b, c)의 지원자 3명을 각각 분류하시오.
c. 이제 신청자가 채무 불이행 가능성이 5%를 초과하는 경우 채무 불이행 가능성이 있는 것으로 분류된다고 가정하여 분류 트리를 생성하시오.
d. 결과로 얻어진 분류 트리를 사용하여 문제 3.17(a, b, c)의 지원자 3명을 각각 분류하시오.

AS**3.20** 문제 3.17을 다시 고려하자.

a. 회귀 트리 알고리즘을 사용하여 연간 소득 및 신용 점수의 예측변수를 기반으로 연체 횟수를 예측하시오. 최대 4개의 분할을 중지 규칙으로 사용하여 회귀 트리를 생성하시오.
b. 결과 회귀 트리를 사용하여 고려중인 문제 3.17(a, b, c)의 3명의 신청자 각각에 대한 연체 횟수를 예측하시오.

AS**3.21** 문제 3.17을 다시 고려하자. 과거 기록을 학습 자료(4985개 기록 중 60%)와 검증 자료(4985개 기록 중 나머지 40%)로 분할한다.

a. 최대 7개의 분할을 중지 규칙으로 사용하여 연간 소득 및 신용 점수의 예측변수를 기반으로 연체 횟수를 예측하는 최적의 가지치기된 회귀 트리를 생성하시오.
b. 검증 자료에 적용할 때 리프트 차트를 생성하시오.
c. 결과의 회귀 트리를 사용하여 문제 3.17(a, b, c)의 세 신청자 각각에 대한 연체 횟수를 예측하시오.

AS**3.22** 문제 3.17을 다시 고려하자. 연간 소득 및 신용 점수에 대한 과거 데이터는 이제 각각 범주화된 데이터 워크시트 탭에서 5개 범주(Low, Medium Low, Medium, Medium High 및 High)로 나누어져 있다. 묶음(bin) 데이터 집합에 나이브 베이즈를 적용하여 문제 3.17(a, b, c)의 지원자 세 명을 각각 채무 불이행 가능성(채무 불이행 확률 10% 이상으로 정의)이 있는지 여부를 분류하시오.

AS**3.23** 문제 3.17을 다시 고려하자.

a. 다중 선형 회귀분석을 사용하여 연간 소득 및 신용 점수의 함수로 연체 횟수에 대한 예측 방정식을 구하시오.
b. 결과로 얻어진 다중 선형 회귀 모형을 사용하여 문제 3.17(a, b, c)의 세 신청자 각각에 대한 연체 횟수를 예측하시오.

AS**3.24*** 문제 3.17을 다시 고려하자.

a. 로지스틱 회귀분석을 사용하여 신청자가 채무 불이행 가능성이 있는지 여부(채무 불이행 확률 10%보다 큰 것으로 정의됨)를 분류하시오. 연간 소득 및 신용 점수의 함수로 채무 불이행이 없을 확률을 계산하는 로지스틱 반응 함수를 구하시오.
b. 결과로 얻어진 로지스틱 회귀분석 모형을 사용하여 문제 3.17(a, b, c)의 세 지원자를 각각 분류하시오.

AS**3.25** 문제 3.17을 다시 고려하자. 4,985 개의 기록을 학습 자료(기록의 60%)와 검증 자료(나머지 40%의 기록)로 분할한다.

a. 채무 불이행 가능성(채무 불이행 확률 10% 이상으로 정의됨) 여부에 대해 신청자를 분류할 때 k=10인 KNN

모형(학습 자료의 과거 데이터 기반)에 대한 정확도, 민감도 및 특이성을 구하시오.

b. 최대 4개의 분할을 중지 규칙으로 사용하고 전체 트리를 사용하는 분류 트리 모형을 사용하여 문항 a의 각 항목에 대해 답하시오.

c. 범주화된 워크시트 탭의 데이터를 사용하여 나이브 베이즈 모형으로 문항 a의 각 항목에 대해 답하시오.

d. 로지스틱 회귀분석 모형으로 문항 a의 각 항목에 대해 답하시오.

e. 어떤 모형이 가장 성능이 좋은지 설명하시오.

AS**3.26** 문제 3.17을 다시 고려하자. 4,985 개의 기록을 학습 자료(기록의 60%)와 검증 자료(나머지 40%의 기록)로 분할한다.

a. k=10인 KNN 알고리즘을 사용하여 검증 자료에서 지원자의 연체 횟수를 예측할 때 MAD 및 MSE를 구하시오.

b. 최대 7개의 분할을 중지 규칙으로 사용하는 전체 트리를 사용하여 회귀 트리 알고리즘으로 문항 a의 각 항목에 대해 답하시오.

c. 다중 선형 회귀 모형을 사용하여 문항 a의 각 항목에 대해 답하시오.

d. 로지스틱 회귀분석 모형을 사용하여 문항 a의 각 항목에 대해 답하시오.

e. 어떤 모형이 가장 성능이 좋은지 설명하시오.

통합사례 3-1: Evergreen Solar는 나이브 베이즈를 사용하기로 결정했다

3장에서 논의된 바와 같이, Evergreen Solar의 제니퍼는 새로운 잠재고객에 대한 영업에 소요되는 시간과 비용을 정당화하기 위해 새 잠재고객이 태양광 패널을 설치할 가능성이 있는지를 예측하기 위해 다양한 예측 방법을 탐색해 왔다. 그녀는 과거 기록이 16개뿐이기에 예측이 그다지 정확하지 않다는 것을 발견했다. 실제로, 그녀는 예측변수는 변경하지 않고 연간 가구 소득 또는 지붕의 최대 일조시간은 상당히 변할 수 있다는 것을 발견했다. 따라서 예측을 위해 비교적 넓은 범위 내에서 각 예측변수의 값만 지정하는 것으로 충분하다는 결론을 내렸다. 제니퍼는 나이브 베이즈 알고리즘(3.4절 참조)을 사용하여 예측하는 방법을 시연해 보았다. 이 알고리즘은 범주형 변수만 사용하기 때문에 예측변수의 값은 비교적 넓은 범위 내에서만 지정하면 된다. 3.4절에서는 이러한 범위를 식별하고 낮음, 중간 및 높음으로 레이블을 붙였다(16개의 과거 기록에 할당된 레이블은 〈표 3-3〉 참조).

제니퍼는 예측변수 중 하나라도 낮음 범주에 속한다면 패널을 설치 가능성이 낮다고 결론지을 수 있다는 것을 이해했다. 그러나 예측변수가 높음 범주에 속한다면 가능성이 매우 높아진다는 것을 알게 되었다. 따라서 예측변수 중 하나가 낮음 범주에 속하는 경우에는 새로운 잠재고객에 영업을 하지 않기로 즉시 결정할 수 있지만 예측변수 중 하나가 높음 범주에 속하고 다른 하나가 낮음 범주에 속하지 않는 경우에는 새로운 잠재고객에 영업을 해야 한다고 결론 내렸다. 그녀는 결정을 아주 쉽고 즉각적으로 내릴 수 있는 아이디어를 좋아한다. 그러나 두 예측변수가 모두 중간 범주에 있으면 어떻게 될까? 이 경우는 아직 명확하지 않다. 제니퍼가 해본 나이브 베이즈 알고리즘의 시연에는 실제로 이 사례에 맞는 새로운 잠재고객이 포함되어 있었다. 그러나 이 잠재고객에 대한 결과 예측은 다소 모호했다(이 잠재고객이 패널을 설치할 가능성은 낮다는 예측이지만 실제로 패널을 설치할 예상 확률은 0.471로 꽤 높았다). 제니퍼는 이러한 경우에 대해 어떻게 해야 할지 결정하는 데 도움이 되는 더 많은 정보를 얻고자 한다.

다행히 지금은 어느 정도 시간이 지나서 제니퍼는 최근에 4건의 새로운 잠재고객에 대한 영업을 했기 때문에 이제 나이브 베이즈 알고리즘을 적용하는 20개의 과거 기록을 보유하고 있다. 이 4개의 추가 과거 기록에 대한 데이터는 아래와 같다.

가구 번호	연간 가구 소득	최대 일조시간	패널 설치 여부
17	중간	중간	미설치
18	높음	중간	설치
19	중간	높음	설치
20	높음	낮음	미설치

또한 제니퍼는 이제 중간 정도의 가계 소득과 중간 정도의 최대일조시간을 모두 가진 새로운 잠재고객(아래 예측 기록 레이블)을 보유하고 있다.

a. 완전한 베이즈 알고리즘(직접 방법)을 사용하여 이 예측 기록이 패널을 설치할 가능성이 있는지를 예측하고 이러한 일이 발생할 확률을 추정하시오.

b. 베이즈 정리를 사용하는 완전한 베이즈 알고리즘 버전을 사용하여 문항 a에 대한 결과를 구하시오.

c. 이제 나이브 베이즈 알고리즘을 사용하여 문항 a에 대한 결과를 구하시오.
d. 20개의 과거 기록을 가진 나이브 베이즈 알고리즘을 적용한 결과는 3.4절에서 16개의 과거 기록을 사용했을 때와 크게 달라지지 않았다. 제니퍼는 다양한 과거 기록에 대한 중간 범주의 예측변수 값에서 몇 가지 유의한 차이를 확인할 수 있으며 이러한 범주에 속하는 예측변수 기록을 더 잘 구별하려고 한다. 앞으로 어떤 예측 기록에 대해 영업을 추구해야 하는지를 더 잘 예측하기 위해 그녀가 앞으로 할 예를 추천해 주세요.
e. Analytic Solver로 나이브 베이즈 알고리즘을 적용하여 문항 c를 수행하시오.

통합사례 3-2: 베가스 빌라 재방문

사례 2-1의 베가스 빌라를 다시 생각해보자. 이 사례연구의 마지막 부분과 마찬가지로 Silver State Development(SSD)는 다음과 같은 각 잠재 구매자를 구매 가능성이 있는 사람(25% 이상)과 그렇지 않은 사람(25% 미만)으로 분류하고, 또한 각자가 얼마나 많은 휴가 크레딧을 구입할지 예측하려고 한다. 각 모형에 대해 예측변수로 연간 소득(Income) 및 방문 횟수(Visit)를 사용한다.

잠재적 구매자	수입	나이	결혼 여부	방문
1	93	34	결혼	3
2	132	42	결혼	1
3	55	28	미혼	7

a. Clean Data 워크시트 탭의 데이터 집합 전체를 사용하여 최대 4개의 분할을 중지 규칙으로 잠재 구매자가 휴가 크레딧을 구매할 가능성이 있는 사람 또는 그렇지 않은 사람으로 분류하는 분류 트리를 생성하시오. 결과로 얻어진 분류 트리를 사용하여 세 명의 잠재 구매자를 각각을 분류하시오.
b. 연간 소득과 방문 횟수를 예측변수로 사용하여 휴가 크레딧 구매자가 구매할 가능성이 있는 휴가 크레딧의 수를 예측하는 회귀 트리를 생성하시오. 최대 4개의 분할을 중지 규칙으로 한다. 결과로 얻어진 회귀 분석 트리를 사용하여 세 명의 잠재적 구매자가 각각 구입할 휴가 크레딧 수를 예측하시오.
c. 연간 소득 및 방문 횟수에 대한 과거 데이터가 각각 Binned Data 워크시트 탭에서 5개 범주(Low, Medium Low, Medium, Medium High 및 High)로 나누어져 있다. 이 범주화된 데이터 집합에 나이브 베이즈를 적용하여 세 명의 잠재적 구매자를 구매 가능성이 있는 사람 또는 그렇지 않은 사람으로 분류하시오.
d. 다중 선형 회귀 분석을 적용하여 연간 소득 및 방문 횟수의 함수로 휴가 크레딧 구매 수에 대한 예측 방정식을 구하시오. 결과로 얻어진 다중 선형 회귀 모형을 사용하여 세 명의 잠재적 구매자 각각이 구매할 휴가 크레딧 수를 예측하시오.
e. 로지스틱 회귀 분석을 적용하여 연간 소득과 방문 횟수에 따른 휴가 크레딧 구매 확률을 나타내는 로지스틱 반응 함수를 구하시오. 결과로 얻어진 로지스틱 회귀 모형을 사용하여 세 명의 잠재적 구매자를 구매 여부에 따라 분류하시오.
f. 과거 기록을 학습 자료(60%)와 검증 자료(나머지 40%)로 분할한다. 학습 자료에 있는 과거 기록에 KNN 모델($k=10$)을 사용하여 검증 자료의 잠재적 구매자를 구매 여부에 따라 분류할 때 정확도, 민감도 및 특이성을 구하시오. 4개의 분할을 중지 규칙으로 사용하고 전체 트리를 사용하여 점수를 매기는 분류 트리 모형에 대해 모형의 정확성, 민감도 및 특이성을 구하시오. 그 다음, 분류된 데이터 집합을 사용하는 나이브 베이즈와 로지스틱 회귀 분석 모형에 대해 모형의 정확성, 민감도 및 특이성을 구하시오. 어떤 모형이 가장 성능이 좋은가?
g. 과거 기록을 학습 자료(60%)와 검증 자료(나머지 40%)로 분할한다. 검증 자료의 각 잠재 구매자에 대해 $k=10$인 KNN 알고리즘을 사용하여 구입할 휴가 크레딧의 수를 예측할 때 MAD 및 MSE를 구하시오. 최대 4개의 분할을 중지 규칙으로 사용하고 전체 트리를 사용하는 회귀 트리 알고리즘에 대해 MAD 및 MSE를 구하시오. 그 다음 다중 선형 회귀 모형에 대한 MAD 및 MSE를 구하시오. 어떤 모형이 가장 성능이 좋은가?

전통적인 예측 방법에 의한 예측 분석

4 CHAPTER

학습목표: 15장을 학습한 후에는,

1. 몇 가지 중요한 예측 응용사례를 설명할 수 있어야 한다.
2. 예측모형의 정확도에 대한 두 가지 일반적인 척도를 알 수 있어야 한다.
3. 계절적 경향을 고려하기 위하여 예측 데이터를 조정할 수 있어야 한다.
4. 미래의 값을 예측하기 위하여 과거의 데이터의 경향을 이용하는 여러 가지 예측법을 설명할 수 있어야 한다.
5. 손으로 혹은 소프트웨어로 이러한 방법들을 적용할 수 있어야 한다.
6. 이러한 각 방법이 특별히 적용하기에 적합한 환경을 규정하기 위하여 이들 방법을 비교할 수 있어야 한다.
7. 관심이 있는 어떤 양을 하나 혹은 그 이상의 양에 관계시키는 예측법을 설명하고 응용할 수 있어야 한다.
8. 전문가의 판단을 사용하는 몇 가지 예측법을 설명할 수 있어야 한다.

3장에서는 비즈니스 분석의 몇 가지 주요 기법에 대해 설명하였다. 이 중 다수는 과거에 관찰된 유사 사례의 행동을 기반으로 어떤 유형의 행동(예: 잠재고객이 제안된 제품 구매를 할 것인지)을 예측하기 위한 예측 분석을 수행하는 혁신적인 기법이다. 몇 가지 응용의 경우 예측은 단순한 행위(특정 제품 구매 여부 결정)이다. 그 밖의 응용에 있어서 예측은 이 행동의 결과(예: 그로 인한 이익)로 표현될 수 있다. 이러한 종류의 기법은 주로 비즈니스 분석계에서 최근 몇 년에 걸쳐 개발되었으며 현재는 널리 사용되고 있다.

3장에 제시된 기법들이 개발되기 훨씬 전에, 여러 기법이 미래에 대한 예측을 하는 데 이용되어 왔다. 이러한 기법은 과거 데이터를 사용하여 미래 수량의 값을 예측하는 데 중점을 두기 때문에 일반적으로 **예측 방법**forecasting method이라고 한다. 이러한 전통적인 예측 방법은 이제 예측 분석을 수행하기 위한 도구들의 매우 중요한 부분이다. 이 장에서는 이러한 방법을 소개한다.

예측 방법의 중요한 유형 중 하나는 **시계열 예측**time series forecasting이다. 시계열은 관심 있는 양의 시간에 따른 일련의 관측치이다. 예를 들어, 특정 제품의 과거 매출을 월별로 기록한 것은 시계열이다. 어떤 회사는 일반적으로 생산 계획을 수립하기 위하여 이러한 시계열을 사용하여 다음 달의 판매량을 예측하는 데 큰 관심을 가지고 있다. 많은 통계적 기법을 사용하여 다양한 유형의 시계열에서 이러한 예측치를 얻기 위해 많은 **통계적 예측 방법**statistical forecasting method이 개발되었다. 이러한 방법은 시계열의 추세, 계절 요인의 효과 등과 같은 요인을 고려할 수 있다.

이러한 통계적 예측 방법은 오랜 역사를 가지고 있다. 이들은 주로 수십 년 전에 통계 분야 내에서 개발되었다. 그 이후로 경영과학자들에 의해 널리 사용되었지만 이제는 비즈니스 분석계에서도 널리 사용되고 있다.

우리는 판매 예측을 통계적 예측 방법의 널리 사용되는 응용 예로 들었다. 그러나 몇 가지 형태의 예측을 필요로 하는 다른 분야도 많이 있다. 예를 들면 내년에는 경제가 얼마나 성장할 것인가? 주식시장은 어떻게 될 것인가? 이율은 어떻게 될 것인가? 소비자 취향은 어떻게 변할 것인가? 무엇이 인기 있는 신상품이 될 것인가?

예측가들은 이 모든 질문에 답을 하지만 불행하게도 틀린 답이 더 많을 수 있다. 아무도 미래를 항상 정확하게 예측할 수는 없기 때문이다.

그럼에도 불구하고, 어떤 사업이든 미래의 성공은 경영진이 트렌드를 파악하고 적절한 전략을 개발하는 데 얼마나 능숙한지에 크게 달려 있다. 최고의 기업의 리더들은 종종 경쟁에서 한 발 앞서기 위해 언제 방향을 바꿔야 하는지에 대한 육감을 가지고 있는 것처럼 보이지만, 이러한 육감은 실제로 최고의 예측 기법을 자주 사용함으로써 갖게 된다. 이러한 회사들은 그들의 제품에 대한 수요가 얼마가 될 것인지를 크게 잘못 추정하여 문제를 일으키는 경우가 거의 없다. 다른 많은 회사들도 그렇게 한다. 예측을 잘 하는 능력이 차이를 만든다.

많은 기업에서는 자사의 생산제품에 대한 미래 판매량을 예측하는 능력이 매우 중요하다. 위에서 말한 것처럼 과거의 판매 자료를 이용할 수 있을 때는 이러한 자료를 이용하여 미래의 수요를 예측할 수 있는 몇 가지 검증된 통계적 예측법statistical forecasting method이 개발되었다. 이러한 방법들은 과거의 추세가 그대로 계속된다고 가정하고 있다. 따라서 경영에서는 시장에서의 현재 변화를 반영하기 위하여 이들을 조정할 필요가 있다.

시계열 예측 외에도 통계적 예측 방법의 또 다른 중요한 유형은 **선형 회귀분석을 사용한 인과형 예측**causal forecasting with linear regression이다. 이 방법은 관심 대상인 수량(종속변수)과 그와 관련된 수량(종속변수) 사이의 관계를 직선으로 근사한다. (선형회귀는 1.4절에서 이전에 적용되었다.)

전문가의 판단만을 사용하는 몇 가지 **주관적 판단 예측 방법**judgmental forecasting methods도 이용할 수 있다. 이러한 방법은 과거 판매 데이터를 거의 사용할 수 없거나 사용할 수 없는 경우 또는 시장의 큰 변화로 인해 이러한 데이터가 예측 목적으로 신뢰할 수 없는 경우에 특히 유용하다.

제품 수요를 예측하는 것은 이러한 예측 방법의 중요한 적용 중 하나일 뿐이다. 다른 응용 예로 예비 부품, 생산 수율 및 인력 수요와 같은 다양한 양에 대한 예측이 필요할 수 있다. 예측 기법은 또한, 지역적, 국가적, 나아가 국제적 수준에서 경제 동향을 예측하는 데 많이 사용된다.

우리는 가장 간단한 형태의 시계열 예측 기법에 대한 개념 소개로 이 장을 시작한다. 그런 다음 4.2절에서는 계절적 수요 패턴과 같은 실질적 고려사항을 고려하기 위해 이러한 기법이 일반적으로 어떻게 적용되어야 하는지를 설명하기 위해 전형적인 사례연구를 소개한다. 4.3절은 시계열 예측을 사례연구에 적용한 후 4.4절은 더 넓은 관점에서의 적용을 설명한다. 4.5절은 선형 회귀를 사용한 인과형 예측을 소개한다. 4.6절은 주관적 판단 예측 방법을 설명한다. 다양한 예측 방법에 대한 엑셀 템플릿은 www.mhhe.com/Hillier7e에 포함되어 있다.

4.1 예측 기법의 개요

여러 가지 예측 기법을 설명하기 위하여 다음 문제를 고려하자.

예측 문제

Fastchip사는 마이크로프로세서의 최대 생산업체이다. 6개월 전부터 판매를 시작한 최신 마이크로프로세서의 처음 6개월 동안의 월별 판매량(단위:1,000)은 다음과 같다.

17 25 24 26 30 28

경쟁이 심한 시장에서 판매량은 경쟁 업체의 최신 마이크로프로세서의 판매시기에 영향을 받아 변화할 수 있다. 따라서 생산수준을 결정하기 위하여 다음 달의 판매량을 예측하는 것은 매우 중요한 일이다.

이러한 예측을 위하여 몇 가지 방법을 살펴보자.

예측 기법

가장 간단한 기법은 다음 달의 예측치로 바로 이전 달의 판매량을 단순하게 사용하는 **최종관측치 예측법**last-value forecasting method(종종 단순 방법이라고 불리기도 함)이다. 따라서

$$\text{예측치} = 28$$

이 방법은 시장 환경이 급격하게 변화하여 미래를 예측하는데, 바로 이전 달의 판매량을 제외하고 그 이전의 판매량은 신뢰할 수 없을 때 적합한 예측법이다.

평균 예측법averaging forecasting method은 다음 달의 예측치로 지금까지의 모든 달의 판매량에 대한 평균값을 사용하는 것을 말한다. 즉,

$$\text{예측치} = \frac{17+25+24+26+30+28}{6} = 25$$

이 방법은 시장 환경이 매우 안정되어 있어서 초기의 판매량도 미래의 판매량에 유효한 지표가 되는 경우에 적합한 예측법이다.

이동평균 예측법moving-average forecasting method은 최종관측치 예측법과 평균 예측법의 중간 정도에 해당하는 방법으로 다음 달의 예측치로 최근 몇 개월간의 월별 판매량의 평균값을 사용한다. 여기서는 몇 개월간의 판매량을 사용할 것인가를 결정하여야 한다. 예를 들어 3개월 이동평균 예측을 할 경우,

$$\text{예측치} = \frac{26+30+28}{3} = 28$$

이 방법은 시장 환경이 급격하게 변하지는 않지만 가끔 변화하는 경우에 적합한 예측법이다.

지수평활 예측법exponential smoothing forecasting method은 최근 달의 판매량을 많이 고려하는 식으로 이동평균 예측법을 조정한 것이다. 지수평활 예측법에서는 각 단위기간에 가중치를 동일하게 두지 않고 가장 최근 달에 가장 큰 가중치를 두고 과거로 갈수록 점점 더 작은 가중치를 둔다(이 방법에 대한 식은 4.3절에 주어짐). 이 예측법은 이동평균 예측법과 동일한 환경에 적합한 방법이다.

추가적인 조정으로는 **지수평활 예측법에 추세를 반영**exponential smoothing with trend하는 것이다. 즉, 판매량에 대한 현재의 증가 혹은 감소 추세를 반영하여 지수평활을 조정하는 것이다(이 방법에 대한 식은 4.3절에 주어짐).

만약 판매량이 어떤 방향으로 비교적 일정한 추세를 보여준다면 **선형회귀**linear regression 모형이 적합한 예측법이 된다. 이 방법은 가로축에 시간 척도, 세로축에 판매량 척도를 사용하는 2차원 그래프를 사용한다. 월별 판매량을 기록한 후에 가능한 한 가깝게 이 데이터들의 가운데를 지나는 직선을 구하고, 미래의 시점으로 직선을 연장하여 미래의 해당 월에 대한 예측치를 구한다. (1.4절로 돌아가서, 〈그림 1-5〉는 선형 회귀가 매우 잘 맞는 경우를 보여주는 반면 〈그림 1-2〉에서는 그렇지 않다.)

4.5절은 선형 회귀법을 설명한다. 위에서 언급한 다른 예측 방법은 4.3절에서 자세히 설명한 후 4.4절에서 더 넓은 관점에서 평가한다. 세 개 절에서의 설명은 모두 4.2절에서 소개한 사례연구를 활용한다.

이러한 예측법 중에서 Fastchip사는 어느 것을 사용하면 되는가? 지금까지의 판매량을 보면 이동평균 예측법 혹은 지수평활 예측법이 적절해보인다. 그러나 시간이 경과할 때 어느 예측법이 **예측오차**forecasting error(실제 판매량과 예측 판매량과의 차이)가 더 작은가에 대한 추가적인 분석이 이루어져야 한다. 임의 예측법에 대해 월별 예측오차를 구하고, 해당 예측법의 정확도에 대한 일반적인 척도의 하나로 이들 예측오차의 평균값을 사용한다. (이 평균을 **평균절대오차**mean absolute deviation, 간략하게 **MAD**라고 한다.) 예측오차가 큰 것이 작은 것보다 훨씬 심각한 문제이기 때문에, 예측법의 정확도와 관련하여 자주 사용하는 또 다른 척도로는 예측

오차를 제곱한 것의 평균이 있다. (이 척도를 **평균제곱오차**mean square error, 간략하게 **MSE**라고 한다.) 이 장에서는 사례연구에 사용할 예측법을 결정하는 데에 MAD와 MSE 값이 사용된다.

어떤 제품은 특정 월의 예상 판매량이 그 연도의 시기에 영향을 받는다. 예를 들어 크리스마스 선물로 인기 있는 제품은 12월의 판매량이 1월 판매량의 2배가 될 것이다. 계절적인 요인에 영향을 받는 모든 제품에 대해서는 이러한 계절적인 요인을 예측에 반영하는 것이 중요하다. 이것은 이 장의 사례연구 분석에 있어서 중요한 역할을 한다.

Fastchip사 문제의 월별 판매량에 대한 여러 가지 예측 기법은 설명하였지만, 다른 응용에서는 예측된 양이 판매량이 아닐 수도 있고, 기간도 월 단위가 아니라 분기 혹은 년 단위일 수도 있다. 예들 들면 이 장의 사례연구에서 분기별 콜센터의 전화 통화 수를 예측하는 것이다.

이러한 예측 기법 중에서 임의의 것을 사용할 때 예측법에 의해 얻은 예측치를 적절한 방법으로 조정하기 위하여 무엇이 그 양이 예측되도록 유도하는지를 이해하기 위하여 숫자의 이면을 보는 것 또한, 중요하다. 그 양이 예측되도록 하는 데에 변화를 초래할 요인이 있을 때 4.6절에서 설명할 주관적 판단 예측법이 유용한 역할을 할 수 있다.

위에서 설명한 모든 예측모형에 대한 수식은 이 장의 끝에 요약되어 있다.

복습문제

1. 최종관측치 예측법은 무엇이며, 어떤 경우에 사용하기 적절한 방법인가?
2. 평균 예측법은 무엇이며, 어떤 경우에 사용하기 적절한 방법인가?
3. 이동평균 예측법은 무엇이며, 어떤 경우에 사용하기 적절한 방법인가?
4. 지수평활 예측법과 이동평균 예측법은 어떤 차이가 있는가?
5. 추세를 반영한 지수평활 예측법과 지수평활 예측법은 어떤 차이가 있는가?
6. 선형회귀 예측법은 어떻게 예측치를 구하는가?
7. 예측법의 정확도를 나타내는 주요 척도 두 가지는 무엇인가?

4.2 사례연구: Computer Club Warehouse 문제

Computer Club Warehouse(이하 CCW)는 온라인에서 다양한 컴퓨터 제품을 할인된 가격에 판매한다. 판매 제품에는 데스크탑과 노트북 컴퓨터, 주변기기, 하드웨어 액세서리, 소모품, 소프트웨어, 그리고 컴퓨터 관련 가구를 포함한다. 많은 주문이 직접 온라인으로 이루어지지만, CCW는 또한, 어려운 옵션을 결정하는 고객들에게 채팅이나 전화를 통해 개인 서비스를 제공하기 위해 콜센터에 크게 의존한다. 또한, CCW의 유명한 화이트 글로브 서비스White Glove Service를 제공하기 위해 동일한 콜센터가 이용된다. 이 사후 구매 서비스를 통해 고객은 설치, 조립 또는 기타 문제에 대한 지원을 위해 채팅, 전화 또는 비디오 통화를 통해 서비스 부서에 문의할 수 있다.

CCW사의 콜센터

콜센터는 24시간 운영하고 있다. 바쁜 시간에는 수십 명의 직원이 상주한다. 그들은 일을 시작하기 전에 2주간의 훈련을 받는다. 이 교육에서는 CCW가 제공하는 전체 제품군에 대한 고객 문의를 효율적이고 정중하게 처리하는 방법을 강조한다. 그들의 이러한 업무 수행도를 평가하기 위하여 다음 수습 기간 동안 면밀히 모니터링한다. CCW에서 기대하는 서비스 수준을 충족하지 않는 직원은 계속 고용하지 않는다. CCW사 직원들은 좋은 보수를 받지만, 그 일과 관련된 지루함과 압박감은 꽤 높은 이직률로 이어진다.

전화가 걸려왔을 때 대기 중인 직원이 없을 경우 예상 대기 시간과 배경 음악을 제공하는 녹음된 메시지와 함께 대기 상태가 된다. 채팅 요청도 직원이 즉시 응대할 수 없는 경우 예상 대기 시간을 나타내는 메시지와 함께 유사하게 처리된다. 대부분의 고객은 최소한의 시간 동안은 기다릴 의향이 있지만, 그렇지 않은 고객도 많다. 그러므로 대기 시간을 최소화하기 위하여 근무 중인 직원을 충분히 두는 것이 매우 중요하다. 반면, 직원의 인건비가 높기 때문에 CCW는 너무 많은 직원이 근무 중이어서 상당한 유휴 시간이 발생하는 것을 피하려고 한다.

따라서 직원의 수를 예측하는 것은 회사에 매우 중요한 일이다.

콜센터 관리자 Lydia Weigelt

현재 콜센터의 관리자는 Lydia Weigelt이다. Lydia는 약 3년 전에 입사하였을 때 현재의 부서로 발령받았다. 콜센터는 CCW사 운영의 핵심 부서라고 할 수 있다.

Lydia가 부임하기 전에 회사는 콜센터의 심각한 경영 문제로 어려움에 처해 있었다. 주문이 효율적으로 처리되고 있지 않았다. 직원 수도 전혀 적절하지 않았다. 직원 수를 조정하기 위한 경영방침은 오히려 반대 방향으로 지나친 보상을 하고 있었다. 직원 수 문제를 해결하기 위해 필요한 자료도 보존되어 있지 않았다. 사기도 저하되었다.

Lydia가 부임하면서 모든 것이 바뀌었다. 그녀는 우선 직원 수에 대한 의사결정에 필요한 자료를 수집하기 위한 절차를 구축하였다. 걸려오는 통화량과 각 직원당 처리하는 통화량이 중요한 자료가 되었다. 효율성은 점차 개선되었고, 사기는 극적으로 상승하였다.

Lydia는 콜센터의 운영에 대해서도 많은 개선으로 만족하고 있지만 아직 해결하지 못한 중요한 일이 남아 있었다. 그녀는 각 분기 말에 수습기간 후 채용되지 못하는 직원이 얼마인지를 파악하고 다음 수습기간에 교육할(각 분기 초에 시작되는) 직원을 채용했다.

그녀는 임의의 특정한 통화량을 처리하는 데 필요한 직원 수를 예측하기 위한 절차를 개발하였다. 다음 분기의 직원 수를 정하기 위하여 통화량의 예측에 근거한 이 절차를 사용하였지만 예측치는 항상 상당히 빗나갔다. 따라서 그녀는 아직까지 적절한 직원 수에 대해 모르고 있다.

Lydia는 다음 프로젝트로 현재의 방법을 대체할 보다 나은 예측 방법을 개발하기로 결정하였다.

Lydia의 현재 예측 방법

그녀가 부임한 후 단기간에 구축한 자료 수집 절차 덕분에, 이제 지난 3년 동안의 신뢰할 수 있는 통화량 자료를 이용할 수 있다. 〈그림 4-1〉은 이 기간 동안 분기별로 하루에 받는 평균 통화 수를 보여주고 있다. 오른쪽에는 같은 자료를 그래프로 보여주고 있다. 이 그래프는 D4:D15에 있는 자료를 선택하고 삽입 탭에서 꺾은 선형을 선택하면 생성된다.

매년 4분기의 매출 증가는 크리스마스 시즌에 따른 구매에 의한 것이다. Lydia가 CCW사에 처음 입사하였을 때 사장은 그녀에게 회사가 통화량(그리고 판매량)을 예측하기 위해 전통적으로 사용해 온 '25% 법칙'에 대해 이야기하였다.

25% 법칙: 매출은 크리스마스 기간 동안의 급신장을 제외하고 연간 비교적 안정적이기 때문에 각 분기의 통화량은 4분기에 25% 증가하는 것을 제외하고, 이전 분기와 같게 될 것이다. 따라서

2분기의 예측치 = 1분기 통화량

3분기의 예측치 = 2분기 통화량

4분기의 예측치 = 1.25(3분기 통화량)

〈그림 4-1〉 지난 3년 동안 각 분기별 일일 평균 통화량

	A	B	C	D	E	F	G	H	I
1	CCW's Average Daily Call Volume								
2									
3		Year	Quarter	Call Volume					
4		1	1	6,809					
5		1	2	6,465					
6		1	3	6,569					
7		1	4	8,266					
8		2	1	7,257					
9		2	2	7,064					
10		2	3	7,784					
11		2	4	8,724					
12		3	1	6,992					
13		3	2	6,822					
14		3	3	7,949					
15		3	4	9,650					

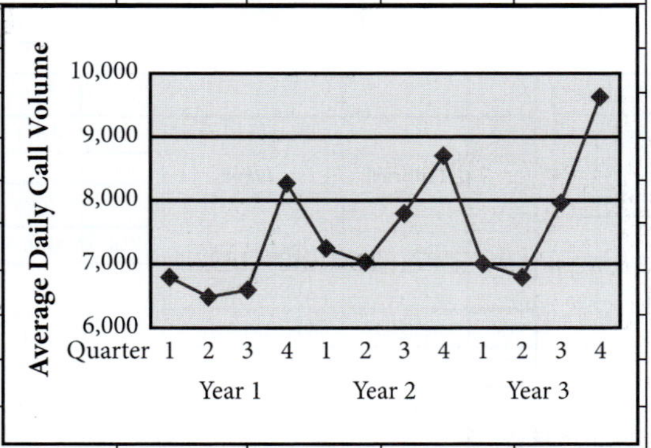

내년도 1분기의 예측치는 금년도 4분기를 이용해 다음과 같이 구할 수 있다.

$$\text{내년도 1분기의 예측치} = \frac{\text{4분기 통화량}}{1.25}$$

이것이 Lydia가 사용해온 예측법이다. (4.1절에서 소개된 예측 방법을 다시 참조하면, 이 25% 법칙은 4분기에 대한 계절적 조정을 한 최종관측치 예측 방법이다.)

〈그림 4-2〉는 Lydia가 이 방법을 이용해서 얻은 예측치를 보여주고 있다. 각 경우에서, F열은 **예측오차**forecasting error(실제 통화량과 예측치 사이의 편차)이다. 11개 예측오차의 총합이 4,662이기 때문에 평균값은

〈그림 4-2〉 지난 3년 동안에 25% 법칙을 적용하여 얻은 다음 분기에 대한 하루 평균 통화량 예측치

	A	B	C	D	E	F	G	H	I
1	Lydia's Current Forecasting Method for CCW's Average Daily Call Volume								
2									
3						Forecasting			
4		Year	Quarter	Data	Forecast	Error		Mean Absolute Deviation	
5		1	1	6,809				MAD =	424
6		1	2	6,465	6,809	344			
7		1	3	6,569	6,465	104		Mean Square Error	
8		1	4	8,266	8,211	55		MSE =	317,815
9		2	1	7,257	6,613	644			
10		2	2	7,064	7,257	193			
11		2	3	7,784	7,064	720			
12		2	4	8,724	9,730	1,006			
13		3	1	6,992	6,979	13			
14		3	2	6,822	6,992	170			
15		3	3	7,949	6,822	1,127			
16		3	4	9,650	9,936	286			
17		4	1		7,720				
18		4	2						
19		4	3						
20		4	4						

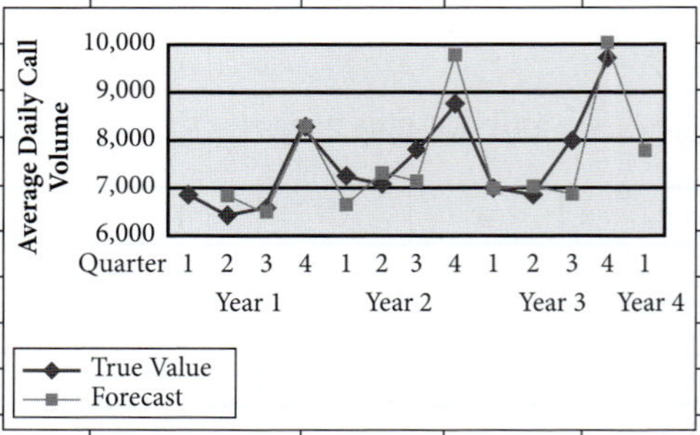

Average Daily Call Volume
10,000
9,000
8,000
7,000
6,000
Quarter 1 2 3 4 1 2 3 4 1 2 3 4 1
Year 1 Year 2 Year 3 Year 4
True Value
Forecast

Range Name	Cells
Data	D5:D20
Forecast	E5:E20
ForecastingError	F5:F20

	E	F
3		Forecasting
4	Forecast	Error
5		
6	=D5	=ABS(D6-E6)
7	=D6	=ABS(D7-E7)
8	=1.25*D7	=ABS(D8-E8)
9	=D8/1.25	=ABS(D9-E9)
10	=D9	=ABS(D10-E10)
11	:	:
12	:	:

	H	I
5	MAD =	=AVERAGE(ForecastingError)

	H	I
8	MSE =	=SUMSQ(ForecastingError)/ COUNT(ForecastingError)

$$\text{예측오차 평균} = \frac{4{,}662}{11} = 424$$

4.1절에서 기술한 바와 같이 예측오차의 평균을 일반적으로 **MAD, 즉 평균절대오차**mean absolute deviation라고 부른다. 그 식은

$$\text{MAD} = \frac{\text{예측오차의 합}}{\text{예측치 수}}$$

따라서 이 경우에 I5셀은

$$\text{MAD} = 424$$

MAD=424는 대부분의 분기에 있어서 하루 평균 통화량의 5%가 넘는 수치이다. 예측오차가 최대 1,127이고, 오차가 실제 통화량의 10%가 넘는 것이 2개나 있다. 비록 일반적이 활용에서는 이 정도의 예측 오차는 보통이라고 하더라도 이러한 특수한 사례에 있어서는 더 많은 정확성이 요구된다. 5~10%의 오차로는 한 분기 직원 수를 적절하게 결정할 수 없다. 따라서 보다 좋은 예측법이 필요하다.

예측법의 정확도에 대한 또 하나의 일반적인 척도로 **MSE, 즉 평균제곱오차**mean square error 라고 불리는 것이 있다. 그 식은

$$\text{MSE} = \frac{\text{예측오차의 제곱합}}{\text{예측치 수}}$$

〈그림 4-2〉의 I8셀에 다음과 같이 MSE가 주어져 있다.

$$\text{MSE} = \frac{(344)^2 + (104)^2 + \cdots + (286)^2}{11} = 317{,}815$$

예측오차의 제곱을 합함으로써 얻어지는 이점은 작은 오차에 비하여 큰 오차에 상대적으로 큰 가중치를 주기 위함이다. 좋은 예측법에서도 작은 오차는 있을 수 있고, 이것은 심각한 문제를 일으키지 않으며 따라서 이들에 대해서는 가중치를 작게 하는 것이 바람직하다. 심각한 결과를 초래하는 것은 큰 예측오차 때문이다. 그러므로 비교적 일관되게 작은 오차를 나타내는 예측법은 좋게 평가받아야 하고, 가끔 큰 오차를 보여주는 예측법은 나쁘게 평가받는 것이 바람직하다. 이와 같은 두 가지 예측법을 비교할 때 후자의 방법은 MAD는 더 작지만 MSE는 더 큰 값을 가지는 결과를 초래한다. 따라서 MSE는 예측법이 얼마나 일관되게 심각한 큰 오차를 피할 수 있는가에 대한 추가적인 정보를 제공함으로써 MAD를 보완할 수 있게 한다. 그러나 MAD와 비교하여 MSE의 단점은 개별적인 예측법에 대하여 그 값의 의미를 해석하기가 매우 어렵다는 것이다. 결국 두 가지 값을 잘 알고 있는 Lydia는 MSE에도 주의를 기울이면서 MAD에 주 관심을 두기로 한다.

더 좋은 예측법 개발 계획

Lydia는 대학에서 경영과학 과목을 이수하면서 예측이론을 배웠다. 이 주제와 관련하여 교재와 강의 노트를 다시 보고, 현재 시계열이라고 불리는 것을 다루고 있다는 것을 알게 되었다.

> **시계열**time series이란 관심의 대상이 되는 양을 시간 경과에 따라 수집한 일련의 관측치를 말한다. 예를 들면 〈그림 4-1〉에 주어진 것처럼 최근 12분기에 대한 하루 평균 통화량에 대한 일련의 관측치는 시계열을 구성한다.

그녀는 또한, 시계열로부터 과거의 데이터를 사용하여 일련의 미래 관측치를 예측하기 위해서 다양한 통계적 방법을 이용할 수 있다는 것을 다시 생각하게 되었다. 이러한 형태의 통계적 예측법을 **시계열 예측법**time-series forecasting method라고 부른다. 그녀는 이제 다른 통계적 예측법과 함께 시계열 예측법을 다시 살펴보고, 어느 것이 현재 상황에 가장 적합한지를 평가하기 위하여 경영과학 컨설팅 회사로부터 컨설팅을 받을 수 있도록 사장에게 제안하였다.

다음 절에서는 이러한 접근법에 대하여 설명한다.

복습문제

1. CCW사는 어떻게 운영되고 있는가?
2. CCW사 콜센터에서 충분한 당번 직원을 확보하지 못해 발생하는 결과는 무엇인가? 너무 많이 확보했을 때의 결과는 무엇인가?
3. Lydia는 현재 어떤 일에서 차질을 빚고 있는가?
4. CCW사의 25% 법칙이란 무엇인가?
5. MAD란 무엇인가?
6. MSE란 무엇인가?
7. 시계열이란 무엇인가?

4.3 사례연구에 시계열 예측법 적용

앞 절의 마지막 부분에서 언급한 것처럼, 시계열 예측법은 미래의 관측치를 예측하기 위하여 과거의 값에 기초한 시계열(관심 대상인 어떤 양을 시간에 따라 관측한 자료의 일련의 계열)을 사용하는 통계적 예측법이다. 이러한 기법의 여러 가지를 4.1절에서 소개하였다. 본 절에서는 이러한 기법을 보다 자세하게 설명하고 사례연구에 그 기법을 적용해본다. 여기서 예측해야 할 관심 대상인 양은 다음 분기의 일일 평균 통화량이다.

앞 절의 〈그림 4-1〉은 CCW사의 통화량이 크리스마스 시즌 구매로 인하여 매년 4분기의 매출이 많이 신장하는 계절적 패턴을 나타내고 있다. 따라서 특정 예측법을 고려하기 전에

Lydia와 컨설턴트는 이러한 계절적 패턴을 다루는 방법에 대해 논의하였다.

계절적 효과 고려

여러 해 동안 CCW사의 통화량은 1분기에서 3분기 동안은 안정된 상태로 이어지다가 4분기에 들어 25% 정도 증가하는 양상을 보여 왔다. 이것이 25% 법칙의 근거이다.

이런 현상이 지금도 유지되고 있는지를 알아보기 위해서 컨설턴트는 지난 3년간의 각 분기별 하루 평균 통화량을 계산하기 위해 〈그림 4-1〉의 자료를 사용하였다. 예를 들면 1분기의 평균은 다음과 같다.

$$\text{평균(1분기)} = \frac{6{,}809 + 7{,}257 + 6{,}992}{3} = 7{,}019$$

〈표 4-1〉의 두 번째 열에 4개 분기별 평균값을 나타내었다. 이 열의 맨 아래에는 4분기 전체 평균값으로 7,529가 계산되어 있다. 세 번째 열은 각 분기별 평균을 전체 평균값으로 나누어 구한 계절지수를 나타내고 있다.

〈표 4-1〉 CCW사 문제에 대한 계절지수 계산

분기	3년 평균	계절지수
1	7,019	$\frac{7{,}019}{7{,}529} = 0.93$
2	6,784	$\frac{6{,}784}{7{,}529} = 0.90$
3	7,434	$\frac{7{,}434}{7{,}529} = 0.99$
4	8,880	$\frac{8{,}880}{7{,}529} = 1.18$
	합 = 30,117	
	평균 = $\frac{30{,}117}{4} = 7{,}529$	

일반적으로 한 해의 어떤 기간(한 분기, 한 달 등)에 대한 **계절지수**seasonal factor는 1년 동안의 전체 평균에 대한 해당 기간의 비율로 측정한다. 특히, 과거 자료를 이용하면 계절지수는 다음과 같이 계산된다.

$$\text{계절지수} = \frac{\text{해당 기간의 평균값}}{\text{전체 평균값}}$$

이러한 계절지수를 계산할 수 있는 엑셀 템플릿은 www.mhhe.com/Hillier7e에서 이용할 수 있다. 〈그림 4-3〉은 CCW사 문제에 적용한 템플릿이다.

첫 3분기에 대한 계절지수들이 상당히 차이가 있을 뿐만 아니라 3분기가 다른 2분기보다 상당히 큼을 알 수 있다. 개학 준비로 인한 구매에도 불구하고 3분기의 작은 매출 증가에 의문을 갖고 있던 Lydia은 이것이 당연하다고 생각했다.

25% 법칙과는 달리 4분기의 계절지수가 3분기보다 19%만 높다(그러나 4분기 지수는 처음 3개 분기 계절지수의 평균인 0.94보다는 25% 정도 높다).

통화량에 대한 최근 3년 이전의 자료를 이용할 수는 없지만, 신뢰할 수 있는 매출 자료는 기록되어 있다. 몇 년 전의 자료를 조사해본 결과 Lydia는 같은 계절적 패턴이 발생한다는 것을 알 수 있었다.

〈그림 4-3〉 www.mhhe.com/Hillier7e의 엑셀 템플릿을 이용한 CCW사의 계절지수 계산

	A	B	C	D	E	F	G
1	**Estimating Seasonal Factors for CCW**						
2							
3				**True**			
4		**Year**	**Quarter**	**Value**		**Type of Seasonality**	
5		1	1	6,809		Quarterly	
6		1	2	6,465			
7		1	3	6,569			
8		1	4	8,266			**Estimate for**
9		2	1	7,257		**Quarter**	**Seasonal Factor**
10		2	2	7,064		1	0.9323
11		2	3	7,784		2	0.9010
12		2	4	8,724		3	0.9873
13		3	1	6,992		4	1.1794
14		3	2	6,822			
15		3	3	7,949			
16		3	4	9,650			

Range Name	Cells
SeasonalFactor	G10:G21
TrueValue	D5:D41
TypeOfSeasonality	F5

	G
8	**Estimate for**
9	**Seasonal Factor**
10	=AVERAGE(D5,D9,D13)/AVERAGE(TrueValue)
11	=AVERAGE(D6,D10,D14)/AVERAGE(TrueValue)
12	=AVERAGE(D7,D11,D15)/AVERAGE(TrueValue)
13	=AVERAGE(D8,D12,D16)/AVERAGE(TrueValue)

결론: 〈표 4-1〉에 주어진 계절지수는 미묘하지만 모든 계절에 있어서 중요한 차이를 정확하게 반영하고 있다. 그러므로 계절적 패턴을 나타내기 위해서 이러한 패턴에 변화가 나타나는 시점까지는 25% 법칙 대신 이들 계절지수를 사용한다.

계절별로 조정된 시계열

만약 계절적 패턴의 효과를 제거하기 위해 자료를 조정하면, 판매량 자료를 분석하고 새로운 추세를 파악하기가 훨씬 더 쉽다. 〈그림 4-1〉의 시계열로부터 계절적 효과를 제거하기 위해서는 각각의 하루 평균 통화량을 〈표 4-1〉과 〈그림 4-3〉에 주어진 해당 계절지수로 나누어야 한다. 즉,

$$\text{계절별로 조정된 통화량} = \frac{\text{실제 통화량}}{\text{계절지수}}$$

〈그림 4-4〉 CCW사 문제에 대해 계절별로 조정된 시계열

	A	B	C	D	E	F	G	H	I	J
1	**Seasonally Adjusted Time Series for CCW**									
2										
3				**Seasonal**	**Actual**	**Seasonally Adjusted**				
4		**Year**	**Quarter**	**Factor**	**Call Volume**	**Call Volume**				
5		1	1	0.93	6,809	7,322				
6		1	2	0.90	6,465	7,183				
7		1	3	0.99	6,569	6,635				
8		1	4	1.18	8,266	7,005				
9		2	1	0.93	7,257	7,803				
10		2	2	0.90	7,064	7,849				
11		2	3	0.99	7,784	7,863				
12		2	4	1.18	8,724	7,393				
13		3	1	0.93	6,992	7,518				
14		3	2	0.90	6,822	7,580				
15		3	3	0.99	7,949	8,029				
16		3	4	1.18	9,650	8,178				

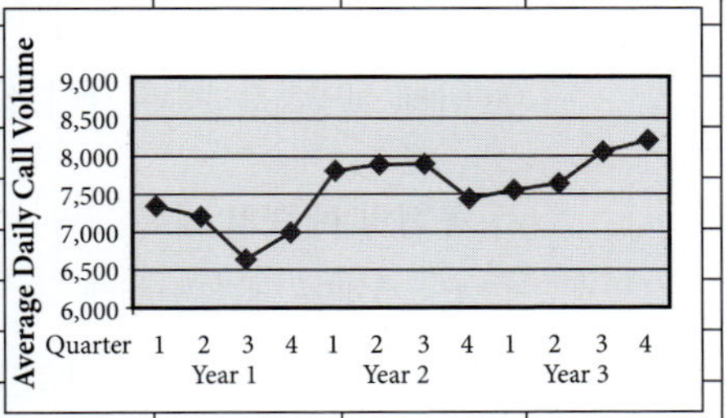

	F
3	**Seasonally Adjusted**
4	**Call Volume**
5	=E5/D5
6	=E6/D6
7	=E7/D7
8	=E8/D8
9	:
10	:

〈그림 4-1〉에 있는 12개의 통화량에 이 식을 적용하면 〈그림 4-4〉의 엑셀 템플릿 F열에 있는 계절별로 조정된 통화량을 얻을 수 있다.

사실 이렇게 계절별로 조정된 통화량은 특정 시기에 발생한 통화(크리스마스 쇼핑, 개학 준비 쇼핑 등)가 연중 고르게 분산될 때 통화량이 어떻게 될 것인가를 나타낸다. 〈그림 4-4〉와 〈그림 4-1〉을 비교해보자. 〈그림 4-4〉에서 세로 눈금의 크기가 작은 것을 고려해보면 계절적 효과를 제거함으로써 〈그림 4-4〉에서의 변동이 〈그림 4-1〉에서보다 얼마나 작은지를 알 수 있다. 그러나 통화량의 변동이 계절적 효과 이외에 다른 원인으로도 발생하기 때문에 이 그림은 아직도 완전히 수평이지는 않다. 예를 들면, 인기 있는 신제품 때문에 통화가 폭주한다. 카탈로그의 발송 직후에도 통화량이 늘어난다. 일부 랜덤 변동은 어떤 뚜렷한 이유 없이도 일어난다. 〈그림 4-4〉로부터 계절적 효과에 의한 것이 아닌 판매량의 변동을 살펴보고 분석할 수 있다.

계절별로 조정된 시계열seasonally adjusted time series에 있어서 여전히 남아 있는 변동의 패턴(특히, 최근 자료에 대한 패턴)은 다음 자료가 어디에 위치할 것인가를 예측하는 데 도움이 된

다. 그러므로 〈그림 4-4〉에 있어서 자료는 평균이 7,530인 6,635에서 8,178 사이에 위치한다. 그러나 마지막 몇 개의 자료는 평균보다 상승하는 추세에 있고 제일 마지막 자료는 전체 시계열 중에서 가장 높다. 이것은 다음 분기 자료가 평균인 7,530보다는 높을 것이고 맨 마지막 자료인 8,178 근처나 그 이상이 될 것이라는 것을 암시한다.

여러 가지 **시계열 예측법**time-series forecasting method은 다음 자료의 포인트를 예측하기 위해, 계절별로 조정된 시계열 자료의 미래 패턴을 각기 다른 접근 방법을 사용하여 추정한다.

이들 방법은 모두 계절별로 조정된 시계열 자료에 대한 예측치를 얻은 후, 이들 예측치를 아래 설명하는 것과 같이 실제 통화량에 대한 예측치(계절적 조정이 없음)로 전환한다.

통화량 예측의 개요

1. 시계열 예측법 선택
2. 다음 분기에 대한 계절별로 조정된 통화량의 예측치를 얻기 위해서 계절별로 조정된 시계열에 이 방법 적용[1]
3. 실제 통화량에 대한 예측치를 얻기 위해서 이 예측치에 〈표 4-1〉에 있는 해당 계절지수를 곱한다.

각 예측법에 대한 이후의 설명은 위 단계 2의 수행 방법, 즉 주어진 시계열에 대해 다음 자료를 예측하는 방법에 관한 것이다. 또한, 각 경우에 대해서 과거 3년 동안의 자료에 단계 2, 3을 적용하고 MAD(평균예측오차)를 계산하는 스프레드시트가 제시되어 있다. Lydia와 컨설턴트는 CCW사 통화량을 예측하는 데 있어서 어느 방법이 가장 적합한지를 평가하기 위해 MAD값에 특히 주목하기로 했다.

최종관측치 예측법

최종관측치 예측법last-value forecasting method은 마지막 값을 제외하고 시계열에 있는 모든 자료를 무시한다. 이 최근 값을 다음 자료의 예측치로 사용한다. 따라서 식은 간단하게 다음과 같다.

$$\text{예측치} = \text{마지막 값}$$

〈그림 4-5〉는 이 방법을 과거 3년 동안의 CCW사 문제에 적용한 것이다(표 4-1에 있는 계절지수는 이미 사용되고 있다고 가정한다). E열은 〈그림 4-4〉의 F열에 있는 계절별로 조정된 통화량이다. 이들 값 각각은 F열에 주어진 것과 같이 다음 분기에 대한 계절별로 조정된 예측치

[1] 이 예측치는 그 이후 분기의 예측치로 계속 사용할 수 있지만, 여기서는 바로 다음 분기에만 사용하기로 한다.

〈그림 4-5〉 CCW 문제에 www.mhhe.com/Hillier7e의 계절별로 조정한 최종관측치 예측 엑셀 탬플릿 적용 예

	A	B	C	D	E	F	G	H	I	J	K
1	Last-Value Forecasting Method with Seasonality for CCW										
2											
3					Seasonally	Seasonally					
4				True	Adjusted	Adjusted	Actual	Forecasting			
5		Year	Quarter	Value	Value	Forecast	Forecast	Error			Type of Seasonality
6		1	1	6,809	7,322						Quarterly
7		1	2	6,465	7,183	7,322	6,589	124			
8		1	3	6,569	6,635	7,183	7,112	543		Quarter	Seasonal Factor
9		1	4	8,266	7,005	6,635	7,830	436		1	0.93
10		2	1	7,257	7,803	7,005	6,515	742		2	0.90
11		2	2	7,064	7,849	7,803	7,023	41		3	0.99
12		2	3	7,784	7,863	7,849	7,770	14		4	1.18
13		2	4	8,724	7,393	7,863	9,278	554			
14		3	1	6,992	7,518	7,393	6,876	116			
15		3	2	6,822	7,580	7,518	6,766	56			
16		3	3	7,949	8,029	7,580	7,504	445			
17		3	4	9,650	8,178	8,029	9,475	175			
18		4	1			8,178	7,606				
19		4	2								
22										Mean Absolute Deviation	
23										MAD =	295
25										Mean Square Error	
26										MSE =	145,909

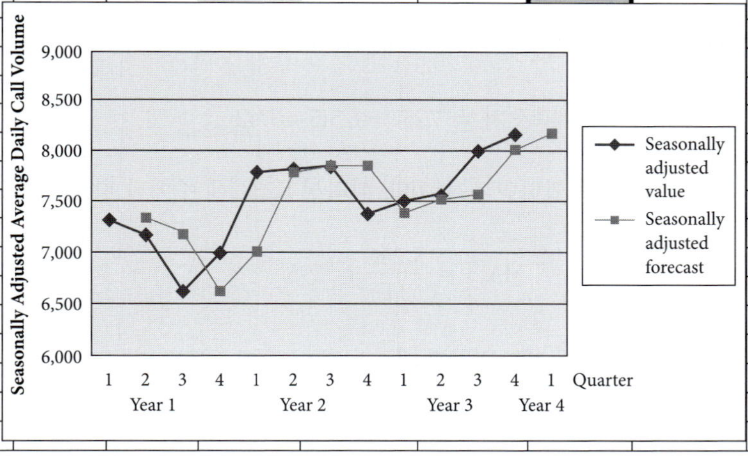

Range Name	Cells
ActualForecast	G6:G30
ForecastingError	H6:H30
MAD	K23
MSE	K26
SeasonalFactor	K9:K20
SeasonallyAdjustedForecast	F6:F30
SeasonallyAdjustedValue	E6:E30
TrueValue	D6:D30
TypeOfSeasonality	K6

	E	F	G	H
3	Seasonally	Seasonally		
4	Adjusted	Adjusted	Actual	Forecasting
5	Value	Forecast	Forecast	Error
6	=D6/K9			
7	=D7/K10	=E6	=K10*F7	=ABS(D7-G7)
8	=D8/K11	=E7	=K11*F8	=ABS(D8-G8)
9	=D9/K12	=E8	=K12*F9	=ABS(D9-G9)
10	=D10/K9	=E9	=K9*F10	=ABS(D10-G10)
11	=D11/K10	=E10	=K10*F11	=ABS(D11-G11)
12	:	:	:	:
13	:	:	:	:

	J	K
23	MAD =	=AVERAGE(ForecastingError)

	J	K
26	MSE =	=SUMSQ(ForecastingError)/COUNT(ForecastingError)

가 된다.

22~33행은 E열과 F열에 있는 값을 별도의 그래프로 보여준다. 계절별로 조정된 예측치의 그래프는 한 분기만큼 오른쪽으로 이동하였지만, 계절별로 조정된 통화량의 그래프와 정확히 동일한 경로를 따르는 것에 주목하자. 그러므로 통화량에 큰 증감이 있을 때마다 예측치는 그 변동을 반영하는 데 한 분기 늦게 된다.

F열에 있는 계절별로 조정된 각 예측치에 K열의 해당 계절지수를 곱하면 G열에 주어진 실제 통화량에 대한 예측치(계절적 조정이 없는)를 얻는다. 이 예측치와 D열의 실제 통화량과의 차이가 H열의 예측오차이다. 따라서 G열은 다음 식을 사용하고 있다.

$$\text{실제 예측치} = \text{계절지수} \times \text{계절별로 조정된 예측치}$$

예를 들면 K9셀의 0.93은 1분기의 계절지수이기 때문에, G10셀에 주어진 2년차 1분기의 실제 통화량에 대한 예측치는 다음과 같다.

$$\text{실제 예측치} = (0.93)(7{,}005) = 6{,}515$$

이에 대한 실제값은 7,257이기 때문에 H10셀에 계산된 이 분기의 예측오차는

$$\text{예측오차} = 7{,}257 - 6{,}515 = 742$$

11개 분기 예측오차를 모두 합하면 3,246이다. 따라서 K23셀에 주어진 평균 예측오차는

$$\text{MAD} = \frac{3{,}246}{11} = 295$$

이것을 Lydia가 사용하고 있었던 25% 법칙에 대한 MAD=424와 비교한다.

마찬가지로, 이들 예측오차의 제곱의 평균이 K26셀에 다음과 같이 계산되어 있다.

$$\text{MSE} = \frac{(124)^2 + (543)^2 + \cdots + (175)^2}{11} = 145{,}909$$

이 값 또한, 25% 법칙에 대해 〈그림 4-2〉에서 보여준 MSE=317,815보다 훨씬 작다.

〈그림 4-5〉는 그래프를 제외하면 이 장의 엑셀 파일에 있는 템플릿 중 하나이다. 이 절에서 제시된 예측법 각각의 두 가지 엑셀 템플릿이 www.mhhe.com/Hillier7e에 있다. 하나는 계절별로 조정이 필요 없는 것이고, 두 번째 것은 그림에서 보여준 것처럼 계절별로 조정이 필요한 것이다. 두 번째 형태의 템플릿에는 계절지수로 어떤 값을 가져도 되는 유연성이 있다. 한 가지 선택할 수 있는 것은 과거 자료에 근거하여 이들 지수를 계산하는 것이다(그림 4-3의 엑셀 템플릿으로 했던 것처럼). 또 하나는 25% 법칙으로 했던 것처럼 과거 경험에 근거하여 계절지수를 추정하는 것이다.

25% 법칙은 실제로는 다른 계절지수를 갖는 최종관측치 예측법이다. 이 법칙은 4분기의 통화량이 처음 3분기의 각 통화량보다 평균 25% 더 많아질 것이기 때문에, 1, 2, 3분기의 계절지수는 0.94이고, 4분기는 1.18이다. 따라서 〈그림 4-5〉에서 MAD값이 작은 것은 〈표 4-1〉에 있는 계절지수의 조정으로 인한 것이다.

Lydia는 계절지수의 단순한 조정에 의해 상당한 개선이 이루어지는 것을 보고 놀랐지만 컨설턴트는 주의를 주었다. 〈그림 4-5〉에서 얻어진 예측치는 조정된 계절지수를 계산할 때 사용된 자료를 그대로 사용하고 있다. 그렇기 때문에 이들 계절지수를 사용하면 새로운 자료(미래의 통화량)를 사용할 때보다 더 잘 예측할 수 있다. 다행히, Lydia는 이러한 계절지수가 비교적 정확하다는 것을 확인하기 위해 더 오래된 매출 자료를 검토했었다. 컨설턴트도 이들 요인이 25% 법칙에 비해 많이 개선된다는 것에 동의하였다.

통계학자들이 생각하기에 최종관측치 예측법은 추가적인 관련 자료를 이용할 수 있음에도 불구하고 단지 하나의 표본만을 사용하기에 이를 **단순한 기법**naive method이라고 부른다. 그러나 상황이 빠르게 변화하고 있을 때는 마지막 값이 현재 상황에서 다음 값을 예측하는 데 유일한 관련 자료일지 모른다. 그러므로 이러한 상황에서는 결코 단순하지 않은 관리자라도 때때로 이 방법을 사용한다.

평균 예측법

평균 예측법averaging forecasting method은 또 다른 극단적인 면을 가지고 있다. 이 방법은 하나의 표본만을 사용하는 것이 아니라 시계열에 있는 모든 자료를 이용하여 평균값을 구한다. 그리고 다음 자료에 대한 예측치는

예측치 = 지금까지의 모든 자료의 평균값

CCW사의 과거 3년간의 자료에 이 방법을 적용하기 위하여 엑셀 템플릿을 사용하면, 〈그림 4-6〉의 F열에 있는 계절별로 조정된 추정치를 얻는다. 그림 아랫부분의 F열 셀에 있는 식은 이전 행들에 있는 E열 셀들의 평균을 구하는 식이다. 그림 중간 부분은 계절별로 조정된 통화량과 함께 계절별로 조정된 예측치를 각각 그래프로 나타낸 것이다. 이전 통화량의 평균에서 각 예측치가 어떻게 위치하고 있는지 주목하라. 통화량에 큰 변동이 있어도 다음 예측치는 이러한 변동을 반영하는 것이 매우 느리다.

F열에 있는 계절별로 조정된 모든 예측치에 K열에 있는 해당 계절지수를 곱하면 G열에 있는 실제 통화량에 대한 예측치를 얻는다. H열에 주어진 예측오차에 의하면 평균 예측오차(K23셀) MAD=400은 최종관측치 예측법에서 얻은 295보다 크다. 마찬가지로 K26셀에 주어진 예측오차의 제곱의 평균 MSE=242,876은 최종관측치 예측법에 대한 145,909보다 매우 크다.

Lydia는 표본 하나보다는 평균이 훨씬 좋을 것으로 기대하였기 때문에 매우 놀랐다. 컨설

〈그림 4-6〉 CCW 문제에 www.mhhe.com/Hillier7e의 계절별로 조정한 평균 예측법 엑셀 템플릿 적용 예

	A	B	C	D	E	F	G	H	I	J	K
1	**Averaging Forecasting Method with Seasonality for CCW**										
2											
3					**Seasonally**	**Seasonally**					
4				**True**	**Adjusted**	**Adjusted**	**Actual**	**Forecasting**			
5		**Year**	**Quarter**	**Value**	**Value**	**Forecast**	**Forecast**	**Error**			**Type of Seasonality**
6		1	1	6,809	7,322						Quarterly
7		1	2	6,465	7,183	7,322	6,589	124			
8		1	3	6,569	6,635	7,252	7,180	611		**Quarter**	**Seasonal Factor**
9		1	4	8,266	7,005	7,047	8,315	49		1	0.93
10		2	1	7,257	7,803	7,036	6,544	713		2	0.90
11		2	2	7,064	7,849	7,190	6,471	593		3	0.99
12		2	3	7,784	7,863	7,300	7,227	557		4	1.18
13		2	4	8,724	7,393	7,380	8,708	16			
14		3	1	6,992	7,518	7,382	6,865	127			
15		3	2	6,822	7,580	7,397	6,657	165			
16		3	3	7,949	8,029	7,415	7,341	608			
17		3	4	9,650	8,178	7,471	8,816	834			
18		4	1			7,530	7,003				
19		4	2								
20											
21											
22										**Mean Absolute Deviation**	
23										MAD =	400
24											
25										**Mean Square Error**	
26										MSE =	242,876

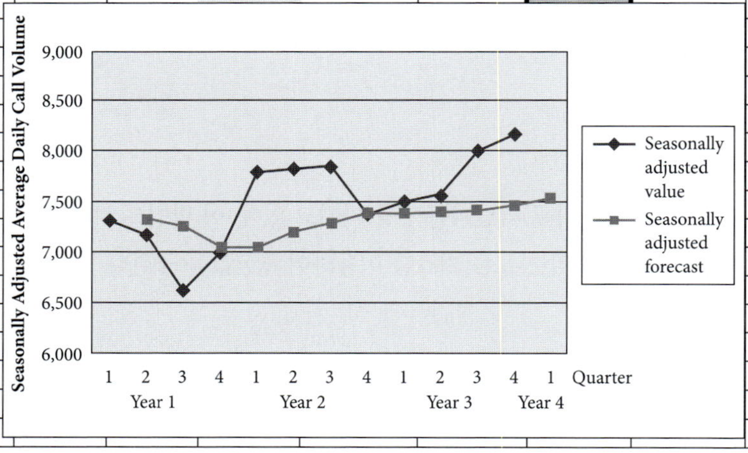

Range Name	Cells
ActualForecast	G6:G30
ForecastingError	H6:H30
MAD	K23
MSE	K26
SeasonalFactor	K9:K20
SeasonallyAdjustedForecast	F6:F30
SeasonallyAdjustedValue	E6:E30
TrueValue	D6:D30
TypeOfSeasonality	K6

	E	F	G	H
3	**Seasonally**	**Seasonally**		
4	**Adjusted**	**Adjusted**	**Actual**	**Forecasting**
5	**Value**	**Forecast**	**Forecast**	**Error**
6	=D6/K9			
7	=D7/K10	=AVERAGE(E$6:E6)	=K10*F7	=ABS(D7-G7)
8	=D8/K11	=AVERAGE(E$6:E7)	=K11*F8	=ABS(D8-G8)
9	=D9/K12	=AVERAGE(E$6:E8)	=K12*F9	=ABS(D9-G9)
10	=D10/K9	=AVERAGE(E$6:E9)	=K9*F10	=ABS(D10-G10)
11	=D11/K10	=AVERAGE(E$6:E10)	=K10*F11	=ABS(D11-G11)
12	:	:	:	:
13	:	:	:	:

	J	K
23	MAD =	=AVERAGE(ForecastingError)

	J	K
26	MSE =	=SUMSQ(ForecastingError)/COUNT(ForecastingError)

턴트는 만약에 각 시계열에서 상황이 거의 동일하다면 평균이 훨씬 좋은 결과를 나타낸다는 데 동의했다. 그러나 CCW사 통화량에 영향을 미치고 있는 상황은 과거 3년 동안 심하게 변하고 있었다. 통화량은 1년차보다는 2년차가 상당히 많고, 3년차에도 인기 있는 신상품이 있었던 것처럼 크게 늘어났다. 그러므로 1년차의 값은 2년차나 3년차의 변화된 상황에서는 예측에 거의 관련이 없었다. 1년차의 통화량을 전체 평균에 포함시킴으로써 2년차, 3년차에 대한 모든 예측치는 너무 작게, 때로는 너무 크게 되었다.

이동평균 예측법

이동평균 예측법moving-average forecasting method은 더 이상 관련이 없어 보이는 과거의 모든 자료를 이용하는 대신 최근 기간에 대한 자료만을 평균한다. n을 다음 기간을 예측하는 데 특별히 관련이 있는 것으로 고려된 최근 기간들의 수라고 하면 다음 기간에 대한 예측치는

$$\text{예측치} = \text{마지막 } n\text{개 값의 평균}$$

Lydia와 컨설턴트는 약 4개 분기 정도는 상황이 비교적 안정되어 있는 것처럼 보였기 때문에 n=4로 정했다.

n=4이면 첫 번째 예측치는 4분기의 통화량을 관찰한 이후에야 이용할 수 있다. 따라서 〈그림 4-7〉의 F10:F12셀에 있는 초기의 계절별로 조정된 예측치는

Y2, Q1: $$\text{계절별로 조정된 예측치} = \frac{7,322 + 7,183 + 6,635 + 7,005}{4} = 7,036$$

Y2, Q2: $$\text{계절별로 조정된 예측치} = \frac{7,183 + 6,635 + 7,005 + 7,803}{4} = 7,157$$

Y2, Q3: $$\text{계절별로 조정된 예측치} = \frac{6,635 + 7,005 + 7,803 + 7,849}{4} = 7,323$$

이다. 각 예측치는 가장 오래된 관측치 하나를 빼고 최근의 관측치를 하나 추가하는데 이전의 예측치보다 얼마나 개선이 되는지에 주목하라.

〈그림 4-7〉의 F열은 그림 아랫부분에 있는 식을 이용하여 구한 계절별로 조정된 예측치를 나타내고 있다. 이들 각각의 예측치가 이전 4개의 통화량의 평균과 어떻게 위치하고 있는지를 주목하라. 결과적으로 통화량에 큰 변동이 있을 때마다 예측치가 이 변화를 충분히 반영하는 데는 4분기가 걸린다(그 사이에 이미 다른 변화가 일어났을지도 모른다). 따라서 H열에 있는 8개 예측오차의 평균 MAD=437은 25% 법칙을 포함하여 지금까지의 방법 중에서 가장 높다. 예측오차의 제곱의 평균 MSE=238,816은 평균법보다는 조금 작고 25% 법칙보다는 상당히 작지만, 최종관측치 방법보다는 여전히 높다.

Lydia는 높은 MAD 값에 대해 매우 당황하였다. 이동평균법은 예측에 있어서 이전의 방법

〈그림 4-7〉 CCW 문제에 www.mhhe.com/Hillier7e의 계절별로 조정한 이동평균 예측법 엑셀 탬플릿 적용 예

	A	B	C	D	E	F	G	H	I	J	K
1	Moving-Average Forecasting Method with Seasonality for CCW										
2											
3					Seasonally	Seasonally					
4				True	Adjusted	Adjusted	Actual	Forecasting		Number of previous	
5		Year	Quarter	Value	Value	Forecast	Forecast	Error		periods to consider	
6		1	1	6,809	7,322					n =	4
7		1	2	6,465	7,183						
8		1	3	6,569	6,635						Type of Seasonality
9		1	4	8,266	7,005						Quarterly
10		2	1	7,257	7,803	7,036	6,544	713			
11		2	2	7,064	7,849	7,157	6,441	623		Quarter	Seasonal Factor
12		2	3	7,784	7,863	7,323	7,250	534		1	0.93
13		2	4	8,724	7,393	7,630	9,003	279		2	0.90
14		3	1	6,992	7,518	7,727	7,186	194		3	0.99
15		3	2	6,822	7,580	7,656	6,890	68		4	1.18
16		3	3	7,949	8,029	7,589	7,513	436			
17		3	4	9,650	8,178	7,630	9,004	646			
18		4	1			7,826	7,279				
19		4	2								
25										Mean Absolute Deviation	
26										MAD =	437
28										Mean Square Error	
29										MSE =	238,816

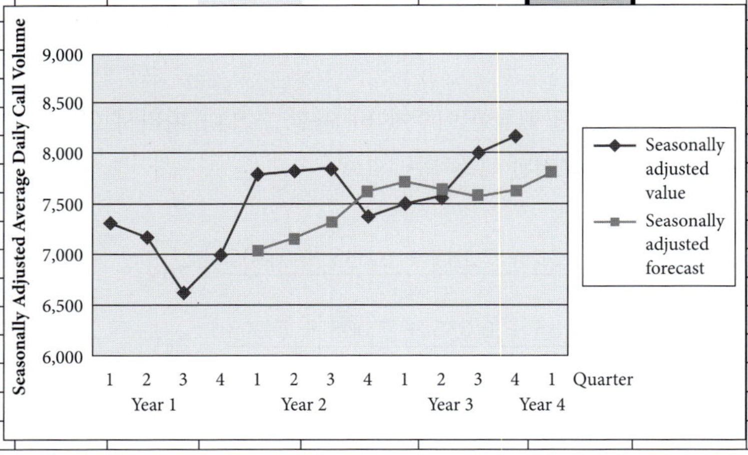

Range Name	Cells
ActualForecast	G6:G30
ForecastingError	H6:H30
MAD	K26
MSE	K29
NumberOfPeriods	K6
SeasonalFactor	K12:K23
SeasonallyAdjustedForecast	F6:F30
SeasonallyAdjustedValue	E6:E30
TrueValue	D6:D30
TypeOfSeasonality	K9

	E	F	G	H
3	Seasonally	Seasonally		
4	Adjusted	Adjusted	Actual	Forecasting
5	Value	Forecast	Forecast	Error
6	=D6/K12			
7	=D7/K13			
8	=D8/K14			
9	=D9/K15			
10	=D10/K12	=AVERAGE(E6:E9)	=K12*F10	=ABS(D10-G10)
11	=D11/K13	=AVERAGE(E7:E10)	=K13*F11	=ABS(D11-G11)
12	=D12/K14	=AVERAGE(E8:E11)	=K14*F12	=ABS(D12-G12)
13	=D13/K15	=AVERAGE(E9:E12)	=K15*F13	=ABS(D13-G13)
14	=D14/K12	=AVERAGE(E10:E13)	=K12*F14	=ABS(D14-G14)
15	=D15/K13	=AVERAGE(E11:E14)	=K13*F15	=ABS(D15-G15)
16	:	:	:	:
17	:	:	:	:

	J	K
26	MAD =	=AVERAGE(ForecastingError)

	J	K
29	MSE =	=SUMSQ(ForecastingError)/COUNT(ForecastingError)

보다 많은 이론적 근거가 있는 섬세한 접근법인 것처럼 보였다(최근의 자료만을 이용하고, 복수 개의 관측치를 사용한다). 왜 이렇게 나쁜가?

컨설턴트는 이동평균법은 n번의 기간 동안 상황이 거의 같을 때는 매우 우수한 예측법이라고 설명한다. 예를 들면, 계절별로 조정된 통화량은 2년차와 3년차 전반은 상당히 안정적이었다. 결과적으로 이 6분기의 마지막에 대한 예측오차는 68(H15셀)까지 떨어졌다. 그러나 2년차 초기 통화량이 크게 상승하는 것과 같이 상황이 급변할 때 다음 몇 개의 예측오차는 매우 커지는 경향을 보인다.

따라서 이동평균법은 상황 변화에 대한 반응이 다소 늦다. 한 가지 이유는 오래 전의 값들이 최근의 값보다 현재의 상황을 더 잘 반영하지 않음에도 불구하고, 시계열에 있는 최근 n개의 값에 모두 동일한 가중치를 두는 데에 있다. 다음 방법은 이러한 가중치의 단점을 수정한 것이다.

지수평활 예측법

지수평활 예측법exponential smoothing forecasting method은 시계열에 있는 마지막 값에 가장 큰 가중치를 두고 오래된 값들에는 점차 작은 가중치를 두도록 하여 이동 평균법을 개선한 것이다. 그러나 매번 가중평균weighted average을 계산하지 않아도 되도록 간단한 공식을 사용한다. 시계열에서 다음 값을 예측하기 위해 마지막 값과 마지막 예측치(마지막 값을 예측하기 위해 한 기간 전에 사용된 값)를 다음 같이 결합시킨다.

$$\text{예측치} = \alpha(\text{마지막 값}) + (1-\alpha)(\text{마지막 예측치})$$

여기서 α(그리스문자 알파)는 **평활상수**smoothing constant라 불리는 0과 1 사이의 상수이다. 예를 들면 시계열에서 마지막 값이 24, 마지막 예측치가 20, α=0.25라고 하면

$$\text{예측치} = 0.25(24) + 0.75(20) = 21$$

www.mhhe.com/Hillier7e에서 여러 가지 α 값을 대입하여 시계열에 대한 일련의 예측치(기간 단위로)를 구하는 데 이용할 수 있는 2개의 엑셀 템플릿(계절적 조정이 있는 것과 없는 것)을 이용할 수 있다.

평활상수 α값은 예측에 많은 영향을 미친다. 따라서 신중하게 선택해야 한다. 상황이 비교적 안정적이면 작은 값(즉, α=0.1)이 적절하다. 그러나 중요한 상황 변화가 비교적 빈번하게 일어나고 있으면 큰 값(즉, α=0.3)이 요구된다. Lydia와 컨설턴트는 CCW사의 계절별로 조정된 시계열에 있어서는 잦은 변동 때문에, α=0.5가 적당한 값이라고 결론을 내린다(대부분의 응용에서 α는 0.1과 0.3 사이의 값을 사용하고 있다. 그러나 이와 같은 상황에서는 큰 값을 사용한다).

첫 번째 예측치를 구할 때는 위 식의 오른쪽에 넣을 마지막 예측치가 없다. 따라서 예측을 시작하기 위한 한 가지 적절한 방법은 시계열에 대한 평균값를 초기 추정치로 사용하는 것이다. 이 초기 추정치를 첫 번째 값에 대한 예측치로 사용하여 두 번째 값을 예측한다.

과거 3년 동안 CCW사의 평균 통화량은 7,500을 약간 넘고, 이것은 1년차 직전의 사업 수준과 비슷하였다. 따라서 Lydia와 컨설턴트는 과거 3년 동안의 예측치를 소급하여 생성하기 위해 초기 추정치로 다음 값을 사용하기로 했다.

$$\text{초기 추정치} = 7{,}500$$

처음 3개 분기의 계절별로 조정된 통화량은 7,322, 7,183, 6,635이므로(그림 4-7) 처음 1년간의 계절별로 조정된 예측치는 다음과 같다.

Y1, Q1: 계절별로 조정된 예측치 = 7,500

Y1, Q2: 계절별로 조정된 예측치 = 0.5(7,322) + 0.5(7,500) = 7,411

Y1, Q3: 계절별로 조정된 예측치 = 0.5(7,183) + 0.5(7,411) = 7,297

Y1, Q4: 계절별로 조정된 예측치 = 0.5(6,635) + 0.5(7,297) = 6,966

이들 예측치가 지금까지의 시계열값에 대한 가중평균이 되는가를 보기 위해, 2, 3분기에 대한 계산을 보자. 2분기에 대한 예측치는

$$0.5(7{,}322) + 0.5(7{,}500) = 7{,}411$$

이기 때문에 3분기에 대한 예측치는 다음과 같이 쓸 수 있다.

$$\begin{aligned}\text{계절별로 조정된 예측치} &= 0.5(7{,}183)+0.5(7{,}411)\\ &= 0.5(7{,}183)+0.5[0.5(7{,}322)+0.5(7{,}500)]\\ &= 0.5(7{,}183)+0.25(7{,}322)+0.25(7{,}500)\\ &= 7{,}297\end{aligned}$$

마찬가지로 4분기에 대해서는

$$\begin{aligned}\text{계절별로 조정된 예측치} &= 0.5(6{,}635)+0.5(7{,}297)\\ &= 0.5(6{,}635)+0.5\,[0.5(7{,}183)+0.25(7{,}322)+0.25(7{,}500)]\\ &= 0.5(6{,}635)+0.25(7{,}183)+0.125(7{,}322)+0.125(7{,}500)\\ &= 6{,}966\end{aligned}$$

따라서 최종 예측치는 마지막 값에 0.5, 그 이전 값에 0.25, 그 전전 값(초기 추정치)에 나머지 0.125의 가중치를 둔다. 다른 값에 대해서도 이들 가중치는 각각 $\alpha, \alpha(1-\alpha), \alpha(1-\alpha)^2$ 등이 될

것이다.

그러므로 α값을 선택하는 것은 시계열에 대한 가중치의 급수progression를 선택하는 것과 같다. 변동이 있는 시계열에 대해서는 가장 최근의 값에 큰 가중치를, 더 오래된 값에 대해서는 큰 차이로 감소하는 가중치를 부여할 필요가 있다. 그러나 비교적 안정된 시계열에 대해서는, 표본의 수를 크게 하기 위해 많은 자료에 의미 있는 가중치를 주는 것이 바람직하다.

또한, 다음과 같이 다른 형태의 예측 공식으로부터 α값 선택에 대한 의미를 알 수 있다.

$$\begin{aligned}\text{예측치} &= \alpha(\text{마지막 값})+(1-\alpha)\ (\text{마지막 예측치})\\ &= \alpha(\text{마지막 값})+\text{마지막 예측치}-\alpha(\text{마지막 예측치})\\ &= \text{마지막 예측치}+\alpha(\text{마지막 값}-\text{마지막 예측치})\end{aligned}$$

여기서 (마지막 값−마지막 예측치)의 절대값이 바로 마지막 예측오차이다. 그러므로 이 식의 마지막 행으로부터 새로운 예측치는 마지막 예측치에서 마지막 예측오차의 배만큼을 더하거나 빼서 조정하는 것이라는 것을 알 수 있다. 만약에 예측오차가 주로 시계열에서의 랜덤 변동에 의한 것이라면, 이러한 모형에는 작은 값으로 충분하다. 그러나 예측오차가 대부분 시계열에서 큰 변동에 의하여 발생하는 것이라면 신속하게 많은 조정을 하기 위해 큰 값이 필요하다.

〈그림 4-8〉의 엑셀 템플릿은 α=0.5를 사용하여 구한 CCW사의 결과를 나타내고 있다. 23~30행은 계절별로 조정된 통화량과 계절별로 조정된 모든 예측치를 나타낸 그래프이다. 각 예측치가 이전 통화량과 이전 예측 사이에 어느 정도 위치에 있는지 주목하라. 통화량에 큰 변동이 있을 때마다 예측치는 보다 신속하게 변동을 반영한다. H열에 있는 예측오차의 평균은 K28셀에 주어져 있다.

$$\text{MAD} = 324$$

이것은 최종관측치 예측법에 대한 MAD=295를 제외하고, 앞의 다른 예측법보다 훨씬 더 작은 값이다. K31셀에 주어진 예측오차의 제곱의 평균 또한, 마찬가지이다.

$$\text{MSE} = 157{,}836$$

Lydia는 여기서 다소 좌절감을 느꼈다. 그녀는 평균예측오차가 295 이하인 방법이 필요하기 때문이다. 최종관측치 예측법을 단순한 방법이라고 생각한다면, 지수평활법과 같이 널리 사용되고 정교한 방법은 그런 인식을 쉽게 없앨 수 있을 것으로 기대하였다.

컨설턴트 또한, 다소 놀랐다. 그러나 그는 지수평활 예측법으로 얻은 MAD=324와 최종관측치 예측법으로 얻은 MAD=295 사이의 차이는 통계적으로 유의하기에는 너무 작다고 지적했다. 만약에 두 방법을 다음 3개년에 적용한다면 지수평활법이 더 좋게 나올지도 모른다.

그는 Lydia에게 아직 말할 단계는 아니지만, 그녀가 필요로 하는 예측 정밀도를 얻을 수

〈그림 4-8〉 CCW 문제에 www.mhhe.com/Hillier7e의 계절별로 조정한 지수평활 예측법 엑셀 템플릿 적용 예

Exponential Smoothing Forecasting Method with Seasonality for CCW

	B	C	D	E	F	G	H
3				Seasonally	Seasonally		
4			True	Adjusted	Adjusted	Actual	Forecasting
5	Year	Quarter	Value	Value	Forecast	Forecast	Error
6	1	1	6,809	7,322	7,500	6,975	166
7	1	2	6,465	7,183	7,411	6,670	205
8	1	3	6,569	6,635	7,297	7,224	655
9	1	4	8,266	7,005	6,966	8,220	46
10	2	1	7,257	7,803	6,986	6,497	760
11	2	2	7,064	7,849	7,394	6,655	409
12	2	3	7,784	7,863	7,622	7,545	239
13	2	4	8,724	7,393	7,742	9,136	412
14	3	1	6,992	7,518	7,568	7,038	46
15	3	2	6,822	7,580	7,543	6,789	33
16	3	3	7,949	8,029	7,561	7,486	463
17	3	4	9,650	8,178	7,795	9,199	451
18	4	1			7,987	7,428	
19	4	2					

	J	K
4	Smoothing Constant	
5	α =	0.5
7	Initial Estimate	
8	Average =	7,500
10		Type of Seasonality
11		Quarterly
13	Quarter	Seasonal Factor
14	1	0.93
15	2	0.90
16	3	0.99
17	4	1.18
27	Mean Absolute Deviation	
28	MAD =	324
30	Mean Square Error	
31	MSE =	157,836

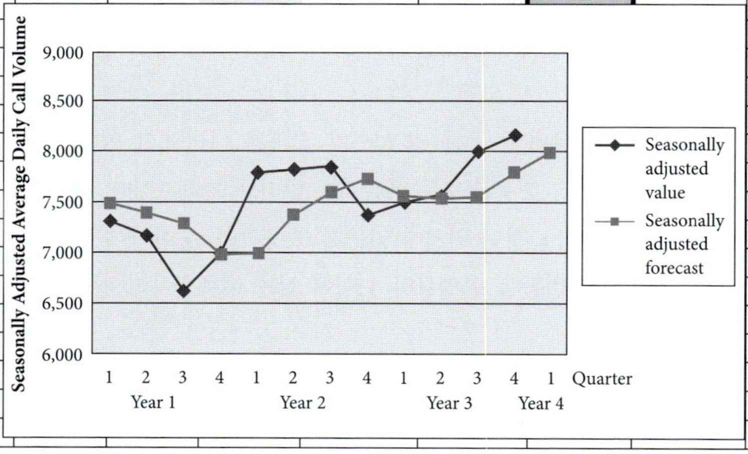

Range Name	Cells
ActualForecast	G6:G30
Alpha	K5
ForecastingError	H6:H30
InitialEstimate	K8
MAD	K28
MSE	K31
SeasonalFactor	K14:K25
SeasonallyAdjustedForecast	F6:F30
SeasonallyAdjustedValue	E6:E30
TrueValue	D6:D30
TypeOfSeasonality	K11

	E	F	G	H
3	Seasonally	Seasonally		
4	Adjusted	Adjusted	Actual	Forecasting
5	Value	Forecast	Forecast	Error
6	=D6/K14	=InitialEstimate	=K14*F6	=ABS(D6-G6)
7	=D7/K15	=Alpha*E6+(1-Alpha)*F6	=K15*F7	=ABS(D7-G7)
8	=D8/K16	=Alpha*E7+(1-Alpha)*F7	=K16*F8	=ABS(D8-G8)
9	=D9/K17	=Alpha*E8+(1-Alpha)*F8	=K17*F9	=ABS(D9-G9)
10	=D10/K14	=Alpha*E9+(1-Alpha)*F9	=K14*F10	=ABS(D10-G10)
11	=D11/K15	=Alpha*E10+(1-Alpha)*F10	=K15*F11	=ABS(D11-G11)
12	:	:	:	:
13	:	:	:	:

	J	K
28	MAD =	=AVERAGE(ForecastingError)

	J	K
31	MSE =	=SUMSQ(ForecastingError)/COUNT(ForecastingError)

있는 완전히 새로운 접근법을 구상하고 있었다. 그러나 먼저 설명해야 할 시계열 예측법이 하나 더 있다.

이 방법에 대한 기본 원리를 이해시키기 위해 컨설턴트는 지수평활법이 이 경우에 적합하지 못한 중요한 이유를 설명했다. 〈그림 4-8〉에 있는 계절별로 조정된 통화량의 그래프를 보자. 처음 3개 분기에서는 뚜렷한 하향 추세, 다음 두 분기에 대해서는 가파른 상승 추세 마지막 다섯 분기에 대해서는 상승 추세임을 주목하라. 또한, 이들 각 추세의 끝 부분의 두 점 사이의 큰 차이(큰 예측오차를 의미함)에 주목하라. 이와 같은 큰 오차의 발생 이유는 지수평활 예측치가 그 추세의 시작 시점에 가까울수록 큰 가중치를 주기 때문에 이와 같은 추세를 반영하지 못하는 데에 있다. α=0.5라는 큰 값이 도움은 되지만 지수평활 예측치는 최종관측치에 의한 예측치보다 이와 같은 추세에 신속하게 대응하지 못하는 경향이 있다.

다음 예측법은 현재의 추세를 추정하고 시계열에서 다음 값을 예측할 때 이 추세를 반영하도록 지수평활법을 개정한 것이다.

추세를 고려한 지수평활 예측법

추세를 고려한 지수평활 예측법exponential smoothing with trend은 시계열에 있어서 최근 값들을 사용하여 현재의 상승 혹은 하강 **추세**trend를 추정한다. 이것은 〈그림 4-9〉에 나타낸 것과 같은 시계열을 위해 설계된 것으로 상승(혹은 하강) 추세가 상당한 기간 동안(무한정일 필요는 없다) 지속되는 경향이 있다. 이 그림은 미국 어떤 주의 여러 해에 걸쳐 추정된 인구를 나타내고 있다. 그림에 있는 직선(흔히 추세선이라고 함)은 시계열이 이어지는(직선 양쪽으로 오르내리지만) 기본적인 추세를 나타낸다. 이 사례의 경우 기본적인 추세는 상승하고 있기 때문에 앞의 예측법들에 의한 예측치는 너무 낮게 되는 경향이 있다. 그러나 이 추세선의 현재 기울기를 추정하고 이 기울기를 고려하여 예측치를 조정하면 훨씬 더 정확한 예측치를 얻

〈그림 4-9〉 여러 해 동안 어느 주의 추정인구를 나타내는 시계열. 추세선은 인구에 대해 기본적인 상승 경향을 보여주고 있다.

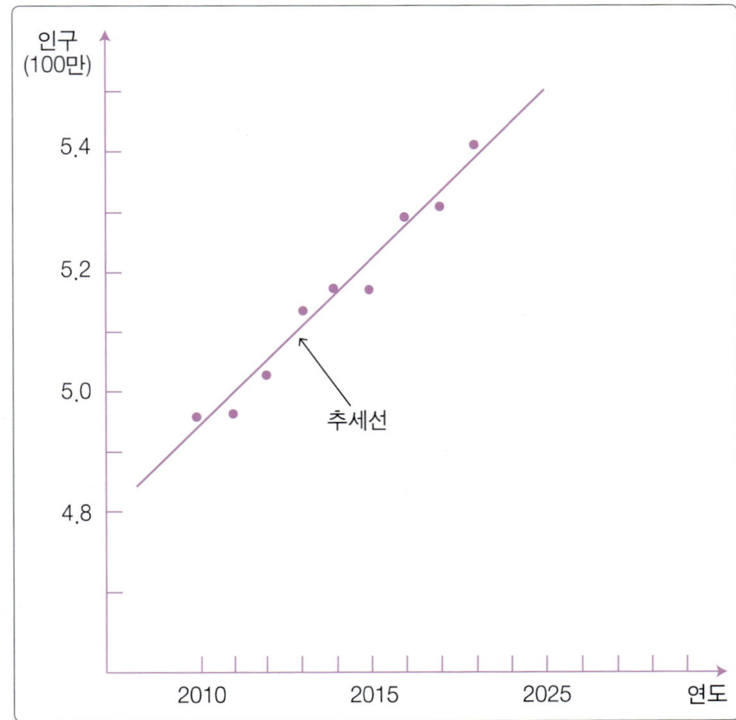

을 수 있다. 이것이 추세를 고려한 지수평활 예측법의 기본적인 개념이다.

추세는 다음과 같이 정의된다.

추세 = 만약 현재 패턴이 계속된다면 하나의 시계열값에서 다음 값으로의 평균의 변화

시계열로부터 다음 값을 예측하기 위한 식은 지수평활법의 식에 추정된 추세를 더한 것이다. 따라서 새로운 식은

$$\text{예측치} = \alpha(\text{마지막 값}) + (1-\alpha)(\text{마지막 예측치}) + \text{추정된 추세}$$

(상자 내의 있는 내용은 이 식을 이용하여 시계열에서 다음 기간 이후의 예측치를 예측하는 방법을 설명하고 있다.)

한 기간 이상의 미래에 대한 예측

지금까지 다음 기간(CCW사의 경우에 다음 분기)에 무엇이 일어날 것인가를 예측하는 데 초점을 두었다. 그러나 관리자는 때로 그 이상의 미래에 대한 예측을 할 필요가 있다. 이렇게 하기 위해서 여러 가지 시계열 예측법을 어떻게 적용할 수 있는가?

최종관측치법, 평균법, 이동평균법, 지수평활법의 경우 다음 기간에 대한 예측치가 그 이후의 기간에 대한 최선의 이용 가능한 예측치이다. 그러나 자료에 어떤 추세가 있을 때 이러한 추세를 장기간 예측에 반영하는 것은 중요하다. 추세를 고려한 지수평활 예측법은 이렇게 할 수 있는 방법을 제공하고 있다. 특히, 추세를 추정한 후 지금부터 미래의 n번째 기간에 대한 예측치는

$$\text{예측치} = \alpha(\text{마지막 값}) + (1-\alpha)\ (\text{마지막 예측치}) + n \times (\text{추정된 추세})$$

지수평활법은 매번 추정된 추세를 구하고 수정하는 데도 사용된다. 공식은 다음과 같다.

$$\text{추정된 추세} = \beta(\text{최근 추세}) + (1-\beta)(\text{추세의 마지막 추정치})$$

여기서 β(그리스문자 베타)는 **추세평활상수**trend smoothing constant이고, α과 같이 0과 1 사이의 값을 갖는다. 최근 추세는 시계열에 있어서 마지막 2개 값과 마지막 2개의 예측치에 의한 추세를 말한다. 즉,

$$\begin{aligned}\text{최근 추세} = {} & \alpha(\text{마지막 값}-\text{끝에서 두 번째 값}) \\ & + (1-\alpha)(\text{마지막 예측치}-\text{끝에서 두 번째 예측치})\end{aligned}$$

이 예측법을 사용하기 위해서는 예측을 시작하기 바로 전의 시계열 상태에 관한 2개의 초기 추정치를 구해야 한다. 이러한 2개의 초기 추정치는

1. 만약 어떠한 추세도 없이 예측 시작 직전의 상황이 변함없이 계속된다면 시계열의 평균치에 대한 초기 추정치

2. 예측을 시작하기 직전의 시계열의 추세에 대한 초기 추정치

그러면 첫 번째 기간에 대한 예측치는

첫 예측치 = 평균값에 의한 초기 추정치 + 추세에 대한 초기 추정치

두 번째 예측치는 위 식으로부터 얻을 수 있다. 여기서 추세에 대한 초기 추정치는 추정된 추세에 대한 식에서 추세의 마지막 추정치로 사용되고, 평균값에 의한 초기 추정치는 마지막 추세에 대한 식에서 끝에서 두 번째 값과 끝에서 두 번째 예측치로 사용된다. 그리고 그 이후의 예측치들을 구할 때는 위 식들을 그대로 사용한다.

이 방법에 대한 계산은 비교적 복잡하기 때문에 일반적으로 컴퓨터가 사용된다. 이 방법에 대해서 두 가지 엑셀 템플릿(계절적 조정을 고려하는 경우와 그렇지 않은 경우)은 www.mhhe.com/Hillier7e에서 이용할 수 있다.

추세평활상수 β를 선택하는 데 있어 고려할 사항은 α의 경우와 비슷하다. 큰 β값(β=0.3)은 최근의 추세 변화에 더 민감하고, 비교적 작은 값(β=0.1)은 추세를 추정하는 데 많은 자료를 사용한다.

CCW사 문제에 α와 β의 여러 가지 조합을 고려한 후에 α=0.3과 β=0.3의 조합이 적절하다고 결론을 내렸다. 두 값은 모두 일반적으로 사용되는 범위(0.1~0.3)에서 가장 큰 값이지만, CCW사 시계열의 잦은 변동으로 인해 큰 값을 필요로 한다. 그러나 α의 값을 앞의 방법에 사용했던 0.5 이하로 낮추는 것은, 추세를 반영하면 변동에 더 신속하게 반응하는 데 도움이 되기 때문에 적절하다.

앞서 추세를 고려하지 않은 지수평활법을 적용할 때 Lydia와 컨설턴트는 계절별로 조정된 통화량의 평균에 대한 초기 추정치로 7,500을 선택했다. 그들은 지난 3년간을 소급하여 예측할 때 계절별로 조정된 통화량에 주목할 만한 추세가 없다고 판단하였다. 따라서 추세를 고려한 지수평활법을 적용하기 위해서는 다음 값을 사용하기로 결정했다.

평균값에 의한 초기 추정치 = 7,500
추세에 대한 초기 추정치 = 0

이전 그림들에서 주어진 계절별로 조정된 통화량과 위 추정치를 이용하여 다음과 같은 계절별로 조정된 예측치를 얻는다.

Y1, Q1: 계절별로 조정된 예측치 = 7,500+0 = 7,500

Y1, Q2: 최근 추세 = 0.3(7,322−7,500)+0.7(7,500−7,500) = −53.4
추정된 추세 = 0.3(−53.4)+0.7(0) = −16
계절별로 조정된 예측치 = 0.3(7,322)+0.7(7,500)−16 = 7,431

〈그림 4-10〉 www.mhhe.com/Hillier7e에서 이용 가능한 계절별 조정과 추세를 고려한 지수평활예측법 엑셀 템플릿

	A	B	C	D	E	F	G	H	I	J	K	L	M
1	**Exponential Smoothing with Trend Forecasting Method with Seasonality for CCW**												
2													
3					**Seasonally**			**Seasonally**					
4				**True**	**Adjusted**	**Latest**	**Estimated**	**Adjusted**	**Actual**	**Forecasting**		**Smoothing Constant**	
5		**Year**	**Quarter**	**Value**	**Value**	**Trend**	**Trend**	**Value**	**Forecast**	**Error**		α =	0.3
6		1	1	6,809	7,322		0	7,500	6,975	166		β =	0.3
7		1	2	6,465	7,183	-54	-16	7,430	6,687	222			
8		1	3	6,569	6,635	-90	-38	7,318	7,245	676		**Initial Estimate**	
9		1	4	8,266	7,005	-243	-100	7,013	8,276	10		Average =	7,500
10		2	1	7,257	7,803	-102	-100	6,910	6,427	830		Trend =	0
11		2	2	7,064	7,849	167	-20	7,158	6,442	622			
12		2	3	7,784	7,863	187	42	7,407	7,333	451			**Type of Seasonality**
13		2	4	8,724	7,393	179	83	7,627	9,000	276			Quarterly
14		3	1	6,992	7,518	13	62	7,619	7,085	93			
15		3	2	6,822	7,580	32	53	7,642	6,877	55		**Quarter**	**Seasonal Factor**
16		3	3	7,949	8,029	34	47	7,670	7,594	355		1	0.93
17		3	4	9,650	8,178	155	80	7,858	9,272	378		2	0.90
18		4	1			176	108	8,062	7,498			3	0.99
19		4	2									4	1.18
20													
21–28													
29												**Mean Absolute Deviation**	
30												MAD =	345
31													
32												**Mean Square Error**	
33												MSE =	180,796
34													

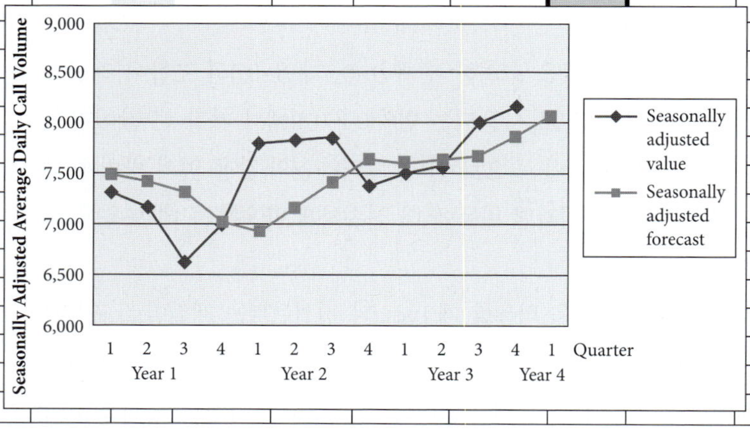

Seasonally Adjusted Average Daily Call Volume
9,000
8,500
8,000
7,500
7,000
6,500
6,000
1 2 3 4 1 2 3 4 1 2 3 4 1 Quarter
Year 1 Year 2 Year 3 Year 4
Seasonally adjusted value
Seasonally adjusted forecast

	E	F	G	H	I	J
3	**Seasonally**			**Seasonally**		
4	**Adjusted**	**Latest**	**Estimated**	**Adjusted**	**Actual**	**Forecasting**
5	**Value**	**Trend**	**Trend**	**Forecast**	**Forecast**	**Error**
6	=D6/M16		=InitialEstimateTrend	=InitialEstimateAverage+InitialEstimateTrend	=M16*H6	=ABS(D6-I6)
7	=D7/M17	=Alpha*(E6-InitialEstimateAverage)+(1-Alpha)*(H6-InitialEstimateAverage)	=Beta*F7+(1-Beta)*G6	=Alpha*E6+(1-Alpha)*H6+G7	=M17*H7	=ABS(D7-I7)
8	=D8/M18	=Alpha*(E7-E6)+(1-Alpha)*(H7-H6)	=Beta*F8+(1-Beta)*G7	=Alpha*E7+(1-Alpha)*H7+G8	=M18*H8	=ABS(D8-I8)
9	=D9/M19	=Alpha*(E8-E7)+(1-Alpha)*(H8-H7)	=Beta*F9+(1-Beta)*G8	=Alpha*E8+(1-Alpha)*H8+G9	=M19*H9	=ABS(D9-I9)
10	=D10/M16	=Alpha*(E9-E8)+(1-Alpha)*(H9-H8)	=Beta*F10+(1-Beta)*G9	=Alpha*E9+(1-Alpha)*H9+G10	=M16*H10	=ABS(D10-I10)
11	=D11/M17	=Alpha*(E10-E9)+(1-Alpha)*(H10-H9)	=Beta*F11+(1-Beta)*G10	=Alpha*E10+(1-Alpha)*H10+G11	=M17*H11	=ABS(D11-I11)
12	:	:	:	:	:	:

Range Name	**Cells**
ActualForecast	I6:I30
Alpha	M5
Beta	M6
ForecastingError	J6:J30
InitialEstimateAverage	M9
InitialEstimateTrend	M10
MAD	M30
MSE	M33
SeasonalFactor	M16:M27
SeasonallyAdjustedForecast	H6:H30
SeasonallyAdjustedValue	E6:E30
TrueValue	D6:D30
TypeOfSeasonality	M13

	L	M
30	MAD =	=AVERAGE(ForecastingError)

	L	M
33	MSE =	=SUMSQ(ForecastingError)/COUNT(ForecastingError)

Y1, Q3: 최근 추세 = 0.3(7,183−7,322)+0.7(7,431−7,500) = −90

추정된 추세 = 0.3(−90)+0.7(−16) = −38.2

계절별로 조정된 예측치 = 0.3(7,183)+0.7(7,431)−38.2 = 7,318

〈그림 4-10〉의 엑셀 템플릿은 미래의 분기에 대해서와 마찬가지로, 과거 3년 동안 12개 모든 분기에 대한 계산 결과를 보여주고 있다. 그림 중간 부분에는 계절별로 조정된 통화량과 계절별로 조정된 예측치에 대한 그래프를 보여주고 있다. 통화량에 있어서 각 추세의 상승과 하강이 예측치를 점차적으로 같은 방향으로 가게 하는 것에 주목하라. 그러나 통화량의 추세가 갑자기 반대 방향이 될 때, 예측치의 추세가 바뀌는 데는 2분기가 걸린다. J열의 예측오차에 대한 평균 예측오차(M30셀)를 구하면 MAD=345이다. 이것은 일반 지수평활법으로 얻은 324와 최종관측치 예측법으로 얻은 295보다 약간 크다. M33셀에 주어진 평균 제곱오차 MSE=180,796는 다른 두 예측법으로 얻은 MSE보다 약간 크기 때문에 예측오차 제곱을 사용하였을 때도 비슷한 결과를 얻을 수 있다.

〈표 4-2〉 CCW사 통화량 예측 시 각 시계열 예측법에 의한 평균예측오차(MAD)와 평균제곱오차(MSE)

예측법	MAD	MSE
CCW사의 25% 법칙	424	317,815
최종치 예측법	295	145,909
평균 예측법	400	242,876
이동평균 예측법	437	238,816
지수평활 예측법	324	157,836
추세를 고려한 지수평활 예측법	345	180,796

〈표 4-2〉는 지금까지의 모든 예측법에 대한 MAD값을 요약한 것이다. 여기서 추세를 고려한 지수평활 예측법에 대한 MAD가 크게 나타난 것에 대해 Lydia의 반응은 다음과 같다.

Lydia: 매우 실망스럽네요. 시계열 예측법으로는 내가 필요로 하는 일을 할 수가 없습니다. 이 예측법은 우리가 직면하고 있는 추세를 고려하는 뛰어난 방법인 것처럼 보였기 때문에 잘 될 것이라고 생각했습니다.

컨설턴트: 그렇습니다. 적절한 환경에서는 매우 좋은 방법입니다. 시간에 따라 가끔 약간의 변동이 있는 추세라면 좋은 결과를 얻을 수 있지요.

Lydia: 그럼, 여기서는 무엇이 잘못된 거죠?

컨설턴트: 자, 여기서 계절별로 조정된 시계열에 있어서의 추세를 보십시오. 처음 3분기는 가파른 하강 추세이다가 갑자기 그 다음 2분기 동안은 매우 가파른 상승 추세입니다. 8번째 분기에서 큰 하락이 있기 전까지는 평탄하다가, 갑자기 다시 상승하고 있습니다. 이와 같이 갑작스런 큰 추세 변동을 따라가기란 매우 어렵기 때문에, 이 방법은 점진적인 추세 변동에 더 적합합니다.

Lydia: 알았습니다. 그러나 지금까지 시도해보지 않은 다른 방법은 없습니까?

컨설턴트: 다른 시계열 예측법이 있습니다. 이것은 ARIMA^Auto Regressive Integrated Moving Average^법이라고 부르기도 하고 개발자의 이름을 따서 Box-Jenkins법이라고도 부릅니다. 매우

정교한 방법이고, 이것을 실행하는 데 이용할 수 있는 뛰어난 소프트웨어도 있습니다. 또 다른 장점은 강한 계절적 패턴을 처리하는 데 매우 적절하다는 것이죠.

Lydia: 오, 좋네요. 우리도 이 ARIMA법을 사용해보는 게 어떨까요?

컨설턴트: 지금은 안됩니다. 적어도 50기간 정도의 과거 자료를 필요로 하는 매우 정교한 방법입니다. 우리는 지금 충분한 자료를 가지고 있지 않거든요.

Lydia: 그럼 우린 무엇을 하면 되죠?

컨설턴트: 이들 시계열 예측법 중의 하나를 지금과 다른 방법으로 사용하여 우리가 원하는 일을 할 수 있도록 하려는 구상을 하고 있습니다.

Lydia: 정말입니까? 좀 더 구체적으로 얘기해주세요.

컨설턴트: 그것이 가능한지 확인할 수 있을 때까지 자세한 것은 미뤄둡시다.

Lydia: 좋습니다. 그렇지만 어떻게 확인합니까?

컨설턴트: CCW사의 영업과장과 연락해서 우리 세 사람이 참석하는 회의를 마련해주십시오. 그리고 그에게 과거 3년 동안의 통화량에 대한 우리 자료를 보내주고, 같은 시기의 판매 자료를 찾아서 우리 자료와 비교해 달라고 요청해주세요.

Lydia: 알았습니다. 그에게 회의의 목적이 무엇이라고 말할까요?

컨설턴트: 우리가 통화량 예측에 있어서 얻고자 하는 것을 설명하세요. 그리고 통화량에 있어서 무엇 때문에 이와 같이 갑작스러운 변동이 일어나는지에 대해서 좀 더 알고 싶다고 말하세요. 그는 판매량 변동의 원인이 무엇인지 누구보다 잘 알고 있을 겁니다. 우리는 그의 지혜를 빌리고자 합니다.

Lydia: 그렇게 하겠습니다.

영업과장과의 회의

〈그림 4-10〉과 같은 최근 스프레드시트의 통화량 자료를 참고하면 도움이 될 것이다.

Lydia: 제가 보낸 통화량에 관한 자료를 받으셨습니까?

영업과장: 예, 받았습니다.

컨설턴트: 3년 동안의 판매 자료와 비교해서 어떻습니까?

영업과장: 통화량과 판매량의 패턴은 매우 비슷합니다. 나는 두 자료가 같이 변동한다고 생각합니다.

Lydia: 판매는 우리 콜센터에 걸려온 전화 주문에 의한 것이기 때문에 그것은 당연하죠.

영업과장: 그렇습니다.

컨설턴트: 이제, 무엇 때문에 상승과 하강이 일어났는지 조사해봅시다. 3년 전(1년차 자료), 그 해는 대부분 하강 추세였습니다. 원인이 무엇입니까?

영업과장: 예, 그해의 일은 뚜렷이 기억납니다. 좋은 해는 아니었죠. 새로운 Klugman 운영시스템을 그해 초에 출시할 예정이었습니다. 그런데 그 출시 시한은 늦어졌고, 사람들은 계속 기다리는 상태였죠. 다음 해 초까지도 시스템을 출시하지 못했고, 크리스마스 판매조차 놓쳤죠.

Lydia: 그러나 휴일 기간 동안의 통화량은 평소보다 약간 증가하였습니다.

영업과장: 예, 그렇게 판매했죠. 내 기억으로는, 휴일 기간에 맞추어 빠른 데이터 전송 기능을 가진 새로운 네트워크 툴을 출시하였고, 몇 달 동안 아주 인기가 있었습니다. 그것은 불황기 동안 우리를 구해준 셈이죠.

컨설턴트: 그 후 Klugman 운영시스템이 출시되어 다음 해의 판매량이 늘어났습니까?

영업과장: 그렇습니다.

Lydia: 그해 말에 무슨 일이 있었습니까? 우리는 그다지 바쁘지 않았거든요.

영업과장: 대부분의 사람은 이미 그때까지 새로운 운영시스템으로 갱신하였다고 추측할 수 있습니다. 그리고 그 기간 동안 판매 제품 품목에 큰 변화가 없었습니다.

컨설턴트: 판매량은 그 다음 해에 만회되었습니까?

영업과장: 예, 마지막 해는 그런 대로 좋은 해였습니다. 아주 인기 있었던 두 가지 신상품을 가지고 있었습니다. 하나는 그해 초에 출시된 새로운 데이터 저장장치였고, 매우 비싼 것이었죠. 다른 하나는 6월에 출시된 일반 종이를 사용하는 컬러프린터였습니다. 우리는 경쟁력 있는 가격으로 그것을 공급하였고, 엄청나게 팔렸습니다.

컨설턴트: 감사합니다. 우리가 연구해 온 통화량에 얽힌 내용이 분명해졌습니다. 이제 다른 중요한 질문을 하겠습니다. 과장님은 자료를 보고 예측할 때 총판매량의 변동과 관련된 핵심 요인은 무엇이라고 보십니까?

영업과장: 한 가지 중요한 요인이 있습니다. 시장에서 인기 있는 신상품을 보유하고 있는가? 우리는 아마도 100종류 이상의 제품을 가지고 있을 겁니다. 그러나 그 대부분은 시장에서 조그마한 틈새 상품입니다. 또한, 그중 많은 제품이 개선과 더불어 오래도록 판매할 수 있는 것입니다. 이들 작은 틈새 상품이 우리 총매출의 대부분을 차지하고 있는 상황입니다. 안정적인 시장 기반. 다음으로 우리는 시장에 3~4가지 주요 신제품을 출시하고 있습니다. 2개 제품은 출시된지 몇 달 지났지만 아직 구매력이 있고, 1~2개는 잘 판매되기를 바라면서 막 출시한 제품입니다.

컨설턴트: 알겠습니다. 시장 기반과 3~4종류의 주요 신제품이란 말이죠.

영업과장: 그것이 우리의 목표입니다.

컨설턴트: 당신은 주요 신상품에 대한 수요예측을 할 수 있습니까?

영업과장: 노력도 하고 있고, 잘한 적도 있죠. 초기 수요에 대해서는 꽤 비슷하게 예측하지만, 그 제품이 얼마나 오래 지속될 것인가에 대해서는 예측하기 힘듭니다. 나는 그것을 더

잘 하고 싶습니다.

컨설턴트: 많은 정보를 알려 주셔서 감사합니다. 그동안 의문스러웠던 것이 비로소 명확해졌습니다.

Lydia: 그것이 무엇입니까?

컨설턴트: 통화량 예측을 보다 정확하게 하기 위해서는 판매를 촉진시키는 요인과 직접 관련지을 필요가 있다는 것이죠.

Lydia: 좋은 생각입니다.

컨설턴트: 판매량과 통화량을 예측하기 위해 보다 좋은 절차를 개발하는 데 있어서 두 사람이 서로 협조하는 것에 대해서 어떻게 생각하십니까?

Lydia: 좋은 생각이네요.

다음 2개 절에서도 이 주제를 다룰 것이다. 그러나 앞에서 본 바와 같이 보다 정교한 예측법에서는 계산이 꽤 복잡하고 번거롭다. CCW와 같은 예측법 응용에는 일반적으로 소프트웨어가 사용된다. 따라서 예측 소프트웨어 사용을 간략하게 소개하고자 한다.

예측 소프트웨어

ORMS Today(INFORM 간행물)의 2020년 8월호 기사에 실무에서 많이 사용되는 예측 소프트웨어에 대한 설문조사 자료가 게재되었다. 이 기사에는 수십 개의 예측 소프트웨어 패키지를 소개하였다.

이러한 패키지 중 일부는 분석 솔루션의 개발자이기도 한 Frontal Systems에서 판매되고 있다. 이들 패키지의 주요 내용은 Analytic Solver에 포함되어 있다. 여러 가지 예측법이 Data Mining탭에 포함되어 있다. 또한, 이 책에서 설명한 보다 고급 예측법뿐만 아니라 Analytic Solver에는 ARIMA라는 강력한 방법을 포함하고 있다.

ARIMA는 대규모 자료에 기반한 상세 예측에 많이 사용되고 있다. 그러나 이 기법은 통계학에 전문 지식을 필요로 하는 정교한 방법이기 때문에 더 이상 언급은 하지 않겠다. 또한, 이러한 이유로 이러한 소프트웨어를 어떻게 사용하는지에 대해서도 자세하게 기술하지 않는다. 그 대신 이 장에서 사용하는 각 예측법에 대한 편리한 엑셀 템플릿을 www.mhhe.com/Hillier7e에서 제공하고 있다.

복습문제

1. 계절지수는 무엇을 측정하는가?
2. 실제 통화량과 계절지수로부터 계절별로 조정된 통화량을 계산하기 위한 식은 무엇인가?
3. 계절지수와 계절별로 조정된 예측치로부터 실제 통화량을 계산하기 위한 식은 무엇인가?
4. 최종관측치에 의한 예측법이 단순한 방법이라고 불리는 이유는 무엇인가?

복습문제

5. 사례연구에서 평균 예측법이 잘 예측하지 못하는 이유는 무엇인가?
6. 평균 예측법을 이동평균 예측법으로 대체하는 근거는 무엇인가?
7. 지수평활 예측법은 이동평균 예측법을 어떻게 개선한 것인가?
8. 지수평활법에 있어서 작은 평활상수는 어떤 경우에 적합한가? 큰 평활상수는?
9. 지수평활법을 사용하여 다음 예측치를 얻기 위한 식은 무엇인가? 추세를 고려한 지수평활법을 사용할 때 이 식에 무엇이 더해지는가?
10. 영업과장은 총통화량과 관련된 한 가지 큰 요인은 무엇이라고 하였는가?

4.4 시계열 예측법에 대한 올바른 이해

앞 절에서는 CCW사 사례연구와 관련하여 시계열에서 미래 값을 예측하기 위한 여러 가지 방법에 대해 알아보았다. 여기서는 이러한 방법들이 지향하고 있는 것에 대해 알아보고자 한다. 그리고 예측시스템을 구축하기 위한 CCW사 컨설턴트의 권고안을 제시하고자 한다.

예측의 목적

실제로 시계열로 다음 관측치를 예측하는 것에 대해 이야기하는 것은 약간 무리가 있다. 다음 값은 어떤 범위에 있는 모든 값이 될 수 있기 때문에 그 값을 정확하게 예측하는 것은 불가능하다. 미래가 어떻게 될 것인가는 우리가 통제할 수 없는 미래 환경에 의존한다. 다시 말하면 시계열에서 발생할 다음 값은 확률변수random variable이다. 이것은 확률분포probability distribution를 갖는다. 예를 들면 〈그림 4-11〉은 CCW사의 미래 분기의 통화량에 대한 평균이 7,500인 전형적인 확률분포를 보여주고 있다. 이 분포는 통화량의 발생 가능한 여러 가지 값의 상대적인 가능성을 나타낸다. 앞으로 어느 값이 실제로 일어날 것인가는 아무도 말할 수 없다.

〈그림 4-11〉 CCW사 한 분기 통화량에 대한 평균이 7,500인 전형적인 확률분포

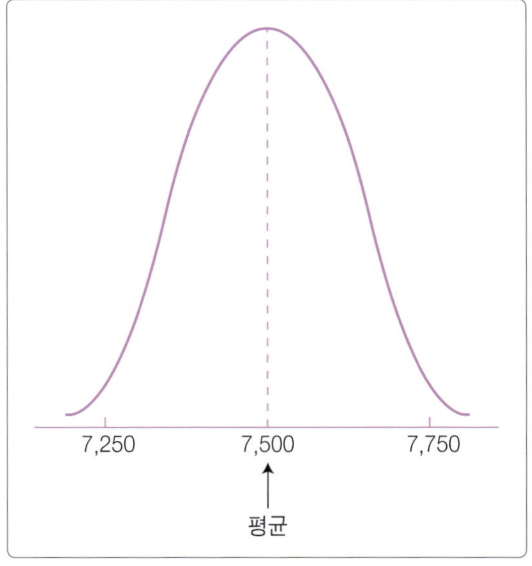

그럼 시계열에서 다음 값에 대한 예측치로 선택된 하나의 수치의 의미는 무엇인가? 가능하다면 이 숫자가 분포의 평균이기를 바란다. 그 이유는, 분포로부터의 랜덤 관측치는 그 분포의 평균 주위에 밀집되는 경향이 있다. 그러므로 예측치로써 평균값을 사용하면 평균 예측오차를 가장 작아지기 때문이다.

불행하게도, 실제로는 평균은 물론이고, 확률분포

가 어떤 것인지도 모른다. 우리가 할 수 있는 최선의 방법은 가능한 한 가깝게 평균을 추정하기 위하여 이용 가능한 모든 자료(시계열의 과거 값)를 사용하는 것이다.

시계열 예측법의 목적은 시계열의 다음 값에 대한 확률분포의 평균을 가능한 한 가깝게 추정하는 것이다.

하나의 확률분포로부터 몇 개의 랜덤 관측치가 주어지면, 평균에 대한 추정치는 표본의 평균sample average(모든 관측치의 평균)이다. 그러므로 시계열이 모든 기간에 각각 동일한 분포를 한다면 평균 예측법으로부터 평균치에 대한 최선의 추정치를 구할 수 있다. 그러나 다른 예측법은 일반적으로 분포가 시간에 따라 변할 때 사용된다.

분포의 변화에 따른 문제점

4.3절에서는 계절지수를 고려하였다. 그리고 CCW사의 계절지수는 분기순으로 각각 0.93, 0.90, 0.99, 1.18이었다.

만약 1년 동안 하루 평균 통화량이 7,500이라면 이들 계절지수는 그 해 4분기에 대한 확률분포가 대략 〈그림 4-12〉에 주어진 것과 같이 된다는 것을 의미한다. 이들 확률분포는 서로 다른 평균을 갖기 때문에 이들 분포 중 어느 하나에 대한 평균의 추정치로서 4개 분기의 모든 랜덤 관측치(관측된 통화량)를 단순히 평균한 것은 더 이상 사용할 수 없다.

이와 같은 이유로 앞 절에서 시계열을 계절별로 조정하였다. 각 분기의 통화량을 해당 계절지수로 나누면 계절별로 조정한 통화량에 대한 분포로서 〈그림 4-11〉에 주어진 평균이 7,500인 분포를 얻는다. 따라서 분포의 평균을 추정하기 위하여 계절별로 조정된 값을 평균하여 구한다.

불행하게도 계절별로 시계열을 조정한 후에도 확률분포가 매년(혹은 매 분기) 그대로 유지되지 않을 수 있다. 예를 들면 CCW사의 영업과장이 설명했던 것처럼 총매출량은 새로운 Klugman 운용시스템이 출하되었을 때인 2년차 초기에 크게 늘어났다. 이 때문에 하루 평균

〈그림 4-12〉 1년 4개 분기의 하루 평균 통화량의 확률분포

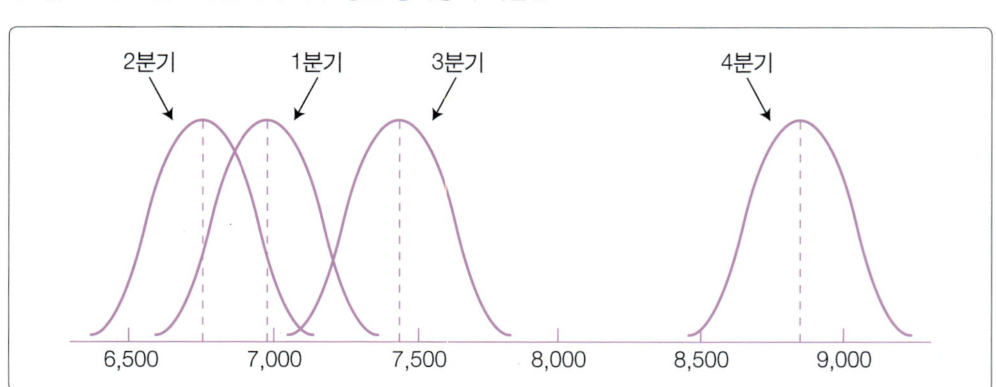

통화량은 1년차에 7,000에서 2년차에 약 7,700으로 약 10% 증가되었다. 〈그림 4-13〉은 2년간의 대표적 분기(계절별로 조정된)에 대한 분포를 비교하여 나타내고 있다.

〈그림 4-13〉 1, 2년 차의 CCW사의 하루 평균 통화량에 대한 확률분포의 비교

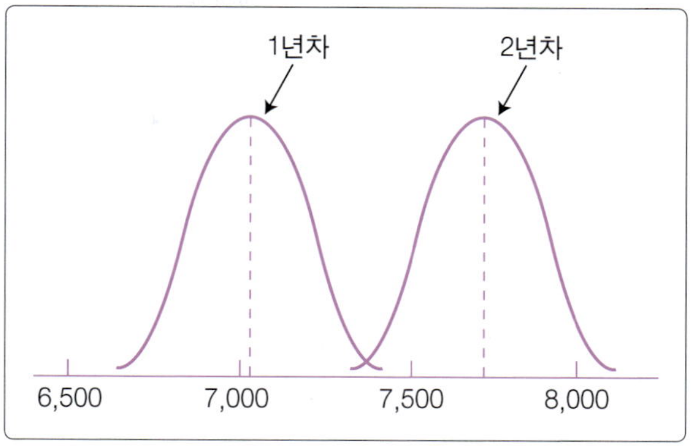

이 그림을 보면 1년차 분포로부터의 랜덤 관측치는 2년차 분포의 평균을 추정하는 데는 적절하지 않은 자료이다. 최종관측치 예측법을 제외하면, 지금까지 앞 절에서 설명한 각 예측법은 2년차의 각 분기에 대한 평균을 예측하기 위하여 1년차로부터 얻어진 관측치에 어떤 가중치를 두었다. 이것이 이들 예측법의 평균예측오차MAD와 평균제곱오차MSE가 최종관측치의 것보다 더 큰 주된 이유였다.

영업과장의 정보로부터 판단해보면 매 분기 분포의 이동이 여러 번 일어났다고 볼 수 있다. 이것이 예측오차를 더욱 크게 하였다.

예측기법의 비교

4.3절에서는 시계열에서 다음 값을 예측하기 위한 다섯 가지 방법에 대해 설명하였다. 이 중에서 어떤 방법이 주어진 문제에 가장 적합한가 하는 것은 시계열이 얼마나 안정되어 있느냐에 크게 의존한다.

> 만약 시계열에 대한 확률분포가 매 기간 똑같이 유지된다면, 그 시계열은 **안정**stable되어 있다고 말한다(분포에서 발생하는 모든 변동은 가끔 있지만 그 정도는 매우 작다). 만약 분포에 자주 그리고 큰 변동이 일어나는 경향이 있으면 그 시계열은 **불안정**unstable하다고 한다.

〈그림 4-4〉 등에서 보여준 CCW사의 계절별로 조정된 시계열은 분포에 있어서 〈그림 4-13〉에 나타난 큰 변동을 포함하며 많은 변화가 있었던 것처럼 보인다. 그러므로 이 시계열은 상당히 불안정한 예이다.

각 예측법에 적합한 시계열의 형태를 요약 정리하면 다음과 같다.

- **최종관측치 예측법**: 시계열에 대하여 다음 값을 예측하는 데 마지막 값 이전의 값들이 관련이 없을 정도로 불안정한 시계열에 적합하다.
- **평균법**: 시계열의 다음 값 예측에 처음 몇 개의 값까지도 관련이 있는 안정된 시계열에 적합하다.
- **이동평균법**: 시계열의 다음 값 예측에 최근 몇 개의 값이 관련이 있는 어느 정도 안정된

시계열에 적합하다. 이동평균에 포함되는 값의 개수는 시계열의 안정도를 반영한다.

- **지수평활법**: 안정적이라기보다는 약간의 범위에서 불안정한 시계열에 적합하다. 여기서 평활상수의 값은 안정도에 맞게 조정된다. 이동평균법만큼 쉽게 관리자를 이해시킬 수 없지만, 가장 최근값에 가장 큰 가중치를 주도록 이동 평균법을 수정한다.
- **추세를 고려한 지수평활법**: 분포의 평균이 상승 혹은 하강하는 추세를 보이는 시계열에 적합하다. 추세의 전환은 가끔 점진적으로 발생한다.

CCW사는 불행하게도 계절별로 조정된 시계열이 위 방법들 중에서 최종관측치법을 제외하고, 다른 방법을 적용하기에 너무 불안정한 것으로 판명되었다. 추세를 고려한 지수평활법을 사용하는 데 있어서도 추세의 전환이 너무 자주 그리고 급격하게 발생하였다.

컨설턴트는 이러한 상황을 고려하여 Lydia에게 새로운 예측 절차로 다음과 같은 권고 안을 제시하였다.

컨설턴트의 제안

1. 예측은 변화하는 상황에 신속하게 대처하기 위해 분기별보다는 월별로 이루어져야 한다.
2. 신입 사원의 채용과 교육 또한, 변화하고 있는 수요에 맞추어 직원 배치를 조절할 수 있도록 분기별보다는 월별로 이루어져야 한다.
3. 현재의 직원 수요에 좀 더 잘 대처할 수 있도록 최근에 퇴직한 직원에게 파트타임으로 일할 기회를 제공한다(단, 필요 시 즉시 투입 가능해야 한다).
4. 판매가 통화량을 유발시키기 때문에, 예측 과정은 판매량 예측부터 해야 한다.
5. 예측 목적에 따라 총판매량은 영업과장이 설명한 주요 요소로 나누어져야 한다. 즉, ① 여러 가지 소규모 틈새 상품에 대한 비교적 안정된 시장 기반, ② 판매 성공 혹은 실패가 총판매량의 증감에 중요한 영향을 미치는 몇 가지 주요 신상품. 이러한 주요 신상품은 계속해서 그때그때 상황에 따라 영업과장이 선정한다.
6. 여러 가지 틈새 상품의 시장 기반에 대한 예측에는 작은 평활상수를 갖는 지수 평활법을 사용한다. 그러나 예측법을 최종 결정하기 전에 과거 3년간에 대하여 이 방법이 어느 정도로 잘 예측하는지를 검증하기 위해서 소급 적용해보는 테스트를 실시해야 한다. 이 테스트는 평활상수의 값을 선택하는 데도 도움이 된다.
7. 각각의 주요 신상품에 대한 예측을 위해서는 비교적 큰 평활상수를 갖는 추세를 고려한 지수평활법을 제안한다. 이 결정의 적합성을 테스트하고 평활상수 값을 선정하기 위해 과거에 소급 적용해보는 테스트를 실시해야 한다. 영업과장은 신상품에 대한 첫 달의 예상 판매량에 대한 초기 추정치를 결정해야 한다. 또한, 후속 지수평활 예측치를 점검하고, 시장 상황에 대한 그의 지식을 근거로 하여 적절한 조정을 해야 한다.

8. 강한 계절적 판매 경향 때문에 이들 예측법의 응용에는 계절별로 조정된 시계열을 사용한다.
9. 5에서 규정한 주요 요소 각각에 대한 판매량 예측치를 별도로 구한 후, 총판매량에 대한 예측치를 구하기 위해 이들 예측치를 더한다.
10. 총판매량에 대한 위의 예측치로부터 통화량을 예측하기 위해 선형회귀 인과형 예측casual forecasting with regression을 사용한다.

Lydia는 이 권고안을 기꺼이 받아들이고, 영업과장과 함께 일하기로 했다.

복습문제

1. 시계열에서 일어날 다음 값은 어떤 유형의 변수인가?
2. 시계열 예측법의 목적은 무엇인가?
3. 모든 분기에 있어서 CCW사의 하루 평균 통화량에 대한 분포는 동일한가?
4. 평균 예측오차가 최종관측치법의 것보다 다른 시계열 예측법에서 더 높은 이유를 설명하시오.
5. 안정된 시계열과 불안정한 시계열의 차이는 무엇인가?
6. 컨설턴트는 예측을 시작함에 있어서 통화량 대신에 무엇을 예측해야 한다고 권고하였는가?
7. CCW사의 총판매량에 대한 주요 요소는 무엇인가?

4.5 선형회귀를 통한 인과형 예측

지금까지는 시계열 자료를 이용하여 다음 값을 예측하는 방법인 시계열 예측법에 대해 살펴보았다. 4.3절에서 이 방법들은 과거 통화량을 이용하여 CCW사의 다음 분기의 값을 예측하기 위해 소급하여 적용하였다.

인과형 예측

그러나 컨설턴트의 마지막 권고 사항에서는 또 하나의 예측 방법을 제안하였다. 실제로 판매가 통화를 유발시키고, 판매량은 통화량보다 더 정확하게 예측할 수 있다. 따라서 통화량을 예측 판매량과 직접적으로 결부시킴으로써 통화량에 대한 보다 좋은 예측치를 얻을 수 있을 것이다.

인과형 예측casual forecasting은 관심 대상인 어떤 양(**종속변수**dependent variable)의 예측치를 구하고자 할 때, 그 관심 대상인 양을 유발시키는 하나 이상의 다른 양(**독립변수**independent variables)과 직접 관련시켜서 얻는다.

〈표 4-3〉 인과형 예측의 예

예측의 형태	가능한 종속변수	가능한 독립변수
판매량	제품의 판매량	소비량
예비부품	예비부품에 대한 수요	장비 사용도
경제 추세	국내총생산	여러 가지 경제 요인
CCW사 통화량	통화량	총판매량
임의의 양	이와 동일한 양	시간

〈표 4-3〉은 인과형 예측이 사용되는 상황의 예를 보여주고 있다. 처음 4개의 경우에 예시된 종속변수는 맨 오른쪽 열에 나열한 독립변수(들)에 의하여 변한다고 볼 수 있다. 마지막의 경우에서는 관심 대상인 어떤 양(예: 제품 판매량)이 시간(관심 대상인 어떤 양을 유발시키는 독립변수)의 경과와 함께 꾸준히 증가(감소)하는 경향이 있을 때 적용할 수 있다.

선형회귀

Lydia의 요청으로 영업과장은 과거 3년 동안 판매 자료를 가져왔다(그림 4-14). D열은 과거 12개 분기별 하루 평균 판매량을 나타내고 있다. E열은 앞서 주어진 하루 평균 통화량을 나타낸다. 모든 자료는 계절별로 조정하지 않았다.

그림에서 오른쪽에 있는 그래프는 D5:E16에 있는 자료를 선택하고 차트Chart 탭에서 분산형XY Scatter Chart을 선택하면 생성된다. 이 그래프는 D와 E열의 자료를 2차원 그래프로 그린 것이

〈그림 4-14〉 CCW사 문제에 인과형 예측을 하기 위해 통화량을 판매량에 연관시킨 자료

	A	B	C	D	E
1	CCW's Average Daily Sales and Call Volume				
2					
3				Sales	Call
4		Year	Quarter	($thousands)	Volume
5		1	1	4,894	6,809
6		1	2	4,703	6,465
7		1	3	4,748	6,569
8		1	4	5,844	8,266
9		2	1	5,192	7,257
10		2	2	5,086	7,046
11		2	3	5,511	7,784
12		2	4	6,107	8,724
13		3	1	5,052	6,992
14		3	2	4,985	6,822
15		3	3	5,576	7,949
16		3	4	6,647	9,650

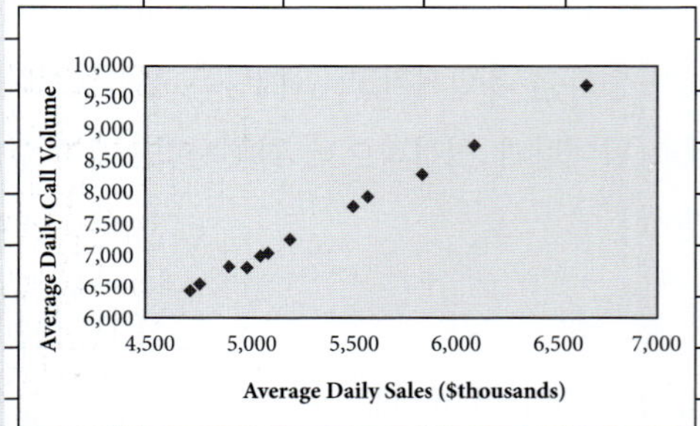

다. 따라서 그래프에 있는 12개의 각 점은 12개 분기에 대한(어느 분기인지는 구별하지 않음) 통화량과 판매량을 나타내고 있다.

이 그래프는 통화량과 매출 사이의 밀접한 관계를 보여준다. 매출이 증가하거나 감소할 때마다 통화량이 대략 비례적으로 증가하거나 감소한다. 이것은 고객이 주문과 관련하여 콜센터의 도움을 필요로 하거나 구매 후 화이트 글러브 서비스를 요청하는 경우가 많기 때문에 놀라운 일은 아니다.

이 그래프로부터 통화량과 판매량 사이의 관계는 직선으로 근사[approximation]시킬 수 있음을 알 수 있다. 〈그림 4-15〉는 이와 같은 직선을 보여주고 있다. 이 직선은 〈그림 4-14〉의 그래프에 자료 점들 중에서 하나 위를 마우스를 놓고 오른쪽을 클릭하고 추세선 추가[Add Trendline]를 선택하고 선형[Linear]을 지정하면 생성된다. 직선 위의 수식은 수식을 차트에 표시[Display Equation on Chart]를 선택하면 추가된다. 이 직선을 **선형회귀직선**[linear regression line]이라고 한다.

> 하나의 독립변수를 가지는 인과형 예측을 할 때, **선형회귀**[linear regression]는 종속변수(CCW사의 통화량)와 독립변수(CCW사의 판매량)의 관계를 직선으로 근사시키는 것을 의미한다. 이 직선은 가로축에 독립변수, 세로축에 종속변수를 두고 독립변수에 대한 관측치와 종속변수에 대한 해당 값을 나타내는 일련의 점들을 표시한 다음에 그려진다.

따라서 〈그림 4-15〉에 있는 선형회귀직선을 사용하여 특정 판매량에 해당하는 통화량이 얼마인지를 예측한다. 일반적으로 선형회귀직선에 대한 수식은 다음과 같은 형태를 갖는다.

〈그림 4-15〉 〈그림 4-14〉의 그래프에 추세선 추가

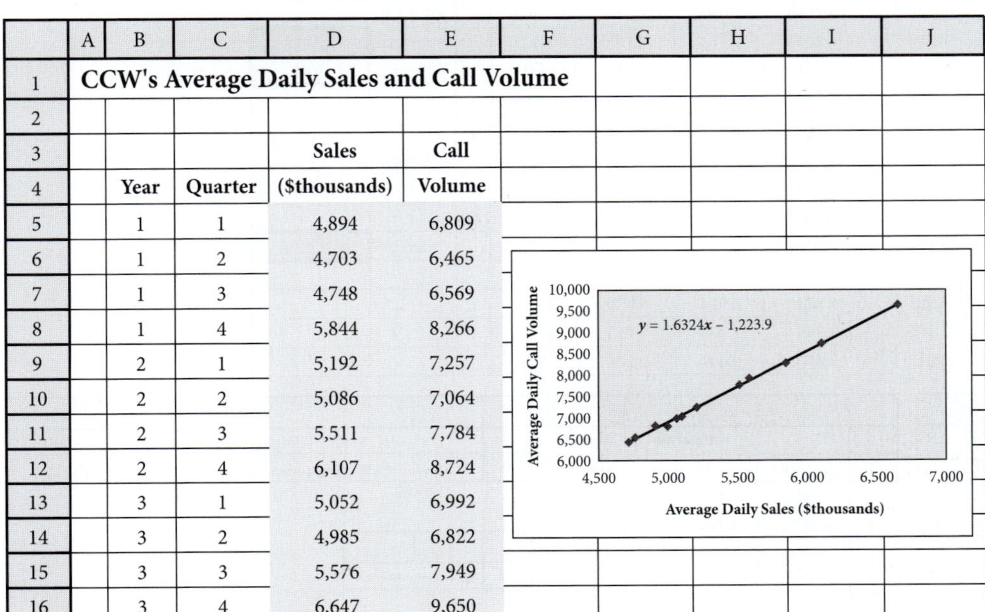

	A	B	C	D	E
1	CCW's Average Daily Sales and Call Volume				
2					
3				Sales	Call
4		Year	Quarter	($thousands)	Volume
5		1	1	4,894	6,809
6		1	2	4,703	6,465
7		1	3	4,748	6,569
8		1	4	5,844	8,266
9		2	1	5,192	7,257
10		2	2	5,086	7,064
11		2	3	5,511	7,784
12		2	4	6,107	8,724
13		3	1	5,052	6,992
14		3	2	4,985	6,822
15		3	3	5,576	7,949
16		3	4	6,647	9,650

$$y = a + bx$$

여기서 y = 종속변수에 대한 추정치

a = 선형회귀직선의 절편

b = 선형회귀직선의 기울기

x = 독립변수의 값

(독립변수가 1개 이상 있으면 이 **회귀방정식**regression equation은 각 변수에 상수를 곱한 항이 오른쪽에 더해진다). 이 그림에 있는 선형회귀직선에 대한 a와 b의 정확한 값은 다음과 같다.

$$a = -1{,}223.9 \qquad b = 1.6324$$

<그림 4-16>은 a와 b의 값 등을 구하는 데 사용할 수 있는 www.mhhe.com/Hillier7e의 엑셀 템플릿이다. C열에 독립변수(판매량)에 대한 관측치를, 그리고 D열에 종속변수(통화량)에 대한 관측치를 입력하면, 템플릿이 모든 계산을 한다. 오른쪽 J10셀에 x값을 대입하면, 템플릿은 그 값에 해당하는 선형회귀직선상의 y값을 계산한다. 또한, E열은 C열에 있는 각 x값에 대한 선형회귀직선상의 y값을 나타내고 있다. 따라서 이 추정치와 D열에 있는 실제 통화량과의

<그림 4-16> CCW사 문제에 선형회귀 인과형 예측을 하기 위한 엑셀 템플릿

	A	B	C	D	E	F	G	H	I	J
1		**Linear Regression of Call Volume vs. Sales Volume for CCW**								
2										
3		**Time**	**Independent**	**Dependent**		**Estimation**	**Square**		**Linear Regression Line**	
4		**Period**	**Variable**	**Variable**	**Estimate**	**Error**	**of Error**		***y = a + bx***	
5		1	4,894	6,809	6,765	43.85	1,923		*a* =	-1,223.86
6		2	4,703	6,465	6,453	11.64	136		*b* =	1.63
7		3	4,748	6,569	6,527	42.18	1,780			
8		4	5,844	8,266	8,316	49.93	2,493			
9		5	5,192	7,257	7,252	5.40	29		**Estimator**	
10		6	5,086	7,064	7,079	14.57	212		if *x* =	5,000
11		7	5,511	7,784	7,772	11.66	136			
12		8	6,107	8,724	8,745	21.26	452		then *y* =	6,938.18
13		9	5,052	6,992	7,023	31.07	965			
14		10	4,985	6,822	6,914	91.70	8,408			
15		11	5,576	7,949	7,878	70.55	4,977			
16		12	6,647	9,650	9,627	23.24	540			

Range Name	Cells
a	J5
b	J6
DependentVariable	D5:D34
Estimate	E5:E34
EstimationError	F5:F34
IndependentVariable	C5:C34
SquareOfError	G5:G34
x	J10
y	J12

	E	F	G
3		**Estimation**	**Square**
4	**Estimate**	**Error**	**of Error**
5	=a+b*C5	=ABS(D5-E5)	=F5^2
6	=a+b*C6	=ABS(D6-E6)	=F6^2
7	=a+b*C7	=ABS(D7-E7)	=F7^2
8	=a+b*C8	=ABS(D8-E8)	=F8^2
9	=a+b*C9	=ABS(D9-E9)	=F9^2
10	:	:	:
11	:	:	:

	I	J
5	*a* =	=INTERCEPT(DependentVariable,IndependentVariable)
6	*b* =	=SLOPE(DependentVariable,IndependentVariable)

	I	J
12	then *y* =	=a+b*x

차이가 F열에 있는 추정오차이다. 이 오차의 제곱을 G열에 나타내었다.

*a*와 *b*를 구하는 데 사용되는 절차를 **최소자승법**method of least square이라고 부른다. 이 방법은 〈그림 4-16〉의 G열에 주어진 추정오차의 제곱의 합을 최소화하는 *a*와 *b*를 선택하는 것이다. 따라서 G열에 있는 수의 합(22,051)은 가능한 경우 중 최소치이다. *a*와 *b*에 대한 다른 모든 값은 이 합을 더 크게 하는 추정오차를 생성할 뿐이다.

G열에 있는 추정오차 제곱의 평균(1,838)은 흥미로운 의미를 가진다. 한 분기에 대한 판매량을 사전에 알고 있다고 가정하자(사전 주문 혹은 정확한 예측에 의하여). 이 경우 통화량을 예측하기 위하여 선형회귀직선을 사용하면 1,838의 평균제곱오차MSE가 발생하게 된다. 최소자승법을 이용하는 것은 이 상황에서 MSE를 최소화하는 선형회귀직선을 그리기 위한 것이다. 이 최소의 MSE=1,838은 4.3절의 시계열 예측법에 대해 〈표 4-2〉에 주어진 MSE의 약 1% 정도이다.

F열에 있는 수들 또한, 흥미롭다. 이들 수를 평균하면 12개 분기에 대한 평균 추정오차는 35가 된다. 이것은 만약에 한 분기의 판매량이 미리 주어질 경우(정확히 예측되면), 통화량을 예측하기 위해 선형회귀직선을 사용하면 평균예측오차MAD는 단지 35가 된다는 것을 나타낸다. 이것은 4.3절에 주어진 여러 가지 시계열 예측법에 의해 얻어진 MAD의 약 10%에 불과하다.

인과형 예측의 일부 응용에 있어서는 독립변수의 값이 사전에 알려진다. 하지만 여기서는 독립변수가 다음 기간의 판매량이기 때문에 미리 알 수 없다. 그러나 컨설턴트는 그의 권고안을 따르면 판매량에 대한 좋은 예측치를 사전에 얻을 수 있다고 확신하고 있다. 그리고 선형회귀직선을 이용하여 통화량에 대한 좋은 예측치를 구하기 위해 이 예측치는 독립변수의 값으로 사용된다.

CCW사의 새로운 예측 절차

1. 컨설턴트의 권고안을 이행하여 다음 달의 총(하루 평균)판매량의 예측치를 구한다.
2. 〈그림 4-15〉와 〈그림 4-16〉에서 구한 선형회귀직선으로 다음 달의 하루 평균 통화량을 예측하기 위하여 위 예측치를 판매량으로 사용한다.

이 절차에서 2단계에서는 하지 않지만 1단계에서는 계절별 조정을 실시해야 한다. 앞 절 끝부분에 기술한 컨설턴트의 권고안에 따라 어떤 예측법이 1단계에서 적용되든 계절별 조정을 실시한다. 그러나 계절별로 조정된 판매량에 대한 예측치를 2단계에서 사용할 때는 실제 판매량에 대한 예측치로 환원해야 한다. 실제 판매량에 대한 예측치를 사용함으로써 2단계에서 선형회귀직선으로부터 얻은 통화량 예측치는 계절별로 조정된 통화량이라기보다 실제 통화량에 대한 예측치가 되는 것이다.

1년 후 CCW사의 사례연구

컨설턴트의 권고안을 이행한 지 1년 뒤 Lydia는 컨설턴트에게 전화를 걸었다.

Lydia: 일이 어느 정도 진척이 되었는지 알려 드리고, 우리에게 해준 훌륭한 일에 대해 감사도 드릴 겸 전화했어요. 당시에 25% 법칙은 400이 넘는 MAD값을 나타내었고 여러 가지 시계열 예측법도 거의 비슷한 수준이었지요.

컨설턴트: 기억하고 있습니다. 당신은 한동안 많은 고민을 하고 있었죠?

Lydia: 그래요. 그러나 지금은 많이 좋아진 것 같아요. 새로운 절차를 적용하여 첫 해의 MAD를 계산하였더니 120이었습니다.

컨설턴트: 우리가 원하던 수준의 개선이군요. 가장 큰 개선을 가져오게 했던 원인은 무엇이라고 생각합니까?

Lydia: 가장 큰 요인은 우리의 예측이 판매량을 예측하는 데 주력했다는 점이죠. 우리는 통화량에 대해서는 거의 신경 쓰지 않았습니다. 그렇지만 영업과장의 도움으로 시장에서 어떠한 변화가 일어나고 있는지를 알 수 있었기 때문에 판매량의 예측을 더 정확히 할 수 있었어요.

컨설턴트: 그렇습니다. 그것이 성공적인 예측을 위한 핵심 사항이라고 생각합니다. 우리는 무엇이 변동을 일으키는가에 대한 이해 없이 단순히 과거 자료에 시계열 예측법을 적용하면, 쓸모없는 자료만 많이 얻는다는 것을 보았습니다. 영업과장이 총매출에 많은 영향을 미치는 주요 신상품을 확인하고 그 각각에 대한 판매예측을 별도로 하도록 했던 것처럼, 숫자 뒤에 숨은 뜻을 철저히 분석하고 실제로 어떻게 진행되고 있는지를 파악해야 합니다. 그리고 나서 변동이 발생할 때 그것이 잘 반영되도록 예측 절차를 설계해야 합니다.

Lydia: 그렇습니다. 영업과장을 참여시킨 것은 적절한 조치였습니다. 그는 이것이 자신에게도 유용한 정보를 주고 있다고 말합니다.

컨설턴트: 좋습니다. 그는 내가 권고했던 것처럼 시장에서 일어나고 있는 변화에 따라 통계적 예측치를 조정하고 있습니까?

Lydia: 예, 당신이 한 훌륭한 일에 대해 감사하고 있습니다.

복습문제

1. 인과형 예측이란 무엇인가?
2. CCW사 문제에 인과형 예측을 적용할 때 어떤 것이 종속변수이고 어떤 것이 독립변수인가?
3. 하나의 독립변수를 가지고 인과형 예측을 할 때 선형회귀는 무엇을 의미하는가?
4. 하나의 독립변수를 가지고 있는 선형회귀직선의 수식의 형태는 무엇인가? 하나 이상의 독립변수를 가질 때는?
5. 선형회귀직선에 있어서 상수의 값을 구하기 위한 방법은 무엇인가?
6. CCW사 문제에 새로운 예측 절차와 25% 법칙을 적용했을 때 MAD의 차이를 비교하시오.

4.6 주관적 판단 예측법

지금까지 과거 자료에 근거한 통계적 예측법에 대해 알아보았다. 그러나 만약 이용할 수 있는 자료가 없거나 혹은 자료가 현재의 상황을 반영하고 있지 않다면 이런 방법은 이용할 수 없다. 이와 같은 경우에 **주관적 판단 예측법**judgmental forecasting method이 사용된다.

좋은 자료를 이용할 수 있을 때에도, 어떤 관리자는 이론적인 통계적 방법 대신에 주관적 판단 방법을 더 선호한다. 많은 경우에는 두 가지 방법을 조합하여 사용한다. 예를 들면 CCW사 사례연구에 있어서 영업과장은 오랜 경험과 시장 변화에 대한 그의 지식을 기반으로 하여 시계열 예측법으로부터 얻은 판매량 예측치를 조정한다.

주요 주관적 판단 예측법을 간략히 살펴보면 다음과 같다.

1. **관리자의 의견**manager's opinion: 이것은 가장 형식을 갖추지 않은 방법이다. 왜냐하면 단 1명의 관리자가 자신의 주관적 판단을 사용하여 예측하기 때문이다. 어떤 경우에는 판단하는 데 도움을 얻기 위해 약간의 자료를 이용할 수도 있다. 다시 말하면 관리자는 경험과 현재 상황에 대한 상세한 지식을 가지고 혼자 예측치를 정한다.
2. **위원회의 의견**jury of executive opinion: 최선의 판단을 공유하는 소규모 최고 관리자 그룹이 예측한다는 것을 제외하면 첫 번째 방법과 유사하다. 이 방법은 여러 간부가 책임을 공유하고 서로 다른 경험을 제공해야 좀 더 정확한 예측을 할 수 있는 경우에 사용될 수 있다.
3. **판매원의 의견수렴**salesforce composite: 이 방법은 회사가 판매를 촉진시키기 위해 판매원을 고용하고 있을 때 흔히 사용된다. 이것은 각 판매원이 자신의 지역의 판매량에 대한 예측치를 알려 주는 상향식 접근법bottom-up approach이다. 전체 예측치는 이들 각 예측치를 합하여 구한다.
4. **소비자 시장조사**consumer market survey: 이 방법은 판매예측을 위해 대중 기반 접근 방법grass-roots approach을 채택한다는 점에서 앞의 것보다 훨씬 앞서 있다. 이것은 고객 혹은 잠재고객에게 그들의 미래 구매 계획과 제품의 여러 가지 새로운 특성에 대한 그들의 반응이 어떤지를 조사하는 것이다. 이 정보는 새로운 제품을 설계하거나 개발 중인 제품의 초기 판매량 예측 등에 특히 도움이 된다. 이것은 또한, 마케팅 전략을 수립하는 데도 도움이 된다.
5. **델파이법**Delphi method: 이 방법은 일련의 질문서에 개별적으로 응답하는 여러 지역에 사는 전문가들을 활용한다. 그러나 각 설문지에서 나온 결과는 다른 사람에게 제공된다. 따라서 각 전문가는 이 그룹의 결정을 검토하여 다음번에 각자 의견을 조정할 수 있다. 목적은 대부분의 전문가로부터 비교적 좁은 범위의 결론에 도달하려는 것이다. 의사결정자는 전문가 집단에게 이 결정을 평가하도록 하여 예측을 한다. 이 복잡한 기법은 일반적으로 광범위한 추세에 대한 장기 예측을 하기 위해 기업이나 정부의 최고위 수준에서만 사용된다.

응용사례

Compania Sud Americana de Vapores(CSAV)는 세계적인 규모의 쇼핑 회사 중의 하나이다. 이 회사는 4개 대륙에 지점을 소유하고 있는 칠레에 있는 글로벌 회사이다. 전 세계에 2,000개 이상의 터미널과 창고를 사용하면서 100개가 넘는 국가에서 영업을 하고 있다. 회사의 주요 사업은 대형 컨테이너 선박에 컨테이너를 이용하여 화물을 선적하는 것이다. 컨테이너선은 약 70만 개의 20피트 컨테이너를 수송한다.

일단 선적된 컨테이너는 목적지에 도착하여 하역된다. 회사는 다음 선적을 위하여 빈 컨테이너를 가장 필요로 하는 곳에 신속하게 보내는 것이 중요하다. 2006년 CSAV와 칠레에 있는 대학 연구원은 글로벌 관점에서 보다 신속하고 효율적으로 이러한 의사결정을 하기 위해 경영과학 기법을 활용한 프로젝트를 진행하였다. 그 결과가 Empty Container Logistics Optimization System(ECO)이다.

ECO는 최신의 네트워크 최적화 모형과 정교한 재고관리 모형을 사용한다. 그러나 이들 모형 모두 빈 컨테이너의 수요에 대한 비교적 정확한 예측에 의해 만들어질 필요가 있다. 이러한 예측치를 얻기 위하여 사용된 예측법은 시계열 예측법(이동평균법과 추세를 갖는 계절별로 조정된 이동평균법)과 두 가지 형태의 주관적 판단 예측법을 결합한 것이다. 후자의 예측법 중의 하나는 전 세계의 판매점이 그들의 수요 기대치 등록하는 통합 예측모형인 판매 인력 통합이고, 다른 하나는 관리자의 의견이다. 이때 물류 담당자는 예측에 고려되어야 할 정보를 제공한다.

예측 모형의 결합을 포함한 경영과학의 광범위한 적용으로 첫 해에 8,100만 달러를 절약하였다. 이러한 비용 절감은 주로 빈 컨테이너의 재고를 50%까지 줄이고, 컨테이너의 매출량을 60%까지 증가시킨 결과이다.

출처: R. Epstein and 14 co-authors, "A Strategic Empty Container Logistics Optimization in a Major Shipping Company," *Interfaces* (현 *INFORMS Journal on Applied Analytics*) 42, No. 1 (January-February 2012), pp.5-16. (이 사례에 대한 논문은 www.mhhe.com/hillier7e에서 볼 수 있다.)

복습문제

1. 통계적 예측법은 어떤 환경에서 사용할 수 없는가?
2. 주관적 판단 예측법은 통계적 예측법을 쓸 수 없을 때만 사용되는가?
3. 위원회 의견 예측법은 관리자 의견 예측법과 어떻게 다른가?
4. 판매원 의견 수렴법은 어떻게 시작하는가?
5. 소비자 시장 조사는 특히 언제 도움이 되는가?
6. 델파이법은 언제 사용되는가?

4.7 요약

모든 사업에 있어서 장래의 성공은 예측을 잘할 수 있는 관리자의 능력에 크게 좌우된다. 예측은 판매, 예비 부품에 대한 수요, 생산수율, 경제적 추세, 인력 수요를 포함하여 많은 분야에서 필요하게 된다.

CCW^Computer Club Warehouse^사 사례연구는 예측에 대한 다양한 접근 방법을 보여주고 있다. 궁극적으로 좋은 예측시스템을 개발하기 위해서는 무엇이 콜센터의 통화량을 유발시키고 있는가를 이해할 수 있도록 CCW사 자료를 면밀히 조사할 필요가 있다.

시계열은 관심 대상인 어떤 양을 시간 경과에 따라 수집한 일련의 관측치이다. 여러 가지 통계적 예측법은 다음 값이 어떻게 될 것인가를 예측하기 위하여 몇 가지 방식으로 이들 관측치를 사용한다. 이러한 예측법으로는 최종관측치법, 평균법, 이동평균법, 지수평활법, 추세를 고려한 지수평활법 등이 있다.

이러한 모든 예측법의 목적은 가능한 한 가깝게 그 시계열의 다음 값에 대해 고려 중인 확률분포의 평균을 추정하는 것이다. 이렇게 하기 위해서는 고려 중인 확률분포가 어떤 구간에서 다음 구간으로 변동하게 하는 다른 요인들을 규명함과 동시에 그 시계열을 계절별로 조정하기 위하여 계절지수를 사용해야 할지도 모른다.

또 하나의 통계적 예측법은 인과형 예측이라 불린다. 이 기법은 관심대상인 양(종속변수)을 그 관심 대상인 양을 유도하는 하나 이상의 다른 양(독립변수)과 직접 결부시켜서 구한다. 흔히 이것은 종속변수와 각 독립변수 사이의 관계를 직선으로 근사시키는 선형회귀를 사용하고 있다.

이 책에서 다루는 소프트웨어는 여러 가지 통계적 예측법에 대한 엑셀 템플릿을 포함하고 있다.

예측법의 또 하나의 주요 범주는 주관적 판단법이다. 이 범주에 속하는 것은 관리자의 의견, 임원 소위원회의 의견, 판매원 의견, 소비자 시장 조사, 혹은 델파이법 등에 근거하여 예측하는 것이 있다.

용어

계절별로 조정된 시계열 seasonally adjusted time series 원래 시계열에서 계절적 효과를 제거한 시계열. (4.3절)

계절지수 season factor 모든 기간에 대한 전체 평균에 대한 그 기간의 평균값의 비율. (4.3절)

단순한 기법 naive method 최종관측치 예측법의 다른 이름. (4.3절)

관리자의 의견 manager's opinion 경영자 한 사람의 최선의 판단을 사용하는 주관적 판단 예측법.(4.6절)

델파이법 Delphi method 서로 다른 장소에 있는 전문가 그룹으로부터의 정보를 이용하는 주관적 판단 예측법. (4.6절)

독립변수 independent variable 인과형 예측에 있어서 종속변수의 값을 유발시키는 어떤 양. (4.5절)

불안정한 시계열 unstable time series 시계열의 확률분포가 빈번하게 그리고 크게 변화하는 시계열. (4.4절)

선형회귀 linear regression 종속변수와 각 독립변수 사이의 관계를 직선으로 근사시킴. (4.1, 4.5절)

선형회귀직선 linear regression line 인과형 예측에서 종속변수와 각 독립변수 사이의 관계를 근사시키는 직선. (4.5절)

소비자 시장조사 consumer market survey 고객과 잠재고객에 대한 설문조사 결과를 이용하는 주관적 판단 예측법. (4.6절)

시계열 time series 관심 대상인 어떤 양을 시간 경과에 따라 수집한 일련의 관측치. (4.2절)

시계열 예측법 time-series forecasting methods 다음 값이 어떻게 될 것인가를 예측하기 위하여 시계열에 있는 과거 관측치를 사용하는 방법. (4.2절, 4.3절)

안정적인 시계열 stable time series 시계열의 확률분포가 매 기간 똑같이 유지되는 시계열. (4.4절)

예측오차 forecasting error 실제값과 예측치 사이의 편차. (4.1, 4.2절)

위원회의 의견 jury of executive opinion 소수의 상위관리자 그룹이 수행하는 주관적 판단 예측법으로, 그들의 최선의 판단을 결집시켜서 예측하는 기법. (4.6절)

이동평균 예측법 moving-average forecasting method 다음 값에 대한 예측치로서 시계열로부터 최근 개 관측치의 평균을 사용하는 방법. (4.1, 4.3절)

인과형 예측 causal forecasting 종속변수를 하나 이상의 독립변수와 직접 관련을 지어서 예측을 하는 방법. (4.5절)

종속변수 dependent variable 인과형 예측을 할 때 관심 대상인 어떤 양. (4.5절)

주관적 판단 예측법 judgmental forecasting methods 예측을 하는 데 전문가의 주관적 판단을 사용하는 방법. (서론, 4.6절)

지수평활 예측법 exponential smoothing forecasting method 다음 값에 대한 예측치를 구하기 위하여 시계열의 마지막 값과 마지막 예측치의 가중평균을 사용하는 방법. (4.1, 4.3절)

최소자승법 method of least squares 선형회귀직선 방정식에 있는 상수를 구하는 데 사용되는 절차. (4.5절)

최종관측치 예측법 last-value forecasting method 다음 값에 대한 예측치로서 시계열의 마지막 값을 사용하는 방법. (4.1, 4.3절)

추세를 고려한 지수평활 예측법 exponential smoothing with trend 시계열의 다음 값을 예측하는 데 도움을 주기 위해 현재 추세를 미래에 반영하는 조정된 지수평활 예측법. (4.1, 4.3절)

추세평활상수 trend smoothing constant 추세를 고려한 지수평활 예측법을 사용할 때 추세를 추정하기 위한 평활상수. (4.3절)

추세 trend 현재의 패턴이 계속된다면 하나의 시계열평균값에서 다음으로의 평균 변화. (4.3절)

통계적 예측법 statistical forecasting methods 미래의 양을 예측하기 위해 과거의 자료를 사용하는 방법. (4.1~4.5절)

판매원의 의견수렴 salesforce composite 여러 지역 판매원들로부터 그들의 판매량 예측치를 구하여 합산하는 주관적 판단 예측법. (4.6절)

평균 예측법 averaging forecasting method 다음 값에 대한 예측치로서 시계열의 과거 관측치들의 평균을 사용하는 방법. (4.1, 4.3절)

평활상수 smoothing constant 시계열에서 마지막 값에 부여하는 가중치를 나타내는 지수평활 예측법의 매개변수. (4.3절)

회귀방정식 regression equation 선형회귀직선에 대한 방정식. (4.5절)

ARIMA AutoRegressive Integrated Moving Average 방법의 머리글자. 일명 Box-Jenkins 방법이라고도 불리는 정교한 시계열 예측법. (4.3절)

MAD Mean Absolute Deviation 평균절대오차의 머리글자. (4.1, 4.2절)

MSE Mean Square Error 평균제곱오차의 머리글자. (4.1, 4.2절)

이 장에 대한 학습지원

모든 학습지원 자료는 www.mhhe.com/Hillier7e에서 이용할 수 있다. com/Hillier7e.

엑셀 파일:

Seasonal Factors
Last-Value (with and without Seasonality)
Averaging (with and without Seasonality)
Moving-Average (with and without Seasonality)
Exponential Smoothing (with and without Seasonality)
Exponential with Trend (with and without Seasonality)
Linear Regression

엑셀 추가기능:

Analytic Solver

학습문제

풀이는 www.mhhe.com/Hillier6e에 제공된다.

4.S1. 2019~2021년 Union Mission의 기부금은 다음의 표와 같다(단위: 1,000달러).

a. 계절적 효과를 무시하고 최종관측치법, 평균법, 이동평균법(최근 4분기 기준), 지수평활법(초기 추정치=275, 평활상수 α=0.2), 추세를 고려한 지수평활법(평균치에 대한 초기 추정치=275, 추세 초기 추정치=2, 평활상수 α=0.2, β=0.2)를 2019~2021년에 각각 적용하였을 때의 MAD와 MSE를 구하시오.

b. 4개 분기에 대한 계절지수를 구하시오.

c. 계절적 효과를 고려하여 a를 계산하시오.

d. a 혹은 c로부터 가장 작은 MAD를 갖는 예측법을 사용하여 2022년도 각 분기에 대한 자선 기부금을 예측하시오.

분기	기부금	분기	기부금	분기	기부금
Q1 2019	242	Q1 2020	253	Q1 2021	270
Q2 2019	282	Q2 2020	290	Q2 2021	286
Q3 2019	254	Q3 2020	262	Q3 2021	271
Q4 2019	345	Q4 2020	352	Q4 2021	378

연습문제

처음 8개의 문제는 템플릿을 사용하지 않고 손으로 풀어야 한다. 문제 번호에 T라고 표시된 것은 학습지원에 있는 템플릿을 이용하여 풀 수 있다. 번호에 별표(*)가 있는 문제는 책 뒷부분에 정답의 일부가 있다.

4.1* Hammaker사의 신상품에 대한 처음 5개월 동안의 판매량이 5, 17, 29, 41, 39이었다. 판매부서장은 다음달 판매량을 예측하고자 한다.

a. 최종관측치 예측법을 사용하여 구하시오.

b. 평균 예측법을 사용하여 구하시오.

c. 최근 3개월간의 자료를 가지고 이동평균 예측법을 사용하여 구하시오.

d. 지금까지의 판매 경향을 고려할 경우 이 방법들 중에서 예측치를 얻기에 부적절해 보이는 방법은 무엇이고, 그 이유를 말하시오.

4.2 Alvarez-Baines사의 판매부서장인 Johnson은 지난 5개월간 판매량 예측에 사용해온 두 가지 방법 중에서 하나를 선택하려 한다. 이 기간 동안 회사의 주력 상품에 대해 두 가지 방법으로 얻은 예측치와 실제 판매량은 다음 표와 같다.

월	예측치		실제판매량
	방법 1	방법 2	
1	5,324	5,208	5,582
2	5,405	5,377	4,906
3	5,195	5,462	5,755
4	5,511	5,414	6,320
5	5,762	5,549	5,153

a. 두 방법에 대한 MAD와 MSE를 구하고 비교하시오.

b. Sharon은 이렇게 적은 자료를 가지고 두 방법을 평가하는 것이 바람직하지 않다고 생각한다. 또한, 더 이상 지체해서도 안 된다고 생각한다. 그녀는 지난 5월 이전의 3년간의 자료를 가지고 있다. 두 가지 방법을 비교하여 하나를 선택함에 있어서 이 오래된 자료를 어떻게 활용할 수 있을까?

4.3 〈그림 4-1〉은 CCW사의 지난 3년 동안의 각 분기별 하루 평균 통화량이고 〈그림 4-4〉는 계절별로 조정된 통화량을 나타내고 있다. Lydia는 지금 계절지수를 소급해서 적용하기보다는 2년 전에 계절적 요인을 적용했다면 이 계절별로 조정된 통화량이 어떻게 되었을까를 궁금해 하고 있다.

a. 1년차의 통화량만을 사용하여 2년차의 계절지수들을 구하시오(따라서 각 분기의 평균 통화량은 1년차 해당 분기의 실제 통화량이다).
b. 이들 계절지수를 사용하여 2년차에 대한 계절별로 조정된 통화량을 구하시오.
c. 1년차와 2년차의 통화량을 사용하여 3년차의 계절지수들을 구하시오.
d. c에서 얻은 계절지수들을 사용하여 3년차의 계절별로 조정된 통화량을 구하시오.

4.4 Ralph Billett는 부동산 매매 중개소 경영자이다. 그는 내년에 매매할 집의 수를 예측하려고 한다. 지난 3년 동안 중개소의 분기별 매출량은 다음과 같다.

분기	1년차	2년차	3년차
1	23	19	21
2	22	21	26
3	31	27	32
4	26	24	28

a. 각 분기에 대한 계절지수를 구하시오.
b. 계절지수를 고려한 후, 최종관측치 예측법을 사용하여 내년 1분기의 판매량을 예측하시오.
c. 각 분기별 예측이 정확하다고 가정하자. 최종관측치 예측법을 사용하면 내년 각 분기의 판매량 예측치는 어떻게 되는가?
d. 주택 시장의 현 상황에 대한 그의 평가에 따르면 내년에 100건을 매매할 것으로 예측된다. 내년 예측치가 이렇게 주어진다면 계절지수에 따른 분기별 예측치는 어떻게 예상되는가?

4.5* 현재 당신은 최근 4개의 관측치를 근거로 하여 이동평균 예측법을 사용하고 있다. 직전 기간에 대한 예측을 할 때 4개의 관측치 중 가장 오래된 것이 1,945이었고 예측치는 2,083이었다. 직전 기간의 실제값은 1,977로 나타났다. 다음 기간에 대한 새로운 예측치는 어떻게 되는가?

4.6 J.J.Bone사는 회사 콜센터로 걸려오는 하루 평균 통화량을 예측하기 위해 지수평활 예측법을 사용하고 있다. 지난달의 예측치는 782였고, 실제값은 792로 나타났다. 평활상수 α=0.1, 0.3, 0.5을 각각 적용하여 다음 달의 예측치를 구하시오.

4.7 3년 전 Ivy 대학의 입학처에서는 평활상수 0.25를 갖는 지수평활 예측법을 사용하여 매년 입학 지원자 수에 대한 예측을 시작하였다. 과거의 경험에 의해, 지원자 수의 초기 추정치를 5,000명으로 시작하였다. 그리고 첫 해의 실제 지원자 수는 4,600명이었다. 전국 조사에서 대학이 좋은 평가를 받은 덕분에 지원자 수가 두 번째 해에는 5,300명으로, 지난해는 6,000명으로 증가하였다.
a. 지난 3년 동안 각 연도의 예측치를 구하시오.
b. 이 3년에 대한 MAD와 MSE를 구하시오.
c. 내년의 예측치를 구하시오.

4.8 문제 4.7을 다시 생각해보자. 지난 3년간 지원자 수가 4,600명에서 5,300명으로 또 6,000명으로 꾸준히 상승한 추세에 주목하자. 이제 Ivy 대학의 입학처에서 이런 종류의 추세를 예견할 수 있었고, 그래서 예측을 할 때 추세를 고려한 지수평활 예측법을 사용하기로 결정하였다고 가정하자. 또한, 지난 3년간에 걸쳐 초기 추정치는 평균인 3,900명이고, 추세는 700명이었다고 가정하자. 그리고 임의의 평활상수를 가지고 이 예측법에 의해 얻어진 예측치는 지난 3년간에 대해 정확하였다. 평활상수 α=0.25, 추세 평활상수 β=0.25일 때 이들 예측치를 계산하여 위 사실을 보이시오.

4.9* Swanson 백화점의 사장 Ben Swanson은 회사 주력 제품에 대한 고객들의 수요에 더 잘 대처하기 위해 통계적 예측법을 사용하기로 결정하였다. 그러나 Ben은 각 제품 종류별로 가장 적절한 예측법을 결정할 필요가 있었다. 한 가지는 세탁기와 같은 주로 가정용품으로서 비교적 안정적인 판매량을 유지하고 있는 것이다. 지난 해 세탁기의 월별 판매량은 다음과 같다.

월	판매량	월	판매량	월	판매량
1	23	5	22	9	21
2	24	6	27	10	29
3	22	7	20	11	23
4	28	8	26	12	28

a. 판매량이 비교적 안정되어 있다는 것을 고려하면, 가장 기본적인 예측법인 최종관측치법, 평균법, 이동 평균법 중에서 어느 것이 가장 적합하다고 생각하는가? 그 이유를 설명하시오.
ᵀb. 최종관측치법을 소급해서 적용하여 지난 11개월에 대한 예측치를 구하시오. MAD와 MSE는 얼마인가?
ᵀc. 평균법을 소급해서 적용하여 지난 해 11개월에 대한 예측치를 구하시오. MAD와 MSE는 얼마인가?
ᵀd. n=3인 이동 평균법을 소급해서 적용하여 지난 해 마지막 9개월에 대한 예측치를 구하시오. MAD와 MSE는 얼마인가?
e. MAD를 이용하여 위의 세 가지 방법을 비교하시오.
f. MSE를 이용하여 위의 세 가지 방법을 비교하시오.
g. 위 12개월의 자료에 근거하여 세 가지 예측 방법 중 어

느 것이 미래를 가장 정확히 예측하는지에 대한 단정적 결정을 도출하는 것에 안심이 되는가?

T4.10 문제 4.9를 다시 생각해보자. Ben은 세탁기에 대한 미래의 판매량 예측을 하기 위해 지수평활법을 사용하기로 결정하였다. 그러나 적용할 평활상수를 결정하여야 한다. 평활지수 α=0.1, 0.2, 0.3, 0.4, 0.5 각각에 대하여 초기 예측치로 24를 사용하여 지난 12개월에 소급하여 적용하시오. 각 평활상수에 대해 MAD를 비교하시오. MSE에 대해서도 비교하시오.

4.11 Jackson Manufacturing사의 경영자는 회사의 총판매량 예측을 위해 통계적 예측 방법을 선택하고자 한다. 지난해의 월별 총판매량(단위: 100만 달러)은 다음과 같다.

월	판매량	월	판매량	월	판매량
1	126	5	153	9	147
2	137	6	154	10	151
3	142	7	148	11	159
4	150	8	145	12	166

a. 판매량이 월별로 상당히 변화하고 있는 것—처음은 상승 추세, 그 다음은 하향 추세, 다시 상승추세—에 주목하시오. 앞으로도 비슷한 패턴이 계속 된다고 가정할 때, 4.3절에서 소개한 다섯 가지 예측법들이 미래 판매량을 얼마나 잘 예측할 것으로 생각하는지 평가하시오.

Tb.최종관측치 예측법, 평균 예측법, 이동평균 예측법(n=3)을 지난해 판매량에 소급적용하고 MAD를 비교하시오.

Tc. 초기 예측치로 120을 사용하고, a=0.1, 0.2, 0.3, 0.4, 0.5를 가지고 지수평활법을 지난해 판매량에 소급 적용하시오. 5개의 평활상수 a에 대해 MAD와 MSE를 비교하시오.

Td.평균치는 120, 추세는 초기 추정치 10을 사용하여 추세를 고려한 지수평활 예측법을 지난해 판매량에 소급하여 적용하시오. 다음 각 평활상수 α=0.1, 0.3, 0.5, β=0.1, 0.3, 0.5의 서로 조합한 경우를 적용하시오. 이들 아홉 가지 조합에 대한 MAD와 MSE를 비교하시오.

e. 위의 예측 방법 중 당신은 경영자에게 어떤 것을 사용하라고 추천하겠는가? 이 방법을 사용하면 새해 1월의 총판매량에 예측치는 어떻게 되는가?

T4.12* Pentel Microchip사는 새로운 마이크로칩을 생산하기 시작했다. 이 생산의 첫 번째 단계는 웨이퍼 제작 공정이다. 어려운 웨이퍼 제작 공정으로 인하여 많은 웨이퍼가 결함으로 불합격 처리되고 있다. 그러므로 경영자는 생산수율(생산중인 제품 중 합격되는 웨이퍼의 비율)을 높이기 위해 웨이퍼 제작 공정의 지속적인 개선을 강조하고 있다. 지금까지의 생산수율은 로트당 15%, 21%, 24%, 32%, 37%, 41%, 40%, 47%, 51%, 53%이었다. 추세를 고려한 지수 평활법을 사용하여 다음 로트의 생산수율을 예측하시오. 추세에 대해서는 5%, 평균값에 대해서는 10%의 초기 추정치를 사용하고, 평활상수 α=0.2, β=0.2를 사용하시오.

4.13 문제 4.4를 다시 보자. Ralph Billett는 최종관측치법이 간단한 예측법이라는 것을 알았다. 그래서 그는 다른 예측법을 사용할 것인지에 대해 검토 중이다. 그는 여러 가지 통계적 기법을 과거 3년간의 자료에 소급해서 적용하고 그들의 MAD와 MSE를 비교하기 위해 계절지수를 고려하는 엑셀 템플릿을 사용하기로 하였다.

Ta. 4개 분기에 대한 계절지수를 구하시오.

Tb.최종관측치 예측법을 적용하시오.

Tc. 평균 예측법을 적용하시오.

Td.최근 4분기의 자료를 이용하는 이동평균 예측법을 적용하시오.

Te.초기 추정치 25, 평활상수 α=0.25인 지수평활 예측법을 적용하시오.

Tf. 평활상수 α=0.25, β=0.25, 초기 추정치로 평균은 25, 추세는 0을 사용한 추세를 고려한 지수평활 예측법을 적용하시오.

Tg.각 예측법에 대해 MAD와 MSE를 비교하시오. MAD가 최소인 예측법을 사용하여 다음 해 1분기의 판매량 예측치를 구하시오.

h. g에서의 예측치와 계절지수를 고려하여 다음 해의 나머지 분기에 대한 장기 예측치를 구하시오.

T4.14 Transcontinental Airlines사는 운임별로 예약좌석수를 적절하게 할당하기 위하여 각 비행기에 탑승할 운임별 고객 수를 예측하기 위한 전산화된 예측시스템을 개선하려고 한다. 예를 들면, 뉴욕에서 LA까지 주중 오후 비행기 편의 일반석 고객을 고려하자. 다음 표는 금년 한 해 동안의 매월 일반석 평균 고객 수를 보여주고 있다.

월	평균치	계절지수	월	판매량	계절지수
1	68	0.90	7	94	1.17
2	71	0.88	8	96	1.15
3	66	0.91	9	80	0.97
4	72	0.93	10	73	0.91
5	77	0.96	11	84	1.05
6	85	1.09	12	89	1.08

a. 계절지수를 고려한 후, 최종관측치법, 평균법, 이동 평

균법(최근 3개월 자료 이용), 지수평활법(초기 예측치 80, 평활상수 α=0.2)을 소급해서 적용할 때, MAD와 MSE 값을 비교하시오.

b. 가장 작은 MAD값을 갖는 예측법을 사용하여 새해 1월의 평균 탑승 고객 수를 예측하시오.

T4.15* 중장비 생산업체인 Spellman사의 새 선반의 판매량은 최근 꾸준히 증가하고 있다. 지난 10개월 동안의 판매 실적은 다음 표와 같다.

월	판매량	월	판매량
1	430	6	514
2	446	7	532
3	464	8	548
4	480	9	570
5	498	10	591

이와 같은 꾸준한 증가로 인하여 경영자는 다음 달의 판매량을 예측하기 위하여(독립변수는 각 월, 종속변수는 판매량임) 인과형 예측법을 사용하기로 결정하였다.

a. 이 자료로 가로축에 월, 세로축은 판매량으로 한 2차원 그래프로 그리시오.

Tb. 이 자료에 적합한 선형회귀직선의 식을 구하시오.

c. a에서 구한 그래프에 이 직선을 그리시오.

d. 이 직선을 이용하여 11월의 판매량 예측치를 구하시오.

e. 이 직선을 이용하여 20개월째의 판매량 예측치를 구하시오.

f. 선형회귀직선에 대한 공식으로부터 월 평균 판매량의 신장률이 대략 얼마라고 할 수 있는가?

4.16 North American Airline사는 항공기 정비를 위하여 윙플랩을 포함하여 고가의 예비부품들을 재고로 보유하고 있다. 많이 사용하면 손상될 가능성이 높아지기 때문에 매월 손상된 윙플랩을 교체하기 위하여 재고로 보유하여야 할 윙플랩의 수는 어느 정도 그 달의 비행시간에 종속된다고 할 수 있다. 다음 표는 지난 수개월 동안 전체 항공기에 대해 교체된 윙플랩 수와 비행시간(단위: 1,000시간)을 보여주고 있다.

비행시간	162	149	185	171	138	154
소요 윙플랩 수	12	9	13	14	10	11

a. 비행시간이 주어졌을 때 필요한 윙플랩의 수 예측에 인과형 예측법을 적용하기 위해 종속변수와 독립변수를 식별하시오.

b. 위의 자료를 그래프로 그리시오.

Tc. 선형회귀직선에 대한 식을 구하시오.

d. b에서 구한 그래프에 위 식을 구하시오.

e. 15만 시간의 비행이 계획되어 있을 때, 그 달에 필요한 평균 윙플랩의 수를 예측하시오.

f. 20만 비행시간에 대해서 그 달에 필요한 평균 윙플랩의 수를 예측하시오.

g. Interactive Management Science 모듈에 있는 예측모듈을 사용하여 데이터와 선형회귀직선 그래프를 생성하시오. 그리고 데이터의 점들을 위 아래로 옮길 때 선형회귀직선이 얼마나 이동하는지를 실험해보시오.

통합사례 4-1: 예측 트릭

Mark Lawrence는 2년 이상 하나의 비전을 추구하여 왔다. 이 일은 그가 컴퓨터와 주변장치를 제조하는 큰 기업인 Cutting Edge사 인사부장으로서의 역할에 회의를 느낀 시점에서부터 시작되었다. 그 당시 그의 감독하에 있던 인사부는 미국 전역에 있는 6만 명의 종업원에게 인사기록과 연금 행정지원을 제공하고 미국 전역에 35개 분산된 인사기록과 복리후생센터를 두고 있었다. 종업원은 치과보험, 스톡옵션, 세금신고서와 개인정보 수정, 휴직과 퇴직 처리 등에 관한 정보를 얻기 위하여 이들 센터와 관계를 가지고 있었다. 이들 행정 센터의 분산으로 인하여 Mark는 많은 골칫거리를 안고 있었다. 그는 각 센터가 회사의 정책을 다르게 해석하여 종업원에게 서로 상반되거나 종종 부정확한 대답을 하여 발생하는 불만사항들을 처리하여야 했다. 따라서 그의 부서는 35개 분산된 센터의 비효율적 운영으로 인하여 높은 운영비 부담을 안고 있었다.

그의 비전이란 이들 인사기록과 복리후생센터를 하나로 통합하는 것이다. 이 통합된 센터는 데이터 관리와 고객 서비스라는 두 가지의 다른 업무를 수행하게 될 것이다. 데이터 관리 업무는 종업원의 경력을 갱신하고 인력자원관리시스템(human resource management system)을 유지보수 하는 것을 포함하고 있다. 고객 서비스 업무는 인사기록과 복리후생에 관련한 종업원의 문의에 응답하기 위하여 콜센터를 설립하고 전화를 통하여 인사기록과 복리후생의 변화를 처리하는 것을 포함하고 있다. 제안한 후 1년 만에 최고경영층으로부터 허락을 받았다. 그는 해야 할 일의 목록을 작성하였다. 특히 컴퓨터와 전화 시스템에 대한 요구사항, 하드웨어와 소프트웨어의 설치, 35개의 분산된 센터로부터의 데이터 통합, 인사기록과 응답 절차 표준화, 행정 센터 직원 구성 등이 목록에 올랐다. Mark는 시스템 요구사항, 설치와 통합 작업은 적절한 기술전문가 그룹에 위임하였다. 그는 절차 표준화와 센터 종업원 구성에 대한 책임을 맡았다.

Mark는 오랫동안 인사부에 근무하였기 때문에 인사기록과 응답 절차 표준화는 별 문제가 없었다. 그러나 그는 센터에 근무할 담당 직원의 수를 결정하는 데에서 난관에 봉착했다. 특히 응답 전화 담당자는 1만 명의 종업원과 직접 접촉하기 때문에 콜센터 담당 직원 고용에 대해 걱정을 하였다. 고객 서비스 담당자는 인사기록과 복리후생에 대해 완전히 파악하여 종업원에게 정확하게 대답하고 효율적으로 변경 사항을 처리할 수 있도록 철저한 훈련을 받게 될 것이다. 너무 많이 채용하면 Mark는 불필요한 직원의 훈련에 많은 비용을 낭비하게 되고 고도의 업무 수행에 따른 비싼 임금을 지불해야 하는 부담을 지게 된다. 또 너무 적게 채용하게 되면 그가 피하고 싶었던 고객의 불만이 많아질 것이다.

Mark가 고용해야 할 고객 서비스 담당 직원의 수는 센터에 걸려올 전화의 수(통화량)에 의존한다. 따라서 Mark는 새로운 중앙 콜센터에 걸려올 통화량을 예측할 필요가 있다. 그는 이러한 예측 문제를 주관적 판단 예측법으로 처리하였다. 그는 35개 분산 복리후생센터 중에서 한 곳의 데이터를 조사하여, 분산 센터가 한 달에 15,000명의 고객을 서비스하였고, 2,000건의 전화를 받았다는 것을 알았다. 그는 새 중앙 센터는 한 달에 약 6만 명에 달하는 4배의 고객을 서비스하게 될 것이고 전화도 4배인 8,000통화 정도를 받을 것이라고 예측하였다.

Mark는 천천히 그의 추진 목록을 점검하였고, 회사로부터 승인을 받은 후 1년 뒤에 중앙 센터를 오픈하였다. 중앙 센터를 13주 동안 운영한 현재, Mark의 콜센터 예측치는 크게 빗나갔다. 콜센터로 걸려오는 통화량은 Mark가 예측한 8,000통화보다 거의 3배나 많았다. 과도한 업무로 인하여 콜센터는 서서히 자포자기 상태로 빠지고 있었다. 센터로 전화를 거는 고객은 담당자와 통화를 하기 전에 평균 5분은 기다려야 하고, Mark는 수많은 불평을 듣고 있다. 동시에 고객 서비스 담당자는 과도한 업무량으로 인한 스트레스로 회사를 그만 두고 싶은 지경에 이르렀다. 최고경영층에서조차 직원과 서비스의 부적절함을 인지하고 개선책을 강구하도록 Mark를 압박하고 있었다.

Mark가 당신에게 콜센터의 통화량을 보다 정확하게 예측해주기를 요청하였다고 하자.

다행히도 Mark는 운영 데이터 기록의 중요성을 인식하고 있었고, 최근 13주 동안의 각 요일별로 걸려온 통화량에 대한 자료를 제공하였다. 다음 자료는 지난해 44주차에 시작하여 올해 5주차까지 기록한 것이다. Mark는 공휴일에는 전화를 받지 않았다고 알려주었다.

	월	화	수	목	금
44주차	1,130	851	859	828	726
45주차	1,085	1,042	892	840	799
46주차	1,303	1,121	1,003	1,113	1,005
47주차	2,652	2,825	1,841	0	0
48주차	1,949	1,507	989	990	1,084
49주차	1,260	1,134	941	847	714
50주차	1,002	847	922	842	784
51주차	823	0	0	401	429
52/1주차	1,209	830	0	1,082	841
2주차	1,362	1,174	967	930	853
3주차	924	954	1,346	904	758
4주차	886	878	802	945	610
5주차	910	754	705	729	772

a. Mark는 먼저 지난 13주 데이터로부터 다음 주에 사용할 요일별 통화량을 예측하도록 요청하였다. 당신은 (5주차 말에) 다음 주 모든 요일에 대한 예측치를 구하여야 한다. 그러나 어떤 요일에 대한 예측치가 그 요일의 실제 통화량이 되도록 하여 해당 주의 요일별로 다른 예측치를 제공하여야 한다.

1. 인사기록과 복리후생센터에서의 작업을 통하여 당신은 통화량에 주 내에서도 계절적 패턴이 있다는 것을 알았다. 예를 들면 주말보다는 주초에 전화가 많이 온다. 따라서 당신은 이러한 계절적 요인을 반영하여야 하고 Mark가 당신에게 준 데이터를 적절하게 조정하여야 한다. 과거 13주에 대한 계절별로 조정된 통화량은 어떻게 되는가?
2. 계절별로 조정된 통화량을 사용하여 최종관측치 예측법을 적용하여 다음 주의 요일별 예측치를 구하시오.
3. 계절별로 조정된 통화량을 사용하여 평균치 예측법을 적용하여 다음 주의 요일별 예측치를 구하시오.
4. 계절별로 조정된 통화량을 사용하여 최근 5일간의 자료로 이동평균 예측법을 적용하여 다음 주의 요

일별 예측치를 구하시오.

5. 계절별로 조정된 통화량을 사용하여 지수평활 예측법을 적용하여 다음 주의 요일별 예측치를 구하시오. 당신은 통화량이 계절적 요인이 없이 비교적 안정되어 있다고 믿기 때문에, 지수평활상수로 0.1을 사용하고, 초기 추정치는 과거 13주에 대한 평균 통화량을 사용하시오.

b. 당신이 예측한 일주일 후, 그 주에 대한 실제 통화량을 알았기 때문에 예측의 정확도를 계산할 수 있게 되었다. 실제 통화량은 다음과 같다.

	월	화	수	목	금
6주차	723	677	521	571	498

각 예측법에 대하여 평균절대오차를 계산하라. 예측법의 수행능력(performance)을 평가하시오. 평균절대오차를 계산할 때, a에서 구한 실제 예측치를 사용하여야 하고, 실제값에 근거하여 예측치를 다시 계산할 수 없다. 당신의 평가에 있어서 예측법의 효율성과 비효율성에 대하여 설명하시오.

당신은 위에서 사용한 예측법들이 정확도가 떨어지는 것을 알았다. 따라서 통계적 방법과 주관적판단법을 혼합한 새로운 창의적인 방법을 적용하기로 하였다고 하자. 당신은 Mark가 35개의 분산 센터 중의 하나의 자료를 사용하여 자신의 예측치를 구하였다는 것을 알고 있다. 따라서 이 분산 센터에 대한 통화량이 있을 것이라고 생각한다. 분산 센터는 현재의 새로운 중앙 센터가 수행하는 것과 동일한 기능을 수행하기 때문에, 분산 센터의 데이터가 새 중앙 센터에 대한 통화량을 예측하는 데 도움이 될 것이라는 결론을 얻는다. 당신은 분산된 통화량과 새 중앙센터 통화량 사이에 어떤 관련이 있는지를 알아야 할 필요가 있다. 일단 이러한 관계를 알게 되면 중앙 센터의 통화량을 예측하기 위하여 분산 센터의 통화량을 사용할 수 있다.

당신은 Mark에게 분산 센터의 통화량에 관한 자료가 있는지를 문의하였다. Mark는 자료는 있지만 당신이 원하는 형태가 아니라고 하였다. 즉, 통화량 자료가 아니라 사례에 대한 자료가 존재한다. 두 자료의 차이를 잘 이해하지 못하여 Mark에게 자세한 설명을 들었다. 수요 자료에는 사례 데이터와 통화량 데이터가 있으며, 사례 자료는 콜센터에서 담당자가 취한 행동을 기록한 것이다. 통화량 데이터는 콜센터에서 담당자가 응답한 콜의 수를 기록한다. 하나의 사례에는 그것을 해결하기 위해 한 통의 전화 혹은 다수의 전화가 포함되어 있을 수 있다. 따라서 사례의 수는 항상 통화량의 수보다 작거나 같다.

당신은 분산 센터에 대한 사례의 양에 대한 자료만 가지고 있다는 사실을 알고 새 중앙 센터에 대한 사례 자료가 있는지를 Mark에게 문의하였다. 그는 1시간 내에 그 데이터를 가져오겠다고 하였다.

c. 1시간 후 Mark는 분산 센터와 새 중앙 센터에 대한 각각의 주별 사례 데이터를 가져왔다. 그러나 요일별 사례 데이터는 가지고 있지 않았다. 따라서 당신은 먼저 다음주 수요에 대한 주간 예측치를 구하고 그 주간 수요를 요일별로 나눈다.

분산 센터는 새 중앙센터가 오픈한 이후 지난 해 문을 닫았기 때문에, 당신은 2년 전의 44주차부터 작년의 5주차에 대한 분산 센터의 사례 데이터를 가지고 있다. 당신은 이러한 분산 센터 데이터와 작년 44주차부터 금년 5주차에 걸친 새 중앙 센터에 대한 데이터를 비교한다. 주별 사례 데이터는 다음 표와 같다.

	분산 사례 데이터	중앙 사례 데이터
44주차	612	2,052
45주차	721	2,170
46주차	693	2,779
47주차	540	2,334
48주차	1,386	2,514
49주차	577	1,713
50주차	405	1,927
51주차	441	1,167
52/1주차	655	1,549
2주차	572	2,126
3주차	475	2,337
4주차	530	1,916
5주차	595	2,098

1. 분산 센터 사례 데이터와 중앙 센터 사례 데이터 사이의 수리적 관계를 구하시오.
2. 이제 당신은 주별 분산 센터 사례 데이터와 중앙 센터 사례 데이터 사이의 수리적 관계를 알고 있어서 새 센터에 대한 주별 사례 데이터에 대한 예측을 할 수 있다. 그러나 당신이 필요로 하는 것은 주별 사례 데이터가 아니라 요일별 통화량이다. 따라서 사례 데이터로부터 통화량 데이터를 계산하기 위하여 보다 많은 분석을 통하여 각 사례는 평균적으로 1.5개의 통화량을 생성한다는 것을 알았다. 주별 통화량으로부터 요일별 통화량을 계산하기 위하여 변환

요인으로 계절지수를 사용하기로 결정하였다. 지난해 6주차의 분산 센터로부터의 다음과 같이 사례 데이터가 주어졌다. 금년 6주차의 새 중앙 센터에 대한 요일별 통화량을 예측하시오.

	6주차
분산 사례	613

5. b에 주어진 실제 통화량을 사용하여 평균 절대오차를 계산하고, 이 예측법에 대한 효용성을 평가하시오.

d. 당신은 Mark에게 어떤 예측법을 사용하도록 추천하겠는가? 그 이유는 무엇인가? 콜센터를 계속 운영할 경우, 당신은 예측 절차를 어떻게 개선하도록 추천하겠는가?

3부
선형계획법을 활용한 규범적 분석

3부에서는 5~9장에 걸쳐서 선형계획법을 활용한 규범적 분석prescriptive analytics을 다룬다. 5장의 역할을 명확히 하기 위해, 3부의 내용에 대해 소개한 후 5장을 내용을 다루고자 한다.

3부(5~9장) 소개 – 선형계획법을 활용한 규범적 분석

1부(1, 2장)에서는 경영과학과 경영분석의 본질을 설명했다. 1부의 중요한 결론은 **빅데이터 시대**와 **분석 혁명**이 동시에 도래함에 따라 이러한 분야가 전 세계 수많은 기업체 및 여러 조직의 운영을 향상시킬 수 있다는 것이었다. 또한, 경영과학과 경영분석은 서술적 분석descriptive analytics, 예측적 분석predictive analytics, 규범적 분석prescriptive analytics, 세 단계의 분석을 모두 수행할 수 있다는 점에서 상호 보완적이고 공통점을 가지는 분야라는 것이었다. **경영분석**(Data Science 또는 Analytics라고도 함)은 서술적 분석과 예측적 분석을 수행하기 위한 강력한 방법론을 개발해왔다. 2.3절은 서술적 분석의 성과를, 2.4절은 예측적 분석의 성과를 설명한다. 2부(3~4장)도 예측적 분석을 다루고 있다.

경영과학(Operations Research라고도 함)은 규범적 분석을 수행하기 위한 강력한 기법들을 오랫동안 사용해왔다. 경영과학의 여러 전통적 기법(예를 들면 4장에서 다루는 예측 방법forecasting methods)은 예측 분석을 수행하는 데에도 매우 유용하다.

3부(5~9장)에서는 최적화 모델을 포함한 의사결정 모델을 사용하여, 경영 의사결정에서 최선의 대안을 제공하는 규범적 분석에 대해 다룰 것이다. 이는 특별히 경영과학이 전문성을 가지는 분석 단계이다. 따라서 3부에서는 기업이 미래에 뭘 해야 하는지 처방할 수 있는 경영과학의 강력한 의사결정 모델에 대해 설명하고자 한다. 특히 5~9장에서는 광범위하게 사용되는 의사결정 모델인 선형계획법을 다루고자 한다.

선형계획법은 가능한 최선의 방법으로 경쟁 활동 간에 제한된 리소스를 할당하는 것과 관련된 다양한 문제를 처리한다. 문제는 목적함수와 여러 제약조건을 포함하는 제약식으로 표현된다. 선형계획법은 세 가지 가정을 가진다. 우선 연속 변수 가정은 의사결정변수가 모든 제약조건을 충족하는 한 음이 아닌 값(정수 값뿐만 아니라)을 취할 수 있어야 한다는 가정이다. 비례성은 목적함수 또는 제약조건에 대한 각 활동의 기여도가 활동수준에 비례해야 한다. 이로 인해 결정 모델의 모든 수학적 함수가 선형함수가 된다. 또 다른 주요 가정은 확실성 가정으로, 결정 모델의 모든 숫자(활동수준을 나타내는 결정변수 제외)가 알려진 상수여야 한다. (경영과학 및 경영분석의 다양한 다른 모델과 마찬가지로 이러한 가정은 현실의 근사치일 수 있지만 충분히 근접한 근사치라도 여전히 충분히 타당한 결론을 도출할 수 있다는 이해를 바탕으로 한다.)

선형계획법의 가정을 만족하지 않는 경우에 대해서 다루는 교재의 4부 내용을 미리 말하자면, 4부(10, 11장)에서는 연속 변수 가정이나 비례성 가정이 성립하지 않는 다른 경영과학 의사결정 모델을 설명하고, 5부(12~15장)에서는 확실성 가정이 성립하지 않는 경우를 다룬다.

그렇다면 선형계획 모델은 실용적으로 쉽게 풀 수 있을까? 지금까지 개발된 선형계획 알고리즘은 매우 강력하여, 수천(때로는 수백만) 개의 결정변수와 제약조건이 있는 거대한 모델이 현실 사례에서 다뤄지고 있다.

5장에서는 선형계획법의 기본 개념을 제시할 예정이다. 6장은 다양한 예제와 함께 선형계획법의 모형 수립과 응용에 중점을 맞출 것이다. 3부(및 다른 부분)에서 스프레드시트 모델을 사용할 것이므로 7장은 스프레드시트를 사용한 모형 수립 기법에 대해 다룰 예정이다.

경영진은 한 가지 상황(을 표현한 선형계획 모델)만을 고려하기보다는 발생할 법한 여러 상황을 추가로 고려하기를 원한다. 이는 기존의 선형 계획 모델에서 변수 값들이 변화하는 상황에 대한 가상 분석을 필요로 한다. 따라서 8장에서는 선형계획법을 위한 What-If 분석에 대해 자세히 설명하고자 한다.

선형계획법의 중요한 응용 분야 중 하나는 네트워크 운용 최적화와 관련 있다. 따라서 9장은 다양한 종류의 네트워크 최적화 문제에 중점을 둔다. 종종 네트워크 최적화 문제에 대한 모델은 네트워크로 표현된다. 그런 다음 한 가지 목표는 비용을 최소화하는 것이며, 다른 하나는 흐름^flow^의 양을 최대화하는 것이다. 다른 하나는 네트워크의 한쪽 끝에서 다른 쪽 끝으로 이동하는 거리(또는 시간 또는 비용)를 최소화하는 것이다.

이 책의 웹 사이트에는 선형계획법에 대한 추가적인 내용이 포함되어 있다. 5장, 8장, 9장에는 모두 보충 내용이 있다. 또한, 웹 사이트에는 16장(선형계획법을 위한 솔루션 개념), 17장(운송 및 할당 문제) 및 19장(목표 프로그래밍)을 포함하여 유익한 "Web Chapter"가 있다.

선형계획법: 기본 개념

5 CHAPTER

학습목표: 5장을 학습한 후에는,

1. 선형계획법이 무엇인지 설명할 수 있어야 한다.
2. 스프레드시트 모형을 공식으로 나타낼 때 사용될 3개의 질문을 정의할 수 있어야 한다.
3. 선형계획법 스프레드시트 모형에서 사용될 4개의 셀을 말하고 목적을 정의할 수 있어야 한다.
4. 문제를 듣고 스프레드시트에 기본 선형계획 모델을 만들 수 있어야 한다.
5. 스프레드시트의 공식을 보고 선형계획 모델의 수리적 모형을 나타낼 수 있어야 한다.
6. 두 개의 의사결정변수가 있는 선형계획법 문제를 풀기 위해 도해법을 사용할 수 있어야 한다.
7. 선형계획법 스프레드시트 모형을 풀기 위해 엑셀을 사용할 수 있어야 한다.

경영자는 조직의 목표를 달성하기 위해서 조직의 자원을 여러 활동에 어떻게 분배할 것인지를 결정해야 한다. 이때 선형계획법linear programming은 의사결정을 하는 경영자에게 도움을 줄 수 있는 강력한 문제 해결 도구다. 선형계획법은 기업 같은 영리조직이나 정부기관과 같은 비영리조직 모두가 사용할 수 있다. 고려될 수 있는 자원으로는 돈, 인력, 기계, 장비 등이 있다. 많은 경우에 다양한 자원이 동시에 배분되어야 한다. 자원을 필요로 하는 활동에는 생산(예: 여러 종류의 제품 생산), 마케팅 활동(예: 여러 종류의 매체에 광고), 재무(예: 자본 투자) 등이 있다. 어떤 문제에서는 이러한 모든 유형의 활동이 고려되어야 하는데, 이는 같은 자원을 두고 각 활동이 서로 경쟁하기 때문이다.

선형계획법은 적용 범위가 상당히 넓다. 어떤 경우에는 자원배분의 범위를 뛰어넘기도 한다. 그러므로 선형계획법의 영원한 주제는, 어떤 활동을, 어느 수준에서 하는가 하는 활동의 최선 조합을 찾는 것이다. 선형계획법은 다른 경영과학 기법과 마찬가지로 대상 문제를 표현하기 위해서 수리 모형mathematical model을 사용한다. 선형linear이라는 단어는 모형에서 사용하는 수리적 표현의 형태를 의미한다. 프로그래밍programming이라는 단어는 컴퓨터 프로그래밍을 의미하는 것이 아니라 계획planning과 동의어로 쓰인다. 그래서 선형계획법은 선형 수리 모형으로 표현한 여러 활동에 자원을 배분하는 계획법이라고 할 수 있다.

선형계획법은 경영과학에서 중요한 부분을 차지하고 있기 때문에 여러 장에 걸쳐서 다룰 것이다. 선형계획법에 대한 이해는 다른 경영과학 기법을 이해하고 적용하는 데 기초가 된다. 이 장에서는 선형계획의 기본 개념에 대해서 다루고자 한다.

5.1 사례연구: Wyndor Glass사의 제품혼합문제

Hemant Shah는 Wyndor Glass사의 신제품 개발 부서의 관리자로서 7년 동안 훌륭하게 일을 하였다. 회사는 작았지만 Hemant가 속한 부서의 신제품 개발로 크게 성장하여 왔다. Wyndor사의 사장인 John Hill은 Hemant가 최근의 회사 성공에 아주 중요한 역할을 했다는 것을 공개적으로 말하기도 하였다. 사장은 6개월 전에 Hemant의 그룹에 다음과 같은 신제품을 개발할 것을 요청하였다.

① 알루미늄틀의 8피트 문
② 4피트 × 6피트 나무틀의 이중 창문

비록 몇 군데의 회사에서 이러한 규격의 제품을 이미 생산하고 있으나, 사장은 Hemant가 시장을 주도할 새롭고 놀라운 기능을 가진 제품을 만들 것이라고 생각했고, Hemant는 그 일을 해낸 것이다.

배경

Wyndor사는 수작업과 최고의 기술로 창문과 유리문 등 최고급 유리 제품을 생산하고 있다. 값은 고가이지만 까다로운 구매자를 위해 최고급 품질의 제품을 생산함으로써 특화된 시장을 대상으로 하고 있다. 회사는 3개의 공장을 소유하고 있다.

공장 1은 알루미늄틀과 철물을 생산한다.
공장 2는 나무틀을 생산한다.
공장 3은 유리를 생산하며 창문과 문을 조립한다.

일부 제품은 매출이 저조했기 때문에 최고 경영진은 생산 제품 구성을 재편성하기로 했다. 이익이 나지 않는 제품의 생산을 중단함으로써 여유가 생기는 생산능력을 경영진이 승낙하는 경우 Hemant Shah의 그룹이 개발한 두 가지의 신제품에 배분하려고 한다.

8피트 유리문은 공장 1과 공장 3을 필요로 하지만 공장 2와는 상관이 없다. 4피트 × 6피트의 이중 나무창문은 공장 2와 공장 3을 필요로 한다.

경영진은 두 가지 문제를 해결해야 한다.

1. 두 가지 신제품을 생산해야 하는가?
2. 제품혼합(각 제품의 주별 생산량)은 어떻게 해야 하는가?

문제에 대한 경영진의 토론

두 가지 신제품에 대한 Hemant Shah의 보고서를 받고 John Hill은 현안을 토론하기 위해 회의를 소집했다. John과 Hemant 외에 생산 담당 부사장인 Binh Nguyen, 마케팅 담당 부사장인 Ana Hernandez가 회의에 참석하였다. 토론에서 오고 간 이야기는 다음과 같다.

John: Binh, 우리는 이 제품들을 하루 빨리 생산에 착수하도록 하고 싶습니다. 어느 정도의 생산량을 기대할 수 있습니까?

Binh: 생산을 중단한 제품이 몇 개 있어서 생산능력에 여유가 조금 있기는 하지만 그렇게 많지는 않습니다. 두 가지 신제품을 각각 주당 몇 개 정도는 생산할 수 있습니다.

John: 그것이 전부입니까?

Binh: 예, 이 제품들은 세밀한 기술을 요하는 복잡한 제품입니다. 그리고 말씀드렸듯 우리의 여유 생산능력은 많지 않습니다.

John: Ana, 우리가 각 제품을 매주 몇 개씩 판매할 수 있습니까?

Ana: 그 정도는 다 팔 수 있습니다.

John: 좋습니다. 이제 한 가지 문제만 해결하면 되겠군요. 이렇게 한정된 생산능력을 2개의 제품에 어떻게 분배하는가입니다. 두 제품을 같은 수만큼 생산할까요, 아니면 2개 중 한 제품만을 주로 생산할까요? 또는 한 가지만을 최대한 생산하고 다른 하나는 출시를 뒤로 미루는 것도 한 방법입니다.

Hemant: 2개 중 1개의 출시를 늦추는 것은 경쟁사가 따라올 기회를 주는 것이라서 위험할 수 있습니다.

Ana: 저도 동의합니다. 또한, 마케팅 측면에서 2개의 제품을 동시에 출시하는 것이 좋습니다. 두 제품은 많은 기능이 서로 같으므로 광고를 묶어서 하는 것이 좋습니다. 좋은 반응이 있을 것입니다.

John: 좋습니다. 그런데 어느 제품을 얼마나 생산하는 것이 가장 이익이 클까요?

Binh: 저에게 한 가지 아이디어가 있습니다.

John: 무엇입니까?

Binh: 과거에 분석팀에서 이러한 제품혼합문제를 훌륭히 해결한 적이 있습니다. 그들은 이런 문제에 대해서 적절한 자료를 찾아서 상세히 분석을 합니다. 이러한 문제가 바로 그들의 전문 분야입니다.

John: 아주 좋은 생각입니다. 이 문제는 분석팀이 다루도록 합시다. Binh, 당신이 그들과의 업무 조정을 해주겠습니까?

응용사례

Swift & Company사는 미국 콜로라도주 Greely에 기반을 두고 다양한 단백질을 생산한다. 80억 달러 이상의 연간 매출을 올리는 소고기와 관련된 제품들이 사업의 가장 큰 부분이다.

회사의 매출과 제조 작업을 증진시키기 위해서, 최고 경영진은 3개의 목표를 달성시켜야 한다는 결론을 내렸다. 하나는 회사의 고객 서비스 담당자들이 요청받은 배달 날짜와 배달 시점의 유통기한을 고려하면서 현재와 미래의 재고에 대한 정보를 가지고 8,000명 이상의 고객과 대화할 수 있게 하는 것이다. 두 번째는 28일 범위 내에서 각 공장을 위한 효과적인 교대시간 일정을 만드는 것이다. 세 번째는 주어진 가축의 가능 여부와 공장의 용량을 고려하여, 접수된 주문을 제 시간에 처리할 수 있는지를 정확하게 결정하는 것이다.

세 가지 목표를 달성하기 위해서, 경영과학팀은 통합 시스템을 구축하였다. 이 시스템은 45개의 선형 계획으로 구성되어 있는데, 이들은 다섯 개의 공장에서 주문을 받는 즉시 실시간으로 소고기 정형 작업 일정을 계산하는 세 가지 모델을 포함한다. 통합 시스템의 첫해 운영에서 벌어들인 수익은 제품혼합을 최적화함으로써 생긴 1,200만 달러를 포함하여 1,274만 달러였다. 그 밖에 주문 손실의 감소, 가격 인하의 감소, 시간 내 배달의 증진 등의 장점이 있었다.

이러한 선형 프로그래밍의 적용 사례 덕분에 Swift & Company사는 2005년 Franz Edelman Award에서 고급 분석, 운영 연구 및 관리 과학 분야에서 세계 결선 진출 다섯 팀 중 하나가 될 수 있었다.

출처: A. Bixby, B. Downs, and M. Self, "A Scheduling and Capable-to-Promise Application for Swift & Company," *Interfaces* (현 *INFORMS Journal on Applied Analytics*) 36, No.1 (January-February 2006), pp.69-86. (이 사례에 대한 링크는 www.mhhe.com/hillier7e에서 볼 수 있다.)

분석팀의 업무 시작

우선 분석팀은 전반적인 문제를 명확히 파악하고 경영진이 원하는 것이 무엇인지를 알아내기 위해 Binh Nguyen와 긴 시간 동안 협의하였다. 특별히 신경을 써야 할 것은 경영진 입장에서의 적합한 목적을 찾는 것이었다. Binh은 John Hill 사장이 회사의 이익을 최대로 만들 수 있는 각 제품의 생산량을 결정하는 것이 가장 중요한 문제라고 했음을 강조했다. 그러므로 Bill의 동의하에 팀은 해결해야 할 주요 문제를 다음과 같이 정했다.

문제: 두 가지 신제품을 어떤 생산비율로 생산하는 것이 두 제품으로부터 발생하는 이익을 최대로 할 것인가?

팀은 공장 3곳의 생산능력이 허용하는 범위 내에서, 두 신제품의 생산비율의 가능한 모든 조합을 고려해야 한다고 결정했다. 예를 들면, Hemant Shah와 Ana Hernandez의 반대가 있었지만, 한 제품을 최대로 생산하기 위해서는 다른 제품을 당분간 생산하지 않는 것도 하나의 대안으로 고려하기로 했다. (두 제품으로부터 얻는 이익을 최대로 하려면 하나는 생산하지 않고, 다른 제품을 가능한 많이 생산하는 것이 바람직할 수도 있다.)

다음으로 분석팀이 이를 위해서 수집해야 할 자료가 무엇인지를 파악했다.

1. 각 공장에서 쓸 수 있는 생산능력
2. 각 제품 생산에 필요한 생산능력

3. 각 제품의 이익

이에 대한 구체적인 자료가 없기 때문에 추정치를 사용하기로 했다. 이 수치들을 추정하는 것은 다른 부서의 도움을 필요로 한다.

Binh Nguyen의 부하직원이 생산능력에 대한 추정치를 구해주었다. 그는 새로운 문의 생산을 위해서 공장 1의 생산 시설은 주당 4시간을 사용할 수 있다고 추정했다(나머지 시간은 현재 생산 중인 제품에 배분되어야 한다). 공장 2의 생산 시설은 새로운 창문의 생산에 주당 12시간을 사용할 수 있다. 공장 3에서 두 제품에 생산에 사용할 수 있는 시간은 주당 18시간으로 추정된다.

문 하나의 생산에는 공장 1에서 1시간이 소요되며, 공장 3에서는 3시간이 필요하다. 창문 하나의 생산에는 공장 2에서 2시간, 공장3에서 2시간이 필요하다.

회계 부서는 원가 자료와 가격 결정에 기초하여, 문은 개당 300달러의 이익이 발생하고, 창문은 개당 500달러의 이익이 발생한다고 예상된다. 조사된 자료가 〈표 5-1〉에 요약되어 있다.

분석팀은 이 문제가 전형적인 제품혼합문제 product-mix problem라고 생각하였다. 다음 단계는 해결해야 할 문제를 나타내는 수리 모형, 즉 선형계획모형을 개발하여 이를 수리적으로 푸는 것이다. 다음의 네 절은 모형을 개발하는 방법과 〈표 5-1〉의 추정치가 정확하다고 할 때 가장 많은 이익을 거둘 수 있는 두 제품의 생산량을 찾기 위해 모형을 푸는 방법을 다룬다.

〈표 5-1〉 Wyndor Glass사의 제품혼합문제 자료

	단위당 생산 소요시간		
공장	문	창문	주당 가용시간
1	1시간	0	4시간
2	0	2시간	12시간
3	3시간	2시간	18시간
단위당 이익	300달러	500달러	

복습문제

1. 경영진이 토론한 두 가지 문제는 무엇인가?
2. 두 가지 문제 중에서 어떤 문제를 분석팀이 분석을 담당하고 있는가?
3. 분석팀은 어떻게 주요 이슈들을 정의하였는가?
4. 이러한 분석을 하기 위해서 분석팀은 어떠한 정보들을 수집해야 하는가?

5.2 스프레드시트를 이용한 Wyndor Glass사의 모형 수립

스프레드시트는 여러 가지 경영 문제를 나타내고 분석하는 데 유용한 도구 중의 하나이다. 이제 스프레드시트 패키지인 마이크로소프트 엑셀을 가지고, Wyndor사의 문제를 표현하고 분석하는 방법에 대해서 알아보기로 하자.

〈그림 5-1〉 Wyndor사 문제를 풀기 위해 〈표 5-1〉의 자료를 스프레드시트로 옮긴 것

	A	B	C	D	E	F	G
1	**Wyndor Glass Co. Product-Mix Problem**						
2							
3			Doors	Windows			
4		Unit Profit	$300	$500			
5							Hours
6			Hours Used per Unit Produced				Available
7		Plant 1	1	0			4
8		Plant 2	0	2			12
9		Plant 3	3	2			18

Wyndor사 문제에 대한 스프레드시트 모형 수립

〈그림 5-1〉은 〈표 5-1〉의 자료를 스프레드시트로 옮긴 것이다(E, F열은 이후에 설명할 내용을 입력하기 위해 비워 놓았다). 자료가 들어있는 셀을 **자료셀**data cell이라고 부른다. 자료셀을 다른 셀들과 구분하기 위해서 약간 짙은 색으로 처리하였다. 스프레드시트는 **범위명**range name을 이용하면 이해하기 쉽게 작성할 수 있다. (범위명은 단지 하나의 셀 또는 셀의 범위에 그곳에 무엇이 있는지를 알려주도록 설명해주는 것이다. 엑셀은 대개 한눈에 수식을 해석하는 것을 훨씬 쉽게 하기 때문에, 엑셀 수식에서 설명하는 셀들에 해당하는 범위명을 사용한다.) 이 문제의 자료셀에 주어진 이름은 UnitProfit(C4:D4), HoursUsedPerUnitProduced(C7: D9), HoursAvailable(G7:G9)이다. 범위명을 입력하려면 우선 셀의 범위를 선택하고 상단의 수식바 formula bar 좌측에서 이름상자를 클릭하고 이름을 입력하면 된다.

스프레드시트를 사용해서 문제를 수리 모형(이 경우는 **선형계획모형**linear programming model)으로 수립하는 방법을 설명하기 전에 세 가지 질문에 답할 수 있어야 한다.

1. 어떤 의사결정을 하려고 하는가?
2. 의사결정에서의 제약조건은 무엇인가?
3. 의사결정에 대한 성과 척도는 무엇인가?

앞 절에서 분석팀은 생산 담당 부사장인 Binh Nguyen과 함께 경영진의 의도를 파악하기 위해 많은 시간 토론을 하였다. 이 토론을 통해 구한 위의 세 가지 질문에 대한 답은 다음과 같다.

1. 의사결정을 하려는 것은 두 신제품의 생산비율이다.
2. 의사결정의 제약조건은 각 공장에서 두 제품의 생산에 실제로 소요되는 시간은 가용시간을 초과하지 말아야 한다는 것이다.

〈그림 5-2〉 Wyndor사 문제에서 시험해(C12와 D12)가 입력된 스프레드시트

	A	B	C	D	E	F	G
1	**Wyndor Glass Co. Product-Mix Problem**						
2							
3			Doors	Windows			
4		Unit Profit	$300	$500			
5					Hours		Hours
6			Hours Used per Unit Produced		Used		Available
7		Plant 1	1	0	0	≤	4
8		Plant 2	0	2	0	≤	12
9		Plant 3	3	2	0	≤	18
10							
11			Doors	Windows			Total Profit
12		Units Produced	0	0			$0

3. 의사결정에 대한 성과 척도는 두 신제품으로부터 발생하는 총이익이다.

〈그림 5-2〉는 이 답변이 스프레드시트에 어떻게 표현되는지를 보여준다. 첫번째 질문에 대한 답변인 각 제품의 주당 생산량은 각 제품에 해당하는 열의 자료셀 아래에 위치한 셀 C12와 D12에 있다. 우리는 아직 두 제품에 대한 각각의 생산량이 얼마인지를 모르기 때문에 〈그림 5-2〉에서는 0으로 입력되어 있다(생산율이 음수 값을 가지는 것은 불가능하므로, 음수를 제외한 어떤 값도 시험해trial solution로 입력될 수 있다). 이후에 이 숫자는 가장 좋은 생산량으로 바뀔 것이다. 그러므로 의사결정값을 갖고 있는 이 셀들을 **변수셀**changing cell*이라고 부른다. 변수셀을 구별하기 위해서 노란색(번역서에서는 옅은 회색)으로 처리하고 경계선을 둘렀다. 변수셀들의 이름은 UnitsProduced(C12:D12)이다.

두 번째 질문에 대한 답을 표현하기 위해서 공장별로 두 제품 생산에 실제로 사용된 주당 총생산시간을 계산하여 자료셀의 우측 셀 E7, E8, E9에 나타낸다. 총생산시간은 두 제품의 생산량에 따라 결정되며, 현재 생산량이 0이어서 총생산시간도 모두 0이다. 각 공장의 주당 총생산시간은 각 제품의 주당 생산시간의 합으로 표현된다. 각 제품의 주당 생산시간은 제품 단위당 생산시간과 생산량의 곱으로 구해진다. 그러므로 문과 창문의 주당생산량을 나타내는 셀 C12와 D12에 양의 숫자가 입력되면 셀 C7:D9의 자료를 사용하여 주당 총생산시간은 다음과 같이 구해진다.

* 사용하는 엑셀의 버전에 따라 '값을 바꿀 셀' 혹은 '변경할 셀' 등으로 쓰기도 함. – 역자주

공장 1에서의 생산시간 = (1×문 생산량) + (0×창문 생산량)

공장 2에서의 생산시간 = (0×문 생산량) + (2×창문 생산량)

공장 3에서의 생산시간 = (3×문 생산량) + (2×창문 생산량)

따라서 E열의 셀에 들어간 식은 다음과 같다.

E7 = C7*C12 + D7*D12

E8 = C8*C12 + D8*D12

E9 = C9*C12 + D9*D12

여기서 별표(*)는 곱셈을 의미한다. 이 셀들은 변수셀 (C12와 D12)의 값에 의해 계산된 결과를 나타내는 **출력셀**output cell이다.

엑셀에는 두 범위range 행의 수와 열의 수가 같을 때 두 범위 안에서 같은 위치에 있는 것끼리 곱하여 더해주는 SUMPRODUCT 함수가 있다. 예를 들어, 2개의 범위 C7:D7와 C12:D12는 모두 하나의 행과 2개의 열을 가지고 있다. 이 경우 SUMPRODUCT(C7:D7,C12:D12) 함수는 셀 C7과 C12의 값을 곱하고 셀 D7과 D12의 값을 곱하여 더해주는 함수이다. 범위(C12: D12)의 이름 UnitsProduced을 이용하면 수식은 SUMPRODUCT(C7:D7,UnitsProduced)와 같이 표현할 수 있다. 이 함수는 식이 짧은 경우에는 필요성이 적지만, 긴 식을 입력할 때는 편리하다.

출력셀 E7:E9의 수식은 매우 비슷하다. 이 수식들을 세 개의 셀에 각각 입력하는 것보다 그 수식을 E7에 한 번 입력한 이후에, 같은 수식을 E8과 E9에 복사하는 것이 더 빠르다(잘못 입력하는 일도 줄어든다). 이렇게 하기 위해서는 우선 셀 E7에 수식=SUMPRODUCT(C7:D7, UnitsProduced)을 입력한다. 그 다음에 셀 E7을 선택하고 채우기 핸들(셀 커서의 오른쪽 아래에 있는 작은 박스)을 E8과 E9 쪽으로 드래그한다.

수식을 복사할 때, 상대참조와 절대참조 사이의 차이점을 이해하는 것이 중요하다. 셀 E7의 수식에서 셀 C7:D7에 대한 참조는 그 수식을 포함하고 있는 셀에 대해 상대적 위치에 있다. 이 경우에, 참조는 같은 행의 왼쪽에 있는 두 셀을 의미한다. 이러한 참조를 **상대참조**relative reference라고 부른다. 채우기 핸들을 사용하여 수식이 새로운 셀로 복사되었을 때, 참조는 자동으로 조정이 되어서 똑같은 상대적 위치(같은 행의 왼쪽에 있는 두 셀)에 있는 새로운 셀을 참조한다. E8에 있는 수식은 =SUMPRODUCT(C8:D8, UnitsProduced), 그리고 E9에 있는 수식은 =SUMPRODUCT(C9:D9, UnitsProduced)이 된다. 이것이 정확히 우리가 원하는 값이 되는데, 왜냐하면 우리는 같은 공장(같은 행의 왼쪽에 있는 두 셀)에서 생산되는 단위에 사용되는 시간에 기초해서 주어진 공장에서 사용된 시간들을 구하려 하기 때문이다.

대조적으로 E7 안의 UnitsProduced에 대한 참조는 **절대참조**absolute reference라고 부른다. 이 참조는 다른 셀로 채워질 때에 변화되지 않는 대신에 늘 같은 절대 셀 위치를 참조한다.

상대참조를 만들기 위해서는 단순히 셀 주소를 입력한다(예를 들면, C7:D7). 범위명으로 조회된 참조는 절대참조로 취급된다. 절대참조를 셀의 범위로 만들기 위한 또 다른 방법은 셀 참조의 글자와 숫자의 앞에 $ 표시를 입력하는 것이다(예를 들면, $C$12:$D$12).

다음에는 부등호 ≤를 셀 F7, F8, F9에 입력하여 왼쪽 셀의 값이 오른쪽 G열에 있는 셀의 값보다 크지 않아야 함을 나타낸다. (컴퓨터에서는 ≤(또는 ≥)은 종종 〈=(또는 =〉)를 나타내기 때문에, 키보드에는 ≤(또는 ≥)키가 없다.) 스프레드시트는 임의의 해로 부등호 ≤를 위반하는 값을 사용할 수 있다. 그러나 부등호 ≤는 G열의 숫자가 바뀌지 않는한 이와 같은 해는 안 된다는 것을 나타낸다.

전체 성과의 척도는 두 제품으로부터 발생하는 총이익이며, 셀 G12에 주당 총이익이 표시된다. 셀 C4과 D4는 문과 창문을 한 단위씩 생산판매 할 때의 이익이므로 두 제품으로부터 발생하는 주당 총이익은 다음과 같다.

총이익(달러) = 300(문 생산량) + 500(창문 생산량)

그러므로 셀 G12의 식은 G12 = SUMPRODUCT(C4:D4, C12:D12)이다. TotalProfit(G12), UnitProfit(C4:D4), UnitProduced(C12:D12) 등의 이름을 이용하여 TotalProfit = SUMPRODUCT (UnitProfit, UnitsProduced)로 쓸 수도 있다. 이를 이용하면 결과식을 이해하기가 쉽다.

TotalProfit(G12)은 출력셀의 한 종류다. 우리의 목적은 이 셀의 값을 가능한 한 크게 만드는 것이다. 따라서 TotalProfit(G12)를 목표셀objective cell이라고 부른다. 목표셀은 굵은 경계선을 가진 주황색(번역서에서는 짙은 회색)이다.

〈그림 5-3〉의 아랫부분은 HoursUsed열과 TotalProfit셀에 입력되어야 하는 식들을 나타내고 있다. 또한, 범위명(알파벳순)과 해당 셀 주소도 표시되어 있다. 이로써 Wyndor사 문제의 스프레드시트 모형이 완성되었다.

이렇게 모형을 수립하고 생산량을 셀 C12와 D12에 입력하면, 엑셀은 사용된 시간과 총이익을 출력셀에 계산해준다. 예를 들면 〈그림 5-4〉는 문의 생산량이 주당 4개이고 창문의 생산량이 주당 3개일 때의 스프레드시트를 보여준다. 또한, 셀 G12는 이 경우 주당 2,700달러의 총이익이 발생한다는 것을 보여준다. 한편, E7=G7, E8〈G8, E9=G9이다. 따라서 F열의 ≤기호는 모두 만족된다. 따라서 이 해는 가능해feasible이다. 그러나 두 제품의 생산량을 더 증가시키면 E7〉G7, E9〉G9이 되기 때문에, 이 경우는 실행 불가능하다.

그렇다면, 이 해가 최적의 생산량인가? 반드시 그렇다고 볼 수는 없다. 왜냐하면 한 상품의 생산량은 증가시키면서, 다른 상품의 생산량을 감소시키면 총이익이 증가할 수도 있기 때문이다. 그러나 이러한 가능성을 위해 시행착오를 반복할 필요는 없다. 2.5절에서는 엑셀 해찾기를 이용하여 최적해optimal solution를 찾는 방법을 설명한다.

스프레트시트 모형에서 표현된 선형계획법의 특징

〈그림 5-3〉의 스프레드시트 모형은 선형계획모형의 한 예다. 그 이유는 이 모형이 다음과

〈그림 5-3〉 Wyndor사 문제 목표셀과 출력셀을 보여주는 스프레드시트 모형

	A	B	C	D	E	F	G
1	**Wyndor Glass Co. Product-Mix Problem**						
2							
3			Doors	Windows			
4		Unit Profit	$300	$500			
5					Hours		Hours
6			Hours Used per Unit Produced		Used		Available
7		Plant 1	1	0	0	≤	4
8		Plant 2	0	2	0	≤	12
9		Plant 3	3	2	0	≤	18
10							
11			Doors	Windows			Total Profit
12		Units Produced	0	0			$0

Range Name	Cell
HoursAvailable	G7:G9
HoursUsed	E7:E9
HoursUsedPerUnitProduced	C7:D9
TotalProfit	G12
UnitProfit	C4:D4
UnitsProduced	C12:D12

	E
5	Hours
6	Used
7	=SUMPRODUCT(C7:D7, UnitsProduced)
8	=SUMPRODUCT(C8:D8, UnitsProduced)
9	=SUMPRODUCT(C9:D9, UnitsProduced)

	G
11	Total Profit
12	=SUMPRODUCT(UnitProfit, UnitsProduced)

〈그림 5-4〉 새로운 시험해가 변수셀에 입력된 스프레드시트 모형

	A	B	C	D	E	F	G
1	**Wyndor Glass Co. Product-Mix Problem**						
2							
3			Doors	Windows			
4		Unit Profit	$300	$500			
5					Hours		Hours
6			Hours Used per Unit Produced		Used		Available
7		Plant 1	1	0	4	≤	4
8		Plant 2	0	2	6	≤	12
9		Plant 3	3	2	18	≤	18
10							
11			Doors	Windows			Total Profit
12		Units Produced	4	3			$2,700

같은 특성을 가지고 있기 때문이다.

1. 의사결정은 여러 활동의 수준을 결정하는 것이고, 변수셀은 이러한 수준을 나타낸다(Wyndor사 문제의 두 활동은 2개의 신제품 생산이다. 따라서 변수셀은 각 제품의 주당 생산량을 나타낸다).
2. 활동수준은 모든 제약조건을 만족하면 어떤 값도 될 수 있다(신제품 생산량은 단지 3개 공장의 가용생산시간에 의해 제약받는다).
3. 각 **제약조건**constraint은 가능한 활동수준의 값을 제한하는데 좌측에 출력셀, 가운데 기호(≤, ≥, =), 우측에 자료셀이 있다(Wyndor사 각 공장의 가용시간을 나타내는 세 가지 제약조건식에서 출력셀은 E열, ≤기호는 F열, 자료셀은 G열에 있다).
4. 활동수준에 대한 의사결정은 목표셀에 표시되는 전체성과의 척도에 의해 결정된다. 목적은 성과척도의 성질에 따라 목표셀을 최대화하거나 최소화하는 것이다(Wyndor사의 성과척도는 주당 총이익이므로 목적은 이 셀을 최대화하는 것이다).
5. 각 출력셀(목표셀을 포함하여)은 SUMPRODUCT 함수[1]를 이용하여 표현할 수 있다.

특징 1, 3, 4를 갖는 모형은 선형계획모형만이 아니다. 그러나 특징 2와 5는 선형계획법의 주요한 가정이다. 따라서 특징 2와 5는 선형계획모형을 스프레드시트에 수립할 수 있는 다른 종류의 수리계획 모형과 구별하는 중요한 특징이다.

특징 2를 통해 활동수준은 반드시 정수값을 가질 필요가 없다. 활동수준이 정수인 예를 들면, Wyndor사의 문제에서 주당 생산량(문이나 창문은 이번 주에 생산이 시작되어 다음 주에 완성될 수 있으므로 분수값을 가질 수 있다)이 아니라, 문과 창문의 총생산량(정수가 되어야 한다)을 결정하는 문제의 경우가 이에 해당한다. 활동수준이 정수값을 가질 필요가 있을 때, 비슷한 종류의 모형(정수 프로그래밍 모형)이 그 대신 사용되면서 스프레드시트는 약간 조정이 되는데, 6.2절에서 설명될 것이다.

특징 5는 선형계획의 비례의 원칙 가정으로 묘사되는데, 출력셀의 각각의 내용이 특정 변화하는 셀에 비례하여야 한다는 것을 나타낸다. 출력셀의 엑셀 식이 SUMPRODUCT로 표현될 수 없는 경우를 제외시킨다. 규모의 경제성으로 인하여 Wyndor사가 새 창문 생산량을 2배로 하였을 때의 이익이 현재보다 2배 이상 커지는 경우가 이에 해당한다. 이러한 경우 목표셀의 식은 SUMPRODUCT 함수보다 복잡하게 될 것이다. 그러한 모형들을 어떻게 공식화하는가에 대한 연구는 11장에서 다룰 것이다.

스프레드시트에서 선형 프로그래밍 모델을 세우는 추가 예제는 5.7절과 이 장의 뒷부분에 제시된 학습문제에서 제공된다. (이 예제들은 다음 절에서 설명하는 스프레드시트의 수리 모

---

[1] 모든 자료셀의 숫자가 1인 경우와 같이 특수한 경우에 SUM 함수를 사용할 수도 있다.

형도 포함하고 있다).

모형 수립 절차 요약

Wyndor사 문제에서 스프레드시트에 선형계획모형을 수립하는 절차는 다른 문제에도 적용될 수 있다. 여기에 그 단계를 요약했다.

1. 문제에 대한 자료를 수집한다(Wyndor사의 경우 〈표 5-1〉의 자료)
2. 자료를 스프레드시트의 자료셀에 입력한다.
3. 활동수준에 대한 의사결정을 규정하고, 이 값을 나타낼 변수셀을 지정한다.
4. 의사결정에 대한 제약조건을 규정하고, 제약조건을 표현하기 위한 출력셀을 지정한다.
5. 목표셀에 들어간 전체 성과척도를 선정한다.
6. SUMPRODUCT 함수를 이용하여 출력셀(목표셀을 포함)에 적절한 식을 입력한다.

이 절차에는 스프레드시트를 어떻게 준비할 것인지에 대한 설명을 생략했다. 모형 수립에는 여러 가지 방법이 있다. 스프레드시트의 장점 중의 하나는 다양한 종류의 문제를 다룰 수 있는 유연성에 있다(7장은 스프레드시트 모형 수립에 대해 더 자세하게 다룬다).

복습문제

1. 스프레드시트에 선형계획모형을 수립하기 전에 세 가지 질문에 대한 답을 찾아야 한다. 그 세 가지 질문은 무엇인가?
2. 이와 같은 모형을 수립할 때 자료셀, 변수셀, 출력셀, 목표셀의 역할은 무엇인가?
3. 이와 같은 모형을 정립할 때 각 출력셀(목표셀 포함)에 대한 식의 형태는 무엇인가?

5.3 스프레드시트의 수리 모형

선형계획모형을 수립하는 데는 두 가지 방법이 있다. 하나는 앞에서 설명한 대로 스프레드시트에 직접 하는 방법이다. 다른 하나는 대수학algebra을 사용하는 것이다. 이 두 가지 방법은 동일 모델을 설명하지만, 차이점은 모형을 기술할 때 스프레드시트 용어를 사용하느냐 아니면 대수학 용어를 사용하느냐이다. Wyndor Glass사와 같은 문제를 분석할 때 두 방법은 서로 다르지만 상호보완적이다. 이 책은 스프레드시트 방법을 중요시하기 때문에 대수적인 방법에 대해서는 간단하게 설명하겠다.

Wyndor사 문제의 대수적 모형 수립

대수적 접근 방법은 스프레드시트 방법과 매우 유사하다. 사실 스프레드시트에 입력하는 것을 제외하면 시작 단계는 Wyndor사에 대해서 앞 절에서 소개한 사례의 경우와 같다.

1. 문제에 대한 자료를 수립한다(5.1절에 있는 〈표 5-1〉).
2. 의사결정 요소를 규정한다(두 가지 신제품의 생산량).
3. 이들 의사결정에서의 제약조건을 규정한다(각 공장에서의 실제 생산시간은 가용시간을 초과하지 못한다).
4. 의사결정에 대한 전체 성과척도를 규정한다(두 제품에서 발생하는 총이익).
5. 글로 표현된 제약조건과 성과척도를 자료와 의사결정의 정량적인 표현으로 바꾼다(아래 내용 참조 바람).

〈표 5-1〉은 각 공장에서 두 신제품의 생산에 사용할 수 있는 생산시간이 각각 4, 12, 18시간임을 보여준다. 문 하나를 만드는 데 사용되는 시간과 창문 하나를 만드는 데 사용되는 시간에 대한 자료를 이용하면 제약조건은 다음과 같은 정량적 표현으로 나타낼 수 있다.

공장 1:	(문 생산량)		≤ 4
공장 2:		+ 2 × (창문 생산량)	≤ 12
공장 3:	3 × (문 생산량)	+ 2 × (창문 생산량)	≤ 18

또한, 생산량이 음수인 경우는 없으므로 의사결정에 대한 추가 제약조건은,

(문 생산량) ≥ 0 (창문 생산량) ≥ 0

전체 성과척도는 두 제품으로부터 발생하는 총이익으로 규정하였다. 〈표 5-1〉에서 문과 창문의 개당 이익이 각각 300달러와 500달러이므로, 주당 총이익은

총이익 = 300달러 × (문 생산량) + 500달러 × (창문 생산량)

모델의 목적은 위에서 정한 제약조건을 만족하면서 이익을 최대화하기 위한 의사결정(문과 창문의 생산량)을 하는 것이다. 이 목적을 대수적 모형으로 나타내기 위해 성과척도와 의사결정을 나타내기 위해 다음의 기호를 정의한다.

P = 이익(달러, 두 제품으로부터의 주당 총이익)
D = 문 생산량(새로운 문의 주당 생산량)
W = 창문 생산량(새로운 창문의 주당 생산량)

이 기호들을 위의 제약조건과 성과척도에 대입하면 Wyndor사의 문제에 대한 선형계획모형이 아래와 같이 대수적으로 표현된다.

대수적 모형

다음 식이 최대가 되도록 D와 W의 값을 정한다.

$$P = 300D + 500W$$

단, 다음의 모든 제약조건을 만족하는 것으로 한정한다.

$$\begin{aligned} D \quad\quad & \leq 4 \\ 2W & \leq 12 \\ 3D + 2W & \leq 18 \\ D \geq 0 \quad\quad W & \geq 0 \end{aligned}$$

선형계획모형에 대한 용어

대수 모형에 사용되는 대부분의 용어는 스프레드시트 모형에도 사용된다. Wyndor사 문제의 경우를 예로 들어서 주요 용어를 설명한다.

1. D와 W(〈표 5-3〉의 C12와 D12)는 **의사결정변수**decision variables.
2. $300D + 500W$(또는 SUMPRODUCT(UnitProfit, UnitsProduced)은 **목적함수**objective function
3. P(또는 G12)는 목적함수 값value of the objective function(혹은 줄여서 objective value).
4. $D \geq 0$와 $W \geq 0$(C12≥0과 D12≥0)은 **비음수제약조건**nonnegativity constraints(혹은 nonnegativity conditions).
5. 다른 제약조건들은 **함수 형태 제약식**functional constraints(혹은 structural constraints)이라고 한다.
6. 모형의 **매개변수**parameter는 대수 모형에서 상수constant이다(자료셀의 숫자).
7. 선정된 임의의 의사결정변수 값(어느 정도로 적절한 값인지에 관계없이)이 모형의 **해**solution이다.
8. **실행가능해**feasible solution는 모든 제약조건을 만족하는 해이며, **실행불가능해**infeasible solution는 적어도 하나 이상의 제약조건에 위배되는 것이다.
9. P(또는 G12)를 최대화하여 주는 가장 좋은 실행가능해를 **최적해**optimal solution라 한다.

선형계획법의 가정

어떤 모형을 사용하는지 상관없이, 다음의 가정을 만족하는 모델의 경우에 완전한 선형계획법이라고 볼 수 있다.

- **연속변수 가정**continuous-variables assumption: 의사결정변수는 비음수변수(정수 변수뿐만 아니라)를 가진다(10장의 정수계획법은 이 가정을 무시하는 상황에서 사용될 수 있다).

- **비례성**proportionality: 각 활동이 목적함수나 함수적 제약식의 좌변에 미치는 영향은 각 활동 값에 비례한다(11장의 비선형계획법은 이 가정을 무시하는 상황에서 사용될 수 있다).
- **확실성**certainty: 모델의 모든 매개변수는 상수 값이다(12~15장의 불확실성 모델에서는 매개변수의 불확실성이 커서 이 조건이 위배되는 상황을 다룬다).

다행히도, 위의 가정들은 선형계획법이 사용되는 대부분의 현실 사례에서 만족될 수 있다. 경영과학은 규범적 분석(그리고 예측적 분석)을 위한 다양한 문제해결 방식을 가지고 있지만, 선형계획법은 그 중에서도 가장 널리 사용되는 방법이다.

대수적 모형과 스프레드시트 모형의 비교

대수적 모형과 스프레드시트 모형의 상대적 장점은 무엇인가? 대수적 모형은 문제를 간결하고 명시적으로 보여준다. 아주 큰 문제를 다루는 소프트웨어 패키지software packages는 간결함과 문제를 수정 것의 편리함 때문에 대수적 모형에 기반을 둔다. 폭넓은 수학 지식을 가지고 있는 경영과학 실무자들에게는 대 수적 모형이 사용하기에 편리하다. 그러나 기타 사람들에게는 스프레드시트 모형이 훨씬 더 직관적이다. 따라서, 이 책에서는 스프레드시트 모형을 중점적으로 사용한다.

복습문제

1. 선형계획모형을 수립할 때 스프레드시트 모형이나 대수적 모형에 상관없이 시작 단계는 같다. 이러한 시작 단계란 무엇인가?
2. 선형계획모형을 대수적으로 수립할 때 모형의 어떠한 것을 표현하기 위해 대수적인 기호를 사용하는가?
3. 선형계획모형의 의사결정변수는 무엇인가? 목적함수, 비음제약조건, 함수 형태 제약식은 무엇인가?
4. 모형에 대한 실행가능해란 무엇을 말하는가? 최적해는?

5.4 도해법

Wyndor Glass사의 문제와 같이 2개의 의사결정변수가 있는 선형계획문제는 도해법graphical method으로 풀 수 있다.

이 방법으로 2개보다 많은 의사결정변수를 가지고 있는 문제는 풀 수 없지만(대부분의 의사결정모형은 훨씬 많은 의사결정변수를 가지고 있다) 배울 가치가 있다. 이 방법은 선형계획법과 그것이 추구하는 것에 대한 기하학적인 직관적 지식을 제공한다. 이러한 직관적 지식은 도해법으로 풀 수 없는 큰 모형을 분석할 때도 유용하다.

도해법은 스프레드시트 모형보다 대수적 모형에 적용하는 것이 더 편리하다. 따라서 여기서는 앞절에서 설명한 Wyndor사 문제의 대수적 모형을 사용하여 도해법을 설명하기로 한다(Wyndor사 문제를 위한 응용을 포함한 도해법에 관한 더 자세한 설명은 www.mhhe.com/Hillier7e 이 장의 학습지원으로 제공되어 있다.) 이를 위해 아래의 표기를 기억해 보자.

D = 새 문의 생산량(스프레드시트의 변수셀 C12의 숫자)

W = 새 창문의 생산량(스프레드시트의 변수셀 D12의 숫자)

도해법의 핵심은 문제의 실행가능해를 수평축이 D의 값이고, 수직축이 W의 값인 이차원 그래프 위에 나타낼 수 있다는 점이다. 〈그림 5-5〉는 몇 개의 실행가능해와 그에 해당하는 점들을 보여준다.

기호: $(D, W)=(2, 3)$이나 $(2, 3)$은 $D=2$이고 $W=3$인 해를 나타내며, 그래프의 해당점을 나타낸다. 마찬가지로 $(D, W)=(4, 6)$은 $D=4$이고 $W=6$을 나타내고 원점 $(0, 0)$은 $D=0$이고, $W=0$을 나타낸다.

최적해(가장 좋은 가능해)를 찾기 위해서는 가능해가 어디에 위치하고 있는지 그래프에나타내야 한다. 이를 위해서 각각의 제약조건을 만족하는 해를 그래프에 표시하고 모든 제약조

〈그림 5-5〉 Wyndor사 제품혼합문제에서 $(D, W)=(2, 3)$과 $(D, W)=(4, 6)$을 보여주는 그래프

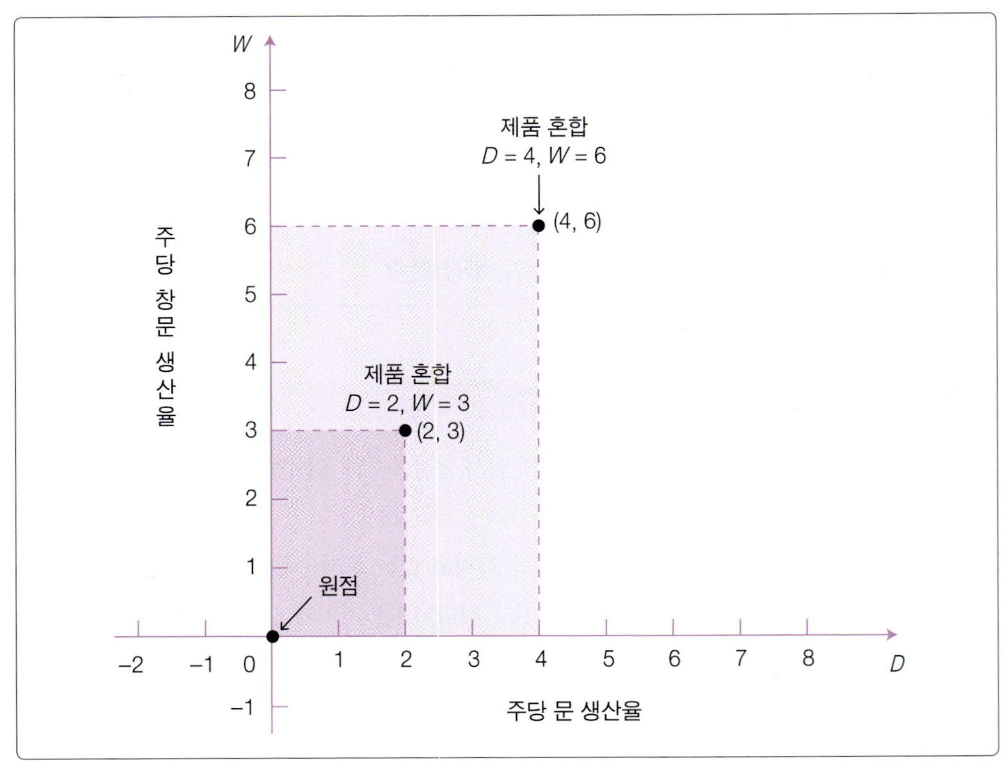

건을 동시에 만족하는 해를 찾기 위해서 이를 모두 합친다. 모든 제약조건을 만족하는 해는 실행가능해이며, 실행가능해가 그려져 있는 이차원 그래프의 부분을 **실행가능해 영역**feasible region이라고 한다.

〈그림 5-6〉의 음영이 들어간 영역은 Wyndor사 문제의 실행가능해 영역이다. 우리는 이제 어떻게 이 실행가능해 영역이 5개의 제약조건을 고려하여 규정되는지, 하나씩 살펴볼 것이다.

제약조건 $D \geq 0$부터 시작하면 이는 W축 위의 점을 포함하여 W축의 오른쪽 점들만을 고려해야 한다는 것을 의미한다. 마찬가지로 제약조건 $W \geq 0$은 D축을 포함하여 D축의 윗부분 점들로 제한한다.

다음으로는 함수 형태 제약식으로 공장 1에서의 신제품인 문의 생산시간을 주당 최대인 4시간으로 제한하는 제약조건 $D \leq 4$를 보자. 이 제약조건을 만족하는 해는 D축에서 $D=4$인 수직선 위에 있거나 그 왼쪽에 있는 것들로 〈그림 5-6〉의 라인에서 왼쪽으로 향하고 있는 화살표를 나타낸다.

두 번째 함수 형태 제약식 $2W \leq 12$는 〈그림 5-6〉의 라인에서 아래쪽으로 향하고 있는 화살표를 나타내고 있는 것인데 허용 영역의 경계가 $2W=12$라는 식으로 표시되는 수평선에 의해 정해진 것을 제외하고 그 효과는 동일하다. 제약식에 의해 허용되는 것을 정해주는 경계

〈그림 5-6〉 제약경계선에 의해서 형성된 가능해 영역을 보여주는 그래프

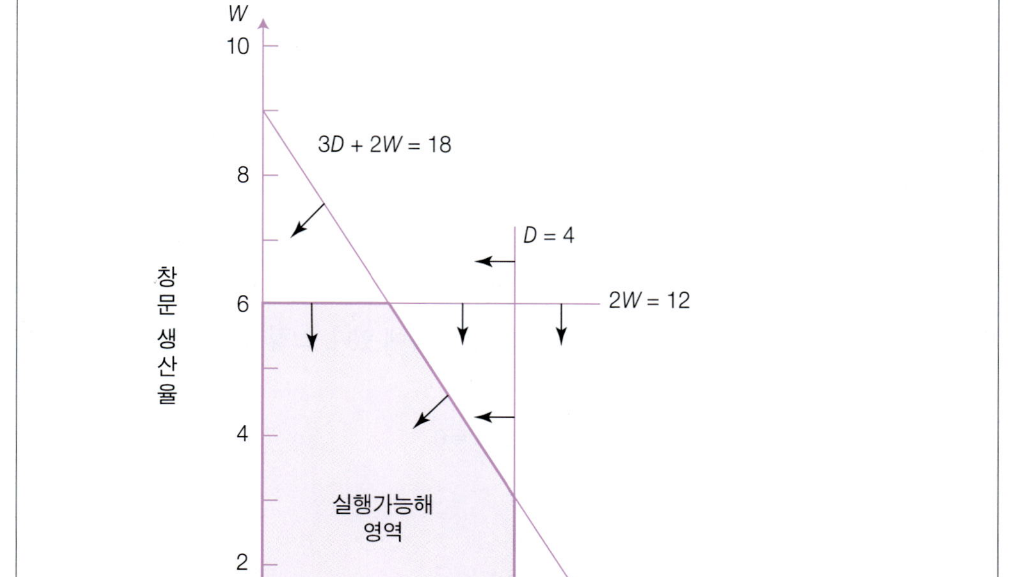

선은 **제약경계선**constraint boundary line이라 하고, 그 식을 **제약경계식**constraint boundary equation이라고 한다.

처음 2개 함수 형태 제약식 $D \leq 4$, $2W \leq 12$에서 제약경계선의 식($D=4$, $2W=12$)은 부등호를 등호로 바꾸어 얻는다. 부등호를 가지고 있는 모든 제약조건(함수 형태 제약식이나 비음수 제약조건)에 대한 제약경계선은 부등호를 등호로 바꾸어 구할 수 있다.

이제 $3D + 2W \leq 18$이라는 함수 형태 제약식을 하나 더 고려해보자. 이 제약식의 제약경계선 $3D + 2W = 18$는 2개의 변수를 포함하므로 경계선은 수직선도 아니고 수평선도 아니다. 그러므로 경계선은 2개의 축을 어디에선가 교차해야 한다. 그 지점은 어디일까?

> 제약경계선이 수직축이나 수평축이 아닌 경우, 제약경계선은 $W=0$인 직선 위의 한 점에서 D축과 교차한다. 마찬가지로 이 경계선은 $D=0$인 직선 위의 한 점에서 W축과 교차한다.

그러므로 제약경계선 $3D + 2W = 18$은 $W=0$인 점에서 D축과 교차한다.

$W=0$일 때 $3D + 2W = 18$은 $3D=18$

D축과의 교차는 $D=6$

같은 방법으로 제약경계선은 $D=0$인 점에서 W축과 교차한다.

$D=0$일 때 $3D + 2W = 18$은 $2W=18$

W축과의 교차는 $W=9$

결과적으로 제약경계선은 〈그림 5-6〉과 같이 2개의 절편을 지나는 직선이다.

〈그림 5-6〉의 라인에서 퍼지는 화살표가 가리키고 있는 것처럼 제약조건 $3D + 2W \leq 18$을 만족하는 해들은 제약경계선 $3D + 2W = 18$에서 원점 쪽에 있음을 보여준다. 이것을 확인하는 가장 쉬운 방법은 원점 $(D, W)=(0, 0)$이 제약조건을 만족하는지를 조사해보는 것이다.[2] 만족한다면 허용 영역은 제약경계선에서 원점이 있는 쪽에 있다. 그렇지 않다면 다른 쪽에 있을 것이다.

$$3(0) + 2(0) = 0$$

따라서 $(D, W)=(0, 0)$은 다음 식을 만족한다.

$$3D + 2W \leq 18$$

[2] 제약조건에 의해 허용 가능한 영역을 결정하는 데에 원점을 사용할 수 없는 경우는 제약경계선이 원점을 지나는 경우다. 이 경우는 이 직선 위에 있지 않은 임의의 점을 원점과 같이 사용할 수 있다.

(원점은 부등호가 ≤이고 양의 우변상수를 갖고 있는 어떤 제약조건도 만족한다.)

선형계획문제의 실행가능해는 모든 제약조건을 동시에 만족해야 한다. 〈그림 2-6〉의 화살표들은 각 제약조건을 만족하는 비음해가 제약경계선 위의 점 또는 제약경계선에서 원점 방향의 점이라는 것을 보여준다. 그러므로 가능해는 3개 제약경계선 위의 점 또는 제약경계선보다 원점에 가까운 점이다.

실행가능해 영역을 찾은 후에 어느 실행가능해가 가장 좋은 해, 즉 최적해인가를 찾는 것이다. Wyndor사 문제의 목적은 두 제품으로부터 발생하는 주당 총이익(P)을 최대화하는 것이다. 그러므로 우리는 목적함수의 값 $P = 300D + 500W$을 가장 크게 하는 실행가능해 (D, W)를 찾아야 한다.

이것을 찾기 위해서 특정한 목적함수의 값을 갖는 모든 점 (D, W)을 그래프 위에 그린다. 예를 들면 목적함수의 값이 P=1,500이라고 하자. 어느 (D, W) 점이 $300D + 500W = 1{,}500$이 되는가?

이 식은 직선 식이다. 이 직선의 위치는 제약경계선을 그릴 때와 마찬가지로 두 축의 절편을 구하여 그릴 수 있다. W=0일 때 이 식은 D=5, 그리고 D=0일 때 W=3이 〈그림 5-7〉에서 실행가능해 영역을 통과하며 지나는 아래쪽 사선에서와 같이 직선의 절편이 된다.

P=1,500은 목적함수가 가질 수 있는 많은 값 중의 하나다. 어떤 P값에 대해 이를 만족하는 모든 점 (D, W)는 목적함수선상에 있다.

목적함수선objective function line은 그 직선 위의 모든 점에서 같은 목적함수 값을 갖는 직선이다.

〈그림 5-7〉의 아래쪽 목적함수선에서 실행가능해 영역에 있는 직선 위의 점은 목적함수 값이 P=1,500이 되는 점들이다. 더 좋은 대안은 없을까? P의 값을 2배로 하여 P=3,000으로 하자. 이 경우의 목적함수선은

$$300D + 500W = 3{,}000$$

이 되며, 〈그림 5-7〉에서 중간에 있는 직선이다. 이 직선은 실행가능해 영역의 점들을 포함하므로 P=3,000은 달성 가능하다.

P=1,500과 P=3,000일 때 목적함수선은 두 가지 흥미로운 특징을 가진다. 첫째, 이 직선들은 서로 평행하다. 둘째, P의 값을 1,500에서 3,000으로 2배로 증가시키면 목적함수선의 W축 절편이 W=3에서 W=6으로 역시 2배가 된다. 이러한 특징은 다음에서 보는 바와 같이 우연이 아니다.

목적함수선의 주요 특징: 동일한 문제에 대해 목적함수선은 서로 평행하다. 또한, 목적함수선이 W축과 교차하는 W의 값은 P값에 비례한다.

〈그림 5-7〉 Wyndor Glass사의 제품혼합문제에서 3개의 목적함수선을 보여주는 그래프

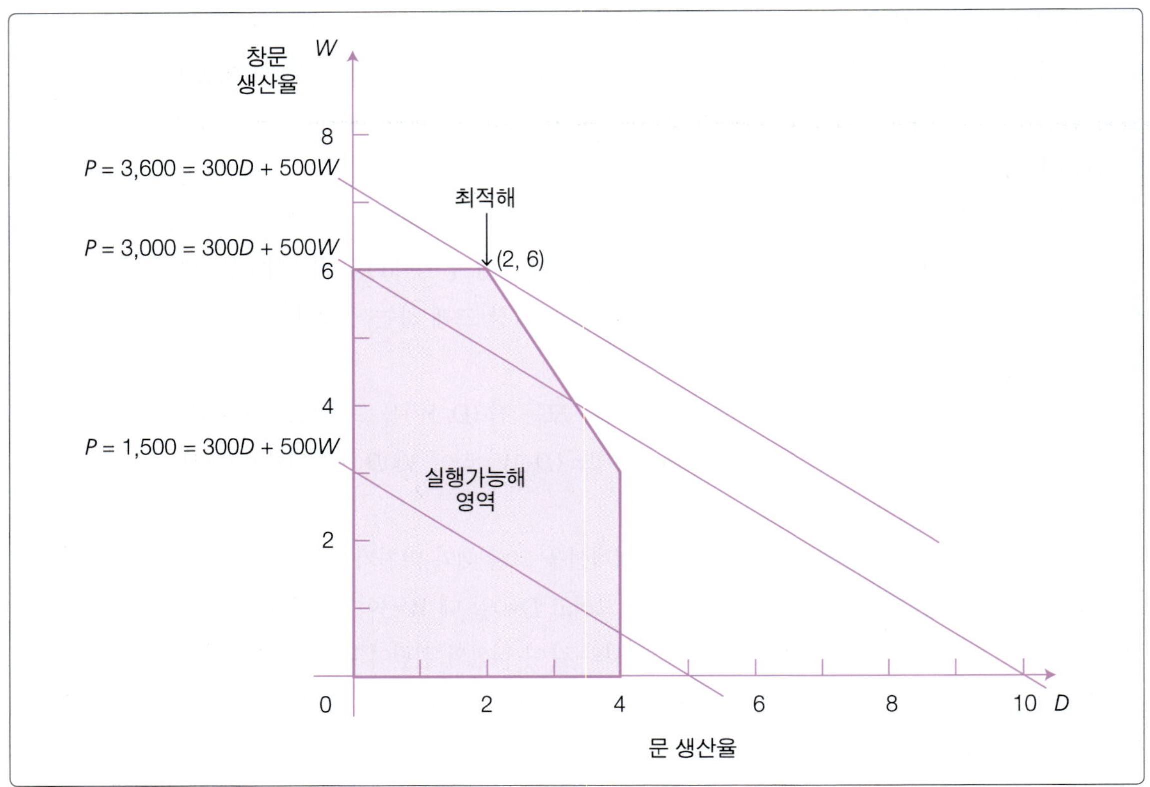

이러한 목적함수선의 특징은 최적해를 찾기 위해 추구해야 할 전략을 제시해준다. 우리는 〈그림 5-7〉에서 *P*=1,500인 경우와 *P*=3,000인 경우에 이들의 목적함수선이 실행가능해 영역의 점들을 포함하는 것을 보았다. P를 증가시키면 원점으로부터 더 떨어진 또 다른 평행인 목적함수선을 얻는다. 우리의 관심이 되는 목적함수선은 원점으로부터 가장 멀리 떨어져 있으면서 실행가능해 영역의 점을 포함하는 것이다. 이 직선이 바로 〈그림 5-7〉에서 가장 위에 있는 세 번째 목적함수선이다. 이 직선 위에 있으면서 실행가능해 영역에도 속하는 점 (*D*, *W*) =(2, 6)은 어떠한 실행가능해보다 큰 *P*값을 가지므로 최적해이다.

최적해

D = 2 (주당 2개의 새 문 생산)

W = 6 (주당 6개의 새 창문 생산)

*D*와의 *W*값을 목적함수에 대입하면 *P*값을 구할 수 있다.

$$P = 300D + 500W = 300(2) + 500(6) = 3,600$$

지금까지의 내용이 도해법에 대한 대략적인 설명이었다. 도해법을 사용하여 Wyndor 문제

를 푸는 과정에 대한 더 자세한 설명은 www.mhhe.com/hillier7e의 보충 자료에서 찾을 수 있다.

5.7절의 마지막은 목적함수가 최소화가 아닌 최대화인 경우에 대한 도해법의 또 다른 사례를 제공해준다. 추가적인 사례는 이 장 말미의 학습문제 5.S1에서 찾을 수 있다.

도해법 요약

도해법으로 2개의 의사결정변수를 가지는 어떠한 선형계획문제도 풀 수 있다. 푸는 방법은 다음의 단계를 따른다.

1. 각 함수 형태 제약식의 제약경계선을 그린다. 원점(또는 제약경계선 위의 점이 아닌 모든 점)을 사용하여 제약경계선의 어느 쪽이 제약조건을 만족하게 되는지를 결정한다.
2. 모든 제약조건을 동시에 만족하는 가능해 영역을 찾는다.
3. 목적함수선의 기울기를 찾는다. 다른 모든 목적함수선은 같은 기울기를 갖는다.
4. 이 기울기를 갖는 직선을 목적함수의 값이 개선되는 방향으로 가능해 영역 위에서 움직인다. 직선이 가능해 영역의 마지막 점 위를 지나가는 순간 멈춘다. 이때의 직선이 최적의 목적함수선이다.
5. 최적의 목적함수선 위의 가능해가 최적해이다.

복습문제

1. 해법은 몇 개의 의사결정변수를 가진 선형계획문제를 풀 수 있는가?
2. Wyndor사의 문제에 도해법을 적용할 때 2개의 축은 무엇을 나타내는가?
3. 제약경계선은 무엇인가? 제약경계식은 무엇인가?
4. 제약경계선의 어느 쪽이 제약조건을 만족하는 영역인지를 쉽게 알 수 있는 방법은 무엇인가?

5.5 엑셀을 사용하여 선형계획문제를 푸는 방법

도해법은 선형계획에 대한 기하학적 직관을 얻는 데 매우 유용하다. 그러나 2개의 의사결정변수를 가지는 아주 작은 문제의 경우에만 사용할 수 있으므로 실용적이지 못하다. 따라서 적당한 크기의 선형계획문제를 풀 수 있는 다른 방법이 필요하다. 다행히 5.2절에서와 같이 스프레드시트 모형을 수립하면 엑셀의 **해찾기**[Solver]를 사용하여 풀 수 있다. 해찾기를 처음 사용하기 위해서는 엑셀의 도구/추가기능 메뉴에서 해찾기를 추가 설치해야 한다. 그 후 도구메뉴에서 해찾기를 사용할 수 있다.

5.2절의 〈그림 5-3〉은 Wyndor Glass사의 스프레드시트 모형이다. 의사결정변수 값(두 제품

의 생산량)은 변수셀 UnitsProduced(C12, D12)에 있고, 목적함수 값(주당 총수익)은 목표셀인 TotalProfit(G12)에 있다. 우선 임의의 해 0의 값이 변수셀에 입력되어 있다. 해찾기로 문제를 풀면 이 값들은 최적의 값으로 변경된다. 위치 지정은 범위명을 입력하거나, 셀의 주소를 입력하거나, 해당 셀을 직접 클릭하면 된다.

이 과정은 데이터 텝의 솔버를 클릭하는 것에서 시작한다. 〈그림 5-8〉은 첫 번째 경우를 사용하였을 때의 결과를 보여주는데, 목표셀에 TotalProfit(G12 대신), 변수셀에는 UnitsProduced(C12:D12 대신)가 입력되어 있다. 목적은 목표셀을 극대화하는 것이기 때문에, Max를 선택한다. 해찾기 대화상자에서 다음에 입력해야 하는 것은 변경되는 셀changing cell인데 Wyndor사의 문제에서는 UnitsProduced(C12:D12)이다.

다음으로 함수 형태 제약식을 지정해야 한다. 이것은 해찾기 대화상자에서 추가 단추를 클릭하면 된다. 그러면 제한조건 추가add constraint 대화상자가 〈그림 5-9〉와 같이 열린다. 〈그림 5-3〉에서 셀 F7, F8, F9의 부등호(≤)는 HoursUsed의 셀 (E7:E9)이 각각 HoursAvailable의 셀 (G7:G9)의 값보다 작거나 같아야 한다는 것을 표시한다. 해찾기에서 제

〈그림 5-8〉 미완성된 해찾기 대화상자

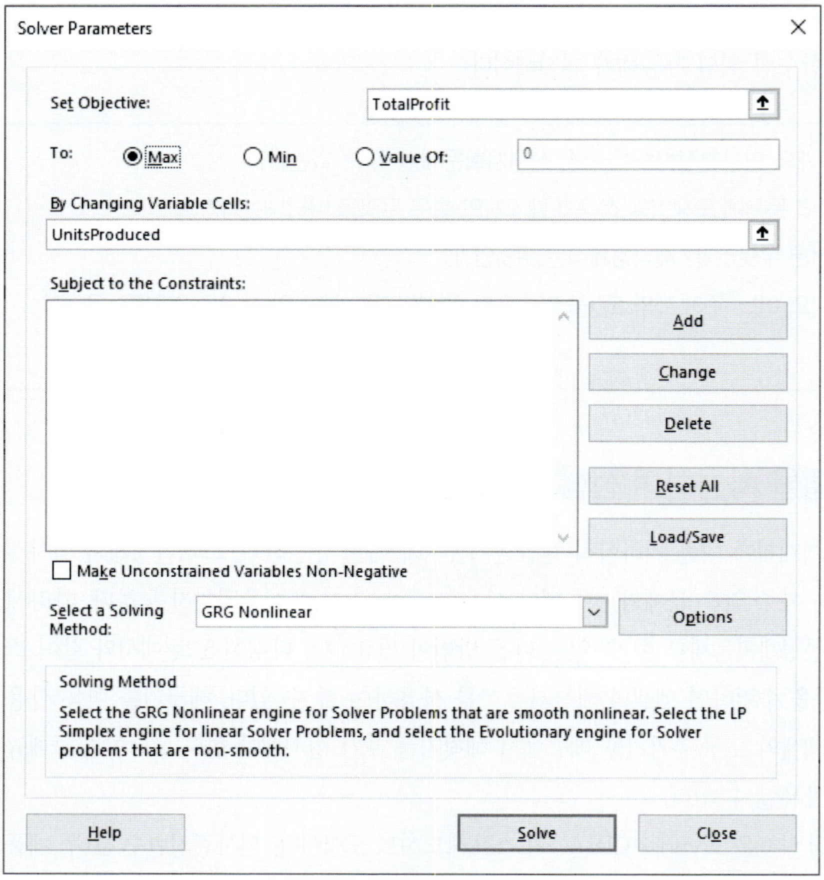

Solver Parameters
Set Objective: TotalProfit
To: Max Min Value Of: 0
By Changing Variable Cells:
UnitsProduced
Subject to the Constraints:
Add
Change
Delete
Reset All
Load/Save
Make Unconstrained Variables Non-Negative
Select a Solving Method: GRG Nonlinear
Options
Solving Method
Select the GRG Nonlinear engine for Solver Problems that are smooth nonlinear. Select the LP Simplex engine for linear Solver Problems, and select the Evolutionary engine for Solver problems that are non-smooth.
Help Solve Close

〈그림 5-9〉 제한조건 추가 대화상자

Add Constraint

Cell Reference: $E$7:$E$9 | <= | Constraint: =$G$7:$G$9

OK | Add | Cancel

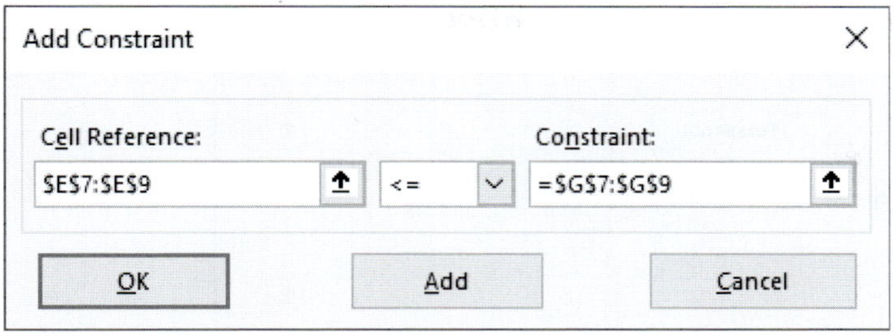

약조건은 제한조건 추가 대화상자 안의 왼쪽에 HoursUsed(또는, E7:E9)를 입력하고 오른쪽에 HoursAvailable(또는, G7:G9)을 입력함으로써 추가된다. 이 두 범위 사이의 부등호는 메뉴에서 <=, =, >= 중 하나를 선택하여 지정하며, 현재 <=이 선택되었다. 해찾기는 제한조건 추가 대화상자에서 지정된 제약조건만을 사용하기 때문에 스프레드시트 F열에 부등호 ≤이 이미 입력되어 있지만, 대화상대에서 반드시 지정해야 한다.

만약 함수 형태 제약식을 더 지정하려면 추가 단추를 다시 클릭하여 제한조건 추가 대화상자를 열어야 한다. 그러나 이 예제에서는 더 이상 제약식을 추가할 필요가 없으므로 확인(OK) 단추를 클릭하여 해찾기 대화상자로 돌아간다.

해찾기에서 문제를 해결하기 전에, 두 단계가 더 필요하다. 우리는 해찾기에서 음수의 생산율을 방지하기 위해서 변경되는 셀에 비음수 제약을 추가한다. 또한, 이 문제를 선형계획문제로 한정하기 위해 심플렉스 방법(선형계획법 문제를 풀기 위해 해찾기에서 사용하는 표준 방법)이 이용되도록 한다. 이것은 〈그림 5-10〉에서 설명하고 있는데, Make Unconstrained Variables Non-Negative 옵션을 체크하고 해결방법에서 Simplex LP를 선택한다(비선형 문제에서는 GRG Nonlinear 또는 Evolutionary를 선택한다). 해찾기 대화상자는 〈그림 5-10〉에 완성된 모델로 요약되어 있다. 제약식 추가 대화상자에서 돌아온 이후에는, 솔버는 셀 주소cell address를 해당되는 범위명range names으로 바꾸어 준다(TotalProfit은 G12셀로, UnitsProduced는 C12:D12셀로 , HoursUsed는 E7:E9로, 그리고 HoursAvailable은 G7:G9셀이 된다). 이처럼 범위명을 정의하는 것은 모형을 쉽게 해석할 수 있게 한다.

해찾기 대화상자의 실행 단추를 클릭하면 문제를 풀기 시작한다. 작은 문제의 경우 몇 초 뒤에 결과가 나타나며 〈그림 5-11〉의 해찾기 결과Solver Results 대화상자와 같이 최적해를 찾았다고 표시해준다. 만약 실행가능해 또는 최적해가 없으면 대화상자는 '적합한 해를 찾지 못했습니다Solver could not find a feasible solution' 혹은 '목표셀 값이 수렴하지 않습니다The Objective Cell values do not converge'라고 표시된다(14.1절에서 어떠한 경우에 이렇게 되는지 설명한다). 대화상자는 여러 가지 보고서를 만드는 옵션을 제공하며, 보고서 중(민감도 보고서)에 대해서는 8장에서 자세히 다룰 것이다.

해찾기는 모형을 푼 후에 〈그림 5-12〉와 같이 변수셀에 원래 있던 숫자를 최적해의 숫자로

〈그림 5-10〉 완성된 해찾기 대화상자

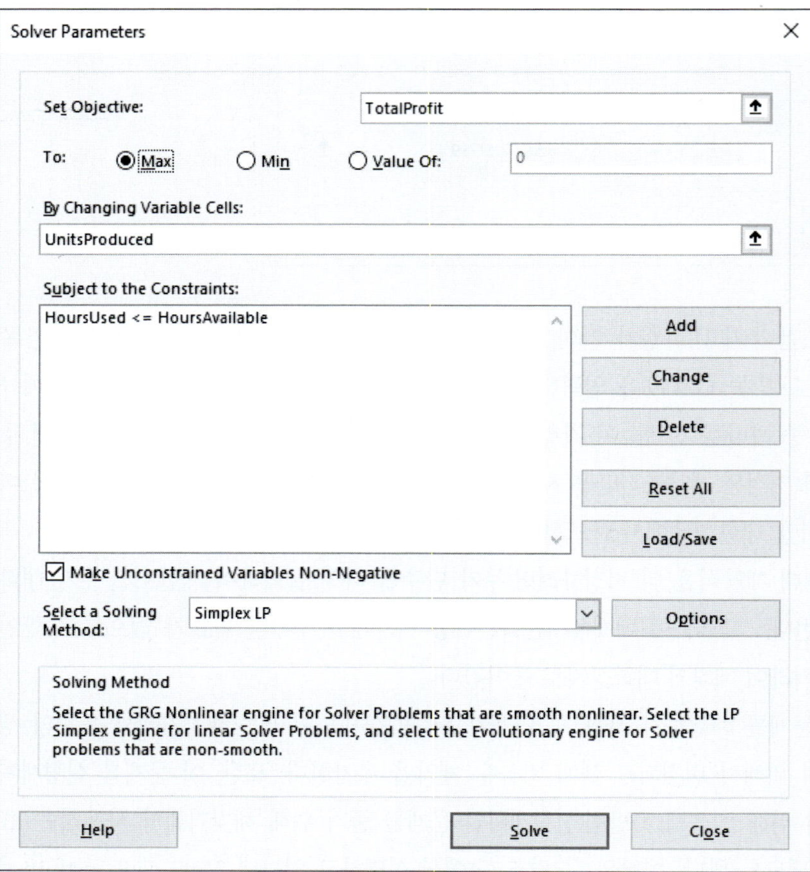

〈그림 5-11〉 해찾기 결과 대화상자

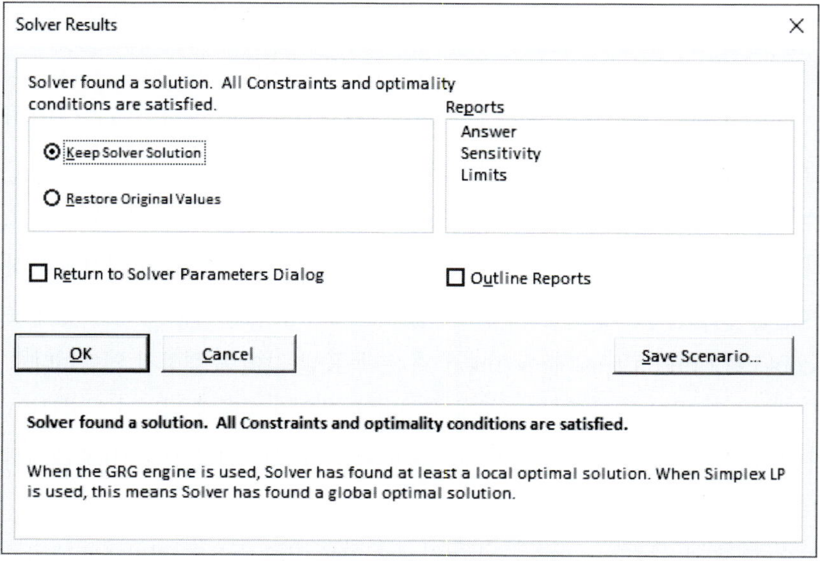

〈그림 5-12〉 Wyndor사의 문제를 푼 뒤의 스프레드시트

	A	B	C	D	E	F	G
1	**Wyndor Glass Co. Product-Mix Problem**						
2							
3			Doors	Windows			
4		Unit Profit	$300	$500			
5					Hours		Hours
6			Hours Used per Unit Produced		Used		Available
7		Plant 1	1	0	2	≤	4
8		Plant 2	0	2	12	≤	12
9		Plant 3	3	2	18	≤	18
10							
11			Doors	Windows			Total Profit
12		Units Produced	2	6			$3,600

Solver Parameters
Set Objective Cell: Total Profit
To: Max
By Changing Variable Cells:
UnitsProduced
Subject to the Constraints:
HoursUsed <= HoursAvailable

Solver Options:
Make Variables Nonnegative
Solving Method: Simplex LP

	E
5	Hours
6	Used
7	=SUMPRODUCT(C7:D7, UnitsProduced)
8	=SUMPRODUCT(C8:D8, UnitsProduced)
9	=SUMPRODUCT(C9:D9, UnitsProduced)

	G
11	Total Profit
12	=SUMPRODUCT(UnitProfit, UnitsProduced)

Range Name	Cell
HoursAvailable	G7:G9
HoursUsed	E7:E9
HoursUsedPerUnitProduced	C7:D9
TotalProfit	G12
UnitProfit	C4:D4
UnitsProduced	C12:D12

바꾸어준다. 최적해는 도해법으로 찾은 것과 마찬가지로 주당 2개의 문과 6개의 창문을 생산하는 것이다. 스프레드시트는 총이익이 주당 3,600달러라는 것을 목표셀(G12)에 보여주고 E열의 출력셀 HoursUsed(E7:E9)에도 해당 숫자를 나타내준다. 해찾기 대화상자에서 필요한 입력값들은 〈그림 5-12〉의 왼편 아래쪽에 해찾기 변수Solver Parameter 상자에 요약되어 있다. 해찾기 변수의 더 상세한 요약은 이 책을 통해 해찾기에 포함된 모델들을 통해 보여준다.

이때 만약 자료셀의 한 숫자가 다른 숫자로 바뀌면 최적해가 어떻게 되는지를 알고 싶을 수 있다. 파일을 저장할 때 해찾기가 목표셀, 변수셀, 제약조건 등의 주소를 모두 저장하기 때문에, 바꾸고 싶은 자료셀의 값을 변경하고 해찾기 대화상자의 실행을 다시 클릭하기만 하면

된다. (8장은 민감도 보고서sensitivity report를 사용하여 이러한 종류의 What-If 분석을 빨리 할 수 있는 방법을 다룬다.)

이러한 종류의 변화를 실험해볼 수 있도록 www.mhhe.com/Hillier7e에는 모든 예제의 모형과 해를 스프레드시트로 표현한 엑셀 파일이 수록되어 있다. 예제를 가지고 한 가지 자료가 변경될 때 어떻게 변화되는지 실험해볼 것을 권장한다. 또한, 연습문제를 풀기 위한 템플릿으로 사용하기에도 편리하다.

복습문제

1. 목표셀과 변수셀의 주소를 입력하기 위해서 어떤 대화상자가 사용되는가?
2. 함수 형태 제약식을 지정하기 위해 어떤 대화상자가 사용되는가?
3. 해찾기 옵션 대화상자에서 선형계획모형을 풀기 위해서 필요한 옵션들은 무엇인가?

5.6 Analytic Solver

엑셀에 포함된 해찾기의 개발업체인 Frontline Systems은 향상된 기능을 갖춘 프리미엄 버전의 해찾기를 가지고 있다. Analytic Solver로 불리는 프리미엄 해찾기는 엑셀 추가기능을 통해 설치할 수 있다.

저렴한 가격의 학생용 라이선스를 다운받는 방법은 서문과 www.mhhe.com/hillier7e에서 소개하고 있다. 유의할 점은 이 소프트웨어는 윈도우윈도에 설치된 엑셀에서만 작동한다는 것이다. 하지만 같은 소프트웨어의 클라우드 기반 버전을 AnalyticSolver.com에서 사용할 수 있다. 클라우드 기반의 버전은 단말기에 설치된 엑셀과 독립적으로 작동하고, 사용자로 하여금 엑셀의 어드인 기능에 있는 Analytic Solver를 체험할 수 있도록 설계되었다.

이 책에서 다루는 대부분의 문제는 엑셀의 해찾기를 통하여 해결이 가능하지만, Analytic Solver는 엑셀의 해찾기에서 사용하지 않는 중요한 특징을 많이 가지고 있다. 이 책에서는 엑셀의 해찾기나 Analytic Solver 모두 일반적으로 해찾기라고 부를 것이다. 본 교재에는 Analytic Solver에 대한 설명도 있지만, 엑셀만을 사용하더라도 학습할 수 있도록 구성되어 있다.

Analytic Solver를 설치하면 Analytic Solver and Data Mining이라는 새로운 탭이 생긴다. 이 탭을 누르면 〈그림 5-13〉과 같은 내용이 나타난다(데이터 마이닝 탭은 이번 장에서 사용되지 않지만, 앞의 3장과 4장에서 소개되었다). 이 탭에 있는 버튼들을은 통해 Analytic Solver를 조작한다. Analytic Solver의 특징은 내용을 동시에 볼 수 있도록 화면 옆에 새로운 창을 통해 해찾기 옵션과 모형의 상세한 설명을 볼 수 있다는 점이다. 이 창은 AnalyticSolver and Data Mining 탭에서 선택이 가능하다. 5.5절에서 이미 수립된 모형을 통해 Analytic Solver에서 작동시키면, 목표셀은 TotalProfit(G12)로 설정되고, 변수셀은 UnitsProduced(C12:D12)와 제약식 HoursUsed(E7:E9) 〈= HoursAvailable(G7:G9)로 설정되어 있다. 이와 같이 엑셀의 해찾기와

〈그림 5-13〉 Wyndor사의 문제를 Analytic Solver에서 해결하기 위한 해찾기 옵션과 모델 창

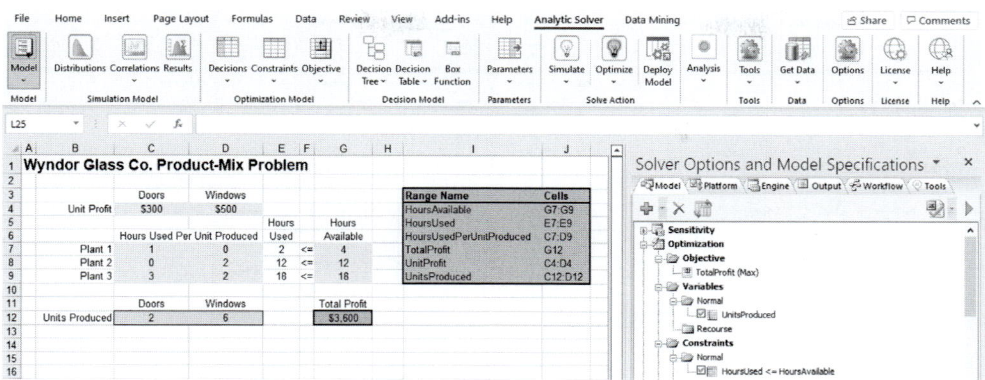

Analytic Solver의 데이터는 서로 호환될 수 있다. 한쪽이 바뀌면 다른 쪽도 바뀌게 되어 있다. 또한, 엑셀의 해찾기나 Analytic Solver를 작업하면, 데이터 손실 없이 다른 쪽에서 작업을 계속할 수 있다. Analytic Solver에서 새로운 모형을 수립하고 작업하는 것은 5.5절에서 다루었듯이 엑셀의 해찾기 작업과 동일하다. 목표셀, 변수셀, 그리고 함수적 제약의 위치를 지정하고 모형을 해결하도록 클릭하면 된다. 그러나 사용자 인터페이스는 약간 다르다. 엑셀의 해찾기는 대화상자를 이용하는 반면에, Analytic Solver는 Analytic Solver ribbon의 버튼을 사용한다. Wyndor Glass사 문제를 통해 Analytic Solver를 실습해볼 것이다.

TotalProfit(G12)을 목표셀로 설정하기 위해, 스프레드시트에서 셀을 선택하고 Analytic Solver ribbon에서 Objectives 버튼을 누른다. 〈그림 5-14〉에서 보듯이, 최소화^{Min} 또는 최대화^{Max}를 선택할 수 있는 메뉴를 보여준다. 최소화 또는 최대화 옵션 내에 추가옵션(Normal, Expected, Chance)이 있다. 여기서는 Normal 옵션을 선택한다.

UnitsProduced(C12:D12)을 변수셀로 설정하기 위해, 스프레드시트에서 Analytic Solver ribbon에 있는 Decisions 버튼을 누른다. 〈그림 5-15〉에서 보듯이 다양한 옵션이 있지만, 선형계획모형을 위해서 Normal 옵션을 선택한다.

〈그림 5-14〉 Wyndor사의 문제 해결을 위한 Analytic Solver의 목표셀

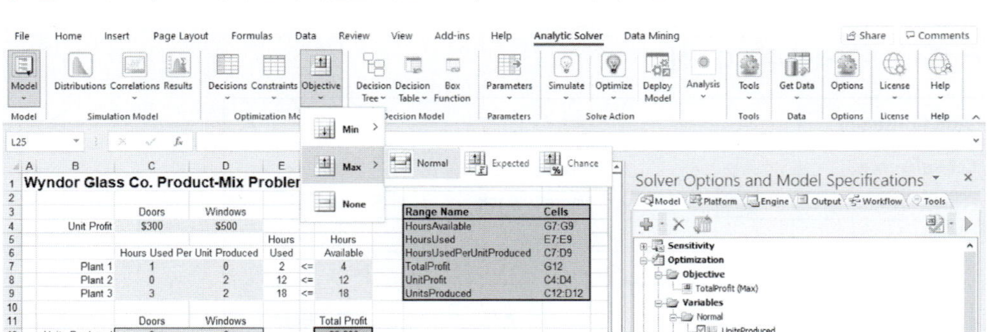

〈그림 5-15〉 Wyndor사의 문제 해결을 위한 Analytic Solver의 변수셀

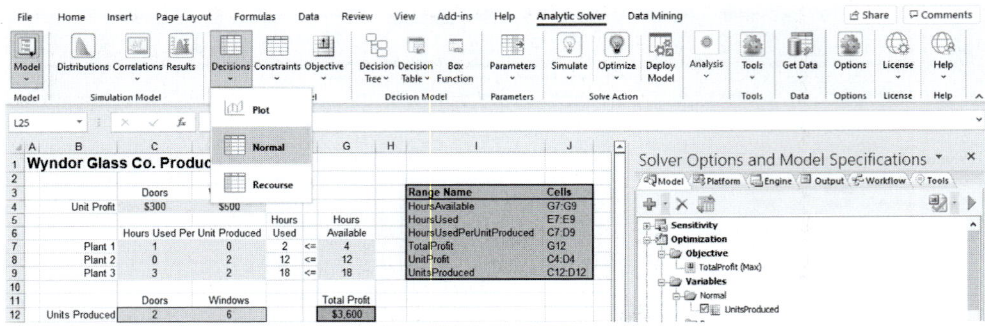

〈그림 5-16〉 Wyndor사의 문제 해결을 위한 Analytic Solver의 제약식

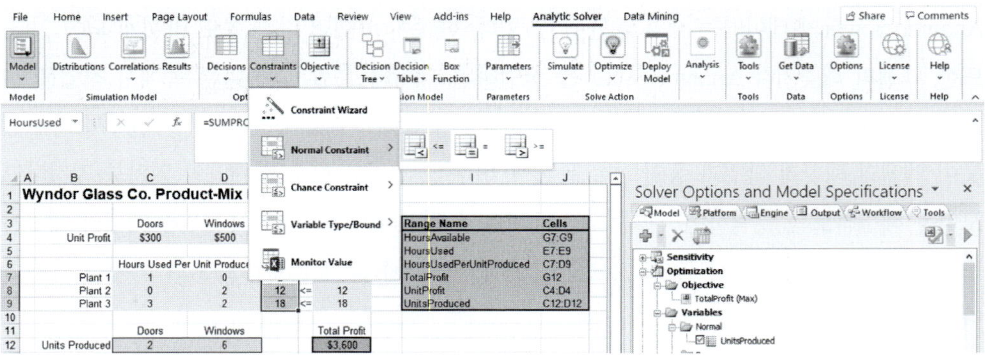

다음은 함수적 제약을 표현하기 위해, Wyndor 문제에서 활용한 HoursUsed(E7: E9) <= HoursAvailable(G7:G9)의 제약을 Analytic Solver에서 표현한다. 〈그림 5-16〉에서 보듯이, Risk Solver Platform에서 Constraints 버튼을 누르면 다양한 옵션이 나타나지만, 선형계획모형을 위해 Normal Constraints 버튼을 누르고 부등호를 선택한다. Wyndor 문제에서는 <=를 선택한다. 〈그림 5-17〉에서 보듯이, Constraint 대화상자를 추가한다. 이것은 〈그림 5-9〉에 나오는 엑셀의 해찾기 기능과 유사하다. Constraint 대화상자의 추가를 통해 〈그림 5-17〉과 같이 왼편과 오른편의 내용을 삽입하고 부등호를 선택한다.

〈그림 5-17〉 제약식 추가 대화상자

Add Constraint

Cell Reference: HoursUsed <= Constraint: HoursAvailable Normal

Comment:

Chance: 0

OK Cancel Add Help

〈그림 5-13〉에서 Model 창을 통해 쉽게 모형을 바꿀 수 있다. 예를 들면, 모형의 요소 (목표셀, 변수셀, 또는 제약)를 지우려면 모형의 부분을 선택하고 X를 클릭한다. 모형의 요소를 바꾸려면, Model 창의 요소를 클릭하면 된다. Model 창의 하단에는 요소들에 대한 정보를 나타내고 있다. 예를 들면, Model 창에서 제약을 클릭하면 〈그림 5-18〉과 같이 관련된 정보를 보여준다. 정보의 일부분을 클릭하면 내용을 수정할 수 있게 된다.

Model 창의 상단에 있는 Engine 탭을 선택하면, 알고리즘과 알고리즘의 다양한 옵션에 대한 정보를 볼 수 있다.

상단에서 메뉴를 아래로 펼치면 알고리즘을 선택할 수 있다. 선형계획모형에서는 Standard LP/Quadratic Engine을 선택하면 된다. 이것은 엑셀의 해찾기에서 심플렉스 LP 옵션과 같은 것이다(〈그림 5-10〉의 엑셀 해찾기에서 한 것처럼). 비음수 옵션을 설정하려면, Assume Nonnegative 옵션을 True로 선택하면 된다. 이러한 설정이 끝난 후에는 〈그림 5-19〉와 같이 표현된다.

Analytic Solver에서 모형이 수립되면, 모형은 Risk Solver Platform 탭에서 Optimize 버튼을 클릭하면 문제가 해결된다. 엑셀의 해찾기와 마찬가지로 〈그림 5-20〉과 같이 스프레드시트에 결과의 내용이 표시된다. 〈그림 5-20〉에서 보듯이 Model 창에서 Output 탭은 "Solver found a solution. All constraints and optimality conditions are satisfied."라는 문장과 함께 문제 해결의 과정을 요약해서 보여준다.

〈그림 5-18〉 Model 창에서의 제약식 활용

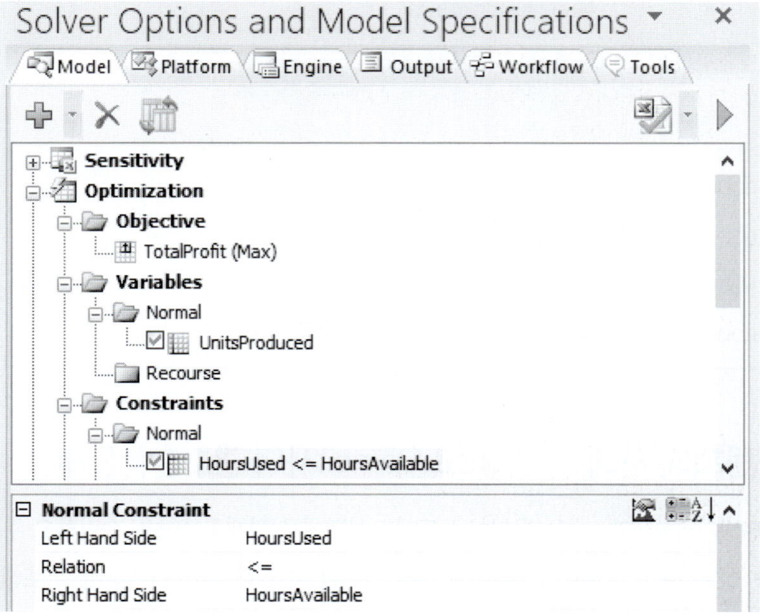

〈그림 5-19〉 선형모형과 비음수 가정을 선택한 Model 창

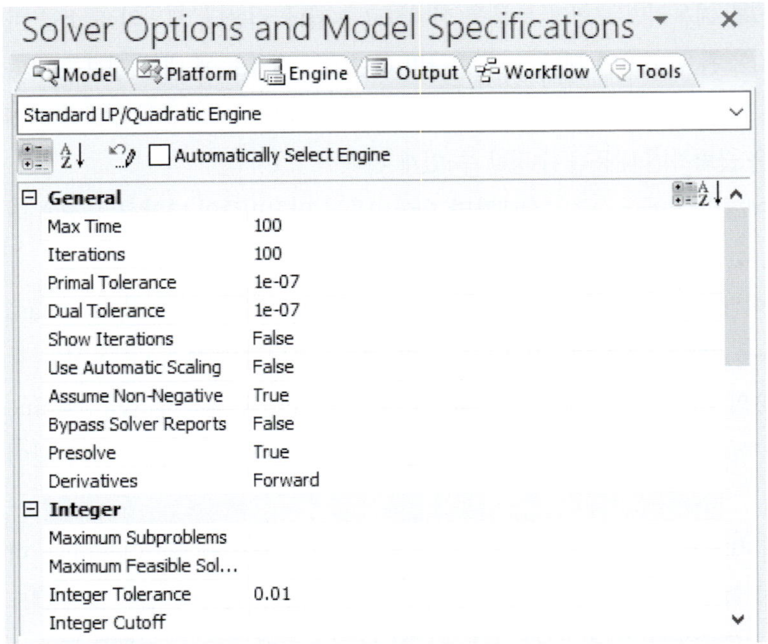

〈그림 5-20〉 Wyndor사의 문제 해결

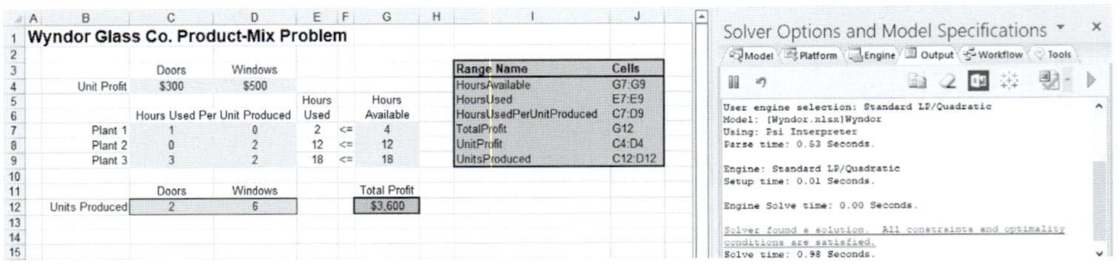

복습문제

1. Analytic Solver ribbon에서 목표셀을 지정하는 것은 어떤 버튼인가?
2. Analytic Solver ribbon에서 변수셀을 지정하는 것은 어떤 버튼인가?
3. Analytic Solver ribbon에서 제약을 입력하는 것은 어떤 버튼인가?
4. Analytic Solver ribbon에서 모형을 풀기 위한 버튼은 어떤 버튼인가?

5.7 최소화 문제의 사례 – Profit & Gambit사의 광고혼합문제

5.2절과 5.5, 5.6절의 Wyndor Glass사 예제는 스프레드시트에 선형계획모형을 수립하고 푸는 방법을 보여주었다. 물론 다른 문제에도 같은 방법이 적용될 수 있다. 선형계획법과 스프레드시트는 새로운 문제의 스프레드시트 모형을 수립할 때 많은 옵션을 제공한다. 다음 예제는 Wyndor사의 문제에서 사용되지 않은 옵션들이 사용되는 경우를 보여준다.

광고 캠페인 계획

Profit & Gambit사는 가정용 세척제품을 생산한다. 시장 경쟁이 치열한 가운데, 이 회사는 판매액을 높이기 위해서 노력하고 있다. 경영진은 다음 세 가지 제품에 중점을 두고 새 광고 캠페인을 시작하기로 하였다.

- 스프레이형 얼룩제거제
- 액상세제
- 분말세제

이 캠페인은 텔레비전과 인쇄매체를 사용할 것이다. 전국적으로 방송될 텔레비전용 광고가 제작되어 새로운 액상세제를 시장에 소개할 것이다. 인쇄매체용 광고는 세 가지 제품 모두를 광고할 것이며, 소비자가 제품을 할인된 가격에 살 수 있는 할인쿠폰도 포함시킬 것이다. 경영진의 목적은 각 제품의 내년도 판매를 전년대비 큰 폭으로 증가시키는 것이다(특히 액상세제의 판매 증가가 커지기를 원한다). 경영진은 이 광고캠페인의 목표를 다음과 같이 정하였다.

- 얼룩제거제 판매는 최소한 3% 증가시킨다.
- 액상세제 판매는 최소한 18% 증가시킨다.
- 분말세제 판매는 최소한 4% 증가시킨다.

〈표 5-2〉는 광고매체별로 한 단위의 광고를 할 때 예상되는 판매액의 증가율을 나타낸다.[3] (광고의 단위로는 다른 단위를 사용해도 된다). 텔레비전 광고를 할 경우 분말세제증가율이 −1%가 되는 이유는 새로운 액상세제를 위한 텔레비전 광고가 분말세제의 매출을 감소시키기

〈표 5-2〉 Profit & Gambit사의 광고혼합문제

	광고 단위당 판매액 증가 비율		
제품	TV	인쇄매체	최소요구 증가 비율
얼룩 제거제	0%	1%	3%
액상 세제	3%	2%	18%
분말 세제	−1%	4%	4%
단위당 비용	100만 달러	200만 달러	

[3] 단순화한 추정은 광고매체별로 각 단위의 광고가 증가하는 것은 얼마만큼의 광고가 그동안 있어 왔는가와는 관계없이 판매량의 증가를 가져온다는 것이다. 이 추정은 고려하고 있는 광고의 수준이 포화 상태에 도달했을 때 빈약한 추정이 되지만, 이 문제에서 고려되는 광고처럼 적은 상태의 수준에서는 합리적인 근사값이 된다.

때문이다. 표의 마지막 줄은 각 광고매체별로 한 단위의 광고를 할 때의 광고비용이다.

경영진의 목적은 판매액 목표를 만족하면서 최소의 비용으로 각 광고매체에 얼마나 많은 광고를 해야 하는가를 결정하는 것이다.

이 문제에 대한 스프레드시트 모형의 수립

5.2절에 요약되어 있는 절차를 사용하여 이 문제의 스프레드시트 모형을 수립한다. 아래는 각 단계가 어떻게 적용되는지에 대한 설명이다.

1. 문제에 대한 자료를 수집한다. 자료의 수집은 〈표 5-2〉와 같이 되어 있다.
2. 스프레드시트의 자료셀에 자료를 입력한다. 〈그림 5-21〉의 윗부분은 자료가 입력된 스프레드시트를 보여준다. 자료셀은 C열과 D열(4, 8~10행), G8:G10이다. 이것은 〈표 5-2〉의 자료를 직접 옮긴 것이다.
3. 활동수준에 대한 의사결정을 규정하고, 의사결정 내용을 표시할 변수셀을 지정한다. 이 경우 관심의 대상이 되는 활동은 텔레비전 광고와 인쇄매체 광고이므로 활동수준들은 이 매체들에 대한 광고량이다. 그러므로 의사결정 대상은,

   의사결정 1: TV = 텔레비전 광고 단위
   의사결정 2: PM = 인쇄매체 광고 단위

   〈그림 5-21〉에서 회색 음영으로 표시된 두 셀(C14와 D14)은 다음과 같이 숫자들을 표시하기 위한 변수셀이다.

   TV → 셀 C14　　　PM → 셀 D14

   AdvertisingUnits를 이 셀들의 범위명으로 한다(모든 범위명은 〈그림 5-21〉 아랫부분에 소개되어 있다). 우선 임의의 해(모두 0의 값을 갖는 해)를 변수셀에 입력한다(〈그림 5-21〉은 해찾기를 실행시킨 뒤의 최적해를 나타내고 있다).
4. 의사결정 시의 제약조건을 규정하고, 이를 표현하기 위한 출력셀을 정한다. 경영진에 의해서 결정된 세 가지 제약조건은 〈표 2-2〉의 맨 오른쪽 열과 같이 각 제품의 판매액 증가율 목표이다. 이 제약조건들은,

   얼룩제거제: 판매액의 총증가 ≥ 3%
   액상세제: 판매액의 총증가 ≥ 18%
   분말세제: 판매액의 총증가 ≥ 4%

   〈표 5-2〉의 두 번째와 세 번째 열은 두 가지 형태의 광고에 의한 판매액의 증가분을 보여준다. 이 제약식들은,

〈그림 5-21〉 Profit & Gambit사 문제의 스프레드시트 모형

	A	B	C	D	E	F	G
1	**Profit & Gambit Co. Advertising-Mix Problem**						
2							
3			Television	Print Media			
4		Unit Cost ($millions)	1	2			
5							
6					Increased		Minimum
7			Increase in Sales per Unit of Advertising		Sales		Increase
8		Stain Remover	0%	1%	3%	≥	3%
9		Liquid Detergent	3%	2%	18%	≥	18%
10		Powder Detergent	−1%	4%	8%	≥	4%
11							
12							Total Cost
13			Television	Print Media			($millions)
14		Advertising Units	4	3			10

Solver Parameters

Set Objective Cell: TotalCost
To: Min
By Changing (Variable) Cells:
AdvertisingUnits
Subject to the Constraints:
IncreasedSales >= MinimumIncrease

Solver Options:
Make Variables Nonnegative
Solving Method: Simplex LP

	E
6	Increased
7	Sales
8	=SUMPRODUCT(C8:D8, AdvertisingUnits)
9	=SUMPRODUCT(C9:D9, AdvertisingUnits)
10	=SUMPRODUCT(C10:D10, AdvertisingUnits)

	G
12	Total Cost
13	($millions)
14	=SUMPRODUCT(UnitCost, AdvertisingUnits)

Range Name	Cells
AdvertisingUnits	C14: D14
IncreasedSales	E8: E10
IncreasedSalesPerUnitAdvertising	C8: D10
MinimumIncrease	G8: G10
TotalCost	G14
UnitCost	C4: D4

얼룩제거제 판매액의 총증가 = PM의 1%

액상세제 판매액의 총증가 = TV의 3% + PM의 2%

분말세제 판매액의 총증가 = TV의 (-1%) + PM의 4%

스프레드시트에서 8, 9, 10행에 각 제품 판매액의 총증가를 표시하기 위한 출력셀로 셀 E8, E9, E10이 사용된다. 또한, 부등호 ≥가 F열에 입력되어 있는데, 증가 판매액이 G열의 숫자

보다 크거나 같다는 것을 의미한다(부등호 ≤가 아니라 부등호 ≥를 사용한 것이 〈그림 5-3〉의 Wyndor사 문제 스프레드시트 모형과 다른 점이다).

5. 전체 성과척도를 규정하여 목표셀에 입력한다. 경영진이 정한 목적은 판매액 목표를 만족하면서 최소의 비용으로 각 광고매체에 얼마나 많은 광고를 해야 하는가 결정하는 것이다. 그러므로 광고에 소요되는 총비용이 목표셀 TotalCost(G14)에 입력되어야 한다. 〈표 5-2〉의 마지막 행을 참조하여, 이 셀에 들어갈 숫자를 다음과 같이 정의한다.

   비용 = (100만 달러)TV + (200만 달러) PM → 셀 G14

6. SUMPRODUCT 함수를 이용하여 출력셀(목표셀을 포함)에 적절한 식을 입력한다. 위의 자료셀(비용과 판매 증가액)에 기초하여 출력셀에 필요한 SUMPRODUCT 함수를 도출하면 〈그림 5-21〉의 우측 아래와 같다. 각 함수는 관련 자료셀과 변수셀, AdvertisingUnits(C14:D14)을 이용하였다. 이 스프레드시트 모형은 5.2절에서 살펴본 선형계획의 모든 특징을 가지고 있기 때문에 선형계획모형이다.

해찾기 적용

이 모형의 최적해를 구하기 위해서 엑셀의 해찾기를 사용하는 절차는 5.5절(Analytic Solver는 5.6절)에서 설명한 것과 기본적으로 동일하다. 해찾기 대화상자의 중요한 부분은 〈그림 5-21〉의 좌측 아래쪽에서 볼 수 있다. 이 상자에서는 목표셀과 변수셀의 주소를 지정하는 것은 물론 제약조건 IncreasedSales≥MinimumIncrease을 제한조건 추가 대화상자를 이용하여 지정하였다. 목적은 총비용을 최소화하는 것이므로 최솟값[Min]을 선택한다(이는 Wyndor사 문제에서 최댓값[Max]을 선택한 것과 반대이다).

〈그림 5-21〉의 왼쪽 아래는 해찾기 대화상자의 옵션 단추를 클릭한 후에 선택한 옵션을 보여준다. 선형모형 가정 옵션은 모형이 선형계획모형이라는 것을 의미한다. 비음 가정옵션은 음수의 광고수준이 불가능한 대안이므로 변수셀은 비음제약조건을 만족해야 함을 지정한다.
해찾기 대화상자의 실행단추를 클릭하면 〈그림 5-21〉 스프레드시트의 변수셀에 최적해가 얻어진다.

최적해

C14 = 4 (4단위의 텔레비전 광고를 한다)
D14 = 3 (3단위의 인쇄매체 광고를 한다)

목표셀은 이러한 광고계획의 총비용이 1,000만 달러가 됨을 보여준다.

응용사례

삼성전자는 동적, 정적 RAM 장치와 기타 진보적인 디지털 집적회로 등을 선도하는 회사이다. 한국의 기흥 단지(세계에서 가장 큰 반도체 제작 단지)에서는 한 달에 30만 개이상의 실리콘 웨이퍼를 제작하고 있으며, 1만 명 이상을 고용하고 있다.

사이클 타임은 웨이퍼를 제작하는 장치를 완성할 때까지 한 묶음의 실리콘 웨이퍼를 제작과정으로 방출하는 경과 시간에 대한 용어이다. 사이클 타임의 축소는 삼성전자가 진행 중인 목표인데, 그 이유는 사이클 타임의 축소로 비용의 감소와 리드타임을 더 짧게 할 수 있기 때문이다. 이를 통해 매우 경쟁적인 이 산업에서 시장점유율 높일 수 있는 열쇠인 잠재고객의 리드타임을 더 짧게 할 수 있다.

사이클 타임 감소에는 세 가지의 도전적인 과제가 있다. 하나는 제품 혼합을 계속하여 바꾸는 것이다. 둘째는 회사가 고객 수요 예측을 수정하면서, 목표 기간 내에서 Fab-out 일정을 크게 변경하는 경우가 많다는 것이다. 세 번째는 작업기계들의 공정 범용성이 떨어지기 때문에, 각 단계에 사용할 수 있는 작업기계가 작은 수로 제한된다는 것이다.

경영과학팀은 만여 개의 결정변수와 함수제약식을 가진 거대한 선형계획법 모델을 개발했다. 모델의 목표 함수는 후일 인도주문과 완제품 재고를 최소화하는 것을 포함했다. 이 모델의 계속적인 실행은 회사가 동적 RAM 장치 제조의 사이클 타임을 80일에서 30일 이하로 줄이게 했다. 이 어마어마한 개선과 제조비와 판매가의 축소는 삼성이 연간 판매이익 면에서 추가적인 2억 달러를 달성할 수 있도록 만들었다.

이러한 선형 프로그래밍의 적용 사례 덕분에 삼성은 2001년 Franz Edelman Award에서 고급 분석, 운영 연구 및 관리 과학 분야에서 6명의 세계 결선 진출자 중 하나가 될 수 있었다.

출처: R. C. Leachman, J. Kang, and Y. Lin, "SLIM: Short Cycle Time and Low Inventory in Manufacturing at Samsung Electronicsm," *Interfaces*(현 *INFOMS Journal on Applied Analytics*) 32, no.1 (January-February 2002), pp.61-77. (이 사례에 대한 링크는 www.mhhe.com/hillier7e에서 볼 수 있다.)

스프레드시트 수리 모형

스프레드시트 모형을 수립하는 절차 중 제5단계의 총광고비용은

$$\text{비용} = TV + 2PM \text{ (100만 달러)}$$

인데, 목적은 비용이 최소가 되도록 TV(텔레비전 광고단위)와 PM(인쇄매체 광고단위)의 값을 선택하는 것이다. 제4단계는 세 가지 함수 형태 제약식을 지정한다.

얼룩제거제: PM의 1% ≥ 3%

액상세제: TV의 3% + PM의 2% ≥ 18%

분말세제: TV의 −1% + PM의 4% ≥ 4%

해찾기에서 비음 가정 옵션을 선택하는 것은 TV와 PM이 음수가 될 수 없기 때문이다. 그러므로 함수 형태 제약식에서 % 기호를 제거하면 스프레드시트의 수리 모형은 다음과 같이 더 간결하게 표현된다.

$$\text{최소화 비용} = TV + 2PM \text{ (100만 달러)}$$

제약조건

얼룩제거 스프레이의 판매액 증가:	PM	≥ 3
액상세제의 판매액 증가:	3TV + 2PM	≥ 18
분말세제의 판매액 증가:	–TV + 4PM	≥ 4

$$TV \geq 0 \qquad PM \geq 0$$

목적함수에는 '비용을 최소화하기 위한 TV와 PM의 값을 선택한다'라는 것이 함축되어 있다. '제약조건'이라는 용어는 '값을 선택할 때 다음의 모든 제약조건을 만족해야 한다는 것'을 의미한다.

이 모형은 스프레드시트에 있는 선형계획모형의 대수적 표현이다. 이 대수적모형의 매개변수(상수)들은 〈표 5-2〉의 숫자를 직접 사용하였다. 사실 대수적모형은 이 표를 이용하여 직접 수립될 수도 있다.

여기에서 구한 대수적 모형과 5.3절 Wyndor사 문제의 대수적 모형과의 차이점은 도해법을 적용할 때 흥미로운 차이점을 보인다. 선형계획에 대한 기하학적 직관력을 기르기 위해서 이 문제에 대해서도 도해법을 적용해본다.

이 선형계획모형은 단지 2개의 의사결정변수만을 가지고 있기 때문에 5.4절의 도해법으로 풀 수 있다. 이 특정 문제에 도해법을 적용하기 위해선 두 가지 사항을 고려해야 한다. 첫째, 모든 기능적 제약식이 현재 오른쪽에 양수가 있는 ≥기호를 갖고 있고, 뒤에는 보통 제약경계선을 소유하기 때문에 각 직선의 어느 쪽이 허용 가능한지를 나타내는 화살표는 이제 원점(0, 0)에서 멀어지는 방향으로 되어 있다. 둘째, 그 방법은 비용을 줄이는 방향으로 목적함수선을

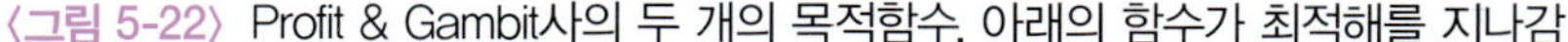

〈그림 5-22〉 Profit & Gambit사의 두 개의 목적함수, 아래의 함수가 최적해를 지나감

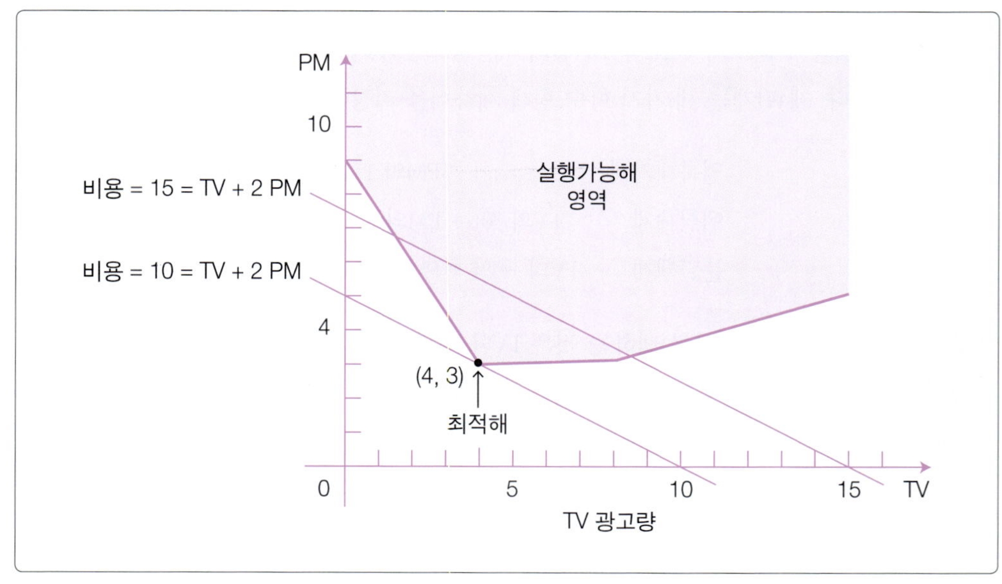

이동시키고 최적해가 있는 실행가능해 영역 안의 지점을 통과하는 순간 멈춤으로써 최소화하는 것이다.

〈그림 5-22〉는 다음과 같은 최적해를 보여준다.

TV = 4 (4단위의 텔레비전 광고를 한다)

PM = 3 (3단위의 인쇄매체 광고를 한다)

복습문제

1. 관심의 대상인 세 가지 제품에 대한 광고매체는 어떠한 것들이 고려되고 있나?
2. 고려 중인 세 가지 제품에 대해 어떤 광고 매체를 고려하고 있습니까?
3. 문제에서 경영진의 목적은 무엇인가?
4. 스프레드시트 모형에서 목표셀과 변수셀의 위치를 결정하는 근거는 무엇인가?
5. 이 문제에 대한 선형계획모형의 대수적 형태는 Wyndor사의 문제와 두 가지 면에서 어떻게 다른가?

5.8 광의적 측면에서의 선형계획법

선형계획법은 경영적 의사결정을 도와주는 중요한 도구이다. 스프레드시트 패키지가 등장함으로써 이 기법의 사용은 더 확대되었다. 스프레드시트를 이용하면 소규모 선형계획모형을 수립하고 푸는 것이 용이하기 때문에, 경영과학과 경영분석에 대해서 깊게 알지 못하는 경영자들도 이를 쉽게 이용할 수 있다.

선형계획법에 대한 많은 연구는 수백 혹 그 이상의 활동수준을 결정하는 대규모의사결정 문제를 다룬다. 이러한 연구에서는 스프레드시트보다 정교하고 복잡한 소프트웨어 패키지를 이용하여 모형을 수립하고 해를 찾는다. 일반적으로 이러한 연구는 경영진의 뜻에 따라서 잘 훈련된 경영과학자management scientist들로 구성된 팀에 의해서 수행된다. 경영과학자들은 운영연구 분석가operations research analyst라고도 불린다. 경영진은 경영과학팀과 긴밀한 접촉을 통해 경영진의 목적과 요구사항을 반영하도록 한다. 그러나 경영진은 연구의 기술적인 세밀한 면까지는 관여하지 않는다.

결과적으로 경영자는 선형계획모형을 어떻게 푸는가에 대해서는, 엑셀의 해찾기에서 본 원리 이상 더 자세히 알 이유가 없다(대부분의 경영과학팀도 모형을 풀기 위한 소프트웨어를 새로이 개발하기보다는 상용화된 소프트웨어 패키지를 사용한다). 경영자는 복잡한 모형을 수립하는 방법, 모형의 정당성을 입증하는 방법, 대규모 모형을 수립하거나 풀 때 컴퓨터를 사용하는 방법, 모형에서 What-If 분석을 효율적으로 수행하는 방법 등에 대한 자세한 기술적인 사항까지 알 필요는 없다. 경영과학팀의 일원으로 기술적인 분석을 하는 것에 관심이 있는 학생은 더 기술적으로 구성된 경영과학 과목을 수강해야 한다.

그렇다면 경영자는 선형계획에 대해서 무엇을 알고 있어야 할까? 경영자는 선형계획이 무엇인지에 대한 직관적인 감을 지니고 있는 것이 필요하다. 이 장의 목적은 이러한 직관을 개발하는 데 있다. 이것이 두 변수 모형을 푸는 도해법을 공부한 목적이다. 현실에서 2개의 의사결정변수만이 있는 선형계획문제는 거의 없으므로 도해법은 현실적인 문제를 푸는 데는 활용할 수 없다. 그러나 도해법은 선형계획법이 목적함수 값을 계속 바람직한 방향으로 변경시키기 위해서 제약경계 쪽으로 이동시킨다는 기본 개념을 이해하는 데는 좋은 수단이 된다. 16장(www.mhhe.com/Hillier7e)에서는 대규모 모형을 다른 방법으로 풀 때도 도해법이 기하학적 직관력을 준다는 것을 보여준다.

경영자는 선형계획법의 적용을 유도하기 위해서 선형계획법이 어떤 때 사용될 수 있으며, 무엇을 할 수 있는지 이해하고 있어야 한다. 이 책을 읽은 미래의 경영자들은 선형계획법을 실제로 적용하는 것과 그 효과, 그리고 여러 가지 실제 사례와 사례연구를 이해함으로써 선형계획법에 대한 이해를 증진시킬 수 있다.

또 경영자는 어떠한 상황에서 선형계획법이 적합한지를 알 수 있어야 한다. 6장에서는 서로 다른 특징을 가지는 세 가지 중요한 선형계획문제(그리고 이들이 혼합된 형태)를 다룬다. 3부를 마무리하는 7~9장에서는 선형계획법의 추가적인 내용(규범적인 분석을 위해 선형계획법을 사용하는 것)을 살펴볼 것이다.

경영자는 선형계획법이 적용될 수 없는 상황도 알아야 한다. 4부(정수계획법 혹은 불확실성 모델을 사용하여 규범적 분석을 수행하는 것)과 5부(전통적인 불확실성 모델을 통해 예측적 분석이나 규범적 분석을 수행하는 것)에서는 다른 접근이 필요한 사례들을 살펴볼 것이다.

경영자는 선형 프로그래밍(또는 기타 관리과학 및 경영분석 기술)을 사용한 잘 수행된 연구와 그렇지 않은 연구를 구별할 수 있어야 한다. 이를 위해 2장과 3장의 목표 중 하나는 문제를 분석하는 시작부터 분석 결과를 놓고 의사결정을 내리기까지의 경영과학 분석의 전체 과정을 소개하는 것이다. 이것이 이 책에서 사례연구를 중점적으로 소개하는 목적 중의 하나이다.

마지막으로 경영자는 선형계획 분석의 결과를 해석하는 방법을 알아야 한다. 경영자는 What-If 분석을 통하여 원하는 정보를 얻을 수 있을 뿐만 아니라 의사결정 과정에서 이러한 정보의 의미를 이해하고 있어야 한다. 8장에서는 이러한 문제를 다루기로 한다.

복습문제

1. 일반적으로 경영은 선형계획연구의 기술적인 요소들과 깊이 관련을 갖고 있는가?
2. 실제로 거의 모든 선형계획문제가 2개 이상의 의사결정변수를 가지고 있는데, 2개의 의사결정변수를 가지는 문제를 도해법으로 푸는 것을 배우는 목적은 무엇인가?
3. 현대의 경영자가 선형계획법에 대해 알고 있어야 할 사항을 열거하라

5.9 요약

선형계획법은 어떤 종류의 문제를 해결하기 위해 경영상의 의사결정을 도와주기 위한 강력한 기술이다. 기본적인 접근법은 문제를 나타내는 선형계획모형이라 불리는 수리 모형을 설정하고, 이 모형을 분석한다. 선형계획모형은 해결해야 할 결정을 나타내는 결정변수, 결정변수의 가능한 값을 제한하는 것을 나타내는 제약조건식, 전체 문제 실행의 측정을 표현하는 목적함수 등이다.

스프레드시트는 선형계획모형의 공식을 만들고 해결하는 유연하고 직관적인 방식을 제공한다. 데이터는 자료셀에 입력된다. 변수셀은 결정변수의 값을 표시하고, 목표셀은 목적함수의 값을 보여준다. 출력셀은 제약조건을 상세히 나타낼 수 있도록 도와주는 데 사용된다. 스프레드시트에 모형을 공식으로 입력하고 그것을 해찾기 대화상자로 더 상세히 나타낸 후에 해찾기가 최적해를 찾아주는 데 사용된다.

도해법은 2개의 의사결정변수를 가진 선형계획모형을 해결하기 위해 사용된다. 이 방법은 선형계획모형과 최적해를 이해하는 데 도움을 준다.

용어

매개변수 parameter 선형계획모형에서의 매개변수는 함수 형태 제약식이나 목적함수에서 상수(계수나 우변상수)이다. 각 매개변수는 문제의 분석에 중요한 양(예: 가용자원의 양)을 나타낸다. (5.3절)

목적함수 objective function 선형계획모형에서 문제의 목적에 따라 무엇이 최대화 또는 최소화되어야 하는가를 표현한다. 목적함수의 값은 스프레드시트의 목표셀에 나타난다. (5.3절)

목적함수선 objective function line 2개의 의사결정변수를 가지고 있는 선형계획문제에서 선 위의 점이 모두 같은 목적함수 값을 가지는 직선. (5.4절)

목표셀 objective cell 의사결정의 전체적인 성과의 척도를 보여주는 스프레드시트의 셀. (5.2절)

범위명 range name 셀이나 셀의 범위 안에 무엇이 있는지 즉시 정의되도록 설명하는 이름. (2.2절)

변수셀 changing cell 스프레드시트의 셀로서 의사결정변수의 값을 보여준다. (5.2절)

비음제약조건 nonnegativety constraint 특정 의사결정변수가 비음(영과 같거나 큰)이 되어야 한다는 제약을 표현한 제약조건. (5.3절)

상대참조 relative reference 공식을 가진 셀의 상대적인 위치에 의한 주소를 참조한다. (5.2절와 부록A)

선형계획모형 linear programming model 선형계획문제를 나타내는 수리 모형. (5.2절, 5.3절)

실행가능해 feasible solution 선형계획모형에서 모든 제약조건을 동시에 만족하는 해. (5.3절)

실행가능해 영역 feasible region 모든 가능해로 수립된 기하학적 영역. (5.4절)

실행불가능해 infeasible solution 선형계획모형에서 적어도 하나 이상의 제약조건을 위반하는 해. (5.3절)

의사결정변수 decision variable 대수적인 변수로서 특정 활동의 수준에 대한 결정을 표현한다. 의사결정변수의 값은 스프레드시트의 변수셀에 나타난다. (5.3절)

자료셀 data cell 문제의 자료를 보여주는 스프레드시트의 셀. (5.2절)

절대참조 absolute reference 고정된 주소를 가진 셀을 참조하는 것으로 범위명을 지정하거나 셀참조의 글자나 숫자 앞에 $표시를 한다. (5.2절)

제약경계선 constraint boundary line 2개의 의사결정변수를

가지는 선형계획문제에서 제약조건에 의하여 허용되는 해의 경계를 나타내는 직선. (5.4절)

제약경계식 constraint boundary equation 제약경계선의 식.(5.4절)

제약조건 constraint 의사결정변수의 가능한 값에 대한 제약. (5.2절, 5.3절)

제품혼합문제 product-mix problem 고려 대상인 제품들의 이익이 가장 많이 남는 생산수준의 조합을 찾는 것이 목적인 선형계획문제의 한 유형. (5.1절)

최적해 optimal solution 목적함수에 따른 가장 좋은 가능해. (5.3절)

출력셀 output cell 변수셀에 따라 변하는 결과를 보여주는 스프레드시트의 셀. 이 셀은 주로 제약조건을 지정하기 위하여 사용된다. (5.2절)

함수형태제약식 functional constraint 왼쪽이 의사결정변수의 함수로 되어 있는 제약조건. 선형계획모형에서 비음제약조건이 아닌 모든 제약조건은 함수 형태 제약식이라 불린다. (5.3절)

해 solution 의사결정변수에 값이 부여된 것을 말하며, 이것이 좋은 것인지 또는 가능해인지 상관없이 불린다. (5.3절)

해찾기 Solver 스프레드시트의 도구로서 모형을 지정하고 모형의 최적해를 얻는 데에 사용된다. (5.5절)

이 장에 대한 학습지원

모든 학습지원 자료는 www.mhhe.com/Hillier7e에 제공된다.

엑셀 파일:

Wyndor

Profit & Gambit

엑셀 추가기능:

Analytic Solver

이 장에 대한 보충 자료:

More About the Graphical Method for Linear Programming

학습문제

풀이는 www.mhhe.com/Hillier6e에 제공된다.

5.S1. Back Savers의 생산품 문제

Back Saver는 학생을 위한 배낭을 생산하는 회사이다. 그들은 Collegiate와 Mini라는 두 가지 모델의 배낭 판매를 계획하고 있다. 두 모델 모두 찢어지지 않는 나일론 소재이다. Back Savers는 나일론 공급자와 장기 계약을 체결하였고, 매주 5,000평방피트의 나일론을 공급받는다. Collegiate 모델은 개당 3평방피트의 자재를, Mini는 개당 2평방피트의 자재를 사용한다. 판매 예측에 따르면 Collegiate는 주당 최대 1,000개, Mini는 주당 최대 1,200개가 판매된다. Collegiate의 개당 생산 소요시간은 45분이고, 개당 이익은 32달러이다. Mini의 개당 생산 소요시간은 40분이고, 개당 이익은 24달러이다. Back Savers에는 주당 40시간을 일하는 35명의 근로자가 있다. 경영진은 총이익을 최대화하기 위해서 각 모델별 생산량을 알고자 한다.

a. 이 문제를 해결하기 위해 스프레드시트에 선형계획 모형을 개발하고 최적해를 구하라.
b. 같은 모형을 대수적으로 수립하라.
c. 도해법으로 이 모형을 풀어라.

5.S2. 마케팅 설문조사

휴대폰 제조업체의 마케팅 그룹은 현재 개발 중인 새 휴대폰에 대한 소비자 반응을 알아보기 위해 전화 설문조사 계획을 수립하고자 한다. 분석을 하는 데 필요한 충분한 크기의 표본을 확보하기 위해, 적어도 100명의 젊은 남성(40세 이하)과 150명의 나이 든 남성(40세 이상), 120명의 젊은 여성(40세 이하), 200명의 나이 든 여성(40세 이상)과의 전화 연결이 필요하다. 이 설문조사에는 낮에는 1달러, 저녁에는 1달러 50센트(비싼 인건비 때문)의 비용이 든다. 이 비용은 조사 대상자가 해당 전화에 응답하든 안 하든 발생한다. 다음 표는 각 전화 연결 시 응답할 가능성이 있는 고객 유형의 비율을 보여준다. 설문조사는 누구든 전화를 처음 받은 사람에 대해 이루어진다고 가정한다. 또한, 저녁 근무자 수는 제한되어 있기 때문에, 전체 통화의 1/3 정도만 저녁에 이루어진다. 마케팅 그룹은 가장 저렴한 비용으로 필요한 표본의 크기를 충족하기 위하여 어떻게 전화 설문조사를 진행하면 되는가?

응답자	낮 전화	저녁 전화
젊은 남성	10%	20%
나이 든 남성	15%	30%
젊은 여성	20%	20%
나이 든 여성	35%	25%
무응답자	20%	5%

a. 이 문제를 해결하기 위해 스프레드시트에 선형계획 모형을 개발하고 최적해를 구하라.
b. 같은 모형을 대수적으로 수립하라.

연습문제

문제에 AS가 있는 경우에는 Analytic Solver가 필요한 경우이다. 번호에 별표(*)가 있는 문제는 책 뒷부분에 정답의 일부가 있다.

5.1 5.1절에서 언급한 Swift & Company의 사례에 대한 더 자세한 내용을 참고 문헌을 통해 읽어 보고, 이 사례에 선형계획법이 어떻게 적용되었는지를 요약하여 설명하시오. 그리고 이를 통해 Swift & Company가 얻은 경제적 비경제적인 이익에 대해 서술하시오.

5.2 5.1절의 Wyndor Glass사 사례를 다시 살펴보자. 두 신제품의 단위이익 추정치가 문의 경우 600달러이고 창문의 경우 300달러로 수정되었다고 하자.

a. 수정된 문제의 선형계획모형을 수립하고 푸시오.
b. 같은 모형을 대수적 모형으로 수립하시오.
c. 이 모형을 도해법으로 푸시오.

5.3 2.1절의 Wyndor Glass사 사례를 다시 살펴보자. Binh Nguyen(Wyndor사의 생산 담당 부사장)이 신제품 생산을 위해 공장 2에서 약간의 생산시간을 추가로 사용할 수 있다고 가정한다.

a. 주당 1시간이 추가로 주어진다면 새로운 최적해와 총 이익이 얼마인지 도해법을 사용하여 찾으시오.
b. 주당 2시간이 추가로 주어지는 경우에 대하여 문제 a를 반복하시오.
c. 주당 3시간이 추가로 주어지는 경우에 대하여 문제 a를 반복하시오.
d. 위의 결과를 가지고 추가되는 주당 1시간이 신제품으로부터 발생하는 이익을 얼마나 증가시키는지 확인하시오.

5.4 문제 5.3를 엑셀 해찾기를 이용하여 풀어보시오.

5.5 다음의 표는 A, B 두 제품과 제품의 생산에 필요한 자원 Q, R, S에 대한 주요 사항을 정리한 것이다. 모든 선형계획의 가정이 성립한다고 가정하시오.

자원	생산되는 단위당 자원의 이용		가능자원의 수량
	제품 A	제품 B	
Q	2	1	2
R	1	2	2
S	3	3	4
수익/단위	3,000달러	2,000달러	

a. 이 문제를 스프레드시트에 선형계획모형으로 수립하고 푸시오.
b. 이 모형을 대수적인 모형으로 수립하시오.

5.6* 당신은 오늘 운 좋게 20,000달러의 상금을 탔다고 하자. 그중 8,000달러를 세금과 파티비용으로 남겨 두고 나머지 12,000달러는 투자하기로 결정하였다. 이 소식을 들은 2명의 친구가 각자 계획하고 있는 2개의 서로 다른 사업에, 투자 파트너로 참여할 것을 제안하였다. 두 경우 모두 현금 투자뿐만 아니라, 다음 여름에 해당 사업을 위해 일정 시간 근무해야 한다. 첫 번째 친구의 사업에 100% 지분의 파트너로 참여하면 10,000달러의 투자와 400시간의 근무를 해야 하고, 투자에 추정 이익(근무시간에 대한 가치는 무시)은 9,000달러이다. 두 번째 친구의 사업의 경우에는 8,000달러를 투자하고 500시간 근무해야 하고, 추정 이익은 9,000달러이다. 그러나 두 친구 모두 원하는 경우 부분적인 지분으로도 참여를 허용하고 있다. 만일 부분적인 지분으로 참여한다면, 100% 지분으로 참여하는 경우의 투자금액과 근무시간은 그 참여 비율만큼 투자하게 되고, 추정 이익도 참여 비율만큼 가지게 된다.

당신은 여름 방학에 최대 600 시간을 사용할 수 있기 때문에, 총 투자 이익이 최대가 될 수 있도록, 한 친구의 사업이든 두 사람 모두의 사업이든 적절한 비율로 참여하기로 결정하고, 최선의 참여 비율의 조합을 찾고자 한다.

a. 이 문제와 5.1절에서 본 Wyndor사 문제 간의 유사성을 설명하시오. 그리고 이 문제의 활동과 자원을 확인하여 〈표 5-1〉과 같은 표를 만드시오.
b. 의사결정 사항, 의사결정 시의 제약조건, 의사결정에 대한 전체적인 성과척도를 구두로 설명하시오.
c. 이렇게 말로 표현한 제약조건과 성과척도를 자료와 의사결정을 이용하여 정량적으로 표현하시오.
d. 문제를 스프레드시트 모형으로 수립하시오. 자료셀, 변수셀, 목표셀이 무엇인가? 각 출력셀을 SUMPRODUCT함수를 이용하여 엑셀식으로 표기하시오. 엑셀 해찾기를 이용하여 모형을 푸시오.
e. 스프레드시트 모형이 선형계획모형인 이유를 설명하시오.
f. 같은 모형을 대수적으로 수립하시오.
g. 스프레드시트 모형과 대수적 모형에서 의사결정변수, 목적함수, 비음제약조건, 함수 형태 제약식, 매개변수는 무엇인가?
h. 이 모형을 도해법(수작업)으로 푸시오. 당신의 추정 총이익은 얼마인가?

5.7 선형계획모형이 다음과 같은 대수적인 형태로 주어졌다. x_1과 x_2는 의사결정변수이고 Z는 전체 성과척도이다.

최대화 $Z = x_1 + 2x_2$

제약조건

자원 1: $x_1 + x_2 \leq 5$(사용가능량)
자원 2: $x_1 + 3x_2 \leq 9$(사용가능량)
$x_1 \geq 0 \quad x_2 \geq 0$

a. 이 모형의 목적함수, 함수 형태 제약식, 비음제약조건은 무엇인가?
b. 이 모형을 스프레드시트에 표현하시오.
c. $(x_1, x_2) = (3, 1)$은 실행가능해인가?
d. $(x_1, x_2) = (1, 3)$은 실행가능해인가?
e. 엑셀의 해찾기로 이 모형을 푸시오.

5.8 선형계획모형이 다음과 같은 대수적인 형태로 주어졌다. x_1과 x_2는 의사결정변수이고 Z는 전체 성과척도이다.

최대화 $Z = 3x_1 + 2x_2$

제약조건

자원 1: $3x_1 + x_2 \leq 9$(사용가능량)
자원 2: $x_1 + 2x_2 \leq 8$(사용가능량)
$x_1 \geq 0 \quad x_2 \geq 0$

a. 이 모형의 목적함수, 함수 형태 제약식, 비음제약조건은 무엇인가?
b. 이 모형을 스프레드시트에 표현하시오
c. (x_1, x_2)=(2, 1)은 실행가능해인가?
d. (x_1, x_2)=(2, 3)은 실행가능해인가?
e. (x_1, x_2)=(0, 5)은 실행가능해인가?
f. 엑셀의 해찾기로 이 모형을 푸시오.

5.9 Witt Window사는 두 가지 서로 다른 종류의 수제 창문인 목재창틀과 알루미늄창틀로 된 유리창문을 제작하는 3명의 직원으로 구성된 회사이다. 회사는 목재창틀 유리창문으로 60달러의 이익을 벌고, 알루미늄창틀 유리창문으로는 30달러의 이익을 번다. Doug은 목재창틀을 하루에 6 개를 만들 수 있다. Linda는 알루미늄창틀을 하루에 4개를 만들 수 있다. Bob은 유리를 만들어 자르며 하루에 48스퀘어피트의 유리를 만들 수 있다. 목재창틀 창문은 6스퀘어피트의 유리를 사용하고 알루미늄창틀 창문은 8스퀘어피트의 유리를 사용한다.

회사는 총이익을 최대로 하기 위하여 하루에 각 형태의 창문을 얼마나 생산하면 되는지를 결정하고자 한다.

a. 이 문제와 1.1절에서 본 Wyndor사 문제 간의 유사성을 설명하시오. 그리고 이 문제의 활동과 자원을 확인하여〈표 5-1〉과 같은 표를 만드시오.
b. 의사결정 사항, 의사결정 시의 제약조건, 의사결정에 대한 전체적인 성과척도를 구두로 설명하시오.
c. 이렇게 말로 표현한 제약조건과 성과척도를 자료와 의사결정을 이용하여 정량적으로 표현하시오.
d. 문제를 스프레드시트 모형으로 수립하시오. 자료셀, 변수셀, 목표셀이 무엇인가? 각 출력셀을 SUMPRODUCT 함수를 이용하여 엑셀식으로 표기하시오. 엑셀 해찾기를 이용하여 모형을 푸시오.
e. 스프레드시트 모형이 선형계획모형인 이유를 설명하시오.
f. 같은 모형을 대수적으로 수립하시오.
g. 스프레드시트 모형과 대수적 모형에서 의사결정변수, 목적함수, 비음제약조건, 함수 형태 제약식, 매개변수는 무엇인가?
h. 이 모형을 도해법으로 푸시오.
i. 마을에 새로운 경쟁자가 동일한 목재창틀 유리창문을 만들기 시작했다. 이 때문에 회사는 가격을 내리기로 결정하였고 그로 인하여 각 목재창틀 창문에서 얻어지는 이익이 감소하게 되었다. 만약 목재창틀 창문당 이익이 60달러에서 40달러로 감소되면 최적해는 어떻게

바뀌는가? 60달러에서 20달러로 변한다면?

j. Doug은 자신의 근무 시간을 줄이려고 한다. 그 결과 그가 하루에 만드는 목재창틀의 수가 감소하게 된다. 만약 그가 하루에 5개의 목재창틀만 만들면 최적해는 어떻게 되는가?

5.10 Apex Television사는 회사의 공장 중 1곳에서 생산하는 65″과 55″ 텔레비전의 숫자를 결정하려고 한다. 시장조사에 따르면 1달 동안 최대 65″ 280대와 55″ 70대를 팔수 있다. 최대로 가용한 인력은 월 3500시간이다. 65″ 텔레비전 1대의 생산에는 20시간의 인력이 필요하고, 55″ 텔레비전 1대의 생산에는 10시간의 인력이 필요하다. 65″ 텔레비전 1대가 팔리면 270달러, 20″ 텔레비전 1대가 팔리면 180달러의 이익이 발생한다. 도매상은 시장조사 결과로나온 제품별 최대 판매 가능량만큼의 텔레비전을 사겠다고 한다.

a. 이 문제를 스프레드시트에 선형계획모형으로 수립하고 푸시오.

b. 이 모형을 대수적으로 정립하시오.

c. 이 모형을 도해법으로 푸시오.

5.11 World Light사는 금속 틀과 전기부품이 필요한 두 가지의 전등설비(제품 1과 제품 2)를 생산한다. 경영진은 이익을 최대화하기 위해서 각 제품을 얼마나 많이 생산해야 하는지 결정하고자 한다. 제품 1을 1개 생산하려면 1개의 금속 틀과 2개의 전기부품이 필요하다. 제품 2를 1개 생산하려면 3개의 금속 틀과 2개의 전기부품이 필요하다. 회사는 3000개의 금속 틀과 4500개의 전기부품을 가지고 있다. 제품 1은 개당 13달러의 이익을 주고, 제품 2는 900개까지 개당 26달러의 이익을 준다. 단, 제품 2는 900개보다 더 생산할 경우 이익이 없으므로, 그 생산량이 900개를 초과하지 않도록 한다.

a. 의사결정 사항, 제약조건, 의사결정의 전체 성과척도를 구두로 기술하시오.

b. 말로써 표현한 제약조건과 전체 성과척도를 자료와 의사결정을 이용하여 정량적으로 표현하시오.

c. 이 문제를 스프레드시트에 선형계획모형으로 수립하고 푸시오.

d. 이 모형을 대수적으로 수립하시오.

5.12 Primo Insurance사는 2개의 신규상품 판매를 시작한다. 신규상품은 특별위험보험과 주택담보대출이다. 특별위험보험의 기대이익은 하나에 5달러이고 주택담보대출의 기대이익은 하나에 2달러이다. 경영진은 총기대이익을 최대로 하는 신상품의 판매할당량을 정하려 한다. 업무 요구량은 다음과 같다.

	단위당 업무량		
부서	특별위험	주택담보대출	가능 업무량
보험	3	2	2,400
관리	0	1	800
지급청구	2	0	1,200

a. 의사결정 사항, 제약조건, 그리고 전체 성과척도를 구두로 표현하시오.

b. 이렇게 말로 표현한 제약조건과 전체 성과척도를 자료와 의사결정 사항을 사용하여 수식으로 표현하시오.

c. 이 문제를 스프레드시트에 선형계획모형으로 정립하고 푸시오.

d. 같은 모형을 대수적으로 정립하시오.

5.13* 의사결정변수는 x_1과 x_2이고, 네 가지 자원에 대한 제약조건이 있는 선형계획모형이 다음과 같이 대수적 형태로 주어져 있다.

최대화 이익 $= 2x_1 + x_2$

제약조건

자원 1: $x_2 \leq 10$

자원 2: $2x_1 + 5x_2 \leq 60$

자원 3: $x_1 + x_2 \leq 18$

자원 4: $3x_1 + x_2 \leq 44$

$x_1 \geq 0 \quad x_2 \geq 0$

a. 이 모형을 도해법을 사용하여 푸시오.

b. 이 모형을 스프레드시트에 구현하고 해찾기를 사용하여 푸시오.

AS**5.14** Analytic Solver를 사용하여 문제 5.13을 스프레드시트에 푸시오.

5.15 당신이 가진 경영과학 지식 때문에 당신의 상관이 당신에게 두 가지 제품과 두 가지 자원의 제품혼합문제를 분석하라고 하였다. x_1과 x_2가 두 가지 제품의 생산율이고, P가 총이익일 때, 대수적 모형이 아래와 같다.

최대화 $P = 3x_1 + 2x_2$

제약조건

자원 1: $x_1 + x_2 \leq 8$

자원 2: $2x_1 + x_2 \leq 10$

$x_1 \geq 0 \quad x_2 \geq 0$

a. 도해법을 사용하여 이 모형을 푸시오.

b. 이 모형을 스프레드시트에 구현하고, 해찾기를 사용하여 푸시오.

AS**5.16** Analytic Solver를 사용하여 문제 5.15를 스프레드시트에 푸시오.

5.17 Wyndor 문제에서 아래의 내용을 고려하여 각각의 내용을 도해법으로 표현하고 결론을 지어보시오. 그리고

원래의 문제와 비교하여 결론이 바뀌는 이유와 내용을 설명하시오.

a. 창문의 단위이익이 200달러일 때
b. 신제품을 출시하기 위해, 창문과 문의 총생산량이 적어도 한 주에 10이어야 할 때
c. 공장 2와 공장 3의 제약이 없어질 때

5.18 Weenies&Buns사는 핫도그용 빵과 소시지를 생산한다. 이 회사는 핫도그용 빵을 위한 밀가루를 1주에 200파운드씩 만든다. 핫도그용 빵 하나는 0.1파운드의 밀가루로 만들어진다. Weenies & Buns사는 Pigland사로부터 매주 월요일에 800파운드의 돼지고기를 납품 받고 있다. 소시지 하나에는 1/4 파운드의 돼지고기가 사용된다. 핫도그와 핫도그용 빵에 들어가는 다른 재료는 모두 충분히 공급받을 수 있다. Weenies & Buns사에는 5명의 종업원이 일하고 있으며 종업원은 한 주에 40시간 일한다. 소시지 1개를 만드는 데에 3분이 필요하고, 핫도그용 빵 1개를 만드는 데에는 2분이 소요된다. 소시지 하나는 0.40달러의 이익이 발생하고, 핫도그용 빵 한 개에는 0.20달러의 이익이 발생한다.

Weenies&Buns사는 가능한 최고의 이익을 얻기 위하여 매주 몇 개의 소시지와 핫도그용 빵을 생산해야 하는지 알고 싶다.

a. 의사결정 사항, 제약조건, 그리고 전체 성과척도를 구두로 설명하시오.
b. 말로 표현한 제약조건과 전체 성과척도를, 자료와 의사결정을 이용하여 정량적으로 표현하시오.
c. 이 문제를 스프레드시트에 선형계획모형으로 수립하고 푸시오.
d. 같은 모형을 대수적으로 수립하시오.
e. 도해법으로 이 모형을 푸시오.

5.19 Oak Works사는 수공예로 식탁과 의자를 만드는 가족경영회사이다. 그들은 같은 지역의 나무 생산업자로부터 매달 2,500파운드의 참나무 목재를 공급받는다. 식탁 하나의 생산에는 50파운드의 참나무가 필요하고 의자 하나에는 25파운드의 참나무가 필요하다. 가족 모두가 가구 제작을 하며 매달 480시간의 인력이 생산에 사용될 수 있다. 식탁과 의자의 생산에는 각각 6시간의 인력이 소요된다. 식탁 하나에서 이익이 400달러, 의자 1개는 100달러의 이익이 발생한다. 의자는 식탁과 함께 판매되는 경우가 많기 때문에 식탁보다 적어도 2배 이상 생산하고 싶다.

Oak Works사는 이익을 최대로 하기 위해 몇 개의 식탁과 의자를 만들어야 하는가 알고 싶다.

a. 이 문제를 스프레드시트에 선형계획모형으로 수립하고 푸시오.
AS b. 이 문제를 스프레드시트에 Analytic Solver를 사용하여 푸시오.
c. 같은 모형을 대수적으로 수립하시오.

5.20 5.6절에서 언급한 삼성 전자의 사례에 대한 더 자세한 내용을 참고 문헌을 통해 읽어 보시오. 이 사례에 선형계획법이 어떻게 적용되었는지를 간략하게 간추려 보시오. 그리고 이를 통해 삼성 전자가 얻은 경제적, 비경제적인 이익에 대해 서술하시오.

5.21 Nutri-Jenny사는 체중관리 회사이다. 이 회사는 고객을 위한 다양한 종류의 냉동식품을 생산하고 있다. 고객이 균형 잡힌 영양을 취할 수 있도록 음식에 들어가는 영양소에 대하여 철저히 관리한다. 새로운 음식인 beef sirloin tips dinner가 있다. 이 음식의 재료는 소고기, 고기소스, 완두콩, 당근, 빵이다. Nutri-Jenny사는 비용이 가능한 적게 들면서 영양소의 필요량을 만족하는 각 재료의 양을 결정하려고 한다. 각 재료의 영양소에 대한 정보와 원가는 다음 표에 있다.

품목	열량 (oz)	지방 열량 (oz)	비타민A (IU/oz)	비타민C (mg/oz)	단백질 (gr/oz)	비용 (센트/oz)
소고기	54	19	0	0	8	40
고기소스	20	15	0	1	0	35
완두콩	15	0	15	3	1	15
당근	8	0	350	1	1	18
빵	40	10	0	0	1	10

음식에 필요한 영양소는 다음을 만족해야 한다. ① 열량은 280cal와 320cal 사이여야 한다. ② 음식 재료의 지방으로부터 얻는 열량은 총열량의 30%를 초과해서는 안 된다. ③ 음식에 적어도 비타민A 600IU, 비타민C 10mg, 단백질 30g이 들어가야 한다. 다른 이유로 적어도 2oz의 소고기가 들어가야 하며, 소고기 1oz에 0.5oz의 고기소스가 들어가야 한다.

a. 이 문제를 스프레드시트에 선형계획모형으로 정립하고 푸시오.
AS b. Analytic Solver를 사용하여 스프레드시트에 문제를 모델링하고 푸시오.
c. 같은 모형을 대수적으로 정립하시오.

5.22 Ralph Edmund는 스테이크와 감자를 좋아한다. 그래서 모든 식사에 두 가지 음식만을(음료와 비타민 보충제는 따로 섭취하면서) 먹기로 하였다. Ralph는 이렇게 먹는 것이 건강한 식생활이 아니라는 것을 알고 있기 때문에, 주요 영양소 섭취를 위해 두 가지 음식의 적정량을

먹으려고 한다. 그는 다음 표와 같은 영양소와 원가 정보를 얻었다.

	섭취당 영양소의 양		
영양소	스테이크	감자	일일 필요량
탄수화물	5	15	≥50g
단백질	20	5	≥40g
지방	15	2	≤60g
원가	4달러	2달러	

Ralph는 최소의 비용으로 필요한 영양소를 만족하는 스테이크와 감자의 섭취단위를 결정하고자 한다.

a. 의사결정 사항, 제약조건, 그리고 전체 성과척도를 구두로 설명하시오.
b. 이렇게 말로 표현한 제약조건과 전체 성과척도를 자료와 의사결정을 이용하여 정량적으로 표현하시오.
c. 이 문제를 스프레드시트에 선형계획모형으로 수립하고 푸시오.
d. 같은 모형을 대수적으로 수립하시오.
e. 도해법으로 이 모형을 푸시오.

5.23 Dwight는 부수입을 위해서 돼지를 기르는 초등학교 교사이다. 그는 돼지에게 무엇을 먹일지를 결정하려 한다. 그는 동네에서 살 수 있는 두 가지 종류의 돼지 사료를 섞으려고 한다. 그는 돼지가 적절한 열량과 비타민을 섭취하게 하면서 최소의 비용이 되기를 원한다. 각 사료의 비용, 열량, 비타민 함유량은 다음 표에 있다.

성분	사료형태 A	사료형태 B
열량(파운드당)	800	1,000
비타민(파운드당)	140단위	70단위
비용(파운드당)	40센트	80센트

돼지 1마리는 하루에 적어도 8,000cal와 700단위의 비타민을 섭취해야 한다. A형태의 사료에는 너무 많이 먹으면 해가 되는 성분이 있으므로 먹는 총량의 1/3을 초과하면 안 된다.

a. 의사결정 사항, 제약조건, 그리고 전체 성과척도를 구두로 설명하시오.
b. 이렇게 말로 표현한 제약조건과 전체 성과척도를 자료와 의사결정을 이용하여 정량적으로 표현하시오.
c. 이 문제를 스프레드시트에 선형계획모형으로 수립하고 푸시오.
d. 같은 모형을 대수적으로 수립하시오.

5.24 5.7절에 기술된 Profit & Gambit사 문제를 재고해보자. 〈표 5-2〉에서 주어졌던 추정데이터가 다음 표와 같이 변경되었다.

	광고 단위당 판매액 증가비율		
제품	TV	인쇄매체	최소요구 증가비율
얼룩제거제	0%	1.5%	3%
액상세제	3%	4%	18%
분말세제	−1%	2%	4%
단위비용	100만 달러	200만 달러	

a. 이 문제를 변경된 값에 맞게 스프레드시트에 선형계획모형으로 수립하고 푸시오.
b. 같은 모형을 대수적으로 수립하시오.
c. 도해법으로 이 모형을 푸시오.
d. 최적해에 답을 하기 위해서 원래 있었던 값 중 데이터의 변화를 가져온 주요한 내용은 무엇인가?
e. Profit & Gambit사의 경영진에게 보고할 한 단락 정도의 보고서를 위에서 나온 결론을 토대로 정리하고, 위 표의 주요한 데이터로 좀더 상세한 논의를 해보시오.

5.25 대수식 형태의 선형계획법 모델이 다음과 같이 주어져 있고, x_1과 x_2가 다음과 같은 변수들을 가지고 있다.

최소화　　비용 $= 40x_1 + 50x_2$

제약조건

$$2x_1 + 3x_2 \geq 30$$
$$x_1 + x_2 \geq 12$$
$$2x_1 + x_2 \geq 20$$
$$x_1 \geq 0 \qquad x_2 \geq 0$$

a. 도해법으로 이 모형을 푸시오.
b. 만약 목적함수가 '비용 $= 40x_1 + 70x_2$'로 바뀌면 최적해는 어떻게 변하는가?
c. 만약 세 번째 함수 형태 제약식이 '$2x_1 + x_2 \geq 15$'로 바뀌면 최적해는 어떻게 변하는가?
d. 원래 문제를 스프레드시트에 수립하고 해찾기를 사용하여 푸시오.
e. 엑셀을 사용하여 b와 c에 다시 답하시오.

5.26 Learning Center는 여름 동안 6살에서 10살까지의 어린이를 위한 하루 일정의 캠프를 운영한다. 관리자인 Elizabeth Reed는 캠프의 참가비를 인상하지 않기 위해서 센터의 운영비를 줄이려고 한다. Elizabeth는 현재 어린이들의 점심으로 무엇을 줄 것인지 계획하고 있다. 그녀는 비용을 최소로 하고 어린이의 필요 영양소를 만족시키려 한다.

그녀는 땅콩버터와 젤리 샌드위치, 사과, 우유 또는 크랜베리 주스를 점심 메뉴로 결정했다. 각 음식의 영양분 함유량과 비용은 다음의 표에 주어져 있다.

음식항목	지방 열량	총열량	비타민C (mg)	섬유질 (g)	비용 (센트)
빵(1쪽)	15	80	0	4	6
땅콩버터(1티스푼)	80	100	0	0	5
젤리	0	70	4	3	8
사과	0	90	6	10	35
우유(1컵)	60	120	2	0	20
주스	0	110	80	1	40

필요한 영양소는 다음과 같다. 각 어린이는 300cal에서 500cal 사이의 열량을 섭취해야 하나, 지방으로부터 섭취하는 칼로리는 총칼로리의 30%를 초과하면 안 된다. 어린이는 적어도 60mg의 비타민C와 10g의 섬유질을 섭취해야 한다.

맛있는 샌드위치를 만들기 위해, 1명의 어린이에게 최소한 2쪽의 빵, 땅콩버터 1티스푼, 젤리 1스푼이 주어져야 하며 적어도 1컵의 음료수(우유나 크랜베리 주스)도 제공되어야 한다.

Elizabeth는 모든 요구조건을 만족하면서 비용을 최소화하는 점심을 제공하려 한다.

a. 이 문제를 위한 선형계획모형을 스프레드시트에 수립하고 푸시오.

b. 같은 모형을 대수적으로 수립하시오.

통합사례 5-1: 자동차 조립

대형 자동차 제조회사인 Automobile Alliance사는 자사가 생산하는 자동차들을 3개의 계열로 묶었다. 트럭 계열, 소형승용차 계열, 중형 및 고급 승용차 계열. 미시간주의 디트로이트에 위치한 한 공장은 중형 및 고급 승용차 계열 중 두 가지의 모델을 생산한다. 첫 번째 모델인 Family Thrillseeker는 비닐천 의자커버와 플라스틱 인테리어, 표준형 구조와 훌륭한 연비를 갖춘 문 4개짜리 승용차이다. 이 제품은 예산이 빠듯한 중류층 가정에 적당한 제품으로, 한 대당 회사에 3,600달러의 이익을 가져다주었다. 두 번째 모델인 Classy Cruiser는 가죽 의자커버와 나무 인테리어, 고객맞춤형 구조, 그리고 내비게이션 기능 등을 갖춘 문 2개짜리 고급 승용차이다. 이 자동차는 중상층의 가정의 풍요와의 특권으로 상징되며, 한 대당 5,400달러의 높은 이익을 창출한다.

조립공장의 공장장인 Rachel Rosencrantz은 다음 달 생산계획을 결정하고자 한다. 특별히 그녀는 공장의 이익을 극대화하기 위해 공장에서 얼마나 많은 Family Thrillseeker와 Classy Cruiser를 조립, 생산해야 하는지를 결정해야 한다. 그녀는 공장이 한 달에 4만8,000 노동시간의 능력을 갖고 있다고 알고 있다. 그녀는 또한, 한 대의 Family Thrillseeker를 조립하기 위해서는 6시간이, 한 대의 Classy Cruiser를 조립하기 위해서는 10.5시간의 노동력이 필요하다는 것을 안다.

공장은 단순히 조립공장이기 때문에 두 모델의 조립에 필요한 부품들은 그 공장에서 생산하지 않는다. 그 대신에 그 부품들은 미시간 주위의 다른 공장으로부터 배송 받고 있다. 타이어, 운전대, 창문, 의자, 문 등 모두를 여러 부품 공장으로부터 배송 받는다. 다음달에는 자동차 문 공급업자에게 2만 개의 문을 주문할 것이다. 최근에 해당 문 공급업체 노조원이 며칠간 파업을 했기 때문에 다음달에 생산계획에 맞추어 생산하지 못할 것이다. Family Thrillseeker와 Classy Cruiser는 모두 똑같은 자동차 문 부품을 사용한다.

게다가 최근에 서로 다른 자동차 모델의 월별 수요를 분석한 회사의 전망치는 Classy Cruiser의 수요가 3,500대로 제한될 것이라고 보고되었다. 조립공장 생산 능력 한계 내에서 Family Thrillseeker의 수요에는 제한이 없다.

a. 조립해야 할 Family Thrillseeker와 Classy Cruiser의 숫자를 결정하기 위해 선형계획모형을 수립하고 푸시오.

Rachel은 마지막 생산계획을 수립하기 전에 개별적으로 다음과 같은 질문들에 대해 조사하려고 계획했다.

b. 마케팅 부서는 다음달에 Classy Cruiser의 수요를 20% 끌어올리는 50만 달러 광고캠페인을 추진할 수 있다. 이 캠페인의 수행 여부를 결정하시오.

c. Rachel은 다음달의 공장 능력을 추가 근무 시행으로 25% 증가시킬 수 있다. 이 증가된 공장의 능력을 가지고 얼마나 많은 Family Thrillseeker와 Classy Cruiser가 조립될 수 있겠는지 논하시오.

d. Rachel은 시간외 추가 근무에 추가적인 임금이 필요하다는 것을 안다. 그녀가 정규시간 비율의 노동력 비용 이상으로 추가 노동비를 지불할 수 있는 최대량은 얼마일지 알아보시오.

e. Rachel은 광고캠페인과 추가 근무 모두를 사용하는 방안을 조사 중이다. 광고캠페인이 Classy Cruiser

의 수요를 20% 끌어올리고, 추가 근무는 공장의 노동 능력을 25% 올리게 된다. Classy Cruiser의 대당 판매수익이 Family Thrillseeker의 대당 판매이익보다 여전히 50% 많다고 하자. 이때 얼마나 많은 Family Thrillseeker와 Classy Cruiser를, 광고캠페인과 추가 근무를 사용하여 조립하여야 하는가?

f. 광고캠페인의 비용이 50만 달러이고, 추가 근무 비용이 160만 달러라면, a의 답과 비교하여 e의 해결책이 현명한 선택이었다고 볼 수 있는가?

g. Automobile Alliance사는 자동차 대리점에서 Family Thrillseeker를 팔기 위해서 대폭적인 가격 인하를 하기로 결정했다. 대리점들과의 이익계약 때문에 회사는 Family Thrillseekr의 판매로부터 3,600달러의 이익이 아니라 2,800달러의 이익을 가져오게 된다. Familly Thrillseeker와 Classy Cruiser가 이 새로운 가격인하로 인한 수익 하에서 각각 몇 대씩 조립되어야 하는지 결정하시오.

h. 회사는 조립 후에 Family Thrillseeker를 무작위로 테스트한 결과 품질 결함을 발견했다. 검사원은 테스트한 제품 중 60%가 4개의 문 중 2개에 마감이 적절하지 못함을 발견하였다. 무작위 테스트에 의해 결정된 Thrillseeker의 결함 비율이 높기 때문에 담당 반장은 모든 Thrillseeker의 생산라인 마지막에 품질 관리 테스트를 실행하기로 결정하였다. 테스트 절차가 추가되었기 때문에 Family Thrillseeker 조립에 걸리는 시간은 6시간에서 7.5시간으로 증가하였다. Family Thrillseeker를 위한 새 조립시간 안에 조립되어야 할 각 모델의 단위 숫자를 결정하시오.

i. Automobile Alliance사의 이사회는 고급 승용차 시장에서 더 많은 판매 우위를 차지하기를 원하기 때문에 Classy Cruiser의 최대한의 수요를 확보하고자 한다. 그들은 Rachel에게 a에서 확인한 이익과 비교하여 얼마나 많은 공장의 이익이 감소될 수 있는가를 결정해 보라고 요청했다. 그들은 만일 이익의 감소량이 200만 달러 이상이 아니라면 Classy Cruiser의 최대 수요에 맞추어 볼 것을 요청했다.

j. Rachel은 이제 f, g, h에서 기술한 새로운 고려사항들을 조합해서 최종결정을 내리려 한다. 광고 캠페인의 수행, 시간외 근무, 조립에서의 Family Thrillseeker와 Classy Cruiser의 숫자 등에 대한 그녀의 마지막 결정은 무엇이 되어야 하겠는가?

통합사례 5-2: 구내식당 비용 감소하기

All-State University의 구내식당에는 매주 목요일 정오에 제공되는 특별한 요리가 있다. 이 맛있는 요리는 볶은 양파, 삶은 얇게 썬 감자, 완두콩, 버섯 수프 크림이 들어 있는 캐서롤이다. 하지만 학생들은 이 요리의 특별함을 알아보지 못하고, 혐오스럽게 킬러 캐서롤이라고 부른다. 하지만 목요일 점심에 구내 식당의 메뉴는 많지 않기 때문에, 학생들은 마지못해 캐서롤을 먹는다.

구내식당 관리자인 Maria Gonzalez는 내년에 비용을 절감할 방법을 찾고 있으며, 비용을 절감하는 확실한 방법 중 하나는 더 저렴하고 아마도 더 낮은 품질의 재료를 구입하는 것이라고 생각한다. 캐서롤은 구내식당의 주요 메뉴이기 때문에, Maria는 캐서롤의 재료 비용을 절감할 수 있다면, 구내식당의 전체 운영 비용을 크게 줄일 수 있다고 결론을 내렸다. 따라서 그녀는 영양과 맛에 대한 요구 사항을 유지하면서, 캐서롤의 재료 비용을 최소화하는 방법을 찾기로 마음먹었다.

이때 Maria는 캐서롤의 주재료인 감자와 완두콩를 구입하는 비용을 줄이는 데 중점을 두고자 한다. 그 이유는 이 두 가지 재료가 요리의 가장 큰 비용인 동시에, 영양 성분과 맛을 결정하기 때문이다.

Maria는 매주 도매상에서 감자와 완두콩을 구입한다. 감자의 가격은 파운드(lb)당 $0.40이고 완두콩의 가격은 파운드당 $1.00이다.

All-State University는 구내식당의 각 메인 요리가 충족해야 하는 영양에 대한 요구 사항을 가지고 있다. 구체적으로 메인 요리 한 접시에는 단백질 180g, 철분 80mg, 비타민C 1,050mg이 들어 있어야 한다(lb는 454g이고, 1g은 1,000mg이다). 간단하게 계획할 수 있도록 Maria는 감자와 완두콩만이 캐서롤의 영양 성분에 영향을 미친다고 가정한다.

Maria는 감자와 완두콩의 영양 성분을 찾기 위해 인터넷에서 정보를 검색하였다. 검색 결과는 두 재료에 대한 다음과 같은 영양 정보를 산출한다(1oz는 28.35g이다).

	감자 (100g당)	완두콩 (10oz당)
단백질	1.5 g	5.67 g
철	0.3 mg	3.402 g
비타민 C	12 mg	12 mg

구내식당의 요리사 Edson Branner는 Maria에게 먹을 수 있는 캐서롤에는 감자와 완두콩의 무게가 적어도 6:5의 비율로 포함되어야 한다고 알려주었다.

구내식당에서 식사하는 학생 수를 감안할 때 Maria는 매주 최소 10kg의 캐서롤을 준비하기 위해 충분한 감자와 완두콩을 구입해야 한다(1kg에는 1,000g이 들어 있다). 다시 한 번 계획을 단순화하기 위해, 캐서롤의 양은 감자와 완두콩에 의해서만 결정된다고 가정한다. Maria는 남은 캐서롤을 다른 음식으로 만들 수 있기 때문에, Maria는 준비할 캐서롤 양의 상한을 정하지 않는다.

a. 영양, 맛 및 수요 요구 사항을 충족하면서 재료 비용을 최소화하기 위해 마리아가 캐서롤을 위해 매주 구매해야 하는 감자와 완두콩의 양을 결정하시오.

Maria는 최종 결정을 내리기 전에 달리 표시된 경우를 제외하고 다음 질문을 독립적으로 살펴볼 계획이다.

b. Maria는 캐서롤의 맛에 대해서는 별 관심이 없다. 그녀는 영양 요건 충족과 비용 절감에만 관심이 있다. 따라서 그녀는 Edson이 감자와 완두콩의 무게가 적어도 1:2 비율이 되게 하도록 레시피를 변경하게 하였다. 새로운 조리법이 주어질 때, Maria가 매주 구입해야 하는 감자와 완두콩의 양을 결정하시오.
c. Maria는 캐서롤에 들어가는 양파나, 버섯 수프 크림과 같은 다른 메뉴도 철분을 제공하기 때문에, 캐서롤의 철분 요구량을 65mg으로 낮추기로 결정하였다. 새로운 철분 요구량을 고려하여 Maria가 매주 구매해야 하는 감자와 완두콩의 양을 결정하시오.
d. Maria는 도매상에 남은 완두콩이 있어서 파운드당 $0.50라는 더 낮은 가격에 완두콩을 판매하고 있음을 알게 되었다. c의 철분 요구량과 새로운 완두콩 가격을 사용하여 Maria가 매주 구매해야 하는 감자와 완두콩의 양을 결정하시오.
e. Maria는 리마콩이 덜 비싸고 더 많은 양의 단백질과 철분을 제공하기 때문에 완두콩 대신 리마콩을 구매하기로 결정합니다. Maria는 Edson에게 캐서롤에 완두콩 대신 리마 콩을 사용하도록 요청한다. Maria는 도매상에서 리마 콩을 파운드당 $0.60에 구입할 수 있다. 그녀는 또한, 리마콩이 10온스당 22.68g의 단백질과 6.804mg의 철분을 함유하고 있지만 비타민 C는 함유하지 않는 다는 점도 알고 있다. 리마콩의 새로운 비용과 영양 성분을 사용하여 Maria가 영양과 맛 요구 사항을 충족하면서 재료 비용을 최소화하기 위해 매주 구매해야 하는 감자와 리마콩의 양을 결정하시오(영양 요구 사항에서는 파트 c의 감소된 철분 요구 사항을 가정한다).
f. Edson은 e의 솔루션에 만족할 것인가? 그 이유는 무엇인가?
g. All-State 학생 태스크 포스팀은 All-State University의 철분에 대한 영양 요구 사항이 너무 낮고, 비타민 C 요구량이 너무 높다고 판단하였다. 태스크포스는 대학이 메인 요리(캐서롤) 1회 제공량에 최소 120mg의 철분과 500mg의 비타민 C를 함유하도록 요구하였다. 감자와 리마콩을 요리 재료로 사용하고, 새로운 영양 요구 사항을 사용하여 마리아가 매주 구매해야 하는 감자와 리마콩의 양을 결정하시오.

통합사례 5-3: 콜센터 직원 일정 계획

California Children's Hospital의 혼란스럽고 분산되어 있는 예약 및 등록 프로세스는 고객들의 많은 불만을 발생시켰다. 환자가 예약을 하거나, 어린이 환자를 등록하려면 해당 진료과에 연락해야 한다. 이러한 현재의 방식에는 몇 가지 문제가 있다. 우선 부모들은 자녀의 질병을 치료하기 위해 방문해야 하는 가장 적절한 진료과를 잘 알지 못한다. 따라서 그들은 자녀에게 맞는 진료과를 찾을 때까지, 이 진료과에서 저 진료과로 전화를 연결하는 데 상당한 시간을 보내게 된다. 또 병원은 일부 진료과의 전화번호를 공개하지 않기 때문에, 부모는 해당 진료과의 전화번호를 찾기 위해 많은 시간을 투자해야 한다. 마지막으로 다양한 진료 사이에는 의사소통이 원활하지 않다. 예를 들어, 의사가 다른 진료과의 동료 의사에게 환자를 의뢰할 때, 해당 진료과에서는 관련된 소식을 거의 받지 못한다. 때문에 그 때 마다, 부모는 올바른 진료과에 연락하여, 필요한 환자 정보를 제공해야 한다.

예약 및 등록 프로세스를 재설계하고 개선하기 위한 노력의 일환으로, 병원은 예약 및 등록을 전담하는 콜센터를 설립하여 관련 프로세스를 중앙 집중화하기로 결정했다. 병원은 현재 콜센터 기획 단계에 있다. 병원장 Lenny Davis는 평일 오전 7시부터 오후 9시까지 콜센터를 운영할 계획이다.

몇 달 전, 병원은 야심 찬 경영 컨설팅 회사인 Creative Chaos Consultants를 고용하여 하루 중 매시간 콜센터에 걸려오는 전화 수를 예측했다. 모든 예약 및 등록 관련 전화는 콜센터에서 수신하므로, 컨설턴트는 모든 진료과에서 수신한 예약 및 등록 관련 전화 수를 더해 콜센터의 통화를 예측하였다. 팀원들은 모든 진료과를 방문하여 약속 및 등록과 관련된 모든 통화를 녹음하였다. 이후 수집한 통화를 합산하고, 데이터 수집 중에 발생한 부재중 통화를 반영하기 위해 데이터를 수정하였다. 그들은 또한, 기존의 혼란스러운 예약 및 등록 과정 때문에 발생한 중복 통화를 고려하기 위해, 데이터를 다시 한번 수정하였다. 이렇게 계산된, 주중 콜센터에 걸려오는 시간당 결려오는 전화 평균 수는 아래 표와 같다.

근무 조	시간당 결려오는 전화 평균 수
오전 7~9시	40
오전 9~11시	85
오전 11시~ 오후 1시	70
오후 1~3시	95
오후 3~5시	80
오후 5~7시	35
오후 7~9시	10

컨설턴트가 이러한 예측을 한 후 Lenny는 병원에 많은 스페인어를 사용하는 환자가 방문하기 때문에 스페인어 사용자의 통화 비율에도 관심을 갖게 되었다. Lenny는 이를 위해 스페인어가 가능한 콜센터 직원을 고용해야 한다는 것을 알고 있다. 컨설턴트는 추가적인 데이터 수집을 통해, 평균적으로 통화의 20%가 스페인어 사용자로부터 온 것이라고 판단했다.

이를 감안할 때, 이제 Lenny는 주중에 2시간의 교대 근무 시간을 가지는 콜센터 직원 인력 계획을 결정해야 한다. 프로젝트 동안 Creative Chaos Consultants는 진료과의 전화 응대 직원을 관찰하고, 그들이 시간당 처리하는 통화가 6통임을 계산하였다. 또한, Lenny는 콜센터에 정규직과 비정규직을 모두 고용할 수 있다. 정규직은 하루 8시간의 근무 시간 중 4시간은 서류 업무를 4시간은 전화 응대 업무를 수행한다. 이 때 근무의 균형을 맞추기 위해, 정규직은 전화 응대와 서류 작업을 2시간씩 번갈아 가며 수행한다. 즉, 정규직은 첫 교대조에서 전화 응대를 하거나, 서류 작업을 선택할 수 있다. 정규직은 스페인어나 영어 중 1개의 언어를 구사할 수 있다(단 두 언어를 모두 구사하는 정규직은 없다). 스페인어가 가능한 직원과 영어를 구사하는 직원은 오후 5시 이전 까지는 시간당 $15을 받고, 오후 5시 이후 부터는 시간당 $18를 받는다. 정규직 직원은 오전 7시에서 오전 9시 근무조, 오전 9시에서 오전 11시 근무조, 오전 11시에서 오후 1시 근무조 또는 오후 1시에서 오후 3시 근무조에서 근무를 시작할 수 있다. 비정규직은 4시간 동안 전화 응대를 하며, 영어 전화만 응대할 수 있다. 이들은 오후 3시~오후 5시 근무조 또는 오후 5시~오후 7시 근무조에서 일을 시작할 수 있으며 정규직과 마찬가지로 오후 5시 이전 근무 시 시간당 $15, 오후 5시 이후 근무 시 시간당 $18을 받는다.

직원이 전화를 받는 데 소비하는 시간에 대한 인건비만을 고려할 것이다. 서류 작업 시간에 대한 비용은 다른 비용 항목에 청구된다(여기서는 고려하지 않는다).

a. 병원에서 모든 전화를 처리하기 위해 콜센터에 몇 명의 스페인어 가능 직원과 영어 가능 직원을 고용해야 하는가? 사람은 나눠질 수 없기 때문에, 정수로 된 해를 구하시오.

b. Lenny는 스페인어를 구사하는 정규직과 영어를 구사하는 정규직, 그리고 비정규직 직원의 수를 결정해야 한다. Creative Chaos Consultants는 그에게 선형 프로그래밍을 사용하여 모든 전화에 응답하면서 운영 비용을 최소화하는 방식으로 이를 수행할 수 있다고 조언하였다. 이 문제의 선형 프로그래밍 모델 세우시오.

c. b에서 세운 선형 프로그래밍 모델에 대한 최적해를 구하시오.

d. 정규직은 저녁 늦게까지 일하는 것을 원하지 않기 때문에, Lenny는 오후 1시에서 오후 3시 근무조에 일을 시작하려는 영어가 가능한 직원을 한 명만 찾을 수 있었다. 이를 감안할 때 Lenny는 모든 전화에 응답하면서 운영 비용을 최소화하기 위해 각 교대조에 대해 영어를 구사하는 정규직과 스페인어를 구사하는 정규직, 그리고 비정규직을 몇 명이나 고용해야 하는가?

e. Lenny는 영어와 스페인어를 모두 구사할 수 있는 정규직을 고용하는 안에 대해 조사하기로 결정했다. 만약, 모든 정규직이 영어와 스페인어 모두를 구사하는 경우 모든 전화에 응답하기 위해 각 2시간 근무 시간 동안 몇 명의 직원이 근무해야 하는가? a에서와 같이 정수로 응답하시오.

f. 만약 모든 직원(정규직과 비정규직)이 영어와 스페인어를 모두 구사하는 경우, 모든 전화에 응답하면서 운영

비용을 최소화하기 위해, 각 교대조에서 몇 명의 정규직과 비정규직을 고용해야 하는가? b에서와 같이 선형 프로그래밍 모델을 세우고, 그 최적해를 구하시오.

g. Lenny가 총운영비용을 늘리지 않는 선에서, 영어 혹은 스페인어만 구사할 수 있는 직원보다 영어와 스페인어를 모두 구사할 수 있는 직원에게 지불할 수 있는 시간당 임금의 최대 인상률은 얼마인가?

h. 서비스를 개선하거나 운영 비용을 최소화하기 위해, Lenny가 고려해야 하는 콜센터의 다른 요소는 무엇인가?

출처: 이 사례는 스탠포드 대학의 경영과학 및 공학과에서 석사 과정 학생 팀이 완료한 실제 프로젝트를 기반으로 한다.

선형계획법: 모형 수립과 응용

6 CHAPTER

학습목표: 6장을 학습한 후에는,

1. 선형계획법이 적용될 수 있는 다양한 종류의 경영 문제를 인식할 수 있어야 한다.
2. 다섯 가지 주요 유형의 선형계획법 문제와 각각의 식별 특성을 설명할 수 있어야 한다.
3. 각 유형에 해당하는 문제에 대한 설명으로부터 선형계획법 모형을 수립할 수 있어야 한다.
4. 자원제약식과 이익제약식의 차이점과 그 차이점이 어떻게 발생되는지 설명할 수 있어야 한다.
5. 고정요구량 제약식을 설명하고 그것이 어디서 발생하는지 설명할 수 있어야 한다.
6. 선형계획법 스프레드시트 모형에서 사용되는 목표셀과 출력셀을 엑셀 함수로 표시할 수 있어야 한다.
7. 선형계획법 모형의 네 가지 구성요소와 각 요소를 나타내기 위해 사용되는 스프레드시트 셀의 종류를 알 수 있어야 한다.
8. 선형계획법 모형에 포함될 수 있는 주요 고려 사항들을 관리자가 유연하게 정할 수 있다는 것을 이해해야 한다.

5장에서는 선형계획법의 기본 개념을 소개하였지만, 두 개의 작은 예제(5.1절의 Wyndor 사례연구와 5.7절의 Profit & Gambit 문제)만 고려하였다. 이는 단지 선형계획법이라는 기법의 위대한 힘과 다재다능함을 설명하는 시작에 불과하다. 이 장에서는 여러 가지 다른 종류의 선형계획법 문제를 설명하고 해당 실례를 보여줌으로써 선형계획법의 엄청난 응용 잠재성을 상당히 크게 확장할 것이다. 또한, 이 장 마지막에 소개되는 다섯 개의 (해가 주어진) 학습문제를 통해 다양한 예제가 보충될 것이다.

선형계획문제는 여러 모습으로 나타나며, 그 모형도 여러 형태를 지닌다. 이러한 다양성 때문에 학생과 관리자 모두 혼란스러울 수 있어서, 경영 문제를 설명할 때 언제 선형계획법이 적용될 수 있는지 파악하기 어렵게 한다. 경영과학의 연구를 촉발시키는 관리자에게 있어서 선형계획법의 적용 가능성을 인지할 수 있는 능력은 중요한 경영 기술이다. 이 장은 주로 이러한 기술을 개발하는 데 역점을 둔다.

이러한 기술을 가르치는 보통의 교과서적인 접근 방법은 선형계획법 응용사례에 대한 다양한 예제를 보여주는 것이다. 이 방법의 단점은 응용사례들 간의 공통된 맥락보다는 차이점을 강조한다는 것이다. 이 교재의 접근 방법은 공통된 맥락, 즉 **식별 특성**identifying feature을 강조할 것이다. 식별 특성은 선형계획문제가 아주 다른 상황에서 발생되더라도 이를 같은 종류의 선형계획문제로 묶는다. 이제 선형계획법 문제의 몇 가지 넓은 범주를 설명하고, 각 범주를 특징지을 수 있는 식별 특성에 대해 설명할 것이다. 다양한 예제를 사용할 텐데, 예제들 간의 공통적인 맥락을 나타내고 강조하기 위한 목적으로 사용된다.

우리는 선형계획문제의 다음 다섯 가지 주요 범주에 대해 초점을 맞출 것이다.

- 자원배분문제resource-allocation problem
- 비용-이익 절충문제cost-benefit-trade-off problem
- 혼합문제mixed problem
- 수송문제transportation problem
- 할당문제assignment problem

경우마다 중요한 식별 특성은 어떤 의사결정이 내려질 때 나타나는 제약의 본질과 이를 선형계획모형에서 표현하는 함수제약식의 특징이다. 범주별로 어떤 문제에 대하여 어떻게 기본자료를 가지고 특정한 형태를 갖는 선형계획모형을 바로 유도하는지를 알게 될 것이다. 따라서 모형 수립은 적절한 문제 정립 과정의 하나의 부산물로 볼 수 있다.

이 장은 어떤 선형계획법 문제의 모형을 수립하고 해결하는 체계적인 절차를 설명하는 사례연구(6.1절)로 시작한다. 6.2절은 사례연구의 초기 버전이 자원배분문제의 한 예제가 되는 이유를 지적한다. 그리고 이 문제가 추가적인 경영상의 고려 사항 때문에 혼합문제로 변하는 사례연구를 6.4절에서 다룬다.

6.2절에서 6.6절까지는 다섯 가지 유형의 선형계획문제를 차례로 다룬다. (6.4절에서는 고정요구량문제라는 또 다른 범주의 문제를 간략히 소개하는데, 이 범주는 6.5절과 6.6절에서 고려되는 더 구체적인 범주들에 대한 틀을 제공한다.) 6.7절은 관리자의 관점에서 선형계획모형 수립에 대해서 보다 광범위한 관찰을 하게 된다. 이 절은 (6.4절에 이어) 문제에 대한 관리자의 견해가 정확하게 반영되도록 모형화하는 것이 중요하다는 것을 강조한다. 또한, 중요한 고려 사항에 대한 관리자의 견해에 가장 들어 맞는 모형을 얻기 위해서 관리자가 취할 수 있는 유연성에 대해서 설명한다.

6.1 사례연구: Super Grain사의 광고배정문제

Super Grain사의 마케팅 담당 부사장인 Claire Syverson은 이미 포화 상태인 아침식사용 시리얼 시장에 어떻게 침투할 수 있을지에 대한 큰 방법을 찾아야 하는 어려운 도전에 직면해 있다. 다행히도 회사의 새로운 시리얼인 Crunchy Start는 좋은 맛, 풍부한 영양소, 바삭함이 오래 간다는 장점이 있다. 그녀는 취침 전에 이길 수 있는 광고를 만들어야 한다고 기도를 한다.

그러나 Claire는 지난번 아침식사 시리얼 광고캠페인에서 자신이 했던 실수를 반드시 피해야 하는 것을 알고 있다. 그 광고캠페인은 그녀의 승진 직후 첫 번째 큰 과제였는데, 재앙이 되어버렸다. 상당히 좋은 캠페인을 만들었다고 생각했으나 시장에서 가장 중요한 부분, 즉 어린이와 그 어린이의 부모를 사로잡는 데는 실패했다. 또한, 광고에 쿠폰을 포함시키지 않은 것도 실수였다고 생각했다.

이번에는 제대로 일을 수행해야 한다. 회사의 대표인 David Sloan은 그녀에게 Crunchy Start의 성공이 회사의 장래에 얼마나 중요한지를 강조하였다. 그녀는 대표가 어떻게 대화를 끝냈는지 정확히 기억하고 있다. "회사의 주주들이 불만족스러워 하고 있네. 우리는 다시 수익을 창출해야만 해." Claire는 전에도 이런 말을 가끔 듣기는 했지만 이번에는 그것이 얼마나 절박한지를 대표의 눈을 통해 알 수 있었다.

Claire는 계획을 수립하는 데 스프레드시트를 종종 사용한다. 그녀는 경영대학 경영과학과 비즈니스 분석 수업을 통해서 스프레드시트 모형의 유용성을 잘 알고 있었다. 지난 번 캠페인에서 스프레드시트 모형을 적극적으로 사용하지 않은 것을 후회하고, 다시는 이러한 실수를 반복하지 않을 것을 결심하였다. 이제 스프레드시트 모형을 만들기 위해 주의 깊게 문제를 검토하고 모형화할 시점이 되었다.

문제

Claire는 Crunchy Start에 대한 최대의 광고 노출을 달성하기 위한 전국적인 판매촉진 캠페인의 설계를 돕기 위하여, 주요 광고회사인 Giacomi & Jackowitz를 이미 고용하였다. Super Grain사는 100만 달러를 초과하지 않는 범위에서 광고회사에 광고기획비용을 지불하기로 하고, 추가로 400만 달러의 광고비를 책정하였다.

Giacomi & Jackowitz사는 이 제품 광고에 효과적인 세 가지 광고매체를 선정하였다.

매체 1: 어린이를 위한 토요일 아침 프로그램의 TV광고
매체 2: 다양한 소셜 미디어 광고
매체 3: 주요 일간지 일요일판 광고

문제는 가장 효과적인 광고 배분의 결과를 얻기 위해 위와 같은 광고 활동(매체)마다 어느 수준(광고 횟수)을 선택할 것인지를 결정하는 것이다.

이러한 특정 광고 문제에 대해서 최적의 활동수준을 얻기 위해서는, 문제에 대한 전체 성과척도와 이 척도에 대해 각 활동의 기여도를 확인해야 한다. Super Grain사의 궁극적인 목표는 이익을 최대화하는 것이지만, 광고 노출과 이익을 직접 연관 짓기는 어렵다. 그러므로 이익에 대한 대용 척도로, Claire는 광고의 기대 노출을 전체 성과척도로 사용하기로 하였다. 여기서 한 사람이 하나의 광고를 보는 것을 한 번의 노출로 계산한다.

Giacomi & Jackowitz사는 세 가지 매체에 광고하기 위한 사전 계획을 수립하였다. 이 회사는 〈표 6-1〉의 마지막 행에 주어진 것과 같이 각 매체에 대해서 광고당 노출의 기대치를 추정하였다.

〈표 6-1〉 Super Grain사 광고혼합문제에 대한 비용 및 노출 자료

비용 항목	광고당 비용		
	TV광고	소셜 미디어 광고	일요일 신문광고
광고예산	300,000달러	150,000달러	100,000달러
기획예산	90,000달러	30,000달러	40,000달러
기대 노출 횟수	1,300,000회	600,000회	500,000회

매체별로 진행할 수 있는 광고 횟수는 광고예산(최대 400만 달러)과 기획예산(Giacomi & Jackowitz사에 지급할 최대 100만 달러의 비용)으로 인해 제한이 있다. 또 다른 제약은 판매 촉진 캠페인 기간 동안의 토요일 아침 어린이 TV 프로그램에 대한 광고는 5회만 할 수 있다는 것이다. (다른 두 매체는 이러한 제한이 없다).

결과적으로 이 문제에 대한 세 가지 자원은 다음과 같다.

자원 1: 광고예산 (400만 달러)
자원 2: 기획예산 (100만 달러)
자원 3: TV 광고 횟수 (5회)

〈표 6-1〉은 각 매체에 대해 광고당 얼만큼의 광고예산과 기획예산을 사용하는지를 보여주고 있다.

- 첫 번째 행은 매체별 광고당 비용이 주어져 있다.
- 두 번째 행은 매체별로 Giacomi & Jackowitz사가 각각의 광고를 설계하고 제작하는 데 들어가는 총비용에 대한 추정치를 보여준다[1](Super Grain사에 청구되는 비용).
- 마지막 행은 광고당 기대 노출값을 보여준다.

문제 분석

Claire는 이 문제에 대한 선형계획모형을 스프레드시트에 수립하고 해를 구하기로 하였다. 5.2절의 끝 부분에 요약된 모형 수립 절차를 따르면 된다. 일반적인 선형계획모형과 마찬가지로 이 모형도 네 가지 요소를 가지고 있다.

1. 자료

[1] Giacomi & Jackowitz사가 이러한 추정치를 얻는 데는 두 가지를 가정한다. 하나는 어느 매체에 광고를 하나 추가로 설계하고 제작하는 비용은 해당 매체의 첫 번째 광고 때와 거의 같다는 것이다. 두 번째로는 어느 매체에 대한 광고 설계 및 제작 비용은 다른 매체에 대한 광고 설계 및 제작과 상관없이 결정된다는 것이다.

2. 결정변수
3. 제약조건
4. 성과척도

스프레드시트는 위의 요소별로 다음과 같은 셀을 갖도록 구성되어야 한다. (스프레드시트 모형의 네 가지 구성요소에 대해 네 가지 종류의 셀이 필요하다.)

자료 → 자료셀
결정변수 → 변수셀
제약조건 → 출력셀
성과척도 → 목표셀

〈그림 6-1〉은 Claire가 수립한 스프레드시트 모형을 보여주고 있다. 모형에 대한 각각의 요소를 살펴보면서 모형이 어떻게 만들어졌는지 알아보자.

자료

스프레드시트 모형을 작성할 때 자료셀의 위치를 어디로 할지를 가장 먼저 결정하는 것이 좋다. 대부분의 자료셀은 일반적으로 스프레드시트의 좌상단에 위치한다. 나머지 모형의 구조는 자료셀의 구조를 따라가면 된다. 일부 또는 모든 자료가 잘 구성된 표로부터 얻어진다면, 해당 표의 구조를 유지하면서 자료를 스프레드시트에 삽입할 때 스프레드시트의 명확성이 일반적으로 향상된다.

이러한 가이드라인을 따라서, Claire는 〈표 6-1〉의 정보를 담기 위해 C4:E4와 C8:E9를 자료셀로 선택하였다(단위는 1,000달러). 각 자료셀은 다음과 같이 이름이 주어졌다. ExposuresPerAd(C4:E4), CostPerAd(C8:E9), BudgetAvailable(H8:H9), MaxTVSpots(C15).

이 문제에 대한 또 다른 관련 자료는 앞서 주어진 세 가지 자원의 가용량 정보이다(광고예산, 광고기획예산, 가용광고횟수). Claire는 이 정보를 담기 위한 자료셀의 위치를 잠시 뒤에 추가될 제약식에 맞도록 정하였다(H8:H9, C15).

결정변수

이 문제는 Giacomi & Jackowitz사에 의해 선정된 매체별로 가장 효과적인 광고배분을 결정하는 것으로 정의된다. 따라서 세 가지의 결정변수가 있다.

결정변수 1: TV = TV 광고 횟수
결정변수 2: SM = 소셜 미디어 광고 횟수
결정변수 3: SS = 일요일판 신문 광고 횟수

자료셀의 위치는 매체별로 C, D, E열을 사용하기로 결정되어 있다. 따라서 이러한 결정을

〈그림 6-1〉 Super Grain사 문제(6.1절)의 스프레드시트 모형

	A	B	C	D	E	F	G	H
1	Super Grain Corp. Advertising-Mix Problem							
2								
3			TV Spots	Social Media Ads	SS Ads			
4		Exposures per Ad	1,300	600	500			
5		(thousands)						
6						Budget		Budget
7				Cost per Ad ($thousands)		Spent		Available
8		Ad Budget	300	150	100	4,000	≤	4,000
9		Planning Budget	90	30	40	1,000	≤	1,000
10								
11								Total Exposures
12			TV Spots	Social Media Ads	SS Ads			(thousands)
13		Number of Ads	0	20	10			17,000
14			≤					
15		Max TV Spots	5					

Solver Parameters

Set Objective Cell: TotalExposures
To: Max
By Changing Variable Cells:
NumberOfAds
Subject to the Constraints:
BudgetSpent <= BudgetAvailable
TVSpots <= MaxTVSpots

Solver Options:
Make Variables Nonnegative
Solving Method: Simplex LP

	F
6	Budget
7	Spent
8	=SUMPRODUCT(C8:E8,NumberOfAds)
9	=SUMPRODUCT(C9:E9,NumberOfAds)

	H
11	Total Exposures
12	(thousands)
13	=SUMPRODUCT(ExposuresPerAd,NumberOfAds)

Range Name	Cells
BudgetAvailable	H8: H9
BudgetSpent	F8: F9
CostPerAd	C8: E9
ExposuresPerAd	C4: E4
MaxTVSpots	C15
NumberOfAds	C13: E13
TotalExposures	H13
TVSpots	C13

유지하기 위해 변수셀은 해당 열의 13번째 행에 위치한다.

TV → C13셀 SM → D13셀 SS → E13셀

이 변수셀은 범위명 NumberOfAds(C13:E13)란 이름으로 참조된다.

제약조건

변수셀은 비음nonnegative이어야 한다. 또한, 세 가지 자원에 대한 제약조건도 필요하다. 처음 두 자원은 광고예산과 기획예산이다. 두 자원의 자료는 이미 자료셀 8, 9행에 위치하고 있기 때문에, 이 예산과 관련된 제약식도 동일한 행에 나타나야 한다. 이 두 예산으로부터 사용된 양은 BudgetSpent(F8:F9) 범위에 표시되고, 두 예산의 가용한 양이 자료셀

BudgetAvailable(H8:H9) 범위에 표시된다. G열에 부등호 ≤가 입력되면 해당 제약식은 다음과 같다.

총광고비용 ≤ 4,000 (광고예산. 단위: 1,000달러)
총기획비용 ≤ 1,000 (기획예산. 단위: 1,000달러)

각 자원에 대한 C, D, E열의 자료를 사용하면 각 총비용은 다음과 같다.

총광고비용 = 300TV + 150SM + 100SS
총기획비용 = 90TV + 30SM + 40SS

위 식 우변의 곱의 합은 〈그림 6-1〉의 오른쪽 아래와 같이 출력셀 BudgetSpent(F8:F9)에 SUMPRODUCT 함수를 사용하여 입력된다. 이 출력셀의 오른쪽에 입력되어 있는 부등호 ≤는 표시만 한 것이지만(변수셀에는 부등호를 위반하는 임의의 해가 입력될 수도 있다), 해찾기 대화상자에 제약조건을 입력할 때 같은 부등호 ≤를 사용하기 위한 알림 역할을 한다.

3번째 자원은 TV광고 횟수이며 최대 5회 구매가 가능하다. 광고의 횟수가 변수셀 중의 하나인 C13에 입력되어 있다. 이 셀은 제약식으로 사용되기 때문에 그 셀 이름을 TVSpots(C13)으로 한다. 가용한 최대 TV 광고 횟수는 자료셀 MaxTVSpots(C15)에 있다. 따라서 필요한 제약조건은 TVSpots≤MaxTVSpots이다.

성과척도

Claire는 전체 성과의 척도로서 광고의 노출에 대한 기대치를 사용하고 있다. 따라서

노출 = 모든 광고로부터 노출(단위: 1,000)에 대한 기대치

자료셀 ExposuresPerAd(C4:E4)는 매체별 광고당 노출(단위: 1,000)에 대한 기대치를 제공한다. 변수셀 NumberOfAds(C13:E13)은 매체별 광고 횟수를 나타낸다. 따라서

노출 = 1,300TV + 600SM + 500SS
= SUMPRODUCT(ExposurePerAd, NumberOfAds)

는 목표셀 TotalExposures(H13)에 입력되어야 하는 수식이다.

모형 수립 요약

모형의 네 요소에 대한 위와 같은 분석을 통해 스프레드시트에 다음과 같은 선형계획모형(대수적인 형태)을 수립하였다.

최대화 노출 = 1,300TV + 600SM + 500SS

제약조건

광고비용: 300TV + 150SM + 100SS ≤ 4,000

기획비용: 90TV + 30SM + 40SS ≤ 1,000

TV광고 횟수: TV ≤ 5

TV≥0 SM≥0 SS≥0

문제를 정의하고 〈표 6-1〉과 같은 관련 자료를 수집하는 어려운 과정을 통해서 이러한 모형을 수립하게 된다.

모형 풀기

위에서 수립한 스프레드시트 모형을 풀기 위해서 해찾기 대화상자에 몇 가지 주요 정보를 입력해야 한다. 〈그림 6-1〉의 왼쪽 아랫부분에 입력자료가 나열되어 있다. 목표셀(TotalExposures)과 변수셀(NumberOfAds), 목표셀 최대화, 제한조건 BudgetSpent ≤ BudgetAvailable, TVSpots≤MaxTVSpots. 또한, 그림의 왼쪽 아래 해찾기 매개변수 상자 아래에는 지정된 2개의 옵션이 있다. 광고에서 음의 값은 불가능하므로 변수셀은 비음 조건이 필요하다. 선형계획모형이므로 해법으로 단순 LP(엑셀의 해찾기) 또는 Standard LP/Quadratic Engine(Analytic Solver)을 선택한다. 해찾기를 실행하면 모형에 대한 최적해를 찾아 변수셀에 표시해준다.

스프레드시트의 13행에 주어진 최적해는 판매 촉진 캠페인을 위한 다음과 같은 계획을 제시한다.

TV광고는 하지 않는다.
소셜 미디어에 20회의 광고를 한다.
일요일판 신문에 10회의 광고를 한다.

TotalExposures(H13)은 천 단위로 광고 노출의 기대치를 나타내고 있기 때문에 이 계획으로부터 1,700만 단위의 노출이 기대된다.

모형의 적절성 평가

Claire가 이번 광고 혼합 문제를 표현하기 위해 선형계획모형을 사용하기로 하였을 때 이러한 모형이 문제에 완벽하게 적합하지는 않다는 것을 알고 있었다. 일반적으로 선형계획모형과 같은 수리 모형은 실제 문제를 단순화한 표현이다. 작업 가능한 모형을 얻기 위해서는 문제를 개략적으로 나타내고 단순하게 가정할 필요가 있다. 정말 필요한 것은 모형으로부터 얻은 예측치와 실제 문제에서 발생한 것 사이에 상당히 높은 상관관계가 있어야 한다는 것이다. Claire는 이제 이러한 기준이 만족되는가를 확인해야 한다.

선형계획법에 있어서 하나의 가정은 실수해fractional solution가 허용된다는 것이다. 현재의 문제에서 TV광고(소셜 미디어, 또는 일요일 신문 광고)의 횟수로 실수(예: 3.5)가 허용된다. 이는 광고를 정규 시간보다 짧은 시간 동안 할 수도 있고, 소셜 미디어나 일요일 신문광고도 정규광고 단위보다 작게 할 수 있으므로 기술적으로는 틀리지 않다. 그러나 이 모형의 단점은 Giacomi & Jackowitz사가 받는 광고에 대한 기획 및 개발 비용이 광고가 나간 만큼에 비례한다고 가정하고 있는 것이다. 실제 비용은 전체 광고이든 부분 광고이든 동일할 것이다. 다행히도 위에서 얻은 최적해는 정수해(TV 0회, 소셜 미디어 20회, 신문 10회)이므로 실수해의 가정은 전혀 문제가 되지 않는다.

비록 광고 횟수가 소숫점 이하의 값을 가질 수 있지만, 정규 광고는 부분 광고보다 훨씬 더 효과적인 경향을 보인다. 따라서 실수해를 허용하는 가정을 포기하는 것이 Claire에게 타당하게 여겨질 수 있다. 만약 Claire가 실수해를 허용하지 않았는데 선형계획모형의 최적해가 정수해로 나타나지 않는다면, 변수셀이 정수값을 갖도록 하는 제약식이 추가될 수 있다. (다음 절의 TBA 항공사 예제에서 이러한 제약식을 소개한다.) 그러한 제약을 추가하게 되면, 그 모형은 선형계획모형이 아니라 정수계획모형으로 불리게 된다. 하지만 엑셀 해찾기로 어렵지 않게 풀 수 있다.

선형계획법의 또 다른 중요한 가정은 출력셀과 목표셀에 대한 적절한 방정식이 자료셀과 변수셀을 입력값으로 하는 SUMPRODUCT 함수(또는 단순히 변수셀을 입력값으로 하는 SUM함수)로 표현될 수 있어야 한다는 것이다. 〈그림 6-1〉의 목표셀(H13셀)이 의미하는 바는 각 광고매체로부터 얻게 되는 기대 노출은 해당 매체의 광고 횟수에 비례한다는 것이다. 개인이 광고를 한 번 볼 때마다 다른 노출로 간주하기 때문에 이 비례성은 타당한 것으로 보인다. SUMPRODUCT 함수를 사용하는 또 다른 의미는 하나의 광고 매체로부터 얻어지는 기대 노출이 다른 매체의 광고 횟수에 영향을 받지 않는다는 것이다. 다른 매체로 광고를 보는 것은 별개의 노출로 간주하기 때문에 이 또한, 유효한 것으로 보인다.

SUMPRODUCT 함수가 기대 노출 값을 계산하는 데 적절하다고 하더라도 전반적인 성과척도로서 기대 노출 값을 선택한 것은 약간 의문이 있다. 경영자의 실제 목적은 광고캠페인을 통해 수익을 최대화하자는 것이다. 하지만 광고로 인한 수익을 측정하기는 어렵기 때문에 기대 노출을 수익에 대한 대체척도로 선택한다. 만약에 수익이 기대 노출에 비례한다면 이것은 타당할 것이다. 그러나 동일인에게 너무 많은 광고를 하면 광고 효과(잠재적 수익)가 처음보다 감소하는 포화 상태에 도달하기 때문에 이 경우에 비례성은 단지 가정에 불과하다. (비례성이 타당한 가정이 아닌 경우에는, 11장에서 소개되는 비선형 모형을 대신 사용할 수 있다.)

수익 대신 기대 노출을 사용하는 것이 얼마나 타당한지 알아보기 위해서 Claire는 Giacomi & Jackowitz사의 수석 파트너인 Sid Jackowitz를 만났다. Sid는 계획 중인 캠페인(소셜 미디어 광고 20회와 일요신문광고 10회)이 포화 상태에 다다르지 않은 비교적 무리 없는 수준이라고 했다. 대부분의 독자는 광고를 한두 번만 보게 될 것이고, 두 번째로 광고를 보는 것은 첫 번째 광고 효과를 강화하는 데 도움이 될 것이다. 그리고 소셜 미디어의 사용자층과 일요신문의 독자층은 상당히 달라서 이 두 매체의 광고 효과 간의 상관관계는 아주 작다. 결과적으로 Claire는 〈그림 6-1〉의 목표셀에 대해 기대 노출 값을 사용하는 것이 합리적인 가정이라고 결정하였다.

Claire는 매체별 광고기획과 제작비용에 대해서 Sid에게 질문하였다. 어느 매체에 대한 광고를 기획할 때 소요되는 비용이 그 매체를 통한 광고 횟수에 비례한다고 가정한 것이 합리적인가? 어느 매체에 대한 광고를 제작한 직후 비슷한 주제로 다른 매체에 대한 광고를 제작할 때 들어가는 비용이 크게 줄어들지 않을 것이라고 가정하는 것이 합리적인가? Sid는 매체들을 오가며 광고를 기획할 때, 어느 정도의 이월분이 발생하지만, 이들 매체 사이에는 뚜렷한 차이 때문에 그 이월분은 아주 제한적이라고 인식한다. 게다가 추가로 어느 매체에 대한 광고를 기획하고 제작하는 데 수행되는 일의 양은 그 매체의 첫 광고를 기획하고 제작했을 때와 거의 같아서 비례성의 가정은 아주 합리적이라고 생각한다. Super Grain사가 Giacomi & Jackowitz 사에 지불하는 총비용은 궁극적으로 이 회사가 수행한 일의 양에 기반하여 계산될 것이다. 그럼에도 불구하고 Sid는 회사가 사전에 추정한 비용(1,000달러 단위로 C9, D9, E9셀에 입력된 값)이 판매촉진 캠페인을 위한 특정 광고 계획(변수셀의 값)의 비용을 대략적으로 예측하는 데 합리적인 근거를 제공한다고 생각한다.

이러한 정보를 기초로 Claire는 F9셀에 SUMPRODUCT 함수를 사용하는 것이 합리적이라고 결론을 내렸다. F8셀도 같은 이유로 적절하다고 결정했다. 위에서 이미 결정한 것에 따라 Claire는 〈그림 6-1〉의 선형계획모형(세부 계획을 위해 추후에 필요한 모형 확장을 포함해서)이 실제의 광고 문제를 충분히 잘 반영하는 것이라고 결론을 내렸다. 따라서 더 복잡한 수리모형(11장에서 다루는 것과 같은 모형)을 이용하는 등의 방법을 통해 이 모형으로부터 얻어진 결과를 정제할 필요는 없겠다.

Claire는 선형계획모형에서 얻은 최적해(TV광고는 없이 20번의 소셜 미디어 광고와 10번의 일요일 신문광고)를 바탕으로 한 판매촉진 캠페인에 관한 보고서를 회사 대표인 David Sloan에게 제출하고, 이 계획을 평가하고 변경할 것이 있는지를 검토하기 위한 회의를 제안하였다.

6.4절에서 다시 이 문제에 대해 다룰 것이다.

복습문제

1. 이 사례에서 다루고 있는 문제는 무엇인가?
2. 성과에 대한 전반적인 측정을 위해 어떠한 척도가 사용되었는가?
3. 고려하는 문제를 표현하기 위해 사용되는 선형계획법 모형의 적합성을 평가하기 위해 확인할 필요가 있는 선형계획법의 가정에는 어떠한 것들이 있는가?

6.2 자원배분문제

5장의 앞부분에서 조직의 자원을 여러 생산 활동에 배분하는 것에 관련된 경영 문제를 설명했다. 이러한 문제를 자원배분문제라 한다.

자원배분문제resource-allocation problem는 자원을 활동에 배분하는 것을 다루는 선형계획 문제이다. 이러한 문제의 식별 특성은 선형계획모형의 함수제약식이 개별 자원에 대해 다음과 같은 형태의 **자원제약식**resource constraint이라는 것이다.

사용된 자원의 양 ≤ 사용 가능한 자원의 양

사용된 자원의 양은 어느 활동이 어느 수준으로 수행되고, 해당 활동이 자원의 사용을 얼마나 필요로 하는지에 달렸다. 따라서 자원제약식은 활동의 수준에 제한을 둔다. 목적은 모든 자원제약식을 만족시키면서 활동으로부터 얻는 성과척도(예: 총수익)를 최대화하는 활동 수준을 결정하는 것이다.

Super Grain 사례연구와 5장의 Wyndor 사례연구를 시작으로, 자원배분문제의 특징을 갖는 네 가지 예제를 살펴볼 예정이다. 또한, 이러한 예제들은 자원배분문제가 얼마나 다양한 상황에서 나타날 수 있는지 설명한다.

Super Grain사의 광고혼합문제

Super Grain 사례연구에 대해서 6.1절에서 작성된 선형계획모형은 자원배분문제의 한 예이다. 고려 중인 세 가지의 활동은 Giacomi & Jackowitz사에 의해 선정된 세 가지 종류의 매체에 광고를 하는 것이다.

활동 1: TV광고
활동 2: 소셜 미디어 광고
활동 3: 일요신문광고

의사결정 사항은 이들 활동의 수준, 즉 TV, 소셜 미디어, 일요신문에 대한 광고 횟수를 결정하는 것이다.

각 활동에 배분될 자원은 다음과 같다.

자원 1: 광고예산 (400만 달러)
자원 2: 기획예산 (100만 달러)
자원 3: TV광고 횟수 (5회)

여기서 괄호 안의 수는 가용한 자원의 양을 나타낸다. 따라서 이 문제는 다음과 같은 세 가지 자원에 대한 제약식을 갖는다.

사용된 광고예산 ≤ 400만 달러
사용된 기획예산 ≤ 100만 달러
사용한 TV광고 횟수 ≤ 5회

〈그림 6-1〉의 스프레드시트에 8~9행과 C13:C15셀은 이러한 제약을 나타내고 있다. C8:E9 셀에서는 단위활동수준, 즉 한 번의 TV광고, 한 번의 소셜 미디어 광고, 한 번의 일요신문광고에 사용되는 광고예산과 기획예산의 양을 각각 나타내고 있다.

스프레드시트의 C4, D4, E4 셀은 각각 성과척도(기대 노출)에 미치는 단위 활동당 기여도를 나타내고 있다.

자원배분문제의 특징

다른 자원배분문제도 Super Grain사의 문제와 동일한 특징을 가지고 있다. 각 경우마다, 의사결정 사항은 주어진 활동의 실행수준을 정하는 것이다. 각 활동의 성과척도에 대한 기여도는 그 활동의 수준에 비례한다. 일반적으로 이 성과척도는 활동으로부터 얻어지는 총수익이지만, 때로는 Super Grain 문제처럼 다른 척도일 수도 있다.

이런 종류의 문제는 모두 각 자원에 대한 자원제약식을 갖는다. 사용된 자원의 양은 활동수준에 의존한다. 각각의 자원에 대해서 각 활동에 의해 사용된 자원의 양은 그 활동의 수준에 비례한다.

자원배분문제를 연구하고 있는 관리자 또는 경영과학팀은 (많은 협조를 통해) 다음과 같은 세 가지 종류의 자료를 수집해야 한다.

1. 각 자원의 사용 가능한 양.
2. 각 활동이 필요로 하는 각 자원의 양. 구체적으로, 각 자원/활동 조합에 대해 활동 한 단위당 사용되는 자원의 양이 추정되어야 한다.
3. 성과척도에 대한 각 활동의 단위당 기여도.

일반적으로 이런 자료를 수집하는 데는 많은 시간과 노력을 필요로 한다. 적시에 가용한 최적의 추정치를 얻기 위해서는 아주 많은 조사와 컨설팅이 요구된다. 이 단계는 매우 중요하다. 경영 의사결정에 도움이 되는 유효한 선형계획모형을 얻기 위해 잘 정제된 추정치가 필요하다. 부정확한 추정치는 위험할 수 있기 때문에, 8장에서 논의할 What-If 분석(민감도 분석)은 대부분의 선형계획법 연구에서 매우 중요한 부분을 차지한다.

Wyndor Glass사의 제품혼합문제

5.1절에서 Wyndor Glass사가 직면한 제품혼합문제는 회사의 3개 공장의 제한된 가용 생산능력 고려하면서 가장 수익성이 좋을 수 있도록 두 가지 신제품의 생산량을 결정하는 것이다. 이것은 자원배분의 문제이다.

고려 중인 활동은 다음과 같다.

활동 1: 신규 특수 문 생산
활동 2: 신규 특수 창문 생산

의사결정 사항은 이들 활동의 수준인 문과 창문의 생산율을 결정하는 것이다. 생산율은 주당 생산되는 단위(문 또는 창문) 개수로 측정된다. 경영진의 목적은 두 가지 신제품으로부터 얻어지는 수익을 최대로 하는 것이기 때문에 성과척도는 총수익이다. 수익에 대한 각 제품의 기여도는 그 제품의 생산율에 비례한다.

이 활동들에 배분될 자원은 다음과 같다.

자원 1: 공장 1의 생산능력
자원 2: 공장 2의 생산능력
자원 3: 공장 3의 생산능력

5.2절에서 작성된 선형계획모형의 3개의 함수 형태 제약식(그림 5-3 또는 5-4의 7~9행 참조)은 위의 세 가지 자원에 대한 자원제약식이다. E열은 각 공장에서 사용된 생산능력의 양이고 G열은 가용한 양을 나타낸다.

5.1절의 〈표 5-1〉은 Wyndor 문제에 대한 자료를 보여주고 있다. 〈표 5-1〉의 숫자가 어떻게 스프레드시트 형태(5.2절) 혹은 대수적 형태(5.3절)의 선형계획모형의 매개변수가 되었는지는 이미 다루었다.

TBA 항공사 문제

TBA 항공사는 소형비행기를 이용한 단거리 운항을 전문으로 하는 소규모 지역회사이다. 회사는 잘 운영되고 있는데 경영진은 회사의 운영을 확장하기로 결정했다.

문제

경영진이 현재 직면하고 있는 이슈는 신규 단거리 노선을 추가하기 위해서 소형비행기를 더 구입하느냐, 혹은 새로운 국가 간 운항을 위해서 대형비행기를 구입함으로써 국가규모의 시장으로 진입하느냐 하는 것이다(혹은 둘 다). 많은 요인이 경영진의 최종 결정에 고려되어야 하지만 가장 중요한 것은 어느 전략이 가장 수익성이 있을지 찾아내는 것이다.

〈표 6-2〉 TBA 항공사 문제에 대한 자료

	소형비행기	대형비행기	가용 자금
비행기당 연간 순이익	1,400만 달러	4,400만 달러	
비행기당 구매비용	5,000만 달러	1억 5,000만 달러	5억 달러
최대 구매 수량	5대	최대 수량 없음	

〈표 6-2〉의 첫 번째 행은 구매 비행기의 종류별 연간 순이익 추정치(자본회수비용을 포함한)를 보여준다. 두 번째 행은 비행기당 구매비용과, 비행기 구매를 위한 총가용자금이 5억 달러임을 나타낸다. 세 번째 행에는 단거리 노선의 추가적인 수익이 제한적이기 때문에 경영진은 소형비행기의 최대 구매대수를 5대로 한다는 사실이 기록되어 있다. 반면에 대형비행기의 최대 구매대수는 제한하지 않는다(가용자금에 의해 제한되는 것을 제외하고).

유형별로 몇 대의 비행기를 구매하는 것이 총 연간 순이익을 최대화할 수 있는가?

모형 수립

이것은 자원배분문제이다. 고려 중인 활동은 다음과 같다.

활동 1: 소형비행기 구매
활동 2: 대형비행기 구매

결정변수는 위 활동들의 수준이다. 즉,

S = 구매해야 할 소형비행기의 수
L = 구매해야 할 대형비행기의 수

이 활동들에 배분되어야 할 자원은 다음과 같다.

자원: 투자자금(5억 달러)

따라서 다음과 같은 하나의 자원제약식이 있다.

$$\text{사용된 투자자금} \le \text{5억 달러}$$

추가적으로 경영진이 지정한 제약조건은 다음과 같다.

$$\text{구매 소형비행기의 수} \le 5$$

〈그림 6-2〉는 이 문제를 위한 스프레드시트 모형 수립을 보여주고 있는데, 자료셀에는 〈표 6-2〉의 자료, 즉 UnitProfit(C4:D4), CapitalPerUnitPurchased(C8:D8), CapitalAvailable(G8),

〈그림 6-2〉 TBA 항공사 정수계획문제를 위한 스프레드시트 모형

	A	B	C	D	E	F	G
1	**TBA Airlines Airplane Purchasing Problem**						
2							
3			Small Airplane	Large Airplane			
4		Unit Profit ($millions)	14	44			
5							
6					Capital		Capital
7			Capital per Unit Purchased		Spent		Available
8		Capital ($millions)	50	150	500	<=	500
9							
10							Total Profit
11			Small Airplane	Large Airplane			($millions)
12		Number Purchased	1	3			146
13			<=				
14		Maximum Small Airplanes	5				

	E
6	Capital
7	Spent
8	=SUMPRODUCT(CapitalPerUnitPurchased,NumberPurchased)

Solver Parameters
Set Objective Cell: TotalProfit
To: Max
By Changing Variable Cells:
NumberPurchased
Subject to the Constraints:
CapitalSpent <= CapitalAvailable
NumberPurchased = integer
SmallAirplanes <= MaxSmallAirplanes

Solver Options:
Make Variables Nonnegative
Solving Method: Simplex LP

	G
10	Total Profit
11	($millions)
12	=SUMPRODUCT(UnitProfit,NumberPurchased)

Range Name	Cells
Capital Available	G8
CapitalPerUnitPurchased	C8:D8
CapitalSpent	E8
MaxSmallAirplanes	C14
NumberPurchased	C12:D12
SmallAirplanes	C12
TotalProfit	G12
UnitProfit	C4:D4

MaxSmallAirplanes(C14)가 입력되어 있다. 자원제약식은 C8:G8셀에 나타나며, C12:C14셀은 구매대수 제약식을 보여준다. 이 문제의 목적은 총 연간 순이익을 최대화하는 것이며, 목표셀에 대한 등식은 다음과 같다.

TotalProfit(G12) = SUMPRODUCT(UnitProfit, NumberPurchased)

TBA 항공사 문제는 자원배분문제이기 때문에 이 스프레드시트 모형은 Super Grain사나 Wyndor사 문제와 하나의 작은 차이점을 제외하고는 본질적으로 같은 형태이다. 이 문제에 있어서 변수셀은 정수이어야만 하는데, 왜냐하면 회사가 비행기의 일부분만을 구매하거나 운용하는 것은 불가능하기 때문이다. 따라서 변수셀이 정수가 되어야만 하는 제약조건이 추가된다. 엑셀의 해찾기에서 제약조건 '추가' 대화상자를 열어서 왼쪽 칸에 변수셀(C12:D12)을 선택하고 오른쪽과 왼쪽 칸 사이에 있는 팝업 메뉴로부터 int를 선택한다. Analytic Solver에서는 변수셀(C12:D12)를 선택하고 Analytic Solver 리본의 Constraint 메뉴 아래에 Variable Type/Bound의 서브메뉴에서 Integer를 선택한다.

〈그림 6-2〉의 변수셀에는 해찾기를 실행한 후에 얻어진 최적해 (S, L)=(1, 3)를 보여주고 있다.

선형계획법의 가정 중의 하나는 변수셀에 함수제약식과 비음제약식을 만족시키는 값이라면 실수값을 포함하여 모두 허용된다는 것이다. 그러므로 기술적으로 말하면 TBA 문제는 선형계획법 문제는 아닌데, 왜냐하면 다음 제약식을 추가했기 때문이다.

NumberPurchased = Integer

위의 제약식은 〈그림 6-2〉의 해찾기 매개변수 대화상자에 표시되어 있다. 이러한 제약식을 추가하는 것을 제외하고는 선형계획법에 적합한 이러한 문제는 **정수계획문제**integer programming problem라고 부른다. 정수계획법 문제를 풀기 위해 해찾기에서 사용되는 해법은 선형계획법 문제를 푸는 것과 상당히 다르다. 사실 정수계획법 문제는 선형계획법 문제보다 풀기가 훨씬 더 어려운 경향이 있기 때문에, 풀 수 있는 문제의 크기에 꽤 많은 제한이 있다. 그러나 작은 문제를 다루는 스프레드시트 모형을 사용하는 사람에게는 상관이 없다. 그런 사람들이 볼 땐, 선형계획법과 정수계획법 문제들 사이에는 실질적인 차이가 없다. 두 수리계획법은 정확히 같은 방법으로 모형화된다. 맨 마지막에 변수셀 중 하나라도 정수로 한정될 필요가 있는지만 정하면 된다. 만약에 필요하다면 해당 제약식은 위의 설명처럼 추가된다. 이 장 전체에 걸쳐 선형계획법 문제의 다양한 유형을 모형화하는 것을 다룰 때 위와 같은 정수 제약 옵션을 기억할 필요가 있다.

모형 수립 요약

TBA 항공사 문제를 위한 자원제약과 기타 제약식을 갖는 위의 모형 수립은 다음과 같이 (대수적 형태로) 요약될 수 있다.

$$\text{최대화} \qquad \text{수익} = 14S + 44L$$

제약조건

$$50S + 150L \leq 500$$
$$S \qquad \leq 5$$
$$S \geq 0 \qquad L \geq 0$$

자금조달문제

재무계획financial planning은 자원배분문제의 중요한 응용 분야 중 하나이다. 이 분야에서 배분될 자원은 다양한 종류의 생산설비가 자원으로 사용되는 생산계획 분야(Wyndor Glass사의 제품혼합문제)와 아주 다르다. 재무계획에서 자원은 현금, 증권, 외상매출금, 신용대부 등과 같은 재무자산financial asset인 경우가 많다. 다음 예제는 자원이 서로 다른 시점에서 가용한 투자자본인 자금조달문제이다.

응용사례

국가의 재정에 관한 사회기반시설의 핵심적인 부분은 증권시장이다. 많은 금융기관과 그들의 고객이 주식, 채권, 그리고 다른 금융자산을 거래하도록 함으로써, 공공기관과 개인의 자금을 형성하도록 돕는다. 따라서 효율적인 증권시장의 운영은 국가의 경제성장을 위한 플랫폼을 제공하는 중요한 역할을 한다.

증권중앙예탁기관과 신속한 증권 거래를 위한 시스템은 각각 증권시장과 재무 시스템의 안정을 위한 핵심적인 구성요소의 운영에 관한 골격이다. 멕시코에서는, INDEVAL이라고 불리는 기관에서 국가 전체를 위한 증권중앙예탁기관과 그것의 증권 거래 시스템을 제공한다. 이러한 증권시스템은 다양한 거래 참여자에게 전자장부기입을 활용하여 현금과 증권 기입을 수정해준다.

INDEVAL에서 수행되는 증권 거래의 총가치는 매일 2,500억 달러 이상이다. 이러한 거래규모는 INDEVAL이 멕시코의 전체 재정 분야에서 가장 중요한 유동거래 창구임을 뒷받침한다. 따라서 투명한 증권거래를 위한 INDEVAL의 시스템은 거래 후에 즉시 전달할 수 있는 현금의 양을 극대화하기 위해 매우 효율적이어야 한다. 과거 시스템의 오류로 인해, INDEVAL의 이사회는 2005년에 시스템을 재설계하도록 했다.

재설계를 위해 시간당 12,000명 이상의 노동력을 투입한 결과, 새로운 시스템은 2008년 11월에 성공적으로 시작되었다. 새로운 시스템의 핵심은 예금자의 활용 가능한 자금으로 즉각적인 거래를 시행하도록 도와주는 거대한 선형계획모형이다. 선형계획법은 다양한 관련 제약조건 안에서 거래의 가치를 최대화할 수 있게 해주기 때문에, 이러한 활용에 매우 적합하다.

선형계획법의 이러한 활용은 매일의 유동성 조건을 1,300억 달러로 축소시킴으로써, 본질적으로 멕시코의 재정적인 사회기반시설을 강화하도록 했다. 또한, 연간 1,500억 달러 이상이 되는 시장 참여자들의 하루 동안에 발생하는 재무비용을 감소시켰다. 이것은 또한, INDEVAL로 하여금 2010년 Franz Edelman Award for Achievement in Operations Research and the Management Sciences의 국제부문에서 영예로운 대상을 차지하도록 하였다.

출처: D. Muñoz, M. de Lascurain, O. Romeo-Hernandez, F. Solis, L. de los Santoz, A. Palacios-Brun, F. Herrería, and J. Villaseñor, "INDEVAL Develops a New Operating and Settlement System Using Operations Research," *Interfaces* (현 *INFORMS Journal on Applied Analytics*) 41, no. 1 (January–February 2011), pp. 8–17. (이 사례에 대한 링크는 www.mhhe.com/hillier7e에서 볼 수 있다.)

문제

Think-Big Development사는 상업 부동산 개발 프로젝트 업계의 주요 투자자이다. 이 회사는 현재 3개의 대형 건설 프로젝트에 참여할 기회가 있다.

프로젝트 1: 고층 사무용 빌딩 건축

프로젝트 2: 호텔 건축

프로젝트 3: 쇼핑센터 건축

각 프로젝트에 참여하는 투자자에게는 4번의 다른 시점에 투자가 요구된다. 현재 시점에 착수금이 필요하고, 1년, 2년, 3년 후에 각각 추가적인 자본 투자가 필요하다. 〈표 6-3〉은 4개 시점에 프로젝트별로 모든 참여자로부터 투자되어야 하는 금액의 총액을 보여준다. 따라서, 어떤 프로젝트에 일정 비율의 지분을 갖는 참여자는 표에 나타난 그 프로젝트의 금액에서 지분 비율만큼을 투자할 의무가 있다.

3개의 프로젝트 모두 장기적으로 봐서 이익이 많이 발생할 것으로 기대된다. 따라서 Think-Big사의 경영진은 3개의 프로젝트 모두 혹은 일부에 가능한 많이 투자하고자 한다. 경

〈표 6-3〉 Think-Big Development사가 참여하고자 하는 프로젝트의 재무 자료

	소요 투자금액 (단위: 100만 달러)		
시행 연차	사무용 빌딩	호텔	쇼핑센터
0	40	80	90
1	60	80	50
2	90	80	20
3	10	70	60
순현재가	45	70	50

영진은 회사가 현재 투자할 수 있는 자금과 앞으로 3년간 가용한 추가 투자 자금 모두를 투입하려고 한다. 목적은 현재의 추정 수익에 기초하여 가장 수익성이 좋은 투자 조합을 결정하는 것이다.

프로젝트는 앞으로 몇 년 후부터 장기간 지속적으로 수익이 발생될 것이기 때문에 수익성이 어떨지 평가하는 데 있어서 돈의 시간적 가치를 고려할 필요가 있다. 미래의 현금유출(투자될 자금)과 현금유입(수익)을 할인한 후 할인된 순현금흐름net cash flow을 모두 더하여 프로젝트의 순현가net present value를 구하면 된다.

미래의 현금흐름(예제에는 현금유출만 있음)에 대한 추정치를 근거로 하여 프로젝트별로 추정된 순현가가 〈표 6-3〉의 마지막 행에 있다. Think-Big사를 포함한 모든 투자자는 이 순현가를 총투자액에 참여한 만큼의 비율로 나누어 받게 된다.

각 프로젝트에 대해서 Think-Big사를 포함한 투자자들은 4번의 지정된 시점에 각자의 참여지분에 해당하는 만큼의 투자를 함으로써, 해당 프로젝트의 파트너가 된다. 예를 들어 Think-Big사가 사무용 건물 건축 프로젝트의 10% 지분을 취하면, 지금 400만 달러, 그리고 1년 후, 2년 후, 3년 후에 각각 600만 달러, 900만 달러, 100만 달러를 투자해야 한다.

Think-Big사는 현재 투자 가능한 자금으로 2,500만 달러를 보유하고 있다. 그리고 앞으로 1년 뒤에 2,000만 달러, 2년 뒤에 2,000만 달러, 3년 뒤에 1,500만 달러를 추가로 보유할 것으로 예상된다. Think-Big사는 각 프로젝트에 어느 정도의 지분으로 참여해야 총순현가를 최대로 할 수 있겠는가?

모형 수립

이 문제는 자원배분문제이다. 고려 중인 활동은 다음과 같다.

활동 1: 사무용 빌딩 건축에 투자
활동 2: 호텔 건축에 투자
활동 3: 쇼핑센터 건축에 투자

따라서 의사결정 사항은 이들 활동의 수준이다. 즉, 각 프로젝트에 대한 참여 지분을 결정하는 것이다. 참여 지분은 프로젝트별로 1보다 작은 비율 혹은 백분율로 표현될 수 있다. 따라서 하나의 프로젝트에 전체 지분에 투자하는 것은 그 활동의 한 단위one unit로 간주할 수 있다.

이러한 활동에 배분될 자원은 4번의 투자 시점에서 투자 가능한 자금이다. 어느 시점에 사용되지 않은 자금은 다음 시점에서 사용 가능하다. (문제를 단순히 하기 위해 이자는 무시한다). 그러므로 각 시점에 대한 자원제약식은 그 시점까지의 누적 자금을 반영해야 한다.

자원 1: 현재 가용한 총투자자금
자원 2: 1년째 말까지 가용한 누적 투자자금
자원 3: 2년째 말까지 가용한 누적 투자자금
자원 4: 3년째 말까지 가용한 누적 투자자금

가용한 투자 자금은 현재 2,500만 달러, 1년 뒤에는 2,000만 달러, 2년 뒤에 2,000만 달러, 3년 뒤에는 1,500만 달러를 각각 추가로 사용할 수 있기 때문에 자원의 가용량은 다음과 같다.

자원 1의 가용량 = 2,500만 달러
자원 2의 가용량 = (2,500만+2,000만) = 4,500만 달러
자원 3의 가용량 = (2,500만+2,000만+2,000만) = 6,500만 달러
자원 4의 가용량 = (2,500만+2,000만+2,000만+1,500만) = 8,000만 달러

〈표 6-4〉는 이들 자원과 관련된 모든 자료를 보여주고 있다. 맨 오른쪽 열은 위에서 계산된 가용한 자원의 양을 나타낸다. 가운데 열은 〈표 6-3〉에 나열한 투자해야 할 누적 투자 자금을 나타낸다. 예를 들면 〈표 6-4〉의 사무용 건물에 대한 열에서 두 번째 숫자(100)는 〈표 6-3〉의 사무용 빌딩에 대한 열의 처음 두 숫자(40과 60)를 합한 것이다.

자료 다른 자원배분문제와 마찬가지로 세 가지 종류의 자료를 수집해야 한다. 하나는 〈표 6-4〉의 맨 오른쪽 열에 주어진 가용한 자원의 양이고, 두 번째는 이 표의 중간 열에 주어진 각 프로젝트가 필요로 하는 자원의 양이며, 세 번째는 〈표 6-3〉의 맨 아래 행에 주어진 성과척도(순현가)에 대한 각 프로젝트의 기여도다.

스프레드시트로 모형화하기 위한 첫 번째 단계는 이 자료를 스프레드시트의 자료셀에 입력하는 것이다. 〈그림 6-3〉에서 자료셀은 NetPresentValue(C5:E5), Capital-Required(C9:E12), CapitalAvailable(H9:H12)이다. 스프레드시트의 셀 공간을 절약하기 위해서 이들 숫자는 100만 달러 단위로 입력되어 있다.

결정변수 고려 중인 세 가지 활동에 대해 다음과 같은 세 가지 의사결정이 이루어져야 한다.

〈표 6-4〉 Think-Big Development사의 투자 문제에 대한 자원 자료

	프로젝트별로 소요되는 누적 투자금액 (단위: 100만 달러)			
자원	사무용 빌딩	호텔	쇼핑센터	자원 가용량
1(현재)	40	80	90	25
2(1년 말)	100	160	140	45
3(2년 말)	190	240	160	65
4(3년 말)	200	310	220	80

의사결정 1: OB = 사무용 빌딩에 대한 참여 지분

의사결정 2: H = 호텔에 대한 참여 지분

의사결정 3: SC = 쇼핑센터에 대한 참여 지분

예를 들어 Think-Big 경영자가 각 프로젝트에 10분의 1의 지분 참여를 결정했다면

OB = 0.1 = 10%

H = 0.1 = 10%

SC = 0.1 = 10%

이다. 그러나 각 프로젝트에 동일한 지분으로 참여하는 것은 바람직하지 않을지 모른다. 따라서 OB, H, SC에 대한 최적의 조합을 찾고자 한다. 〈그림 6-3〉에서 참여 지분(백분율 표시)은 3개 프로젝트에 대한 열의 자료셀 아래에 있는 변수셀에 표시된다(16행). 즉,

$$OB \rightarrow C16\text{셀} \qquad H \rightarrow D16\text{셀} \qquad SC \rightarrow E16\text{셀}$$

여기서 이들 셀은 ParticipationShare(C16:E16)라는 범위명으로 한꺼번에 참조된다.

제약식 변수셀의 숫자는 비음이어야 하므로 엑셀의 해찾기 대화상자에서 비음제약조건을 선택한다(Analytic Solver에서도 동일하게 Engine탭에서 Assume Non-Negative 옵션을 True로 설정한다). 추가로 네 가지 자원에 대한 다음과 같은 자원제약조건이 필요하다.

현재의 총투자금액 $\leq$ 25 (단위: 100만 달러)

1년 이내의 총투자금액 $\leq$ 45 (단위: 100만 달러)

2년 이내의 총투자금액 $\leq$ 65 (단위: 100만 달러)

3년 이내의 총투자금액 $\leq$ 80 (단위: 100만 달러)

C, D, E열의 자료는 다음을 의미한다(단위: 100만 달러).

〈그림 6-3〉 Think-Big 문제에 대한 스프레드시트 모형

	A	B	C	D	E	F	G	H
1		**Think-Big Development Co. Capital Budgeting Program**						
2								
3			Office		Shopping			
4			Building	Hotel	Center			
5		Net Present Value	45	70	50			
6		($millions)				Cumulative		Cumulative
7						Capital		Capital
8			Cumulative Capital Required ($millions)			Spent		Available
9		Now	40	80	90	25	≤	25
10		End of Year 1	100	160	140	44.76	≤	45
11		End of Year 2	190	240	160	60.58	≤	65
12		End of Year 3	200	310	220	80	≤	80
13								
14			Office		Shopping			Total NPV
15			Building	Hotel	Center			($millions)
16		Participation Share	0.00%	16.50%	13.11%			18.11

Solver Parameters

Set Objective Cell: TotalNPV
To: Max
By Changing Variable Cells:
ParticipationShare
Subject to the Constraints:
CapitalSpent <= CapitalAvailable

Solver Options:
Make Variables Nonnegative
Solving Method: Simplex LP

Range Name	Cells
CapitalAvailable	H9:H12
CapitalRequired	C9:E12
CapitalSpent	F9:F12
ParticipationShare	C16:E16
NetPresentValue	C5:E5
TotalNPV	H16

	F
6	Cumulative
7	Capital
8	Spent
9	=SUMPRODUCT(C9:E9,ParticipationShare)
10	=SUMPRODUCT(C10:E10,ParticipationShare)
11	=SUMPRODUCT(C11:E11,ParticipationShare)
12	=SUMPRODUCT C12:E12,ParticipationShare)

	H
14	Total NPV
15	($millions)
16	=SUMPRODUCT(NetPresentValue,ParticipationShare)

현재의 총투자금액 = 40OB + 80H + 90SC

1년 이내의 총투자금액 = 100OB + 160H + 140SC

2년 이내의 총투자금액 = 190OB + 240H + 160SC

3년 이내의 총투자금액 = 200OB + 310H + 220SC

이들 총액은 〈그림 6-3〉의 아래쪽에 있는 것처럼 출력셀 CapitalSpent(F9:F12)에 SUMPRODUCT 함수를 사용하여 계산된다. 마지막으로, 해찾기 대화상자에 입력되어야 할 자원제약식을 나타내기 위해 부등호 ≤를 G열에 입력한다.

성과척도 목적은 다음과 같다.

최대화 NPV = 투자의 총순현가

NetPresentValue(C5:E5)는 프로젝트별 순현가를 나타내고, ParticipationShare (C16:E16)는 프로젝트 각각에 대한 참여 지분을 나타낸다. 따라서 세 가지 프로젝트에 대한 모든 참여 지

분에 따른 총순현가는 다음과 같다(단위: 100만 달러).

NPV = 45OB + 70H + 50SC
= SUMPRODUCT(NetPresentValue, ParticipationShare)
→ H16 셀

모형 수립 요약 스프레드시트에 작성한 선형계획모형을 대수적 형태로 나타내면 다음과 같다(모든 숫자의 단위는 100만 달러이다).

최대화 NPV = 45OB + 70H + 50SC

제약조건

현재의 총투자금액: 40OB + 80H + 90SC ≤ 25
1년 이내의 총투자금액: 100OB + 160H + 140SC ≤ 45
2년 이내의 총투자금액: 190OB + 240H + 160SC ≤ 65
3년 이내의 총투자금액: 200OB + 310H + 220SC ≤ 85
OB≥0 H≥0 SC≥0

이 모형은 자원배분문제에 대한 주요 식별 특성을 갖고 있다. 즉, 각 함수제약식은 다음과 같은 형태의 자원제약식이다.

사용된 자원의 양 ≤ 가용한 자원의 양

모형 풀기 〈그림 6-3〉의 왼쪽 아래에는 두 가지 선택 옵션과 함께 모형을 지정하기 위해서 해찾기 대화상자에서 요구되는 요소를 보여주고 있다. 스프레드시트 모형의 16행에 최적해가 구해져 있다. 즉,

사무용 빌딩에는 투자하지 않는다.
호텔에는 16.5% 투자한다.
쇼핑센터에는 13.11% 투자한다.

TotalNPV(H16)는 순현가로 환산하여 이 투자로부터 1,811만 달러의 투자 수익을 가져다준다는 것을 나타낸다.

이 금액은 〈표 6-3〉에서 주어진 재무자료의 정확도에 달려있지만 실제로 총순현가가 얼마가 된다는 것에 대한 추정치에 불과하다. 위의 세 가지 부동산 프로젝트에 대한 건설 비용 산출은 어느 정도 불확실성이 내재되어 있어서 1, 2, 3년째 실제 투자해야 할 자금은 이 표에 주어진 값과 어느 정도 차이가 있을 수 있다. 이들 프로젝트에 내포된 위험성 때문에 각각에 대한 순현가는 표 아랫부분에 주어진 값과 차이가 있을 수 있다. 8장에서는 이와 같은 편차에

따른 효과를 분석하기 위한 방법에 대해서 알아본다. 14장과 15장에서는 미래의 불확실성을 체계적으로 추적하기 위한 컴퓨터 시뮬레이션이라고 불리는 또 다른 방법에 대해서 알아본다. 15.4절에서 동일한 예제에 대해 추가적인 분석을 집중적으로 할 것이다.

자원제약식에 대한 또 다른 고찰

지금까지 자원배분문제의 예제들은 다양한 자원의 종류를 보여주고 있다. 광고나 기획을 위한 자금 할당, 구매 가능한 TV 광고 횟수, 여러 공장의 가용 생산능력, 투자를 위한 가용 자금의 총액, 특정 시점까지 사용할 수 있는 누적 투자자금. 그러나 이러한 예는 자원배분문제의 활동에 배분될 수 있는 가능한 자원의 범위에서 극히 일부만을 보여주는 것이다. 사실 자원을 넓은 의미로 해석하면 의사결정에 제약이 되는 다음과 같은 형태의 제약식은 모두 자원제약식이라고 생각할 수 있다.

$$\text{사용된 양} \leq \text{가용한 양}$$

여기서 측정되는 양을 갖고 있는 무엇인가는 해당 "자원"이 된다. 선형계획모형에서 부등호 $\leq$를 갖는 함수 형태의 제약식은 모두 이와 같은 형태로 표현될 수 있고(TBA 항공사 예제에서 소형비행기의 구매 대수를 제한하는 제약식도 포함한다), 이들 제약식을 자원제약식이라고 생각할 수 있다.

따라서 앞으로는 선형계획법에서 부등호 $\leq$를 갖는 함수 형태의 제약식을 참조할 때 **자원제약식**resource constraint이라고 할 것이다. 우변의 상수는 가용한 자원의 양을 나타낸다. 그러므로 부등호의 왼쪽은 이 자원의 사용된 양을 나타낸다. 제약식의 대수적 형태에서 의사결정변수의 계수coefficient는 (양수이든 음수이든) 해당 활동 한 단위당 자원의 사용량이다.

자원배분문제의 모형 수립 과정 요약

위의 네 가지 예는 어떤 자원배분문제든지 문제를 정의하고 관련 자료를 수집하고 선형계획모형을 수립하는 절차를 따른다는 것을 보여주고 있다.

1. 모든 선형계획문제는 다양한 활동수준의 최적 조합을 찾는 것이기 때문에, 먼저 주어진 문제의 활동이 무엇인지 정의한다. 의사결정 사항은 이러한 활동들의 수준을 결정하는 것이다.
2. 경영자의 관점에서는, 문제의 해에 대한 적합한 성과의 척도(일반적으로 수익 또는 수익의 대용 척도)를 정의한다.
3. 각 활동에 대해, 활동단위당 성과척도에 미치는 기여도를 추정한다.
4. 활동에 배분되어야 할 자원을 규정한다.

〈그림 6-4〉 순수 자원배분문제를 위한 스프레드시트의 모형 템플릿

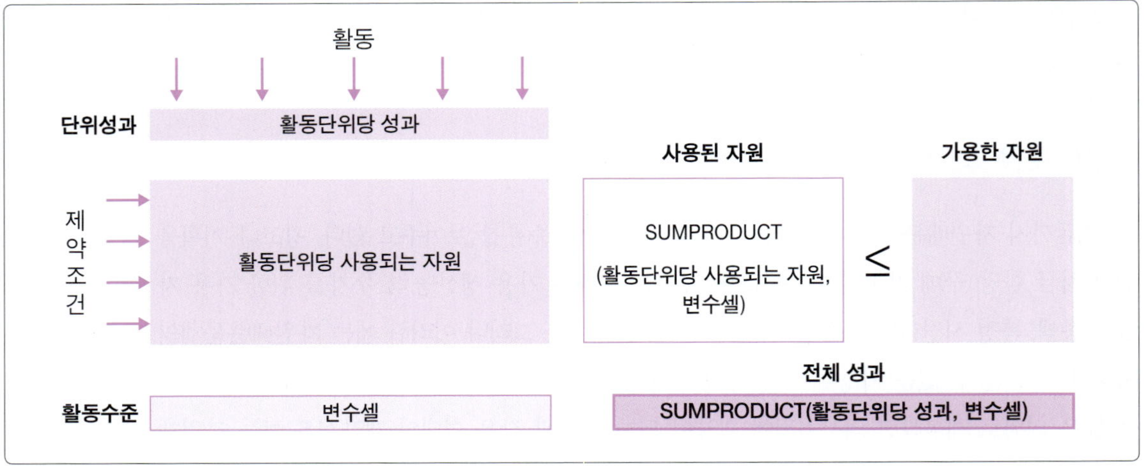

5. 각 자원에 대해, 가용한 양과 각 활동단위당 사용되는 자원의 양을 확인한다.
6. 단계 3과 5에서 수집한 자료를 스프레드시트의 자료셀에 입력한다. 활동 관련 자료를 별도의 열에, 단위 수익과 제약식 관련 자료는 별도의 행에 입력하고, 활동 열과 가용한 자원 열 사이에는 두 개의 빈 열을 두는 것이 좋다. 〈그림 6-4〉는 자원배분문제를 위한 스프레드시트 모형의 전체 형태의 템플릿을 보여준다.
7. 활동수준에 대한 결정 사항을 나타내기 위한 변수셀의 위치를 지정한다.
8. 단계 6에서 만든 두 개의 빈 열 중에 왼쪽은 출력셀로 사용하고 그 오른쪽은 모든 자원에 대해서 부등호 ≤를 입력한다. 각 자원에 대한 행에서 SUMPRODUCT 함수를 이용하여 사용된 총량을 출력셀에 입력한다.
9. 전체 성과척도를 나타내는 목표셀의 위치를 지정한다. SUMPRODUCT 함수를 이용하여 성과척도를 입력한다.

선형계획모형에서 부등호 ≤를 갖는 모든 함수제약식은 자원제약식이다. 이것이 주어진 문제를 자원배분문제로 구분하는 식별 특성이다.

복습문제

1. 자원배분문제의 식별 특성은 무엇인가?
2. 자원제약식은 어떤 형태인가?
3. 자원배분문제에서 수집해야 할 세 가지 종류의 자료는 무엇인가?
4. 자원배분문제에 대한 네 가지 예에서 활동의 종류를 비교하시오.
5. 자원배분문제에 대한 네 가지 예에서 자원의 종류를 비교하시오.

6.3 비용-이익 절충문제

비용-이익 절충문제는 자원배분문제와는 매우 다른 형태를 갖는다. 그 차이점은 두 문제에 대한 경영상의 목적이 매우 다르기 때문에 발생한다.

자원배분문제에서는 여러 가지 자원(재무자원 포함)의 사용에 제한이 있는데, 해당 자원을 가장 효과적으로 (어떤 성과척도에 대해) 사용하는 방법을 찾는 것이 목적이다.

비용-이익 절충문제에서는 경영진이 좀 더 적극적인 자세로 갖는데, 고려 중인 활동에 의해서 달성되어야 할 이익이 무엇인지를 먼저 정하고(자원의 사용 여부와는 관계없이), 최소의 비용으로 이들 이익을 달성하는 것을 목적으로 한다. 경영자는 여러 종류의 이익에 대한 최소요구수준을 미리 정하고 이러한 수준을 달성하기 위해 필요한 비용을 최소화하여, 비용과 이익 간의 적절한 절충점을 얻고자 한다(8장에서 What-If 분석이 경영자가 비용과 이익 사이에서 최적의 절충점을 찾도록 추가적인 정보를 제공해주는 데 주요한 역할을 하는 것을 볼 수 있다).

비용-이익 절충문제cost-benefit-trade-off problem는 최소의 비용으로 여러 가지 이익에 대한 최소요구수준을 확보하기 위한 활동수준을 결정하는 선형계획문제이다. 식별 특성은 함수제약식이 어떤 이익에 대해서 다음과 같은 형태를 갖는 **이익제약식**benefit constraint이라는 것이다.

달성된 수준 $\geq$ 최소요구수준

이익을 넓은 의미로 해석하면 부등호 $\geq$가 있는 함수제약식을 이익제약식이라고 생각할 수 있다. 대부분의 경우에 최소요구수준은 정책적으로 경영진에 의해서 미리 정해지지만 때로는 다른 상황에 따라 결정되기도 한다.

비용-이익 절충문제에서 중요한 부분은 고려해야 하는 모든 활동과 이익을 확인하고 이들과 관련된 자료를 수집하는 것이다.

다음과 같은 세 가지 종류의 자료를 필요로 한다.

1. 각 이익에 대한 최소요구수준(경영의 정책 결정)
2. 각 이익에 대한 각 활동단위당 기여도
3. 각 활동단위당 비용

두 가지 비용-이익 절충문제의 예제를 살펴보자.

Profit & Gambit사의 광고혼합문제

5.7절에서 설명한 것처럼 Profit & Gambit사는 세 가지 세탁 용품에 대한 광고캠페인을 실시하려고 한다. 광고 수단으로 텔레비전과 인쇄매체를 이용한다. 경영진은 캠페인으로 얻게 될 최소한의 목표, 즉 제품별로 최소한 달성해야 할 판매 증가치를 설정하였다.

문제는 최소의 비용으로 판매 증가 목표를 달성하기 위해서 각 매체에 얼마나 광고할 것인가를 결정하는 것이다.

비용-이익 절충문제에서의 활동은 다음과 같다.

활동 1: 텔레비전 광고
활동 2: 인쇄매체 광고

이러한 활동으로 추구하게 되는 이익은 다음과 같다.

이익 1: 스프레이형 얼룩제거제의 판매량 증가
이익 2: 액상세제의 판매량 증가
이익 3: 분말세제의 판매량 증가

경영진은 판매량의 증가치가 각각 최소한 3%, 18%, 4%가 되기를 바라고 있다. 5.7절에서처럼 각각의 이익은 해당 제품의 판매량 증가에 대한 최소요구수준이라는 경영 목표를 포함하는 이익제약식으로 다음과 같이 유도된다.

달성된 이익 1의 수준 ≥ 3%
달성된 이익 2의 수준 ≥ 18%
달성된 이익 3의 수준 ≥ 4%

이 문제에 대한 자료는 〈표 5-2〉에 있으며, 5.7절에서는 이 표에 있는 수치로부터 어떻게 선형계획모형이 수립되는지를 설명하였다.

이 예제를 6.1절의 자원배분문제인 Super Grain사 사례연구와 비교해보면 흥미롭다. 두 문제 모두 광고혼합문제이지만 전혀 다른 선형계획모형이 만들어졌다. 차이가 발생하는 이유는 주요 이슈에 대한 경영적 관점의 차이 때문이다.

- Super Grain 마케팅 담당 부사장인 Claire는 먼저 광고캠페인에 얼마나 많은 비용이 소요될 것인가에 초점을 맞춘 후, 그 다음에 자원제약식으로 한계를 설정하였다(400만 달러의 광고예산과 100만 달러의 기획예산).
- Profit & Gambit사의 경영진은 먼저 광고캠페인으로 무엇을 달성할 것인가에 초점을 맞춘 후, 그 다음에 이익제약식으로 목표(최소 판매량 증가치)를 설정하였다.

두 가지 사례를 비교해보면 결과적으로 선형계획모형의 종류를 결정하는 것은 응용 분야의 특성이 아니라 활동수준과 관련된 의사결정에 부과되는 제약식의 특성이다. 만약, 제약식이 자원의 사용에 대한 제약을 포함하고 있으면 자원배분문제가 되고, 이익의 수준에 대한 목표를 나타내는 것이 포함되어 있으면 비용-이익 절충문제가 된다. 제약의 특징은 주로 경영진이 문제를 구상하는 방법에 따라 다르게 나타난다.

그러나 모든 선형계획법 문제가 두 가지 중 하나의 종류만으로 정확하게 구분된다고 생각하지 않는 것이 좋다. 이전 절과 여기서는 순수 자원배분문제와 순수 비용-이익 절충문제를 살펴보았다. 비록, 많은 현실의 문제가 어느 한 종류로 나타나긴 하지만 자원제약식과 이익제약식을 모두 가지고 있는 경우도 꽤 일반적이다. (다음 절에서는 Super Grain사의 광고혼합문제에서 고려 사항이 추가될 때, 동일한 문제에서 어떻게 두 가지 종류의 제약식이 모두 발생하는지에 대한 사례를 다루게 될 것이다.) 이 장의 나머지 절에는 아직 다루지 않은 선형계획문제의 추가적인 범주들이 남아있다.

이제 순수 비용-이익 절충문제의 또 다른 예를 보자.

직원 일정계획

비용-이익 절충분석의 흔한 응용사례 중에 하나는 어떤 종류의 서비스를 제공하는 회사의 직원 일정계획이다. 이 일정계획에서는 경영진에 의해 지정된 서비스 수준을 최소의 비용으로 제공할 수 있도록 직원들의 근무 시간을 결정하는 것이 목적이다. 다음 예제는 그 과정이 어떻게 이루어지는지 설명하고 있다.

문제

Union Airways사는 회사의 허브공항을 오가는 노선을 증편하기로 했고, 따라서 고객 서비스 직원의 추가적인 채용이 필요하다. 그러나 얼마나 많은 직원을 채용해야 할지 모르고 있다. 경영진은 고객에게 지속적으로 만족할 만한 수준의 서비스를 제공하는 것과 동시에 비용관리에 대한 필요성을 인식하고 있다. 따라서 이 두 요인에 대한 바람직한 절충점을 찾고자 한다. 이에 경영과학 & 비즈니스 분석팀은 최소의 인건비로 만족스러운 서비스를 제공하기 위한 직원 일정계획을 어떻게 수립할 것인가를 연구하고 있다.

새로운 비행 일정에 맞추어 만족스러운 서비스를 제공하기 위해 시간대별로 근무해야 할 최소의 직원 수에 대한 분석을 실시하였다. (13장에 소개되어 있는 대기행렬 모형은 고객의 대기 시간을 납득할 만한 수준으로 낮추는 데 필요한 최소한의 직원 수를 결정할 때 이용된다.) 시간대별 필요한 최소의 직원 수가 〈표 6-5〉의 마지막 열에 있다(시간대는 첫 번째 열에 주어져 있다). 표에는 회사 노조와의 계약에 의한 고객 서비스 직원에 대한 근무 조항이 반영되어 있다. 해당 조항은 각 직원이 8시간 교대 근무를 한다는 것이다. 근무조별 승인된 교대 근무

〈표 6-5〉 Union Airways사의 직원 일정계획문제의 자료

	조별 근무 시간대					
시간대	1	2	3	4	5	최소 필요 직원 수
오전 6시~오전 8시	√					48
오전 8시~오전 10시	√	√				79
오전 10시~정오	√	√				65
정오~오후 2시	√	√	√			87
오후 2시~오후 4시		√	√			64
오후 4시~오후 6시			√	√		73
오후 6시~오후 8시			√	√		82
오후 8시~오후 10시				√		43
오후 10시~자정				√	√	52
자정~오전 6시					√	15
1일 인건비	170달러	160달러	175달러	180달러	195달러	

시간은 다음과 같다.

교대 근무조 1: 오전 6시부터 오후 2시까지
교대 근무조 2: 오전 8시부터 오후 4시까지
교대 근무조 3: 정오부터 오후 8시까지
교대 근무조 4: 오후 4시부터 자정까지
교대 근무조 5: 오후 10시부터 오전 6시까지

〈표 6-5〉의 체크 표시는 각 교대 근무조가 일하는 시간대를 나타낸다. 직원들의 교대 근무조에 대한 선호도가 다르기 때문에 급여도 교대 근무조에 따라 다르다. 각 교대 근무조의 직원당 일 급여가 표의 마지막 행에 있다. 문제는 마지막 열의 서비스 요구량을 만족하면서 맨 아래 행에 기초한 직원의 총인건비를 최소화할 수 있는 일일 근무조별 할당 직원 수를 결정하는 것이다.

모형 수립

이 문제는 사실 순수 비용-이익 절충문제이다. 문제를 모형화하기 위해서 관련된 활동과 이익을 확인해야 한다.

활동은 교대 근무조에 해당된다.

각 활동의 수준은 근무조에 할당된 직원 수다.
각 활동의 단위는 근무조에 할당된 한 명의 직원이다.

따라서 선형계획문제의 일반적 서술인 '활동수준의 최적 조합을 구하는 것'이 이 응용예제에서는 '근무조 크기의 최적 조합을 구하는 것'으로 표현될 수 있다.

이익은 시간대와 관련 있다.
각 시간대별로 활동에 따른 이익은 직원이 그 기간 동안 고객에 제공하는 서비스이다.
이익의 수준은 그 기간 동안 근무하는 직원의 수로 측정된다.

관련 자료를 모두 수집하는 것을 포함하여, 이 문제에 대한 상세한 모형 수립은 이전과 마찬가지로 스프레드시트 모형에 직접 나타낸다. 〈그림 6-5〉에 보이는 모형의 수립 과정을 아래에 서술한다.

자료 이 그림에 표시된 것과 같이 〈표 6-5〉의 모든 자료가 그대로 자료셀 CostPerShift(C5:G5), ShiftWorksTimePeriod(C8:G17), MinimumNeeded(J8:J17)에 입력되어 있다. 1로 입력되어 있는 ShiftWorksTimePeriod(C8:G17) 자료는 해당 근무조가 그 시간대에 근무를 한다는 것이고, 0이면 그렇지 않다는 것이다. 다른 비용-이익 절충문제와 같이, 위 숫자들은 각 이익에 미치는 각 활동의 기여도를 나타낸다. 어떤 근무조에 일하는 직원이 어떤 시간대에 필요한 최소 필요 직원 수에 0 또는 1의 기여를 하는 것이다.

결정변수 이 예제에서 활동은 다섯 개의 교대 근무조에 해당하므로 결정해야 할 사항은 다음과 같다.

S_1 = 근무조 1에 할당된 직원의 수 (오전 6시에 시작)
S_2 = 근무조 2에 할당된 직원의 수 (오전 8시에 시작)
S_3 = 근무조 3에 할당된 직원의 수 (정오에 시작)
S_4 = 근무조 4에 할당된 직원의 수 (오후 4시에 시작)
S_5 = 근무조 5에 할당된 직원의 수 (오후 10시에 시작)

스프레드시트 모형 21행의 활동 열마다 변수셀을 두어 위 변수의 값들을 갖게 한다. 즉,

$$S_1 \rightarrow \text{C21셀} \qquad S_2 \rightarrow \text{D21셀} \qquad \cdots \qquad S_5 \rightarrow \text{G21셀}$$

이들 셀은 NumberWorking(C21:G21)이라는 범위명으로 한꺼번에 참조된다.

제약조건 변수셀은 비음이어야 한다. 또한, 10개의 이익제약식이 필요하며, 각각은 B열에 나열된 해당 시간대에 근무하는 총 직원의 수가 J열에 주어진 최소 필요 인원수보다 크거나 같

〈그림 6-5〉 Union Airways 문제에 대한 스프레드시트 모형. 목표셀 TotalCost(J21), 출력셀 TotalWorking(H8:H17)의 식과 해찾기 실행 준비를 위한 설정 사항이 포함되어 있다. 변수셀 NumberWorking(C21:G21)에는 해찾기로부터 얻어진 최적해가 표시되어 있다.

	A	B	C	D	E	F	G	H	I	J
1	**Union Airways Personnel Scheduling Problem**									
2										
3			6AM–2PM	8AM–4PM	Noon–8PM	4PM–Midnight	10PM–6AM			
4			Shift	Shift	Shift	Shift	Shift			
5		Cost per Shift	$170	$160	$175	$180	$195			
6								Total		Minimum
7		Time Period		Shift Works Time Period? (1=yes, 0=no)				Working		Needed
8		6AM–8AM	1	0	0	0	0	48	≥	48
9		8AM–10AM	1	1	0	0	0	79	≥	79
10		10AM–12PM	1	1	0	0	0	79	≥	65
11		12PM–2PM	1	1	1	0	0	118	≥	87
12		2PM–4PM	0	1	1	0	0	70	≥	64
13		4PM–6PM	0	0	1	1	0	82	≥	73
14		6PM–8PM	0	0	1	1	0	82	≥	82
15		8PM–10PM	0	0	0	1	0	43	≥	43
16		10PM–12AM	0	0	0	1	1	58	≥	52
17		12AM–6AM	0	0	0	0	1	15	≥	15
18										
19			6AM–2PM	8AM–4PM	Noon–8PM	4PM–Midnight	10PM–6AM			
20			Shift	Shift	Shift	Shift	Shift			Total Cost
21		Number Working	48	31	39	43	15			$30,610

Solver Parameters

Set Objective Cell: TotalCost
To: Min
By Changing Variable Cells:
NumberWorking
Subject to the Constraints:
NumberWorking = integer
TotalWorking >= MinimumNeeded

Solver Options:
Make Variables Nonnegative
Solving Method: Simplex LP

Range Name	Cells
CostPerShift	C5:G5
MinimumNeeded	J8:J17
NumberWorking	C21:G21
ShiftWorksTimePeriod	C8:G17
TotalCost	J21
TotalWorking	H8:H17

	H
6	Total
7	Working
8	=SUMPRODUCT(C8:G8,NumberWorking)
9	=SUMPRODUCT(C9:G9,NumberWorking)
10	=SUMPRODUCT(C10:G10,NumberWorking)
11	=SUMPRODUCT(C11:G11,NumberWorking)
12	=SUMPRODUCT(C12:G12,NumberWorking)
13	=SUMPRODUCT(C13:G13,NumberWorking)
14	=SUMPRODUCT(C14:G14,NumberWorking)
15	=SUMPRODUCT(C15:G15,NumberWorking)
16	=SUMPRODUCT(C16:G16,NumberWorking)
17	=SUMPRODUCT(C17:G17,NumberWorking)

	J
20	Total Cost
21	=SUMPRODUCT(CostPerShift,NumberWorking)

아야만 한다는 것이다. 따라서

오전 6시~오전 8시에 근무하는 총 직원의 수 ≥ 48

오전 8시~오전 10시에 근무하는 총 직원의 수 ≥ 79

⋮

자정~오전 6시에 근무하는 총 직원의 수 ≥ 15

C열에서 G열까지는 각 시간대에 어느 근무조가 일하는지를 나타내므로 시간대별 총 직원의 수는 다음과 같다.

오전 6시~오전 8시에 일하는 총 직원의 수 = S_1

오전 8시~오전 10시에 일하는 총 직원의 수 = $S_1 + S_2$

⋮

자정~오전 6시에 일하는 총 직원의 수 = S_5

시간대별 총 근무 직원의 수는 〈그림 6-5〉의 스프레드시트 아래에 나타난 것처럼 SUMPRODUCT 함수를 사용해서 출력셀 TotalWorking(H8:H17)에 계산된다.

또 다른 유형의 제약조건은 각 근무조에 할당된 직원의 수는 정수값을 가져야만 한다는 것이다. 5개 근무조에 대한 제약조건을 6.2절의 TBA 항공사 문제에 대해 설명했던 것과 같은 방법으로 첨가해야 한다. 엑셀의 해찾기에서는, 제약식 추가 대화상자에서 왼쪽 편에 NumberWorking을 입력한 다음 왼쪽 편과 오른쪽 편 사이에 팝업메뉴로부터 int를 선택하여 첨가한다. 〈그림 6-5〉의 Solver Parameters에 볼 수 있는 것처럼 NumberWorking=integer로 지정한다. Analytic Solver에서는 정수로 제약할 셀의 범위를 선택하고, Analytic Solver 리본의 Constraint 메뉴 아래 Variable Type/Bound 하부메뉴에서 Integer를 선택한다.

성과척도 이 문제의 목적은 다음과 같다.

최소화 비용 = 모든 직원에 대한 1일 총인건비

CostPerShift(C5:G5)는 근무조별 직원당 1일 비용을 나타내고 NumberWorking (C21:G21)은 근무조별 직원 수를 나타내기 때문에

$$\text{비용} = 170S_1 + 160S_2 + 175S_3 + 180S_4 + 195S_5$$

= SUMPROUDUCT(CostPerShift, NumberWorking)

→ J21 셀

모형 수립 요약 위의 과정을 통해 스프레드시트에 완전한 선형계획모형을 수립할 수 있고, 다음과 같이 대수적 형태로 요약된다.

최소화 $\text{비용} = 170S_1 + 160S_2 + 175S_3 + 180S_4 + 195S_5$

제약조건

오전 6시~오전 8시에 근무하는 총 직원 수: $S_1 \geq 48$

$$\text{오전 8시~오전 10시에 근무하는 총 직원 수: } S_1 + S_2 \geq 79$$

⋮

$$\text{자정~오전 6시에 근무하는 총 직원 수: } S_5 \geq 15$$

$$S_1 \geq 0 \quad S_2 \geq 0 \quad S_3 \geq 0 \quad S_4 \geq 0 \quad S_5 \geq 0$$

해찾기 〈그림 6-5〉의 왼쪽 아래에는 해찾기 실행에 필요한 입력 자료와 이전과 같은 두 가지 옵션 선택이 보인다. 해찾기 실행 후, 스프레드시트의 NumberWorking(C21:G21)에는 각 교대 근무조에 할당되어야 할 직원의 수에 대한 최적해를 보여주고 있다. TotalCost(J21)는 이 계획을 통해 하루에 30,610달러의 비용이 발생한다는 것을 나타내고 있다.

비용–이익 절충문제의 모형 수립 과정에 대한 요약

비용-이익 절충문제를 모형화하는 아홉 단계는 이전 절의 마지막에 다룬 자원배분문제와 동일한 형태를 갖는다. 중요한 차이점은 단계 2와 3에서 성과척도가 이제는 활동에 대한 총비용(또는 경영진에 의해 지정된 총비용 대용척도)이란 것이고, 단계 4와 5에서는 이익이 자원을 대체하고, 마지막으로 단계 8에서 부등호 ≥가 이익에 대한 출력셀의 오른쪽에 들어가는 것이다. 〈그림 6-6〉은 비용-이익 절충 문제를 위한 스프레드시트 모형의 형식의 템플릿을 보여준다.

수립된 모형에서 모든 함수제약식은 부등호 ≥를 갖는 이익제약식이며, 이것은 순수 비용-이익 절충문제의 식별 특성이다.

〈그림 6-6〉 순수 비용-이익 절충문제를 위한 스프레드시트 모형의 템플릿

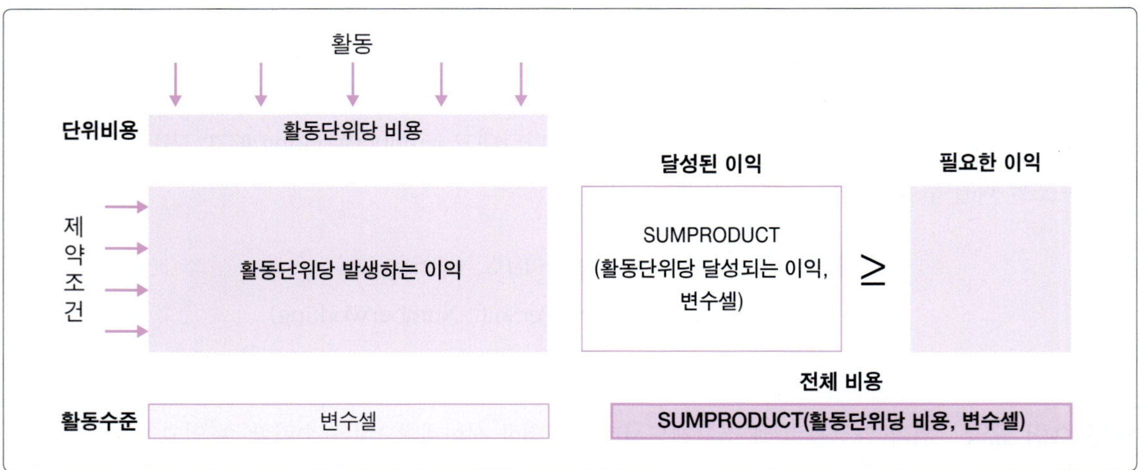

복습문제

1. 자원배분문제와 비용-이익 절충문제 사이에 경영 목적에 있어서의 차이점은 무엇인가?
2. 비용-이익 절충문제의 식별 특성은 무엇인가?

복습문제

3. 이익제약식의 형태는 무엇인가?
4. 비용-이익 절충문제에서 수집해야 할 세 가지 종류의 자료는 무엇인가?
5. 비용-이익 절충문제의 두 예제에 대한 활동의 종류를 비교하시오.
6. 비용-이익 절충문제의 두 예제에 대한 이익의 종류를 비교하시오.

6.4 혼합문제

6.2절과 6.3절에서는 각각 선형계획문제의 넓은 범주(자원배분문제, 비용-이익 절충문제)에 대해 살펴 보았다. 〈표 6-6〉에 요약되어 있는 것과 같이, 각각의 문제는 표에 있는 처음 두 종류의 함수제약식 중 하나로 특정된다. 사실상 순수 자원배분문제의 식별 특성은 모든 함수제약식이 자원제약식이라는 것이다. 순수 비용-이익 절충문제의 식별 특성은 모든 함수제약식이 이익제약식이라는 것이다. (함수제약식은 비음제약식을 제외한 문제의 모든 제약식을 포함한다는 것에 유의해야 한다.)

〈표 6-6〉의 맨 아래 행은 함수제약식의 세 가지 유형 중 마지막 것을 보여주고 있다. 명칭은 **고정요구량 제약식**fixed-requirement constraint이며 이러한 제약식의 좌변은 어떤 고정된 양과 반드시 같아야 한다. 왼쪽 편이 얼마만큼 제공되는 양을 나타내므로 고정요구량 제약식의 형태는 다음과 같다

제공되는 양 = 요구되는 양

순수 **고정요구량 문제**fixed-requirements problem의 식별 특성은 모든 함수제약식이 고정요구량 제약식인 선형계획법 문제라는 것이다. 다음의 두 절에서는 수송문제와 할당문제라고 불리는 고정요구량 문제의 두 가지 특별히 유명한 유형을 기술할 것이다.

이러한 유형의 문제들로 넘어가기 전에, 얼마나 많은 선형계획법 문제가 혼합문제라고 불리는 또 다른 넓은 범주에 속하는가를 설명하기 위해서 6.1절의 Super Grain사의 사례연구를 계속해서 사용할 것이다.

많은 선형계획법 문제는 이전에 논의된 범주(순수 자원배분문제, 비용-이익 절충문제, 고정요구량 문제) 중 한 곳에 완전히 속해 있지 않다. 왜냐하면 문제의 함수제약식들이 〈표 6-6〉에서 볼 수 있는 유형 중 두 개 이상을 갖기 때문이다. 그러한 문제들을 **혼합문제**mixed problem라고 한다.

이제 Super Grain사의 사례에 대한 더 세밀한 분석을 통해, 이 자원배분문제가 〈표 6-6〉에서 나타난 세 가지 유형의 함수제약식을 모두 포함하는 혼합문제로 바뀔 수 있는지 살펴본다.

〈표 6-6〉 함수제약식의 유형

유형	형태*	일반적인 해석	주요 사용 예
자원제약식	LHS ≤ RHS	자원에 대한 제약 사용량 ≤ 가용량	자원배분문제와 혼합문제
이익제약식	LHS ≥ RHS	이익에 대한 제약 달성된 수준 ≥ 최소요구수준	비용-이익 절충문제와 혼합문제
고정요구량 제약식	LHS = RHS	수량에 대한 제약 제공되는 양 = 요구되는 양	고정요구량 문제와 혼합문제

* LHS = 좌변(SUMPRODUCT 함수).
RHS = 우변(상수).

Super Grain사의 경영진이 광고혼합문제를 논의하다

6.1절에 나오는 Super Grain사의 사례에서는, Claire Syverson(Super Grain사의 마케팅 담당 부사장)이 회사의 새로운 아침식사용 시리얼에 대해 제안한 촉진 캠페인을 평가하기 위한 회의를 요청하는 메모를 회사의 대표인 David Sloan에게 보내는 것으로 끝났다.

그 후에 곧 Claire과 David은 그 캠페인을 위한 계획을 논의하기 위해 만났다.

David Sloan(대표): 판매촉진 캠페인에 대한 당신의 계획은 매우 합리적인 것이라고 생각합니다. 그러나 TV광고를 전혀 하지 않는 것에 놀랐습니다. 왜 그렇습니까?

Claire Syverson(마케팅 담당 부사장): 캠페인을 실시하여 노출의 수를 어떻게 최대화할 것인가를 알아내기 위해서 스프레드시트 모형을 사용하였습니다. 그 결과로 이러한 결론을 얻었습니다. 저 역시 TV광고를 하지 않는 것에 놀랐습니다만 모형은 금전적인 면에서 TV광고가 소셜 미디어나 일요신문 광고보다도 기대 노출이 작다는 것을 보여주었습니다. 기대 노출을 최대화할 수 있는 계획을 실행하는 것이 좋지 않습니까?

David: 반드시 그런 건 아닙니다. 어떤 노출은 다른 것보다 훨씬 덜 중요할 수도 있습니다. 예를 들면 중년의 어른은 우리 시리얼의 주요 고객이 아니기 때문에, 얼마나 많은 어른이 우리의 광고를 보느냐는 우리의 관심이 아닙니다. 그러나 어린이는 우리의 주요 고객입니다. 토요일 아침 어린이 TV 프로그램에 광고를 하는 것은 어린이 고객을 공략하는 주된 방법입니다. 어린이들이 부모에게 Crunchy Start를 사달라고 조르게 만드는 것이 얼마나 중요한지 아실 것입니다. 이것이 초기 매출을 위해 우리가 사용하는 가장 좋은 방법입니다. 이런 광고는 어린이와 함께 프로그램을 보는 부모들도 보게 될 겁니다. 우리가 필요한 광고는 부모와 어린이 모두를 사로 잡아서 어린이가 즉시 부모에게 Crunchy Start를 사달라고 조르게 만드는 것입니다. 이것이 성공적인 캠페인을 위한 실질적인 열쇠라고 생각합니다.

Caire: 네, 알겠습니다. 사실 이 판매촉진 캠페인에 노출되어야 하는 어린이와 이들 부모의 수에 관한 어느 정도의 목표를 이미 설정하였습니다.

David: 좋습니다. 그 목표를 스프레드시트 모형에 포함시켰습니까?

Claire: 아직 못했습니다.

David: 그럼 바로 그 목표를 모형에 포함시키세요. 해당 목표가 달성되면서 노출을 최대화하는 것이 어느 정도의 TV광고를 포함하는 효과적인 계획이 될지 궁금합니다.

Claire: 좋은 생각입니다. 그렇게 해보겠습니다.

David: 보고서에 있는 계획에서 고려하고 싶지만 하지 못한 요인은 더 없습니까?

Claire: 예, 한 가지가 있습니다. 제안된 계획은 소셜 미디어와 신문의 쿠폰에 대한 예산을 고려하지 않았습니다.

David: 모형에 역시 추가하세요. 그럼, 이와 같은 추가적인 고려 사항이 있을 때 어떤 일이 발생하는지 확인하길 바랍니다.

Claire: 그렇게 하겠습니다. 스프레드시트 모형에 대해 경험이 많으신 것 같습니다.

David: 그렇습니다. 모형으로부터 어떤 것을 얻을 수 있는가에 대한 건전한 의심을 가지고 있다면 이것은 좋은 도구입니다. 경영의 문제를 다룰 때 우리가 고려해야 할 모든 것을 다 반영할 수 있는 모형은 없습니다. 특히 초기 모형은 정말 그렇습니다. 모형에 추가해야 할 정량적인 사항 중에 빠진 것이 없는지 늘 자문해야 합니다. 가능한 한 모형을 완벽하게 만들고 해를 얻은 후에도 모형에 반영할 수 없었던 무형의 고려 사항을 감안하여 최선의 경영적 판단을 해야 합니다.

추가적인 경영 고려 사항을 Super Grain사 모형에 구현하기

David과 Claire는 스프레드시트 모형에 몇 가지 추가적인 고려 사항을 포함하는 형태로 확장을 할 필요가 있다고 결론을 내렸다. 특히 광고캠페인은 어린이들의 이목을 끌어야 하는 아침식사 시리얼 광고이기 때문에, 어린이와 그들의 부모, 이 두 고객층을 대상으로 삼아야 한다. (이것이 Giacomi & Jackowitz사가 권장한 세 가지 광고 매체 중 하나가 토요일 아침 어린이 TV 프로그램인 이유이다.) 결론적으로, Claire는 캠페인에 대한 두 가지 새로운 목표를 설정하였다.

목표 1: 광고는 적어도 500만 명의 어린이에게 노출되어야 한다.
목표 2: 광고는 적어도 500만 명의 (어린이) 부모에게 노출되어야 한다.

결과적으로 이 두 가지 목표는 광고 활동으로 달성해야 할 두 가지 이익에 대한 최소요구 수준이다.

이익 1: 새로운 시리얼을 어린이에게 판매촉진
이익 2: 새로운 시리얼을 어린이의 부모들에게 판매촉진

〈표 6-7〉 수정된 Super Grain사 광고혼합문제에 대한 이익 자료

고객층	고객층별 노출 인원수(단위: 100만 명)			
	TV광고	소셜 미디어 광고	일요신문광고	최소요구수준
어린이	1.2	0.1	0	5
부모	0.5	0.2	0.2	5

목표가 명확히 지정되었기 때문에 각 이익의 수준은 광고에 노출되는 고객층의 인원수로 측정된다.

6.3절에서 설명한 것과 같이 해당 이익제약식을 만들기 위해서, Claire는 Giacomi & Jackowitz사에 각 매체를 통한 광고가 각 이익에 어느 정도 기여하는지, 즉 고객층별 노출 인원수를 추정해 달라고 요청하였다. 이 추정치가 〈표 6-7〉에 주어져 있다.

원래 스프레드시트 모형(그림 6-1)에서 이미 어느 정도 이들 이익을 고려했음에도 불구하고 경영진이 위의 두 가지 이익을 특별히 고려하고 있는 것은 흥미롭다. 6.1절에서 설명한 것처럼 노출에 대한 기대치가 최대화해야 할 성과척도이다. 대상 고객층을 포함하여 어떤 개인이라도 광고에 노출될 때마다 측정값에 더해지게 된다. 그러나 이 일반적인 성과척도를 최대화하는 것이 경영진(Claire)이 지정한 두 가지 목표의 달성을 보장하는 것은 아니다. Claire는 이들 목표를 달성하는 것이 성공적인 캠페인이 되기 위한 필수 사항이라고 생각한다. 그래서 해당 목표가 달성되는 것을 보장하기 위한 특정 이익제약식을 이용하여 일반적 성과척도를 보완하였다. 경영 목표를 모형에 반영하기 위해 이익제약식을 추가하는 것은 경영진의 특권이다.

Claire는 모형에 한 가지 고려 사항을 더 추가하려고 한다. 그녀는 쿠폰(고객이 소셜 미디어로부터 프린트하거나 인쇄매체로부터 오려낸 후, 광고 제품을 구매할 때 해당 쿠폰을 제시하면 지정된 금액만큼 되돌려 받을 수 있는 쿠폰)의 광고 효과를 강하게 믿고 있다. 그래서 Claire는 쿠폰의 환매를 위해서 언제나 연간 마케팅 예산의 상당 부분을 떼어 두었다. 배정된 금년 예산 중 아직 149만 달러가 쿠폰 환매를 위해 남아 있다. Crunchy Start가 회사의 중요 제품이므로 이 남은 배정 금액을 모두 이 제품의 판매촉진 캠페인에 사용하기로 하였다.

쿠폰 환매를 위한 고정된 예산은 고정요구량 제약식으로 표현되어야 하는 고정요구량이다. 이 절의 초기에서 설명한 것과 같이 고정요구량 제약식은 어떤 종류의 양에 대해 다음과 같은 형태를 가진다.

제공되는 양 = 요구되는 양

이 사례에서 수량은 쿠폰 환매를 위해 제공된 금액이다. 이 제약식을 스프레드시트에 명시하기 위해서, 매체별 광고 1회가 요구량을 충족하는 데 얼마나 기여하는지를 추정해야 한

〈표 6-8〉 수정된 Super Grain 광고혼합문제의 고정요구량 제약식에 대한 자료

	요구량에 대한 기여도			
요구사항	TV광고	소셜 미디어 광고	일요신문광고	요구량
쿠폰 환매	0	4만 달러	12만 달러	149만 달러

다. 매체 2(소셜 미디어 광고)와 매체 3(주요 일간지 일요일 확장면 광고)에 쿠폰이 포함될 것이다. 각 매체에 대해 광고당 쿠폰의 환매 금액에 대한 추정치가 〈표 6-8〉에 주어져 있다.

수정 스프레드시트 모형 수립

〈그림 6-7〉은 〈그림 6-1〉의 원 모형에 추가적 고려 사항을 포함시킨 스프레드시트 모형을 작성하는 한 가지 방법을 보여준다. 수정 모형의 네 가지 구성요소에 대해 다음부터 설명한다.

자료

추가 자료셀 NumberReachedPerAd(C11:E12), MinimunAcceptable(H11:H12), CouponRedemptionPerAd(C15:E15), RequiredAmount(H15)는 〈표 6-7〉과 〈표 6-8〉에 있는 자료를 나타내고 있다.

결정변수

이전과 동일하지만, 결정할 사항은 다음과 같다.

TV = TV광고의 수

SM = 소셜 미디어 광고의 수

SS = 일요신문광고의 수

이들 값을 갖게 되는 변수셀은 계속해서 NumberOfAds(C19:E19)이다.

제약식

원래의 제약식에 추가하여, 두 개의 이익제약식과 하나의 고정요구량 제약식이 있다. 11행과 12행의 F에서 H열 사이에 나타난 것과 같이 이익제약식은 다음과 같다.

광고를 접하는 어린이의 수 $\geq$ 5 (목표 1, 단위: 100만)

광고를 접하는 부모의 수 $\geq$ 5 (목표 2, 단위: 100만)

이들 행의 C에서 E행의 자료를 사용하면 다음과 같다.

〈그림 6-7〉 수정된 Super Grain사 문제에 대한 스프레드시트 모형

	A	B	C	D	E	F	G	H
1	**Super Grain Corp. Advertising-Mix Problem**							
2								
3			TV Spots	Social Media Ads	SS Ads			
4		Exposures per Ad	1,300	600	500			
5		(thousands)						
6				Cost per Ad ($thousands)		Budget Spent		Budget Available
7		Ad Budget	300	150	100	3,775	≤	4,000
8		Planning Budget	90	30	40	1,000	≤	1,000
9								
10				Number Reached per Ad (millions)		Total Reached		Minimum Acceptable
11		Young Children	1.2	0.1	0	5	≥	5
12		Parents of Young Children	0.5	0.2	0.2	5.85	≥	5
13								
14			TV Spots	Social Media Ads	SS Ads	Total Redeemed		Required Amount
15		Coupon Redemption	0	40	120	1,490	=	1,490
16		per Ad ($thousands)						
17								Total Exposures
18			TV Spots	Social Media Ads	SS Ads			(thousands)
19		Number of Ads	3	14	7.75			16,175
20			≤					
21		Maximum TV Spots	5					

Solver Parameters

Set Objective Cell: TotalExposures
To: Max
By Changing Variable Cells:
NumberOfAds
Subject to the Constraints:
BudgetSpent <= Budget Available
TVSpots <= MaxTV Spots
TotalReached >= MinimumAcceptable
TotalRedeemed = RequiredAmount

Solver Options:
Make Variables Nonnegative
Solving Method: Simplex LP

Range Name	Cells
BudgetAvailable	H7:H8
BudgetSpent	F7:F8
CostPerAd	C7:E8
CouponRedemptionPerAd	C15:E15
ExposuresPerAd	C4:E4
MaxTVSpots	C21
MinimumAcceptable	H11:H12
NumberOfAds	C19:E19
NumberReachedPerAd	C11:E12
RequiredAmount	H15
TotalExposures	H19
TotalReached	F11:F12
TotalRedeemed	F15
TVSpots	C19

	F
6	Budget Spent
7	=SUMPRODUCT(C7:E7,NumberOfAds)
8	=SUMPRODUCT(C8:E8,NumberOfAds)
9	
10	Total Reached
11	=SUMPRODUCT(C11:E11,NumberOfAds)
12	=SUMPRODUCT(C12:E12,NumberOfAds)
13	
14	Total Redeemed
15	=SUMPRODUCT(CouponRedemptionPerAd, NumberOfAds)

	H
17	Total Exposures
18	(thousands)
19	=SUMPRODUCT(ExposuresPerAd,NumberOfAds)

광고를 접하는 어린이의 수 = 1.2TV + 0.1SM + 0SS
= SUMPRODUCT(C11:E11, NumberOfAds)
→ F11셀

광고를 접하는 부모의 수 = 0.5TV + 0.2SM + 0.2SS
= SUMPRODUCT(C12:E12, NumberOfAds)
→ F12셀

이들의 출력셀의 범위명은 TotalReached(F11:F12)로 주어진다.

15행에 표시된 고정요구량 제약식은 다음과 같다.

총 쿠폰 환매 = 1,490(단위: 1,000달러)

CouponRedemptionPerAd(C15:E15)는 광고당 환매된 쿠폰의 수를 나타낸다.

총 쿠폰 환매 = 0TV + 40SM + 120SS
= SUMPRODUCT(CouponRedemptionPerAd, NumberOfAds)
→ F15셀

위와 동일한 제약식이 원 제약식과 함께 〈그림 6-7〉의 해찾기 대화상자에 표시되어 있다.

성과척도

성과척도는 계속해서 다음과 같다.

노출 = 1,300TV + 600SM + 500SS
= SUMPRODUCT(ExposuresPerAd, NumberOfAds)
→ H19셀

따라서 목표셀은 다시 TotalExposures(H19)이다.

모형 수립 요약

위의 절차에 따라 다음과 같은 대수적 선형계획모형을 얻게 된다.

최대화 노출 = 1,300TV + 600SM + 500SS

제약식은 다음과 같다.

1. 자원제약식

300TV + 150SM + 100SS ≤ 4,000(광고예산, 단위: 1,000달러)
90TV + 30SM + 40SS ≤ 1,000(기획예산, 단위: 1,000 달러)
TV ≤ 5(가용한 TV광고 수)

2. 이익제약식

$1.2TV + 0.1SM \geq 5$(어린이 수, 단위: 100만)

$0.5TV + 0.2SM + 0.2SS \geq 5$(부모 수, 단위: 100만)

3. 고정요구량 제약식

$40SM + 120SS = 1{,}490$(쿠폰예산, 단위: 1,000달러)

4. 비음조건

$TV \geq 0 \quad SM \geq 0 \quad SS \geq 0$

해찾기

〈그림 6-7〉의 왼쪽 아래 부분에 보이는 입력 요소를 해찾기 대화상자에 입력하고, 해찾기의 두 가지 옵션을 선택한 후 해찾기를 실행하면 19행에 주어진 최적해를 얻는다. 이 최적해는 다음과 같은 판매촉진 캠페인을 제공한다.

TV광고는 3번 한다.
소셜 미디어에 14번의 광고를 한다.
일요신문에 7.75번의 광고를 한다(여덟 번째 광고는 75%의 신문에만 한다).

새로운 계획에 대한 기대 노출은 16,175,000으로 〈그림 6-1〉에 있는 초기 계획의 17,000,000보다 작지만, Claire와 David은 새로운 계획이 이번 캠페인에 대한 경영진의 목표를 모두 만족시키는 훨씬 더 좋은 대안이라고 생각하고 이를 채택하기로 하였다.

이 사례연구는 선형계획법의 실제 응용에 있어서 선형계획모형의 지속적 개선이라는 공통된 주제를 보여주고 있다. 모형을 사용하면서 경험이 쌓임에 따라 초기 모형 수립 이후에도 아마도 여러 번 조정하는 것은 일반적 일이다. 많은 경우, 이러한 조정은 몇 가지 중요한 경영진의 고려 사항을 보다 더 적절하게 반영하기 위해 이루어진다. 경영진의 고려 사항을 표현해야 하는 새로운 함수제약식은 초기 모형에 있는 것들과 다른 유형일 수 있기 때문에 혼합문제로 나타날 수 있다.

선형계획법의 또 다른 응용사례

이 사례연구는 비교적 작은 혼합문제의 간단한 예제이다. 실무에서 발생하는 선형계획문제(혼합문제 포함)의 대부분은 훨씬 더 크며, 때로는 수백 또는 수천(또는 수백만) 가지의 변수와 제약식을 포함하기도 한다. 선형계획법이 처방 분석을 수행하는 데 매우 중요한 도구인 주요 이유는 선형계획법이 매우 많은 경영의 문제에 잘 들어맞을 뿐아니라 종종 발생하는 기업 전체에 걸친 문제를 포함하여 대단위 문제를 처리할 수 있기 때문이다. 이 도구가 발전되어 온 수십 년 동안, 관련 데이터를 거의 자동으로 선형계획법 모형으로 변환하는 강력한 기술이 개

응용사례

Chevron사는 세계적인 통합 에너지 회사 중에 하나이다. 이 회사는 원유와 천연가스를 찾아서 전 세계를 광범위하게 탐사한다. 회사가 보유한 광대한 석유 매장량 덕분에, 200만 배럴에 가까운 원유와 비슷한 양의 천연가스를 매일 생산한다. 다음으로, 회사의 정유 공장을 통해 하루에 300만 배럴에 가까운 수송 연료, 화학제품, 윤활제품을 정제하고 판매한다.

선형계획법이 발명된 1947년으로 거의 거슬러 올라간 시점부터, Chevron사는 빠르게 이 새로운 기법을 가장 많이 활용하는 사용자가 되었다. 초창기 응용사례는 다음의 배합문제(blending problem)이다. 모든 단일 등급의 가솔린제품은 약 3~10개의 성분(서로 다른 형태의 가공 원유)을 배합하여 만들어진다. 이때 한 가지의 성분만으론 가솔린 제품 등급의 품질 사양을 만족시킬 수 없고, 여러 재료의 다양한 조합을 통해서만 달성할 수 있다. 일반적인 정유공장은 옥탄가 및 마케팅 분야의 다른 성질로 인해 구분되는 네 종류 이상의 등급을 갖는 가솔린 제품을 20가지 정도의 성분을 배합하여 생산한다. 혼합문제 유형의 선형계획법을 이용하면, 총비용을 최소화하는 이러한 배합을 찾을 수 있기 때문에, 회사는 막대한 비용을 절감할 수 있다

컴퓨팅 파워의 기하급수적인 성장으로 시간이 갈수록 Chevron사는 선형계획법의 활용을 크게 확장할 수 있었다. 또 하나의 응용 예제는 총이익을 최대화하는 정제제품(가솔린, 제트, 디젤 연료)의 조합을 최적화하는 것이 있다. 또 다른 응용 예제는 원유 가격, 원재료 가용성, 제품 가격, 제품 사양, 그리고 설비 가용성에 변경이 있을 때마다 주기적으로 정제 과정의 실행을 최적의 방법으로 결정하는 것이다. 마지막 선형계획법의 응용 예제(9장에서 다루는 의사결정 분석 기법과 함께 사용된다)는 운영 중인 정제 시스템을 개선하기 위해 신규 프로젝트에 대한 자금 조달을 최적화하는 것이 있다.

다양한 방법으로 총비용을 최소화하거나 총이익을 최대화하는 선형계획법의 이러한 모든 응용사례의 조합은 Chevron사의 근본 경쟁력에 지대한 영향을 미쳐왔다. Chevron사가 현재 얻고 있는 누적 추정 가치는 연간 10억 달러에 이른다. 이러한 공로 및 관련 업적을 인정하기 위해 INFORMS(Institute for Operations Research and the Management Sciences)에서는 최고 권위의 2015년 INFORMS상을 Chevron사에 수여하였다. 앞선 경영과학 기법을 전사에 적용하면서 오랜 기간 혁신적인 길을 걸어온 Chevron사에 대한 표창이었다.

출처: T. Kutz, M. Davis, R. Creek, N. Kenaston, C. Stenstrom, and M. Connor, *Interfaces* (현 *INFORMS Journal on Applied Analytics*) 44, no. 1 (January-February 2014), pp. 39–54. (이 논문에 대한 링크를 www.mhhe.com/Hillier7e에서 확인할 수 있다.)

발되었고, 이어서 어떠한 의사결정이 진행되어야 하는지를 더욱 정교화하기 위한 What-If 분석(8장에서 설명)이 이루어진다. (이 기술에 대해서는 더 이상 논의하지 않지만, 경영과학의 고급 과정을 선택한 학생은 고도로 훈련된 분석가가 이것들을 어떻게 수행하는지 배울 수 있다.)

실제로 발생하는 훨씬 더 큰 선형계획법 응용사례에 대한 모형은 위 사례보다 상당히 더 복잡해 보일 수 있다. 그러나 기억해야 할 중요한 사항은 선형계획문제는 단지 세 가지 종류의 함수제약식 — 자원제약식, 이익제약식, 고정요구량 제약식 — 만을 포함한다는 것이다. 각각의 제약은 위의 사례들에서 설명하였다.

선형계획법이 적용될 수 있는 경영의 문제는 굉장히 많으나 이 책에서 많은 응용사례를 다룰 수 있는 공간이 충분하지 않다. 좀 더 공부하고 싶다면, 이 장 뒷부분에 있는 다섯 가지 학습문제를 풀어보기를 제안한다. 이번 장과 이전 장에 소개된 응용사례와 연습문제 이후에 나오는 사례를 통해 선형계획법의 매우 넓은 활용가능성을 알게 될 것이다.

다음 두 절에서는 선형계획법의 두 가지 추가 유형에 대해 다룰 것이다.

혼합선형계획모형 수립 절차 요약

혼합문제의 모형 수립 절차는 6.2절 마지막 부분에 소개된 자원배분문제의 그것과 유사하다. 그러나 순수 자원배분문제는 자원제약식만을 갖고 있는데 반해 혼합문제는 세 가지 유형의 함수제약식(자원제약식, 이익제약식, 고정요구량 제약식) 모두를 가질 수 있다. 따라서 혼합문제를 위한 다음의 요약은 서로 다른 유형의 함수제약식을 다루기 위한 구별된 단계를 포함한다. 그리고 혼합문제를 위한 스프레드시트 모형의 템플릿이 〈그림 6-8〉에 주어져 있다. (이 형식은 이 장에서 제시된 문제들을 포함한 대부분의 혼합문제에 잘 작동하지만, 다음 장에서 설명되겠지만 유연하게 적용될 필요가 있을 때도 있다.)

1. 모든 선형계획문제는 여러 활동에 대한 최적의 혼합 수준을 찾는 것이기 때문에 먼저 문제의 활동을 정의해야 한다. 의사결정 사항은 이러한 활동의 수준을 결정하는 것이다.
2. 경영진의 관점에서 문제의 해에 대한 적절한 성과척도를 정의한다.
3. 활동마다 활동단위당 성과척도에 대한 기여도를 추정한다.
4. 활동에 배분될 모든 자원을 규정한다(6.2절에 설명). 자원마다 가용량과 각 활동단위당 소요 자원량을 규정한다.
5. 활동으로부터 얻게 되는 모든 이익을 규정한다(6.3절에 설명). 각 이익에 대해서 경영진이 미리 지정한 최소요구수준과 각 활동단위당 이익 기여도를 규정한다.

〈그림 6-8〉 혼합문제를 위한 스프레드시트 모형의 템플릿

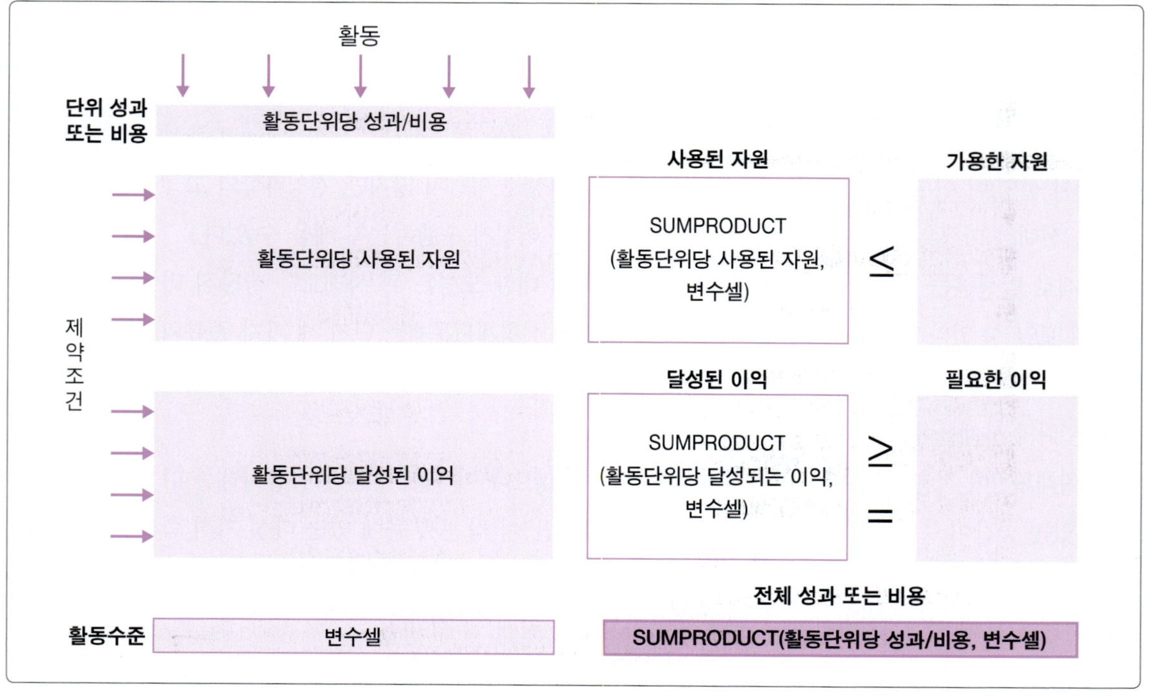

6. 어떤 수량에 대해 제공되는 양이 요구되는 양과 반드시 일치해야 한다는 고정요구량 조건이 있다면 규정한다(6.4절에 설명). 각 고정요구량 조건에 대해서 요구되는 양과 각 활동단위당 해당 요구량에 대한 기여도를 규정한다.
7. 3단계에서 6단계까지 얻은 자료를 스프레드시트의 자료셀에 입력한다.
8. 활동수준에 대한 결정사항을 표시할 변수셀의 위치를 정한다.
9. 자원, 이익, 고정요구량 제약식을 지정하기 위한 출력셀을 사용한다.
10. 성과척도를 표시할 목표셀의 위치를 정한다.

복습문제

1. 혼합 선형계획문제에는 어떤 종류의 함수제약식이 있을 수 있는가?
2. Super Grain사 문제에 대한 확장 선형계획모형에 어떤 경영의 목표가 포함될 필요가 있었는가?
3. 새로운 선형계획모형에 어떤 종류의 함수제약식이 포함되었는가?
4. 초기 선형계획모형에 의해 권장된 원래 계획보다 신규 계획의 기대 노출이 작은데도 불구하고 왜 경영진은 신규 계획을 채택하였는가?

6.5 수송문제

선형계획법의 흔한 응용 분야 중에 하나는 물자 수송을 위한 운송계획을 최적화하는 것이다. 전형적으로 어떤 회사가 어떤 제품을 생산하는 몇 개의 공장을 갖고 있고, 생산된 제품은 복수의 고객(또는 유통센터)에게 운송되어야 한다고 하자. 총비용을 최소화하기 위해서는 각 공장마다 얼마만큼을 각 고객에게 운송해야 하는가? 선형계획법은 그 답을 제공할 수 있다. 이러한 유형의 선형계획법 문제를 **수송문제**transportation problem라고 부른다.

이러한 유형의 응용 분야는 보통 두 종류의 함수제약식이 필요하다. 한 종류는 공장마다 생산되는 제품의 양이 고객에게 운송되는 전체 양과 같다는 것을 지정한다. 또 다른 종류는 고객마다 공장으로부터 받은 전체 양은 주문한 양과 일치해야만 한다는 것을 지정한다. 이 두 가지 제약식은 문제를 고정요구량 문제로 만들어주는 고정요구량 제약식이다. 하지만 자원제약식이나 이익제약식이 필요해지는 변형 문제가 있을 수 있다.

수송문제는 선형계획법 문제에서 특히 중요한 특수 유형인데, 세 가지 이유가 있다. 첫째, 위에서 설명한 전형적인 예(재화 운송을 위한 수송계획 최적화)는 매우 보편적인 응용 분야이다. 둘째로, 수송문제의 모형 구조는 수송과 별로 관련이 없을 수도 있는 많은 다른 응용 분야에도 적합하다. 셋째, 이 모형의 특별한 구조는 매우 큰 수송문제를 다룰 때도 선형계획법 문제에 대한 표준 해결 과정을 간소화하여 그 절차를 매우 빠르게 수행할 수 있다.

수송문제와 할당문제(다음 절에 기술됨)는 선형계획법 문제의 중요한 유형이므로 17장

(www.mhhe.com/Hillier7e에 제공됨) 전체에 걸쳐 이 두 문제와 관련된 문제를 기술하고 넓고 다양한 응용 분야에 관한 예제를 제공한다.

다음에 전형적인 수송문제의 예가 주어져 있다.

Big M사 수송문제

Big M사는 두 공장에서 다양한 중장비 기계를 생산한다. 생산제품 중의 하나는 대형 터릿 선반이다. 다음달에 터릿선반을 몇 개씩 구입하려는 세 고객으로부터 주문을 받았다. 이 선반들은 개별적으로 수송될 것이며, 〈표 6-9〉는 각 공장에서 각 고객에게 선반 하나당 수송비용이 얼마인지 보여준다. 표에는 고객별 선반 주문량과 공장별 선반 생산량도 주어져 있다. 회사의 배송 담당자는 총수송비용을 최소화하기 위해서 각 공장에서 각 고객에게 몇 대의 선반을 배송할지를 결정하고자 한다.

〈그림 6-9〉는 이 문제를 유통네트워크로 표현한 것이다. 이 그림에서는 공장과 고객의 지리적인 위치는 무시하고, 왼쪽 열에 두 공장을 오른쪽 열에 세 고객을 나란히 배치하였다. 각 화살표는 유통네트워크를 관통하는 수송 경로를 나타낸다.

선형계획법으로 모형화

이 수송문제를 선형계획모형으로 만들기 위해서는 활동과 요구량을 규정해야 한다. 이 사례에서는 두 종류의 활동, 즉 두 공장에서 선반의 생산과 여러 수송 경로를 통한 이들 선반의 수송이 언급되었다. 그러나 각 공장에서 생산되는 제품의 양은 알고 있기 때문에 생산 활동에 대한 의사결정은 할 필요가 없다. 의사결정 사항은 수송 활동의 수준, 즉 각 수송 경로를 통해 선반을 몇 대씩 수송할 것인가이다. 그러므로 선형계획모형의 수립을 위해서 수송 활동에 관심을 가져야 한다.

활동은 〈그림 6-9〉에 화살표로 표시된 각 수송 경로와 관련이 있다.
활동의 수준은 해당 수송 경로로 수송되는 선반의 양이다.

〈표 6-9〉 Big M사의 유통네트워크 문제에 대한 일부 자료

출발 \ 도착	선반 수송비(단위당)			
	고객1	고객2	고객3	선반 생산량
공장 1	700달러	900달러	800달러	12
공장 2	800달러	900달러	700달러	15
선반 주문량	10	8	9	

〈그림 6-9〉 Big M사 문제에 대한 유통네트워크

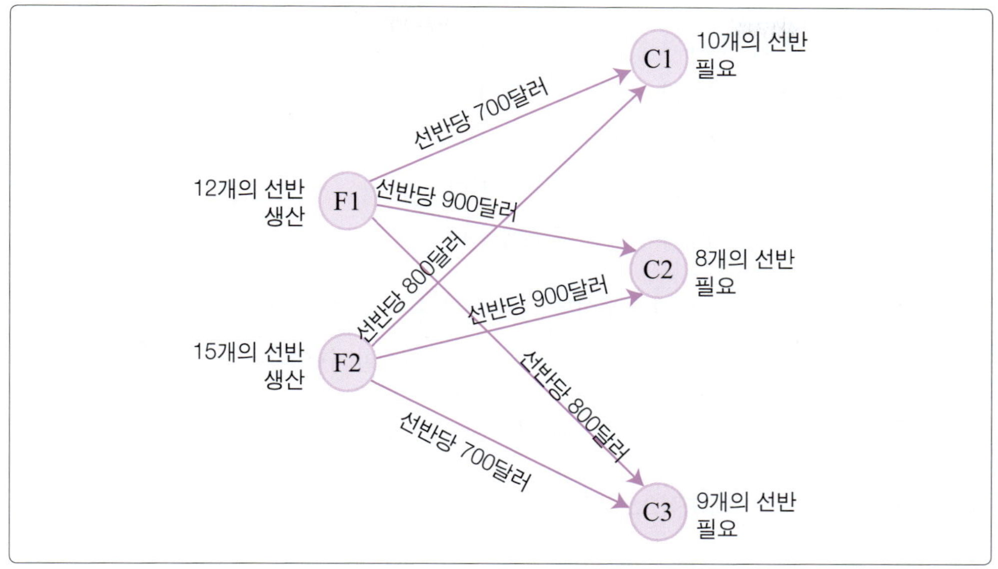

최적의 활동수준의 조합을 찾는 다른 선형계획문제와 마찬가지로 이 문제는 여러 수송 경로에 대한 수송량의 최적 조합을 찾는 것이다. 결정변수는 다음과 같다.

S_{F1-C1} = 공장 1에서 고객 1에게 수송되는 선반의 양
S_{F1-C2} = 공장 1에서 고객 2에게 수송되는 선반의 양
S_{F1-C3} = 공장 1에서 고객 3에게 수송되는 선반의 양
S_{F2-C1} = 공장 2에서 고객 1에게 수송되는 선반의 양
S_{F2-C2} = 공장 2에서 고객 2에게 수송되는 선반의 양
S_{F2-C3} = 공장 2에서 고객 3에게 수송되는 선반의 양

따라서 스프레드시트에 여섯 개의 변수셀이 필요하다.

문제의 목적은 다음과 같다.

최소화　　　비용 = 선반 수송의 총비용

〈표 6-9〉에 주어진 수송비용을 사용하면

$$\text{비용} = 700S_{F1-C1} + 900S_{F1-C2} + 800S_{F1-C3} + 800S_{F2-C1} + 900S_{F2-C2} + 700S_{F2-C3}$$

이고, 이것은 달러 단위이며 목표셀에 입력된다. (잠시 후에 SUMPRODUCT 함수를 사용하여 입력할 것이다.)

또한, 스프레드시트 모형에는 다섯 개의 고정요구량에 대한 제약식이 필요하다. 〈표 6-9〉

와 〈그림 6-9〉는 이들 요구조건을 보여주고 있다.

요구조건 1: 공장 1은 12대의 선반을 수송해야 한다.
요구조건 2: 공장 2는 15대의 선반을 수송해야 한다.
요구조건 3: 고객 1은 10대의 선반을 받아야 한다.
요구조건 4: 고객 2는 8대의 선반을 받아야 한다.
요구조건 5: 고객 3은 9대의 선반을 받아야 한다.

따라서 〈그림 6-9〉의 유통네트워크에 있는 다섯 곳마다 특정 요구조건이 있다.

다섯 개의 요구조건은 다음과 같은 제약식 형태로 표현할 수 있다.

제공된 양 = 요구된 양

예를 들면, 요구조건 1은 대수적으로 다음과 같이 표현할 수 있다.

$$S_{F1-C1} + S_{F1-C2} + S_{F1-C3} = 12$$

여기서 좌변은 공장 1로부터 수송되는 선반의 양을, 12는 공장 1로부터 수송되어야 할 선반의 양이다. 그러므로 이 제약식은 S_{F1-C1}, S_{F1-C2}, S_{F1-C3}의 값을 제한하여 합이 12가 되도록 한다. 자원제약식에서 ≤형태, 비용-이익 절충문제에서 ≥형태와 달리 고정요구량은 등호로 표현되므로 이 수송문제는 앞 절에서 소개된 고정요구량 문제의 범주에 들어간다. 그러나 17장(www.mhhe.com/Hillier7e에 제공)의 여러 예제에서 얼마나 다양한 수송문제가 자원제약식이나 이익제약식도 가질 수 있지 보여준다. 예를 들어, 12대의 선반이 반드시 수송되어야 할 양이 아니라, 공장 1의 생산능력(최대수송량)으로 표현된다면, 요구조건 1에 대한 제약식은 ≤ 형태의 자원제약식으로 표현될 수 있다. 그러한 변형은 스프레드시트 모형으로 손쉽게 구현될 수 있다.

스프레드시트 모형 수립

모형 수립을 위한 준비 단계로, 의사결정 사항, 의사결정에 대한 제약조건, 성과척도를 규정하고, 〈표 6-9〉에 표시된 모든 중요 자료를 수집하여 수송문제를 모형화하였다. 이 모든 정보를 가지고 〈그림 6-10〉에 주어진 스프레드시트 모형이 작성된다. 〈표 6-9〉에 있는 모든 자료는 자료셀 ShippingCost(C5:E6), Output(H11:H12), OrderSize(C15:E15)에 표시된다. 각 경로로 수송될 양에 대한 결정 사항은 변수셀 UnitsShipped(C11:E12)에 표시된다. 출력셀은 TotalShippedOut(F11:F12)과 TotalToCustomer(C13:E13)이며, 이들은 〈그림 6-10〉의 아랫부분에 있는 것처럼 SUM함수로 입력되어 있다. 제약식은 TotalShippedOut이 Output과 같아야 하고 TotalToCustomer가 OrderSize와 같아야 한다는 것이다. 이들 제약식은 스프레드시트상에 지정되어 있고 해찾기에 입력된다. 목표셀은 TotalCost(H15)이며 SUMPRODUCT 함수를 이용-

〈그림 6-10〉 Big M사 문제에 대한 스프레드시트 모형

	A	B	C	D	E	F	G	H
1	**Big M Company Distribution Problem**							
2								
3		**Shipping Cost**						
4		**(per Lathe)**	Customer 1	Customer 2	Customer 3			
5		Factory 1	$700	$900	$800			
6		Factory 2	$800	$900	$700			
7								
8						Total		
9						Shipped		
10		**Units Shipped**	Customer 1	Customer 2	Customer 3	Out		Output
11		Factory 1	10	2	0	12	=	12
12		Factory 2	0	6	9	15	=	15
13		Total to Customer	10	8	9			
14			=	=	=			**Total Cost**
15		Order Size	10	8	9			$20,500

Solver Parameters

Set Objective Cell: TotalCost
To: Min
By Changing Variable Cells:
UnitsShipped
Subject to the Constraints:
TotalShippedOut = Output
TotalToCustomer = OrderSize

Solver Options:
Make Variables Nonnegative
Solving Method: Simplex LP

Range Name	Cells
OrderSize	C15:E15
Output	H11:H12
ShippingCost	C5:E6
TotalCost	H15
TotalShippedOut	F11:F12
TotalToCustomer	C13:E13
UnitsShipped	C11:E12

	F
8	Total
9	Shipped
10	Out
11	=SUM(C11:E11)
12	=SUM(C12:E12)

	B	C	D	E
13	Total to Customer	=SUM(C11:C12)	=SUM(D11:D12)	=SUM(E11:E12)

	H
14	Total Cost
15	=SUMPRODUCT(ShippingCost,UnitsShipped)

하여 총수송비용을 나타낸다. 〈그림 6-10〉의 왼편 하단에는 두 가지 옵션과 해찾기 대화상자에 기입되어야 하는 내용을 보여준다.

스프레드시트의 배치는 교재의 이전 선형계획법 예제와는 다르다. 각 활동에 대한 개별적 열과 각 제약식에 대한 개별적 행으로 나누지 않고, 비용 데이터와 변수셀을 표 형식으로 배치한다. 이러한 형태는 보다 자연스럽고 간결하게 제약식과 결과를 나타낸다.

〈그림 6-10〉의 UnitsShipped(C11:E12)에는 각 경로를 통해 수송할 선반의 양에 대한 최적해를 해찾기를 적용한 결과로 보여준다. TotalCost(H15)는 위 수송계획의 총수송비용이 2만5백 달러라는 것을 나타낸다.

수송문제는 선형계획법 문제의 특별한 형태이기 때문에 실수해를 허용하는 기본적인 가정을 따른다. 그러나 공장에서 고객에게 수송될 수 있는 선반의 대수는 정수이어야 하기 때문에 실제로 이번 특정 적용사례에서는 이러한 실수해 가정을 원하지 않는다. 다행히도 기본적

인 가정에서도 UnitsShipped(C11:E12)에 나타난 최적해는 정수값만 갖고 있다. 이것은 우연이 아니다. 이러한 모형의 형태 때문에 이번 예제를 포함하여 대부분의 수송문제는 실수해를 허용함에도 불구하고 오직 정수해만을 최적해로 얻게 되는 것이 보장된다. 특히 문제의 데이터에서 공급량과 수요량이(Big M사 문제에서는 생산량과 주문량) 모두 정수값으로 주어진다면, 실행가능해를 갖는 수송문제는 전체 의사결정변수에 대해 정수값을 갖는 최적해가 보장된다. 따라서 이들 변수가 정수값만을 갖도록 하는 제약식을 모형에 추가할 필요는 없다.

스프레드시트에 모형화된 선형계획모형을 대수적 형태로 나타내면 다음과 같이 정리된다.

$$\text{최소화} \quad \text{비용} = 700S_{F1-C1} + 900S_{F1-C2} + 800S_{F1-C3} + 800S_{F2-C1} + 900S_{F2-C2} + 700S_{F2-C3}$$

제약식

1. 고정요구량 제약식

$$\begin{aligned}
S_{F1-C1} + S_{F1-C2} + S_{F1-C3} &= 12 \\
S_{F2-C1} + S_{F2-C2} + S_{F2-C3} &= 15 \\
S_{F1-C1} + S_{F2-C1} &= 10 \\
S_{F1-C2} + S_{F2-C2} &= 8 \\
S_{F1-C3} + S_{F2-C3} &= 9
\end{aligned}$$

2. 비음제약식

$$S_{F1-C1} \geq 0 \quad S_{F1-C2} \geq 0 \quad S_{F1-C3} \geq 0 \quad S_{F2-C1} \geq 0 \quad S_{F2-C2} \geq 0 \quad S_{F2-C3} \geq 0$$

복습문제

1. 수송문제라는 명칭의 유래는 무엇인가?
2. 수송문제의 식별 특성은 무엇인가?
3. 고정요구량 제약식의 형태는 자원제약식 및 이익제약식의 그것과 어떻게 다른가?
4. Big M사의 문제에서 고정 요구조건을 갖는 양은 무엇인가?

6.6 할당문제

선형계획문제의 또 다른 특수형태로 **할당문제**assignment problem가 있다. 명칭에서도 나타나듯이 이러한 유형의 문제는 할당을 결정하는 것과 연관이 있다. 흔히, 사람을 작업에 할당하는 것을 말한다. 따라서 할당문제의 많은 응용 예제는 인력을 수행해야 할 작업에 배정하는 데 이용되어 관리자에게 도움을 준다. 그 외에도 기계나 차량, 공장 등을 작업에 배정하는 경우에도 응용된다.

다음은 전형적인 사례이다.

예제: Sellmore사 문제

Sellmore사의 마케팅 책임자는 지역 판매 책임자와 판매 인력을 위한 연례회의를 곧 개최하고자 한다. 마케팅 책임자는 이 회의의 준비 및 행정 지원을 위해 네 명의 임시 직원(Aliyah, Ian, Joan, Mihir)을 고용하였다. 이들은 다음 네 가지 중 하나의 작업을 해야 한다.

1. 발표 자료의 문서작성 작업
2. 발표 자료의 컴퓨터그래픽 작업
3. 자료 복사 및 문서 정리를 포함한 회의자료 준비
4. 회의 참석자들의 예약 및 등록 업무

마케팅 책임자는 누가 어느 작업을 할지 결정해야 한다.

임시직원은 각각 위의 네 가지 작업을 하는 데 필요한 최소한의 기본 능력 이상은 갖추고 있으나, 각자가 각각의 작업을 얼마나 효율적으로 처리하는 데에는 많은 차이가 있다. 〈표 6-10〉은 각 작업을 수행하는 데 소요되는 시간을 보여준다. 표의 맨 오른쪽 열은 임시직원의 이력에 바탕을 둔 직원별 시간당 임금이 주어져 있다.

〈표 6-10〉 Sellmore사 문제의 자료

임시직원	작업 소요시간 (단위: 시간)				시간당 임금
	문서작성 작업	그래픽 작업	자료 준비	등록 업무	
Aliyah	35	41	27	40	14달러
Ian	47	45	32	51	12달러
Joan	39	56	36	43	13달러
Mihir	32	51	25	46	15달러

스프레드시트 모형 수립

〈그림 6-11〉은 이 문제에 대한 스프레드시트 모형이다. 〈표 6-10〉이 그림의 맨 위에 위치해 있다. 〈그림 6-11〉의 아랫부분에 주어진 식을 이용하여, 각 임시직원이 각 작업에 할당되었을 경우에 작업 수행 시간과 시급을 고려한 비용이 주어져 있다(D15:G18 셀). 이러한 비용 표는 모든 할당문제에서 필요로 하는 것이다. 목적은 관련 비용을 최소로 하는 할당 방법을 찾는 것이다.

Cost(D15:G18)는 이 할당문제의 비용 테이블이라고 불리는 것을 제공하는데, 이것이 특정 작업에 특정 작업자를 할당하는 데 드는 비용을 지정하기 때문이다. 비용 테이블은 할당문제를 완전히 파악하는 데 필요한 모든 데이터(작업과 작업자 자체에 대한 데이터만 제외하

〈그림 6-11〉 할당문제인 Sellmore사 문제의 스프레드시트 모형

	A	B	C	D	E	F	G	H	I	J
1	**Sellmore Co. Assignment Problem**									
2										
3					**Task**					
4		**Required Time**		Word					Hourly	
5		**(Hours)**		Processing	Graphics	Packets	Registrations		Wage	
6			Aliyah	35	41	27	40		$14	
7		Assignee	Ian	47	45	32	51		$12	
8			Joan	39	56	36	43		$13	
9			Mihir	32	51	25	46		$15	
10										
11										
12					**Task**					
13				Word						
14		**Cost**		Processing	Graphics	Packets	Registrations			
15			Aliyah	$490	$574	$378	$560			
16		Assignee	Ian	$564	$540	$384	$612			
17			Joan	$507	$728	$468	$559			
18			Mihir	$480	$765	$375	$690			
19										
20										
21					**Task**					
22		**Assignment**		Word				Total		
23				Processing	Graphics	Packets	Registrations	Assignments		Supply
24			Aliyah	0	0	1	0	1	=	1
25		Assignee	Ian	0	1	0	0	1	=	1
26			Joan	0	0	0	1	1	=	1
27			Mihir	1	0	0	0	1	=	1
28			Total Assigned	1	1	1	1			
29				=	=	=	=			Total Cost
30			Demand	1	1	1	1			$1,957

	B	C	D	E	F	G
13			Word			
14	**Cost**		Processing	Graphics	Packets	Registrations
15		Aliyah	=D6*I6	=E6*I6	=F6*I6	=G6*I6
16	Assignee	Ian	=D7*I7	=E7*I7	=F7*I7	=G7*I7
17		Joan	=D8*I8	=E8*I8	=F8*I8	=G8*I8
18		Mihir	=D9*I9	=E9*I9	=F9*I9	=G9*I9

	H
22	Total
23	Assignments
24	=SUM(D24:G24)
25	=SUM(D25:G25)
26	=SUM(D26:G26)
27	=SUM(D27:G27)

Solver Parameters

Set Objective Cell: TotalCost
To: Min
By Changing Variable Cells:
Assignment
Subject to the Constraints:
TotalAssigned = Demand
TotalAssignments = Supply

Solver Options:
Make Variables Nonnegative
Solving Method: Simplex LP

	J
29	Total Cost
30	=SUMPRODUCT(Cost,Assignment)

Range Name	Cells
Assignment	D24:G27
Cost	D15:G18
Demand	D30:G30
HourlyWage	I6:I9
RequiredTime	D6:G9
Supply	J24:J27
TotalAssigned	D28:G28
TotalAssignments	H24:H27
TotalCost	J30

	C	D	E	F	G
28	Total Assigned	=SUM(D24:D27)	=SUM(E24:E27)	=SUM(F24:F27)	=SUM(G24:G27)

고)를 곧바로 제공하기 때문에 할당문제에서 특별한 역할을 한다. 특정 작업을 수행하는 특정 작업자의 각 조합에 대한 비용만 계산하면 되기 때문에 할당문제에 대한 모형수립은 매우 간단하다.

Sellmore 문제를 풀기 위한 준비를 위해 Supply(J24:J27)에 있는 1 값은 C열에 나열된 각 직원이 정확히 하나의 작업만 수행해야 한다는 것을 나타낸다. Demand(D30:G30)에 있는 1 값은 각 작업은 정확히 한 사람에 의해 수행되어야 한다는 것을 나타낸다. 이런 조건들은 해찾기 대화상자의 제한 조건에 지정되어야 한다.

각각의 변수셀 Assignment(D24:G27)에는 해당 할당이 이루어지는 경우 1의 값을, 그렇지 않은 경우 0의 값을 갖게 된다. 따라서 목표셀의 엑셀 식, TotalCost=SUMPRODUCT(Cost, Assignment)는 할당 결과 발생하는 총비용을 나타낸다. 해찾기 대화상자에서 목표 설정은 이 목표셀을 최소화하는 것으로 지정한다.

해찾기를 실행한 후 얻어진 최적해가 〈그림 6-11〉의 변수셀에 나타난다. 이 해는 다음과 같다.

Aliyah에게 회의 자료 준비 업무를 할당한다.
Ian에게 컴퓨터 그래픽 작업을 할당한다.
Joan에게 예약 및 등록업무를 할당한다.
Mihir에게 문서 작성 작업을 할당한다.

J30셀에 주어진 총비용은 1,957달러이다.

할당문제의 특징

Sellmore사 문제의 모든 함수제약식(그림 6-11의 H24:J27셀과 D28:G30셀에서 볼 수 있듯이)은 각 사람이 정확히 한 작업을 수행하여야 하고 각 작업은 정확히 한 사람에 의해 수행되어야 하는 고정요구량 제약식이다. 그러므로 Big M사의 수송문제처럼 Sellmore사는 고정요구량문제이다. 이것은 모든 순수 할당문제의 특징이다. 그러나 17장(www.mhhe.com/Hillier7e에 제공)에는 이러한 경우가 아닌 변형 할당문제의 예제가 주어져 있다.

〈그림 6-11〉의 변수셀 Assignment(D24:G27)처럼 순수 할당문제를 위한 스프레드시트 모형에서의 변수셀은 해당하는 할당이 이루어졌을 때 1의 값을 주고, 그렇지 않으면 0의 값을 준다. 고정요구량 제약식은 변수셀의 각각의 행 또는 열의 합계가 1이 되는 것을 요구(만약 같은 행 또는 열 안에 두 개의 변수셀이 0.5의 값을 갖고 나머지는 0을 갖는다면 성립한다)하기 때문에, 각각의 변수셀이 정수이어야 한다는 제약식을 더할 필요가 있는 것처럼 보인다. 해찾기 옵션에서 비음조건을 지정하면 각각의 변수셀이 0 또는 1 값을 갖게 될 것이다. 그러나 〈그림 6-11〉에서 변수셀이 0 또는 1을 갖도록 하는 제약식을 추가하는 것은 불필요한데, 왜냐하면 해

응용사례

Taylor Communications(2016년 Taylor Corporation에 인수됨, 브랜드 변경 전엔 Standard Operations Company)는 세계적인 규모의 인쇄 대기업 중 하나다. 회사는 미국 그리고 접경국가 주요 기업들에게 대량의 인쇄물 및 문구류를 제공한다. 미국과 멕시코 전역에 수십 개의 제조 시설을 운영한다.

인쇄 시장은 경쟁이 심하기 때문에, 회사 경영진은 가격 경쟁력을 갖기 위해 제품 생산과 유통하는 데 발생하는 총비용을 최소화하는 전략적 과제를 지속적으로 해결해야 한다. 다양한 종류의 인쇄기가 여러 제조 시설에서 사용 가능하며 각 인쇄기는 복수의 인쇄 작업을 수행 할 수 있는 용량을 갖추고 있다. 그러나 주어진 작업을 수행하는 비용은 인쇄기의 종류에 따라 크게 다를 수 있습니다. 또한, 완제품을 고객에게 수송하는 비용은 사용된 제조 설비와 고객과의 거리에 따라 크게 다를 수 있다.

다음 기간 동안 수행해야 할 많은 인쇄 작업이 주어지면, 인쇄 작업을 인쇄기에 할당하는 것이 문제다. 개별 할당비용은 인쇄기에서 그 작업을 하는 비용과 완료된 작업을 고객에게 수송하는 비용의 합이다. 목적은 총비용을 최소화하기 위해 각 작업을 어느 인쇄기에 할당할지 결정하는 것이다. 주어진 인쇄기가 복수의 작업을 수행할 수 있다는 점을 제외하면, 이 문제는 사실 이번 장에서 설명된 할당문제이다. 따라서 각 인쇄기에 대해 해당 인쇄기에 할당된 모든 작업의 총처리시간이 해당 인쇄기에서 가용한 총처리시간을 초과할 수 없도록 하는 제약식이 추가된다.

이러한 대규모 할당문제를 주기적으로 해결하고 그 결과를 실제로 적용하여 연간 1,000만 달러 정도가 절감되는 것으로 추정된다.

출처: S. L. Ahire, M. F. Gorman, D. Dwiggins, and O. Mudry, "Operations Research Helps Reshape Operations Strategy at Standard Register Company," *Interfaces* (현 *INFORMS Journal on Applied Analytics*) 37, no. 6 (November-December 2007), pp.553–565. (이 사례에 대한 링크를 www.mhhe.com/hillier7e에서 볼 수 있다.)

찾기가 0 또는 1 값만을 갖는 최적해를 찾았기 때문이다. 사실, 순수 할당문제의 일반적인 특징 중에 하나는 추가적인 제약식 없이도 해찾기는 항상 그러한 최적해를 제공한다는 것이다.

17장에서 자세히 설명하겠지만, 순수 할당문제의 또 다른 흥미로운 특징은 이 문제는 순수 수송문제의 특별한 종류로 볼 수 있다는 것이다. 특히, 수송문제의 고정 요구조건이 여기서는 변수셀의 행 또는 열의 합이 최대 1값을 갖는 것으로 나타난다. 이로 인해 할당문제에서는 해찾기의 결과로 모든 변수셀이 0 또는 1 값을 갖는 최적해로 나타난다.

복습문제

1. 할당문제라는 명칭의 유래는 무엇인가?
2. 순수 할당문제는 어떤 유형의 함수제약식을 갖는가?
3. 순수 할당문제의 스프레드시트 모형 안에서 변수셀의 해석은 무엇인가?
4. 할당문제에서 비용 테이블의 역할은 무엇인가?

6.7 광의의 관점에서 본 모형 수립

선형계획모형을 수립하고 분석하는 것은 관리자가 의사결정을 하는 데 도움이 되는 정보를 제공한다. 이는 모형이 문제에 대한 경영진의 견해를 정확하게 반영해야 한다는 것을 의미한다.

- 성과척도measure of performance는 경영진이 달성하고자 하는 것을 담고 있어야 한다.
- 경영진이 고려 중인 활동에 필요한 자원의 양을 제한할 때, 이러한 제한은 자원제약식으로 표현되어야 한다.
- 경영진이 활동으로부터 얻어질 이익에 대한 최소요구수준을 설정하면, 이러한 경영 목표는 이익제약식으로 모형에 포함되어야 한다.
- 경영진이 어떠한 수량에 대해 고정요구조건을 갖고 있으면 고정요구량 제약식이 필요하다.

스프레드시트를 잘 이용하면, 일부 관리자는 작은 선형계획모형을 직접 수립하고 풀 수 있다. 그러나 일반적으로 큰 선형계획모형은 관리자가 아니라 경영과학팀에 의해 수립된다. 이러한 경우 경영과학팀은 문제에 대한 경영진의 견해를 완전히 이해해야 한다. 그러기 위해서는 연구의 시작 단계부터 경영진과 명확한 의사소통을 할 필요가 있고, 새로운 경영 지침이 반영될 수 있도록 효과적인 의사소통 체계를 유지해야 한다. 경영진은 문제에 대한 자신의 견해와 중요한 이슈를 명확히 전달해야 한다. 관리자가 어떤 도움이 필요한지 명확하게 전달하지 않는다면 유용한 선형계획법 연구를 기대할 수 없다.

다른 교재와 마찬가지로 이 장의 예제는 실제 문제보다 훨씬 더 작고 간단하며 명확하게 설명되어 있다. 대부분의 실제 문제는 수백 개 또는 수천 개(또는 수백만 개까지)의 의사결정 변수와 제약식이 있는 복잡한 선형계획모형을 수립해야 한다. 이런 경우에는 어떤 것들이 모형에 반영되어야 하는지 불명확한 것도 많다. 이렇게 복잡한 문제에 대한 선형계획법 연구의 경우 경영진의 강력한 지원과 참여가 성공의 필수적인 요소이다.

매우 큰 실제 문제를 다룰 때 그 문제에 정확히 들어맞는 선형계획모형은 없다. 모형은 연구 과정 속에서 지속적으로 개선된다. 연구의 초기 단계에서는, 이와 같이 대규모의 모형을 수립할 때 반드시 발생하는 오류와 누락된 점을 발견하기 위해서 다양한 기법을 사용하여 초기 모형들을 시험한다. 이러한 시험 과정을 **모형 타당성검증**model validation이라고 한다.

일단 기본 모형에 대한 타당성이 검증된 후에는 모형을 합리적으로 다양하게 변형시켜 사용될 수 있다. 어떤 변형을 사용할 것인지는 가장 합리적인 것처럼 보이는 문제에 대한 가정, 가장 신뢰할 만한 모형에 대한 매개변수 추정, 모형에 요구되는 상세함의 정도 등에 의존한다.

대규모 선형계획 연구에 있어서 좋은 접근 방법은 상대적으로 단순한 모형에서 시작하여 경험이 축적되면, 실제 문제의 복잡성을 더 반영하는 정교한 모형으로 개선시켜 가는 것이다. 이러한 **모형 강화**model enrichment 과정은 모형의 해를 쉽게 찾을 수 있을 때까지만 계속된다. 경영진이 요구한 연구 결과를 얻었을 때는 중단되어야 한다. 완벽하진 않지만 적절한 모형으로 적시에 연구를 마무리하기보다는 계속 다양한 것을 모형에 추가시키려는 경영과학팀의 본성을 경영진이 억제할 필요가 있다.

관리자가 현재 모형의 결과를 분석할 때, 모형을 조금 더 개선해야 할 필요가 있는 바람직하지 않은 특성들을 발견하곤 한다. 이러한 개선에는 이전에 명확하게 표현되지 않았던 몇몇 경영 목표를 충족시키기 위한 이익제약식을 새롭게 도입하는 형태로 나타나곤 한다. (Super Grain 사례연구에서 이러한 경우를 다루었다.)

여러 가지 타당한 변형 모형이 사용될 수 있다 하더라도 최적해는 한 번에 하나의 모형에 대해서만 구해질 수 있다. 그렇기 때문에 선형계획법 연구에서는 What-If 분석이 중요하다. 어느 특정 모형에 대한 최적해를 구한 후 경영진은 다음과 같은 다양한 상황 변화의 결과에 대해 궁금해 한다.

- 모형에 있는 매개변수의 추정치가 틀렸다면 어떻게 되는가?
- 문제에 관하여 다른 가정을 하였을 경우 결과는 어떻게 변하는가?
- 현재의 모형에는 반영되어 있지 않는 특정 경영상의 옵션을 부과하면 어떤 일이 발생하는가?

8장에서는 What-If 분석이 이와 관련된 문제를 해결하는 데 어떻게 사용되고, 경영진이 이 정보를 어떻게 사용하는가에 대해 설명한다.

관리자들은 경영과학의 연구를 발생시키기 때문에, 경영의 문제들이 어떤 선형계획법에 적용될 수 있는지 알아내기 위해서 선형계획모형과 그 모형 수립에 관해서 충분히 알 필요가 있다. 더구나 경영적 의견이 선형계획법 연구에는 중요하기 때문에 모형에 포함될 수 있는 경영의 관심사를 이해하는 것이 필요하다. 이 두 가지 기술을 개발시키는 것이 이 장의 가장 중요한 목표이다.

복습문제

1. 선형계획모형은 문제에 대한 누구의 견해를 정확히 반영해야 하는가?
2. 모형 타당성 검증이란 무엇인가?
3. 모형 강화 과정은 무엇인가?
4. 선형계획법 연구에서 What-If 분석은 왜 중요한 부분인가?

6.8 요약

함수제약식 중에 $\leq$ 부호가 들어간 제약식을 자원제약식이라 부른다. 왜냐하면, 사용된 자원의 양이 가용한 자원의 양보다 작거나 같아야 하기 때문이다. 자원배분문제의 식별 특성은 모든 함수제약식이 자원제약식이라는 것이다.

함수제약식 중에 $\geq$ 부호가 들어간 제약식을 이익제약식이라 부른다. 왜냐하면 어떤 이익의 달성 수준이 해당 이익의 최소요구수준보다 크거나 같아야 하기 때문이다. 흔히 이익제약식은 경영진에 의해서 정해진 목표를 나타낸다. 만일 모든 제약식이 이익제약식이라면 그 문제는 비용-이익 절충문제이다.

함수제약식 중에 = 부호가 들어있는 제약식을 고정요구량 제약식이라 부른다. 왜냐하면 어떤 수량에 대해, 제공된 양이 요구된 양과 같아야 하는 고정요구조건을 표현하기 때문이다. 고정요구량 문제의 식별 특성은 함수제약식이 고정요구량제약식이라는 것이다. 한 가지 잘 알려진 유형의 고정요구량문제가 수송문제인데, 대표적으로 총비용을 최소화하도록 복수의 공장으로부터 복수의 고객에게로 제품을 운송하는 수송계획을 찾는 예이다. 또 다른 유명한 유형은 할당문제인데 대표적으로 작업을 수행하는 데 드는 총비용을 최소화하도록 사람을 작업에 할당하는 예이다.

이러한 세 가지 유형에 해당하지 않은 선형계획법 문제를 혼합문제라고 부른다.

실제 많은 응용 분야에서 경영과학팀은 경영의 의사결정을 이끄는 데 도움을 주기 위한 대규모 선형계획모형을 수립하고 분석한다. 이러한 팀의 작업이 경영진의 요구사항을 실제로 충족시키기 위해서는 경영진의 적극적인 참여와 지원을 필요로 한다.

용어

고정요구량 문제 fixed-requirements problem 고정된 요구조건을 만족시키는 방법을 최적화하는 것을 다루는 선형계획법 문제의 유형. 식별 특성은 모형에 각 함수제약식이 고정요구량 제약식이라는 것이다. (6.4절)

고정요구량 제약식 fixed-requirement constraint 등호(=)를 갖는 함수제약식. 좌변은 어느 수량의 제공된 양을 나타내며, 우변은 그것의 요구되는 양을 나타낸다. (6.4절)

모형 강화 model enrichment 실제 문제를 더 잘 표현하기 위해 모형에 대한 경험을 통해 중요한 세부 사항을 확인하고 더하는 과정. (6.7절)

모형 타당성검증 model validation 유효한 모형을 만들기 위해 모형을 시험하고 확인하는 과정. (6.7절)

비용-이익 절충문제 cost-benefit-trade-off problem 선형계획문제의 한 종류로서 고려하는 활동의 총비용과 활동으로부터 얻게 되는 이익의 절충점을 찾는 것이다. 식별 특성은 선형계획모형의 각 함수제약식이 이익제약식이라는 것이다. (6.3절)

비용 테이블 cost table 특정 작업자가 특정 작업에 할당될 때 발생하는 비용을 나타냄으로써 할당문제와 관련된 모든 데이터를 제공하는 표. (6.6절)

수송문제 transportation problem 선형계획문제의 한 유형으로, 복수의 공장으로부터 복수의 고객에게 제품을 수송하는 데 드는 총비용을 최소화하는 수송계획을 찾는 문제이다. (6.5절)

식별 특성 identifying feature 선형계획문제의 유형을 알 수 있는 모형의 특징. (6장 서론)

이익제약식 benefit constraint 부등호 ≥를 가진 함수제약식. 좌변은 고려하는 활동으로 달성하는 이익 수준이고 우변은 해당 이익의 최소요구수준이다. (6.3절)

자원배분문제 resource-allocation problem 선형계획문제의 한 종류로 자원을 활동에 배분하는 문제이다. 식별 특성은 모형의 각 함수제약식이 자원제약식이라는 것이다. (6.2절)

자원제약식 resource constraint 부등호 ≤를 가진 함수제약식. 좌변은 고려하는 활동에 의해 사용된 자원의 양이고 우변은 자원의 가용량이다. (6.2절)

정수계획문제 Integer programming problem 선형계획문제의 변형으로, 결정변수의 일부 혹은 전부가 정수값을 가져야 한다는 추가적인 제약을 갖는다. (6.2절)

할당문제 assignment problem 선형계획문제의 한 종류로서 작업에 사람을 할당하여 그 작업을 수행하는 데 드는 총비용을 최소화하는 방법을 찾는 것이다. (6.6절)

혼합문제 mixed problem 세 가지 종류의 함수제약식(자원제약식, 이익제약식, 고정요구량제약식) 중 적어도 두 가지 종류의 제약식을 포함하는 선형계획문제. (6.4절)

이 장에 대한 학습지원

모든 학습지원 자료는 www.mhhe.com/Hillier7e에 제공된다.

엑셀 파일:

Super Grain

TBA Airlines

Think-Big

Union Airways

Big M

Revised Super Grain

Sellmore

엑셀 추가기능:

Analytic Solver

학습문제

풀이는 www.mhhe.com/Hillier7e에 제공된다.

6.S1. 농장경영

Dwight와 Hattie는 30년 동안 가족농장을 경영해왔다. 두 사람은 다음 시즌에 120에이커의 농장에 심을 농작물의 혼합 계획을 수립하고 있다. 다음 표에는 고려 중인 각각의 농작물마다 소요될 노동시간, 에이커당 필요한 비료, 그리고 에이커당 총예상수익 등이 나와 있다. Dwight, Hattie, 그리고 자녀들은 다음 시즌 동안 최대 6,500시간을 일할 수 있고, 200톤의 비료를 보유하고 있다. 농장의 총수익을 최대화하기 위해서 농작물을 각각 얼만큼씩 혼합하여 재배해야 하는가?

a. 이 문제에 대해 스프레드시트에 선형계획법 모형을 수립하고 해를 구하시오.

b. 동일한 모형을 대수적으로 수립하시오.

농작물	노동력 (시간/에이커)	비료 (톤/에이커)	예상수익 (에이커당)
귀리	50	1.5	500달러
보리	60	2	600달러
옥수수	105	4	950달러

6.S2. 음식물배합 문제

Sing Sing 교도소의 주방 관리자는 죄수들의 식단을 결정하고자 한다. 관리자는 우유, 콩, 오렌지를 조합하여 식사를 제공하고자 한다. 목적은 최소의 비용으로 법적으로 요구되는 최소 영양기준에 맞추는 것이다. 음식 재료별 비용과 영양요소량, 그리고 최소 영양기준량이 아래 표에 나타나있다. 어떤 음식 재료 조합이 각 죄수의 식사로 합당할 것인가?

a. 이 문제에 대해 스프레드시트에 선형계획법 모형을 수립하고 해를 구하시오.

b. 동일한 모형을 대수적으로 수립하시오.

영양소	우유 (1갤런)	흰강낭콩 (1컵)	오렌지 (1개)	최소 일일 요구량
니아신(mg)	3.20	4.9	0.80	13.0
티아민(mg)	1.12	1.3	0.19	1.5
비타민(mg)	32.00	0.0	93.0	45.0
비용(달러)	2.00	0.2	0.25	

6.S3. 재료 재단 문제

Decora Accessories사는 장식용 타월걸이와 샤워커튼걸이를 포함한 다양한 욕실용품을 제조한다. 각 용품에는 스테인리스로 만들어진 막대가 포함되어 있다. 제품에는 다양한 길이(12, 18, 24, 40, 60인치)의 막대가 필요하다. Decora사는 외부 공급업체로부터 60인치 막대를 구입하여 각 제품에 필요한 만큼 자른다. 60인치 막대는 여러 개의 더 작은 막대로 만들어 사용될 수 있다. 예를 들어 60인치 막대는 40인치 1개와 18인치 1개(남은 2인치는 폐기)로 만들어지거나 5개의 12인치 막대(버리는 부분 없음)로 사용될 수 있다. 다음 생산기간 동안 Decora사는 25개의 12인치 막대, 52개의 18인치 막대, 45개의 24인치 막대, 30개의 40인치 막대, 12개의 60인치 막대가 필요하다. 회사는 필요한 제품을 생산하기 위하여 최소로 몇 개의 60인치 막대를 구입하여야 하는가? 스프레드시트에 정수계획법 모형을 수립하고 해를 구하시오.

6.S4. 자동심장충격기(AED)의 생산과 분배

Heart Start사는 두 개의 공장(A와 B)에서 자동심장충격기를 생산한다. 각 공장의 단위당 생산비용과 월간 생산능력은 다음 표에 나타나 있다. AED는 세 곳의 도매상을 통해 판매된다. 각 공장에서 각 도매상의 창고까지의 운송 비용과 각 도매상의 월간 수요도 표에 나타나 있다. Heart Start사의 경영진은 다음 두 가지 궁금한 점을 회사의 경영과학팀장에게 물어보았다. 생산비용과 운송비용을 최소화하기 위해 각 공장에서 얼만큼씩 AED를 생산할 것인가? 그리고 생산된 AED를 각 도매상에게 얼만큼씩 분배할 것인가? 스프레드시트에 선형계획법 모형을 수립하고 풀어보시오.

	단위당 운송비용			단위당 생산비용	월간 생산능력
	창고 1	창고 2	창고 3		
공장 A	22달러	14달러	30달러	600달러	100
공장 B	16달러	20달러	24달러	625달러	120
월간 수요	80	60	70		

6.S5. 과목 배정을 위한 입찰

Pacific Northwest에 있는 한 명문 대학의 MBA 프로그램에서는 학생들이 2년차에 개설되는 선택과목을 수강하기 위하여 입찰을 한다. 학생들은 각 과목에 입찰하기 위해 총 100포인트를 가지고 있고, 선택과목 2개는 반드시 수강해야 한다. 선택과목은 경영과학, 재무관리, 운영관리, 마케팅으로 4개 과목이다. 각 과목의 수강생은 5명 이내로 제한된다. 10명의 학생이 제출한 입찰 결과는 다음 표와 같다.

학생	경영과학	재무	운영관리	마케팅
Hyun	60	10	10	20
Fred	20	20	40	20
Alicia	45	45	5	5
Eric	50	20	5	25
Susan	30	30	30	10
Liz	50	50	0	0
Carlos	70	20	10	0
Haresh	25	25	35	15
Tony	35	15	35	15
Jasmine	60	10	10	20

a. 총 입찰 포인트가 최대가 되도록 각 과목에 학생을 배정하기 위한 스프레드시트 모형을 수립하고 해를 구하시오.
b. 위에서 얻은 해가 공정한 배정이라 생각되는가?
c. 어떠한 목적함수가 더 공정한 배정을 유도할 수 있는가?

연습문제

번호에 별표(*)가 있는 문제는 책 뒷부분에 정답의 일부가 있다.

6.1 6.1절의 Super Grain사의 사례를 다시 보자. 광고회사 Giacomi & Jackowitz사는 네 번째 광고 방법으로 유망한 매체인 라디오광고를 제안했다. 어린이는 Crunchy Start의 잠재적 주고객이나 실제로는 어린이의 부모가 주요한 구입자로서 부모들이 너무 바빠서 잡지나 일요신문을 읽을 시간이 없고, 토요일 아침 어린이 프로그램을 보기는 더욱 어렵다. 그러나 바쁜 부모들도 직장에 출퇴근하는 시간에는 라디오를 즐겨 듣는다. 그러므로 이러한 부모들에 다가가기 위해서 Giacomi & Jackowitz사는 출퇴근 시간에 전국적으로 방송되는 라디오 프로그램에 광고하는 것을 제안했다.

Giacomi & Jackowitz사는 새로운 라디오광고를 제작하는 데 5만 달러의 비용이 필요하고, 광고의 기대노출은 900,000이 될 것이라고 추정하였다. 각기 다른 라디오 프로그램 10곳까지 광고할 수가 있으며, 한번의 광고 비용은 20만 달러이다.

a. 네 번째 광고매체를 포함하여 조정된 광고 문제를 스프레드시트 모형으로 수립하고 해를 구하시오. 변수셀, 자료셀, 목표셀을 찾으시오. 또한, 각 출력셀의 엑셀식을 SUMPRODUCT 함수로 표현하시오.
b. 스프레드시트 모형이 선형계획모형이 되는 이유를 설명하시오.
c. 이 모형을 대수적으로 표현하시오.

6.2* 다음의 자료를 가진 자원배분문제를 고려해보자. 표에서 단위당 공헌은 단위 활동당 이익을 말한다(이하 동일).

자원	각 활동의 단위당 자원 사용량		가용 자원량
	1	2	
1	2	1	10
2	3	3	20
3	2	4	20
단위당 공헌	20달러	30달러	

a. 스프레드시트에 이 문제의 선형계획모형을 수립하시오.

b. 스프레드시트를 사용하여 다음 해들을 확인하시오. (x_1, x_2)=(2, 2), (3, 3), (2, 4), (4, 2), (3, 4), (4, 3). 이 해들 중에서 어떤 것이 실행 가능한가? 실행가능해 중에서 어떤 것이 가장 좋은 목적함수 값을 가지고 있는가?
c. 해찾기를 사용하여 최적해를 구하시오.
d. 이 모형을 대수적 형태로 표현하시오.
e. 도해법을 사용하여 이 모형을 푸시오.

6.3 다음의 자료를 가진 자원배분문제를 고려해보자.

자원	각 활동의 단위당 자원 사용량			가용 자원량
	1	2	3	
A	30	20	0	500
B	0	10	40	600
C	20	20	30	1,000
단위당 공헌	50달러	40달러	70달러	

a. 스프레드시트에 이 문제의 선형계획모형을 수립하고 해를 구하시오.
b. 이 모형을 대수적 형태로 표현하시오.

6.4 다음의 자료를 가진 자원배분문제를 고려하자.

자원	각 활동의 단위당 자원 사용량				가용 자원량
	1	2	3	4	
P	3	5	−2	4	400
Q	4	−1	3	2	300
R	6	3	2	−1	400
S	−2	2	5	3	300
단위당 공헌	11달러	9달러	8달러	9달러	

a. 스프레드시트에 이 문제의 선형계획모형을 수립하시오.
b. 최적해가 되리라 생각되는 5개의 해를 추측한 후 스프레드시트를 사용하여 실행가능해인지 아닌지를 확인하시오. 실행가능해이면 그 때의 목적함수의 값을 구하시오. 어떤 실행가능해가 가장 좋은 목적함수 값을 가지고 있는가?
c. 해찾기를 사용하여 최적해를 구하시오.

6.5* Omega 제조 회사는 이윤이 발생하지 않는 제품군을 단종하였다. 이러한 조치로 과잉 생산능력을 보유하게 되었다. 경영진은 남는 생산능력을 제품 1, 2, 3 중 하나 이상의 제품의 생산에 사용하기로 하였다. 제품의 최대 생산량을 제한하는 기계별 가용한 생산능력은 다음의 표에 정리되어 있다.

기계 종류	가용시간(주당)
밀링머신	500
선반	350
그라인더	150

제품별 단위 생산당 필요 생산시간에 대한 정보는 다음 표에 나타나 있다.

기계 종류	제품 1	제품 2	제품 3
밀링머신	9	3	5
선반	5	4	0
그라인더	3	0	2

영업부서에서는 제품 1과 2에 대해서 잠재 판매량이 최대 생산량을 넘을 것이라고 밝혔고, 제품 3에 대해서는 주당 20단위가 판매될 것이라고 예상했다. 제품 1, 2, 3의 단위당 이윤은 각각 50, 20, 25달러이다. 이 문제의 목적은 이익을 최대화시키는 제품별 생산량을 결정하는 것이다.
a. 이 문제의 자원과 활동을 명시하시고, 이 문제가 왜 자원배분문제인지 설명하시오.
b. 이 문제의 결정사항, 제약사항, 그리고 성과척도를 말로 설명하시오.
c. b에서 표현된 제약조건과 성과척도를 데이터와 결정변수만을 갖고 정량적으로 변환하시오.
d. 이 문제에 대해 스프레드시트 선형계획모형을 수립하시오. 자료셀, 변수셀, 목표셀, 출력셀을 지정하시오. 각 출력셀에 대해서는 SUMPRODUCT 함수를 이용하여 표현하시오. 해찾기를 사용하여 해를 구하시오.
e. 모형을 대수적 형태로 표현하시오.

6.6 Carlos Butler는 자동차의 부품 세 가지를 생산하는 Bilco사의 생산관리자이다. 각 부품의 생산에는 두 가지 기계가 각각 사용되며 각 기계에서 부품별 가공시간은 다음 표에 주어져 있다. 각 기계는 월 40시간 가용하다. 생산된 각 부품은 표의 마지막 줄과 같은 단위당 이익을 가져다 준다. Carlos는 총이익을 최대화하는 각 부품의 생산량을 구하고 싶다.

기계	부품		
	A	B	C
1	0.02	0.03	0.05
2	0.05	0.02	0.04
단위당 이익	50달러	40달러	30달러

a. 이 자원배분문제에 대한 자원과 활동을 찾으시오.
b. 스프레드시트에 이 문제의 선형계획모형을 수립하시오.

c. 최적해가 되리라 생각되는 3개의 해를 추측하여 구하고 실행가능해인지 아닌지를 확인하시오. 실행가능해이면 그때의 목적함수의 값도 구하시오. 어느 실행가능해가 가장 좋은 목적함수 값을 가지고 있는가?
d. 해찾기를 사용하여 최적해를 구하시오.
e. 모형을 대수적 형태로 표현하시오.

6.7 다음과 같은 세 가지 활동인 (A_1, A_2, A_3)의 수준에 의해 결정되고 세 가지 자원을 갖는 자원배분문제의 대수적 형태를 고려하자.

최대화 이익 $= 20A_1 + 40A_2 + 30A_3$

제약식

자료 1: $3A_1 + 5A_2 + 4A_3 \leq 400$

자료 2: $A_1 + A_2 + A_3 \leq 100$

자료 3: $A_1 + 3A_2 + 2A_3 \leq 200$

$A_1 \geq 0 \quad A_2 \geq 0 \quad A_3 \geq 0$

이 문제에 대한 스프레드시트 모형을 수립하고 푸시오.

6.8 다음과 같은 자료를 가지는 비용-이익절충 문제를 생각해보자.

	각 활동의 단위당 이익 공헌		최소
이익	1	2	요구 수준
1	5	3	60
2	2	2	30
3	7	9	126
단위비용	60달러	50달러	

a. 스프레드시트에 이 문제의 선형계획모형을 수립하시오.
b. 스프레드시트를 사용하여 다음과 같은 해를 확인하시오. (x_1, x_2)=(7, 7), (7, 8), (8, 7), (8, 8), (8, 9), (9, 8). 이 해들 중 어떤 것이 실행 가능한가? 실행가능해 중에서 어떤 것이 가장 좋은 목적함수 값을 가지고 있나?
c. 해찾기를 사용하여 최적해를 구하시오.
d. 이 모형을 대수적 형태로 표현하시오.
e. 도해법을 사용하여 이 모형을 푸시오.

6.9 다음과 같은 자료를 가지는 비용-이익 절충 문제를 생각해보자.

	단위 활동당 이익 공헌				최소
이익	1		2		요구 수준
P	2	−1	4	3	80
Q	1	4	−1	2	60
R	3	5	4	−1	110
단위비용	400달러	600달러	500달러	300달러	

a. 스프레드시트에 이 문제의 선형계획모형을 수립하시오.
b. 최적해가 되리라 생각되는 5개의 해를 추측하여 구하고 실행가능해인지 아닌지를 확인하시오. 실행가능해이면 그때의 목적함수의 값도 구하시오. 어느 실행가능해가 가장 좋은 목적함수 값을 가지고 있는가?
c. 해찾기를 사용하여 최적해를 구하시오.

6.10* Fred Jonasson은 농장을 경영하고 있다. 농장에서는 몇 가지 식재료를 생산하며, 판매용 돼지도 사육한다. Fred는 돼지에게 공급할 사료 종류(옥수수, 고기가루, 알팔파(alfalfa))의 양을 결정하고자 한다. 돼지는 사료형태의 어떤 조합이든 상관없이 먹기 때문에, 주어진 영양기준을 만족하면서 최소의 비용을 갖도록 하는 사료종류의 조합을 찾는 것이 목적이다. 각 사료 종류 1kg당 기초 영양분별 단위 함유량이 다음 표에 주어져 있다. 표에는 일일 영양분 섭취 요구량과 사료 종류별 비용(센트)도 주어져 있다.

영양분	옥수수	고기 가루	알팔파	일일 섭취 요구량
탄수화물	90	20	40	200
단백질	30	80	60	180
비타민	10	20	60	150
비용	84	72	60	

a. 스프레드시트에 이 문제의 선형계획모형을 수립하시오.
b. 스프레드시트를 이용하여 (x_1, x_2, x_3)=(1, 2, 2)가 실행가능해인지 확인하시오. 실행가능해라면 이 사료조합의 일일 비용은 얼마인가? 그리고 각 영양분이 하루에 몇 단위씩 공급되는가?
c. 스프레드시트를 이용하여 최적해에 근사하다고 생각되는 여러 가지 해를 시도하여 가장 좋은 해를 구하시오. 그때 일일 비용은 얼마인가?
d. 해찾기를 사용하여 최적해를 구하시오.
e. 모형을 대수적 형태로 표현하시오.

6.11 Maureen Laird는 미국 중서부 지방의 전기회사인 Alva Electric사의 재무담당 최고책임자(CFO)이다. 회사는 인구 증가에 따른 전기수요를 충족시키기 위해 지금부터 5년, 10년, 20년 뒤에 각각 새로운 수력발전소를 건설할 계획을 갖고 있다. 건설비용을 마련하기 위해 CFO는 회사 자금의 일부를 미래에 필요한 자금 확보를 위해 지금 투자하려고 한다. CFO는 한 단위에 100만 달러가 소요되는 세 가지 종류의 자산에만 투자하고자 한다. 소수점 단위로도 구입할 수 있다. 구입한 자산은 지금부터 5년, 10년, 20년 뒤에 수입을 가져오고, 이 수입은 다음 표에 나타난 해당 시기에 필요한 최소한의 현금을 확보할 수 있어야 한다.

연차	자산 단위당 수입(단위: 100만 달러) 자산 1	자산 2	자산 3	최소 현금 요구액
5	8	4	2	1600
10	2	2	4	400
20	0	6	8	1200

CFO는 투자 금액을 최소화하면서 각 시기별 최소 현금 요구량을 확보할 수 있도록 하는 자산 투자 방안을 수립하고자 한다.

a. 스프레드시트에 이 문제의 선형계획모형을 수립하시오.
b. 스프레드시트를 사용하여 자산 1과 2는 각각 100단위, 자산 3은 200단위 투자하는 것이 가능한지 확인하시오. 이러한 투자방안으로 5년, 10년, 20년 뒤에 얼만큼의 현금을 확보하겠는가? 총투자액은 얼마인가?
c. 몇 분 동안만 스프레드시트를 사용하여 시행착오의 방법으로 최적해에 근사하다고 생각되는 해를 구하시오. 구해진 해의 총투자액은 얼마인가?
d. 해찾기를 사용하여 최적해를 구하시오.
e. 모형을 대수적 형태로 표현하시오.

6.12 Web Mercantile사는 온라인 카탈로그를 통해서 다양한 가사용품을 판매하고 있다. 회사는 제품을 저장할 많은 공간이 필요하다. 현재 향후 5개월간 사용할 창고 임대 계획을 수립하고 있다. 이 기간 동안 얼마나 많은 공간이 필요할지는 알고 있다. 월별 필요 공간의 차이가 크기 때문에, 월마다 필요한 공간만큼만 임대하는 것이 가장 경제적인 방법일 수 있다. 반대로, 한 달씩 임대한 것보다는 여러 달을 임대하는 것이 공간당 임대비용이 더 저렴하기 때문에 필요한 최대 공간을 5개월 단위로 한 번에 임대하는 것이 더 저렴할 수 있다. 또 다른 방법은 처음에 임대한 총공간을 (매월은 아니지만) 중간에 한 번 이상 변경하는(임대를 새로 추가하거나, 이미 임대한 공간을 해지하는 등) 절충안이다.

월별 필요한 공간과 여러 가지 임대 기간에 따른 임대비용은 다음 표와 같다.

월	요구되는 공간 (제곱피트당)
1	30,000
2	20,000
3	40,000
4	10,000
5	50,000

임대기간 (개월 수)	제곱피트당 임대비용
1	65달러
2	100달러
3	135달러
4	160달러
5	190달러

목적은 임대비용을 최소화하면서 필요한 공간을 확보하는 방안을 찾는 것이다.

a. 이 문제의 활동과 그 활동으로 인한 이익이 무엇인지 확인하고, 왜 비용-이익 절충문제인 설명하시오.
b. 이 문제의 결정사항, 제약조건, 그리고 성과척도를 말로 설명하시오.
c. b에서 표현된 제약조건과 성과척도를 데이터와 결정변수만을 갖고 정량적으로 변환하시오.
d. 이 문제에 대한 스프레드시트 선형계획모형을 수립하시오. 자료셀, 변수셀, 목표셀, 출력셀을 지정하시오. 각 출력셀에 대해서는 SUMPRODUCT 함수를 이용하여 표현하시오. 해찾기를 사용하여 해를 구하시오.
e. 모형을 대수적 형태로 표현하시오.

6.13 다음과 같은 세 가지 이익과 네 가지 활동수준(A_1, A_2, A_3, A_4)을 결정하는 비용-이익 절충문제의 대수적 형태를 알아보자.

최소화 이익 $= 2A_1 + A_2 - A_3 + 3A_4$

제약식

이익 1: $3A_1 + 2A_2 - 2A_3 + 5A_4 \geq 80$

이익 2: $A_1 - A_2 + A_4 \geq 10$

이익 3: $A_1 + A_2 - A_3 + 2A_4 \geq 30$

$A_1 \geq 0 \quad A_2 \geq 0 \quad A_3 \geq 0 \quad A_4 \geq 0$

이 문제에 대한 스프레드시트 모형을 수립하고 푸시오.

6.14 Larry Edison은 Buckly대학 컴퓨터센터의 관리자이다. 그는 직원들의 근무 일정계획을 작성하고자 한다. 이 센터는 아침 8시부터 자정까지 운영한다. Larry는 여러 시간대별 센터의 이용실적을 조사하여 다음의 표와 같이 필요한 컴퓨터 컨설턴트의 수를 정하였다.

하루의 시간대	임무수행을 위해 필요한 컨설턴트의 최소 인원
8시~정오	6
정오~4시	8
4시~8시	12
8시~자정	6

컴퓨터 컨설턴트는 풀타임과 파트타임으로 고용할 수 있다. 풀타임 컨설턴트는 8시간 연속으로 근무하는데, 아침 근무조(8am~4pm), 오후 근무조(정오~8pm), 야간 근무조(4pm~자정), 세 가지 근무조가 있다. 풀타임 컨설턴트는 시간당 17.5달러를 받는다.

파트타임 컨설턴트는 표에 열거된 4개의 시간대에 중 한 곳에 고용되어 근무할 수 있다. 파트타임 컨설턴트는 시간당 15달러를 받는다.

추가적인 요구조건은 파트타임 컨설턴트가 근무 중인

시간대에는 적어도 2배의 풀타임 컨설턴트가 근무하여야 한다는 것이다.

Larry는 가능한 최소비용으로 위의 요구조건을 충족시킬 수 있도록 근무조별 풀타임 컨설턴트 수와 시간대별 파트타임 컨설턴트 수를 결정하고자 한다.

a. 이 문제는 어떤 유형의 선형계획문제인가? 왜 그렇다고 생각하는가?
b. 스프레드시트에 이 문제의 선형계획모형을 수립하고, 해를 구하시오.
c. 대수적 형태로 모형을 작성하시오.

6.15* Medequip사는 두 곳의 공장에서 정밀한 의료진단 장비를 생산한다. 이번 달에 세 곳의 병원에서 장비 생산을 주문하였다. 다음 표에는 공장에서 고객에게 수송할 때의 단위당 수송비용, 공장의 생산량, 고객의 주문량 등이 나타나 있다.

각 공장이 각 고객에게 얼마나 많은 양을 수송해야 하는지 수송계획을 결정해야 한다.

	단위 수송비용			
출발 \ 도착	고객 1	고객 2	고객 3	생산량
공장 1	600달러	800달러	700달러	400단위
공장 2	400달러	900달러	600달러	500단위
주문량	300단위	200단위	400단위	

a. 이 문제는 어떤 종류의 선형계획문제인가? 그 이유는 무엇인가?
b. 스프레드시트에 이 문제의 선형계획모형을 수립하고 해를 구하시오.
c. 모형을 대수적 형태로 표현하시오.

6.16 Fagersta Steelworks는 현재 철광석을 얻기 위해 두 곳의 광산을 운영하고 있다. 철광석은 저장시설 두 곳 중의 하나로 수송되며 필요할 때 다시 회사의 제철공장으로 수송된다. 다음 그림은 이러한 수송망으로, M1과 M2는 광산이고 S1과 S2는 저장시설, P는 제철공장이다. 그림에서는 각 광산에서의 월 채굴량, 제철공장에서의 월 수요량, 수송비용, 각 경로마다 수송할 수 있는 월 최대 수송량이 나타나 있다.

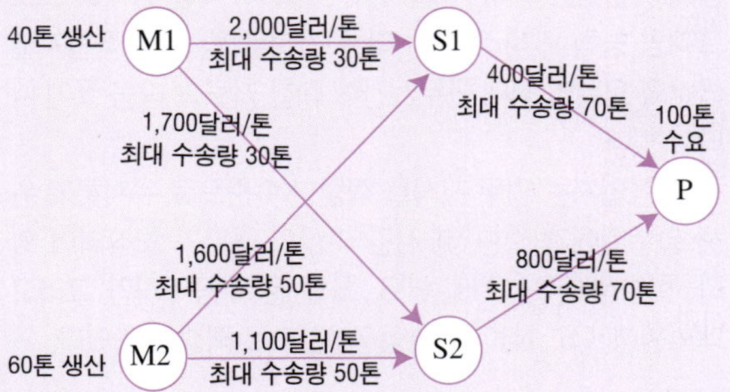

경영진은 철강석을 광산에서 수송망을 통해 제철공장으로 수송하는 가장 경제적인 방법을 찾으려고 한다.

a. 고정요구량 제약식으로 표현되어야 할 것들을 명시하시오.
b. 스프레드시트를 사용하여 선형계획모형을 수립하고 해를 구하시오.
c. 모형을 대수적 형태로 표현하시오.

6.17* Al Ferris는 5년 후에 퇴직연금 구매 자금을 마련하기 위해 현재 6만 달러를 투자하고자 한다. 재무 상담사와 의논한 후에 네 가지의 고정수입 투자안을 제안받았다. 각 투자안을 A, B, C, D라고 하자.

투자안 A와 B는 앞으로 5년간(연도 1에서 5라고 하자) 매년 초에 투자 가능하다. 매년 초에 A에 투자한 돈은 1달러당 2년 후(재투자 시점)에 1.4달러가 된다(0.4달러 이익). B에 투자한 1달러는 3년 뒤에 1.7달러가 된다.

투자안 C와 D는 미래의 한 시점에만 투자 가능하다. 2년 초에 C에 투자한 1달러는 5년 말에 1.9달러가 된다. 5년 초에 D에 투자한 1달러는 5년째 말에 1.3달러가 된다.

Ferris는 어떤 투자 계획이 6년째 초까지 가장 많은 돈을 적립할 수 있는지를 알고 싶어한다.

a. 이 문제는 모든 함수제약이 고정요구량 제약식으로 표현될 수 있다. 이를 위해 t년 초에 투자안 A, B, C, D에 투자한 금액을 각각 A_t, B_t, C_t, D_t라고 하자. 각 t시점에 투자할 수 있지만, 5년 말까지는 만기가 되어야 한다. 또한, R_t는 t년 초에 투자하지 않고 남은 금액이라고 하자. 그러므로 t년 초에 투자할 금액과 R_t를 더하면 그 시점에서 투자 가능한 금액과 일치해야 한다. 이 문제에 대한 다섯 개의 고정요구량 제약식을 구하기 위하여 앞서 정의한 관련 변수를 이용하여 다섯 연도의 초마다 방정식을 작성하시오.
b. 이 문제에 대한 대수적 형태의 선형계획모형을 만들어 보시오.
c. 스프레드시트에 모형을 수립하고 해를 구하시오.

6.18 Metalco사는 다섯 가지 합금에서 40% 주석, 35% 아연, 25% 납으로 된 새로운 합금을 만들려고 한다. 다음 표에는 사용할 수 있는 합금의 특성이 나타나 있다.

목적은 최소의 비용으로 새로운 합금을 만들기 위해 사용될 다섯 가지 합금의 비율을 구하는 것이다.

특성	합금 1	2	3	4	5
주석(%)	60	23	45	20	50
아연(%)	10	15	45	50	40
납(%)	30	60	10	30	10
비용($/lb)	22	20	25	24	27

a. 고정요구량 제약식으로 표현되어야 할 것들을 명시하시오.
b. 스프레드시트를 사용하여 선형계획모형을 수립하고 해를 구하시오.
c. 모형을 대수적 형태로 표현하시오.

6.19* 화물 수송기에 화물을 선적하는 칸이 앞부분, 중간부분, 뒷부분, 이렇게 세 부분이 있다. 화물칸은 다음 표와 같이 무게와 부피에 대한 제한이 있다.

화물칸	무게 용량 (톤)	부피 용량 (큐빅 피트)
앞부분	12	7,000
중간부분	18	9,000
뒷부분	10	5,000

추가로, 각 화물칸에 실은 화물의 무게는 비행기의 균형 유지를 위하여 각 화물칸의 무게 제한용량과 동일한 비율을 유지하여야 한다.

다음 비행 때 공간이 허락하는 한 다음과 같은 네 가지 종류의 화물을 수송할 수 있다.

화물	무게 (톤)	부피 (큐빅 피트)	이익 (달러)
1	20	500	320
2	16	700	400
3	25	600	360
4	13	400	290

화물은 부분적(소숫점 단위)으로 수송할 수도 있다. 목적은 다음 비행때 총이익을 최대화하기 위하여 화물을 각각 얼마나 많이 실을지 그리고 각 화물을 각 화물칸에 얼마씩 분배하면 되는지를 결정하는 것이다.

a. 이 혼합문제의 선형계획모형을 스프레드시트에 수립하고 해를 구하시오.
b. 모형을 대수적 형태로 표현하시오.

6.20 Comfortable Hands는 가족용 겨울 장갑(남성, 여성, 아동)의 생산라인을 가지고 있다. 세 종류의 장갑을 얼만큼씩 생산할 지를 결정하고자 한다.

Comfortable Hands는 근로 조건에 대해 다음과 같이 노조와 합의하였다. 풀타임 직원은 주당 40시간씩 일을 하며, 전체 풀타임 직원의 수는 20명 이하로는 내려가지 못한다. 파트타임 직원에 대한 고용 규칙은 다음과 같다. (1) 파트타임 직원은 주당 20시간씩 근무한다. (2) 파트타임 직원 한 명을 고용하려면, 적어도 풀타임 직원 두 명이 있어야 한다.

세 종류의 장갑 모두 100% 소가죽을 이용해 만든다. 회사는 매주 5,000제곱피트의 소가죽을 공급받을 수 있도록 협력업체와 장기 계약을 체결하였다. 재료 요구량 및 노동 요구량, 그리고 장갑의 판매에 따른 수익이 다음 표에 주어져 있다.

장갑	재료 요구량 (제곱피트)	노동 요구량 (분)	켤레당 수익
남성용	2	30	16달러
여성용	1.5	45	20달러
아동용	1	40	12달러

풀타임 직원은 시간당 26달러, 파트타임 직원은 시간당 20달러를 받는다. 경영진은 세 종류의 장갑을 주당 몇 켤레씩 생산하고, 풀타임직원과 파트타임 직원은 몇 명씩 고용할지를 알고 싶어한다. 경영진은 순이익(총수익-총노동비용)을 최대화하고자 한다.

a. 스프레드시트에 이 문제의 선형계획모형을 수립하고 해를 구하시오.
b. 모형을 대수적 형태로 표현하시오.

6.21 Oxbridge대학은 교수, 박사과정 학생, 연구원들이 연구를 위해 사용할 수 있도록 강력한 메인프레임 컴퓨터를 보유하고 있다. 근무시간에는 항상 작업자를 상주시켜서, 컴퓨터를 운용 및 유지보수하고 프로그래밍 서비스도 제공하게 한다. 컴퓨터 센터장이 모든 운영을 관장한다.

가을학기가 시작할 때쯤, 센터장은 근무시간을 작업자에게 할당하는 문제를 해결해야 한다. 모든 작업자는 현재 대학에 등록되어 있는 학생들이기 때문에, 날마다 일할 수 있는 시간대가 제한되어 있다.

네 명의 학부생과 두 명의 대학원생으로 구성된 여섯 명의 작업자가 있다. 작업자들은 컴퓨터 작업 경력과 프로그래밍 능력에 따라 각기 다른 급여를 받는다. 작업자별 급여와 요일별 최대 근무시간에 대한 자료가 다음 표에 나타나 있다.

각 작업자는 업무 지식을 적정한 수준으로 유지하기 위해 일주일에 최소한 몇 시간 이상의 근무가 보장되어 있다. 학부생(K.C., D.H., H.B., S.C.)은 주당 8시간 그리고 대학원생(K.S., N.K.)은 주당 7시간으로 책정되어 있다.

작업자	시간당 급여	최대 근무시간				
		월	화	수	목	금
K.C.	20.00달러	6	0	6	0	6
D.H.	20.20달러	0	6	0	6	0
H.B.	19.80달러	4	8	4	0	4
S.C.	19.60달러	5	5	5	0	5
K.S.	21.60달러	3	0	3	8	0
N.K.	22.60달러	0	0	0	6	2

컴퓨터 센터는 주중(월요일에서 금요일까지)에는 아침 8시에서 저녁 10시까지 운영되며, 운영시간에는 정확히 한 명의 작업자가 상주한다. 토요일과 일요일에는 별도의 직원이 근무한다.

센터장은 요일마다 몇 시간씩을 각 작업자에게 할당할지를 결정하고자 한다. 예산이 한정되어 있기 때문에 비용을 최소로 줄여야 한다. 스프레드시트에 이 문제의 선형계획모형을 수립하고 해를 구하시오.

6.22 Slim-Down 제조업체는 다이어트 음료수 제품을 만들고 있다. 그중에 한 제품이 딸기쉐이크인데, 한끼 식사 대용으로 만들어졌다. 딸기쉐이크는 여러 성분으로 만들어 진다. 각 성분에 대한 정보가 다음 표에 주어져 있다.

성분	지방 칼로리 (스푼당)	총칼로리 (스푼당)	비타민 (mg/스푼)	농축제 (mg/스푼)	비용
딸기향	1	50	20	3	10
크림	75	100	0	8	8
비타민보충재	0	0	50	1	25
인공향신료	0	120	0	2	15
농축액	30	80	2	25	6

음료의 영양분은 380에서 420칼로리를 포함하고 있어야 한다. 지방 칼로리는 총칼로리의 20%를 넘어서는 안 된다. 비타민은 50mg 이상이 포함되어야 한다. 맛을 위해서는 인공향신료 1스푼에 대해 딸기향은 적어도 2스푼 이상 포함되어야 한다. 그리고 적정한 농도를 위하여 농축제는 정확히 15mg이어야 한다.

경영진은 위의 요구사항을 만족시키면서 비용을 최소화할 수 있는 각 성분의 양을 결정하려고 한다.

a. 자원제약식, 이익제약식, 고정요구량 제약식을 세우시오.

b. 스프레드시트에 이 문제의 선형계획모형을 수립하고 해를 구하시오.

c. 모형을 대수적 형태로 표현하시오.

6.23 Joyce와 Marvin은 취학 전 아동을 위한 어린이집을 운영하는데, 아이들을 위한 점심으로 무엇을 제공할지 결정하려 한다. 그들은 비용을 줄이면서 어린이 필수 영양분을 제공해야 한다. 이미 크래커, 우유, 오렌지 주스 중 몇 개와 땅콩잼과 딸기잼을 바른 빵을 제공하려 한다. 각 음식의 영양성분과 비용은 다음 표에 주어져 있다.

음식	지방 칼로리	총 칼로리	비타민C (mg)	단백질 (g)	비용 (센트)
빵(1쪽)	10	70	0	3	5
땅콩잼(1티스푼)	75	100	0	4	4
딸기잼(1티스푼)	0	50	3	0	7
크래커(1개)	20	60	0	1	8
우유(1컵)	70	150	2	8	15
주스(1컵)	0	100	120	1	35

필수 영양조건은 다음과 같다. 어린이는 400cal에서 600cal 사이의 열량을 섭취해야 하고 지방 칼로리가 총칼로리의 30%를 넘지 말아야 한다. 또한, 적어도 비타민C 60mg과 단백질 12g을 섭취해야 한다. 샌드위치를 만들 수 있어야 하므로 정확히 두 쪽의 빵이 제공되어야 하고, 딸기잼보다 2배 이상의 땅콩잼, 그리고 적어도 1컵이상의 음료수(우유 또는 주스)가 제공되어야 한다.

Joyce와 Marvin은 위의 필수 영양조건을 만족하면서 비용을 최소화하는 음식을 식단으로 구성하고자 한다.

a. 자원제약식, 이익제약식, 고정요구량 제약식으로 표현될 제약조건을 찾으시오.

b. 스프레드시트에 선형계획모형을 수립하고 해를 구하시오.

c. 모형을 대수적 형태로 표현하시오.

6.24 Cost-Less사는 네 곳의 공장으로부터 네 곳의 소매 아울렛에 제품을 공급하고 있다. 다음 표에는 각 공장에서 각 소매 아울렛으로 수송할 때 드는 단위당 비용이 주어져 있다.

공장	소매아울렛			
	1	2	3	4
1	500달러	600달러	400달러	200달러
2	200달러	900달러	100달러	300달러
3	300달러	400달러	200달러	100달러
4	200달러	100달러	300달러	200달러

공장 1, 2, 3, 4에서 각각 10, 20, 20, 10개씩 매달 생산하고 소매 아울렛 1, 2, 3, 4는 각각 20, 10, 10, 20개씩 매달 필요하다. 회사의 수송담당자는 총수송비용을 최소화하는 수송계획을 수립하고자 한다. 즉, 매달 각 공장에

서 각 소매아웃렛으로 얼만큼씩을 수송할지 결정하고자 한다.

스프레드시트에 이 수송문제의 선형계획모형을 수립하고 해찾기를 사용하여 최적해를 구하시오.

6.25 Childfair사는 유모차를 생산하는 세 공장이 있고, 네 곳의 유통센터에 공급한다. 공장 1, 2, 3에서는 각각 12, 17, 11단위를 매달 생산한다. 각 유통센터는 매달 10단위씩 공급받을 필요가 있다. 각 공장에서 각 유통센터까지의 거리는 다음 표에 주어져 있다.

	유통센터까지의 거리(마일)			
공장	1	2	3	4
1	800	1,300	400	700
2	1,100	1,400	600	1,000
3	600	1,200	800	900

운송비용은 단위당 100달러이고, 추가로 1마일당 50센트가 부과된다.

총수송비용을 최소화하기 위해서는 각 공장에서 각 유통센터에 얼만큼씩 수송해야 하는가?

스프레드시트에 이 수송문제의 선형계획모형을 수립하고 해찾기를 사용하여 최적해를 구하시오.

6.26 Onenote사는 한 가지 제품을 세 공장에서 생산하여 네 고객에게 판매한다. 세 공장은 다음 1주일 동안 각각 60, 80, 40개씩 생산한다. 이 회사는 고객 1에게 40개, 고객 2에게 60개를 공급하기로, 그리고 고객 3에게는 최소한 20개를 공급하기로 계약했다. 고객 3과 4는 다른 고객에게 공급하고 남는 양을 최대한 다 구입하기를 희망한다. 각 공장으로부터 각 고객에게 제품을 공급할 때 단위당 순이익은 다음 표와 같다.

	고객			
공장	1	2	3	4
1	800달러	700달러	500달러	200달러
2	500달러	200달러	100달러	300달러
3	600달러	400달러	300달러	500달러

경영진은 고객 3과 4에게 각각 몇 개씩 판매해야 할지, 각 공장에서 각 고객에게 몇 개씩 공급해야 총이익이 최대화되는가를 알고 싶어한다. 이 문제에 대한 모형을 스프레드시트에 수립하고 해를 구하시오.

6.27 Move-It사는 지게차를 생산하는 두 개의 공장을 갖고 있다. 생산된 지게차는 세 곳의 유통센터로 수송된다. 생산단가는 두 공장이 동일하나 수송 단가는 어느 공장에서 출발하여 어느 유통센터로 수송되는지에 따라 다르며 다음 표에 나타나 있다.

	유통센터		
공장	1	2	3
A	800달러	700달러	400달러
B	600달러	800달러	500달러

주당 지게차 60대를 생산하여 유통센터로 공급한다. 각 공장은 주당 최대 50대까지 생산할 수 있기 때문에, 수송비용을 줄이기 위해 두 공장에서 어떻게 나누어 생산할 것인 지에는 상당한 유연성이 존재한다. 단, 각 유통센터는 주당 정확히 20대씩 지게차를 공급받아야 한다.

경영진은 공장별로 지게차를 몇 대씩 생산하여 어떻게 수송하는 것이 총수송비용을 최소화하는 것인지 결정하고 싶어한다. 이 문제를 풀기 위한 스프레드시트 모형을 작성하고 해를 구하시오.

6.28 다음과 같은 비용표를 갖는 할당문제를 고려해보자.

	작업		
작업자	1	2	3
A	5달러	7달러	4달러
B	3달러	6달러	5달러
C	2달러	3달러	4달러

이 문제의 최적해는 A-3, B-1, C-2이고 총비용은 10달러이다.

스프레드시트에 이 문제의 모형을 작성하고, 해찾기를 사용해서 위에 명시된 최적해가 맞는지 확인하시오.

6.29 어떤 항구에서 다른 네 곳의 항구(항구 1, 2, 3, 4)로 네 척의 운반선을 사용하여 화물을 수송하고자 한다. 어떤 운반선이든지 네 곳의 항구로 갈 수 있다. 하지만 운반선의 종류에 따라 선적비용, 이송비용, 하역비용이 모두 다르기 때문에 운반선-항구 조합에 따른 총비용은 다음 표에 보이는 것처럼 각기 다르다.

	항구			
배	1	2	3	4
1	500달러	400달러	600달러	700달러
2	600달러	600달러	700달러	500달러
3	700달러	500달러	700달러	600달러
4	500달러	400달러	600달러	600달러

이 문제의 목적은 총수송비용을 최소화할 수 있도록 네 척의 운반선을 네 곳의 항구에 할당하는 것이다.

a. 이 문제가 어떻게 할당문제의 형식에 적합한지 설명하시오.
b. 스프레드시트에 이 문제의 선형계획모형을 수립하고 해를 구하시오.

6.30 6.27문제를 다시 고려해보자. 이제, 유통센터 1, 2, 3은 정확히 10, 20, 30대씩을 매주 공급받아야 한다. 행정상의 편의를 위해, 각 유통센터에서 특정 공장의 전체 물량을 모두 공급받는 것으로 결정했다. 즉, 한 공장에서 한 유통센터로만 공급하고, 나머지 한 공장은 남은 두 개의 유통센터로 공급할 예정이다. 어느 공장을 어느 유통센터에 할당할 것인지를 결정하는데, 총수송비용을 최소화하는 것이 목적이다. 스프레드시트에 이 문제의 선형계획모형을 수립하고 해를 구하시오.

6.31 Vincent Cardoza는 주문 제작을 하는 기계공작소의 소유주이자 관리자이다. 이번 주 수요일 오후에 긴급하게 주문을 하는 두 고객으로부터 연락을 받았다. 한 고객은 맞춤형 대형 견인 막대를 주문한 트레일러 연결장치 회사이고, 다른 고객은 맞춤형 안정장치 막대를 주문한 소형차 운반트럭 회사이다. 두 고객 모두 이번 주까지(이틀의 근무일) 가능한 많은 완성품을 공급받고 싶어한다. 두 주문제품 모두 동일한 두 대의 장비를 사용하기 때문에, 관리자는 앞으로 이틀 동안 각 제품을 몇 개씩을 생산할 지를 결정하여 고객에게 알려주어야 한다.

견인 막대는 기계 1과 2에서 3.2시간과 2시간이 소요된다. 그리고 안정장치 막대는 기계 1과 2에서 2.4시간과 3시간이 소요된다. 기계 1은 이틀간 16시간 작업이 가능하고 기계 2는 15시간 가능하다. 견인 막대는 단위당 이익이 130달러이고, 안정장치 막대는 150달러이다.

관리자는 이익을 최대화할 수 있는 제품별 생산량을 결정하고자 한다.

a. 이 문제를 대수적 형태의 정수계획 모형으로 표현하시오.
b. 스프레드시트에 이 문제의 선형계획모형을 수립하고 해를 구하시오.

6.32 Pawtucket 대학은 도서관용 신규 복사기를 구매하려고 한다. 두 가지 복사기 모델을 고려 중이다. 모델 A는 고속 복사기이고 모델 B는 저속이지만 저렴한 복사기이다. 모델 A는 하루에 20,000장의 복사가 가능하고 비용은 6,000달러가 소요된다. 모델 B는 하루에 10,000장의 복사가 가능하고 비용은 4,000달러가 소요된다. 적어도 여섯 대의 복사기는 구매해서 도서관 여러 곳에 배치할 계획이다. 그중에 고속 복사기는 적어도 한 대 이상을 구매하려고 한다. 전체 복사량은 적어도 하루에 75,000장 이상이 되어야 한다. 이 문제의 목적은 위의 요구사항을 충족시키면서 비용을 최소화할 수 있는 복사기 종류별 구매 대수를 결정하는 것이다.

a. 스프레드시트에 이 문제의 선형계획모형을 수립하고 해를 구하시오.
b. 모형을 대수적 형태로 표현하시오.

6.33 Northeastern 항공은 새로운 장거리, 중거리, 단거리 제트여객기를 구매하려고 한다. 가격은 장거리 비행기 2억100만 달러, 중거리 비행기 1억5,000만 달러, 단거리 비행기 1억500만 달러이다. 이사회는 최대 구매예산으로 45억달러를 승인하였다. 구매하는 비행기에 종류에 상관없이 항공사는 충분한 노선을 보유하고 있기 때문에 구매 비행기는 최대 용량으로 활용될 것으로 예상된다. 추정 연간 순수익은 장거리 비행기 1,260만 달러, 중거리 비행기 900만 달러, 단거리 비행기 690만 달러이다.

항공사는 신규 비행기 30대를 구입하여도 투입가능한 숙련 조종사는 충분한 것으로 예측하였다. 만약 단거리 비행기만 구매하면, 정비시설은 40대까지 신규 비행기를 처리할 수 있다. 그러나 중거리 비행기는 단거리 비행기의 11/3, 장거리 비행기는 단거리 비행기의 12/3의 정비시설 용량을 소모한다.

예비분석을 통해 위와 같은 정보를 구했다. 항공사는 이익을 최대화하기 위해 비행기 종류별로 각각 몇 대씩 구매해야 하는지 알고 싶어한다.

a. 스프레드시트에 이 문제의 선형계획모형을 수립하고 해를 구하시오.
b. 모형을 대수적 형태로 표현하시오.

통합사례 6-1: 목재 운송

Alabama Atlantic은 세 곳의 목재 생산지와 다섯 곳의 시장을 가지고 있는 목재회사이다. 생산지 1, 2, 3에서 매년 생산 가능한 목재는 각각 1,500만, 2,000만, 1,500만 보드피트이다. 시장 1, 2, 3, 4, 5에서 연간 판매할 수 있는 수량은 각각 1,100만, 1,200만, 900만, 1,000만, 800만 보드피트이다.

과거 이 회사는 기차로 목재를 운송했다. 그러나 운송비용의 증가 때문에 일부 수송은 선박을 이용하는 대안을 고려하고 있다. 이 대안을 위해서는 회사가 어느 정도 배에 투자해야 한다. 이 투자비용을 제외하고 철도와 수로(가능할 경우)를 이용한 100만 보드피트당 각 경로별 운송비는 다음 표와 같다.

자원	철도 이용 시 비용				
	1	2	3	4	5
1	61	72	45	55	66
2	69	78	60	49	56
3	59	66	63	61	47

자원	선박 이용 시 비용				
	1	2	3	4	5
1	31	38	24	-	35
2	36	43	28	24	31
3	—	33	36	32	26

각 경로를 따라서 선박으로 연간 운송하게 될 100만 보드피트당 소요되는 선박에 대한 투자비(단위: 1,000달러)는 다음 표와 같다.

자원	선박을 위한 단위 투자비				
	1	2	3	4	5
1	275	303	238	—	285
2	293	318	270	250	265
3	—	283	275	268	240

선박의 기대 수명과 돈의 시간적 가치를 고려한다면 이들 투자에 대한 연등가비용은 표에 주어진 양의 10분의 1이다. 문제의 목적은 총연등가비용(수송비용 포함)을 최소로 하기 위한 전체적인 수송계획을 수립하는 것이다.

자신이 다음에 제시된 세 가지 옵션의 수송계획을 수립하는 일을 할당하는 경영과학팀의 팀장이라고 생각해 보자.

옵션 1: 철도로만 운송을 계속한다.
옵션 2: 선박으로만 운송하는 것으로 변경한다.
(단, 철도수송만 가능한 곳은 제외)
옵션 3: 어느 수송 방법이든 수송비가 저렴한 방법으로 수송한다.

각각의 옵션에 대해 결과를 구하고 비교하시오.

이 결과들은 최근의 운송비와 투자비에 기초하였기 때문에 미래에 비용정보가 달라졌을 때의 옵션 선택에 대한 의사결정을 생각할 필요가 있다. 각각의 옵션에 대하여 해당 옵션의 선택을 정당화할 수 있는 미래의 비용 변화 시나리오를 설명하시오.

통합사례 6-2: 생산능력 문제

Bentley Hamilton은 뉴욕타임즈의 경제면을 회의실 탁자에 펼쳐 놓으며 푹신한 의자에 똑바로 앉아있는 임원들을 쳐다보았다.

Hamilton은 요점을 전달하고 싶어한다.

이번엔 월스트리트저널의 1면을 뉴욕타임즈 위에 펼쳐 놓으며 지루했던 눈을 크게 뜨는 임원들을 쳐다보았다.

Hamilton은 매우 중요한 요점을 전달하고 싶어한다.

그런 다음 파이낸셜타임즈의 1면을 신문 더미 맨위에 펼쳐 놓으며 이마의 땀을 닦는 임원들을 쳐다보았다.

Hamilton은 그의 요점이 임원들의 머리에 영원히 새겨지길 바란다.

"방금 여러분께 3대 경제신문의 오늘자 경제면 1면 뉴스를 보여드렸습니다." Hamilton은 단호하고 화가난 목소리로 말했다. "친애하는 임원 여러분, 우리 회사는 낭떠러지에 떨어지기 직전입니다! 헤드라인을 읽어 볼까요? 뉴욕타임즈에는 'CommuniCorp 주식 52주 최저가 경신', 월스트리트저널에는 'CommuniCorp 1년만에 무선라우터 시장점유율 25% 감소', 그리고 개인적으로 제일 마음에 드는 파이낸셜타임즈의 헤드라인은 'CommuniCorp 소통(CommuniCate) 불가: 내부 소통 부재로 CommuniCorp 주식 하락'. 우리 회사가 어떻게 이런 어려운 지경에 처하게 된 것일까요?"

Hamilton은 회의실 스크린에 나타난 약간 증가하는 그래프를 가리켰다. "이것은 지난 12개월 동안 우리 생산성의 그래프입니다. 그래프에서 보듯이 라우터 생산설비의 생산성은 작년에 꾸준히 증가했습니다. 분명히 생산성이 우리 문제의 원인이 아닙니다."

Hamilton은 다음으로 가파르게 위쪽으로 올라가는 선이 나타난 두 번째 그래프를 가리켰다. "이것은 지난 12개월 동안 놓치거나 지연된 주문에 대한 그래프입니다." 임원들 사이에서 한숨 소리가 나왔다. “그래프에서 보듯이, 지난 12개월 동안 놓치거나 지연된 주문이 꾸준히 그리고 상당히 증가했습니다. 나는 이 추세가 우리가 시장점유율을 잃고, 주식이 52주 최저가를 치는 이유를 설명한다고 생각합니다. 정시 배송을 믿고 있는 우리 고객들을 화나게 하고, 그들의 사업에 손실을 끼쳤습니다.”

“우리의 생산성 수준은 모든 주문을 맞출 수 있는데, 왜 정시 배송에 실패했을까요?” Hamilton이 물었다. “이 문제에 대해 여러 부서에 전화를 해서 물어보았습니다.”

“우리는 라우터를 아무 의미 없이 만들고 있는 것으로 나타났습니다!” 믿기지 않은 듯이 Hamilton은 말했다. “마케팅 및 영업 부서는 제조 부서와 의사소통을 하지 않았어요. 그래서 제조부문 임원은 주문을 충족하기 위해 어느 라우터를 생산해야 하는지 몰라요. 제조부문 임원은 공장을 계속 가동하는 데만 관심이 있어서 라우터의 주문 여부와 상관없이 아무 라우터나 만들고 있습니다. 완성된 라우터는 창고로 보내지는데 마케팅 및 영업 담당자는 창고에 있는 라우터의 수와 종류를 모릅니다. 그리고 창고 담당자에게 재고로 있는 라우터가 주문에 맞는지 물어보려고 하지만 질문에 대한 답변을 거의 받지 못합니다.”

Hamilton은 잠시 멈추고 임원들을 똑바로 쳐다보았다. “여러분, 우리 회사는 심각한 내부 소통의 문제가 있는 것 같습니다. 이 문제를 즉시 해결하고자 합니다. 먼저, 모든 부서에서 중요한 문서에 접근할 수 있고 서로 쉽게 소통할 수 있도록 하는 전사적 컴퓨터 네트워크를 설치하는 것으로 시작하고 싶습니다. 이 인트라넷은 현재의 의사소통 체계에 큰 변화를 가져올 것이기 때문에 시스템의 일부 버그도 있을 수 있고 몇몇 직원들의 저항도 예상됩니다. 따라서 인트라넷 구축을 단계별로 실행하고 싶습니다.”

Hamilton은 시간에 따른 요구사항을 담은 다음과 같은 차트를 임원들에게 전달하였다(IN = 인트라넷).

첫 번째 달	두 번째 달	세 번째 달	네 번째 달	다섯 번째 달
IN 교육				
	영업부서 IN 설치			
		제조부서 IN 설치		
			창고 IN 설치	
				마케팅부서 IN 설치

부서	직원 수
영업	60
제조	200
창고	30
마케팅	75

Hamilton은 시간대별 요구사항 차트를 설명하였다. “첫 달에는 인트라넷에 어떤 부서도 넣지 않을 거예요. 그냥 관련 정보를 널리 알리고 직원들이 적응하도록 하겠습니다. 둘째 달에는 고객으로부터 모든 중요한 정보를 받는 영업부서를 인트라넷에 넣었으면 합니다. 셋째 달에는 제조부서를 인트라넷에 넣고 싶습니다. 넷째 달에는 창고에 인트라넷을 설치하고 다섯째이자 마지막 달에는 마케팅 부서를 인트라넷에 넣었으면 좋겠습니다. 위의 차트에는 각 부서에서 인트라넷에 접속해야 하는 직원 수가 함께 나와 있습니다.”

Hamilton은 정보관리책임자인 Emily Jones에게 말했다. “인트라넷 설치 계획에 당신의 도움이 필요합니다. 특히 회사는 내부 네트워크용 서버를 구입할 필요가 있습니다. 직원들은 회사 서버에 접속하여 각자의 데스크톱 컴퓨터에 정보를 내려 받게 될겁니다.”

Hamilton은 가용한 서버 유형, 각 서버가 지원하는 직원 수, 각 서버의 비용이 자세히 적힌 다음 차트를 Emily에게 건냈다.

서버유형	서버가 지원하는 직원 수	서버비용
미니 데스크탑	최대 30	$ 2,500
데스크탑	최대 80	5,000
워크스테이션	최대 200	10,000
풀 랙	최대 2,000	25,000

“Emily, 인트라넷 구현 일정을 지킬 수 있도록 서버 용량을 충분히 확보하면서 비용을 최소화하려면, 어떤 서버를 언제 구입해야 할지 결정하기 바랍니다.” Hamilton이 말했다. “예를 들어, 첫 번째 달에 대형 서버 한 대를 구입하여 모든 직원을 지원할 수도 있고, 첫 번째 달에 여러 대의 소형 서버를 구입하여 모든 직원을 지원할 수도 있고, 매달 작은 서버 한 대씩 구매하여 인트라넷에 추가로 접속해야 하는 직원을 지원할 수도 있습니다”

“결정을 복잡하게 만드는 몇 가지 요인이 있습니다.” Hamilton이 계속 말했다. “첫째 또는 둘째 달에 서버를 구입하면 워크스테이션 서버당 10% 할인을 받을 수 있습니다. 처음 두 달에 구입한 모든 풀 랙 서버는 25% 할인을 받을 수 있습니다. 첫 달 동안 지출할 수 있는 금액에 제한

이 있습니다. CommuniCorp는 이미 다음 두 달 동안 많은 예산을 할당했기 때문에 첫째 달과 둘째 달에 서버를 구입할 수 있는 가용한 금액은 9,500달러입니다. 마지막으로 제조부서에서는 성능이 강력한 세 유형의 서버 중 하나 이상을 필요로 합니다. 이번 주말까지 내 책상에서 의사결정 결과 보고서를 갖다 놓으세요."

a. Emily는 먼저 월 단위로 구입할 서버의 수와 유형을 알아보기로 하였다. 월별로, 해당 월의 비용을 최소화하면서 신규 사용자를 지원하려면 어느 서버를 구입할지를 결정할 수 있는 스프레드시트 모형을 수립하시오. 월별로 어느 유형의 서버를 몇 대씩 구입해야 하는가? 구매계획의 총비용은 얼마인가?

b. Emily는 후반기 달에 사용자를 지원하기 위해 전반기 달에 더 큰 서버를 구입하면 비용 절감을 할 수도 있겠다는 생각을 했다. 그래서, 전체 계획 기간 동안 구매할 서버의 수와 유형을 알아보기로 하였다. 총비용을 최소화하고 모든 신규 사용자를 지원하려면 어느 달에 어떤 서버를 몇 대씩 구입할지 결정할 수 있는 스프레드시트 모형을 수립하시오. 월별로 어느 서버를 몇 대씩 구입해야 하는가? 구입계획의 총비용은 얼마인가?

c. 왜 두 번째 방법과 첫 번째 방법의 답이 서로 다른가?

d. 문제 모형화에 고려되지 않은 다른 비용이 있는가? 있다면 무엇인가?

e. CommuniCorp의 여러 부서에서 인트라넷에 관해 어떤 사항을 추가적으로 고려할 수 있겠는가?

스프레드시트를 이용한 모형화 기술

7 CHAPTER

학습목표: 7장을 학습한 후에는,

1. 스프레드시트 모형화의 일반적인 과정을 이해할 수 있어야 한다.
2. 좋은 스프레드시트 모형을 만들기 위한 몇 가지 지침을 이해할 수 있어야 한다.
3. 서술된 문제로부터 자신의 스프레드시트 모형을 개발하기 위해 일반적인 스프레드시트 모형화 과정과 이 장에 제시된 지침을 모두 적용할 수 있어야 한다.
4. 제대로 작성되지 않은 스프레드시트 모형에서 문제점을 찾을 수 있어야 한다.
5. 스프레드시트 모형의 오류를 수정하기 위한 다양한 기법을 적용할 수 있어야 한다.

최근 많은 경영자는 비즈니스 문제들을 분석하기 위해 스프레드시트를 광범위하게 사용하고 있다. 이들이 하는 일은 스프레드시트를 이용한 모형화이다.

스프레드시트 모형화는 이 책 전체에 걸쳐 중요하게 강조된다. 1.4절에서는 광고 예산 선택을 위한 스프레드시트 모형을 소개하였다. 4.3절에서는 시계열 예측 방법을 적용하기 위한 스프레드시트 모형을 이용하였다. 5.2절에서는 선형계획모형을 수립하는 데 필요한 스프레드시트 사용법을 기술하였다. 6장은 선형계획문제의 다섯 가지 범주(자원배분문제, 비용-이익 절충문제, 혼합문제, 수송문제, 할당문제)에 대한 스프레드시트 모형에 초점을 두고 있다. 또한 많은 종류의 스프레드시트 모형이 후속 장들에서 논의될 것이다. 하지만 이러한 스프레드시트 모형은 각 장에서 다뤄진 경영과학 및 경영분석 기법(예: 선형계획법)에 따른 수리 모형을 스프레드시트상에 구현한 것이다. 대신 이 장에서는 스프레드시트 모형을 만들기 위한 일반적인 과정에 대해 중점을 두고자 한다.

스프레드시트 모형화는 과학이라기보다 오히려 기술에 해당한다. 예외 없이 유일하고 정확한 스프레드시트 모형으로 이끄는 체계적인 절차는 존재하지 않는다. 예를 들어 두 명의 경영자에게 완전히 동일한 비즈니스 문제를 제시하고 이를 스프레드시트로 분석하도록 했을 때, 그들의 스프레드시트 모형은 외견상 상당히 다를 수도 있다. 이는 임의의 주어진 문제의 모형화에는 유일한 정답이 존재하지 않을 수 있음을 의미한다. 그럼에도 어떤 한 모형이 다른 모형들보다 더 나은 결과를 가져다줄 수는 있다.

스프레드시트 모형화에 있어서 완벽하게 체계적인 절차는 존재하지 않는다 할지라도 따라야 할 일반적인 절차는 있다. 이 절차는 다음과 같이 주요한 네 가지 단계를 거치게 된다. (1) 스프레드시트 모형 계획하기, (2) 모형 수립하기, (3) 모형 테스트하기, (4) 모형 및 결과 분석하기. 먼저 7.1절에서 하나의 사례연구를 소개한다. 이후 7.2절에서는 좀 더 상세하게 계획-수립-테스트-분석 과정을 기술하면서 제시된 사례연구의 문맥에서 그 과정을 예를 들어서 분명히 보여줄 것이다. 또한 7.2절에서는 모형화 과정에서 흔히 발생하는 장애물들을 극복할 몇 가지 방법에 대해서도 논의할 것이다.

불행하게도 이러한 논리적 접근법에도 불구하고 이와 같은 계획-수립-테스트-분석 과정을 통해 항상 좋은 스프레드시트 모형이 수립된다는 보장은 없다. 좋은 스프레드시트 모형은 이해하기 쉽고, 오류 수정이 용이하며, 변경하기 쉬워야 한다. 7.3절은 좋은 모형을 만들기 위한 몇 가지 지침을 제공한다. 또한 7.3절은 7.1절에서 소개된 사례연구를 이용하여 적절한 모형과 부적절한 모형 간의 차이점을 예를 들어 분명히 보여줄 것이다.

모형이 적절하게 수립되었을지라도 대규모 스프레드시트 모형의 초기 버전에서는 셀 주소에 대한 부정확한 참조 혹은 셀에 수식 입력 시 오타 등과 같이 사소하지만 성가신 오류를 흔히 포함하고 있다. 실제로 몇몇 연구 결과에 의하면 대규모 스프레드시트 모형들의 초기 버전에서 매우 많은 수의 오류가 흔히 발생하며, 이러한 오류는 종종 찾기에 매우 어렵다. 7.4절은 스프레드시트 모형의 오류들을 찾아서 완전히 제거하는 데 도움되는 몇몇 방법을 제시한다.

이 장의 최우선적인 목표는 성공적인 스프레드시트 모형 설계자가 되기 위한 확실한 기반을 제공하는 것이다. 그러나 이 장을 학습했다는 것만으로 매우 능숙한 모형 설계자가 되기에는 충분하지 않다. 궁극적으로 그러한 수준에 도달하기 위해 경영과학 및 경영분석의 서로 다른 영역에서 좋은 스프레드시트 모형의 다양한 사례를 공부해야 할 필요가 있다. 추가적으로 자신만의 모형을 수립하기 위해 많은 연습이 필요하다. 이러한 과정은 이 책의 나머지 부분에서도 계속된다.

7.1 사례연구: Everglade Golden Years사의 현금흐름문제

Everglade Golden Years사는 미국 남부 플로리다 지역에서 고소득층 퇴직자를 위한 전용주거단지를 운영하고 있다. 이 회사는 1946년 창업주인 Alfred Lee에 의해 설립되었다. 은퇴 후 플로리다로 몰려온 많은 부유한 퇴직자로 인한 플로리다 지역경제의 호황으로 인해, 이 회사는 설립 이래 오래도록 사업이 번창하였다. 현재 이 회사는 창업주 일가가 계속 경영을 맡고 있으며, 현재의 최고경영자는 Alfred의 증손자인 Sheldon Lee이다.

2020년 초에 시작된 코로나-19 팬데믹으로 인해 지난 몇 년간 Everglade사는 어려운 시기를 겪었고 그에 따라 회사의 신용 등급도 하락하였다. 게다가 노인 전용주택의 수요는 미미했고, Everglade사의 많은 시설은 비어 있었다. 그러나 최근 들어 경기가 회복되었고, 향후 더 개선될 것으로 보인다. 최근에는 새로운 노인 전용주택단지를 착공하였으며, 향후 10년(2024년부터 2033년까지)에 걸친 신축 계획을 갖고있다.

Julie Lee는 Everglade사의 재무담당 최고경영자[CFO]이다. 그녀는 Everglade사의 긴급한 현금흐름 문제를 파악하기 위하여 지난 주를 줄곧 컴퓨터 앞에서 보낸 결과, 향후 10년간 Everglade사의 순현금흐름을 〈표 7-1〉과 같이 예상하였다. 공실로 인한 줄어든 현금 유입과 퇴직자 주거단지 신축 비용으로 인해 Everglade사는 향후 몇 년간 현금 순유출을 겪게 될 것이다. 100만 달러에 불과한 현금 잔액으로 인해 Everglade사는 채무 지불을 위한 약간의 대출을 필요로 한다. 또한 불확실성에 대비한 회사 정책으로 인해 항상 최소 50만 달러의 현금 잔액을 유지해야 한다.

〈표 7-1〉 향후 10년간 Everglade Golden Years사의 예상된 순현금흐름

연도	예상된 순 현금흐름 (단위: 100만 달러)
2024	−8
2025	−2
2026	−4
2033	3
2034	6
2029	3
2030	−4
2031	7
2032	−2
2033	10

Everglade사의 취약한 신용 등급을 감안하여 주거래은행은 상당히 높은 이자율로 Everglade사에 두 가지 형태의 대출을 제안하였다. 첫째는 10년간 1회성 장기대출을 받는 것으로, 매년 이자만 갚다가 만기 시 원리금 잔액 전체를 일괄 상환한다. 이 장기대출의 이자율은 연 5%이며, 상당한 담보를 제공해야 한다. 둘째는 1년 단위의 단기대출을 여러 번 받는 것으로, 요구되는 담보 수준은 낮다. 필요에 따라 매년 대출받을 수 있지만 그 해의 대출은 다음 해에 바로 이자와 함께 원리금을 상환해야 한다. 또한 새로운 대출은 필요 시 전년도 대출금 상환에 쓸 수 있다. 이 단기대출의 이자율은 현재 연 7%로 예상되었다.

Julie는 자신이 작성한 순현금흐름 예상과 주거래은행의 대출 조건에 관한 자료를 준비한 후 최고경영자[CEO]인 Sheldon Lee와 회의를 진행하였다. 다음은 그들의 회의 내용이다.

Julie: 우리 회사는 지금 어려움에 처해 있습니다. 대출을 받지 않고서는 현금흐름문제에 대응할 방법이 없습니다. 여전히 불안정한 신용 등급, 향후 몇 년 동안 불리한 현금 흐름, 현재 금리 상승 추세 등을 종합적으로 고려할 때 대출 비용은 비쌀 것입니다.

Sheldon: 그 점이 걱정입니다. 우리의 대안은 무엇인가요?

Julie: 주거래은행과 논의하였는데, 상당한 담보를 제공할 경우 5% 이자율로 10년간 장기대출을 받을 수 있습니다. 또 다른 옵션은 7% 예상금리로 1년 단위 단기대출을 여러 번 받을 수 있는데, 이 경우 요구되는 담보 수준은 매우 낮습니다.

Sheldon: 나는 담보물에 대해서는 크게 걱정하지 않습니다. 우리 Lee 가문은 회사 설립 이래 지난 75년이 넘는 시간 동안 힘든 시기를 이겨냈고 현재의 험난한 시기를 지나면 미래가 밝아 보이기 때문입니다. 우리가 일단 계획된 건설 프로젝트를 잘 마무리하게 되면

향후 10년 후에는 우리 회사가 지금보다 훨씬 나아지게 될 것입니다. 하지만 5%의 이자율이면 1년 대출의 7%보다 훨씬 좋은 조건인 것 같습니다. 10년 장기대출로 필요한 금액 전부를 즉시 대출받을 수 있습니까?

Julie: 처음에는 저도 그렇게 생각했습니다. 그러나 예상 현금흐름을 검토한 결과 그렇게 간단하게 결론내려도 될지 의문입니다. 향후 몇 년간은 현금 순유출이 있겠지만, 그 후로는 재무적 상황이 크게 개선될 것으로 보입니다. 10년간 장기대출을 받게 되면, 그 기간 동안 대출을 계속 유지하고 이자를 꾸준히 상환해야 합니다. 그에 비해 1년 단위 대출은 좀 더 유연한 해결책이 될 수 있습니다. 현금이 필요한 해에만 대출을 받을 수 있으므로, 이 방식을 통해 미래의 이자 지불액을 절약할 수 있습니다.

Sheldon: 좋습니다. 1년 단위 단기대출의 유연성이 오히려 돈을 절약할 수 있다는 점 잘 알겠습니다. 만약 이러한 단기대출 이자율이 미래에 낮아질 수 있다면 더욱 좋겠네요.

Julie: 하지만 오히려 이자율이 더 높아질 수도 있습니다. 미래의 이자율을 예측할 방법이 없으니, 현재 예상인 7% 이자율에 기반해서 계획하는 것이 좋을 듯 합니다.

Sheldon: 잘 알겠습니다. 그렇다면 10년 장기대출과 연속적인 1년 단위 단기대출 중 어느 쪽이 더 낫겠습니까?

Julie: 글쎄요, 실제로는 또 다른 대안으로 앞서 검토했던 두 가지 대출 유형의 조합을 고려할 수 있습니다. 즉, 필요한 돈의 일부는 장기대출을 통해 낮은 이자율로 대출 이자를 절약하는 한편 다른 일부는 단기대출을 통해 유연성을 유지하는 것입니다.

Sheldon: 복잡하군요. 우리가 원하는 것은 10년간 지불 능력을 유지하면서도 10년째 말에 모든 원리금을 상환한 이후 순 현금 잔액을 최대한 많이 보유할 수 있는 자금운영 계획입니다. 또한 만기에 지불되는 이자 금액을 확인하고 싶습니다. 최선의 자금운영 계획을 찾을 수 있도록 스프레드시트를 준비할 수 있겠습니까?

Julie: 물론입니다. 준비해서 보여드리겠습니다.

Sheldon: 알겠습니다. 보고서가 준비되면 다음 주에 다시 논의합시다.

다음 두 절에서는 Julie가 이 현금흐름문제를 위한 스프레드시트 모형을 주의 깊게 개발하는 방법에 대해 살펴보기로 한다.

복습문제

1. Everglade사 사례에서 장기대출의 이점은 무엇인가?
2. Everglade사 사례에서 단기연속대출의 이점은 무엇인가?
3. 개발되어야 할 재무 계획의 목표는 무엇인가?

7.2 스프레드시트 모형화 과정 개요

Everglade사 문제의 해를 구하기 위해 선형계획모형을 스프레드시트에 수립할 수 있음을 본 교재 뒷부분에서 확인할 수 있다. 그러나 이 스프레드시트 모형의 양식이 앞서 6장에서 기술된 선형계획모형의 어느 범주와도 쉽게 부합되지 않는다는 점 또한 확인할 수 있다. 혼합문제(선형계획문제의 가장 폭넓은 범주)의 스프레드시트 모형 양식을 보여주는 〈그림 6-8〉의 틀조차 Everglade사의 현금흐름문제를 분석하기 위한 모형을 수립하는 데 도움이 되지 않는다. 그 이유는 Everglade사의 현금흐름문제는 선형계획문제의 보다 더 복잡한 유형(다기간을 고려하는 동적계획문제)에 해당하며, 이로 인해 스프레드시트 모형을 수립함에 있어 아무것도 없는 백지 상태에서부터 신중하게 시작해야 할 필요가 있다. 따라서 선형계획법으로 분석하는 것이 가능하지 않은 경우를 포함하여 이 책의 후반부에 등장하는 좀 더 복잡한 문제들을 다루게 될 때, Everglade사의 사례는 스프레드시트 모형화 과정을 분명히 잘 보여주게 된다.

Everglade사의 현금흐름문제와 같은 문제가 제시될 때 바로 엑셀로 작성하고 모형 수립을 시작하고 싶은 유혹에 빠질 수 있다. 하지만 이와 같은 충동을 잘 견뎌내야 한다. 적절한 사전 계획 없이 스프레드시트 모형을 개발하게 되면, 그 결과는 부실하고 엉성한 모형이 되기 쉽다.

스프레드시트 모형을 계획하고 개발하는 데 어려운 점 중 하나는 따라야 할 적절한 표준 절차가 없다는 점이다. 스프레드시트 모형을 계획하고 개발하는 일은 과학이라기보다는 기술에 가깝다. 이러한 기술을 배우기 시작할 때 필요한 구조적인 틀을 익히기 위해 〈그림 7-1〉에 묘사된 모형화 과정을 따를 것을 제안한다.

〈그림 7-1〉에서 제안된 바와 같이 모형화 과정의 네 가지 주요 단계는 스프레드시트 모형을 (1) 계획하고, (2) 수립하고, (3) 테스트하고, (4) 분석하는 것으로서, 주로 이 순서대로 진행된다. 그러나 모형 수립과 테스트 간의 양방향 화살표는 테스트 단계에서 발견되는 일부 문제를 수정하기 위해 종종 수립 단계로 되돌아가는 반복적인 이동 과정을 나타내고 있다. 모형 수립과 테스트 간의 이러한 반복적인 이동 과정은 모형 설계자가 만들어진 모형에 최종적으로 만족할 때까지 여러 번 발생할 수 있다. 이러한 반복적인 이동이 일어남과 동시에 모형 설계자는 모형에 대해 추가적으로 수정할 수 있다. 이에 대해 한 가지 가능한

〈그림 7-1〉 스프레드시트 모형화를 위한 일반적인 과정 (계획–수립–테스트–분석) 흐름도

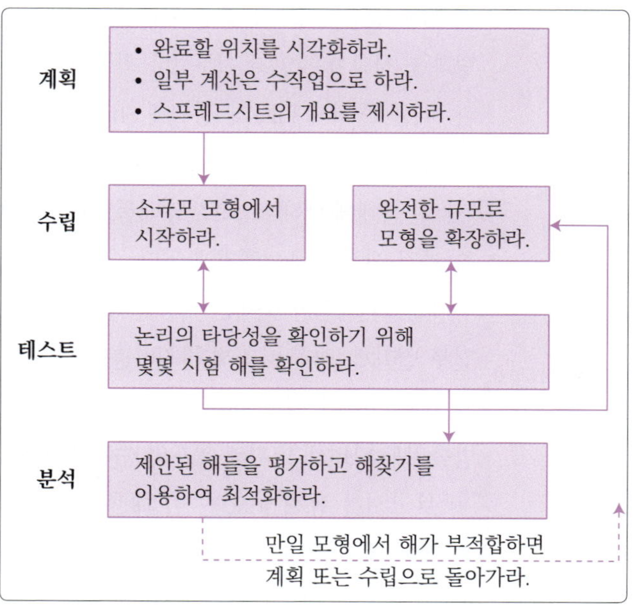

전략은 모형의 소규모 버전에서 시작하여 기본적인 논리를 확립하고, 이후에 테스트를 통해 정확도를 검증함으로써 완전한 모형으로 확장하는 것이다. 심지어 테스트가 종료되고 분석하는 도중에라도 모형의 부적합성이 발견된다면, 모형화 과정은 모형 수립이나 혹은 심지어 계획 단계로 되돌아갈 수도 있다.

이와 같이 모형화 과정의 네 가지 주요 단계는 일부 세부 단계들을 각각 포함할 수 있다. 예를 들면 〈그림 7-1〉의 계획 단계에는 세 가지 세부 단계가 있다. 처음부터 꽤 복잡한 모형을 다루게 된다면 다소 시간을 들여서라도 각각의 세부 단계를 수작업으로 한 번에 하나씩 수행해보는 것이 도움이 된다. 하지만 점차적으로 스프레드시트 모형화에 경험이 쌓일수록 일부 세부 단계들을 합쳐서 신속하게 수행할 수 있게 된다. 숙련된 모형 제작자는 간혹 이 작업들을 종이에 일일이 기록하지 않고도 머릿속으로 실행하는 것이 가능하게 된다. 그러나 만일 난관에 봉착하였다면 이전의 세부 단계 중 하나에서 핵심적인 요소를 누락했을 가능성이 높다. 따라서 이 경우에는 한두 단계 이전으로 되돌아가 이전의 단계들이 완전하게 수행되었는지 여부를 확인해야 한다.

이제 Everglade사의 현금흐름문제 맥락에서 모형화 과정의 다양한 구성 요소에 대해 기술할 것이다. 동시에 스프레드시트 모형을 수립하는 과정에서 흔히 접할 수 있는 장애물들을 살펴보고 이를 어떻게 극복할지에 대해 지적하고자 한다.

계획: 완료할 위치를 시각화하라

모형화 과정에서 흔한 한 가지 장애물은 바로 시작 단계에서 발생한다. Everglade사의 사례에서 Julie가 직면한 것과 같은 복잡한 상황이 주어졌을 때는, 심지어 어떻게 시작할 것인가에 대해 결정하기조차 종종 어려울 수 있다. 이 시점에서는 모형에 집중하거나 또는 어떻게 모형화를 시작할 것인지 여부보다 최종적으로 필요한 것에 대해 생각해보는 것이 더 나을 수 있다. 예를 들어서 Julie의 경우에 Sheldon에게 보고할 최종 보고서에 어떠한 정보가 담겨있어야 하는지에 대해 생각해보는 것이다. 어떤 종류의 수치들이 해당 보고서에 포함되어야 하는가? 이 문제에 대해 스스로 답해봄으로써 문제의 핵심을 좀 더 빠르게 파악할 수 있으며 모형화 과정 시작이 용이해지게 된다.

Julie가 직면한 문제는 이용할 대출의 종류와 금액을 결정하는 것이다. 장기대출은 한 번에 전부 빌리게 된다. 따라서 장기대출로 얼마나 대출받을지는 하나의 수치로 결정된다. 단기대출의 경우 10년간 일부 혹은 모든 해에 대출받을 수 있다. 따라서 매해 단기대출로 얼마나 대출받을지를 나타내기 위해 10개의 수치를 필요로 하게 된다.

보고서를 통해 Julie는 이 대출 계획이 향후 10년간 각종 채무를 적시에 상환 가능하다는 점에 대해 Sheldon에게 확답할 수 있어야 한다. 따라서 요구되는 최소 현금 잔액을 유지할 수 있음을 확인하기 위해 현금 잔액은 향후 10년간 추적 가능해야 한다. 해당 보고서에는 만기 시점이 언제이며 만기 시점에서 갚아야 할 원리금 액수가 얼마나 되는지에 대한 정보가 포함될 것이다. 최종적으로 다양한 이자율이나 예상 순현금흐름 등과 같이 수집된 자료가 포함될 것이다. 〈표 7-2〉는 Julie가 최종 보고서에서 포함할 필요가 있는 수치의 목록에 해당한다.

이와 같이 최종적으로 필요한 수치의 목록이 주어진 상태에서, 문제에 대한 좋은 해답을 찾기 위한 시도로써 어떻게 이들 수치가 모형에 잘 들어맞을지 생각해볼 수 있다. 이에 대해 스스로 자문해봐야 할 세 가지 질문은 다음과 같다.

〈표 7-2〉 Julie가 Sheldon에게 보내는 최종 보고서에 포함해야 하는 수치 목록

최종 보고서 작성을 위해 필요한 수치
장기대출금액
단기대출금액
매년 현금 잔액
매년 대출 상환액
매년 이자 상환액
매년 예상 순현금흐름
대출금리

- 모형에서 다뤄야 할 의사결정은 무엇인가? (의사결정을 나타내는 수치는 모형의 변수셀에 표시되어야 한다.)
- 이러한 의사결정을 내리게 될 때 추구해야 하는 목표(전체적인 성과 측도)는 무엇인가? (전체적인 성과 측도를 나타내는 수치는 모형의 목표셀에 표시된다.)
- 스프레드시트 모형에 포함되어야 하는 다른 유형의 수치는 무엇인가? (자료는 자료셀에 표시된다. 의사결정을 내리기 이전에 특정한 다른 결과값을 계산해야 하며, 이는 출력셀에 표시된다.)

Julie가 내려야 할 의사결정은 장기 및 단기대출 금액을 결정하는 것이다(〈표 7-2〉의 첫 두 줄에 표시되는 수치들의 집합). 이 11개의 숫자는 스프레드시트 모형의 변수셀에 위치한다.

의사결정을 내릴 때 목표는 10년간 회사가 모든 대출을 적시에 상환 가능함과 동시에 10년 후 현금 잔액을 최대화하는 것이다. 따라서 최종 현금 잔액이 스프레드시트 모형의 목표셀에 위치하게 된다.

목록의 다른 수치들은 자료(매년 예상 순현금흐름과 대출금리) 혹은 결과(매년 현금 잔액, 매년 대출 상환액, 매년 이자 상환액)를 표시하게 된다. 여기서 자료는 스프레드시트 모형의 자료셀에 위치하게 되는 한편, 결과는 계산된 후 스프레드시트 모형의 출력셀에 위치하게 된다.

의사결정을 나타내는 수치(변수셀)와 결과(출력셀)를 나타내는 수치를 구별하는 것이 중요하다. 예를 들면 현금 잔액을 변수셀로 포함시키는 오류를 범할 수도 있다. 이러한 변수셀들은 내려지는 의사결정에 따라 그 값이 변경된다. 그렇지만 현금 잔액은 대출금액, 상환금액 그리고 모든 다른 현금흐름으로 인한 결과에 해당한다. 현금 잔액은 독립적으로 그 값이 결정될 수 없으며, 스프레드시트의 다른 수치에 의해 그 값이 결정된다. 변수셀(대출금액)은 다른 값에 의해 영향을 받지 않으며, 독립적인 의사결정을 나타낸다. 즉, 변수셀은 다른 수치에 영향을 미치지만, 역으로 다른 수치에 의해 영향을 받지는 않는다.

모형화 과정의 이 단계에서는 변수셀이 어떤 것들이고 얼마나 많이 필요한지를 포함해서

해답이 어떤 모습일지와 함께 어떤 종류의 결과(출력셀)가 도출되어야 하는지에 대해 명확하게 파악되어야 한다.

계획: 일부 계산은 수작업으로 하라

모형을 수립할 때 또 다른 장애물은 출력셀에 수식을 입력하려고 할 때 발생할 수 있다. 예를 들면 Everglade사의 현금흐름문제에서 Julie는 현금 잔액을 어떻게 추적해야 하는가? 어떤 수식들이 입력되어야 하는가? 이 계산을 수행하기 위해 많은 요인이 필요하기 때문에 당황하게 될 수도 있다.

만일 이 시점에서 난관에 처한다면 수작업으로 계산을 약간 해보는 것이 매우 유용할 것이다. 변수셀에 적당한 숫자를 고르고 수작업 혹은 계산기를 이용하여 어떤 결과가 나올지 실제 계산해본다. 예를 들어 Everglade사에 대해 몇 가지 대출금액을 고르고 처음 몇 해 동안 연말 현금 잔액을 계산해본다.

좀 더 분명히 보여주기 위해 Everglade사가 600만 달러의 장기대출을 받고난 후 2024년과 2025년에 각각 200만 달러와 500만 달러의 단기대출을 추가로 받았다고 가정하자. 이 경우 2024년 말과 2025년 말에 각각 얼마나 많은 현금 잔액을 보유하게 될 것인가?

이 두 금액은 다음과 같이 수작업으로 계산할 수 있다. 2024년에 Everglade사는 초기 잔액(100만 달러)을 보유하고 있으며, 사업 운영에 따른 현금 지출(−800만 달러)이 발생한다. 그리고 장기 및 단기대출로 인해 현금 유입(각 600만 달러와 200만 달러)이 발생한다. 따라서 2024년 말의 현금 잔액은 다음과 같다.

연말 잔액 (2024) =	초기 잔액	100만 달러
	+ 현금흐름 (2024)	−800만 달러
	+ 장기대출 (2024)	600만 달러
	+ 단기대출 (2024)	200만 달러
		100만 달러

2025년에 대한 계산은 좀 더 복잡하다. Everglade사는 2024년으로부터 이월된 초기 잔액인 100만 달러와 2025년 사업 운영에 따른 200만 달러 현금 지출 그리고 2025년 신규 단기대출 500만 달러가 있다. 이에 추가적으로 2024년 단기대출에 대한 원리금 상환을 해야 한다. 따라서 2025년 말의 현금 잔액은 다음과 같다.

연말 잔액 (2025) =	초기 잔액 (2024년 말로부터 이월된)	100만 달러
	+ 현금흐름 (2025)	−200만 달러
	+ 단기대출 (2025)	500만 달러
	− 장기대출 이자 상환	−(5%)(600만 달러)
	− 단기대출 이자 상환	−(7%)(200만 달러)
	− 단기대출 원금 상환 (2024)	−200만 달러
		156만 달러

수작업으로 계산하는 것은 두 가지 점에서 도움이 될 수 있다. 첫째로 출력셀에 어떤 수식을 입력해야 하는지 명확하게 하는 데 도움이 된다. 예를 들어 앞서 수작업으로 계산한 것을 통해 미루어 짐작한다면, 특정 연도 연말 현금 잔액은 다음의 식과 같이 계산되어야 할 것으로 보인다.

연말 잔액 = 초기 잔액 + 현금흐름 + 대출 − 이자 상환 − 원금 상환

이러한 위의 수식은 스프레드시트 모형의 특정 년도 연말 잔액을 구하기 위한 수식에서 스프레드시트상에 적절한 셀참조를 입력하는 작업을 간단하게 만들어준다.

둘째로 수작업으로 계산하는 것은 스프레드시트 모형이 구축된 후에 스프레드시트 모형이 맞는지 확인하는 데 도움이 된다. 스프레드시트에 2024년과 2025년의 단기대출 각 200만 달러와 500만 달러와 함께 장기대출 600만 달러를 대입함으로써, 연말 잔액은 위에서 수작업으로 계산된 값과 같아야 한다. 만약 값이 서로 다르다면 이는 수작업으로 계산된 값이 맞다고 가정할 경우 스프레드시트 모형에 오류가 있음을 의미한다.

계획: 스프레드시트의 개요를 제시하라

모든 모형은 일반적으로 스프레드시트에 포함되어야 하는 많은 수의 서로 다른 요소를 포함하고 있다. Everglade사의 문제에서도 이와 같은 요소로서 일부 자료셀(이자율, 초기 잔액, 최소 잔액, 현금흐름)과 변수셀(대출금액) 그리고 다수의 출력셀(이자 상환액, 원금 상환액, 기말 잔액)이 있다. 따라서 스프레드시트 모형을 조직화하고 배치할 때 잠재적으로 고려해야 할 요인은 다음과 같다. 모든 셀은 스프레드시트상에서 어디에 위치해야 하는가? 스프레드시트 구성을 어떻게 시작할 것인가?

엑셀을 성급히 시작하고 맹목적으로 다양한 요소를 입력하기 전에 먼저 스프레드시트의 구성과 배치에 대한 개요를 그려보는 것이 좋다. 이와 같은 요소들을 배열하는 논리적인 방법이 있는가? 이 단계에서 약간의 시간과 노력을 들여 계획을 수립함으로써 잘 조직화된 스프레드시트 모형 수립이 보다 용이해진다. 이 단계에서는 수치에 너무 신경 쓸 필요가 없다. 다양한 자료셀, 변수셀, 출력셀 등에 대해 구역별로 나누어진 종이 위에 이들의 개요를 제시하고

이름표를 붙여라. 배치에 집중해야 한다.

배치에 대한 개요를 그릴 때 각 구역에 표시된 수치들에 대한 핵심적인 질문 한 가지는 이와 같은 수치들이 행이나 열로 배치되어야 하는가 혹은 2차원 표로 배치되어야 하는가이다. 이 질문을 언급할 때 마찬가지로 고려해야 할 사항은 서로 다른 구역 혹은 셀들에 대해 공통의 행이나 열의 이름이 있는지 여부이다. 만약 있다면 구역이나 셀 등을 동일한 행 혹은 열로 배치하여 공통된 이름을 활용할 수 있도록 한다.

배치에 대한 개요를 그릴 때 또 다른 지침은 스프레드시트에 배치함에 있어서 자료셀이 상단에 위치하도록 하며 하단에 위치한 목표셀을 향해 논리적으로 진행되도록 하는 것이다. 이와 같이 배치를 하게 될 경우 자료셀, 변수셀, 출력셀, 목표셀 등이 스프레드시트에서 마구 흩어진 경우에 비해 이해하고 따라가기 용이해질 것이다.

Everglade사 문제에 대한 잠재적인 스프레드시트 배치의 개요는 〈그림 7-2〉에서 확인 가능하다. 이자율, 초기 잔액, 최소 잔액에 대한 자료셀들은 스프레드시트 상단에 위치하고 있다. 스프레드시트에 있는 나머지 모든 요소는 동일한 구조를 따르고 있다. 행은 2024년부터 2034년에 걸쳐 서로 다른 연도를 나타내고 있다. 모든 현금 유입과 유출은 열로 구분되어 있다. 이에 사업 운영으로부터 얻어지는 예상된 현금흐름으로부터 시작해서(10년간 각 연도에 대한 자료들과 함께), 대출금 유입, 이자 상환액, 원금 상환액이 이어지며, 연말 잔액(매년 계산된)으로 끝나게 된다. 장기대출은 2024년도에 있는 1회성 대출이며, 따라서 하나의 셀로 표시되어 있다. 단기대출은 2024년부터 2033년까지 10년 동안 언제라도 대출받을 수 있으므로, 셀들의 블록으로 표시된다. 이자 상환은 대출이 발생한 후 그 이듬해부터 시작된다. 장기대출은 10년 후인 2034년에 상환된다.

〈그림 7-2〉와 같이 일관된 구조로 요소들을 조직화하는 것은 요소마다 연도를 각기 재기

〈그림 7-2〉 Everglade사 현금흐름문제에 대한 스프레드시트 개요

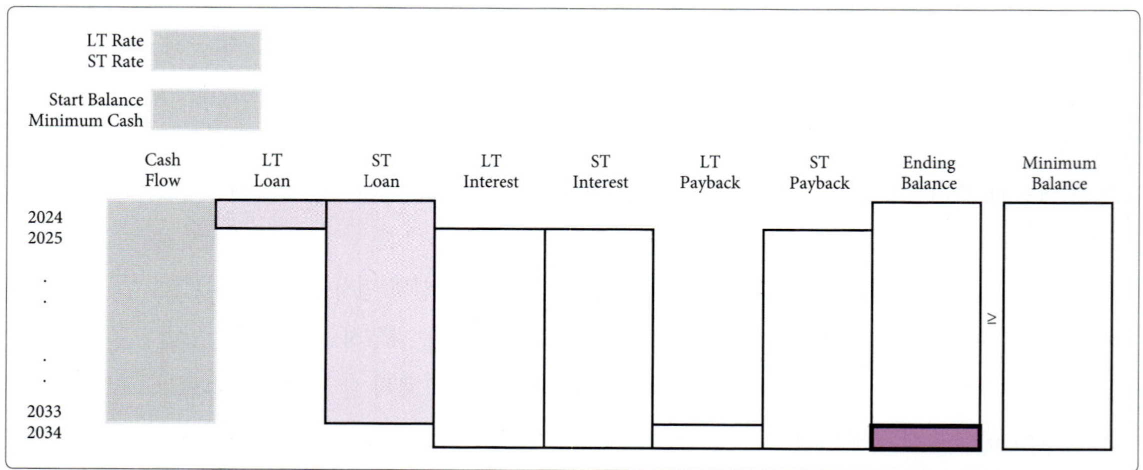

입하는 시간을 절약해줄 수 있을 뿐만 아니라 모형을 쉽게 이해할 수 있도록 해준다. 즉, 특정 한 해에 일어나는 모든 것은 하나의 행에 함께 정렬되었다.

일반적으로 자료가 위치하는 배치 부분의 개요부터 작성하는 것이 제일 쉽다. 이 경우 모형의 나머지 구조는 자료셀의 구조를 따르게 된다. 예를 들어 〈표 7-1〉의 예상된 현금흐름 자료가 수직 열(행에 있는 각 연도와 함께)로 일단 표시되면, 다른 현금흐름도 동일한 방법으로 구조화되어야 한다.

〈그림 7-2〉에서 보이는 배치는 스프레드시트에 대한 논리적 진행 순서에 따라 배열되었음을 상기하라. 문제에 대한 자료는 스프레드시트의 좌측 상단에 위치하게 된다. 이후 현금흐름, 대출금액, 이자 상환액, 원금 상환액은 기말 잔액을 계산하기 위한 요소들에 해당한다. 따라서 해당 항목들을 구성하는 열은 동일한 방법으로 배열되며, 마지막으로 제일 오른쪽에 기말 잔액이 위치하게 된다. Sheldon의 목표는 2034년 기말 잔액을 최대화하는 것이므로, 2034년 기말 잔액을 표시하는 셀이 목표셀이 된다.

매년 기말 잔액은 최소 잔액인 50만 달러보다 늘 같거나 커야 한다. 이 조건은 모형의 제약에 해당하므로, 기말 잔액와 최소 잔액은 스프레드시트에서 서로 인접한 위치에 정렬하는 것이 논리적으로 바람직하다. 이 조건이 제약이라는 것을 상기하기 위해 스프레드시트 개요에서 ≥ 표시를 포함하는 것도 좋다.

수립: 스프레드시트의 소규모 버전에서 시작하라

일단 지금까지 스프레드시트 내에서 논리적 배치에 대해 검토하였으므로, 이제 엑셀 프로그램에서 새 워크시트를 열고 모형 수립을 시작한다. 만약 복잡한 모형이라면 소규모의 관리가 용이한 버전에서 시작하는 것이 좋다. 이와 같은 지침은 완전한 규모로 모형을 확장하기 이전에 소규모 버전에서 모형이 논리적으로 타당한지 여부를 확인할 필요가 있다는 점과 관련되어 있다.

예를 들어 Everglade사의 문제에서 〈그림 7-3〉의 스프레드시트와 같이 처음 두 해(2024년과 2025년)에 대해 모형을 수립함으로써 시작할 수 있다.

이 스프레드시트는 〈그림 7-2〉에서 제시된 배치 개요를 따라 작성되었다. 대출금액은 D열과 E열에 있다. 이자 상환액은 그 다음 해가 될 때까지 갚지 않아도 되기 때문에, F열과 G열의 수식은 지난 해의 대출금액을 나타낸다(장기대출은 LTLoan 또는 D11, 단기대출은 E11). 대출 상환액은 H열과 I열에 계산된다. 장기대출은 2034년까지 갚지 않아도 되므로 H열은 빈칸으로 비워둔다. 단기대출은 그 다음 해에 상환된다. 따라서 셀 I12에 있는 수식은 그 전년도 단기대출(셀 E11)을 나타낸다. 2024년의 기말 잔액은 초기 잔액에 2024년 한 해 동안 발생한 다양한 현금흐름(셀 C11:I11)의 합을 더한 것이다. 2025년의 기말 잔액은 2024년의 기말 잔액(셀 J11)에 2025년 한 해 동안 발생한 다양한 현금흐름(셀 C12:I12)의 합을 더한 것이다. 이 모든 수식은

〈그림 7-3〉 Everglade사의 현금흐름관리 문제에 대한 소규모 버전 (2024년과 2025년)

	A	B	C	D	E	F	G	H	I	J	K	L
1		Everglade Cash Flow Management Problem (Years 2024 and 2025)										
2												
3		LT Rate	5%									
4		ST Rate	7%									
5					(all cash figures in millions of dollars)							
6		Start Balance	1									
7		Minimum Cash	0.5									
8												
9			Cash	LT	ST	LT	ST	LT	ST	Ending		Minimum
10		Year	Flow	Loan	Loan	Interest	Interest	Payback	Payback	Balance		Balance
11		2024	−8	6	2					1.00	≥	0.50
12		2025	−2		5	−0.30	−0.14		−2.00	1.56	≥	0.50

	F	G	H	I	J	K	L
9	LT	ST	LT	ST	Ending		Minimum
10	Interest	Interest	Payback	Payback	Balance		Balance
11					=StartBalance+SUM(C11:I11)	≥	=MinimumCash
12	= −LTRate*LTLoan	= −STRate*E11		= −E11	=J11+SUM(C12:I12)	≥	=MinimumCash

Range Name	Cell
LTLoan	D11
LTRate	C3
MinimumCash	C7
StartBalance	C6
STRate	C4

〈그림 7-3〉의 스프레드시트 하단에 요약되어 있다.

스프레드시트의 소규모 버전 수립은 시간 차원을 갖는 다기간 모형에 적합하다. 예를 들면 10년간에 걸친 계획을 수립하는 문제로 바로 넘어가기 전에, 2~3년 정도의 보다 단기간 문제로 시작할 수 있다. 일단 이와 같은 소규모 버전이 정확하게 기능하게 되면 10년까지 모형을 확장하는 것이 가능하다.

만약 스프레드시트 모형이 시간 차원을 갖지 않는다 할지라도 소규모 버전으로 시작한다는 개념을 적용할 수 있다. 예를 들면 특정한 제약조건이 문제를 복잡하게 만든다면, 해당 제약조건을 제외하고 보다 단순하게 고려하는 것으로 모형 수립을 시작한다. 즉, 상대적으로 단순한 모형이 잘 기능하도록 하고 이후에 복잡한 제약조건을 가진 모형으로 발전시켜 나간다는 것이다. 만약 모형이 많은 수의 출력셀을 가지고 있다면, 한 번에 한 출력셀에 대해 부분별로 모형을 작성한다. 이후 모형의 다음 부분으로 넘어가기 이전에 각 부분이 잘 작동하는지 여부를 확인함으로써 확장시켜 나갈 수 있다.

테스트: 모형의 소규모 버전을 테스트하라

만약 처음에 모형의 소규모 버전으로부터 시작했다면, 이 버전에 대해 철저히 확인함으로써 논리적으로 타당함을 확인해야 한다. 스프레드시트가 아직 관리하기 용이한 규모일 때 조기에 테스트하고 오류를 수정함으로써, 나중에 훨씬 더 큰 규모의 스프레드시트에서 오류가 확산되는 것을 미연에 방지할 수 있다.

스프레드시트를 테스트하는 것은 출력셀의 값이 어떻게 되는지를 알기 위해서 변수셀에 값을 입력하고, 기대했던 대로 결과가 얻어지는지 여부를 확인하는 것이다. 예를 들면 〈그림 7-3〉에서 대출금액에 0이 입력된다면 이자상환 금액과 원금상환 금액 또한 0이 되어야 한다. 만약 장기대출과 단기대출 모두 100만 달러를 차입하였을 경우, 다음 연도의 이자상환 금액은 각각 5만 달러와 7만 달러여야 한다(이자율이 각각 5%와 7%라는 점을 상기하라). 만약 Everglade사가 2024년에 장기대출로 600만 달러 그리고 단기대출로 200만 달러를 차입하였으며 추가로 2025년에는 단기대출로 500만 달러를 차입하였다고 한다면, 기말 잔액은 앞서 손으로 계산한 결과와 동일하게 2024년에 100만 달러 그리고 2025년에는 156만 달러가 될 것이다. 이와 같은 모든 테스트에서 얻어진 결과값들이 〈그림 7-3〉의 스프레드시트에서 계산된 값과 정확하게 일치하므로, 스프레드시트 모형의 정확성에 대해 상당한 정도로 확신할 수 있다.

만약 출력셀의 값과 기대했던 결과가 서로 다르다면, 이에 대한 문제 해결이 가능한지 확인하기 위하여 수식들을 주의깊게 검토해야 한다. 7.4절에서는 스프레드시트 모형의 오류를 수정하기 위한 몇 가지 방법에 대한 지침이 추가로 제공될 것이다.

수립: 실제 크기로 모형을 확장하라

일단 스프레드시트의 소규모 버전의 모든 수식이 정확하고 모든 결과값이 완벽하게 계산되었음이 확인되면, 모형은 실제 크기로 확장될 수 있다. 이때 엑셀의 채우기 명령을 사용하면 수식을 모형의 나머지 부분에 신속하게 복사할 수 있다.

이 과정을 보다 분명히 보여주기 위해 〈그림 7-3〉의 Everglade사 사례 스프레드시트의 소규모 버전에 대해 고려해보기로 하자. 편집 메뉴에서 채우기 명령어를 이용할 경우 F, G, I, J, L 열에 있는 수식들을 복사함으로써, 〈그림 7-4〉에 나오는 모든 수식을 얻을 수 있다. 예를 들면 셀 G12:G21을 선택하고 채우기 명령어를 이용할 경우 셀 G12에 입력된 수식(수식에서 E열의 셀 주소가 조정된 후에)이 셀 G13:G21에 복사된다. 이 작업이 어떻게 진행되는지에 대해서는 후술될 것이다.

채우기 명령어를 이용하여 수식을 복사하기 전에 상대 및 절대 참조가 적절하게 이용되었는지 여부에 대해 확인해야 한다. 범위명에 대한 참조는 절대참조이다. 예를 들어 셀 G12(=-STRate*E11)의 수식을 보면 단기대출 이자율을 표시하기 위해 STRate라는 범위명을 사용하

〈그림 7-4〉 Everglade사의 현금흐름문제를 위한 완전한 스프레드시트 모형, 엑셀 해찾기를 실행하기 전에 사용되는 목표셀 EndBalance (셀 J21)과 다른 모든 출력셀에 입력되는 수식들을 포함한다. 현재 변수셀인 LTLoan (셀 D11)과 STLoan (셀 E11:E20)에 표시된 숫자들은 최적해가 아니며, 최적해를 구하는 도중에 테스트 용도로 임시로 쓰이는 해이다.

	A	B	C	D	E	F	G	H	I	J	K	L
1		**Everglade Cash Flow Management Problem**										
2												
3		LT Rate	5%									
4		ST Rate	7%									
5						(all cash figures in millions of dollars)						
6		Start Balance	1									
7		Minimum Cash	0.5									
8												
9			Cash	LT	ST	LT	ST	LT	ST	Ending		Minimum
10		Year	Flow	Loan	Loan	Interest	Interest	Payback	Payback	Balance		Balance
11		2024	−8	6	2					1.00	≥	0.5
12		2025	−2		5	−0.30	−0.14		−2	1.56	≥	0.5
13		2026	−4		0	−0.30	−0.35		−5	−8.09	≥	0.5
14		2027	3		0	−0.30	0		0	−5.39	≥	0.5
15		2028	6		0	−0.30	0		0	0.31	≥	0.5
16		2029	3		0	−0.30	0		0	3.01	≥	0.5
17		2030	−4		0	−0.30	0		0	−1.29	≥	0.5
18		2031	7		0	−0.30	0		0	5.41	≥	0.5
19		2032	−2		0	−0.30	0		0	3.11	≥	0.5
20		2033	10		0	−0.30	0		0	12.81	≥	0.5
21		2034				−0.30	0	−6	0	6.51	≥	0.5

	F	G	H	I	J	K	L
9	LT	ST	LT	ST	Ending		Minimum
10	Interest	Interest	Payback	Payback	Balance		Balance
11					=StartBalance+SUM(C11:I11)	≥	=MinimumCash
12	=−LTRate*LTLoan	=−STRate*E11		=−E11	=J11+SUM(C12:I12)	≥	=MinimumCash
13	=−LTRate*LTLoan	=−STRate*E12		=−E12	=J12+SUM(C13:I13)	≥	=MinimumCash
14	=−LTRate*LTLoan	=−STRate*E13		=−E13	=J13+SUM(C14:I14)	≥	=MinimumCash
15	=−LTRate*LTLoan	=−STRate*E14		=−E14	=J14+SUM(C15:I15)	≥	=MinimumCash
16	=−LTRate*LTLoan	=−STRate*E15		=−E15	=J15+SUM(C16:I16)	≥	=MinimumCash
17	=−LTRate*LTLoan	=−STRate*E16		=−E16	=J16+SUM(C17:I17)	≥	=MinimumCash
18	=−LTRate*LTLoan	=−STRate*E17		=−E17	=J17+SUM(C18:I18)	≥	=MinimumCash
19	=−LTRate*LTLoan	=−STRate*E18		=−E18	=J18+SUM(C19:I19)	≥	=MinimumCash
20	=−LTRate*LTLoan	=−STRate*E19		=−E19	=J19+SUM(C20:I20)	≥	=MinimumCash
21	=−LTRate*LTLoan	=−STRate*E20	=−LTLoan	=−E20	=J20+SUM(C21:I21)	≥	=MinimumCash

Range Name	Cells
CashFlow	C11:C20
EndBalance	J21
EndingBalance	J11:J21
LTLoan	D11
LTRate	C3
MinimumBalance	L11:L21
MinimumCash	C7
StartBalance	C6
STLoan	E11:E20
STRate	C4

고 있는데, 이로 인해 셀 G12는 절대참조를 하게 된다. 따라서 셀 G13:G21로 복사될지라도 단기대출 이자율은 STRate(셀 C4)의 값과 항상 동일하게 된다.

이에 비해 특정한 셀 주소의 참조는 상대참조이다. 예를 들면 셀 G12의 수식에서 셀 E11(전년도 대출금액)의 참조는 상대참조이며, 셀 E11은 G12로부터 두 칸 왼쪽 그리고 한 칸 위쪽에 위치한다. 이에 따라 셀 G12에 있는 수식을 G13:G21으로 복사한다면, 이 셀 각각은 마찬가지로 두 칸 왼쪽 그리고 한 칸 위쪽의 셀을 참조하게 된다. 이것이 정확히 우리가 원하는 바이며, 그 이유는 이자 상환액은 1년 전에 대출된 단기대출금액(스프레드시트에서 두 칸 왼쪽과 한 칸 위쪽)에 따라 실제 이자 상환 금액이 결정되기 때문이다.

엑셀의 채우기 명령어에 따라 F, G, I, J, L열의 수식을 복사하고 장기대출 상환금액을 셀 H21에 대입함으로써, 〈그림 7-4〉와 같이 완전한 모델이 된다.

테스트: 완전한 모형에 대한 테스트를 하라

소규모 버전의 모형을 테스트하는 것이 중요한 것처럼 실제 크기로 확장된 후에도 종종 다시 테스트할 필요가 있다. 이때 절차는 소규모 버전을 테스트할 때와 동일하며, 스프레드시트 모형의 오류를 수정함에 있어서 7.4절에 제시되는 내용을 포함한다.

분석: 모형을 분석하라

엑셀 해찾기를 이용하기 이전 〈그림 7-4〉에서 주어진 스프레드시트는 Everglade사 사례에 대한 단순한 평가 모형에 해당된다. 이에 따라 임의의 제안된 해를 평가하는 데 사용될 수 있으며, 상환되어야 하는 원금과 이자액 그리고 매년 연말 잔액을 신속하게 결정할 수 있다. 예를 들면 〈그림 7-4〉의 LTLoan(셀 D11)과 STLoan(셀 E11:E20)에 주어진 계획은 실행 불가능하다. 그 이유는 EndingBalance(셀 J11:J21)를 살펴본 결과 총 3개 연도의 기말 잔액이 요구되는 최소 잔액 한도를 충족시키지 못하고 음의 값을 가지기 때문이다.

모형을 최적화하기 위해, 〈그림 7-5〉에서 확인 가능한 바와 같이 엑셀 해찾기를 사용하여 목표셀, 변수셀 그리고 제약식을 표시한다. Everglade사의 경영진은 향후 10년(2024~2033년)에 걸쳐 회사의 지불능력을 유지하면서 동시에 2034년에 모든 대출 원리금을 상환하고 남은 기말 잔액이 최대화될 수 있도록 장단기대출 의사결정의 최적 조합을 찾아내고자 한다. 따라서 최대화되어야 하는 목표셀은 EndBalance(셀 J21)이고, 변수셀은 장기대출금액인 LTLoan(셀 D11)과 단기대출금액인 STLoan(셀 E11:E20)이다. Everglade사가 매년 말 적어도 50만 달러의 최소 잔액 유지 여부를 확인하기 위한 모형의 제약식은 EndingBalance(셀 J11:J21) ≥ MinimumBalance(셀 L11:L21)이다.

엑셀 해찾기를 실행한 후 최적해는 〈그림 7-5〉에서 확인할 수 있다. 변수셀인 LTLoan

〈그림 7-5〉 엑셀 해찾기를 실행한 후 Everglade사의 현금흐름문제를 위한 완전한 스프레드시트 모형. 최적해는 변수 셀 LTLoan (셀 D11)과 STLoan (셀 E11:E20)에 표시되었다. 모든 자료셀의 값들이 정확할 때, 목표셀 EndBalance (셀 J21)의 값은 2034년 최대 기말 잔액이 539만 달러가 됨을 의미한다.

	A	B	C	D	E	F	G	H	I	J	K	L
1		**Everglade Cash Flow Management Problem**										
2												
3		LT Rate	5%									
4		ST Rate	7%									
5						(all cash figures in millions of dollars)						
6		Start Balance	1									
7		Minimum Cash	0.5									
8												
9			Cash	LT	ST	LT	ST	LT	ST	Ending		Minimum
10		Year	Flow	Loan	Loan	Interest	Interest	Payback	Payback	Balance		Balance
11		2024	−8	4.65	2.85					0.50	≥	0.50
12		2025	−2		5.28	−0.23	−0.20		−2.85	0.50	≥	0.50
13		2026	−4		9.88	−0.23	−0.37		−5.28	0.50	≥	0.50
14		2027	3		7.81	−0.23	−0.69		−9.88	0.50	≥	0.50
15		2028	6		2.59	−0.23	−0.55		−7.81	0.50	≥	0.50
16		2029	3		0	−0.23	−0.18		−2.59	0.50	≥	0.50
17		2030	−4		4.23	−0.23	0		0	0.50	≥	0.50
18		2031	7		0	−0.23	−0.30		−4.23	2.74	≥	0.50
19		2032	−2		0	−0.23	0		0	0.51	≥	0.50
20		2033	10		0	−0.23	0		0	10.27	≥	0.50
21		2034				−0.23	0	−4.65	0	5.39	≥	0.50

	F	G	H	I	J	K	L
9	LT	ST	LT	ST	Ending		Minimum
10	Interest	Interest	Payback	Payback	Balance		Balance
11					= StartBalance+SUM(C11:I11)	≥	=MinimumCash
12	=−LTRate*LTLoan	=−STRate*E11		=−E11	=J11+SUM(C12:I12)	≥	=MinimumCash
13	=−LTRate*LTLoan	=−STRate*E12		=−E12	=J12+SUM(C13:I13)	≥	=MinimumCash
14	=−LTRate*LTLoan	=−STRate*E13		=−E13	=J13+SUM(C14:I14)	≥	=MinimumCash
15	=−LTRate*LTLoan	=−STRate*E14		=−E14	=J14+SUM(C15:I15)	≥	=MinimumCash
16	=−LTRate*LTLoan	=−STRate*E15		=−E15	=J15+SUM(C16:I16)	≥	=MinimumCash
17	=−LTRate*LTLoan	=−STRate*E16		=−E16	=J16+SUM(C17:I17)	≥	=MinimumCash
18	=−LTRate*LTLoan	=−STRate*E17		=−E17	=J17+SUM(C18:I18)	≥	=MinimumCash
19	=−LTRate*LTLoan	=−STRate*E18		=−E18	=J18+SUM(C19:I19)	≥	=MinimumCash
20	=−LTRate*LTLoan	=−STRate*E19		=−E19	=J19+SUM(C20:I20)	≥	=MinimumCash
21	=−LTRate*LTLoan	=−STRate*E20	=−LTLoan	=−E20	=J20+SUM(C21:I21)	≥	=MinimumCash

Solver Parameters

Set Objective Cell: EndBalance
To: Max
By Changing Variable Cells:
LTLoan, STLoan
Subject to the Constraints:
EndingBalance >= MinimumBalance

Solver Options:
Make Variables Nonnegative
Solving Method: Simplex LP

Range Name	Cells
CashFlow	C11:C20
EndBalance	J21
EndingBalance	J11:J21
LTLoan	D11
LTRate	C3
MinimumBalance	L11:L21
MinimumCash	C7
StartBalance	C6
STLoan	E11:E20
STRate	C4

(셀 D11)과 STLoan(셀 E11:E20)은 수년간에 걸친 장·단기대출금액을 보여주고 있다. 목표셀 EndBalance(셀 J21)은 2034년의 최대 기말 잔액이 539만 달러임을 보여준다.

Everglade사 사례에 대한 결론

Everglade사의 CFO인 Julie Lee에 의해 개발된 스프레드시트 모형은 〈그림 7-5〉에 표시되었다. 그녀가 다음으로 해야 할 일은 모형의 결과로서 도출된 계획을 추천하는 보고서를 작성하고 CEO인 Sheldon Lee에게 제출하는 것이다.

얼마 후 Sheldon과 Julie는 만나서 보고서에 대해 논의하였다.

Sheldon: Julie, 수고 많았습니다. 작성된 보고서 잘 검토하였습니다. 제출된 스프레드시트는 실제로 관련된 모든 사항을 매우 이해하기 쉽게 잘 작성되었습니다.

Julie: 고맙습니다. 작성된 스프레드시드가 잘 조직되고 정확하게 작동되고 있음을 확인하는데 다소 시간이 소요되었지만 보람된 일이었습니다.

Sheldon: 그랬겠지요. 시간이 필요했을 겁니다. 하지만 여전히 걱정되는 것이 하나 남았습니다.

Julie: 무엇인가요?

Sheldon: 회사의 미래 현금흐름에 대한 예측과 관련된 일입니다. 곧 다가올 해들의 현금흐름을 스프레드시트 C열에 있는 수치들로 가정하였습니다. 이들은 좋은 추정치이지만 100% 확실하지는 않은 추측에 불과하다는 점을 잘 알고 있습니다. 향후 10년간 현 시점에서 예견하기 힘든 많은 변화가 일어날 것입니다. 경제 상황에 변동이 있거나 혹은 회사에 영향을 미칠 수 있는 기타 예기치 못한 개발계획이 발생한다면, 예상되는 현금흐름에 큰 변화가 생길 수 있습니다. 만약 이와 같은 큰 변화가 발생한다해도 추천한 자금조달계획이 여전히 유효할지 여부에 대해 알 수 있는 방법이 있겠습니까?

Jilie: 매우 좋은 질문입니다. 그와 같은 큰 변화가 발생할 때 일어날 수 있는 일들에 대해 확인하기 위해 민감도 분석을 실시해야 합니다. 이제 스프레드시트는 적절하게 수립되었으니, C열에 기록된 현금흐름 수치들을 변경하였을 때 현재의 계획에 어떤 영향이 미치는지 확인하는 일은 그리 어렵지 않습니다. 발생한 변화 혹은 원하는 변화를 시도하고 즉시 그 결과를 확인할 수 있습니다. 미래의 현금흐름을 변경시킬 때마다 매년 적어도 50만 달러의 잔액을 유지하기 위해 필요한 조정안이 무엇인지 알아보기 위하여 단기대출금액의 변화도 시도해 볼 수 있습니다. 어떻습니까? 지금 몇 가지 민감도 분석을 실시해볼까요?

Sheldon: 좋습니다. 해보도록 합시다.

다행히도 Julie는 적절한 스프레드시트를 만들어두었고(향후 10년간 매년 현금흐름에 대한 자료를 제공하는), 이로 인해 단지 이들 자료셀에 있는 수치들을 변경함으로써 민감도 분석을 즉시 수행할 수 있었다(민감도 분석의 중요성 및 실제 분석 방법에 대해서는 다음 장에서 집중적으로 기술된다). 약 30분 정도 서로 다른 수치들을 이용하여 가능한 대안에 대한 민감도 분석을 실시한 후, Sheldon과 Julie가 내린 결론은 다음과 같다. 미래에 발생하게 될 실제 현금흐름이 현재의 추정치에서 다소간 오차가 발생한다해도, 〈그림 7-5〉에 제시된 자금운용 계획은 향후 10년간 꽤 괜찮은 초기 재무계획이 될 것이다. 만일 미래의 현금흐름과 현재의 추정치 간 오차가 발생한다면, 물론 단기대출금액이 수정되어야 할 것이다. Julie 또한 주거래은행에 대한 환불 옵션을 통해 임의의 시점에서 현재의 단기대출 이자율보다 더 낮은 이율로 2034년 만기까지 남은 기간 동안 또 다른 장기대출을 고려해볼 수 있다. 만약 그러하다면 2034년 만기까지 남은 기간 동안의 조정된 최적 재무계획을 찾기 위해, 〈그림 7-5〉에 제시된 스프레드시트 모형과 본질적으로는 동일하지만 수정된 스프레드시트 모형과 엑셀 해찾기를 이용할 수 있다.

컴퓨터 시뮬레이션이라고 불리는 예측 분석 기법은 미래 현금흐름의 불확실성을 고려할 수 있는 효과적인 방법을 제공한다. 14장과 15장에서 이 기법에 대해 설명할 것이며, 15장의 연습문제 24번은 동일한 사례(Everglade사)에 대해 추가적으로 분석하고 있다.

복습문제

1. 어디서부터 시작해야 할지 모르는 경우 스프레드시트 모델을 시작하는 좋은 방법은 무엇인가?
2. 어떤 두 가지 점에서 손으로 계산하는 것이 유용한가?
3. 스프레드시트 조직화와 배치를 시작하는 방법에 대해 기술하시오.
4. 모형을 테스트하기 위해 변수셀에 어떤 유형의 값을 입력해야 하는가?
5. 셀에 대한 절대참조와 상대참조의 차이점은 무엇인가?

7.3 좋은 스프레드시트 모형을 수립하기 위한 몇 가지 지침

스프레드시트에 모형을 수립하는 데는 여러 가지 방법이 있다. 스프레드시트의 장점 중 하나가 유연성인데, 이 유연성으로 인해 일장일단이 발생한다. 엑셀의 범위명, 음영 또는 경계선 넣기 등의 많은 특성은 이해하기 쉽고 오류 등 각종 수정이 용이한 좋은 스프레드시트 모형이 수립될 수 있도록 한다. 그렇지만 바로 이 특성들로 인해 이해하기 어렵고 오류 수정과 변경이 어려운 불량한 스프레드시트 모형이 작성될 수 있다. 이 절의 목적은 좋은 스프레드시트 모형을 작성하는 데 도움이 될 몇 가지 지침을 제공하는 것이다.

응용사례

Welch's사는 콩코드와 나이애가라 포도에 대해 세계 최대 가공회사이다. 이 회사는 (2021년 기준) 포도를 재배하는 900여 농가가 소유하고 있는 협동조합 회사이다. Welch's 포도 젤리, Welch's 포도 주스 등의 제품은 여러 세대에 걸쳐 미국 소비자에게 사랑받고 있다.

매년 9월 농부들은 자신이 생산한 포도를 주스로 만들기 위해 가공 공장으로 운반하고 있다. 포도가 잼, 젤리, 주스 그리고 농축액이 되기까지는 얼마간의 시간이 필요하다.

수확된 포도를 어떻게 이용할지 결정하는 것은 고객 수요의 변동성과 함께 포도의 질과 양의 불확실성을 고려해야 한다는 점에서 복잡한 일이다. 전형적인 의사결정 대상으로는 주요 생산품목들에 대한 가공법, 공장들 간 포도 주스 수송 및 수송 수단 등이 있다.

Welch's사는 갓 수확한 포도에 대한 최적 운송 및 생산 시 가공방법에 대한 공식적인 표준 방안이 부재하였다. 이에 이 회사의 경영과학 팀은 이 문제를 해결하고자 예비 선형계획모형을 개발하였다.이 모형은 의사결정변수가 8,000여 개에 달하는 대형 모형으로서 세세한 구성 요소들을 고려하였으며, 소규모 버전에 대한 테스트를 통해 모형이 잘 작동되고 있음이 확인되었다.

모형의 유용성을 높이기 위해 경영과학팀은 개별 포도 단위가 아닌 그룹별로 포도의 수요를 합침으로써 앞서 개발되었던 선형계획모형을 수정하였다. 그 결과 324개의 의사결정변수와 361개의 함수제약식으로 문제 크기가 축소되었다. 이후 이 모형은 스프레드시트로 구현되었다.

이후 이 회사는 매달 스프레트시트 모형을 업데이트하고 실행하였으며, 그 결과 엑셀 해찾기에 의해 생성된 최적 물류계획에 대한 정보를 고위 경영진에게 제공하였다. 이 최적화 모형을 이용함으로써 얻어진 경비절감에 따른 이득은 개발 첫 해에만 대략 15만 달러에 이르렀으며, 스프레드시트 모형을 지속적으로 업데이트할 수 있는 역량은 이 모형의 가치를 그 이후로도 계속 증가시키게 되었다. 스프레드시트에 선형계획모형을 적용함으로써 얻은 주요 이점 중 하나는 수리적 이해 정도가 상이한 여러 경영자에게 모형을 설명하는 것이 용이해졌다는 점이다. 이러한 이점은 Welch's사의 사례 및 다른 응용사례들에 대해 경영과학 접근 방법에 대한 광범위한 공감을 불러일으키게 되었다.

출처: E. W. Schuster and S. J. Allen, "Raw Material Management at Welch's, Inc.," *Interfaces* (현 *INFORMS Journal on Applied Analytics*) 28, no. 5 (September—October 1998): 13–24. (이 사례에 대한 논문은 www.mhhe.com/hillier7e에서 볼 수 있다.)

자료를 먼저 입력하라

모든 스프레드시트 모형은 스프레드시트상의 자료에 의해 주도된다. 아울러 전체 모형의 형태는 자료의 구조에 따라 수립된다. 따라서 모형을 수립함에 있어서 최초 단계로서 자료를 입력하고, 모든 자료를 주의 깊게 배치해야 한다. 그리고 모형 구조는 가능한 한 자료의 구조에 적합하도록 구성해야 한다.

자료 입력이 항상 선행되어야 하는 이유는 일단 자료가 스프레드시트에 이미 입력되어 있으면 모형의 나머지 부분을 수립하는 것이 쉬워지기 때문이다. Everglade사의 문제(〈그림 7-5〉 참조)에서 현금흐름에 대한 자료는 B열에 위치한 연도와 셀 C11:C20에 위치한 자료와 함께 스프레드시트의 첫 번째 열들(B열과 C열)에 배치되었다. 일단 자료의 위치가 결정되면 모형의 나머지 부분에 대한 배치는 자료의 구조와 유사하게 결정된다. 변수셀과 출력셀의 경우 B열과 동일한 행 이름을 가지는 다른 열에서 발생하는 다양한 현금흐름과 동일한 구조로 표현하는 것이 논리적으로 바람직하다.

5.2절에서 Wyndor Glass사의 문제에 대해 개발된 스프레드시트 모형에 대해 재검토해보자. 〈그림 7-6〉은 Wyndor Glass사 문제의 스프레드시트를 다시 보여주고 있다. 생산단위당 사용시간(HoursUsedPerUnitProduced)에 대한 자료가 스프레드시트의 중앙에 위치한 셀 C7:D9에 배치되어 있다. 출력셀인 HoursUsed(셀 E7:E9)는 앞서 언급된 자료인 HoursUsedPerUnitProduced(셀 C7:D9)의 바로 우측에 위치하게 되며, 또 다른 자료인 HoursAvailable(셀 G7:G9)의 좌측에 위치하게 된다. 이 상황에서 출력셀의 행 이름은 이들 자료셀들의 행 이름과 동일하게 되며, 이로 인해 스프레드시트 7행부터 9행 사이에 위치한 세 개의 제약식들을 해석하는 것이 용이해진다. 이어서 변수셀과 목표셀은 다함께 이들 자료보다 아래인 12행에 위치하고 있으며, 이때 변수셀의 열 이름은 자료셀의 열 이름과 동일하다.

전체 모형을 수용하기 위해 자료의 위치를 변경하는 것이 종종 필요하다. 그렇지만 모형 구조는 일반적으로 자료에 잘 맞춰져야 한다.

자료를 조직화하고 명확하게 식별하라

관련된 자료들은 사용하기 쉬운 양식으로 함께 모아야 하며, 자료를 명확하게 식별할 수 있는 이름과 함께 스프레드시트에 입력해야 한다. 표의 형태로 배치된 자료들에 대해서는 해당 자료에 대해 설명하는 제목이 있어야 하며, 각 행과 열은 표에서 이들을 식별할 수 있는 이름이 있어야 한다. 자료의 단위 또한 명확히 식별되어야 한다. 서로 다른 유형의 자료들은 스프레드시트에서 분리되어 있어야 한다. 그렇지만 만약 두 개의 표에서 행이나 열에 동일한 이름을 이용해야 한다면, 두 가지 모두에서 행에 사용하거나 혹은 열에 사용함으로써 일관성을 유지해야 한다.

〈그림 7-6〉의 Wyndor Glass사 문제에서 자료는 세 부분으로 나누어져서 표의 형태로 표시되며, 각 부분은 UnitProfit, HoursUsedPerUnitProduced, HoursAvailable로 명확하게 이름 붙인다. 자료의 단위 또한 명확하게 식별됨으로써, 이 경우 단위당 이익 자료에는 달러 기호가 포함되고 시간 자료 또한 시간 단위로 표시된다. 최종적으로 이 세 가지 자료에 대한 표는 행과 열을 일관되게 사용한다. UnitProfit 자료는 C열과 D열에 생산품인 문과 창문을 이름으로 사용하기 때문에 HoursUsedPerUnitProduced 자료 또한 동일한 구조를 이용한다.

이 구조는 변수셀(UnitsProduced)에도 동일하게 적용된다. 유사하게 7행부터 9행 사이에 위치한 각 공장에 대한 자료 또한 HoursUsedPerUnitProduced 자료 및 HoursAvailable 자료와 같은 행에 위치한다. 같은 방법으로 자료의 위치를 유지하는 것은 덜 혼란하게 만들기 위한 목적 이외에도 SUMPRODUCT 함수를 이용할 수 있게 한다. SUMPRODUCT 함수는 이를 적용하는 두 자료의 범위가 정확히 같은 형태를 가져야 한다고 가정했음을 상기하라. 즉, 이는 두 자료의 범위에서 행과 열의 갯수가 정확히 같아야 함을 의미한다. 만약 UnitProfit 자료와 UnitProduced 자료에서 같은 방법으로 위치가 주어지지 않는다면(예를 들면 하나는 열로 다

〈그림 7-6〉 Wyndor Glass사 제품혼합 문제(5.2절에서 정형화된)에 대한 스프레드시트 모형

	A	B	C	D	E	F	G
1	**Wyndor Glass Co. Product-Mix Problem**						
2							
3			Doors	Windows			
4		Unit Profit	$300	$500			
5					Hours		Hours
6			Hours Used per Unit Produced		Used		Available
7		Plant 1	1	0	2	≤	4
8		Plant 2	0	2	12	≤	12
9		Plant 3	3	2	18	≤	18
10							
11			Doors	Windows			Total Profit
12		Units Produced	2	6			$3,600

Solver Parameters

Set Objective Cell: TotalProfit
To: Max
By Changing Variable Cells:
UnitsProduced
Subject to the Constraints:
HoursUsed <= HoursAvailable

Solver Options:
Make Variables Nonnegative
Solving Method: Simplex LP

	E
5	Hours
6	Used
7	=SUMPRODUCT(C7:D7,UnitsProduced)
8	=SUMPRODUCT(C8:D8,UnitsProduced)
9	=SUMPRODUCT(C9:D9,UnitsProduced)

	G
11	Total Profit
12	=SUMPRODUCT(Unit Profit,UnitsProduced)

Range Name	Cells
HoursAvailable	G7:G9
HoursUsed	E7:E9
HoursUsedPerUnitProduced	C7:D9
TotalProfit	G12
UnitProfit	C4:D4
UnitsProduced	C12:D12

른 하나는 행으로), 총이익인 TotalProfit 계산에서 SUMPRODUCT 함수를 이용하는 것은 불가능할 것이다.

유사하게 〈그림 7-5〉의 Everglade사의 문제에서 5개의 자료 집합은 셀과 표로 묶이고 STRate, LTRate, StartBalance, CashFlow, MinimumCash로 명확하게 이름이 주어진다. 자료의 단위는 식별되며(셀 F5:I5는 현금을 표시하는 모든 숫자의 금액 단위가 백만 달러임을 명시하고 있다), 모든 표는 행과 열을 일관되게 사용하고 있다(행에는 연도).

하나의 자료는 한 개의 셀에만 입력하라

하나의 자료가 여러 개의 수식에서 반복적으로 필요할 경우 반복해서 자료를 입력하기보다는 최초 사용된 자료 셀을 참조하라. 이렇게 함으로써 모형을 수정하는 것이 보다 용이해진다. 만약 자료의 값이 변할 경우, 최초 위치에서만 수정하면 충분하다. 이는 곧 모형 전체에서 해당 자료가 입력된 모든 위치를 찾아야 할 필요가 없음을 의미한다.

예를 들어 〈그림 7-5〉의 Everglade사의 문제에서 어떠한 경우에도 현금 잔액은 반드시 50만 달러 이상을 유지해야 한다는 회사 정책이 있다. 이는 매년 말 기말 잔액은 항상 50만 달러 이상을 유지해야 한다는 제약으로 해석된다. 최소 현금 보유액 0.5(단위는 100만 달러)를 L열의 모든 셀에 입력하는 것보다, MinimumCash(셀 C7)에 한 번 입력하고 이후 MinimumBalance(셀 L11:L21)이 이를 참조하도록 하는 것이다. 그런데 만약 회사 정책이 바뀌어 최소 현금 보유액이 20만 달러로 변경된다면, 이 숫자는 단지 한 곳에서만 변경되는 것이다.

수식으로부터 자료를 분리하라

수식에서 수치의 직접적인 사용을 피하라. 그 대신 자료셀에 필요한 수치를 입력하고 필요할 때 해당 자료셀을 참조하라. 예를 들어 〈그림 7-5〉의 Everglade사의 문제에서 모든 자료(이자율, 초기 잔액, 최소 현금, 예상되는 현금흐름)는 스프레드시트에서 분리된 자료셀에 입력되어 있다. 이 수치들을 이용하여 이자율(F열과 G열), 원금 상환액(H열과 I열), 기말 잔액(J열), 최소 현금 잔액(L열)을 계산하고자 할 때, 자료셀에 있는 수치를 직접 입력하는 것보다는 자료셀 자체를 참조하는 것이 좋다.

수식에서 자료를 분리하는 것은 여러 이점이 있다. 첫째로 모든 자료가 수식 내부에 감추어져 있는 것보다 스프레드시트상에서 바로 볼 수 있다는 점이다. 모든 자료를 볼 수 있기 때문에 모형을 보다 쉽게 이해할 수 있다. 둘째로 자료 변경 시 해당되는 자료셀만 변환하면 되므로 모형을 변환하는 것이 용이해지며, 수식을 변환할 필요가 없다. 이 점의 중요성은 자료셀의 일부 추정치의 값이 변할 때 발생하는 효과를 확인하기 위한 민감도 분석(다음 장의 주제인)을 수행할 때 좀 더 명확하게 드러나게 된다.

단순화시킨다

쉽고 단순한 수식으로 해결 가능하다면 복잡한 엑셀 함수의 사용은 지양하는 편이 좋다. 가능한 한 SUMPRODUCT 혹은 SUM 함수를 주로 쓰는 것이 좋다. 이로 인해 모형에 대한 이해가 쉬워지며 또한 모형이 선형임을 확인하기 위한 작업이 용이해진다(선형모형은 다른 모형들보다 상당히 쉽게 풀린다). 수식은 가급적 짧고 간단하게 만들기 위해 노력하라. 복잡한 수식이 요구되는 경우라면 계산 과정을 나눠서 중간 단계 결과를 볼 수 있게 하라. 예를 들어 Everglade사의 스프레드시트에서 원금 상환 금액은 LT Interest(장기대출 이자율), ST Interest(단기대출 이자율), LT Payback(장기대출 상환액), ST Payback(단기대출 상환액)과 같은 요소들로 명백히 분리될 수 있다. 이들 열의 일부는 결합될 수 있다(예를 들어 장기대출 상환액과 단기대출 상환액의 2개의 열로 혹은 총 대출 상환액의 1개의 열로). 그러나 이는 수식을 더 복잡하게 만들고 모형의 테스트와 오류 수정을 어렵게 만든다. 배치할 때 대출 상환에 대한 개별적인 수식들을 단순하게 함으로써 수식을 검토할 필요없이 쉽게 값을 예측할 수 있어야 한다. 이렇게 함으로써 모형의 테스트와 오류 수정이 더 간단해진다.

범위명을 사용하라

스프레드시트 수식에서 관련된 셀 한 블록(혹은 하나의 셀)을 참조하는 방법 중 하나는 셀 주소를 이용하는 것이다(예: 셀 L11:L21 혹은 셀 C3). 그러나 수식을 읽을 때 셀 주소를 이용하는 방법은 스프레드시트에서 해당 셀 주소를 찾아 그 셀에 어떤 정보가 주어져있는지 확인하는 절차를 필요로 한다. 앞서 5.2절에서 언급된 바와 같이, 좋은 대안 중 하나는 셀 영역에 어떤 자료가 들어 있는지 즉각적으로 식별해주는 **범위명**range name을 붙이는 것이다(범위명 입력을 위해 해당 셀 영역을 선택하고, 스프레드시트 위 수식입력 창의 좌측에 있는 이름 상자를 클릭한 후 이름을 입력한다). 이와 같은 범위명 사용은 출력셀의 수식을 입력할 때 특히 도움이 된다. 셀 주소 대신 범위명으로 수식을 입력하는 것은 수식을 이해하는 데 도움이 된다. 또한 범위명은 엑셀 해찾기에서 모형에 대한 설명을 더 이해하기 쉽게 만든다.

〈그림 7-5〉는 Everglade사의 스프레드시트 모형에서 범위명 사용의 예를 보여주고 있다. 예를 들어 셀 F12에 있는 장기대출 이자율에 대한 수식을 고려해보자. 장기대출 이자율과 장기대출금액은 각각 셀 C3과 D11에 주어졌으므로, 장기대출 이자 금액은 =−C3*D11과 같이 쓸 수 있다. 그러나 셀 C3과 D11에 대해 각각 LTRate와 LTLoan으로 범위명을 이용함으로써 해당 수식은 =−LTRate*LTLoan이 되며, 이로 인해 해당 수식의 의미를 직관적으로 이해하기에 한결 쉬워진다.

한편 범위명을 정의함에 있어서 자제력을 잃지 말아야 한다는 점을 기억하라. 범위명을 너무 많이 정의할 경우 득보다 실이 더 많을 수 있다. 예를 들어 관련된 자료들이 하나의 표로 묶이게 될 때, 개개의 행과 열보다는 전체 표에 대해 하나의 범위명을 정의하는 것이 좋다. 일반적으로 각각의 자료셀, 변수셀, 목표셀, 그리고 각 제약식 그룹의 양쪽(좌변항과 우변항)에 대해서만 범위명을 정의할 것을 제안한다.

특정 범위명이 어떤 셀을 참조하고 있는지 알기 쉽도록 유의해야 한다. 스프레드시트의 제목과 같은 이름을 사용하라. 예를 들어 〈그림 7-5〉에서 J열과 L열은 스프레드시트에서 연말 잔액와 최소 잔액으로 제목이 붙어있다. 따라서 EndingBalance와 MinimumBalance로 범위명을 사용한다. 스프레드시트상의 제목과 동일한 이름을 사용하면 범위명에 의해 참조되는 셀들을 쉽고 빠르게 찾을 수 있다.

필요한 시점에 수식 탭의 '사용 중인 이름' 메뉴에서 붙여넣기를 선택하고 붙여넣을 이름을 클릭함으로써, 모든 범위명과 이에 상응하는 셀 주소의 목록을 직접적으로 스프레드시트에 붙여 넣을 수 있다. 이와 같은 목록은 재구성되어 본 교재에 표시된 거의 모든 스프레드시트의 하단에 포함되었다.

범위명을 사용 중에 있는 기존 모형을 변형할 때 주의할 점은 범위명이 계속해서 셀의 정확한 범위를 참조해야 한다는 것이다. 하나의 행이나 열을 스프레드시트 모형에 삽입할 때 범위의 양쪽 끝보다는 중간에 삽입하는 것이 낫다. 예를 들어 네 가지 제품으로 구성된 제품혼합 모형에 다른 제품을 추가하게 될 경우, 제품 4의 뒤보다는 제품 2와 3의 사이에 열을 삽입하라. 이로 인해 관련된 범위명이 자동적으로 확장되어 다섯 개 열 모두에 걸치게 되는데, 그 이유는 이들 범위명은 다섯 번째 제품을 위해 새롭게 삽입되는 열을 포함하여 제품 1에서 4까지 모든 제품을 계속해서 참조하기 때문이다. 유사하게 하나의 행이나 열을 범위의 중간에서 삭제하게 되면 관련 범위명이 적절히 축소된다. 이름 상자(스프레드시트 위의 수식 줄의 왼쪽에 있는)로부터 범위명을 선택함으로써 범위명에 의해 참조되는 셀들을 이중 확인할 수 있다. 이를 통해 선택된 범위명에 의해 참조되는 셀들이 강조된다.

수식 복사를 간단하게 하기 위해 상대참조 및 절대참조를 사용한다

관련된 수식이 여러 번 필요할 때는 해당 수식을 한 번만 입력하고, 엑셀의 채우기 명령을 사용하여 수식을 복사한다. 이 방법은 수식을 다시 타이핑하는 것보다 더 빠를 뿐만 아니라 오류 발생 가능성을 낮춰준다.

이에 대한 좋은 사례 중 하나는 7.2절에서 논의된 바와 같이 소규모 버전에서 시작해서 실제 규모로 확장하는 것이다. 〈그림 7-3〉에서 2년간에 대한 스프레드시트로 시작해서 채우기 명령을 이용하여 F, G, I, J, L열에 있는 수식을 복사하였다. 그 결과 〈그림 7-4〉의 10년에 걸친 실제 규모의 스프레드시트 모형이 작성되었다.

관련된 수식에 대한 상대참조와 절대참조를 이용하는 것은 모형을 수립하는 것을 도울 뿐만 아니라 기존의 모형 혹은 틀을 변형하는 것을 용이하게 만든다. 예를 들어 제품혼합 문제에 대한 스프레드시트 모형을 정형화하고, 이 모형을 변형하여 또다른 자원이나 제약을 추가하고자 한다고 가정하자. 이는 곧 하나의 행을 스프레드시트에 추가함으로써 해결된다. 만약 상대참조와 절대참조가 출력셀에 적절하게 사용될 경우, 단순히 기존의 수식을 추가된 행에 복사하는 것에 불과하다.

셀 유형을 구별하기 위해 테두리, 음영, 색상을 사용한다

스프레드시트에서 자료셀, 변수셀, 출력셀, 목표셀을 쉽게 구분할 수 있는지 여부는 매우 중요하다. 이를 위한 한 가지 방법은 서로 다른 유형의 셀들에 대해 각각 다른 테두리나 셀 음영 등을 사용하는 것이다. 본 교재(번역서)에서 자료셀은 옅은 음영으로, 변수셀은 좀 더 밝은 음영과 가는 테두리로, 출력셀은 음영이 없으며, 목표셀은 진한 음영처리와 두꺼운 테두리로 표현되었다.

물론 각 셀을 표현하기 위해 다른 색을 사용해도 무방하다. 중요한 것은 일관성으로, 이를 통해 셀의 유형이 빠르게 인식될 수 있어야 한다. 이렇게 함으로써 특정 유형의 셀들에 대해 검토하고자 할 때 음영과 테두리를 통해 쉽게 찾을 수 있다.

스프레드시트에 전체 모형을 나타낸다

엑셀 해찾기는 풀어야 할 모형을 명시하기 위해 스프레드시트와 해찾기 대화상자를 함께 사용한다(혹은 Analytic Solver의 모형 판). 따라서 스프레드시트상에 보이지 않는 모형의 특정 요소(≤, =, ≥ 기호 또는 제약식의 우변항과 같은)들이 엑셀 해찾기 내부에 포함될 수 있다. 그러나 모형의 모든 요소가 스프레드시트에 표시되는 것이 가급적 바람직하다. 모형을 사용 또는 적용하거나 나중에 다시 참조하고자 한다면 모형을 해석할 수 있어야 한다. 이와 같이 엑셀 해찾기로부터 모형을 해독하려고 시도하는 것보다 스프레드시트에서 모형을 검토함으로써 모형에 대한 해석 과정이 보다 용이해진다. 그런데 스프레드시트를 단순히 프린트한 용지에는 해찾기 대화상자로부터 얻어지는 정보가 포함되지 않는다.

특히 제약식의 모든 요소는 스프레드시트에 반드시 표시되어야 한다. 각 제약식에서는 이웃한 세 개의 셀에서 가장 왼쪽에는 좌변항의 합계값, 중간에는 세 기호인 ≤, =, ≥ 중의 하나, 가장 오른쪽에는 우변항 값을 표시하여야 한다(〈그림 7-5〉와 같이 Everglade사 문제의 스프레드시트에서는 이에 해당하는 이웃한 세 개의 셀의 위치가 각각 J, K, L열이다). 전술된 바와 같이 변수셀과 목표셀은 쉽게 구분될 수 있도록 일관된 방식으로 강조되어야 한다(예: 테두리 또는 셀 음영). 좋은 테스트라면 모형에 포함된 요소를 결정하기 위해 엑셀 해찾기를 확인할 필요가 없어야 한다. 모형의 변수셀, 목표셀 그리고 모든 제약식은 스프레드시트를 보기만 해도 바로 식별될 수 있어야 한다.

불량한 스프레드시트 모형

좋은 스프레드시트 모형을 수립하기 위해 주의해야 할 점에 대해 개의치 않은 채로 선형계획 스프레드시트 모형을 수립하는 것이 가능할 수도 있다. 〈그림 7-7〉은 Everglade사의 문제에 대해 이러한 지침들을 무시하고 정형화한 또다른 스프레드시트 모형을 보여주고 있다. 이

〈그림 7-7〉 Everglade사의 현금흐름관리 문제에 대한 불량한 스프레드시트 모형

	A	B	C	D	E
1	**A Poor Formulation of the Everglade Cash Flow Problem**				
2					
3			LT	ST	Ending
4		Year	Loan	Loan	Balance
5		2024	4.65	2.85	0.50
6		2025		5.28	0.50
7		2026		9.88	0.50
8		2027		7.81	0.50
9		2028		2.59	0.50
10		2029		0	0.50
11		2030		4.23	0.50
12		2031		0	2.74
13		2032		0	0.51
14		2033		0	10.27
15		2034			5.39

Solver Parameters

Set Objective Cell: E15
To: Max
By Changing Variable Cells:
C5, D5:D14
Subject to the Constraints:
E5:E15 >= 0.5

Solver Options:
Make Variables Nonnegative
Solving Method: Simplex LP

	E
3	Ending
4	Balance
5	=1-8+C5+D5
6	=E5-2+D6-$C$5*(0.05)-D5*(1.07)
7	=E6-4+D7-$C$5*(0.05)-D6*(1.07)
8	=E7+3+D8-$C$5*(0.05)-D7*(1.07)
9	=E8+6+D9-$C$5*(0.05)-D8*(1.07)
10	=E9+3+D10-$C$5*(0.05)-D9*(1.07)
11	=E10-4+D11-$C$5*(0.05)-D10*(1.07)
12	=E11+7+D12-$C$5*(0.05)-D11*(1.07)
13	=E12-2+D13-$C$5*(0.05)-D12*(1.07)
14	=E13+10+D14-$C$5*(0.05)-D13*(1.07)
15	=E14+D15-$C$5*(1.05)-D14*(1.07)

모형 또한 엑셀 해찾기를 이용하여 최적해를 찾을 수 있으며, 실제로 앞선 〈그림 7-5〉에서 얻어진 해와 동일한 최적해를 구할 수 있다. 그러나 이와 같은 정형화는 많은 문제점을 발생시킨다. 일단 최적해가 어떤 셀에 있는지 명확하지 않다(변수셀과 목표셀을 강조하기 위해 테두리나 음영이 사용되지 않았다). 엑셀 해찾기 대화상자를 보지 않고서는 모형의 제약식이 구별되지 않는다(스프레드시트는 모형 전체를 보여주지 않는다). 스프레드시트는 또한 자료의 일부분만을 보여줄 수 있을 뿐이다. 예를 들어 예상되는 현금흐름, 이자율, 초기 잔액을 표시해주는 자료를 확인하기 위해 E열의 수식을 자세히 검토해야 한다(자료가 수식으로부터 분리되지

않는다). 만약 이 자료에서 무언가 변경된다면 단순히 스프레드시트의 수치를 변경하는 것으로 그치지 않고 실제 수식이 수정되어야 한다. 게다가 엑셀 해찾기의 수식과 모형은 범위명이 이용되지 않아서 직관적으로 이해하기는 어렵다.

〈그림 7-5〉와 〈그림 7-7〉을 비교하라. 〈그림 7-5〉에서와 같이 좋은 스프레드시트 모형 수립을 위한 지침을 적용하면 이해하기 쉽고 오류 수정과 변경이 쉬워진다. 이 점은 모형이 반복해서 장기간 이용될 경우 특히 중요하다. 만약 이 모형이 수개월 후 재사용될 때, 〈그림 7-5〉의 "좋은" 모형은 즉시 이해되고, 쉽게 수정 가능하고, 필요할 때 재사용될 수 있다. 이에 비해 〈그림 7-7〉의 스프레드시트 모형을 다시 해독하는 것은 쉽지 않은 일이 될 것이다.

복습문제

1. 모형의 어떤 부분이 스프레드시트에 맨 먼저 입력되어야 하는가?
2. 수식에 수치가 함께 입력되어야 하는가? 아니면 자료셀에 분리되어 입력되어야 하는가?
3. 범위명은 액샐 해찾기의 수식과 모형을 어떻게 더 해석하기 쉽도록 만들어주는가? 범위명은 어떻게 선택되어야 하는가?
4. 스프레드시트에서 자료셀, 변수셀, 출력셀, 목표셀을 식별하기 위한 방법은 무엇인가?
5. 스프레드시트에서 제약식을 완전히 명시하기 위해 몇 개의 셀이 필요한가?

7.4 스프레드시트 모형의 오류 수정

모형이 제아무리 조심스럽게 계획되고 수립되었다 할지라도, 심지어 적당히 복잡한 모형조차 처음에는 대체로 오류가 존재한다. 오류는 대부분 즉시 눈에 띄며 바로 수정된다. 그러나 때로는 오류를 찾아내고 이를 제거하기가 매우 어렵다. 좋은 스프레드시트 모형을 개발하기 위해 7.3절의 지침을 따른다면 오류 수정이 쉬워지게 된다. 그렇다 할지라도 스프레드시트 모형의 오류를 수정하는 것은 컴퓨터 프로그램의 오류를 수정하는 것과 같이 어려운 과업이 될 수 있다. 본 절에서는 오류 수정을 쉽게 만드는 일부 조언과 엑셀 프로그램의 다양한 특성을 제시한다.

스프레드시트 모형의 오류를 수정하기 위한 첫 번째 단계로서, 7.2절의 테스트 단계 중 첫 번째 하위 절에서 학습한 원리를 이용함으로써 모형을 테스트하라. 특히 출력셀에서 올바른 결과를 예측 가능한 변수셀에 다른 값들을 시도하고 예상대로 계산되는지 확인하라. 0의 값은 초기값으로 시도하기에 적당하며, 그 이유는 변수셀이 0의 값을 가질 때 출력셀에서 어떤 값이 얻어지는지 대체로 명백하기 때문이다. 출력셀의 올바른 결과가 비교적 명백해지는 또다른 간단한 값(예를 들면 모든 변수셀에 1의 값을 주는 경우)들을 시도하라. 보다 복잡한 값에 대해서는 계산기를 이용하고 일부 계산은 수작업으로 수행하여 다양한 출력셀 값을 확인한다. 변수셀에 매우 큰 숫자를 넣어봄으로써, 극단적인 경우에서도 계산 과정이 합리적인지 여부에 대해 확인해야 한다.

만약 범위명을 정의하였다면, 해당 범위명이 셀을 정확하게 참조하고 있는지 확인해야 한다. 행이나 열이 스프레드시트에 추가될 때, 범위명과 셀의 연결이 엇갈릴 수 있다. 범위명을 테스트하고자 할 때 스프레드시트에서 선택된 범위를 강조하기 위해 이름상자에서 다양한 범위명을 선택하거나, 혹은 범위명의 전체 목록 혹은 범위명의 참조를 스프레드시트로 붙여넣을 수 있다.

수식이 정확하게 입력되었는지 여부를 확인하기 위해 수식을 주의 깊게 연구하라. 수식을 확인할 때 엑셀의 유용한 특성으로 **토글**toggle이 있는데, 토글을 통하여 워크시트의 수식과 출력셀의 결과들을 번갈아 볼 수 있다. 기본적으로 엑셀은 모형의 다양한 출력셀에 의해 계산된 값들을 보여준다. 이때 PC에서 CTRL키와 ~키를 동시에 입력하면, 〈그림 7-8〉과 같이 현재의 워크시트 대신 출력셀의 수식을 보여주는 화면으로 전환된다. 여기서 CTRL키와 ~키를 동시에 한 번 더 입력하면 〈그림 7-5〉와 같이 다시 출력셀들의 값을 보여주는 기본 화면으로 복원된다.

엑셀에 있는 또 다른 유용한 특성들로는 **수식분석도구**auditing tools가 있는데, 엑셀의 수식 탭의 수식분석 메뉴에서 사용 가능하다.

수식분석도구를 사용하여 주어진 셀에 직접 연결되는 셀을 그림으로 표시할 수 있다. 예를 들어 〈그림 7-5〉의 LTLoan(셀 D11)과 '엑셀 수식분석/참조하는 셀 추적' 메뉴를 이용하면 〈그림 7-9〉와 같이 스프레드시트에 화살표가 생성된다.

그 결과 LTLoan(셀 D11)을 이용하여 F열에서 매년 장기대출 이자 상환액 셀 H21에서 LTPayback, 셀 J11에서 2024년의 기말 잔액을 각각 계산할 수 있음을 확인할 수 있으며, 이로 인해 쉽게 이해할 수 있다. LTLoan이 직접적으로 영향을 미치는 출력셀들에 대해 생각해보라. 이들 출력셀 각각을 연결하는 화살표가 존재해야 한다. 예를 들어 만약 F열의 수식 중 어느 하나에서라도 LTLoan이 누락되었다면, 누락된 화살표로 인해 오류가 즉시 드러난다. 유사하게 만약 LTLoan이 단기대출 출력셀들 중 어느 하나에 실수로 입력되었다면, 이는 추가적인 화살표로 표시될 것이다.

또한 어느 주어진 셀에 자료를 제공하는 셀이 어느 셀인지 확인하기 위해 역으로 추적할 수 있다. 이것은 수식분석도구모음의 가장 왼쪽을 누르거나 도구 메뉴에서 '수식분석/참조하는 셀 추적'을 클릭하면 그림으로 표시된다. 예를 들어 셀 G12에 표시된 ST Interest에 대해 엑셀 수식분석/참조하는 셀 추적을 클릭하면 〈그림 7-10〉의 화살표들을 표시해준다. 이 화살표들은 셀 G12에 나와있는 2025년 단기대출 이자 상환액이 셀 E11의 2024년 단기대출 이자 상환액과 셀 C4의 STRate를 참조하고 있음을 의미한다.

분석이 완료되었을 때는 '연결선 제거'를 선택하면 된다.

또한 수식분석도구를 사용함으로써 수식의 각 항을 어떻게 평가하는지 한 번에 한 단

〈그림 7-8〉 〈그림 7-5〉의 스프레드시트에 토글 기능을 한 번 이용하여 얻은 스프레드시트로서, 출력셀에 있는 값들이 해당 셀들에 입력된 수식으로 대체되었다. 엑셀의 토글 기능을 한 번 더 이용하면 〈그림 7-5〉에 표시된 스프레드시트 화면으로 복원된다.

	A	B	C	D	E	F	G	H	I	J	K	L
1	**Everglade Cash Flow Management Problem**											
2												
3		LT Rate	0.05									
4		ST Rate	0.07									
5						(all cash figures in millions of dollars)						
6		Start Balance	1									
7		Minimum Cash	0.5									
8												
9			Cash	LT	ST	LT	ST	LT	ST	Ending		Minimum
10		Year	Flow	Loan	Loan	Interest	Interest	Payback	Payback	Balance		Balance
11		2024	−8	4.65124	2.84759					=StartBalance+SUM(C11:I11)	≥	=MinimumCash
12		2025	−2		5.28073	=−LTRate*LTLoan	=−STRate*E11		=−E11	=J11+SUM(C12:I12)	≥	=MinimumCash
13		2026	−4		9.88295	=−LTRate*LTLoan	=−STRate*E12		=−E12	=J12+SUM(C13:I13)	≥	=MinimumCash
14		2027	3		7.80732	=−LTRate*LTLoan	=−STRate*E13		=−E13	=J13+SUM(C14:I14)	≥	=MinimumCash
15		2028	6		2.58639	=−LTRate*LTLoan	=−STRate*E14		=−E14	=J14+SUM(C15:I15)	≥	=MinimumCash
16		2029	3		0	=−LTRate*LTLoan	=−STRate*E15		=−E15	=J15+SUM(C16:I16)	≥	=MinimumCash
17		2030	−4		4.23256	=−LTRate*LTLoan	=−STRate*E16		=−E16	=J16+SUM(C17:I17)	≥	=MinimumCash
18		2031	7		0	=−LTRate*LTLoan	=−STRate*E17		=−E17	=J17+SUM(C18:I18)	≥	=MinimumCash
19		2032	−2		0	=−LTRate*LTLoan	=−STRate*E18		=−E18	=J18+SUM(C19:I19)	≥	=MinimumCash
20		2033	10		0	=−LTRate*LTLoan	=−STRate*E19		=−E19	=J19+SUM(C20:I20)	≥	=MinimumCash
21		2034				=−LTRate*LTLoan	=−STRate*E20	=−LTLoan	=−E20	=J20+SUM(C21:I21)	≥	=MinimumCash

〈그림 7-9〉 〈그림 7-5〉의 스프레드시트 셀 D11에 입력된 LTLoan 값에 대해 엑셀 수식분석도구의 수식분석/참조하는 셀 추적 메뉴를 이용함으로써 얻어지는 스프레드시트

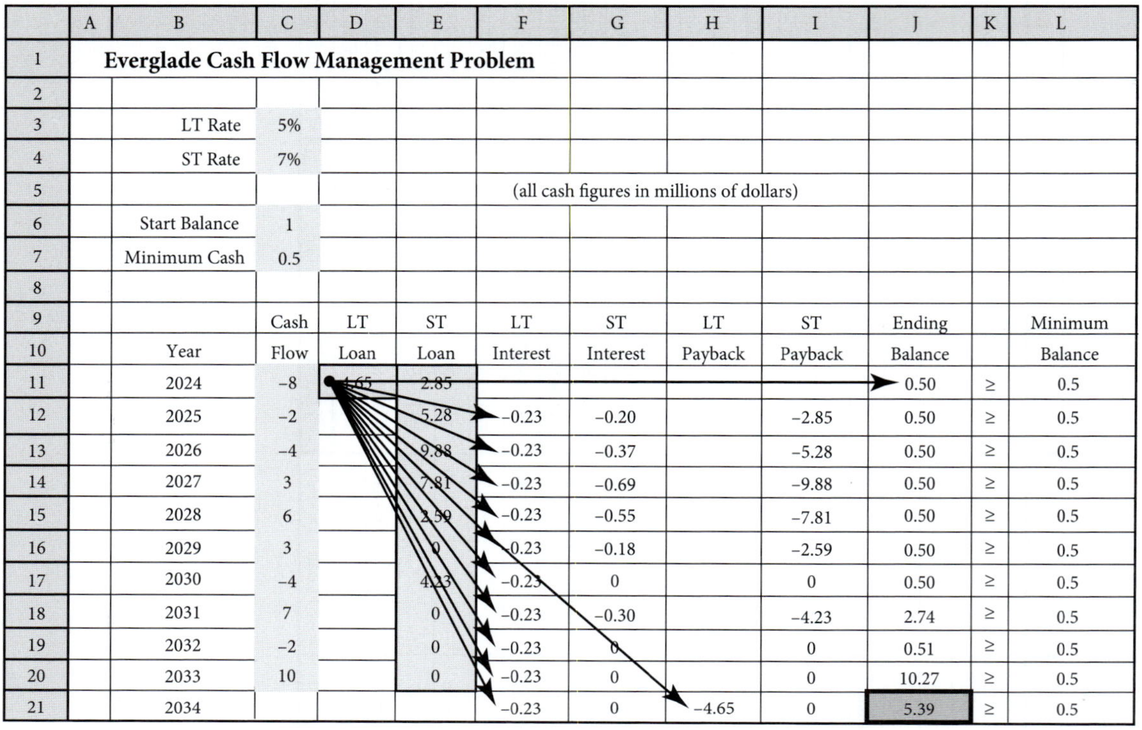

	A	B	C	D	E	F	G	H	I	J	K	L
1		Everglade Cash Flow Management Problem										
2												
3		LT Rate	5%									
4		ST Rate	7%									
5						(all cash figures in millions of dollars)						
6		Start Balance	1									
7		Minimum Cash	0.5									
8												
9			Cash	LT	ST	LT	ST	LT	ST	Ending		Minimum
10		Year	Flow	Loan	Loan	Interest	Interest	Payback	Payback	Balance		Balance
11		2024	-8	4.65	2.85					0.50	≥	0.5
12		2025	-2		5.28	-0.23	-0.20		-2.85	0.50	≥	0.5
13		2026	-4		9.88	-0.23	-0.37		-5.28	0.50	≥	0.5
14		2027	3		7.81	-0.23	-0.69		-9.88	0.50	≥	0.5
15		2028	6		2.59	-0.23	-0.55		-7.81	0.50	≥	0.5
16		2029	3		0	-0.23	-0.18		-2.59	0.50	≥	0.5
17		2030	-4		4.23	-0.23	0		0	0.50	≥	0.5
18		2031	7		0	-0.23	-0.30		-4.23	2.74	≥	0.5
19		2032	-2		0	-0.23	0		0	0.51	≥	0.5
20		2033	10		0	-0.23	0		0	10.27	≥	0.5
21		2034				-0.23	0	-4.65	0	5.39	≥	0.5

〈그림 7-10〉 〈그림 7-5〉의 스프레드시트 셀 G12에서 2025년의 STInterest를 계산함에 있어 엑셀 수식분석도구에서 수식분석/참조되는 셀 추적 메뉴를 이용하여 얻은 스프레드시트

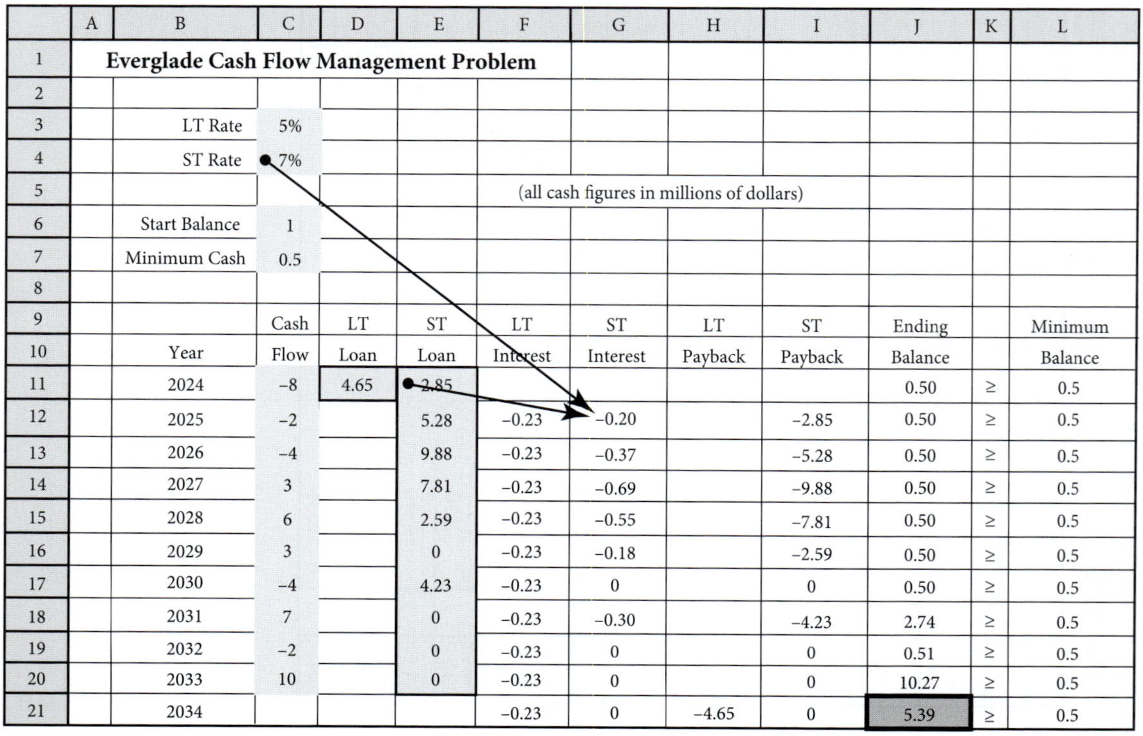

	A	B	C	D	E	F	G	H	I	J	K	L
1		Everglade Cash Flow Management Problem										
2												
3		LT Rate	5%									
4		ST Rate	7%									
5						(all cash figures in millions of dollars)						
6		Start Balance	1									
7		Minimum Cash	0.5									
8												
9			Cash	LT	ST	LT	ST	LT	ST	Ending		Minimum
10		Year	Flow	Loan	Loan	Interest	Interest	Payback	Payback	Balance		Balance
11		2024	-8	4.65	2.85					0.50	≥	0.5
12		2025	-2		5.28	-0.23	-0.20		-2.85	0.50	≥	0.5
13		2026	-4		9.88	-0.23	-0.37		-5.28	0.50	≥	0.5
14		2027	3		7.81	-0.23	-0.69		-9.88	0.50	≥	0.5
15		2028	6		2.59	-0.23	-0.55		-7.81	0.50	≥	0.5
16		2029	3		0	-0.23	-0.18		-2.59	0.50	≥	0.5
17		2030	-4		4.23	-0.23	0		0	0.50	≥	0.5
18		2031	7		0	-0.23	-0.30		-4.23	2.74	≥	0.5
19		2032	-2		0	-0.23	0		0	0.51	≥	0.5
20		2033	10		0	-0.23	0		0	10.27	≥	0.5
21		2034				-0.23	0	-4.65	0	5.39	≥	0.5

Evaluate Formula

Reference: Everglade!$J$21 = Evaluation: J20+SUM(C21:I21)

To show the result of the underlined expression, click Evaluate. The most recent result appears italicized.

Evaluate | Step In | Step Out | Close

After pressing *Evaluate* one time: *10.2734725406406*+SUM(C21:I21)

After pressing *Evaluate* two times: 10.2734725406406+*-4.88380261585925*

After pressing *Evaluate* three times: *5.39*

〈그림 7-11〉

EndBalance (셀 J21)에 입력된 수식에 적용될 때 수식 평가 수식분석도구에 대한 대화상자. 평가 버튼을 계속 누르면 대화상자 아래에 보이는 바와 같이 수식에서 밑줄 그어진 항을 차례대로 평가한다.

계식 확인할 수 있다. 예를 들어 목표셀 EndBalance(셀 J21)과 '수식 평가'를 선택하면 〈그림 7-11〉과 같은 대화상자를 화면에 띄워준다. (이 수식분석도구는 Windows에서만 사용 가능하므로 Mac 버전의 엑셀에서는 사용할 수 없다.) 평가상자 내부에는 다음과 같이 선택된 셀(J20)을 포함한 수식(=J20+SUM(C21:I21))이 있으며, 선택된 셀에는 밑줄이 그어져 있다. 평가 버튼을 누르면 수식에서 밑줄 그어진 항을 평가하며(셀 J20은 10.273⋯이 된다), 수식의 다음 항에 밑줄을 긋게 된다(SUM(C21:I21)). 해당 그림의 맨 아래에서 보이는 바와 같이 계속해서 평가 버튼을 누르면 수식에서 밑줄 그어진 부분을 평가하며, 이어서 다음 번에 평가될 수식 항을 강조하게 된다. 버튼을 세 번 누르면 수식을 완전히 평가하여 최종 결과(5.39)를 보여준다. 이 도구는 복잡한 수식을 평가함으로써 해당 수식이 잘 작동하는지 확인하고자 할 때 특히 유용하다.

복습문제

1. 스프레드시트 모형의 오류 수정을 위한 첫 번째 단계는 무엇인가?
2. 출력셀의 수식과 수식의 결과값을 번갈아 보기 위하여 토글 기능을 어떻게 사용하면 되는가?
3. 주어진 셀 내부의 수식을 평가 또는 참조하는 셀 혹은 참조되는 셀 추적에 사용될 수 있는 엑셀 도구는 무엇인가?

7.5 요약

스프레드시트를 이용한 모형화에 능숙해지기 위해서는 상당한 기술이 필요하다. 이 장은 이러한 기술을 학습하기 위한 기초를 제공하는 데 초점을 두었다.

스프레드시트 모형화의 일반적인 과정은 네 가지 주요 단계로 구성된다. (1) 스프레드시트 모형을 계획하기, (2) 모형을 수립하기, (3) 모형을 테스트하기, (4) 모형 및 모형의 결과를 분석하기. 계획 단계에서 스프레드시트의 논리적 배치의 개요를 제시하기 전에 완료할 위치를 시각화한 다음 손으로 몇 가지 계산을 수행하여 필요한 계산을 명확히 하는 것으로 시작하는 것이 좋다. 그런 다음 수립 단계를 착수할 준비가 되면 모형을 실제 크기로 확장하기 이전에 모형의 작고 쉽게 관리할 수 있는 버전을 구축함으로써 시작하는 것이 좋다. 이를 통해 소규모 버전으로 먼저 테스트하는 것이 가능해지며, 전체 모형으로 확장하고 최종 테스트를 수행하기 이전에 논리적으로 맞게 정리되도록 한다. 이 모든 것이 완료된 후 분석 단계에 이르게 되는데, 이는 모형을 적용해서 제안된 해를 평가하고 엑셀 해찾기를 이용하여 모형을 최적화하는 것과 관련된다.

이러한 계획-수립-테스트-분석의 과정을 거쳐서 스프레드시트 모형이 만들어진다. 하지만 이와 같은 과정을 따른다고 해서 반드시 좋은 모형을 얻을 수 있다는 보장은 없다. 7.3절은 좋은 스프레드시트 모형 수립을 위해 다음과 같은 지침을 상세하게 기술하고 있다.

- 자료를 먼저 입력하라.
- 자료를 조직화하고 명확하게 구별하라.
- 하나의 자료는 한 개의 셀에만 입력하라.
- 수식으로부터 자료를 분리하라.
- 단순화시킨다.
- 범위명을 사용하라.
- 수식 복사를 간단하게 하기 위해 상대참조 및 절대참조를 활용한다.
- 셀 유형을 구별하기 위해 테두리, 음영, 색상 등을 사용한다.
- 스프레드시트에 모형 전체 내용을 표시한다.

이러한 모든 지침이 잘 준수된다 해도 모형의 최초 버전에 숨어있는 오류를 제거하기 위해 철저한 오류 수정이 필요하다. 변수셀이 가질 수 있는 다양한 값에 따라 출력셀이 올바른 값을 제공하는지 여부에 대해 확인하는 것이 중요하다. 또 다른 확인해야 할 사항들로는 범위명이 적절한 셀들을 지칭하고 있는지와 수식이 출력셀에 올바르게 입력되었는지 여부이다. 엑셀 프로그램은 오류 수정 과정을 돕기 위한 다수의 유용한 특성을 갖고 있다. 이 중 하나는 토글 기능으로써 출력셀의 계산 결과와 입력된 수식을 번갈아 볼 수 있게 해준다. 다른 유용한 특성은 엑셀의 수식분석도구에서 이용 가능하다.

용어

범위명 range name 한 영역에 걸친 셀의 집합에 주어진 이름으로써 해당 셀에 무엇이 있는지 즉시 식별할 수 있게 한다. (7.3절)

수식분석도구 auditing tools 엑셀에 의해 제공되는 도구들의 집합으로써 스프레드시트 오류 수정에 유용하다. (7.3절)

토글 toggle 출력셀의 결과와 해당 출력셀에 입력된 수식을 번갈아 볼 수 있도록 전환하는 기능. (7.4절)

이 장에 대한 학습지원

모든 학습지원 자료는 www.mhhe.com/Hillier7e에 제공된다.

엑셀 파일:
Everglade
Wyndor
Everglade Problem 7.12
Everglade Problem 7.13

엑셀 추가기능:
Analytic Solver

학습문제

풀이는 www.mhhe.com/Hillier7e에 제공된다.

7.S1. 생산 및 재고계획 모형

Surf Up사는 고가의 서핑용 보드를 생산한다. Surf Up사의 도전 과제 중 하나는 고객 수요가 계절의 영향을 크게 받는다는 점이다. 여름 시즌에는 수요가 생산 용량을 상회하는 한편, 겨울 시즌에는 수요가 매우 작아진다. 여름 동안의 높은 수요를 충족시키기 위해 Surf Up사는 전형적으로 겨울 시즌에는 수요보다 많이 생산하며 여름철 수요를 위해 재고로 보유한다. 이 회사의 생산시설은 월간 50개까지는 정규 인력을 이용하여 각 보드당 125달러의 비용으로 생산할 수 있다. 이후 10개까지의 추가 보드에 대해서는 연장 근무를 통해 각 보드당 135달러의 비용으로 생산할 수 있다. 한편 보드는 개당 200달러에 팔린다. 저장비용 및 자본의 기회비용으로 인해 각 보드당 월간 재고유지 비용은 5달러이다. 수요가 불확실하므로, Surf Up사는 하계(5월부터 9월까지) 기간과 동계(10월부터 4월까지) 기간 중에 안전재고로서 각각 최소 10개와 5개의 월말 재고를 유지해야 한다. 현 상황은 1월이 막 시작된 시점이며, 초기 재고로 5개의 재고를 보유하고 있다. 향후 12개월 동안 고객 수요의 추정치는 다음의 표와 같다. 총이윤을 최대화하기 위해 매월 얼마나 많은 서핑용 보드를 생산해야 할지에 대한 선형계획모형을 정형화하고 최적해를 구하시오.

월	수요 예측치	월	수요 예측치	월	수요 예측치
1	10	5	45	9	40
2	14	6	65	10	30
3	15	7	85	11	15
4	20	8	85	12	15

7.S2. 인력의 고용, 해고, 훈련에 대한 총괄생산계획

Cool Power사는 상업용 대용량 에어컨을 생산하고 있다. 제품의 저렴한 비용 및 생산 효율성 덕분에 회사는 매년 성장을 거듭하고 있다. 또한 건축공사와 기후 조건의 계절성으로 인해 매달 생산 요구량의 변화가 심하다. 현재 Cool Power사는 10명의 숙련된 직원이 제조를 담당하고 있다. 숙련된 직원은 매월 160시간 일할 수 있고 월 급여는 4,000달러이다. 한편 매월 시작하는 시점에서 신입 직원을 추가 고용할 수 있다. 기본 기술 및 요구되는 훈련의 부족으로 인해 신입 직원은 첫 달에는 100시간만 일하지만, 월 급여는 동일하게 4,000달러를 받는다. 추가적으로, 한 명을 고용하는 데 인터뷰와 훈련 비용을 포함해서 2,500달러의 비용이 소요된다. 한 달이 지나면 신입 직원은 담당 업무에 숙련된 직원이 된다. 어느 달이든 매월 초 직원을 해고할 수 있지만, 2주의 해고수당(2,000달러)

을 지급해야 한다. 향후 12개월 동안 Cool Power사의 노동 소요량에 대한 예측치는 다음의 표와 같다. 경영진은 내년에 노동 소요량이 더 많아질 것으로 예측하기 때문에, Cool Power사는 연말에 최소 12명의 숙련 직원이 남아있기를 기대한다. 가능한 최소한의 비용으로 노동 소요량을 충족시키기 위해 얼마나 많은 직원이 고용 및 해고되어야 하는가? 스프레드시트를 이용하여 선형계획모형을 정형화하고 최적해를 구하시오.

월	노동수요량 예측치	월	노동수요량 예측치	월	노동수요량 예측치
1	1,600	5	2,800	9	1,600
2	2,000	6	3,200	10	1,200
3	2,000	7	3,600	11	800
4	2,000	8	3,200	12	800

연습문제

번호에 별표(*)가 있는 문제는 책 뒷부분에 정답의 일부가 있다.

7.1 이 장에서 논의된 Everglade사의 현금흐름문제를 다시 생각해보자. 이때 매년 말 현금 잔액은 이자가 지급되는 보통예금 계좌에 예치되어 그 다음 해 3%의 이자가 붙는다고 가정한다. 스프레드시트를 적절하게 수정하고 변경된 문제에 대해 최적해를 다시 구하시오. (이 문제의 원본 스프레드시트는 www.mhhe.com/Hillier7e에 있다.)

7.2* Pine Furniture사는 시골풍의 가구를 만들고 있다. 회사의 현재 생산라인은 보조탁자, 커피탁자, 식탁으로 구성되어 있다. 탁자 하나 생산에 필요한 소나무는 각각 8, 15, 80파운드이다. 이 회사는 수작업으로 모든 탁자를 만들며, 탁자 하나 생산에 각각 한 시간, 두 시간, 네 시간의 노동을 필요로 한다. 또한 각 탁자는 50, 100, 220달러의 이익을 가져다준다. 회사는 다음 주의 생산을 위해 3,000파운드의 소나무와 200시간의 가용 노동시간이 있다. 다음 주에 각 제품을 얼마나 만들어야 할지 분석하기 위해, 운영관리 최고경영자(COO)는 당신에게 위의 자료에 기반하여 스프레드시트 모형을 분석하고 그에 따라 제안서를 제출해줄 것을 요청하였다.

a. 완료할 위치를 시각화하시오. 내려야 할 의사결정은 무엇인가? 목표는 무엇인가? 운영관리 최고경영자가 필요로 하는 수치는 무엇인가?
b. Pine Furniture사가 보조탁자 3개와 식탁 3개를 만들었다고 가정하자. 제품을 판매해서 얻는 이익뿐만 아니라 소요되는 나무의 양과 노동시간을 수작업으로 계산하시오.
c. 자료셀, 변수셀, 출력셀, 목표셀이 위치한 블록들을 포함하여 스프레드시트 모형에 대한 개요를 작성하시오.
d. 스프레드시트 모형을 수립하고 최적해를 구하시오.

7.3 Reboot사는 하이킹용 구두를 만드는 회사이다. 구두에 대한 수요는 계절에 따라 차이가 심하다. 다음 해의 수요는 1, 2, 3, 4분기당 각각 3,000, 4,000, 8,000, 7,000켤레가 될 것으로 기대되고 있다. 현재 생산설비로는 어느 분기든 많아야 6,000켤레 이내에서 생산할 수 있다. Reboot사는 모든 기대수요를 충족시킬 것을 원하기 때문에, 다음 분기의 수요를 충족시키기 위해 재고를 유지할 필요가 있다. 구두는 켤레당 20달러의 이익이 발생하며, 분기 말 재고 한 켤레당 재고유지와 자본회수를 위한 비용 8달러가 발생한다. Reboot사는 1분기 초기 재고로 1,000켤레를 가지고 있다. Reboot사의 최고경영자는 당신에게 다음 연도(네 개 분기) 생산일정을 분석하기 위하여 스프레드시트로 모형화하고 보고서를 만들라는 임무를 부여하였다.

a. 완료할 위치를 시각화하시오. 내려야 할 의사결정은 무엇인가? 목표는 무엇인가? 필요로 하는 자료는 무엇인가?
b. Reboot사가 처음 두 개 분기 동안 각각 5,000켤레를 생산한다고 가정하자. 1, 2분기 각각 분기 말 현금 잔액을 수작업으로 계산하시오.
c. 자료셀, 변수셀, 출력셀, 목표셀이 위치한 블록들을 포함하여 스프레드시트 모형에 대한 개요를 작성하시오.
d. 1, 2분기에 대한 스프레드시트 모형을 수립하고, 해당 모형을 완벽하게 테스트하시오.
e. 실제 문제 규모로 모형을 확장하고 최적해를 구하시오.

7.4* Fairwinds Development사는 곧 시작될 세 가지 서로 다른 개발 프로젝트 A, B, C 중 하나 혹은 두 개 이상의 프로젝트에 참여할지 여부에 대해 고려 중이다. 각 프로젝트는 향후 수년간 상당한 투자가 요구되며, 완료된 후에는

매각될 것이다. 각 프로젝트에 대한 예상 현금흐름(단위: 100만 달러)은 다음의 표와 같다.

연도	프로젝트 A	프로젝트 B	프로젝트 C
1	−4	−8	−10
2	−6	−8	−7
3	−6	−4	−7
4	24	−4	−5
5	0	30	23
6	0	0	44

Fairwinds Development사는 현재 1,000만 달러를 보유하고 있으며 다른 프로젝트들로부터 향후 6년간 매년 말에 600만 달러를 받게될 것으로 기대되고 있는데, 이 금액들은 수령 후 각각 그 다음 해에 프로젝트 A, B, C에 투자할 수 있다. 이 회사는 각 프로젝트에 단독으로 혹은 다른 파트너 사들과 함께 부분적으로 참여하거나 혹은 전혀 참여하지 않을 수도 있다. 만약 이 회사가 100% 이하의 지분으로 참여한다면 프로젝트에 대한 현금흐름은 비례적으로 줄어든다. 회사의 정책은 매년 말 현금 잔액이 최소 100만 달러 이상이 되도록 하는 것이다.

a. 완료할 위치를 시각화하시오. 내려야 할 의사결정은 무엇인가? 목표는 무엇인가? 최고경영진이 필요로 하는 자료는 무엇인가?
b. 이 회사가 프로젝트 A에는 단독으로 그리고 프로젝트 C에는 50%의 지분으로 참여한다고 가정하자. 1, 2분기 각각 분기 말 재고, 판매이익 그리고 재고비용을 수작업으로 계산하시오.
c. 자료셀, 변수셀, 출력셀, 목표셀이 위치한 블록들을 포함하여 스프레드시트 모형에 대한 개요를 작성하시오.
d. 1, 2분기에 대한 스프레드시트 모형을 수립하고, 해당 모형을 완벽하게 테스트하시오.
e. 실제 문제 규모로 모형을 확장하고 최적해를 구하시오.

7.5 7.3절에 있는 Welch's사의 응용사례 원본 논문 전체 내용을 읽어보시오. 이 원본 논문은 Welch's사의 선형계획법 연구 전체에 대해 기술하고 있다. 이 연구에서 스프레드시트 모형화가 어떻게 응용되었는지 간단히 기술하고, 이 연구의 결과로 얻은 다양한 재무적/비재무적 혜택을 열거하시오.

7.6 Decorum사는 천장에 부착하는 고급 선풍기를 제조하는 회사이다. 이 제품의 판매량은 큰 계절성을 띄고 있어서, 더운 여름 몇 달간 높은 수요를 가진다. 평상시에는 월 평균 400대를 판매하는 데 비해, 하절기(6~8월)에는 월 판매량이 600대까지 치솟는다. Decorum사는 대당 300달러의 비용으로 월 500대까지 생산할 수 있다. 임시 인력을 고용할 경우 Decorum사는 대당 350달러의 비용으로 월 75대를 추가적으로 생산할 수 있다. 현재 Decorum사는 천장용 고급 선풍기를 500달러에 판매하고 있으며, 천장용 고급 선풍기를 한 달간 재고로 유지하는 데 20달러의 비용이 든다. Decorum사는 1월 초에 25대의 재고를 가지고 있다. Decorum사는 수요를 충족시킬 수 있도록 천장용 선풍기를 충분히 생산해야 하며, 이를 위해 정규 인력과 임시 인력을 활용할 수 있다. 다음 한 해 동안 이익을 최대화하기 위해 Decorum사는 매달 몇 대의 천장용 선풍기를 생산해야 하는가?

a. 완료할 위치를 시각화하시오. 내려야 할 의사결정은 무엇인가? 목표는 무엇인가? Decorum사가 필요로 하는 수치는 무엇인가?
b. Decorum사가 1월에 450대, 2월에 550대(임시 인력을 활용하여)를 생산한다고 가정하자. 1, 2월에 발생하는 총비용을 각각 수작업으로 계산하시오.
c. 자료셀, 변수셀, 출력셀, 목표셀이 위치한 블록들을 포함하여 스프레드시트 모형에 대한 개요를 작성하시오.
d. 1, 2월에 대한 스프레드시트 모형을 수립하고, 해당 모형을 완벽하게 테스트하시오.
e. 12개월 동안 발생 이익을 최대화하는 선형계획 스프레드시트 모형을 작성하고 최적해를 구하시오.

7.7 Allen Furniture사는 수제품 가구를 제조하는 회사이다. 1월 초에 이 회사는 20명의 숙련된 기술자를 채용했다. 향후 12개월 동안 노동 수요에 대한 예측은 다음의 표와 같다.

월	노동수요량 예측치	월	노동수요량 예측치	월	노동수요량 예측치
1	3,400	5	3,000	9	4,500
2	4,000	6	2,800	10	5,000
3	4,200	7	3,000	11	5,200
4	4,200	8	4,000	12	4,800

각 숙련된 기술자는 한 달에 200시간 노동을 할 수 있으며, 월 3,000달러의 임금을 지급받는다. 새로운 기술자를 고용하기 위해서는 취업 광고와 면접 등의 비용으로 한 번 고용하는 데 2,500달러가 소요된다. 새로 고용된 인원은 첫 달 동안은 견습생으로 불리며, 첫 달 동안은 관찰하고 학습하는 데 전념한다. 이들은 고용된 첫 달에는 월급으로 2,000달러를 받으며, 회사에 노동시간을 제공하지

는 않는다. 하지만 한 달 후에는 숙련된 기술자로 재분류된다. 노조는 해직비용으로 1,500달러를 지불해야 한다는 전제하에서, 회사가 견습생으로 보낸 한 달 후에 바로 견습생을 해고하는 것에 동의하는 협약을 맺었다. 여기에 더하여 어느 달에서든지 숙련된 기술자의 10% 이상을 해고할 수 없도록 하였다. 이 회사는 최소 25명의 숙련된 기술자와 함께 내년을 시작하려고 한다. 최소의 비용으로 노동 필요량을 충족하기 위해 매달 몇 명의 실습생을 고용하거나 또는 숙련된 기술자를 해고해야 하는가?

a. 완료할 위치를 시각화하시오. 내려야 할 의사결정은 무엇인가? 목표는 무엇인가? 이 회사가 필요로 하는 수치는 무엇인가?
b. 한 명의 견습생 기술자가 1월에 고용되었다고 가정하자. 이때 몇 시간의 노동이 1, 2월에 각각 가능한지에 대해 수작업으로 계산하시오. 1, 2월에 발생하는 총비용을 각각 수작업으로 계산하시오.
c. 자료셀, 변수셀, 출력셀, 목표셀이 위치한 블록들을 포함하여 스프레드시트 모형에 대한 개요를 작성하시오.
d. 1, 2월에 대한 스프레드시트 모형을 수립하고, 그 모형을 완벽하게 테스트하시오.
e. 12개월 동안 발생 비용을 최소화하는 선형계획 스프레드시트 모형을 작성하고 최적해를 구하시오.

7.8 6장의 연습문제 12번에 기술된 시나리오를 참조하되 문제의 지시사항은 무시하시오. 대신 다음의 질문에 답변함으로써 Web Mercantile사의 문제에 대한 스프레드시트 모형을 이용하는 데 집중하시오.

a. 완료할 위치를 시각화하시오. 내려야 할 의사결정은 무엇인가? 목표는 무엇인가? 이 회사가 필요로 하는 수치는 무엇인가?
b. 이 회사가 다섯 달 전부 3만 평방피트를 임대하고, 마지막 석 달간 2만 평방피트를 추가로 임대했다고 가정하자. 이때 발생하는 총비용을 수작업으로 계산하시오.
c. 자료셀, 변수셀, 출력셀, 목표셀이 위치한 블록들을 포함하여 스프레드시트 모형에 대한 개요를 작성하시오.
d. 1, 2월에 대한 스프레드시트 모형을 수립하고, 그 모형을 완벽하게 테스트하시오.
e. 12개월 동안 발생 비용을 최소화하는 선형계획 스프레드시트 모형을 작성하고 최적해를 구하시오.

7.9* 6장의 연습문제 14번에 기술된 시나리오를 참조하되 문제의 지시사항은 무시하시오. 대신 다음의 질문에 답변함으로써 Larry Edison의 문제에 대한 스프레드시트 모형을 이용하는 데 집중하시오.

a. 완료할 위치를 시각화하시오. 내려야 할 의사결정은 무엇인가? 목표는 무엇인가? Larry가 필요로 하는 수치는 무엇인가?
b. 3명의 파트타임 인력 이외에도 Larry는 아침 근무조를 위해 3명의 풀타임 인력, 오후 근무조를 위해 2명의 풀타임 인력, 저녁 근무조를 위해 4명의 풀타임 인력을 각각 고용했다고 가정하자. 이때 각 근무조에서 필요한 인력의 수와 함께 하루 동안 발생하는 총비용을 수작업으로 계산하시오.
c. 자료셀, 변수셀, 출력셀, 목표셀이 위치한 블록들을 포함하여 스프레드시트 모형에 대한 개요를 작성하시오.
d. 스프레드시트 모형을 수립하고, 최적해를 구하시오.

7.10 6장의 연습문제 17번에 기술된 시나리오를 참조하되 문제의 지시사항은 무시하시오. 대신 다음의 질문에 답변함으로써 Al Ferris의 문제에 대한 스프레드시트 모형을 이용하는 데 집중하시오.

a. 완료할 위치를 시각화하시오. 내려야 할 의사결정은 무엇인가? 목표는 무엇인가? Al이 필요로 하는 수치는 무엇인가?
b. Al이 투자안 A(첫째 해), 투자안 B(둘째 해), 투자안 C(셋째 해)에 각각 2만 달러를 투자했다고 가정하고, 이때 매년 말 현금 잔액이 얼마인지 수작업으로 계산하시오.
c. 자료셀, 변수셀, 출력셀, 목표셀이 위치한 블록들을 포함하여 스프레드시트 모형에 대한 개요를 작성하시오.
d. 3개 년도 동안에 걸친 스프레드시트 모형을 수립하고, 해당 모형을 완벽하게 테스트하시오.
e. 실제 문제 규모로 모형을 확장하고 최적해를 구하시오.

7.11 〈그림 7-6〉에서 제시된 Wyndor Glass사의 제품혼합문제를 위한 스프레드시트 모형과는 달리, 오른쪽의 스프레드시트는 동일한 문제에 대해 불량한 스프레드시트 모형의 한 사례를 보여주고 있다. 7.3절을 참조하여, 오른쪽의 모형이 어떠한 지침들을 위반하였는지 식별하시오. 또한 어떻게 지침을 위반하였으며, 왜 〈그림 7-6〉의 모형이 더 우수한 스프레드시트 모형인지 설명하시오.

7.12 www.mhhe.com/Hillier7e에 있는 'Everglade Problem 7.12' 스프레드시트 파일을 참고하시오. 이 파일은 이 장에서 고려된 Everglade사의 문제에 대한 정형화 결과를 포함하고 있다. 그러나 이 정형화 결과에는 세 개의 오류가 포함되어 있다. 이 오류를 찾아내기 위하여 7.4절에서 제시된 스프레드시트 모형의 오류 수정 방법들을 이용하시오. 특히 서로 다른 값들을 시도함으로써 올바른

결과를 예측하고, 토글 기능을 이용하여 모든 수식을 검토하고, 수식분석도구를 이용하여 다양한 변수셀, 자료셀, 출력셀들 간 선행 관계 및 종속 관계를 확인하시오. 발견된 오류에 대해 기술하고 어떻게 찾았는지에 대해 설명하시오.

7.13 www.mhhe.com/Hillier7e에 있는 'Everglade Problem 7.13' 스프레드시트 파일에는 이 장에서 고려된 Everglade사의 문제에 대한 정형화 결과가 포함되어 있다. 그러나 이 정형화 결과에는 세 개의 오류가 포함되어 있다. 이 오류를 찾아내기 위하여 7.4절에서 제시된 스프레드시트 모형의 오류 수정 방법들을 이용하시오. 특히 서로 다른 값들을 시도함으로써 올바른 결과를 예측하고, 토글 기능을 이용하여 모든 수식을 검토하고, 수식분석도구를 이용하여 다양한 변수셀, 자료셀, 출력셀들 간 선행 관계 및 종속 관계를 확인하시오. 발견된 오류에 대해 기술하고 어떻게 찾았는지에 대해 설명하시오.

통합사례 7-1: 연금에 대한 신중한 지급

PFS(Prudent Financial Services)사가 관리 중인 한 연금 펀드는 많은 금융 상품 중 널리 인정받고 있다. 이 연금 펀드는 많은 수의 회사가 자사 직원들에게 연금을 제공하기 위해 이용하고 있다. PFS사의 경영진은 이 펀드를 운용함에 있어서 엄격하면서도 전문적인 업무표준에 대해 자부심을 갖고 있다. 2007년 말부터 시작된 장기간의 대침체 기간 동안 금융 시장이 거의 붕괴되었고 또한 2020년 초에 시작된 COVID-19 팬데믹 기간 동안 경제가 거의 붕괴된 이후 PFS사는 해당 펀드를 신중하게 관리하기 위한 노력을 배가하였다.

2023년 12월 현재, 해당 펀드에 의해 향후 10년 동안 필요하게 될 총 연금 지불규모는 다음의 표와 같다.

연도	연금지급액 (단위: 100만 달러)	연도	연금지급액 (단위: 100만 달러)
2014	8	2019	17
2015	12	2020	20
2016	13	2021	21
2017	14	2022	22
2018	16	2023	24

이자 또한 이용함으로써 PFS사는 현재 유동성 자산을 충분히 보유하고 있으며, 이로써 연금 지불을 충족시키고 있다. 이에 따라 연금 펀드를 보호하기 위해, PFS사는 향후 10년에 걸쳐 연금 지불에 충당할 수 있도록 많은 투자를 하고자 한다. PFS사가 신뢰하는 투자 기회는 단기 투자신탁과 채권이다. 단기 투자 신탁은 2%의 연 이율을 제공한다. 한편 고려 중인 네 개의 채권에 대한 특징은 다음 표와 같다.

구분	현재가격	채권의 명목 이자율	만기 시점	액면가
채권 1	980달러	4%	2015/1/1	1,000달러
채권 2	920달러	2%	2017/1/1	1,000달러
채권 3	750달러	0%	2019/1/1	1,000달러
채권 4	800달러	3%	2022/1/1	1,000달러

이들 채권 모두 2024년 1월 1일을 기준으로 원하는 만큼 구입할 수 있다. 채권의 명목 이자율은 매년 1월 1일에 액면가 대비 지급되는 이자 금액의 비율에 해당하며, 구매 시점 1년 이후부터 만기 시점에 이를 때까지 계속 유지된다. 따라서 매년 1월 1일에 지불되는 이자 지급액은 해당 연도의 연금 지급 시점 이전에 사용되어야 한다. 초과된 이자 지불 금액은 단기 투자신탁 펀드에 예치된다. 보수적으로 재무 계획을 설계하기 위해, PFS사는 해당 년도의 모든 연금은 연초에 이들 이자를 지급(예: 해당 년도 단기 투자신탁으로부터 이자 수입)받은 직후에 지불한다고 가정한다. 채권의 전체 액면가도 만기일에 받게된다. 각 채권의 현재 가격이 액면 가격보다 낮기 때문에 채권의 실제 수익률은 해당 채권의 명목 이자율을 초과한다. 채권 3은 이자가 지급되지 않으므로 만기일에 지급되는 액면가는 구매 가격을 크게 초과한다.

PFS사는 2024년 1월 1일 기준으로 단기투자신탁의 잔액을 포함하여 최소한의 투자로서 2033년까지 필요한 연금 지불을 모두 충당하고자 한다. 이를 위한 재무계획을 수립하기 위해 스프레드시트 모형화가 필요하다.

a. 완료할 위치를 시각화하시오. 내려야 할 의사결정은 무엇인가? 목표는 무엇인가? PFS사의 경영진이 필요로 하는 수치는 무엇인가?

b. PFS사가 2024년 1월 1일 시점에 3,000만 달러를 단기 투자신탁에 투자하고 채권 1과 2 각각 10,000단위

를 구매하고자 한다. 이때 2025년, 2026년 1월 1일에 채권 1, 2로부터 받게 되는 금액을 수작업으로 각각 계산하시오. 또한 지불되는 금액을 받고 해당 연도의 연금을 지불하는 한편, 초과된 금액은 단기 투자신탁에 예치한 후, 2024년, 2025년, 2026년 1월 1일 시점에서 각각 단기 투자신탁 잔액을 계산하시오.

c. 자료셀, 변수셀, 출력셀, 목표셀이 위치한 블록들을 포함하여 스프레드시트 모형에 대한 개요를 작성하시오.
d. 2024년부터 2026년에 걸친 스프레드시트 모형을 수립하고, 해당 모형을 완벽하게 테스트하시오.
e. 2033년까지 모든 연도를 고려한 완전한 모형으로 확장하고 최적해를 구하시오.

선형계획법에 대한 What-If 분석

8 CHAPTER

학습목표: 8장을 학습한 후에는,

1. What-If 분석의 의미를 설명할 수 있어야 한다.
2. What-If 분석의 이점을 요약할 수 있어야 한다.
3. What-If 분석을 하고자 하는 모형에서 다양한 변경 사항들을 나열할 수 있어야 한다.
4. 다양한 What-If 분석을 실행하기 위해서 스프레드시트 모형이 어떻게 사용될 수 있는지 설명할 수 있어야 한다.
5. 하나 이상의 자료셀이 복수의 값으로 변경되었을 때 그 영향을 체계적으로 알아보기 위해 Analytic Solver의 parameter analysis reports기능을 사용할 수 있어야 한다.
6. 목적함수 계수가 최적해를 변화시키지 않으면서 얼마나 변할 수 있는지 알 수 있어야 한다.
7. 목적함수의 두 계수가 동시에 변할 때 최적해가 그대로 유지되는지를 평가할 수 있어야 한다.
8. 하나 이상의 제약식에서 우변 값이 미세하게 변할 때 목표셀의 값이 얼만큼 달라지는지 예측할 수 있어야 한다.
9. 이러한 예측이 유효한 제약식 우변 값의 변화 범위를 찾을 수 있어야 한다.
10. 두 제약식의 우변 값이 동시에 변할 때 이러한 예측이 계속 유효할 정도로 작은 변화인지 평가할 수 있어야 한다.
11. 강건 최적화의 목표가 무엇이고 독립 매개변수를 이용하여 어떻게 구현될 수 있는지 설명할 수 있어야 한다.
12. 실제로 조금은 위반될 수 있는 제약식을 다루기 위한 기회제약식을 사용할 수 있어야 한다.

5장과 7장에서 여러 가지 경영 문제를 표현하기 위해서 스프레드시트에 선형계획모형을 수립하는 방법과 이 모형에 대한 최적해를 구하기 위해 해찾기를 사용하는 방법에 대해서 설명하였다. 이 정도로 선형계획법에 대한 설명이 마무리되었을 것이라고 생각했을지 모른다. 관리자는 최적해를 찾으면 바로 실행하고 다른 문제로 관심을 옮길 것이라고 생각할 수 있지만 그렇지 않다. 현명한 관리자는 선형계획법을 통해서 훨씬 많은 것을 알기를 원하며 선형계획법은 훨씬 많은 것을 제공할 수 있다. 이 장에서 그러한 것을 설명한다.

최적해는 실제 문제를 대략적으로 표현한 특정한 수리 모형에 한해서만 최적일 뿐이다. 관리자는 단순히 그러한 해를 찾는 것 외에 더 많은 것에 관심이 있다. 선형계획연구의 목적은 미래 상황의 다양한 가정에서 여러 가지 경영상 옵션에 대한 다양한 예상 결과를 담은 인사이트를 제공함으로써, 경영진의 최종 의사결정에 도움을 주는 것이다. 대부분의 중요한 인사이트는 기본 모형에 대한 최적해를 구한 이후의 분석을 통하여 얻게 된다. 이러한 분석은 미래의 상황에 대한 가정이 바뀔 경우 최적해가 어떻게 변화할 것인가 하는 질문들을 다루기 때문에, 통상적으로 **What-If 분석**What-If analysis이라고 불린다. 스프레드시트가 What-If 질문에 대한 답을 하는 데 중심적인 역할을 한다.

이 장에서는 What-If 분석에 의해 얻을 수 있는 정보의 종류와 이러한 정보가 관리자에게 왜 중요한지에 대해 알아본다. 첫 번째 절에서는 전체적인 개요를 설명한다. 8.2절에서는 5.1절에 소개된 Wyndor Glass 회사의 제품혼합 사례연구로 돌아가서 이 경우에 필요한 What-If 분석에 대해 설명한다. 8.3에서 8.6절까지는 다양한 절차를 사용하여 어떤 선형계획법 문제에서든지 응용될 수 있는 What-If 분석을 수행한다. 8.7절에서는 이러한 접근 방법을 확장하여 문제를 풀지 않고도 실행가능성을 보장받는 해를 얻는 방법을 설명한다. 8.8절은 실제로 조금은 위반될 수 있는 제약식들을 큰 문제 없이 다루는 방법을 설명한다.

8.1 What-If 분석의 중요성

선형계획법에 관한 앞 장의 예제와 문제에서는 선형계획모형을 스프레드시트에 표현하기 위해 자료셀에 들어가야 할 숫자를 정확하게 정할 수 있는 모든 자료를 제공했다. (이러한 숫자를 모형의 **매개변수**parameter라고 한다.) 그러나 대부분의 실제 문제는 이렇게 간단하지 않다. 필요한 자료를 얻기 위해 상당한 시간과 노력이 필요하고 그나마 모형의 매개변수에 대한 대략적인 추정치만 얻을 수 있을지 모른다.

예를 들어 Wyndor 사례연구에서 모형에 대한 두 개의 주요한 매개변수는 두 신제품의 단위당 이익을 나타내는 목적함수의 계수이다. 이 매개변수들은 문 제품의 단위당 이익이 300달러이고 창문 제품의 단위당 이익이 500달러가 되는 것으로 추정되었다. 그러나 이러한 단위이익은 원자재비, 생산비, 물류비, 광고비, 시장의 반응, 경쟁의 정도 등 여러 가지 요인에 의존한다. 몇 가지 요인은 선형계획연구가 끝나고 신제품이 시장에 나온 지 상당 기간이 지난 후에야 정확히 추정할 수 있다.

따라서 Wyndor사의 경영진은 제품 생산에 대한 의사결정을 하기 전에, 만약 단위당 이익이 추정치와 많이 다른 경우 어떤 영향이 있는지 알고 싶어 할 것이다. 예를 들어 문 제품의 단위이익이 300달러가 아니라 200달러이면 최적해는 바뀔 것인가? 최적해가 바뀌지 않으려면 추정치는 어느 정도까지 부정확해도 되는가?

8.3절에서는 하나의 추정치만 부정확할 경우에 이와 같은 질문에 대해서 설명한다. 8.4절은 여러 개의 추정치가 부정확할 경우에 대해 유사한 질문을 다룬다.

목적함수의 특정한 계수가 넓은 범위로 변하더라도 최적해가 변하지 않는다면 경영진은 그 계수에 대한 대략적인 추정치로도 만족할 것이다. 반면에 추정치의 작은 변화에도 불구하고 최적해가 바뀐다면 관리자는 그 추정치를 정확하게 구하기 위해 세심한 주의를 기울일 것이다. 경영진은 종종 이와 같은 추정치를 만족할 만한 수준까지 조정하는 데 직접 참여하기도 한다.

What-If 분석의 첫 번째 이점을 요약하면 다음과 같다.

1. 선형계획모형의 많은 매개변수는 현재 시점에서 정확하게 결정할 수 없는 추정치(예: 단위이익)에 불과하다. What-If 분석은 잘못된 최적해를 얻지 않기 위해서 이러한 추정치가 얼마나 정확해야 하는가를 보여준다. 따라서 **민감한 매개변수**sensitive parameter를 찾아낸다. (민감한 매개변수 값은 작은 변화에도 최적해가 달라질 수 있기 때문에 이러한 추정치의 정확성을 높이는 데 추가적인 노력이 필요하다.)

앞으로 여러 절에서 What-If 분석이 가장 중요한 매개변수에 대해 어떻게 이러한 이점을 가져다 주는지 설명한다. 8.3절과 8.4절은 목적함수 계수(이 값은 보통 스프레드시트 모형에 각 활동의 성과척도에 대한 단위 공헌도가 표시된 행에 있다.)에 대한 What-If 분석을 다룬다. 8.5절과 8.6절은 함수제약식의 우변상수(이 값은 보통 스프레드시트 모형에 ≤, ≥, = 부등호의 바로 오른쪽 열에 있다.)에 대한 What-If 분석을 다룬다.

사업은 동적인 환경에서 이루어진다. 경영진이 현재의 추정치에 만족하고 해당 최적해를 실행할 때에도 사업 환경은 바뀔 수가 있다. 예를 들어 Wyndor사의 경영진은 문의 단위이익으로써 300달러라는 추정치에 만족한다고 가정하더라도, 그 후 경쟁이 치열해지면서 가격이 하락하여 단위이익이 감소할 수도 있다. 이것이 최적생산계획을 변하게 할까? 8.3절의 What-If 분석은 새로운 단위당 이익에서도 최적생산계획이 바뀌지 않는다는 것을 사전에 알려주어 경영진이 새로운 가격정책을 수립하는 데에 도움을 줄 수 있다. 만약 최적의 생산계획에 변화가 없다면 새로운 계수를 가지고 다시 모형을 풀 필요가 없다. 모형을 다시 풀지 않는 것은 두 개의 결정변수만 있는 Wyndor 문제에는 큰 일이 아니지만 수백 또는 수천 개의 제약식과 결정변수가 있는 실제 문제에서는 매우 반기는 일이다.

What-If 분석의 두 번째 이점을 요약하면 다음과 같다.

2. 연구가 완료된 뒤 상황이 달라지는 경우에(흔히 발생한다), What-If 분석은 모형을 다시 풀지 않고도 매개변수의 변화가 최적해를 변화시키는지 아닌지를 알 수 있도록 한다.

앞으로 나오는 여러 절에서 What-If 분석이 어떻게 위와 같은 일을 하는지 설명한다.

다음 절에서는 선형계획모형의 매개변수의 변화가 최적해에 어떠한 영향을 주는지를 밝히는 데 집중한다. 이러한 형태의 What-If 분석은 매개변수의 값에 대해 최적해가 얼마나 민감한지를 확인해보는 것이기 때문에 흔히 **민감도 분석**sensitivity analysis이라고 불린다. 민감도 분석은 What-If 분석의 중요한 부분이다.

그러나 부정확한 매개변수 추정치의 영향을 체크하는 수동적인 민감도 분석에 만족하기보다는 What-If 분석을 좀더 주도적으로 활용할 수 있다. 모형에 변화를 가져올 다양한 경영의 활동에 대한 분석이 가능하다.

이러한 주도적인 방법의 예는 모형의 어떤 매개변수가 관리의 통제를 벗어나 있는 값이 아니라 경영의 정책적 의사결정을 반영하고 있는 것일 때 주로 볼 수 있다. 예를 들면 Wyndor 제품혼합문제에 대해서 세 가지 함수제약식의 우변상수(4, 12, 18)는 세 곳의 공장에서 각각 두 신제품 생산을 위해 가용한 주당 생산시간을 나타낸다. 경영진은 각 공장에서 생산하고 있는 기존 제품의 생산수준을 변경하여 이들 세 자원의 양을 변화시킬 수 있다. 따라서 경영진은 최적해를 얻은 후, 이들 자원의 양이 어떤 식으로 바뀌면 신제품으로부터 얻는 이익에 주는 영향을 알고 싶어한다. 한 가지 주요 질문은 한 공장의 신제품 생산을 위한 가용시간을 증가시킬 경우 이 이익을 얼마나 증가시킬 수 있느냐이다. 다른 하나는 모든 공장의 가용한 생산시간을 동시에 증가시킬 경우 이 이익을 얼마나 증가시킬 수 있느냐이다. 만약에 신제품으로부터 얻는 이익이 구제품의 생산수준을 줄임으로써 발생하는 손실을 초과할 경우, 경영진은 아마도 그런 변화를 수용할 것이다.

What-If 분석의 세 번째 이점을 요약하면 다음과 같다.

3. 모형의 어떤 매개변수가 경영의 정책적 의사결정을 나타내는 경우, What-If 분석은 정책적 의사결정을 변경하는 것의 효과에 대한 유용한 지침을 경영진에 제공한다.

What-If 분석은 때로는 경영진에게 도움이 되는 지침을 제공하는 것 이상의 역할을 한다. 예를 들어, 모형 매개변수의 실제값이 어떻게 나타날지에 대한 불확실성이 상당한 경우, 경영진은 매개변수 실제값의 모든 타당한 조합에 대해 실행 가능하면서 최적에 대한 근사함이 실질적으로 보장되는 해를 찾고 싶어할지 모른다. 이것을 하기 위해 8.7절에서는 강건 최적화 기법을 소개할 것이다. 그 다음 8.8절에서는 큰 문제 없이 조금 위반될 수 있는 제약식을 다루기 위해 기회제약식을 사용하는 방법을 설명할 것이다.

이 장 전체에 걸쳐, 초점은 선형계획법을 적용하는 동안 What-If 분석을 언제 어떻게 사용해야 하는지에 있다. 경영과학과 비즈니스 분석의 다양한 다른 기법을 적용할 때에도 What-If 분석은 관리자에게 중요하다. 절차는 다른 종류의 응용 분야에 맞게 조정할 필요가 있겠지만, 이 장에서는 처방 애널리틱스를 수행하는 것을 포함하여 거의 모든 연구에서 What-If 분석을 포함하는 것이 중요하다는 것을 보여준다.

복습문제

1. 선형계획모형의 매개변수는 무엇인가?
2. 모형의 매개변수에서 부정확성은 어떻게 발생할 수 있는가?
3. 추정치에 불과한 모형의 매개변수에 대해서 What-If 분석은 무엇을 밝혀내는가?
4. 모형의 매개변수에 대해 대략적으로만 추정하는 것이 항상 부적절한 것인가? 그 이유는 무엇인가?
5. 모형의 매개변수가 처음에는 정확했다가 나중에 부정확하게 되는 것은 어떻게 발생하는가?

복습문제

6. What-If 분석은 경영진이 상황 변화에 준비하도록 어떻게 도움을 주는가?
7. 민감도 분석은 무엇을 의미하는가?
8. 어떤 경영의 정책적 의사결정에 대해서 What-If 분석이 가이드를 제시하는가?

8.2 Wyndor Glass사 사례 (계속)

이 절에서는 5.1절의 Wyndor Glass사 제품혼합문제를 다시 다룬다. 간단히 요약하면 회사는 다음과 같은 두 개의 신제품을 생산하려고 한다.

- 알루미늄 틀 8피트 유리문
- 나무틀 4피트×6피트 이중창문

이익이 가장 많아지려면 두 제품의 생산량을 어떻게 할 것인지 분석하기 위해서 데이터분석팀은 두 개의 의사결정변수를 사용했다.

D = 새 문의 주당 생산량
W = 새 창문의 주당 생산량

세 곳의 공장에서 두 신제품을 생산하기로 했다. 각 공장에서 현재 생산하고 있는 제품을 계속해서 얼마나 생산할 것인가에 대한 경영진의 의사결정에 기초하여, 신규 제품을 위해 공장 1, 2, 3에서 확보한 주당 가용 생산시간은 각각 4, 12, 18시간이다. 문의 단위당 이익이 300달러, 창문의 단위당 이익이 500달러라고 대략적으로 추정한 뒤 데이터분석팀은 〈그림 8-1〉의 선형계획모형을 수립하였다(그림 5-12와 동일). 여기서 목적은 목표셀 TotalProfit(G12)에 주어진 주당 총이익이 최대가 되도록 변수셀 UnitsProduced(C12:D12)에 있는 D와 W의 값을 구하는 것이다. 이 모형에 해찾기를 적용하여 구한 최적해가 스프레드시트에 표시되어 있으며 다음과 같다.

최적해

D = 2 (주당 2개의 문 생산)
W = 6 (주당 6개의 창문 생산)
이익 = 3,600 (주당 추정이익 3,600달러)

그러나 이 최적해는 모형에 사용된 모든 매개변수(UnitProfit(C4:D4), HoursUsedPerUnitProduced(C7:D9), HoursAvailable(G7:G9))의 추정치가 정확하다고 가정하고 있다.

데이터분석팀의 팀장인 Lisa Taylor는 위 최적해에 대한 팀의 보고서를 가지고 경영진과 회의를 준비하고 있다.

〈그림 8-1〉 What-If 분석 전의 Wyndor 문제에 대한 스프레드시트 모형과 최적해

	A	B	C	D	E	F	G
1		**Wyndor Glass Co. Product-Mix Problem**					
2							
3			Doors	Windows			
4		Unit Profit	$300	$500			
5					Hours		Hours
6			Hours Used per Unit Produced		Used		Available
7		Plant 1	1	0	2	≤	4
8		Plant 2	0	2	12	≤	12
9		Plant 3	3	2	18	≤	18
10							
11			Doors	Windows			Total Profit
12		Units Produced	2	6			$3,600

Solver Parameters
Set Objective Cell: TotalProfit
To: Max
By Changing Variable Cells:
UnitsProduced
Subject to the Constraints:
HoursUsed <= HoursAvailable

Solver Options:
Make Variables Nonnegative
Solving Method: Simple x LP

	E
5	Hours
6	Used
7	=SUMPRODUCT(C7:D7, UnitsProduced)
8	=SUMPRODUCT(C8:D8, UnitsProduced)
9	=SUMPRODUCT(C9:D9, UnitsProduced)

	G
11	Total Profit
12	=SUMPRODUCT(UnitProfit, UnitsProduced)

Range Name	Cells
DoorsProduced	C12
HoursAvailable	G7:G9
HoursUsed	E7:E9
HoursUsedPerUnitProduced	C7:D9
TotalProfit	G12
UnitProfit	C4:D4
UnitProfitPerDoor	C4
UnitProfitPerWindow	C12
UnitsProduced	C12:D12
WindowsProduced	D12

생산계획안에 대한 경영진과의 토론

Lisa Taylor(데이터분석팀장): 제가 이 회의를 요청한 것은 두 분이 무엇을 더 원하는지 알아보기 위한 것입니다. 특히 어떤 수치를 모형에 사용하는 것이 좋을지 정확히 알 수 없었다는 것이 신경 쓰입니다. 어느 추정치가 가장 변동이 심하다고 생각하십니까?

Bill Tasto(생산담당 부사장): 당연히 두 제품의 단위당 이익입니다. 제품들은 아직 생산을 시

작하지 않았기 때문에 유사한 생산제품으로부터 자료를 분석하고 신제품에 대한 단위당 이익의 변화를 예측하는 것이 우리가 할 수 있는 전부입니다. 몇 개의 수치를 얻었으나 대략적으로 구한 값입니다. 정확한 값을 위해 더 많은 노력이 필요합니다.

John Hill(대표): 그럴 필요가 있겠군요. Lisa, 최적의 생산계획이 바뀌지 않는 범위 내에서 단위당 이익의 추정치가 얼마까지 달라질 수 있는지 확인하는 방법이 있습니까?

Lisa: 예. 각 단위이익에 대한 허용범위allowable range로부터 쉽게 알아낼 수 있습니다. 한 제품의 단위이익의 실제값이 이 허용범위 안에 있고, 다른 제품의 단위이익이 정확하다면 최적 생산계획은 변하지 않습니다. 이 범위가 상당히 넓으면 단위이익을 정확히 예측할 필요가 없습니다만, 이 범위가 좁으면 추정치를 더 정확히 구하는 것이 중요합니다.

John: 두 추정치가 모두 벗어나면 어떻게 되나요?

Lisa: 참값으로 생각되는 단위이익의 어떤 새로운 조합에 대해 최적생산계획이 변경되는지 여부를 확인할 수 있는 방법이 있습니다.

John: 대단하군요. 우리는 그것이 필요합니다. 그리고 또 하나 있습니다. Bill이 신제품을 위해 세 곳의 공장에 가용한 생산시간이 각각 얼마나 있는지에 대한 값을 구했습니다. 그 값이 스프레드시트에 사용된 것으로 알고 있습니다.

Lisa: 그렇습니다. 제약식의 우변에 있습니다. 그 숫자에 문제가 있습니까?

John: 아니오. 하지만 이 숫자들을 바꾸면 어떤 영향이 있을지 데이터분석팀이 분석해주면 좋겠어요. 한 공장에서 신제품에 대한 주당 생산가능시간을 1시간 더 늘리면 얼마나 더 이익이 발생할지 알고 싶군요.

Lisa: 예. 그런 분석은 즉시 할 수 있습니다.

John: 공장 두 곳이나 세 곳의 생산가능시간이 동시에 변할 때 어떻게 되는지도 궁금합니다. 또 다른 추정치는 공장 3에서 문과 창문의 생산율인데요, 그 추정치들이 불확실하다면 어떤 일이 발생하는지도 알고 싶네요.

Lisa: 문제없습니다. 모든 질문에 대한 분석 결과를 제공하도록 하겠습니다.

경영진의 What-If 질문에 대한 요약

다음은 데이터분석팀이 분석할 John Hill의 What-If 질문에 대한 요약이다.

1. Wyndor사의 신제품 중 하나의 단위당 이익 추정치가 부정확하면 어떤 일이 일어나는가? (8.3절)
2. Wyndor사의 두 신제품의 단위당 이익 추정치가 모두 부정확하면 어떤 일이 일어나는가? (8.4절)
3. Wyndor사의 한 공장에서 신제품 생산에 사용할 가용시간이 변경되면 어떤 일이 일어나

는가? (8.5절)

4. Wyndor사의 모든 공장에 대해 신제품 생산에 이용할 수 있는 시간이 동시에 변경되면 어떤 일이 일어나는가? (8.6절)
5. 공장 3에서 문과 창문의 생산율이 불확실하면 어떤 일이 일어나는가? (8.7과 8.8절)

복습문제

1. Wyndor 문제의 선형계획모형에 사용된 매개변수의 추정치 중에서 어떤 것이 가장 의심스러운가?
2. 데이터분석팀의 분석 결과를 보고 나서 경영진이 변경할 수도 있는 잠정적인 경영의 결정을 나타내는 값들은 모형 안에 어떠한 것들이 있는가?

8.3 목적함수 계수 하나의 변화에 대한 영향

8.1절은 선형계획모형에서 사용되는 많은 매개변수가 그 시점에 정확히 결정될 수 없는 양에 대한 추정치에 불과하다는 사실을 설명하면서 시작했다. What-If 분석(특히, 민감도 분석)은 잘못된 최적해를 얻는 것을 피하기 위해서 이러한 추정치들이 얼마나 정확해야 하는가를 밝힌다.

이 절에서는 고려하는 매개변수가 목적함수의 계수인 경우에 대하여 민감도 분석을 어떻게 하는지에 대해서 다룬다(각 계수는 해당 활동의 전체 성과척도에 대한 단위당 기여도를 나타낸다). 앞 절에서 Wyndor사 경영진이 던진 첫 번째 질문을 다시 확인하자.

[질문 1] Wyndor사의 신제품 중 하나의 단위당 이익 추정치가 부정확하면 어떤 일이 일어나는가?

Wyndor사의 신규 문 제품의 단위당 이익에 대한 추정치 300달러가 부정확하다면 어떤 일이 일어나는지를 먼저 알아보자. 다음과 같은 기호를 정의한다.

P_D = 신규 문 제품의 단위당 이익
= 스프레드시트의 C4셀(그림 8-1 참조)

비록 Wyndor사의 현재 선형계획모형에서는 P_D=300달러이지만, 이제는 P_D값이 어느 정도까지 증가하거나 감소해도 최적해 $(D, W)=(2, 6)$이 그대로 유지되는지 알고 싶다. 즉, 문의 단위당 이익의 추정치 300달러가 모형이 최적해가 변하지 않을 때까지 얼마나 변할 수 있는지 알고 싶다.

스프레드시트를 이용한 민감도 분석

스프레드시트의 큰 장점 중 하나는 민감도 분석을 포함하여 다양한 종류의 What-If 분석을 수행하는 데 대화식으로 쉽게 사용할 수 있다는 것이다. 일단 최적해를 찾기 위해 해찾기를 실행하였으면, 모형의 매개변수 중 하나가 다른 값으로 변경되었을 경우 어떤 일이 일어나는지를 바로 알 수 있다. 스프레드시트에서 그 값만 바꾸고 해찾기를 다시 실행하면 된다.

〈그림 8-2〉는 문의 단위이익이 P_D=300달러에서 P_D=200달러로 감소되었을 때 어떤 일이 일어나는지를 보여주고 있다. 〈그림 8-1〉과 비교하면 최적해는 변화가 없다. 다만 달라진 것은 C4셀의 P_D값과 G12셀의 총이익이 200달러 감소한 것뿐이다(주당 생산하는 문 두 개의 이익이 각각 100달러씩 감소했기 때문이다). 최적해는 변하지 않기 때문에 원래의 추정치 P_D=300달러가 최적해를 유지하는 P_D값 중에서 상당히 높은 값이라고 할 수 있다.

반면에 이 추정치가 실제값보다 상당히 작은 값이라면 어떻게 되는가? 〈그림 8-3〉은 P_D가 500달러까지 증가하는 경우 어떤 일이 일어나는지를 보여주고 있다. 이때에도 최적해는 변함이 없다.

원래의 P_D=300달러는 큰 폭으로 증가하거나 감소해도 최적해가 변하지 않기 때문에 P_D는 민감한 매개변수라고 할 수 없다. 모형의 올바른 최적해를 구한다는 것을 신뢰하기 위해서 이 매개변수의 추정치를 아주 정확히 추정할 필요는 없다.

P_D에 관해 필요한 정보는 이것이 전부일 수도 있다. 그러나 만약 P_D의 실제값이 200달러에서 500달러의 범위를 벗어날 가능성이 있다면 추가적인 분석이 필요하다. 최적해가 바뀌지 않으면서 P_D의 값은 어느 정도까지 커지거나 작아질 수 있는가?

〈그림 8-2〉 문의 단위당 이익이 200달러로 감소한 경우의 Wyndor 문제

	A	B	C	D	E	F	G
1	**Wyndor Glass Co. Product-Mix Problem**						
2							
3			Doors	Windows			
4		Unit Profit	$200	$500			
5					Hours		Hours
6			Hours Used per Unit Produced		Used		Available
7		Plant 1	1	0	2	≤	4
8		Plant 2	0	2	12	≤	12
9		Plant 3	3	2	18	≤	18
10							
11			Doors	Windows			Total Profit
12		Units Produced	2	6			$3,400

〈그림 8-3〉 문의 단위당 이익이 500달러로 증가한 경우의 Wyndor 문제

	A	B	C	D	E	F	G
1	**Wyndor Glass Co. Product-Mix Problem**						
2							
3			Doors	Windows			
4		Unit Profit	$500	$500			
5					Hours		Hours
6			Hours Used per Unit Produced		Used		Available
7		Plant 1	1	0	2	≤	4
8		Plant 2	0	2	12	≤	12
9		Plant 3	3	2	18	≤	18
10							
11			Doors	Windows			Total Profit
12		Units Produced	2	6			$4,000

〈그림 8-4〉 문의 단위당 이익의 추정치가 1,000달러로 증가된 경우 최적해의 변화를 나타내는 Wyndor 문제

	A	B	C	D	E	F	G
1	**Wyndor Glass Co. Product-Mix Problem**						
2							
3			Doors	Windows			
4		Unit Profit	$1,000	$500			
5					Hours		Hours
6			Hours Used per Unit Produced		Used		Available
7		Plant 1	1	0	4	≤	4
8		Plant 2	0	2	6	≤	12
9		Plant 3	3	2	18	≤	18
10							
11			Doors	Windows			Total Profit
12		Units Produced	4	3			$5,500

〈그림 8-4〉는 만약 P_D의 값이 증가하여 P_D=1,000달러가 되면 최적해가 결국 바뀌는 것을 보여주고 있다. 이러한 변화는 P_D를 증가시키는 과정 중에 500달러와 1,000달러 사이 어딘가에서 발생한다는 것을 알 수 있다.

체계적인 민감도 분석을 위한 Analytic Solver의 매개변수 분석 보고서 사용하기

언제 최적해가 변하는지를 알기 위해서 새로운 P_D값을 임의로 계속 바꿔볼 수 있다. 그러

나 더 좋은 방법은 P_D의 범위를 체계적으로 고려하는 것이다.

5.6장에서 처음 소개된 Analytic Solver는 이런 종류의 분석을 위해 설계된 매개변수 분석 보고서parameter analysis report를 만들 수 있다. 이 소프트웨어를 내려받는 방법은 서론과 웹사이트 www.mhhe.com/Hiller7e에서 볼 수 있다.

매개변수 분석 보고서를 만들기 위한 준비로 값이 변경될 특정 셀(예: C4에 대해 UnitProfitPerDoor)과 특정 변수셀(C12와 D12에 대해 각각 DoorsProduced와 윈도우-Produced)에 대해 몇 가지 추가적인 범위명이 정의되었다.

체계적으로 값이 바뀌게 될 매개변수를 담고 있는 자료셀(이 문제에선 UnitProfit-PerDoor 또는 C4)을 **매개변수셀**parameter cell이라 한다. 매개변수 분석 보고서는 매개변수셀의 다양한 값의 변화에 대해 변수셀이나 목표셀의 달라진 결과를 보여주는 데 사용된다.

매개변수 분석 보고서를 생성하기 위해서는 먼저 매개변수셀이 정의되어야 한다. 이 문제에서는 C4(UnitProfitPerDoor)셀을 선택한 후 Analytic Solver 리본의 Parameters 메뉴에서 Optimization을 선택한다. 〈그림 8-5〉에 보이는 매개변수셀 대화상자에서 매개변수셀의 값의 범위를 입력한다. 입력된 값을 보면 P_D가 100달러에서 1,000달러까지 체계적으로 변하도록 지정되어 있다. 필요하다면, 이런 방법으로 추가적인 매개변수셀을 정의할 수 있다.

다음은 Analytic Solver 리본에 있는 Reports 메뉴에서 Optimization을 선택하고 Parameter Analysis로 들어간다. 이렇게 하면 어느 매개변수셀을 변화시키고 어떤 결과를 보일 것인지를 지정할 수 있는 〈그림 8-6〉과 같은 대화상자가 나타난다. 변화시키려는 매개변수셀은 대화상자의 하단부 Parameters 아래에서 선택한다. '>>'을 클릭하면 지금까지 정의된 모든 매개변수셀을 선택하게 된다(박스의 오른쪽으로 이동시키면서). Wyndor사 문제에서는 하나의 매개변수셀만 정의되었기 때문에 오른쪽에 하나의 매개변수셀(UnitProfitPerDoor)만 나

〈그림 8-5〉 P_D가 100달러에서 1,000달러까지 체계적으로 변할 수 있게 설정된 매개변수셀 대화상자

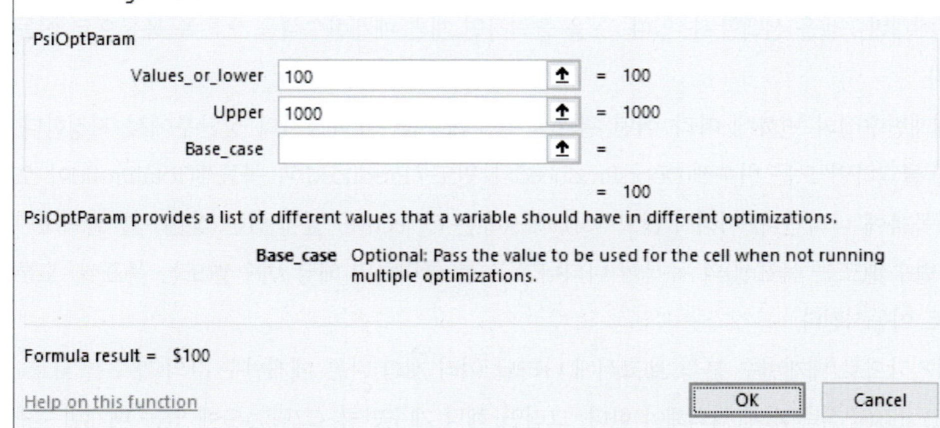
Function Arguments ? X

PsiOptParam

Values_or_lower 100 = 100

Upper 1000 = 1000

Base_case =

= 100

PsiOptParam provides a list of different values that a variable should have in different optimizations.

Base_case Optional: Pass the value to be used for the cell when not running multiple optimizations.

Formula result = $100

Help on this function OK Cancel

〈그림 8-6〉 변화시킬 매개변수셀과 결과에 나타날 변수셀과 목표셀이 지정되어 있는 매개변수 분석 보고서 대화상자

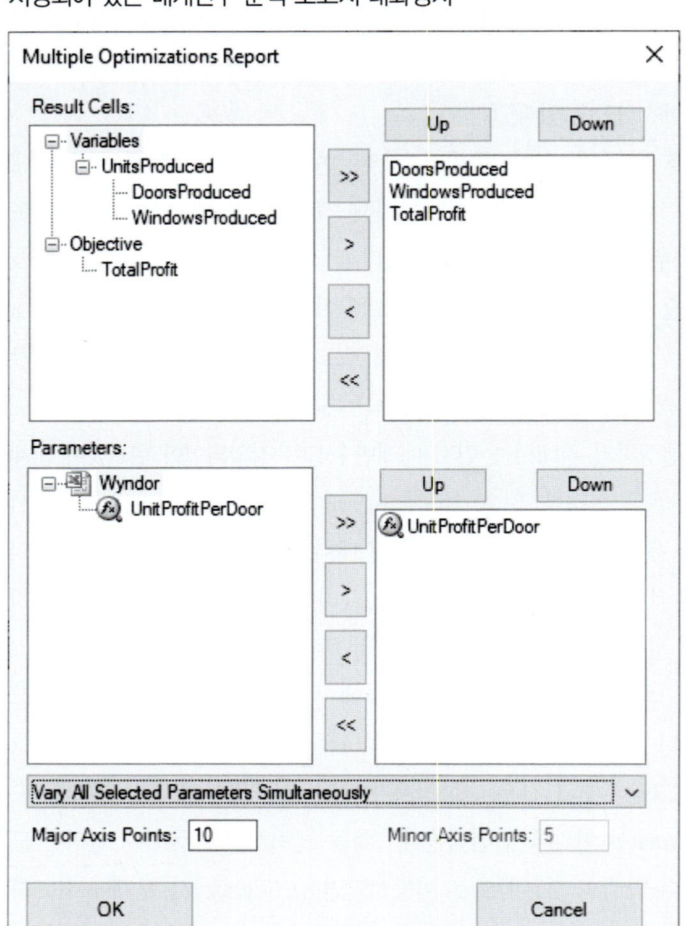

타나 있다. 더 많은 매개변수셀이 정의되었다면 Wyndor 옆에 있는 +를 클릭하여 Wyndor 스프레드시트에 정의되어 있는 매개변수셀의 목록을 볼 수 있고 그중에서 즉시 분석이 필요한 특정 매개변수셀을 선택할 수 있다. ‘>’을 클릭하면 개별 매개변수셀을 오른쪽 목록으로 이동시킨다.

매개변수셀의 변화에 따라 어떤 결과를 볼 것인지는 대화상자의 상단부에서 지정한다. ‘>>’을 클릭하면 모든 변수셀(DoorsProduced와 윈도우Produced)과 목표셀(TotalProfit)이 오른쪽 목록에 나타난다. 이러지 않고 Variables(혹은 Objective) 옆에 있는 작은 +를 클릭하면 모든 변수셀(또는 목표셀)의 목록이 나타나고 ‘>’를 클릭하면 해당 변수셀(또는 목표셀) 오른쪽으로 이동시킨다.

마지막으로 매개변수 분석 보고서에 나타날 여러 개의 다른 매개변수 값의 개수를 Major Axis Points(중심축점)에 입력해야 한다. 그러면, 해당 개수만큼 〈그림 8-5〉에 있는 매개변수셀

〈그림 8-7〉 Wyndor 문제에서 문의 단위당 이익이 변할 때 그 결과를 체계적으로 보여주는 매개변수 분석 보고서

	A	B	C	D
1	UnitProfitPerDoor	DoorsProduced	WindowsProduced	TotalProfit
2	$100	2	6	$3,200
3	$200	2	6	$3,400
4	$300	2	6	$3,600
5	$400	2	6	$3,800
6	$500	2	6	$4,000
7	$600	2	6	$4,200
8	$700	2	6	$4,400
9	$800	4	3	$4,700
10	$900	4	3	$5,100
11	$1,000	4	3	$5,500

대화상자에 명시된 하한값과 상한값 사이에서 균등하게 펼쳐진 매개변수 값에 대해 분석하게 된다. 예를 들어, 중심축점 값이 10, 하한값이 100달러, 상한값이 1,000달러인 경우에 매개변수 분석 보고서는 P_D가 100달러, 200달러, 300달러, ⋯, 1,000달러일 때의 결과를 보여줄 것이다.

OK 버튼을 클릭하면 〈그림 8-7〉과 같이 매개변수 분석 보고서가 생성된다. 표의 첫째 열에 나열된 값들을 하나씩 하나씩 매개변수셀(UnitProfitPerDoor)에 입력한 후 해찾기를 호출해서 문제를 다시 푼 결과이다. 매개변수셀의 특정 후보 값에 대한 최적해 결과가 나머지 열에 나타나 있다(DoorsProduced, WindowProduced, TotalProfit). 이 과정이 매개변수셀의 나머지 후보 값들에 대해서도 자동으로 반복된다. 완전히 작성된 매개변수 분석 보고서의 최종 결과가 〈그림 8-7〉에 있다(작은 문제에 대해서는 매우 빠른 시간 안에 작성된다).

이 보고서로부터 P_D가 100달러(더 낮을 수도 있다)에서 700달러까지는 최적해가 변하지 않고 700달러에서 800달러 사이에서 변한다는 것을 알 수 있다. 유사한 체계적인 방법을 통해 P_D가 700달러에서 800달러 사이의 어느 값에서 변하는지 더 자세히 찾을 수도 있다. 하지만 더 간단한 방법이 있다. 최적해 $(D, W)=(2, 6)$이 변하지 않는 P_D값의 범위를 **목적함수 계수에 대한 허용범위**allowable range for objective function coefficient 또는 간단히 **허용범위**allowable range라고 부른다. 엑셀 해찾기는 허용범위가 정확히 어떻게 되는지를 보여주는 민감도 보고서라고 불리는 보고서를 만들어준다.

민감도 보고서를 이용한 허용범위 찾기

〈그림 5-11〉에서처럼 해찾기가 해를 찾았다는 메시지를 줄 때 오른편에 추가로 생성가능한 세 가지 보고서의 목록도 보여준다. 두 번째(Sensitivity라고 표시됨) 것을 선택하면 민감도 보고서를 볼 수 있다. Analytic Solver에서도 동일한 보고서를 얻을 수 있는데, Analytic

〈그림 8-8〉 Wyndor 문제(그림 8-1)에 대해 해찾기로 생성한 민감도 보고서의 일부

Variable Cells

Cell	Name	Final Value	Reduced Cost	Objective Coefficient	Allowable Increase	Allowable Decrease
$C$12	DoorsProduced	2	0	300	450	300
$D$12	WindowsProduced	6	0	500	1E + 30	300

Solver 리본에서 Reports > Optimization > Sensitivity를 선택하면 된다.

〈그림 8-8〉은 Wyndor사 문제에 대한 보고서 중 관련 부분을 보여준다. Final Value 열은 최적해를 나타낸다. 다음 열은 한계비용을 나타낸다(최적해 중에 하나의 변수셀이라도 0값을 갖는 경우에 한계비용으로부터 유용한 정보를 얻을 수 있지만, 이 문제에서는 그렇지 않다). 0 값을 갖는 변수셀에 대해, 해당 변수셀 값이 증가하거나 목적함수의 관련 계수 값이 달라지는 경우에 어떠한 영향이 있는지 확인할 때 해당 한계비용이 사용될 수 있다. 한계비용의 해석에는 상대적으로 기술적인 특성이 있기 때문에, 여기서는 더 이상 다루지 않는다. 관련된 내용은 교재 웹사이트에 있는 이번 장의 보충 부분에 자세히 설명한다(www.mhhe.com/Hillier7e). 그 다음 세 열은 목적함수의 각 계수에 대한 허용범위를 구하는 데 필요한 정보를 제공한다. Objective Coefficient 열은 현재 계수값을 보여주고, 나머지 두 열은 현재의 계수값에서 허용가능 증가치(Allowable Increase)와 허용가능 감소치(Allowable Decrease)를 보여준다.

예를 들면, 목적함수에서 D의 계수 P_D를 고려하자. D는 신규 문의 생산량이므로 표의 Doors행은 P_D에 대한 다음과 같은 정보를 준다.

P_D의 현재값: 300

P_D의 허용가능 증가치: 450, 즉 $P_D \leq 300+450=750$

P_D의 허용가능 감소치: 300, 즉 $P_D \geq 300-300=0$

P_D의 허용범위: $0 \leq P_D \leq 750$

그러므로 P_D가 현재값에서 변할 때(모형에서 그 외의 변화는 없음), 새로운 값이 허용범위 내에 있으면 현재의 최적해 $(D, W)=(2, 6)$은 그대로 유지된다.

〈그림 8-9〉는 그래프로 표현된 허용범위의 의미를 보여준다. 원래 값인 $P_D=300$일 때 그래프 내의 실선은 (2, 6)을 지나는 목적함수선의 기울기를 보여주고 있다. 허용범위의 하한, 즉 $P_D=0$에서 (2, 6)을 지나는 목적함수선은 이제 직선 B이고, 이때는 (0, 6)과 (2, 6)를 잇는 직선상의 모든 점이 최적해가 된다. 만약 $P_D<0$이면 목적함수선은 더 회전하여 (0, 6)이 유일한 최적해가 된다. 허용범위의 상한, 즉 $P_D=750$에서는 (2, 6)을 지나는 목적함수선은 직선 C가 되며, 이때 (2, 6)과 (4, 3)을 잇는 직선상의 모든 점이 최적해가 된다. 만약 $P_D>750$이면 목적함수선은 직선 C보다 더 시계방향으로 회전하여 (4, 3)이 유일한 최적해가 된다.

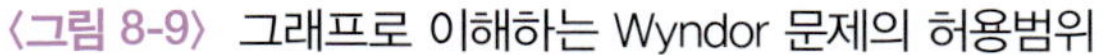

〈그림 8-9〉 그래프로 이해하는 Wyndor 문제의 허용범위

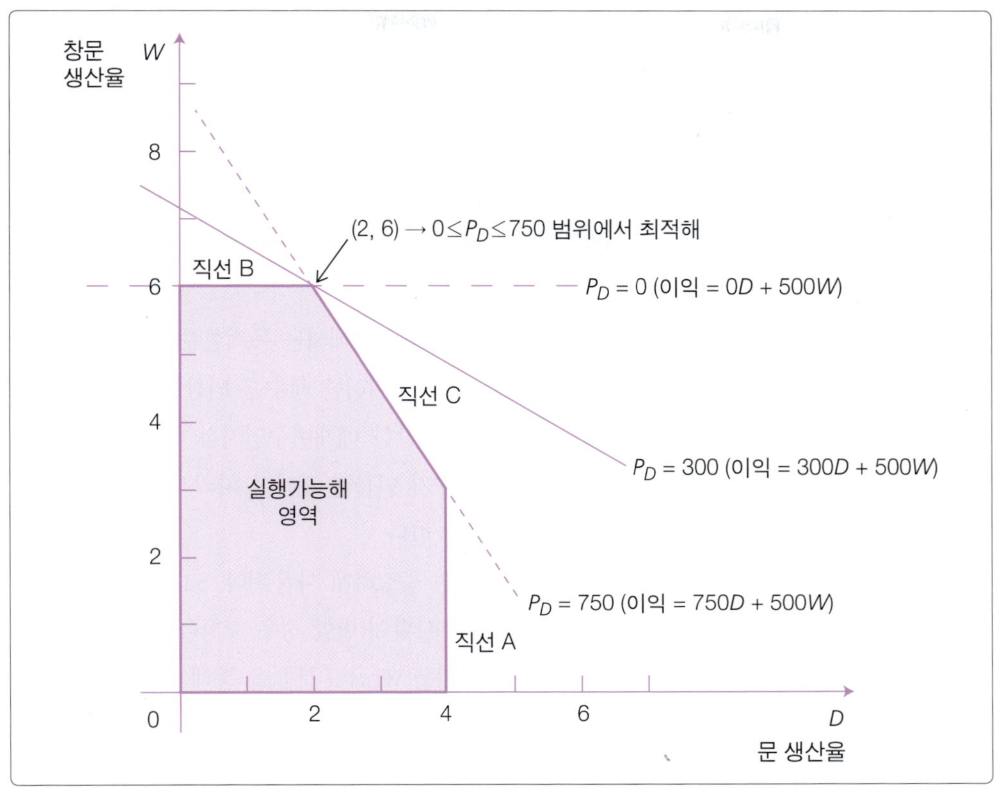

결론: P_D의 허용범위는 $0 \le P_D \le 750$이다. 왜냐하면, 이 범위 내에서는 $(D, W)=(2, 6)$이 최적이나, 이 범위를 벗어나면 그렇지 않다. (P_D=0 또는 P_D=750일 때에는 최적해가 여러 개 있으나, 여전히 $(D, W)=(2, 6)$은 최적해 중의 하나이다.) 문의 단위당 이익에 대한 원 추정치 300달러를 중심으로 허용범위가 넓기 때문에, 8.2절에서 언급한 것처럼 이 추정치가 대략적인 것이라 해도 올바른 최적해를 구한 것이라고 자신할 수 있다.

민감도 보고서를 이용하여 다른 제품의 단위당 이익에 대한 허용범위를 구할 수 있다.

P_W = 새로운 창문의 단위이익
= 스프레드시트의 D4셀

이라고 하자. 〈그림 8-8〉의 민감도 보고서의 윈도우행을 보면 P_W의 허용가능 감소치는 300(즉, $P_W \ge 500-300=200$)이고 허용가능 증가치는 1E+30이다. 숫자 1E+30는 엑셀에서 10^{30}을 간단하게 쓴 것이다. 이 굉장히 큰 수는 엑셀에서 무한대값infinity을 표현하기 위해 사용한다. 따라서 민감도 보고서에서 구한 P_W의 허용범위는 다음과 같다.

P_W의 현재값: 500

P_W의 허용가능 증가치: 제한 없음. 즉, P_W는 상한이 없다

P_W의 허용가능 감소치: 300. 즉, $P_W \geq 500-300=200$

허용범위: $P_W \geq 200$

목적함수 두 계수 모두 허용범위가 상당히 넓다. 그러므로 P_D=300달러와 P_W=500달러가 각각 문과 창문의 실제값에 대한 대략적인 추정치라고 하더라도 올바른 최적해를 얻었다고 자신할 수 있다.

그러나 항상 이렇게 운이 좋지는 않다. 어떤 선형계획문제에서는 목적함수의 계수 값이 조금만 변해도 최적해가 바뀔 수 있다. 8.1절에 언급했듯이 이러한 계수를 민감한 매개변수라고 한다. 민감도 보고서를 보면 어느 목적함수 계수가 민감한 매개변수인지를 바로 알 수 있다. 허용가능 증가치나 허용가능 감소치가 작은 매개변수가 민감한 것이며, 따라서 이러한 추정치는 정확히 추정하기 위해 보다 많은 주의를 기울여야 한다.

이러한 과정을 거친 모형을 푼 뒤에도 허용범위는 중요하게 사용된다. 5.1절에서 설명했듯이 What-If 분석의 두 번째 이점은 연구가 끝난 뒤에 상황이 변할 경우, 모형을 다시 풀지 않고서도 변한 매개변수가 최적해를 변화시키는지 아닌지를 What-If 분석을 통해 알 수 있다는 것이다. 그러므로 몇 주, 몇 달, 또는 몇 년이 지난 후에도 Wyndor사의 새로운 제품 중 하나의 단위이익이 변한다면 허용범위를 보고 기존 최적해가 계속 적합한지를 판단할 수 있다. 모형을 수정하여 다시 풀지 않고 결론을 내릴 수 있다는 것은 모든 선형계획문제에서, 특히, 대규모 모형일 때 많은 도움이 된다.

복습문제

1. Analytic Solver는 매개변수셀의 지정된 범위 값들에 대해 최적해가 어떻게 달라지는지 확인하기 위하여 어떤 종류의 보고서를 생성하는가?
2. 목적함수 계수에 대한 허용범위는 무엇을 의미하는가?
3. 목적함수 계수의 실제값이 허용범위 밖에 있을 정도로 추정치와 다르다면 무엇을 의미하는가?
4. 엑셀의 민감도 보고서에서 목적함수 계수 열의 의미는 무엇인가? 허용가능 증가치 열과 허용가능 감소치 열의 의미는?

8.4 목적함수 계수의 동시 변화에 대한 영향

목적함수 계수는 보통 어떠한 양(예: 단위이익)을 나타내는데, 실제값을 구하기에는 상당한 불확실성이 있기 때문에 추정을 통해서만 구해진다. 앞 절에 설명한 허용범위는 한 계수에 대한 불확실성을 하나씩 다루고 있다. 특정 계수의 허용범위는 다른 모든 계수의 추정치는 완전

히 정확한 것으로 보고 해당 계수의 추정치만 실제값과 다를 수 있다고 가정한다.

실제로는 모든 계수(적어도 두 개 이상의 계수)의 추정치가 동시에 부정확할 수도 있다. 중요한 것은 이러한 경우 잘못된 최적해를 얻게 될 가능성이 높아지는지 여부이다. 높아진다면 적어도 중요한 몇 개의 추정치에 대해서는 정확도를 높이기 위해 가능한 한 많은 주의를 기울여야 한다. 반면에 What-If 분석 결과, 계수의 추정오차가 최적해에 별로 영향을 주지 않을 것이라고 나오면 경영진은 현재의 선형계획모형과 그 결과가 적절한 지침을 제공하고 있다고 안심할 수 있다.

이 절은 (참값과 추정치의 차이로 인해) 목적함수의 계수들이 동시에 변했을 때 최적해가 바뀌는지 아닌지 문제를 다시 풀지 않고도 판단하는 법에 초점을 두고 있다. Wyndor사 경영진의 두 번째 What-If 질문은 다음과 같다.

[질문 2] Wyndor사의 두 신제품의 단위당 이익에 대한 추정치가 모두 부정확하면 어떤 일이 일어나는가?

스프레드시트를 이용한 분석

이와 같은 질문에 빠르고 쉽게 답하는 방법은 스프레드시트 모형에 다른 추정치를 입력한 후 해찾기를 실행하여 그 결과를 확인하는 것이다.

이 모형으로부터 얻어진 최적생산계획은 문(주당 2개)보다는 창문(주당 6개)을 더 많이 생산한다. 두 제품 모두 잘 되기를 바라는 경영진은 이러한 불균형적인 제품생산에 신경이 쓰인다. 그래서 경영진은 다음과 같은 What-If 질문을 하였다. 만약 문의 단위당 이익(300달러)은 너무 낮게 추정되었고, 창문의 단위당 이익(500달러)은 너무 높게 추정된 것이라면 어떻게 되는가? 경영진은 추정치에 대한 예측이 쉽게 빗나갈 수 있다고 생각한다. 만약 그렇다면, 균형적인 생산계획이 수익성이 더 좋은 대안이 되는가?

이 질문에는 〈그림 8-1〉의 스프레드시트 모형에 새로운 추정치를 입력하고 해찾기를 다시 실행하면 쉽게 답할 수 있다. 〈그림 8-10〉은 문의 새로운 단위당 이익 추정치 450달러와 창문의 새로운 단위당 이익에 대한 추정치 400달러에 대해서 최적해가 바뀌지 않음을 보여주고 있다(총이익은 단위당 이익이 변했으므로 바뀐다). 단위당 이익에 대한 추정치가 더 많이 변하면 최적생산계획이 바뀌는가? 〈그림 8-11〉은 문의 단위당 이익이 600달러와 창문의 단위당 이익이 300달러일 때, 상대적으로 균형적인 생산계획인 $(D, W)=(4, 3)$이 최적인 것을 나타내고 있다.

Analytic Solver의 2차원 매개변수 분석 보고서를 이용한 분석

Analytic Solver의 2차원 매개변수 분석 보고서를 이용하면 두 단위당 이익에 대한 추정치가 모두 부정확할 때 그 영향을 체계적으로 살펴볼 수 있다. 이런 종류의 매개변수 분석 보고서

〈그림 8-10〉 Wyndor 문제에서 문과 창문의 단위당 이익이 각각 450달러와 400달러로 달라졌을 때도 최적해에 변화가 없음을 보여주는 결과

	A	B	C	D	E	F	G
1	**Wyndor Glass Co. Product-Mix Problem**						
2							
3			Doors	Windows			
4		Unit Profit	$450	$400			
5					Hours		Hours
6			Hours Used per Unit Produced		Used		Available
7		Plant 1	1	0	2	≤	4
8		Plant 2	0	2	12	≤	12
9		Plant 3	3	2	18	≤	18
10							
11			Doors	Windows			Total Profit
12		Units Produced	2	6			$3,300

〈그림 8-11〉 Wyndor 문제에서 문과 창문의 단위당 이익이 각각 600달러와 300달러로 달라졌을 때 최적해의 변화를 보여주는 결과

	A	B	C	D	E	F	G
1	**Wyndor Glass Co. Product-Mix Problem**						
2							
3			Doors	Windows			
4		Unit Profit	$600	$300			
5					Hours		Hours
6			Hours Used per Unit Produced		Used		Available
7		Plant 1	1	0	4	≤	4
8		Plant 2	0	2	6	≤	12
9		Plant 3	3	2	18	≤	18
10							
11			Doors	Windows			Total Profit
12		Units Produced	4	3			$3,300

는 두 자료셀의 여러 조합 값에 대한 결과를 하나의 출력셀에 보여준다. 예를 들어, 두 개의 매개변수셀, UnitProfitPerDoor(C4)와 UnitProfitPerWindow(D4)의 여러 값에 대하여 〈그림 8-1〉의 TotalProfit(G12)이 어떻게 변하는지를 보는 데 이용될 수 있다. 두 자료셀에 입력된 한 쌍의 후보 값마다 해찾기가 호출되어 문제를 다시 풀게 된다.

Wyndor사에 대한 2차원 매개변수 분석 보고서를 생성하기 위해 UnitProfitPerDoor (C4)와 UnitProfitPerWindow(D4)가 매개변수셀로 정의되어야 한다. 그 다음으로 Analytic Solver 리본의 Parameters 메뉴에서 Optimization을 선택하고, 각 매개변수셀에 대해 여러 값의 범위를

입력한다(그림 8-5와 같이). 이 예제에서는 UnitProfitPerDoor(C4)는 300달러에서 600달러까지 변하고 UnitProfitPerWindow(D4)는 100달러에서 500달러까지 변한다.

다음으로 Analytic Solver 리본의 Reports > Optimization > Parameter Analysis를 선택하여 〈그림 8-12〉에 보이는 대화상자를 띄운다. 2차원 매개변수 분석 보고서에서는 두 매개변수셀이 선택되지만 하나의 결과만 나타난다. Parameters 아래의 '>>'를 정의된 두 매개변수셀, UnitProfitPerDoor와 UnitProfitPerWindow를 선택한다. Results 아래의 '<<'을 클릭하여 오른쪽에 매개변수셀의 목록을 삭제한 후, Objective 옆의 +를 클릭하여 목표셀(TotalProfit)을 찾고, TotalProfit을 선택한 후 '>'을 클릭하여 셀을 오른쪽으로 이동시킨다.

다음 단계는 대화상자 아래쪽의 드롭박스 메뉴에서 Vary Two Selected Parameters Independently를 선택한다. 이것은 두 매개변수셀이 지정된 범위에 걸쳐 독립적으로 변할 수 있게 해준다. 첫 번째와 두 번째 매개변수셀의 다른 값의 개수를 각각 Major Axis Point

〈그림 8-12〉 Wyndor 문제에서 변화될 매개변수셀와 그 결과를 나타낼 목표셀이 지정된 매개변수 분석 보고서의 대화상자

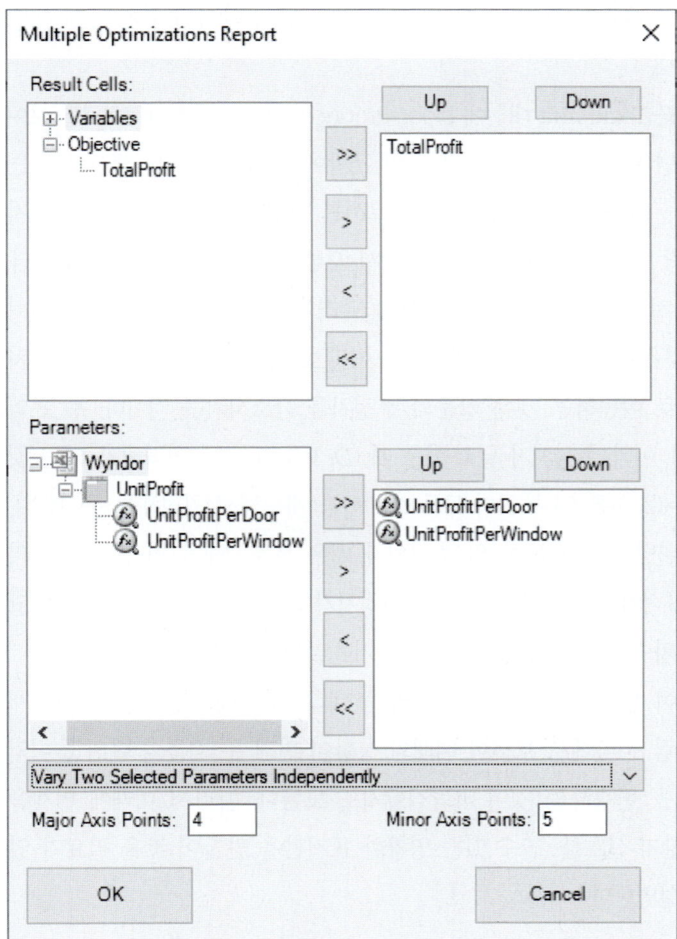

〈그림 8-13〉 문과 창문의 단위당 이익의 추정치가 동시에 체계적으로 변했을 때 최적해의 변화 결과를 보여주는 매개변수 분석 보고서

	A	B	C	D	E	F
1	TotalProfit	UnitProfitPerWindow				
2	UnitProfitPerDoor	$100	$200	$300	$400	$500
3	$300	$1,500	$1,800	$2,400	$3,000	$3,600
4	$400	$1,900	$2,200	$2,600	$3,200	$3,800
5	$500	$2,300	$2,600	$2,900	$3,400	$4,000
6	$600	$2,700	$3,000	$3,300	$3,600	$4,200

와 Minor Axis Points에 입력한다. 이 값들은 각 매개변수셀에 대해 매개변수 대화상자에 지정된 값의 범위에 걸쳐 균등하게 펼쳐진다. 〈그림 8-12〉에 나타나 있는 것처럼 4와 5가 선택되면 UnitProfitPerDoor는 300달러, 400달러, 500달러, 600달러의 4개의 값으로 변하고, 동시에 UnitProfitPerWindow는 100달러, 200달러, 300달러, 400달러, 500달러의 5개의 값으로 변한다.

OK 버튼을 클릭하면 〈그림 8-13〉에서처럼 매개변수 분석 보고서가 생성된다. 각 매개변수셀의 여러 값이 표의 첫 열과 첫 행에 나열되어 있다. 첫 열과 첫 행에 있는 값들의 각 조합에 대해, 해찾기의 실행으로 지정된 출력셀(이 예제에서는 목표셀)의 값이 다시 구해져 표의 해당되는 열과 행의 위치에 입력된다.

〈그림 8-12〉 대화상자에서는 TotalProfit 대신에 DoorsProduced나 윈도우Produced를 보여줄 결과로 선택할 수도 있다. 단위당 이익에 대한 각 값의 조합에 대해 문의 최적생산량 또는 창문의 최적생산량을 보여주는 유사한 매개변수 분석 보고서를 생성할 수도 있다. 이 두 가지 매개변수 분석 보고서가 〈그림 8-14〉에 있다. 두 보고서에서 오른쪽 위의 모서리(F3셀)로부터, 문과 창문의 단위당 이익의 추정치에 대해 각각 원래 값 300달러와 500달러를 사용했을 때, 최적해가 (*D*, *W*)=(2, 6)이라는 것을 알 수 있다. 이 셀로부터 아래로 이동하는 것은 문의 추정치를 증가시키는 것이고 왼쪽으로 이동하는 것은 창문의 추정치를 감소시키는 것이다. 두 표의 왼쪽 아래 모서리(B6셀)로부터, 이익 추정치가 달라졌을 때 (*D*, *W*)=(4, 3)이 최적해가 되는 것을 알 수 있다. 하지만 (*D*, *W*)=(2, 6)은 F3 부근의 모든 셀에서는 계속해서 최적해를 유지한다. 이것은 최적해가 바뀌려면 단위당 이익에 대한 원 추정치가 매우 부정확해야 된다는 것을 의미한다. 비록 추정치가 꽤 대략적이긴 하지만, 경영진은 추정치가 그렇게 부정확하지는 않다고 믿는다. 그러므로 추정치의 오차를 줄이기 위해 더 노력을 기울일 필요는 없다.

현재로서는 (*D*, *W*)=(2, 6)이 신제품의 생산을 시작하는 데 최적의 생산계획인 것으로 계속 나타나고 있다. 하지만 〈그림 8-14〉에서 보듯이 미래의 상황이 변해 두 제품의 단위당 이익이 충분히 달라지면 생산계획을 변경하는 것이 바람직할지도 모른다. 따라서 미래에 언제쯤 생산계획의 변경을 고려해야 할지 신호를 줄 수 있는 명확한 표지판을 만들어 놓을 필요가 있고, 그러한 방법을 다음 절에 설명한다.

〈그림 8-14〉 문과 창문의 단위당 이익이 동시에 체계적으로 변했을 때 문과 창문의 최적생산량을 보여주는 두 매개변수 분석 보고서

	A	B	C	D	E	F
1	DoorsProduced	UnitProfitPerWindow				
2	UnitProfitPerDoor	$100	$200	$300	$400	$500
3	$300	4	2	2	2	2
4	$400	4	4	2	2	2
5	$500	4	4	4	2	2
6	$600	4	4	4	2	2

	A	B	C	D	E	F
1	WindowsProduced	UnitProfitPerWindow				
2	UnitProfitPerDoor	$100	$200	$300	$400	$500
3	$300	3	6	6	6	6
4	$400	3	3	6	6	6
5	$500	3	3	3	6	6
6	$600	3	3	3	6	6

민감도 보고서로부터 추가 정보 수집

앞 절에서는 하나의 목적함수 계수만 원래의 값에서 변할 때 민감도 보고서의 자료를 이용하여 해당 계수의 허용범위를 구하는 방법을 설명했다. 그 자료(허용가능 증가치와 허용가능 감소치)를 사용하여 다음과 같이 여러 계수가 동시에 변할 때의 영향을 분석할 수도 있다.

목적함수 계수들이 동시에 변할 때의 100% 법칙: 만약 목적함수 계수들이 동시에 변하면 각 계수마다 허용가능 변화치(증가치 또는 감소치) 대비 변화율을 구한다. 이렇게 구한 변화율의 합을 모두 더한 것이 100%를 넘지 않으면 원래의 최적해는 변하지 않는다(만약 합이 100%를 초과하면 알 수 없다).

이 법칙은 변화율의 합이 100%를 초과하면 어떻게 되는지는 말하지 못한다. 결과는 계수들의 변화 방향에 따라 결정된다. 100%를 초과하면 최적해가 변할 수도 그렇지 않을 수도 있지만, 100%가 넘지 않으면 원래 최적해는 확실히 유지된다.

다른 계수들이 하나도 변하지 않는다면, 단일 목적함수의 계수에 대한 허용가능 증가치나 감소치만큼은 안전하게 변할 수 있음을 명심하자. 만약 계수들이 동시에 변하면 각 계수에 대한 허용가능 증가치나 감소치 대비 변화량의 비율을 봐야 한다.

예를 들기 위해, 〈그림 8-8〉의 민감도 보고서에서 제공되는 정보와 함께 Wyndor 문제를 다시 보자. 초기 분석 후에 경영상황이 바뀌어 문의 단위당 이익(P_D)이 300달러에서 450달러로 증가하고 창문의 단위당 이익(P_W)은 500달러에서 400달러로 감소하였다고 하자. 100% 법칙에 대한 계산은 다음과 같다.

P_D: 300달러 → 450달러 (150달러 증가)

$$\text{허용가능 증가치 대비 변화율} = 100\left(\frac{150}{450}\right)\% = 33\frac{1}{3}\%$$

P_W: 500달러 → 400달러 (100달러 감소)

$$\text{허용가능 감소치에 대한 비율} = 100\left(\frac{100}{300}\right)\% = 33\frac{1}{3}\%$$

$$\text{합} = 66\frac{2}{3}\%$$

즉, 비율의 합이 100%를 넘지 않으므로 원래의 최적해 $(D, W)=(2, 6)$은 〈그림 8-10〉에서와 같이 변하지 않는다.

상황이 더 변해서 P_D는 300달러에서 600달러로 증가하고, P_W는 500달러에서 300달러로 감소했다고 하자. 100% 법칙에 대한 계산을 하면

P_D: 300달러 → 600달러 (300달러 증가)

$$\text{허용가능 증가치에 대한 비율} = 100\left(\frac{300}{450}\right)\% = 66\frac{2}{3}\%$$

P_W: 500달러 → 300달러 (200달러 감소)

$$\text{허용가능 감소치에 대한 비율} = 100\left(\frac{200}{300}\right)\% = 66\frac{2}{3}\%$$

$$\text{합} = 133\frac{1}{3}\%$$

비율의 합이 100%를 넘기 때문에, 100% 법칙에 의하면 $(D, W)=(2, 6)$이 최적이라고 보장할 수 없다. 〈그림 8-11〉과 〈그림 8-14〉에서 보았듯이, 이 경우 최적해는 $(D, W)=(4, 3)$으로 바뀌었다.

이와 같은 결과는 P_D가 증가하고 P_W가 감소할 때 최적해가 어디서 변하는지를 암시해준다. 100%는 $66\frac{2}{3}$%와 $133\frac{1}{3}$%의 중간이기 때문에 P_D와 P_W의 변경값이 위의 두 경우의 중간일 때 변화율의 합이 100%가 될 것이다. 즉, P_D가 525달러일 때 450달러와 600달러의 중간이고, P_W가 350달러일 때 400달러와 300달러의 중간이다. 100% 법칙에 따라 계산하면 아래와 같다.

P_D: 300달러 → 525달러 (225달러 증가)

$$\text{허용가능 증가치에 대한 비율} = 100\left(\frac{225}{450}\right)\% = 50\%$$

P_W: 500달러 → 350달러 (150달러 감소)

$$\text{허용가능 감소치에 대한 비율} = 100\left(\frac{150}{300}\right)\% = 50\%$$

$$\text{합} = 100\%$$

비율의 합이 100%이지만 100%를 초과하지는 않으므로 $(D, W)=(2, 6)$은 여전히 최적이다. 〈그림 8-15〉는 (2, 6)과 (4, 3) 모두 최적이고, 이 두 점을 연결하는 선분 위의 모든 점이 최적이라는 것을 보여주고 있다. 그러나 P_D와 P_W가 원래의 값에서 더 크게 벗어나면(따라서 비율의 합이 100%를 초과하면) 목적함수선은 수직 방향으로 더 회전할 것이고, $(D, W)=(4, 3)$이 유일한 최적해가 된다.

주의할 것은 허용가능 변화치 대비 변화율의 합이 100%를 초과할 때 최적해가 항상 바뀌는 것은 아니라는 것이다. 예를 들어 두 단위당 이익이 모두 절반으로 되었다고 하자. 이때 100% 법칙에 대한 계산 결과는 다음과 같다.

〈그림 8-15〉 문과 창문의 단위당 이익의 추정치가 각각 525달러와 350달러로 변한 경우를 표현한 도해법

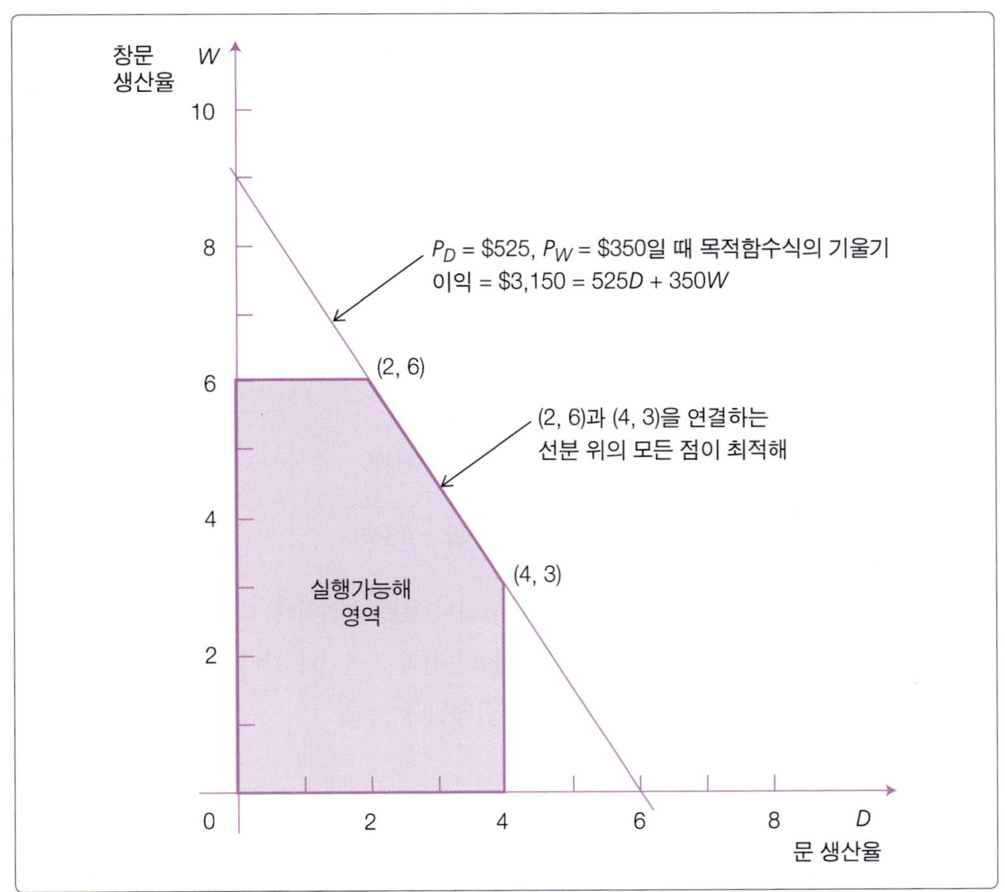

〈그림 8-16〉 문과 창문의 단위당 이익의 추정치가 각각 150달러와 250달러로 변한 경우를 표현한 도해법

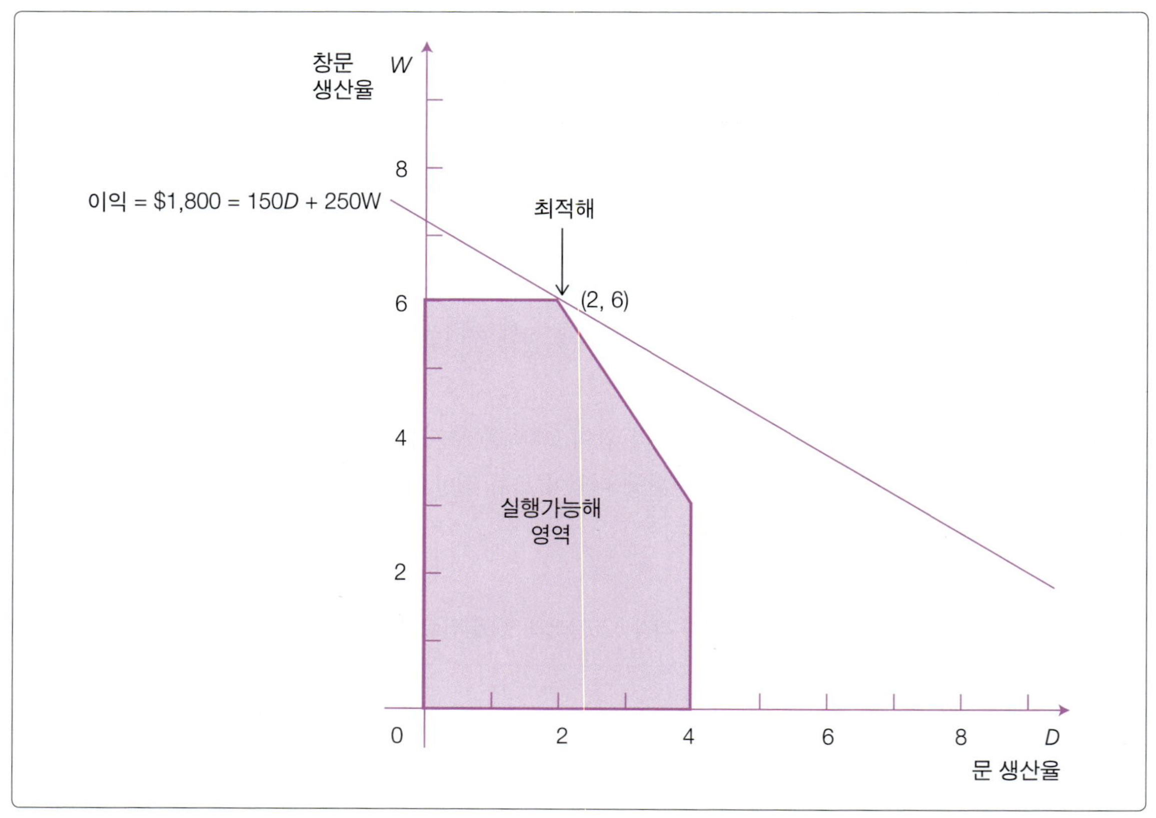

P_D: 300달러 → 150달러 (150달러 감소)

허용가능 감소치에 대한 비율 = $100\left(\frac{150}{300}\right)\% = 50\%$

P_W: 500달러 → 250달러 (250달러 감소)

허용가능 감소치에 대한 비율 = $100\left(\frac{250}{300}\right)\% = 83\%$

합 = 133%

비율의 합이 100%를 초과하지만 〈그림 8-16〉에서 보듯이 최적해는 변하지 않는다. 이 경우 사실은 목적함수선의 기울기는 원래의 목적함수선의 기울기와 같다. 모든 단위당 이익이 동일한 비율로 변할 때는 자동적으로 최적해가 유지된다.

비교

지금까지 목적함수의 계수들이 동시에 변한다면 어떤 일이 일어나는지를 분석하는 세 가

지 방법, (1) 스프레드시트로 직접 풀기, (2) 2차원 매개변수 분석 보고서 이용, (3) 100% 법칙 적용을 설명했다.

스프레드시트 방법으로 시작하는 것이 괜찮다. 간단하고 빠른 방법이기 때문이기 때문에, 특히 경험이 많지 않은 경우에 좋은 방법이다. 만약 특정한 세트의 계수 값들에 대해서만 확인하고자 한다면 스프레드시트를 사용하여 즉시 결과를 알 수 있다.

하지만 계수들에 대한 추정치가 불확실하기 때문에 계수의 실제값이 어떻게 될지에 대해서는 아주 많은 가능성이 있는 것이 더 흔할 것이다. 매개변수 분석 보고서를 사용하여 하나 혹은 두 개의 목적함수 계수의 다양한 변화를 체계적으로 분석할 수 있다. 대표적인 후보 값들에 대해 스프레드시트를 통해 결과를 확인함으로써 요구되는 모든 정보를 파악할 수 있다. 원래 모형에서 얻은 최적해가 대부분의 후보 값에 대해 모두 최적해로 남아 있으면 그 해를 자신 있게 사용할 수 있고, 그렇지 않으면 해를 선택하기 전에 추정치를 보다 정확히 개선할 필요가 있다.

스프레드시트의 방법 혹은 매개변수 분석 보고서로부터 명확한 결론을 내리기 어려울 때 다음과 같이 100% 법칙을 사용하여 이를 보완할 수 있다.

- 최적해가 바뀌려면 목적함수 계수에 얼마나 많은 변화가 있어야 하는지를 결정하는 데 100% 법칙을 사용할 수 있다.
- 모형의 결정변수가 많다면(대부분의 실제 문제와 같이), 스프레드시트를 이용하여 다수의 혹은 전체 목적함수 계수를 동시에 체계적으로 분석하는 것은 너무 많은 가능성 때문에 거의 불가능해진다. 매개변수 분석 보고서는 한정된 가능성, 즉 한 번에 많아야 두 계수에 대한 체계적인 분석만 가능하다. 그러나 각 계수의 허용가능 증가치 또는 허용가능 감소치를 결정변수별로 나누어서 각 계수가 현재의 최적해를 바꾸지 않고 얼마나 변할 수 있는지를 100% 법칙을 통하여 알 수 있다.
- 분석을 끝낸 후 미래의 상황이 변해 목적함수 계수의 일부 혹은 모두가 바뀌었다면 100% 법칙을 통하여 원래의 최적해가 변하는지 아닌지를 바로 알 수 있다. 결과가 긍정적이면 스프레드시트 모형을 다시 수립하기 위한 시간을 쓸 필요가 없다. 이 경우 큰 모형이라면 상당한 시간을 절약할 수 있다.

복습문제

1. Analytic Solver의 2차원 매개변수 분석 보고서에서는 몇 개의 출력셀이 선택되어 표시될 수 있는가?
2. 목적함수 계수가 동시에 변화할 때 100% 법칙에서 고려하는 변화율이란 무엇인가?
3. 100% 법칙에서 변화율의 합이 100%를 넘지 않으면 원래의 최적해는 어떻게 되는가?
4. 100% 법칙에서 변화율의 합이 100%를 초과하면 원래의 최적해가 더 이상 최적이 아니라는 것을 의미하는가?

8.5 단일 제약식의 변화에 대한 영향

이제 목적함수 계수가 아니라 함수제약식이 변하는 경우에 어떠한 영향이 있는지 관심을 돌려보자. 이러한 변화는 제약식의 좌변의 계수 혹은 우변의 상수에서 일어날 수 있다.

목적함수의 계수의 변화에 대해 관심을 가졌던 것과 같은 이유로 제약식의 이러한 변화에 대한 영향에 관심을 갖는다. 즉, 모형의 이러한 매개변수들은 어떤 양에 대한 추정치일 뿐이고, 현재로썬 정확히 결정될 수 없기 때문에 만약 추정치가 부정확한 경우 어떠한 영향이 있는지 알고자 하는 것이다.

그러나 제약식의 변화에 대한 영향이 더 중요한 이유는 8.1절의 마지막 부분에서 설명했듯이 함수제약식의 우변상수는 경영진의 통제 밖에 있는 것이 아니라 경영의 정책적 의사결정으로 정해질 수 있기 때문이다. 그러므로 모형을 푼 뒤 관리자는 이러한 정책 결정에 대해 개선점이 있는지를 알기 위해서 다양한 의사결정 대안에 대한 영향을 알고 싶어한다. What-If 분석은 경영진이 이러한 의사결정 대안의 영향을 판단하는 데 유용한 자료를 제공한다(이것이 What-If 분석의 세 번째 이점이다).

이 절에서는 단일 제약식에서 하나의 변화(계수 혹은 우변상수)가 발생할 때 What-If 분석을 하는 방법에 대해서 설명한다. 다음 절에서는 복수의 제약식이 동시에 변하는 경우를 다룬다.

어떤 제약식에서 한 가지 변화가 발생할 때의 영향을 분석하는 절차는 그 변화가 좌변의 계수이든 우변상수이든 동일하다. (다만 엑셀 민감도 보고서는 우변상수의 변화에 대한 정보만을 제공한다). 따라서 여기서는 우변상수의 변화에 대해 설명하겠다.

특히, Wyndor 사례연구로 돌아가서 8.2절에서 경영진이 제기했던 세 번째 What-If 질문을 다루고자 한다.

[질문 3] Wyndor사의 공장 중에 한 곳에서 신제품 생산에 사용할 수 있는 주당 생산 시간이 변하면 어떤 일이 일어나는가?

각 공장에서 가용한 시간은 해당 제약식의 우변상수값이다. 여기서는 공장 중에서 한 곳의 이 우변상수값의 변화에 대한 영향을 알아보고자 한다. 최적해 $(D, W)=(2,6)$에서는 공장 1의 가용시간 4시간 중 2시간만 사용되었다. 따라서 이 공장의 가용시간의 변화는 (크게 감소하는 것을 제외하고) 최적해나 두 신제품으로부터의 총이익에 영향을 미치지 않을 것이다. 그러나 공장 2와 3의 가용시간이 변하면 어떤 일이 일어날지는 분명하지 않다. 공장 2에 대해서 먼저 알아보자.

스프레드시트를 이용한 분석

8.2절로 돌아가자. 〈그림 8-1〉은 Wyndor사 문제에 대해서 What-If 분석을 하기 전의 스프레드시트 모형이다. 최적해는 $(D, W)=(2, 6)$이고, 이때 두 신제품으로부터 얻게 되는 주당 총이익은 3,600달러이다. G8은 신제품 생산을 위해 공장 2에서 가용한 시간이 12시간임을 보여주고 있다.

이 가용시간이 어떤 지정값으로 변하면 어떻게 되는지 알아보려면, G8셀에 그 값을 넣고 해찾기를 다시 실행하면 된다. 예를 들면 〈그림 8-17〉은 가용시간이 12시간에서 13시간으로 증가된 경우의 결과를 보여주고 있다. C12:D12에 있는 최적해로부터 3,750달러의 총이익을 얻게 된다. 따라서 이익의 변화는 다음과 같다.

증분 이익 = 3,750달러 − 3,600달러 = 150달러

이러한 수익의 증가는 공장 2에 한 시간을 추가하여 얻어진 것이기 때문에 몇 시간을 추가한 경우의 영향을 알아볼 필요가 있겠다. 〈그림 8-18〉은 다섯 시간을 추가한 경우의 결과를 보여주고 있다. 〈그림 8-18〉과 〈그림 8-17〉을 비교를 통해 다섯 시간을 더 제공하는 데 따른 추가적인 이익은 다음과 같이 구할 수 있다.

증분 이익 = 4,500달러 − 3,750달러 = 750달러(5시간 추가) = 150달러(추가시간당)

더 많은 시간을 추가하면 이익도 더 증가할 것인가? 〈그림 8-19〉는 주당 총가용시간이 20시간이 되었을 때 어떤 일이 일어나는지를 보여주고 있다. 최적해와 총수익은 〈그림 8-18〉과 동일하다. 따라서 18시간에서 20시간으로 증가하는 것은 아무런 도움이 되지 않는다. (그 이

〈그림 8-17〉 공장 2의 주당 가용시간이 12에서 13으로 증가된 경우 Wyndor 문제의 결과

	A	B	C	D	E	F	G
1	Wyndor Glass Co. Product-Mix Problem						
2							
3			Doors	Windows			
4		Unit Profit	$300	$500			
5					Hours		Hours
6			Hours Used per Unit Produced		Used		Available
7		Plant 1	1	0	1.667	≤	4
8		Plant 2	0	2	13	≤	13
9		Plant 3	3	2	18	≤	18
10							
11			Doors	Windows			Total Profit
12		Units Produced	1.667	6.5			$3,750

〈그림 8-18〉 공장 2의 주당 가용시간이 12에서 18로 증가된 경우 Wyndor 문제의 결과

	A	B	C	D	E	F	G
1	**Wyndor Glass Co. Product-Mix Problem**						
2							
3			Doors	Windows			
4		Unit Profit	$300	$500			
5					Hours		Hours
6			Hours Used per Unit Produced		Used		Available
7		Plant 1	1	0	0	≤	4
8		Plant 2	0	2	18	≤	18
9		Plant 3	3	2	18	≤	18
10							
11			Doors	Windows			Total Profit
12		Units Produced	0	9			$4,500

〈그림 8-19〉 공장 2의 주당 가용시간이 12에서 20으로 증가된 경우 Wyndor 문제의 결과

	A	B	C	D	E	F	G
1	**Wyndor Glass Co. Product-Mix Problem**						
2							
3			Doors	Windows			
4		Unit Profit	$300	$500			
5					Hours		Hours
6			Hours Used per Unit Produced		Used		Available
7		Plant 1	1	0	0	≤	4
8		Plant 2	0	2	18	≤	20
9		Plant 3	3	2	18	≤	18
10							
11			Doors	Windows			Total Profit
12		Units Produced	0	9			$4,500

유는 공장 3의 가용시간이 18시간이기 때문에 주당 9개를 초과한 창문을 생산할 수 없다. 따라서 공장 2에서도 18시간만 사용된다). 따라서 공장 2의 최대 가용시간으로는 18시간까지만 고려되어야 한다.

그러나 신제품 생산을 위한 주당 가용시간을 12시간에서 18시간으로 증가시킴으로써 총이익이 증가될 수 있다는 사실이 자동적으로 그만큼의 추가 시간이 제공되어야 한다는 것을 의미하지는 않는다. 두 신제품 생산에 사용할 수 있는 시간은 기존의 다른 제품의 생산시간을 줄일 경우에만 늘어날 수 있기 때문이다. 따라서 경영진은 신제품의 생산시간을 증가시킬지 결정하기 전에, 다른 제품의 생산시간을 감소시킨 경우의 단점을 파악할 필요가 있다. 이러한

분석으로부터 한 곳 이상의 공장의 신제품 생산시간이 줄게 될지도 모른다.

Analytic Solver의 매개변수 분석 보고서를 이용한 분석

Analytic Solver의 매개변수 분석 보고서는 제약식 안에 한 매개변수에 다양한 변화를 주었을 때의 영향을 체계적으로 분석하는 데 사용될 수 있다. 예를 들어, 〈그림 8-20〉에는 공장 2의 가용시간이 4시간에서 20시간 범위 내에서 변할 때 변수셀과 총이익이 어떻게 변하는지를 보여주는 매개변수 분석 보고서가 있다(매개변수 분석 보고서는 8.3절에서 사용된 동일한 절차를 통해 구해진다).

Incremental profit 열에 흥미로운 모습이 보인다. 공장 2의 가용시간이 12시간에서 시작하여 할당시간이 한 시간 증가할 때마다 (18시간까지) 150달러씩 추가이익이 발생한다. 마찬가지로 12시간에서 한 시간씩 줄어들 때마다 (6시간까지) 150달러씩 줄어든다. 이 변화율, 즉 제약식의 우변상수가 증가 혹은 감소할 때 이익의 변화율을 **잠재가**shadow price라고 한다.

> 선형계획모형의 최적해와 그때의 목적함수 값이 주어졌을 때 어떤 함수제약식에 대한 잠재가는 제약식의 우변상수를 작은 양만큼 증가시킬 때 목적함수 값의 증가율이다.

그러나 공장 2의 제약식에 대한 잠재가 150달러는 12시간 근처 값의 범위(6시간에서 18시간)에서만 유효하다. 만약 가용한 시간이 18시간을 넘어서 증가하게 되면 증분이익은 0으로 떨어진다. 또한, 가용한 시간이 6시간 미만으로 줄어들면 이익은 시간당 250달러의 빠른 속도

〈그림 8-20〉 Wyndor사의 신제품을 위한 공장 2의 주당 가용시간의 변화에 따른 영향을 보여주는 매개변수 분석 보고서

	A	B	C	D	E
1	HoursAvailableInPlant2	DoorsProduced	WindowsProduced	TotalProfit	Incremental Profit
2	4	4	2	$2,200	
3	5	4	2.5	$2,450	$250
4	6	4	3	$2,700	$250
5	7	3.667	3.5	$2,850	$150
6	8	3.333	4	$3,000	$150
7	9	3	4.5	$3,150	$150
8	10	2.667	5	$3,300	$150
9	11	2.333	5.5	$3,450	$150
10	12	2	6	$3,600	$150
11	13	1.667	6.5	$3,750	$150
12	14	1.333	7	$3,900	$150
13	15	1	7.5	$4,050	$150
14	16	0.667	8	$4,200	$150
15	17	0.333	8.5	$4,350	$150
16	18	0	9	$4,500	$150
17	19	0	9	$4,500	$0
18	20	0	9	$4,500	$0

로 줄어든다. 우변상수를 RHS로 표시하면 잠재가 150달러는 다음 범위에서만 유효하다.

$$6 \leq \text{RHS} \leq 18$$

이 범위를 **우변상수에 대한 허용범위**allowable range for the right-hand side라고 한다(또는 줄여서 허용범위라고 한다).

함수제약식의 우변상수에 대한 허용범위는 이 제약식의 잠재가가 유효하게 유지되는 우변상수 값의 범위이다.

8.3절에 소개된 목적함수 계수에 대한 허용범위와 다르게 우변상수에 대한 허용범위 안에서 변해도 최적해가 계속 유지된다는 의미가 아니다. 실제로, 잠재가가 0인 경우를 제외하고 우변상수의 변화는 최적해의 변화로 연결된다. 잠재가는 최저해가 변함에 따라 목적함수 값이 얼만큼 변하는지를 나타낸다.

민감도 보고서에 담긴 주요 정보

앞서 설명한 것처럼 매개변수 분석 보고서를 사용하여 어렵지 않게 어떤 함수제약식에 대한 잠재가를 계산하고 유효한 이 제약식의 우변상수에 대한 허용범위를 계산할 수 있다. 그러나 동일한 정보를 해찾기의 민감도 보고서로부터 모든 제약식에 대해 바로 얻을 수 있다. 〈그림 8-21〉은 〈그림 8-1〉에 주어진 최적해를 얻은 후 해찾기에 의해 제공된 민감도 보고서를 보여주고 있다. 윗부분은 목적함수 계수에 대한 허용범위를 구하기 위해서 〈그림 8-8〉에서 이미 보여준 부분이다. 아랫부분이 제약식에 관한 것이고, 네 번째 열에 각 제약식에 대한 잠재가가 제공된다. 처음 세 열을 보면 (1) 〈그림 8-1〉에 있는 이들 제약식에 대한 출력셀이 E7에서 E9까지이고, (2) 이들 셀은 세 공장에서 사용한 생산시간을 나타내며, (3) 이들 셀의 최종값은 각각 2, 12, 18(그림 8-1의 E열)이다.

각 제약식에 대해 네 번째 열에 주어진 잠재가는 해당 제약식의 우변상수(G7, G8, G9셀)가 1만큼 증가하면 목적함수의 값(그림 8-1의 목표셀(G12))이 얼마만큼 증가할지를 알려준다. 반대로 우변상수가 1 감소하면 목적함수 값이 얼마나 감소하는지도 알려준다. 공장 1에 대한 제약식의 잠재가는 0이다. 왜냐하면 이 공장에서는 이용 가능한 시간(4)보다 적게 사용(2)하고 있기 때문이다. 따라서 이용 가능한 시간을 늘려도 수익에 영향을 미치지 않는다. 그러나 공장 2와 3은 신제품 생산(변수셀에 주어진 생산량)에 이용 가능한 시간을 모두 사용하고 있다. 따라서 공장 2 혹은 3의 가용 시간이 증가되면 목표셀이 증가할 것이라고 잠재가가 가리키는 것은 놀랍지 않다.

경영의 언어로 이 정보를 표현하면 목적함수의 값(그림 8-1의 목표셀(G12))은 고려 중인 두 가지 신제품으로부터 얻어지는 주당 총이익을 나타낸다. 각 함수제약식의 우변상수는 그 제

〈그림 8-21〉 Wyndor 문제를 해찾기로 푼 후 생성된 전체 민감도 보고서

Variable Cells

Cell	Name	Final Value	Reduced Cost	Objective Coefficient	Allowable Increase	Allowable Decrease
$C$12	DoorsProduced	2	0	300	450	300
$D$12	WindowsProduced	6	0	500	1E + 30	300

Constraints

Cell	Name	Final Value	Shadow Price	Constraint R. H. Side	Allowable Increase	Allowable Decrease
$E$7	Plant 1 Used	2	0	4	1E + 30	2
$E$8	Plant 2 Used	12	150	12	6	6
$E$9	Plant 3 Used	18	100	18	6	6

약식에 해당하는 공장에서 신제품을 생산하는 데 가용한 주당 생산시간을 나타낸다. 그러므로 제약식에 대한 잠재가는 해당 공장에 신제품 생산을 위해서 가용한 시간을 추가로 부여할 때 추가 시간당 신제품으로부터 얻어지는 이익이 얼마나 증가할 수 있는지를 경영진에게 알려준다. 반대로 잠재가는 해당 공장에서 가용시간을 1시간 줄일 때 이익이 얼마나 감소할지도 알려준다. 잠재가에 대한 이런 해석은 가용 생산시간이 크게 변하지 않는 한 유효하다.

구체적으로, 잠재가에 대한 이런 해석은 생산시간이 허용범위 내에 있는 한 유효하다. 해찾기의 민감도 보고서는 각 제약식에 대한 허용범위를 구하는 데 필요한 모든 정보를 제공한다. 〈그림 8-21〉의 보고서 마지막 세 열에 주어진 자료를 가지고 허용범위를 계산할 수 있다. '제한조건 우변Constraint R. H. Side'은 변화가 있기 전 원래 값을 표시한다. 이 원래 값에 '허용 가능 증가치' 열의 값을 더하면 허용범위의 상한치가 되고 '허용 가능 감소치' 열의 값을 빼면 하한치가 된다. '1E+30'은 무한대(∞)를 나타내기 때문에 각 제약식에 대한 허용범위는 다음과 같다. RHS에 붙인 아래 첨자는 제약식을 구별하기 위한 것이다.

공장 1 제약식: $4-2 \le RHS_1 \le 4+\infty$ 따라서 $2 \le RHS_1$ (상한 없음)
공장 2 제약식: $12-6 \le RHS_2 \le 12+6$ 따라서 $6 \le RHS_2 \le 18$
공장 3 제약식: $18-6 \le RHS_3 \le 18+6$ 따라서 $12 \le RHS_3 \le 24$

공장 2의 제약식의 경우에 〈그림 8-22〉는 왜 $6 \le RHS_2 \le 18$이 잠재가의 유효 범위인가를 그래프로 보여주고 있다. 원래 문제의 최적해는 직선 B와 직선 C가 교차하는 지점 $(D, W)=(2, 6)$이다. 직선 B의 식은 $2W=12$이다. 왜냐하면 이것은 공장 2의 제약식($2W \le 12$)의 경계선이기 때문이다. 그러나 우변상수의 값($RHS_2=12$)이 변하면 직선 B는 위로(RHS_2의 증가) 혹은 아래로(RHS_2의 감소) 이동한다. 직선 B가 이동함에 따라 실행가능해 영역의 경계도 따라서 움직이게 되며 최적해는 (직선 B가 너무 많이 움직여서 교차점이 실행불가능해가 되지 않는 한) 여전히 직선 B와 직선 C의 교차점이 된다. RHS_2가 1만큼 증가(혹은 감소)할 때마다 교차점은 잠

〈그림 8-22〉 Wyndor사 공장 2 제약식에 대한 허용범위의 도해적 해석

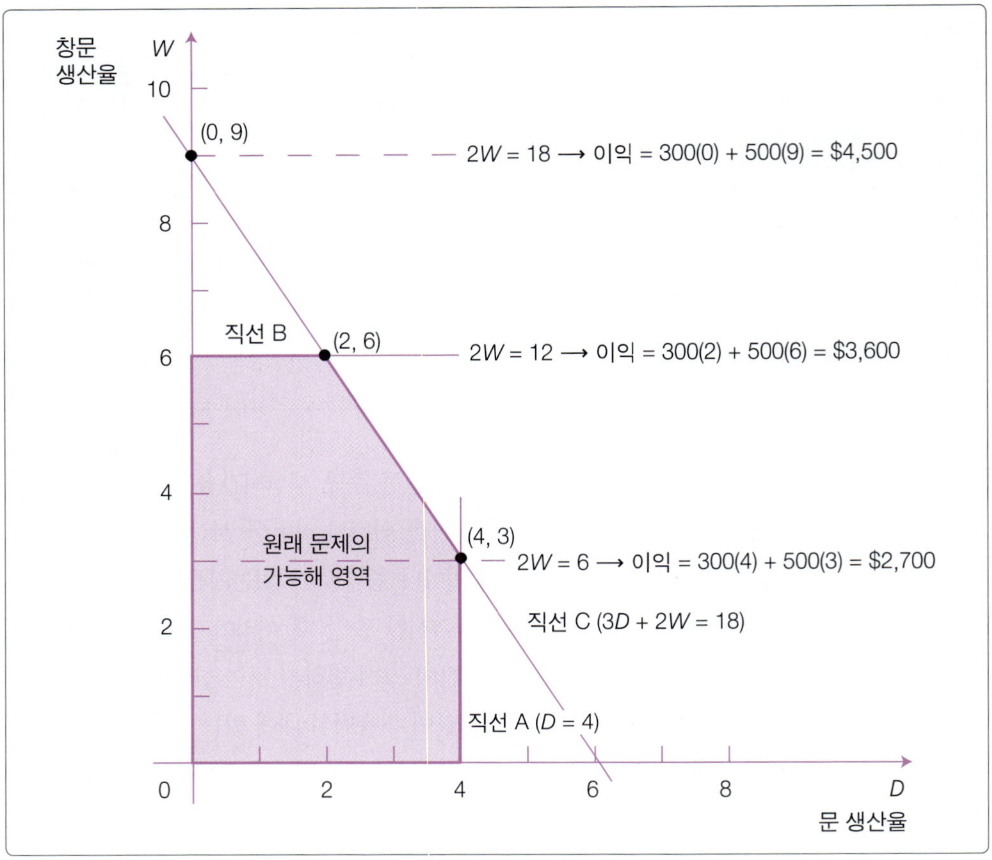

재가(150달러)만큼 이익을 증가(혹은 감소)시킬 수 있을 때까지 이동한다. 〈그림 8-22〉는 RHS_2가 12에서 18까지 증가할 때는 직선 B가 위로 올라감에 따라 실행가능 영역도 확장되기 때문에, 그 교차점이 실행 가능한 해로 남아 있음을 보여준다. 그러나 RHS_2가 18보다 커지면 그 교차점은 더 이상 실행 가능하지 않다. 왜냐하면 D값(문의 생산량)이 음수가 되기 때문이다. 따라서 18을 넘어서는 1만큼 증가해도 이익이 잠재가만큼 증가하지 않는다. 마찬가지로 RHS_2가 12부터 6까지 감소할 때는 직선 B가 아래로 내려가지만 교차점은 실행가능해(그리고 최적해)로 남는다. 그러나 RHS_2가 6 미만인 경우는 그 교차점은 더 이상 실행가능해가 아니다. 왜냐하면 이것은 직선 A로 표시된 공장 1의 제약조건($D \leq 4$)에 위배되기 때문이다. 따라서 6 아래로 1만큼씩 감소해도 더 이상 잠재가만큼 이익이 감소하지 않는다. 결과적으로 범위 $6 \leq RHS_2 \leq 18$이 잠재가(150달러)의 유효한 허용범위가 된다.

요약

Wyndor 문제에서 각 제약식의 우변상수는 해당 공장에서 두 신제품 생산을 위한 주당

가용한 시간을 표현하고 있다는 것을 상기하자. 각 제약식에 대한 잠재가는 해당 공장에서 신제품 생산을 위하여 가용시간이 1시간 증가한 경우 신제품으로부터 얻게 되는 총이익이 얼마나 증가하는가를 나타낸다. 잠재가에 대한 이러한 해석은 가용시간이 허용범위 안에 있을 때 유효하다. 그래서 각 잠재가는 새로운 가용시간이 허용범위 내에 있다면 가용시간에 관한 원래의 의사결정을 바꿀지를 평가하기 위해 경영진에 의해 활용될 수 있다. 이 평가는 가용시간의 변화가 회사의 다른 제품의 생산율과 이익에 얼마나 영향을 줄 것인가를 고려하기 위해서도 필요하다.

복습문제

1. 함수제약식의 변화에 대한 영향을 조사하는 이유는 무엇인가?
2. 함수제약식의 우변상수를 변경하는 것이 가능한 이유는 무엇인가?
3. 잠재가는 무엇을 의미하는가?
4. 스프레드시트를 사용하여 어떻게 잠재가를 찾을 수 있는가? 매개변수 분석 보고서를 이용하는 경우는? 민감도 보고서를 이용하는 경우는?
5. 잠재가가 경영진의 관심사가 되는 이유는 무엇인가?
6. 함수제약식의 우변상수를 증가시키는 것이 아니라 감소시키는 것의 영향을 파악할 때도 잠재가를 사용할 수 있는가?
7. 잠재가가 0인 것은 경영진에게 무엇을 말하는가?
8. 함수제약식의 우변상수에 대한 허용범위를 찾기 위해서 해찾기 민감도 보고서의 어느 열을 사용하는가?
9. 허용범위가 경영진의 관심사가 되는 이유는 무엇인가?

8.6 복수 제약식의 동시 변화에 대한 영향

앞 절에서는 하나의 제약식의 변화에 대한 영향을 What-If 분석을 통해 알아보는 방법에 대해서 설명하였다. 이 절에서는 여러 개의 제약식이 동시에 변할 때의 영향에 대해서 살펴본다.

이러한 제약식의 동시 변화는 흔히 일어날 수 있는 일이다. 함수제약식의 여러 매개변수에 대한 추정치에는 상당한 불확실성이 있을 수 있다. 따라서 여러 매개변수의 참값이 추정치에서 꽤 벗어난 경우에 어떠한 영향이 있을지에 대한 물음이 있을 수 있다. 우변상수는 흔히 경영진의 정책적 의사결정을 나타내는 것이기 때문에, 이러한 의사결정의 일부를 변경하면 어떤 일이 일어나는가에 대한 질문이 제기될 수 있다. 이런 의사결정은 대체로 상호관련성이 있어서 동시에 고려되어야 할 필요가 있다.

What-If 분석을 하는 일반적인 세 가지 방법이 이 경우에 어떻게 적용될 수 있는지에 대해서 살펴본다. 세 번째 방법(해찾기 민감도 보고서)은 우변상수의 변화에 대해서만 도움이 된다. 다른 두 방법(스프레드시트와 매개변수 분석 보고서)에 대해서는 그 절차가 제약식의 변화가 좌변의 계수이든 우변상수이든(혹은 둘 다) 상관없이 동일하다. 우변상수의 변화가 더 중요하기 때문에 여기서는 우변상수의 변화에 대해서 다루기로 한다.

구체적으로, 여기서는 Wyndor사 경영진의 마지막 What-If 질문을 다룬다.

> **질문 4:** Wyndor사의 모든 공장에서 신제품 생산에 가용한 시간이 동시에 변경되면 어떤 일이 일어나는가?

구체적으로, 공장 2 제약식의 잠재가는 가장 큰 150달러이고, 공장 3 제약식의 잠재가는 100달러라는 것을 확인한 후에는, 경영진은 공장 생산시간에서 특정한 형태의 동시 변화에 대해 관심을 가지게 되었다. 현재 생산하고 있는 제품 중 하나를 공장 2에서 공장 3으로 옮겨서 생산하면, 공장 3에서의 가용 생산시간이 그만큼 감소되어 공장 2의 신제품 생산을 위한 가용 생산시간을 증가시킬 수 있다. 경영진은 이와 같이 가용 생산시간을 동시에 변화시키면 어떤 일이 일어나는지를 알고자 한다.

스프레드시트를 이용한 분석

잠재가에 따라 주당 1시간의 생산시간을 공장 3에서 공장 2로 옮기는 것에 대한 영향은 다음과 같다.

RHS_2: 12 → 13	총이익의 변화 =	잠재가 =	150달러
RHS_3: 18 → 17	총이익의 변화 =	−잠재가 =	−100달러
	총이익의 순증분 =		50달러

그러나 두 우변상수가 이만큼 동시에 변화되면 이들 잠재가는 유효하게 유지되는지 모른다.

이를 확인하는 빠른 방법은 〈그림 8-1〉의 스프레드시트에 새로운 우변상수의 값들을 입력하고 해찾기를 실행하면 된다. 〈그림 8-23〉에 결과 스프레드시트는 총이익의 순증가가 50달러(=3,650달러−3,600달러)라는 결과를 보여주고 있다. 따라서 우변상수의 이와 같은 특정한 동시 변화에 대해서 잠재가는 유효하다.

만약 공장 3에서 공장 2로 생산시간을 계속 옮긴다면 얼마나 언제까지 이들 잠재가가 유효한가? 우변상수의 다른 조합을 스프레드시트에 계속 대입하여 매번 다시 풀어 확인해야 한다. 그러나 다음과 같이 매개변수 분석 보고서를 이용하면 보다 체계적으로 이 일을 할 수 있다.

〈그림 8-23〉 Wyndor 문제에서 공장 3의 가용시간을 공장 2로 한 시간 옮긴 후 해를 구한 결과

	A	B	C	D	E	F	G
1		**Wyndor Glass Co. Product-Mix Problem**					
2							
3			Doors	Windows			
4		Unit Profit	$300	$500			
5					Hours		Hours
6			Hours Used per Unit Produced		Used		Available
7		Plant 1	1	0	1.333	≤	4
8		Plant 2	0	2	13	≤	13
9		Plant 3	3	2	17	≤	17
10							
11			Doors	Windows			Total Profit
12		Units Produced	1.333	6.5			$3,650

Analytic Solver의 매개변수 분석 보고서를 이용한 분석

스프레드시트를 사용하여 여러 우변상수를 동시에 변경시키면서 그 결과를 확인하는 것은 단순 반복적인 작업이거나 현실적이지 않을 수도 있다. 이제 Analytic Solver의 매개변수 분석 보고서를 이용하여 분석을 보다 체계적으로 할 수 있는 방법에 대해 알아보자.

공장 2와 3의 가용시간의 여러 조합에 대한 최적해와 총이익의 변화를 알아보기 위해서 2차원 매개변수 분석 보고서를 사용할 수 있다. 그러나 이 경우에 두 공장의 가용시간의 모든 조합이 아니라 공장 3에서 공장 2로 옮겨지는 시간에 대한 조합만 고려하면 된다. 이 분석을 위해서는 1차원 매개변수 분석 보고서로도 충분하다.

공장 3에서 줄어든 시간은 공장 2에서 가용한 추가시간이 된다. 따라서 공장 2의 가용시간은 공장 3의 가용시간의 함수이다. 구체적으로, 두 공장에서 총 30시간($RHS_2 + RHS_3 = 30$)이 가용하기 때문에 공장 2의 가용시간(RHS_2)은 다음과 같다.

$$RHS_2 = 30 - RHS_3$$

〈그림 8-24〉는 공장 2의 가용시간에 대한 자료셀이 위 식으로 대체된 Wyndor Glass사의 스프레드시트를 보여주고 있다. 위 식으로 인해 공장 3의 가용시간이 줄어들 때마다 자동적으로 공장 2의 가용시간이 그만큼 늘어나게 된다. 이제 공장 3의 여러 가지 가용시간에 대하여 알아보기 위해 1차원 매개변수 분석 보고서를 이용할 수 있다(공장 2의 가용시간은 자동적으로 조정된다). HoursAvailableInPlant3(G9)이 매개변수셀로 지정되고 그 변화의 범위를 18로부터 12까지 감소하는 것으로 한다. 〈그림 8-25〉에 생성되어 있는 매개변수 분석 보고서에서는 HoursAvailableInPlant3(G9)이 18에서 12로 변화함에 따라 DoorsProduced(C12),

〈그림 8-24〉 G8셀에 수식을 추가하여 공장 2와 3의 총 가용시간을 30으로 유지시킨 스프레드시트 모형

	A	B	C	D	E	F	G	H
1		**Wyndor Glass Co. Product-Mix Problem**						
2								
3			Doors	Windows				
4		Unit Profit	$300	$500				
5					Hours		Hours	
6			Hours Used per Unit Produced		Used		Available	
7		Plant 1	1	0	2	≤	4	Total (Plants 2 & 3)
8		Plant 2	0	2	12	≤	12	30
9		Plant 3	3	2	18	≤	18	
10								
11			Doors	Windows			Total Profit	
12		Units Produced	2	6			$3,600	

	G	H
5	Hours	
6	Available	
7	4	Total (Plants 2 & 3)
8	=H8-G9	30
9	18	

〈그림 8-25〉 Wyndor 문제에서 공장 3의 가용시간을 공장 2로 한 시간씩 이동시켰을 때의 영향을 보여주는 매개변수 분석 보고서

	A	B	C	D	E	F
1	HoursAvailableInPlant2	HoursAvailableInPlant3	DoorsProduced	WindowsProduced	TotalProfit	Incremental Profit
2	12	18	2	6	$3,600	
3	13	17	1.333	6.5	$3,650	$50
4	14	16	0.667	7	$3,700	$50
5	15	15	0	7.5	$3,750	$50
6	16	14	0	7	$3,500	-$250
7	17	13	0	6.5	$3,250	-$250
8	18	12	0	6	$3,000	-$250

윈도우Produced(D12)과 TotalProfit(G12)이 어떻게 변하는지를 보여주고 있다. 한 개의 열이 매개변수 분석 보고서 왼쪽에 추가되어 HoursAvailableInPlant3이 변화하는 값에 따라서 HoursAvailableInPlant2이 어떻게 변화되는지를 보여주고 있다. 각 시간이 공장 3에서 공장 2로 옮겨졌을 때 증분이익도 F열에 계산되어 있다.

증분이익의 발생에는 다음과 같은 패턴이 있다. 공장 3에서 공장 2로 옮겨진 각 시간(최대 3시간)에 대해서 50달러의 추가이익이 발생한다. 그러나 3시간을 넘어서 옮겨지면 시간당 250달러의 손실이 발생한다. 따라서 공장 3에서 공장 2로 가용시간을 3시간까지만 옮길만한 가치가 있다는 것을 알 수 있다.

1차원 매개변수 분석 보고서의 사용은 하나의 자료셀에 대해서 여러 가지 값을 나열하는

데 제한되어 있지만, 지금처럼 첫 번째 자료셀을 수식 형태로 두 번째 자료셀에 입력함으로써 두 자료셀이 동시에 변하는 경우에도 체계적인 분석이 가능하다. 위에서 고려한 두 자료셀은 제약식의 우변상수였지만 좌변의 계수일 수도 있다. 나열하고자 하는 특정 자료셀을 수식 형태로 두 개 이상의 자료셀에 입력하여 분석하는 것도 가능하다. 나아가 2차원 매개변수 분석 보고서를 사용하면 두 자료셀을 동시에 각각 다른 값으로 변화시킬 수도 있고, 이들 두 자료셀의 수식 형태를 다른 여러 자료셀에 입력하여 분석하는 것도 가능하다.

민감도 보고서로부터 추가 정보 수집

매개변수 분석 보고서의 다양한 기능에도 불구하고 몇 가지 중요한 사항을 다룰 수가 없다. 가장 중요한 것은 경영진이 정책적 의사결정을 변경했을 때 그에 상응하는 여러 개의 우변상수를 동시에 변화시키면서 다양한 분석을 원한다는 점이다. 스프레드시트를 이용하여 여러 가지 동시 변화에 대한 영향을 파악할 수 있지만, 많은 우변상수가 동시에 변하는 경우의 영향을 체계적으로 조사하는 데는 많은 시간이 소요된다. 다행히 해찾기의 민감도 보고서는 이와 같은 조사를 하는 데 도움이 되는 유용한 정보를 제공한다. 구체적으로, 민감도 보고서에 나타난 정보를 가지고 100% 법칙을 이용하여 이러한 분석을 할 수 있다(8.4절의 100%법칙과 유사하다).

8.4절에 설명한 100% 법칙은 목적함수 계수들이 동시에 변할 때 사용되었다. 다음에 소개될 새로운 100% 법칙은 우변상수의 동시 변화에 대해 유사한 형태로 사용된다.

Wyndor 문제에 대해 새로운 100% 법칙을 적용하기 위해 필요한 자료는 〈그림 8-21〉의 민감도 보고서 아랫부분의 마지막 세 열에 주어져 있다. 다른 우변상수는 전혀 변하지 않는 경우에만, 특정 우변상수의 현재값으로부터의 전체 허용가능 감소치와 증가치를 사용할 수 있다는 점을 명심하자. 우변상수가 동시 변화하는 경우에는 각 변화에 대한 허용가능 감소치 또는 증가치의 변화율에 주안점을 둔다. 다음에 자세히 설명하겠지만, 변화율의 합이 100%를 넘지 않으면 안전하게 우변상수를 동시에 변화시킬 수 있다는 것을 나타낸다.

우변상수의 동시변화에 대한 100% 법칙: 일부 함수제약식의 우변상수가 동시에 변하는 경우의 영향을 예측할 때, 그 변화가 아주 크지 않는 한 현재의 잠재가가 유효하다. 변화가 충분히 작은지를 판단하기 위해, 각 우변상수의 변화에 대한 허용가능 변화치(감소치 혹은 증가치) 대비 변화율을 계산한다. 변화율의 합이 100%를 초과하지 않으면 잠재가는 그대로 유효하다(합이 100%를 초과하면 확실히 말할 수 없다).

예를 들어 〈그림 8-23〉의 우변상수의 동시 변화(공장 3에서 공장 2로 생산시간을 한 시간 이동)를 다시 고려하자. 이 경우의 100% 법칙에 대한 계산은 다음과 같다.

RHS_2: 12 → 13 (1 증가)

$$\text{허용가능 증가치에 대한 비율} = 100\left(\frac{1}{6}\right)\% = 16\frac{2}{3}\%$$

RHS_3: 18 → 17 (1 감소)

$$\text{허용가능 감소치에 대한 비율} = 100\left(\frac{1}{6}\right)\% = 16\frac{2}{3}\%$$

$$\text{합} = 33\frac{1}{3}\%$$

합이 $33\frac{1}{3}$%로 100%보다 작기 때문에 〈그림 8-23〉에서 설명한 것과 같이 변화의 영향을 예측할 때 잠재가는 여전히 유효하다.

$33\frac{1}{3}$%가 100%의 $\frac{1}{3}$이라는 사실은 잠재가를 그대로 유효하다면 우변상수가 지금의 세 배까지는 변할 수 있다는 것을 암시하고 있다. 이를 확인하기 위해서 세 배의 변화에 대해 100% 법칙을 적용해보자.

RHS_2: 12 → 15 (3 증가)

$$\text{허용가능 증가치에 대한 비율} = 100\left(\frac{3}{6}\right)\% = 50\%$$

RHS_3: 18 → 15 (3 감소)

$$\text{허용가능 감소치에 대한 비율} = 100\left(\frac{3}{6}\right)\% = 50\%$$

$$\text{합} = 100\%$$

합이 100%를 초과하지 않기 때문에 잠재가는 아직 유효하다. 그러나 이것은 해당 잠재가의 유효성을 보장하는 우변상수의 가장 큰 변화이다. 〈그림 8-25〉는 이보다 큰 변화에 대해서는 잠재가가 유효하지 않음을 보여준다.

복습문제

1. 함수제약식의 동시 변화에 대한 영향을 조사하는 것이 관심의 대상이 된 이유는 무엇인가?
2. 함수제약식의 동시 변화에 대한 영향을 조사하기 위해서 스프레드시트가 어떻게 사용될 수 있는가?
3. 함수제약식의 동시 변화에 대한 영향을 조사하기 위한 매개변수 분석 보고서의 이용 가능성은 어떠한가?
4. 경영진이 우변상수의 동시 변화에 관심을 갖는 이유는 무엇인가?
5. 우변상수의 동시 변화에 대한 100% 법칙이란 무엇인가?

복습문제

6. 우변상수의 동시 변화에 100% 법칙을 적용하기 위해 필요한 자료는 무엇인가?
7. 우변상수의 허용가능 변화치 대비 변화율의 합이 100%를 초과하지 않으면 무엇이 보장되는가?
8. 우변상수의 허용가능 변화치 대비 변화율의 합이 100%를 초과하면 어떤 결론을 내릴 수 있는가?

8.7 강건 최적화

앞 절에서 설명한 것처럼 What-If 분석은 선형계획모형에서 매개변수의 참값에 대한 불확실성을 다루는 중요한 방법을 제공한다. What-If 분석의 주요 목적 중의 하나는 민감한 매개변수, 즉 이 값의 작은 변화에도 최적해를 바꿀 수 있는 매개변수를 찾아내는 것이다. 잘못된 최적해를 얻게 되는 위험을 최소화하기 위해서 이러한 매개변수를 추정할 때는 특별한 주의가 필요하기 때문에 어느 매개변수가 민감한지 여부는 매우 중요하다.

불행하게도, 민감한 매개변수를 우리가 원하는 만큼의 정확도로 예측하는 것은 가능하지 않은 경우가 많다. 이러한 매개변수의 참값은 최적해가 실제로 구현된 이후 상당한 시간이 지나서도 모를 수 있다. 그러므로 민감한 매개변수를 가능한 정성껏 예측한 이후에라도 이러한 매개변수에 대한 큰 예측 오차가 발생할 수 있고, 다른 매개변수에 대한 더 큰 오차도 발생할 수 있다. 이러한 사실은 유감스러운 결과로 귀결될 수 있다. 즉, 최적해가 최적해가 아닐 수 있고 심지어 실행 가능한 해가 아닐 수도 있다.

이러한 유감스러운 결과의 심각성은 모형의 함수제약식에 자유도가 있는지 여부에 따라 다소 달라진다. 따라서 제약식을 다음과 같이 구분하는 것이 유용하다.

약 제약식soft constraint은 조금은 위반되어도 심각한 문제가 발생하지 않는 제약식이다. 반면에, **강 제약식**hard constraint은 반드시 충족되어야 하는 제약식이다.

강건 최적화는 강 제약식을 갖는 문제를 다루기 위해 특별히 설계되었다.

강건 최적화robust optimization의 목적은 매개변수의 실제값의 모든 타당한 조합에 대해 실행가능하고 최적에 근접한 것이 보장되는 모형의 해를 구하는 것이다. 그러한 해를 **강건해**robust solution라고 한다.

이것은 쉽지 않은 목적이다. 하지만 강건 최적화에 관한 연구는 이제 시작되었을 뿐이다. 이 이론의 많은 부분은 교재의 범위를 벗어나지만, 독립 매개변수를 갖는 다음과 같은 간단한 예를 통하여 기본 개념을 소개하고자 한다.

독립 매개변수를 갖는 강건 최적화

이 예제는 네 가지 기본 가정을 갖는데, 이 중 세 가지는 **독립 매개변수**independent parameter를 정의한다.

1. 각 매개변수는 추정치를 포함하는 **불확실성의 범위**range of uncertainty를 갖는다.
2. 이 매개변수는 불확실성의 범위에 의해 지정된 하한과 상한 사이의 아무 값이나 가질 수 있다.
3. 이 값은 다른 매개변수에 의해 취해진 값에 영향을 받지 않는다.
4. 모든 함수제약식은 ≤ 또는 ≥ 형태를 갖는다.

불확실성의 범위 내에서 이러한 매개변수에 의해 취해진 값에 상관없이 해가 실행 가능한 것을 보장하기 위해, 각 불확실한 매개변수에 가장 보수적인 값을 할당하고 수정된 문제에 대한 최적해를 찾을 필요가 있다.

예제

Wyndor 경영진에 의해 제기된 다섯 번째 질문을 통해 독립 매개변수를 갖는 이 예제에 대한 강건 최적화 접근 방법을 설명하고자 한다.

질문 5: 공장 3에서 문과 창문의 생산율이 불확실하다면 어떠한 일이 발생하는가?

구체적으로, 공장 3에서 문과 창문을 조립하는 데는 완전히 새로운 생산 프로세스가 사용되기 때문에, 경영진은 문과 창문을 한 단위씩 생산하는 데 필요한 정확한 생산시간은 불확실하다고 본다. 〈표 5-1〉에 주어진 초기 추정치는 문과 창문에 대해 각각 3시간과 2시간이지만, 각각에 대해 최대 30분까지 오차가 발생할 수 있다.

여기서는 다음과 같은 두 가지 불확실한 매개변수를 다룬다.

H_{D3} = 공장 3에서 문 한 단위를 생산할 때 필요한 생산시간
H_{W3} = 공장 3에서 창문 한 단위를 생산할 때 필요한 생산시간

문과 창문의 생산 프로세스는 다르기 때문에, 한 매개변수의 값은 다른 매개변수의 값에 영향을 받지 않는다. 따라서 이들은 독립 매개변수이다. 초기 추정치(H_{D3}=3, H_{W3}=2)가 최대 30분이 벗어날 수 있기 때문에 불확실성의 범위는 다음과 같다.

H_{D3}에 대한 불확실성의 범위 = 2.5 ~ 3.5 시간
H_{W3}에 대한 불확실성의 범위 = 1.5 ~ 2.5 시간

〈그림 8-26〉 Wyndor 문제에 강건 최적화를 적용한 결과 (불확실한 매개변수는 가장 보수적인 값으로 지정함)

	A	B	C	D	E	F	G
1		Wyndor Glass Co. Product-Mix Problem					
2							
3			Doors	Windows			
4		Unit Profit	$300	$500			
5					Hours		Hours
6			Hours Used per Unit Produced		Used		Available
7		Plant 1	1	0	0.857	≤	4
8		Plant 2	0	2	12	≤	12
9		Plant 3	3.5	2.5	18	≤	18
10							
11			Doors	Windows			Total Profit
12		Units Produced	0.857	6			$3,257

이 매개변수들의 실제값은 생산이 시작되고 시간이 어느 정도 지난 후까지는 알 수 없지만, 세 공장에서 문과 창문의 초기 생산계획에 관한 의사결정은 필요하다.

Wyndor 문제의 모형에는 공장 3에서 문과 창문에 가용한 시간이 주당 18시간을 넘을 수 없다는 제약식이 있다는 것을 상기하자. 이것은 반드시 충족되어야 하는 강 제약식이고, 공장 1과 2의 제약식도 마찬가지이다. 그러므로 경영진은 실행가능하고 최소한 최적에 근접하다는 것이 보장되는 문과 창문의 생산율을 결정하고자 한다.

독립 매개변수를 갖는 강건 최적화의 절차를 적용하면, 각 불확실한 매개변수는 불확실성의 범위 안에서 가장 보수적인 값으로 지정된다. 각 문에 대해서 불확실성의 범위 안에서 최댓값, 즉 3.5 시간이 필요하다고 가정하는 것이 가장 보수적인 결정이다. 유사하게, 각 창문에 대해서는 2.5시간이 필요하다고 가정하는 것이 가장 보수적인 결정이다.

스프레드시트 모형에 이러한 사항을 변경한 후 해찾기를 실행한 결과가 〈그림 8-26〉에 나타나 있다. 주당 0.857개의 문과 6개의 창문을 생산했을 때 3,257달러의 이익을 얻게 되고, 문과 창문의 필요 시간이 불확실성의 범위 안의 아무 곳이나 떨어진다면 이 해는 실행 가능한 것이 보장된다.

독립변수를 갖는 강건 최적화의 일반적인 절차

위의 예제는 불확실한 매개변수가 단일 함수제약식의 계수인 경우만 고려한다. 하지만 독립변수를 갖는 강건 최적화는 목적함수 계수와 제약식 우변상수를 포함하여 모형에 여러 다른 매개변수에 대한 불확실성의 범위가 존재할 때도 적용될 수 있다. 각 매개변수에 대해 단순히 가장 보수적인 값을 다음과 같이 선택할 수 있다.

- ≤ 형태를 갖는 함수제약식에서, 좌변의 불확실한 계수에 대해서는 최댓값을 사용하고, 불확실한 우변상수에 대해서는 최솟값을 사용한다.
- ≥ 형태를 갖는 함수제약식에서, 좌변의 불확실한 계수에 대해서는 최솟값을 사용하고, 불확실한 우변상수에 대해서는 최댓값을 사용한다.
- 최대화 형태의 목적함수에서, 각 불확실한 계수에 대해 최솟값을 사용한다.
- 최소화 형태의 목적함수에서, 각 불확실한 계수에 대해 최댓값을 사용한다.

보수적 값으로 변경된 모형에 대해 해찾기를 다시 실행한다. 이렇게 얻어진 해는 모든 매개변수가 불확실성의 범위 안의 값을 갖는다면 실행 가능하다는 것이 보장된다.

복습문제

1. 약 제약식의 의미는 무엇인가?
2. 강 제약식의 의미는 무엇인가?
3. 강건 최적화의 목적은 무엇인가?
4. 독립변수를 갖는 강건 최적화의 네 가지 기본 가정은 무엇인가?
5. 독립변수를 갖는 강건 최적화의 일반적인 절차에서, 함수제약식 좌변의 불확실한 계수의 값은 불확실성의 범위 값들 중에 어떤 값을 가져야 하는가?
6. 독립변수를 갖는 강건 최적화의 일반적인 절차에서, 목적함수의 불확실한 계수의 값은 불확실성의 범위 값들 중에 어떤 값을 가져야 하는가?
7. 독립변수를 갖는 강건 최적화의 일반적인 절차에서 함수제약식의 불확실한 우변상수의 값은 불확실성의 범위 값들 중에 어떤 값을 가져야 하는가?

8.8 Analytic Solver의 기회제약식

선형계획모형의 매개변수는 채택된 해가 처음 구현되어 시간이 어느 정도 지난 이후에 매개변수의 실제값이 관찰될 때까지 불확실한 상태로 유지된다. 이전 절에서는 강건 최적화가 모형의 매개변수 값을 수정하여 최종적으로 구현될 때 결과 해의 실행가능성을 보장하는 방법으로 불확실성을 다루는 것에 대해 설명했다. 독립 매개변수를 다룰 때, 각 불확실 매개변수의 후보 값에 대한 상한 및 하한을 파악해야 한다. 매개변수의 추정치는 두 경계 중 더 보수적인 값으로 대체된다.

위와 같은 절차는 강 제약식, 즉 반드시 충족되어야 하는 제약식을 처리할 때 유용한 접근법이다. 하지만 몇 가지 단점이 있다. 하나는 현실적으로 필요한 것보다 훨씬 더 모형을 엄격하게 만들기 때문에 매우 심하게 보수적일 수 있다는 것이다. 수백 또는 수천(아마도 수백만)의 매개변수가 있는 대형 모형을 다룰 때 특히 그렇다. 또 다른 하나는 불확실한 매개변수의 상한과 하한을 정확하게 식별하는 것이 불가능할 수도 있다는 것이다. 사실, 상한과 하한이 없을 수도 있다. 예를 들어, 매개변수에 대한 기본 확률분포가 정규분포인 경우라면 그렇다. 정규분포는 상한과 하한이 없이 긴 꼬리 모양을 갖는다.

기회제약식은 조금은 위반되어도 매우 심각한 문제가 없는 제약식, 즉 약 제약식을 다룰 때 유용하다. 따라서 약 제약식은 반드시 충족되어야 한다는 것보다, 아마도 충족될 것이지만 위반될 가능성도 조금은 있다고 하는 것이 합리적일 수 있다. 이렇게 작동하도록 하는 것이 기회제약식의 역할이다.

> **기회제약식**chance constraint은 원 제약식이 충족될 확률이 매우 높지만 매우 작은 확률로 위반될 가능성도 존재하는 경우에만 사용된다.

Analytic Solver은 불확실한 매개변수를 정의할 수 있는 기능이 있고 기회제약식을 사용할 수 있는 기능도 있다.

Analytic Solver에서 기회제약식을 구현하기 위해서는 먼저 각 불확실한 매개변수가 다음의 특정한 확률분포로 지정되어야 한다. 이러한 개념은 15장(Analytic Solver를 이용한 컴퓨터 시뮬레이션)에서 더 자세히 다룰 것이다. 기회제약식을 설명하기 위하여 균등분포(이후엔 정규분포)를 따르는 매개변수를 지정하는 간단한 공식이 소개된다. 15장에서는 Analytic Solver 리본에 있는 메뉴를 사용하여 더 다양한 고급 확률분포와 분포를 정의하는 방법에 대해 고려한다.

균등분포를 사용한 기회제약식

앞 절에서 Wyndor 경영진이 제기한 다섯 번째 What-If 질문을 다시 언급하면서 기회제약식에 대해 설명하고자 한다.

질문 5: 공장 3에서 문과 창문의 생산율이 불확실 하다면 어떠한 일이 발생하는가?

앞 절에서 언급되었듯이, 공장 3에서 문과 창문을 조립하기 위해 완전히 새로운 생산 프로세스를 도입하기 때문에, 문과 창문을 한 단위씩 조립하는데 시간이 얼마나 필요한지 불확실하다. 문 하나당 필요한 시간에 대한 불확실성의 범위는 2.5~3.5이고, 창문 하나당 필요한 시간에 대한 불확실성의 범위는 1.5~2.5이다. 주어진 범위에서 값이 정해질 확률이 동일하다고 가정한다면, 각 매개변수가 균등분포를 따른다는 의미일 것이다.

Analytic Solver에는 PsiUniform(Min, Max)라고 하는 함수가 있다. 이 함수를 이용하여 매개변수의 값이 Min과 Max 사이의 범위를 갖는 균등분포를 따른다고 지정할 수 있다. 〈그림 8-27〉에 보이는 것처럼, C9셀에 =PsiUniform(2.5, 3.5)가 입력되었고, D9셀에 =PsiUniform(1.5, 2.5)가 입력되었다. 그러면, Analytic Solver가 지정된 균등분포로부터 난수값을 생성한다(C9셀과 D9셀에 각각 2.737과 2.317이 보인다).

〈그림 8-27〉 Wyndor 문제에 기회제약식이 적용된 스프레드시트 모형

	A	B	C	D	E	F	G
1		Wyndor Glass Co. Product-Mix Problem					
2							
3			Doors	Windows			
4		Unit Profit	$300	$500			
5					Hours		Hours
6			Hours Used per Unit Produced		Used		Available
7		Plant 1	1	0	2	≤	4
8		Plant 2	0	2	12	≤	12
9		Plant 3	2.737	2.317	19.375	≤	18
10							
11			Doors	Windows			Total Profit
12		Units Produced	2	6			$3,600

	C	D
9	=PsiUniform(2.5,3.5)	=PsiUniform(1.5,2.5)

원래 Wyndor 문제에서, 주당 문 2개와 창문 6개를 생산하는 것이 최적이었다. 하지만 공장 3에서의 생산율이 불확실한 것을 고려하면, 이 해는 공장 3의 시간을 너무 많이 사용하게 된다. 실제로 〈그림 8-27〉의 C9셀과 D9셀에 Analytic Solver가 생성한 특정 난수값에 대해 이러한 일이 발생한다. 이러한 생산율로는 공장 3에서 19.375시간이 사용되는데, 공장 3은 18시간만 가용하다. 최종적인 해를 찾기 위해서는 조금 더 작업이 필요하다. Wyndor 경영진은 공장 3에 대한 기회제약식을 정의해야 한다. 그런 다음 Analytic Solver를 사용하여 원래 제약식이 충족되는 해를 찾기 위해 모형을 푼다.

이전 절에서는 강건 최적화가 실행 가능한 것이 보장되는 해를 찾기 위해 사용되었다. 당연히 공장 3에서는 18시간을 넘어서 사용되지 않는다. 하지만 경영진은 이제 이 제약식에 대해 조금 유연성이 있을 수 있다는 것을 알았다. 예를 들어, 공장 3에 문과 창문을 생산하기 위해 가용한 시간에 실제로 어느 정도 유연함이 있을 수 있다. 주당 18시간을 초과하는 시간이 필요하다면 잔업을 통해 해당 사항을 충족시킬 수 있다. 하지만 잔업 수당은 비싸기 때문에 경영진은 되도록 피하고 싶어한다.

그러므로 이전 절에서 강건 최적화를 통해 했던 것과는 반대로, 경영진은 이 제약식이 반드시 충족되어야 한다는 것을 더 이상 요구하지 않을 것이다. 대신에, 경영진은 이번에 이 제약식이 95%의 확률로 충족되는 것을 요구하기로 결정하였다. 기회제약식을 사용하여 이렇게 할 수 있다.

기회제약식을 Analytic Solver에서 구현하기 위해, E9셀(공장 3의 사용된 시간)을 선택하고, 그 후에 Analytic Solver 리본에서 Constraints > Chance Constraints로부터 <=를 선택한다.

〈그림 8-28〉 기회제약식 지정을 위한 제약식 추가 대화상자

Add Constraint
Cell Reference: $E$9 <= Constraint: $G$9 VaR
Comment:
Chance: 0.95
OK Cancel Add Help

그러면 〈그림 8-28〉과 같은 대화상자가 뜬다. E9셀은 이미 제약식의 좌변으로 선택되어 있다. 제약식의 우변상수로 G9셀을 선택한다. 마지막으로, Chance 밑에 제약식이 충족해야 할 확률을 선택한다. 기본 값 0.95가 〈그림 8-28〉에 입력되어 있다. OK 버튼을 눌러서 기회제약식을 완성한다.

Analytic Solver에서 기회제약식에 대한 중요한 선택사항은 Model 판의 Platform 탭 밑에서 찾을 수 있다. 〈그림 8-29〉에 있는 Auto Adjust Chance Constraints는 참 또는 거짓으로 지정될 수 있다(거짓이 기본값). 거짓으로 지정하면 해가 매우 보수적인 형태로 나타난다. 즉, 해가 〈그림 8-28〉에 보이는 기회 상자에 지정된 확률보다 실제로 상당히 높은 확률을 주게 될 것이다. 이 옵션을 참으로 설정하면 해찾기는 기회상자에 지정된 확률을 갖는 각 기회제약식의 요구사항을 충족시키는 좋은 해를 찾기 위해 초기 보수적 해를 자동적으로 다시 최적화한다. 따라서 더 좋은 해(비록 덜 보수적이라도)를 찾기 위해서 이 옵션은 일반적으로 참으로 설정되어 있어야 한다.

Auto Adjust Chance Constraints를 참으로 설정하고 Analytic Solver 리본에 Optimize 버튼을 누르면 모형이 풀린다. 그러면 Analytic Solver는 모든 강 제약식(E7:E8≤G7:G8)을 충족시키고 원 제약식(E9≤G9)은 최소 95%의 확률로 충족시키면서 TotalProfit(G12)을 최대화하는 해를 찾는다. 해가 〈그림 8-30〉에 나타나 있다.

〈그림 8-29〉 Analytic Solver의 Model 판의 Platform 탭

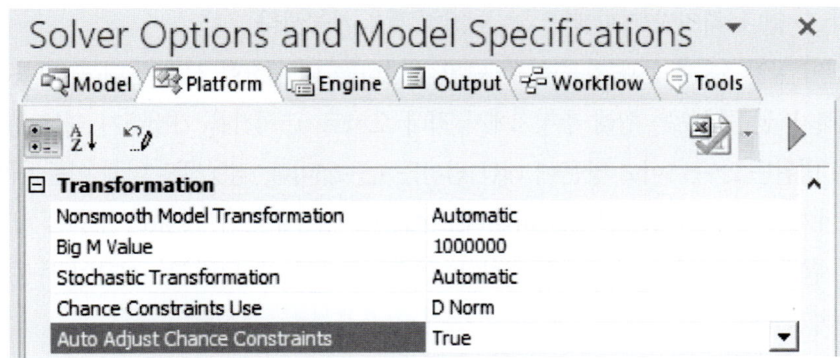

〈그림 8-30〉 Analytic Solver로 기회제약식을 사용한 Wyndor 문제의 스프레드시트 모형 결과

	A	B	C	D	E	F	G
1		**Wyndor Glass Co. Product-Mix Problem**					
2							
3			Doors	Windows			
4		Unit Profit	$300	$500			
5					Hours		Hours
6			Hours Used per Unit Produced		Used		Available
7		Plant 1	1	0	1.103	≤	4
8		Plant 2	0	2	12	≤	12
9		Plant 3	3.108	2.193	16.584	≤	18
10							
11			Doors	Windows			Total Profit
12		Units Produced	1.103	6			$3,331

〈그림 8-25〉에 나와있는 강건 최적화로 구해진 해와 〈그림 8-30〉에 나와 있는 기회제약식을 사용한 해를 비교하는 것은 흥미롭다. 강건 최적화(주당 18시간을 절대로 넘어서 사용하지 않는다.)로는 주당 0.857개의 문과 6개의 창문을 생산하여 3,257달러의 이익을 얻는다. 기회제약식(주당 18시간을 넘지 않을 확률을 95%로 요구한다.)을 사용할 때는 주당 1.103개의 문과 6개의 창문을 생산하여 3,331달러의 이익을 얻는다. 두 방법의 비교는 다른 예제에서도 전형적으로 나타난다. 일반적으로 강건 최적화는 매우 보수적인 해를 구하고, 균등분포를 사용한 기회제약식은 원 제약식에 어느 정도 유연성을 부여한다면 더 좋은 해를 얻게 된다.

정규분포를 사용한 기회제약식

이전 절에서 언급된 강건 최적화의 절차는 각 불확실한 매개변수가 지정된 불확실성의 범위(하한과 상한)를 갖는 것이 필요하다. 어떤 불확실한 매개변수에 대한 균등분포는 불확실성의 범위에 대한 요구사항을 충족하지만 다른 많은 분포는 그렇지 않다. 예를 들어 정규분포는 하한과 상한이 없는 긴 꼬리 모양의 형태를 갖는다. 따라서 이전 절에서 언급된 강건 최적화의 절차를 적용할 수 없다. 하지만 기회제약식은 여전히 적용 가능하다.

만약에 경영진이 공장 3에서 문과 창문을 한 단위 생산하는 데 필요한 시간에 대해 더 불확실하다고 가정하자. 균등분포는 원래 추정치에서 최대 오차로 0.5시간을 가정했기 때문에, 문에 대한 분포의 범위는 2.5~3.5이고 창문에 대한 범위는 1.5~2.5이다. 경영진은 이제 이들 매개변수가 표준편차가 0.5시간인 정규분포를 따른다고 여긴다. 정규분포의 긴 꼬리 모양의 형태를 고려한다면, 원래 추정치에서 0.5시간을 벗어나는 것보다 훨씬 더 벗어나는 시간이 사용될 가능성이 생기게 된다.

〈그림 8-31〉 정규분포로 지정된 기회제약식이 사용된 Wyndor 문제의 스프레드시트 모형 결과

	A	B	C	D	E	F	G
1		**Wyndor Glass Co. Product-Mix Problem**					
2							
3			Doors	Windows			
4		Unit Profit	$300	$500			
5					Hours		Hours
6			Hours Used per Unit Produced		Used		Available
7		Plant 1	1	0	0.298	≤	4
8		Plant 2	0	2	12	≤	12
9		Plant 3	2.543	2.256	14.295	≤	18
10							
11			Doors	Windows			Total Profit
12		Units Produced	0.298	6			$3,089

	C	D
9	=PsiNormal(3, 0.5)	=PsiNormal(2, 0.5)

Analytic Solver에는 정규분포를 지정하기 위한 PsiNormal(Mean, Standard Deviation)이라고 하는 함수가 있다. 〈그림 8-31〉은 정규분포 사용을 위해 수정된 모형을 보여준다. C9셀에 =PsiNormal(3, 0.5)가 입력되고, D9셀에 =PsiNormal(2, 0.5)가 입력되어 있다. Analytic Solver는 지정된 정규분포에 따라 난수값을 생성한다(C9셀과 D9셀에 각각 2.543과 2.256이 보인다). 기회제약식은 기회상자에 0.95를 입력하면서 균등분포에서와 동일한 방법으로 정의된다. Analytic Solver 리본에 Optimize 버튼을 누르면, 〈그림 8-31〉처럼 새로운 최적해를 보여준다. 이제, 주당 문 0.298개와 창문 6개를 생산하여 3,089달러의 이익을 얻는다. 이 해는 공장 3의 원래 제약식을 95%의 확률로 충족시킨다.

〈그림 8-30〉의 해(최대 오차 0.5시간을 갖는 균등분포로 가정한 경우)와 〈그림 8-31〉의 해(표준편차 0.5시간을 갖는 정규분포로 가정한 경우)를 비교하는 것은 흥미롭다. 균등분포일 때 1.103개의 문을 생산하는 데 반해 정규분포일 때는 겨우 0.298개만 생산한다. 결국, 3,331달러보다 적은 3,089달러의 이익을 얻는다. 이렇게 더 보수적인 해는 생산율의 변동성이 더 높게 나타나는 정규분포에서 공장 3에 대한 원 제약식을 95%의 확률로 충족시키기 위해 필요하다. (상당히 작은 표준편차를 갖는 정규분포라면 상당히 덜 보수적인 해로 이끌 것이다.)

복습문제

1. 기회제약식이 강 제약식 또는 약 제약식에 비해 더 유용한가?
2. 균등분포를 따르는 값을 지정할 때 사용하는 Analytic Solver의 함수는 무엇인가?

복습문제

3. 지정된 불확실성의 범위를 갖는 강건 최적화 방법과 같은 불확실성의 범위를 갖는 균등분포를 사용한 기회제약식 방법 중 어느 방법이 더 보수적인 해를 구하는가??
4. 정규분포를 따르는 값을 지정할 때 사용하는 Analytic Solver의 함수는 무엇인가?

8.9 요약

What-If 분석은 원래의 기본 모형에 대한 최적해를 구한 후 수행되는 분석이다. 이 분석은 경영의 의사결정에 도움을 주는 중요한 시사점을 제공한다. 이 장은 기본 모형이 선형계획모형일 때 이것이 어떻게 수행되는지를 기술한다. 모형에 대한 스프레드시트, Analytic Solver에서 제공되는 매개변수 분석 보고서, 해찾기에서 생성되는 민감도 보고서, 이런 방법들이 분석과정에서 중심적 역할을 한다.

목적함수 계수는 일반적으로 모형을 작성할 때 대략적으로 추정될 수 있는 양을 나타낸다. 목적함수 계수들 중에 하나의 실제값이 모형에 사용된 추정치와 크게 다르다면 모형으로부터 얻은 최적해가 올바른 해가 될 것인가? 스프레드시트에서는 특정 계수들의 변화를 빨리 검토할 수 있다. 매개변수 분석 보고서에서는 목적함수 계수의 여러 가지 값에 대한 체계적인 조사를 할 수 있다. 더 폭넓은 조사를 위해서, 각 계수의 허용범위는 실제값이 지정된 범위 안에 있으면 현재의 해가 아직도 최적해임을 확인할 수 있다. 이러한 범위는 해찾기에서 제공되는 민감도 보고서로부터 쉽게 계산할 수 있다.

만약 목적함수식에서 두 개 이상의 추정치의 값이 꽤 부정확하다면 어떤 일이 일어날까? 특정 계수들의 동시 변화도 스프레드시트에서 검토할 수 있다. 2차원 매개변수 분석 보고서는 두 계수의 다양한 동시 변화를 체계적으로 검토할 수 있게 해준다. 그리고 목적함수 계수들의 동시 변화에 대한 100% 법칙은 동시 변화에 대한 전체 범위를 검토할 수 있는 편리한 방법이다. 해찾기의 민감도 보고서의 자료를 이용하면 된다.

What-If 분석은 또한, 제약식의 변화에 대한 영향을 검토하는 데 확장 적용할 수 있다. 때때로, 최초의 추정치가 불확실하기 때문에 제약식의 계수의 변화를 고려할 필요가 있다. 더 자주 예상되는 변화는 제약식의 우변상수일 것이다. 우변상수는 종종 경영의 정책적 의사결정을 표현한다. 이 경우에 잠재가는 정책적 의사결정의 변화에 대한 잠재적 효과를 관리하는 데 가치 있는 지침을 제공한다. 각 제약조건의 잠재가는 스프레드시트, 매개변수 분석 보고서, 또는 민감도 보고서를 이용해서 쉽게 찾을 수 있다.

잠재가 분석은 그 변화가 크지 않는 한 우변상수의 가능한 변화를 검토하는 데 유효하다. 우변상수에 대한 허용범위는 다른 변화가 없다고 가정할 때 얼마나 크게 변화할 수 있는지를 보여준다. 만약 실제로 다른 변화가 있다면 우변상수의 동시 변화에 대한 100% 법칙으로 변화가 크지 않은지를 검토하게 해준다. 해찾기의 민감도 보고서는 각 허용범위를 찾고 100% 법칙의 적용하는 데 대한 핵심 정보를 준다. 스프레드시트와 매개변수 분석 보고서 역시 이러한 동시의 변화를 검토하는 데 사용될 수 있다.

어떤 경우에는 매개변수의 참값이 어떻게 나타날지 너무 많은 불확실성이 있을 수 있다. 경영진은 제안된 해가 최소한 실행 가능한지 여부를 알고 싶어할 수 있다. 만약, 아무 제약식이나 조금이라도 어긋나는 것이 절대로 받아들여질 수 없는 상황이라면 특히 중요하다. 강건 최적화는 모형 매개변수의 참값이 어떻게 밝혀지는가에 상관없이 실행가능하고 최적에 근접하다는 것이 실질적으로 보장되는 해를 확인하는 방법을 제공한다.

만약, 모형이 심각한 문제없이 실제로 조금은 위반될 수 있는 제약식을 포함하고 있다면 기회제약식을 사용하여 그러한 제약식을 표현할 수 있다. 기회제약식은 원 제약식이 아마도 충족될 것이지만 작은 확률로 작은 양만큼 위반되는 것을 허용한다.

용어

강건 최적화 robust optimization 매개변수의 실제값의 모든 타당한 조합에 대해 실행가능하면서 최적에 근접한 것이 보장되는 해를 찾는 최적화 절차. (8.7절)

강건해 robust solution 강건 최적화를 사용해 찾은 해. (8.7절)

강 제약식 hard constraint 반드시 만족되어야 하는 제약식. (8.7절)

기회제약식 chance constraint 매우 높은 확률로는 충족될 것이지만 작은 확률로 조금은 위반될 수 있는 가능성이 있도록 변형된 제약식. (8.8절)

독립 매개변수 independent parameters 다른 매개변수 값에 의해 영향을 받지 않는 값을 갖는 매개변수. (8.7절)

매개변수셀 parameter cell 매개변수 분석 보고서를 생성할 때 체계적으로 변화시킬 매개변수를 담고 있는 자료셀. (8.3절)

모형의 매개변수 parameters of the model 선형계획모형의 매개변수는 함수제약식과 목적함수에서의 상수(계수 또는 우변상수)이다. (8.1절)

목적함수 계수에 대한 허용범위 allowable range for an objective function coefficient 원래 모형의 최적해가 최적이 유지되는 목적함수의 특정 계수 값의 범위. (8.3절)

민감도 분석 sensitivity analysis What-If 분석의 한 부분으로 모형의 개별 매개변수에 초점을 맞춘다. 최적해가 각 매개변수의 값에 얼마나 민감한지를 파악한다. (8.1절)

민감한 매개변수 sensitive parameter 만약 어느 매개변수가 해당 값의 작은 변화에도 최적해를 변화시킨다면 이 매개변수는 민감하다고 한다. (8.1절)

불확실성의 범위 range of uncertainty 어떤 매개변수의 가능한 값의 하한과 상한 사이의 범위. (8.7절)

우변상수에 대한 허용범위 allowable range for the right-hand side 특정 함수제약식의 잠재가가 유효하게 유지되는 우변상수 값의 범위. (8.5절)

약 제약식 soft constraint 심각한 문제없이 조금은 위반될 수 있는 제약식. (8.7절)

잠재가 shadow price 함수제약식의 잠재가는 목적함수의 최적 값이 제약식 우변상수의 작은 증가에 따라 증가하는 비율이다. (8.5절)

What-If 분석 What-If analysis 미래의 상황에 대해 다른 가정을 한다면 최적해가 어떻게 되는지를 설명하는 분석이다. (서론)

이 장에 대한 학습지원

모든 학습지원 자료는 www.mhhe.com/Hillier7e에 제공된다.

엑셀 파일:
Wyndor
Profit & Gambit

엑셀 추가기능:
Analytic Solver

이 장의 보충 자료:
Reduced Costs

학습문제

풀이는 www.mhhe.com/Hillier7e에 제공된다.

8.S1. Stickley Furniture사의 민감도 분석
Stickley Furniture사는 고급 수공예가구를 생산하는 회사이다. 다음 생산기간 동안에 경영진은 식탁, 식탁의자 그리고/또는 책장을 생산하는 것을 고려하고 있다. 두 생산 공정(조립과 마무리)을 거치는 각 제품의 필요 노동시간, 소요되는 목재(고급 벚나무)의 양, 각 제품의 이윤이 다음 생산 기간에 가용자원의 양과 함께 다음 표에 주어져 있다.

	식탁	식탁 의자	책장	가용 자원량
조립(분)	80	40	50	8,100
마무리(분)	30	20	30	4,500
목재(파운드)	80	10	50	9,000
단위이익(달러)	360	125	300	

이윤을 최대화하는 생산수준을 결정하기 위한 선형계획모형을 수립한 후 얻는 모형의 해와 민감도 분석 보고서가 다음 쪽에 있다.

a. 식탁 하나의 이익이 100달러 증가하면 최적생산량이 바뀔 것인가? 총이익은 어떻게 달라지는가?
b. 식탁의자 하나의 이익이 100달러 증가하면 최적생산량이 바뀔 것인가? 총이익은 어떻게 달라지는가?
c. 식탁 하나의 이익이 90달러 증가하고 책장 하나의 이익이 50달러 감소하면 최적생산량이 바뀔 것인가? 총이익은 어떻게 달라지는가?
d. 조립부의 한 노동자가 병가를 얻어서 조립부에서 가용 노동시간이 8시간 줄었다면 총이익에 얼마나 영향을 줄 것인가? 최적생산량이 바뀔 것인가?
e. 목재의 자원제약식의 잠재가가 왜 0인지를 설명하시오.
f. 조립과 마무리 공정에 일할 새 작업자가 채용되어 훈련받고 있다. 그들은 두 공정에 나누어 투입될 것이고 조립과 마무리 공정에 각각 4시간의 노동시간이 추가되었다. 총이익에 얼마나 영향을 줄 것인가? 최적생산량은 바뀔 것인가?
g. 민감도 보고서에 의하면 f에서 새로 고용한 작업자를 조립과 마무리 공정에 균등하게 노동시간을 나누어 투입하는 것이 현명한 생각인가? 아니면 다른 더 좋은 계획이 있는가?
h. Analytic Solver의 매개변수 분석 보고서를 이용하여 f에서 새 작업자가 노동시간을 조립과 마무리 공정에 어떻게 배분하는가에 따라 최적해와 총이익이 어떻게 변하는가를 알아보시오. 구체적으로, 조립공정의 노동시간이 0, 1, 2, … 혹은 8시간으로 추가되고 마무리 공정에서는 8, 7, 6, … 혹은 0시간이 추가된다고 가정하시오. (스프레드시트 모형은 www.mhhe.com/Hillier7e에 있다.)

	B	C	D	E	F	G	H
3		Tables	Chairs	Bookcases			
4	Unit Profit	$360	$125	$300			
5							
6		Resources Required per Unit			Used		Available
7	Assembly (minutes)	80	40	50	8,100	<=	8,100
8	Finishing (minutes)	30	20	30	4,500	<=	4,500
9	Woods (pounds)	80	10	50	8,100	<=	9,000
10							
11		Tables	Chairs	Bookcases			Total Profit
12	Production	20	0	130			$46,200

Variable Cells

Cell	Name	Final Value	Reduced Cost	Objective Coefficient	Allowable Increase	Allowable Decrease
$C$12	Production Tables	20	0	360	120	60
$D$12	Production Chairs	0	-88.333	125	88.333	1E + 30
$E$12	Production Bookcases	130	0	300	60	75

Constraints

Cell	Name	Final Value	Shadow Price	Constraint R. H. Side	Allowable Increase	Allowable Decrease
$F$7	Assembly (minutes) Used	8,100	2	8,100	900	600
$F$8	Finishing (minutes) Used	4,500	6.67	4,500	360	1,462.5
$F$9	Wood (pounds) Used	8,100	0	9,000	1E + 30	900

연습문제

문제 왼쪽에 AS가 있는 경우에는 Analytic Solver가 필요한 경우이다. 번호에 별표(*)가 있는 문제는 책 뒷부분에 정답의 일부가 있다.

8.1* G. A. Tanner사의 제품 중에 추정 단위이익이 3달러인 특별한 장난감이 있다. 이 장난감은 수요가 많아서 경영진은 현재 하루에 1,000개인 생산량을 증가시키려 한다. 그러나 공급업자로부터 받는 두 가지 부품(A, B)의 공급이 제한적이다. 장난감 한 개의 생산에는 A가 두 개 필요하지만 공급업자는 현재의 공급량인 하루 2,000개에서 최대 3,000개까지 늘릴 수 있다. 장난감 한 개의 생산에는 B가 한 개가 필요하며, 공급업자는 현재의 공급량인 하루 1,000개에서 더 이상 늘릴 수 없다.

이 부품들을 공급할 수 있는 다른 공급업자가 없기 때문에 경영진은 두 가지 부품을 같은 수량만큼 자체 생산하여 공급업자로부터의 공급을 보충하려고 한다. 어떤 부품이든지 한 개를 생산하는 것은 구입하는 것보다 비용이 2.50달러 더 든다. 경영진은 총이익을 최대화하는 장난감과 부품의 생산량을 결정하고자 한다.

이 문제를 자원배분문제로 보고 경영진은 자료를 다음 표와 같이 정리하였다.

자원	단위활동별 자원 소모량 장남감 생산	부품 생산	가용 자원량
부품 A	2	−1	3,000
부품 B	1	−1	1,000
단위이익	3달러	−2.50달러	

a. 스프레드시트 모형을 수립하고 해를 구하시오.

b. 두 가지 활동의 단위이익은 추정치라서 경영진은 최적해가 유지되면서 이 추정치들이 얼마나 변할 수 있는지 알고 싶다. 첫 번째 활동(장난감 생산)에 대해서 활동의 단위이익을 2.00달러에서 4.00달러까지 50센트씩 증가시키면서 스프레드시트와 해찾기를 사용하여 최적해와 총이익을 구한 표를 작성하시오. 최적해가 바뀌지 않으면서 단위이익의 추정치가 원래의 3.00달러에서 얼마나 클 수 있고, 얼마나 작을 수 있는지를 구하시오.

c. 두 번째 활동(부품 생산)에 대해서 단위이익을 −3.50달러에서 −1.50달러까지 50센트씩 증가시키는(첫 번째 활동의 단위이익은 3.00달러로 고정) 표를 만들면서 b를 반복하시오.

AS d. 매개변수 분석 보고서를 사용하여, 50센트 대신 25센트씩 증가시켜서 b, c에서 필요로 하는 모든 자료를 체계적으로 생성하시오. 이 자료를 사용하여 b와 c의 결론을 다시 내리시오.

e. 해찾기의 민감도 보고서를 사용하여 각 활동의 단위이익의 허용범위를 구하시오.

AS f. 2차원 매개변수 분석 보고서를 사용하여 b, c에서 설명한 것처럼 두 개의 활동에 대한 수익이 동시에 변할 때의 총이익의 변화를 체계적으로 분석하시오.

g. 해찾기의 민감도 보고서를 활용하여 최적해가 바뀌기 전까지 두 가지 활동에 대한 이익이 동시에 얼마까지 변할 수 있는지를 설명하시오.

8.2 다음 표와 같은 자료의 자원배분문제를 생각해보자.

자원	단위활동당 자원 소모량 1	단위활동당 자원 소모량 2	가용 자원량
1	1	2	10
2	1	3	12
단위이익	2달러	5달러	

목적은 총이익을 최대화하기 위한 각 활동이 몇 단위가 수행되어야 하는지를 결정하는 것이다.

What-If 분석을 하는 동안에 단위당 이익이 겨우 ±50% 이내에서 정확하다는 것을 알았다. 다시 말하면 제품 1의 단위당 이익에 대한 가능한 값의 범위는 1달러와 3달러이고 제품 2에 대한 가능한 값의 범위는 2.5달러와 7.5달러라고 한다.

a. 단위당 이익의 원래의 추정치를 가지고 이 문제의 스프레드시트 모형을 수립하시오. 해찾기를 이용하여 최적해와 민감도 보고서를 구하시오.

b. 제품 1에 대한 단위당 이익이 2달러에서 1달러로, 2달러에서 3달러로 변한다면 현재의 최적해가 계속 유지되는지를 스프레드시트와 해찾기를 이용해서 검토하시오.

c. 제품 1의 단위당 이익이 2달러로 유지되고 제품 2의 단위당 이익이 5달러에서 2.5달러로, 5달러에서 7.5달러로 변한다면 현재의 최적해가 계속 유지되는지를 검토하시오.

AS d. 제품 1의 단위당 이익이 1달러에서 3달러까지 20센트씩 증가한다고 할 때 (제품 2의 단위당 이익은 변화가 없다고 하고) 매개변수 분석 보고서를 이용하여 순차적으로 최적해와 총이익을 구하시오. 제품 2의 단위당 이익이 2.5달러에서 7.5달러까지 50센트씩 증가한다고 할 때 (제품 1의 단위당 이익은 변화가 없다고 하고) 같은 방법으로 구하시오. 이 결과로 각 제품에 대한 단위당 이익의 허용범위를 추정해보시오.

e. 민감도 보고서를 사용하여 각 활동의 단위이익에 대한 허용범위를 찾으시오. 이 범위를 이용하여 문제 b~d의 결과를 확인하시오.

AS f. 2차원 매개변수 분석 보고서를 사용하여 두 활동의 단위이익이 d에서 설명된 것처럼 동시에 변할 때 최적 총이익을 체계적으로 생성하시오.

8.3 6.5절의 Big M사 문제를 다시 생각하자. 〈그림 6-10〉에 이 문제의 모형과 최적해가 있다.

여러 수송 경로로 수송하는 단위 수송비용이 불확실하기 때문에, 〈그림 6-10〉의 최적해를 채택하기 전에 경영진은 단위비용 추정치의 부정확성이 주는 영향에 대한 정보를 얻고자 한다.

해찾기를 사용하여 민감도 보고서를 생성한 후 다음의 질문에 답하시오.

a. 〈표 6-9〉의 단위 수송비용 중 〈그림 6-10〉에 주어진 최적해가 변하지 않게 하면서 오차범위가 가장 작은 것은 무엇인가? 어느 단위 수송비용을 추정할 때 가장 많은 노력을 기울여야 하는가?

b. 각 단위수송비용에 대한 허용 범위를 구하시오.

c. 허용 범위를 경영진에게 어떻게 설명해야 하는가?

d. 만약 추정치가 두 개 이상 동시에 변할 수 있다면, 최적해가 바뀔 것인가를 결정하는 데 민감도 보고서를 어떻게 사용하는가?

8.4* 6.3절의 Union Airway사 문제를 다시 생각해보자. 〈그림 6-5〉에서 이 문제에 대한 스프레드시트 모형과 최적해를 보여주고 있다.

경영진은 회사의 고객 서비스 직원을 대표하는 조합과 새로운 계약을 하기 위해 협상하려고 한다. 이것은 〈표

6-5〉에 나타나 있는 직원당 1일 인건비에서 조금의 변동을 가져올 것이다. 아래에 나열된 몇 가지의 가능성 있는 변동들은 별도로 분석된다. 각각의 경우, 경영진은 변동을 통해 〈그림 6-5〉에 있는 해가 더 이상 최적해가 아닌지를 알고 싶어 한다. 문제 a~e에서 스프레드시트와 해찾기를 이용하여 이 질문에 답을 구하시오. 만약 최적해가 바뀐다면 새로운 해를 찾으시오.

a. 교대근무 2조의 직원당 1일 인건비가 160달러에서 165달러로 바뀌었다.
b. 교대근무 4조의 직원당 1일 인건비가 180달러에서 170달러로 바뀌었다.
c. 문제 a와 b의 변화가 동시에 발생했다.
d. 교대근무 2조, 4조 그리고 5조의 직원당 1일 인건비가 4달러 증가하였으나 교대근무 1조와 3조에서는 4달러 감소하였다.
e. 각 교대근무조의 직원당 1일 인건비가 2% 증가하였다.
f. 해찾기를 이용해서 민감도 보고서를 구하시오. 컴퓨터가 없어서 스프레드시트 모형을 바로 구할 수 없는 상황에서 위와 같은 변동들을 고려한다고 상상해보자. 각 경우 원래의 최적해가 계속 최적해로 남아있는지를 검토하기 위해 민감도 보고서가 어떻게 이용되는지를 설명하시오.
AS g. 다섯 가지의 변동을 차례차례로 매개변수 분석 보고서를 이용하여 직원당 1일 인건비가 현재의 비용에서 3달러씩 감소하면서 15달러까지, 3달러씩 증가하여 15달러까지 순차적으로 최적해와 총비용을 구하시오.

8.5 6.2절의 Think-Big Development사 문제를 다시 생각하자. 〈그림 6-3〉에는 스프레드시트 모형과 최적해가 나타나 있다. 〈표 6-3〉에 주어진 프로젝트의 순현가의 추정치가 문제 a~g와 같이 변한다고 했을 때, 스프레드시트와 해찾기를 사용하여 최적해가 변할지 아닐지를 판단하고, 변한다면 새로운 최적해를 구하시오. (각 문제를 독립적으로 푸시오).

a. 프로젝트 1(초고층 사무용 빌딩)의 순현가가 20만 달러 증가한다.
b. 프로젝트 2(호텔)의 순현가가 20만 달러 증가한다.
c. 프로젝트 1의 순현가가 500만 달러 감소한다.
d. 프로젝트 3(쇼핑센터)의 순현가가 20만 달러 감소한다.
e. b, c, d의 변화가 동시에 일어난다.
f. 프로젝트 1, 2, 3의 순현가가 4,600만 달러, 6,900만 달러, 4,900만 달러로 각각 변한다.
g. 프로젝트 1, 2, 3의 순현가가 5,400만 달러, 8,400만 달러, 6,000만 달러로 각각 변한다.
h. 해찾기를 사용하여 민감도 보고서를 생성하시오. 위의 문제 각각에 대한 변화가 스프레드시트 모형을 사용할 수 없을 때 발생하였다고 가정하자. 민감도 보고서를 이용하여 최적해가 계속 유지되는지 여부를 확인하시오.
i. 세 가지 프로젝트에 대하여 차례로, 매개변수 분석 보고서를 이용하여 각 프로젝트의 순현가가 현재보다 500만 달러 작을 때부터 500만 달러 크게 될 때까지 100만 달러씩 증가시키면서 최적해와 총순현가를 체계적으로 생성하시오.

8.6 University Ceramics사는 대학의 구내서점에서 판매하기 위한 대학이름과 로고가 새겨진 접시, 머그잔, 맥주잔을 제조하는 회사이다. 각 제품은 몰딩 공정과 마무리 공정의 두 단계를 거치며 각 공정에서 필요한 노동시간, 각 제품당 소요되는 점토, 그리고 단위당 이익이 다음 표에 주어져 있다. 아울러 내일 근무시간 동안 가용한 각 자원의 양이 같이 주어져 있다.

	접시	머그잔	맥주잔	가용량
몰딩(분)	4	6	3	2,400
마무리(분)	8	14	12	7,200
점토(온스)	5	4	3	3,000
단위당 이익(달러)	3.10	4.75	4.00	

스프레드시트에 이익을 최대화하는 내일의 제품별 생산량을 찾기 위해 선형계획모형이 모형화되었다. 이 문제를 해찾기로 푼 후 구해진 스프레드시트와 민감도 보고서가 다음 쪽에 있다.

다음의 각 질문에 대해 해찾기로 문제를 다시 풀지 않고 가능한 완전하게 답하시오. 각 질문은 독립이다. 즉, 한 질문에서의 변동은 다른 질문에 적용되지 않는다.

a. 접시의 개당 이익이 3.10달러에서 2.80달러로 감소했다고 가정하면 최적생산량이 바뀌는가? 그리고 총이익은 어떻게 되는가?
b. 맥주잔의 개당 이익이 0.3달러 증가하고 접시의 개당 이익이 0.25달러 감소했다고 가정하면 최적생산량이 바뀌는가? 총이익은 어떻게 되는가?
c. 몰딩 부서에 한 명의 작업자가 병으로 쉰다고 가정하자. 그로 인해 몰딩 부서에서 가용노동시간이 8시간 줄었다. 총이익에 얼마나 영향을 미치는가? 이것은 최적생산량을 변하게 하는가?
d. 몰딩 부서에 한 명의 노동자가 마무리 공정의 일을 배우고 있다고 가정하자. 이 작업자의 노동시간을 몰딩

	A	B	C	D	E	F	G
1		Plates	Mugs	Steins			
2	Unit Profit	$3.10	$4.75	$4.00			
3							
4		Resource Required per Unit			Used		Available
5	Molding (minutes)	4	6	3	2,400	<=	2,400
6	Finishing (minutes)	8	14	12	7,200	<=	7,200
7	Clay (ounces)	5	4	3	2,700	<=	3,000
8							
9		Plates	Mugs	Steins			Total Profit
10	. Production	300	0	400			$2,530

Variable Cells

Cell	Name	Final Value	Reduced Cost	Objective Coefficient	Allowable Increase	Allowable Decrease
$B$10	Production Plates	300	0	3.10	2.23	0.37
$C$10	Production Mugs	0	-0.46	4.75	0.46	
$D$10	Production Steins	400	0	4.00	0.65	1.37

Constraints

Cell	Name	Final Value	Shadow Price	Constraint R. H. Side	Allowable Increase	Allowable Decrease
$E$5	Molding (minutes) Used	2,400	0.22	2,400	200	600
$E$6	Finishing (minutes) Used	7,200	0.28	7,200	2,400	2,400
$E$7	Clay (ounces) Used	2,700	0	3,000	1E + 30	

공정에서 마무리 공정으로 옮기는 것이 좋은 생각인가? 옮겨지는 1분당 총이익의 증감률을 찾으시오. 증감률에 변화가 있기 전까지 몇 분을 옮길 수 있는가?

e. 머그잔의 목적함수 계수와 가용 점토의 제약식에 대한 허용 감소치가 민감도 분석 보고서에서 누락되어 있다. 각 값은 얼마여야 하는가? 어떻게 각각의 값을 찾았는지 설명하시오.

8.7 Ken and Larry사는 세 가지 맛(초콜릿, 바닐라, 바나나)의 아이스크림을 여러 가게에 공급 하고 있다. 매우 무더운 날씨에 제품의 수요가 증가하면 회사는 재료(우유, 설탕, 크림)가 부족한 상황이 되고 있다. 그래서 회사는 판매점인 아이스크림 가게들로부터 오는 모든 주문에 응할 수가 없게 된다. 이러한 상황에서 회사는 기본 재료의 공급 제약을 지키면서 총이익을 최대 화하는 세 가지 맛의 아이스크림 생산량을 결정하고자 한다.

초콜릿, 바닐라, 바나나 맛의 아이스크림은 각각 1갤런 판매에 1달러, 0.9달러, 0.95달러의 이익을 낸다. 회사의 창고에는 200갤런의 우유, 150파운드의 설탕, 그리고 60갤런의 크림만 남아있다. 이 문제에 대한 수식 형태의 선형계획모형은 다음과 같다.

C = 초콜릿 아이스크림의 생산량(단위: 갤런)
V = 바닐라 아이스크림의 생산량(단위: 갤런)
B = 바나나 아이스크림의 생산량(단위: 갤런)

최대화 총이익 = $1.00C + 0.90V + 0.95B$

제약조건

우유: $0.45C + 0.50V + 0.40B \leq 200$갤런
설탕: $0.50C + 0.40V + 0.40B \leq 150$파운드
크림: $0.10C + 0.15V + 0.20B \leq 60$갤런

$C \geq 0 \quad V \geq 0 \quad B \geq 0$

이 문제를 해찾기로 푼 후의 스프레드시트와 민감도 보고서가 다음 쪽에 나타나 있다. (민감도 보고서에서 우유 제약식에 관한 수치는 문제 f에서 묻기 때문에 의도적으로 누락되어 있다.)

해찾기로 다시 풀지 않고 아래의 각각의 물음에 가능한 완전하게 답하라. 각 질문은 독립이다. 즉, 한 문제의 변동은 다른 문제에 적용되지 않는다.

a. 최적해와 총이익은 얼마인가?

	A	B	C	D	E	F	G
1		Chocolate	Vanilla	Banana			
2	Unit Profit	$1.00	$0.90	$0.95			
3							
4		Resources Used per Gallon Produced			Used		Available
5	Milk	0.45	0.5	0.4	180	≤	200
6	Sugar	0.5	0.4	0.4	150	≤	150
7	Cream	0.1	0.15	0.2	60	≤	60
8							
9		Chocolate	Vanilla	Banana			Total Profit
10	Gallons Produced	0	300	75			$341.25

Variable Cells

Cell	Name	Final Value	Reduced Cost	Objective Coefficient	Allowable Increase	Allowable Decrease
$B$10	Gallons Produced Chocolate	0	-0.0375	1	0.0375	1E + 30
$C$10	Gallons Produced Vanilla	300	0	0.9	0.05	0.0125
$D$10	Gallons Produced Banana	75	0	0.95	0.0214	0.05

Constraints

Cell	Name	Final Value	Shadow Price	Constraint R. H. Side	Allowable Increase	Allowable Decrease
$E$5	Milk Used					
$E$6	Sugar Used	150	1.875	150	10	30
$E$7	Cream Used	60	1	60	15	3.75

b. 바나나 아이스크림의 갤런당 이익이 1달러로 바뀌었다고 가정하면 최적해가 바뀌는가? 그리고 총이익에는 어떠한 영향을 주는가?

c. 바나나 아이스크림의 갤런당 이익이 0.95달러로 바뀌었다고 가정하면 최적해가 바뀌는가? 그리고 총이익에는 어떠한 영향을 주는가?

d. 회사가 3갤런의 크림이 변질되어 버려야 한다는 것을 알았다고 가정하자. 최적해가 바뀌는가? 그리고 총이윤에는 어떠한 영향이 있는가?

e. 회사가 추가적인 15파운드의 설탕을 15달러에 구매할 기회가 주어졌다고 가정하면 그렇게 해야 하는가? 이에 대해 설명하시오.

f. 주어진 문제의 최적해에서 우유 제약식에 비어있는 빈칸을 채우시오. 각 수치를 어떻게 구했는지를 설명하시오.

8.8 Colonial Furniture사는 미국 식민지시대 양식으로 수제품 가구를 생산한다. 회사는 다음 주에 흔들의자, 식탁, 장식장을 생산하려고 계획 중이다. 이들 제품은 두 가지의 생산공정(조립과 마무리)을 거치게 된다. 다음의 표에 각 제품에 대한 두 공정에 필요한 시간, 목재 소요량(양질의 벚나무), 단위이익, 그리고 다음 주 각 자원의 가용량이 나타나 있다.

	흔들의자	식탁	장식장	가용 자원량
조립(분)	100	180	120	3,600
마무리(분)	60	80	80	2,000
목재(파운드)	30	180	120	4,000
단위이익(달러)	240	720	600	

이익을 최대화하는 생산량을 찾기 위해 스프레드시트에 선형계획모형이 작성되었다. 이 문제를 해찾기로 풀었고 스프레드시트 모형 결과와 민감도 보고서가 다음 쪽에 나타나 있다.

해찾기로 다시 풀지 않고 아래의 각각의 물음에 가능한 완전하게 답하라. 각 질문은 독립이다. 즉, 한 문제의

	A	B	C	D	E	F	G
1		Rocking	Dining Room				
2		Chair	Table	Armoire			
3	Unit Profit	$240	$720	$600			
4							
5		Resource Required per Unit			Used		Available
6	Assembly (minutes)	100	180	120	3,600	<=	3,600
7	Finishing (minutes)	60	80	80	2,000	<=	2,000
8	Wood (pounds)	30	180	120	3,600	<=	4,000
9							
10		Rocking	Dining Room				
11		Chair	Table	Armoire			Total Profit
12	Production	0	10	15			$16,200

Variable Cells

Cell	Name	Final Value	Reduced Cost	Objective Coefficient	Allowable Increase	Allowable Decrease
$B$12	Production Chair	0	-230	240	230	1E + 30
$C$12	Production Table	10	0	720	180	120
$D$12	Production Armoire	15	0	600	120	120

Constraints

Cell	Name	Final Value	Shadow Price	Constraint R. H. Side	Allowable Increase	Allowable Decrease
$E$6	Assembly (minutes) Used	3,600	2.00	3,600	400	600
$E$7	Finishing (minutes) Used	2,000	4.50	2,000	400	400
$E$8	Wood (pounds) Used	3,600		4,000		

변동은 다른 문제에 적용되지 않는다.

a. 장식장의 단위이익이 50달러 감소한다고 가정하면 최적생산량이 바뀌는가? 그리고 총이익에는 변동이 있는가?

b. 식탁의 단위이익이 60달러 감소하고 장식장의 단위이익이 90달러 증가한다고 가정하면 최적생산량이 바뀌는가? 그리고 총이익에는 변동이 있는가?

c. 조립 부서에 한 명의 시간제 작업자가 병으로 쉰다고 가정하자. 그로 인해 조립 부서에서 가용노동시간이 4시간 줄었다. 총이익에 얼마나 영향이 있는가? 최적생산량을 변화시키는가?

d. 조립 부서에 한 명의 작업자가 마무리 부서의 일을 배우고 있다고 가정하자. 이 작업자의 노동시간을 조립 부서에서 마무리 부서로 옮기는 것이 좋은 생각인가? 옮겨지는 1분당 총이익의 증감률을 찾으시오. 증감률에 변화가 있기 전까지 몇 분을 옮길 수 있는가?

e. 목재에 대한 제약식의 잠재가와 허용범위의 값이 민감도 보고서에 누락되어 있다. 각각의 값이 얼마인가? 이 수치를 어떻게 찾았는지 설명하시오.

8.9 David, LaDeana, Lydia는 고급시계를 생산하는 회사의 동업자이자 직원이다. David과 LaDeana는 주당 최대 40시간 일할 수 있고, Lydia는 주당 최대 20시간 일할 수 있다.

회사는 대형 괘종시계와 벽시계 두 가지를 생산한다. 시계를 만들기 위해서 David은 시계 내부의 기계적인 부품조립을 하고, LaDeana는 시계의 나무 상자를 만든다. Lydia는 주문을 받고 물건을 보내는 일을 한다. 작업의 종류에 따라 필요한 시간은 다음의 표와 같다.

업무	소요시간 괘종시계	소요시간 벽시계
기계부품 조립	6시간	4시간
나무상자 제작	8시간	4시간
출하	3시간	3시간

대형 괘종시계 한 개를 만들어서 팔면 이익이 300달러가 발생하고, 벽시계는 200달러가 발생한다. 세 동업자는 총이익을 최대화하기 위해 각 시계를 주당 몇 개씩 만들지 결정하려고 한다.

a. 이 문제에 대한 대수적 형태의 선형계획모형을 수립하시오.

b. 도해법으로 모형을 푸시오. 그리고 대형 괘종시계의 단위이익의 추정치가 300달러에서 375달러로 변할 때(다른 변화는 없다) 최적해가 변하는지 확인하시오. 이 변화에 추가로 벽시계의 단위이익이 200달러에서 175달러로 변한다면 최적해는 어떻게 되는지 확인하시오.

c. 원 문제에 대해 스프레드시트에 모형을 작성하고 해를 구하시오.

d. b에서 명시한 변화에 대한 영향을 해찾기를 이용하여 확인하시오.

AS e. 매개변수 분석 보고서를 사용하여 대형 괘종시계의 단위당 이익이 150달러에서 450달러까지 20달러씩 증가할 때마다 최적해와 총이익을 체계적으로 생성하시오. 또한, 벽시계의 경우 단위당 수익이 50달러에서 350달러까지 20달러씩 증가할 때에 대한 최적해와 총이익을 생성하시오. 생성된 정보를 이용하여 각 시계 종류의 단위이익에 대한 허용범위를 추정하시오.

AS f. 2차원 매개변수 분석 보고서를 이용하여 두 가지 유형의 시계의 단위당 이익이 문제 e에서 지정된 대로 변할 때 총이익을 체계적으로 생성하시오. 단, 변화 범위 내에서 증분값이 20달러가 아니고 50달러씩 변하는 것으로 한다.

g. 세 동업자가 차례로 한 명씩 주당 최대 작업시간을 5시간 증가시키는 경우 최적해와 총이익은 어떻게 되는지 해찾기를 사용하여 구하시오.

AS h. 매개변수 분석 보고서를 이용하여 David의 주당 가능 작업시간만 35, 37, 39, 41, 43, 45로 변경될 때 최적해와 총수익을 체계적으로 구하시오. 마찬가지로, LaDeana에 대한 주당 최대 작업시간이 동일하게 변할 때 어떻게 되는지 구하시오. 마찬가지로, Lydia의 주당 가능 작업시간만 15, 17, 19, 21, 23, 25로 변경될 때 어떻게 되는지 구하시오.

i. 민감도보도서를 생성하여 각 종류의 시계의 단위이익에 대한 허용범위와 각 동업자의 가용한 작업시간에 대한 허용범위를 구하시오.

j. 총이익을 증가시키기 위해 세 동업자는 셋 중 한 사람의 주당 최대 작업시간을 늘리려고 한다. 누구의 작업시간을 늘릴지는 총이익의 증가를 기준으로 선택하기로 하였다. 민감도 보고서를 사용하여 누구의 시간을 늘릴지 결정하시오(원래의 단위이익 추정치는 변하지 않는다고 가정하시오).

k. 잠재가 중 하나가 0인 이유를 설명하시오.

l. Lydia의 주당 최대 작업시간을 20시간에서 25시간으로 늘릴 때의 영향을 민감도 보고서의 잠재가로 파악할 수 있는가? 그렇다면 총이익은 얼마나 증가할 것인가?

m. l에서 Lydia의 주당 최대 작업시간의 변화와 동시에 David의 최대 작업시간도 40에서 35시간으로 변한다면 어떻게 되는가?

n. 도해법을 사용하여 문제 m의 답을 확인하시오.

8.10* 문제 8.1을 다시 생각하자. G. A. Tanner사의 경영진이 공급업자와 다시 협상한 결과, 추가 공급분에 대해서 프리미엄을 지급한다면, 공급업자가 지금까지의 최대 공급량(조립부품 A는 하루 3,000개, 조립부품 B는 하루 1,000개)보다 공급량을 늘릴 수 있다는 답을 얻었다. 각 조립 부품에 대한 프리미엄의 크기는 아직 협상이 되지 않았다. 장난감의 수요는 충분히 높아서 조립부품의 공급만 받쳐줄 수 있으면 하루 2,500개도 팔 수 있다. 문제 8.1에 나오는 단위이익의 추정치는 정확하다고 가정하자.

a. 원래의 최대 공급량과 하루에 2,500개 이상 생산할 수 없다는 추가 제약식을 포함한 스프레드시트 모형을 수립하고 해를 구하시오.

b. 프리미엄을 생각하지 말고 조립부품 A의 최대공급량을 1만큼 증가시킨 후 모형을 다시 풀어 조립부품 A 제약식의 잠재가를 구하시오. 이 잠재가를 이용하여 회사가 지불할 수 있는 조립부품 A에 대한 최대 프리미엄을 결정하시오.

c. 문제 b를 조립부품 B 제약식에 대해서 반복하시오.

AS d. 문제 b에서 얻은 잠재가(그리고 해당 프리미엄)가 더 이상 유효하지 않을 때까지 조립부품 A의 최대 공급량이 얼마나 더 증가될 수 있는지 추정하시오. 이를 위해 최대 공급량이 3,000에서 4,000까지 100씩 증가할 때의 최적해와 총이익(프리미엄 제외)을 매개변수 분석 보고서를 사용하여 표로 작성하시오.

AS e. 조립부품 B에 대해 d를 반복하시오. 매개변수 분석 보고서를 사용하여 최대 공급량이 1,000에서 2,000까지 100씩 증가할 때의 결과를 표로 작성하시오.

f. 해찾기의 민감도 보고서를 사용하여 각 조립부품 제약식의 잠재가와 각 제약식의 우변상수에 대한 허용범위를 구하시오.

8.11 문제 8.2에서 주어진 모형을 다시 생각해보자. What-If 분석으로 두 제약식의 우변상수에 대한 추정치가 ±50% 이내에서 정확하다는 것을 알았다. 다시 말하면 첫 번째 제약식의 우변상수에 대한 가능한 값의 범위는 5~15이고 두 번째 제약식의 우변상수에 대한 가능한 값의 범위는 6~18이다.

a. 원래의 스프레드시트 모형을 풀고 난 후, 첫 번째 우변상수를 한 단위 증가시키고 다시 푸는 방법으로 잠재가를 구하시오.

AS b. 매개변수 분석 보고서를 이용하여 첫 번째 제약식의 우변상수가 5에서 15까지 1씩 증가할 때의 최적해와 총이익을 구하시오. 이 표를 이용하여 이 제약식의 허용범위를 찾고 문제 a에서 얻은 잠재가가 유효한지 확인하시오.

c. 문제 a를 두 번째 제약식에 대하여 반복하시오.

AS d. 두 번째 제약식의 우변상수를 6에서 18까지 1씩 증가시키면서 문제 b를 반복하시오.

e. 해찾기의 민감도 보고서를 사용하여 각 함수제약식의 잠재가와 이들 제약식의 우변상수에 대한 허용범위를 구하시오.

8.12 다음과 같은 자료를 갖는 자원배분문제를 고려하자. 목적은 총이익을 최대화하도록 각 활동을 얼마나 수행할지를 결정하는 것이다.

	단위활동당 자원 사용량		
자원	**1**	**2**	**가용 자원량**
1	1	3	8
2	1	1	4
단위이익	1달러	2달러	

a. 도해법을 사용하여 모형을 푸시오.

b. 그래프를 사용하여 가용자원량을 1만큼 증가시킨 뒤에 모형을 풀어서 각 가용자원의 잠재가를 구하시오.

c. 문제 a와 b를 스프레드시트 모형과 해찾기를 사용하여 푸시오.

AS d. 각 자원에 대하여 차례로 매개변수 분석 보고서를 사용하여 가용한 자원이 원래보다 4 작게 시작하여 6 많게까지 1씩 증가할 경우의 최적해와 총이익을 체계적으로 구하시오. 이 결과를 이용하여 각 자원의 가용한 양에 대한 허용범위를 구하시오.

e. 해찾기의 민감도 보고서를 사용하여 잠재가를 구하시오. 이 보고서를 이용하여 해당 잠재가가 유효한 범위 내에서 각 자원의 허용범위를 구하시오.

f. 경영진이 가용한 자원의 양을 변화시킬 수 있는 여유가 있을 때 잠재가가 유용하게 쓰이는 이유를 설명하시오.

8.13 총이익을 최대화하는 자원배분문제에 대한 자료가 다음과 같이 주어졌다. 문제 8.12의 질문을 이 문제에도 적용하여 답을 하시오.

	단위활동당 자원 사용량		
자원	**1**	**2**	**가용 자원량**
1	1	0	4
2	1	3	15
3	2	1	10
단위이익	3달러	2달러	

8.14* 6.1절에 소개된 Super Grain사의 사례를 다시 생각해보자. 〈그림 6-1〉에 이 예제의 모형과 최적해를 보여주는 스프레드시트가 있다. 해찾기를 사용하여 민감도 보고서를 생성하시오. 이 보고서를 사용하여 다음의 각 문제에 답하시오.

a. 광고예산이 1,000달러씩 추가될 때마다 총 기대 광고노출이 얼마나 증가하는가?

b. 광고예산이 얼마나 커질 때까지 문제 a의 답이 유효한가?

c. 기획예산이 1,000달러씩 추가될 때마다 총 기대 광고노출은 얼마나 증가하는가?

d. 기획예산이 얼마나 커질 때까지 문제 c의 답이 유효한가?

e. 만약 광고예산과 기획예산이 모두 10만 달러씩 증가하면 문제 a와 c의 답은 유효한가?

f. 만약 광고예산 혹은 기획예산 중 한 곳에 10만 달러를 증액할 수가 있다면 어느 쪽을 증액하는 것이 더 좋은가?

g. 만약 광고예산이나 기획예산 중 한 곳의 예산을 10만 달러 삭감해야 한다면 어느 쪽을 삭감하는 것이 덜 나쁜가?

8.15 6.4절에 소개된 Super Grain사 사례연구에 대해 문제 8.14의 질문을 다시 적용하여 답을 구하시오. 〈그림 6-7〉에 이 예제의 모형과 최적해를 보여주는 스프레드시트가 있다.

8.16 6.3절의 Union Airways사 문제를 다시 생각해보자. 〈그림 6-5〉에 이 예제의 모형과 최적해를 보여주는 스프레드시트가 있다.

경영진은 〈표 6-5〉의 오른쪽 끝 열의 각 시간대의 최소 직원 숫자를 한두 명 증가시켜 고객에게 제공하는 서비스 수준을 높이려고 한다. 이러한 결정을 돕기 위해 최소 직원 숫자의 변화가 총비용에 미치는 영향을 알고 싶다.

해찾기로 민감도 보고서를 구해 다음 질문에 답하시오.

a. 〈표 6-5〉의 오른쪽 끝 열의 숫자들 중에서 어느 것을 총비용의 증가 없이 늘릴 수 있는가? 각 경우에 대해서, 총비용의 증가 없이 최대로 얼마까지 늘릴 수 있는가? (한 숫자를 증가할 때 다른 숫자는 원래의 최소 직원 숫자에서 변하지 않는다.)

b. 최소 직원의 수가 1씩 증가할 때 총비용이 증가하는 경우 각각 얼마씩 총비용이 증가하는가? 이렇게 구한 증가 값은 최소 직원의 숫자를 얼마까지 늘려도 유효한가?

c. 문제 b의 답은 문제 b에서 고려된 숫자들이 모두 동시에 1씩 증가해도 유효한가?

d. 모든 10개의 숫자들이 1씩 증가한다면 문제 b의 답이 유효한가?

e. 모든 10개의 숫자가 같은 양만큼 동시에 증가할 때 문제 b의 답이 유효하려면 얼마나 증가할 수 있는가?

8.17 8.7절에 소개된 강건 최적화를 사용하는 방법을 설명하는 예제를 다시 고려하자. Wyndor사 경영진은 이제 다음과 같은 이유에서 예제에서 기술된 분석이 과도하게 보수적이라고 생각한다. (1) 매개변수 H_{D3}과 H_{W3}의 참값이 원 추정치에서 30분이나 벗어날 것 같지 않다. (2) 두 추정치가 모두 불확실성의 범위 중 바람직하지 않은 경계에 가깝게 나타날 것 같지도 않다. (3) 제약식이 매우 작게 위반되는 것에 대해 보상을 할 수 있는 어느 정도의 자유도가 있다. 그래서 Wyndor 경영진은 8.7절에서 사용된 불확실성의 범위보다 절반 정도일 때 모형을 다시 풀어 볼 것을 요청하였다.

a. 독립변수를 갖는 강건 최적화의 절차를 적용하시오. 최종 최적해는 무엇인가? 그리고 주당 총이익이 얼마나 증가했는가?

b. 만약 Wyndor사가 새롭게 보장된 최저 생산량 아래로 생산할 경우에 주당 150달러의 벌금을 내야 한다면, 이 새로운 보장 사항을 사용해야 하는가?

8.18 8.7절에 소개된 강건 최적화를 적용하는 예제를 다시 고려하자. Wyndor 경영진은 이제 문제의 모든 매개변수-문과 창문의 단위당 이익(P_D, P_W), 문과 창문을 세 공장에서 생산할 때 사용되는 생산시간(H_{D1}, H_{W2}, H_{D3}, H_{W3}), 각 공장의 가용한 시간을 나타내는 우변상수(RHS_1, RHS_2, RHS_3)가 불확실성이 있다고 생각한다. 원 추정치와 불확실성의 범위가 아래 표에 나타나 있다. 독립 매개변수를 갖는 강건 최적화의 절차를 적용하여 해의 실행가능성이 보장되면서 이익을 최대화하는 해를 찾으시오.

매개변수	원 추정치	불확실성의 범위
P_D	$300	$250–$350
P_W	$500	$400–$600
H_{D1}	1	0.9–1.1
H_{W2}	2	1.6–2.4
H_{D3}	3	2.5–3.5
H_{W3}	2	1.8–2.2
RHS_1	4	3.5–4.5
RHS_2	12	11–13
RHS_3	18	16–20

8.19* 문제 8.12를 다시 고려하자. 이제 모든 매개변수가 불확실하다고 가정하고 아래와 같이 불확실성의 범위가 주어져 있다. 독립변수를 갖는 강건 최적화의 절차를 사용하여 해의 실행가능성이 보장되면서 이익을 최대화할 수 있는 해를 구하시오.

	단위활동당 자원 사용량		
자원	1	2	가용 자원량
1	0.9–1.1	2.7–3.3	7.2–8.8
2	0.8–1.2	0.7–1.3	3.5–4.5
단위이익	$0.90–$1.10	$1.75–$2.25	

8.20 문제 8.13을 다시 고려하자. 이제 모든 매개변수가 불확실하다고 가정하고 아래와 같이 불확실성의 범위가 주어져 있다. 독립변수를 갖는 강건 최적화의 절차를 사용하여 해의 실행가능성이 보장되면서 이익을 최대화할 수 있는 해를 구하시오.

	단위활동당 자원 사용량		
자원	1	2	가용 자원량
1	0.8–1.2	0	3.6–4.4
2	0.9–1.1	2.5–3.5	13.5–16.5
3	1.6–2.4	0.7–1.3	9.5–10.5
단위이익	$2.90–$3.10	$1.80–$2.20	

AS8.21 8.8절에 소개된 기회제약식의 사용을 설명한 예제를 다시 고려하자. 공장 3에서의 문과 창문의 생산 소요 시간(H_{D3}, H_{W3})에 대해 더 신중하게 고려한 결과, Wyndor 경영진은 생산 소요 시간의 범위가 상당히 좁게 나타날 것으로 보았다.

a. H_{D3}과 H_{W3}은 이제 각각 원 추정치 3시간과 2시간에서 아래로 15분과 위로 15분 사이에서 균등하게 나타날 것으로 고려된다. 기회제약식과 Analytic Solver를 사용하여 공장 3의 원 제약식이 충족될 확률이 95% 이상이

면서 총이익을 최대화할 수 있는 해를 찾으시오.

b. 문제 a를 반복하되, 공장 3의 원 제약식이 충족될 확률을 99% 이상 되도록 하시오.

c. 이제 H_{D3}과 H_{W3}이 평균이 각각 원 추정치인 3시간과 2시간이고 표준편차는 동일하게 0.25시간인 정규분포를 따른다고 가정하자. 기회제약식과 Analytic Solver를 사용하여 공장 3의 원 제약식이 충족될 확률이 95% 이상이면서 총이익을 최대화할 수 있는 해를 찾으시오.

d. 문제 c를 반복하되, 공장 3의 원 제약식이 충족될 확률을 99% 이상 되도록 하시오.

AS8.22* 문제 8.12를 다시 고려하자. 이제 자원 1의 가용한 양과 자원 2의 가용한 양이 모두 불확실하다고 가정하자. 특히, 각각 정규분포를 따르며, 평균은 원 추정치인 8과 4와 각각 동일하지만 각 표준 편차는 0.5이다. 기회제약식과 Analytic Solver를 사용하여 각 원 제약식에 대해 해당 제약식을 충족할 확률이 95% 이상이 되도록 하면서 이익을 최대화하시오.

AS8.23 문제 8.13을 다시 고려하자. 이제 자원 1의 가용량과 자원 2의 가용량이 모두 불확실하다고 가정하자.

a. 활동 1의 한 단위마다 자원 3을 1.5에서 2.5 사이에서 균등하게 사용하고, 활동 2의 한 단위마다 자원 3을 0.7에서 1.3 단위 사이에서 균등하게 사용한다고 하자. 기회제약식과 Analytic Solver를 사용하여 세 번째 원 제약식이 충족될 확률이 95% 이상이면서 이익을 최대화할 수 있는 해를 찾으시오.

b. 각 활동의 단위당 자원 3의 소모량이 평균은 원 추정치이고 표준편차는 0.3인 정규분포를 따른다고 하자. 기회제약식과 Analytic Solver를 사용하여 세 번째 원 제약식이 충족될 확률이 95% 이상이면서 이익을 최대화할 수 있는 해를 찾으시오.

통합사례 8-1: 농장 경영

Ploughman 가족은 대대로 내려온 640에이커의 농장을 소유, 운영하고 있다. Ploughman 가족은 농업으로 생활을 꾸려가기 위해 열심히 일해 왔고 가끔씩 어려운 시기도 잘 견뎌왔다. 가뭄이나 홍수 등의 어려움을 극복한 조상들의 이야기는 가족사의 중요한 한 부분이다. 많은 가족 농장이 버려지거나 대규모 농업 회사에 인수되는 요즘 시대에도 Ploughman 가족은 자급하는 생활의 형태를 즐기면서 땅에 의존해서 성공적으로 생활하며 가족의 전통을 유지하는 일에도 상당한 만족을 얻고 있다.

John Ploughman은 현재 농장의 경영자이고 그의 아내 Eunice는 가정을 돌보며 농장의 자금을 관리하고 있다. John의 아버지인 Grandpa Ploughman도 함께 살고 있으며 아직도 농장 일을 도와주고 있다. John과 Eunice의 자녀인 Frank, Phyllis, Carl 역시 방과 후 여러 가지 일을 도와주고 있다.

겨울과 봄철에는 총 4,000시간의 노동시간이, 그리고 여름과 가을철에는 4,500시간의 노동시간이 농장경영을 위해 요구된다. 만약 시간이 남으면, Frank, Phyllis, Carl은 겨울과 봄철에는 시간당 7달러씩, 여름과 가을철에는 시간당 7.7달러씩을 받고 이웃 농장에서 일을 할 것이다.

농장에는 콩, 옥수수, 밀의 세 가지 작물 이외에도 두 종류의 가축, 젖소와 닭을 기르고 있다. (세 가지의 농작물은 판매용 작물이지만 옥수수는 소의 먹이로 밀은 닭의 먹이로도 사용된다.) 농작물은 늦여름과 가을에 걸쳐 수확된다. 겨울철에 John 부부와 John의 아버지는 다음 해에 재배할 농작물과 가축의 혼합수량을 결정한다.

올해는 특별히 풍년이어서 추가적인 가축 구입비로 28,000 달러의 기금을 책정했다. (남은 돈은 다음해의 농작물을 위한 씨 뿌리는 비용을 포함해서 일상의 생활비로 쓰인다.) 현재, 49,000달러 가치인 소 30마리와 7,000달러 가치인 2,000마리의 닭을 보유하고 있다. 가족은 지금보다 가축의 수량을 늘리려고 한다. 소 한 마리의 구입비는 2,100달러이고 닭은 마리는 4.20달러이다.

일 년마다 노화로 인해 소의 가치는 약 10% 감소하고 닭의 가치는 25% 정도 떨어진다.

소 한 마리는 풀을 뜯어먹을 2에이커의 땅과 매달 10시간의 노동을 필요로 하고 연간 1,190달러의 순수입을 가져다 준다. 이에 비해 닭은 땅은 많이 필요로 하지 않고 매달 0.05의 노동시간을 필요로 하며 연간 5.95달러의 순수입을 가져다 준다. 양계장은 최대 5,000마리의 닭을 키울 수 있으며 소사육장은 최대 42마리의 소를 수용할 수 있다.

각각의 에이커 크기의 땅에는 세 가지 작물 중에 하나가 경작된다. 첫 번째 표는 한 해 전반기와 후반기에 작물에 소요되는 노동시간과 순가치(판매수익과 가축의 먹이로 사용하여 사료 구입비의 절약 분을 포함)에 대한 추정치를 보여준다.

	콩	옥수수	밀
겨울과 봄철의 노동시간	1.0	0.9	0.6
여름과 가을철의 노동시간	1.4	1.2	0.7
순가치	98달러	84달러	56달러

가축을 위한 더 많은 먹이를 공급하기 위해, John은 다음 해에 소 한 마리당 최소 1에이커의 옥수수를, 그리고 닭 한 마리당 최소 0.05에이커의 밀을 더 경작하려고 한다.

요즘 John과 가족들은 다음 해에 각 작물을 몇 에이커의 땅에 재배하고 소와 닭을 몇 마리를 길러야 할지를 이야기하고 있다. 목적은 내년 말에 가족의 수익을 최대화하는 것이다. (내년에 가축사육으로부터 얻는 순수입 + 내년에 농작물경작으로 얻는 순가치 + 투자자금의 나머지 + 연말에 가축의 가치 + 이웃농장에서 일한 수입 − 일년 동안의 생활비 56,000 달러).

a. 이 문제에 대하여 선형계획모형에 필요한 구성요소를 구두로 표현하시오.
b. 스프레드시트에 모형을 작성하시오.
c. 최적해를 구하고 민감도 보고서를 생성하시오. 모형은 내년 말 가족의 수익을 얼마로 예측하는가?
d. 세 가지의 농작물에 대하여 경작되는 에이커당 순가치의 허용범위를 찾으시오.

위의 각 농작물에 대한 에이커당 순가치는 양호한 기후조건을 가정하고 있다. 나쁜 기후조건은 농작물에 해를 주고 가치를 크게 떨어뜨린다. 가족이 두려워하는 시나리오들은 가뭄, 홍수, 이른 서리, 가뭄과 이른 서리, 그리고 홍수와 이른 서리이다. 다음 표는 이러한 시나리오들이 발생했을 때의 순가치 추정치를 보여주고 있다.

	경작 에이커당 순가치(단위: 달러)		
시나리오	콩	옥수수	밀
가뭄	−14	−21	0
홍수	21	28	14
이른 서리	70	56	42
가뭄과 이른 서리	−21	−28	−14
홍수와 이른 서리	14	14	7

e. 문제 b에서 작성된 선형계획모형을 적절히 수정하여 각 시나리오에 대한 최적해를 찾아라. 각각의 경우에 대하여 연말에 가족의 순이익을 예측하시오.
f. 6개의 시나리오(양호한 기후조건에서 풀어본 문제 a~d를 포함해서)에서 얻은 최적해를 가지고 다른 5개의 시나리오가 발생했을 때 내년 말의 순이익을 산출하시오. 양호한 기후조건에서 큰 순이익을 가져오는 것과 나쁜 기후조건에서 매우 작은 순이익을 회피하는 것 사이에서 가장 균형 잡힌 해는 어느 것인가?

John의 아버지는 과거의 기후에 대한 가능한 기록을 조사하여 다음과 같은 자료를 얻었다. 이 자료를 가지고 가족은 농작물 경작과 가축 사육에 대한 의사결정을 하기로 하였다. 양호한 기후조건을 가정한 낙관적인 접근법(문제 a~d에서의 경우)보다는 모든 기후조건 하에 평균 순가치를 각 농작물에 대해 사용할 것이다(표에 있는 빈도수를 이용한 순가치에 대한 가중치를 계산한다).

시나리오	빈도 (%)
양호한 기후조건	40
가뭄	20
홍수	10
이른 서리	15
가뭄과 이른 서리	10
홍수와 이른 서리	5

g. 새로운 접근법에 맞게 문제 b의 선형계획모형을 수정하시오.
h. 수정된 모형에 대해 문제 c를 다시 적용하시오.
i. 더 많은 가축을 사들이기 위해 현재 얻을 수 있는 투자자금 28,000달러를 초과하는 금액을 10% 이자율로 은행 대출을 받는 것이 가족에게 가치가 있는지 분석하고자 한다. 문제 h에서 구한 잠재가를 사용하여 분석하시오.
j. 각각의 세 작물에 대하여 에이커당 순가치를 추정하는데 최적해가 변하지 않으면서 가능한 오차의 자유도가 얼마나 되는지 확인하고자 한다. 문제 h에서 얻은 민감도 보고서를 이용하시오. 어느 두 순가치를 추정하는데 가장 주의해야 하는가? 만약 두 개의 추정치가 동시에 부정확하다면, 최적해가 변하지 않을 것을 보장하기 위해 얼마나 이 추정치들이 가까워야 하는가? 2차원 매개변수 분석 보고서를 사용하여 위의 두 순가치의 추정치가 최적해가 변하지 않을 것이라고 보장되는 값에서 동시에 두 배 증가하는 동안 최적 순이익을 체계적으로 어떻게 변하는지 확인하시오.

이 문제는 다양한 조직이 자주 직면하는 한 가지의 상황을 보여주고 있다. 일반적으로 설명하면, 조직은 여러 가지 시나리오 중에 하나가 전개되는 불확실한 미래에 직면한다는 것이다. 어느 시나리오가 발생할지는 조직의 통제 밖에 있는 조건에 달려있다. 조직은 다양한 활동의 수준을 선택해야 하지만, 전체적인 성과의 척도에 대한 각 활동의 기여도는 전개되는 시나리오에 크게 영향을 받는다. 이러한 환경에서, 최적의 활동 조합은 무엇인가?

k. 농장 경영 이외에 위와 같은 설명에 들어맞는 상황을 생각해보고 그중 하나를 기술하시오.

네트워크 최적화 문제

9 CHAPTER

학습목표: 9장을 학습한 후에는,

1. 다양한 유형의 네트워크 최적화 문제를 네트워크 모형으로 정형화할 수 있어야 한다.
2. 최소비용흐름문제, 최대흐름문제, 최단경로문제의 특성에 대해 기술할 수 있어야 한다.
3. 최소비용흐름문제, 최대흐름문제, 최단경로문제에 대해 응용 가능한 분야를 각각 구별할 수 있어야 한다.
4. 최소비용흐름문제의 특수한 형태에 속하는 일부 네트워크 최적화 문제의 유형을 구별할 수 있어야 한다.
5. 서술된 문제로부터 최소비용흐름문제, 최대흐름문제, 최단경로문제를 각각 스프레드시트 모형으로 정형화하고 최적해를 구할 수 있어야 한다.

이 장에서는 네트워크를 분석하는 방법에 초점을 두고 있다. 따라서 네트워크가 무엇인지에 대해 기술함으로써 이 장을 시작하게 된다. 네트워크란 서로 직접적으로 연결되는 다양한 요소에 의해 구성되는 시스템으로 정의될 수 있다. 이와 같은 연결은 전기 회로망의 전선 등과 같이 실제로 물리적인 연결을 의미하기도 한다. 다른 경우에서는 다이어그램일 수도 있는데, 이는 시스템 내 각 요소의 위치를 묘사하는 한편 요소들 쌍방간에 선을 이용하여 표시함으로써 요소들 간 직접적인 관계를 식별한다. 예를 들어 6.5절의 〈그림 6-9〉가 보여주는 네트워크는 두 종류의 요소(공장과 고객) 간 분배 시스템을 묘사하고 있으며, 공장에서 고객을 연결하는 선들은 가능한 수송 경로를 의미한다.

네트워크는 다양한 설정 속에서 다양한 형태로 발생한다. 수송, 전기, 통신 네트워크는 일상에서 흔히 찾아볼 수 있다. 네트워크 표현은 몇 가지 예를 들자면 생산, 유통, 프로젝트 계획, 시설 입지, 자원관리, 재무계획 등과 같이 다양한 영역에서 폭넓게 이용된다. 실제로 네트워크 표현은 강력하면서도 시각적이고 개념적인 보조 도구로서 시스템의 요소 간 관계를 묘사하고 있으며, 과학, 사회, 경제에 걸쳐 거의 모든 분야에서 폭넓게 사용된다.

이 장은 특정 유형의 네트워크 운영을 최적화하기 위해 스프레드시트 모형을 이용하는 방법에 초점을 두고 있다. 이들 네트워크 모두는 특정한 출발지로부터 가능한 다양한 경로를 통해 특정한 도착지에 이르기까지 흐름이 발생하도록 설계되어 있다. 예를 들어 이 흐름은 네트워크를 통한 재화 또는 자원의 수송과 관련되어 있다. 목적함수는 대개 네트워크를 통해 최적 경로를 찾는 것이며, 이 경우 흐름은 최적 경로를 따라 흘러가는 것과 관련되어 있다. 내지는 "흐름"은 단순히 어떤 상태(특정 시점의 조건)에서 다른 상태로의 전환을 유발하는 활동을 나타낸다. 또한 이 장은 각 유형의 네트워크에서 최적의 방법으로 네트워크를 운영하기 위해 스프레드시트 모형을 정형화하고 최적해를 구하는 방식을 학습한다.

최근 수십 년간 경영과학 및 경영분석 분야에서 흥미로운 개발 중 하나는 네트워크 최적화 문제의 방법론과 응용 모두에서 매우 빠른 발전이었다. 컴퓨터 공학의 발전으로 인한 자료 구조와 효율적인 자료 처리뿐만 아니라 다수 알고리즘을 통해 얻은 획기적 성취는 경영과학 분야에 중대한 영향을 미쳤다. 그 결과로 오늘날에 있어서 알고리즘과 이를 실행하기 위한 소프트웨어를 통해, 수십 년 전에는 불가능했던 크고 복잡한 문제의 최적해를 손쉽게 구할 수 있게 되었다. 하지만 이 장에서는 이와 같은 네트워크 최적화 문제 중 아주 일부 문제들에 대해서만 고려하고자 한다.

이 장에서는 특히 기업 경영과 관련된 문제들을 해결하는 데 도움이 되는 네트워크 최적화 문제들을 제시한다. 이 장의 초점은 이와 같은 네트워크 최적화 문제의 기본적 속성과 응용에 있으며, 최적해를 구하기 위해 필요한 수리적인 세부 사항이나 알고리즘에 관련된 내용은 가급적 배제하고자 하였다. 이와 같은 목적에 충실하기 위해 스프레드시트 모형과 엑셀 해찾기를 이용하기로 한다.

이와 같은 네트워크 최적화 문제의 몇몇 사례가 6장에서 이미 등장했던 바 있다. 앞서 말한 바와 같이 6.5절에서 등장하는 수송문제는 〈그림 6-9〉와 같이 네트워크로 표현된다. 수송문제의 전형적인 사례는 생산된 제품을 특정 공장에서 특정 고객에게 수송하는 것이며, 이 경우 목적함수는 총수송비용을 최소화하는 수송계획을 찾는 것이다. 6.6절에 등장하는 할당문제 역시 www.mhhe.com/Hillier7e에 있는 17장에서 기술된 바와 같이 네트워크로 표현된다. 따라서 수송문제와 할당문제 모두는 네트워크 최적화 문제의 단순한 유형 중 하나에 해당된다.

수송문제나 할당문제와 같이 이 장에 등장하는 다른 많은 네트워크 최적화 문제는 선형계획문제의 특수한 유형에 해당된다. 결과적으로 이 장에 등장하는 네트워크 최적화 문제들은 스프레드시트 모형으로 정형화될 수 있으며, 또한 엑셀 해찾기로 손쉽게 최적해를 찾을 수 있다.

9.1절은 최소비용흐름문제로 불리는 네트워크 최적화 문제의 특히 중요한 유형에 대해 다룬다. 이에 대한 전형적인 응용사례는 유통 네트워크를 통해 물자의 수송비용을 최소화하는 것이다. 따라서 유통 네트워크상의 경유지(예: 창고)를 제외할 경우 최소비용흐름문제는 수송문제와 유사하게 된다. 9.3절은 최대흐름문제를 다루는데, 이는 유통 네트워크를 통해 물자의 흐름을 최대화하는 문제이다. 9.2절은 한 사례연구를 소개함으로써 최대흐름문제에 대한 본격적인 학습에 앞서 이에 대한 토대를 제공한다. 9.4절은 최단경로문제를 고려한다. 가장 간단한 형태로 주어진 최단경로문제에서 목적함수는 네트워크를 통해 두 지점 간의 최단경로를 찾는

것이다.

www.mhhe.com/Hillier7e에 있는 이 장의 학습지원 자료에는 추가적으로 최소걸침나무 문제를 다루고 있으며, 이 문제는 시스템 내 모든 사용자 간 직간접적인 총연결비용을 최소화하는 것이다. 이 문제는 이 장의 다른 네트워크 최적화 문제들(최소비용흐름문제, 최대흐름문제, 최단경로문제)과는 달리 선형계획문제의 한 특수한 형태로 표현되지 않는다.

9.1 최소비용흐름문제

최소비용흐름문제의 일반적인 특성을 기술하기 전에 먼저 한 사례를 보기로 한다. 이 사례는 소규모 문제에 해당하지만, 현실에서 종종 발생하는 대형의 최소비용흐름문제의 전형적인 사례로서 이러한 일반적인 특성들을 명확하게 보여주고 있다.

사례: Distribution Unlimited사의 문제

Distribution Unlimited사는 두 공장에서 생산한 제품을 두 창고로 수송해야 한다. 공장 1과 2에서는 각각 80개와 70개를 생산하며, 창고 1과 2에서는 각각 60개와 90개를 필요로 한다. 각 단위는 해당 제품을 트럭 한 대에 만차로 적재할 수 있는 분량에 해당된다.

〈그림 9-1〉은 제품을 수송할 수 있는 유통 네트워크를 보여주고 있다. 여기서 F1과 F2는 두 공장을 의미하며, W1과 W2는 두 창고를 나타낸다. 추가로 DC는 유통센터를 의미한다. 화살표는 가능한 수송 방향을 나타낸다. 이 네트워크에는 무제한 수송이 가능한 철도수송 노선이 두 군데 있는데, 첫 번째는 공장 1에서 창고 1로 향하는 노선이며 두 번째는 공장 2에서 창고 2로 향하는 노선이다. 추가적으로 트럭을 이용한 수송은 50단위 한도 내에서 각 공장에서 유통센터로 운송 가능하며, 또한 유통센터에서 각 창고로의 트럭 수송 또한 50단위 한도 내에서 가능하다. 이 문제에서 유통센터로 운송된 물량은 모두 즉각적으로 창고로 수송되어야 한다. 경영진의 목표는 각 노선을 따라 실제 수송량을 결정함으로써 총수송비용을 최소화하는 수송계획을 결정하는 것이다.

〈그림 9-1〉 Distribution Unlimited사의 유통 네트워크. 각 화살표는 수송 가능한 경로를 의미한다

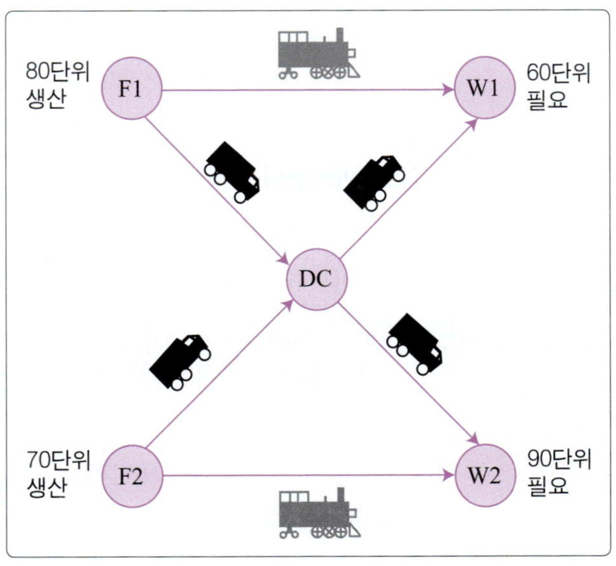

만약 6.5절에 있는 수송문제에 대한 내용을 읽어본다면(그림 6-9에 예시된 바와 같이),

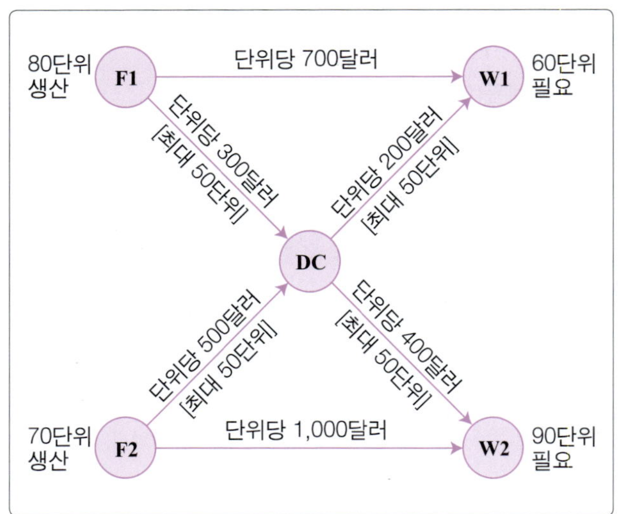

〈그림 9-2〉 Distribution Unlimited사의 유통 네트워크에 대한 자료

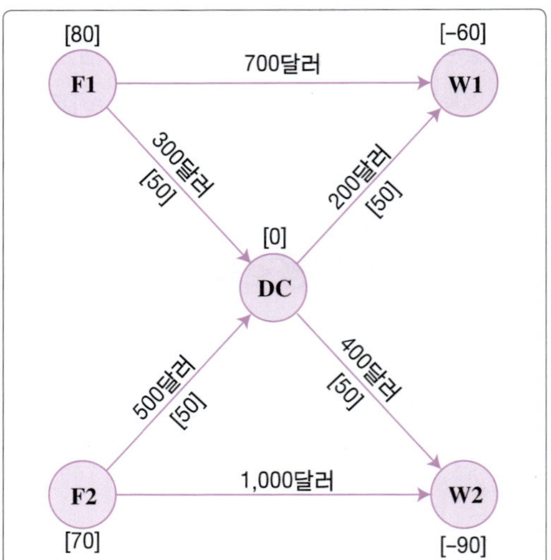

〈그림 9-3〉 최소비용흐름문제로서 Distribution Unlimited사 문제의 네트워크 모형

최소비용흐름문제가 수송문제와 유사하다는 것을 눈치챌 것이다. 그러나 이 두 문제 간의 핵심적인 차이점으로서 이 예제는 중간 도착지인 유통센터를 포함하고 있으며, 이로 인해 수송문제의 정의와는 맞지 않는다. 현실의 많은 사례는 본 사례와 같이 중간 기착지들을 포함하고 있으며, 이로 인해 최소비용흐름문제는 수송문제의 일반화된 버전에 해당한다.

수송비용은 수송 경로마다 각각 다르다. 각 경로의 단위당 수송비용은 〈그림 9-2〉의 네트워크에서 해당 경로를 의미하는 화살표 위에 표시되었다.

네트워크의 혼잡도를 줄이기 위해, 해당 문제는 〈그림 9-3〉과 같이 더 간결하게 표현되었다. 각 시설 위 대괄호 안의 숫자는 그 곳에서 생산되어 다른 곳으로 전달되는 제품의 순흐름량(유출에서 유입을 제외한)을 의미한다. 따라서 각 창고에서 수송이 종료되는 물량은 음수로 표현된다. 유통센터의 경우 숫자가 0으로 표시되는데, 그 이유는 유출량과 유입량이 동일하기 때문이다. 각 화살표의 위에 있는 숫자는 해당 경로를 통해 수송될 경우 발생되는 단위당 수송비용을 보여준다. 화살표 아래에 위치한 대괄호 안의 숫자는 해당 경로를 통해 수송될 수 있는 최대 수송량을 의미한다. (화살표 아래에 숫자가 표시된 대괄호가 없는 경우는 해당 경로를 통해 원하는 만큼 무제한 수송될 수 있음을 의미한다.) 이 네트워크는 필요한 모든 자료를 포함하여 우리가 다루고자 하는 문제를 네트워크로 완전하게 표현하였다. 따라서 이 네트워크는 최소비용흐름문제의 네트워크 모형에 해당한다.

이 문제는 매우 소규모이므로 눈으로 보는 것만으로도 최적해를 찾는 것이 가능할 수 있다. 이 문제의 최적해는 〈그림 9-4〉에 제시되었으며, 각 경로에 따른 실제 수송량은 화살표 위의 괄호 안에 주어져 있다. (혼란을 막기 위해 이 그림에서는 각 화살표에서 단위당 수송비용과 최대 수송량 제약은 삭제되었다.) 이와 같은 최적 수송량과 〈그림 9-2〉와 〈그림 9-3〉에서 주어진 단위

응용사례

스탠포드 대학 캠퍼스에 본사를 두고 있는 Hewlett-Packard(HP)사는 혁신적인 회사로 매우 오랜 역사를 가지고 있으며, 스탠포드 졸업생을 많이 채용하고 있다. 이 회사는 2021 회계연도에 278억 달러의 매출을 올렸으며 포춘 500대 기업 중 56위에 올랐다. (Hewlett-Packard Enterprise는 2015년 Hewlett-Packard Company에서 분사한 후 106위에 올랐다.)

HP사는 혁신적인 제품을 많이 생산함으로써 수십억 고객의 다양한 요구사항을 충족시키고자 한다. 제공하는 제품의 다양성으로 인해 HP사는 압도적인 시장점유율을 달성하고 있다. 그러나 유사한 많은 제품을 공급함으로 인해 심각한 문제가 야기되고 있으며, 그로 인해 판매원과 고객이 혼란스러워 하는 것을 비롯하여 특정 제품에 대한 수입이 감소하고 비용이 발생되었다. 따라서 제품의 다양성에 있어서 지나치지도 않고 모자라지도 않은 적절한 균형을 찾는 것이 중요하다.

이 점을 감안하여 HP사의 최고경영진은 수년 전부터 제품의 다양성 관리를 전략적인 비즈니스 우선순위로 생각하게 되었다. HP사는 지난 수십여 년간 경영과학 경영분석을 적용하여 비즈니스 문제를 해결하는 데 선도적이었다. 따라서 이 문제를 해결하기 위해 자연스럽게 사내 경영과학자 중 많은 수가 소집되어 이 문제를 논의하였다.

이 문제를 다루기 위해 개발된 핵심 방법론은 관련된 네트워크 최적화 모형을 정형화하고 적용하는 것이다. 투자수익률이 충분하지 않은 품목들은 제외하고, 남은 제품들은 네트워크를 통한 흐름으로 시각화되어 네트워크에서 예정된 주문들을 충족시킨다. 결과적으로 최종 모형은 최소비용흐름 문제의 특수한 형태로서, 다음 두 절에서 논의되는 특수 유형과 연관되어 있다.

2005년 초 이 문제를 검토한 이래로 최소비용흐름 문제의 적용은 극적인 효과를 가져와, 운영적 관점에서 HP사의 사업 초점이 핵심적인 제품으로 이동하게 되었다. 결과적으로 2005년과 2008년 사이 전사적으로 5억 달러 이상 수익이 개선되기에 이르렀으며, 이후 매년 1.8억 달러의 수익이 발생하게 되었다. 이는 또한 HP사에 중요한 질적 편익을 다양하게 가져다주었다.

이러한 극적인 결과로 인해 HP사는 현재 고급 분석과 경영과학 분야의 업적에 대한 세계적으로 영예로운 상인 프란츠 에델만 상(Franz Edelman Award) 2009년 대회에서 영예로운 1등상을 수상하게 되었다.

출처: J. Ward and 20 co-authors, "HP Transforms Product Portfolio Management with Operations Research," *Interfaces* (현 *INFORMS Journal on Applied Analytics*) 40, no. 1 (January–February 2010): 17–32. (이 사례에 대한 논문은 www.mhhe.com/hillier7e에서 볼 수 있다.)

당 수송비용 정보를 함께 고려함으로써, 이 최적해에 따른 총수송비용(F1, F2, DC로부터 발생하는 각각의 비용을 순서대로 열거하기로 한다)은 다음과 같이 계산된다.

$$\begin{aligned} \text{총운송비} &= 30(\$700) + 50(\$300) + 30(\$500) \\ &\quad + 40(\$1{,}000) + 30(\$200) + 50(\$400) \\ &= 117{,}000\text{달러} \end{aligned}$$

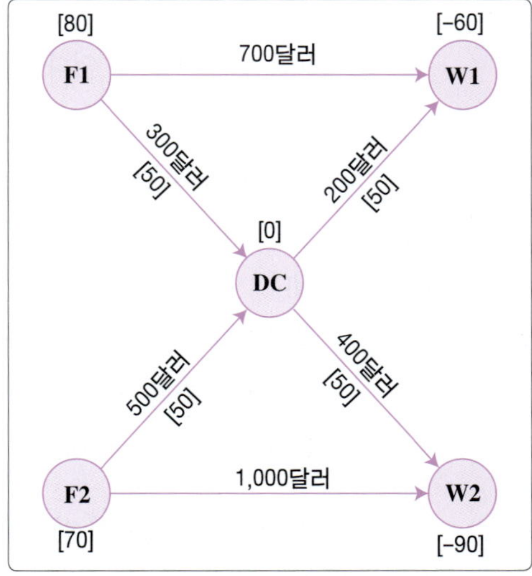

〈그림 9-4〉 Distribution Unlimited사 문제의 최적해. 수송량은 화살표 위의 괄호 안에 주어져 있다

최소비용흐름문제의 일반적 특징

이 사례는 임의의 최소비용흐름문제의 일반적인 특징 모두를 포함하고 있다. 이들 특징을 요약하기 이전에 필요한 용어를 다음과 같이 정리하기로 한다.

관련 용어

1. 임의의 최소비용흐름문제를 위한 모형은 진행되는 흐름과 관련된 네트워크로 표현된다.
2. 네트워크상의 각각의 원을 **마디**node라고 한다.
3. 마디의 순흐름(유출량에서 유입량을 차감한 양)이 양수인 마디를 **공급마디**supply node라고 한다. 〈그림 9-3〉의 경우 F1과 F2가 공급마디에 해당한다.
4. 반대로 마디의 순흐름이 음수인 마디를 **수요마디**demand node라고 한다. 결과적으로 이 예제에서 W1과 W2가 수요마디에 해당한다.
5. 순흐름이 0인 마디를 **경유마디**transshipment node라고 한다. 이 예제에서는 DC가 경유마디이다. 마디로부터의 유출량과 마디로의 유입량이 동일하게 될 때(즉, 마디의 순흐름이 0이 될 때), 이 현상을 **흐름보존의 법칙**conservation of flow이라고 한다.
6. 네트워크상의 각각의 화살표를 **가지**arc라고 한다.
7. 가지를 통해 허용되는 흐름의 최대량을 그 가지의 **용량**capacity이라고 한다.

이들 용어를 이용하여 최소비용흐름문제(또는 이 유형의 문제들에 대한 모형)의 일반적인 특징을 다음에 열거된 가정들을 통해 설명할 수 있다.

최소비용흐름문제의 가정

1. 네트워크의 여러 마디 중 적어도 하나는 공급마디이다. 각 공급마디는 발생되는 순흐름의 양을 양수로 표시한다.
2. 네트워크의 여러 마디 중 적어도 하나는 수요마디이다. 각 수요마디는 발생되는 순흐름의 양을 음수로 표시한다.
3. 공급마디와 수요마디를 제외한 나머지 마디는 모두 경유마디이다. 즉, 각각의 경유마디에서 발생되는 순흐름량은 0이다.
4. 각 가지를 통한 흐름은 화살표에 표시된 방향으로만 허용되며, 실제 흐름량은 해당 가지의 용량을 초과할 수 없다. 만일 흐름이 양방향 가능하다면, 서로 반대 방향으로 향하는 한 쌍의 가지에 의해 표시된다.
5. 공급마디들로부터 총유출량을 수요마디들로 보내기 위해 필요한 가지의 용량은 충분하다.
6. 각 가지를 통한 흐름비용은 흐름량과 정비례하며, 각 가지를 통한 단위당 수송비용은 상수이다.
7. 목적함수는 네트워크를 통해 주어진 수요를 충족시키기 위해, 가용한 공급에 대한 총수송비용을 최소화하는 것이다. (대체 가능한 목적함수 중 하나는 이와 같은 수송을 통해 얻어지는 총수익을 최대화하는 것이다.)

최소비용흐름문제의 해는 각 가지를 통해 수송할 흐름량을 결정하는 것이다. 실행 가능한 해가 되기 위해 각 가지를 통한 흐름량은 해당 가지의 용량을 초과할 수 없으며, 해에 의해 각 마디에서 실제 발생되는 순흐름량은 해당 마디에서 사전에 정해진 양과 반드시 일치해야 한다. 다음의 특성은 주어진 최소비용흐름문제가 실행가능해를 가지기 위해 필요한 조건에 해당한다.

실행가능해의 특성: 전술된 가정하에서 최소비용흐름문제는 공급마디에서 공급량의 총합이 수요마디에서 수요량의 총합과 일치할 경우에 실행가능해가 존재하며, 이에 대한 역도 성립한다. 즉, 임의의 실행가능해의 경우 공급마디에서 공급량의 총합은 수요마디에서 수요량의 총합과 일치한다.

Distribution Unlimited사의 문제에서 이 특성이 성립함을 기억하라. Distribution Unlimited사의 문제의 경우 공급마디 공급량의 총합은 80+70=150이며, 수요마디 수요량의 총합은 60+90=150이다.

위의 특성이 성립하지 않는 경우(불균형 네트워크 문제)가 응용사례에서 종종 발생할 수 있다. 예를 들어 초과 공급이 존재하여 공급량의 총합이 수요량의 총합보다 많다고 가정하자. 이 경우 공급량은 정해진 양이 아니라 공급 가능한 최대 상한선을 의미하게 된다. 따라서 수요마디에서 필요로 하는 수요량을 정확히 충족시키기 위해 각 공급마디에서 정확히 어느 만큼 생산되어야 하는지를 결정해야 한다. 이와 같은 문제는 위의 실행가능해의 특성에 위배되므로 최소비용흐름문제의 정의에 정확히 부합하지는 않는다. 그럼에도 불구하고 각 공급마디에서 생산량에 대한 제약식에 등호 대신 부등호(≤)를 포함하는 스프레드시트 모형을 이용함으로써 엑셀 해찾기를 통해 최적해를 구할 수 있다. 보다 구체적으로 불균형 네트워크 문제의 경우는 네트워크상에 가상 수요마디를 추가함으로써 최소비용흐름문제로 전환 가능한데, 이때 가상 수요마디의 수요량은 공급마디의 초과 공급량의 합과 동일하다. 추가적으로 단위당 수송비용이 0이고 용량이 충분히 큰 가지를 통해 각 공급마디로부터 가상 수요마디로 연결함으로써, 불균형 네트워크 문제는 위에서 등장한 실행가능해의 특성을 만족하게 됨으로 인해 최소비용흐름문제로 전환된다.

최소비용흐름문제의 많은 응용사례에서, 경영진은 최적해에서 모든 흐름량이 가급적 정수값(예: 각 수송 경로에서 해당 품목에 대해 만차로 적재되어 수송되는 트럭의 개수)으로 주어지길 바란다. 비록 모형 내에서 최적해의 값이 정수여야 함을 요구하는 제약식은 없지만, 다음과 같은 특성으로 인해 정수 제약식이 없다해도 다행히 정수 최적해를 구할 수 있다.

정수 최적해 특성: 각 공급량과 수요량 그리고 각 가지의 용량이 모두 정수값으로 주어질 경우, 실행가능해가 존재하는 임의의 최소비용흐름문제는 최적해에서 모든 흐름량이 정수값으로 주어지는 최적해를 가질 수 있도록 보장된다.

〈그림 9-3〉을 보면 정수 최적해 특성이 성립하기 위해 필요한 모든 가정이 Distribution

Unlimited사의 문제에서 충족되고 있음을 알 수 있다. 특히 모든 공급량(80과 70), 수요량(60과 90), 가지 용량(50)은 모두 정수값을 가진다. 따라서 〈그림 9-4〉에 주어진 최적해(최적 수송량이 30인 경우가 3번, 50인 경우가 2번, 40인 경우 1번)에서 모든 흐름량은 정수값을 가진다. 이로 인해 모든 트럭은 만차로 적재된 후 수송되어 유통센터로 입고 혹은 출고된다. (수송량의 각 단위는 해당 제품의 트럭 만차 적재량에 해당함을 기억하라.)

이제 Distribution Unlimited사의 문제에 대해 스프레드시트 모형으로 정형화하고 엑셀 해찾기를 적용함으로써 최적해를 구하는 방법에 대해 살펴보기로 한다.

엑셀을 이용하여 최소비용흐름문제를 정형화하고 최적해 찾기

〈그림 9-5〉는 〈그림 9-3〉에 묘사된 네트워크에 기반한 스프레드시트 모형을 보여준다. B열과 C열에는 가지가 나열되어 있으며, 해당 가지들의 (유한한) 용량은 F열, 단위 흐름당 비용은 G열에 표시된다. 변수셀(D4:D9)은 이 가지들을 통한 실제 흐름량을 보여주며, 목표셀 TotalCost(D11)은 다음에 주어진 식을 이용하여 실제 흐름에 따른 총비용을 나타낸다.

D11 = SUMPRODUCT(Ship, UnitCost)

엑셀 해찾기 매개변수 대화상자의 첫 번째 제약식 D5:D8≤Capacity(F5:F8)은 각 가지의 용량이 초과되지 않도록 한다.

유사하게 I열은 각 마디를 나열하고 있으며, J열은 각 마디에서 발생되는 실제 순흐름량(변수셀에 주어진 흐름량)을 나열하고 있으며, L열은 각 마디에 대해 사전에 정해진 순흐름량을 표시한다. 따라서 엑셀 해찾기 매개변수 대화상자의 두 번째 제약식 NetFlow(J4:J8)=SupplyDemand(L4:L8)은 각 마디에서 실제 발생하는 순흐름량이 사전에 정해진 양과 동일해야 함을 의미한다.

NetFlow(J4:J8)에 입력된 수식은 두 개의 SUMIF 함수값의 차이를 이용함으로써 각 마디에서 발생하는 순흐름량(유출량−유입량)을 계산한다. 특히 첫 번째 SUMIF 함수는 그 마디로부터의 유출량을, 그리고 두 번째 SUMIF 함수는 그 마디로의 유입량을 계산한다. (이전에 SUMIF 함수를 사용해 본 적이 없다면, 이 함수가 수행하는 작업을 정의한 근처 엑셀 프로그램에 대한 짧은 도움말을 참고하라.)

예를 들어 마디 F1(셀 I4)과 이 마디의 순흐름 값에 대해 고려해보자. 이 순흐름을 계산하기 위한 식은 다음과 같이 셀 J4에 주어졌다.

J4 = SUMIF(From, I4, Ship) − SUMIF(To, I4, Ship)

SUMIF(From, I4, Ship)는 From(B4:B9)의 항목들 중 셀 I4에 입력된 값과 동일한 값을 가지는 경우에 대해 해당 항목들과 동일한 행에 위치한 Ship(D4:D9)의 개별 항목을 합산해서 구

〈그림 9-5〉 Distribution Unlimited사의 최소비용흐름문제에 대한 스프레드시트 모형. 목표셀 TotalCost(D11)과 다른 출력셀 NetFlow(J4:J8)뿐만 아니라 이들 셀에 입력될 수식과 이 모형을 설정하는 데 필요한 다른 내용이 모두 포함된다. 변수셀 Ship(D4:D9)의 값은 유통 네트워크를 통한 최적 수송량을 표시하며, 이는 엑셀 해찾기를 이용하여 구할 수 있다.

	A	B	C	D	E	F	G	H	I	J	K	L
1	**Distribution Unlimited Co. Minimum Cost Flow Problem**											
2												
3		**From**	**To**	**Ship**		**Capacity**	**Unit Cost**		**Nodes**	**Net Flow**		**Supply/Demand**
4		F1	W1	30			$700		F1	80	=	80
5		F1	DC	50	≤	50	$300		F2	70	=	70
6		DC	W1	30	≤	50	$200		DC	0	=	0
7		DC	W2	50	≤	50	$400		W1	-60	=	-60
8		F2	DC	30	≤	50	$500		W2	-90	=	-90
9		F2	W2	40			$1,000					
10												
11			**Total Cost**	$117,000								

Solver Parameters
Set Objective Cell: TotalCost
To: Min
By Changing Variable Cells:
Ship
Subject to the Constraints:
D5:D8 <= Capacity
NetFlow = SupplyDemand
Solver Options:
Make Variables Nonnegative
Solving Method: Simplex LP

Range Name	Cells
Capacity	F5:F8
From	B4:B9
NetFlow	J4:J8
Nodes	I4:I8
Ship	D4:D9
SupplyDemand	L4:L8
To	C4:C9
TotalCost	D11
UnitCost	G4:G9

	J
3	**Net Flow**
4	=SUMIF(From,I4,Ship)-SUMIF(To,I4,Ship)
5	=SUMIF(From,I5,Ship)-SUMIF(To,I5,Ship)
6	=SUMIF(From,I6,Ship)-SUMIF(To,I6,Ship)
7	=SUMIF(From,I7,Ship)-SUMIF(To,I7,Ship)
8	=SUMIF(From,I8,Ship)-SUMIF(To,I8,Ship)

	C	D
11	**Total Cost**	=SUMPRODUCT(Ship,UnitCost)

한다. 이때 셀 I4에 입력된 값은 F1이며 From열에서 F1이 등장하는 행은 4행과 5행이므로, Ship 열의 값은 4행과 5행에 한해서 합산해서 구한다. 즉 Ship 열의 합은 D4+D5가 된다. 유사하게 SUMIF(To, I4, Ship)은 To(C4:C9)의 항목들 중 셀 I4에 입력된 값과 동일한 값을 가지는 경우에 대해 해당 항목들과 동일한 행에 위치한 Ship(D4:D9)의 개별 항목을 합산해서 구한다. 하지만 F1은 To열에 등장하지 않으므로 합은 0이다. 따라서 셀 J4의 값을 구하기 위한 식은 다음과 같으며,

$$J4 = D4 + D5 - 0 = 30 + 50 - 0 = 80$$

이는 마디 F1에서 발생되는 순흐름량을 의미한다.

단순히 J4=D4+D5, J5=D8+D9, J6=D6+D7−D5−D8 등과 같이 수식을 직접 입력하는 것에 비해 SUMIF 함수를 이용하는 것이 더 복잡해 보일 수 있지만, 이는 실제로 더 단순하다. SUMIF 함수는 셀 J4에 단 한 번만 입력이 필요할 뿐이며, 이후 남은 셀들인 NetFlow(J5:J8)에 복사될 수 있다. 많은 마디를 가진 문제에 대해 이와 같은 방법은 더 빠르고 오류 발생 빈도를 (아마도 상당한 정도로) 줄여준다. 대규모 문제의 어느 한 마디에서 순흐름을 계산하기 위해

Ship열에서 어떤 셀들이 추가되거나 빠져야 하는지 결정하려는 시점에서 가지가 누락되는 경우는 흔히 있는 일이다.

엑셀 해찾기의 첫 번째 선택사항은 흐름량이 음수가 될 수 없음을 표시하는 것이다. 두 번째 선택사항은 본 최소비용흐름문제는 여전히 선형계획문제임을 인정하는 것이다.

엑셀 해찾기를 실행한 결과 최적해는 〈그림 9-5〉의 변수셀인 Ship(D4:D9)에 주어진다. 이 최적해는 〈그림 9-4〉에 표시된 해와 동일하다.

대규모 최소비용흐름문제를 보다 효율적으로 풀기

최소비용흐름문제는 선형계획문제의 한 특수한 유형이며, 심플렉스법은 선형계획문제의 일반 해법에 해당한다. 심플렉스법을 통해 임의의 선형계획문제의 최적해를 구할 수 있으므로, 임의의 최소비용흐름문제 또한 심플렉스법을 이용하여 최적해를 구할 수 있다. Distribution Unlimited사의 문제와 같이 소규모 문제이거나 혹은 상당히 큰 문제들에 대해서도 심플렉스법으로 최소비용흐름문제의 최적해를 구하는 것은 꽤 효과적이다. 따라서 〈그림 9-5〉에 묘사된 방법은 본 교재에 등장하는 임의의 최소비용흐름문제뿐 아니라 추후 직면하게 될 최소비용흐름문제들에 대해서도 잘 작동할 것이다.

그러나 실무에서 발생하는 초대형 문제의 최적해를 구하기 위해서는 종종 다른 접근법이 필요하다. 최소비용흐름문제의 특수한 형태로 인해 심플렉스법을 단순화하여 훨씬 빠르게 최소비용흐름문제의 최적해를 구하는 것이 가능하다. 특히 심플렉스법의 대수적인 계산을 모두 진행하는 것보다 각 단계를 주어진 네트워크 구조에 맞춤으로써 계산 시간을 훨씬 단축할 수 있다.

이와 같은 단순화된 심플렉스법을 **네트워크 심플렉스법**network simplex method이라고 부른다. 네트워크 심플렉스법은 심플렉스법으로 풀기에는 너무 큰 초대형 문제를 푸는 데 적합하다.

심플렉스법과 유사하게 네트워크 심플렉스법은 최적해를 구할 뿐 아니라 8장에서 기술된 What-If 분석을 수행함에 있어 경영자들에게 가치 있는 정보를 제공한다.

오늘날 많은 기업이 네트워크 심플렉스법을 이용하여 최소비용흐름문제를 풀고 있다. 일부 문제는 초대형이며, 수만(또는 수십만) 개의 마디와 가지를 포함하고 있다. 가끔은 가지의 숫자가 이보다 더 많아 수백만 개에 달하는 경우도 있다.

비록 엑셀 해찾기에서는 제공하지 않지만 선형계획법 용도의 다른 상업용 소프트웨어 패키지에는 일반적으로 네트워크 심플렉스법이 포함된다.

최근의 또다른 큰 진전으로는 최소비용흐름문제의 효과적인 모형화를 위한 시각적 인터페이스의 괄목할 만한 발전이다. 이러한 인터페이스는 모형의 설계 및 네트워크 심플렉스법에 따른 결과 해석 시 시각화를 용이하게 하며, 수리적인 내용을 최소한으로 포함하면서 직관적으로 이해하기 쉽게 하였다. 이로 인해 경영의사결정에 크게 도움이 되고 있다.

일부 응용사례

최소비용흐름문제의 응용사례에서 중요한 유형 중 하나는 Distribution Unlimited사 문제에 대해 〈그림 9-1〉부터 〈그림 9-4〉에 걸쳐 묘사된 바와 같이 유통 네트워크의 운영이다. 〈표 9-1〉의 첫 번째 행에서 요약된 바와 같이 유통 네트워크에서 응용되는 유형의 문제들은 제품을 출발지(예: 공장)에서 필요 시 중간 저장시설을 거쳐 고객에게 도달하기 위한 수송계획을 결정하는 것이다.

두 번째 최소비용흐름문제의 응용사례에서는 모든 경유마디가 중간 저장시설이라기보다는 처리시설인 경우가 있다. 이 경우는 〈표 9-1〉에서 표시된 바와 같이 고체 폐기물 관리 사례에 해당된다. 이 경우에서는 네트워크를 통한 자재의 흐름이 고체 폐기물의 발생지에서 시작되며, 이들 폐기 자재를 매립에 적합한 형태로 처리하기 위한 시설로 이동하였다가, 최종적으로 다양한 매립지 위치로 이동하게 된다. 비록 고려하는 비용이 수송과 처리 모두 포함하긴 하지만, 목표는 여전히 총비용을 최소화하는 흐름 계획을 결정하는 것이다.

세 번째 응용사례에서는 수요마디가 처리시설인 경우가 있다. 예를 들어 〈표 9-1〉의 세 번째 행에서 목적함수는 다양한 가능한 공급자로부터 공급을 받아 이들 제품을 필요 시 중간 창고에 저장한 후, 공장 등 회사의 처리시설로 수송하는 활동과 관련된 비용을 최소화하는 것이다.

〈표 9-1〉의 응용사례 중 네 번째 유형(공장에서 제품 혼합에 대한 조정)이 예시하는 상황은 가지들이 자재의 물리적 흐름을 위한 수송 경로 이외의 의미를 갖는 경우이다. 이 유형과 관련된 사례로는 동일한 제품을 서로 다른 비용으로 생산하는 공장(공급마디)을 여러 다른 곳에 각기 보유한 회사에 해당한다. 공급마디로부터 나온 각 가지는 이 공장에서 가능한 제품들 중 하나를 생산하는 것을 표시하는데, 이 가지는 해당 제품에 상응하는 경유마디로 향한다. 따라서 이 경유마디는 이 제품을 생산할 수 있는 각 공장으로부터 유입되는 가지를 갖게 되며, 또한 이 경유마디를 벗어나 이 제품에 대한 고객(수요마디)에게 향하는 가지를 갖는다. 목적함수는 각 공장의 생산 용량을 제품별로 어떻게 나눌 것인지 결정하면서 동시에 다양한 제품에 대한 수요를 충족시키는 데 소요되는 총비용을 최소화하는 것이다.

〈표 9-1〉 최소비용흐름문제 응용사례의 전형적인 유형

응용 유형	공급마디	경유마디	수요마디
유통 네트워크의 운영	제품의 공급처	중간 저장시설	고객
고체폐기물 관리	고체 폐기물 발생지	처리시설	매립지
공급 네트워크 운영	공급업체	중간 창고	처리시설
공장에서 제품 혼합의 조정	공장	특정 제품의 생산	특정 제품의 시장
현금흐름 관리	특정 시기에 현금 공급	단기투자 선택사항	특정 시기에서 현금 수요

응용사례

CSX Transportation사는 미국의 주요 화물 철도 회사 중 하나이다. 이 회사는 23개 주에 걸쳐 미국 인구의 거의 3분의 2 이상에 서비스를 제공하는 20,000마일 길이의 철도 네트워크를 보유하고 있으며 캐나다 일부 지역으로도 확장된다. 이 철도 네트워크는 수많은 단거리 및 지역 철도에 대한 선로 연결을 통해 70개의 항구와 수천 개의 생산 및 유통 시설에 서비스를 제공한다. 이 회사의 2021년 3분기 순이익은 9억 6,800만 달러였다. 2021년 12월 CSX사는 글로벌 변화에 대처하기 위해 조치를 취한 공로를 인정받아 글로벌 환경 비영리 단체 CDP로부터 9년 연속 세계 최고 기업 중 하나로 인정되었다.

CSX사는 매일 수백 건의 고객 주문에 수백 대의 빈 화차를 할당한다. 이 할당 문제는 복잡한 문제인데, 그 이유는 철도 차량의 출발 지점이 수천 개 지역으로 구성된 네트워크 내에서 90,000대의 철도 차량을 보유하기 때문이다. 매일 수행되는 수백 가지 할당 의사결정의 조합은 비용에 큰 영향을 미치며 고객 선호도 및 서비스 요구 사항도 고려해야 한다. 또한 고객에 대한 철도 차량 할당은 고객 철도 차량 주문 및 빈 철도 차량이 가용한지 여부에 대한 정보를 꾸준히 업데이트 하면서 동태적으로 이루어져야 한다. CSX사가 청소 또는 유지보수를 위해 철도 차량을 비번으로 전환하는 한편 고객이 빈 철도 차량을 반환하고 신규 및 업데이트된 철도 차량을 주문함에 따라 하루 종일 장비 가용 여부가 계속 변경된다. 가능한 모든 실행가능해 중에서 비용을 최소화하기 위해 시도하는 등 최적의 방식으로 지속적으로 변화하는 할당 의사결정을 합리적으로 내릴 수 있는 방안은 무엇인가?

몇 년 동안 CSX사는 이 어려운 문제를 해결하기 위해 여러 가지 방법을 시도하였다. 그 결과 일련의 초대형 최소비용흐름 문제를 연속적으로 푸는 방식에 기반을 둔 새로운 접근 방식으로 전환하였다. 이 접근 방식은 업계 최고의 동적차량계획(Dynamic Car-Planning; DCP) 시스템을 성공적으로 정착시켰다. 이 DCP 시스템은 개발하는 데 500만 달러와 2년이 소요되었는데, 이에 대한 부분적인 이유로는 조건이 계속 변화함에 따라 해결해야 하는 최소비용흐름 문제를 지속적으로 업데이트하기 위한 정교한 데이터 관리 시스템을 개발해야 했기 때문이다.

DCP 시스템의 기본 아이디어는 어떤 시점이든 현재 고객 주문에 따라 사용 가능한 철도 차량을 할당하는 총 비용을 최소화하는 문제가 실제로 대형의 최소비용흐름문제라는 점이다. 그런 다음 조건(사용 가능한 철도 차량 및 현재 고객 주문)이 지속적으로 변경되기 때문에 업데이트된 최소비용흐름 문제를 15분마다 풀게 된다. 업데이트된 최소비용흐름 모형은 데이터를 적재하고 프로그램을 시작하는 데 약 1분, 문제를 푸는 데 약 10초가 소요된다. 마지막 핵심적인 아이디어는 현재 모형이 특정 철도 차량을 특정 고객 주문에 할당하도록 지정하면 해당 의사결정이 실제로 실행되어야 하는 시점까지 연기된다는 것이다. 따라서 철도 차량은 실제로 필요할 때까지 공식적으로 할당되지 않으며, 그 시점에서 최신의 최소비용흐름 문제에 따라 최적의 방식으로 할당된다.

2016년 MIT 운송 및 물류 센터는 "최적화 도구가 스트레스를 받고 있는 화물 네트워크의 부담을 덜어준다(Optimization Tools Lighten the Load on Stressed Freight Networks)"라는 제목의 보고서를 발표했다. 이 보고서에는 CSX사가 DCP 시스템을 업계 최초의 완전 통합된 실시간 장비 분배 최적화 시스템으로 개발한 방법에 대한 이야기가 포함되어 있다. 이 보고서는 또한 CSX사가 DCP 시스템을 지속적으로 개선하고 있다고 언급했다. 예를 들어 CSX사는 열차 운용 및 차량 상태에 대한 시스템의 실시간 보고 정보를 개선했다. 또한 이 회사는 웹 기반 주문 관리 시스템과 가시성 도구를 도입했다.

CSX사는 최소비용흐름문제를 푸는 등 광범위한 사용을 포함하여 DCP 시스템이 회사에서 연간 5,100만 달러 이상을 절약했으며 보다 효율적인 철도 차량 할당으로 인해 자본 지출에서 14억 달러를 절약했다고 추정하고 있다. 네트워크 최적화 기법의 이러한 극적인 적용 결과로서 CSX Transportation사는 현재 고급 분석과 경영과학 분야의 업적에 대한 세계적으로 영예로운 상인 프란츠 에델만 상(Franz Edelman Award) 2009년 대회에서 전 세계 결선 진출자 6개 팀 중 하나로 선정되었다.

출처: M. F. Gorman, D. Acharya, and D. Sellers, "CSX Railway Uses OR to Cash in on Optimized Equipment Distribution," *Interfaces* (현 *INFORMS Journal on Applied Analytics*) 40, no. 1 (January–February 2010): 5–16. (이 사례에 대한 논문은 www.mhhe.com/hillier7e에서 볼 수 있다.)

〈표 9-1〉의 마지막 응용사례인 현금흐름관리는 서로 다른 마디들이 다른 시간에 발생하는 사건들을 표시하고 있다. 이 경우에서 각 공급마디는 예금이나 받을 어음의 만기 도래, 유가증권의 매도, 자금의 차입 등으로 인해 회사에 새로운 현금이 유입되는 특정 시점 또는 기간을 표시한다. 이에 각 마디에서 공급은 해당 시점 또는 기간에서 이 회사에게 가용하게 될 새로운 현금 공급량을 의미한다. 유사하게 각 수요마디는 회사가 보유하는 현금 잔고로부터 인출이 필요한 특정 시점이나 기간을 표시하며, 각 수요마디에서의 수요량은 그 시점 또는 기간에 인출되는 금액이다. 이 문제의 목적함수는 현금의 유입 및 인출로 인해 잔고가 변화하는 상황에서 현금을 투자하여 얻는 회사의 수익을 최대화하는 것이다. 따라서 각 경유마디는 일정 기간 동안에 걸쳐 특정한 단기투자(예: 은행으로부터 양도성 예금 증서를 구매하기) 대안에 따라 선택한 결과를 표시한다. 이 결과로 인한 네트워크는 이용 가능해지거나, 투자되거나 또는 투자 만기 시점 이후에 이용된 현금의 일정을 나타내는 일련의 흐름을 보여준다.

최소비용흐름문제의 특수한 유형

다음에 등장하는 네트워크 문제의 다섯 가지 중요한 범주는 최소비용흐름문제의 특수한 유형이 된다.

첫 번째 유형은 6.5절에서 논의된 **수송문제**transportation problems이다. 수송문제의 전형적인 유형은 다수의 출발지(예: 공장)에서 도착지(예: 고객)로 제품을 직접 운송하는 총수송비용을 최소화하는 것임을 상기하라. 〈그림 6-9〉는 전형적인 수송문제를 네트워크로 표현한 것이다. 관련 용어에서 수송문제의 출발지와 도착지는 각각 공급마디와 수요마디에 해당된다. 따라서 경유마디가 없고 가지에 용량 제약이 없을 때 최소비용흐름문제는 수송문제와 동일해진다. 즉, 모든 흐름은 공급마디에서 수요마디로 직접 운송된다.

두 번째 유형은 6.6절에서 논의된 **할당문제**assignment problems이다. 이 유형의 문제는 한 집단의 사람들(또는 다른 운영 단위)을 또 다른 집단의 과업에게 할당하는 것이며, 각 사람은 하나의 과업을 수행함을 상기하라. 따라서 할당문제는 출발지가 작업자이고 도착지가 과업인 특수한 형태의 수송문제로 간주될 수 있다. 이로 인해 할당문제 또한 앞서 기술된 수송문제와 동일한 특징을 갖는 특수한 유형의 최소비용흐름문제가 된다. 추가적으로 각 사람은 1의 공급량을 가지는 공급마디가 되며, 각 과업은 1의 수요량을 가지는 수요마디가 된다.

최소비용흐름문제의 세번째 유형은 **경유수송문제**transshipment problems이다. 이 유형의 문제는 출발지(공급마디)로부터 도착지(수요마디)로 향하는 수송이 유통센터 등과 같은 중간 환승지를 통과할 수 있다는 점을 제외한다면 수송문제와 동일하다. 또한 수송문제와 동일하게 가지에는 용량 제한이 존재하지 않는다. 결과적으로 각 가지에서 용량 제한 없이 원하는 만큼의 양을 무제한 보낼 수 있는 최소비용흐름문제는 경유수송문제가 된다. 예를 들어 〈그림 9-2〉의 자료가 변경되어 용량 제한 없이 (공급량과 수요량의 범위 이내에서) 유통센터로 유입량과 유

출량이 수송될 수 있다면, Distribution Unlimited사의 문제는 경유수송문제가 된다.[1]

경유수송문제와 일반적인 최소비용흐름문제는 서로 밀접한 관계가 있고 이들 간 구조적 차이점이 상대적으로 미미하기 때문에, 경유수송문제는 본 교재에서 더 이상 논의되지 않을 것이다.

최소비용흐름문제의 또다른 중요한 두 가지 유형은 **최대흐름문제**maximum flow problems와 **최단경로문제**shortest path problems이며, 이는 9.3절과 9.4절에서 기술된다. 이에 앞서 9.2절에는 최대흐름문제의 한 사례연구가 제시된다.

이 책에서 최소비용흐름문제의 특수한 유형으로 다섯 가지 종류의 문제를 지적하는 이유는 다음과 같다. 심플렉스법으로는 최적해를 찾기가 어렵거나 혹은 거의 불가능한 대형의 최소비용흐름문제에 대해서도 네트워크 심플렉스법을 이용한다면 최적해를 찾는 것이 용이하기 때문이다. 물론, 최소비용흐름문제를 제외하고 다른 유형의 네트워크 문제에 대해서도 심플렉스법 대신 효율적으로 최적해를 구할 수 있는 특수 알고리즘이 개발되어 있다. 그러나 네트워크 심플렉스법은 최근에 들어 더욱 강력해져서 대부분의 네트워크 문제에 대해 이러한 특수 알고리즘을 대체하여 효율적으로 최적해를 찾아준다. 특히 이용하고자 하는 소프트웨어 패키지가 네트워크 심플렉스법을 포함하지만 다른 적절한 특수 알고리즘을 포함하지 않을 경우 네트워크 심플렉스법의 유용성은 더욱 커진다. 추가적으로 네트워크 심플렉스법은 단순히 최적해를 찾는 것뿐만 아니라 8장에서 논의된 민감도 분석 시 큰 도움이 된다.

복습문제

1. 최소비용흐름문제에서 등장하는 세 종류의 마디의 이름에 대해 답하고 각 마디에 대해 설명하시오.
2. 가지의 용량이 의미하는 바에 대해 설명하시오.
3. 최소비용흐름문제의 일반적인 목적함수는 어떠한지 설명하시오.
4. 최소비용흐름문제에서 실행가능해가 존재하기 위해 필요한 특성은 무엇인가?
5. 최소비용흐름문제에서 정수 최적해 특성은 무엇인가?
6. 최소비용흐름문제를 효율적으로 풀기 위해 설계된 심플렉스법의 단순화된 버전을 부르는 이름은 무엇인가?
7. 최소비용흐름문제의 대표적인 응용사례 유형에는 어떤 것들이 있는가?
8. 최소비용흐름문제의 특별한 유형인 네트워크 최적화 문제의 다섯 가지 중요한 범주는 무엇인지 설명하시오.

[1] 가지에 대한 용량 제약식이 있는 최소비용흐름문제는 종종 유한용량 경유수송문제로 불리기도 한다는 점을 상기하라. 단, 본 교재에서는 이 용어를 사용하지 않는다.

9.2 사례연구: BMZ사의 최대흐름문제

놀라운 날이다! 상사의 사무실로 처음 소환되었다가 사장으로부터의 긴급한 전화를 받게 되었다. 다행스럽게도 그는 자신이 상황을 통제하고 있다고 그들을 안심시킬 수 있었다.

Karl Schmidt는 공식적으로 BMZ사의 공급사슬 경영자이지만 친구들에게 자신이 회사의 실질적인 위기 관리자라고 말하곤 한다. 위기 상황은 끊임없이 발생하고 있다. 예를 들면 생산라인 유지를 위해 필요한 공급물량이 아직 도착하지 않았거나, 공급물량이 도착했지만 잘못된 사이즈로 인해 이용할 수 없는 상황이거나, 또는 핵심 고객들에 대한 긴급한 수송이 지연되는 경우 등이다. 현재의 위기는 일상적인 것이다. LA에 있는 이 회사의 가장 중요한 유통센터는 회사로부터 긴급한 추가 물량을 요청하고 있다.

Karl은 회사에서 전도유망한 최고 직원으로 인정받고 있기 때문에 핵심적인 공급사슬관리 업무를 담당하도록 선택되었다. Karl은 4년 전 미국의 명문 경영대학원에서 MBA 학위를 받았으며, 회사 전체에 걸쳐 고위 경영자들 중 가장 젊다. 최신의 경영과학 및 경영분석 기법에 대해 경영대학원에서 받은 교육은 전사적 차원에서 공급사슬관리를 개선하는 데 막대한 가치가 있음이 입증되었다. 이 회사에서는 위기 상황이 지금도 발생하고 있지만, 과거에 자주 발생했던 혼란은 크게 감소하였다.

Karl은 현재의 위기에 대처하기 위한 계획을 갖고 있으며, 이를 위해 경영과학팀에 재요청하고자 한다.

문제의 배경

BMZ사는 고급 승용차를 만드는 유럽의 제조사이다. 이 회사가 만든 차가 모든 선진국에서 잘 팔리고 있긴 하지만, 대미 수출은 이 회사에게 특히 더 중요하다.

BMZ사는 최고의 서비스 제공으로 인한 명성을 유지하고 있다. 이와 같은 명성을 유지하기 위한 비결은 자동차 부품을 적시에 풍부하게 공급함으로써, 이 회사의 수많은 딜러 및 승인된 수리업체의 필요에 신속히 대응할 수 있도록 하는 것이다. 이 부품들은 주로 유통센터에 저장되다가 필요 시 신속하게 배송된다. Karl의 중요한 업무 중 하나는 유통센터에서의 재고부족을 예방하는 것이다.

이 회사는 미국 내 여러 곳에 유통센터를 보유하고 있다. 그러나 LA 유통센터에서 가장 가까운 곳은 1,000마일 이상 떨어진 시애틀에 있다. . 따라서 현재 로스앤젤레스 센터의 공급품은 유럽에서 직접 공급되는 뉴욕과 뉴올리언스의 공급 센터로부터 전달된다. BMZ사의 차는 특히 캘리포니아에서 인기가 높기 때문에, LA에 위치한 유통센터에 원활하게 부품을 공급하는 것이 중요하다. 따라서 Karl이 오늘 확실히 알게 된 바와 같이, 최근 LA 유통센터에 대한 부품 공급이 원활하지 않은 점은 BMZ사의 최고경영진에게 해결해야 할 큰 과제이다.

대부분의 자동차 교체용 부품은 신차 생산과 함께 독일 슈투트가르트에 위치한 이 회사의 주 공장에서 생산되고 있으며, 뉴욕과 뉴올리언스를 거쳐 LA에 있는 유통센터에 공급되고 있다. 일부 부품은 부피가 매우 크며, 특정 부품의 경우 매우 많은 수량이 요구된다. 따라서 공급되는 부품의 총부피는 상대적으로 막대하여, 매달 도착하는 양이 무려 30만 입방피트가 넘는다. 한편 줄어든 재고를 보충하기 위해 다음 달에는 더 많은 물량이 요구된다.

문제

Karl은 다음 한 달 동안 독일의 주 공장으로부터 LA 유통센터까지 가능한 한도 내에서 최대한 많이 수송하기 위한 계획을 조속히 시행해야 한다. 그는 이 문제가 공장에서 유통센터로 자동차 교체 부품의 흐름을 최대화하는 최대흐름문제라는 것을 이미 알고 있었다.

이 공장은 유통센터로 향하는 특정한 경로를 통해 수송 가능한 물량보다는 훨씬 많은 양을 생산하고 있다. 따라서 얼마나 수송할 것인지에 대한 제약 요인은 공장의 생산능력이 아닌 회사의 유통 네트워크의 제한된 용량이다.

이 회사의 유통 네트워크는 〈그림 9-6〉에 묘사되었으며, ST와 LA로 명명된 마디는 각각 슈투트가르트에 있는 주 공장과 LA에 있는 유통센터를 의미한다. 슈투트가르트의 주 공장에는 기차 노선이 있어, 최초 수송은 세 곳의 유럽 항구 — 로테르담(RO), 보르도(BO), 리스본(LI) — 중 하나로 철도를 통해 운송된다. 다음 수송은 배로 미국에 있는 항구인 뉴욕(NY)과 뉴올리언스(NO) 중 하나로 운송된다. 마지막으로 이들 항구에서 LA의 유통센터로 트럭을 이용해 운송된다.

이들 철도, 배, 트럭 운송회사는 각각 독립적으로 운영되는 회사이며, BMZ사뿐만 아니라 여러 다른 고객사와도 거래하고 있다. 타 고객사와 사전 계약된 운송 물량으로 인해, 이 운송회사들은 특정 고객사의 급박한 요청이 있을 때 해당 고객사에게 사전 할당된 운송량을 초과하여 급격히 늘리는 것이 불가능하다. 따라서 BMZ사는 다음 한 달 동안 각 수송 경로상에서 미리 정해진 수량 이내에서만 운송할 수 있다. 이와 같이 정해진 수량은 100입방미터 단위로 〈그림 9-6〉에 주어져 있다. (각 100입방미터는 3,500입방피트를 약간 상회하기 때문에, 해당 품목은 대규모 물량이 수송되어야 한다.)

모형 정형화

〈그림 9-7〉은 최대흐름문제의 네트워크 모형을 보여주고 있다. 유통 네트워크에 대한 실제 지리적 배치를 보여주는 대신, 이 네트워크는 세로로 동일한 간격으로 마디(해당 도시를 표시)들을 배치하고 있다. 가지들은 수송 경로를 표시하며, 각 가지의 용량(가지 아래에 위치한 대괄호 속의 숫자)은 해당 수송 경로를 따라 수송 가능한 최대 물량을 의미한다. 목적함수는

〈그림 9-6〉 독일 슈투트가르트의 주 공장에서 LA의 유통센터로 이르는 BMZ사의 유통 네트워크

각 가지를 통해 수송되는 실제 흐름량(각 경로를 통해 수송하는 양)을 결정함으로써, 슈투트가르트의 주 공장에서 LA의 유통센터에 이르는 총수송물량을 최대화하는 것이다.

〈그림 9-8〉은 이 문제에 대한 스프레드시트 모형으로, 〈그림 9-5〉에서 도입된 양식을 이용한 것이다. 〈그림 9-5〉에서 주어진 모형과의 주요한 차이점은 목적함수이다. 네트워크를 통한 흐름의 총비용을 최소화하는 것이 아니므로, 〈그림 9-5〉의 G열은 〈그림 9-8〉에서 삭제된다. 〈그림 9-8〉의 목표셀인 MaxFlow(D14)는 슈투트가르트로부터 LA로 이르는 흐름의 총량을 보여준다. 따라서 〈그림 9-8〉의 하단에 있는 목적함수에서 수식은 D14=I4로 주어지는데, 여기서 셀 I4는 슈투트가르트를 떠나 LA로 향하는 순흐름을 보여준다. 〈그림 9-5〉에서와 같이 NetFlow(I4:I10)에 입력된 〈그림 9-8〉의 수식 또한 두 개의 SUMIF 함수값의 차이로 주어짐으로써 각 마디에서 발생되는 순흐름량을 계산한다. 목적함수는 MaxFlow(D14)에 보이는 흐름량을 최대화하는 것이므로, 엑셀 해찾기 매개변수 상자는 이 목표셀이 최대화되어야 함을 명시한다. 엑셀 해찾기를 실행함으로써, 각 수송 경로를 통해

〈그림 9-7〉 BMZ사 문제의 네트워크 모형. 각 가지의 아래에 위치한 대괄호 속 숫자는 해당 가지의 용량이다

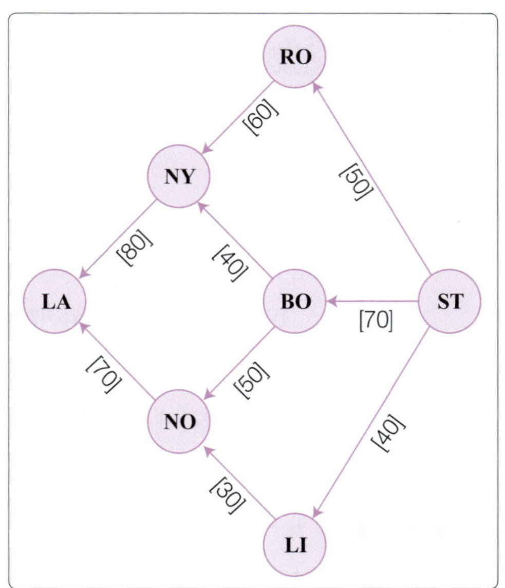

〈그림 9-8〉 BMZ사의 최대흐름문제에 대한 스프레드시트 모형. 모형을 수립하기 위해 필요한 다른 세부 사항들뿐만 아니라 목표셀(D14)과 다른 출력셀 NetFlow(I4:I10)에 입력한 수식들을 포함한다. 변수셀 Ship(D4:D12)은 엑셀 해찾기를 이용하여 얻은 각 경로를 통한 최적 수송량을 보여준다

	A	B	C	D	E	F	G	H	I	J	K
1	BMZ Co. Maximum Flow Problem										
2											
3		From	To	Ship		Capacity		Nodes	Net Flow		Supply/Demand
4		Stuttgart	Rotterdam	50	≤	50		Stuttgart	150		
5		Stuttgart	Bordeaux	70	≤	70		Rotterdam	0	=	0
6		Stuttgart	Lisbon	30	≤	40		Bordeaux	0	=	0
7		Rotterdam	New York	50	≤	60		Lisbon	0	=	0
8		Bordeaux	New York	30	≤	40		New York	0	=	0
9		Bordeaux	New Orleans	40	≤	50		New Orleans	0	=	0
10		Lisbon	New Orleans	30	≤	30		Los Angeles	-150		
11		New York	Los Angeles	80	≤	80					
12		New Orleans	Los Angeles	70	≤	70					
13											
14			Maximum Flow	150							

Solver Parameters

Set Objective Cell: MaxFlow
To: Max
By Changing Variable Cells:
Ship
Subject to the Constraints:
I5:I9 = SupplyDemand
Ship <= Capacity

Solver Options:
Make Variables Nonnegative
Solving Method: Simplex LP

Range Name	Cells
Capacity	F4:F12
From	B4:B12
MaxFlow	D14
NetFlow	I4:I10
Nodes	H4:H10
Ship	D4:D12
SupplyDemand	K5:K9
To	C4:C12

	I
3	Net Flow
4	=SUMIF(From,H4,Ship)-SUMIF(To,H4,Ship)
5	=SUMIF(From,H5,Ship)-SUMIF(To,H5,Ship)
6	=SUMIF(From,H6,Ship)-SUMIF(To,H6,Ship)
7	=SUMIF(From,H7,Ship)-SUMIF(To,H7,Ship)
8	=SUMIF(From,H8,Ship)-SUMIF(To,H8,Ship)
9	=SUMIF(From,H9,Ship)-SUMIF(To,H9,Ship)
10	=SUMIF(From,H10,Ship)-SUMIF(To,H10,Ship)

	C	D
14	Maximum Flow	=I4

BMZ사가 수송해야 하는 최적 물량은 변수셀 Ship(D4:D12)에 표시된다.

그렇지만 Karl은 이 최적해로 완전히 만족하지는 않는다. 그에게는 추가적 개선을 위한 아이디어가 있다. 이를 위해 또다른 최대흐름문제를 정형화하고 풀어야 하는데, 이에 대해서는 다음 절의 중간에서 계속된다.

복습문제

1. BMZ사가 직면한 최근 위기상황은 무엇인가?
2. 이 문제를 네트워크 용어를 써서 정형화하고자 할 때, BMZ사의 유통 네트워크를 통해 수송되는 것은 무엇인가? 그리고 어디에서 어디로 이동되는가?
3. BMZ사의 최대흐름 문제에서 목적함수는 무엇인가?

9.3 최대흐름문제

최소비용흐름문제와 마찬가지로 최대흐름문제 또한 네트워크를 통한 흐름과 관련이 있다. 그렇지만 이 두 문제의 목적함수는 각기 다르다. 최소비용흐름문제의 경우는 흐름의 비용을 최소화하는 것이 목적인 반면, 최대흐름문제에서 목적함수는 네트워크를 통해 흐름량을 최대화하는 것이다. Karl은 이 방법을 통해 최적흐름계획을 찾을 수 있었으며, 이 계획을 통해 슈투트가르트에 있는 주 공장에서 LA 유통센터에 이르기까지 BMZ사의 유통 네트워크를 통해 수송되는 자동차 교체용 부품의 수량이 최대화되었다.

일반적 특징

목적함수에서의 차이(흐름 최대화와 비용 최소화)를 제외한다면, 최대흐름문제의 특징은 최소비용흐름문제의 특징과 꽤 유사하다. 그렇지만 여전히 사소한 차이점들은 존재한다. 이에 대해서는 최대흐름문제의 가정을 살펴보고 난 후 논의한다.

최대흐름문제의 가정

1. 네트워크상의 모든 흐름은 **출발지**source라고 불리는 하나의 마디에서 시작되며, **도착지**sink

응용사례

약 5,000마일의 해저 파이프라인을 통한 Norwegian Continental Shelf(NCS)사의 천연가스 유통 네트워크는 세계에서 가장 긴 근해 송유관 네트워크이다. Gassco사는 바로 이 네트워크를 운영하는 노르웨이 국영 기업이다. 노르웨이 정부가 대부분의 지분을 소유한 또 다른 회사인 StatoilHydro사는 노르웨이의 천연가스 주 공급자로서 유럽과 다른 지역에 걸쳐 천연가스를 시장에 공급한다. 2020년에는 1,070억 표준 입방미터의 드라이 가스가 유럽으로 전송되었다.

Gassco사와 StatoilHydro사는 규범적 분석 기법을 공동으로 활용함으로써 천연가스 유통 네트워크 구성과 경로를 최적화하고자 한다. 경로 결정에 이용된 주 모형은 다품목 네트워크 흐름 모형으로, 천연가스에 포함된 서로 다른 여러 가지 탄화수소와 오염물질 조합에 따라 다양한 품목을 구성한다. 이 모형의 목적함수는 공급지(근해에 위치한 시추대)로부터 수요지(주로 수입 하역장)에 이르는 천연가스의 총흐름량을 최대화하는 것이다. 하지만 이 모형은 통상적인 수요와 공급 제약식에 추가적으로 압력-흐름 관계, 최대 배송 압력, 송유관 압력에 대한 기술적 한계에 관련된 제약식들 또한 포함한다. 따라서 본 모형은 이 절에서 서술된 최대흐름문제에 대한 모형을 일반화한 것이다.

규범적 분석 기법의 적용은 몇 개의 다른 모형과 함께 근해 송유관 네트워크의 운영 효율성에 대해 극적인 영향을 미치게 되었다. 그 결과로 인한 누적 비용절감액수는 1995년부터 2008년에 이르기까지 약 20억 달러에 달하는 것으로 추정되었으며, 이에 상응하는 비용절감이 현재까지 계속되고 있다.

규범적 분석의 이러한 극적인 적용 결과로서 이 두 회사는 현재 고급 분석과 경영과학 분야의 업적에 대한 세계적으로 영예로운 상인 프란츠 에델만 상(Franz Edelman Award) 2008년 대회에서 전 세계 결선 진출자 6개 팀 중 하나로 선정되었다.

출처: F. Romo, A. Tomasgard, L. Hellemo, M. Fodstad, B. H. Eidesen, and B. Pedersen, "Optimizing the Norwegian Natural Gas Production and Transport," *Interfaces* (현 *INFORMS Journal on Applied Analytics*) 39, no. 1 (January–February 2009): 46–56. (이 사례에 대한 논문은 www.mhhe.com/hillier7e에서 볼 수 있다.)

라고 불리는 하나의 마디에서 끝난다. (BMZ사 문제에서 출발지와 도착지는 〈그림 9-7〉에서 각각 ST와 LA로 표현된 마디로서, 슈투트가르트에 있는 주 공장과 LA에 있는 유통센터이다.)

2. 나머지 모든 마디는 경유마디이다. (BMZ사의 문제에서 경유마디는 RO, BO, LI, NY, NO이다.)
3. 가지를 통한 흐름은 화살표에 표시된 방향으로만 허용되며, 이 경우 가지를 통한 최대 흐름량은 해당 가지의 용량을 초과할 수 없다. 출발지에서는 모든 가지가 출발지로부터 유출되며, 도착지에서는 모든 가지가 도착지로 유입된다.
4. 목적함수는 출발지로부터 도착지까지 흐름량을 최대화하는 것이다. 이 양은 서로 동일한 두 가지 방법(출발지로부터 유출량이나 혹은 도착지로 유입량) 중 어느 방법에 따라 계산되어도 동일한 결과를 얻는다. (〈그림 9-8〉의 셀 D14와 I4는 출발지로부터의 유출량을 이용한다.)

최대흐름문제의 출발지와 도착지는 최소비용흐름문제의 공급 및 수요 마디와 유사하다. 공급마디와 수요마디는 유출량과 유입량이 동일함을 의미하는 흐름보존의 법칙을 따르지 않는다. 유사하게 출발지는 공급마디와 같이 흐름을 발생시키며, 도착지는 수요마디와 같이 흐름을 흡수한다. 따라서 출발지와 도착지 또한 흐름보존의 법칙을 따르지 않는다.

그러나 최소비용흐름문제의 공급 및 수요 마디와 최대흐름문제의 출발지와 도착지 사이에는 두 가지 차이점이 존재한다.

첫 번째로는 최소비용흐름문제의 공급마디와 수요마디는 각각 사전에 정해진 공급량과 수요량을 가지지만, 최대흐름문제의 출발지와 도착지는 그렇지 않다. 그 이유는 최대흐름문제에서는 목적함수가 출발지로부터의 유출량 또는 도착지로의 유입량을 최대화하는 것이기 때문에 유출량 혹은 유입량이 미리 확정되지 않는다.

두 번째로는 최소비용흐름문제의 공급마디와 수요마디의 개수는 각각 2개 이상 있을 수 있지만, 최대흐름문제에서는 오직 한 개씩의 출발지와 도착지가 존재할 뿐이다. 그러나 변형된 최대흐름문제에서는 2개 이상의 출발지와 도착지가 존재할 수 있으며, 마찬가지로 엑셀 해찾기로 최적해를 찾을 수 있다. 이에 BMZ사의 문제를 확장하여 2개 이상의 출발지와 도착지를 갖는 변형된 최대흐름문제에 대해 살펴보기로 한다.

복수의 출발지와 도착지를 갖는 변형된 최대흐름문제

9.2절의 말미에 결정된 흐름 계획(〈그림 9-8〉의 D열에 주어진)에 대한 Karl Schmidt의 개선 아이디어는 다음과 같다.

BMZ사는 자동차 부품을 생산하기 위한 두 번째 소규모 공장을 베를린에 보유하고 있는데, 이는 첫 번째 공장인 슈투트가르트의 북쪽에 위치하고 있다. 이 두 번째 공장은 주로 북유럽, 캐나다, 미국 북부의 유통센터들(시애틀에 있는 유통센터를 포함)에 대한 부품 공급을 주로 담당하지만, LA에 있는 유통센터에 부품을 공급하는 것 또한 가능하다. 게다가 LA에 있는 유통센터의 부품 재고가 부족할 때 시애틀에 있는 유통센터가 부품을 공급할 여력이 있다.

이런 점에 착안하여 Karl은 현재 LA에 있는 유통센터의 재고 부족을 해결하기 위해 더 나은 계획에 착수하였다. 이에 따라 Karl은 단순히 슈투트가르트에 있는 공장에서 LA의 유통센터로 이르는 수송량을 최대화하기보다는 두 곳의 공장(슈투트가르트, 베를린)에서 두 곳의 유통센터(LA와 시애틀)에 이르는 총수송량을 최대화하기로 결정하였다.

〈그림 9-9〉는 두 곳의 공장과 두 곳의 유통센터를 포함하는 확장된 유통망에 대한 네트워크 모형이다. 〈그림 9-6〉과 〈그림 9-7〉에서 표시된 마디들에 더하여 추가된 마디들은 베를린에 위치한 두 번째 소규모 공장의 경우 BE로, 베를린에 위치한 공장에 의해 이용되는 항구들인 함부르크와 보스턴은 각각 HA와 BN으로, 시애틀에 위치한 유통센터는 SE로 표시되었다. 앞서 등장했던 기본 모형과 유사하게 가지는 수송 경로를 표시하고 있다. 각 가지의 하단에 위치한 대괄호 안의 숫자는 해당 가지의 용량으로서, 다음 한 달 동안 해당 가지가 의미하는 수송 경로를 통해 수송될 수 있는 최대 물량을 의미한다.

〈그림 9-9〉 변형된 최대흐름문제로서 BMZ사의 확장된 문제에 대한 네트워크 모형. 각 가지 하단에 위치한 대괄호 속의 숫자는 해당 가지의 용량을 표시한다

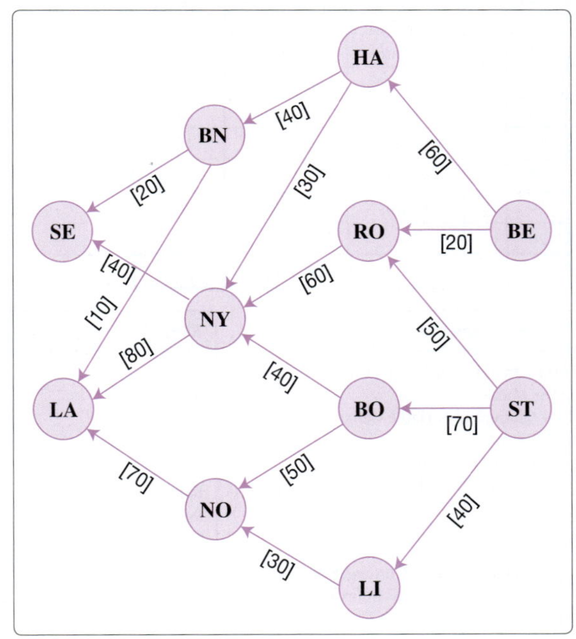

〈그림 9-10〉은 확장된 유통 네트워크 문제에 대한 스프레드시트 모형을 보여주며, 〈그림 9-8〉과 동일한 양식에 따라 묘사되었다. 그렇지만 목표셀 MaxFlow(D21)은 슈투트가르트 공장과 베를린 공장 두 곳 모두로부터 수송되는 총흐름량을 보여준다. 따라서 〈그림 9-10〉 하단에 주어진 목표셀에 입력된 수식과 같이 D21=I4+I5이다.

〈그림 9-10〉의 변수셀 Ship(D4:D19)은 다음 한 달 동안 각 수송 경로를 통한 최적 수송량을 보여준다. 이 확장된 모형의 최적해를 〈그림 9-8〉에서 주어진 기본형 모형의 최적해와 비교함으로써 두 번째 공장 및 유통센터를 추가함에 따른 유통 네트워크의 확장이 Karl의 의사결정에 미치는 영향을 확인할 수 있다. 두 그림의 I열에 표시된 바와 같이, LA에 위치한 유통센터로 직접 수송된 수량은 150에서 160으로 증가되었으며, 추가로 LA의 유통센터에서 발생할 수 있는 재고 부족에 대한 예비로서 60단위가 시애틀로 수송된다. 이 계획으로 인해 LA의 재고부족 위기가 해소되었으며, Karl은 최고 경영진으로부터 포상을 받게 되었다.

〈그림 9-10〉 변형된 최대흐름문제로서 출발지가 슈투트가르트와 베를린 그리고 도착지가 LA와 시애틀인 BMZ사의 확장된 유통망에 대한 스프레드시트 모형. 목표셀 MaxFlow(D21)을 이용하여 두 곳의 출발지로부터 두 곳의 도착지에 이르는 총흐름량을 최대화함으로써, 엑셀 해찾기는 변수셀 (D4:D19)에 표시되는 최적 수송계획을 도출하게 된다.

	A	B	C	D	E	F	G	H	I	J	K
1	BMZ Co. Expanded Maximum Flow Problem										
2											
3		From	To	Ship		Capacity		Nodes	Net Flow		Supply/Demand
4		Stuttgart	Rotterdam	40	≤	50		Stuttgart	140		
5		Stuttgart	Bordeaux	70	≤	70		Berlin	80		
6		Stuttgart	Lisbon	30	≤	40		Hamburg	0	=	0
7		Berlin	Rotterdam	20	≤	20		Rotterdam	0	=	0
8		Berlin	Hamburg	60	≤	60		Bordeaux	0	=	0
9		Rotterdam	New York	60	≤	60		Lisbon	0	=	0
10		Bordeaux	New York	30	≤	40		Boston	0	=	0
11		Bordeaux	New Orleans	40	≤	50		New York	0	=	0
12		Lisbon	New Orleans	30	≤	30		New Orleans	0	=	0
13		Hamburg	New York	30	≤	30		Los Angeles	-160		
14		Hamburg	Boston	30	≤	40		Seattle	-60		
15		New Orleans	Los Angeles	70	≤	70					
16		New York	Los Angeles	80	≤	80					
17		New York	Seattle	40	≤	40					
18		Boston	Los Angeles	10	≤	10					
19		Boston	Seattle	20	≤	20					
20											
21			Maximum Flow	220							

Solver Parameters

Set Objective Cell: MaxFlow
To: Max
By Changing Variable Cells:
Ship
Subject to the Constraints:
I6:I12 = Sup plyDemand
Ship <= Capacity

Solver Options:
Make Variables Nonnegative
Solving Method: Simplex LP

Range Name	Cells
Capacity	F4:F19
From	B4:B19
MaxFlow	D21
NetFlow	I4:I14
Nodes	H4:H14
Ship	D4:D19
SupplyDemand	K6:K12
To	C4:C19

	I
3	Net Flow
4	=SUMIF(From,H4,Ship)-SUMIF(To,H4,Ship)
5	=SUMIF(From,H5,Ship)-SUMIF(To,H5,Ship)
6	=SUMIF(From,H6,Ship)-SUMIF(To,H6,Ship)
7	=SUMIF(From,H7,Ship)-SUMIF(To,H7,Ship)
8	=SUMIF(From,H8,Ship)-SUMIF(To,H8,Ship)
9	=SUMIF(From,H9,Ship)-SUMIF(To,H9,Ship)
10	=SUMIF(From,H10,Ship)-SUMIF(To,H10,Ship)
11	=SUMIF(From,H11,Ship)-SUMIF(To,H11,Ship)
12	=SUMIF(From,H12,Ship)-SUMIF(To,H12,Ship)
13	=SUMIF(From,H13,Ship)-SUMIF(To,H13,Ship)
14	=SUMIF(From,H14,Ship)-SUMIF(To,H14,Ship)

	C	D
21	Maximum Flow	=I4+I5

최대흐름문제의 응용사례

경영진의 목표가 비용 최소화 대신 흐름 최대화가 될 때, 기본형 또는 변형된 최대흐름문제의 응용사례는 9.1절에서 기술된 최소비용흐름문제에 대한 응용사례와 서로 상당히 유사하다. 다음은 최대흐름문제의 몇 가지 응용사례에 해당한다.

1. 전술된 BMZ사의 문제와 같이 유통 네트워크를 통한 흐름 최대화
2. 회사의 공급망 네트워크를 통한 공급업체로부터 처리시설에 이르는 흐름 최대화
3. 송유관 시스템을 통한 원유 흐름 최대화
4. 송수로 시스템을 통한 물 흐름 최대화
5. 수송 네트워크를 통한 차량 흐름 최대화
6. 컴퓨터 네트워크를 통한 데이터 흐름 최대화

초대형 최대흐름문제에 대한 해찾기

〈그림 9-9〉에 표시된 BMZ사의 확장된 네트워크는 11개의 마디와 16개의 가지로 구성되어 있다. 그러나 대부분의 실제 네트워크 응용사례는 이보다 훨씬 대형 문제이며, 가끔은 초대형 문제로서 수천 개의 마디와 가지로 구성된다. 이와 같은 초대형의 네트워크 문제가 〈그림 9-8〉과 〈그림 9-10〉에 묘사된 바와 같이 선형계획모형으로 정형화되는 것이 가능하다 할지라도, 엑셀 해찾기는 이와 같은 초대형 최대흐름문제를 풀기에 적합하지 않다.

다행히 경영과학자에게는 초대형의 최대흐름문제를 효율적으로 정형화하고 최적해를 구할 수 있는 다른 방법이 있다. 예를 들어 최대흐름문제를 풀기 위한 매우 효율적인 특수목적 알고리즘이 개발되고 있다. 또 다른 해법은 문제를 재정형화하고 최소비용흐름문제의 양식에 맞춤으로써 네트워크 심플렉스법을 적용할 수 있도록 하는 것이다. 이와 같은 특수 알고리즘은 일부 소프트웨어 패키지에서는 사용 가능하지만 엑셀 해찾기에는 제공되지 않는다. 따라서 엑셀 해찾기가 해결할 수 있는 범위를 벗어난(본 교재의 범위에서 벗어난) 대형의 기본형 또는 변형된 최대흐름문제에 직면했을 경우에는 또 다른 방법들을 통해 해당 문제를 정형화하고 풀 수 있다.

복습문제

1. 최대흐름문제의 목적함수는 최소비용흐름문제의 목적함수와 어떻게 다른지 설명하시오.
2. 최대흐름문제의 출발지와 도착지는 무엇을 의미하는가? 출발지와 도착지 각각에 대해 이들과 연결되는 모든 가지가 향하는 방향은 어떻게 되는가?
3. 출발지로부터 도착지로의 흐름의 총량을 구할 수 있는 두 가지 동일한 방법은 무엇인가?
4. 최대흐름문제의 출발지 및 도착지를 최소비용흐름문제의 공급마디 및 수요마디와 비교할 때, 이들 간 두 가지 차이점은 무엇인가?
5. 최대흐름문제의 몇 가지 전형적인 응용사례 유형으로는 어떠한 것들이 있는가?

9.4 최단경로문제

최단경로문제의 가장 흔한 응용사례는 문제의 이름에서 유추되는 바와 같이 두 지점 간

이동 시 최단경로를 찾는 것이다. 여기 그 한 사례가 있다.

사례: 리틀타운 소방서 문제

리틀타운은 시골 지역의 작은 도시이다. 이 도시의 소방서는 상대적으로 넓은 지리적 영역을 담당하며 많은 마을을 포함한다. 이 지역에는 도로가 많기 때문에, 소방서에서 각 마을로 갈 수 있는 가능한 경로 또한 매우 많다. 화재 현장에 도착하는 데는 시간이 매우 중요하기 때문에, 소방서장은 소방서에서 각 마을로 이동할 수 있는 최단경로를 사전에 결정하고자 한다.

〈그림 9-11〉은 소방서를 각 마을과 연결하는 도로망 및 각 도로의 거리를 보여준다. 소방서에서 마을로 이동하고자 할 때 최단경로를 찾을 수 있는가?

리틀타운 문제에 대한 모형 정형화

〈그림 9-12〉는 리틀타운 문제를 네트워크로 표현한 것으로써, 지리적인 상세 배치나 길의 구부러짐 등은 무시된 것이다. (이 그림과 같이 열에 마디를 정렬할 때 하나의 열에서 어떤 마디들을 함께 배치할지에 대한 선택은 다소간 자유재량권이 허용된다. 하지만 이 선택은 지형과 도로 시스템 모두에 잘 부합해야 한다.) 이 네트워크 모형은 최단경로문제를 표현하는 일반적인 방식에 해당한다. 교차로는 네트워크의 마디에 해당하는데, 여기서 소방서와 농촌 마을은 추가적인 두 마디들에 해당하며 각각 O(출발지) 와 T(도착지)로 명명된다. 이동(또는 흐름)은 마디들 간 양방향 모두 가능하기 때문에, 마디들을 잇는 선은 가지 대신 **링크**link[2]라고 불리게 된다. 한 쌍의 마디들 간 링크에서는 양방향 모두 이동이 허용되는 한편 가지에서는 화살표

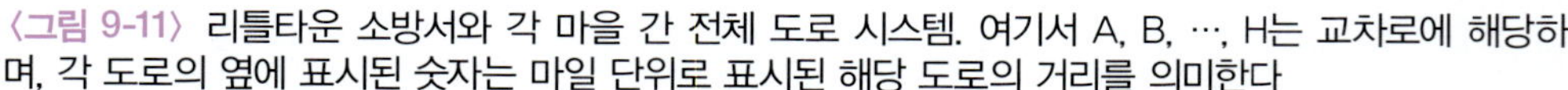
〈그림 9-11〉 리틀타운 소방서와 각 마을 간 전체 도로 시스템. 여기서 A, B, …, H는 교차로에 해당하며, 각 도로의 옆에 표시된 숫자는 마일 단위로 표시된 해당 도로의 거리를 의미한다

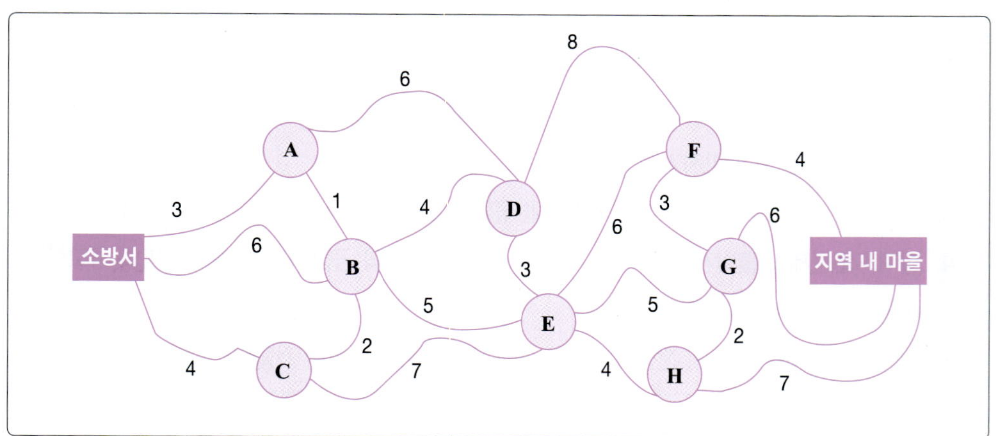

[2] 링크 대신 무방향성 가지라는 용어를 사용하기도 한다. 그러나 본 교재에서는 이 용어를 쓰지 않는다.

응용사례

산림 산업은 스웨덴의 중요한 비즈니스 분야 중 하나이다. 이 산업은 국가 고용, 수출, 판매 및 부가가치의 9~12%를 차지한다. 2020년에는 이 산업에서 생산된 모든 제품의 85%가 수출되어 연간 1,450억 스웨덴 크로나(약 160억 달러)의 수출 금액을 창출했다.

산림 산업은 스웨덴에서 가장 큰 운송 서비스 구매자이다. 매년 8,000만 톤의 원목과 산림 생물 에너지가 약 200,000개의 새로운 수확 지역에서 800개 이상의 제분소와 중간 저장을 위해 사용되는 터미널로 운송된다. 2,000대 이상의 트럭과 5,000여 명의 운전자가 연간 8억 달러 이상의 비용으로 2백만 대 이상의 트럭을 운송한다.

운송 서비스에 대한 막대한 비용을 감안할 때 산림 산업의 효율성에 대한 진정한 핵심 중 하나는 매년 200만 대 이상의 트럭 적재량 각각에 대한 최적의 경로를 식별하는 것이다. 따라서 산림 회사와 정부 기관의 컨소시엄이 이 문제를 해결하기 위한 주요 프로젝트를 시작했다. 연구 팀에는 경영분석 및 경영과학 전문가들이 모두 포함되었다. 이 연구의 결과물 중 하나는 스웨덴 전국 도로 정보를 제공하기 위해 '스웨덴 국립 도로 데이터베이스(SNRD)'를 개발한 것이다. 또 다른 결과물은 전체 업계에서 사용할 '보정된 경로 찾기(CRF)'라고 하는 혁신적이고 새로운 규범적 분석 절차였다. 입력물로 도로 정보를 제공하는 SNRD를 사용함으로써 CRF는 각 트럭 적재량에 대해 출발지에서 목적지까지의 최적 경로를 식별하는 데 중점을 둔다.

CRF 절차는 9.4절에서 설명된 최단경로문제에 대한 효율적인 알고리즘을 반복적으로 적용하는 것을 기반으로 한다. 그러나 이 절차는 단순히 최단 경로가 최선의 경로라고 가정하는 것이 아니라 도로의 상태, 언덕 유무, 곡률의 양 등의 요소를 고려한다. 따라서 이 절차는 거리 이외에도 이러한 요소들 및 기타 요소들(예: 속도, 환경 요소, 교통 안전, 운전자 스트레스, 연료 소비, 이산화탄소 배출량 및 비용)에 가중치를 부여한다.

스웨덴의 모든 주요 임업 회사는 이제 CRF를 이용한다. 예상 절감액은 연간 4천만에서 1억 2천만 달러 이내이다. 아래 인용된 논문에서 설명된 규범적 분석의 이러한 극적인 적용 결과로서 해당 논문의 (공동) 저자들은 INFORMS에서 주관하는 경영과학 우수 사례 분야에서 권위있는 상인 대니얼 H. 와그너 상(Daniel H. Wagner Prize) 2016년 국제 대회에서 우승하였다.

출처: M. Rönnqvist, G. Svenson, P. Flisberg, and L.-E. Jönsson, "Calibrated Route Finder: Improving the Safety, Environmental Consciousness, and Cost Effectiveness of Truck Routing in Sweden," *Interfaces* (현 *INFORMS Journal on Applied Analytics*) 47, no. 5 (September–October 2017): 372–395. (이 사례에 대한 논문은 www.mhhe.com/hillier7e에서 볼 수 있다.)

〈그림 9-12〉 최단경로문제로서 〈그림 9-11〉에 대한 네트워크 표현

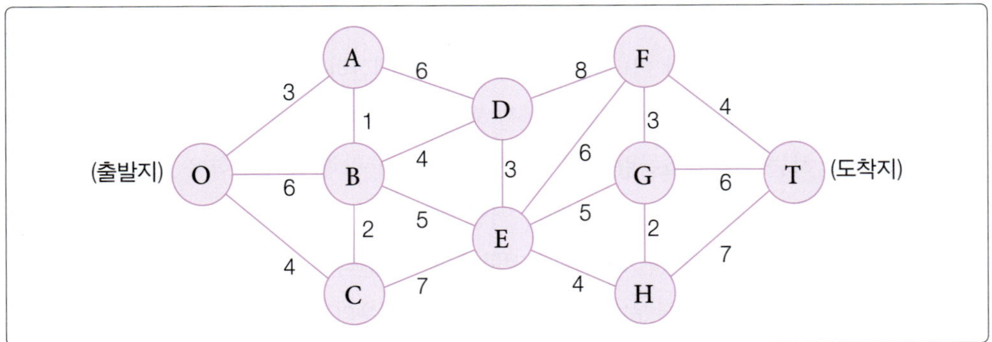

에 표시된 방향으로만 이동이 허용된다. 따라서 〈그림 9-12〉의 선들은 가지 대신 링크에 해당한다. (링크는 어느 쪽 방향으로도 화살표가 향하고 있지 않음을 상기하라.)

출발지에서 도착지까지 최단경로를 찾았는가? (눈으로 보고 한 번 풀어보라.) 최단경로는

O → A → B → E → F → T로서, 총거리는 19마일이다.

최단경로문제에서 이동한 거리가 네트워크를 통한 흐름 비용으로 해석 가능하다면, 본 문제는 9.1절에 등장하는 최소비용흐름문제의 특수한 유형으로 간주될 수 있다. 소방서에서 마을로 이동은 네트워크를 통해 선택된 경로를 통한 한 단위의 흐름으로 해석될 수 있다. 따라서 한 단위의 흐름에 따른 발생비용을 최소화하는 것은 이동거리를 최소화하는 것과 동일하게 된다. 소방서는 공급량이 1인 공급마디이며, 이동의 시작점을 표시한다. 마을은 수요량이 1인 수요마디이며, 이동의 도착점을 표시한다. 〈그림 9-12〉에서 소방서와 마을을 제외한 모든 다른 마디는 경유마디이며, 이들 마디에서 발생되는 각각의 순흐름은 0이 된다.

〈그림 9-13〉은 이러한 해석을 바탕으로 만들어진 스프레드시트 모형을 보여준다. 이 모형의 구조는 각 링크의 용량 제약이 없다는 점과 단위당 비용을 나타내는 열이 마일 단위로 표시되어 거리를 나타내는 열로 대체된다는 점을 제외할 경우, 〈그림 9-5〉에서 정형화된 최소비용흐름문제와 본질적으로 동일하다. 변수셀 OnRoute(D4:D27)에 의해 주어진 흐름량은 해당 가지가 소방서로부터 마을에 이르기까지 선택된 경로에 포함될 경우 1의 값을 가지며, 포함되지 않으면 0의 값을 가지게 된다. 목표셀 TotalDistance(D29)는 마일 단위로 표시된 최단경로의 총거리값을 제공한다. (그림의 하단에 위치한 목표셀에 입력된 수식을 확인하라.) B열과 C열은 함께 〈그림 9-12〉의 모든 수직 방향 링크를 두 번씩 나열하고 있으며, 한 번은 아래 방향 가지가 되고 그 다음에는 위 방향 가지가 된다. 그 이유는 선택된 경로에서 양방향 모두 이동하는 것이 가능하기 때문이다. 다른 수평 방향 링크들은 단지 왼쪽에서 오른쪽으로 이동하는 것만 허용되는 가지이다. 여기서 수평 방향 링크들이 한 번씩만 나열되는 이유는 (왼쪽에 있는) 출발지에서 (오른쪽에 있는) 도착지로의 최단경로를 선택함에 있어서 왼쪽에서 오른쪽으로 이동하는 가지들만 고려하는 것으로 충분하기 때문이다.

K열은 각 마디에서 발생되어야 하는 순흐름량으로서 이는 사전에 정해진 것이다. 〈그림 9-13〉의 하단에 위치한 수식을 이용함으로써, I열의 각 셀은 유출되는 흐름량을 더하고 유입되는 흐름량을 차감한다. 이를 통해 각 마디의 실제 순흐름량을 계산하게 된다. 이에 상응하는 제약식 Nodes (H4:H13)=SupplyDemand(K4:K13)은 엑셀 해찾기 매개변수 상자에 표시되며, 이는 각 마디에서 발생되어야 하는 실제 순흐름량이 사전에 정해진 순흐름량과 같아야 함을 표시한다.

변수셀 OnRoute(D4:D27)에 표시된 해는 엑셀 해찾기를 실행함으로써 구해진 최적해이다. 이 해는 앞서 눈으로 보고 구했던 최적해와 정확하게 일치한다.

앞서 학습했던 최소비용흐름문제와 최대흐름문제의 경우와 마찬가지로 대형의 최단경로문제를 매우 효율적으로 풀기 위한 특수 알고리즘이 존재하지만, 이 알고리즘은 엑셀 해찾기에 포함되지 않았다. 리틀타운 문제 혹은 이보다 약간 더 대규모 최단경로문제에서는 스프레드시트 정형화와 엑셀 해찾기를 이용하는 것도 좋다. 그렇지만 초대형 최단경로문제의 경우 특수목적 해법 등 다른 방법으로 최적해를 구해야 함을 기억해야 한다.

〈그림 9-13〉 리틀타운 소방서를 위한 최단경로문제의 스프레드시드 모형. 목표셀 TotalDistance(D29)과 다른 출력셀 SupplyDemand(K4:K13)에 입력되는 수식을 포함한다. 변수셀 OnRoute (D4:D27)에 입력된 값 1은 소방서에서 마을로 이르기까지 최단경로(19마일)에 대해 엑셀 해찾기가 찾아낸 최적해를 나타낸다

	A	B	C	D	E	F	G	H	I	J	K
1	**Littletown Fire Department Shortest Path Problem**										
2											
3		**From**	**To**	**On Route**		**Distance**		**Nodes**	**Net Flow**		**Supply/Demand**
4		Fire St.	A	1		3		Fire St.	1	=	1
5		Fire St.	B	0		6		A	0	=	0
6		Fire St.	C	0		4		B	0	=	0
7		A	B	1		1		C	0	=	0
8		A	D	0		6		D	0	=	0
9		B	A	0		1		E	0	=	0
10		B	C	0		2		F	0	=	0
11		B	D	0		4		G	0	=	0
12		B	E	1		5		H	0	=	0
13		C	B	0		2		Farm Comm.	–1	=	–1
14		C	E	0		7					
15		D	E	0		3					
16		D	F	0		8					
17		E	D	0		3					
18		E	F	1		6					
19		E	G	0		5					
20		E	H	0		4					
21		F	G	0		3					
22		F	Farm Comm.	1		4					
23		G	F	0		3					
24		G	H	0		2					
25		G	Farm Comm.	0		6					
26		H	G	0		2					
27		H	Farm Comm.	0		7					
28											
29			**Total Distance**	19							

Solver Parameters

Set Objective Cell: TotalDistance
To: Min
By Changing Variable Cells:
OnRoute
Subject to the Constraints:
NetFlow = SupplyDemand

Solver Options:
Make Variables Nonnegative
Solving Method: Simplex LP

	I
3	**Net Flow**
4	=SUMIF(From,H4,OnRoute)-SUMIF(To,H4,OnRoute)
5	=SUMIF(From,H5,OnRoute)-SUMIF(To,H5,OnRoute)
6	=SUMIF(From,H6,OnRoute)-SUMIF(To,H6,OnRoute)
7	=SUMIF(From,H7,OnRoute)-SUMIF(To,H7,OnRoute)
8	=SUMIF(From,H8,OnRoute)-SUMIF(To,H8,OnRoute)
9	=SUMIF(From,H9,OnRoute)-SUMIF(To,H9,OnRoute)
10	=SUMIF(From,H10,OnRoute)-SUMIF(To,H10,OnRoute)
11	=SUMIF(From,H11,OnRoute)-SUMIF(To,H11,OnRoute)
12	=SUMIF(From,H12,OnRoute)-SUMIF(To,H12,OnRoute)
13	=SUMIF(From,H13,OnRoute)-SUMIF(To,H13,OnRoute)

Range Name	Cells
Distance	F4:F27
From	B4:B27
NetFlow	I4:I13
Nodes	H4:H13
OnRoute	D4:D27
SupplyDemand	K4:K13
To	C4:C27
TotalDistance	D29

	C	D
29	**Total Distance**	=SUMPRODUCT(OnRoute,Distance)

최단경로문제의 일반적 특징

본 교재의 범위를 벗어나는 변형된 복잡한 버전을 제외한다면 모든 최단경로문제는 리틀타운 문제에서 묘사된 특징들을 공유한다. 이와 같은 기본적인 가정은 다음과 같다.

최단경로문제의 가정

1. 네트워크를 통해 출발지origin라고 불리는 특정한 마디에서 시작해서 도착지destination로 불리는 또 다른 특정한 마디에서 끝나는 경로를 선택한다.
2. 특정한 마디의 짝들을 서로 연결하는 선은 링크link라고 하며 양방향 이동이 허용된다. 이에 비해 가지에서는 일방향 이동만이 허용된다.
3. 각 링크(또는 가지)와 관련된 음이 아닌 숫자를 길이length라고 부른다. (네트워크에서 각 링크를 그리는 것은 일반적으로 해당 링크의 실제 길이를 보여주기 위해서 단지 링크 옆에 정확한 숫자를 제공하는 것 이외에 별다른 노력이 추가적으로 요구되지 않음을 기억하라.)
4. 목적함수는 출발지에서 출발하여 도착지로 도달하는 최단경로(총거리가 최소가 되는 경로)를 찾는 것이다.

최단경로문제의 응용

최단경로문제가 출발지에서 도착지로 이동하는 거리를 최소화하는 문제에만 응용 가능한 것은 아니다. 실제로 일부 응용사례에서는 이동하는 것과 관련 없는 경우도 있다. 이러한 경우 링크(또는 가지)는 다른 유형의 일련의 활동을 의미할 수도 있다. 이때 네트워크를 통한 경로를 선택하는 것은 해당 활동에서 최선의 작업 순서를 선택하는 것에 대응된다. 예를 들어 목적함수가 총비용을 최소화하는 최선의 활동 순서를 결정하는 것일 때, 링크의 길이를 나타내는 숫자는 각 활동을 수행하는 데 소요되는 비용을 의미하는 것으로 해석될 수 있다.

여기에 다음과 같이 세 가지 범주의 응용사례를 소개한다.

1. 리틀타운 예제와 같이 총이동거리를 최소화하기
2. 다음 예제인 Sarah의 문제와 같이 총비용을 최소로 하는 활동 순서 결정하기
3. 이 절의 마지막에 등장하는 Quick사의 문제와 같이 총소요시간을 최소로 하는 활동 순서 결정하기

사례: 총비용을 최소화하는 활동 순서 결정하기

Sarah는 고등학교를 갓 졸업했다. 그녀의 부모는 졸업선물로 그녀에게 21,000달러의 자금을 주었으며, 이 자금으로 그녀가 대학 4년 동안 사용할 3년 된 중고차의 구입비와 운영 및 유지비용을 충당하도록 하였다. 차가 노후될수록 운영 및 유지 비용이 가파르게 상승하기 때문

에, Sarah의 부모는, 총비용을 최소화하는 데 도움이 된다면 4년간의 대학 생활 중 한 번 이상 학년 말에 보유 중인 차를 과감히 팔고 또 다른 3년 된 중고차를 새로 구입하는 것을 검토해 보라고 조언하였다. 또한 그녀가 대학을 졸업할 때 졸업 선물로 새 차를 사주기로 하였다. 따라서 그녀는 4년 후에는 확실히 그 시점에 보유한 중고차를 팔아야 한다.

〈표 9-2〉는 Sarah가 3년 된 중고차를 새로 구입할 시점마다 관련된 자료를 제공한다. 예를 들어 Sarah가 2년 후인 2학년 말에 입학 시 최초 구입했던 중고차를 교체한다면, 다음 중고차는 Sarah가 3학년과 4학년 동안 이용하는 것이다. Sarah는 입학 후 4년간 중고차 교체 시점을 언제로 결정해야 중고차 구입비와 운영 및 유지 비용의 합인 총순비용을 최소화할 수 있는가?

〈그림 9-14〉는 Sarah의 문제를 최단경로문제로 간주하고, 네트워크 형태로 정형화하고 있다. 여기서 마디 1, 2, 3, 4는 각각 Sarah의 대학 1, 2, 3, 4학년 말 시점을 의미한다. 마디 0은 현재, 즉 대학 입학 직전인 0학년 말 시점을 의미한다. 하나의 마디에서 다른 마디를 연결하는 가지가 의미하는 바는 첫 마디가 의미하는 시점에서 3년된 중고차를 새로 구입하고 다음 마디가 의미하는 시점에서 해당 중고차를 처분하는 것이다. 이 문제는 Sarah가 대학 입학 직전인 현 시점에서 중고차를 새로 구입하는 것으로부터 시작해서, 4학년 말에 보유 중인 중고차를 처분하는 것으로 끝난다. 이에 따라 이 문제의 출발지는 마디 0, 도착지는 마디 4로 각각 표시된다.

이때 출발지인 마디 0에서 도착지인 마디 4에 이르는 경로상에 위치한 가지의 개수는 해당 경로가 의미하는 Sarah의 4년간에 걸친 중고차 운영 계획에서 실제로 중고차를 교체하는 횟

〈표 9-2〉 3년 된 중고차를 구입하는 매 시점에서 구입가격과 구입 후 보유 연수에 따른 처분가치와 운영 및 유지 비용

	보유연수에 따른 운영 및 유지 비용				보유연수에 따른 처분가치			
구입가격	1	2	3	4	1	2	3	4
$12,000	$2,000	$3,000	$4,500	$6,500	$8,500	$6,500	$4,500	$3,000

〈그림 9-14〉 Sarah의 중고차 교체 시점을 최단경로문제로 정형화한 네트워크 모형. 마디의 이름(숫자)은 현재로부터 경과된 연도를 의미한다. 각 가지는 해당 가지의 시작점이 의미하는 시점에서 새 중고차를 구입하고 해당 가지의 도착점이 의미하는 시점에서 해당 중고차를 처분함을 의미한다

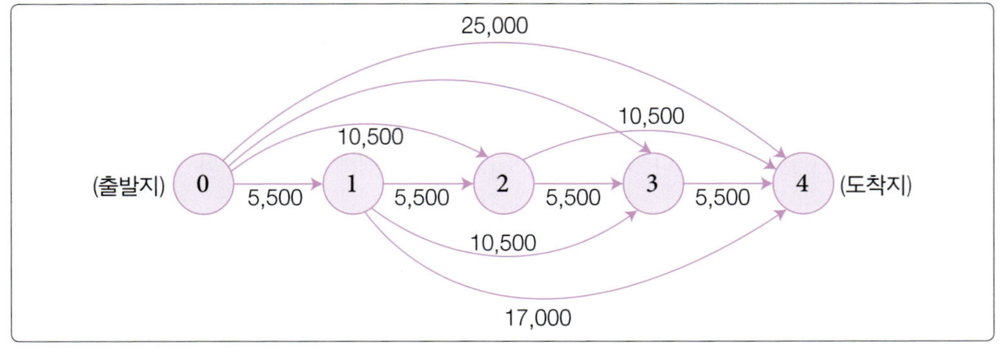

수를 의미한다. 예를 들어 다음과 같은 경로를 고려해보자.

이 경로는 최초 시점에서 차를 구입한 후, 1학년 말에 팔고 3년된 새 중고차를 두 번째로 구입한 다음, 3학년 말에 두 번째 차를 팔고 3년된 새 중고차를 세 번째로 구입한 다음 4학년 말에 되파는 운영계획을 의미한다.

Sarah는 현재(마디 0)부터 4학년 말(마디 4)에 이르기까지 발생되는 총순비용을 최소화하고자 하므로, 각 가지의 길이는 각 가지가 의미하는 차의 운영 주기 동안 발생하는 순비용(새 중고차 구입, 유지 및 운영, 되팔기)을 의미한다. 따라서 각 가지의 길이는 다음과 같이 계산된다.

가지의 길이 = 구입비용 + 운영 및 유지 비용 − 처분가치

예를 들어 마디 1에서 3으로 향하는 가지를 고려해보자. 이 가지는 1학년 말에 차를 구입해서 2년간 차를 운영 및 유지하다가 3학년 말에 차를 파는 것이다. 결과적으로

①에서 ③까지 가지의 길이 = 12,000 + 2,000 + 3,000 − 6,500 = 10,500달러

이다. 이와 같이 계산된 가지의 길이, 즉 순비용은 〈그림 9-14〉의 각 가지 옆에 표시되어 있다. 마디 0에서 4에 이르는 임의의 경로에 있는 가지의 길이의 총합은 향후 4년간 해당 경로가 의미하는 차 운영계획으로 인한 총순비용이 된다. 따라서 출발지인 마디 0에서 도착지인 마디 4로 이르는 최단경로를 찾는 것은 Sarah의 총순비용을 최소화하는 차 운영 및 교체 계획을 결정하는 것이다.

〈그림 9-15〉는 Sarah의 문제에 대한 스프레드시트 모형으로서, 거리가 비용으로 해석된다는 점을 제외하면 〈그림 9-13〉과 동일한 방법으로 정형화된다. 따라서 목표셀 TotalCost (D23)은 최소화해야 하는 총순비용이다. 〈그림 9-15〉에서 변수셀 OnRoute(D12:D21)는 엑셀 해찾기를 실행하고 얻은 최적해를 보여준다. 이때 변수셀이 1의 값을 가지면 해당 가지가 최단경로에 포함됨을 의미하고, 0이면 포함되지 않음을 의미한다. 따라서 최단경로는 다음과 같게 된다.

2학년 말에 첫 번째 중고차를 팔고, 두 번째 중고차를 구입한다.
4학년 말에 두 번째 중고차를 판다.

이 최단경로의 총길이는 10,500+10,500=21,000이므로, Sarah의 총비용 또한 목표셀에 주어진 값과 같이 21,000달러가 된다. 이 액수는 Sarah가 부모님께 받은 액수와 정확히 일치함을 상기하라.

〈그림 9-15〉 Sarah의 문제를 최단경로문제로 정형화한 스프레드시트 모형. 목적함수는 총거리 대신 총비용을 최소화하는 것이다. 이 그림의 하단은 목표셀 TotalCost(D23)과 기타 출력셀 Cost(E12:E21)와 NetFlow(H12:H16)에 입력되는 수식을 보여준다. 엑셀 해찾기를 실행한 뒤, 변수셀 OnRoute(D12:D21)에 표시된 1의 값은 차를 구입한 후 재판매 활동에 대한 일정계획을 세움에 있어서 (최소비용이 소요되는) 최단경로를 표시해준다.

	A	B	C	D	E	F	G	H	I	J
1	Sarah's Car Purchasing Problem									
2										
3				Trade-in						
4			Operating & Maint. Cost	Value at End of Year	Purchase Price					
5		Year 1	$2,000	$8,500	$12,000					
6		Year 2	$3,000	$6,500						
7		Year 3	$4,500	$4,500						
8		Year 4	$6,500	$3,000						
9										
10										
11		From	To	On Route	Cost		Nodes	Net Flow		Supply/Demand
12		Year 0	Year 1	0	$5,500		Year 0	1	=	1
13		Year 0	Year 2	1	$10,500		Year 1	0	=	0
14		Year 0	Year 3	0	$17,000		Year 2	0	=	0
15		Year 0	Year 4	0	$25,000		Year 3	0	=	0
16		Year 1	Year 2	0	$5,500		Year 4	-1	=	-1
17		Year 1	Year 3	0	$10,500					
18		Year 1	Year 4	0	$17,000					
19		Year 2	Year 3	0	$5,500					
20		Year 2	Year 4	1	$10,500					
21		Year 3	Year 4	0	$5,500					
22										
23			Total Cost	$21,000						

Range Name	Cells
Cost	E12:E21
From	B12:B21
NetFlow	H12:H16
Nodes	G12:G16
OnRoute	D12:D21
OpMaint1	C5
OpMaint2	C6
OpMaint3	C7
OpMaint4	C8
PurchasePrice	E5
SupplyDemand	J12:J16
To	C12:C21
TotalCost	D23
TradeIn1	D5
TradeIn2	D6
TradeIn3	D7
TradeIn4	D8

	E
11	Cost
12	=PurchasePrice+OpMaint1-TradeIn1
13	=PurchasePrice+OpMaint1+OpMaint2-TradeIn2
14	=PurchasePrice+OpMaint1+OpMaint2+OpMaint3-TradeIn3
15	=PurchasePrice+OpMaint1+OpMaint2+OpMaint3+OpMaint4-TradeIn4
16	=PurchasePrice+OpMaint1-TradeIn1
17	=PurchasePrice+OpMaint1+OpMaint2-TradeIn2
18	=PurchasePrice+OpMaint1+OpMaint2+OpMaint3-TradeIn3
19	=PurchasePrice+OpMaint1-TradeIn1
20	=PurchasePrice+OpMaint1+OpMaint2-TradeIn2
21	=PurchasePrice+OpMaint1-TradeIn1

Solver Parameters

Set Objective Cell: TotalCost
To: Min
By Changing Variable Cells:
OnRoute
Subject to the Constraints:
NetFlow = SupplyDemand

Solver Options:
Make Variables Nonnegative
Solving Method: Simplex LP

	H
11	Net Flow
12	=SUMIF(From,G12,OnRoute)-SUMIF(To,G12,OnRoute)
13	=SUMIF(From,G13,OnRoute)-SUMIF(To,G13,OnRoute)
14	=SUMIF(From,G14,OnRoute)-SUMIF(To,G14,OnRoute)
15	=SUMIF(From,G15,OnRoute)-SUMIF(To,G15,OnRoute)
16	=SUMIF(From,G16,OnRoute)-SUMIF(To,G16,OnRoute)

	C	D
23	Total Cost	=SUMPRODUCT(OnRoute,Cost)

사례: 총소요시간을 최소화하는 활동 순서 결정하기

Quick사는 경쟁기업이 향후 대박 상품이 될 잠재력이 있는 신제품 출시를 계획 중이라는 첩보를 입수했다. Quick사 또한 이와 유사한 제품을 향후 20개월 이내로 시장에 출시하기 위한 프로세스를 진행 중이다. 신제품에 대한 연구개발은 이제 종료를 눈앞에 두고 있으며 경영진은 이를 서둘러 완결함으로써 경쟁에서 우위를 차지하고자 한다.

이제 신제품 출시까지는 서로 중첩되지 않는 네 단계만을 남겨두고 있으며, 이들 중 첫 번째 단계는 현재 보통의 속도로 진행 중인 잔여 연구이다. 하지만 각 단계는 조기 종료를 위해 우선 혹은 긴급의 두 가지 노력 수준 중 하나를 선택하여 진행할 수 있다. 이에 각 단계에서 노력 수준별로 요구되는 시간은 〈표 9-3〉에 제시되었다. 즉, 잔여 연구는 세 가지 노력 수준(보통, 우선, 긴급)이 모두 가능하지만, 남은 세 단계(개발, 제조시스템 설계, 생산과 유통)에서는 우선과 긴급 노력 수준만 고려될 것이다.

현재 경영진은 신제품 출시까지 남은 네 단계 진행을 위해 3,000만 달러의 예산을 배정하였다. 노력 수준에 따라 단계별로 소요되는 비용은 〈표 9-4〉에 각각 주어졌다.

Quick사의 경영진은 남은 단계의 진행을 위해 주어진 3,000만 달러 예산 한도 내에서 남은 네 단계를 어떤 노력 수준에서 진행해야 신제품 출시까지 소요되는 총시간을 최소화할 수 있는지 결정하고자 한다.

〈그림 9-16〉은 이 문제를 최단경로문제로 간주함으로써 네트워크로 정형화하였다. 각 마디는 각 시점에 해당하는 상황을 표시하게 된다. 도착지를 제외한 모든 마디는 마디 안에 적혀진 두 개의 숫자로 구분될 수 있으며, 이 숫자들이 의미하는 바는 다음과 같다.

1. 해당 시점에서 완료된 단계 개수
2. 해당 시점에서 남은 단계들 진행을 위해 가용한 잔여 예산(단위: 백만 달러)

〈표 9-3〉 Quick사의 신제품을 준비하는 각 단계에서의 노력 수준에 따라 소요되는 시간

수준	잔여연구	개발	제조시스템 설계	생산과 유통
보통	5개월	–	–	–
우선	4개월	3개월	5개월	2개월
긴급	2개월	2개월	3개월	1개월

〈표 9-4〉 Quick사의 신제품을 준비하는 각 단계에서의 노력 수준에 따라 소요되는 비용

수준	잔여연구	개발	제조시스템 설계	생산과 유통
보통	300만 달러	–	–	–
우선	600만 달러	600만 달러	900만 달러	300만 달러
긴급	900만 달러	900만 달러	1,200만 달러	600만 달러

〈그림 9-16〉 Quick사의 문제를 최단경로문제로 정형화한 네트워크. 가상 도착지를 제외하고 두 숫자로 구성된 각 마디의 이름이 의미하는 바는 다음과 같다. 첫 번째 숫자는 종료된 단계의 갯수를 의미하고, 두 번째 숫자는 남은 단계들을 수행하기 위해 가용한 잔여 예산(단위: 백만 달러)을 의미한다. 가지의 길이는 각 가지가 표시하는 노력 수준에 따라 해당 단계에서 소요되는 시간을 의미한다.

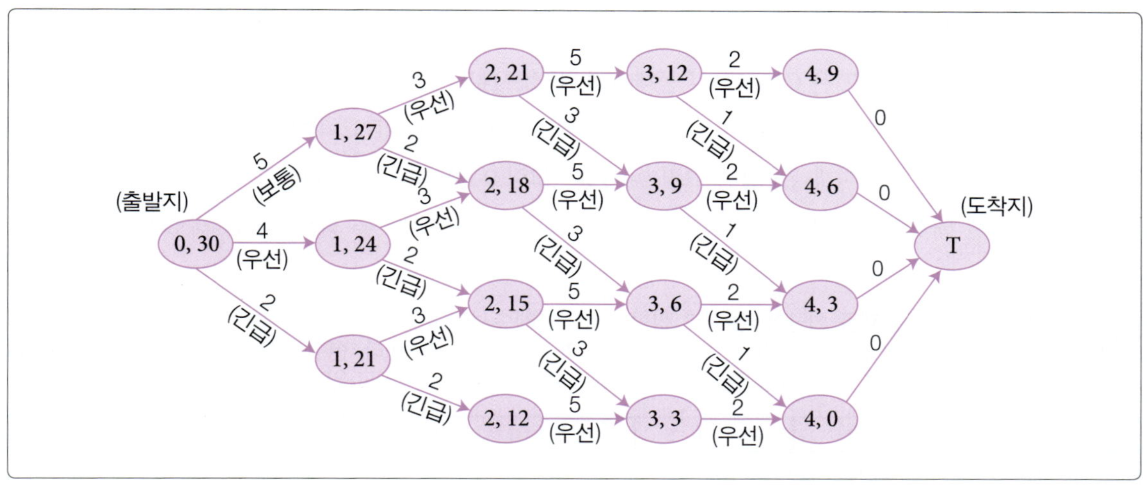

출발지는 현재이다. 이 시점에는 완료된 단계가 아직 없으며(0단계 완료), 예산 3,000만 달러 전체가 온전히 남아있다. 가지들은 각 단계에서 특정한 노력 수준의 선택을 나타내며, 이는 가지 아래에 위치한 괄호 안에 표시되었다. (마디 (2,12)와 (3,3)에서는 긴급을 나타내는 가지가 존재하지 않는다. 그 이유는 해당 마디에서 긴급을 선택할 경우 이후 단계에서의 선택과 무관하게 네 단계를 완료하기 위해 소요되는 총비용이 최초 주어진 예산인 3,000만 달러를 초과하기 때문이다.) 각 가지의 위에 표시된 가지의 길이는 해당 단계에서 그 가지가 나타내는 노력 수준으로 해당 단계를 수행함에 따른 소요 시간(단위: 개월)을 나타낸다. 이 문제에서 가지 길이의 측도로써 시간이 선택되었는데, 그 이유는 목적함수가 신제품 출시까지 남은 네 단계 모두를 완료하기 위해 소요되는 총시간을 최소화하는 것이기 때문이다. 네트워크를 통해 특정 경로상 모든 가지의 길이 합은 해당 경로가 의미하는 네 단계 진행 계획을 완료하기 위해 소요되는 총시간을 의미한다. 따라서 네트워크를 통한 최단경로는 소요되는 총시간을 최소화하는 일정계획에 해당된다.

마디의 첫 숫자가 4인 마디 네 개, 즉 (4,9), (4,6), (4,3), (4,0) 중 어느 하나에 도달하게 되면 신제품 개발 계획은 종료된다. 이때 〈그림 9-16〉의 네트워크는 이 네 마디 중 하나에 도달함으로써 끝나는 대신 이 네 마디로부터 연결된 또 다른 마디(T)로 연결되어 마디 T에서 종료된다. 그 이유는 최단경로문제는 하나의 도착지에서 끝나야 하기 때문이다. 이로 인해 또 다른 마디인 **가상 도착지**dummy destination T가 이 네 개 마디의 오른쪽에 추가된다.

네트워크를 통한 실제 이동이 하나 이상의 마디에서 끝날 때, 이들 마디 각각으로부터 길이가 0인 새로운 가지가 추가되어 가상 도착지로 연결된다. 이에 따라 네트워크는 유일한 도착지를 가지게 된다.

가상 도착지로 연결되는 각 가지의 길이는 0이므로, 이와 같이 네트워크에 추가한다 해도 출발지에서 도착지에 이르는 경로의 총길이에는 영향을 미치지 않는다.

〈그림 9-17〉은 Quick사의 문제에 대한 스프레드시트 모형을 보여준다. 거듭 강조되는 바와 같이 이 모형에서 F열에 표시된 숫자와 목표셀 TotalTime(D32)의 값이 거리나 비용이 아닌 시간으로 주어지게 된다면, 〈그림 9-17〉은 〈그림 9-13〉 및 〈그림 9-15〉의 양식과 동일해진다. 엑셀 해찾기가 실행되면 변수셀 OnRoute(D4:D30)는 총시간을 최소화하는 경로에 어떤 가지들

〈그림 9-17〉 Quick사의 문제를 최단경로문제로 정형화한 스프레드시트 모형. 목적함수는 총거리 대신 총시간을 최소화하는 것으로서, 목표셀과 출력셀은 각각 TotalTime(D32)과 NetFlow(I4:I20)이다. 변수셀 OnRoute(D4:D30)에 입력된 1의 값은 엑셀 해찾기에 의해 얻은 (가장 빠른) 최단경로상에 해당 가지가 위치하고 있음을 보여준다.

	A	B	C	D	E	F	G	H	I	J	K
1	**Quick Co. Product Development Scheduling Problem**										
2											
3		**From**	**To**	**On Route**		**Time**		**Nodes**	**Net Flow**		**Supply/Demand**
4		(0, 30)	(1, 27)	0		5		(0, 30)	1	=	1
5		(0, 30)	(1, 24)	0		4		(1, 27)	0	=	0
6		(0, 30)	(1, 21)	1		2		(1, 24)	0	=	0
7		(1, 27)	(2, 21)	0		3		(1, 21)	0	=	0
8		(1, 27)	(2, 18)	0		2		(2, 21)	0	=	0
9		(1, 24)	(2, 18)	0		3		(2, 18)	0	=	0
10		(1, 24)	(2, 15)	0		2		(2, 15)	0	=	0
11		(1, 21)	(2, 15)	1		3		(2, 12)	0	=	0
12		(1, 21)	(2, 12)	0		2		(3, 12)	0	=	0
13		(2, 21)	(3, 12)	0		5		(3, 9)	0	=	0
14		(2, 21)	(3, 9)	0		3		(3, 6)	0	=	0
15		(2, 18)	(3, 9)	0		5		(3, 3)	0	=	0
16		(2, 18)	(3, 6)	0		3		(4, 9)	0	=	0
17		(2, 15)	(3, 6)	0		5		(4, 6)	0	=	0
18		(2, 15)	(3, 3)	1		3		(4, 3)	0	=	0
19		(2, 12)	(3, 3)	0		5		(4, 0)	0	=	0
20		(3, 12)	(4, 9)	0		2		(T)	-1	=	-1
21		(3, 12)	(4, 6)	0		1					
22		(3, 9)	(4, 6)	0		2					
23		(3, 9)	(4, 3)	0		1					
24		(3, 6)	(4, 3)	0		2					
25		(3, 6)	(4, 0)	0		1					
26		(3, 3)	(4, 0)	1		2					
27		(4, 9)	(T)	0		0					
28		(4, 6)	(T)	0		0					
29		(4, 3)	(T)	0		0					
30		(4, 0)	(T)	1		0					
31											
32			**Total Time**	10							

〈그림 9-17〉 〈계속〉

Range Name	Cells
From	B4:B30
NetFlow	I4:I20
Nodes	H4:H20
OnRoute	D4:D30
SupplyDemand	K4:K20
Time	F4:F30
To	C4:C30
TotalTime	D32

Solver Parameters

Set Objective Cell: TotalTime
To: Min
By Changing Variable Cells:
OnRoute
Subject to the Constraints:
NetFlow = SupplyDemand

Solver Options:
Make Variables Nonnegative
Solving Method: Simplex LP

	I
3	**Net Flow**
4	=SUMIF(From,H4,OnRoute)-SUMIF(To,H4,OnRoute)
5	=SUMIF(From,H5,OnRoute)-SUMIF(To,H5,OnRoute)
6	=SUMIF(From,H6,OnRoute)-SUMIF(To,H6,OnRoute)
7	=SUMIF(From,H7, OnRoute)-SUMIF(To,H7,OnRoute)
8	=SUMIF(From,H8,OnRoute)-SUMIF(To,H8,OnRoute)
9	=SUMIF(From,H9,OnRoute)-SUMIF(To,H9,OnRoute)
10	=SUMIF(From,H10,OnRoute)-SUMIF(To,H10,OnRoute)
11	=SUMIF(From,H11,OnRoute)-SUMIF(To,H11,OnRoute)
12	=SUMIF(From,H12,OnRoute)-SUMIF(To,H12,OnRoute)
13	=SUMIF(From,H13,OnRoute)-SUMIF(To,H13,OnRoute)
14	=SUMIF(From,H14,OnRoute)-SUMIF(To,H14,OnRoute)
15	=SUMIF(From,H15,OnRoute)-SUMIF(To,H15,OnRoute)
16	=SUMIF(From,H16,OnRoute)-SUMIF(To,H16,OnRoute)
17	=SUMIF(From,H17,OnRoute)-SUMIF(To,H17,OnRoute)
18	=SUMIF(From,H18,OnRoute)-SUMIF(To,H18,OnRoute)
19	=SUMIF(From,H19,OnRoute)-SUMIF(To,H19,OnRoute)
20	=SUMIF(From,H20,OnRoute)-SUMIF(To,H20,OnRoute)

	C	D
32	**Total Time**	=SUMPRODUCT(OnRoute,Time)

이 포함되었는지 표시해준다. 따라서 최단경로는

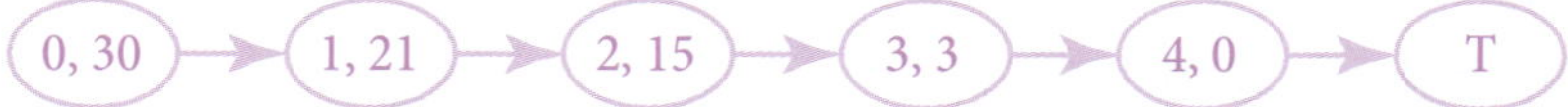

이며, 소요되는 총시간은 TotalTime(D32)에 주어진 바와 같이 2+3+3+2+0=10개월이다. 이 결과에 따른 네 단계 진행 계획은 〈표 9-5〉에 정리된 바와 같다. 비록 이 계획은 주어진 예산 3,000만 달러를 전액 소진하였지만, 신제품 출시까지 소요되는 시간을 본래 계획되었던 20개월에서 단지 10개월로 단축하였다.

〈표 9-5〉에 주어진 최적실행계획에 기반하여, Quick사의 경영진은 이 계획이 시간과 비용 사이에서 최적의 절충안인지 여부에 대해 결정해야만 한다. 만약 예산이 수백만 달러가 더 주어지거나 혹은 덜 주어지게 된다면 총비용에 미치는 영향은 어떠할 것인가? 주어진 예산이 변경될 때 변경된 예산 정보에 기반하여 몇몇 최단경로문제를 신속하게 풀어봄으로써, 전술된 질문에 대한 답변을 경영진에게 쉽게 제공할 수 있다. 최적의 시간-비용 절충안에 관한 궁극적인 의사결정은 경영진만이 판단할 수 있다.

〈표 9-5〉 Quick사의 최단경로문제에 대해 엑셀 해찾기로 구한 최적해

단계	수준	시간	비용
잔여연구	긴급	2개월	900만 달러
개발	우선	3개월	600만 달러
제조시스템 설계	긴급	3개월	1,200만 달러
생산 개시 및 유통	우선	2개월	300만 달러
합계		10개월	3,000만 달러

복습문제

1. 리틀타운 소방서 예제에서 출발지와 도착지는 각각 무엇인가?
2. 가지와 링크의 차이점은 무엇인가?
3. 최단경로문제가 최소비용흐름문제의 특수한 경우로 해석될 때 최소비용흐름문제의 공급마디와 수요마디는 최단경로문제의 무엇에 해당하는가? 또한 이때 공급량과 수요량은 각각 얼마나 되는가?
4. 이 장에서 살펴본 최단경로문제의 세 가지 유형에서 링크(또는 가지)의 길이는 각각 어떻게 해석되는가?
5. Sarah의 최단경로문제에서 목적함수는 무엇인가?
6. 최단경로문제를 정형화하는 과정에서 어떤 경우에 가상 도착지가 추가되어야 하는가?
7. 신제품의 시장 출시를 앞당기기 위한 최종 의사결정 과정에서 Quick사의 경영진은 어떤 유형의 절충안을 고려해야 하는가?

9.5 요약

네트워크는 다양한 상황에서 발생한다. 네트워크 표현은 시스템의 구성 요소 간의 관계와 연결을 묘사하는 데 매우 유용하다. 각 구성 요소는 마디라고 불리는 네트워크상의 점에 의해 표현되며, 구성 요소(마디)들 간 연결은 가지(일방향 이동의 경우)와 링크(양방향 이동의 경우)라고 불리는 선에 의해 표현된다.

일부 유형의 흐름은 종종 네트워크를 통해 전송되어야 한다. 따라서 네트워크 흐름을 최적화하기 위한 의사결정이 필요하다. 이 장에서 소개된 네트워크 최적화 모형들은 이와 같은 의사결정을 지원하기 위한 강력한 도구를 제공한다.

최소비용흐름문제에 대한 경영과학 모형은 이 네트워크 최적화 모형들 중에서 중심적인 역할을 수행하는데, 그 이유는 폭넓게 적용 가능하며 쉽게 풀 수 있기 때문이다. 엑셀 해찾기는 스프레드시트 정형화된 적절한 규모의 네트워크 최적화 모형의 최적해를 구할 수 있으며, 수천 개의 마디와 가지를 포함한 대규모 문제 또한 네트워크 심플렉스법을 활용함으로써 최적해를

구할 수 있다. 전형적인 최소비용흐름문제는 네트워크를 통해 시작점(공급마디)으로부터 제품이 필요한 곳(수요마디)으로 제품의 흐름을 최적화하는 것이다. 목적함수는 주어진 수요를 충족시키면서 네트워크를 통해 가용한 공급의 총수송비용을 최소화하는 것이다. 한 전형적인 응용사례는 유통 네트워크 운영 최적화이다.

최소비용흐름문제의 특수 유형에는 6장에서 논의된 수송문제와 할당문제뿐만 아니라 이 장에서 소개된 두 가지 중요한 유형으로서 최대흐름문제와 최단경로문제가 있다.

네트워크에서 주어진 가지의 용량 제약하에서 최대흐름문제의 목적함수는 하나의 시작점(출발지)에서 또 다른 하나의 종착점(도착지)으로 흐름의 총량을 최대화하는 것이다. 예를 들어 최대흐름문제의 한 사례는 회사의 공급 네트워크를 통해 이 회사의 공급업체로부터 처리시설에 도달하는 제품의 흐름을 최대화하는 것이다.

최단경로문제 또한 시작점(출발지)과 종착점(도착지)을 가지지만, 이 문제의 목적함수는 시작점에서 종착점에 이르는 경로들 중에서 총길이를 최소로 하는 최단경로를 찾는 것이다. 몇 가지 응용사례에서 길이는 거리를 지칭한다. 따라서 목적함수는 총이동거리를 최소화하는 것이다. 그러나 또 다른 최단경로문제 응용사례의 목적함수는 활동 순서에 따른 총비용 또는 총시간을 최소화하는 것이다.

용어

가상 도착지 dummy destination 여러 개의 종착점이 있는 최단경로문제를 정형화할 경우 도착지는 단 한 군데여야 한다는 조건을 충족시키기 위해 도입된 인위적인 도착지. (9.4절)

가지 arc 서로 다른 두 마디를 연결해주는 통로로서 보통 화살표로 표시되며, 흐름은 화살표가 가리키는 방향에 따라 일방향 허용된다. (9.1절)

가지의 용량 capacity of an arc 가지를 통해 허용되는 흐름의 최대량. (9.1절)

경유마디 transshipment node 순흐름량이 0인 마디로서 유입량과 유출량이 동일한 마디. (9.1절)

경유수송문제 transshipment problem 6.5절에서 기술된 특별한 유형의 최소비용흐름문제로서, 가지에 용량 제약이 존재하지 않는다. (9.1절)

공급마디 supply node 순흐름량이 양수인 마디로서, 유출량이 유입량보다 많은 마디. (9.1절)

네트워크 심플렉스법 network simplex method 심플렉스법의 단순화된 버전으로 대규모 최소비용흐름문제를 매우 효과적으로 풀 수 있다. (9.1절)

도착지 destination 최단경로문제에서 네트워크를 통한 이동이 종료되는 마디. (9.4절)

도착지 sink 최대흐름문제에서 네트워크를 통한 흐름이 종료되는 마디. (9.3절)

링크 link 서로 다른 두 마디를 연결해주는 통로로서 보통 직선으로 표시되며, 흐름은 양방향 허용된다 (9.4절)

링크 또는 가지의 길이 length of a link or arc 최단경로문제의 선택된 경로에서 링크 또는 가지에 부여된 값으로서, 일반적으로 거리, 비용, 시간 등을 의미한다. (9.4절)

마디 node 네트워크의 연결점으로서, 원 내부에 이름을 붙여서 표시한다. (9.1절)

수송문제 transportation problem 6.5절에서 기술된 특별한 유형의 최소비용흐름문제. (9.1절)

수요마디 demand node 순흐름량이 음수인 마디로서 유입량이 유출량보다 많은 마디. (9.1절)

출발지 origin 최단경로문제에서 네트워크를 통한 이동이 시작되는 마디 (9.4절)

출발지 source 최대흐름문제에서 네트워크를 통한 흐름이 시작되는 마디. (9.3절)

할당문제 assignment problem 6.6절에서 기술된 특별한 유형의 최소비용흐름문제. (9.1절)

흐름보존 conservation of flow 특정한 마디에서 해당 마디로부터 총유출량은 해당 마디로의 총유입량과 동일하여 순흐름이 0이 되는 경우. (9.1절)

이 장에 대한 MS 코스웨어 학습지원

모든 학습지원 자료는 www.mhhe.com/Hillier7e에 제공된다.

엑셀 파일:

Distribution Unlimited
BMZ
Expanded BMZ
Littletown Fire Department
Sarah
Quick

엑셀 추가기능:

Analytic Solver

이 장의 보충자료:

Minimum Spanning-Tree Problems

학습문제

풀이는 www.mhhe.com/Hillier7e에 제공된다.

9.S1. Heart Beats의 분배

Heart Beats사는 의료장비 제조회사이다. 이 회사의 주력 제품은 치료 과정 도중 심장박동을 감시하는 데 이용되는 장비이다. 이 제품은 두 곳의 공장에서 생산되어 두 곳의 창고로 수송되어야 하며, 이후 네 곳의 도매상에게 운송된다. 이 제품의 모든 이동은 트럭으로 수송되며, 제품 유통 네트워크는 오른쪽과 같다. 공장 1과 2의 연간 생산 용량은 각각 400과 250이다. 또한 도매상 1,2,3,4의 연간 수요량은 각각 200, 100, 150, 200이다. 각 수송 경로에 따른 단위 당 수송비용은 가지에 표시되어 있다. 제한된 트럭 용량으로 인해 공장 1에서 창고 1로 수송 가능한 양은 250을 초과할 수 없다. 해당 제품을 최소비용으로 유통하는 방법을 결정하기 위해, 스프레드시트에 네트워크 최적화 모형을 정형화하고 최적해를 구하시오.

[400] F1
[250] F2
WH 1
WH 2
WS 1 [-200]
WS 2 [-100]
WS 3 [-150]
WS 4 [-200]
40달러 [250]
35달러
25달러
60달러
35달러
55달러
50달러
65달러

9.S2. 송유관 네트워크의 운송 용량 산정

Exxo76사는 다음과 같은 송유관 네트워크를 운영하는 석유회사이다. 각 송유관 가지를 통해 매일 보낼 수 있는 최대흐름량은 백만 입방피트 단위로 표시되어 있다. 새 유정이 마디 A 근처에서 시추됨으로 인해 이 회사는 마디 A로부터 마디 G에 위치한 정유공장에 이르기까지 석유를 수송하고자 한다. 마디 A로부터 G에 도달하는 최대흐름량을 결정하기 위한 네트워크 최적화 모형을 정형화하고 최적해를 찾으시오.

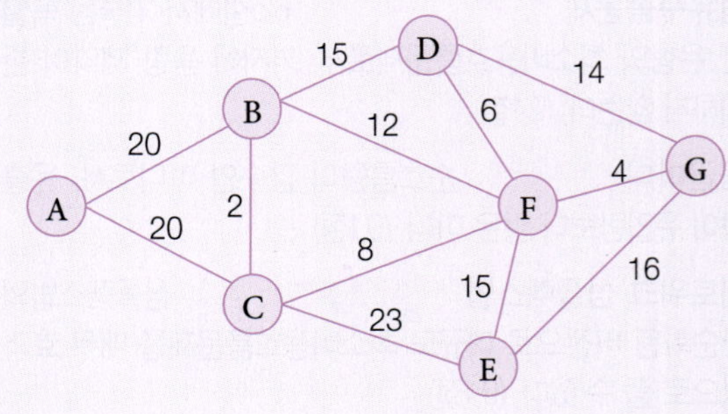

6.S3. 마일하이시티로 떠나는 도로여행

Sarah와 Jennifer는 시애틀에 소재한 워싱턴대학을 갓 졸업한 기념으로 도로 여행을 떠나려고 한다. 이들은 '마일하이시티'로 알려진 콜로라도주의 덴버시를 늘 가보고 싶어했다. 도로지도 책에는 경유 도시 간 자동차로 걸리는 이동시간이 다음과 같이 나와있다. 네트워크 최적화 모형을 정형화하고 풀어서 시애틀에서 덴버까지 최단시간경로를 찾으시오.

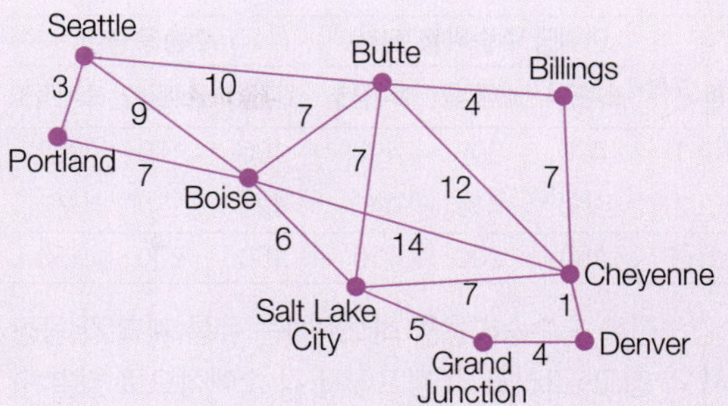

연습문제

번호에 별표(*)가 있는 문제는 책 뒷부분에 정답의 일부가 있다.

9.1 9.1절에 있는 HP사 응용사례의 원문은 HP사의 경영과학 및 경영분석 연구 전체에 대해 기술하고 있다. 이를 찾아서 읽고, 최소비용흐름문제의 한 특수 유형에 대한 모형이 이 연구에 어떻게 응용될 수 있는지 간단히 기술하고, 이 연구의 결과로 얻은 다양한 재무적/비재무적 혜택을 열거하시오.

9.2 9.1절에 있는 CSX사 응용사례의 원문은 CSX사의 경영과학 및 경영분석 연구에 대해 기술하고 있다. 이를 찾아서 읽고, 일련의 초대형 최소비용흐름 문제가 이 연구에 어떻게 응용될 수 있는지 간단히 기술하시오. 이어서 이 연구의 결과로 얻은 다양한 재무적 및 비재무적 혜택을 열거하시오.

9.3* 다음의 표와 같이 단위당 수송비용이 주어진 수송문제에 대해 고려해보자.

	도착지 1	도착지 2	도착지 3	공급량
출발지 1	6	7	4	40
출발지 2	5	8	6	60
수요량	30	40	30	

a. 〈그림 9-3〉과 유사한 네트워크를 그림으로써 최소비용흐름문제로서 이 문제의 네트워크 모형을 정형화하시오.

b. 이 문제에 대한 스프레드시트 모형을 정형화하고 최적해를 구하시오.

9.4 연습문제 9.3에 대해 다시 고려해보자. 각 도착지에서 수요가 10씩 감소하였다고 가정하자. 따라서 도착지 1, 2, 3에서 수요는 각각 20, 30, 20이 된다. 가상 도착지를 도입하여 실행가능해 특성이 만족되도록 수정하시오. 이와 같이 수정된 문제에 대해 다음의 a와 b를 반복하여 각 출발지에서 각 도착지로 얼마나 공급되어야 하는지 결정하시오.

a. 가상 도착지를 도입하지 않고 이 문제를 정형화한 후 최적해를 구하시오.

b. 가상 도착지를 도입하고 다른 필요한 조정을 함으로써 이 문제를 최소비용흐름문제로 전환하시오. 이어서 최소비용흐름문제로서, 〈그림 9-3〉과 유사하게 네트워크를 그리시오.

c. b에서 얻은 최소비용흐름문제에 대해 스프레드시트 모형을 정형화하고 최적해를 구하시오. 이에 따라 결과적으로 얻어진 최적흐름계획을 a에서 가상 도착지를 이용하지 않고 구한 최적흐름 계획과 비교하시오.

9.5 Makonsel사는 공급망이 완전히 통합된 회사로서 제품의 생산과 소매점 판매를 병행하고 있다. 이 회사의 제품은 두 곳에 있는 공장에서 생산된 후, 소매점에서 필요로 할 때까지 두 곳에 있는 창고에 저장된다. 제품은 트럭을 이용하여 공장에서 창고로 수송되고 있으며, 이어서 창고에서 세 곳의 소매점으로 수송된다.

만차된 트럭 한 대를 단위로 하여, 다음 표는 각 공장의 월간 산출량, 각 창고로 수송되는 트럭 한 대당 수송비용, 한 달 동안 각 창고로 수송 가능한 최대 물량을 보여준다.

	단위당 수송비용 (달러)		수송용량		
출발 \ 도착	창고 1	창고 2	창고 1	창고 2	월간 산출량
공장 1	425	560	125	150	200
공장 2	510	600	175	200	300

또한 다음 표는 각 소매점(RO)에 대해 월간 수요량, 각 창고로부터 트럭 한 대당 수송비용, 한 달 동안 각 창고에서 수송 가능한 최대 물량을 보여준다.

출발 \ 도착	단위당 수송비용 (달러)			수송용량		
	소매점1	소매점2	소매점3	소매점1	소매점2	소매점3
창고 1	470	505	490	100	150	100
창고 2	390	410	440	125	150	75
수요량	150	200	150	150	200	150

경영진은 총수송비용을 최소화하는 유통 계획(각 공장에서 각 창고, 그리고 각 창고에서 각 소매점으로 월별 수송되는 만차된 트럭 대수 결정)을 수립하고자 한다.

a. 이 회사의 유통 네트워크를 그림으로 표현하시오. 이 네트워크에서 공급마디, 경유마디, 수요마디를 구별하시오.
b. a에서 그린 네트워크에 필요한 모든 자료를 대입함으로써 이 문제에 대한 네트워크 모형을 최소비용흐름문제로써 정형화하시오. (이러한 자료를 표시하려면 〈그림 9-3〉에 묘사된 양식을 사용하시오.)
c. 이 문제에 대한 스프레드시트 모형을 정형화하고 최적해를 구하시오.

9.6 Autofile사는 대형 휴대용 카세트 라디오 제조업체이다. 이 회사의 경영진은 이 제품 생산을 위해 필요한 스피커 생산을 공급업체들에게 하청을 주기로 결정하였다. 이 스피커를 공급할 수 있는 공급업체는 세 회사가 있으며, 업체별로 납품 시 스피커 1,000개를 한 단위로 하는 단위당 납품가격은 다음과 같다.

공급업체	스피커 단위당 납품가격 (단위: 1,000개)
1	22,500달러
2	22,700달러
3	22,300달러

이 공급업체들은 Autofile사의 창고 두 군데 중 하나로 납품한다. 추가적으로 위에서 주어진 스피커 단위당 납품가격 이외에도, 각 공급업체는 배송거리에 기반한 각자 나름의 방식으로 배송비용을 산출하고 이를 청구한다. 각 공급업체가 배송비용을 산출하는 방식은 다음 표에 주어진 수식에 따라 발생되는 고정비용과 함께 배송하는 거리에 비례하여 추가 비용이 붙는 방식이다.

공급업체	스피커 단위당 수송비용	창고 1	창고 2
1	300달러+40센트/마일	1,600마일	400마일
2	200달러+50센트/마일	500마일	600마일
3	500달러+20센트/마일	2,000마일	1,000마일

추가적으로 이 회사의 두 공장 중에 하나가 제품을 조립하기 위해 스피커 배송을 요청하면, 이 회사는 언제든지 트럭운전수를 고용하여 창고들 중 하나에서 해당 공장으로 스피커를 운송한다. 이에 각 창고에서 각 공장으로 운송되는 스피커 단위당 수송 비용과 각 공장의 월간 수요량(단위: 1,000개)은 다음과 같다.

	스피커 단위당 수송비용	
	공장 1	공장 2
창고 1	200달러	700달러
창고 2	400달러	500달러
월간 수요량	10단위	6단위

각 공급업체는 한 달간 최대 10단위까지 공급할 수 있다. 그러나 운송 제약으로 인해, 각 공급업체는 한 달간 각 창고로 최대 6단위까지 수송 가능하다. 유사하게 각 창고 또한 한 달간 각 공장으로 최대 6단위까지 수송 가능하다.

경영진은 월간 계획을 수립하고자 하며, 주요 결정사항은 다음과 같다. 각 공급업체로부터 얼마나 많이 주문할 것인가, 각 공급업체에서 각 창고로 얼마나 많이 수송할 것인가, 각 창고에서 각 공장으로 얼마나 많이 수송할 것인가이다. 목적함수는 배송비용을 포함한 구매비용과 함께 창고에서 공장으로 배송되는 수송비용의 합계인 총비용을 최소화하는 것이다.

a. 이 회사의 공급망을 그림으로 표현하시오. 이 네트워크에서 공급마디, 경유마디, 수요마디를 구별하시오.
b. 이 문제는 최소비용흐름문제의 변형된 버전에 해당하는데, 그 이유는 각 공급자로부터의 공급은 최대 10단위를 넘을 수 없는 것일 뿐 10단위로 고정된 것은 아니기 때문이다. 그러나 이 문제는 공급업체에서 이용되지 않은 모든 공급 용량을 무료로 받는 가상 수요마디를 추가함으로써 완전한 최소비용흐름문제로 전환될 수 있다. a에서 그려진 네트워크에 이 가상 수요마디를 추가함으로써 보완하는 한편 필요한 모든 자료를 포함하여 이 최소비용흐름문제를 위한 네트워크 모형을 정형화하시오. (이 자료들을 보여주기 위해 〈그림 9-3〉에서 묘사된 양식을 이용하시오.)
c. 이 회사의 문제에 대해 스프레드시트 모형을 정형화하고 최적해를 찾으시오.

9.7* 9.3절의 〈그림 9-9〉를 생각해보자. 이 그림은 슈투트가르트와 베를린에 있는 공장에서 LA와 시애틀에 있는 유통센터에 이르는 BMZ사의 유통 네트워크를 묘사하고 있다. 이 그림은 또한 각 수송 경로를 통해 수송될 수 있는 최대 용량을 대괄호 속에 표시하고 있다.

9.2절에서 묘사된 위기 이후로 몇 주 동안 LA에 있는

유통센터는 재고를 성공적으로 보충하였다. 따라서 BMZ사의 공급망 관리자인 Karl Schmidt는 이후로 매달 LA로는 130단위를 수송하고 시애틀로는 50단위를 수송하면 충분하다고 결론 내렸다. (한 단위는 자동차 대체용 부품의 100입방미터 용량에 해당한다.) 슈투트가르트 공장(그림에서는 마디 ST)과 베를린 공장(마디 BE)은 매달 각각 130단위와 50단위를 미리 할당함으로써, 이 수요가 충족되도록 보장할 것이다. 과거의 관행에 의하면 LA의 유통센터는 전적으로 슈투트가르트 공장을, 그리고 시애틀의 유통센터는 전적으로 베를린 공장을 매칭시켜서 각각 독점적으로 공급해왔다. 하지만 이와는 달리 Karl은 각 공장에서 임의의 유통센터로 공급하는 것을 허용하기로 결심하였다. Karl은 이와 같이 추가적인 유연한 공급을 통해 총수송비용을 감소시킬 수 있을 것으로 기대하고 있다.

다음 표는 각 수송경로를 통한 단위당 수송비용을 보여준다.

출발＼도착	LI	BO	RO	HA	NO	NY	BN	LA	SE
	마디로의 단위당 수송비용 (달러)								
ST	3,200	2,500	2,900	–	–	–	–	–	–
BE	–	–	2,400	2,000	–	–	–	–	–
LI	–	–	–	–	6,100	-	–	–	–
BO	–	–	–	–	6,800	5,400	–	–	–
RO	–	–	–	–	–	5,900	–	–	–
HA	–	–	–	–	–	6,300	5,700	–	–
NO	–	–	–	–	–	–	–	3,100	–
NY	–	–	–	–	–	–	–	4,200	4,000
BN	–	–	–	–	–	–	–	3,400	3,000

Karl은 총수송비용을 최소화하는 수송계획을 결정하고자 한다.

a. 〈그림 9-9〉에 제시된 유통 네트워크로 필요한 모든 자료를 포함으로써, 이 문제를 위한 네트워크 모형을 최소비용흐름문제로서 정형화하시오. (이들 자료를 보여주기 위해 〈그림 9-3〉에 묘사된 양식을 이용하시오.)
b. 이 문제를 위한 스프레드시트 모형을 정형화하고 최적해를 구하시오.
c. 최적해에서 총수송비용은 얼마인가?

9.8 문제 9.7을 다시 고려해보자. 행정적 편의성을 위해 경영진이 다음과 같이 결정했다고 가정해보자. LA 유통센터에서 필요로 하는 매달 130단위는 반드시 슈투트가르트 공장(마디 ST)에서 보내야 하고, 시애틀 유통센터에서 필요로 하는 매달 50단위는 반드시 베를린 공장(마디 BE)에서 보내야 한다. 이들 유통센터 각각에 대해 Karl은 총수송비용을 최소화하는 수송계획을 결정해야 한다.

a. LA 유통센터에 대해 〈그림 9-6〉에 제시된 유통 네트워크로 필요한 모든 자료를 추가함으로써, 이 문제에 대한 네트워크 모형을 최소비용흐름문제로서 정형화하시오. (이들 자료를 보여주기 위해 〈그림 9-3〉에 묘사된 양식을 이용하시오.)
b. a에서 주어진 문제에 대한 스프레드시트 모형을 정형화하고 최적해를 구하시오.
c. 시애틀 유통센터에 대해 마디 BE의 베를린 공장을 출발지로 하는 유통 네트워크를 그리시오.
d. c에서 그린 네트워크를 이용해서 시애틀 유통센터에 대해 a에서 실시한 절차에 따라 최소비용흐름문제로 정형화하시오.
e. d에서 주어진 문제에 대해 스프레드시트 모형을 정형화하고 최적해를 구하시오.
f. b와 e에서 얻은 각 총수송비용을 서로 더하고, 이 합계를 문제 9.7의 c에서 얻은 총수송비용과 비교하시오(이 책의 뒷부분에 주어진 바와 같이).

9.9 BMZ사 사례연구에 대해 〈그림 9-7〉과 〈그림 9-8〉에서 정형화된 최대흐름문제를 고려하시오. 〈그림 9-7〉을 다시 그리고 각 가지 위에 있는 괄호 속에 최적 수송량(그림 9-8의 셀 D4:D12)을 추가하시오. 각 가지의 용량에 대해 검토하시오. 최대 흐름량이 150을 초과할 수 없으므로 이들 가지의 용량으로 인해 괄호 속의 수송량이 최적해가 되어야 하는 이유에 대해 설명하시오.

9.10 9.3절에 제시된 Gassco사와 StatoiHydro사의 요약된 응용사례의 원문은 이 두 회사가 공동으로 활용한 규범적 분석 연구 내용에 대해 기술하고 있다. 이를 찾아서 읽고, 최대흐름문제에 대한 모형의 일반화가 이 연구에 어떻게 적용되었는지에 대해 간략히 기술하고, 이 연구의 결과로 얻은 다양한 재무적 및 비재무적 혜택을 열거하시오.

9.11* 다음의 최대흐름문제에 대한 스프레드시트 모형을 정형화하고 최적해를 구하시오. 이 문제에서 마디 A는 출발지, 마디 F는 도착지 그리고 가지 용량은 해당 가지 옆에 있는 대괄호 속 숫자로 표시된다.

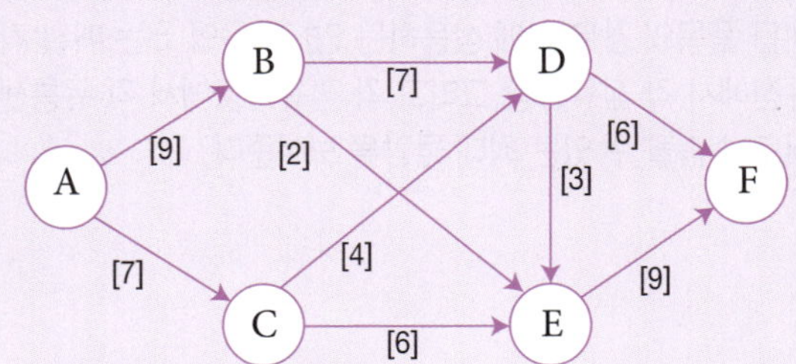

9.12 다음 그림은 3개의 강(마디 R1, R2, R3)에서 발원한 송수관 체계를 네트워크로 묘사한 것으로, 마디 T로 표시되는 도시에서 종료된다. 여기서 그 외의 마디들은 현재 송수관 체계에서 연결점에 해당한다.

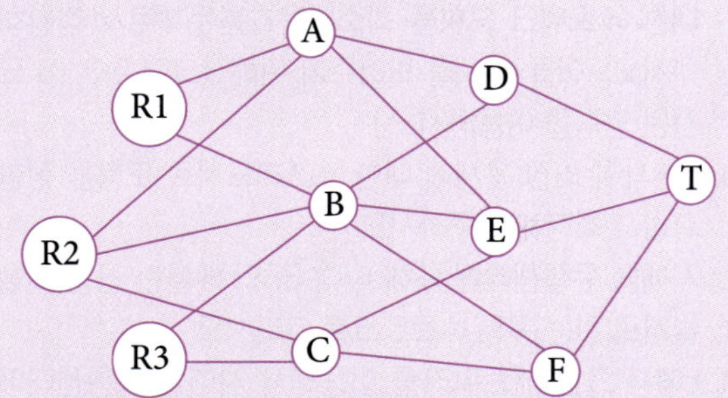

1,000에이커피트를 단위로 하여, 다음의 표는 매일 각 송수관을 통해 보낼 수 있는 물의 최대량을 보여준다.

출발 \ 도착	A	B	C
R1	75	95	–
R2	40	50	60
R3	–	80	70

출발 \ 도착	D	E	F
A	60	45	–
B	70	55	45
C	–	70	90

출발 \ 도착	T
D	120
E	190
F	130

시의 물 관리자는 물의 흐름 계획을 결정함으로써 도시(마디 T)로 공급되는 물의 흐름을 최대화하고자 한다.

a. 출발지, 도착지, 경유마디를 식별함으로써, 이 문제를 최대흐름문제로 정형화하고 각 가지의 용량까지 포함하는 완전한 네트워크를 그리시오.

b. 이 문제를 위한 스프레드시트 모형을 정형화하고 최적해를 구하시오.

9.13 Texago사는 네 곳의 유전, 다른 네 곳의 정유공장 그리고 또 다른 네 곳의 유통센터가 있으며, 이들의 위치는 다음의 표에 표시되어 있다. 운송회사들의 전면적인 파업으로 인해 기름을 유전에서 정유공장으로, 석유제품을 정유공장에서 유통센터로 보내는 Texago사의 수송 용량은 급격히 축소되었다. 원유 1,000배럴을 단위로 하여(정제된 품목의 경우 이에 상응하는 양), 다음의 표는 매일 각 유전에서 각 정유공장 그리고 각 정유공장에서 각 유통센터로 수송될 수 있는 최대 물량을 보여준다.

	정유공장			
유전	**뉴올리언스**	**찰스턴**	**시애틀**	**세인트루이스**
텍사스	11	7	2	8
캘리포니아	5	4	8	7
알래스카	7	3	12	6
중동부지역	8	9	4	15

	유통센터			
정유공장	**피츠버그**	**애틀랜타**	**캔사스시티**	**샌프란시스코**
뉴올리언스	5	9	6	4
찰스턴	8	7	9	5
시애틀	4	6	7	8
세인트루이스	12	11	9	7

Texago사의 경영진은 현재 각 유전에서 각 공장, 그리고 각 공장에서 각 유통센터로 얼마나 많은 물량을 수송할지에 대한 계획을 결정함으로써 전체 유통센터에 이르는 총흐름량을 최대화하고자 한다.

a. Texago사의 유전, 정유공장, 유통센터의 위치를 보여주는 대략적인 네트워크를 그리시오. 화살표를 추가함으로써 이 유통 네트워크를 통한 석유제품과 원유의 흐름을 표시하시오.

b. 유전을 나타내는 모든 마디를 첫 번째 열에, 정유공장을 나타내는 모든 마디를 두 번째 열에, 그리고 유통센터를 나타내는 모든 마디를 세 번째 열에 정렬함으로써 이 유통 네트워크를 다시 그리시오. 그리고 가능한 흐름을 보여주는 가지를 추가하시오

c. b의 유통 네트워크를 이용하여 Texago사의 문제를 변형된 최대흐름문제로서 네트워크 모형으로 정형화하시오.

d. 이 문제를 위한 스프레드시트 모형을 정형화하고 최적해를 구하시오.

9.14 9.4절에 있는 Swedish Forest Industry사 응용사례의 원문은 이 회사의 규범적 분석 연구 내용 전체가 기술되어 있다. 이를 읽고, 최단경로문제를 포함하여 네트워크 최적화 모형이 이 연구에 어떻게 응용될 수 있는지 간단히 기술하고, 이 연구의 결과로 얻은 다양한 재무적/비재무적 혜택을 열거하시오.

9.15 9.4절에서 제시되고 〈그림 9-11〉에 묘사된 리틀타운 소방서 문제를 재검토해보자. 마디 A와 B 사이의 1마일 도로에서 정비작업으로 인해, 4마일 거리의 우회 경로를 이용해야 한다.

이와 같이 수정된 문제에 대해 스프레드시트 모형으로

정형화하고 최적해를 구함으로써, 소방서에서 마을까지 새롭게 최단경로를 구하시오.

9.16 당신은 이전에 가본 적이 없는 도시를 차량으로 방문하고자 한다. 그래서 목적지에 이르는 최단경로를 찾기 위해 지도를 보며 고심 중에 있다. 선택하는 경로에 따라 거쳐갈 수 있는 도시는 총 다섯 곳(A, B, C, D, E)이다. 지도는 임의의 두 도시를 직접 연결하는 각 도로의 거리에 대해 보여주고 있다. 거리 수치는 다음의 표에 요약되어 있으며, '–' 기호는 해당 두 도시를 직접 연결하는 도로가 없음을 의미한다.

	인접함 도시 간 거리 (마일)					
도시	**A**	**B**	**C**	**D**	**E**	**도착지**
출발지	40	60	50	–	–	–
A	–	10	–	70	–	–
B	–	–	20	55	40	–
C	–	–	–	–	50	–
D	–	–	–	–	10	60
E	–	–	–	–	–	80

a. 최단경로문제로서 이 문제를 위한 네트워크 모형을 정형화하고 네트워크를 그리시오. 단, 이 네트워크에서 마디는 도시를, 링크는 직접 연결하는 도로를, 그리고 숫자는 마일로 표시된 링크의 거리를 나타낸다.
b. 이 문제에 대한 스프레드시트 모형을 정형화하고 최적해를 구하시오.
c. b를 이용하여 최단경로를 찾으시오.
d. 만약 위의 표에서 제시된 수치가 한 도시에서 다른 도시로 차를 이용하여 이동할 때 발생하는 달러로 환산된 비용이라고 할 때, c의 답은 최소비용 경로를 제시하는가?
e. 만약 위의 표에서 제시된 수치가 한 도시에서 다른 도시로 차로 이동할 때 소요되는 분 단위로 환산된 시간이라고 할 때, c의 답은 최단시간 경로를 제시하는가?

9.17* 작지만 성장하는 공항에 취항하는 한 지역 항공운항 회사는 승객의 짐을 비행기에 싣고 나르는 견인 트레일러용 새로운 트랙터를 구입하려고 한다. 새로운 기계화된 화물운송시스템이 3년 내에 설치될 예정이므로, 그 이후에는 트랙터가 필요하지 않다. 현재의 트랙터는 그간 과도한 사용으로 인해 시간이 지날수록 운행 및 유지 비용이 크게 증가하게 되므로 1년이나 2년 후에 트랙터를 교체하는 것이 더 경제적일 수 있다. 다음의 표는 i년도 말에 트랙터를 구입하고 j년도 말에 이를 처분함으로써 발생되는 총 할인된 순비용(구입 비용 − 처분 가치 + 운영 및 유지 비용)을 보여준다(현재는 0년도이다).

	j		
i	1	2	3
0	8,000달러	18,000달러	31,000달러
1		10,000달러	21,000달러
2			12,000달러

경영진은 언제 트랙터가 교체되어야 하는지 여부를 결정함으로써, 3년에 걸쳐 소요되는 총비용을 최소화하고자 한다.

a. 최단경로문제로서 이 문제에 대한 네트워크 모형을 정형화하시오.
b. 이 문제를 위한 스프레드시트 모형을 정형화하고 최적해를 구하시오.

9.18 시애틀을 출발하여 런던으로 가는 Speedy Airlines사의 직항편 한 대의 이륙이 임박하였다. 날씨 조건에 따라 정확한 운항 경로를 선택함에 있어 조종사에게 다소간 재량권이 부여된다. 다음의 네트워크는 고려 중인 가능한 경로들을 묘사하고 있다. 여기서 SE와 LN은 각각 시애틀과 런던이며, 그 외 마디들은 다양한 중간 위치를 의미한다.

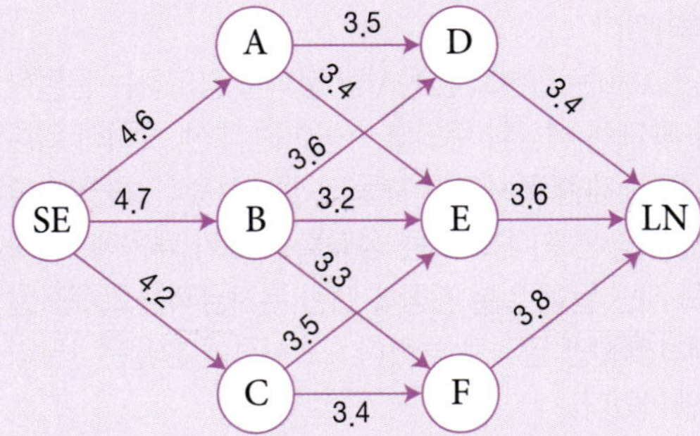

각 가지에서 풍향 상태는 운항시간과 연료 소비에 큰 영향을 미친다. 현재 기상 예보 결과에 기반하여, 운항시간(단위: 시간)은 각 가지 옆에 표시되어 있다. 소모되는 막대한 연료 비용으로 인해 Speedy Airlines사의 경영진은 총운항시간을 최소화하는 경로를 선택하기로 결정하였다.

a. 이 문제를 최단경로문제로 해석함에 있어서 거리가 의미하는 바는 무엇인가?
b. 이 문제를 위한 스프레드시트 모형을 정형화하고 최적해를 구하시오.

통합사례 9-1: 자금 이동

Jake Nguyen은 단정하게 다듬어진 자신의 머리카락을 신경질적으로 쓸어내리고, 넥타이를 느슨하게 풀었다. 그리고 땀에 젖은 손을 바지에 문질렀다. 오늘은 확실히 일진이 사나운 날이다.

지난 수개월 동안 Jake는 월가(Wall Street)에서 전해진 은밀한 소문을 들었다. 이 소문은 거침없는 입담으로 유명한 투자은행의 경영진과 주식거래인들을 통해 전해진 것이다. 그들은 일본 경제 붕괴가 임박하였다면서 비공식적으로 입소문을 내고 있는데, 그 이유는 공개적으로 우려를 표명할 경우 붕괴가 가속화될 것이라고 믿기 때문이다.

그리고 오늘 그들의 심각한 우려가 현실로 나타났다. Jake와 동료들은 블룸버그채널(케이블TV의 시사경제 채널) 전용의 작은 TV 앞에 모여서, 일본 시장에서 발생한 공포스러운 뉴스들을 들으며 믿을 수 없다는 표정을 짓고 있었다. 현재 일본 시장은 파산의 위기를 겪고 있는 모든 동아시아 국가 금융시장에 지분을 소유하고 있다. 그는 점점 감각이 마비되어 가고 있음을 느꼈다. 그는 환거래를 주업무로 하는 소규모의 West Coast 금융투자사인 Grant Hill Associates사의 아시아 투자 관리자로서, 이와 같은 금융시장 붕괴가 회사에 미칠 부정적인 영향에 대해 개인적인 책임감을 느끼고 있다. 그리고 이 부정적인 영향은 현실화되었다.

최근 Jake는 일본의 금융시장 붕괴를 경고하는 은밀한 소문들에 대해 세심한 주의를 기울이는 대신, 오히려 일본 금융시장에 대한 회사의 투자를 크게 늘려왔다. 최근 수년간 일본 시장은 기대보다 큰 성과를 보였기 때문에, Jake는 바로 지난 달에 일본 시장에 대한 투자금액을 250만 달러에서 1,500만 달러로 늘렸다. 그 시점에 환율은 1달러에 80엔이었다.

이 같은 호경기는 오래가지 않았다. Jake는 오늘 발생된 엔화의 평가 절하된 결과로 인해 1달러에 대한 환율이 125엔이 되었음을 알고 있다. 그는 일본 금융시장에 대한 투자분을 엔화로는 손실 없이 현금화할 수 있지만, 이를 미국 화폐로 환전했을 때 손실은 엄청날 것이다. 그는 심각한 손실에 대한 충격으로부터 진정하기 위해 긴 한숨을 쉬고, 눈을 감은 채 잠시 마음을 가다듬었다.

이 회사의 사장인 Grant Hill이 사무실 한 쪽에서 큰소리로 그를 불렀고, 이로 인해 Jake의 명상이 중단되었다. "Nguyen, 당장 이리 오시오!" Jake는 내키지 않았지만 화가 잔뜩 나 있는 사장의 사무실로 뛰어갔다. 그는 머리를 정돈하고 넥타이를 다시 고쳐 맨 후 사장의 사무실로 들어갔다.

사장은 방으로 들어서는 Jake와 눈이 마주치자 고함을 질렀다. "Jake, 당신 말은 한 마디도 듣고 싶지 않소! 변명할 생각은 마시오! 여러 말 할 필요 없이, 이 위기 상황을 정리합시다! 일본에 투자했던 모든 투자금액을 회수합시다! 내 생각에 이 위기는 단지 시작일 뿐이오! 투자 금액 전체를 정리하고 안전한 미국 채권을 삽시다! 지금 당장 말이오! 인도네시아와 말레이시아 시장에 투자한 금액도 현금화하는 것을 잊지 마시오!"

Jake는 어떤 말도 할 수 없었다. 그는 고개를 끄덕인 채 돌아서서 잽싸게 사무실을 나왔다.

자신의 자리로 무사히 돌아온 Jake는 일본, 인도네시아, 말레이시아에 투자한 자금을 회수할 계획 수립에 착수하였다. 과거 경험을 통해볼 때 Jake는 해외 투자 단위가 수백만 달러 이상일 때 시장에서 언제 돈을 회수할지 여부 못지않게 어떤 방법으로 회수할지 여부 또한 매우 중요함을 알고 있다. 전 세계에 걸쳐 환전이나 또는 큰 금액을 송금할 때 이 회사의 거래은행들이 부과하는 거래 수수료는 각각 천차만별이다.

그리고 지금 설상가상으로 동아시아의 각국 정부는 개인이나 회사들이 그 나라로부터 환전하고 인출할 수 있는 금액에 매우 엄격한 한도를 부과하고 있다. 이와 같은 규제의 목적은 해당 지역 경제의 완전한 붕괴를 막기 위해 해외 투자자금의 유출을 줄이는 데 있다. 이 회사는 현금으로 인도네시아의 105억 루피아화와 말레이시아의 2,800만 링깃화와 함께 일본의 엔화 자금을 보유하고 있는데, 이 금액을 어떻게 달러로 환전할 수 있을지에 대해서는 불확실하다.

Jake는 이 자금을 비용 대비 효과 측면에서 최선의 방법으로 환전하기를 원한다. 회사 홈페이지를 통해 Jake는 실시간 업데이트 된 전 세계 대부분 국가의 환율 정보를 찾을 수 있다(표 1 참조).

예를 들어서 일본의 1엔은 미국의 0.008달러와 동일함을 〈표 1〉을 통해 알 수 있다. 몇 군데 전화 걸어서 물어본 결과 이와 같은 위급한 시점에 큰 금액을 환전할 경우 회사가 지불해야 할 거래비용(환전하는 금액의 일정 비율로 주어지는)에 대해 확인하였다(표 2 참조).

Jake는 한 국가의 통화를 다른 국가의 통화로 환전할 때 부과되는 거래비용은 양방향 모두 동일함을 알고 있다. 최종적으로 Jake는 일본, 인도네시아, 말레이시아 통화에 대해 회사가 역외 통화로 환전할 수 있는 최대 한도(미화

〈표 1〉 국가 간 통화환율

from \ to	엔	루피아	링깃	미국 달러	캐나다 달러	유로	파운드	페소
일본 엔	1	50	0.04	0.01	0.01	0.0064	0.0048	0.0768
인도 루피아		1	0.0008	0.00016	0.0002	0.000128	0.000096	0.001536
말레이시아 링깃			1	0.2	0.25	0.16	0.12	1.92
미국 달러				1	1.25	0.8	0.6	9.6
캐나다 달러					1	0.64	0.48	7.68
유럽 유로						1	0.75	12
영국 파운드							1	16
멕시코 페소								1

〈표 2〉 환거래 수수료 (퍼센트)

from \ to	엔	루피아	링깃	미국 달러	캐나다 달러	유로	파운드	페소
일본 엔	–	0.5	0.5	0.4	0.4	0.4	0.25	0.5
인도 루피아		–	0.7	0.5	0.3	0.3	0.75	0.75
말레이시아 링깃			–	0.7	0.7	0.4	0.45	0.5
미국 달러				–	0.05	0.1	0.1	0.1
캐나다 달러					–	0.2	0.1	0.1
유럽 유로화						–	0.05	0.5
영국 파운드							–	0.8
멕시코 페소								–

〈표 3〉 외환거래 한도 (단위: 1,000달러)

from \ to	엔	루피아	링깃	미국 달러	캐나다 달러	유로	파운드	페소
일본 엔	–	5,000	5,000	2,000	2,000	2,000	2,000	4,000
인도 루피아	5,000	–	2,000	200	200	1,000	500	200
말레이시아 링깃	3,000	4,500	–	1,500	1,500	2,500	1,000	1,000

1,000달러 단위로 표시된)에 대한 정보 또한 찾았다(표 3 참조).

a. Jake의 문제를 최소비용흐름문제로 정형화하고, 이 문제를 위한 네트워크를 그려보시오. 해당 네트워크에서 공급마디와 수요마디를 표시하시오.

b. 이와 같은 모든 외환 거래가 종료된 후 Grant Hill Associates사가 보유하게 될 미국 달러 표시 자금을 최대화하기 위해, 엔화, 루피아화, 링깃화 각각에 대해 미국 달러로 환전해야 할 액수는 얼마나 되는가? 이때 얼마나 많은 액수를 미국 채권에 투자해야 하는가?

c. 세계무역기구(WTO)는 외환 거래에 대한 제한 금액을 설정하는 것을 금지하고 있는데, 그 이유는 이러한 제한이 보호무역을 조장하기 때문이다. 만일 외환 거래가 무제한 허용된다면, 아시아 각국의 통화를 미국 달러로 환전하기 위해 어떤 방법을 택할 것인가?

d. 외환 거래에 대한 제한 금액 설정을 금지하는 세계무역기구의 법령에 대응하여, 인도네시아 정부는 자국 통화를 보호하기 위해 루피아화로부터 역외 통화로 환전 시 거래 수수료를 500% 인상하는 새로운 세법을 도입하였다. 외환 거래에 대한 금액 제한 대신 이러한 거래 비용이 새롭게 부과될 때, Jake는 아시아 각국 통화를 미국 달러로 환전하기 위해 어떠한 외환 거래를 실행할 것인가?

e. Jake는 자신의 분석이 완전하지 않다는 점을 잘 알고 있으며, 그 이유는 계획된 외환 거래에 영향을 끼칠 수 있는 모든 측면을 전부 고려한 것은 아니기 때문이다. 최종 의사결정을 내리기 전에 Jake가 검토해야 하는 요소들에 대해 기술하시오.

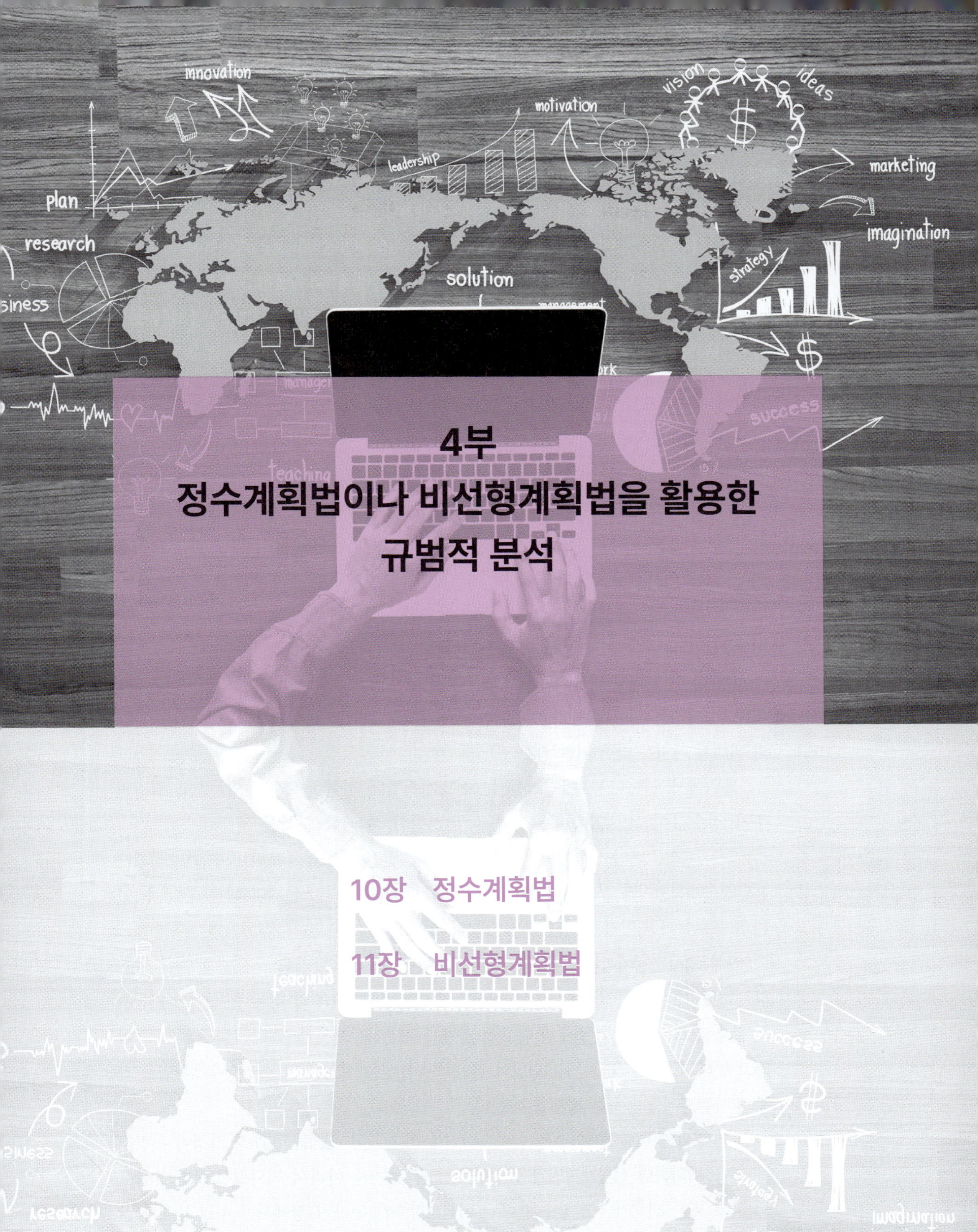

4부
정수계획법이나 비선형계획법을 활용한 규범적 분석

4부(10, 11장) 소개 — 정수계획법이나 비선형계획법을 활용한 규범적 분석

3부(5~9장)에서는 선형계획법과 이의 활용에 초점을 맞추었다. 선형계획법은 경영과학적 방법론으로서의 근본적인 역할을 하는 만큼, 이 주제에 5개의 장을 할애하였다. 규범적인 분석에 널리 활용되고 있고, 경영과학의 여러 기법에 혼합되어있다.

그러나 3부의 서론에서 언급했듯이, 선형계획법을 활용하려면 여러 기초적인 가정을 충족해야 하기에 모든 곳에 적용되지는 않는다. 연속변수 가정은 결정변수들이 모든 제약에 충족될 경우, (정수에 국한되지 않는) 모든 비음수값을 가질 수 있다는 가정이다. 또한, 의사결정 모형의 모든 함수는 선형함수이어야 한다는 비례성 가정과, 의사결정 모형의 모든 매개변수는 (근사치로) 상수여야 한다는 확실성 가정certainty assumption이 있다.

4부(10, 11장)에서 다룰 두 가지 의사결정 모형은 확실성 가정은 충족하지만(5부에서는 이 가정을 위반하는 경우에 대한 경영과학적 기법들을 살펴본다) 연속변수 가정과 비례성 가정을 각각 위반한다.

실무에서 일어나는 여러 문제는 선형계획법에 적합한 경우가 많지만, 결정변수가 정수값이라면 연속변수 가정을 위반한다. 이러한 문제를 **정수계획법**integer programming(혹은 정수선형계획법)이라 일컫는다. 결정변수 중 일부만 정수값인 문제는 혼합정수계획법이라 부른다. 정수계획법이나 혼합정수계획법 문제의 해를 구할 수 있는 소프트웨어 패키지는 널리 이용 가능하다.

가부 의사결정에서는 **이진변수**binary variable(1 또는 0의 값만을 가지는 변수)를 사용하는 것이 대개 효과적인데, yes를 선택할 때 이진변수는 1의 값을, no를 선택할 때는 0의 값을 갖게 된다. 이진변수만 다루는 문제를 **이진정수계획법**binary integer programming이라고 한다. 10장에서는 정수계획법의 일반적인 특성을 설명한 뒤, 이진정수계획법을 가부 의사결정에 활용하는 방법을 다룬다.

11장에서는 비선형계획법을 살펴본다. 비선형계획법 문제는 비례성 가정이 위반되는 것을 제외하면 선형계획법과 동일한 구조를 갖는다. 따라서 의사결정 모형의 함수 중 일부 또는 전체가 선형함수가 아닌 비선형함수가 된다. 11장에서는 이런 문제가 발생하는 원인과 분석 방법을 설명한다.

이 책의 웹사이트에서 10장을 위한 보충 자료 두 가지를 제공한다.

정수계획법

학습목표: 10장을 학습한 후에는,

1. 정수계획법의 특성을 설명할 수 있어야 한다.
2. 이진결정변수가 가부 의사결정을 묘사하는 데 어떻게 활용되는지 설명할 수 있어야 한다.
3. 상호배타적 대안과 조건부 의사결정에 관한 제약조건식을 작성하는 데 이진결정변수를 이용할 수 있어야 한다.
4. 프로젝트 선정을 위한 이진정수계획모형을 작성할 수 있어야 한다.
5. 설비의 위치 선정을 위한 이진정수계획모형을 작성할 수 있어야 한다.
6. 항공사의 승무원 일정계획을 위한 이진정수계획모형을 작성할 수 있어야 한다.
7. 특정 문제에 대한 설명을 듣고 기본적인 이진정수계획모형을 작성할 수 있어야 한다.
8. 제품생산을 시작할 때 준비비가 발생하는 문제를 혼합이진정수계획법을 이용하여 다룰 수 있어야 한다.

5~9장에서는 선형계획법이 규범적인 분석에 활용되는 여러 방법을 설명하였다. 선형계획법은 경영과학 분야에서의 기본적인 도구로서 전 세계의 수많은 기업체에 영향을 주었다. 그러나 선형계획법에는 종종 위반되는 가정들이 있으며, 그럴 경우에는 다른 접근법이 필요하다. 다행히 경영과학에서는 이를 위한 여러 기법이 있다. 10장을 포함한 이후의 장에서는 대안으로서 가장 널리 활용되는 기법들을 소개한다.

10장의 제목이 정수계획법인 이유는, 선형계획법과 유사한 구조를 갖지만 결정변수의 일부 또는 전체가 정수값을 가져야 하기 때문이다. 때론 결정변수가 가부 의사결정을 표현하기 위해 1 또는 0의 값만을 가지는 이진변수이기도 하다. 10.1절에서는 정수계획법의 여러 형태의 특성을 살펴보고, 10.2절에서는 가부 의사결정을 진행한 사례를 제시한다. 이어지는 네 개의 절에선 가부 의사결정을 표현하기 위한 이진결정변수를 통해 가능해지는 중요한 적용을 다룬다.

10.1 정수계획법의 특성

선형계획법의 세 가지 핵심적인 가정 중 하나는 **연속변수 가정**continuous-variables assumption으로, 결정변수가 실행가능한 범위 내의 (정수에 국한되지 않은) 모든 비음수값을 가질 수 있다는 가정이다. (이후의 장에서는 다른 두 가정이 위반될 경우와 이에 대한 접근법을 다룬다.) 일부의 결정변수가 정수값을 가짐으로써 연속변수 가정이 위반된다면 문제가 어떻게 변하는가?

> 결정변수의 일부 또는 전체가 정수값이라는 점을 제외하고 선형계획법과 동일한 구조의 문제를 **정수계획법**integer programming 문제라고 한다. 결정변수의 일부만이 정수값이라면 이 문제는 혼합정수계획법 문제라고도 불린다.

(선형계획법의 범위를 넘어선 모델에 대해서 결정변수에 정수 제약을 추가하는 것도 정수계획법에 포함되지만, 이러한 경우는 다루지 않겠다.)

생산량, 차량 수, 출하량, 인력 등 정수 형태의 결정변수는 정수값을 가져야 의미가 있다. 따라서 정수계획법 문제는 흔한 편이다. 예를 들어, 6.2절에서 소개된 TBA 항공사 문제는 일반적인 정수계획법 문제의 예시이다. 결정변수가 소형 비행기와 대형 비행기의 구매 대수이므로, 정수값이 되어야한다. 이런 문제의 모형은 각 결정변수가 정수값이 되도록 제약을 추가하는 것을 제외하면 선형계획법과 동일하게 작성된다는 것을 보았다. 이 문제의 스프레드시트 모형을 표시한 〈그림 6-2〉에서 보이듯이 간단하게 작성된다.

5장에서 소개된 Wyndor Glass사 사례와 같은 제품혼합문제에서도 정수계획법 문제를 다룰 수 있다. Wyndor 사례에서의 목표는 주어진 제품들에 대해 생산율의 최적 조합을 찾는 것이었다. 그러나, 비슷한 상황에서 목표가 생산량의 최적 조합이 될 수가 있다. Wyndor 문제에서 생산설비가 다른 제품 생산으로 넘어갈 경우, 그전까지 특수 문과 창문을 몇개씩 생산 할지로 목표가 변화된 것에서 볼 수가 있다. 이럴 경우 기존의 선형계획법 문제는 정수계획법 문제가 된다. 〈그림 5-12〉의 스프레드시트 모형은 두 결정변수(문과 창문의 생산량)에 정수제약을 추가하는 것을 제외하면 달라지는 것이 없다. 기존 선형계획법 문제의 최적해는 모두 정수였기 때문에(일주일에 문 2개와 창문 6개씩 생산), 정수계획법 문제의 최적해이기도 하다.

엑셀의 해찾기는 작은 규모의 정수계획법 문제의 최적해를 빠르게 도출한다. 그러나 큰 규모의 정수계획법 문제는 비슷한 규모의 선형계획법 문제보다 난이도가 상당히 높다. 선형계획법 알고리즘은 어느 사이즈의 문제라도 (수백만 개의 제약과 변수에 대해서도) 상당히 빠르고 효율적으로 푼다. 정수계획법 알고리즘은 해찾기에 훨씬 오랜시간이 소요된다. 작은 규모의 문제에는 해당되지는 않지만 (백 개 이하의 제약과 변수) 중간 규모의 문제(수백 개의 제약과 변수)에는 오랜시간이 소요된다. 큰 규모의 문제(수천 개의 제약과 변수)에 대해서는 최적해 도출에 실패하기도 한다. 다행히도 이런 알고리즘에 대한 연구가 진행되며 성능이 꾸준히 향상되고 있다.

큰 규모의 정수계획법 해찾기의 어려움으로 인해, 정수제약이 정말로 필요한지에 대한 고민이 중요하다. 변수가 생산량과 같은 속도rate를 나타낸다면, 비정수 해가 적합할 수가 있다. 결정변수의 최종 수치가 필수적으로 정수가 되어야 해도, 값들이 충분히 크다면 (약 수백 또는 수천) 정수제약을 생략하고 선형계획법 최적해의 비정수해들을 반올림하는 것도 방법이 된다. 결정변수값이 크다면 반올림함으로써 생기는 목적값의 변화량은 비교적 적다(일반적으로 1% 미만).

반올림하는 방식으로 얻는 해는 선형 또는 정수계획법 문제에서 실행가능하지 않은 위험이 있다. 전략적으로 반올림하는 것은 효과적일 수가 있는데, 자원제약이 있는 문제에서 해를 내림으로써 자원을 더 적게 사용하는 것이 예시다. 실행가능성을 유지하기 위해 전략적으로 반올림하는 것이 불명확하거나 불가능하더라도, 제약에 약간의 유연성이 있다면 반올림된 해를 수용하도록 수정한다면 가능해진다.

결정변수가 소형 비행기와 대형 비행기 구매 대수인 6.2절의 TBA 항공사 문제처럼 결정변수값이 크지 않은 경우에는 반올림 또는 내림은 목적값에 유의미한 차이를 줄 수가 있다. 이런 경우에는 반올림하는 것은 적합하지 않고 정수제약이 필요하다.

일반적인 정수계획법 문제는 정수로 제한된 변수에 정수제약을 추가하는 것 제외하고는 선형계획법과 동일하게 작성되므로, 관련된 작성예시를 소개하지는 않는다. 다만, 혁신적인 작성법으로 여러 중요한 적용방식을 가능케하는 특수한 정수계획법 유형이 있다. 이는 정수로 제약된 변수들이 이진결정변수로 추가적으로 제약되는 유형이다.

이진결정변수binary decision variable는 0 또는 1의 값만을 가지는 변수다. **가부 의사결정**yes-or-no decision을 표현하기 위해 정수계획법 모형에 널리 사용되며, 1이면 yes, 0이면 no에 해당된다. 이러한 모형은 **BIP**binary integer programming, 이진정수계획법 모형으로 불린다. (이후로는 약자인 BIP를 사용하겠다.) BIP 모형은 순수 BIP(모든 결정변수는 이진결정변수인 경우)이거나 혼합 BIP에 해당된다(일부의 결정변수만 이진결정변수인 경우).

사례연구를 시작으로, 이어지는 네 개의 절에선 순수BIP문제의 다양한 예시를 살펴본다. 10.6절은 혼합BIP문제를 살펴본다. 명확한 이해를 위해 모든 예시는 소규모의 문제로 다룬다. 따라서 종종 이러한 문제들은 BIP 해찾기 과정을 이용하지 않고 대안을 열거하고 각각 평가하여 해결할 수도 있다. 그러나 이들은 실무에서 종종 발생하고 BIP 해찾기 과정이 필요한 대규모 문제에 대한 좋은 예시가 될 것이다.

이어지는 네 개의 절에서 설명하듯이 BIP문제는 다양한 현실 응용문제에 자주 등장한다. 또한, 웹사이트(www.mhhe.com/Hillier7e)에서의 10장 보충 자료에 추가적인 BIP문제의 작성 예시를 제공한다.

이 장 전반에 걸쳐서 BIP문제가 선형계획법 문제와 마찬가지로 스프레드시트에서 쉽게 모형으로 작성될 수 있음을 볼 수 있다. 작성된 BIP문제의 난이도에서 차이점이 있다. 이 책에 소개되는 규모가 작은 BIP문제에 대한 해를 구하는 데는 아무 문제가 없다. 그러나 어느 정도 규모가 큰 BIP문제의 해를 구하는 일은 엑셀 해찾기로는 실패할 수도 있다. 이런 측면에 대한 설명이 웹사이트(www.mhhe.com/Hillier7e)의 보충 자료에 있다. 이 보충 자료는 큰 규모의

BIP문제의 해를 찾을 때의 어려움과 오류를 범할 가능성을 설명하고 있다.

복습문제

1. 연속변수 가정은 무엇인가?
2. 선형계획법 문제에서 무엇을 변경해야 정수계획법 문제가 되는가?
3. 대규모의 선형계획법 문제와 이에 상응하는 정수계획법 문제를 비교했을 때, 어느 것의 해를 찾는 것이 더 어려운가?
4. 순수정수계획법과 혼합정수계획법의 차별점은 무엇인가?
5. 결정변수가 정수값이 되어야하는 예시는 무엇이 있는가?
6. 이진결정변수는 무엇인가?

10.2 사례연구: California Manufacturing사 문제

CM[California Manufacturing]사의 최고 경영진은 기업 확장에 대한 계획안을 수립하기를 원한다. 따라서 여러 의사결정을 내리는 데 도움을 줄 경영과학 분석을 수행할 것이다. CM사의 회장인 Armando Ortega는 회사 내 경영과학 최고 책임자인 Steve Chan을 만나서, 최고 경영진이 원하는 경영과학 분석을 상의할 것이다. 회의 내용을 엿들어 보자.

Armando Ortega: Steve, 상황은 다음과 같소. 사업이 점점 확장되고 있기 때문에, 우리는 공장을 하나 신설하는 것을 심각하게 고려하고 있어요. 어쩌면 두 개가 될 수도 있어요. 신설하는 공장은 대규모의 숙련된 노동력을 필요로 하기 때문에, 우리는 잠재적인 설립 지역으로 로스앤젤레스(LA)와 샌프란시스코(SF)를 눈여겨보고 있지요. 우리는 또한, 창고도 하나 신설하려고 생각하고 있어요. 한 개 이상 지을 수도 있구요. 신설하는 창고는 공장하고 같은 도시에 세워져야 운송비용이 절감되기 때문에 합리적일 겁니다. LA나 SF가 되겠지요. 만약 공장을 새로 짓지 않는다면 창고를 지을 필요도 없겠지요. 지금까지 내 설명이 명확한가요?

Steve Chan: 네, 회장님. 잘 이해했습니다. 그러한 의사결정을 내리게 된 기준은 무언가요?

Armando Ortega: 최고 경영진에 있는 모든 구성원이 그 점에 대해서 공감하고 있지요. 그리고 재무적인 측면에서 수익률 분석을 아직 안 한 상태에서 보자면, 두 도시는 서로 비슷한 수준입니다. 따라서 이번 의사결정은 가장 중요하게는 재무적인 관점에서 수익률 분석에 근거하여 내려야 한다고 생각합니다. 우리는 이번 사업 확장을 위하여, 현재 1,000만 달러의 자금까지 확보해 놓았으며, 수익이 나기만 한다면 가지고 있는 자금을 모두 사용해도 상관없어요. 장기적으로 볼 때, 공장과 창고 설립의 어떤 조합에 자금을 투자하고, 또 어느 도시에 세우는 것이 우리 회사에게 가장 큰 수익을 안겨줄 것인지 알고 싶어요. 당신 전공 분야 용어를 사용하자면, 이번 투자를 통해 순현가(NPV[net

응용사례

미국 텍사스주의 휴스턴에 본사를 둔 Waste Management사(포춘 100대 기업 중 하나)는 북미 지역에서 선두적인 종합 폐기물처리 회사이다. 이 회사는 26,000대의 폐기물 수거 차량과 42,000명의 직원을 통해 미국과 캐나다 전역에 걸쳐 2,000만 주민에 대한 폐기물 수거 서비스를 제공한다. 2020년도에 이 회사의 영업수익률은 약 150억 달러 정도 된다.

이 회사의 폐기물 수거 차량은 하루에 수만 개의 이동 경로를 담당한다. 수거 차량 1대당 1년간 운영비용은 약 12만 달러이다. 따라서 이 회사의 경영진은 모든 이동 경로가 가능한 높은 수익성과 효율성을 갖도록 종합적인 경로관리시스템을 도입하고자 한다. 이를 위해 몇 명의 컨설턴트를 포함한 경영과학팀을 구성했다.

경영과학팀에 의해 개발된 경로관리시스템의 중요 부분은 거대한 혼합BIP 모형이다. 이 모형은 각 수거 차량에 배정된 경로를 최적화하는 것이다. 이 모형의 목적함수는 몇 가지 요인을 고려하지만, 그중에서 가장 중요한 목적은 총이동비용을 최소화하는 것이다. 주요 결정변수는 특정 수거 차량에 배정된 경로가 특정 구간을 포함하면 1의 값을, 아니면 0의 값을 갖는 이진변수이다. 모든 경우의 두 지점 간의 이동거리와 소요시간에 관한 자료는 지리정보시스템(GIS)에 의해 제공된다. 이런 모든 자료는 이 회사의 여타 시스템과 통합된 웹 기반의 자바(Java) 애플리케이션에 내장되어 있다.

이 종합 경로관리시스템을 최근에 적용한 결과 이 회사의 5년여 동안의 현금흐름이 6억4,800만 달러 증가하는 것으로 추정된다. 이 중 4억9,800만 달러는 운영비용의 절감에서 오는 것이다. 뿐만 아니라 이 시스템은 고객에 대한 서비스 질의 향상도 가져왔다.

규범적 분석의 놀라운 적용으로 Franz Edelman 상 2004년도 국제 대회에서 Waste Management사는 세계결선 진출자가 되었다.

출처: S. Sahoo, S. Kim, B. I. Kim, B. Krass, and A. Popov, Jr., "Routing Opitmization for Waste Management," *Interfaces* (현 *INFORMS Journal on Applied Analytics*) 35, no.1 (January-February 2005), pp.24-36. (이 사례에 대한 링크는 www.mhhe.com/hillier7e에서 볼 수 있다.)

present value: 장기간의 미래에 발생하는 수익/지출을 화폐의 시간가치를 고려하여 할인한 현재가치)를 최대화하고 싶어요.

Steve Chan: 설명이 아주 명확하시군요. 듣고 보니, 전형적인 경영과학 문제 같은 걸요?

Armando Ortega: 그래서 내가 당신을 부른 것 아니겠소. 당신이 좀 간단하게 경영과학 분석을 해서, 어떤 투자 조합이 수익을 최대화하겠는지 결정을 내려줘요. 그리고 우리가 이번 투자를 위해 실제 확보해야 할 자금이 얼마인지, 또한, 투자를 통해 우리가 거두게 되는 수익이 어느 정도가 될 것인지도 분석해줘요. 1,000만 달러까지 자금을 확보할 수 있다는 것도 잠정적입니다. 우리는 현재 상당한 자금을 필요로 하는 몇 개의 흥미로운 프로젝트 제안서를 검토하고 있기 때문에, 그 금액은 다소 가변적입니다. 따라서 만약 그다지 수익률이 높지 않다면, 1,000만 달러를 굳이 다 쓰기보다는 적게 쓰는 것이 낫겠지요. 하지만 다른 사업 제안서보다 LA나 SF, 또는 두 도시 모두에 투자하는 이번 사업 확장이 현재 우리 회사에게는 가장 중요한 일입니다. 이 일은 우리 회사의 미래에 가장 큰 영향을 미치게 될 겁니다. 따라서, 이번 사업의 확장에 우리는 기꺼이 1,000만 달러를 모두 사용할 수도 있고, 만약 이번 사업 확장이 꽤 큰 수익을 안겨준다면 투자금을 추가로 더 확보할 용의도 있어요. 따라서 투자 가용 금액이 500만 달러부터 1,500만 달러 사이에서 변화할 때, 그것이 수익에 미치는 영향이 어떤지를 민감도 분석을 통해 알아봐주세요.

Steve Chan: 물론이죠, 회장님. 우리는 그런 민감도 분석을 항상 수행하지요. 투자 금액의 양에 따라 수익이 얼마나 민감하게 변화하는지를 체크해야 하기 때문에, 바로 그것을 민감도 분석이라고 부르지요.

Armando Ortega: 좋아요. Steve, 그러면 몇 주 안에 어떻게 하는 것이 좋겠는지 내게 의견을 주시오. 할 수 있겠소?

Steve Chan: 음, 회장님. 그런데 이런 분석에는 늘 그렇듯이, 필요로 하는 데이터를 얼마나 빨리 구할 수 있는가 하는 것이 중요합니다. 각 투자 옵션에 대해 순현가를 잘 예측할 필요가 있습니다. 그런 정보를 얻는 데 상당한 도움이 필요합니다.

Armando Ortega: 당신이 그 이야기를 할 줄 알았소. 벌써 담당 직원들에게 그러한 예측치를 얻어내도록 일을 시켜 놓았지요. 오늘 오후에 그들을 만나게 해주겠소.

Steve Chan: 잘되었네요. 네, 바로 시작하겠습니다.

문제의 배경

CM사는 캘리포니아의 여러 곳에 공장과 창고를 보유하고 운영하고 있지만, 로스앤젤레스(LA)와 샌프란시스코(SF)에는 아직 공장이나 창고를 보유하고 있지 않다. 최근 이 회사의 매출과 수익이 지속적으로 증가하고 있기 때문에 이 회사 경영진은 지금이 이 두 곳 중 적어도 한 곳에 진출할 적기라고 생각하고 있다. 문제의 핵심은 신설 공장을 LA나 SF 중 한 곳에, 아니면 두 곳 모두에 건설할 것인지에 관한 것이다. 한편, 창고는 두 도시 중 한 곳에만 세우려 하는데, 그 장소는 공장이 신설되는 곳으로 제한하려고 한다.

이 문제에서 결정해야 할 의사결정이 〈표 10-1〉의 두 번째 열에 가부(yes 또는 no) 질문의 형태로 표시되어 있다. 각 질문에 대해서 yes라고 답하는 것은 해당 도시(LA 또는 SF)에 해당 시설(공장 또는 창고)을 건설함을 의미한다. 각 투자에 소요되는 자금은 가장 오른쪽 열에 기재되어 있으며, 총투자가능자금은 1,000만 달러이다. 네 번째 열은 해당 투자가 이루어졌을 경우 그 투자로 인해 예상되는 미래의 수익/지출에 대한 순현가를 나타낸다. 당연히 투자가 이

〈표 10-1〉 CM사 문제에 대한 자료

의사결정 번호	가부 질문	결정변수	순현가(만 달러)	투자소요자금(만 달러)
1	LA에 공장을 건설할까?	x_1	800	600
2	SF에 공장을 건설할까?	x_2	500	300
3	LA에 창고를 건설할까?	x_3	600	500
4	SF에 창고를 건설할까?	x_4	400	200
				총투자가능자금: 1,000만 달러

루어지지 않는 경우의 순현가는 0이다. 사실 이러한 순현가에 대한 추정치를 산출하기 위해서는 많은 시간이 요구된다. 이 문제의 목적은 총순현가가 최대화되도록 네 가지 실행 가능한 투자 중에서 일부를 선택하는 것이다.

가부 의사결정을 위한 이진결정변수의 도입

〈표 10-1〉의 두 번째 열에 요약되어 있는 것처럼 당면한 문제는 상호 관련되어 있는 네 가지 가부 의사결정을 하는 것이다. 이 문제를 수학적으로 모형화하기 위하여 각 의사결정에 하나의 결정변수를 도입해야 한다. 각 의사결정은 2개의 대안, 즉 yes 또는 no 중 하나를 선택하는 것이기 때문에 해당 결정변수는 오직 두 가지 값 중 하나를 가져야 한다. 따라서 0 또는 1의 두 가지 값만 가질 수 있는 이진결정변수를 도입하여 yes를 선택하는 경우 1, no를 선택하는 경우 0의 값을 가지게 하면 된다.

〈표 10-2〉의 두 번째 열에 이들 결정변수가 나열되어 있고, 마지막 2개 열은 각 결정변수가 1 또는 0을 갖는 경우의 의미를 나타내고 있다.

상호 관련된 의사결정

CM사의 경영진은 두 곳 모두에 창고를 건설하는 것을 원치 않는다. 이를 해당 결정변수들로 나타내면 결정변수 x_3과 x_4가 동시에 1의 값을 가질 수 없음을 의미한다. 따라서 이 문제의 수학적 모형의 일부분으로 다음 제약조건식이 포함되어야 한다.

$$x_3 + x_4 \leq 1$$

창고를 LA와 SF에 세우는 두 대안은 **상호배타적 대안**mutually exclusive alternatives이라고 불리는데, 이는 한 대안을 선택하면 다른 대안을 선택할 수 없기 때문이다. 일반적으로 BIP 모형에서 2개뿐 아니라 3개 이상의 상호배타적 대안을 고려해야 하는 경우도 종종 있다. 즉, 여러 대안 중 하나만을 선택할 수 있는 경우인데, 이를 수식으로 표현하면 '해당 이진결정변수들의 합은 1보다 작거나 같다'가 된다. 또한, 상호배타적 대안 중 하나도 선택되지 않는 경우를 배제하

〈표 10-2〉 CM사 문제에 대한 이진결정변수

의사결정 번호	결정변수	가능한 값	1값의 의미	0값의 의미
1	x_1	0 또는 1	LA에 공장을 건설함	LA에 공장을 건설하지 않음
2	x_2	0 또는 1	SF에 공장을 건설함	SF에 공장을 건설하지 않음
3	x_3	0 또는 1	LA에 창고를 건설함	LA에 창고를 건설하지 않음
4	x_4	0 또는 1	SF에 창고를 건설함	SF에 창고를 건설하지 않음

려면 이진변수들의 합이 반드시 1이 되도록 하면 된다.

한편, CM사 문제에서는 또 다른 중요한 제약조건이 있는데, 그것은 창고의 신설 장소를 공장의 신설 장소로 한정하는 것이다. 즉, 공장이 건설되지 않는 도시에는 창고를 세울 수 없다. 예로써, LA의 경우를 생각해보자. 만일 LA에 공장을 신설하지 않는다면($x_1=0$) 창고도 건설할 수 없다($x_3=0$). 반면, LA에 공장을 신설한다면($x_1=1$) 창고를 건설할 수도 있고 안할 수도 있다($x_3=1$ 또는 0). 따라서 LA에 공장과 창고를 건설하는 의사결정 사이의 상호관련성을 수식으로 표현하면 x_3의 값은 어떤 경우든 x_1의 값보다 크지 않아야 한다는 것이다. 즉, 다음과 같은 제약조건식이 필요하다.

$$x_3 \leq x_1$$

같은 이유로 SF에 대한 제약조건식은 다음과 같다.

$$x_4 \leq x_2$$

위와 같은 두 도시에서의 창고 건설에 관한 의사결정을 **조건부 의사결정**contingent decision이라 한다. 왜냐하면 창고 건설에 관한 의사결정은 그 이전의 공장 건설에 관한 의사결정 결과에 의해 영향을 받기 때문이다. 일반적으로 하나의 가부 의사결정이 yes가 되기 위한 조건으로 또 다른 가부 의사결정이 yes이어야만 하는 경우 전자의 가부 의사결정을 후자의 가부 의사결정의 조건부 의사결정이라고 한다. 이러한 관계는 전자의 이진결정변수가 후자의 이진결정변수보다 작거나 같다는 제약식을 이용하여 수학적으로 표현할 수 있다.

〈표 10-1〉의 하단을 보면 또 하나의 제약이 필요하다는 것을 알 수 있다. 즉, 4개의 시설에 투자되는 총자금은 1,000만 달러 이하여야 한다는 것이다.

$$\text{소요되는 자금의 합} \leq 1{,}000\text{만 달러}$$

여기서 우리는 4개의 이진결정변수를 이용하여 소요되는 자금의 합을 수식으로 표현할 수 있어야 한다. 먼저, 첫 번째 가부 의사결정(LA에 공장 건설 여부)을 살펴보자. 〈표 10-1〉의 맨 오른쪽 열과 〈표 10-2〉의 첫 번째 행에 있는 정보를 이용하면

$$\text{LA공장 건설에 소요되는 자금} = \begin{cases} 600\text{만 달러} & (x_1=1) \\ 0 & (x_1=0) \end{cases}$$

$$= (600\text{만 달러}) \times x_1$$

다른 세 가지 투자 대안에 소요되는 자금도 동일한 방법으로 $3x_2$, $5x_3$, $2x_4$(단위: 100만 달러)로 표현할 수 있다. 따라서 소요되는 총자금은 다음과 같다.

$$\text{소요된 자금} = 6x_1 + 3x_2 + 5x_3 + 2x_4$$

따라서 다음과 같은 제약식을 얻을 수 있다.

$$6x_1 + 3x_2 + 5x_3 + 2x_4 \leq 10$$

BIP 모형

경영진의 목적은 각각의 투자로 인한 순현가의 합을 최대화할 수 있는 실행 가능한 투자 조합을 찾는 것이다. 따라서 목적함수의 값은 다음과 같아야 한다.

$$\text{NPV} = \text{총순현가}$$

만일 특정 시설을 건설한다면(즉, 해당 이진변수가 1의 값을 가지면) 〈표 10-1〉에 제시된 그 투자로 인한 순현가를 획득할 수 있고, 특정 시설을 건설하지 않는다면(즉, 해당 이진변수가 0의 값을 가지면) 순현가는 0이다. 따라서 100만 달러 단위로 표현한 총순현가는 다음과 같다. 최대화되어야 할 목적함수를 의미하는 목표셀에 이 수식을 입력해야 한다.

$$\text{NPV} = 8x_1 + 5x_2 + 6x_3 + 4x_4$$

지금까지 도출한 모든 제약조건식을 반영하여 완성된 BIP 모형이 〈그림 10-1〉에 주어져 있다. 형식은 선형계획(LP)모형과 기본적으로 동일하다. 중요한 차이점은 해찾기 대화상자를 이용할 때 발생한다. 즉, 모든 결정변수(셀 C18:D18과 셀 C16:D16)가 이진변수가 되도록 제약된다는 점이다. 이것은 제한조건 추가 대화상자에서 왼쪽에 결정변수의 범위를 입력하고 가운데 팝업 메뉴에서 'bin'을 선택하면 된다. Analytic Solver에서는 결정변수 각각의 범위를 선택하고, Analytic Solver 리본에 있는 제약조건식 메뉴로 들어간 후, 결정변수의 종류 > 범위 하위 메뉴에서 이진수를 선택하면 된다. 해찾기 대화상자에 있는 다른 제약조건은 〈그림 10-1〉의 오른쪽 아랫부분에 주어진 범위명range name을 사용하여 설정하였다. 편의상 출력셀 E12와 D20에 입력되는 식들은 셀 C17:D17과 셀 C11:D11 혹은 셀 C5:D5와 같이 부등호 기호(≤)나 빈 셀 등을 포함하는 SUMPRODUCT 함수를 사용한다. 왜냐하면 해찾기는 이들 행에 있는 빈 셀이나 부등호 기호(≤)를 0으로 인식하기 때문이다.

엑셀의 해찾기를 통해서 얻은 최적해가 스프레드시트의 셀 C18:D18과 셀 C16:D16에 주어져 있다. 즉, 공장은 LA와 SF 모두에 건설하지만, 창고는 어느 곳에도 건설하지 않는 것이 최적해이다. 목표셀(D20)은 두 공장을 건설하는 투자로 인한 수익의 순현가가 1,300만 달러임을 보여주고 있다.

민감도 분석 실시

지금까지는 총투자가능자금이 1,000만 달러일 때 어떻게 투자할 것인가에 대한 의사결정

〈그림 10-1〉 CM사 문제의 BIP 모형에 대한 스프레드시트

	A	B	C	D	E	F	G
1	**California Manufacturing Co. Facility Location Problem**						
2							
3		**NPV ($millions)**	LA	SF			
4		Warehouse	6	4			
5							
6		Factory	8	5			
7							
8		**Capital Required**					
9		**($millions)**	LA	SF			
10		Warehouse	5	2	Capital		Capital
11					Spent		Available
12		Factory	6	3	9	<=	10
13							
14					Total		Maximum
15		**Build?**	LA	SF	Warehouses		Warehouses
16		Warehouse	0	0	0	<=	1
17			<=	<=			
18		Factory	1	1			
19							
20		Total NPV ($millions)		13			

Solver Parameters

Set Objective Cell: TotalNPV
To: Max
By Changing Variable Cells:
BuildWarehouse?, BuildFactory?
Subject to the Constraints:
BuildFactory? = binary
BuildWarehouse? = binary
BuildWarehouse? <= BuildFactory?
CapitalSpent <= CapitalAvailable
TotalWarehouses <= MaxWarehouses

Solver Options:
Make Variables Nonnegative
Solving Method: Simplex LP

	E
10	Capital
11	Spent
12	= SUMPRODUCT(CapitalRequired,Build?)
13	
14	Total
15	Warehouses
16	= SUM(BuildWarehouse?)

Range Name	Cells
Build?	C16:D18
BuildWarehouse?	C16:D16
BuildFactory?	C18:D18
CapitalAvailable	G12
CapitalRequired	C10:D12
CapitalSpent	E12
MaxWarehouses	G16
NPV	C4:D6
TotalNPV	D20
TotalWarehouses	E16

	C	D
20	Total NPV ($millions)	=SUMPRODUCT(NPV,Build?)

을 하기 위하여 BIP 모형을 이용하였다. 이제 이 총투자가능자금에 대한 민감도 분석을 해보자. 이 자금이 500만 달러와 1,500만 달러 사이의 다양한 값으로 변하는 경우 어떤 효과가 나타나는지에 대해 알아보자.

8장에서 제약조건식 중 하나에 변화가 있을 때 스프레드시트 선형계획모형에 대한 민감도 분석을 실시하는 세 가지 방법, 즉 스프레드시트를 이용한 시행착오에 의한 방법, 매개변수 분석 보고서를 생성하는 방법, 엑셀 민감도 보고서를 참조하는 방법 등을 소개하였다. 이들 중 처음 두 가지는 정수계획법에서도 선형계획법에서와 같은 방법으로 이용 가능하다. 그러나 정수계획법에 있어서 민감도 보고서는 잠재가의 개념과 허용범위를 더 이상 적용할 수 없기 때문에 이용할 수 없다. 선형계획문제와 달리 정수계획문제는 제약조건식의 우변상수가 변할 때 목적함수의 값이 예측 가능한 방법으로 변하지 않는다.

총투자가능자금이 변할 때의 효과는 시행착오의 방법으로 바로 알 수 있다. 단순하게 자료셀 CapitalAvailable(G12)에 다른 값을 입력하고 해찾기의 실행버튼을 클릭하면 된다. 그러나 Analytic Solver를 이용하여 매개변수 분석 보고서를 생성하면 좀 더 체계적으로 민감도 분석을 할 수 있다. 정수계획법에 대한 매개변수 분석 보고서의 이용 방법은 선형계획법에 대하여 8.3절에서 설명한 것과 동일하다('체계적인 민감도 분석을 위한 Analytic Solver의 매개변수 분석 보고서 사용하기' 참조).

CapitalAvailable(G12)을 500만~1,000만 달러 범위에서 변화하는 parameter 셀로 지정해준 후, 8.3절에 설명된 일련의 단계를 거치면 〈그림 10-2〉에 나오는 매개변수 분석 보고서가 생성된다. 〈그림 10-2〉는 총투자가능자금이 변함에 따라 최적해와 총순현가(목적함수 값)가 어떻게 변하는지를 보여주고 있다.

민감도 분석은 다른 자료셀(예를 들어, NPV(C4:D6), CapitalRequired(C10:D12), MaxWarehouse(G16) 등)에 대해서도 매개변수 분석 보고서를 이용하거나 시행착오의 방법에 의해 앞에 설명한 것과 유사하게 실행이 가능하다. 그러나 각 투자 옵션에 따른 순현가의 값이 잘 예측되었으며, 다른 자료셀의 값들은 불확실성이 거의 없기 때문에, Steve는 이에 대하여 더 이

〈그림 10-2〉 총투자가능금액이 체계적으로 변화함에 따라 최적해와 총순현가에 대한 영향을 보여주는 Analytic Solver에 의해 생성된 매개변수 분석 보고서

	A	B	C	D	E	F
1	CapitalAvailable	BuildWarehouseLA?	BuildWarehouseSF?	BuildFactoryLA?	BuildFactorySF?	TotalINPV
2	5	0	1	0	1	9
3	6	0	1	0	1	9
4	7	0	1	0	1	9
5	8	0	1	0	1	9
6	9	0	0	1	1	13
7	10	0	0	1	1	13
8	11	0	1	1	1	17
9	12	0	1	1	1	17
10	13	0	1	1	1	17
11	14	1	0	1	1	19
12	15	1	0	1	1	19

상의 민감도 분석은 필요하지 않다고 판단하였다.

경영진의 결론

경영진이 총투자가능자금으로 1,000만 달러를 배정한다면 〈그림 10-1〉에 나타난 결과(LA와 SF에 새로운 공장을 건설하고, 창고는 건설하지 않음)를 선택해야 할 것이다. 이 계획의 한 가지 이점은 900만 달러만 사용하고, 나머지 100만 달러를 다른 곳에 투자할 수 있다는 것이다. 이제 〈그림 10-2〉에 나타난 두 가지 측면을 살펴봐야 할 것이다. 하나는 총투자가능자금이 900만 달러보다 작으면 막대한 불이익(총순현가가 1,300달러에서 900만 달러로 줄어듦)이 발생하게 된다는 점이다. 다른 하나는 총투자가능자금이 100만 달러 늘어나면(1,000만 달러에서 1,100만 달러로) 총순현가가 400만 달러(1,300만 달러에서 1,700만 달러로) 늘어난다는 것이다. 그러나 총투자가능자금이 그 이상 더 많이(예를 들어, 1,100만 달러에서 1,400만 달러로) 늘어나도 총순현가는 훨씬 적은 폭(1,700만 달러에서 1,900만 달러로 겨우 200만 달러)으로 증가한다.

경영진은 회의를 통해 최종적으로 다음과 같은 결론에 도달했다. 첫째, 총투자가능자금을 1,400만 달러까지 늘리는 것은 상대적으로 적은 보상을 얻기 때문에 회사의 자금을 바람직하지 못하게 사용하는 것으로 보인다. 둘째, 총투자가능자금을 900만 달러로 할 것인지 아니면 1,100만 달러로 할 것인지에 대한 충분한 찬반 논의를 통하여 후자의 경우가 추가 이익(400만 달러의 총순현가의 증가)이 크기 때문에 〈그림 10-2〉의 8행에 나타난 계획을 채택하기로 하였다. 따라서 LA와 SF에 각각 새 공장을 신축하고, SF에는 새 창고도 건설하기로 하였다. 이 경우 총순현가는 1,700만 달러가 된다. 다만 자금 사정을 고려하여 창고 건설은 두 공장 건축이 완료될 때까지 연기하기로 하였다.

복습문제

1. CM사 문제에서 상호 관련이 있는 네 가지 의사결정은 무엇인가?
2. 이와 같은 의사결정을 묘사하는 데에 왜 이진결정변수가 적합한가?
3. 이 회사 경영진이 설정한 이 문제의 목적은 무엇인가?
4. 이 문제에서 상호배타적인 대안은 어떤 것들이 있는가? BIP 모형에서 이들 상호배타적 대안을 나타내는 제약조건의 구체적 형태는 어떠한가?
5. 이 문제에서 조건부 의사결정은 어떤 것들이 있는가? BIP 모형에서 이들 조건부의사결정을 나타내는 제약조건의 구체적인 형태는 어떠한가?
6. 어느 측면에서 민감도 분석을 실시할 필요가 있는가?

10.3 프로젝트 선정을 위한 BIP의 활용: Tazer사의 문제

CM사 문제에서는 (1) LA에 공장 건설, (2) SF에 공장 건설, (3) LA에 창고 건설, (4) SF에 창고 건설, 이 네 가지 프로젝트에 초점을 두었다. 이 회사 경영진은 각 프로젝트에 대해 가부yes-or-no 의사결정을 해야 했다. 이런 문제는 BIP의 전형적인 응용의 예이다. 그러나 응용문제마다 프로젝트의 성격은 크게 달라질 수 있다. 앞 절에서 다룬 사례의 프로젝트는 건설 프로젝트이었지만, 다음의 예는 R&D 프로젝트의 선정을 다룬다.

Tazer사의 문제

제약회사인 Tazer사는 획기적인 신약을 찾기 시작했다. 이런 신약을 개발하기 위해 다음과 같은 다섯 가지 R&D 프로젝트를 설정했다.

프로젝트 Up: 조울증의 부작용이 없는, 보다 효과적인 우울증 치료 약의 개발
프로젝트 Stable: 조울증 치료 약의 개발
프로젝트 Choice: 사용하기 편한 피임약의 개발
프로젝트 Hope: 에이즈 예방 백신의 개발
프로젝트 Release: 보다 효과적인 고혈압약의 개발

Tazer사 경영진은 위 프로젝트 전부를 수행할 만큼 충분한 자금을 투입할 수 없다고 결론지었다. 2개 혹은 3개의 프로젝트를 수행할 만큼의 자금(예산)인 12억 달러만 배정했다. 〈표 10-3〉의 첫 번째 행에는 각 프로젝트에 소요되는 금액(R&D 투자액)이 표시되어 있으며, 각주에 나와있듯이 총 12억 달러가 이용 가능하다는 예산 제한이 존재한다. 이 표의 두 번째 행은 각 프로젝트의 성공확률의 추정값을 보여주고 있다. 프로젝트가 성공한다는 것은 개발된 신약에 의해 세 번째 행에 표시된 수입을 올릴 수 있음을 의미한다. 따라서 기대(평균)수입이란 두 번째 행과 세 번째 행의 값을 곱한 것이 된다. 그리고 네 번째 행의 기대이익이란 기대수입

〈표 10-3〉 Tazer사의 프로젝트 선정 문제에 대한 자료

	프로젝트				
	1(Up)	2(Stable)	3(Choice)	4(Hope)	5(Release)
R&D 투자액(단위: 100만 달러)*	400	300	600	500	200
성공확률	50%	35%	35%	20%	45%
성공할 경우의 수입(단위: 100만 달러)	1,400	1,200	2,200	3,000	600
기대 이익(단위: 100만 달러)	300	120	170	100	70

*R&D 프로젝트 투자는 최대 12억 달러까지만 가능하다.

에서 첫 번째 행에 있는 소요 금액(R&D 투자액)을 차감한 것이다.

Tazer사의 경영진은 총기대이익(각 프로젝트로부터의 기대이익의 합)을 최대화하기 위해 다섯 가지의 프로젝트 중 어떤 것을 선택하여 수행해야 할지를 결정하고자 한다.

이진변수를 이용한 모형 작성

전술한 다섯 가지 R&D 프로젝트 각각에 대한 의사결정은 가부 의사결정이므로 이에 대응되는 결정변수는 이진변수이어야 한다. 따라서 각 프로젝트에 대한 결정변수는 다음과 같이 정의된다.

$$\text{결정변수} = \begin{cases} 1, & \text{프로젝트를 선정} \\ 0, & \text{프로젝트를 기각} \end{cases}$$

x_1, x_2, x_3, x_4, x_5를 〈표 10-3〉에 나열된 순서대로 각 프로젝트에 대한 결정변수라 하자.

어떤 프로젝트가 기각되면 그 프로젝트로 인한 어떠한 이익이나 손실도 없지만, 프로젝트가 선정되면 그 프로젝트로 인해 〈표 10-3〉의 맨 아래 행에 표시된 기대이익이 발생된다. 따라서 총기대이익는 100만 달러 단위로 표시하여 다음 식과 같이 된다.

$$P = 300x_1 + 120x_2 + 170x_3 + 100x_4 + 70x_5$$

이 문제의 목적은 예산의 제약을 만족하면서 총기대이익을 최대화하도록 프로젝트를 선정하는 것이다.

결정변수가 이진변수이어야 한다는 것 외에 총투자금액이 12억 달러를 초과하지 못한다는 예산의 제약이 이 문제에서의 유일한 함수제약조건이다. 이 제약조건은 〈표 10-3〉의 첫 번째 행을 참조하여 다음 식으로 표시할 수 있다(단위: 100만 달러).

$$400x_1 + 300x_2 + 600x_3 + 500x_4 + 200x_5 \leq 1{,}200$$

Tazer사 문제의 BIP 스프레드시트 모형

〈그림 10-3〉은 Tazer사 문제의 스프레드시트 모형을 보여준다. 〈표 10-3〉의 자료가 셀 C5:G8에 옮겨져 있다. 변수셀들은 'DoProject?'라는 범위명이 주어진 셀 C10:G10이고, 목표셀은 셀 H8이다. 함수제약조건식은 셀 H5:J5에 표시되어 있다. 변수셀들인 DoProject?=binary 제약조건이 〈그림 10-3〉의 Solver Parameters 상자에 나와있다.

〈그림 10-3〉의 변수셀인 DoProject?(C10:G10)는 엑셀 해찾기에 의해 구해진 최적해를 보여준다. 다시 말해 최적해는 프로젝트 Up, 프로젝트 Choice, 프로젝트 Release를 선정하는 것이

〈그림 10-3〉 Tazer사 문제의 BIP 모형에 대한 스프레드시트

	A	B	C	D	E	F	G	H	I	J
1		**Tazer Corp. Project Selection Problem**								
2										
3										
4			Up	Stable	Choice	Hope	Release	Total		Budget
5		R&D Investment ($million)	400	300	600	500	200	1,200	<=	1,200
6		Success Rate	50%	35%	35%	20%	45%			
7		Revenue If Successful ($million)	1,400	1,200	2,200	3,000	600			
8		Expected Profit ($million)	300	120	170	100	70	540		
9										
10		Do Project?	1	0	1	0	1			

	B	C	D	E	F	G
8	Expected Profit ($million)	=C7*C6-C5	=D7*D6-D5	=E7*E6-E5	=F7*F6-F5	=G7*G6-G5

Range Name	Cells
Budget	J5
DoProject?	C10:G10
ExpectedProfit	C8:G8
RandDInvestment	C5:G5
Revenue	C7:G7
SuccessRate	C6:G6
TotalExpectedProfit	H8
TotalRandD	H5

	H
4	Total
5	=SUMPRODUCT(RandDInvestment,DoProject?)
6	
7	
8	=SUMPRODUCT(ExpectedProfit,DoProject?)

Solver Parameters
Set Objective Cell: TotalExpectedProfit
To: Max
By Changing Variable Cells:
DoProject?
Subject to the Constraints:
DoProject? = binary
TotalRandD <= Budget

Solver Options:
Make Variables Nonnegative
Solving Method: Simplex LP

다. 목표셀은 이러한 프로젝트 선정에 의해 얻게 되는 총기대이익이 5억4,000만 달러임을 보여준다.

복습문제

1. 제안된 여러 프로젝트 중 어떤 프로젝트들을 선정하느냐의 문제에서 이진변수가 어떻게 활용되는가?
2. Tazer사의 문제에서 어떤 프로젝트들이 고려 대상으로 등장하는가?
3. 이 문제의 목적은 무엇인가?

10.4 응급시설의 위치 선정을 위한 BIP의 활용: Caliente시의 문제

CM사의 문제는 Tazer사의 문제와 같이 프로젝트 선정 문제로 볼 수 있을 뿐 아니라 위치 선정 문제로도 분류될 수 있다. 왜냐하면 이 문제는 새로운 공장과 창고를 건설할 위치(LA 또는 SF)를 결정하는 문제이기 때문이다. 새로운 공장 또는 창고의 건설 가능한 각 위치에 대한 가부 의사결정이 등장하므로, 이들 각 의사결정은 자연스럽게 이진변수에 의해 나타낼 수 있다.

BIP가 빈번히 응용되는 대표적인 문제 유형이 위치 선정 문제이다. 이 경우 설치 또는 건설할 시설은 어떤 것이어도 상관없다. 경우에 따라서는 여러 개의 시설을 설치할 여러 개의 위치를 선정해야 하는 문제도 있고, 하나의 위치만을 선정해야 하는 문제도 있다.

이 절에서는 응급시설의 위치를 선정하는 문제를 다루기로 한다. 응급시설이란 소방서, 경찰서, 구급차 본부 등을 말한다. 어떤 응급시설이든 공통적으로 가장 중요한 것은 응급시설이 담당하고 있는 지역 내의 여러 곳에서 발생하는 응급상황에 대응하는 시간이 충분히 짧아야 한다는 것이다. 따라서 어떤 종류의 응급시설이든 상관없이 응급시설의 위치 선정 문제를 위한 BIP 모형의 형태는 기본적으로 동일하다.

설명을 위해 소방서의 위치 선정 문제를 예로 다루고자 한다. 문제를 단순하게 하기 위해 담당 지역을 8개의 소구역으로만 분할하기로 한다. 현실 문제의 경우는 수십 내지 수백 개의 소구역이 존재하는 것이 일반적이다.

Caliente시의 문제

Caliente시는 미국의 따뜻하고 건조한 지역에 있어서 화재가 빈번히 발생한다. 이 도시는 은퇴 후 사람들이 이주해오는, 노령인구가 많은 것으로 유명한 도시이다. 때문에 최근 인구가 급증하고 시의 경계선 밖으로까지 도시가 팽창하고 있는 상황이다. 그러나 이 도시에는 여전히 소방서가 하나밖에 없다. 이 소방서는 도시의 인구밀집 지역의 중앙에 위치해 있다. 이 때문에 도시 외곽에서 화재가 발생할 경우 현장에 도착할 때까지의 시간(응답시간)이 지연되는 일이 많고, 이로 인해 화재로 인한 손실도 큰 것이 문제로 대두되고 있다. 이 점에 대해 주민의 불만이 커져가고, 이를 의식한 시의회는 시청 관리자에게 여러 개의 소방서를 세워 소방차가 화재 현장까지 출동하는 데 소요되는 시간(응답시간)을 크게 단축할 것을 요구했다. 보다 구체적으로 시의회는 도시의 어느 곳에서 화재가 발생하든지 응답시간에 대한 다음과 같은 규정을 채택하게 되었다.

$$\text{응답시간} \leq 10\text{분}$$

이런 문제를 분석하는 데 가장 강력한 도구가 바로 BIP이다. BIP로 Caliente시의 문제를 분석하기 위해 우선 이 도시를 8개의 소구역으로 분할하고, 각 소구역에 소방서를 설치할 경

〈표 10-4〉 Caliente시 문제의 응답시간과 설치비용에 대한 자료

		소방서가 위치할 소구역							
		1	2	3	4	5	6	7	8
소구역별 응답시간 (단위: 분)	1	2	8	18	9	23	22	16	28
	2	9	3	10	12	16	14	21	25
	3	17	8	4	20	21	8	22	17
	4	10	13	19	2	18	21	6	12
	5	21	12	16	13	5	11	9	12
	6	25	15	7	21	15	3	14	8
	7	14	22	18	7	13	15	2	9
	8	30	24	15	14	17	9	8	3
소방서 설치비용(단위: 1,000달러)		350	250	450	300	50	400	300	200

우 이 소방서로부터 각 소구역의 화재에 대한 응답시간을 추정한 자료를 수집한다. 이 자료는 〈표 10-4〉에 정리되어 있다. 예를 들어 소구역 1에 설치된 소방서로부터 8개 소구역 각각에서 발생된 화재에 대한 응답시간은 〈표 10-4〉의 두 번째 열에 표시되어 있다. 이 경우 소구역 1과 2를 제외한 나머지 소구역에서 발생된 화재에 대한 응답시간은 10분을 초과하여 시의회의 규정을 지키지 못하게 된다. 〈표 10-4〉의 맨 아래 행에는 각 소구역에 소방서 설치를 위해 필요한 토지 매입과 건축에 들어가는 비용이 표시되어 있다. 소구역 5의 경우 소방서 설치비용이 상대적으로 매우 적은데, 이는 소구역 5에는 이미 소방서가 있기 때문에 만약 소구역 5에 소방서를 계속 유지시킨다면 약간의 개조 비용만이 발생하기 때문이다.

이 문제의 목적은 소방서 설치비용의 합을 최소화하면서, 각 소구역의 화재에 대한 응답시간이 10분 이내가 되도록 소방서가 설치될 소구역을 선정하는 것이다.

이진변수를 이용한 모형 작성

이 문제에서 우리는 8개 소구역 각각에 대해 소방서를 설치하느냐 마느냐의 가부 의사결정을 해야 한다. 이들 8개의 의사결정을 의미하는 이진결정변수를 $x_1, x_2, \cdots, x_8$이라 하면, 그 정의는 다음과 같다.

$$x_j = \begin{cases} 1, \text{소구역 } j\text{에 소방서를 설치한다.} \\ 0, \text{소구역 } j\text{에 소방서를 설치하지 않는다.} \end{cases}$$

여기서, $j = 1, 2, \cdots, 8$

이 문제의 목적은 시의회의 새로운 규정을 충족시키면서 소방서 설치비용의 합을 최소화

하는 것인데, 설치비용의 합을 이진결정변수를 이용하여 식으로 표현하면 다음과 같다.

$$C = 350x_1 + 250x_2 + 450x_3 + 300x_4 + 50x_5 + 400x_6 + 300x_7 + 200x_8$$

또한, 모든 소구역의 화재에 대한 응답시간이 10분을 초과하지 않도록 제약조건식을 작성해야 한다. 예를 들어 소구역 1을 고려해보자. 소구역 1에서 화재가 발생했다고 하자. 〈표 10-4〉의 소구역 1에 대한 행을 보면 10분을 초과하지 않는 응답시간을 갖는 소방서의 위치는 소구역 1, 2, 4 이다. 따라서 소구역 1의 화재에 대한 응답시간이 10분을 초과하지 않으려면 이 3개의 소구역 중 적어도 한 곳에 소방서가 설치되어야 한다. 따라서 다음과 같은 제약조건식이 필요하다.

$$x_1 + x_2 + x_4 \geq 1$$

이와 같은 제약조건식을 **set covering 제약조건식**이라 한다. 왜냐하면 소구역 1의 화재에 대해 10분 이내에 응답이 가능한 소구역 집합(소구역 1, 2, 4)에서 적어도 하나의 소구역에 소방서를 설치해야 한다는 요구조건을 만족시키기 때문이다. 일반적으로 '이진변수의 합≥1'과 같은 유형의 제약조건식을 set covering 제약조건식이라고 부른다. 나머지 소구역에 대해서도 동일한 방식으로 제약조건식을 작성할 수 있으며, 이들을 정리하면 다음과 같이 된다.

$$\begin{array}{llllllllll}
\text{소구역 1:} & x_1 & + x_2 & & + x_4 & & & & & \geq 1 \\
\text{소구역 2:} & x_1 & + x_2 & + x_3 & & & & & & \geq 1 \\
\text{소구역 3:} & & x_2 & + x_3 & & & + x_6 & & & \geq 1 \\
\text{소구역 4:} & x_1 & & & + x_4 & & & + x_7 & & \geq 1 \\
\text{소구역 5:} & & & & & x_5 & & + x_7 & & \geq 1 \\
\text{소구역 6:} & & & x_3 & & & + x_6 & & + x_8 & \geq 1 \\
\text{소구역 7:} & & & & x_4 & & & + x_7 & + x_8 & \geq 1 \\
\text{소구역 8:} & & & & & & x_6 & + x_7 & + x_8 & \geq 1
\end{array}$$

위의 set covering 제약조건식들과 각 결정변수(x_j)가 이진변수라는 제약조건식이 필요한 제약조건식의 전부이다. 즉, 이들 제약조건식은 모든 소구역의 화재에 대해 10분 이내에 응답할 만큼 가까이 위치한 소방서가 1개 이상 존재하도록 한다.

이 문제와 같이 모든 함수제약조건식이 set covering 제약조건식이고, 목적함수가 비용최소화인 유형의 문제를 **set covering 문제**라고 한다. 사실 이런 문제는 현실에서 자주 나타난다. 10.5절에서 또 다른 set covering 문제를 다루게 된다.

Caliente시 문제의 BIP 스프레드시트 모형

〈그림 10-4〉는 Caliente시 문제에 대한 BIP 스프레드시트 모형을 보여준다. 자료셀 D5:K12

〈그림 10-4〉 Caliente시 문제의 BIP 모형에 대한 스프레드시트

	A	B	C	D	E	F	G	H	I	J	K	L	M	N
1		**Caliente City Fire Station Location Problem**												
2														
3						Fire Station in Tract								
4				1	2	3	4	5	6	7	8			
5			1	2	8	18	9	23	22	16	28			
6		Response	2	9	3	10	12	16	14	21	25			
7		Times	3	17	8	4	20	21	8	22	17			
8		(minutes)	4	10	13	19	2	18	21	6	12			
9		for a Fire	5	21	12	16	13	5	11	9	12			
10		in Tract	6	25	15	7	21	15	3	14	8			
11			7	14	22	18	7	13	15	2	9			
12			8	30	24	15	14	17	9	8	3			
13														
14		Cost of Station		350	250	450	300	50	400	300	200			
15		($thousands)										Number		
16												Covering		
17			1	1	1	0	1	0	0	0	0	1	>=	1
18		Response	2	1	1	1	0	0	0	0	0	1	>=	1
19		Time	3	0	1	1	0	0	1	0	0	1	>=	1
20		<=	4	1	0	0	1	0	0	1	0	1	>=	1
21		10	5	0	0	0	0	1	0	1	0	1	>=	1
22		Minutes?	6	0	0	1	0	0	1	0	1	1	>=	1
23			7	0	0	0	1	0	0	1	1	2	>=	1
24			8	0	0	0	0	0	1	1	1	2	>=	1
25														
26														Total
27						Fire Station in Tract								Cost
28				1	2	3	4	5	6	7	8			($thousands)
29		Station in Tract?		0	1	0	0	0	0	1	1			750

	J	K	L
15			Number
16			Covering
17	=IF(J5<=MaxResponseTime,1,0)	=IF(K5<=MaxResponseTime,1,0)	=SUMPRODUCT(D17:K17,StationInTract?)
18	=IF(J6<=MaxResponseTime,1,0)	=IF(K6<=MaxResponseTime,1,0)	=SUMPRODUCT(D18:K18,StationInTract?)
19	=IF(J7<=MaxResponseTime,1,0)	=IF(K7<=MaxResponseTime,1,0)	=SUMPRODUCT(D19:K19,StationInTract?)

Solver Parameters
Set Objective Cell: TotalCost
To: Min
By Changing Variable Cells:
StationInTract?
Subject to the Constraints:
StationInTract? = binary
NumberCovering >= One

Solver Options:
Make Variables Nonnegative
Solving Method: Simplex LP

Range Name	Cells
CostOfStation	D14:K14
MaxResponseTime	B21
NumberCovering	L17:L24
One	N17:N24
ResponseTime	D5:K12
StationInTract?	D29:K29
TotalCost	N29

	N
26	Total
27	Cost
28	($thousands)
29	=SUMPRODUCT(CostOfStation,StationInTract?)

는 〈표 10-4〉에 있는 응답시간을 나타내고, 자료셀 D14:K14는 〈표 10-4〉의 맨 아래 행에 있는 각 소구역에 소방서를 설치하는 비용을 나타낸다. 각 소구역에 소방서를 설치하느냐 마느냐의 가부 의사결정을 나타내는 변수셀은 셀 D29:K29이다. 총비용을 최소화하는 것이 이 문제의 목적이므로 목표셀은 총비용을 나타내는 셀 N29이다. set covering 제약조건식은 셀 L17:N24에 표시되어 있다. 변수셀들인 StationInTract?=binary 제약조건식이 〈그림 10-4〉의 Solver Parameters 상자에 나와있다.

이제 마지막으로 해찾기 대화상자에서 실행을 클릭하면 〈그림 10-4〉의 변수셀(D29 :K29)에 최적해가 표시된다. 얻어진 최적해는 소방서를 소구역 2, 7, 8에 설치하는 것이다.

목표셀 N29는 총설치비용이 75만 달러임을 알려준다.

복습문제

1. 새로운 설비를 설치할 위치를 선정하는 문제에서 이진변수가 어떻게 활용되는가?
2. 위치 선정 문제에서 등장하는 응급시설의 종류에는 어떤 것들이 있나?
3. Caliente시 문제의 목적은 무엇인가?
4. set covering 제약조건식과 set covering 문제에 대해 설명하시오.

10.5 승무원 일정계획을 위한 BIP의 활용: Southwestern 항공사의 문제

여행산업에 속한 회사들(항공사, 철도회사, 선박회사, 여행사 등)은 공통적으로 여행기간 중 여행객에게 서비스를 제공하기 위해서 승무원들을 다양한 운항 일정에 배정해야 하는 문제에 직면한다. 승무원들을 운항 일정에 배정할 때, 마지막 노선의 도착지가 첫 번째 노선의 출발지가 되도록 배정하는 것이 특히 편리할 것이다. 많은 승무원과 다양한 운항 일정 사이에서, 전 노선을 포함하도록 모든 승무원을 가장 효율적인 운항 일정에 배정하는 문제를 승무원 일정계획문제crew scheduling problem라고 한다.

승무원 일정계획문제를 작성하는 방법 중 하나는 각 승무원이 복잡하고 다양한 운항 일정 중 어떤 노선에 배정될지 밝히는 것이다. 이때 목표는 전 노선을 포함할 수 있도록 각 승무원을 특정 운항 일정에 배정하는 것이다. 이는 가능한 각 운항 일정에 특정 승무원을 배정하느냐 마느냐를 결정하는 가부 의사결정이므로 이들 각 의사결정에 하나의 이진결정변수가 이용된다.

오랫동안 항공사들은 승무원의 근무 일정계획을 효율적으로 수립하기 위해 BIP 모형을 사용해왔다. 그 결과 항공사들은 연간 수백만 달러의 비용을 절감할 수 있었다. 그 영향으로 항공사뿐 아니라 여행산업의 다른 회사들도 최근 같은 목적으로 BIP를 이용하고 있다. 예를 들어 본 절의 응용사례는 네덜란드의 철도회사가 BIP를 승무원 근무 일정계획를 포함한 다양한 문제에 활용하여 어마어마한 이익의 증가를 이루어냈다는 것을 설명하고 있다.

이런 방식의 문제 해결을 설명하기 위해 다음과 같은 항공사의 승무원 근무 일정계획의 축소판을 예로 제시하고자 한다.

Southwestern 항공사의 문제

Southwestern 항공사는 현재 운영하고 있는 모든 노선에 승무원을 배정해야 한다. 이 예에서는 문제의 일부분인 샌프란시스코(SFO)에 근거지를 둔 3명의 승무원을 〈그림 10-5〉에 주어진 11편의 노선에 배정하는 축소된 문제를 다루기로 한다. 따라서 각 승무원은 샌프란시스코에서 출발하고 돌아오는 운항 일정에 배정되어야 한다. 더불어, 3명의 승무원에게 배정된 각기 다른 운항 일정은 11편의 모든 노선을 포함해야 한다.

〈표 10-5〉의 첫 번째 열에는 운영되고 있는 11개의 노선이 나열되어 있고, 나머지 12개 열에는 승무원이 탑승 가능한 12개의 운항 일정을 나열하였다. 각 열에 있는 숫자는 운항 일정 내에서 노선의 운항 순서를 나타낸다. 예를 들어, 네 번째 운항 일정은 배정된 승무원이 샌프란시스코에서 출발하는 노선 1에서 시작하여, 노선 4를 운행하고, 이후 노선 6으로 갈아타며, 그리고 마지막으로 노선 8을 타고 샌프란시스코로 돌아오는 일정을 의미한다. 따라서 이 운항 일정은 11개의 노선 중 4개의 노선을 포함하고, 다른 두 명의 승무원이 배정되는 2개의 운항 일정은 나머지 7개의 노선을 포함해야 한다.

핵심 요구사항은 이들 운항 일정 중에서 전 노선을 포함할 수 있는 3개 이하의 운항 일정이 선정되어야 한다는 것이다. (각 노선에는 1명 이상의 승무원이 탑승할 수 있으며, 1명을 초과하는 승무원은 단순히 탑승객으로 탑승하지만 임금은 지급받는다.) 각 운항 일정에 1명의

〈그림 10-5〉 Southwestern 항공사의 11개 운항노선

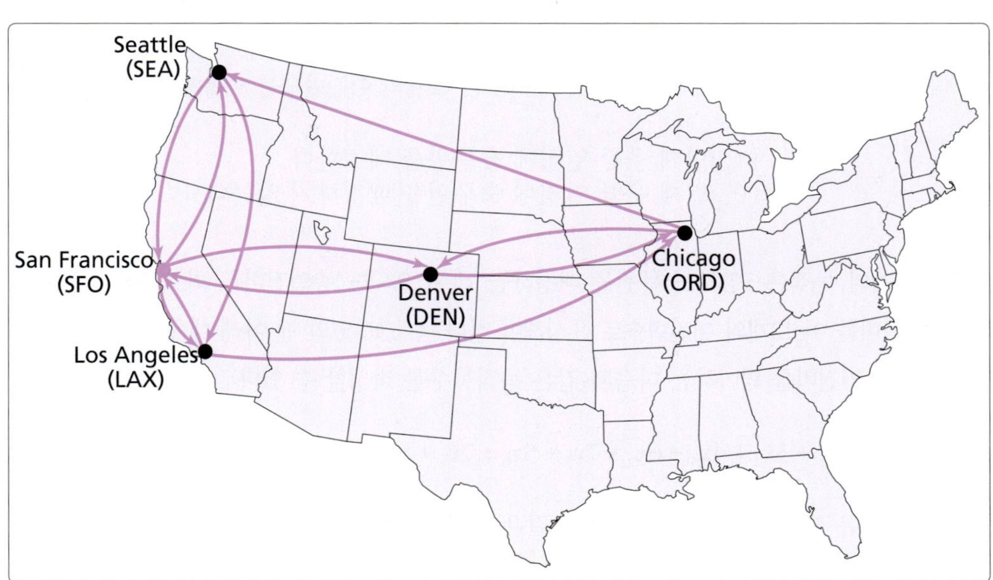

〈표 10-5〉 Southwestern 항공사 문제에 대한 자료

		운항 일정											
노선		**1**	**2**	**3**	**4**	**5**	**6**	**7**	**8**	**9**	**10**	**11**	**12**
1.	SFO-LAX	1			1			1			1		
2.	SFO-DEN		1			1			1			1	
3.	SFO-SEA			1			1			1			1
4.	LAX-ORD				2			2		3	2		3
5.	LAX-SFO	2					3				5	5	
6.	ORD-DEN				3	3				4			
7.	ORD-SEA							3	3		3	3	4
8.	DEN-SFO		2		4	4				5			
9.	DEN-ORD					2			2			2	
10.	SEA-SFO			2				4	4				5
11.	SEA-LAX						2			2	4	4	2
승무원 인건비(단위: 1,000달러)		2	3	4	6	7	5	7	8	9	9	8	9

승무원을 배정하는 데 드는 비용은 〈표 10-5〉의 맨 아래 행에 주어져 있다. 목적은 전 노선을 포함할 수 있도록 3명의 승무원을 운항 일정에 배정하는 데 드는 비용을 최소화하는 것이다.

이진변수를 이용한 모형 작성

이 문제에서는 12개의 운항 일정이 있으므로 다음과 같은 12개의 가부 의사결정이 존재한다.

j번째 운항 일정에 승무원을 배정할 것인가? ($j = 1, 2, \cdots, 12$)

따라서 우리는 이 12개의 의사결정을 의미하는 12개의 이진변수를 이용해야 한다.

$$x_j = \begin{cases} 1, & j\text{번째 운항 일정에 승무원을 배정한다.} \\ 0, & j\text{번째 운항 일정에 승무원을 배정하지 않는다.} \end{cases}$$

이 문제의 목적은 3명의 승무원을 배정하는 데 소요되는 총인건비를 최소화하는 것이므로, 총인건비를 이 12개의 이진변수로 표시해야 한다. 〈표 10-5〉의 맨 아래 행에 있는 인건비를 참조하여 총인건비를 의미하는 다음과 같은 목적함수를 작성할 수 있다.

$$C = 2x_1 + 3x_2 + 4x_3 + 6x_4 + 7x_5 + 5x_6 + 7x_7 + 8x_8 + 9x_9 + 9x_{10} + 8x_{11} + 9x_{12}$$

또한, 승무원은 3명밖에 없으므로 다음과 같은 제약조건식이 필요하다.

응용사례

Netherlands Railways(Nederlandse Spoorwegen Reizigers)는 주로 승객을 운반하는 열차를 운영하는, 네덜란드의 대표적인 철도회사이다. 2021년부로, 약 4,800대의 열차가 주중 하루에 약 110만 명의 승객을 운송한다. 이 회사의 연간 영업수익은 66억 유로(75억 달러) 정도 된다.

네덜란드의 철도승객 운반량은 해가 갈수록 꾸준히 증가하였다. 이를 고려하여 2002년에 시행된 정부 차원의 연구조사는 세 가지 인프라의 확충이 시급하다는 결론을 내렸다. 이에 따라 네덜란드의 전국적인 철도운행 시간표를 새롭게 수립하게 되었다. 이 시간표는 전국의 모든 역에서 모든 열차의 출발과 도착 시간을 정하는 것이다. 따라서 Netherlands Railways의 경영진은 새로운 철도 시간표에 맞추기 위해 새로운 철도 시간표와 가용자원의 활용에 대한 전반적인 최적 계획을 세우기 위한 광범위한 경영과학적 연구가 향후 수년간에 걸쳐 수행되도록 하였다. 이를 위해 이 회사의 유통물류팀의 직원들과 유럽지역 대학 및 소프트웨어 기업의 저명한 경영과학을 전공한 학자들로 연구 수행을 위한 태스크포스팀을 구성하였다.

마침내 2006년 12월에 새로운 철도운행 시간표가 도입되었다. 이 시간표에 맞추면서 각 열차에 철도차량(기관차, 객차, 화차 등)을 배정하는 새로운 시스템이 가동되었고, 또한, 각 열차에 승무원을 배정하는 또 다른 시스템이 사용되게 되었다. 이 새로운 시스템을 위해 이진정수계획법과 관련 기법들이 이용되었다. 승무원 일정계획을 위해 사용된 이진정수계획법은 문제의 크기가 크다는 점을 제외하면 Southwestern 항공사 문제와 유사하다.

경영과학을 활용한 이 사례를 통해 첫 해 이 회사의 연간 이익은 약 6,000만 달러 증가되었다. 이익의 증가폭은 그 다음 해부터 연간 약 1억500만 달러 정도로 확대되었다. 이러한 놀라운 결과로 인해 경영과학 분야의 업적을 기리는 Franz Edelman상 2008년도 국제 대회에서 Netherlands Railways는 일등상을 받게 되었다.

출처: L. Kroon, D. Huisman, E. Abbink, P. J. Fioole, M. Fischetti, G. Maroti, A. Schrijver, A. Steenbeck, and R. Ybema, "The New Dutch Timetable: The OR Revolution," *Interfaces* (현 *INFORMS Journal on Applied Analytics*) 39, no.1(January-February 2009), pp.6-17. (이 사례에 대한 링크는 www.mhhe.com/hillier7e에서 볼 수 있다.)

$$x_1 + x_2 + \cdots + x_{12} \leq 3$$

이 모형 작성에서 가장 중요한 관심사는 모든 노선이 운항되도록 하는 것이다. 예로써 〈표 10-5〉에 있는 11번째 노선(SEA-LAX, 즉, 시애틀에서 로스앤젤레스 노선)을 보자. 이 노선은 5개의 운항 일정(즉, 6, 9, 10, 11, 12)에 포함되어 있기 때문에, 이 5개의 운항 일정 중 적어도 하나는 반드시 승무원을 배정받아야 한다. 따라서 이를 보장하기 위하여 다음 제약조건식이 요구된다.

$$x_6 + x_9 + x_{10} + x_{11} + x_{12} \geq 1$$

다른 10개 노선 각각에도 이와 같은 제약조건식이 요구된다. 다시 말해, 각 노선에 대해 그 노선이 포함되어 있는 운항 일정 중 적어도 하나의 운항 일정에 승무원을 배정해야 한다. 따라서 다음과 같은 11개의 제약조건식이 필요하다.

노선 1: $x_1 + x_4 + x_7 + x_{10} \geq 1$

노선 2: $x_2 + x_5 + x_8 + x_{11} \geq 1$

$$\vdots$$

$$\text{노선 11: } x_6 + x_9 + x_{10} + x_{11} + x_{12} \geq 1$$

위의 11개 제약조건식은 10.4절에서 다룬 Caliente시 문제의 제약조건식과 동일한 형태(몇 개의 이진변수의 합 $\geq$ 1)이다. 따라서 이 11개의 제약조건식은 set covering 제약조건식이다. 그러므로 승무원 일정계획문제는 또 하나의 set covering 문제의 예이다. 단, 승무원 일정계획 문제에는 $x_1+x_2+\cdots+x_{12}\leq 3$인 제약조건식이 추가된다.

Southwestern 항공사 문제의 BIP 스프레드시트 모형

〈그림 10-6〉은 이 문제의 BIP 모형에 대한 스프레드시트를 보여주고 있다. 해찾기에 의해 구한 최적해(12개 이진결정변수의 값)는 변수셀인 Flysequence?(C22:N22)에 주어져 있다. 자료셀인 IncludesSegment?(C8:N18)와 Cost(C5:N5)의 값은 〈표 10-5〉로부터 갖고 온 것이다. 스프레드시트의 우측 3개 열(O, P, Q열)은 set covering 제약조건인 Total≥AtLeastOne과 추가적인 제약조건 TotalSequences≤NumberOfCrews 를 보여주기 위한 것이다. 마지막으로, 변수셀들인 FlySequence?= binary 제약조건식이 〈그림 10-6〉의 Solver Parameters 상자에 나와있다.

엑셀 해찾기로 구한 최적해는 변수셀 FlySequences?(C22:N22)에 보여주고 있다. 이 최적해를 이진결정변수로 표시하면 다음과 같다.

$$x_3 = 1$$
$$x_4 = 1$$
$$x_{11} = 1$$
$$\text{나머지 } x_j = 0$$

따라서 운항 일정 3, 4, 11에 승무원을 1명씩 배정하고, 이에 따른 총비용은 TotalCost(Q24)에 보여주고 있는 1만8,000달러이다. 그런데 이 문제는 총비용이 동일한 또 다른 최적해(x_1=x_5=x_{12}=1, 나머지 x_j=0)를 갖고 있다.

여기서 주목해야 할 것은 우리가 분석한 Southwestern 항공사의 예는 현실의 실제 문제와 비교하면 대단히 작은 BIP 모형이라는 것이다. 실제 항공 승무원 일정계획문제에는 수천 개의 운항 일정이 고려되며, 따라서 필요한 이진변수의 개수도 십여 개가 아니라 수천 개이다. 이러한 현실의 문제도 역시 우리가 분석한 모형과 유사한 모형으로 분석되고 그 결과가 현실에 활용되고 있다.

복습문제

1. 여행산업에 속하는 기업들이 직면하는 승무원 일정계획 문제란 어떤 것인가?
2. 승무원 일정계획 문제에서 내려야 할 가부 의사결정은 어떤 것인가?

〈그림 10-6〉 Southwestern 항공사 승무원 일정계획을 위한 BIP 모형에 대한 스프레드시트

	A	B	C	D	E	F	G	H	I	J	K	L	M	N	O	P	Q
1	**Southwestern Airways Crew Scheduling Problem**																
2																	
3								Flight Sequence									
4			1	2	3	4	5	6	7	8	9	10	11	12			
5		Cost ($thousands)	2	3	4	6	7	5	7	8	9	9	8	9			At
6																	Least
7		**Includes Segment?**													Total		One
8		SFO-LAX	1	0	0	1	0	0	1	0	0	1	0	0	1	≥	1
9		SFO-DEN	0	1	0	0	1	0	0	1	0	0	1	0	1	≥	1
10		SFO-SEA	0	0	1	0	0	1	0	0	1	0	0	1	1	≥	1
11		LAX-ORD	0	0	0	1	0	0	1	0	1	1	0	1	1	≥	1
12		LAX-SFO	1	0	0	0	0	1	0	0	0	1	1	0	1	≥	1
13		ORD-DEN	0	0	0	1	1	0	0	0	1	0	0	0	1	≥	1
14		ORD-SEA	0	0	0	0	0	0	1	1	0	1	1	1	1	≥	1
15		DEN-SFO	0	1	0	1	1	0	0	0	1	0	0	0	1	≥	1
16		DEN-ORD	0	0	0	0	1	0	0	1	0	0	1	0	1	≥	1
17		SEA-SFO	0	0	1	0	0	0	1	1	0	0	0	1	1	≥	1
18		SEA-LAX	0	0	0	0	0	1	0	0	1	1	1	1	1	≥	1
19																	
20															Total		Number
21			1	2	3	4	5	6	7	8	9	10	11	12	Sequences		of Crews
22		Fly Sequence?	0	0	1	1	0	0	0	0	0	0	1	0	3	≤	3
23																	
24															Total Cost ($thousands)		18

	A	B
25	**Flight Sequence Key**	
26	1	SFO-LAX
27	2	SFO-DEN-SFO
28	3	SFO-SEA-SFO
29	4	SFO-LAX-ORD-DEN-SFO
30	5	SFO-DEN-ORD-DEN-SFO
31	6	SFO-SEA-LAX-SFO
32	7	SFO-LAX-ORD-SEA-SFO
33	8	SFO-DEN-ORD-SEA-SFO
34	9	SFO-SEA-LAX-ORD-DEN-SFO
35	10	SFO-LAX-ORD-SEA-LAX-SFO
36	11	SFO-DEN-ORD-SEA-LAX-SFO
37	12	SFO-SEA-LAX-ORD-SEA-SFO

Solver Parameters

Set Objective Cell: TotalCost
To: Min
By Changing Variable Cells:
FlySequence?
Subject to the Constraints:
FlySequence? = binary
Total >= AtLeastOne
TotalSequences <= NumberOfCrews

Solver Options:
Make Variables Nonnegative
Solving Method: Simplex LP

Range Name	Cells
AtLeastOne	Q8:Q18
Cost	C5:N5
FlySequence?	C22:N22
IncludesSegment?	C8:N18
NumberOfCrews	Q22
Total	O8:O18
TotalCost	Q24
TotalSequences	O22

	O
7	Total
8	=SUMPRODUCT(C8:N8,FlySequence?)
9	=SUMPRODUCT(C9:N9,FlySequence?)
10	=SUMPRODUCT(C10:N10,FlySequence?)
11	=SUMPRODUCT(C11:N11,FlySequence?)
12	=SUMPRODUCT(C12:N12,FlySequence?)
13	=SUMPRODUCT(C13:N13,FlySequence?)
14	=SUMPRODUCT(C14:N14,FlySequence?)
15	=SUMPRODUCT(C15:N15,FlySequence?)
16	=SUMPRODUCT(C16:N16,FlySequence?)
17	=SUMPRODUCT(C17:N17,FlySequence?)
18	=SUMPRODUCT(C18:N18,FlySequence?)
19	
20	Total
21	Sequences
22	=SUM(FlySequence?)

	P	Q
24	Total Cost ($thousands)	=SUMPRODUCT(Cost,FlySequence?)

복습문제 3. Southwestern 항공사 문제에서 회사가 운영하는 모든 노선 각각에 승무원이 배정되도록 하는 제약조건이 있다. 이 제약조건의 수식의 형태를 설명하시오. 그리고 이 제약조건이 의미하는 바를 설명하시오.

10.6 생산 준비비가 발생하는 문제를 다루기 위한 혼합BIP의 활용 : Wyndor Glass사의 변형 문제

지금까지 이 장에서 다룬 것은 순수BIP문제pure BIP problem(모든 결정변수가 이진변수인 문제)들이었다. 그러나 혼합BIP문제mixed BIP problem(일부 결정변수만이 이진변수인 문제)도 현실에서 자주 등장한다. 왜냐하면 하나의 문제 내에서 일부 의사결정만이 가부 의사결정이고 나머지 의사결정은 양(얼마만큼)을 정하는 의사결정이기 때문이다.

혼합BIP문제의 가장 중요한 예가 5장에서 소개한 제품혼합문제product-mix problem에 각 제품의 생산을 위해 준비비가 발생하는 좀 복잡한 상황이 추가되는 문제이다. 이런 문제에서는 각 제품을 얼마나 생산해야 하는지의 양의 의사결정뿐 아니라 그 이전에 각 제품의 생산을 가능케 하기 위해 준비를 해야 할지 말지의 가부 의사결정이 먼저 이루어져야 한다.

이런 유형의 문제를 설명하기 위해 5장에서 다룬 Wyndor Glass사의 제품혼합문제의 변형 문제를 다루어보자.

Wyndor Glass사의 변형 문제

Wyndor Glass사는 한 달에 일주일 동안만 5.1절에서 설명한 문과 창문을 생산하기로 했다. 따라서 이제는 문과 창문의 생산율을 결정해야 하는 문제가 아니라, 1주일이라는 생산기간 동안 문과 창문을 몇 개씩 생산하느냐의 문제로 바뀐다. 그렇기 때문에 결정변수들은 정수값이 되어야 한다. (이러한 요구조건은 수량이 이진변수가 아닌 일반 정수변수로 표현되야 하는 것을 의미한다. 하지만 이러한 사항은 문제 해결을 위해 Solver를 이용할 때 복잡한 문제를 일으키진 않는다.)

이 회사의 공장에서는 3주간 다른 제품을 생산하다가 정해진 일주일 동안만은 문과 창문을 생산하기 위해 생산설비를 전환해야 한다. 생산제품을 다른 것으로 전환할 때마다 다음과 같은 준비비가 발생한다.

문을 생산하기 위한 준비비 = 700달러
창문을 생산하기 위한 준비비 = 1,300달러

준비비 이외의 다른 자료는 〈표 5-2〉에 주어진 것을 그대로 사용한다. 예를 들어, 문의 단위판매이익은 300달러이고, 창문의 단위판매이익은 500달러이다.

〈표 10-6〉은 여러 가지 가능한 생산량에 대한 순이익을 보여주고 있다. 이를 보면 적지 않은 준비비로 인해 제품별로 2개 이하를 생산하면 손실이 발생한다는 것을 알 수 있다.

〈그림 10-7〉에서 각 격자점은 가능한 해를 의미한다. 이 그림은 특히 각 꼭짓점에서의 총순이익값을 보여주고 있다. 이 문제의 최적해는 다음과 같다.

〈표 10-6〉 Wyndor사의 변형 문제의 생산량에 따른 순이익

	순이익	
생산량	문	창문
0	0(300)−0 = 0	0(500)−0 = 0
1	1(300)−700 = −400	1(500)−1,300 = −800
2	2(300)−700 = −100	2(500)−1,300 = −300
3	3(300)−700 = 200	3(500)−1,300 = 200
4	4(300)−700 = 500	4(500)−1,300 = 700
5	불가능	5(500)−1,300 = 1,200
6	불가능	6(500)−1,300 = 1,700

$(D, W) = (0, 6)$이며, 이 경우의 총순이익은 1,700달러이다.

이와는 달리 5장에서의 원래 문제의 최적해는 $(D, W)=(2, 6)$였는데, 변형 문제에서 이에 대한 총순이익은 1,600달러(5장에서는 3,600달러였지만)로 1,700달러보다 오히려 작아 변형 문제에서는 더 이상 최적해가 아니다. 원래 문제의 최적해가 더 이상 최적해가 되지 못하는 것은 다음과 같이 준비비가 총순이익을 크게 감소시키기 때문이다.

〈그림 10-7〉 Wyndor사의 변형 문제에 대한 실행가능해

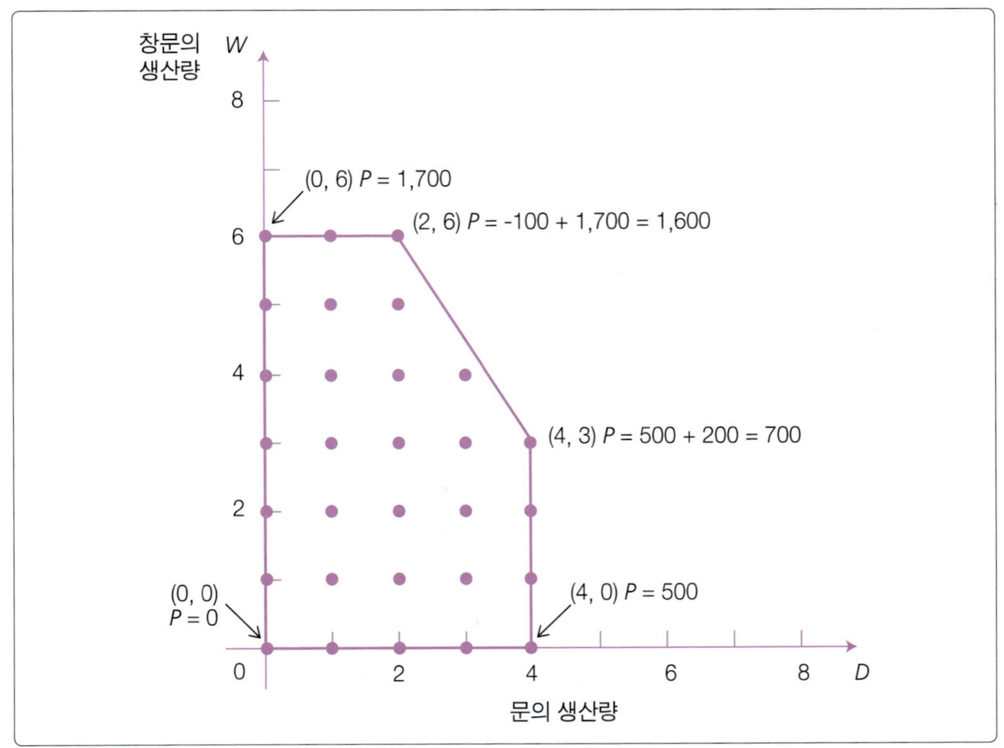

$$P = 3{,}600 - 700 - 1{,}300 = 1{,}600$$

이런 이유로 선형계획법의 도해적 방법을 준비비가 발생하는 변형 문제에는 사용할 수가 없다.

이제는 엑셀 해찾기가 이 문제의 해를 구할 수 있도록 하기 위해 어떻게 모형화하는가를 살펴보자. 〈표 10-6〉은 각 제품에 의해 발생하는 순이익이 더 이상 제품의 생산량에 비례하지 않는다는 것을 보여주고 있다. 다시 말해, 이 문제는 선형계획법이나 순수BIP의 요건을 만족시키지 못한다. 준비비가 고려되지 않은 원래의 문제에서는 목적함수가 간단히 $P=300D+500W$이었다. 변형 문제에서는 이 목적함수에서 생산할 제품의 준비비를 차감하고 생산하지 않을 제품의 준비비는 차감하지 말아야 한다. 이런 점이 모형화 작업을 어렵게 만든다. 이를 해결하기 위해 이진변수가 활용되는 것이다.

이진변수를 이용한 모형 작성

이 문제에서는 각 제품에 대해 그 제품의 생산을 개시하기 위한 준비를 할 것인가에 대한 가부 의사결정을 내려야 한다. 이 의사결정이 yes일 경우에만 준비비가 발생한다. 그러므로 각 제품에 하나의 이진변수를 도입하여 생산 준비를 하느냐 여부에 따라 다음과 같이 이진변수의 값이 1 또는 0의 값을 갖게 한다.

$$y_1 = \begin{cases} 1, \text{ 문을 생산하기 위해 생산 준비를 할 경우} \\ 0, \text{ 아닌 경우} \end{cases}$$

$$y_2 = \begin{cases} 1, \text{ 문을 생산하기 위해 생산 준비를 할 경우} \\ 0, \text{ 아닌 경우} \end{cases}$$

그러면 위에 정의한 이진변수를 이용하여 목적함수를 다음과 같이 작성할 수 있다.

$$P = 300D + 500W - 700y_1 - 1{,}300y_2$$

생산 준비는 해당 제품을 생산할 경우에만 필요한 것이므로, 이진변수는 다음과 같이 해당 제품의 생산량과 직접 관련시켜 정의할 수 있다.

$$y_1 = \begin{cases} 1, & D > 0 \\ 0, & D = 0 \end{cases}$$

$$y_2 = \begin{cases} 1, & W > 0 \\ 0, & W = 0 \end{cases}$$

변수 간의 이러한 관계가 유지되도록 모형에 적절한 제약조건식을 추가해야 한다. (모형을 푸는 알고리즘은 변수의 정의는 인지하지 못하고, 목적함수와 제약식만을 인지한다.)

그럼 모형에 포함시켜야 할 제약조건식은 어떤 것들인가? 원래 문제의 제약식은 모두 필요

응용사례

Vattenfall(스웨덴어로 '폭포')사는 스웨덴 정부 소유의 다국적 전력회사다. 2만여 명의 직원을 가진 유럽 최대의 전력과 난방의 생산 및 소매업체 중 하나로서 독일, 네덜란드, 덴마크, 영국, 그리고 스웨덴에 대규모 시장점유율을 갖는다.

위 국가들은 기후변화 대응에 앞장서 왔고, Vattenfall사는 화석연료의 비중으로 줄이며 이런 움직임의 선두주자가 되었다. 한 세대 안에 화석연료 없는 세상을 만들 것을 약속했고, 2019년부로 풍력, 태양력, 수력 등의 재생에너지가 회사의 총 에너지 생산력의 35%을 차지한다. 지속가능한 에너지 시스템으로의 전환으로, 화석연료 없는 세상을 한 세대안에 이루겠다는 목표를 발표하였다.

이 목표를 위해, Vattenfall사의 풍력 부문은 세계 2위의 해상풍력발전 개발자로서, 수많은 대규모 해상풍력발전소들을 운영 및 개발중이다. 풍력발전소에 대한 연간 투자예산은 약 15억 유로(약 17.5억 달러)다. 한 사례로, Vattenfall사는 2021년 12월에 덴마크의 약 35만 이상 가구의 전력소비를 감당할 두 개의 해상풍력발전소 개발을 위해 7.69억에 달하는 투자를 발표하였다.

이런 성공의 비결은 Vattenfall사가 몇 년 전부터 해상풍력발전소 개발에 규범적인 분석을 적용하여 분야의 선구자가 되었다는 것이다. 규범적인 분석에 주로 사용된 기법은 혼합이진정수계획법(혼합BIP)이다.

해상풍력발전소의 전통적인 설계는 여러 풍력 터빈을 일자로 길게 배치하는 것이다. 단점으로 바람이 터빈 하나에 부딪히면 그 흐름이 방해되어 그 이후의 터빈에 충돌하는 강도가 약화된다는 것이다. 웨이크 효과로 불리는 이 현상은 10~20% 가량의 평균 전력 손실을 유발한다. 규범적인 분석을 통한 풍력 터빈 배치의 최적화는 웨이크 효과를 상당히 감소시킬 수 있다. 이런 복잡한 최적화 작업은 어떻게 이루어지는가? 여기서 혼합BIP가 효과적으로 사용된다. 전형적인 풍력발전소에서는 터빈의 가능한 배치 위치는 20만 곳 이상이다. 각 위치에서 이진변수로 터빈 배치 유무를 결정할 수 있다. 바람의 강도와 방향은 예측 불가능하기 때문에, 수천 개의 바람 시나리오의 각 확률에 대해 가중치를 두어 인근 터빈의 각 쌍에 대한 웨이크 효과를 예측해야 한다. 이런 복잡한 대규모 BIP 모형은 풀기 위해, 적합한 알고리즘(주로 혼합BIP 알고리즘)으로 전체적인 과정을 계산이 가능한 여러 문제로 나누어야 한다. 대대적인 연구(본 도서의 공동저자의 박사논문연구를 포함하여)를 통해 성공적으로 전체적인 과정을 개발하였다.

풍력발전소의 배치를 완성한 후, 규범적인 분석을 다시 적용하여 해상 변전소에 전력을 공급 할 전선 라우팅을 최적화한다. 이를 위해 각 터빈을 전선으로 서로 연결하며 해상 변전소와도 연결해야한다. 혼합BIP를 재차 활용하여 단기적, 장기적 비용을 최소화 하도록 최적설계를 한다. 주요 이진결정변수는 각 터빈의 특정 전선 종류를 통한 다른 터빈(혹은 변전소)과의 연결 유무를 결정하는 변수다.

이러한 혼합BIP의 혁신적인 응용은 Vattenfall사에 커다란 이익이 되었다. 아래에 인용된 논문이 출판될 시기까지 개발했거나 개발 중이었던 풍력발전소를 고려했을 때, 이러한 혁신적인 최적화 도구는 Vattenfall사에 1.5억 유로 이상의 순현재가치(NPV)를 제공하였다.

특히 사회적인 관점에서, Vattenfall사는 기후변화 대응에 상당한 기여를 하였다. 기후변화 대응 캠페인의 중점적인 목표는 재생 에너지와 저탄소 에너지 비용을 절감하는 것이었고, 이에 Vattenfall사는 큰 도움이 되었다.

규범적인 분석의 놀라운 적용으로 Franz Edelman 상2019년도 국제 대회에서 Vattenfall사는 세계결선 진출자가 되었다.

출처: M. Fischetti, J. R. Kristoffersen, T. Hjort, M. Monaci, and D. Pisinger, "Vattenfall Optimizes Offshore Wind Farm Design," *INFORMS Journal on Applied Analytics*, 50, no. 1, (January-February 2020): 80–94. (이 사례에 대한 링크는 www.mhhe.com/Hillier7e에서 볼 수 있다.)

하고, D와 W는 정수변수이며, y_1과 y_2는 이진변수이어야 한다는 제약조건식도 필요하다. 또한, 다음의 관계를 보장하는 일반적인 선형계획법 제약식도 필요하다.

$$y_1 = 0\text{이면 } D = 0.$$

$$y_2 = 0\text{이면 } W = 0.$$

(y_1=1인 경우는 D에 이미 부과된 제약조건식 이외의 추가 제약은 없으며, y_2=1인 경우는 W에 이미 부과된 제약조건식 이외의 추가 제약은 없다.)

엑셀에서는 앞에서 언급한 y_1과 D, y_2와 W 사이의 관계를 IF 함수를 통하여 표현할 수 있다. 그러나 IF 함수는 선형계획법의 가정에 위배된다. 따라서 엑셀 해찾기는 IF 함수가 포함되어 있는 스프레드시트 모형을 풀 수 없다. 그러므로 이 관계를 제대로 표현하려면 일반적인 선형계획 제약조건식을 이용하여 모형을 작성하는 것이 필요하다.

D와 W에 이미 부여된 기존 제약식 $0 \leq D \leq 4$, $0 \leq W \leq 6$을 이용하여, 위에서 설명한 y_1과 D, y_2와 W 사이의 관계를 보장하는 다음과 같은 일반적인 선형계획 제약조건식을 이용하면 된다.

$$D \leq 4y_1$$
$$W \leq 6y_2$$

여기서 y_1=0이면 $D \leq 0$이 되어 결국 D=0이지만, y_1=1이면 $D \leq 4$ 가 되어서 D는 제약식을 만족하는 범위 내에서 어떠한 값도 가질 수 있다. y_2에 대해서도 마찬가지이다.

위 두 제약식에서 y_1과 y_2의 각 계수를 반드시 4와 6으로 할 필요는 없다. 4와 6보다 큰 수이면 동일한 효과를 갖는다. 그러나 이보다 작은 수이면 y_1=1, y_2=1인 경우에 D, W에 불필요한 제약을 주게 되므로 이보다 작은 수는 피해야 한다.

크기가 큰 문제에서는 이진변수의 계수에 대한 허용 가능한 최솟값을 정하는 것이 어려울 때가 많다. 이러한 경우에는 허용 가능한 최솟값보다 충분히 큰 수(이 사례에서는 99)를 사용하여 모형화하는 것이 일반적이다.

일반적으로는, 양을 결정하는 x가 0보다 크기 위해선 이에 상응하는 가부 의사결정변수 y가 1이어야 할 경우를 x ≤ 99y와 같은 **큰 수 제약**big-number constraint으로 강제할 수가 있다. y=0이라면 $x \leq 0$이 되면서 비음제약 $x \geq 0$로 인해 x=0가 된다. y=1이라면 이는 $x \leq 99$가 된다. 이때 큰 수(해당 예시로는 99)는 충분히 큰 수치로 지정하여 x를 초과하도록 한다.

지금까지 논의한 것을 바탕으로 이 문제에 대한 혼합BIP 모형을 작성할 수가 있다.

Wyndor Glass사의 변형 문제에 대한 혼합BIP 스프레드시트 모형

〈그림 10-8〉은 이진변수의 계수로 99를 사용한 모형 수립 방법을 보여주고 있다. 첫 14행은 5.2절의 원래 문제의 것과 같고 차이는 스프레드시트의 15~17행에 있다. 이진 보조변수 y_1과 y_2의 값은 추가된 변수셀인 Setup?(C17:D17)에 나타난다. 〈그림 10-8〉의 하단에는 16번째 행의 출력셀에 들어간 식 C16=99*C17과 D16=99*D17을 보여주고 있다. 따라서 제약식 UnitsProduced(C14:D14)≤OnlyIfSetup(C16:D16)은 $D \leq 99y_1$과 $W \leq 99y_2$의 관계를 만족하도록 제약한다.

이 스프레드시트의 변수셀은 엑셀 해찾기로 구한 최적해를 보여주고 있다. 이 최적해에 따

〈그림 10-8〉 Wyndor사의 변형 문제를 위한 혼합BIP 모형에 대한 스프레드시트

	A	B	C	D	E	F	G	H
1	Wyndor Glass Co. Product-Mix with Setup Costs							
2								
3			Doors	Windows				
4		Unit Profit	$300	$500				
5		Setup Cost	$700	$1,300				
6								
7					Hours		Hours	
8			Hours Used per Unit Produced		Used		Available	
9		Plant 1	1	0	0	≤	4	
10		Plant 2	0	2	12	≤	12	
11		Plant 3	3	2	12	≤	18	
12								
13			Doors	Windows				
14		Units Produced	0	6				
15			≤	≤	Big Number	Production Profit		$3,000
16		Only if Set Up	0	99	99	–Total Setup Cost		$1,300
17		Setup?	0	1			Total Profit	$1,700

Solver Parameters

Set Objective Cell: TotalProfit
To: Max
By Changing Variable Cells:
UnitsProduced, Setup?
Subject to the Constraints:
Setup? = binary
UnitsProduced = integer
HoursUsed <= HoursAvailable
UnitsProduced <= OnlyIfSetup

Solver Options:
Make Variables Nonnegative
Solving Method: Simplex LP

Range Name	Cells
BigNumber	E16
HoursAvailable	G9:G11
HoursUsed	E9:E11
HoursUsedPerUnitProduced	C9:D11
OnlyIfSetUp	C16:D16
ProductionProfit	H15
Setup?	C17:D17
SetupCost	C5:D5
TotalProfit	H17
TotalSetupCost	H16
UnitProfit	C4:D4
UnitsProduced	C14:D14

	E
7	Hours
8	Used
9	=SUMPRODUCT(C9:D9,UnitsProduced)
10	=SUMPRODUCT(C10:D10,UnitsProduced)
11	=SUMPRODUCT(C11:D11,UnitsProduced)

	B	C	D
16	Only if Set Up	=BigNumber*C17	=BigNumber*D17

	G	H
15	Production Profit	=SUMPRODUCT(UnitProfit,UnitsProduced)
16	–Total Setup Cost	=SUMPRODUCT(SetupCost,Setup?)
17	Total Profit	=ProductionProfit – TotalSetupCost

르면 문은 생산하지 않아야 하며(y_1=0, D=0), 창문은 6개를 생산해야 하고, 이를 위해 창문 생산을 위한 생산 준비를 하고(y_2=1, W=6) 1,700달러의 순이익을 얻는다.

이 최적해는 y_1=0일 때 D=0이고, y_2=1일 때 $W>0$이어야 하는 요구조건을 충족시킨다. 물론 제약식은 생산을 위한 준비비를 투입하고도 생산을 하지 않는 경우를 허용하지만(즉, y_1=1이면서 D=0 또는 y_2=1이면서 W=0), 목적함수를 최대화하기 위해서는 이유 없이 (생산을 하지 않으면서) 준비비를 투입하는 어리석은 경우가 발생하지 않도록 하면서 최적해를 구하게 된다.

복습문제

1. 혼합BIP문제는 순수BIP문제와 어떤 차이점이 있는가?
2. 생산 준비비가 발생하는 제품혼합문제에서 왜 선형계획모형의 작성 방법이 더 이상 유효하지 않는가?
3. 어떤 제품의 생산을 하기 위한 준비가 필요하느냐의 여부를 어떻게 이진변수로 정의할 수 있는가?
4. Wyndor Glass사의 변형 문제의 최적해가 원래의 Wyndor Glass사 문제의 최적해와 다르게 되는 원인은 무엇인가?

10.7 요약

정수계획법 문제는 일부 또는 전체 결정변수가 정수값이라는 점을 제외하고 선형계획법과 동일한 구조의 문제이며, 흔한 문제 유형이다. 특정 경우에는 정수로 제약된 변수가 이진변수이며, 가부 의사결정을 나타내는 데 유용하다.

경영자는 주어진 대안[option]을 선택할지[yes] 또는 거부할지[no]의 두 가지 중 하나를 택해야 하는 가부[yes-or-no] 의사결정을 할 상황에 종종 처하게 된다. 이진정수계획(BIP)모형에서는 하나의 이진결정변수가 하나의 대안에 대한 선택 여부를 나타내는데, 여러 개의 이진변수를 사용하여 여러 개의 대안에 대한 선택 여부를 동시에 고려할 수 있다. 혼합BIP 모형에는 이진변수 외에도 연속형 결정변수들이 포함된다.

California Manufacturing사의 사례에서는 특정 도시에 공장을 신설할지의 여부를 결정하는 가부 의사결정과 특정 도시에 창고를 신설할지의 여부를 결정하는 가부 의사결정을 다룬다. 이 사례는 상호배타적 대안과 조건부 의사결정을 모형화하는 것을 보여줄 뿐 아니라 BIP 모형에 대한 민감도 분석을 실행하는 것을 보여준다.

많은 기업이 다양한 현실 문제에 대한 BIP 모형을 만들고 분석하여 수백만 달러의 이득을 보았다. 이 장에서 우리는 프로젝트(연구개발 프로젝트)의 선정, 시설(소방서와 같은 응급서비스 시설)의 위치 선정, 여행산업(항공사)의 승무원 일정계획 등과 같은 대단히 중요한 몇 가지 예를 다루어 보았다. 뿐만 아니라 제품혼합문제를 다루면서 생산 개시를 위해 발생하는 준비비를 고려하기 위해 혼합BIP 모형을 어떻게 활용하는지도 배웠다.

용어

가부 의사결정 yes-or-no decision 하나의 의사결정에서 yes이면 선택 사항을 취하고, no이면 취하지 않는 의사결정. (10.1절)

상호배타적 대안 mutually exclusive alternative 하나의 대안 집합에서 한 대안이 선택되면 다른 대안은 선택되지 못하는 대안들. (10.2절)

연속변수 가정 continuous-variables assumption 결정변수가 실행가능한 범위 내의 (정수에 국한되지 않은) 모든 비음수값을 가질 수 있다는 가정. (10.1절)

이진결정변수 binary decision variable 가부 의사결정을 나타내는 이진변수로서, 1이면 yes, 0이면 no를 의미한다. (10.1절)

이진변수 binary variable 0 또는 1의 값만을 갖는 변수. (10.1절)

이진정수계획법 binary integer programming 일부 또는 전체 변수들이 이진변수라는 점을 제외하고 선형계획법과 동일한 구조의 문제 또는 모형. (10.1절)

정수계획법 integer programming 결정변수의 일부 또는 전체가 정수값인 문제 또는 모형. (10.1절)

조건부 의사결정 contingent decision 다른 가부 의사결정이 yes인 경우에만 yes 결정을 내릴 수 있는 가부 의사결정. (10.2절)

큰 수 제약 Big-number constraint $x \leq$(큰 수) y의 형태를 가진 제약으로, 양을 결정하는 x가 0을 초과하는 것은 가부 의사결정변수 y가 1일 때만 가능하도록 강제한다. (10.6절)

BIP 이진정수계획법(binary integer programming)의 약자. (10.1절)

set covering 문제 set covering problem 목적함수를 최소화하면서 모든 함수 제약조건식이 set covering 제약조건식으로 된 BIP문제. (10.4절)

set covering 제약조건식 set covering constraint 몇 개의 이진변수의 합이 1 이상이 되어야 한다는 제약조건식. (10.4절)

이 장에 대한 학습지원

모든 학습지원 자료는 www.mhhe.com/Hillier7e에 제공된다.

엑셀 파일:

California Mfg.
Tazer Corp.
Caliente City
Southwestern Airways
Revised Wyndor

엑셀 추가기능:

Analytic Solver

이 장의 보충 자료:

Advanced Formulation Techniques for Binary Integer Programming
Some Perspectives on Solving Binary Integer Programming Problems

학습문제

풀이는 www.mhhe.com/Hillier7e에서 볼 수 있다.

10.S1. 조건부 제약이 있는 자본예산

어느 회사는 앞으로 수년간의 자본예산(capital budget) 계획을 수립하려 한다. 현재 검토 중인 8개의 프로젝트가 있다. 각 프로젝트에 대한 기대 순현가(NPV)와 각 프로젝트로 인해 향후 4년간 발생할 현금유출액이 계산되었다. 이와 더불어 각 연도에 사용 가능한 현금 규모가 다음 표에 있다. 이 문제에는 다음과 같은 세 가지 조건부 제약이 있다. (1) 프로젝트 1, 2, 3 중 적어도 하나는 수행해야 한다. (2) 프로젝트 6과 7 둘 다 수행할 수는 없다. (3) 프로젝트 5는 프로젝트 6을 수행할 경우에 한 해 수행 가능하다. 총 기대순현가가 최대가 되도록 프로젝트를 선정하기 위해 BIP 모형을 스프레드시트로 작성하고 해를 구하시오.

	연도별 프로젝트별 현금유출액 (단위: 100만 달러)								
	프로젝트								사용 가능한 현금규모
	1	2	3	4	5	6	7	8	
첫 해	1	3	0	3	3	7	2	5	20
둘째 해	2	2	2	2	2	3	3	4	20
셋째 해	2	3	4	2	3	3	6	2	20
넷째 해	2	1	0	5	4	2	1	2	20
순현가(단위: 100만 달러)	10	12	11	15	24	17	16	18	

10.S2. 구조팀의 위치 선정

워싱턴주 의회는 구조팀의 위치를 결정하려 한다. 구조팀은 유지 · 운영 비용이 적지 않기 때문에 적정 수준의 서비스를 제공하는 범위 내에서 가급적 적게 유지하려 한다. 구조팀 운영에서 가장 중요한 사항은 응답시간이기 때문에 주내의 각 카운티(county)는 그 카운티 내에 또는 바로 인접한 카운티에 하나의 구조팀이 있어야 한다. 구조팀을 둘 카운티를 결정하기 위한 BIP 모형을 스프레드시트에 작성하고 해를 구하시오.

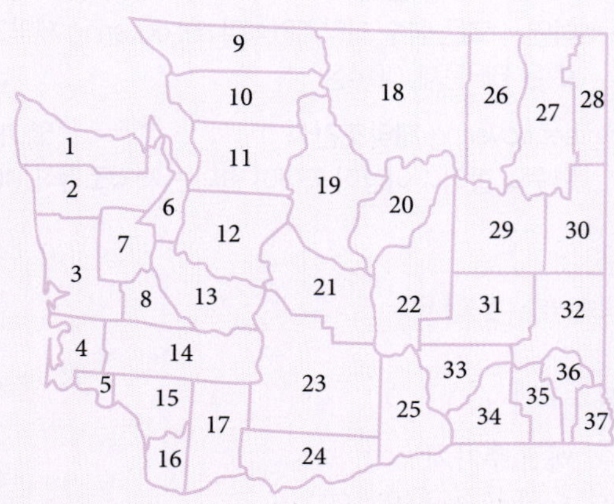

Counties

1. Clallum
2. Jefferson
3. Grays Harbor
4. Pacific
5. Wahkiakum
6. Kitsap
7. Mason
8. Thurston
9. Whatcom
10. Skagit
11. Snohomish
12. King
13. Pierce
14. Lewis
15. Cowlitz
16. Clark
17. Skamania
18. Okanogan
19. Chelan
20. Douglas
21. Kittitas
22. Grant
23. Yakima
24. Klickitat
25. Benton
26. Ferry
27. Stevens
28. Pend Oreille
29. Lincoln
30. Spokane
31. Adams
32. Whitman
33. Franklin
34. Walla Walla
35. Columbia
36. Garfield
37. Asotin

10.S3. 창고의 위치 선정

한 종류의 제품을 2곳의 공장에서 생산하여 5개의 지역에 있는 고객에게 공급하는 작은 기업이 있다. 이 회사는 여러 지역에서 들어오는 주문량에 맞추어 제품을 생산하는 정책을 쓰고 있다. 이 회사 경영진은 산발적으로 들어오는 주문으로 인해 생산계획이 불안정해지는 것을 최소화하고 생산율을 안정적으로 유지하기 위해, 제품을 생산하여 여러 지역에 있는 보관 창고에 보내고 이 재고를 이용하여 그 지역의 주문(수요)을 충족시키기로 결정하였다.

이제 경영진은 보관 창고를 어디에 둘 것인지를 결정해야 한다. 현재 검토 중인 위치는 3곳이다. 각 위치별로 창고를 임대하고 운영하려면 매월 고정비가 발생한다. 또한, 각 위치별로 월간 입고 가능한 최대량이 있다. 제품 한 단위의 생산비용은 공장1에서 400달러이고, 공장2에서는 300달러이다. 각 공장에서 검토 중인 3곳의 창고 위치로 제품의 단위 수송비는 다음 첫 번째 표에 있다. 각 위치에 창고를 운영할 경우 발생할 월간 고정비용, 수송비용, 월간 최대 입고량은 두 번째 표에 있다. 그리고 각 지역의 월간 수요량은 각각 200, 225, 100, 150, 175이다. 어느 위치에 창고를 둘 것인지, 그리고 공장으로부터 창고로, 창고로부터 고객(지역)으로 제품을 얼마씩 운송할 것인지를 결정하기 위한 BIP 모형을 스프레드시트에 작성하고 해를 구하시오.

〈수송비용 및 공장의 생산능력〉

	단위 수송비(단위: 달러)			월간 생산 가능량
	창고 1	창고 2	창고 3	
공장 1	25	50	75	500
공장 2	50	75	25	400

〈창고의 고정비, 수송비용, 창고의 최대 입고량〉

	월간 고정비	단위 수송비(단위: 달러)					월간 최대 입고량
		지역1	지역2	지역3	지역4	지역5	
창고 1	50,000달러	30	70	75	55	40	700개
창고 2	30,000달러	55	30	45	45	70	500개
창고 3	70,000달러	70	30	50	60	55	1,000개

연습문제

문제 왼쪽에 AS가 있는 경우에는 Analytic Solver가 필요한 경우이다. 번호에 별표(*)가 있는 문제는 책 뒷부분에 정답의 일부가 있다.

10.1 10.2절에 소개된 CM사의 사례를 다시 보기로 하자. 샌디에이고 시장은 이 회사 사장을 만나서 공장과, 가능하면 창고까지 샌디에이고에 건설해 달라고 설득하였다. 그래서 이 회사는 샌디에이고시가 제공할 감세 혜택을 감안하여 샌디에이고에 공장을 건설할 경우의 투자소요자금과 순현가를 계산해본 결과 각각 400만 달러와 700만 달러이고, 창고의 경우 투자소요자금과 순현가는 각각 300만 달러와 500만 달러이다. 원래 문제에서와 마찬가지로 창고를 지으려면 공장이 건설되어야 한다. 이 회사 사장은 이 새로운 대안을 추가하여 다시 분석할 것을 지시했다. 원래 문제와 마찬가지로 총순현가를 최대화하는 것을 목적으로 하고, 총투자가능자금은 1,000만 달러이다.

a. 이 문제의 BIP 모형을 대수적으로 작성하시오.

b. 이 문제의 BIP 모형을 스프레드시트로 작성하고 해를 구하시오.

10.2* 젊은 부부 Eve와 Steven은 가사(장보기, 요리, 설거지, 세탁)를 분담하기로 했다. 각자 두 가지 일만을 하고, 총소비시간을 최소로 하기를 원한다. 가사에 대한 각자의 효율은 다른데, 가사별 두 사람의 소비시간은 다음 표와 같다.

	주당 소비시간(단위: 시간)			
	장보기	요리	설거지	세탁
Eve	4.5	7.8	3.6	2.9
Steven	4.9	7.2	4.3	3.1

a. 이 문제의 BIP 모형을 대수적으로 작성하시오.

b. 이 문제의 BIP 모형을 스프레드시트로 작성하고 해를 구하시오.

10.3 부동산 개발업체인 Peterson & Johnson은 다음 표의 다섯 가지 개발 프로젝트에 투자할 것을 고려하고 있다. 이 회사는 개발 프로젝트에 투자할 자금 2,000만 달러를 확보하고 있다. 이 다섯 가지 프로젝트 중 어떤 것들을 선택하여 투자해야 총이익이 최대화되는가?

	개발 프로젝트(단위: 100만 달러)				
	1	2	3	4	5
추정이익	1	1.8	1.6	0.8	1.4
소요자금	6	12	10	4	8

a. 이 문제의 BIP 모형을 대수적으로 작성하시오.

b. 이 문제의 BIP 모형을 스프레드시트로 작성하고 해를 구하시오.

ASc. Analytic Solver를 가지고 매개변수 분석 보고서를 생성하여 총투자가능자금에 대한 민감도 분석을 실시하되, 총투자가능자금 1,600, 1,800, 2,000, 2,200, 2,400, 2,600, 2,800, 3,000만 달러에 대해서 하시오. 매개변수 분석 보고서에는 변수셀, 목표셀을 포함시키시오.

10.4 General Wheels사의 이사회는 일곱 가지 대규모 투자대안에 대해 투자를 고려하고 있다. 이들 투자대안의 추정이익과 소요자금은 다음 표와 같다(단위: 100만 달러).

투자대안	추정이익	소요자금
1	17	43
2	10	28
3	15	34
4	19	48
5	7	17
6	13	32
7	9	23

총투자가능자금은 1억 달러이며, 투자대안 1과 2는 상호배타적 대안이며, 투자대안 3과 4도 그렇다. 또한, 투자

대안 1과 2 중 적어도 하나에 투자할 경우에 한해 투자대안 3 또는 4에 투자할 수 있다. 투자대안 5, 6, 7에 대해서는 이러한 제약이 없다. 이 일곱 가지 투자 대안 중 어떤 것들을 선택하여 투자해야 총이익이 최대화되는가?

a. 이 문제의 BIP 모형을 스프레드시트로 작성하고 해를 구하시오.

ASb. Analytic Solver로 매개변수 분석 보고서를 생성하여 총투자가능자금에 대한 민감도 분석을 실시하되, 총투자가능자금 8,000만 달러, 9,000만 달러, 1억 달러, 1억1,000만 달러, …, 2억 달러에 대해서 하시오. 매개변수 분석 보고서에는 변수셀, 목표셀을 포함시키시오.

10.5 Fly-Right사는 대기업 임원이 타는 소형제트기를 제작 판매한다. 고객사들은 종종 임원들의 취향에 맞도록 주문 제작을 원한다. 이 경우 생산 준비비가 적지 않게 발생한다. Fly-Right사는 최근 세 고객사로부터 주문을 받았다. 그러나 Fly-Right사의 생산설비는 이전에 주문받은 것들의 생산을 위해 대부분 투입되어 있는 상태라서 최근에 받은 주문을 다 수용하기가 어렵다. 따라서 Fly-Rihgt사는 최근 주문한 세 고객사 각각에게 몇 대의 항공기를 생산해줄 것인지를 결정해야 한다. 관련 자료는 아래 표와 같다. 첫 번째 행은 생산 준비비를, 둘째 행은 대당 한계순수익(판매가-한계생산비용)을, 셋째 행은 항공기 1대 생산에 소요되는 남은 생산용량에 대한 비율을, 마지막 행은 고객사별 요구하는 항공기 대수이다.

	고객 1	고객 2	고객 3
생산 준비비 (달러)	300만	200만	0
한계 순수익 (달러)	200만	300만	80만
소요되는 생산용량비율	20%	40%	20%
최대 요구 대수	3대	2대	5대

Fly-Right사는 총이익(총순수익-생산 준비비의 합)을 최대화하기 위해 고객별로 몇 대씩의 항공기를 제작 판매해야 하는지를 결정해야 한다. 정수변수와 이진변수를 사용하여 이 문제의 스프레드시트를 작성하고 해를 구하시오.

10.6* 다음 그림과 같은, 9.4절에서 설명한, 최단경로문제를 고려해보자. 이 네트워크상의 모든 경로는 우측으로만 이동이 가능하다. 각 링크 위에 표시된 숫자는 거리(단위: 마일)를 나타내며, 이 문제의 목적은 출발지(마디 O)로부터 목적지(마디 T)까지의 최단경로를 찾는 것이다.

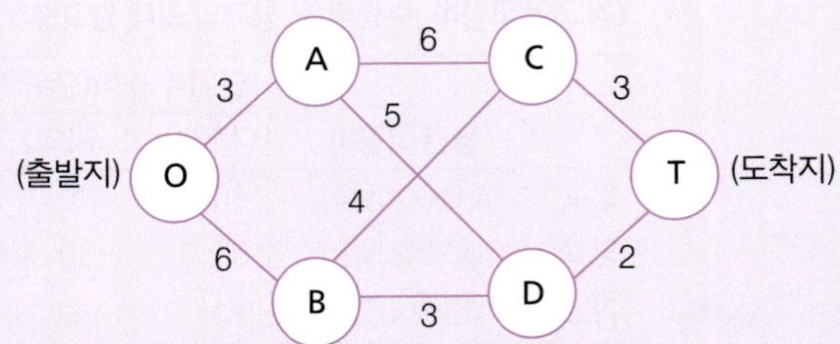

이 문제는 상호배타적 대안과 조건부 의사결정이 포함된 BIP 모형으로 분석이 가능하다. 이 문제의 BIP 모형을 스프레드시트로 작성하고 해를 구하시오. (1) 상호배타적 대안과 (2) 조건부 의사결정을 나타내는 제약식을 밝히고 설명하시오.

10.7 Speedy Delivery사는 미국 전역에서 2일 배달서비스를 하고 있다. 각 취합장에서 매일 아침 지난밤에 도착한 소포들을 배달 트럭에 선적한다. 이 사업의 경쟁력은 배달의 신속성에 있기 때문에 각 화물은 배달지 인근을 담당하는 배달 트럭에 선적되어 배달에 소요되는 평균시간을 최소화한다.

취합장 책임자인 Sharon Lofton은 배달 지점이 상이한 9개 소포를 3대의 트럭에 어떻게 할당할 것인가를 결정해야 한다. 우선 본사에서 제공한 의사결정지원시스템 패키지인 Dispatcher에 배달지점들을 입력한다. 그러면 Dispatcher는 자동적으로 배달 트럭이 이동할 여러 가능한 경로와 추정 소요시간을 생성시켜 준다. (생성경로들은 다음 표에 기술되어 있는데, 각 열에 있는 숫자는 배달 순서를 나타낸다.)

배달 지점	가능한 경로									
	1	2	3	4	5	6	7	8	9	10
A	1				1				1	
B		2		1		2			2	2
C	2		3	3			3		3	
D	2					1		1		
E			2	2		3				
F		1			2					
G	3						1	2		3
H			1		3					1
I		3		4			2			
소요시간	6	4	7	5	4	6	5	3	7	6

Sharon Lofton은 이들 경로 중 오늘 사용할 수 없는 것을 배제시킬 수 있는데, 오늘은 그런 것이 없었다(예를 들어 컴퓨터는 홍수 때문에 도로가 폐쇄되어 사용할 수 없는 경로를 모름). Sharon은 배제된 경로를 제외하고 나머지 경로는 승인한다. Dispatcher는 각 배달지점을, 하나의 경

로에 포함되면서 총소요시간을 최소화하는 3개의 경로를 선정하기 위해 BIP 모형을 만들고 최적해를 구한다.

a. 표에 있는 자료를 이용하여 Dispatcher가 정립한 BIP 모형을 스프레드시트에 기술하고 푸시오.

b. a의 문제가 10.4절의 항공사 승무원 일정계획 문제와 어떻게 유사한지를 설명하시오.

10.8 은퇴 후 따듯한 지역으로 이사 가는 미국인의 수가 증가하고 있다. 이러한 추세를 사업의 기회로 활용하기 위해 Sunny Skies사는 대형 부동산 개발 프로젝트를 수행중이다. 이 프로젝트는 완전히 새로운 실버타운을 건설하는 것이다. 프로젝트 진행 시 결정해야 할 사항 중 하나는 응급환자에 대한 조치를 취할 수 있는 2개의 진료소 위치를 선정하는 것이다. 실버타운은 5개의 구역(tract)으로 나누어져 있는데, 한 구역에 두 진료소가 설치되어서는 안 된다. 한 진료소는 그 진료소가 설치된 구역뿐만 아니라 할당된 다른 구역도 담당해야 한다. 따라서 결정해야 할 사항은 ① 진료소가 설치될 2개의 구역과 ② 각 진료소가 담당할 진료소가 설치되지 않은 다른 구역들이다. 목적함수는 모든 구역의 응급환자에 대한 대응시간의 평균을 최소화하는 것이다.

다음 표는 맨 왼쪽 열에 표시된 구역에 진료소가 위치하는 경우에 맨 위 행에 표시된 구역에서 발생한 응급환자에 대한 평균 대응시간을 나타낸다(단위: 분). 또한, 맨 마지막 행에는 각 구역별 하루 동안 평균 응급환자의 발생건수를 나타내고 있다.

		진료소가 위치할 구역					일일응급환자 평균발생건수
		1	2	3	4	5	
구역 응급 환자에 대한 대응 시간(분)	1	5	20	15	25	10	2
	2	12	4	20	15	25	1
	3	30	15	6	25	15	3
	4	20	10	15	4	12	1
	5	15	25	12	10	5	3

이 문제의 BIP 모형을 스프레드시트에 작성하고 푸시오. 그리고 상호배타적 대안과 조건부 의사결정을 나타내는 제약조건식이 어느 것인지를 말하시오.

10.9 문제 10.8의 Sunny Skies사 문제에서 진료소의 위치 결정을 대응시간의 최소화가 아니라 이번에는 비용을 기준으로 의사결정을 하고자 한다. 각 구역에 진료소를 설치하는 비용은 구역1부터 구역 5까지 각각 20만, 25만, 40만, 30만, 50만 달러이다. 문제의 목적은 각 구역에서 발생하는 응급환자에 대한 대응시간이 평균 15분 이하가 되도록 하면서 진료소 설치에 드는 총비용을 최소로 하는 진료소 설치 구역을 결정하는 것이다. 문제 10.8과 또 하나 다른 점은 진료소의 개수를 2개로 고정시키지 않는다는 것이다. 그리고 15분 이내 대응할 수 있는 진료소가 2개 이상인 구역에는 진료소를 설치할 필요가 없다.

a. 5개의 이진변수로 이 문제를 위한 순수BIP 모형의 수식을 적어보시오.

b. 이 문제를 스프레드시트로 푸시오.

10.10 10.5절에 소개된 Southwestern 항공사의 승무원 일정계획에 관한 문제를 다시 생각해보자. 시카고 지역의 폭설로 인해 시카고 공항에서 출발하거나 도착하는 노선(노선번호 4, 6, 7, 9)은 당분간 모두 취소되었다. 따라서 〈표 10-5〉의 남은 7개 노선을 관장할 새로운 승무원 일정계획을 수립해야 한다. 운항 일정은 취소된 4개의 노선을 제외한 상태에서 12개가 그대로 존재한다. 즉, 시카고에서 출도착하는 노선이 포함된 운항 일정은 해당 노선이 취소되었기 때문에 시카고가 빠지고 그 다음 도시로 연결된다. 예를 들어 4번째 운항 일정은 SF-LA-Denver-SF로 변경된다. 여기서 LA- Denver 노선은 표에 나타나 있지 않으며, 4번째 운항 일정에 배정된 승무원은 LA-Denver 노선에서는 근무를 하지 않고, Denver-SF 노선의 근무를 위해 승객처럼 탑승하여 덴버까지 간다. 5번째 운항 일정은 덴버와 시카고 간의 왕복노선이 포함되어 있다. 이 운항 일정에 배정된 승무원은 SF-Denver 노선에서 근무한 다음, 덴버에서 일정시간 기다린 후 Denver-SF 노선에서 근무하게 된다. 승무원 1명을 운항 일정에 배정하는 데 발생하는 인건비는 전(〈표 10-5〉의 맨 아래 행)과 동일하다.

이 문제의 목적은 원래 문제와 마찬가지로 배정된 승무원 인건비의 합을 최소화하는 것이다. 이 문제에서는 11개 노선이 아니라 7개 노선만이 있기 때문에 승무원을 3명까지 배정하지 않을 수도 있다. (승무원이 승객처럼 탑승하는(근무하지 않는) 노선은 이 문제에서 고려할 필요가 없다. 왜냐하면 이들 노선에는 SF에 기반을 둔 승무원이 아닌 다른 승무원이 이미 배정되어 있기 때문이다.)

a. 이 문제의 BIP 모형을 대수적으로 작성하시오.

b. 이 문제의 BIP 모형을 스프레드시트로 작성하고 해를 구하시오.

10.11 Yakima 건설(YCC)은 5개의 개발 프로젝트를 검토하고 있다. 각 프로젝트를 완료할 때까지 발생할 연도별 현금유출액과 각 프로젝트의 기대 순현가가 100만 달러 단위로 다음 표에 표시되어 있다.

	프로젝트 1	프로젝트 2	프로젝트 3	프로젝트 4	프로젝트 5
1차년도	8	10	12	4	14
2차년도	6	8	6	3	6
3차년도	3	7	6	2	5
4차년도	0	5	6	0	7
순현가	12	15	20	9	23

각 프로젝트는 YCC가 단독으로 수행할지 말지 둘 중 하나를 선택해야 한다. 프로젝트1은 프로젝트2가 선택되어야 선택할 수 있다. 프로젝트 3과 4는 동시에 두 개가 모두 선택될 수 없다. 1차 년도에서 4차 년도까지 연도별로 YCC가 조달 가능한 자금은 각각 4,000, 2,500, 1,600, 1,200만 달러이다. 어느 연도에 조달한 자금 중 그 해에 지출되지 않은 것은 그 이후 연도에 쓸 수 있다. 총기대순현가를 최대화하려면 어떤 프로젝트들을 선택해야 하는가?

a. 이 문제의 BIP 모형을 대수적으로 작성하시오.
b. 이 문제의 BIP 모형을 스프레드시트로 작성하고 해를 구하시오.

10.12 어느 전력회사는 오늘 6,500메가와트의 전력을 생산(발전)해야 한다. 이 회사는 5개의 발전기를 보유하고 있다. 어느 발전기든지 발전하기 위해서는 고정된 준비비가 발생한다. 그리고 전력을 발전하면서 1메가와트당 발생하는 비용이 있다. 이러한 비용과 각 발전기의 발전가능 최대 용량이 다음 표에 표시되어 있다. 이 문제의 목적은 오늘의 전력 수요를 만족시키는 최소 비용의 발전 계획을 수립하는 것이다.

a. 이 문제의 BIP 모형을 대수적으로 작성하시오.
b. 이 문제의 BIP 모형을 스프레드시트로 작성하고 해를 구하시오.

	발전기 A	발전기 B	발전기 C	발전기 D	발전기 E
준비비	$3,000	$2,000	$2,500	$1,500	$1,000
1메가와트당 변동비	$5	$4	$6	$6	$7
발전가능 최대 용량 (단위: 메가와트)	2,100	1,800	2,500	1,500	3,000

10.13 Bellvue 학군의 교육위원회는 그 학군의 모든 학교의 컴퓨터 실습실에 설치할 1,350개의 매킨토시 컴퓨터를 추가적으로 구입하기로 했는데, 이들 컴퓨터를 Educomp, Macwin, McElectronics의 3개 공급업체로부터 구입하기로 결정했다. 이들 3개 회사는 서로 다른 ① 컴퓨터 1대당 할인된 변동비와 ② 운송비와 설치비를 포함한 고정비를 제시하고 있다. 또한, 공급 가능한 컴퓨터 대수도 회사별로 차이가 있다. 다음 표는 이런 자료를 나타내고 있다. 교육위원회는 최소비용으로 컴퓨터를 구입하고자 한다.

	Educomp	Macwin	McElectronics
공급 가능 대수	700대	700대	1,000대
고정비	4만5,000달러	3만5,000달러	5만 달러
변동비	750달러	775달러	700달러

a. 이 문제의 BIP 모형을 대수적으로 작성하시오.
b. 이 문제의 BIP 모형을 스프레드시트로 작성하고 해를 구하시오.
[AS]c. Macwin사가 아직 대당 변동비에 대한 정보를 제공하지 않았다고 가정하자. Macwin사의 대당 변동비가 680, 690, 700, 710, ⋯, 790, 800달러일 경우에 대해 최적 주문량과 그 경우의 총비용을 알아 볼 수 있게 매개변수 분석 보고서를 만들어보시오.

통합사례 10-1: 전시 미술품 선정

샌프란시스코 해변에 살면서 어렵게 화가 생활을 해오던 Ash Briggs의 꿈이 드디어 실현되었다. 어느 금요일 늦은 오후, 그는 우유를 사러 식료품점에 들렀다가 충동적으로 복권 1장을 구입했다. 일주일 후, 그는 백만장자가 되었다.

Ash는 당첨금을 물질적인 것이나 하찮은 것에 낭비하고 싶지 않았다. 대신 그의 참 열정이 담긴 미술을 위해 그 돈을 쓰기를 원한다. Ash는 예술에 대한 이해가 거의 없고 예술에 대한 금전적 지원이 잘 이루어지지 않는 요즘 화가로서 인정받고 성공하기가 정말 어렵다는 것을 너무나 잘 알고 있다. 그래서 그는 전도유망한 현대 미술계통의 화가들의 작품을 샌프란시스코 현대미술박물관에서 전시하는 것을 지원하는 일에 돈을 쓰기로 마음먹었다.

Ash는 그의 이런 생각을 전달하러 박물관의 관리자들을 만났다. 박물관에 100만 달러를 기부하는 것뿐 아니라 추진하고자 하는 전시회에 드는 모든 비용을 부담하겠다는 얘기를 듣고 박물관의 관리자들은 기쁨과 고마움에 어쩔 줄 몰라 했다. 박물관의 관리자 중 한 사람인 Celeste

McKenzie는 Ash와 함께 전시회를 기획하는 일을 맡기로 했다. 전시회는 Ash가 박물관 관리자들을 만난 날로부터 1년 후에 열기로 했다. 그리고 전시된 작품들은 2달간 진열하기로 했다.

Ash는 유망한 화가 및 그들의 작품을 찾아내기 위하여 현대미술 분야 쪽을 샅샅이 뒤지기 시작했다. 그런 후 Ash는 화가들, 그들의 작품, 작품별 전시비용(전시비용은 작품을 빌리는 대가로 화가에게 주는 돈과 작품을 전시장으로 운반하는 비용, 작품 진열을 위해 진열대를 제작하는 비용, 전시 기간 중 작품에 대한 보험료, 작품을 화가에게 돌려주기 위한 운반비용 등을 모두 포함) 등이 기재된 다음의 표를 Celeste에게 전달했다.

미술가	작품	작품 설명	가격(단위: 달러)
Colin Zweibell	Perfection	A wire-mesh sculpture of the human body	300,000
	Burden	A wire-mesh sculpture of a mule	250,000
	The Great Equalizer	A wire-mesh sculpture of a gun	125,000
Rita Losky	Chaos Reigns	A series of computer-generated drawings	400,000
	Who Has Control?	A computer-generated drawing intermeshed with lines of computer code	500,000
	Domestication	A pen-and-ink drawing of a house	400,000
	Innocence	A pen-and-ink drawing of a child	550,000
Norm Marson	Aging Earth	A sculpture of trash covering a larger globe	700,000
	Wasted Resources	A collage of various packaging materials	575,000
Candy Tate	Serenity	An all-blue watercolor painting	200,000
	Calm before the Storm	A painting with an all-blue watercolor background and a black watercolor center	225,000
Robert Bayer	Void	An all-black oil painting	150,000
	Sun	An all-yellow oil painting	150,000
David Lyman	Storefront Window	A photo-realistic painting of a jewelry store display window	850,000
	Harley	A photo-realistic painting of a Harley-Davidson motorcycle	750,000
Angie Oldman	Consumerism	A collage of magazine advertisements	400,000
	Reflection	A mirror (considered a sculpture)	175,000
	Trojan Victory	A wooden sculpture of a condom	450,000
Rick Rawls	Rick	A photo-realistic self-portrait (painting)	500,000
	Rick II	A cubist self-portrait (painting)	500,000
	Rick III	An expressionist self-portrait (painting)	500,000
Bill Reynolds	Beyond	A science fiction oil painting depicting Mars colonization	650,000
	Pioneers	An oil painting of three astronauts aboard the space shuttle	650,000
Bear Canton	Wisdom	A pen-and-ink drawing of an Apache chieftain	250,000
	Superior Powers	A pen-and-ink drawing of a traditional Native American rain dance	350,000
	Living Land	An oil painting of the Grand Canyon	450,000
Helen Row	Study of a Violin	A cubist painting of a violin	400,000
	Study of a Fruit Bowl	A cubist painting of a bowl of fruit	400,000
Ziggy Lite	My Namesake	A collage of Ziggy cartoons	300,000
	Narcissism	A collage of photographs of Ziggy Lite	300,000
Ash Briggs	All That Glitters	A watercolor painting of the Golden Gate Bridge	50,000*
	The Rock	A watercolor painting of Alcatraz	50,000*
	Winding Road	A watercolor painting of Lombard Street	50,000*
	Dreams Come True	A watercolor painting of the San Francisco Museum of Modern Art	50,000*

*Ash는 자신의 작품을 전시하는 대가를 요구하지 않으며, 샌프란시스코에 있는 자신의 집에서 박물관까지의 거리가 짧기 때문에 운반비용도 거의 들지 않는다. 따라서 그의 작품을 전시하는 데 소요되는 비용은 진열대를 제작하는 비용과 전시기간 중 작품에 대한 보험료가 전부이다.

Ash는 전시와 관련하여 몇 가지 요구사항이 있다. 그는 미국인의 대부분이 미술과 그 종류에 대한 지식이 부족하다고 생각하여 전시회를 통하여 미국인들을 교육시키기를 원한다. 전시회에 오는 관람객들에게 콜라주(collage)가 미술의 한 종류라는 것을 알게 하고 싶어 한다. 그런데 콜라주는 뛰어난 재능을 별로 요구하지 않는 분야이기 때문에 단 하나의 콜라주 작품을 전시하기로 결정했다. Ash는 또한, 관람객들이 3차원 wire-mesh 조각품(sculpture)의 섬세한 선과 2차원 컴퓨터-제작 그림(drawing)의 정교한 선을 비교할 수 있도록 컴퓨터-제작 그림이 전시되면 wire-mesh 조각품이 적어도 하나 전시되기를 원한다. 그리고 그는 관람객들이 모든 종류의 painting에 접하게 되기를 원한다. 그러나 painting과 다른 종류의 미술작품 간의 전시의 균형을 위해 전시될 painting의 수를 제한하고자 한다. 따라서 그는 photo-realistic painting, cubist painting, expressionist painting, 수채화(watercolor painting), 유화(oil painting) 각각을 적어도 하나씩 전시하기로 결정했다. 그와 동시에 Ash는 전시되는 painting의 수가 전시되는 여타의 미술작품의 수의 2배를 넘지 않기를 원한다.

Ash는 자기가 전시회를 후원할 뿐 아니라 자신의 작품들이 샌프란시스코 해변 지역(전시회 주체 측의 고향)을 알리는 역할을 한다고 믿기 때문에 자신의 작품은 모두 전시되기를 원한다.

Ash는 몇몇 화가들에 대해 개인적으로 긍정적 또는 부정적인 편견을 갖고 있다. Ash는 Candy Tate라는 여류화가와 열애중이기 때문에 그녀의 작품 2개가 모두 전시되기를 원한다. Ash는 David Lyman과 Rick Rawls를 자신의 가장 가까운 친구로 여기기 때문에, 이 두 화가에 대해서는 어느 한 쪽에 치우치지 않도록 동등한 혜택을 주려 한다. 그래서 이 두 화가의 작품은 동수로 전시하되 적어도 하나씩은 전시하기를 원한다. 그리고 Ziggy Lite는 미술계에서는 꽤 알려져 있지만, Ash는 Ziggy가 미술계를 우롱하고 있다고 여긴다. 그래서 Ziggy의 작품은 전시해야 할 경우 최대 하나만을 전시하고자 한다.

Celeste 역시 전시회에 대한 자신의 견해가 있다. 박물관의 관리자로서 그녀는 다양한 화가들을 포함시킬 것과 폭넓은 대중에게 알리기를 원하고, 정치적으로도 의미 있는 전시회가 되길 원한다. 여성주의를 드러내기 위해 남성 작가 작품 2개당 여성 작가 작품을 1개 이상 전시하기로 했다. 환경보호주의를 나타내기 위해 'Aging Earth'와 'Wasted Resources' 중 하나 아니면 둘 다를 전시하기로 했다. 미국 원주민의 권리를 강조하기 위해 Bear Canton의 작품을 적어도 하나 전시하기로 했다. 과학의 중요성을 강조하기 위해 'Chaos Reigns', 'Who Has Control?', 'Beyond', 'Pinoneers' 중 적어도 하나를 전시하기로 했다.

Celeste는 박물관 내 공간의 제약을 잘 알고 있다. 박물관의 바닥 면적은 오직 4개의 조각품을 전시할 수 있을 정도이며, 벽의 면적은 20개의 painting, 콜라주(collage), 그림(drawing)을 걸어 놓을 수 있는 정도이다.

마지막으로, Celeste는 'Narcissism'이 전시된다면 'Reflection' 역시 전시되어야 한다고 결정했다.

아래 질문들에 대해 별도의 요구가 있는 경우를 제외하고 각각 독립적으로 답하시오.

a. Ash는 전시회를 위해 400만 달러를 쓰기로 했다. Ash와 Celeste의 의견(요구)을 다 반영하면서 Ash가 작성한 목록에 있는 작품들 중 어느 것을 전시해야 비용이 400만 달러를 초과하지 않으면서 전시되는 작품의 수가 최대가 되는지를 이진정수계획(BIP)모형으로 작성하고 최적해를 구하시오. 최적해에 의하면 몇 개의 작품이 전시되는가? 어느 작품들이 전시되는가?

b. Celeste는 일반 대중의 관심을 끌어내기 위해서는 적어도 20개의 작품이 전시되어야 한다고 생각한다. Ash와 Celeste의 요구사항을 다 반영하고, 적어도 20개의 작품이 전시되도록 하면서, 전시를 위해 소요되는 비용을 최소화하도록 이진정수계획모형을 작성하고 푸시오. 이 경우 전시회에 소요되는 총비용은 얼마인가? 어느 작품들이 전시되는가?

c. Rita Losky의 강력한 후원자이면서 박물관 이사회의 의장인 사람이 있는데, 이 사람은 적어도 20개의 작품이 전시되어야 한다는 것을 인정한다. 이 사람은 정확히 20개의 작품이 전시되도록 하면서, Rita의 작품은 모두 전시되도록 하기 위해 Ash가 제공하는 400만 달러를 초과하는 전시에 소요되는 비용을 부담하려 한다. 그러나 그는 이 비용을 최소화하고자 한다. Rita의 후원자가 지불해야 할 비용은 얼마인가? 이 경우 어느 작품들이 전시되는가?

비선형계획법

11 CHAPTER

학습목표: 11장을 학습한 후에는,

1. 비선형계획법이 선형계획법과 어떻게 다른지 설명할 수 있어야 한다.
2. 주어진 문제의 모델링을 위해 비선형계획법이 필요한 상황을 파악할 수 있어야 한다.
3. 문제의 기술내용을 보고 비선형계획모형을 수립할 수 있어야 한다.
4. 비선형계획모형을 위한 비선형 수식을 만들 수 있어야 한다.
5. 쉽게 해결할 수 있는 비선형계획문제와 해결이 (불가능하지는 않더라도) 매우 어려운 비선형문제를 구별할 수 있어야 한다.
6. 비선형해찾기를 사용하여 간단한 비선형계획문제의 해를 구할 수 있어야 한다.
7. 해찾기의 multistart 기능을 사용하여 어려운 비선형계획문제의 해를 구할 수 있어야 한다.
8. Evolutionary Solver를 활용하여 어려운 비선형계획문제를 해결할 수 있어야 한다.
9. 비선형 목적함수를 갖는 모형에 선형계획법 적용이 가능한 Separable 계획법을 사용할 수 있는 상황을 파악할 수 있어야 한다.
10. Separable 계획법이 적용 가능한 모형에 Separable 계획법을 사용할 수 있어야 한다.
11. Analytic Solver를 사용하여 모형을 분석하고 가장 적절한 해법을 선택할 수 있어야 한다.

이전 장들에서는 선형계획모형과 정수계획모형을 포함한 다양한 규범적 분석모형을 다루었다. 선형계획모형과 정수계획모형은 선형모형이라는 공통점을 갖는다. 즉 모형 내의 모든 함수(수리적 관계)는 반드시 선형이어야 한다.

선형모형을 스프레드시트에 작성하면, 출력셀의 수식은 자료셀(또는 숫자)과 변수셀의 합으로만 나타나거나(예:C1+C2, SUM(C1:C2), C1−C2) 또는 자료셀과 변수셀의 곱으로 나타나거나(예: 2*C4) 또는 자료셀과 변수셀의 SUMPRODUCT 형태로 나타난다. 만약 출력셀의 수식에 변수셀 간의 곱하기나 나누기를 사용하거나(예: C4*C4, C3/C6, C4^2) 또는 엑셀 함수 중에서 SUM과 SUMPRODUCT를 제외한 거의 모든 함수(ROUND, ABS, IF, MAX, MIN, SQRT 등) 가운데 어느 것이라도 사용되었다면, 그 모형은 선형이 아니다.

〈표 11-1〉은 자료셀이 D열에 있고 변수셀이 C열에 있을 때, 출력셀에 입력될 수 있는 다양한 수식을 보여준다. 왼쪽의 수식은 모두 선형이고 오른쪽의 수식은 모두 비선형이다. 표의 처음 네 개의 예는 서로 비슷해 보인다. 선형과 비선형을 구별하는 방법은 선형식의 경우 자료셀에 대해서는 어떤 계산도 가능하지만 변수셀에 대해서는 네 가지 기본적인 계산(더하기, 빼기, 상수로 나누기, 상수로 곱하기)만 가능하다는 것이다. 〈표 11-1〉의 나머지 예를 보면, 비선형인 오른쪽의 수식은 ROUND, MAX, MIN, ABS 등 엑셀의 다소 복잡한 함수를 사용하고 있다. 또

〈표 11-1〉 자료셀은 D열, 변수셀은 C열에 입력된 스프레드시트에서의 선형식과 비선형식의 예제

선형식	비선형식
SUMPRODUCT(D4:D6, C4:C6)	SUMPRODUCT(C4:C6, C1:C3)
[(D1+D2)/D3]*C4	[(C1+C2)/C3]*D4
IF(D2>=2, 2*C3, 3*C4)	IF(C2>=2, 2*C3, 3*C4)
SUMIF(D1:D6, 4, C1:C6)	SUMIF(C1:C6, 4, D1:D6)
SUM(D4:D6)	ROUND(C1)
2*C1+3*C4+C6	MAX(C1, 0)
C1+C2+C3	MIN(C1, C2)
	ABS(C1)
	SQRT(C1)
	C1*C2
	C1/C2
	C1^2

주: D1:D6은 자료셀이고, C1:C6은 변수셀이다.

한, IF와 SUMIF 함수에서, IF와 관련된 영역에 변수셀이 포함되면 이 또한, 비선형에 해당한다.

선형모형은 다양한 형태의 의사결정 상황을 표현할 수 있지만 때로는 선형모형으로 표현할 수 없는 문제를 해결해야 할 때도 있다. 비선형모형의 대부분은 목표셀의 수식이 비선형으로 표현되기 때문에 발생한다. 그러나 어떤 경우에는 구조적 제약식의 좌변항에 해당하는 출력셀의 하나 이상이 비선형으로 표현되는 경우도 있다. (목표셀 등) 한두 개의 출력셀에서만 비선형의 수식이 필요하고 나머지 부분은 모두 선형으로 표현되더라도, 해당 모형은 비선형계획모형에 해당한다.

이 장에서는 논의를 단순하게 하기 위해서 목표셀에서만 비선형의 수식이 나타나는 경우만을 다룬다. 그러나 본 장에서 논의되는 방법들은 제약식이 비선형의 수식으로 표현되는 경우에도 적용이 가능하다.

일반적으로 비선형계획모형은 선형계획모형에 비해 작성하기도 어렵고 해결하기도 어렵지만, 비교적 쉽게 해결할 수 있는 경우도 있다. 이 장에서는 엑셀의 비선형해찾기Nonlinear Solver 기능을 이용하여 해결할 수 있는 상대적으로 쉬운 유형의 비선형계획법을 주로 다룬다. 경영자로서(또는 미래의 경영자로서) 비선형계획법에 대하여 알아야 할 것은 이 정도이다. 이보다 더 어려운 형태의 비선형계획법은 경영과학 전문가를 활용하는 것이 바람직하다.

선형계획모형과 비선형계획모형의 형태가 상당히 비슷하므로 때로는 어떤 방법으로 문제를 풀어야 할지 판단하기 어려울 수 있다. 특히, 목표셀에 적합한 수식이 비선형이지만 선형과 유사한 형태인 경우에는 더욱 그렇다. 이 경우, 한 가지 방법은 비선형인 목표셀을 선형으로 근

사화approximation하는 것이다. 이렇게 하면, 모형을 작성하기도 쉽고 해결하기도 쉽다. 모형은 실제 문제를 표현하기 위한 것이므로, 선형의 근사식이 비선형식과 유사하다면 이러한 방법을 사용하는 것이 적절하다. 그러나 비선형계획을 사용하는 주요 장점은 실제 문제의 가장 좋은 해를 더 정확하게 찾을 수 있다는 것이다. 의사결정 상황을 비선형계획모형으로 표현하고 해결하는 것이 지나치게 어렵지 않다면, 비선형 형태 그대로 사용하는 것이 바람직하다. 만약 필요하다면, 선형계획모형을 사용하여 What-If 분석 등 예비 분석을 할 수 있지만, 최종 분석 단계에서는 비선형계획법의 정확성을 간과하면 안 된다.

11.1절은 비선형계획법을 적용할 때 발생하는 어려움을 설명하고 엑셀의 비선형해찾기 기능을 소개한다. 다행히도, 흔히 발생하는 비선형계획문제의 일부는 쉽게 해결이 가능하다. 해결이 용이한 두세 가지 유형의 비선형계획문제를 11.2~11.4절에서 다룬다. 11.5절에서는 어려운 비선형계획문제 중 일부는 여러 개의 서로 다른 초기해를 가지고 엑셀의 비선형해찾기를 반복함으로써 해를 찾을 수 있다는 것을 보여준다. 그러나 비선형해찾기로는 해결하기 어려운 비선형계획문제들이 있다. 이러한 문제를 다루기 위해, 엑셀의 해찾기와 Analytic Solver는 Evolutionary Solver라는 기능을 제공한다. Evolutionary Solver는 11.6절에서 다룬다. 11.7절에서는 어떻게 Analytic Solver를 사용하여 모형을 분석하고 가장 적합한 해법을 찾을 수 있는지를 설명한다.

11.1 비선형계획법의 어려움

비선형계획법은 거의 모든 면에서 선형계획법과 유사하다. 두 경우 모두 모형의 의사결정은 여러 활동의 수준을 정하는 것이고, 정해진 활동수준은 여러 제약조건을 충족하는 값이어야 한다. 활동수준을 결정할 때는 전체 성과척도를 고려해야 한다. 모형을 스프레드시트에 작성할 때, 변수셀은 활동수준을 나타내고 출력셀은 제약조건의 표현을 위해 사용되며, 목표셀은 전체 성과척도를 보여준다.

비선형계획모형과 선형계획모형을 구별하는 유일한 방법은 출력셀과 목표셀에 입력된 수식을 확인하는 것이다. 이 수식 중 단 하나라도 비선형이면, 해당 모형은 비선형계획모형이다. 대부분의 경우, 전체 모형에서 하나의 비선형식이 있으며, 이 비선형식은 목표셀에 있다.

선형계획모형과 비선형계획모형의 겉모습은 서로 비슷하지만, 적용 측면에서는 세 가지 점에서 차이가 발생한다.

1. 선형계획법은 활동의 수준과 전체 성과척도 사이에 비례 관계를 가정하지만, 비선형계획법은 이들 사이에 비례 관계가 없을 때 사용된다.
2. 비선형계획모형에 필요한 비선형식을 작성하는 것은 선형계획법에서 선형식을 작성하는 것보다 훨씬 더 어렵다.
3. 비선형계획모형은 선형계획모형에 비해 해를 구하기가 훨씬 더 어렵다.

이와 같은 비교가 시사하듯, 비선형계획법을 사용하는 것은 선형계획법을 사용하는 것보다 어렵다. 비선형계획법의 어려움을 보다 구체적으로 알아본다.

비례하지 않는 관계의 어려움

선형계획모형이나 비선형계획모형을 스프레드시트에 작성할 때, 목표셀은 변수셀에 나타난 활동의 결과로 얻어진 전체 성과척도를 보여준다. 그러나 비선형계획법에서는 선형계획법에 비해 활동수준과 성과척도의 관계가 훨씬 더 복잡하다.

선형계획법의 경우, 이 관계는 매우 간단하다. 예를 들어 5.1절과 5.2절의 Wyndor Glass사 문제를 생각해보자. 이 문제에서 활동은 새로운 문의 생산과 새로운 창문의 생산이며, 활동의 수준은 다음과 같다.

$$D = \text{주당 문 생산량}$$
$$W = \text{주당 창문 생산량}$$

전체 성과척도는 문과 창문을 생산하고 판매하여 얻는 주당 총이익이다. 문의 단위이익은 300달러, 창문의 단위이익은 500달러로 추정되었다. 〈그림 11-1〉의 그래프는 각 활동의 수준(D와 W)과 활동이 전체 성과척도에 기여하는 관계를 보여준다. 각 그래프의 직선은 각 제품의 주당 이익이 생산율과 비례한다는 **비례적 관계**proportional relationship를 나타낸다. 이와 같이 직선으로 나타나는 목적함수는 다음 수식과 같이 선형의 형태로 표현된다.

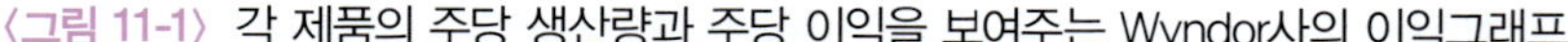

〈그림 11-1〉 각 제품의 주당 생산량과 주당 이익을 보여주는 Wyndor사의 이익그래프

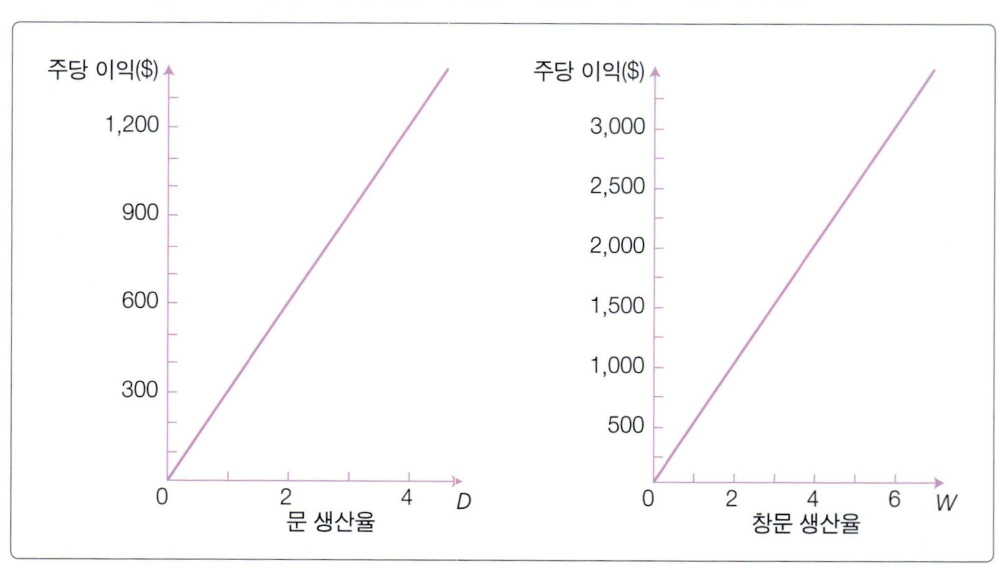

$$\text{이익} = \$300D + \$500W$$

이 사례와 같이 목표셀에 입력되는 수식이 선형이라면, 전체 모형이 선형계획모형일 가능성이 높다.

Wyndor Glass사의 문제에서 본 바와 같이, 모든 선형계획모형은 각 활동과 전체 성과척도가 비례함을 가정한다. 주요 가정은 아래와 같이 요약된다.

선형계획법의 비례성 가정proportionality Assumption: 각 활동의 목적함수 기여도는 활동의 수준에 비례한다.[1] 달리 말하면, 이 활동에 해당하는 목적함수의 값은 해당 활동의 계수와 의사결정변수의 곱이다. 여기에서 계수는 활동 한 단위의 목적함수 기여도이고 의사결정변수는 활동의 수준이다(예를 들어 Wyndor Glass사 문제에서 각 제품의 계수는 제품의 단위이익이고 의사결정변수는 제품의 생산량이다).

이러한 가정이 위배되었을 때 비선형계획문제가 발생한다. 이러한 경우는 활동과 성과척도가 **비례하지 않는 관계**nonproportional relationship를 가질 때 발생한다. 즉, 특정 활동이 목적함수에 미치는 영향이 활동의 수준에 비례하지 않는다.

〈그림 11-2〉는 비례하지 않는 관계의 네 가지 예를 보여준다(이 그래프들은 성과척도가 이익임을 가정하지만, 최대화할 척도가 이익이 아닌 다른 것일 때에도 동일하게 적용할 수 있다).

〈그림 11-2〉의 첫 번째 예제인 (a)는 한계수확체감의 이익그래프를 보여준다.

활동수준과 그에 따른 이익을 보여주는 그래프에서, 활동수준이 증가함에 따라 그래프의 기울기가 증가하지 않고 때때로 감소하는 경우, 해당 활동은 **한계수확체감**decreasing marginal return이라고 한다.

마찬가지로, 목적함수가 활동의 총비용을 최소화하는 문제에서, 활동의 수준이 증가하면서 비용그래프의 기울기가 감소하지 않고 때때로 증가하는 현상이 발생할 때, 한계수확이 체감한다고 한다.[2]

활동수준이 지속적으로 증가할 때, 이익이 같은 비율로 계속 증가하기 어려울 때가 많으므로 한계수확체감은 현실에서 자주 볼 수 있는 현상이다. 예를 들면, 매출을 증대시키기 위해서는 제품의 가격을 내려야 할 필요가 있을 수 있다. 또는 가격을 고정시킨 채 매출증대를 위해 마케팅비용을 늘리는 경우, 마케팅비용의 증가율이 판매량의 증가율보다 클 수 있다(다

[1] 각 활동이 제약조건의 좌변항에 미치는 기여도에도 동일한 가정이 적용된다. 그러나 이 장에서는 목적함수에서 비례의 가정이 깨지는 경우만을 다룬다.

[2] 수학용어를 사용하면 한계수확체감의 이익그래프는 오목함수(concave function)이고, 한계수확체감의 비용그래프는 볼록함수(convex function)이다. 여기서는 두 경우 모두에, 의미를 좀 더 이해하기 쉬운 한계수확체감이라는 경제학 용어를 사용한다.

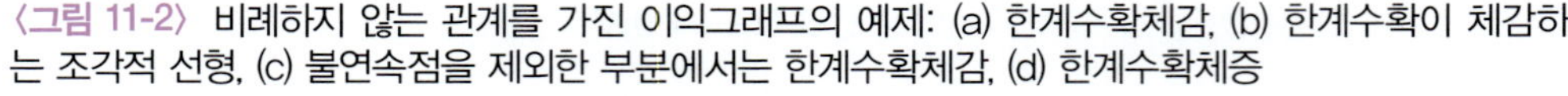
〈그림 11-2〉 비례하지 않는 관계를 가진 이익그래프의 예제: (a) 한계수확체감, (b) 한계수확이 체감하는 조각적 선형, (c) 불연속점을 제외한 부분에서는 한계수확체감, (d) 한계수확체증

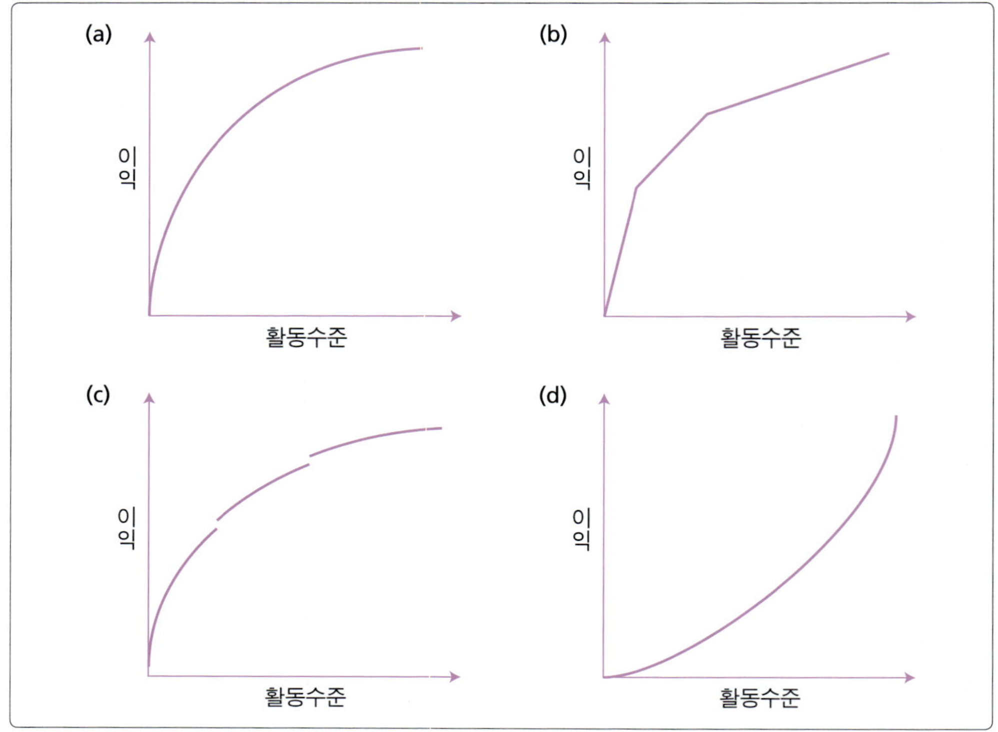

음 절에서 마케팅비용이 이와 같이 발생하는 예를 다룬다). 또한, 한계수확체감은 상대적으로 비효율적인 시설에서 발생하는데, 이는 활동수준을 증대시키기 위해 더 많은 인원이 필요하기 때문이다.

〈그림 11-2〉 (b)는 직선이 연속해서 연결된 **조각적 선형**piecewise linear의 이익그래프를 보여준다. 활동수준이 증가하면 이익그래프의 기울기는 직선 구간에서는 변하지 않으나, 다음 직선이 시작하는 꺾인 점에서는 감소한다. 활동수준이 증가할 때, 기울기는 증가하지 않고 꺾인 점에서 감소하기 때문에, 이 역시 한계수확체감에 해당한다. 예를 들면, 활동수준을 증가시켜 첫 번째 꺾인 점을 넘으려면 잔업을 해야 하고, 두 번째 꺾인 점을 넘으려면 비용이 더 드는 주말 잔업을 하는 경우의 이익그래프가 이에 해당한다.

〈그림 11-2〉 (c)는 한계수확체감이 아니면서 비례하지 않는 관계의 예이다. 이 그래프가 비선형인 이유는 이익그래프 내에 갑자기 뛰거나 떨어지는 **불연속점**discontinuities이 있기 때문이다. 이러한 불연속성의 예는 부품을 구매할 때 정해진 양을 넘게 구매하면 대량구매에 따른 할인이 있을 때 발생한다.

한계수확체감인 활동이 있다는 것이 비례성 가정이 위배되는 유일한 경우는 아니다. 예를 들면, 〈그림 11-2〉 (d)에서처럼 한계수확체증이 발생하는 활동이 있다. 이 경우는 활동의 수준이 증가함에 따라 이익그래프의 기울기는 감소하지 않고 오히려 증가한다(비슷하게 비용그래프의 기울기가 증가하지 않고 때때로 감소하는 경우도 있다). 이러한 상황은 활동수준이 증가할수록 효율성이 증가하는 경우에 발생한다.

이익그래프는 개별 활동의 결과로 얻어지는 총이익을 최대화하는 것이 목적일 때 사용된다. 반면에, 비용그래프는 개별 활동으로 인해 발생한 총비용을 최소화할 때 사용된다. 비용그래프가 〈그림 11-3〉의 형태이면 활동은 〈그림 11-2〉와 마찬가지로 비례성 가정을 위배한다. 최소화 문제에서는 목적함수의 방향이 최대화 문제와 반대가 된다. 즉, 비용그래프에서 기울기가 증가하는 것은 한계수확체감을 나타내며, 기울기가 감소하는 것은 한계수확체증을 나타낸다(이는 총비용이 아닌 다른 성과척도를 최소화하는 경우에도 동일하다). 〈그림 11-3〉은 〈그림 11-2〉의 이익그래프와 같은 의미를 가지는 비용그래프의 움직임을 보여준다.

〈그림 11-2〉와 〈그림 11-3〉은 비례하지 않는 관계 중 몇 가지 경우만을 보여준다. 예를 들면, 활동이 증가함에 따라 기울기가 때로는 증가하고 때로는 감소하면서 한계수확체증도 아니고 한계수확체감도 아닌 경우가 발생할 수 있다.

이와는 별도로, 때로는 활동 간의 상호작용 때문에 목적함수가 비선형이 되기도 한다. 예

〈그림 11-3〉 비례하지 않는 관계를 가진 비용그래프의 예제: (a) 한계수확체감, (b) 한계수확이 체감하는 조각적 선형, (c) 불연속점을 제외한 부분에서는 한계수확체감, (d) 한계수확체증. 각 비용그래프는 〈그림 11-2〉의 이익그래프와는 반대 방향으로 꺾임

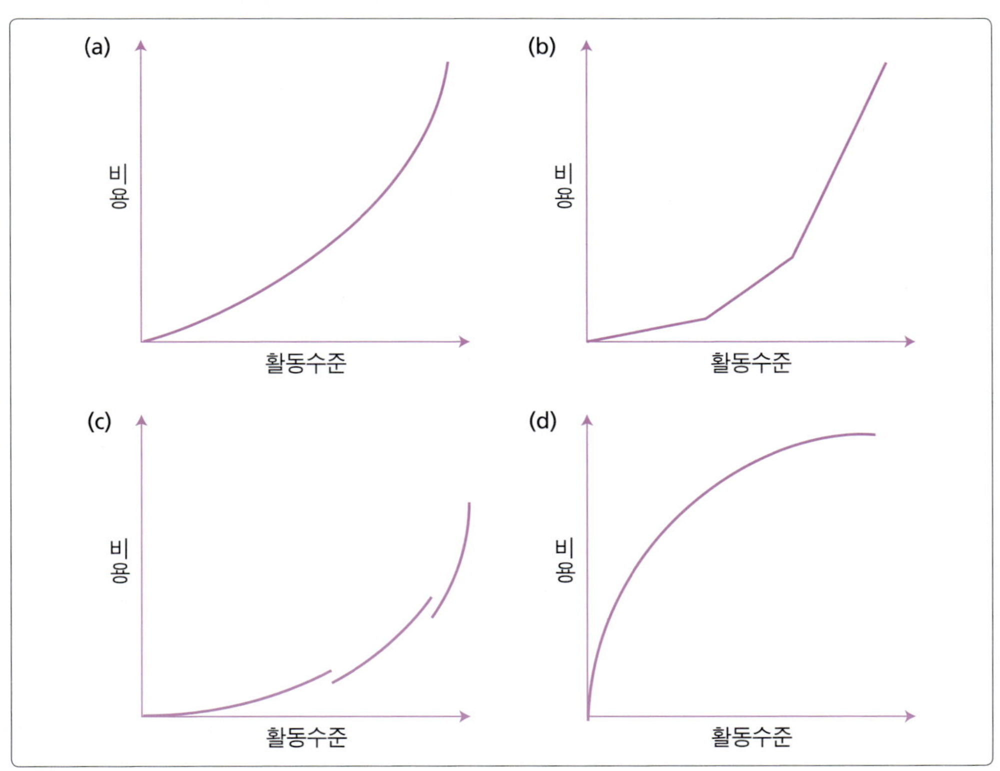

를 들어 Wyndor Glass사의 문제를 다시 생각해보자. 생산하는 신제품 하나를 판매하기 위해 광고캠페인을 벌여야 하는데, 이 광고캠페인으로 두 제품을 동시에 판촉할 수도 있다고 가정하자. 각 신제품을 따로 생산하여 광고하고 판매할 때 각각의 이익을 합산한 것보다, 동시에 생산하고 광고할 때 두 번째 제품의 광고비용이 상당히 절감되어 총이익은 증가한다. 이 경우, 목적함수는 다음과 같이 나타날 수 있다.

$$\text{이익} = \$300D + \$500W + \$100DW$$

여기에서 DW는 D와 W의 곱이다. D 또는 W가 특정 값으로 고정되어 있을 때 다른 제품에 대하여 비례성의 가정이 성립하더라도, 이러한 곱의 항 때문에 목적함수는 비선형이다.

활동 간의 상호작용이 있는 경우라도 총이익이 한계수확체감일 수도 있다(수학적인 용어로는 목적함수가 오목하다고 한다). 한계수확체감이라는 기본적인 개념은 여기에도 적용될 수 있다(이익그래프의 기울기는 증가하지 않고, 때때로 감소한다).

비선형 수식 작성의 어려움

선형계획모형에서 목표셀의 수식은 SUMPRODUCT 함수를 사용하여 비교적 쉽게 작성할 수 있다. 예를 들어, Wyndor Glass사의 경우와 같이 개별 활동으로부터 얻어진 수익의 총합을 목표셀에 표현하려면, 개별 활동으로 인한 단위 수익(자료셀)과 개별 활동의 수준(변수셀)을 곱한 후 이를 더하면 된다.

반면, 비선형계획문제에서는 추가적인 작업이 필요하다. 활동 간의 상호작용이 없더라도 각 활동의 목적함수 기여도를 표현하는 비선형 수식을 작성해야 한다. 예를 들어, 총이익의 최대화가 목표일 때 각 활동의 비선형 수식은 그 활동의 이익그래프를 적절하게 표현해야 한다.

그래프에 맞는 비선형 수식을 구하는 효과적인 방법은 일반적인 수식을 가정하는 것이다. 한계수확체감의 이익그래프에는 다음과 같은 이차식을 가정하는 것이 일반적이다.

$$\text{활동으로부터의 이익} = ax^2 + bx + c$$

여기에서 x는 활동의 수준이고 a는 음의 값을 갖는 상수, b는 양의 값을 상수이며, c는 부호에 무관한 상수이다. 다른 방법으로는 다음과 같이 로그식을 가정하는 것이다.

$$\text{활동으로부터의 이익} = a \ln(x) + b$$

여기에서 $\ln(x)$는 x의 자연로그이다.

어떤 경우이든 다음 단계는 매개변수(a, b, c)의 적절한 값을 찾는 것이다. 엑셀에는 주어진 데이터에 가장 적합한 매개변수 값을 찾는 **곡선피팅방법**curve fitting method이 내장되어 있다. 예를 들어 〈그림 11-4〉와 같이 스프레드시트에 여러 가지 활동수준 및 이에 따른 이익이 작성되

〈그림 11-4〉 엑셀의 곡선피팅방법을 적용하기 위해 활동의 수준과 이에 해당하는 이익이 사전에 주어진 예제

	A	B	C	D	E	F	G	H
1	**Constructing a Nonlinear Formula**							
2								
3		Level of Activity	Profit					
4		2	$16					
5		4	$24					
6		5	$28					
7		7	$30					
8		10	$33					
9								
10								
11								
12								
13								

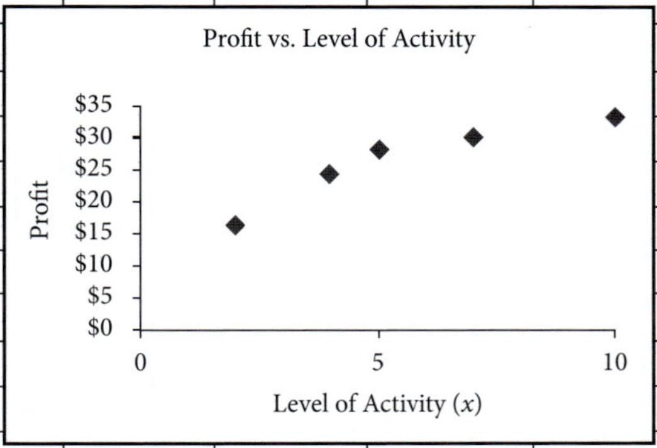

Profit vs. Level of Activity

Profit: $35, $30, $25, $20, $15, $10, $5, $0

Level of Activity (x): 0, 5, 10

어 있다고 하자.

엑셀에서 곡선피팅방법을 사용하는 첫 단계는 분산형 차트를 이용하여 이익그래프(활동수준 및 이에 따른 이익)를 그리는 것이다. (분산형 차트를 그리려면, B3:C8 영역을 선택하고 삽입 탭의 분산형 차트 옵션을 선택한다.) 다음에는 차트의 데이터 중 하나를 마우스 오른쪽 버튼으로 클릭하여 나오는 메뉴에서 '추세선 추가'를 선택한다. 그러면 〈그림 11-5〉와 같은 추세선 대화상자가 나타난다. 이 대화상자를 이용하여 엑셀에서 사용할 수식의 형태를 정한다. 예를 들어 이차식을 사용하려면 2차 다항식을 선택한다.

다음에는 '수식을 차트에 표시'를 선택하고 OK를 클릭한다. 엑셀은 그래프의 자료를 가장 잘 표현할 수 있는 방정식의 매개변수를 구한다. 예를 들어, 〈그림 11-4〉의 데이터에 가장 잘 맞는 이차식은 다음과 같다.

$$\text{이익} = -0.3002x^2 + 5.661x + 6.1477$$

이 수식은 〈그림 11-6〉과 같이, 활동수준 및 이익을 보여주는 그래프 안에 나타난다.

대부분의 경우, 이차식은 이익그래프에 대한 적절한 추정식이 될 수 있어서 자주 사용된다. 그러나 추정식이 특정 활동에 대하여 적합한지 확인할 필요가 있다. 이것은 곡선피팅방법에 사용된 자료 외에 추가로 활동의 다른 수준에서 이익이 어떻게 될지 추정한 뒤에, 이 추정이익이 추정식에서 구한 이익과 얼마

〈그림 11-5〉 엑셀의 곡선피팅방법 적용을 위해 사용하는 추세선 대화상자. 이 예제에서는 회귀식으로 2차 다항식이 선택되었고 '수식을 차트에 표시' 옵션이 선택되었음

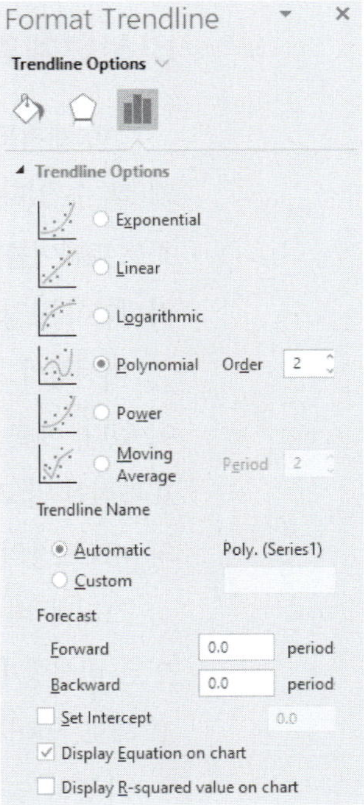

Format Trendline
Trendline Options
Trendline Options
Exponential
Linear
Logarithmic
Polynomial Order 2
Power
Moving Average Period 2
Trendline Name
Automatic Poly. (Series1)
Custom
Forecast
Forward 0.0 period
Backward 0.0 period
Set Intercept 0.0
Display Equation on chart
Display R-squared value on chart

〈그림 11-6〉 엑셀이 〈그림 11-4〉의 데이터에 가장 적합하다고 찾은 이차식

	A	B	C	D	E	F	G	H
1	**Constructing a Nonlinear Formula**							
2								
3		Level of Activity	Profit					
4		2	$16					
5		4	$24					
6		5	$28					
7		7	$30					
8		10	$33					
9								
10								
11								
12								
13								

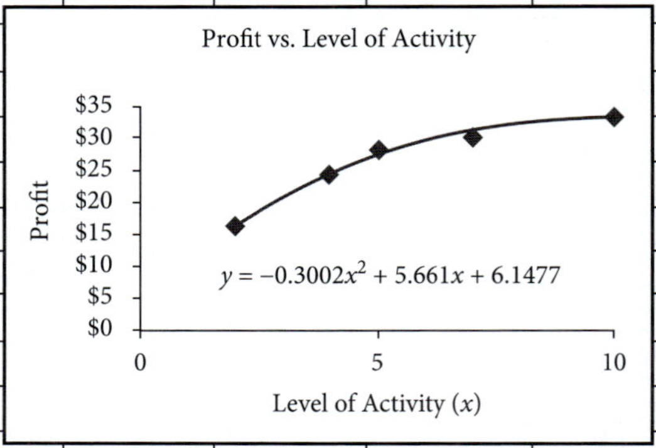

Profit vs. Level of Activity

Profit: $0, $5, $10, $15, $20, $25, $30, $35

$y = -0.3002x^2 + 5.661x + 6.1477$

Level of Activity (x): 0, 5, 10

나 비슷한지를 비교함으로써 확인할 수 있다. 만약 비슷하지 않다면, 자료를 추가로 구한 뒤에 곡선피팅방법을 다시 사용하여 더 좋은 추정식을 구하는 것이 한 가지 방법이다. 또 다른 방법은 다른 형태의 수식(예: 로그함수 또는 3차 이상의 방정식)에 곡선피팅방법을 적용하는 것이다.

비선형계획모형 해 구하기의 어려움

선형계획모형의 해를 구하는 것은 엑셀의 해찾기 또는 다른 여러 소프트웨어를 가지고 쉽게 할 수 있다. 요즘에는 변수와 제약식이 많은 선형계획모형의 해도 쉽게 구할 수 있다. 최신 소프트웨어를 이용하면 아주 큰 문제의 최적해도 구할 수 있다. 또한, 이렇게 얻어진 해는 최적해임이 보장된다.

비선형의 경우에는, 특수한 종류의 비선형계획모형을 풀기 위한 다양한 알고리즘이 개발되어 있다. 예를 들면, 해찾기에서 제공하는 **비선형해찾기**Nonlinear Solver는 특정 비선형계획모형에 효과적인 알고리즘을 사용하여 해를 찾아낸다. (엑셀의 해찾기 대화상자 또는 Analytic Solver의 Model창의 Engine에서 'GRG Nonlinear'를 선택하면 비선형해찾기가 실행된다.)

그러나 비선형해찾기 기능을 사용하더라도 비선형계획모형은 다루기가 쉽지 않다. 일반적으로 비선형계획모형은 선형계획모형보다 해를 구하기가 훨씬 더 어렵다. 게다가 해를 구한다고 해도, 얻어진 해가 최적해임을 보장할 수 없는 경우도 있다.

다행히 일부 유형의 비선형계획모형은 비교적 해를 구하기 용이하다. 〈그림 11-2〉의 (a)와 (b)(최대화) 또는 〈그림 11-3〉의 (a)와 (b)(최소화)의 경우는 비교적 쉬운 비선형계획모형의 예로서 활동의 한계수확이 체감하는 경우이다. 제약식에서 모든 활동이 비례성 가정을 충족하고

목적함수가 (a) 또는 (b)의 형태라면, 스프레드시트에 모형을 작성하는 것도 어렵지 않고 모형이 아주 크지 않는 한 엑셀의 해찾기로 해를 찾을 수 있다. 이후 11.2절과 11.3절에서는 비선형계획모형이 (a)인 경우를 다루고, 11.4절은 (b)인 경우를 다룬다.

불행히도, 이와 다른 유형의 비선형계획모형은 해결하기 어렵다. 〈그림 11-2〉와 〈그림 11-3〉의 (c)의 경우는 그래프의 불연속점을 제외하면 한계수확체감이지만, 이러한 불연속점 때문에 엑셀의 해찾기를 이용하여 해결하기 어렵다. 한계수확체증이 있는 (d)의 경우 역시, 상당히 어려운 유형에 해당한다.

〈그림 11-2〉 또는 〈그림 11-3〉의 경우와 다르면서, 더 어려운 비선형계획모형이 만들어질 수도 있다. 예를 들어 다음과 같은 모형을 보자.

$$\text{최대화} \qquad \text{Profit} = 0.5x^5 - 6x^4 + 24.5x^3 - 39x^2 + 20x$$

제약조건

$$x \le 5 \qquad x \ge 0$$

이 문제의 경우에는 단 하나의 활동만 있으며, x는 활동의 수준을 나타낸다. 또한, 비음제약조건을 제외하면 단 하나의 제약조건($x \le 5$)만 있다. 그러나 〈그림 11-7〉을 보면 이 문제를 풀기가 얼마나 어려운지 알 수 있다. 이 모형을 스프레드시트에 작성하는 것은 x(C5)를 변수셀, Profit(C8)을 목표셀로 하여 간단하게 설정할 수 있다. 목표셀(C8)의 수식은 〈그림 11-7〉의 왼쪽 아래와 같이 입력한다. 〈그림 11-7〉의 오른쪽 아래 Solver Parameters 박스에 작성된 것처럼, 엑셀의 해찾기 대화상자 내의 해법선택 메뉴에서 GRG Nonlinear를 선택한다(Analytic Solver의 경우에는 Model창의 Engine에서 선택). 해법선택 메뉴에서 'GRG Nonlinear'를 선택하면, 해찾기는 비선형해찾기를 사용하여 모형을 해결한다. 비선형계획모형에 Simplex LP 기법(또는 Analytic Solver의 Standard LP/Quadratic Engine)을 사용하면 해당 모형이 선형이 아니라는 에러 메시지가 출력될 것이다.

〈그림 11-7〉의 왼쪽 스프레드시트를 보면, 변수셀에 초기값으로 x=0이 사용되었을 때의 최적해는 x=0.371이고 최대 수익은 Profit=3.19달러이다. 그러나 〈그림 11-7〉의 가운데 스프레드시트와 같이, 초기값으로 x=3이 사용되었을 때의 최적해는 x=3.126이고 최대 수익은 Profit=6.13달러이다. 또한, 〈그림 11-7〉의 오른쪽 스프레드시트와 같이, 초기값으로 x=4.7이 사용되었을 때의 최적해는 x=5이고 최대 수익은 Profit=0달러이다. 왜 이러한 결과가 발생했는가?

이렇게 복잡한 목적함수를 그리는 것은 어려운 일이지만, 〈그림 11-8〉과 같이 직접 그려보면, 해찾기 기능을 이용하여 해당 문제의 해를 구하는 것이 왜 어려운지 알 수 있다. 초기해 x=0으로 시작하면, 그래프는 〈그림 11-7〉의 왼쪽 스프레드시트와 같이 x=0.371에서 정점에 이른다. 초기값으로 x=3이 사용되면, 최대 수익은 〈그림 11-7〉의 가운데 스프레드시트와 같이 x=3.126일 때 정점까지 올라간다. 오른쪽의 스프레드시트와 같이 초기해 x=4.7에서 시작하면,

〈그림 11-7〉 세 가지 다른 초기값으로 각기 다른 최종 해를 구한 어려운 비선형계획모형의 예

	A	B	C	D	E
1	**Solver Solution**				
2	**(Starting with x = 0)**				
3					
4					Maximum
5		x =	0.371	<=	5
6					
7		Profit = $0.5x^5$-$6x^4$+$24.5x^3$-$39x^2$+$20x$			
8		=	$3.19		

	A	B	C	D	E
1	**Solver Solution**				
2	**(Starting with x = 3)**				
3					
4					Maximum
5		x =	3.126	<=	5
6					
7		Profit = $0.5x^5$-$6x^4$+$24.5x^3$-$39x^2$+$20x$			
8		=	$6.13		

	A	B	C	D	E
1	**Solver Solution**				
2	**(Starting with x = 4.7)**				
3					
4					Maximum
5		x =	5.000	<=	5
6					
7		Profit = $0.5x^5$-$6x^4$+$24.5x^3$-$39x^2$+$20x$			
8		=	$0.00		

	B	C
7		Profit = $0.5x^5$-$6x^4$+$24.5x^3$-$39x^2$+$20x$
8	=	=0.5*x^5-6*x^4+24.5*x^3-39*x^2+20*x

Range Name	Cell
Maximum	E5
x	C5
Profit	C8

Solver Parameters
Set Objective Cell: Profit
To: Max
By Changing Variable Cells:
x
Subject to the Constraints:
x <= Maximum
Solver Options:
Make Variables Nonnegative
Solving Method: GRG Nonlinear

〈그림 11-8〉 〈그림 11-7〉 사례의 이익그래프

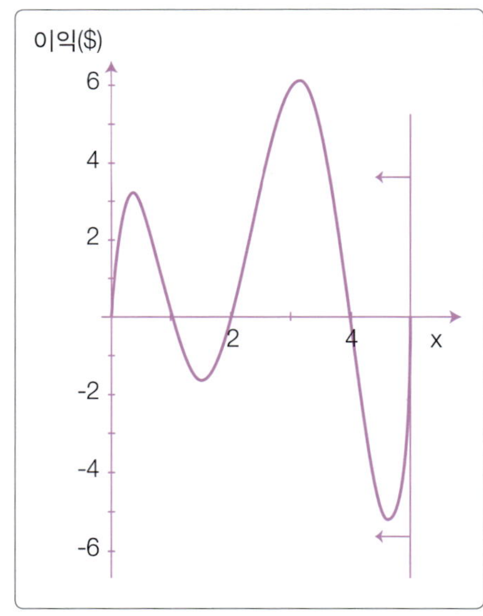

그래프에서 $x \leq 5$라는 경계에 다다를 때까지 이익이 증가하여 x=5일 때 정점에 이른다. 이러한 정점은 그 점 주변에서는 그래프에서 최대가 되므로 **지역최대**local maximum(또는 지역최적)라 불린다. 이러한 지역최대 중에서 가장 큰 값이 그래프의 전 지역에서 가장 높은 점이 되어 **전역최대**global maximum라고 불린다. 따라서 〈그림 11-7〉의 중간에 있는 스프레드시트에서만 Profit=6.13달러인 최적해 x=3.126를 찾았다.

비선형해찾기에서 사용하는 알고리즘은 언덕오르기 방법mountain climbing procedure으로 생각할 수 있다. 이 방법은 변수셀의 초기값에서 시작하여 정점에 이를 때까지(또는 제약조건에 의한 경계에 도달하여 더 올라갈 수 없을 때까지) 언덕을 올라간다. 이 방법은 정점(또는 경계)에 도달하면 멈추고 그 때의 해를 선택한다. 이 방법은 이익그래프의 다른 부분에 더 높은 언덕이 있는지 여부는 알 수 없다.

목표셀이 최대화가 아니라 최소화라면, 이 방법은 반대로 계곡의 최저점에 도달할 때까지(또는 경계에 도달할 때까지) 내려간다. 이 경우에도 비용그래프의 다른 부분에 더 깊은 계곡이 있는지는 알 수 없다.

모든 활동이 제약식에서는 비례성을 가지고 목적함수만 한계수확체감일 때의 비선형계획 문제가 상대적으로 쉬운 이유는 (최대화의 경우) 이익그래프에 언덕이 하나뿐이기 때문이다.

따라서 그 언덕(또는 경계)에서의 지역최대가 전역최대가 되어 비선형해찾기에서 구한 해가 최적이 된다. 예를 들어 〈그림 11-6〉의 이차식 이익그래프는 한계수확체감이므로 언덕이 하나뿐이고 그 언덕의 정점(x=9.43)이 전역최대가 된다. 비슷한 이유로, 한계수확체감의 비용그래프를 최소화할 때는 계곡이 하나뿐이기 때문에, 그 계곡의 바닥(또는 경계)인 지역최소가 전역최소가 된다.

〈그림 11-7〉은 다수의 지역최적local optimum이 있는 어려운 문제를 다루는 한 가지 방법을 보여준다. 그 방법은 각기 다른 초기값을 사용하여 비선형해찾기를 반복함으로써, 가장 좋은 해를 구하는 것이다. 이 방법은 전역최적인 해를 구할 수 있게 보장해주지는 않지만 적어도 상당히 좋은 해를 발견할 가능성이 있다. 따라서 상대적으로 작은 문제에서, 특히 초기해를 체계적으로 선택하여 다양한 영역을 탐색할 수 있을 때, 상당히 합리적인 방법이다. 엑셀의 해찾기는 이러한 방법을 자동으로 수행하는 옵션을 제공하고 있다(11.5절에서 설명).

그러나 의사결정변수가 많은 문제에서는 초기해가 많이 필요하므로 이러한 방법은 비현실적이다. 이런 경우에는 이익그래프의 하나의 언덕에서 더 좋을 것 같은 다른 언덕으로 뛰어넘어가서 결국에는 어떤 초기해를 사용하더라도 가장 높은 언덕에 도달할 수 있는 알고리즘이 필요하다. 엑셀의 해찾기에서는 Evolutionary Solver라는 알고리즘을 제공하여 이런 방식으로 해를 찾는다. Evolutionary Solver 역시 한계를 가지고 있지만, 여러 유형의 비선형계획문제를 다룰 때 비선형해찾기를 보완해줄 수 있다. Evolutionary Solver의 사용법은 11.6절에서 다룬다.

복습문제

1. 선형계획모형과 비선형계획모형의 공통적인 특징은 무엇인가?
2. 비선형계획모형과 선형계획모형은 어떻게 다른가?
3. 적용 측면에서 비선형계획모형과 선형계획모형의 세 가지 차이점은 무엇인가?
4. 비선형계획모형에서 위반되는 선형계획모형의 비례성의 가정이란 무엇인가?
5. 활동이 한계수확체감일 때, 이익그래프의 기울기는 어떤 모양으로 나타나는가?
6. 어떤 상황에서, 활동의 이익그래프가 한계수확체감의 조각적 선형이 되는가?
7. 활동의 이익을 구하는 수식에 곡선피팅방법이 적용될 때 가정하는 것은 무엇인가?
8. 상대적으로 해를 구하기 쉬운 비선형계획모형의 종류는 무엇인가?
9. 다수의 지역최대가 있는 최대화문제에서 초기해가 주어졌을 때 엑셀의 비선형해찾기는 어떻게 문제를 푸는가?
10. 다수의 지역최대가 있는 최대화문제의 최적해를 구할 가능성을 높이기 위해 비선형해찾기를 어떻게 사용해야 하는가?

11.2 Wyndor Glass 사례를 활용한 한계수확체감 비선형계획법

이 절에서는 Wyndor Glass사의 사례를 활용하여 다음과 같은 특징을 가진 비선형계획문제의 해결방법에 대해 설명한다.

1. 제약조건은 선형계획모형의 형태와 같다.
2. 목적함수가 비선형이다.
3. 선형계획모형의 비례성의 가정을 위반하는 활동은 한계수확이 체감한다. (한계수확이 체감하는 활동에 대한 정의는 〈그림 11-2〉 (a)와 〈그림 11-3〉 (a)의 형태를 참조하라.)

이러한 유형의 문제는 매우 단순한 형태의 비선형계획문제이며, 문제의 크기가 아주 크지 않다면 엑셀의 해찾기 기능을 사용하여 쉽게 해를 찾을 수 있다. 또한, 이렇게 얻어진 해는 최적해임이 보장된다.

이런 유형의 문제 중 일부는 목적함수에 의사결정변수들의 곱셈항이 포함되어 있다. 이런 경우에는 의사결정변수들 가운데 하나를 제외한 나머지를 고정하고, 고정되지 않은 의사결정변수의 값이 증가함에 따라서 목적함수의 값이 비례하여 변하거나 한계수확체감이 되어야 세 번째 특성이 충족된다고 할 수 있다(세 번째 특성을 수학적으로 정확하게 설명하자면, 최대화 목적함수는 오목해야 하고 최소화 목적함수는 볼록해야 한다는 것이다).

앞 절에서 본 것과 같이 활동의 수준이 증가할수록 수익의 증가가 작아지는, 즉 한계수확체감 현상은 상당히 흔하게 발생한다. 따라서 한계수확체감의 비선형계획문제도 자주 발생한다. 본 장에서는 Wyondor Glass사의 사례를 통해서 이러한 경우가 어떻게 발생하는지, 그리고 이 경우 어떻게 모형을 작성하고 해를 구하는지를 설명한다. (다음 절에서는 다른 사례를 사용한다.)

비선형 목적함수가 선형 형태와 상당히 유사하다면, 선형계획모형을 사용하여 초기 분석을 실시할 수 있다. 그러나 보다 자세한 분석을 위해서는, 더 정확한 결과를 보여주는 비선형계획모형을 추후에 사용해야 한다. 다음에 설명되는 Wyndor Glass사의 경우가 이에 해당한다.

Wyndor Glass사 사례의 연장

5.1절에서 보았듯이 Wyndor Glass사는 세 개의 공장에서 고품질 유리제품을 생산한다. 두 가지 신제품을 생산하며(특별한 종류의 문과 창문) 기대이익은 문 한 개당 300달러, 창문 한 개당 500달러로 추정되었다. 5.2절에서는 단위이익의 추정치와 제약조건에 대한 정보를 사용하여 선형계획모형을 수립하는 방법을 설명했다. 선형계획모형의 목적함수는 이익 = \$300D + \$500W로 표현되며, 이때 D와 W는 일주일 간 생산되는 문과 창문의 개수이다.

〈그림 11-9〉는 5.2절에서 작성한 스프레드시트 모형이다. 해찾기를 실행하면 변수셀

〈그림 11-9〉 5.1절에서 소개되고 5.2절에서 수식화된 Wyndor사 문제의 스프레드시트 모형

	A	B	C	D	E	F	G
1	**Wyndor Glass Co. Product-Mix Problem**						
2							
3			Doors	Windows			
4		Unit Profit	$300	$500			
5					Hours		Hours
6			Hours Used per Unit Produced		Used		Available
7		Plant 1	1	0	2	≤	4
8		Plant 2	0	2	12	≤	12
9		Plant 3	3	2	18	≤	18
10							
11			Doors	Windows			Total Profit
12		Units Produced	2	6			$3,600

Solver Parameters
Set Objective Cell: Profit
To: Max
By Changing Variable Cells:
UnitsProduced
Subject to the Constraints:
HoursUsed <= HoursAvailable
Solver Options:
Make Variables Nonnegative
Solving Method: Simplex LP

	E
5	Hours
6	Used
7	=SUMPRODUCT(C7:D7,UnitsProduced)
8	=SUMPRODUCT(C8:D8,UnitsProduced)
9	=SUMPRODUCT(C9:D9,UnitsProduced)

	G
11	Total Profit
12	=SUMPRODUCT(UnitProfit,UnitsProduced)

Range Name	Cells
HoursAvailable	G7:G9
HoursUsed	E7:E9
HoursUsedPerUnitProduced	C7:D9
TotalProfit	G12
UnitProfit	C4:D4
UnitsProduced	C12:D12

(C12:D12)에는 최적해인 $(D, W)=(2,6)$가 나타나고, 목표셀(G12)에는 최적해에서의 주당 이익인 3,600달러를 보여준다.

이 모형은 두 가지의 신제품에서 얻어지는 이익이 제품의 생산량에 비례한다고 가정했으나 이는 의심스러운 가정이다. 따라서 생산량에 대한 최종 결정을 내리기 전에 Wyndor사의 경영진은 다음 대화와 같이 더 자세한 분석을 하기로 했다.

John Hill(사장): Ana, 두 신제품 출시를 위한 마케팅 계획은 어떻게 되고 있습니까? 마케팅에 비용이 많이 소요됩니까?

Ana Hernandez(마케팅 담당 부사장): 마케팅비용은 판매량에 따라 달라집니다. 시장조사에 따르면 광고를 하지 않는다면 신제품 판매가 저조할 것입니다. 또한, 우리 공장이 생산

할 수 있는 만큼 모두 판매하려면 집중적인 광고캠페인이 필요합니다. 생산량에 대한 최종 결정을 했습니까?

John: 아직 아닙니다. 사실은 그래서 당신을 보자고 한 것입니다. 당신의 도움이 필요합니다.

Ana: 예, 무엇을 도와 드릴까요?

John: 각 제품의 생산량을 얼마로 할지 몇 가지 대안이 정해지면, 각 대안별로 제품을 판매하기 위해 주당 마케팅비용이 얼마나 필요한지 판단해주면 좋겠습니다.

Ana: 할 수 있습니다. 얼마 전에 분석을 시작할 때 문과 창문 한 개당 마케팅비용을 추정했습니다. 그 당시에는 문 한 개에 75달러, 창문 한 개에 200달러로 추정을 했고, 이는 상당히 좋은 추정치였습니다.

John: 예. 그 추정치들을 활용하여 각 제품의 단위이익을 300달러와 500달러로 정했습니다. 그 추정치가 아직도 정확하다고 생각합니까?

Ana: 아닙니다. 마케팅비용을 문 한 개당 또는 창문 한 개당으로 구하는 것은 좋지 않은 것 같습니다. 방금 말한 것과 같이, 생산량이 적으면 마케팅비용은 매우 적을 것이고 생산량이 많으면 비용이 제법 들 것 같습니다. 따라서 문 하나에 75달러, 창문 하나에 200달러라는 추정은 생산량이 적은 경우에는 너무 큰 추정치이고, 중간 정도의 생산량에서는 적절하고, 생산량이 많은 경우에는 너무 작은 추정치가 됩니다.

John: 내가 생각한 것과 같군요. 문 한 개당 또는 창문 한 개당 비용을 추정하는 방식은 잊어버리고, 제품별 생산량에 대한 몇 가지 대안이 정해지면 생산량의 대안별로 각 제품의 주당 마케팅비용을 추정해 주십시오. 마케팅비용의 추정치는 데이터 분석팀이 생산량 결정을 위한 더 정확한 분석을 하기 위해 필요합니다.

Ana: 그렇군요. 새로운 추정치를 곧 구하겠습니다.

데이터 분석팀은 추정치를 구한 뒤에, 제품별 생산량에 대한 주당 마케팅비용의 그래프를 그렸다. 그래프에서 생산량이 증가함에 따라 마케팅비용은 생산량의 제곱과 비슷한 형태로 증가하는 것으로 나타났다. 따라서 비용그래프를 근사화하기 위해서, 엑셀의 곡선피팅방법에 이차식을 가정하기로 했다.

한 주에 D개의 문을 생산할 때, 곡선피팅방법으로 추정한 마케팅비용은 대략 다음과 같다.

$$\text{문의 마케팅비용} = \$25D^2$$

마케팅비용을 제외한 문 한 개의 총이익은 375달러이므로 한 주의 순이익은 다음과 같다.

$$\text{문의 순이익} = 375D - 25D^2$$

같은 방법으로 창문의 주당 추정치는 다음과 같다.

〈그림 11-10〉 비선형 마케팅비용을 고려한 Wyndor사 문제에서 문과 창문의 이익그래프

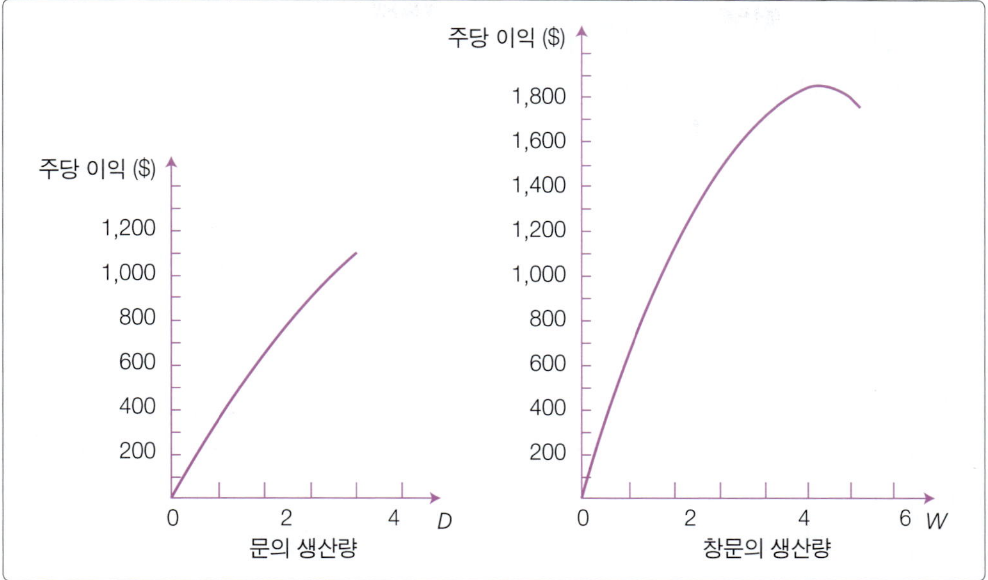

$$창문의\ 마케팅비용 = 66\tfrac{2}{3}W^2$$
$$창문의\ 총이익 = 700W$$
$$창문의\ 순이익 = 700W - 66\tfrac{2}{3}W^2$$

〈그림 11-10〉은 두 제품의 이익그래프를 그린 것이다. 두 곡선 모두 한계수확체감의 특징을 가지며, 이는 W가 큰 값일 때 확연하게 나타난다.

새롭게 구해진 문과 창문의 순이익을 더하면, 이 문제에서 최대화할 새로운 목적함수는 이전과 같은 제약조건에 대하여 다음과 같이 나타난다.

$$이익 = 375D - 25D^2 + 700W - 66\tfrac{2}{3}W^2$$

D^2과 W^2항 때문에 목적함수는 비선형함수이고, 따라서 비선형계획문제이다. 또한, 목적함수는 이차식이고 모형은 이 절의 처음에 나온 세 가지 특성을 모두 충족하므로, 전체 문제는 비선형계획문제의 특별한 종류인 **이차계획**quadratic programming 문제가 된다. 이런 유형의 문제는 비선형계획문제 가운데 자주 발생하며, 모형을 작성하고 해를 구하기가 쉽다. 이차계획문제를 효율적으로 풀기 위한 특별한 알고리즘이 개발되어 있으므로, 상용 경영과학 소프트웨어 패키지는 이러한 종류의 큰 문제도 풀 수 있다. Analytic Solver는 이차계획문제를 풀 수 있는 특별한 알고리즘을 사용하고, 엑셀의 비선형해찾기는 한계수확체감의 비선형계획문제를 푸는 일반적인 알고리즘을 사용한다.

〈그림 11-11〉 비선형 마케팅비용을 고려한 Wyndor사 문제의 스프레드시트 모델. 변수셀인 UnitsProduced(C12:D12)는 최적의 생산량을 보여주며, 목표셀인 TotalProfit(H16)은 주당 이익을 보여줌

	A	B	C	D	E	F	G	H
1	**Wyndor Problem with Nonlinear Marketing Costs**							
2								
3			Doors	Windows				
4		Unit Profit (Gross)	$375	$700				
5					Hours		Hours	
6			Hours Used per Unit Produced		Used		Available	
7		Plant 1	1	0	3.214	≤	4	
8		Plant 2	0	2	8.357	≤	12	
9		Plant 3	3	2	18	≤	18	
10								
11			Doors	Windows				
12		Units Produced	3.214	4.179			Gross Profit from Sales	$4,130
13								
14		Marketing Cost	$258	$1,164			Total Marketing Cost	$1,422
15								
16							Total Profit	$2,708

Solver Parameters
Set Objective Cell: Profit
To: Max
By Changing (Variable) Cells:
UnitsProduced
Subject to the Constraints:
HoursUsed <= HoursAvailable
Solver Options:
Make Variables Nonnegative
Solving Method: GRG Nonlinear or Quadratic (Analytic Solver)

	E
5	Hours
6	Used
7	=SUMPRODUCT(C7:D7,UnitsProduced)
8	=SUMPRODUCT(C8:D8,UnitsProduced)
9	=SUMPRODUCT(C9:D9,UnitsProduced)

	G	H
12	Gross Profit from Sales	=SUMPRODUCT(UnitProfit,UnitsProduced)
13		
14	Total Marketing Cost	=SUM(MarketingCost)
15		
16	Total Profit	=GrossProfitFromSales–TotalMarketingCost

	B	C	D
14	Marketing Cost	=25*(DoorsProduced^2)	=66.667*(WindowsProduced^2)

Range Name	Cells
DoorsProduced	C12
GrossProfitFromSales	H12
HoursAvailable	G7:G9
HoursUsed	E7:E9
HoursUsedPerUnitProduced	C7:D9
MarketingCost	C14:D14
TotalMarketingCost	H14
TotalProfit	H16
UnitProfit	C4:D4
UnitsProduced	C12:D12
WindowsProduced	D12

스프레드시트를 활용한 수식 작성

〈그림 11-11〉은 이 문제의 스프레드시트 모형을 보여준다. 얼핏 보기에는 〈그림 11-9〉의 Wyndor사 문제 모형과 거의 같지만, 자세히 살펴보면 네 가지 중요한 차이가 있다.

첫째, 〈그림 11-9〉의 4번 행의 단위이익이 마케팅비용을 제외한 단위당 총이익으로 대체되었다.

둘째, 목표셀인 TotalProfit(H16)을 계산할 때 마케팅비용을 감안하기 위해서, 〈그림 11-11〉의 스프레드시트에 GrossProfitFromSales(H12), MarketingCost(C14:D14), Total-MarkingCost(H14)와 같은 출력셀이 추가되었다.

셋째, 근본적인 차이점은 특정 출력셀에 입력된 수식의 차이에 있다. 〈그림 11-9〉에서 TotalProfit(G12)의 수식은 선형계획법의 특징인 SUMPRODUCT 함수를 사용하였다. 그러나 〈그림 11-11〉에서는 목적함수의 마케팅비용 부분이 비선형이므로 다르게 표현된다. 예를 들어, 목적함수의 D^2항을 보자. D의 값이 DoorsProduced(C12)에 있으므로 엑셀은 D^2을 DoorsProduced^2으로 표현한다. 여기에서 ^라는 기호는 ^ 뒤의 숫자만큼 거듭제곱을 하라는 명령어이다. W^2을 나타내는 것도 동일하다. 따라서 총마케팅비용의 수식은 다음과 같다.

총마케팅비용 = SUM(MarketingCost)
= 25*(DoorsProduced^2) + 66.667*(WindowsProduced^2)

목표셀의 수식은 아래와 같다.

TotalProfit(H16) = GrossProfitFromSales(H12) − TotalMarketingCost(H14)

넷째, 마지막 차이점은 〈그림 11-9〉와 〈그림 11-11〉의 해찾기 옵션에서 나타난다. 〈그림 11-9〉와 달리 〈그림 11-11〉에서는 GRG Nonlinear가 선택된다. (Analytic Solver에서는 Standard LP/Quadratic Engine을 선택할 수도 있다.) 다른 비선형계획모형을 해결할 때에도 이와 같은 설정(또는 11.6절에서 논의되는 Evolutionary Solver 기법)을 사용해야 한다.

이 모형에서 해를 구하면, 최적해는 UnitsProduced(C12:D12)에 나타나고 TotalProfit (H16)은 주당 2,708달러의 이익을 보여준다.

D = 3.214 (주당 평균 3.214개의 문을 생산)
W = 4.179 (주당 평균 4.179개의 창문을 생산)

D와 W에 소수점이 포함된 것은 해당 값이 실제 생산된 개수가 아니라 평균적인 주당 생산율이기 때문이다. 해가 어떻게 얻어졌는지는 〈그림 11-12〉의 그래프를 통하여 이해할 수 있다. 실행가능해 영역은 5장에 나오는 원래의 Wyndor사 문제의 경우와 동일하다. 그러나 최적해를 찾기 위해 사용되는 목적함수가 비선형계획모형에서는 직선이 아닌 곡선으로 나타난다. 따라

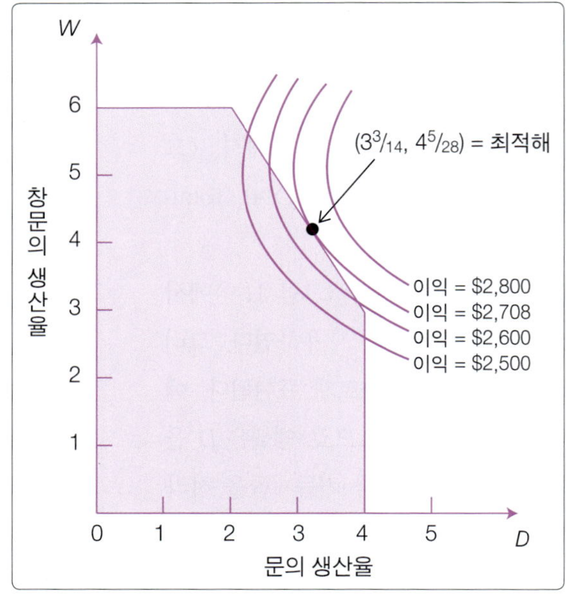

〈그림 11-12〉 비선형 마케팅비용을 고려한 Wyndor사 문제의 그래프. 그림의 곡선은 목적함수에 해당하며, 최적해인 $(D, W) = (3\frac{3}{14}, 4\frac{5}{28})$를 지나는 목적함수(Profit = $2,708)를 포함한 몇 개의 예를 보여줌

서 그림의 네 개의 곡선 각각은 같은 이익을 주는 (D, W)를 보여준다(실제로 곡선을 그리는 것은 지루하고 어려운 과정이라서 어떻게 그렸는지는 다루지 않는다). 그림을 보면 이익이 증가할 때 목적함수 곡선이 오른쪽으로 이동한다는 것을 알 수 있다. 목적함수 곡선이 실행가능해 영역의 어떤 점이라도 만나면서 이익을 최대로 하는 것은 Profit=2,708달러인 지점이다. Profit=2,708달러가 되는 목적함수 곡선이 지나는 실행 가능한 점을 구하면 다음과 같은 최적해가 나온다.

$$(D, W) = (3\tfrac{3}{14}, 4\tfrac{5}{28})$$

이 값은 생산계획으로 사용하기에 불편하므로 약간의 조정이 필요하다. 〈그림 11-12〉를 보면, 실행가능지역의 경계선에서 최적해와 근접한 점의 주당 이익은 2,708달러에 가까울 것임을 예상할 수 있다. 예를 들면, 다음의 해는 주당 이익이 2,706달러이고 경영진은 이 계획을 사용하는 것이 더 편리할 것이다.

$$(D, W) = (3\tfrac{1}{3}, 4)$$

반면에, 〈그림 11-9〉에서 마케팅비용의 비선형성을 고려하지 않고 선형계획법으로 구한 해는 (D, W)=(2, 6)이다. 비선형성을 고려한 현재의 목적함수에 (D, W)=(2, 6)를 대입하면 주당 이익은 2,450달러에 불과하다. 이는 근사적인 선형계획모형을 더 정확한 비선형계획모형으로 바꾸었을 때 얻을 수 있는 개선을 보여준다.

다음 절에서는 한계수확이 체감하는 목적함수를 가진 비선형계획모형의 대표적인 사례에 대해 알아본다.

복습문제

1. 비선형해찾기로 쉽게 해결할 수 있는 비선형계획모형의 세 가지 특징은 무엇인가?
2. 두 개의 변수를 가지는 쉬운 유형의 비선형계획모형과 역시 두 개의 변수를 가지는 선형계획모형을 그래프로 그려보면 어떤 차이점이 있는가?

11.3 비선형계획법을 활용한 포트폴리오 선택

대규모 주식 포트폴리오를 관리하는 전문가 대부분은 비선형계획법에 기반을 둔 컴퓨터 프로그램을 투자에 사용한다. 투자자는 기대수익expected return과 투자 위험risk 모두에 관심이 있으므로, 비선형계획법을 사용하여 주어진 가정에서 이 둘 사이의 절충점을 찾아주는 포트폴리오를 결정한다. 이 방법은 Harry Markowitz와 William Sharpe가 1990년 노벨 경제학상을 받은 연구에 기반을 두고 있다.

그들의 방법은 6.3절에서 다룬 비용-이익 절충문제의 비선형계획 형태라고 볼 수 있다. 이 경우 비용은 투자에 따른 위험이며, 이익은 투자 포트폴리오의 기대수익에 해당한다. 따라서 모형의 일반적인 형태는 다음과 같다.

최소화 위험

제약조건

기대수익 ≥ 최소허용수준

위 모형에서 투자 위험은 수익의 분산variance으로 측정된다. 분산은 확률이론에서 확률변수의 변동성을 나타내는 기본 척도이다. 확률이론에 근거하면, 목적함수는 의사결정변수(총투자액에서 해당 주식에 투자하는 금액이 차지하는 비율)의 비선형함수이며 한계수확체감의 형태로 표현된다. 비음제약조건, 총투자액에서 각 주식의 투자비율의 합이 1이라는 제약조건 외에 기대수익에 대한 제약조건을 추가하면, 포트폴리오 선택을 최적화하는 간단한 비선형계획 모형을 수립할 수 있다.

이 모형을 설명하기 위해 포트폴리오에 세 가지 주식만을 고려하는 간단한 예제를 활용한다. 모형의 의사결정변수는 다음과 같다.

S_1 = 총투자액에서 주식 1에 투자된 금액의 비율

S_2 = 총투자액에서 주식 2에 투자된 금액의 비율

S_3 = 총투자액에서 주식 3에 투자된 금액의 비율

이 비율은 더해서 합이 1이 되어야 하므로, 다음과 같은 제약조건이 고려되어야 한다.

$$S_1 + S_2 + S_3 = 1$$

〈표 11-2〉는 세 가지 주식에 대한 자료이다. 두 번째 열은 각 주식의 기대수익이고, 전체 포트폴리오의 기대수익은 다음과 같다.

$$\text{기대수익} = (21S_1 + 30S_2 + 8S_3)\%$$

투자자의 기대수익에 대한 최소허용수준은 다음과 같다.

응용사례

Bank Hapoalim Group은 이스라엘 최대 은행그룹으로, 2020년 기준 이스라엘 내에 250여 개의 지점, 일곱 개의 비즈니스센터를 가지고 있으며, 세계적으로는 북미, 남미, 유럽의 주요 금융센터 내에 수십 개의 지점, 사무실 및 자회사를 운영하고 있다.

Bank Hapoalim의 비즈니스 중 중요한 부분은 고객에게 투자상담 서비스를 제공하는 것이다. 경쟁사보다 앞서 가기 위해서 경영진은 투자상담사에게 최신의 투자 기법과 기술을 제공하기로 하였고, 이 업무를 담당하기 위해 경영과학연구팀이 구성되었다.

경영과학연구팀은 투자상담사를 위하여 고객의 다양한 요구를 만족시킬 수 있는 유연한 의사결정지원시스템을 개발할 필요가 있다고 결론을 내렸다. 고객은 자신의 투자 목적, 투자 기간, 기준 인덱스, 선호하는 유동성과 결제 통화 등 자신의 요구사항이나 필요 사항에 대한 방대한 정보를 제공하게 된다. 또한, 고객의 위험에 대한 성향을 분류하기 위하여 여러 질문이 주어진다.

Opti-Money 시스템이라고 명명된 이 의사결정시스템에 사용된 모형은, 본 절에서 다룬 포트폴리오 선택을 위한 전통적인 비선형계획모형을 기본으로 하여, 고객의 요구사항이나 필요사항에 대한 정보를 반영하도록 수정한 모형이다. 이 모형은 포트폴리오에 포함 가능한 주식 및 채권 등 약 60가지 자산에 대한 최적 투자 비율을 정해주며, 투자상담사는 제안된 투자안 중에서 가장 적합한 특정 주식과 채권 투자안을 고객과 함께 결정한다.

이 은행의 투자상담사들은 Opti-Money 시스템을 사용하여 한 해 10만 건이 넘는 투자 상담을 하였다. 시스템 도입 첫 해에, 시스템에서 제공된 투자 조언을 따른 고객들이 초과 달성한 연간 수익은 대략 2억 4,400만 달러였고, 은행은 3,100만 달러 이상의 수익을 올렸다. 이러한 성과는 꾸준히 이어졌다.

이와 같이 고급 분석기법을 적극적으로 활용한 결과, Bank Hapoalim은 경영과학 분야 최고 권위의 상인 Franz Edelman Award의 최종 후보에 선정되었다.

출처: M. Avriel, H. Pri-Zan, R. Meiri, and A. Peretz, "Opti-Money at Bank Hapoalim: A Model-Based Investment Decision-Support System for Individual Customers," *Interfaces* (now *INFORMS Journal on Applied Analytics*) 34, no. 1 (이 사례에 대한 링크는 www.mhhe.com/hillier7e에서 볼 수 있다.)

〈표 11-2〉 포트폴리오 선택 사례의 주식 자료

주식	기대수익	위험(표준편차)	주식의 쌍	주식 간 결합위험(공분산)
1	21%	25%	1 과 2	0.040
2	30	45	1 과 3	−0.005
3	8	5	2 와 3	−0.010

$$\text{최소허용기대수익률} = 18\%$$

주식 1과 주식 2의 기대수익률이 18%를 초과하므로, 포트폴리오의 많은 부분을 주식 1과 주식 2로 구성하면 최소허용수준인 18% 이상의 기대수익을 달성할 수 있다.

그러나 주식 1과 주식 2는 주식 3에 비하여 투자 위험이 매우 높다. 〈표 11-2〉의 기대수익이 확실히 달성될 것이라는 보장은 없고, 주식 1과 주식 2의 투자 위험은 주식 3보다 훨씬 높다. 각 주식의 수익률은 특정 확률분포를 따른다. 실제 수익률이 평균을 중심으로 위, 아래로 1표준편차만큼 떨어진 범위 안에 있을 확률이 대략 3분의 2 정도가 되므로, 확률분포의 표준편차(분산의 제곱근)는 수익률 분포가 얼마나 넓게 흩어져 있는지를 나타내는 척도가 될 수 있다. 이와 같은 방법으로 측정한 투자 위험 척도가 〈표 11-2〉의 세 번째 열에 있다.

그러나 세 번째 열은 각 주식의 개별적인 위험이므로 포트폴리오의 위험을 이것만으로 구할 수는 없다. 포트폴리오의 위험은 해당 주식의 수익이 같은 방향으로 움직이는 성향(위험 증가)을 가지느냐, 또는 해당 주식의 수익이 반대 방향으로 움직이는 성향(위험 감소)을 가지느냐에 따라서 영향을 받는다. 〈표 11-2〉의 가장 오른쪽에 있는 열에서 주식 1과 주식 2의 결합위험joint risk이 양의 값을 가지는 것은 이 두 주식의 수익이 같은 방향으로 움직이는 성향이 있다는 것을 보여준다. 반면에, 주식 3과 다른 주식 간의 결합위험은 음의 값을 갖는다. 이는 주식 1 또는 주식 2의 수익이 내려갈 때 주식 3의 수익은 증가하고, 주식 1 또는 주식 2의 수익이 증가할 때 주식 3의 수익은 감소한다는 것을 의미한다. (확률이론에서 두 주식의 결합위험은 수익의 공분산에 해당하며, 〈표 11-2〉의 오른쪽 마지막 열과 같이 주어진다. 두 주식의 총결합위험은 공분산에 2를 곱한 것이다).

〈표 11-2〉의 자료는 과거 수년간의 투자 수익률에서 표본을 추출하여 구한 평균, 표준편차, 공분산으로부터 구해진다. 고려하는 주식의 미래 전망이 과거의 형태와 다르다고 판단될 때는 기대수익률의 추정치를 조정해야 한다. 개별 분산과 공분산을 이용하여 전체의 분산을 구하는 확률이론 공식을 사용하여 전체 포트폴리오의 위험을 구하면 다음과 같다.

$$\text{위험} = (0.25S_1)^2 + (0.45S_2)^2 + (0.05S_3)^2 + 2(0.04)S_1S_2 + 2(-0.005)S_1S_3 + 2(-0.01)S_2S_3$$

따라서 이를 비선형계획모형으로 표현하면 다음과 같다.

$$\text{최소화} \quad \text{위험} = (0.25S_1)^2 + (0.45S_2)^2 + (0.05S_3)^2 + 2(0.04)S_1S_2 + 2(-0.005)S_1S_3 + 2(-0.01)S_2S_3$$

제약조건

$$21S_1 + 30S_2 + 8S_3 \geq 18$$
$$S_1 + S_2 + S_3 = 1$$
$$S_1 \geq 0 \qquad S_2 \geq 0 \qquad S_3 \geq 0$$

다행히도, 이 모형의 목적함수는 한계수확체감의 형태이다(이 사실을 금방 알아차리기는 어렵지만, 전체 포트폴리오의 분산으로 측정하는 위험은 어떠한 포트폴리오에서도 한계수확체감이라는 사실이 증명되어있다). 또한, 목적함수가 이차식(계수와 두 변수의 곱은 이차식에서 허용된다)이므로 이차계획모형에 해당하고, 이 모형은 11.2절에서 열거한 세 가지 특징을 모두 가지고 있다. 따라서 이 모형은 해를 구하기 용이한 비선형계획모형의 한 유형이다.

〈그림 11-13〉은 해찾기를 적용한 뒤의 스프레드시트 모형을 보여준다. 해석의 편의성을 위해 변수셀 Portfolio(C14:E14)는 S_1, S_2, S_3의 값을 분수값이 아닌 백분율(%)로 보여준다. 해당 셀에서 구해진 최적해는 다음과 같다.

〈그림 11-13〉 비선형모형인 포트폴리오 선택 예제의 스프레드시트 모델. 변수셀인 Portfolio(C14:E14)는 최적의 포트폴리오를 보여주며, 목표셀인 Variance(C21)은 해당 포트폴리오의 위험을 보여줌

	A	B	C	D	E	F	G	H
1	Portfolio Selection Problem (Nonlinear Programming)							
2								
3			Stock 1	Stock 2	Stock 3			
4		Expected Return	21%	30%	8%			
5								
6		Risk (Stand. Dev.)	25%	45%	5%			
7								
8		Joint Risk (Covar.)	Stock 1	Stock 2	Stock 3			
9		Stock 1		0.040	-0.005			
10		Stock 2			-0.010			
11		Stock 3						
12								
13			Stock 1	Stock 2	Stock 3	Total		
14		Portfolio	40.2%	21.7%	38.1%	100%	=	100%
15								
16					Minimum			
17					Expected			
18			Portfolio		Return			
19		Expected Return	18%	≥	18%			
20								
21		Risk (Variance)	0.0238					
22								
23		Risk (Stand. Dev.)	15.4%					

Range Name	Cells
Covar12	D9
Covar13	E9
Covar23	E10
Covariance	C9:E11
ExpectedReturn	C19
MinExpectedReturn	E19
OneHundredPercent	H14
Portfolio	C14:E14
SD1	C6
SD2	D6
SD3	E6
StandDev	C23
Stock1	C14
Stock2	D14
Stock3	E14
StockExpectedReturn	C4:E4
StockStandDev	C6:E6
Total	F14
Variance	C21

Solver Parameters

Set Objective Cell: Variance
To: Min
By Changing Variable Cells:
Portfolio
Subject to the Constraints:
ExpectedReturn >= MinExpectedReturn
Total = OneHundredPercent

Solver Options:
Make Variables Nonnegative
Solving Method: GRG Nonlinear
or Quadratic (Analytic Solver)

	F
13	Total
14	=SUM(Portfolio)

	B	C
19	Expected Return	=SUMPRODUCT(StockExpectedReturn,Portfolio)
20		
21	Risk (Variance)	=((SD1*Stock1)^2)+((SD2*Stock2)^2)+((SD3*Stock3)^2)+2*Covar12*Stock1*Stock2+2*Covar13*Stock1*Stock3+2*Covar23*Stock2*Stock3
22		
23	Risk (Stand. Dev.)	=SQRT(Variance)

S_1 = 40.2%: 포트폴리오의 40.2%를 주식 1에 할당

S_2 = 21.7%: 포트폴리오의 21.7%를 주식 2에 할당

S_3 = 38.1%: 포트폴리오의 38.1%를 주식 3에 할당

결과에 나타나듯이, 상대적으로 낮은 수익률에도 불구하고 주식 1과 주식 2에서 발생하는 높은 위험을 상쇄하기 위해 상당량의 주식 3이 포트폴리오에 포함되었다. 수익률이 낮은 주식 3이 포함되었지만 ExpectedReturn(C19)에 따르면 현재 포트폴리오의 기대수익률은 18%로 최저허용수준을 충족하고 있다. 목표셀인 Variance(C21)는 포트폴리오의 위험, 즉 전체 포트폴리오 수익률의 분산이 0.0238임을 나타낸다. StandDev(C23)은 포트폴리오 수익률의 표준편차를 보여주며 그 값은 $\sqrt{0.0238}$=0.154=15.4%이다. 표준편차가 기대수익률보다 작다는 것은 실제 수익률이 음수가 될 확률이 상당히 작다는 면에서 고무적이다. StockStandDev(C6:E6)에 나타난 주식 1과 주식 2의 수익률 표준편차가 상당히 큼에도 불구하고, 주식 3의 표준편차가 상당히 작고 공분산 Covar13(E9)과 Covar23(E10)이 음수이기 때문에 포트폴리오의 표준편차가 작게 나타났다.

이것은 비용(위험)과 이익(기대수익) 사이에서 가장 좋은 절충점을 찾는다는 측면에서, 비용-이익 절충문제의 예이다. 사실, 위의 모형은 목적함수의 형태를 제외하고는 6.3절의 비용-이

〈그림 11-14〉 최소허용기대수익을 매개변수 셀로 지정하여 변화시킴에 따라 〈그림 11-13〉 모델에서 기대수익과 위험의 절충관계를 보여주는 매개변수 분석 보고서

	A	B	C	D	E	F	G
1	MinExpected Return	Stock 1	Stock 2	Stock 3	Variance	St. Deviation	Return
2	10.0%	8.1%	4.3%	87.6%	0.0015	3.9%	10.0%
3	12.0%	16.2%	8.6%	75.2%	0.0032	5.6%	12.0%
4	14.0%	24.2%	13.0%	62.8%	0.0074	8.6%	14.0%
5	16.0%	32.2%	17.3%	50.5%	0.0143	12.0%	16.0%
6	18.0%	40.2%	21.7%	38.1%	0.0238	15.4%	18.0%
7	20.0%	48.2%	26.1%	25.7%	0.0359	18.9%	20.0%
8	22.0%	56.2%	30.4%	13.4%	0.0506	22.5%	22.0%
9	24.0%	64.2%	34.8%	1.0%	0.0680	26.1%	24.0%
10	26.0%	44.4%	55.6%	0.0%	0.0946	30.8%	26.0%
11	28.0%	22.2%	77.8%	0.0%	0.1394	37.3%	28.0%
12	30.0%	0.0%	100.0%	0.0%	0.2025	45.0%	30.0%
13							
14							

익 절충문제와 유사하다. 8장에서 본 바와 같이, 이러한 문제의 분석은 최적해를 찾는 데에서 끝나지 않는다. 모형에서 사용된 이익에 대한 최소허용수준은 정책적으로 선정된 잠정치에 불과하다. 결과를 찾은 다음에는, 비용과 이익의 가장 좋은 절충점을 찾기 위한 추가 분석이 필요하다. 이 분석은 이익에 대한 최소허용수준을 변화시키면서 비용에 미치는 영향을 찾는 것이다. 상대적으로 적은 비용으로 많은 이익을 얻을 수 있다면 그렇게 하는 것이 좋다. 반면에 이익을 조금 낮추어 비용을 많이 절감할 수 있다면 이익의 최소허용수준을 낮추는 것이 바람직하다.

현재의 예제에 이 방법을 적용하려면 8장에서 설명한 Analytic Solver의 매개변수 분석 보고서parameter analysis report를 이용하여 다양한 최소허용기대수익에 대한 모형의 최적해를 구해 포트폴리오의 기대수익률과 위험을 함께 보여주는 표를 만들어야 한다. 〈그림 11-14〉는 이렇게 작성된 표를 보여준다. 재무관리 용어로 얘기하면, F열과 G열의 값은 효율적 투자기회선efficient frontier상의 점들이다. 〈그림 11-14〉의 오른쪽에 효율적 투자기회선이 제시되어 있다. 투자자는 이런 점들을 자세히 살펴보고, 자신의 수익률 목표와 위험 성향에 맞추어 의사결정을 한다.

복습문제

1. 이 절에서 논의된 포트폴리오 모델이 이차계획모형에 해당하는 이유가 무엇인가?
2. 포트폴리오 선택에 비선형계획법을 적용할 때, 어떠한 두 요소 간의 절충점을 찾아야 하는가?

11.4 Separable 계획법

11.1절은 활동수준과 전체 성과척도가 비례하지 않는 몇 가지 유형에 대해 설명했다. 한계수확체감현상은 이와 같은 유형 중 하나이며, 11.2절과 11.3절에서는 모든 활동이 한계수확체감의 특징을 가지는 비선형계획문제를 다루었다. 본 절에서는 다시 한 번 이와 유사한 유형의 문제를 다룬다. 이전 유형과의 차이점은 활동의 이익 또는 비용을 나타내는 그래프가 일련의 연결된 직선들로 구성된 조각적 선형piecewise linear이라는 점이다. 11.1절의 〈그림 11-2〉 (b)는 이러한 유형의 이익그래프(이익 외에도 최대화를 목적으로 하는 다른 성과척도 그래프도 가능)를 보여주며, 〈그림 11-3〉 (b)의 비용그래프(비용 외에도 최소화를 목적으로 하는 어떠한 그래프도 가능) 역시 조각적 선형이다.

Separable 계획법은 이러한 유형의 비선형계획문제를 다루기 위해 고안된 특수 방법이다. 즉, 총이익(또는 비용)은 개개의 활동에 의한 조각적 선형의 이익(또는 비용)그래프에서 얻는 이익(또는 비용)을 모두 더해서 구해진다. (모형 내에 변수의 곱이 있으면 안 되고, 각 그래프는 한계수확체감이어야 한다.) 이 방법에서는 각 이익(또는 비용)그래프의 직선 부분들을 선형계획모형으로 전환한다. 이와 같이 전환하면, 선형계획법의 What-If 분석이라는 유용한 도구를 사용하여 모형을 효율적으로 해결할 수 있다.

Wyndor Glass사 문제의 사례로 이 방법을 설명한다.

잔업이 필요한 Wyndor Glass사 문제

Wyndor Glass사는 5장, 8장, 그리고 11.2절에서 수립된 계획에 따라 새로운 문과 창문의 생산을 시작할 준비가 되었다. 11.2절에서 논의된 비선형 마케팅비용을 고려할 때, 현재의 계획은 다음과 같다.

$$(D, W) = (3\tfrac{1}{3}, 4)$$

D와 W는 일주일 간 생산되는 문과 창문의 생산량이다.

그러나 첫 네 달 동안 이러한 생산계획을 바꾸어야 할지도 모르는 새로운 상황이 전개되었다. 회사는 앞으로 네 달 동안 공장 1과 2에서 수작업으로 제품을 만들어야 하는 특별주문을 받아들였다. 이 주문량을 충족시키기 위해서는 정규제품을 생산하는 생산인력의 일부분을 빌려와야 하며, 기존 공정에 남아있는 인력은 두 종류의 신제품 생산을 위해 사용되는 기계와 장비를 최대로 활용해야 하기 때문에 잔업을 해야만 한다.

경영진은 현재의 생산계획이 새로운 상황에서도 여전히 최적의 이익을 제공하는지 확인하기 위하여 데이터 분석팀에 모형을 보완하도록 지시했다. 문제를 빨리 분석하기 위해, 데이터 분석팀은 당분간 마케팅비용의 비선형성을 무시하고 〈그림 11-9〉에 설명된 기존 모형을 단순하게 변경함으로써 잔업을 고려하기로 하였다. (먼저 이와 같이 단순화된 모형을 해결하고, 이

〈표 11-3〉 잔업이 필요한 Wyndor사 문제의 자료

제품	주당 최대 생산량			단위당 추정이익	
	정규작업	잔업	합계	정규작업	잔업
문	3	1	4	300달러	200달러
창문	3	3	6	500	100
		($3D + 2W \leq 18$)			

장의 후반부에서 마케팅비용의 비선형성을 고려한 모형을 분석할 예정이다.)

기존 모형에서 공장 1과 2의 가용생산시간(G7과 G8)의 일부는 잔업으로 채워지겠지만, 제약조건인 HoursUsed(E7:E9) ≤ HoursAvailable(G7:G9)에는 변화가 없다. 그러나 잔업을 사용하면서 발생하는 추가적인 비용 때문에 목적함수는 기존 모형과 동일하지 않다.

〈표 11-3〉은 공장 1과 2에서 정규작업과 잔업으로 한 주에 생산할 수 있는 각 제품의 최대 생산량을 보여준다. 공장 3은 잔업을 할 필요가 없으므로 원래 제약조건이 표의 아랫부분 괄호 안에 있다. 네 번째 열은 두 번째와 세 번째 열의 합이며, 이 합은 공장 1과 2의 원래의 제약조건에서 알 수 있다($D \leq 4$와 $2W \leq 12$, 즉 $W \leq 6$). 마지막 두 개의 열은 정규작업시간과 잔업시간에 생산된 제품 한 단위의 추정이익으로, 11.2절에서 구한 것이 아니라 원래의 마케팅비용 추정치를 사용하여 구한 것이다.

〈그림 11-15〉는 각 제품의 생산율에 따른 주당 이익을 나타낸다. 〈표 11-3〉에서 볼 수 있듯

〈그림 11-15〉 Wyndor사의 이익그래프로, 주당 생산율이 3단위를 초과하여 초과 근무가 필요한 경우 각 제품의 총 주당 이익과 해당 제품의 생산율을 보여줌. 이때 마케팅비용은 11.2절에서 개발된 비선형 마케팅비용의 추정치가 아니라 마케팅비용의 원래 추정치를 사용함

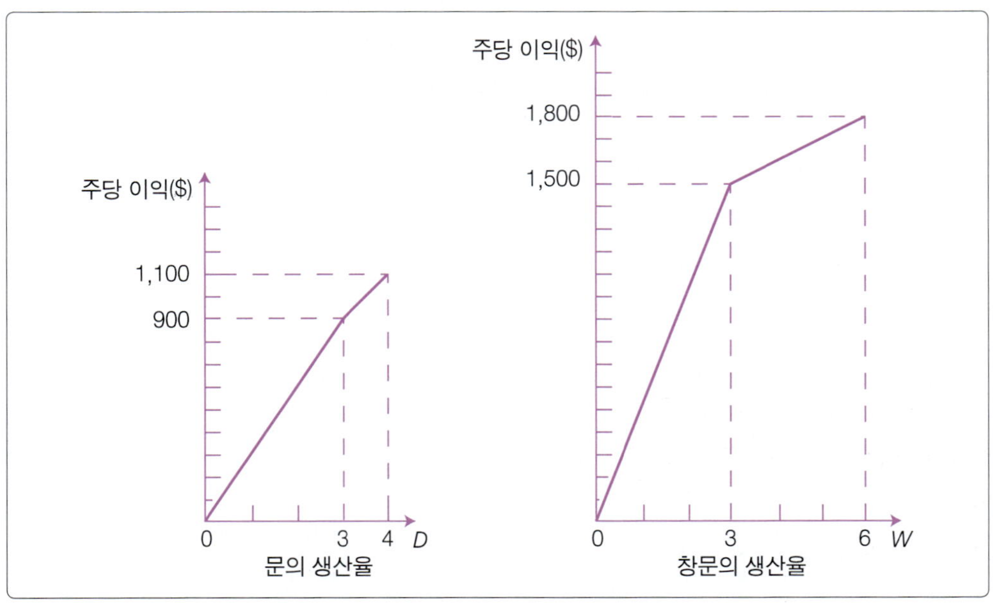

이 잔업에는 추가 비용이 발생하므로, 제품의 주당 이익은 정규작업에 비해 잔업이 낮다. 그러므로 제품의 생산율이 증가하여 잔업이 필요할 때 이익그래프의 기울기가 감소하는 것을 확인할 수 있다. 따라서 두 제품 모두 한계수확이 체감한다.

경영진은 잔업으로 발생하는 추가 비용을 줄이려고 임시 작업자를 고용하려 생각했으나 이는 교육훈련비용뿐만 아니라 비숙련 작업자의 투입으로 인해 생산의 비효율성까지 초래할 수 있다. 4개월 뒤에는 정상적인 생산으로 돌아갈 수 있는 일시적인 상황이므로 경영진은 임시 작업자 대신 잔업을 사용하기로 하였다.

경영진은 각 제품의 작업인력이 정규시간에 완전히 활용된 후에 잔업을 수행해야 한다고 지시하였다. 또한, 이익이 증가한다면 현재의 생산계획을 일시적으로 변경할 수 있다고 하였다.

Separable 계획법의 적용

〈그림 11-15〉의 이익그래프에서 각 제품의 수익은 생산량에 비례하지 않으므로 직선이 아니다. 따라서 (11.2절에서 설명한) 선형계획법의 비례성 가정을 위반한다. 그러나 각 이익그래프는 비록 하나의 직선은 아니지만 2개의 직선(선분)으로 구성되고, 기울기가 바뀌는 점에서 연결되어 있다. 즉, 각 선분의 구간 안에서는 비례성 가정을 충족하며, 이는 다음과 같은 중요한 아이디어를 제공한다.

Separable 계획법: 비례성 가정을 위배하는 활동의 이익그래프를 복수의 선분으로 구분한다. 전체 활동수준을 나타내는 하나의 의사결정변수를 사용하는 대신 선분별로 새로운 의사결정변수를 하나씩 대응시킨다. 새로운 의사결정변수는 선형계획법의 비례성 가정을 충족시키므로 이 의사결정변수들을 사용하여 선형계획모형을 작성할 수 있다.

Wyndor사 문제의 새로운 4개의 의사결정변수는 다음과 같다.

D_R = 정규작업에 의한 주당 문 생산량
D_O = 잔업에 의한 주당 문 생산량
W_R = 정규작업에 의한 주당 창문 생산량
W_O = 잔업에 의한 주당 창문 생산량

위 의사결정변수들에 해당하는 단위당 수익은 〈표 11-3〉의 마지막 두 열에 표시되어 있으며 목적함수 계수로 사용된다. 두 번째, 세 번째 열은 이 변수들이 가질 수 있는 값의 상한이므로 이에 해당하는 제약조건들은 모형에 포함되어야 한다. 또한, 기존의 Wyndor사 모형에 포함되었던 세 개의 제약조건식도 새로운 모형에 포함된다. 이때 D는 D_R+D_O로, W는 W_R+W_O로 대체된다. Wyndor사의 기존 문제에 대한 대수적 모형은 5.3절에 나타나 있다. 본 절에서는 의사결정변수를 각 제품별 정규시간 생산량과 잔업 생산량으로 분리하여 4개로 구분하고 있으므로 새로운 모형은 아래와 같다.

최대화 $P = 300D_R + 200D_O + 500W_R + 100W_O$

제약조건

$$D_R \le 3,\ D_O \le 1,\ W_R \le 3,\ W_D \le 3$$
$$D_R + D_O \le 4$$
$$2(W_R + W_O) \le 12$$
$$3(D_R + D_O) + 2(W_R + W_O) \le 18$$
$$D_R \ge 0 \quad D_O \ge 0 \quad W_R \ge 0 \quad W_D \ge 0$$

(두 번째와 세 번째 행에 있는 제약식은 첫 번째 행에 있는 제약식에 의해 충족되므로 생략할 수 있다.) Separable 계획법의 핵심은 비선형계획문제를 선형계획모형으로 표현할 수 있다는 점이다.

이렇게 수립한 스프레드시트 모형이 〈그림 11-16〉에 있다. 변수셀인 UnitsProduced (C14:D15)는 네 개의 의사결정변수를 나타낸다. 새로운 제약조건인 UnitsProduced (C14:D15)≤ Maximum(F14:G15)은 〈표 11-3〉의 두 번째와 세 번째 열에서 주어진 각 의사결정변수의 상한 값을 나타낸다. 새로운 출력셀인 TotalProduced(C16:D16)는 각 제품의 정규작업과 잔업에 의한 생산량을 더한 생산량이다. 이를 이용하여 실제 활용된 생산시간인 HoursUsed(E8:E10)=SUMPRODUCT(HoursUsedPerUnitProduced, TotalProduced)를 계산할 수 있다. 이 부분이 없으면 모형은 기본적으로 〈그림 11-9〉의 원래 모형과 동일하다. Simplex LP 옵션이 선택되어 있는데, 이것은 새롭게 표현된 모형이 선형계획모형이기 때문이다. 새로운 의사결정변수에 대해서는 비례성의 가정이 충족된다.

선형계획모형은 비선형계획모형보다 훨씬 효율적으로 해를 찾을 수 있다. 또한, What-If 분석 역시 비선형계획모형보다 선형계획모형에서 훨씬 쉽게 적용할 수 있다. 이와 같이, 비선형계획문제를 선형계획모형에 맞게 수립할 수 있기 때문에 Separable 계획법이 유용한 방법이다.

하지만 이 모형에는 반영되지 않은 중요한 요소가 하나 있다. 잔업은 정규작업이 완전히 끝난 후에야 실시한다고 전제한 사실이다. 위의 모형에는 이를 강제하는 제약조건이 포함되어 있지 않다. 따라서 모형에서는 D_R<3이면서 D_O>0인 경우, 또는 W_R<3이면서 W_O>0인 경우도 실행 가능한 것으로 평가한다.

다행스럽게도, 위와 같은 경우는 실행가능해일 수는 있지만 최적해는 될 수 없다. 왜냐하면, 잔업의 단위당 수익이 정규시간의 단위당 수익보다 작아서 한계수확체감이기 때문이다. 그러므로 총수익을 최대화하는 최적해는 잔업보다 정규 작업을 최대한 활용하려고 할 것이며, 따라서 제약조건을 별도로 포함하지 않아도 된다.

〈그림 11-16〉 잔업이 필요한 Wyndor사 문제에 Separable 계획법을 적용한 스프레드시트 모델. 변수셀인 UnitsProduced(C14:D15)는 각 제품당 최적의 생산율을 보여주며, 목표셀인 TotalProfit (D18)은 주당 이익을 보여줌. 이 모델은 〈그림 11-15〉의 이익그래프를 활용하며 11.2절의 비선형 마케팅비용을 고려하지 않음

	A	B	C	D	E	F	G
1	**Wyndor Problem with Overtime (Separable Programming)**						
2							
3		**Unit Profit**	Doors	Windows			
4		Regular	$300	$500			
5		Overtime	$200	$100			
6					Hours		Hours
7			Hours Used per Unit Produced		Used		Available
8		Plant 1	1	0	4	≤	4
9		Plant 2	0	2	6	≤	12
10		Plant 3	3	2	18	≤	18
11							
12			**Units Produced**			**Maximum**	
13			Doors	Windows		Doors	Windows
14		Regular	3	3	≤	3	3
15		Overtime	1	0	≤	1	3
16		Total Produced	4	3			
17							
18			Total Profit	$2,600			

Solver Parameters

Set Objective Cell: TotalProfit
To: Max
By Changing Variable Cells:
UnitsProduced
Subject to the Constraints:
HoursUsed <= HoursAvailable
UnitsProduced <= Maximum

Solver Options:
Make Variables Nonnegative
Solving Method: Simplex LP

	E
6	Hours
7	Used
8	=SUMPRODUCT(C8:D8,TotalProduced)
9	=SUMPRODUCT(C9:D9,TotalProduced)
10	=SUMPRODUCT(C10:D10,TotalProduced)

	B	C	D
16	Total Produced	=SUM(C14:C15)	=SUM(D14:D15)

	C	D
18	Total Profit	=SUMPRODUCT(UnitProfit,UnitsProduced)

Range Name	Cells
HoursAvailable	G8:G10
HoursUsed	E8:E10
HoursUsedPerUnitProduced	C8:D10
Maximum	F14:G15
TotalProduced	C16:D16
TotalProfit	D18
UnitProfit	C4:D5
UnitsProduced	C14:D15

위 모형에서 핵심은 한계수확이 감소한다는 것이다. 한계수확이 감소하지 않는 활동의 경우에는 전술한 내용이 성립하지 않는다. 따라서 활동들의 한계수확이 감소하는 경우에만 Separable 계획법을 적용할 수 있다.

〈그림 11-16〉은 최적해를 찾기 위해 해찾기를 사용한 뒤의 변수셀 UnitsProduced (C14:D15)를 보여준다. 이에 따르면 최적해는 다음과 같다.

D_R = 3, D_O = 1: 주당 4개의 문 생산

W_R = 3, W_O = 0: 주당 3개의 창문 생산

총이익은 목표셀 TotalProfit(D18)에서 주당 2,600달러로 나타났다. 이는 잔업을 사용하지 않았던 경우인 주당 총이익 2,527달러(주당 문 $3\frac{1}{3}$개 생산 및 창문 4개 생산)와 비교된다.

곡선의 이익그래프에 Separable 계획법 적용

Separable 계획법은 이익그래프가 일련의 선분이 아니라 곡선인 경우에도 적용 가능하다. 이러한 상황은 해당 활동의 한계수확이 특정한 점들에서만이 아니라 연속적으로 감소하는 경우에 발생한다.

예를 들면 〈그림 11-17〉에 실선으로 표현된 곡선은 이러한 활동의 이익그래프이다. 이 모형에 Separable 계획법을 적용하기 위해서는, 실선의 곡선을 점선으로 표현된 여러 개의 직선으로 근사화한다. 직선마다 새로운 의사결정변수를 도입하고, Wyndor사 문제와 같은 절차를 적용하면 전체 문제를 선형계획모형으로 전환시킬 수 있다.

활동이 〈그림 11-17〉의 이익그래프와 같은 형태를 가지는 경우에는 이 외에도 다른 방법으로 해결할 수도 있다. 11.2절에서 이런 형태의 문제에 대하여 이미 설명했다. 엑셀의 비선형해찾기 기능을 사용하면 이러한 이익그래프 수식을 가진 비선형계획모형을 해결할 수 있다. 이 경우, Separable 계획법의 경우와 달리 곡선을 직선으로 근사화하지 않고 직접 해결한다는 장점이 있다.

〈그림 11-17〉 실선은 한계수확이 연속적으로 감소하는 활동의 이익그래프를 보여줌. 점선은 이익그래프를 근사화하기 위해 Separable 계획법에서 사용된 선분들임

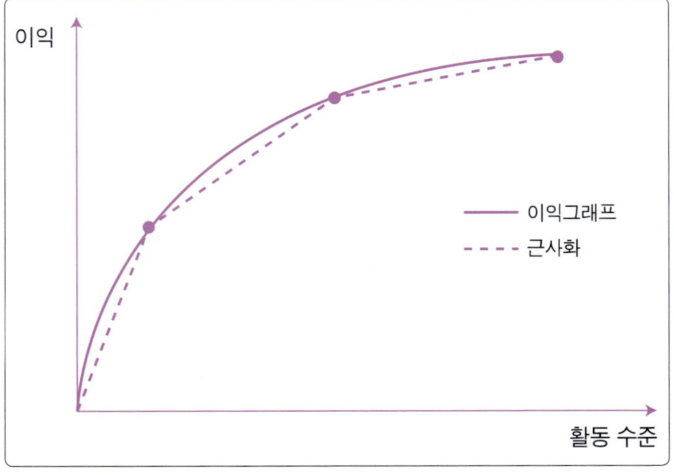

그러나 Separable 계획법에도 장점은 있다. 첫 번째는 문제를 선형계획모형으로 전환하면 해결속도가 빨라지므로, 모형의 크기가 클 경우 대단히 유용하다는 점이다. 또 다른 장점은 선형

계획법을 사용하면 민감도 분석 보고서를 얻을 수 있으므로, What-If 분석에 크게 도움이 된다는 점이다. 반면에 비선형계획모형을 사용할 때에는 민감도에 대한 정보가 그렇게 유용하게 주어지지 않는다. 세 번째 중요한 장점은 Separable 계획법을 사용할 때에는 각 활동에 대하여 〈그림 11-17〉의 점과 같이 몇 개의 점에서만 이익을 추정해도 된다는 것이다. 따라서 이익 그래프의 수식을 추정하기 위해 곡선피팅방법을 사용하지 않아도 된다(이러한 추정에도 근사화가 필요하다).

다음의 Wyndor사 사례는 두 방법의 적용을 모두 보여준다.

잔업비용과 비선형 마케팅비용이 있는 Wyndor사 문제

〈그림 11-16〉의 스프레드시트 모형은 앞으로 넉 달간 신제품의 생산량에 대한 대략적인 추정치를 제공해준다. 이러한 추정치는 계획수립 측면에서는 유용하지만, 11.2절에서 다룬 비선형 마케팅비용에 대한 새로운 추정치를 고려하지 않았기 때문에 정확한 것은 아니다. 따라서 Wyndor사 데이터 분석팀의 다음 단계 업무는 새로운 추정치를 고려하여 모형을 개선하는 것이다.

Wyndor사의 마케팅 담당 부사장인 Ana Hernandez는 주당 D개의 문과 W개의 창문을 판매하기 위해서 마케팅비용이 $25D^2$달러와 $66\frac{2}{3}W^2$달러가 필요하다고 추정했다. 제품의 이익을 구하려면 각 제품의 총이익(마케팅비용이 고려되기 전의 이익)에서 이 비용들을 빼야 한다. 〈표 11-3〉의 단위이익을 추정할 때 사용한 마케팅비용의 추정치가 문 한 개당 75달러, 창문 한 개당 200달러이므로 〈표 11-4〉의 자료를 사용해야 한다. 이 표의 중간 열에는 마케팅비용을 빼기 전 각 제품의 단위당 총이익이 표시되고, 마지막 열은 각 제품의 마케팅비용을 계산하는 공식을 표시한다.

〈표 11-5〉의 네 번째 열은 주당 D개의 문을 생산할 때의 주당 이익을 보여준다. 주당 이익은 두 번째 열의 총이익에서 세 번째 열의 마케팅비용을 빼서 구한 것이다. 오른쪽 마지막 열은 D의 값이 1만큼 증가할 때 주당 이익의 증가치를 나타낸다. 즉, 주당 이익의 증가치는 같은 행의 이익에서 한 줄 위의 주당 이익을 뺀 값이다. 주당 이익의 증가치가 $D=4$에서 크게 감소하는 이유는 D를 3보다 크게 하면서 잔업이 사용되었기 때문에다.

〈표 11-6〉은 창문에 대하여 동일한 계산 결과를 보여준다. 여기에서는 W를 3보다 크게 할 때 발생하는 추가 잔업비용이 크기 때문에 $W=4$, $W=5$, $W=6$인 경우의 주당 이익 증가치가 음수로 나타난다.

〈그림 11-18〉에서 실선으로 표시된 곡선은 문과 창문의 전체 이익그래프를 보여준다. 각 그래프의 기울기는 생산율이 증가하면 감소하므로, 한계수확체감에 해당한다. 기울기의 감소는 생산율이 작을 때에는 거의 눈에 보이지 않으나 생산량이 많아지면 확실하게 나타난다. 또한, 생산량을 증가하려면 잔업을 해야 하기 때문에 $D=3$ 또는 $W=4$에서 꺾이는 점이 발생한다.

〈표 11-4〉 잔업비용과 비선형 마케팅비용을 고려한 Wyndor사 사례의 자료

	주당 최대 생산량			단위당 총이익(달러)		
제품	정규작업	잔업	합계	정규작업	잔업	마케팅 비용
문	3	1	4	375	275	$25D^2$
창문	3	3	6	700	300	$66\frac{2}{3}W^2$

〈표 11-5〉 주당 D개의 문을 생산할 때 Wyndor사의 주당 이익

D	총이익 (달러)	마케팅비용 (달러)	이익 (달러)	이익 증가치 (달러)
0 (정규작업)	0	0	0	–
1 (정규작업)	375	25	350	350
2 (정규작업)	750	100	650	300
3 (정규작업)	1,125	225	900	250
4 (잔업)	1,400	400	1,000	100

〈표 11-6〉 주당 W개의 창문을 생산할 때 Wyndor사의 주당 이익

W	총이익 (달러)	마케팅 비용 (달러)	이익 (달러)	이익 증가치 (달러)
0 (정규작업)	0	0	0	–
1 (정규작업)	700	66⅔	633⅓	633⅓
2 (정규작업)	1,400	266⅔	1,133⅓	500
3 (정규작업)	2,100	600	1,500	366⅔
4 (잔업)	2,400	1,066⅔	1,333⅓	–166⅔
5 (잔업)	2,700	1,666⅔	1,033⅓	–300
6 (잔업)	3,000	2,400	600	–433⅓

데이터 분석팀은 Separable 계획법을 사용하여 주당 이익을 최대화하는 생산량을 결정하려고 한다. 이를 위하여 〈그림 11-18〉의 점선으로 표시된 직선들을 이용하여 실제 이익그래프를 근사하는 조각적 선형 그래프를 구했다. 근사가 상대적으로 좋지 않은 곳은 창문의 이익이 1,500달러일 때(W=3)부터 600달러일 때(W=6)까지의 구간이다(한 단위 증가에 평균 300달러 감소). W가 3보다 크게 되면 주당 이익이 감소하므로 W를 이보다 크게 증가시키는 것은 바람직하지 않다. 따라서 그래프의 이 부분에서는 정밀한 근사가 필요 없기 때문에 W=3과 W=6 사이에 하나의 직선만 사용하였다.

〈그림 11-19〉는 〈그림 11-18〉의 조각적 선형 이익그래프를 고려한 Separable 계획의 스프레드시트 모형이다. 이 모형은 비선형 마케팅비용을 고려하지 않은 〈그림 11-16〉의 Separable 계획의 스프레드시트 모형과 상당히 유사하다. 〈그림 11-16〉 모형은 〈그림 11-15〉와 같이

〈그림 11-18〉 실선은 잔업비용과 비선형 마케팅비용이 있는 Wyndor사 문제의 이익그래프를 보여줌. 점선은 〈그림 11-19〉에 설명된 Separable 계획법으로 근사화한 직선들임

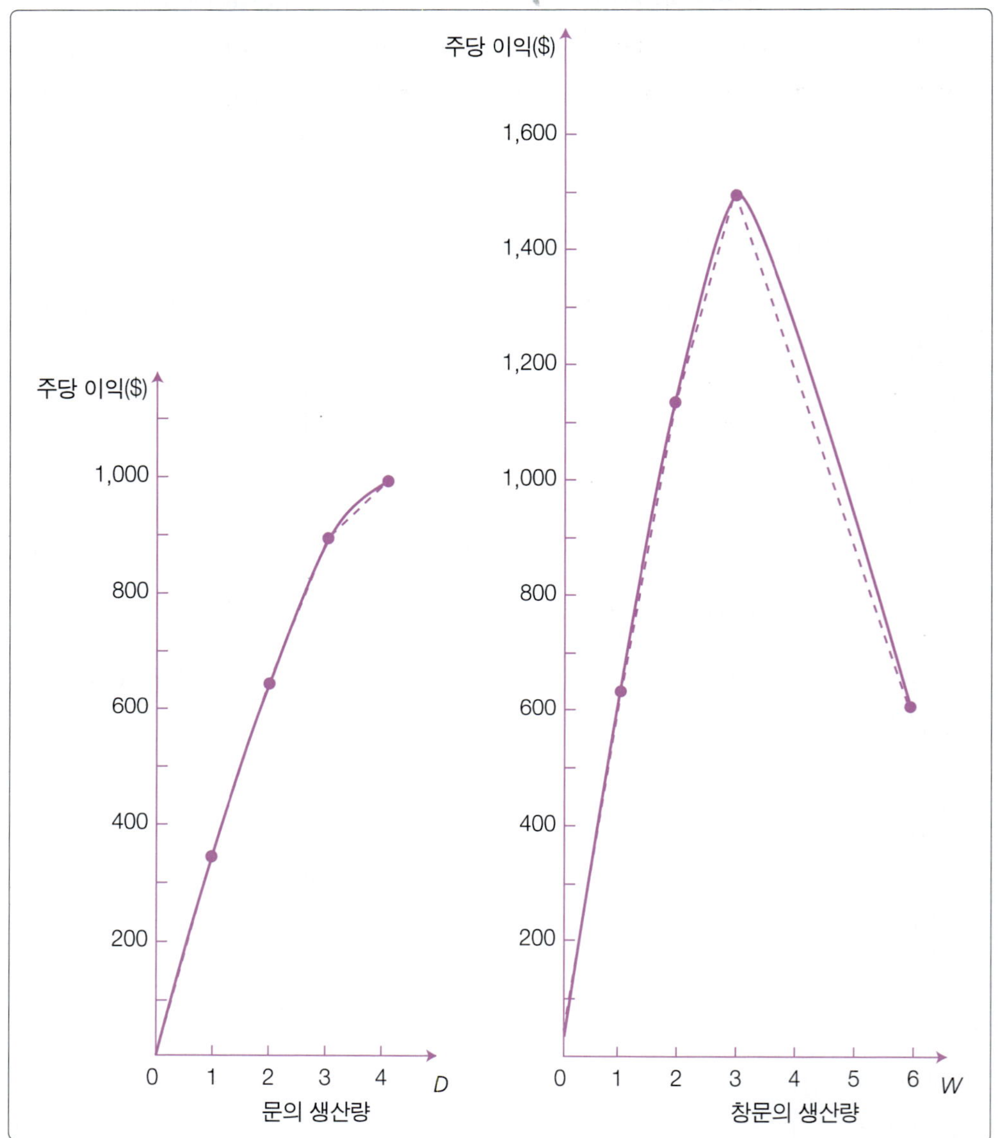

두 개의 직선을 가지는 조각적 선형 이익그래프에 기반한다. 따라서 해당 셀인 UnitProfit (C4:D5)과 UnitProduced(C14:D15)는 두 개의 행에 표현된다. 반면, 〈그림 11-18〉의 조각적 선형 이익그래프는 네 개의 직선을 가지고 있으므로, 〈그림 11-19〉의 해당 셀인 UnitProfit (C4:D7)과 UnitProduced(C17:D20)는 네 개의 행에 표현된다. UnitProfit(C4:D7)의 숫자는 〈그림 11-18〉의 해당 직선의 기울기이며 이는 셀 D7을 제외하고는 모두 〈표 11-5〉와 〈표 11-6〉에 나타난 주당 이익의 증가치에서 얻을 수 있다. 셀 D7의 값은 〈그림 11-18〉의 *W*=3부터 *W*=6까지 구간 내 선분의 기울기인 −300달러로부터 얻어졌다. −300달러는 〈표 11-6〉의 주당 이

〈그림 11-19〉 잔업비용과 비선형 마케팅비용을 고려한 Wyndor사 문제에 Separable 계획법을 적용한 스프레드시트 모델. Total Produced(C21:D21)은 변수셀인 UnitsProduced(C17:D20)의 해당 열을 더한 값으로, 해찾기에서 얻어진 최적해에 해당함. 목표셀인 TotalProfit(D23)은 이때의 주당 이익이 2,500달러임을 보여줌

	A	B	C	D	E	F	G
1	**Wyndor with Overtime and Marketing Costs (Separable)**						
2							
3		**Unit Profit**	Doors	Windows			
4		Regular (0–1)	$350.00	$633.33			
5		Regular (1–2)	$300.00	$500.00			
6		Regular (2–3)	$250.00	$366.67			
7		Overtime	$100.00	-$300.00			
8							
9					Hours		Hours
10			Hours Used per Unit Produced		Used		Available
11		Plant 1	1	0	4	≤	4
12		Plant 2	0	2	6	≤	12
13		Plant 3	3	2	18	≤	18
14							
15			**Units Produced**			**Maximum**	
16			Doors	Windows		Doors	Windows
17		Regular (0–1)	1	1	≤	1	1
18		Regular (1–2)	1	1	≤	1	1
19		Regular (2–3)	1	1	≤	1	1
20		Overtime	1	0	≤	1	3
21		Total Produced	4	3			
22							
23			Total Profit	$2,500			

Solver Parameters

Set Objective Cell: TotalProfit
To: Max
By Changing Variable Cells:
UnitsProduced
Subject to the Constraints:
HoursUsed <= HoursAvailable
UnitsProduced <= Maximum

Solver Options:
Make Variables Nonnegative
Solving Method: Simplex LP

	E
9	Hours
10	Used
11	=SUMPRODUCT(C11:D11,TotalProduced)
12	=SUMPRODUCT(C12:D12,TotalProduced)
13	=SUMPRODUCT(C13:D13,TotalProduced)

	B	C	D
21	Total Produced	=SUM(C17:C20)	=SUM(D17:D20)

	C	D
23	Total Profit	=SUMPRODUCT(UnitProfit,UnitsProduced)

Range Name	Cells
HoursAvailable	G11:G13
HoursUsed	E11:E13
HoursUsedPerUnitProduced	C11:D13
Maximum	F17:G20
TotalProduced	C21:D21
TotalProfit	D23
UnitProfit	C4:D7
UnitsProduced	C17:D20

익 증가치 중 마지막 세 값의 평균이다. 〈그림 11-18〉의 나머지 선분들은 모두 *D*나 *W*의 한 단위 사이에 있기 때문에, 각 선분의 기울기는 〈표 11-5〉와 〈표 11-6〉의 해당되는 주당 이익 증가치와 동일하다.

〈그림 11-19〉의 변수셀인 UnitsProduced(C17:D20)는 해찾기가 구한 최적해를 보여준다. TotalProduced(C21:D21)는 SUM(UnitsProduced)로서 각 제품의 총생산율을 보여준다.

D = 4: 1개의 잔업 생산을 포함하여 주당 4개의 문 생산
W = 3: 주당 3개의 창문 생산

목표셀인 TotalProfit(D23)은 전체 이익이 2,500달러가 된다는 것을 보여준다.

위의 결과를 검증하기 위하여 데이터 분석팀은 〈그림 11-18〉의 곡선 이익그래프 수식을 이용한 비선형계획모형을 작성하고, 해를 구하였다. 〈그림 11-20〉은 이 모형의 스프레드시트 모형이다. 이는 잔업비용이 고려되지 않은 〈그림 11-11〉의 모형과 거의 유사하다. 두 모형의 차이점은 〈그림 11-11〉에서 한 행으로 표현된 UnitProfit(C4:D4)와 UnitsProduced(C15:D15)이 〈그림 11-20〉에서는 각각 두 개의 행으로 나뉘어서 정규작업과 잔업을 구별한다는 점이다. *D*=3과 *W*=4에서 이익그래프의 꺾이는 점이 발생하고, 이 점 양쪽의 이익그래프를 표현하기 위해서 한 쌍의 행이 더 필요하다. TotalProduced(C17:D17)는 〈그림 11-19〉의 Separable 계획 모형과 동일한 최적해인 (*D*, *W*)=(4, 3)을 구했으며, 이때의 전체 이익은 2,500달러로 역시 동일하다.

이 결과에 따라, Wyndor사의 경영진은 잔업이 필요한 향후 4개월간의 생산율을 (*D*, *W*)=(4, 3)로 결정했다. 그 기간이 지나면 11.2절에서 구한 바와 같이 생산계획을 (*D*, *W*)=($3\frac{1}{3}$, 4)로 변경할 것이다.

이로써 Wyndor사의 사례가 모두 끝났다. 이 사례에서 주목할 점은 하나의 문제 상황을 하나의 모형으로만 표현하는 것이 아니라 복수의 모형으로 표현할 수 있다는 것이다. 연구가 진행되면서 추가로 고려해야 할 것이 생기면, 기존 모형은 일련의 개선작업을 통해 다른 형태의 모형으로 변경될 수도 있다. 예를 들면, 처음에는 선형계획모형으로 시작하였으나 나중에는 비선형계획모형이 필요하게 될 수도 있다.

복습문제

1. 비례성 가정을 위반하는 활동에 대하여 Separable 계획법을 적용하려면 이익그래프의 형태는 어떻게 되어야 하는가?
2. Separable 계획법을 적용하면 결과적으로 어떤 형태의 수리 모형이 되는가?
3. 〈그림 11-17〉과 비슷한 형태의 이익그래프를 가진 활동이 있는 문제에 대하여, 그림과 같이 근사를 통해서 Separable 계획법을 사용하는 것은 어떤 장점이 있는가?
4. 동일한 문제에 Separable 계획법을 적용하는 것이 이익그래프의 수식을 사용한 비선형계획모형을 적용하는 것 보다 우수한 장점은 무엇인가?

〈그림 11-20〉 잔업비용과 비선형 마케팅비용을 고려한 Wyndor사 문제의 스프레드시트 모델. TotalProduced(C17:D17)은 해찾기에서 얻어진 최적의 생산율에 해당하며 목표셀인 TotalProfit(H20)은 이때의 주당 이익을 보여줌. 여기에서 사용된 비선형계획 모형이 〈그림 11-19〉의 Separable 계획법과 동일한 최적해를 찾았음을 주목하라

	A	B	C	D	E	F	G	H
1	**Wyndor With Overtime and Marketing Costs (Nonlinear Programming)**							
2								
3		**Unit Profit (Gross)**	Doors	Windows				
4		Regular	$375	$700				
5		Overtime	$275	$300				
6								
7					Hours		Hours	
8			Hours Used per Unit Produced		Used		Available	
9		Plant 1	1	0	4	≤	4	
10		Plant 2	0	2	6	≤	12	
11		Plant 3	3	2	18	≤	18	
12								
13						**Maximum**		
14		**Units Produced**	Doors	Windows		Doors	Windows	
15		Regular	3	3	≤	3	3	
16		Overtime	1	0	≤	1	3	
17		Total Produced	4	3				
18						Gross Profit from Sales		$3,500
19		Marketing Cost	$400	$600		Total Marketing Cost		$1,000
20							Total Profit	$2,500

Solver Parameters
Set Objective Cell: TotalProfit
To: Max
By Changing Variable Cells:
UnitsProduced
Subject to the Constraints:
HoursUsed <= HoursAvailable
UnitsProduced <= Maximum

Solver Options:
Make Variables Nonnegative
Solving Method: GRG Nonlinear or Quadratic (Analytic Solver)

Range Name	Cells
DoorsProduced	C17
GrossProfitFromSales	H18
HoursAvailable	G9:G11
HoursUsed	E9:E11
HoursUsedPerUnitProduced	C9:D11
MarketingCost	C19:D19
Maximum	F15:G16
TotalMarketingCost	H19
TotalProduced	C17:D17
TotalProfit	H20
UnitProfit	C4:D5
UnitsProduced	C15:D16
WindowsProduced	D17

	E
7	Hours
8	Used
9	=SUMPRODUCT(C9:D9,TotalProduced)
10	=SUMPRODUCT(C10:D10,TotalProduced)
11	=SUMPRODUCT(C11:D11,TotalProduced)

	B	C	D
17	Total Produced	=SUM(C15:C16)	=SUM(D15:D16)
18			
19	Marketing Cost	=25*(DoorsProduced^2)	=66.667*(WindowsProduced^2)

	G	H
18	Gross Profit from Sales	=SUMPRODUCT(UnitProfit,UnitsProduced)
19	Total Marketing Cost	=SUM(MarketingCost)
20	Total Profit	=GrossProfitFromSales-TotalMarketingCost

11.5 어려운 유형의 비선형계획법

11.2, 11.3절에서 어떤 모형의 목적함수가 비선형이더라도 몇 가지 특성(예: 선형 제약식, 한계수확체감의 목적함수 최대화)이 충족된다면 비선형해찾기로 최적해를 쉽게 찾을 수 있음을 보았다. 또한, 11.4절에서는 특수한 경우의 비선형문제를 Separable 계획모형으로 근사화하여 선형계획법을 활용한 효율적인 해법을 적용할 수 있다는 것을 보았다.

그러나 비선형계획문제는 다양한 형태로 나타난다. 예를 들면 총이익을 최대화하는 문제에서 특정 활동의 단위이익이 한계수확체증일 수 있다. 어떤 경우에는 제약조건이 비선형일 수도 있다. 또한, 어떤 문제는 이익그래프가 몇 개의 불연속 곡선으로 이루어질 수도 있다. 이러한 비선형계획문제는 해를 찾기가 불가능하지는 않다고 하더라도 매우 어렵다. 전역최적이 아닌 지역최적해가 여러 개 존재할 수 있기 때문이다. 〈그림 11-7〉과 〈그림 11-8〉에서 본 바와 같이, 비선형해찾기는 전역최적해가 아닌 지역최적해에서 벗어나지 못하는 경우가 발생한다.

다수의 지역최적이 있는 문제를 풀기 위한 한 가지 방법은 각기 다른 초기해를 사용하여 비선형해찾기를 여러 번 반복하는 것이다. 비선형해찾기는 매번 주어진 초기해에서 시작하여 지역최적을 찾을 때까지 목적함수가 개선되는 방향으로 이동한다. 여러 개의 초기해를 사용하여, 가능한 많은 지역최적해를 찾는 것이 목적이다. 그중에서 가장 좋은 해를 선택하면 된

응용사례

독일의 본(Bonn)에 본사를 둔 DHL은 세계에서 가장 큰 물류 서비스 기업이다. 220개국서 50만 명 이상을 고용하고 있으며 매일 15만 대의 차량으로 300만 개의 물건과 7,000만 개의 편지를 배달한다. 2020년 DHL은 668억 유로(약 755억 달러)의 매출을 기록했다. DHL이 이런 자리를 차지하게 된 것은 진보적인 리더십, 혁신적 마케팅 캠페인, 자원 사용을 최적화하기 위한 비선형계획법의 결과라고 할 수 있다.

독일의 우편회사로 시작했지만, 최고경영진은 회사를 진정한 글로벌 물류회사로 탈바꿈하여 21세기를 맞이하기 위한 비전과 계획을 수립했다. 첫 단계는 세계 여러 곳에서 두각을 나타내는 유사한 기업들을 인수하는 것이었다. 글로벌 비즈니스를 운영하는 고객들은 하나의 물류 공급자와만 거래하기를 원하므로, 다음 단계는 마케팅 연구를 통해서 고객의 니즈를 만족시킬 수 있는 공격적인 마케팅 프로그램을 시작하는 것이었다. 이렇게 개발된 마케팅 활동은 4개 대륙의 20개국 이상에서 적극적으로 수행되었다.

이러한 마케팅 프로그램은 비용이 많이 드는 것이어서 한정된 마케팅 자원을 최대한 효과적으로 사용하는 것이 중요하다. 따라서 경영과학자들은 효과성을 측정하는 목적함수를 포함하는 브랜드 선택 모형을 개발하였다. 총 마케팅 예산을 초과하지 않으면서 이러한 목적함수를 최대화하는 비선형계획모형이 사용되었다.

마케팅 이론과 비선형계획법의 활용은 DHL의 브랜드 가치를 높였으며, DHL을 세계 제일의 위치에 오르게 하였다. 이와 같은 활동을 통해 얻어진 최초 5년 동안의 브랜드 가치 증가는 13억 2,000만 달러(32% 증가)로 추정된다. 이를 투자수익률로 환산하면 38%에 해당한다. 이러한 성과는 이후에도 지속적으로 이어졌다.

이와 같이 규범적 분석기법을 적극적으로 활용한 결과, DHL은 경영과학 분야 최고 권위의 상인 Franz Edelman Award의 최종 후보에 선정되었다.

출처: M. Fischer, W. Giehl, and T. Freundt, "Managing Global Brand Investments at DHL," *Interfaces* (현 *INFORMS Journal on Applied Analytics*) 41, no.1 (January–February 2011): 35–50. (이 사례에 대한 논문은 www.mhhe.com/hillier7e에서 볼 수 있다.)

다. 이렇게 하면, 최소한 비선형해찾기가 처음 찾은 지역최적해보다 더 좋은 해를 얻을 가능성이 있다. 운이 좋으면 초기해 중의 하나가 전역최적해를 찾아낼 수도 있다.

예를 들어 〈그림 11-8〉의 이익그래프를 가지는 〈그림 11-7〉의 모형을 생각하자. 1.5보다 작은 초기해에서 시작하면, 목적함수는 지역최대인 x=0.371(이익=3.19달러)의 방향으로 이동하면서 증가한다. 따라서 1.5보다 작은 초기해에서는 비선형해찾기는 지역최대로 움직여가서 수렴할 것이다. 비슷하게 1.5와 4.6 사이의 초기해에서 시작하면, 비선형해찾기는 지역최대(동시에 전역최대)인 x=3.126(이익=6.13달러)으로 수렴할 것이다. 마지막으로 4.6보다 큰 어떤 초기해에서도 비선형해찾기는 지역최대인 x=5(이익=0달러)로 수렴할 것이다. 몇 개의 서로 다른 초기해에서 시작해서 비선형해찾기로 문제를 풀면, 세 개의 지역최적이 발견될 것이다. 이 지역최적 중에서 가장 좋은 것은 x=3.126이고, 해당 이익은 6.13달러이다.

비선형해찾기는 다수의 초기해를 발생시키면서 이 과정을 자동으로 수행하는 기능이 있다. 엑셀의 해찾기에서 옵션을 선택하여 'GRG 비선형'을 선택하면, 〈그림 11-21〉의 왼쪽에 있는 비선형해찾기 옵션 대화상자가 나타난다. 'Multistart 사용'이라는 옵션을 선택하면, 비선형해찾기가 무작위로 추출한 100개의 초기해를 사용한다. (초기해의 개수는 '모집단 크기' 옵션에서 변경할 수 있다.) Analytic Solver에서는 〈그림 11-21〉의 오른쪽과 같이 Model창의 Engine탭에

〈그림 11-21〉 왼쪽 그림은 엑셀의 비선형해찾기 기능의 옵션 대화상자이며, 몇 개의 매개변수를 지정해야 함. Multistart 옵션은 비선형해찾기가 다수의 임의의 초기해를 이용하도록 함. (초기해의 개수는 모집단 크기의 값을 조정해서 정할 수 있음.) 오른쪽 그림은 동일한 기능이 Analytic Solver의 Model창 Engine 탭 내 Global Optimization에서 사용 가능함을 보여줌

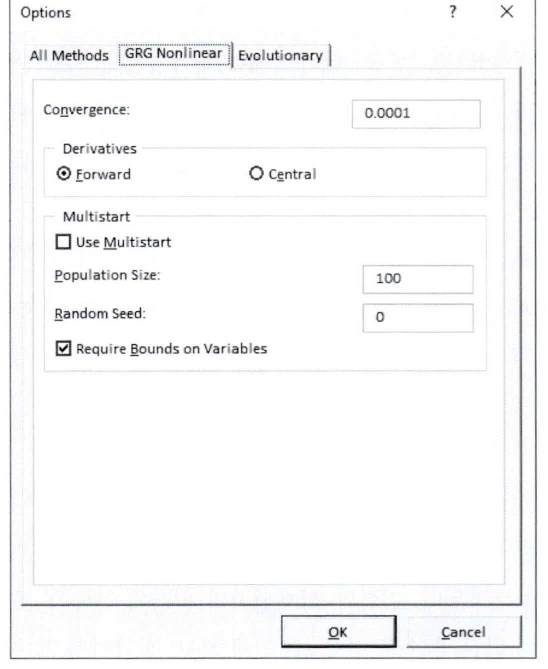

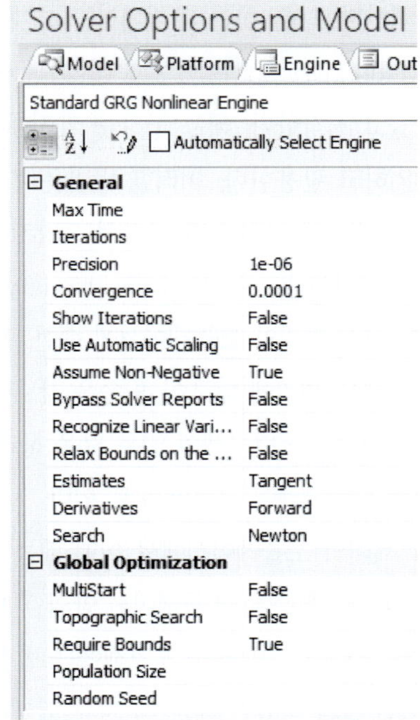

서 Multistart 옵션(Population size 포함)을 선택할 수 있다. Multistart 옵션이 선택되면, 비선형 해찾기는 주어진 초기해들을 사용하여 문제를 풀고, 그중 가장 좋은 해를 찾아준다.

불행히도, 아무리 많은 초기해를 사용하더라도 전역최적해를 찾을 수 있다는 보장은 없다. 만약 이익그래프가 불연속적이거나 꺾이는 점이 있으면(IF, ABS, MAX, ROUND와 같은 함수가 사용되는 경우) 비선형해찾기는 지역최적해조차 찾지 못할 수도 있다. 다행히 이러한 어려운 비선형계획문제의 해를 찾기 위한 다른 방법이 있고, 다음 절에서는 이 방법을 다룬다.

복습문제

1. 비선형계획문제가 어떤 특성을 가지면 비선형해찾기로 해를 구하기 어렵다. 이러한 특성 세 가지를 열거하시오.
2. 다수의 지역최적해가 있는 문제의 해를 구하는 방법은 무엇인가?

11.6 Evolutionary Solver와 유전자 알고리즘

엑셀의 해찾기는 널리 사용되는 주요 해법들을 구현하고 있다. 그중에서 **Evolutionary Solver**라고 불리는 탐색 기법은 가장 활용성이 높은 기능에 해당한다.

Evolutionary Solver는 비선형계획모형의 해를 찾는 방식에 있어서 기존의 비선형해찾기 Nonlinear Solver 기능과는 전혀 다르다. Evolutionary Solver는 유전, 진화, 적자생존의 철학에 기반을 두고 있다. 따라서 이 방법은 **유전자 알고리즘**genetic algorithm이라고도 불린다.

비선형해찾기는 하나의 초기해에서 시작하여 해를 개선하는 방향으로 이동하면서 최적해를 탐색한다. 해를 찾는 과정에서는 그때까지 발견한 것 중에 가장 좋은 것만을 기억한다. 반면, Evolutionary Solver는 **포퓰레이션**population이라고 부르는 대규모 후보해의 집합을 무작위로 만들고 시작한다. 해를 구하는 과정에서 Evolutionary Solver는 후보해의 포퓰레이션 전체를 기억하고 활용한다. 이러한 방법은 비선형해찾기에서 각기 다른 초기해를 사용하여 해를 구함으로써 지역최적에 빠지는 것을 방지하는 것과 유사하다.

포퓰레이션을 만든 뒤에 Evolutionary Solver는 새로운 **세대**generation의 포퓰레이션을 다시 만들어낸다. 현재의 포퓰레이션에 속한 후보해들은 서로 짝을 지어 다음 세대의 후손을 만든다. 유전학의 원리에 의하여 후손은 각 부모의 일부 요소를 이어받는다. 예를 들면, 후손은 각 부모에 해당하는 변수셀의 일부 값을 물려받아 구성할 수도 있고, 각 부모에 해당하는 변수셀의 평균값을 구하여 구성할 수도 있다.

각 세대의 포퓰레이션에서 어떤 해는 좋을(적합할) 수 있고, 어떤 해는 나쁠(부적합할) 수 있다. 적합도 수준은 포퓰레이션 안의 후보해가 가지는 목적함수 값에 따라 결정된다. 제약조건을 하나 이상 위반하는 후보해에는 벌점이 부과된다. 진화와 적자생존의 원리에 의하여, 포퓰레이션 안의 적합한 해는 더 자주 복제하여 많은 후손을 만들 수 있게 하고, 적합하지 않은 해는 후손을 만들지 못하게 한다. 이러한 방법으로 포퓰레이션은 점점 더 적합하게 진화한다.

유전자 알고리즘의 또 다른 주요한 특징은 **돌연변이**mutation이다. 생물학에서 유전자의 돌연변이처럼 Evolutionary Solver는 때때로 포퓰레이션의 구성원을 무작위로 변하게 한다. 예를 들어, 특정 변수셀 값을 임의의 값으로 바꾸는 것이다. 돌연변이로 인해 생성된 후손은 포퓰레이션 내의 다른 후보해들과는 상당히 다른 특징을 가진다. 돌연변이는 알고리즘이 지역최적에서 빠져나오는 데 있어서 중요한 역할을 한다.

Evolutionary Solver는 몇 대에 걸쳐 연속적으로 개선이 되지 않을 때까지 계속해서 새로운 세대를 만들어낸다. 알고리즘이 끝나면 그때까지 찾은 가장 좋은 해를 선택한다. 다음 예제는 Evolutionary Solver를 활용하여 문제를 해결하는 과정을 설명한다.

시장 평균 수익률을 능가하는 포트폴리오 선택

11.3절에서는 주식 포트폴리오의 최소허용기대수익을 만족하면서 위험(해당 포트폴리오에서 얻어지는 수익의 분산)을 최소화하는 모형을 개발했다. 제약조건이 선형이고 목적함수는 연속이고 이차식이며 한계수확체감이므로, 비선형해찾기(또는 Analytic Solver의 Quadratic Solver)를 이용하여 해결할 수 있다.

포트폴리오 관리자는 시장평균보다 높은 수익을 내고자 한다. 〈그림 11-22〉는 뉴욕증권거래소NYSE에서 거래되는 주식 중 다섯 개의 대형 주식(Disney(DIS), Boeing(BA), General Electric(GE), Procter & Gamble(PG), McDonald's(MCD))으로 포트폴리오를 만들어 이러한 목적을 달성하고자 하는 스프레드시트 모형을 보여준다. 각 주식의 6년간(2015~2020) 분기별 성과(수익률)가 StockData(D4:H27)에 있다. 주식시장 전체의 분기별 성과는 NYSE Composite Index로 측정되어 K열에 있다.

과거의 성과가 미래의 성과를 예측할 수 있는 지표라고 한다면, 과거 6년간 시장 평균 수익률을 능가했던 포트폴리오를 선택하면 미래에도 시장 평균 수익률을 능가할 가능성이 높을 것이다. 따라서 〈그림 11-22〉의 모형은 6년간 분기별로 봤을 때 시장 평균 수익률을 가장 자주 능가했던 포트폴리오를 찾는 것이 목적이다.

모형의 변수셀은 포트폴리오에서 각 주식에 투자한 비율을 나타내는 Portfolio (D31:H31)이다. 해당 포트폴리오의 분기별 수익은 I열에 계산되어 있다. J열은 IF함수를 사용해서 포트폴리오의 수익과 시장의 수익을 비교하여, 포트폴리오가 시장을 능가하는지를 나타낸다. 포트폴리오가 시장을 능가한 분기의 숫자가 목표셀인 NumberBeatingTheMarket(J36)에 계산되어 있다. 그림에서 보는 것과 같이, 다섯 개의 주식에 균등하게(20%씩) 투자하는 포트폴리오는 과거 6년 동안의 24분기 중에 15번 시장 평균 수익률을 능가했다.

비선형해찾기로 이 모형의 해를 찾는 것은 거의 불가능하다. 포트폴리오의 변화는 목표셀의 값(해당 포트폴리오가 시장 평균 수익률을 능가한 분기 수)을 연속적으로 변하게 하지 않

〈그림 11-22〉 시장 평균 수익률을 능가하는 포트폴리오 선택 문제의 (해찾기를 적용하기 이전) 스프레드시트 모델. 변수셀인 Portfolio(D31:H31)에는 초기해가 입력되어 있고, 목표셀은 NumberBeatingTheMarket(J36)임

	A	B	C	D	E	F	G	H	I	J	K
1	**Beating the Market (Evolutionary Solver)**										
2										Beat	Market
3		Quarter	Year	DIS	BA	GE	PG	MCD	Return	Market?	(NYSE)
4		Q4	2020	46.02%	29.53%	73.64%	0.66%	−1.66%	29.64%	Yes	14.35%
5		Q3	2020	11.27%	−9.84%	−8.65%	16.98%	19.68%	5.89%	No	6.79%
6		Q2	2020	15.43%	22.90%	−13.89%	9.42%	12.31%	9.24%	No	15.45%
7		Q1	2020	−32.81%	−53.95%	−28.79%	−11.41%	−15.80%	−28.55%	No	−25.96%
8		Q4	2019	10.98%	−13.88%	24.97%	1.06%	−7.37%	3.15%	No	6.98%
9		Q3	2019	−6.10%	5.17%	−14.78%	14.17%	3.94%	0.48%	Yes	−0.34%
10		Q2	2019	25.77%	−4.02%	5.22%	6.13%	9.99%	8.62%	Yes	2.78%
11		Q1	2019	2.04%	18.86%	37.44%	14.09%	7.62%	16.01%	Yes	11.63%
12		Q4	2018	−6.23%	−12.88%	−32.31%	11.42%	6.80%	−6.64%	Yes	−13.06%
13		Q3	2018	12.47%	11.39%	−16.31%	7.59%	8.11%	4.65%	Yes	4.62%
14		Q2	2018	4.35%	2.84%	0.96%	−0.63%	0.20%	1.54%	Yes	0.42%
15		Q1	2018	−5.82%	11.73%	−21.57%	−13.06%	−8.57%	−7.46%	No	−2.79%
16		Q4	2017	9.07%	16.63%	−27.11%	1.75%	10.51%	2.17%	No	4.91%
17		Q3	2017	−6.54%	29.32%	−9.72%	5.21%	3.55%	4.36%	Yes	3.80%
18		Q2	2017	−6.30%	12.67%	−9.36%	−2.26%	18.17%	2.58%	Yes	2.34%
19		Q1	2017	9.64%	14.58%	−4.23%	7.71%	7.27%	6.99%	Yes	3.94%
20		Q4	2016	12.23%	19.08%	7.52%	−5.59%	6.33%	7.91%	Yes	3.13%
21		Q3	2016	−4.38%	2.28%	−5.20%	6.83%	−2.68%	−0.63%	No	2.21%
22		Q2	2016	−1.50%	3.14%	−0.98%	3.71%	−4.25%	0.03%	No	2.77%
23		Q1	2016	−4.89%	−11.39%	3.64%	4.56%	7.19%	−0.18%	No	0.63%
24		Q4	2015	2.82%	11.10%	24.62%	11.38%	20.84%	14.15%	Yes	3.51%
25		Q3	2015	−9.94%	−5.00%	−4.27%	−7.30%	4.55%	−4.39%	Yes	−9.31%
26		Q2	2015	8.82%	−6.98%	7.09%	−3.75%	−1.58%	0.72%	Yes	−0.86%
27		Q1	2015	12.78%	16.18%	0.01%	−9.41%	4.90%	4.89%	Yes	0.55%
28											
29				0%	0%	0%	0%	0%			
30				<=	<=	<=	<=	<=	Sum		
31			Portfolio	20.0%	20.0%	20.0%	20.0%	20.0%	100%	=	100%
32				<=	<=	<=	<=	<=			
33				100%	100%	100%	100%	100%			
34									Number of Quarters		
35									Beating the Market		
36										15	

고 갑자기 점프하게 하므로 목적함수가 연속적이지 않다. 변수셀의 작은 변화에는 목표셀은 변하지 않지만, 변화의 정도가 어느 분기의 J열의 값을 Yes에서 No(또는 No에서 Yes)로 변하게 할 만큼 커지면 목표셀의 값이 변할 수 있다. 변수셀의 작은 변화에 목표셀의 값이 변하지 않으므로, 이 모형에서는 거의 모든 해가 지역최대가 된다는 불행한 결과를 가져온다. 따라서 이 경우에, 비선형해찾기는 최적해찾기를 중단하고 초기해를 지역최대로 결정한다. 이와 같이 비선형해찾기가 모형의 해를 구할 수 없으므로 Evolutionary Solver를 사용해야 한다.

시장 평균 수익률을 능가하는 포트폴리오 선택에 Evolutionary Solver 적용

〈그림 11-23〉은 〈그림 11-22〉의 모형을 풀기 위한 엑셀의 해찾기 대화상자 입력내용을 보여준다. 목표셀은 NumberBeatingTheMarket(J36)이고 변수셀은 Portfolio(D31:H31)이다. 또한, (1) 포트폴리오의 합이 100%가 되어야 한다는 제약조건과 (2) 개별 주식의 투자비율이 0에서 100% 사이에 있어야한다는 제약조건도 포함한다.

〈그림 11-23〉 Evolutionary Solver를 이용하여 〈그림 11-22〉의 스프레드시트 모델을 해결하기 위한 엑셀의 해찾기 대화상자. 해법 선택의 드롭다운 메뉴에서 Evolutionary를 선택하면, 모형의 해결을 위해 Evolutionary Solver가 사용됨

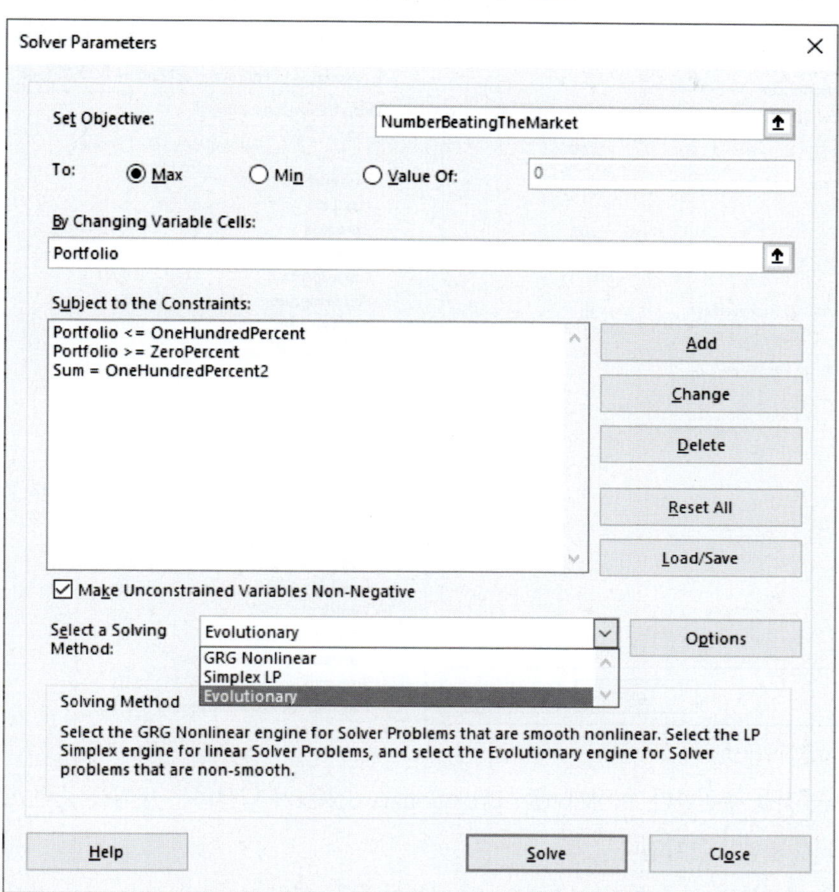

엑셀의 해찾기에서는 드롭다운 형태의 메뉴가 있어 어느 알고리즘을 사용할 것인지 선택할 수 있다. 〈그림 11-23〉에서는 Evolutionary Solver가 선택되었다. Analytic Solver에서는 〈그림 11-24〉의 오른쪽과 같이 Model창의 Engine탭에서 해법을 선택한다.

엑셀의 해찾기 대화상자에서 옵션을 클릭하여 Evolutionary를 선택하면 〈그림 11-24〉 왼편 그림과 같은 옵션 대화상자가 나타난다. 여기에서 해를 찾는 최대 소요시간, 포퓰레이션의 크기(모집단 크기), 돌연변이 비율(변이율) 등 여러 매개변수 값을 설정할 수 있다. Analytic Solver에서도 〈그림 11-24〉 오른쪽 그림과 같이 Model창의 Engine탭에서 매개변수 값을 설정할 수 있다. 〈그림 11-24〉에 있는 매개변수의 초기값은 대부분의 소규모 모형에 적절한 값들이다. 그러나 매개변수의 값을 자유롭게 변경할 수 있다. 예를 들어, 포퓰레이션의 크기 또는 돌연변이 비율을 증가시키면 지역최적에서 빠져나오는 데 도움이 될 수 있다.

옵션 대화상자에서 Require Bounds on Variable(변수의 필수 경계) 옵션이 기본으로 선택되어 있다. 이는 모든 변수셀에 상한과 하한을 설정하도록 한다. 가능하다면, 변수셀의 상한과

〈그림 11-24〉 왼쪽 그림은 엑셀의 Evolutionary Solver 기능의 옵션 대화상자이며, 몇 개의 매개변수를 지정해야 함. 매개변수의 초기값은 대부분의 소규모 모형에 적합함. 오른쪽 그림은 동일한 기능이 Analytic Solver의 Model창 Engine탭에서 사용 가능함을 보여줌

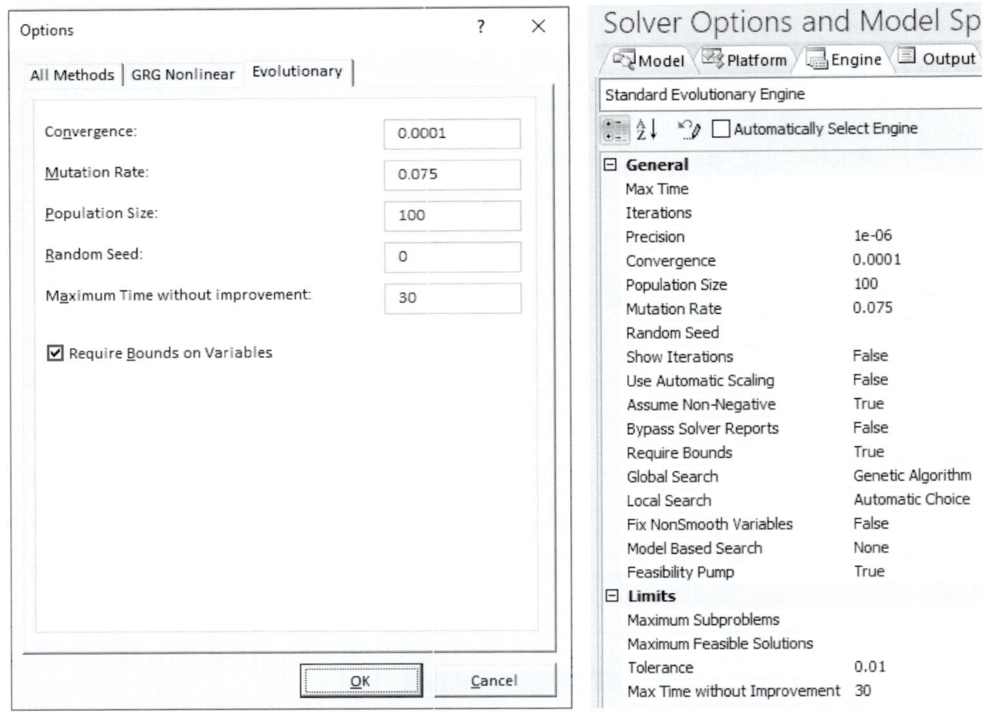

하한을 설정하는 것을 추천한다. 이렇게 해야 Evolutionary Solver가 탐색하는 범위를 줄이고, 좋은 해를 찾을 가능성이 높아진다.

확인 버튼을 클릭하면 해를 찾기 시작한다. 약 1분 이내에 〈그림 11-25〉와 같은 해를 찾아준다. 찾은 해는 지난 6년간 24분기 중에서 19번 시장을 능가했던 포트폴리오를 보여준다. 이 포트폴리오가 최적이 아닐 수도 있고, 불행히도 최적해라는 것을 보장할 수 있는 방법은 없다. 그러나 이 포트폴리오는 (최적에 가까운) 상당히 좋은 해일 가능성이 높다.

Traveling Salesman 문제에 Evolutionary Solver 적용

Elijah Hemings는 시애틀에 있는 워싱턴 대학교의 경영대학에서 MBA학위를 받았다. 학위 취득을 자축하기 위해서 여름 동안 메이저리그의 아메리칸리그에 속한 모든 도시에서 야구 경기를 관람하면서 운전하여 여행하려고 한다. 가을에 시작하는 새 직장을 위해서는 시애틀로 다시 돌아와야 한다. 그는 여행거리를 최소화하는 경로를 찾고 싶어한다.

이 문제는 경영과학에서 잘 알려진 문제이며, Traveling Salesman 문제라고 한다. 일반적으로 이 모형은 영업사원이 특정 도시들을 어떤 순서로 돌아다녀야 하는지를 결정하는 계획을 세운다. 주어진 장소에서 시작하여 그 장소로 다시 돌아오는 여행경로 중, 총여행거리(또는 시

〈그림 11-25〉 변수셀 Portfolio(D31:H31)은 〈그림 11-22〉와 〈그림 11-23〉에서 입력한 모델을 Evolutionary Solver로 찾은 해를 보여줌. 목표셀 NumberBeatingTheMarket(J36)은 이렇게 구한 포트폴리오가 24분기 중 19번 시장을 능가했음을 보여줌. 해찾기를 다시 실행하면 지금과는 다소 다른 결과를 보여줄 것으로 예상됨

	A	B	C	D	E	F	G	H	I	J	K
1	**Beating the Market (Evolutionary Solver)**										
2										Beat	Market
3		Quarter	Year	DIS	BA	GE	PG	MCD	Return	Market?	(NYSE)
4		Q4	2020	46.02%	29.53%	73.64%	0.66%	−1.66%	16.68%	Yes	14.35%
5		Q3	2020	11.27%	−9.84%	−8.65%	16.98%	19.68%	11.90%	Yes	6.79%
6		Q2	2020	15.43%	22.90%	−13.89%	9.42%	12.31%	11.14%	No	15.45%
7		Q1	2020	−32.81%	−53.95%	−28.79%	−11.41%	−15.80%	−23.15%	Yes	−25.96%
8		Q4	2019	10.98%	−13.88%	24.97%	1.06%	−7.37%	−0.59%	No	6.98%
9		Q3	2019	−6.10%	5.17%	−14.78%	14.17%	3.94%	2.92%	Yes	−0.34%
10		Q2	2019	25.77%	−4.02%	5.22%	6.13%	9.99%	9.72%	Yes	2.78%
11		Q1	2019	2.04%	18.86%	37.44%	14.09%	7.62%	11.95%	Yes	11.63%
12		Q4	2018	−6.23%	−12.88%	−32.31%	11.42%	6.80%	−0.04%	Yes	−13.06%
13		Q3	2018	12.47%	11.39%	−16.31%	7.59%	8.11%	6.95%	Yes	4.62%
14		Q2	2018	4.35%	2.84%	0.96%	−0.63%	0.20%	1.07%	Yes	0.42%
15		Q1	2018	−5.82%	11.73%	−21.57%	−13.06%	−8.57%	−7.86%	No	−2.79%
16		Q4	2017	9.07%	16.63%	−27.11%	1.75%	10.51%	5.88%	Yes	4.91%
17		Q3	2017	−6.54%	29.32%	−9.72%	5.21%	3.55%	4.05%	Yes	3.80%
18		Q2	2017	−6.30%	12.67%	−9.36%	−2.26%	18.17%	6.98%	Yes	2.34%
19		Q1	2017	9.64%	14.58%	−4.23%	7.71%	7.27%	7.57%	Yes	3.94%
20		Q4	2016	12.23%	19.08%	7.52%	−5.59%	6.33%	6.40%	Yes	3.13%
21		Q3	2016	−4.38%	2.28%	−5.20%	6.83%	−2.68%	−0.65%	No	2.21%
22		Q2	2016	−1.50%	3.14%	−0.98%	3.71%	−4.25%	−1.04%	No	2.77%
23		Q1	2016	−4.89%	−11.39%	3.64%	4.56%	7.19%	2.26%	Yes	0.63%
24		Q4	2015	2.82%	11.10%	24.62%	11.38%	20.84%	15.20%	Yes	3.51%
25		Q3	2015	−9.94%	−5.00%	−4.27%	−7.30%	4.55%	−2.09%	Yes	−9.31%
26		Q2	2015	8.82%	−6.98%	7.09%	−3.75%	−1.58%	−0.21%	Yes	−0.86%
27		Q1	2015	12.78%	16.18%	0.01%	−9.41%	4.90%	4.10%	Yes	0.55%
28											
29				0%	0%	0%	0%	0%			
30				<=	<=	<=	<=	<=	Sum		
31			Portfolio	16.1%	11.5%	8.8%	20.5%	43.1%	100%	=	100%
32				<=	<=	<=	<=	<=			
33				100%	100%	100%	100%	100%			
34									Number of Quarters		
35									Beating the Market		
36										19	

간)를 최소화하는 경로를 찾는다.

〈그림 11-26〉은 아메리칸 리그에 속한 15개의 도시를 보여주는 미국 지도이다. Elijah는 시애틀에서 여행을 시작하고 끝낸다. 도시들을 알파벳 순서에 따라 나열한 뒤에 〈그림 11-27〉의 셀 B6:C19, 셀 E3:R4와 같이 번호를(1에서 14까지) 붙이고 또 약자를 부여했다. 자료셀 Distance(D5:R19)는 두 도시 간의 여행거리를 나타낸다. 시애틀로 돌아오기까지 각 도시들을 방문하는 순서를 결정해야 한다. 따라서 각 변수셀 Route(D23:Q23)는 각 단계에서 어떤 도시를 방문할지를 도시의 번호로 보여준다. 예를 들면, 시애틀에서 시작하여 처음 방문할 도시의 번호는 셀 D23에 있고, 두 번째로 방문할 도시의 번호는 E23에 나타난다. 〈그림 11-27〉의 스프레드시트는 도시들을 알파벳 순서로 방문할 때의 경로를 보여주며, 이때의 총여행거리는 20,990마일이다.

행 24는 엑셀의 INDEX함수를 사용하여 행 23의 도시 번호에 해당하는 도시의 약자를 보여준다. 행 25는 INDEX함수를 사용하여 경로상의 직전 도시에서 각 도시까지의 여행거리를 보여준다. 목표셀 TotalMilesTraveled(R27)는 총여행거리를 보여준다.

〈그림 11-26〉 아메리칸 리그에 속한 (캐나다 토론토 포함) 15개 도시를 보여주는 미국 지도

〈그림 11-27〉 시애틀에서 출발하여 아메리칸 리그 14개 도시를 모두 여행한 후 다시 시애틀로 도착하는 최단거리 경로 결정을 위한 스프레드시트 모델. 변수셀은 Route(D23:Q23)이며 목표셀은 TotalMilesTraveled(R27)임

	A	B	C	D	E	F	G	H	I	J	K	L	M	N	O	P	Q	R
1		**Tour of the American League Ballparks**																
2																		
3		Distance			1	2	3	4	5	6	7	8	9	10	11	12	13	14
4		(miles)		SEA	ANA	BAL	BOS	CHI	CLE	DET	HOU	KC	MIN	NY	OAK	TB	TEX	TOR
5			SEA	0	1134	2708	3016	2052	2391	2327	2309	1858	1653	2841	810	3077	2131	2564
6		1	ANA	1134	0	2647	3017	2048	2382	2288	1532	1577	1857	2794	387	2490	1399	2523
7		2	BAL	2708	2647	0	427	717	358	514	1446	1070	1113	199	2623	950	1357	457
8		3	BOS	3016	3017	427	0	994	657	799	1848	1435	1390	222	3128	1293	1753	609
9		4	CHI	2052	2048	717	994	0	348	279	1083	542	410	809	2173	1160	921	515
10		5	CLE	2391	2382	358	657	348	0	172	1297	819	758	471	2483	1108	1189	296
11		6	DET	2327	2288	514	799	279	172	0	1302	769	685	649	2399	1184	1156	240
12		7	KC	1858	1577	1070	1435	542	819	1302	0	742	1176	1628	1917	981	256	1530
13		8	HOU	2309	1532	1446	1848	1083	1297	769	742	0	443	1233	1681	1171	505	1006
14		9	MIN	1653	1857	1113	1390	410	758	685	1176	443	0	1217	1979	1573	949	906
15		10	NY	2841	2794	199	222	809	471	649	1628	1233	1217	0	2930	1150	1559	516
16		11	OAK	810	387	2623	3128	2173	2483	2399	1917	1861	1979	2930	0	2823	1752	2627
17		12	TB	3077	2490	950	1293	1160	1108	1184	981	1171	1573	1150	2823	0	1079	1348
18		13	TEX	2131	1399	1357	1753	921	1189	1156	256	505	949	1559	1752	1079	0	1435
19		14	TOR	2564	2523	457	609	515	296	240	1530	1006	906	516	2627	1348	1435	0
20																		
21																		
22		Tour	Start	1st	2nd	3rd	4th	5th	6th	7th	8th	9th	10th	11th	12th	13th	14th	End
23		Route		1	2	3	4	5	6	7	8	9	10	11	12	13	14	
24		City	SEA	ANA	BAL	BOS	CHI	CLE	DET	HOU	KC	MIN	NY	OAK	TB	TEX	TOR	SEA
25		Miles Traveled		1134	2647	427	994	348	172	1302	742	1176	1217	2930	2823	1079	1435	2564
26																		
27																	Total Miles Traveled	20,990

	B	C	D	E	Q	R
24	City	SEA	=INDEX($C$6:$C$19,D23)	=INDEX($C$6:$C$19,E23)	=INDEX($C$6:$C$19,Q23)	SEA
25	Miles Traveled		=INDEX(D6:D19,D23)	=INDEX($E$6:$R$19,D23,E23)	=INDEX($E$6:$R$19,P23,Q23)	=INDEX(D6:D19,Q23)

	Q	R
27	Total Miles Traveled	=SUM(D25:R25)

각 도시를 한 번씩 방문해야 하므로 이 모형의 유일한 제약조건은 각 변수셀에 1에서 14까지의 숫자 중 겹치지 않게 단 하나씩만을 기입하는 것이다. 엑셀의 해찾기와 Analytic Solver에서는 alldifferent라는 제약조건을 지정하여 위와 같이 수행할 수 있다. *n*개의 변수셀이 1에

서 n까지의 정수를 가져야 하는 경우에, 변수셀에 alldifferent 제약을 적용하면 각 변수셀은 겹치지 않는 숫자를 가지게 된다. 엑셀의 해찾기에서 alldifferent 제약조건을 사용하기 위해서는 해찾기 대화상자에서 추가 버튼을 클릭하여 '제한 조건 추가' 대화상자가 나타나게 한다. <그림 11-28>과 같이 대화상자의 왼편에서 변수셀(Route)을 선택하고, 가운데의 풀-다운 메뉴에서는 dif를 선택한다. Analytic Solver에서는 변수셀(Route)을 선택하고, Constraints메뉴의 하위메뉴인 Variable Type/Bound에서 alldifferent를 선택한다.

<그림 11-28> alldifferent 제약조건을 보여주는 엑셀의 제한 조건 추가 대화상자

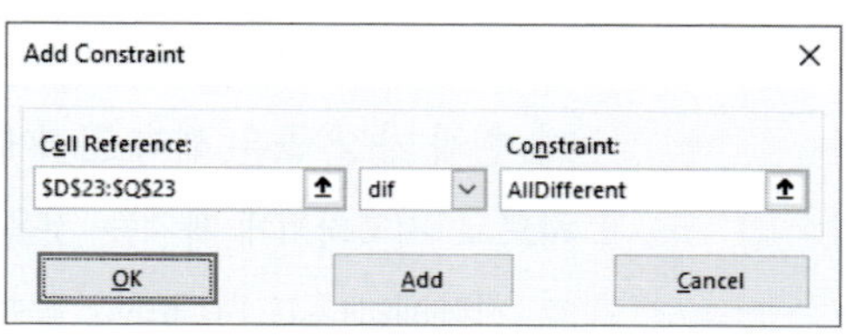

이 모형은 거리를 계산하기 위해 INDEX함수를 사용했고, alldifferent 제약조건을 사용하므로, 선형이 아니다. 그러나 Evolutionary Solver는 좋은 경로를 찾아준다. Evolutionary Solver로 구한 해가 <그림 11-29>의 셀 D22:Q22와 셀 C23:R23에 있다. 이 경로의 총여행거리는 9,105마일로 <그림 11-27>에서 보여주는 경로의 총여행거리 20,990마일보다 크게 향상되었다. 이 모형에서는 Evolutionary Solver가 최적해를 성공적으로 찾아냈다.

<그림 11-29> Route (D22:Q22)과 C23:R23에 alldifferent 제약조건 추가 후 Evolutionary Solver에 의해 구한 경로를 보여줌

	A	B	C	D	E	F	G	H	I	J	K	L	M	N	O	P	Q	R
1	**Tour of the American League Ballparks**																	
2																		
3		Distance			1	2	3	4	5	6	7	8	9	10	11	12	13	14
4		(miles)		SEA	ANA	BAL	BOS	CHI	CLE	DET	HOU	KC	MIN	NY	OAK	TB	TEX	TOR
5			SEA	0	1134	2708	3016	2052	2391	2327	2309	1858	1653	2841	810	3077	2131	2564
6		1	ANA	1134	0	2647	3017	2048	2382	2288	1532	1577	1857	2794	387	2490	1399	2523
7		2	BAL	2708	2647	0	427	717	358	514	1446	1070	1113	199	2623	950	1357	457
8		3	BOS	3016	3017	427	0	994	657	799	1848	1435	1390	222	3128	1293	1753	609
9		4	CHI	2052	2048	717	994	0	348	279	1083	542	410	809	2173	1160	921	515
10		5	CLE	2391	2382	358	657	348	0	172	1297	819	758	471	2483	1108	1189	296
11		6	DET	2327	2288	514	799	279	172	0	1302	769	685	649	2399	1184	1156	240
12		7	HOU	2039	1532	1446	1848	1083	1297	1302	0	742	1176	1628	1917	981	256	1530
13		8	KC	1858	1577	1070	1435	542	819	769	742	0	443	1233	1861	1171	505	1006
14		9	MIN	1653	1857	1113	1390	410	758	685	1176	443	0	1217	1979	1573	949	906
15		10	NY	2841	2794	199	222	809	471	649	1628	1233	1217	0	2930	1150	1559	516
16		11	OAK	810	387	2623	3128	2173	2483	2399	1917	1861	1979	2930	0	2823	1752	2627
17		12	TB	3077	2490	950	1293	1160	1108	1184	981	1171	1573	1150	2823	0	1079	1348
18		13	TEX	2131	1399	1357	1753	921	1189	1156	256	505	949	1559	1752	1079	0	1435
19		14	TOR	2564	2523	457	609	515	296	240	1530	1006	906	516	2627	1348	1435	0
20																		
21		Tour	Start	1st	2nd	3rd	4th	5th	6th	7th	8th	9th	10th	11th	12th	13th	14th	End
22		Route		11	1	13	7	12	2	10	3	14	5	6	4	8	9	
23		City	SEA	OAK	ANA	TEX	HOU	TB	BAL	NY	BOS	TOR	CLE	DET	CHI	KC	MIN	SEA
24		Miles Traveled		810	387	1399	256	981	950	199	222	516	296	172	279	542	443	1653
25																		
26													Total Miles Traveled					9,105

Solver Parameters
Set Objective Cell: TotalMilesDriven
To: Min
By Changing Variable Cells:
Route
Subject to the Constraints:
Route = alldifferent

Solver Options:
Solving Method: Evolutionary

Range Name	Cells
CityName	C5:C19
Distance	D5:R19
MilesTraveled	D24:R24
Route	D22:Q22
TotalMilesTraveled	R26

Evolutionary Solver의 장점과 단점

어려운 비선형계획모형을 풀 때 Evolutionary Solver는 비선형해찾기에 비하여 두 가지 중요한 장점이 있다. 첫째, Evolutionary Solver는 목적함수의 복잡성 정도에 영향을 받지 않는다. 주어진 후보해의 적합도를 구할 수 있게 목적함수를 계산할 수만 있다면, 함수가 꺾여 있다거나 불연속적인 것, 또는 다수의 지역최적을 가지고 있는 것 등은 문제가 되지 않는다. 둘째, 현재 가장 좋은 해의 근처에 위치하지 않은 후보해까지 포함하여 전체 포퓰레이션을 평가하므로 지역최적에 빠지는 것을 방지한다. 게다가 전체 포퓰레이션이 지역최적인 해의 방향으로 진화해간다고 하더라도 돌연변이가 있어서 빠져나올 수 있다. 무작위의 돌연변이 때문에 Evolutionary Solver를 영원히 시행하면, 결국에는 어떤 최적화문제라도 최적해를 찾을 수 있다. 그러나 이는 현실적이지는 않다.

반면에, Evolutionary Solver는 만병통치약도 아니다. 첫째, 최종 해를 찾기까지 Evolutionary Solver는 비선형해찾기보다 더 오랜 시간이 걸린다. 특정 옵션을 선택하면 더 좋은 해를 찾기 위해 몇 시간 또는 며칠이 걸릴 수도 있다. 둘째, Evolutionary Solver는 제약조건이 많은 모형에서는 해를 찾기가 쉽지 않다. 예를 들면, 5장에서 9장까지 다룬 모형은 선형해찾기로는 금방 해를 구할 수 있으나 Evolutionary Solver의 성과는 좋지 않다. 셋째, Evolutionary Solver는 무작위로 수행된다. 같은 모형에 대하여 Evolutionary Solver를 반복해서 실행시킨다면 일반적으로 이전과는 다른 최종 해를 구한다. 마지막으로, 최종 해는 최적해에 가까울 수는 있어도 최적해는 아닌 경우가 많다. Evolutionary Solver는 해찾기의 다른 방법들처럼 최적해를 찾아주는 것은 아니다. 지역최적을 찾을 때까지 연속적으로 더 좋은 해를 찾아가지도 않는다. 여러 가지 임의의 해를 시험하면서 해를 찾아가는 지능적인 탐색법이라고 할 수 있다. 따라서 최적해에 가까운 해를 찾을 가능성은 높지만, 대부분의 비선형계획문제에서 정확히 최적해를 찾는 경우는 거의 없다(그러나 시장 평균 수익률을 능가하는 포트폴리오 선택문제와 같이 목표셀이 정수값이어야 하는 문제에서는 최적해를 찾을 가능성이 더 높다). 결론적으로, Evolutionary Solver를 사용하여 얻은 해를 초기해로 이용하여 비선형해찾기를 다시 사용하면, 해의 주변을 탐색하여 개선될 수 있는지를 확인할 수 있는 장점도 기대할 수 있다.

복습문제

1. Evolutionary Solver가 사용하는 알고리즘이 유전자 알고리즘으로 불리는 이유는 무엇인가?
2. Evolutionary Solver는 특정 세대 내에서 적합한 구성원과 부적합한 구성원을 골라내는 데에 어떤 기준을 사용하는가?
3. 돌연변이는 Evolutionary Solver에서 어떤 역할을 하는가?
4. 어려운 비선형계획문제의 해를 구할 때, 비선형해찾기와 비교하여 Evolutionary Solver가 가지는 두 가지 장점은 무엇인가?
5. 비선형해찾기와 비교하여 Evolutionary Solver가 가지는 세 가지 단점은 무엇인가?

11.7 Analytic Solver를 활용한 모형 분석 및 해결

엑셀의 해찾기는 규범적 분석 문제를 해결하기 위한 여러 해법을 제공하고 해당 문제에 적합한 해법을 제시하는 유용한 도구이다. 지금까지 학습한 해법들은 다음과 같다.

1. Simplex LP(Linear Solver)는 11.4절을 포함하여, 이전 장들에서 다룬 선형계획문제와 이진 정수계획(BIP)문제의 해결에 사용된다.
2. GRG Nonlinear(Nonlinear Solver)는 11.1~11.3절, 11.5절에서 다룬 특수 형태의 비선형계획 문제를 해결하기 위해 사용된다.
3. Quadratic(Analytic Solver에서는 Quadratic Solver)은 11.2, 11.3절의 예제와 같은 이차계획문제를 해결하기 위해 사용한다.
4. Evolutionary(Evolutionary Solver)는 11.6절과 같이 상대적으로 해결하기 어려운 비선형계획문제에 사용한다.

각 해법은 주어진 문제가 해법에 적합한 경우에는 아주 효율적으로 문제를 해결한다. 스프레드시트 모형이 선형계획문제일 때, 선형해찾기는 여러 가지 유용한 기능을 제공할 뿐만 아니라 매우 빠른 속도로 해를 찾는다. (비선형해찾기에 비해서는 훨씬 빠르고, Evolutionary Solver에 비해서는 문제의 크기에 따라 기하급수적으로 빠르게 찾아낸다.) 필요하다면, 8장에서처럼 민감도 분석 보고서를 제공하여 What-If 분석을 가능하게 한다. 또한, 선형해찾기는 11.4절과 같이 Separable 계획법을 적용할 수 있는 특별한 비선형계획문제에도 사용된다.

불행히도, 선형해찾기는 다른 형태의 비선형계획문제를 해결할 수는 없다. 그러나 비선형계획문제가 몇 가지 좋은 특성(예를 들면, 목적함수가 연속이고 한계수확체감)을 가지고 있다면, 비선형해찾기(목적함수가 이차식이면 Quadratic Solver)를 이용하여 문제를 효율적으로 해결할 수 있다. 목적함수가 더욱 복잡해지면(예를 들면, 〈그림 11-8〉절의 예제와 같이 정점이 여러 개인 경우) 비선형해찾기의 Multistart 기능으로 최적해를 찾을 수도 있다. (그러나 최적해를 보장하지는 못한다.) 만약 수익 또는 비용그래프가 연속이 아니라면(IF, ABS, MAX, 혹은 ROUND와 같은 함수가 사용되는 경우에 발생한다), Evolutionary Solver를 사용하는 것이 효율적이다.

Analytic Solver를 활용한 해법 선택

특정 문제를 해결하기 위해 어떤 해법을 사용할지는 앞에서 기술한 가이드라인을 사용하면 된다. 그러나 문제가 커서 목적함수의 특성을 파악하기 힘들 때에는 어떤 해법을 사용할지 명확하게 알 수 없는 경우가 있다. 다행히도, Analytic Solver는 가장 적절한 해법을 찾을 수 있도록, 문제를 분석하고 유형을 찾아주는 기능을 가지고 있다. 원한다면 이를 자동으로 수행할 수도 있다. 만약 사용자가 특정 유형의 모형을 구성하려고 했지만 수립된 모형이 해당 유형이 아니라면, Analytic Solver에서는 모형의 어느 부분에 문제가 있는지를 알려주기도 한다. (Analytic Solver의 이러한 특수 기능은 엑셀의 해찾기에서는 제공하지 않는다.)

Analytic Solver의 이러한 기능들을 설명하기 위해 〈그림 11-13〉에 모델링되어 있는 포트폴리오 선택 예제를 다시 보자. Analytic Solver의 Optimize메뉴에서 Analyze Original Model(또는 Model창의 오른쪽 위에 있는 스프레드시트 아이콘에 체크 표시가 되어 있는 Analyze without Solving 버튼을 클릭)을 선택한다. 그러면 Analytic Solver는 모형을 분석하여 〈그림 11-30〉과 같이 Model창 아래 Model Diagnosis 섹션에서 결과를 보여준다.

Model Diagnosis에서는 모형의 형태가 QP Convex임을 알려준다. QP는 모형이 이차계획문제(quadratic programming problem으로 11.2절에 나온 비선형계획문제의 특수한 형태)라는 것을 의미한다. Convex는 목적함수가 한계수확체감(최소화 문제에서는 11.3절 〈그림 11-3〉의 (a))이라는 것을 의미하고, 따라서 비선형해찾기가 쉽게 해결할 수 있는 형태이다. 만약 Model Diagnosis에서 모형의 형태가 NLP Convex라고 알려주면, Quadratic Solver가 아니라 비선형해찾기를 사용해야 한다.

〈그림 11-30〉 Analyze Original Model을 선택하면 Model창 Model탭의 Model Diagnosis 섹션에서는 해당 모델의 정보를 보여줌. 〈그림 11-13〉에서 다룬 포트폴리오 선택 문제의 경우, 모델이 이차계획문제에 해당함

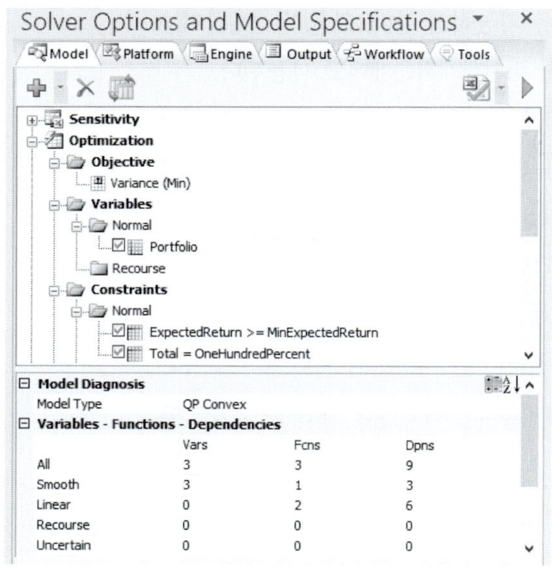

〈그림 11-30〉 Model Diagnosis의 Variables-Functions-Dependencies 섹션에서는 모형 분석 결과를 더욱 자세하게 알려준다. Vars에서는 모형에 얼마나 많은 의사결정변수가 있는지(3), 얼마나 많은 변수가 목적함수에서 연속의 형태인지(3), 얼마나 많은 변수가 목적함수에서 선형의 형태인지(0) 보여준다. Fcns 열은 모형의 모든 함수에 대하여 동일한 정보를 보여준다. 현재 모형에는 총 세 개의 함수가 있고, 그중 하나는 연속함수(선형이 아닌)이며 두 개는 선형함수이다. 포트폴리오의 분산을 나타내는 목적함수는 비선형의 연속함수이며, 다른 두 함수(기대수익과 포트폴리오 비율의 합)는 선형이다. Dpns 열은 모든 함수에서 각 변수가 사용된 횟수를 보여준다. 모형에서 모든 변수가 모든 함수에 사용되었으므로 총 아홉 번 사용되었다. 목적함수에서는 모든 변수가 연속함수(선형은 아님)로 사용되었고, 다른 두 함수에서 여섯 번 선형의 형태로 사용되었다.

〈그림 11-9〉의 Wyndor사 문제와 〈그림 11-28〉의 Traveling Salesman 문제에 같은 분석을 하면 Model Diagnosis는 〈그림 11-31〉과 같이 보여준다. 〈그림 11-31〉의 (a)의 Wyndor사 문제

〈그림 11-31〉 (a)는 〈그림 11-9〉 Wyndor사 문제의 Model Diagnosis 섹션이며, (b)는 〈그림 11-28〉 Traveling Salesman 문제의 Model Diagnosis 섹션임. Model Diagnosis 섹션은 (a)는 선형계획모형, (b)는 비연속 목적함수를 갖는 모형임을 알려줌

Model Diagnosis			
Model Type	LP Convex		
Variables - Functions - Dependencies			
	Vars	Fcns	Dpns
All	2	4	6
Smooth	2	4	6
Linear	2	4	6

Model Diagnosis			
Model Type	NSP/MIP		
Variables - Functions - Dependencies			
	Vars	Fcns	Dpns
All	14	1	14
Smooth	0	0	0
Linear	0	0	0

는 모든 변수와 함수가 선형인 LP Convex(선형계획모형)이며, 따라서 선형해찾기를 사용해야 한다. 〈그림 11-31〉 (b)의 Traveling Salesman 문제는 NSP(nonsmooth problem, 불연속 목적함수를 갖는 문제)이며, 따라서 Evolutionary Solver를 사용해야 한다.

Analytic Solver의 Model창 Engine탭에는 Automatically Select Engine이라는 옵션이 있다(〈그림 11-21〉 참조). 이 옵션을 선택하면, Analytic Solver는 모형에 가장 적합한 해법을 찾는다. 만약 Analytic Solver가 분석하여 모형이 선형이라고 한다면, 선형해찾기를 사용한다. 만약 모형이 비선형이고 볼록convex하면, 비선형해찾기를 사용하거나 (목적함수가 이차식이면) Quadratic Solver를 사용한다. 만약 Analytic Solver가 분석한 모형이 연속적이지 않으면 Evolutionary Solver를 사용한다.

Analytic Solver를 사용한 모형의 추가분석

문제 상황을 원하는 형태(예를 들면, 풀기 쉬운 선형계획)의 모형으로 구성하기를 원했지만, 수립된 모형을 분석해보면 〈그림 11-30〉 또는 〈그림 11-31〉처럼 원하지 않은 복잡한 형태(예: NSP)가 나오기도 한다. 이는 모형을 수립할 때 발생한 실수 때문일 수 있다. 또는 모형의 어느 작은 부분에서 근사를 하면, 원하는 모형이 되게 할 수도 있다. 또 다른 가능성은 현재 고려하는 문제가 원하는 모형에 적합하지 않을 수도 있다. 어느 경우라도, 모형의 어느 부분이 원하는 형태에서 벗어나는지 찾을 수 있다면 도움이 된다.

모형을 눈으로 보면서 문제가 있는 부분을 찾느라 시간을 보낼 필요없이, Analytic Solver는 문제가 있는 부분을 자동으로 빠르게 찾아준다. 이를 보여주기 위해 문제를 선형계획모형으로 표현하고자 한다고 가정하자.

모형을 수립한 후, 해찾기에서 수립된 모형이 선형조건을 위반하였다는 에러 메시지를 나타냈다고 하자. 물론 어느 부분이 잘못된 것인지 쉽게 찾을 수도 있겠지만, 그렇지 않은 경우도 있다. 이때 Analytic Solver가 어떻게 하는지를 다음 예제를 통해 설명한다.

〈그림 11-13〉의 포트폴리오 선택 문제를 다시 보자. 우리는 포트폴리오의 위험을 나타내는 Variance(C21)의 계산 때문에 이 모형이 비선형이라는 것을 알고 있다. 그러나 이러한 사실

을 모르고 있다고 하더라도, Analytic Solver는 Structure Report를 통해 왜 이 모형이 선형이 아닌지를 알려준다. 먼저 Analytic Solver의 옵션 버튼을 클릭하고 Optimization탭을 선택한다. 이렇게 하면 〈그림 11-32〉의 대화상자가 나타난다. 우리가 원하는 모형의 형태를 알려주기

〈그림 11-32〉 옵션대화상자의 Optimization탭에서는 어떠한 형태의 모형을 원하는지 설정할 수 있음. 여기에서는 〈그림 11-13〉의 포트폴리오 선택 문제를 선형계획모형으로 원하고 있음

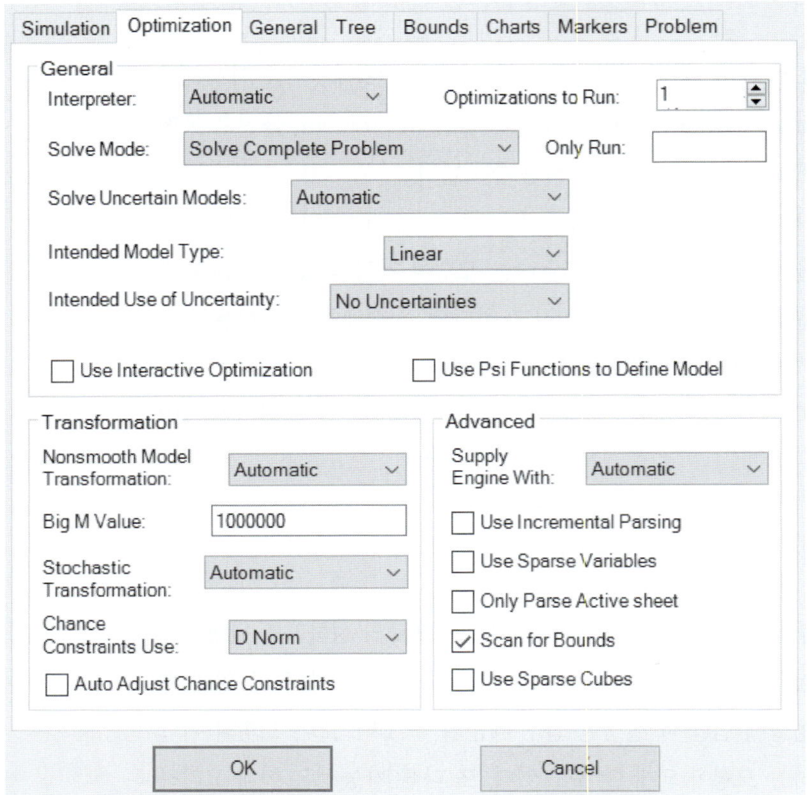

〈그림 11-33〉 Intended Model Type을 선형으로 설정했을 때, 〈그림 11-13〉 포트폴리오 선택 문제의 Structure Report. 이 보고서에 따르면 목표셀(Variance)이 선형이 아니며 세 개의 변수셀(Stock1, Stock2, Stock3)이 비선형 형태로 사용되었음을 보여줌

	A	B	C	D	E	F	G	H	I	J	K	L
7	Statistics											
8			Variables	Functions	Dependents							
9		All	3	3	9							
10		Smooth	3	3	9							
11		Linear	0	2	6							
12												
13	Objective Cell (Min)						Exception 1		Exception 2		Exception 3	
14		Cell	Name				Variable	Formula	Variable	Formula	Variable	Formula
15		Variance	Variance				Stock1	Variance	Stock2	Variance	Stock3	Variance

위해 Intended Model Type은 Linear로 한다. 다음에는 Optimize메뉴에서 Analyze Original Model을 선택한다. 그러면, 〈그림 11-30〉에서처럼 모형이 선형이 아니라 QP Convex(이차계획모형)라는 것을 보여준다. Analytic Solver의 Reports 메뉴에서 Optimization 아래의 Structure를 선택한다. 이렇게 하면 〈그림 11-33〉과 같은 Structure Report를 생성한다. 이 보고서는 〈그림 11-30〉의 Model Diagnosis와 같이 얼마나 많은 변수와 함수가 선형인지를 보여줄 뿐만 아니라, 어느 변수와 어느 함수가 원하는 모형(본 예제에서는 선형계획)에서 벗어나는지를 보여준다. 보고서의 왼쪽 아래에서는 목표셀 Variance(C21) 때문에 모형이 선형이 아니라는 것을 보여준다. 보고서의 오른쪽 아래에서는 이 함수에서 세 개의 비선형 형태가 있음을 보여주는데, 변수셀인 Stock1 (C14), Stock2(D14), Stock3(E14)가 모두 비선형의 형태로 함수에 사용되었다. 이와 같이, Analytic Solver의 Structure Report는 모형이 무엇 때문에 선형이 될 수 없는지를 정확하게 보여준다.

이 예제에서의 적절한 결론은 목표셀에 있는 함수가 이차식이므로 모형이 선형계획이 아니라는 것이다. 그러나 다른 경우에는 처음 모형을 수립할 때 실수가 있었다거나, 적절히 모형을 수립하지 못했다거나, 또는 근사를 하여 선형계획이 되게 만들지 못했기에 모형을 수정해서 선형계획모형으로 만들어야 한다는 결론을 낼 수도 있다.

복습문제

1. IF, MAX, ABS, ROUND와 같은 엑셀 함수가 사용될 때 모형은 어떤 형태가 되는가?
2. Analytic Solver 분석 결과, 모형이 QP Convex라면 어떤 해법을 사용해야 하는가?
3. Analytic Solver 분석 결과, 모형이 NLP Convex라면 어떤 해법을 사용해야 하는가?
4. Analytic Solver 분석 결과, 모형이 NSP(nonsmooth)라면 어떤 해법을 사용해야 하는가?
5. 선형계획모형을 원했지만 해찾기가 선형모형이 아니라는 에러 메시지를 나타냈다. 모형의 어느 부분이 선형이 아닌지를 알기 위해 Analytic Solver의 어떤 보고서를 사용해야 하는가?

11.8 요약

비선형계획모형은 한 가지만 제외하고는 선형계획모형과 동일하다. 선형계획모형에서는 (목적함수를 포함한) 모든 수리적 표현이 선형이지만 비선형계획모형에서는 적어도 하나의 식(주로 목적함수)이 비선형이다. 스프레드시트에 모형을 수립할 때 목표셀(또한, 다른 출력셀에도)에 비선형의 수식이 입력된다면 모형은 비선형계획모형이 된다. 본 장은 목적함수만 비선형인 모형을 다루고 있으며, 이는 흔히 발생하는 상황이다. 어느 활동의 수준과 전체 성과척도 사이에 비례하지 않는 관계가 있을 때에는, 목표셀에 비선형 수식이 필요하다. 이런 관계는 선형계획법의 비례성 가정을 위반한다.

일반적으로, 비선형계획모형을 수립하고 해결하는 것은 선형계획모형을 수립하고 해결하는 것보다 어렵다. 예를 들면, 일부 비선형계획모형은 여러 개의 지역최적을 가지고 있는데 이 중에서 전역최적은 단 하나이고 나머지는 전역최적에 비하면 상당히 성과가 좋지 않은 것들이다. 불행히도, 스프레드시트에 초기해를 입력하고 푸는 비선형해찾기는 이러한 지역최적 중의 하나를 찾아주는데, 이것이 전역최적인지 아니면 전역최적에서 상당히 거리가 있는 것인지에 대하여 알려 주지 못한다. 어떤 지역최적이 발견되는지는 초기해의 선택에 달려있다.

그러나 비선형계획모형이 한계수확체감을 따른다면 해결이 용이하다. 이러한 종류의 문제에서 지역최적은 곧 전역최적이다. 따라서 해찾기로 찾은 해는 모형에서 가장 좋은 해(또는 가장 좋은 다수 해 중 하나)임을 보장한다.

한계수확체감인 비선형계획모형 중 일부는 더 쉽게 해결할 수도 있다. 이러한 모형은 활동의 이익그래프(또는 비용그래프)가 조각적 선형인(혹은 적어도 조각적 선형으로 유사하게 근사되는) 경우에 발생한다. 이럴 때에는 Separable 계획법을 적용하여 해찾기로 쉽게 해결할 수 있는 선형계획모형으로 변환한다.

여러 개의 지역최적을 가지고 있는 더 어려운 비선형계획문제를 해결하는 한 가지 방법은 스프레드시트의 변수셀에 각기 다른 초기해를 사용하여 해찾기를 여러 번 반복하는 것이다. 해찾기는 자동으로 임의의 초기해를 생성하고, 반복해서 문제를 푸는 옵션을 제공한다.

그러나 이런 방법으로 어려운 문제를 해결하는 것은 두 가지 중요한 한계를 가진다. 첫 번째, 변수셀이 여러 개 있는 경우에는 현실적인 방법이 아니다. 두 번째, 해찾기가 지역최적을 찾기조차 어려운 복잡한 목적함수를 가지는 문제에는 사용할 수 없다. 만약 이런 문제의 제약조건이 많지 않다면 Evolutionary Solver라는 방법을 사용할 수 있다. 유전학, 진화, 적자생존의 개념을 사용한 이 방법은 지역최적 중에서 가장 좋은 것을 순차적으로 찾아갈 수 있다. 충분한 시간이 주어진다면(아주 긴 시간이 될 수도 있음), 이 방법은 최적에 아주 가까운 해를 성공적으로 찾을 수 있다.

해찾기는 다양한 해법을 제공하기 때문에, 때로는 주어진 문제를 위해 어떤 해법을 사용하는 것이 좋을지 알기 어려울 수도 있다. 문제를 스프레드시트 모형으로 수립한 후, Analytic Solver가 모형을 분석하여 어떤 형태인지 알아내고 어떤 해법을 사용하는 것이 좋은지 판단할 수 있다. 원한다면 Analytic Solver가 자동으로 해법을 정하게 할 수도 있다. 미리 어떤 형태의 모형(보통은 선형계획모형)을 원하는지 정했는데 Analytic Solver 분석 결과가 다른 형태라고 알려주는 경우에는 Analytic Solver가 모형의 어느 부분 때문에 원하는 형태가 될 수 없었는지 찾아준다.

용어

곡선피팅방법 curve fitting method 사전에 알려진 데이터를 사용하여, 해당 데이터에 가장 적합한 이익/비용그래프의 식을 찾는 방법. (11.1절)

돌연변이 mutation 유전자의 돌연변이와 비슷하며, Evolutionary Solver가 현재 포퓰레이션의 구성원을 무작위로 변화시키는 것. (11.6절)

불연속점 discontinuity 그래프가 갑자기 점프하거나 내려가서 불연속이 되는 점. (11.1절)

비례성 가정 proportionality assumption 각 활동이 목적함수에 미치는 기여도는 활동수준에 비례해야 한다는 선형계획법의 기본 가정. (11.1절)

비례적 관계 proportional relationship 활동이 전체 성과척도에 기여하는 정도가 활동의 수준과 비례한다면, 해당 활동은 성과척도와 비례적 관계를 가진다. (11.1절)

비례하지 않는 관계 nonproportional relationship 활동이 전체 성과척도에 기여하는 정도가 활동의 수준과 비례하지 않는다면, 해당 활동은 성과척도와 비례하지 않는 관계를 가진다. (11.1절)

비선형해찾기 Nonlinear Solver 일부 비선형계획모형을 해결하기 위해 해찾기에서 제공하는 해법. (11.1절)

세대 generation Evolutionary Solver가 다음 세대의 후손을 만들기 위해, 현재 포퓰레이션의 구성원을 짝지어서 새로 만든 후보해의 집합. (11.6절)

유전자 알고리즘 genetic algorithm 유전학의 개념을 이용한 알고리즘의 종류. (11.6절)

이차계획법 quadratic programming 비선형계획법의 특별한 종류로서 목적함수는 이차식의 형태이자 한계수확체감이며 모든 제약조건은 선형이다. (11.2절)

전역최대 global maximum 전체 그래프에서 가장 높은 점. (11.1절)

조각적 선형 piecewise linear 그래프가 몇 개의 직선이 연결되어 있는 형태로 나타나면, 해당 그래프를 조각적 선형이라고 한다. (11.1절)

지역최대 local maximum 그래프에서 자기 근처에 있는 이웃해에 비해 최대가 되는 점. (11.1절)

포퓰레이션 population Evolutionary Solver가 무작위로 만들어 내는 대량의 후보해 집합. (11.6절)

한계수확체감 decreasing marginal returns 활동수준이 증가함에 따라 이익그래프의 기울기가 증가하지 않고 같거나 감소한다면, 해당 활동의 이익그래프는 한계수확체감이다. (11.1절)

Evolutionary Solver 유전학, 진화, 적자생존의 개념을 사용한 해찾기의 탐색방법. (11.6절)

이 장에 대한 학습지원

모든 학습지원 자료는 www.mhhe.com/Hillier7e에 제공된다.

엑셀 파일:

Constructing a Nonlinear Formula
Multiple Local Maxima
Wyndor
Wyndor with Nonlinear Marketing Costs
Portfolio Selection
Wyndor with Overtime
Wyndor with Overtime and Marketing Costs (Separable)
Wyndor with Overtime and Marketing Costs (Nonlinear)
Beating the Market
Tour of American League Ballparks

엑셀 추가기능:

Analytic Solver

학습문제

풀이는 www.mhhe.com/Hillier7e에 제공된다.

11.S1. 항공티켓가격모형

업무차 출장을 가는 사람들은 휴식이나 관광이 목적인 일반 여행자와 비교하면 가격에 덜 민감하다. 이를 알고 있는 항공사는 이러한 두 부류의 고객에게 각기 다른 가격정책을 사용하여 더 많은 이익을 취할 수 있다는 것을 알아냈다. 예를 들면, 항공사는 주중 항공편(주로 업무차 출장을 가는 사람들이 이용)을 토요일 밤에 숙박을 하는 항공편(주로 일반 여행자들이 이용)보다 더 비싸게 판매한다. 항공사가 주중 항공편과 토요일 밤에 숙박을 하는 항공편에 대하여 가격에 따른 수요 변화를 추정하여 다음 표를 구했다고 가정하자. 비행기는 300명이 탈 수 있는 보잉 777 기종이다. 항공편을 한 번 운항하는 데에 발생하는 고정비는 3만 달러이고 고객 한 명당 발생하는 변동비(음식과 연료)는 30달러이다.

	수요		
가격	**주중**	**토요일 밤**	**합계**
200달러	150	465	615
300달러	105	210	315
400달러	82	127	209
500달러	63	82	145
600달러	49	60	109
700달러	35	45	80
800달러	27	37	64

a. 수요(D)를 가격(P)의 함수로 추정하기 위해 $D=a-bP$와 같은 선형 수요함수를 사용할 수 있다. 이 함수에서 a와 b에 양의 값을 사용하면 가격이 높을 때 수요의 추정치가 감소한다. 그렇지만 비선형 수요함수가 자료에 더 적합한 추정을 할 수 있다. 예를 들면, 수요의 가격 탄력성이 상수인 $D=aP^b$와 같은 함수를 고려할 수 있다. a를 양의 값으로 하고 b를 음의 값으로 하면 이 함수 역시 가격이 높아질 때 수요가 감소한다. 위의 자료와 엑셀의 추세선 추가(Add Trendline) 기능을 사용하여 주중 항공편 수요, 토요일에 숙박하는 항공편 수요, 총 항공편 수요 등 각각의 수요에 가장 잘 부합하는 수요의 가격 탄력성이 상수인 수요함수를 구하시오

b. 항공사가 모든 고객에게 단일 가격을 적용한다고 가정하자. a에서 구한 총수요에 대한 수요함수를 사용하여 항공사의 이익을 최대화하는 가격을 결정하기 위한 비선형계획모형을 스프레드시트에 작성하고 해결하시오.

c. 항공사가 주중 고객과 토요일 숙박하는 고객에게 다른 가격을 적용한다고 가정하자. a에서 구한 주중 수요와 토요일 숙박 수요에 대한 수요함수를 사용하여 항공사의 이익을 최대화하는 가격을 결정하기 위한 비선형계획모형을 스프레드시트에 작성하고 해결하시오.

d. 토요일 밤에 숙박을 하는 고객보다 주중 고객에게 더 비싼 가격을 적용하는 것이 항공사에게는 얼마나 이익이 되는가?

연습문제

문제 왼쪽에 AS가 있는 경우에는 Analytic Solver가 필요한 경우이다. 번호에 별표(*)가 있는 문제는 책 뒷부분에 정답의 일부가 있다.

11.1 Atkins사는 신제품을 곧 출시할 것이다. 네 가지의 다른 생산율 각각에 대하여 월 이익의 추정치를 다음 표처럼 구했다.

생산율	이익 (달러)
200	9,500
500	22,500
800	34,000
1,000	40,000

a. 네 가지 생산율에서의 이익을 그래프에 점으로 표시하고, 네 개의 점을 잇는 곡선을 손으로 그리시오. (그래프는 생산율이 0일 때 이익이 0이 되는 점에서 시작하시오).

b. 이 제품은 선형계획법의 비례성 가정을 만족하는가?

c. 만약 이 제품의 생산율과 이익이 비례하지 않는다면, 한계수확체감인지 한계수확체증인지 둘 다 아닌지 파악하시오.

d. 엑셀의 곡선피팅방법을 사용하여 (1) 이익그래프에 대

한 이차식 형태의 비선형 수식을 구하고 (2) 그래프를 그리시오.

11.2 활동으로 발생하는 이익이 활동의 수준에 따라 변화하는 다음의 세 가지 사례를 보자.

활동의 수준	이익(달러)		
	사례 1	사례 2	사례 3
0	0	0	0
1	9	6	5
2	16	14	6
3	21	24	3
4	24	36	4
5	25	50	7

a. 각 사례에 대하여 활동의 여러 수준에 대한 이익을 그래프로 그리고, 점들을 지나는 연속 곡선을 손으로 그리시오.

b. 각 사례에 대하여 활동이 한계수확체감인지 한계수확체증인지 둘 다 아닌지 파악하시오.

c. a에서 그린 그래프가 이익그래프가 아니라 비용그래프이면 b의 답이 어떻게 달라지는가?

d. 각 사례별로 엑셀의 곡선피팅방법을 사용하여 (1) 이익그래프에 대한 이차식 형태의 비선형 수식을 구하고, (2) 그래프를 그리시오. 활동이 한계수확체증도 아니고 한계수확체감도 아닌 사례에 대하여 이차식을 사용하는 것이 얼마나 적절한지 기술하시오.

11.3 Chiplet사는 현재 시장에 있는 어떤 제품보다도 더 강력한 새로운 마이크로칩을 출시하고 마케팅을 시작하려고 한다. 당연히 이 마이크로칩의 수익성은, 경쟁이 매우 심하고 시시각각 변화하는 시장의 반응에 따라 달라진다. 매출이 상당히 낮더라도 현재의 생산설비로 마이크로칩을 생산할 충분한 가용 생산용량을 가지고 있기 때문에 회사는 적절한 이익을 얻을 수 있다. 그러나 매출이 일정 수준 증가하면, 회사는 생산설비를 증설해야 하므로 매출이 적정 수준일 때의 이익보다 감소하게 된다. (최고경영진의 가장 중요한 목표 중의 하나는 이미 개발 중인 차세대 마이크로칩을 위해서라도 지속적으로 시장점유율을 높이는 것이다. 따라서 이익이 줄어들더라도 수요를 충족시키는 것은 가치있는 일이다.) 다행히도, 매출이 상대적으로 높게 발생하면 이익은 상당히 커지게 된다. 다음 표는 이 마이크로칩의 제품수명기간 동안 매출의 여러 수준에 따른 추정 이익을 보여준다.

매출	이익 (100만 달러)
0	0
100,000	15
200,000	18
300,000	13
400,000	4
500,000	1
600,000	6
700,000	30
800,000	70

a. 여러 매출 수준에 따른 이익을 이익그래프로 그리고, 이러한 점을 지나는(또는 근사하는) 곡선을 그리시오.

b. 마이크로칩은 한계수확체감인가, 한계수확체증인가, 아니면 두 경우 모두 아닌가?

c. 엑셀의 곡선피팅방법을 사용하여 (1) 이차식의 비선형 수식을 구하고(2차 다항식), (2) 그래프를 그리시오.

d. 엑셀에서 2차가 아닌 3차의 다항식을 선택하고 c를 다시 푸시오.

e. c와 d 중 어떤 것을 사용하였을 때 데이터와 이익그래프가 더 유사한가?

11.4 다음 표는 신제품의 1일 생산율에 따른 수익의 추정치를 보여준다.

생산율	하루당 이익 (달러)
0	0
1	95
2	184
3	255
4	320

이익그래프는 생산율이 증가하는 만큼 비례해서 증가하지 않으므로(한계수확체감), 생산율(R)을 결정해야 하는 경영과학팀은 이익(P)를 간단한 비선형함수로 근사시키고자 한다.

a. 고려 중인 근사식 중 하나는 P=100R(달러)−5R^2(달러)이다. 이 근사식은 표에 있는 5개의 데이터를 어느 정도 유사하게 근사하는가?

b. P=104R(달러)−6R^2(달러)에 대해서도 a의 질문에 답하시오.

c. 두 개의 근사식 중 어느 비선형식이 표의 데이터를 더 잘 표현하는가?

d. 엑셀의 곡선피팅방법을 사용하여 (1) 이익그래프를 위한 이차식 형태의 비선형 수식을 구하고, (2) 그래프를

그리시오.

11.5 11.3절의 응용사례(Bank Hapoalim Group)가 나온 논문을 찾아서 읽고 비선형계획법이 이 논문에서 어떻게 사용되었는지 간단히 설명하라. 이 사례에서 얻어진 재무적 혜택과 비재무적 혜택을 나열하시오.

11.6 11.3절 〈그림 11-13〉의 스프레드시트 모형을 포함한 포트폴리오 선택 예제를 다시 생각해보자. 〈표 11-2〉에서 주식 2가 가장 큰 기대 수익을 가지고 주식 3은 가장 작은 기대 수익을 가진다는 것을 주목하라. 그럼에도 불구하고, 변수셀인 Portfolio(C14:E14)는 주식 2보다 주식 3을 훨씬 더 많이 구입하는 최적해를 보여준다. 주식 3을 많이 구입하는 것은 포트폴리오의 위험을 크게 줄여주지만, 공격적인 투자자는 기대수익이 낮은 주식을 많이 보유하고 싶어하지 않을 수 있다.

그러한 투자자를 위해서 주식 3의 비율이 투자자가 정한 비율을 초과하지 않도록 제약조건을 추가하시오. 포트폴리오에 포함되는 주식 3의 비율에 대한 상한이 다음과 같이 설정될 때의 기대수익과 위험을 〈그림 11-13〉의 최적 포트폴리오와 비교하시오.

a. 20%

b. 0%

ASc. 5% 간격으로 0%~50%의 모든 경우를 분석하기 위해, Analytic Solver의 매개변수 분석 보고서를 사용하시오.

11.7* 주식중개인인 Richard Smith는 방금 최대 고객인 Ann Hardy로부터 전화를 받았다. Ann은 5만 달러를 투자하여 두 종류의 주식을 사고자 한다. 주식 1은 안정적인 성장이 예상되며 매우 위험이 낮은 블루칩 주식이다. 주식 2는 최근 투자소식지에서 성장가능성이 매우 높다고 평가되었지만 한편으로는 매우 위험한 주식이다. Ann은 높은 투자수익을 원하지만 위험회피 성향을 가지고 있다. Ann은 Richard에게 두 주식의 적정 투자 비율이 얼마인지 분석해달라고 부탁하였다. 그녀는 지금 주식을 구입하여 3년간 보유할 것이라고 Richard에게 말했다.

Richard는 두 주식의 과거 성과와 회사의 전망에 대한 연구를 하고 나서 다음과 같은 추정치를 구했다. 5만 달러 전부를 주식 1에 투자한다면, 삼 년 후에 팔았을 때 기대이익은 1만2,500달러이고 표준편차는 5,000달러이다. 5만 달러 전부를 주식 2에 투자한다면, 삼 년 후에 팔았을 때 기대이익은 2만 달러이고 표준편차는 3만 달러이다. 두 주식은 서로 다른 산업군에 속하여 서로 독립적이므로, Richard의 계산에 따르면 두 주식의 이익의 공분산은 0이다.

Richard는 스프레드시트 모형을 사용하여 5만 달러를 어떻게 두 주식에 할당할 것인가를 결정할 것이다. 그는 기대이익이 Ann의 최소허용수준을 만족하면서 위험을 최소화하는 투자 비율을 구하려고 한다. Richard는 Ann에게 그녀의 최소허용기대이익을 정해달라고 부탁했다.

a. 최소허용기대이익을 특정 수치로 결정하지 말고, 대수적인 형태로 이차계획모형을 수립하시오.

b. 스프레드시트에 이 모형을 표현하시오.

c. 최소허용기대이익이 1만3,000달러, 1만5,000달러 1만7,000달러, 1만9,000달러인 경우 각각에 대해 모형을 해결하시오.

d. Ann은 통계학을 전공했기 때문에 이 모형에서의 기대이익과 위험이 이익 확률분포의 평균(μ)과 표준편차(σ)의 추정치라는 것을 이해하고 있다. 그녀는 일반적인 확률분포에서 이익이 $\mu-\sigma$보다 클 확률이 상당히 높으며(대략 0.8 또는 0.9), $\mu-3\sigma$보다 클 확률은 매우 높다는(0.999) 사실을 상기하였다. 문제 c에서 구한 네 가지 포트폴리오 각각에 대해서 $\mu-\sigma$, $\mu-3\sigma$값을 계산하시오. 어느 포트폴리오가 $\mu-\sigma\geq0$을 만족하면서 그녀에게 가장 큰 μ를 줄 수 있는가?

11.8 11.3절의 포트폴리오 선택 문제를 다시 생각해보자. 기대수익과 위험의 측면에서 균형이 잘 잡혀 있는 네 번째 주식(주식 4)이 발견됐다. 〈표 11-2〉와 같은 단위를 사용할 때, 주식 4의 기대수익은 17%이고 위험은 18%이다. 또한, 주식 1, 2, 3과의 결합위험은 각각 −0.015, −0.025, 0.003이다.

a. 최소허용기대수익률이 18%일 때, 이 문제의 수정된 이차계획모형을 대수적으로 구하시오.

b. 이 모형을 스프레드시트로 작성하고, 해를 구하시오.

ASc. 수정된 문제의 매개변수 분석 보고서를 구하시오.

11.9 Albert Hansen사의 경영진은 두 가지 제품을 위한 최적의 제품혼합(product mix)을 결정하려고 한다. 이 제품들은 같은 생산설비를 사용하며, 두 제품의 총 생산량은 시간당 두 개를 초과할 수 없다. 이 제품들이 얼마나 잘 팔릴지는 불확실하며, 각 제품을 생산하여 얻는 이익은 생산율이 증가함에 따라 한계수확이 체감한다. 시간당 R_1개의 생산율에서 제품 1의 시간당 이익은 $200R_1-100R_1^2$달러로 추정되며, 시간당 R_2개의 생산율에서 제품 2의 시간당 이익은 $300R_2-100R_2^2$달러로 추정된다.

a. 시간당 총이익을 최대화하는 제품혼합을 구하기 위한 이차계획모형을 대수적인 형태로 수립하시오.

ASb. 이 모형을 스프레드시트에 작성하고, 해를 구하시오.

ASc. 모형이 QP Convex임을 확인하기 위해 Analytic

Solver의 Analyze without Solving 기능을 사용하시오.

AS d. 적절한 해법을 사용하여 이 모형을 해결하시오.

11.10 B. J. Jensen사는 가정용 전기톱과 전기드릴을 생산하는 업체이다. 매출은 대체로 안정적이지만, 크리스마스 시즌에는 급증한다. 생산업무는 업무량이 많고 경험이 필요한 분야이므로 이 회사에서는 인력을 안정적인 수준으로 유지하고자 한다. 따라서 생산량의 증가는 11월 잔업을 통해 해결하고 있다. 작업자들 역시 추가수입을 올릴 수 있으므로 이 방안을 선호한다.

Jensen 사장은 다가올 11월의 생산계획을 검토하고 있다. 그는 다음 표의 자료를 가지고 있다.

	월간최대생산량*		단위당 생산이익	
	정규작업	잔업	정규작업	잔업
전기톱	3,000	2,000	$150	$50
전기드릴	5,000	3,000	100	75

*자재 수급이 원활히 이루어진다는 가정에서 작성됨.

그런데 인력 제약 외에도 11월의 생산량을 제한하는 두 가지 요인이 더 있음을 알게 되었다. 첫 번째는, 전원공급장치 납품업체가 11월분으로 1만 개까지만 납품할 수 있다는 것이다. (이는 평소 사용량보다 2,000개 많은 물량이다.) 전원공급장치는 전기톱과 전기드릴에 1개씩 필요하다. 또 다른 하나는 기어 납품업체가 11월분으로 1만5,000개까지만 납품할 수 있다는 것이다. (다른 달보다 4,000개 많은 물량이다.) 기어는 전기톱에 2개, 전기드릴에 1개씩 필요하다.

Jensen 사장은 회사의 총수익을 최대화하기 위해 11월에 얼마나 많은 전기톱과 전기드릴을 생산해야 하는지 알고자 한다.

a. 각 제품의 이익그래프를 그리시오.

b. Separable 계획법을 적용하여 스프레드시트에 선형계획모형을 작성하고 해를 구하시오. 그 결과에 따르면 11월에 전기톱과 전기드릴을 얼마나 생산해야 하는가?

11.11* Dorwyn사는 5.1절에 소개된 Wyndor Glass사의 신제품과 경쟁할 두 신제품(문과 창문)을 생산하려고 한다. 가장 높은 수익을 가져올 제품혼합을 구하기 위하여 다음의 선형계획모형을 수립하였다(목적함수의 단위는 100달러).

최대화 $\quad$ 이익 $= 4D + 6W$

제약조건

$$D + 3W \le 8$$
$$5D + 2W \le 14$$
$$D \ge 0 \qquad W \ge 0$$

그런데 극심한 경쟁이 예상되기 때문에 상당한 마케팅 노력이 필요하리라 보고 있다. 문을 주당 D개 판매하려면 마케팅비용이 D^3(예: D=30이면 2,700달러), 창문의 경우 $2W^2$이 소요되리라 추정된다. 따라서 목적함수는 아래와 같다.

$$\text{이익} = 4D + 6W - D^3 - 2W^2$$

Dorwyn사의 경영진은 최대 수익을 제공하는 제품혼합을 결정하기 위해 수정된 모형을 사용하고자 한다.

a. 스프레드시트에 비선형계획모형을 작성하고 해를 구하시오.

b. 제품별로 생산율이 0, 1, 2, 3일 때, 해당 이익을 나타내는 표를 만드시오.

c. 제품별로 생산율이 0, 1, 2, 3일 때, 이익을 나타내는 점을 그래프로 그리시오. 순서대로 점을 연결하는 직선을 점선으로 그리시오.

d. 그림을 보고 Separable 계획법을 적용하여 스프레드시트에 근사시킨 선형계획모형을 작성하고 해를 구하시오. 얻어진 해를 근거로 Dorwyn 경영진에게 어떤 제품혼합을 제안해야 하는가?

e. d에서 얻어진 Separable 계획법의 해(근사해)와 a에서 얻어진 비선형계획모형의 해(최적해)를 비교하시오.

11.12 MFG사는 세 종류의 다른 제품을 생산하여 시장에 출시하려고 한다. 세 종류 제품의 생산량을 각각 x_1, x_2, x_3라고 하자. 각 제품의 이익에 대한 추정치는 다음과 같다.

제품 1의 최초 생산제품 15개까지의 단위이익은 360달러이며, 그 후 추가적인 제품 한 단위에 대한 단위이익은 30달러로 감소한다. 제품 2의 최초 생산제품 20개까지의 단위이익은 240달러이며, 추가 생산제품 20개까지의 단위이익은 120달러이다. 그 뒤에 추가적으로 생산되는 제품 한 단위에 대한 단위이익은 90달러이다. 제품 3의 최초 생산제품 10개까지의 단위이익은 450달러이며, 추가 생산제품 5개까지의 단위이익은 300달러이다. 그 뒤에 추가적으로 생산되는 제품 한 단위에 대한 단위이익은 180달러이다.

필요한 자원의 사용에 대한 제한이 있어서, 세 가지 제품의 생산에는 다음과 같은 제약조건이 필요하다.

$$x_1 + x_2 + x_3 \le 60$$
$$3x_1 + 2x_2 \le 200$$
$$x_1 + 2x_3 \le 70$$

경영진은 총이익을 최대화하기 위해서 x_1, x_2, x_3가 어떤 값을 가져야하는지 알고 싶어 한다.

a. 세 종류 제품 각각에 대하여 이익그래프를 그리시오.

b. Separable 계획법을 사용하여 이 문제의 선형계획모형을 스프레드시트에 수립하고 해를 구하시오. 얻어진 해에 근거하여 경영진에게 x_1, x_2, x_3에 어떤 값을 사용하라고 권하겠는가?

11.13 어떤 문제(원문제라 칭한다)에 Separable 계획법을 적용하여 다음과 같은 선형계획모형을 얻었다.

최대화 $\quad$ 이익 $= 5x_{11} + 4x_{12} + 2x_{13} + 4x_{21} + x_{22}$

제약조건

$$3x_{11} + 3x_{12} + 3x_{13} + 2x_{21} + 2x_{22} \le 25$$
$$2x_{11} + 2x_{12} + 2x_{13} - x_{21} - x_{22} \le 10$$
$$0 \le x_{11} \le 2 \qquad 0 \le x_{12} \le 3 \qquad 0 \le x_{13}$$
$$0 \le x_{21} \le 3 \qquad 0 \le x_{22} \le 1$$

원문제의 수리 모형은 무엇이었는가? 원래의 활동에 대하여 이익그래프를 그리고, 원래의 의사결정변수를 사용하여 제약조건을 구하시오.

11.14 J.R. Nickel사의 마케팅담당 부사장인 Jim Matthews는 서로 관계없는 두 가지 제품에 대해 각각 광고캠페인을 계획하고 있다. 두 개의 광고캠페인은 동일한 자원을 사용한다. 따라서 Jim은 자원의 제약조건을 고려하면서 두 캠페인의 수준에 대한 의사결정을 내려야 한다. x_1과 x_2를 각 캠페인의 수준이라고 하면 이 제약조건은 $4x_1+x_2 \le 20$과 $x_1+4x_2 \le 20$이다.

Jim은 이러한 의사결정을 할 때 광고캠페인의 수준을 높이면 오히려 수익이 감소하는 지점이 있다는 것을 알고 있다. 광고캠페인 수준이 그 지점을 초과하면, 추가적인 광고로 인한 비용은 그로 인해 발생하는 순수익(광고비용을 제외한)의 증가보다 크다. 분석 결과 Jim과 그의 직원들은 첫 번째 제품에서 발생하는 순이익(광고비용을 포함)은 캠페인의 수준이 x_1일 때에 $3x_1-(x_1-1)^2$일 것으로 추정한다(단위: 100만 달러). 두 번째 제품의 순이익 추정치는 $3x_2-(x_2-2)^2$이다.

P를 총순이익이라고 할 때, 두 제품의 광고캠페인 수준을 결정하는 비선형계획모형은 다음과 같다.

최대화 $\quad P = 3x_1-(x_1-1)^2 + 3x_2-(x_2-2)^2$

제약조건

$$4x_1 + x_2 \le 20$$
$$x_1 + 4x_2 \le 20$$
$$x_1 \ge 0 \qquad x_2 \ge 0$$

a. 광고캠페인의 수준이 각각 x_1=0, 1, 2, 2.5, 3, 4, 5와 x_2=0, 1, 2, 3, 3.5, 4, 5일 때 각 제품의 이익을 보여주는 표를 만드시오.

b. 위에서 구한 값을 이용하여 각 제품에 대한 이익그래프를 곡선으로 근사하여 그리시오. (이 이익그래프는 x_1=0 또는 x_2=0일 때 음수값을 가진다. 왜냐하면 광고가 없으면 제품의 판매가 발생하지 않기 때문이다.)

c. 첫 제품의 이익그래프에서 x_1=0과 x_1=2에서의 이익 사이, x_1=2와 x_1=4의 이익 사이, x_1=4와 x_1=5의 이익 사이에 점선의 직선을 그려서 이익그래프를 근사화하시오. 두 번째 제품의 이익그래프에 대해서도 x_2=0, 2, 4, 5에 대하여 첫 제품과 동일하게 하시오.

d. c에서 구한 이익그래프의 근사를 이용하여 Separable 계획법을 적용하고, 스프레드시트에 선형계획모형을 수립한 후 해를 구하시오. 얻어진 해에서 광고캠페인의 수준은 어떻게 되는가? 두 제품에서 발생하는 총 순이익은 얼마인가?

e. c에서의 근사를 위해서 x_1=0, 2, 2.5, 3, 5와 x_2=0, 3, 3.5, 4, 5를 사용하여 c와 d를 반복하시오. (이렇게 근사를 하면 이 문제의 정확한 최적해를 구할 수 있다.)

f. 엑셀의 해찾기를 사용하여 원래의 비선형계획모형을 수립하고 해를 구하시오. 이렇게 구한 해와 e에서 구한 해를 비교하시오.

g. 첫 번째 제품의 순이익인 $3x_1-(x_1-1)^2$을 최대화하는 x_1 값을 구하시오. 또한, 두 번째 제품의 순이익인 $3x_2-(x_2-2)^2$을 최대화하는 x_2의 값을 구하시오. 이 값들이 비선형계획모형의 제약조건을 만족함을 보이시오. 이 값들을 e와 f에서 구한 값들과 비교하시오.

11.15 11.5절의 응용사례(DHL)가 나온 논문을 찾아서 읽고 비선형계획법이 이 사례에서 어떻게 사용되었는지 간단히 설명하라. 이 사례에서 얻어진 재무적 혜택과 비재무적 혜택을 나열하시오.

11.16 다음의 비선형계획문제를 생각해보자.

최대화 $\quad$ 이익 $= x^5 - 13x^4 + 59x^3 - 107x^2 + 61x$

제약조건

$$0 \le x \le 5$$

a. 이 문제를 스프레드시트에 작성하고, 비선형해찾기에서 Multistart 기능을 사용하여 문제를 해결하시오.

AS b. Analytic Solver의 Analyze without Solving 기능을 사용하여, 이 모형이 어떠한 형태인지 분석하시오.

c. Evolutionary Solver를 사용하여 이 문제를 해결하시오.

11.17 다음의 비선형계획문제를 생각해보자.

최대화 $\quad$ 이익 $= 100x^6 - 1{,}359x^5 + 6{,}836x^4 - 15{,}670x^3 + 15{,}870x^2 - 5{,}095x$

제약조건

$$0 \leq x \leq 5$$

a. 이 문제를 스프레드시트에 작성하고, 비선형해찾기에서 Multistart를 사용하여 문제를 해결하시오.

AS b. Analytic Solver의 Analyze without Solving 기능을 사용하여 모형이 어떤 형태인지 분석하시오.

c. Evolutionary Solver를 사용하여 이 문제를 해결하시오.

11.18 인구의 증가로 워싱턴주는 연방하원 의석을 추가로 한 석 더 배정받아서 총 10석이 되었다. 현재 공화당이 다수를 차지하고 있는 의회는 주 선거구를 재조정할 계획을 세워야 한다. 워싱턴주에는 18개의 주요 도시가 있으며, 이 도시들은 10개의 선거구 중 하나에 배정되어야 한다. 다음 표는 각 도시에 거주하는 민주당원과 공화당원의 등록 유권자 수이다. 각 선거구는 15만~35만 명의 등록된 유권자를 가져야 한다. Evolutionary Solver를 사용하여 등록된 민주당 유권자보다 등록된 공화당 유권자가 더 많은 선거구의 수가 최대가 되도록 각 도시를 선거구에 배정하시오. (힌트: SUMIF 함수를 사용하시오.)

도시	민주당 (단위:1,000)	공화당 (단위:1,000)	도시	민주당 (단위:1,000)	공화당 (단위:1,000)
1	152	62	10	66	72
2	81	59	11	83	75
3	75	83	12	86	82
4	34	52	13	72	83
5	62	87	14	28	53
6	38	87	15	112	98
7	48	69	16	45	82
8	74	49	17	93	68
9	98	62	18	72	98

11.19 11.6절에서 언급된, 지난 6년간 시장 평균 수익률을 능가하는 분기의 수가 최대가 되는 포트폴리오 선택 문제를 다시 생각해보자.

a. 최초 3년간(Q1 2015에서 Q4 2017)의 자료만을 고려한 최적의 포트폴리오를 구하기 위해 Evolutionary Solver를 적용하시오. (초기해는 모든 주식에 20%씩 투자하는 단순한 방법을 사용한다)

b. 이 포트폴리오를 사용하면 그 후 3년간(Q1 2018에서 Q4 2020) 얼마나 많은 분기에서 시장을 능가하는가?

c. a와 b의 결과에 대하여 설명하시오.

11.20 11.6절에서 언급된, 지난 6년간 시장 평균 수익률을 능가하는 분기의 수가 최대가 되는 포트폴리오 선택 문제를 다시 생각해보자.

a. Evolutionary Solver를 사용하여 가장 많은 분기에서 돈을 잃지 않는 포트폴리오를 구하시오.

b. Evolutionary Solver를 사용하여 10% 이상 수익을 주는 분기가 가장 많은 포트폴리오를 구하시오.

11.21 5.1절에서 소개된 Wyndor Glass사의 문제를 다시 생각해보자.

a. 해찾기를 사용하여 해를 구하시오.

b. 0개의 문과 0개의 창문을 생산하는 초기해를 가지고 Evolutionary Solver를 사용해서 문제를 해결하시오.

c. 두 접근 방법의 성과에 대하여 설명하시오.

통합사례 11-1: 주식 선택

Lydia는 고등학교에서 경제학 과목을 배운 뒤부터 부모님의 재무상황에 대하여 궁금해했다. Lydia의 부모는 열심히 일해서 안정된 중산층의 생활을 누릴 만큼 충분히 돈을 벌었지만, 돈이 돈을 버는 정도는 아니다. 그들은 힘들게 번 돈을 최소한의 이자만 지급하는 저축예금에 넣어두었다. (다행스럽게도, 그녀의 대학 등록금을 내기에는 충분한 돈이 있었다.) 그녀는 어른이 되면 부모님처럼 재무적인 면에서 보수적이지 않아야겠다고 다짐했다.

Lydia는 이 다짐을 지켰다. 그녀는 대학에서 가능한 모든 재무 관련 과목을 수강했다. 그녀는 졸업 후에 원하는 월스트리트에서의 직장을 잡았고 매일 아침 Bloomberg의 기업정보 방송을 보면서 하루를 시작한다. 그녀는 위험을 줄이면서 수익을 최대화하는 인터넷 투자게임을 한다. 또한, 그녀는 The Wall Street Journal과 Financial Times를 구독한다.

Lydia는 금융 관련 웹사이트에서 투자조언 칼럼을 읽고, 자신이 좋아하는 블로거 두 명의 조언을 따르기로 했다. Jonathan Taylor는 그의 블로그에서 시장 평균보다 더 상승할 가능성이 높은 세 가지 주식을 추천했다. 또한, 뮤추얼 펀드 전문가인 Donna Carter는 앞으로 일 년간 시장을 능가할 또 다른 세 가지 주식의 구입을 추천했다.

대형 통신회사 중 하나인 Bigbell(주식시장에서의 회사 코드는 BB이다)은 지난 8개월간 큰 투자를 해서 수익이 낮게 나왔기 때문에 주가 수익률(price earning ratio)이 시장 평균보다 낮다. 그러나 최신기술을 보유한 이 회사는 이익이 크게 증가할 것으로 기대된다. Taylor는 이 회사 주식가격이 현재 60달러에서 일 년 안에 72달러가 될 것으로 예측한다.

Lotsofplace(LOP)는 세계 유수의 하드 드라이브 제조업체이다. 하드 드라이브 산업에는 지난 몇 년간의 치열한 가격경쟁으로, 많은 경쟁업체가 도산하거나 Lotsofplace를 비롯한 경쟁자에게 합병되는 변화가 있었다. 따라서 줄어든 경쟁으로 인하여 매출과 수익이 앞으로 일 년간 크게 증가할 것으로 예측된다. Taylor는 Lotsofplace의 현재 주가인 127달러가 일 년 뒤 42% 정도 올라갈 것으로 예측한다.

Internetlife(ILI)는 다른 인터넷 회사들처럼 많은 부침을 겪었다. 그러나 Taylor는 조만간 다시 시작될 것으로 예측되는 인터넷 열풍에 힘입어 일 년 안에 주가가 4달러에서 8달러로 두 배가 될 것으로 예측한다.

Healthtomorrow(HEAL)는 바이오테크분야의 선도기업이며, 미국 식품의약국의 승인을 앞두고 있는 몇 가지 신약을 가지고 있으므로, 향후 몇 년간 수익이 20% 증가할 것으로 전망된다. 특히 심장마비 위험을 크게 줄일 수 있는 신약으로 큰 이익을 얻을 수 있을 것으로 예상된다. 또한, 아이들에게 먹이기 쉬운 맛있는 신약도 개발하여 언론을 통하여 좋은 이미지를 얻었다. 이러한 홍보효과는 처방전 없이 판매되는 약들의 매출에 매우 좋은 영향을 미칠 것이다. Carter는 일 년 안에 이 회사의 주식이 50달러에서 75달러로 상승할 것이라고 확신하고 있다.

Quicky(QUI)는 미국 전역에서 빠르게 지점을 확대하고 있는 패스트푸드 체인이다. Carter는 15년 전 이 회사가 미국 서해안에 있는 소수의 체인점만으로 주식을 상장했을 때부터 면밀히 지켜보고 있었다. 이 회사는 지속적으로 확장하여 지금은 모든 주에 체인점을 가지고 있다. 건강에 좋은 음식을 강조하는 이 회사의 시장 점유율은 계속 증가하고 있다. Carter는 이 회사의 주가가 현재 150달러에서 일 년 안에 시장 평균을 훨씬 상회하는 46%의 상승을 할 것이라고 믿고 있다.

Automobile Alliance(AUA)는 디트로이트 근처에 위치한 유명 자동차 제조업체로서 최근에 두 종류의 신차를 출시했다. 이 신차들은 초기 매출이 아주 좋게 나타나서 회사의 주가는 현재 20달러에서 일 년 안에 26달러가 될 것이라고 예측된다.

Lydia는 인터넷 검색을 통해 이 주식들의 위험에 대한 자료를 찾았다. 여섯 가지 주식의 과거 수익의 분산 및 이들 간의 공분산은 다음 표와 같다.

회사	BB	LOP	ILI	HEAL	QUI	AUA
분산	0.032	0.1	0.333	0.125	0.065	0.08

공분산	LOP	ILI	HEAL	QUI	AUA
BB	0.005	0.03	−0.031	−0.027	0.01
LOP		0.085	−0.07	−0.05	0.02
ILI			−0.11	−0.02	0.042
HEAL				0.05	−0.06
QU					−0.02

a. 먼저, Lydia는 모든 투자 위험을 무시하는 전략을 사용한다고 하자. 이러한 전략을 따르면 최적의 투자 포트폴리오는 무엇인가? 즉 그녀의 돈을 여섯 개의 주식에 어떤 비율로 투자를 해야 하는가? 포트폴리오의 총위험은 얼마인가?

b. Lydia는 특정 주식에 40% 이상을 투자하지는 않으려고 한다. 계속 위험을 무시한다면, Lydia의 최적의 투자 포트폴리오는 어떻게 되는가? 새로운 포트폴리오의 총위험은 얼마인가?

c. 이제 Lydia는 투자 위험을 고려하려고 한다. 기대 수익이 그녀가 정하는 최소 수준을 만족하면서 위험(포트폴리오의 분산으로 측정)을 최소화하는 이차계획모형을 수립하시오.

d. Lydia는 최소 35%의 기대수익률을 원한다. 또한, 최소한의 위험으로 이러한 수익을 달성하고 싶어한다. 어떤 투자 포트폴리오가 이를 가능하게 하는가?

e. Lydia가 원하는 최소 기대수익률이 25%일 때의 최소 위험은 얼마인가? 만약 최소 수익률이 40%이면 어떻게 되는가?

f. Lydia의 투자 전략에서 문제점이나 단점을 찾을 수 있는가?

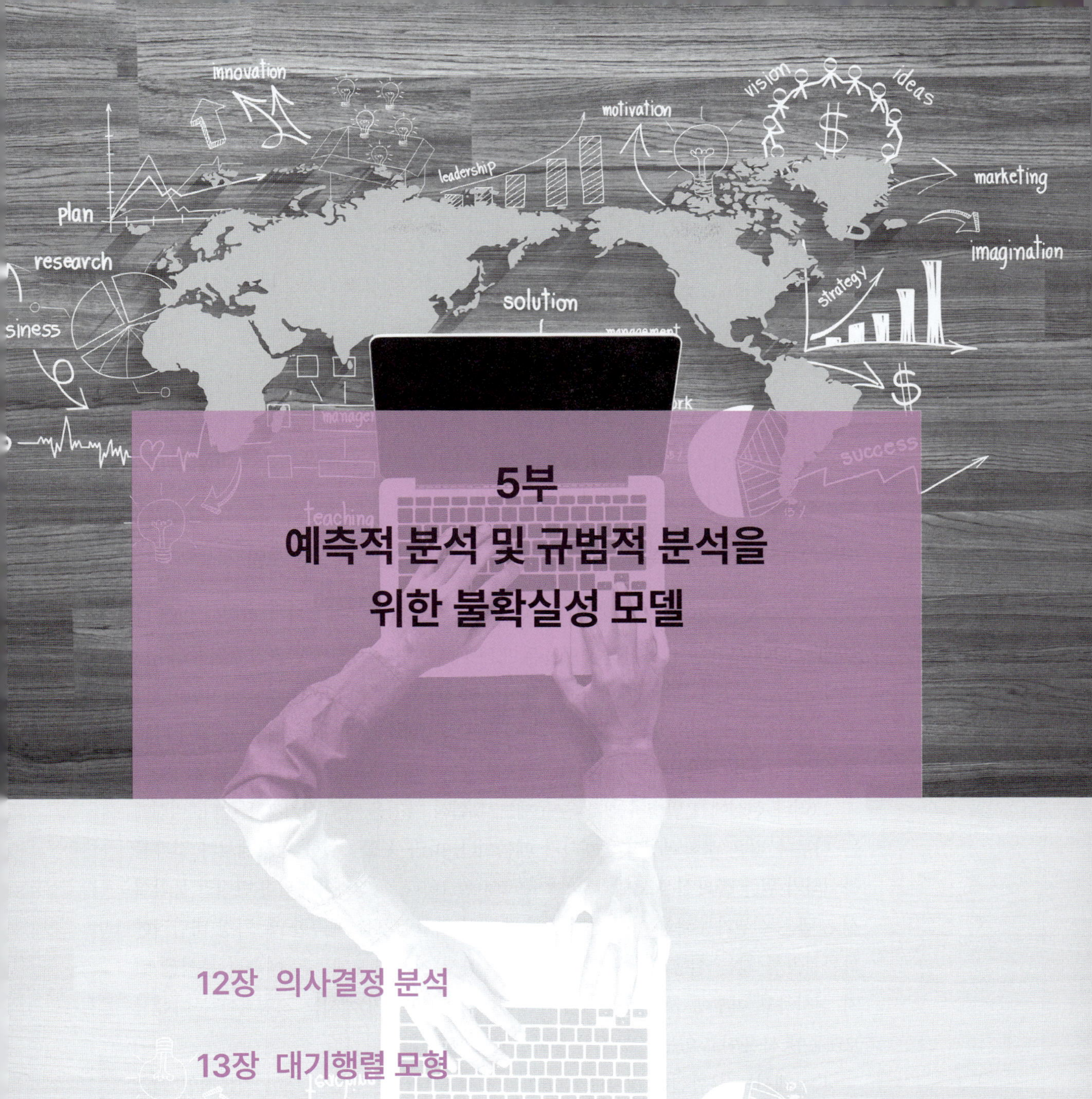

5부
예측적 분석 및 규범적 분석을 위한 불확실성 모델

이 책은 다섯 부분으로 구성된다. 이 중 5부는 12~15장에 해당하며, 예측적 분석 및 규범적 분석에 사용되는 불확실성 모델uncertainty model을 다룬다. 5부에 대한 전반적인 소개를 먼저 기술하고, 12장에 대해 소개한다.

5부(12~15장) 소개: 예측적 분석 및 규범적 분석을 위한 불확실성 모델

3, 4부에서는 경영과학의 의사결정 모델을 규범적 분석에 적용하는 방법에 대해 다루었다. 이때 사용된 의사결정 모델들은 모든 매개변수가 사전에 알려진 (또는 적어도 근사적으로는) 상수값이어야 한다는 **확실성 가정**certainty assumption을 충족해야한다. 확실성 가정이 충족되면, 모든 실행가능해의 결과(목적함수값)를 정확히 알 수 있기 때문에 매우 유용한 가정이다.

그러나 현실에서 발생하는 많은 문제는 확실성 가정을 충족시키지 못한다. 미래에는 너무나 많은 불확실성이 존재하기 때문이다. 따라서 불확실한 상황에서의 결과를 분석하기 위한 **불확실성 모델**uncertainty model이 필요하다. 경영과학에서 일반적인 불확실성 모델은 실행가능해의 여러 가지 결과에 대한 확률분포를 예측한 후, 가장 바람직한 확률분포를 갖는 실행가능해를 선택한다. 따라서 이러한 모델들은 예측적 분석을 먼저 실시하고 이후에 규범적 분석을 수행한다. 5부(12~15장)에서는 경영과학 분야에서 오랫동안 사용되고 있는 전통적인 불확실성 모델에 대해 다룬다.

12장에서는 불확실한 상황에서 최선의 결정을 내리는 방법에 대한 기본적인 접근법인 **의사결정 분석**decision analysis에 대해 설명한다. 의사결정 분석에서는 다양한 형태의 **가능한 상황**state of nature이 존재하고 여러 가지 대안 중에서 어떠한 것을 선택하는가에 따라 서로 다른 결과가 발생하는 것을 가정한다. 가능한 각 상황의 발생 확률분포와 특정 대안의 선택에 따른 결과는 확실성 가정을 충족하는 것으로 가정한다. 불확실성은 어떤 가능한 상황이 발생할 것인가에 나타나며, 최선의 대안을 선택하기 위한 결정 기준들이 주어진다. 따라서 의사결정 분석은 예측적인 분석 단계를 거치지 않고 규범적인 분석을 직접 수행한다. **의사결정나무**decision tree는 시간의 흐름에 따른 일련의 의사결정이 필요한 상황에 사용되는 주요 도구이다. (비즈니스 분석 커뮤니티에서는 3장에서 다룬 classification tree와 regression tree를 의사결정나무라고 부르기도 하지만, 의사결정 분석에서 사용되는 의사결정나무는 이들과는 전혀 다르다.)

13장에서는 **대기행렬 모형**queueing model에 대해 다룬다. 대기행렬은 고객이 서비스를 받기 위해 서비스 시설에 도착했을 때 발생하는 일상적인 상황이다. 대기행렬 모형에서는 대기행렬 시스템의 특정 설계방식(예: 서비스를 제공하는 서버의 수)에 따른 효율성을 예측할 수 있다. 대기행렬 모형을 활용하면 고객의 도착간격시간 및 서버의 서비스시간에 대한 확률분포를 예측한 후, 고객의 대기시간 및 서비스완료시간에 대한 확률분포를 예측할 수 있다. 따라서 대기행렬 모형은 예측적인 분석을 위해 널리 활용된다. 또한, (서비스 시설 내의 서버 수 최적화와 같은) 규범적 분석에도 활용된다.

컴퓨터 시뮬레이션computer simulation은 유연하고, 강력하고, 직관적인 방법으로, 예측적인 분석과 규범적인 분석에 가장 널리 사용되는 경영과학 기법 중 하나이다. 컴퓨터 시뮬레이션은 컴퓨터를 사용하여 전체 프로세스 또는 시스템의 운영방식을 모사한다. 14장에서는 컴퓨터 시뮬레이션의 기본 개념을 다루고, 15장에서는 컴퓨터 시뮬레이션을 수행하기 위한 Analytic Solver 소프트웨어 패키지의 사용에 대해 설명한다. 15장의 마지막 부분은 시뮬레이션 최적화를 위해 Analytic Solver에서 Solver를 사용하는 방법에 대해 설명한다.

Analytics Solver 대신 Crystal Ball을 사용하기를 원한다면, 이 책의 웹사이트 22장을 참고할 수 있다. 이 책의 웹사이트에는 이 외에도 프로젝트 관리 기법인 PERT/CPM을 다루는 18장, 불확실한 수요를 가지는 경우의 재고관리 기법을 다루는 21장 등에서 불확실성 모델의 적용 사례에 대해 알아볼 수 있다. 또한, 12장, 13장, 14장의 추가 자료 역시 웹사이트에서 찾아볼 수 있다.

의사결정 분석

12 CHAPTER

학습목표: 12장을 학습한 후에는,

1. 의사결정 분석의 적용이 필요한 의사결정 상황을 구분할 수 있어야 한다.
2. 의사결정 분석을 활용하여 문제를 논리적으로 구성할 수 있어야 한다.
3. 문제의 설명을 듣고 성과표를 작성할 수 있어야 한다.
4. 성과표를 참조하여 의사결정에 사용되는 의사결정기준들을 설명하고, 이를 적용할 수 있어야 한다.
5. 의사결정문제를 해결하기 위하여 Bayes 의사결정기준을 적용할 수 있어야 한다.
6. 다단계 의사결정문제를 다루기 위한 의사결정나무를 작성하고 해를 구할 수 있어야 한다.
7. Analytic Solver를 사용하여 의사결정나무를 만들고 해를 구할 수 있어야 한다.
8. Bayes 의사결정기준을 사용한 민감도 분석을 할 수 있어야 한다.
9. 의사결정을 하기 전에 추가정보를 획득하는 것이 가치가 있는지 결정할 수 있어야 한다.
10. 추가정보를 이용하여 가능한 상황의 확률을 업데이트할 수 있어야 한다.
11. 다단계 의사결정을 다룰 때 엑셀의 데이터 표 기능을 사용하여 민감도 분석을 할 수 있어야 한다.
12. 성과의 가치를 더 잘 나타내기 위하여 효용이론을 사용할 수 있어야 한다.
13. 의사결정 분석을 현실에 적용할 때 발생하는 특징을 설명할 수 있어야 한다.

이전 장들에서는 의사결정의 결과를 어느 정도 확신할 수 있는 상황에서 내리는 의사결정에 초점을 맞추었다. 이러한 의사결정 환경에서는 의사결정의 결과로 예상되는 목적함수를 구성하고, 이를 활용하여 효과적인 수리적 기법(선형계획법, 정수계획법, 비선형계획법 등)을 적용하는 것이 가능하다. 설령 의사결정 결과를 확실하게 예측할 수 없더라도 민감도 분석 등을 이용함으로써 어느 정도 정확하게 예측할 수 있었다.

그러나 경영자는 종종 불확실성이 내포된 상황에서 여러 가지 의사결정을 해야 한다. 여기에 몇 가지 예를 들어보자.

1. 시장에 신제품을 출시하려는 제조업자: 잠재고객의 반응은 어떠할 것인가? 얼마나 생산해야 하는가? 제품을 전체 시장에 출시하기 전에 일부 시장에서 시험 판매를 해야 하는가? 제품을 성공적으로 출시하기 위해 얼마나 많은 광고를 해야 하는가?
2. 주식에 투자하는 금융기업: 최적의 전망을 갖는 주식시장과 개별 주식은 무엇인가? 경제전망은 어떠한가? 이자율은 어떻게 될 것인가? 이러한 요인들은 투자의사결정에 어떤 영향을 미칠 것인가?
3. 새로운 계약을 입찰하려는 정부계약 담당자: 프로젝트의 실제 원가는 얼마인가? 다른 기

업들은 입찰할 것인가? 그들의 입찰 가격은 어떻게 될 것인가?

4. 내년도 농작물과 가축 사육의 비중을 선택해야 하는 농업 기업: 기상 환경은 어떻게 될 것인가? 가격은 어떻게 형성될 것인가? 원가는 어떻게 될 것인가?
5. 원유 생산을 위해 특정 지역에 시추를 결정해야 하는 원유 발굴 회사: 원유가 그곳에 있을 것인가? 얼마나 많이 있을 것인가? 얼마나 깊이 시추해야 하는가? 시추하기 전에 지질학자가 그 지역에 대해 더 조사해야 하는가?

우리는 불확실성이 높은 여러 상황을 매일 접하기 때문에 위의 목록은 계속 이어질 수 있다. 실생활 및 기업경영에서 마주치는 이러한 불확실성은 합리적이고 과학적인 의사결정을 통해 상당 부분 극복이 가능하다. 따라서 최근 수십 년 동안 의사결정 분석 분야의 많은 발전이 이루어졌다. 의사결정 분석은 결과가 불확실할 때 합리적 의사결정을 위한 체계와 방법을 제시한다.

첫 번째 절에서는 의사결정 분석의 다양한 단계를 설명하기 위해 하나의 사례를 소개한다. 12.2절은 적절한 의사결정기준을 선택하는 데 초점을 맞춘다. 다음 절은 의사결정 문제를 구성하고 분석하기 위해서 의사결정나무를 사용하는 방법을 설명한다. 12.4절은 의사결정나무를 활용하여 민감도 분석을 어떻게 효율적으로 할 수 있는지 보여준다. 이어지는 네 개의 절은 시간과 노력을 들여 좀 더 많은 정보를 얻을 것인지, 만약 그렇다면 이 정보를 다단계 의사결정에 어떻게 사용해야 하는지를 다루고 있다. 12.9절에서는 결과에 대한 조정을 통하여 의사결정자가 느끼는 결과의 진정한 가치를 반영하도록 분석한다. 마지막으로 12.10절에서는 의사결정 분석의 실제 활용방법에 대해 토의한다.

이 장에 대한 보충 자료("Decision Criteria" 및 "Using TreePlan Software for Decision Trees")는 www.mhhe.com/Hillier7e에서 제공된다. 또한, 이 웹 사이트의 19장에서는 여러 개의 목적함수를 고려하는 상황에 널리 적용되는 의사결정분석 기법인 목표계획법goal programming에 대해서 다룬다.

12.1 사례연구: The Goferbroke사 문제

Max Flyer는 원유 매장 여부가 불확실한 지역의 유전을 개발하는 The Goferbroke Company의 창립자이자 소유자이다. Max의 친구들은 그를 투기업자라고 부르지만, 그는 기업가로 불리기를 좋아한다. 그는 대규모 유전을 발견하는 희망으로 전 재산을 회사에 쏟아 부었다.

이제 그에게 기회가 다가왔다. 그의 회사는 가까운 곳에 큰 유전이 있음에도 불구하고 매장 가능성이 낮다는 이유로 대형 석유회사들이 포기한 몇 곳의 토지를 매입했다. 최근 Max는 이 토지들에 대한 흥미로운 보고서를 받았다. 컨설팅을 수행한 지질학자는 Max에게 그곳에서의 원유 발굴 가능성이 1/4이라고 알려왔다.

Max는 과거의 실망스러웠던 경험에 비추어볼 때, 컨설팅을 수행한 지질학자의 보고서에 대해 비판적이어야 한다는 것을 알고 있다. 이 지역에 원유를 탐사하기 위해서 시추를 하는 것은 약 10만 달러의 투자금액이 소요된다. 만약 그 지역에 원유가 없는 것으로 나타나면 투자금액 전체를 손해보게 된다. 그의 회사에는 더 이상 여유자본이 없기 때문에 이 손실은 매우 심각한 것이다.

반면에, 그 지역에 원유가 있으면 대략 80만 달러의 총수익이 발생할 것이라고 추정하였고, 따라서 70만 달러의 순수익이 남는다.

원유 발견 시 순수익 = 원유 발견 시 총수익 − 시추비
= 800,000달러 − 100,000달러
= 700,000달러

비록 이것이 Max가 기대한 아주 큰 수익은 아니지만, 진짜 큰 유전을 발굴할 때까지 회사를 유지할 수 있는 유용한 자본유입이 될 수 있다.

또 다른 대안도 있다. 다른 석유회사가 지질학자의 보고서에 대한 소문을 듣고, Max에게 그 땅을 9만 달러에 구입하겠다는 제안을 했다. 이 제안은 매력적이다. 이것은 10만 달러 손실의 위험이 없는 자본확충을 의미한다.

〈표 12-1〉은 Max가 직면한 의사결정대안들과 가능한 성과를 요약하고 있다.

〈표 12-1〉 Goferbroke사의 예상 이익

	이익	
대안 / 토지상태	**원유 발견**	**원유 미발견**
유전 시추	700,000달러	−100,000달러
토지 매각	90,000달러	90,000달러
가능성	1/4	3/4

Max는 어떤 의사결정을 해야 할지 고민하고 있다. 다행스럽게도 도움의 손길이 다가왔다. Max의 딸 Maria는 최근에 명문 경영대학원에서 학위를 취득했고, 그녀의 아버지를 위해 일하려고 왔다. 그는 딸에게 그동안 배운 경영 기법을 활용하여 이 문제를 분석해 달라고 부탁했다. 대학에서 경영과학(비즈니스 분석)을 공부했기 때문에 그녀는 의사결정 분석기법의 적용을 제안하였고, Max는 이를 수락했다.

Maria는 이 문제를 해결하기 위해서 먼저 아버지를 인터뷰했다.

Maria: 이 지역에 원유가 나올 확률이 1/4이라는 지질학자의 평가를 얼마나 신뢰하세요?

Max: 많이 신뢰하지는 않지. 이런 일을 하는 사람들은 때때로 허탕을 치곤 한단다. 그들은 그곳에 원유가 어느 정도 있다는 가능성을 확신하고 있어. 그러나 그것이 세 번에 한 번, 혹은 다섯 번에 한 번 정도의 확률일 수도 있어. 그들도 정확히 알지는 못한단다.

Maria: 이 오차를 줄일 수 있는 정보를 더 많이 얻을 수 있는 방법이 있나요? 이것은 의사결정 분석을 적용하는 데 매우 중요한 조건이거든요.

Max: 물론 방법이 있지. 그 땅에 대한 상세한 지질조사를 할 수 있단다. 그러면 보다 정확한 가능성을 알 수 있지. 그러나 확실한 것은 시추해야만 알 수 있지. 또한, 지질조사에는 막대한 비용이 든단다. 시추할 땅을 상세하게 조사하는 데에만 3만 달러가 소요된단다. 그리고 지질조사 결과 원유가 있을 것 같다고 해서 시추했는데 아무것도 발견하지 못하면, 10만 달러의 추가 비용이 든단다. 13만 달러의 손실은 우리 회사를 거의 파산으로 몰고 갈 거야.

Maria: 알았어요. 그럼 지질조사는 잠정적으로 미루어 두죠. 우리는 결과에 대해 화폐 가치 이상의 고려가 필요할 것 같아요. 13만 달러의 손실이 우리 회사에 타격을 주는 정도가 13만 달러를 얻어서 도움을 받는 정도보다 더 크니까요.

Max: 그래, 맞아!

Maria: 그렇다면 의사결정 분석에서 효용이론이라고 부르는 기법을 사용하는 것이 좋겠어요. 성과의 **효용**utility은 단순한 화폐 가치보다는 아빠가 느끼는 진정한 가치를 의미하죠.

Max: 그렇군.

Maria: 그리고 만약 원유 시추를 한다면 의회에서 논의 중인 탄소세 법안을 고려해야 해요. 이 법안이 통과되면 예상하는 수익에 변화가 생길 수 있어요.

Max: 그 점은 걱정하지 않는다. 정치인들은 말만 많고 실제 행동은 하지 않거든. 법안이 당장 통과되지는 않을 것 같으니 그 점은 고려하지 말자꾸나.

Maria: 하지만 정부는 기후변화에 대응하기 위해 지금보다 훨씬 더 많은 일을 해야 해요.

Max: 기후변화에 대해서 너는 오랫동안 내게 얘기해 왔고 나도 동의한다. 폭염, 산불, 가뭄과 같은 자연재해가 내 아이와 손자들을 괴롭히게 하고 싶지 않단다. 태양광 패널이나 풍력 터빈을 확충해서 석유 수요를 줄이고 있다는 것도 알고 있지. 원유 시추는 지저분한 사업이고 몇 년 뒤에는 나도 은퇴하면서 손을 떼려고 한단다. 하지만 은퇴 전에는 원유 시추를 한두 번 더 해야 할 것 같구나. 그러니 일단은 우리 문제에만 집중해 보자꾸나. 최선의 의사결정을 내리기 위해서 무엇을 해야 하지?

Maria: 그러면 이제 해야 할 일을 열거해 볼게요. 먼저, 지질조사와 효용을 고려하지 않고 쉽게 시작하시죠. 의사결정 분석을 활용하여 우리가 고민하는 문제를 구조화하는 방법과 의사결정을 내릴 때 사용하는 몇 가지 기준에 대해서 알려드릴게요. 그중에서 적절하다고 생각하는 기준을 선택할 수 있어요. 그런 다음 지질조사를 하는 것이 가치가 있는지 알아볼 거에요. 만약 조사가 필요하다면, 조사 결과를 최대한으로 활용하는 방안을 찾아볼게요. 마지막으로 구체화된 효용이론을 포함하여 문제 상황을 주의 깊게 분석한 후 핵심을 파헤칠게요. 우리가 이 과정을 끝내고 의사결정을 하고 나면, 최선의 의사결정을 했다는 생각이 들어서 편안한 마음이 드시리라 생각해요.

Max: 좋아, 시작해보자.

다음은 Maria가 아버지에게 의사결정 분석을 사용하여 논리적으로 문제를 접근하는 방법을 가르쳐 준 내용이다.

의사결정 분석 용어

의사결정자decision maker는 주어진 상황에서 의사결정을 해야 할 책임이 있는 개인이나 집단이다. Goferbroke사 문제에서 의사결정자는 Max이다. Maria(경영과학자)는 분석을 하는 데 도움을 줄 수 있다. 그러나 그녀의 역할은 의사결정자가 최적의 의사결정을 할 수 있도록 도움을 주는 것에 머무른다.

대안alternative은 의사결정자에 의해 선택될 수 있는 방안들이다. 이 문제에서 Max의 대안은 시추를 하느냐 아니면 토지를 매각하느냐이다.

선택된 의사결정의 결과는 의사결정자의 통제를 벗어나는 임의의 요인들에 의해서 영향을 받는다. 이러한 임의의 요인들에 의해서 의사결정이 이루어졌을 때 나타나는 상황이 결정된다. 이러한 발생 가능한 상황 각각을 **가능한 상황**state of nature이라고 한다. Goferbroke사 문제에서 가능한 상황은 원유가 있느냐 또는 없느냐의 두 가지이다.

의사결정자는 가능한 상황이 발생할 가능성에 대해 약간의 정보를 가지고 있다. 이러한 정보는 경험이나 개인의 직관에 근거한 주관적인 추정치일 수도 있고, 혹은 어느 정도 신뢰할 만한 증거(지질학자 보고서에 포함되는 것처럼)를 포함할 수도 있다. 이 추정치가 확률이란 형태로 나타낼 때, 각각을 가능한 상황의 **사전확률**prior probabilities이라고 한다. Goferbroke사 문제에서 〈표 12-2〉는 지질학자가 제시한 사전확률을 보여준다. 이 값은 다양한 정보에 기초한 정확한 확률이라고 할 수는 없지만, 추가적인 정보 획득 이전에 사용할 수 있는 최선의 추정치이다. (이 장의 후반부에서는 지질조사의 필요성에 대해서 분석할 예정이다. 따라서 지질조사를 하지 않은 현재의 문제를 앞으로는 1차 Goferbroke사 문제라고 칭할 것이다.)

〈표 12-2〉 1차 Goferbroke사 문제의 사전확률

가능한 상황	사전확률
원유 발견	0.25
원유 미발견	0.75

의사결정대안과 가능한 상황의 조합에 의해서 결과가 나타난다. **성과**payoff는 얻어진 결과에 대해 의사결정자가 느끼는 가치를 계량적으로 측정한 값이다. 대부분의 경우 성과는 이익과 같은 화폐적 가치로 측정된다. 〈표 12-1〉에 나타난 것처럼, 이 단계에서 Goferbroke사의 성과는 이익으로 측정된다. (반면 ,12.9절에서 Goferbroke사의 성과는 효용으로 측정된다.)

성과표

문제를 구조화할 때 중요한 것은 모든 의사결정대안과 모든 가능한 상황을 파악하는 것이다. 그 다음에는 의사결정자의 입장에서 성과에 대한 평가척도를 결정하고, 의사결정대안과 가능한 상황의 조합에 따라 발생할 성과를 추정한다. 이와 같이 추정된 성과는 **성과표**payoff table에 표시된다.

〈표 12-3〉 Goferbroke사의 성과표(단위: 1,000달러)

대안	가능한 상황	
	원유 발견	원유 미발견
유전 시추	700	−100
토지 매각	90	90
사전확률	0.25	0.75

〈표 12-3〉은 1차 Goferbroke사 문제의 성과표를 나타낸다. 성과는 1,000달러 단위로 측정된 이익을 의미한다. 마지막 행은 〈표 12-2〉에서 제시된 가능한 상황별 사전확률을 나타낸다.

이 사례는 문제의 크기를 최소화하기 위하여 두 개의 의사결정대안과 두 개의 가능한 상황만을 고려하였다. 대부분의 의사결정 분석은 이보다 훨씬 더 많은 의사결정대안과 가능한 상황을 다룬다. 이 사례에서도 (시추 방법의 선택에 따른) 둘 이상의 의사결정대안과 (원유 매장량에 따른) 둘 이상의 가능한 상황을 고려할 수 있다.

복습문제

1. Max가 고려하는 의사결정 상황에서 대안은 무엇인가?
2. 지질학자가 추정한 원유 매장 확률은 얼마인가?
3. Max는 원유 매장가능성에 대한 지질학자의 추정치를 얼마나 신뢰하는가?
4. 원유가 나올 가능성에 대하여 정보를 더 수집할 수 있는 방안은 무엇인가?
5. 가능한 상황이란 무엇인가?
6. 사전확률이란 무엇인가?
7. 성과표에 있는 성과는 무엇을 나타내는가?

12.2 의사결정기준

1차 Goferbroke사 문제의 성과표인 〈표 12-3〉을 기초로 하여, 시추를 할 것인지 아니면 토지를 매각할 것인지 결정할 때 어떤 기준을 사용할 것인가? 모든 의사결정자에게 적합한 단 하나의 정답은 없다. 의사결정기준의 선택은 의사결정의 상황뿐만 아니라 의사결정자의 성격과 태도에 따라 달라진다. 결국은 Max 개인의 관점에서 적절한 의사결정기준을 선택해야 한다.

과거 수십 년 동안, 성과표와 같은 정보가 주어졌을 때 어떻게 의사결정을 해야 하는가에 대한 많은 기준이 제시되었다. 모든 기준은 성과를 고려한다는 점에서 공통점이 있지만 어떤 기준들은 가능한 상황의 사전확률을 고려하고, 어떤 기준들은 확률을 전혀 고려하지 않기도 한다. 각 기준은 장단점이 있으나 최근 다수의 경영과학자는 Bayes 의사결정기준이 대부분의 의사결정에서 적합하게 사용될 수 있다고 결론을 내렸다. 이 절에서 Bayes 의사결정기준을 설명한 뒤에 나머지 절에서는 이 기준을 다양한 상황에서 어떻게 적용하는지를 알아본다.

Bayes 의사결정기준에 대하여 설명하기 전에 다른 세 가지의 의사결정기준에 대하여 먼저 설명한다. 이 기준들은 매우 간단하고 직관적이다. 반면에, 이 기준들은 성과표의 한 가지 정보만을 사용하고 나머지는 무시한다는 점에서 상당히 피상적이다. 그러나 실제로는 많은 사람이 이러한 기준들 중의 하나 이상을 실생활에서 사용한다. 먼저 소개하는 두 기준은 사전확률을 사용하지 않는데, 이는 신뢰할 만한 사전확률을 얻기가 불가능하거나 힘들 때 적절한 기준이다. Bayes 의사결정기준은 성과표의 모든 정보를 사용하고 더 구조화된 접근을 하고 있어 이러한 세 가지 기준과 상당히 다르다.

사전확률을 고려하지 않는 의사결정: Maximax 의사결정기준

Maximax 의사결정기준maximax criterion은 낙관주의자를 위한 의사결정기준이며 가장 좋은 것만 발생한다고 믿는 것이다. 이 기준은 다음과 같이 사용된다.

1. 각 의사결정대안을 선택할 때 발생 가능한 상황 중에서 가장 좋은 성과를 파악한다.
2. 위에서 파악한 성과들 중에서 가장 큰 성과를 주는 의사결정대안을 선택한다.

Maximax 의사결정기준이라는 이름은 최댓값maimum 중에서 최댓값maximum을 선택하기 때문에 붙여졌다. 이 기준을 적용하는 근거는 실현 가능한 최상의 결과(성과표 전체에서 가장 큰 성과를 가져오는 결과)가 발생할 수 있는 기회를 놓치지 말아야 한다는 것이다.

〈표 12-4〉는 1차 Goferbroke사 문제에 이 기준을 적용한 결과를 보여준다. 이 표는 〈표 12-3〉의 성과표에서 사전확률을 고려하지 않은 것이다. (maximax 의사결정기준에서 사전확률은 고려대상이 아니다.) 오른쪽 끝의 열은 각 대안을 선택했을 때 발생할 수 있는 가장 좋은 성과이다. 이 열에서 가장 큰 성과(700)는 전체 성과표에서 가장 큰 값이며, 이 값에 해당하는 의사결정대안(유전 시추)이 maximax 의사결정기준에 의해 선택된다.

〈표 12-4〉 1차 Goferbroke사 문제에 Maximax 의사결정기준을 적용한 결과

	가능한 상황		
대안	원유 발견	원유 미발견	행의 최댓값
유전 시추	700	−100	700 ← Maximax
토지 매각	90	90	90

Maximax 의사결정기준의 가장 큰 단점은 사전확률을 완전히 무시한다는 것이다. 예를 들어, 원유가 나올 확률이 아주 적더라도 유전 시추를 선택하게 될 것이다. 다른 단점은 가장 큰 성과 외의 다른 성과는 모두 무시한다는 것이다. 예를 들면 토지를 매각할 때의 성과가 699(69만9,000달러)라고 하더라도, 여전히 원유를 시추하는 것을 선택한다.

사전확률을 고려하지 않는 의사결정: Maximin 의사결정기준

Maximin 의사결정기준maximin criterion은 비관주의자를 위한 기준이다. Maximax 의사결정기준과는 반대로 가장 나쁜 것이 발생할 것이라고 믿는다. 이 기준은 다음과 같이 사용된다.

1. 각 의사결정대안을 선택할 때 발생 가능한 상황 중에서 가장 나쁜 성과를 파악한다.

2. 위에서 파악한 성과들 중에서 가장 좋은 성과를 주는 의사결정대안을 선택한다.

Maximin 의사결정기준이라는 이름은 최솟값minimum 중에서 최댓값maximum을 선택하기 때문에 붙여졌다. 이 기준을 적용하는 기준은 최악의 결과가 나올 것에 대하여 가능한 대비를 해야 한다는 것이다. 비관주의자의 입장에서 어느 대안을 선택했을 때 가장 나쁜 상황이 발생하더라도, 그중 가장 좋은 성과를 얻으려 하는 것이다.

〈표 12-5〉 1차 Goferbroke사 문제에 Maximin 의사결정기준을 적용한 결과

대안	가능한 상황		행의 최솟값
	원유 발견	원유 미발견	
유전 시추	700	−100	−100
토지 매각	90	90	90 ← Maximin

〈표 12-5〉는 maximin 의사결정기준을 1차 Goferbroke사 문제에 적용한 결과를 보여준다. 〈표 12-4〉와 다른 점은 가장 오른쪽 열의 숫자가 각 행의 최댓값이 아니라 최솟값이라는 것이다. 두 숫자 중에서 90이 가장 크므로 토지를 매각하는 대안을 선택한다.

이 기준의 단점은 maximax 의사결정기준의 경우와 비슷하다. 사전확률을 완전히 무시하기 때문에 시추하여 원유를 발견할 것이 거의 확실하다고 해도 토지 매각 대안을 선택한다. 또한, 시추를 하고 원유가 발견될 경우의 성과가 10,000(1,000만 달러)이더라도 각 대안에서의 최소 성과 중에서 최대 성과만을 선택하게 되므로 토지 매각 대안을 선택한다.

사전확률을 고려하는 의사결정: 최우 의사결정기준

최우 의사결정기준maximum likelihood criterion은 다음과 같이 발생 가능성이 가장 높은 가능한 상황에 초점을 두고 있다.

1. 사전확률이 가장 높은 가능한 상황을 찾는다.
2. 위에서 구한 가능한 상황에서 가장 큰 성과를 내는 의사결정대안을 선택한다.

최우 의사결정기준을 선택하는 이유는 사전확률이 가장 큰 상황이 발생할 것이라는 가정 하에 가장 좋은 성과를 확보하는 것이다.

〈표 12-6〉 1차 Goferbroke사 문제에 최우 의사결정기준을 적용한 결과

대안	가능한 상황		
	원유 발견	원유 미발견	
유전 시추	700	−100	단계 2:
토지 매각	90	90	← 최댓값
사전확률	0.25	0.75 ↑ 단계 1: 최댓값	

〈표 12-6〉은 최우 의사결정기준을 1차 Goferbroke사 문제에 적용한 결과이다. 이 표는 〈표 12-3〉에 단계 1(가능한 상황 중 원유 미발견을 선택)과 단계 2(토지 매각 대안을 선택)를 표시한 것이다. 가능한 상황 중에서 원유 미발견이 가장 큰 사전확률을 가지고 있으므로, 성과표에서는 이에 해당하는 열(−100, 90)만을 고려한다. 둘 중 더

큰 성과는 90이므로, 이에 해당하는 토지 매각 대안을 선택한다.

이 기준은 몇 가지 단점이 있다. 만약 가능한 상황의 수가 많다면, 가장 큰 사전확률을 가지는 상황의 발생 확률이 낮을 수 있다. 이와 같이, 낮은 확률의 상황이 발생할 것을 가정하여 대안을 선택하는 것은 적합하지 않을 수 있다. 더 큰 단점은 가장 큰 사전확률을 가지고 있는 상황에서 발생할 수 있는 성과 외에 다른 모든 성과를 무시한다는 것이다. 예를 들어 원유 발견의 성과가 얼마나 큰지에 상관없이 원유 미발견 상황의 확률이 원유 발견 상황의 확률보다 조금이라도 크면 토지 매각 대안을 선택한다.

사전확률을 고려하는 의사결정: Bayes 의사결정기준

Bayes 의사결정기준 Bayes' decision rule은 다음에 요약한 것 같이 가능한 상황의 사전확률을 직접 이용한다.

1. 각 의사결정대안에서 가능한 상황의 사전확률에 각 성과를 곱한 결과를 합산하여 그 성과의 가중평균을 계산한다. 통계학 용어를 사용하면 이 가중평균은 이 의사결정대안에 대한 **기대성과**expected payoff(EP)이다.
2. Bayes 의사결정기준은 기대성과가 가장 큰 의사결정대안을 선택하는 것이다.

〈그림 12-1〉은 1차 Goferbroke 문제에 Bayes 의사결정기준을 적용한 결과를 보여준다. B, C, D열은 〈표 12-3〉의 성과표에 해당한다. 셀 F5와 F6에 아래와 같은 수식을 입력하여 단계 1을 실행한다.

F5 = SUMPRODUCT(PriorProbability, DrillPayoff) = 0.25(700) + 0.75(−100) = 100

F6 = SUMPRODUCT(PriorProbability, SellPayoff) = 0.25(90) + 0.75(90) = 90

원유 시추(셀 F5)의 기대성과는 100이고 토지 매각(셀 F6)의 기대성과는 90이므로, 유전 시추 대안을 선택한다.

다른 기준과 마찬가지로, 이 기준에 의해 선택된 대안 역시 어떠한 상황이 발생했는지를 알게 된 후에도 여전히 가장 좋은 대안이라는 것을 보장하지는 못한다. 그러나 다음과 같은 보장을 할 수는 있다.

> 특정 대안의 기대성과는 같은 의사결정이 여러 번 반복되었을 때 얻게 되는 평균성과로 해석된다. 즉, 평균적으로, Bayes 의사결정기준을 반복하여 사용하면, (사전확률이 옳다는 가정하에) 다른 기준을 사용할 때보다 장기적으로 더 큰 성과를 가져온다.

만약 Goferbroke사가 위의 성과표와 동일한 성과표를 가지고 있는 토지를 여러 군데 소유하고 있다면 모든 토지에 유전을 시추하는 것은 100(10만 달러)의 평균성과를 제공하고 토지 매

〈그림 12-1〉 1차 Goferbroke사 문제에 Bayes 의사결정기준을 적용한 결과를 보여주는 스프레드시트. 셀 F5:F6의 기대성과를 비교하면, 더 많은 기대성과를 제공하는 원유 시추를 선택해야 함

	A	B	C	D	E	F
1	**Bayes' Decision Rule for the Goferbroke Co.**					
2						
3		**Payoff Table**	**State of Nature**			Expected
4		Alternative	Oil	Dry		Payoff
5		Drill	700	−100		100
6		Sell	90	90		90
7						
8		Prior Probability	0.25	0.75		

Range Name	Cells
DrillPayoff	C5:D5
ExpectedPayoff	F5:F6
PriorProbability	C8:D8
SellPayoff	C6:D6

	F
3	Expected
4	Payoff
5	=SUMPRODUCT(PriorProbability,DrillPayoff)
6	=SUMPRODUCT(PriorProbability,SellPayoff)

각은 90(9만 달러)의 평균성과를 가져올 것이다. 다음의 계산식은 네 지역 중 한 곳에서 원유를 발견할 때의 평균성과이다.

$$
\begin{aligned}
\text{한 지역에서 원유 발견: 성과} &= 700 \\
\text{나머지 세 지역은 원유 없음: 성과} = 3(-100) &= -300 \\
\text{총성과} &= 400 \\
\text{평균 성과} = 400/4 &= 100
\end{aligned}
$$

그러나 평균 성과를 얻기 위해서는 원유 발굴 실패를 여러 번 경험해야 할지도 모른다. 만약 발굴 실패가 연속되고 회사 재무상태가 이를 감당하기 어렵다면 원유탐사 사업은 부적절한 사업이 될 것이다.

이 기준 또한, 다음과 같이 몇 가지의 비판을 받는다.

1. 일반적으로 사전확률에 부여된 값에는 상당한 불확실성이 수반된다. 그러므로 사전확률을 실제 발생확률로 가정하는 것은 실제 결과를 적절히 나타내지 못할 수 있다. (12.4절에서 민감도 분석을 통하여 이러한 문제를 다룬다.)

2. 명확한 의사결정은 객관적인 자료와 절차에 기초해야 하는데, 사전확률은 대부분 주관적이다. (12.6절은 새로운 정보를 얻어 사전확률을 개선하고 보다 객관적으로 만드는 내용을 다룬다.)
3. 기대(화폐)성과는 평균성과이므로, 가능한 성과값들의 변동성을 무시한다. 예를 들면, Goferbroke사는 대규모 손실을 감당할 만한 자금을 조달할 수 없기 때문에, 토지 매각으로부터 얻는 90(9만 달러)의 확실한 성과는 시추로부터 얻는 100(10만 달러)의 기대성과보다 더 바람직할 수 있다. 토지매각을 선택하면 그 땅에 원유가 없을 경우 시추에 따른 대규모 손실 위험을 피할 수 있다. (12.9절에서는 성과의 가치를 더 잘 나타내기 위하여 효용을 사용하는 것에 대하여 설명한다.)

유사한 아이디어가 경제학에서 오래 전부터 사용되었지만, 철학자와 수학자로 널리 알려진 18세기 영국의 신부 Thomas Bayes의 이름을 따서 이 기준을 Bayes 의사결정기준이라고 부른다. Bayes의 의사결정에 대한 철학은 현대에도 중요하게 여겨지며, 일부 경영과학자들은 스스로를 Bayesian이라고 부르기도 한다.

최근에는 이 기준을 **기대화폐가치기준**expected monetary value criterion(EMV)으로 부르기도 한다. 이렇게 불리는 이유는, 많은 경우에 성과표의 성과가 화폐로 측정되며 기대성과는 기대화폐가치에 해당하기 때문이다. 그러나 (12.9절과 같이) 성과가 화폐로 측정되지 않는 경우에는 이 이름이 적절치 않다. 따라서 용어의 혼란을 피하기 위해, 이 책에서는 Bayes 의사결정기준이라는 이름으로 통일한다.

가장 널리 사용되는 방법이므로, 이 장에서는 Bayes 의사결정기준에 의한 의사결정 과정에 집중한다.

Max의 반응

Max: 그러면 우리는 어디서부터 시작해야 하지?

Maria: 어떤 의사결정기준이 가장 적절한지를 결정해야 해요.

Max: 나는 어느 기준도 마음에 쏙 든다고 말할 수 없구나. 하지만 마지막 기준이 자주 사용되는 것 같구나.

Maria: 예, 맞아요.

Max: 왜 그렇지?

Maria: 거기에는 두 가지 이유가 있어요. 첫째, 이 기준은 활용 가능한 모든 정보를 이용한다는 것이죠. 사전확률은 기대하는 만큼 정확하지 않을지도 모르지만, 이 확률은 우리에게 개략적으로 각 상황이 발생할 가능성을 알려줘요. 많은 경영과학자는 이러한 핵심 정보가 더 좋은 의사결정을 유도할 것이라고 생각하지요.

Max: 그런데 나는 아직 이 의사결정기준에 만족할 수가 없구나. 두 번째 이유는 무엇이지?

Maria: 이 의사결정기준은 동일한 상황이 여러 번 반복될 때의 평균성과에 초점을 맞춘 것임을 기억해야 해요. 이것을 기대성과라고 해요. 가장 큰 기대성과를 주는 의사결정대안을 일관되게 선택하는 것은 장기적으로 회사에 가장 좋은 성과를 가져다 줄 거예요. 경영자는 장기적으로 가장 큰 이익을 주는 선택을 하는 것이 합리적이라고 생각하거든요.

복습문제

1. Maximax 의사결정기준은 어떻게 의사결정대안을 선택하는가? 어떠한 사람이 이 기준을 좋아하는가?
2. Maximax 의사결정기준에 대한 비판은 어떤 것들이 있는가?
3. Maximin 의사결정기준은 어떻게 의사결정대안을 선택하는가? 어떠한 사람이 이 기준을 좋아하는가?
4. Maximin 의사결정기준에 대한 비판은 어떤 것들이 있는가?
5. 최우 의사결정기준에서는 가능한 상황 중 어떤 것에 집중하는가?
6. 최우 의사결정기준에 대한 비판은 어떤 것들이 있는가?
7. Bayes 의사결정기준은 어떻게 대안을 선택하는가?
8. 의사결정대안의 기대성과는 어떻게 계산하는가?
9. Bayes 의사결정기준에 대한 비판은 어떤 것들이 있는가?

12.3 의사결정나무

〈그림 12-1〉의 스프레드시트는 Bayes 의사결정기준을 이용한 의사결정 분석 방법을 보여준다. 이 기준을 적용하는 또 다른 방법은 **의사결정나무**decision tree를 사용하여 문제를 표현하고 분석하는 것이다. 〈그림 12-2〉는 1차 Goferbroke사 문제의 의사결정나무를 보여준다. 그림의 왼쪽에서 오른쪽으로 가면서 사건의 진행을 보여준다. 첫 번째로, 유전 시추를 할 것인가 아니면 토지를 매각할 것인가 결정한다. 만약 의사결정이 시추라면 다음 사건은 원유가 나올 것인지 아닌지이다. 마지막으로 성과는 이러한 사건의 결과로 얻어진다.

〈그림 12-2〉 〈표 12-3〉을 활용한 1차 Goferbroke사 문제의 의사결정나무

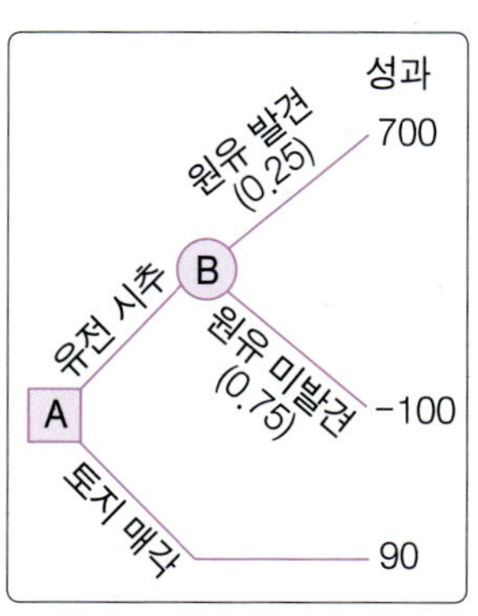

의사결정나무에서 분기점을 **마디**node라고 부르고, 마디로부터 나오는 선을 **가지**branch라고 부른다. 두 가지 형태의 마디가 있으며, 이들 간의 구분은 다음과 같다.

> 사각형으로 표시되는 **의사결정마디**decision node는 그 시점에서 의사결정이 이루어져야 한다는 것을 의미한다. 원으로 표시되는 **기회마디**chance node 또는 event node는 그 점에서 가능한 상황이 발생한다는 것을 나타낸다.

〈그림 12-2〉에서 마디 A는 유전 시추와 토지 매각 중 선택을 하는 단계이므로 의사결정마디이다. 마디 B는 원유 발견과 원유 미발견이라는 가능한 상황이 임의로 발생하는 단계이므로 기회마디이다. 이 마디로부터 나오는 각각의 가지는 발생 가능한 상황에 해당한다. 그리고 가지에 있는 괄호 속의 숫자는 가능한 상황이 발생할 확률을 나타낸다.

의사결정나무는 문제를 시각화하고 분석하는 데 매우 유용하다. 문제가 〈그림 12-2〉처럼 간단할 때는 굳이 의사결정나무를 사용하지 않아도 된다. 그러나 의사결정나무의 좋은 점은 여러 단계의 의사결정을 필요로 하는 좀 더 복잡한 문제에 적용될 수 있다는 것이다. 시추 여부를 결정하기 전에 지질조사 실시 여부를 결정해야하는 Goferbroke사 문제를 다루는 12.7절과 12.9절에서 이를 확인할 수 있다.

의사결정나무를 위한 스프레드시트

엑셀에서 의사결정나무를 만들고 분석하기 위해서 Analytic Solver를 사용하는 방법을 보자. 설치 방법은 www.mhhe.com/hillier7e에서 찾아볼 수 있다. 만약 다른 소프트웨어를 사용하고 싶다면, 엑셀의 추가기능으로 의사결정나무를 만들고 분석할 수 있는 TreePlan을 사용하면 된다. TreePlan 사용법은 www.mhhe.com/hillier7e에서 찾아볼 수 있다.

Analytic Solver로 의사결정나무를 만들려면 Decision Tree > Node 메뉴로 가서 Add Node를 선택한다. 그러면 〈그림 12-3〉과 같은 대화상자가 나타난다. 여기에서 마디node의 유

〈그림 12-3〉 1차 Goferbroke사 문제의 첫 번째 마디를 위한 의사결정나무 대화상자. 해당 마디는 2개의 가지(Drill과 Sell)를 가지는 의사결정마디이며, 각 가지의 성과는 −100과 90임

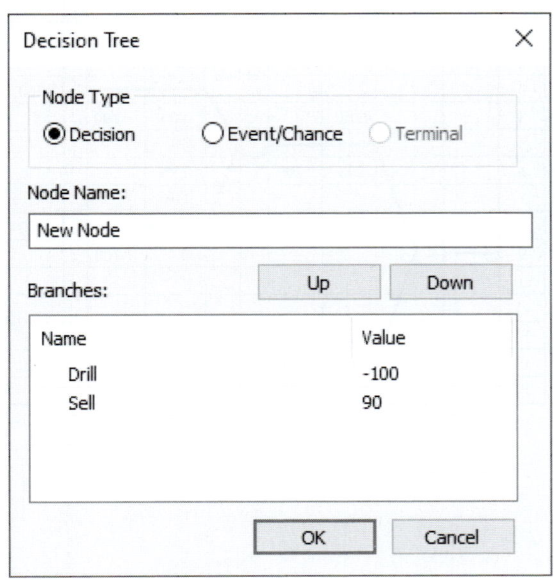

〈그림 12-4〉 Analytic Solver를 이용하여 만든 의사결정나무의 앞부분. Analytic Solver탭의 Decision Tree/Node 메뉴에서 Add Node를 선택한 후, 성과가 −100과 90인 2개의 가지(Drill과 Sell)를 가지는 의사결정마디를 설정함

	A	B	C	D	E	F	G
1							
2				Drill			
3							-100
4				-100	-100		
5		2					
6	90						
7				Sell			
8							90
9				90	90		

형(의사결정마디 또는 기회마디)을 선택하고, 가지[branch]에 이름을 정하고, 가지의 가치(가지와 연결된 성과)를 설정한다. Analytic Solver의 의사결정마디에 붙는 기본 이름은 Decision 1과 Decision 2이다. 이름을 더블 클릭하여 새로운 이름으로 바꿀 수 있다. (또는 비어있는 행에 가지를 추가할 수도 있다.) 1차 Goferbroke사 문제의 첫 번째 마디(〈그림 12-2〉의 마디 A)는 의사결정마디로서 시추 Drill와 매각 Sell 두 개의 가지를 가지고 있다. 시추에 따르는 성과는 −100(시추하는 데 소요되는 100,000달러의 비용)이고 매각에 따르는 성과는 90(90,000달러의 매각가격)이다. 〈그림 12-3〉과 같이 필요한 사항을 입력하고 OK를 하면 〈그림 12-4〉의 의사결정나무가 그려진다.

의사결정이 Drill이라면, 다음 사건은 원유가 있는지 아닌지 알아내는 것이다. 기회마디를 만들기 위해서는 Drill 가지 끝의 삼각형 마디(〈그림 12-4〉의 셀 F3)를 선택하고 Decision Tree > Node 메뉴의 Add Node를 선택하면 〈그림 12-5〉의 대화상자가 나타난다. 이 마디는 각각의 확률이 0.25와 0.75이고, 가치(부분 성과)가 800과 0인 원유 발견(Oil)과 원유 미발견(Dry) 두 개의 가지를 가지고 있다는 것을 〈그림 12-5〉에서 설정한다. 최종 의사결정나무는 〈그림 12-6〉과 같이 나타난다. (Analytic Solver에서 모든 확률은 0.25, 0.75가 아니라 H1과 H6처럼 25%, 75%로 나타난다.)

의사결정나무를 왼쪽에서 오른쪽으로 읽으면 의사결정마디에서 내린 의사결정과 기회마디에서 발생하는 사건에 따라, 해당 문제에서 발생하는 다양한 상황을 파악할 수 있다. 각 가

〈그림 12-5〉 1차 Goferbroke사 문제의 두 번째 마디를 위한 Decision Tree 대화상자. 해당 마디는 2개의 가지(Oil과 Dry)를 가지는 기회마디이며, 각 가지의 성과는 800과 0, 확률은 0.25와 0.75임

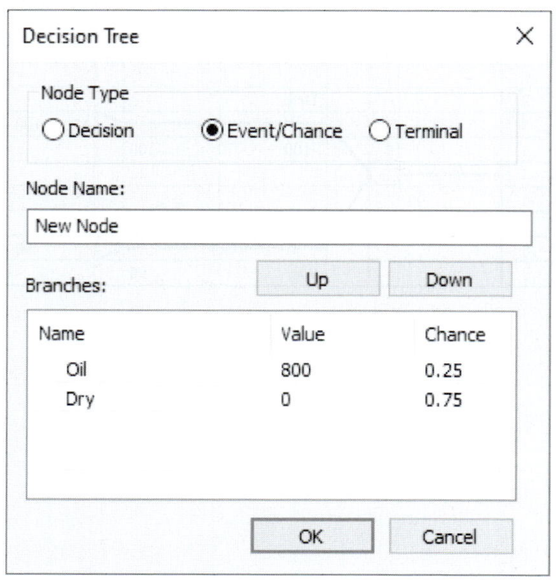

〈그림 12-6〉 Analytic Solver를 사용하여 1차 Goferbroke사 문제를 해결하기 위해 만든 의사결정나무. 셀 B9의 1은 가장 위의 가지(Drill)가 선택되어야 함을 의미함

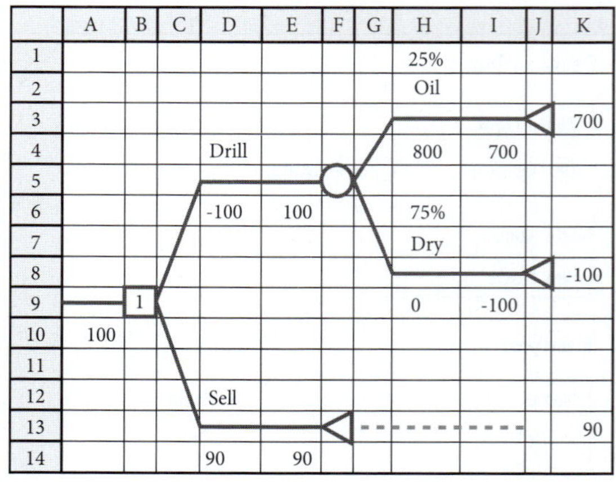

지 위의 글자는 가지가 다음 마디에 도달할 경우 발생하는 상황을 나타내고, 가지 아래 숫자는 도착한 마디에서 발생할 결과(단위: 천 달러)를 나타낸다. 각 경로를 따라 이 숫자를 더해가면 최종마디terminal node에서의 성과를 구할 수 있다. (예를 들어 셀 J3의 최종마디에 대한 성과는 −100 + 800 = 700이다.) 최종마디의 성과가 의사결정나무에 기록되면, 오른쪽 끝에서 시작하여 왼쪽으로 이동하면서 각 기회마디에서의 기대성과를 계산한다. 이 사례에서 유일한 기회마디는 셀 F5에 있으며, 기대성과는 셀 E5에 기록된 대로 0.25(700) + 0.75(−100) = 100 이다. Drill의 기대성과가 Sell의 기대성과 90보다 크므로, 최적의 결정은 시추를 선택하는 것이며 그 때의 기대성과 100은 의사결정마디 옆의 셀 A10에 기록된다.

언제든지 마디를 선택한 후, Analytic Solver의 Decision Tree 메뉴를 사용하여 수정할 수 있다. 예를 들면 Node 메뉴에서 Add Node, Change Node, Delete Node, Copy Node, Paste Node를 선택할 수 있다. Branch 메뉴에서는 Add Branch, Change Branch, Delete Branch를 선택할 수 있다.

Analytic Solver는 의사결정나무를 작성하는 각 단계에서, 자동으로 Bayes 의사결정기준에 의한 최적의 정책을 찾아준다. 의사결정마디 안의 숫자는 어떤 가지를 선택해야 하는지를 보여준다. (마디에서 나온 가지는 위에서부터 아래로 연속해서 숫자를 부여한다.) 따라서 〈그림 12-6〉의 최종 의사결정나무에서 셀B9의 숫자 1은 첫 번째 가지(Drill)가 선택되어야함을 나타낸다. 최종 마디의 끝에 있는 숫자는 그 마디에 도달했을 때의 성과이다. 셀A10과 E6의 숫자 100은 그 단계에서의 기대성과(Bayes 의사결정기준에서의 평가척도)이다.

Analytic Solver를 이용한 의사결정나무 분석에 대한 설명은 다소 복잡하게 느껴질지 모르지만, 컴퓨터를 가지고 직접 사용해보면 매우 직관적이라는 것을 알 수 있다. 또한, 직접 사용하다보면 위에서 설명되지 않은 유용한 기능들에 대하여 알게 될 것이다.

Max의 반응

Max: 의사결정나무는 모든 것을 한 번에 정리해주어서 편리하구나.

Maria: 그렇죠.

Max: 그러나 한 가지가 마음에 걸리는구나.

Maria: 뭔지 알 것 같아요.

Max: 좋아, 우선 지질학자가 제시한 그 수치를 믿고 의사결정을 하고 싶지는 않아. 네 번 중 한 번은 원유가 나온다는 것 말이야. 그것은 단지 추측일 뿐이야.

Maria: 그러면 한 가지 여쭈어볼게요. 원유 발견을 위해 시추할 것인지 아니면 토지를 매각할 것인지를 결정하는 핵심 요소는 뭔가요?

Max: 그곳에 원유가 나올 가능성이 얼마인가이지.

Maria: 지질학자의 컨설팅이 이러한 의사결정을 하는 데 도움이 되지 않나요?

Max: 도움이 되지. 나는 그들의 정보 없이 시추하지는 않아.

Maria: 그러면 시추할 것인지 말 것인지 결정할 때는 이러한 직접적인 정보에 바탕을 두죠?

Max: 그래, 그렇지.

Maria: 그렇다면 지질학자들의 보고서에 나타난 수치를 사용하는 것을 아빠가 계속 반대하시는 이유에 대해 이해가 가지 않는군요.

Max: 나는 그들이 제시한 정보를 사용하는 데 반대하지는 않아. 이러한 정보는 나의 의사결정에 중요하지. 내가 반대하는 것은 그들이 제시한 수치를 사용하는 것이야. 즉, 절대적 진리인 것처럼 네 번 중 한 번은 원유가 나온다고 주장하는 그 수치 말이야. Bayes 의사결정기준에서 사용하는 바로 그것이지. 두 대안의 성과가 100과 90으로 큰 차이가 없는 것을 너도 보았지? 만약 그들의 수치가 조금이라도 틀린다면, 실제로 틀리겠지만, 어떻게 될까? 이것은 너무나도 중요한 의사결정이라서 대충 도출한 몇 개의 수치에 근거할 수 없다는 거야.

Maria: 아, 알겠어요. 지질학자들은 네 번 중 한 번, 즉 25%의 확률이라고 주장하지요. 아빠는 이것이 정확한 추정치라고 생각하지 않으시는 거군요? 25%가 아니면 얼마나 낮다고 혹은 얼마나 높다고 생각하시나요?

Max: 나는 지질학자가 말하는 것에 10% 정도를 더하거나 줄이지. 그래서 원유가 있을 가능성은 15%에서 35% 정도라고 생각해.

Maria: 이제 무엇을 해야 할지 알 것 같네요. 아빠가 하셔야 할 일이 무엇인지 정확하게 알 것 같아요.

Max: 그래, 그게 뭐니?

Maria: 이러한 종류의 상황을 위해 설계된 경영과학 기법이 있어요. 민감도 분석이라고 하지요. 이 기법은 지질학자의 수치가 틀렸을 때 어떻게 되는지를 알아볼 수 있어요.

Max: 좋아! 그 기법을 적용해보자.

복습문제

1. 의사결정나무란 무엇인가?
2. 의사결정나무에서 의사결정마디와 기회마디는 무엇인가?
3. 의사결정마디와 기회마디를 표현하는 기호는 무엇인가?

12.4 의사결정나무의 민감도 분석

민감도 분석sensitivity analysis(8.1절에서 소개된 What-If 분석의 주요 형태)은 경영과학의 여러 분야에서 수학적 모델에 포함된 수치의 일부가 정확하지 않을 경우, 그 영향을 분석하기 위해 사용된다. 〈그림 12-6〉에서는 수학적 모델이 의사결정나무로 표현되었다. 이 의사결정나무에서 가장 의심스러운 숫자는 셀 H1과 H6에 있는 사전확률이다. 따라서 여기에서는 사전확률

〈그림 12-7〉 1차 Goferbroke사 문제의 민감도 분석을 위해 의사결정나무 아래에 자료와 결과가 함께 표현된 스프레드시트

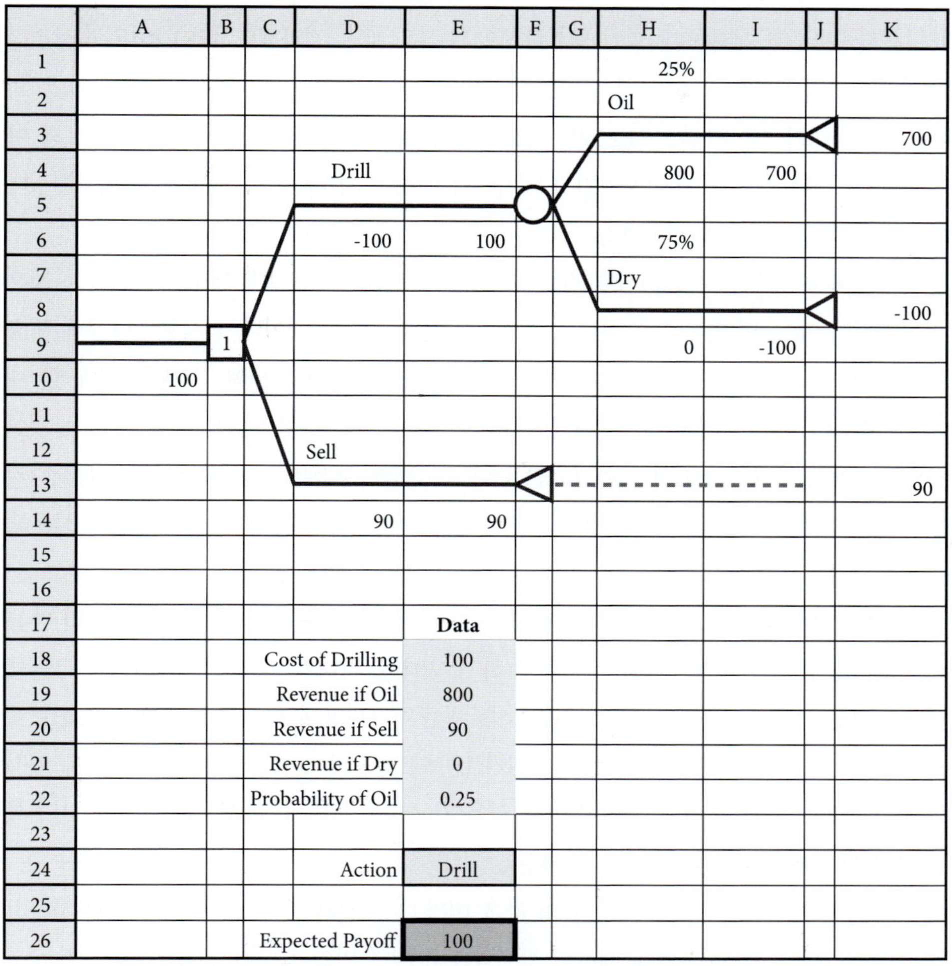

	A	B	C	D	E	F	G	H	I	J	K
1								25%			
2								Oil			
3											700
4				Drill				800	700		
5											
6				-100	100			75%			
7								Dry			
8											-100
9		1						0	-100		
10	100										
11											
12				Sell							
13											90
14				90	90						
15											
16											
17					**Data**						
18				Cost of Drilling	100						
19				Revenue if Oil	800						
20				Revenue if Sell	90						
21				Revenue if Dry	0						
22				Probability of Oil	0.25						
23											
24				Action	Drill						
25											
26				Expected Payoff	100						

	D
4	Drill
5	
6	=-CostOfDrilling

	D
12	Sell
13	
14	=RevenueIfSell

	H
1	=ProbabilityOfOil
2	Oil
3	
4	=RevenueIfOil
5	
6	=1- ProbabilityOfOil
7	Dry
8	
9	=RevenueIfDry

Range Name	Cell
Action	E24
CostOfDrilling	E18
ExpectedPayoff	E26
ProbabilityOfOil	E22
RevenueIfDry	E21
RevenueIfOil	E19
RevenueIfSell	E20

	D	E
24	Action	=IF(B9=1,"Drill","Sell")
25		
26	Expected Payoff	=A10

의 민감도 분석에 초점을 둘 것이다.

우선 〈그림 12-7〉과 같이 문제의 데이터와 결과를 의사결정나무 아래의 스프레드시트에 입력하는 것에서부터 시작한다. 그림에서 아래의 수식을 보면, 결과셀(E24와 E26)은 의사결정나무의 해당 출력셀(B9와 A10)을 참조한다. 의사결정나무의 자료셀(D6, D14, H1, H4, H9)은 의사결정나무 아래의 데이터셀(E18:E22)을 참조한다. 결과적으로 사용자는 스프레드시트의 아래에 있는 데이터셀의 값을 변화시키면서 데이터가 여러 가지 다른 값을 가질 때 의사결정나무와 결과가 바뀌는 것을 볼 수 있다.

문제의 입력자료와 결과를 의사결정나무 아래의 스프레드시트에 통합해서 표현하는 것은 몇 가지 장점이 있다. 먼저, 필요한 자료들이 한 곳에 모여있다는 것이다. 의사결정나무에 필요한 입력자료를 나무 아래의 셀에서 가져오기만 하면 되므로 민감도 분석이 간단해진다. 한 개의 데이터를 변경하기 위해 의사결정나무 전체에서 해당하는 부분을 찾아서 변경하는 것이 아니라, 하나의 셀에서만 데이터를 변경하면 된다.[1] 두 번째 장점은 누구라도 모형을 해석하기 쉽게 한다는 것이다. Analytic Solver나 의사결정나무를 이해하지 못해도, 어떤 자료가 사용되었고 어떤 의사결정이 최적이고 그때의 기대성과는 무엇인지 쉽게 알 수 있다.

두 사전확률의 합은 반드시 1이 되어야 한다. 따라서 이 확률 중의 하나가 증가하면 다른 하나는 동일한 양만큼 자동적으로 감소해야 하며, 반대로 하나가 감소하면 나머지는 그만큼 증가해야 한다. 이는 〈그림 12-7〉의 스프레드시트에서 셀 H6의 수식(1-ProbabilityOfOil)으로 자동 처리된다. Max는 원유 매장의 실제 기회가 15%와 35% 사이라고 생각한다. 즉, 원유 매장의 실제 사전확률은 0.15에서 0.35 범위 안에 있을 가능성이 높다. 따라서 원유가 없을 사전확률은 0.85에서 0.65 범위 사이에 있을 것이다.

민감도 분석은 원유가 있을 사전확률의 값을 여러 가지 원하는 값으로 설정하면서 시작한다. 〈그림 12-8〉에서 한 번은 원유 매장의 사전확률이 해당 범위의 하한(0.15)에 있을 때, 다른 한 번은 상한(0.35)에 있을 때를 고려하였다. 원유 매장의 사전확률이 0.15밖에 되지 않으면, 의사결정은 많은 이익 차이(20 대 90)에 의해 토지를 매각하는 쪽으로 기울게 된다. 그러나 이 확률이 0.35일 때 의사결정은 많은 이익 차이(180 대 90)에 의해 시추를 하게 된다. 그러므로 이 의사결정은 원유 매장의 사전확률 값에 매우 민감하다. 민감도 분석 결과는 가능하다면 원유가 있을 확률의 실제값을 정확히 알기 위한 추가 작업이 필요하다는 것을 의미한다.

---

[1] 사례와 같은 단순한 의사결정나무에서는 각 자료는 한 번씩만 사용되므로 이 장점을 느끼기 어렵다. 그러나 향후에 다루게 될 지질조사를 고려하는 문제에서는 특정 자료들이 의사결정나무에서 반복적으로 사용되므로, 이 장점이 확실하게 느껴질 것이다.

〈그림 12-8〉 원유 발견의 사전확률로 두 가지 다른 값(0.15와 0.35)을 사용한 민감도 분석 결과

	A	B	C	D	E	F	G	H	I	J	K
1								15%			
2								Oil			
3											700
4				Drill				800	700		
5											
6				-100	20			85%			
7								Dry			
8											-100
9		2						0	-100		
10	90										
11											
12				Sell							
13											90
14				90	90						
15											
16											
17					Data						
18				Cost of Drilling	100						
19				Revenue if Oil	800						
20				Revenue if Sell	90						
21				Revenue if Dry	0						
22				Probability of Oil	0.15						
23											
24				Action	Sell						
25											
26				Expected Payoff	90						

	A	B	C	D	E	F	G	H	I	J	K
1								35%			
2								Oil			
3											700
4				Drill				800	700		
5											
6				-100	180			65%			
7								Dry			
8											-100
9		1						0	-100		
10	180										
11											
12				Sell							
13											90
14				90	90						
15											
16											
17					Data						
18				Cost of Drilling	100						
19				Revenue if Oil	800						
20				Revenue if Sell	90						
21				Revenue if Dry	0						
22				Probability of Oil	0.35						
23											
24				Action	Drill						
25											
26				Expected Payoff	180						

엑셀의 데이터 표 기능을 사용한 체계적 민감도 분석

결과가 언제 바뀌는지를 알아내기 위해서 원유 매장의 사전확률 값을 임의로 변경시키면서 결과를 추적해볼 수 있지만, 더 좋은 방법은 사전확률 값의 범위 내에서 체계적으로 확률값을 변경시키면서 결과를 분석하는 것이다. Excel에 있는 데이터 표Data Table라는 기능을 사용하여 이러한 분석을 할 수 있다. 데이터 표는 자료셀의 값이 여러 번 변경될 때 출력셀의 결과를 보여주는 기능이다.

데이터 표 기능을 사용하기 위하여 스프레드시트에 <그림 12-9>의 L, M, N열과 같이 표를 만든다. 표의 첫 번째 열(L19:L29)에는 자료셀(원유가 나올 사전확률)에서 시도할 여러 값을 기입한다. 이때 첫 번째 행은 빈 칸으로 남겨둔다. 다음 열들의 제목을 보면 어떤 출력값들이 기록될지를 알 수 있다. 이들 열의 첫 번째 행(M18:N18)은 해당 출력셀이 참조하는 수식을 입력한다. 우리가 관심이 있는 셀은 Action(E24)과 ExpectedPayoff(E26)이므로 M18:N18셀의 수식은 <그림 12-9>와 같이 작성한다.

다음은 전체 표(L18:N29)를 선택하고 데이터탭의 가상분석 메뉴에서 데이터 표를 선택한

<그림 12-9> 데이터 표를 사용하기 위해 <그림 12-7>을 확장함. 데이터 표 대화상자의 열 입력셀에 E22가 입력된 것은, 해당 데이터셀의 값이 데이터 표의 첫 번째 열에 입력된 값들로 변경될 것임을 의미함

	A	B	C	D	E	F	G	H	I	J	K	L	M	N	O	P
16												Probability		Expected		
17					Data							of Oil	Action	Payoff		
18				Cost of Drilling	100								Drill	100		
19				Revenue if Oil	800							0.15				
20				Revenue if Sell	90							0.17				
21				Revenue if Dry	0							0.19				
22				Probability of Oil	0.25							0.21				
23												0.23				
24				Action	Drill							0.25				
25												0.27				
26				Expected Payoff	100							0.29				
27												0.31				
28												0.33				
29												0.35				

Select these cells (L18:N29), before choosing Data Table from the What-If Analysis menu of the Data tab.

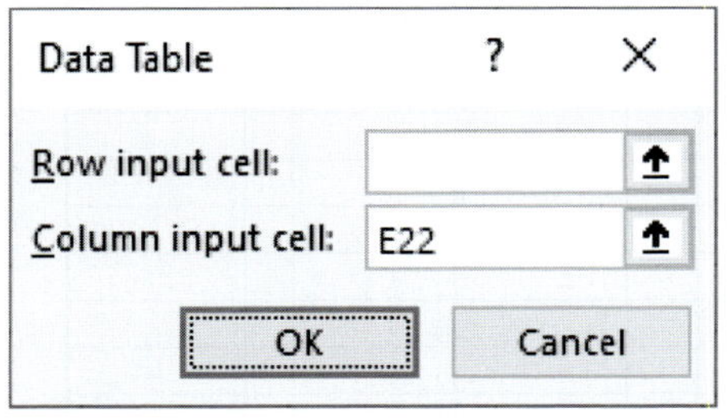

	J	K
16		Expected
17	Action	Payoff
18	=Action	=ExpectedPayoff

Range Name	Cell
Action	E24
ExpectedPayoff	E26

다. 〈그림 12-9〉의 하단 좌편에 있는 데이터 표 대화상자가 열리면, 열 입력셀에 표의 첫 번째 열의 자료가 변경되며 입력될 셀(E22)을 지정한다. 행 입력셀에는 행으로 자료를 바꾸어 시행할 것이 없으므로 아무것도 지정하지 않는다.

OK를 클릭하면, 〈그림 12-10〉과 같은 데이터 표가 생성된다. 표의 첫 번째 열에 있는 각 자료값에 대하여 해당 결과셀의 값이 계산되어 표시된다(표의 첫 행의 값은 원래 있던 해가 표시된다).

〈그림 12-10〉은 원유 매장의 사전확률이 0.23에서 0.25 사이일 때, 의사결정대안이 토지 매각에서 유전 시추로 바뀌는 것을 알려준다. 시행착오를 거듭하거나 수식을 사용하면 의사결정대안이 바뀌는 지점을 좀 더 정확하게 알 수 있는데, 그 값은 0.2375이다.

2개 이상의 가능한 상황을 가지는 문제의 경우, 위와 같이 한 번에 두 가지의 가능한 상황에 대해서만 민감도 분석을 시행하는 것이 바람직하다. 하나의 가능한 상황에 대한 확률이 증가하면 다른 상황의 확률은 같은 양만큼 감소하므로, 나머지 가능한 상황의 확률을 고정시키고 분석할 수 있다. 이러한 방법을 다른 조합의 가능한 상황에 대하여 여러 번 반복할 수 있다.

〈그림 12-10〉 〈그림 12-9〉의 준비를 마친 후 확인을 클릭하면, 원유 매장의 사전확률 변화에 따른 최적의 의사결정 및 기대성과가 나타남

	L	M	N
16	Probability		Expected
17	of Oil	Action	Payoff
18		Drill	100
19	0.15	Sell	90
20	0.17	Sell	90
21	0.19	Sell	90
22	0.21	Sell	90
23	0.23	Sell	90
24	0.25	Drill	100
25	0.27	Drill	116
26	0.29	Drill	132
27	0.31	Drill	148
28	0.33	Drill	164
29	0.35	Drill	180

Max의 반응

Max: 데이터 표는 아주 좋구나. 문제 해결에 더 나은 실마리를 잡은 기분이야.

Maria: 다행이네요.

Max: '원유의 사전확률이 23.75%보다 작으면 땅을 매각하고, 그보다 크면 시추를 한다.' 이 기준은 내가 오랫동안 확신하지 못했던 것을 확실하게 해주는구나. 그래도 여전히 결정하기가 쉽지 않구나. 지질학자가 알려준 숫자보다 더 많은 것을 알아야 할 것 같아.

Maria: 전에, 3만 달러를 지불하면 상세한 지질조사를 할 수 있다고 말씀하셨지요.

Max: 그래, 그걸 해야 할 것 같구나. 그러나 3만 달러라니! 난 지질조사가 그만큼 가치가 있는지 여전히 확신이 서지 않거든.

Maria: 그것을 신속하게 검토할 방법이 있어요. 경영과학 수업과 비즈니스 분석 수업에서 배운 또 다른 기법이에요. **완전정보의 기대가치**expected value of perfect information라고 하는데, 만약 지질조사의 결과가 원유 매장 여부를 정확히 알려준다면 아빠가 추가적으로 벌 수 있는 기대성과를 의미해요.

Max: 그러나 원유 매장 여부를 정확히 알려준다고 말할 수 없지.

Maria: 예, 알아요. 원유 매장 여부를 정확히 아는 것을 완전정보라고 하지요. 이렇게 확실한

정보를 가지고 원유를 찾는 경우의 기대성과 증가량을 완전정보의 기대가치라고 하지요. 당연히 완전정보는 지질조사를 하는 것보다 더 좋은 기대가치가 나올 거예요.

Max: 그렇지.

Maria: 완전정보의 기대가치가 3만 달러보다 작다고 생각해보세요. 지질조사에 소요되는 비용이 지질조사를 통해 얻어지는 완전정보의 가치보다 크기 때문에, 이 결과는 지질조사를 위해 비용을 지불하지 말아야 한다는 것을 의미하지요.

Max: 알았다. 그런데 완전정보의 기대가치가 3만 달러보다 많으면 어떻게 하지?

Maria: 그렇다면 우리는 좀 더 세밀한 분석을 할 때까지는 지질조사를 해야 할지 말아야 할지 확신할 수 없어요. 이러한 분석은 시간이 많이 걸리지만, 완전정보의 기대가치는 쉽게 구할 수 있어요. 그래서 완전정보의 기대가치가 3만 달러 미만인지 아닌지를 간단히 점검하는 것은 매우 가치 있으며, 또한, 여러 가지의 추가적인 수고를 줄여주지요.

Max: 좋아. 그 계산을 해보자.

복습문제

1. Bayes 의사결정기준을 사용할 때 민감도 분석이 유용한 이유는 무엇인가?
2. 민감도 분석을 준비할 때, 의사결정나무가 있는 스프레드시트에 문제의 자료와 결과를 함께 입력하는 것은 어떤 장점이 있는가?
3. 민감도 분석에서 사용되는 데이터 표는 무엇을 보여주는가?
4. 1차 Goferbroke사 문제에서 원유 매장의 사전확률에 따라서 의사결정이 바뀌는 것에 대한 결론은 무엇인가?

12.5 추가정보 획득 여부에 대한 검토

사전확률은 가능한 상황의 실제 확률에 대한 부정확한 추정치일지도 모른다. 더 나은 추정치를 얻기 위해 지질조사에 돈을 소비하는 것이 Max에게 가치 있는 것인가? 이것을 검토하는 가장 빠른 방법은 실제 상황에 대한 정보(완전정보)를 지질조사와 동일한 비용으로 획득할 수 있다고 가정하고, 완전정보가 그 비용만큼의 가치를 갖는가를 판단하는 것이다. 만약 완전정보의 가치가 비용에 미치지 못한다면, 가능한 상황의 확률을 구하기 위해서 (지질조사) 비용을 지불하는 것은 가치가 없다는 것이 명확하다.

이 분석을 수행하기 위해 필요한 값은 다음과 같다.

EP(추가정보 없음) = 기존의 사전확률로 Bayes 의사결정기준을 적용할 때의 기대성과
= 100 (〈그림 12-7〉에 주어진 것과 같음)

EP(완전정보) = 실제 상황을 확인한 후, 의사결정을 하는 경우의 기대성과

EVPI = 완전정보의 기대가치

C = 추가정보 획득비용 = 30(지질조사비용, 단위: 1,000달러)

완전정보의 기대가치[EVPI]는 다음과 같이 계산한다.

$$\text{EVPI} = \text{EP(완전정보)} - \text{EP(추가정보 없음)}$$

EP(완전정보)와 EVPI를 계산한 후, 마지막 단계는 EVPI와 C를 비교하는 것이다.

만약 C>EVPI이면, 추가정보를 획득할 만한 가치가 없다.
만약 C≤EVPI이면, 추가정보를 획득할 만한 가치가 있다.

EP(완전정보)를 계산하기 위하여 실제 상황을 확인한 후에 의사결정을 할 수 있는 것으로 가정한다. 실제 상황을 알 수 있다면, 당연히 해당 상황에서 가장 큰 성과를 갖는 대안을 선택한다. 즉, 만약 실제 상황이 원유가 매장되어 있는 것이라면 시추하고, 만약 원유가 없다면 토지를 매각한다. 사전확률은 여전히 각 가능한 상황이 실제 상황이 될 가능성을 나타내고 있다. 따라서 EP(완전정보)는 각 가능한 상황의 최대 성과와 사전확률을 곱한 값을 더한 가중평균이다.

$$\text{EP(완전정보)} = (0.25)(700) + (0.75)(90) = 242.5$$

Analytic Solver를 사용하여 〈그림 12-11〉과 같이 의사결정나무를 구성하고 해를 구함으로

〈그림 12-11〉 1차 Goferbroke사 문제에 대한 완전정보의 기대성과를 계산하기 위해 Analytic Solver는 기회마디로 시작하는 다음의 의사결정나무를 사용함

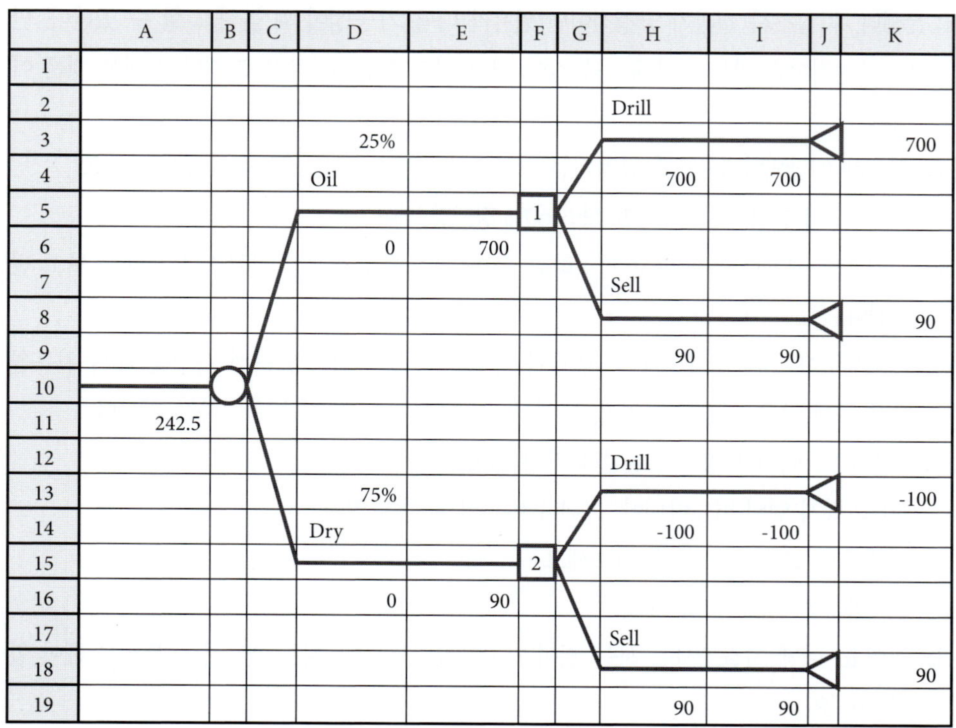

써 EP(완전정보)를 계산할 수 있다. 이 그림에서의 착안점은 가능한 상황들(이 사례에서는 원유 발견(Oil)과 원유 미발견(Dry))을 가지로 하는 기회마디를 시작점으로 한다는 것이다. 의사결정마디가 각 가지의 뒤에 위치하므로, 의사결정은 실제 상황에 대한 완전정보를 활용하여 이루어진다. 따라서 Analytic Solver로 구한 셀 A11의 기대성과 242.5는 완전정보의 기대성과이다.

EP(완전정보)=242.5이므로 완전정보의 기대가치인 EVPI를 계산하면 다음과 같다.

EVPI = EP(완전정보) − EP(추가정보 없음) = 242.5 − 100 = 142.5

결론: 142.5>30이므로 EVPI>C이다. 따라서 지질조사를 할 가치가 있다.

Max의 반응

Max: 만약 이 지질조사를 통하여 원유가 나올지 안 나올지에 대하여 확실하게 판단할 수 있다면, 지질조사를 하는 것은 나의 평균성과를 약 14만 2,500달러나 증가시킬 것이란 말이냐?

Maria: 네, 그래요.

Max: 그래서 지질조사비용 3만 달러를 차감 한 후에 11만 2,500달러의 이익이 발생한다는 말이지? 지질조사가 그렇게 정확한 것이 아니라는 것이 안타깝구나. 사실 지질조사 결과가 전부 믿을만한 것은 아니지.

Maria: 지질조사는 얼마나 신뢰할 수 있나요?

Max: 글쎄다. 지질조사 결과가 긍정적이면 원유가 나올 가능성이 꽤 높다고 할 수 있단다. 만약 부정적이면 원유가 나올 가능성이 거의 없다고 할 수 있지. 그러나 확실한 것은 아니야.

Maria: 원유가 매장되어 있을 때, 긍정적인 지질조사 결과가 나올 가능성이 얼마인가요?

Max: 정확한 수치를 말할 수 없지만 대략 60% 정도일 거야.

Maria: 그럼 그곳에 원유가 없다고 가정하고, 얼마나 자주 긍정적인 지질조사 결과를 보고 받으셨나요?

Max: 너무 자주야! 지질조사 결과는 원유가 나오는 것으로 되어 있는데 시추를 해서 원유를 발견 못해 많은 손실을 봤었지. 그래서 3만 달러를 쓰는 것을 싫어하는 거란다.

Maria: 그렇군요. 이러한 경우도 절반에 가까웠나요?

Max: 아니, 그렇게 엉터리는 아니야. 그러나 비교적 자주 있었지.

Maria: 퍼센트로 말씀해 주실 수 있으세요?

Max: 음, 아마 20% 정도쯤 될 거야.

Maria: 좋아요. 이제 지질조사를 하는 것이 가치가 있는지 없는지를 결정하는 분석을 해야 할 것 같아요.

Max: 어떻게 분석하려고?

Maria: 자세한 과정은 잠시 후에 설명해 드릴게요. 요점만 먼저 말씀드리면, 지질조사 결과가 긍정적일 때 실제 원유가 매장되어 있을 확률이 얼마인지를 계산할 거예요. 그 다음에, 지질조사 결과가 부정적일 경우, 실제 원유가 매장되어 있을 확률을 계산하려고 해요. 추가정보를 얻기 전에 지질학자가 추정한 값을 사전확률이라고 부르고, 추가정보를 획득한 후 개선된 수치를 **사후확률**posterior probabilities이라고 해요.

Max: 그렇군.

Maria: 지질조사를 할 경우 발생할 3만 달러의 비용을 뺀 기대성과를 사후확률을 이용하여 구해요. 이 기대성과가 지질조사를 하지 않을 경우보다 좋으면 지질조사를 해야 하고, 그렇지 않으면 할 필요가 없는 거예요.

Max: 이해가 되는구나.

복습문제

1. 가능한 상황에 대한 완전정보는 무엇을 의미하는가?
2. 성과표에서 완전정보의 기대성과는 어떻게 구할 수 있는가?
3. 완전정보의 기대성과를 계산하기 위해 의사결정나무를 사용한다면, 의사결정나무를 어떻게 구성하여야 하는가?
4. 완전정보의 기대가치를 계산하기 위한 공식은 무엇인가?
5. 추가적인 정보를 얻는 데 드는 비용이 완전정보의 기대가치보다 크다면, 어떠한 결론을 내려야 하는가?
6. 추가적인 정보를 얻는 데 드는 비용이 완전정보의 기대가치보다 적다면, 어떠한 결론을 내려야 하는가?
7. Goferbroke사 문제는 위의 두 가지 중 어떤 경우에 해당하는가?

12.6 추가정보를 이용한 확률 업데이트

가능한 상황의 사전확률은 사실상 주관적인 값으로, 실제 확률의 대략적인 추정치에 불과하다. 다행히도, 많은 경우에 이 추정치를 개선시키기 위해서 (비용을 들여서) 추가적인 실험 또는 조사를 하는 것이 가능하다. 이렇게 개선된 추정치들을 **사후확률**posterior probability이라고 한다.

Goferbroke사의 경우에는 3만 달러의 비용을 들여서 토지에 대한 상세한 지질조사를 하면 개선된 추정치를 얻을 수 있다. 이 조사에서 얻어지는 가능한 결과를 아래에 요약한다.

지질조사에서 얻어지는 가능한 결과

FSS: 긍정적인 지질조사 결과; 원유 매장 가능성이 높음

USS: 부정적인 지질조사 결과; 원유 매장 가능성이 낮음

원유 발견(Oil) 또는 원유 미발견(Dry)의 사후확률을 계산하기 위해 지질조사 결과를 사용해야 하는데, 각 가능한 상황에서 이 결과가 나타날 확률을 추정하는 것이 필요하다. 앞 절의 대화에서 Maria는 Max로부터 〈표 12-7〉에 정리된 추정치를 도출해냈다. (실제 대화에서 Max는 긍정적인 지질조사 결과에 대한 확률만을 추정했다. 부정적인 지질조사 결과의 확률은 1에서 이 숫자를 빼서 구할 수 있다.) 표에서 사용된 기호에 대한 설명은 다음과 같다.

〈표 12-7〉 해당 상황이 실제로 발생한다는 조건에서 각 지질조사 결과가 나올 확률

가능한 상황	P(finding ∣ state)	
	긍정적(FSS)	부정적(USS)
원유 발견(Oil)	P(FSS ∣ Oil) = 0.6	P(USS ∣ Oil) = 0.4
원유 미발견(Dry)	P(FSS ∣ Dry) = 0.2	P(USS ∣ Dry) = 0.8

P(finding ∣ state) = 실제 상황이 state로 밝혀졌을 때 해당 지질조사 결과가 finding으로 나올 확률

이런 확률은 특정 상황이 실제로 일어난다는 조건에서의 확률이므로 조건부확률conditional probability이라고 한다.

사전확률을 다시 생각해보자.

$$P(\text{Oil}) = 0.25$$
$$P(\text{Dry}) = 0.75$$

다음 단계에서는 결합확률joint probability이라고 하는 동시발생확률을 계산하기 위해 위의 확률값과 〈표 12-7〉의 확률값을 사용한다. 각 상황(state)과 지질조사 결과(finding)을 결합하여 다음 공식에 의해서 정의되는 결합확률을 구할 수 있다.

$$P(\text{state와 finding}) = P(\text{state})\ P(\text{finding} \mid \text{state})$$

예를 들면, 실제 상황이 원유 발견(Oil)이고 지질조사가 긍정적(FSS)이라는 결과의 결합확률은 다음과 같다.

$$P(\text{Oil과 FSS}) = P(\text{Oil})\ P(\text{PSS} \mid \text{Oil}) = 0.25(0.6) = 0.15$$

이러한 결합확률들은 〈그림 12-12〉에 주어진 **확률나무그림**probability tree diagram의 세 번째 열에 모두 나타나 있다. 각 경우에 대한 설명은 가지의 아래쪽에 표시되고, 확률은 가지 위쪽에 주어졌다. 그림에서 첫 번째 열은 사전확률을 나타내고, 〈표 12-7〉의 확률은 두 번째 열에 나타나 있다. 첫 번째 열의 확률과 두 번째 열의 확률을 곱한 것이 세 번째 열의 결합확률이다.

특정 상황과 특정 지질조사 결과의 결합확률을 구한 후, 다음 단계는 이들을 사용하여 상

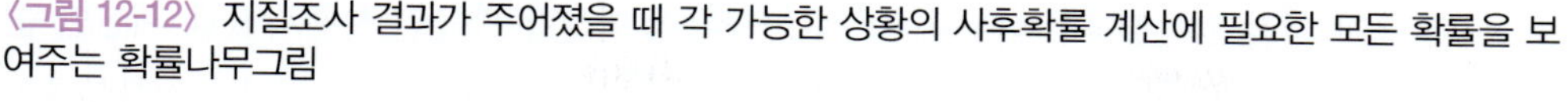

〈그림 12-12〉 지질조사 결과가 주어졌을 때 각 가능한 상황의 사후확률 계산에 필요한 모든 확률을 보여주는 확률나무그림

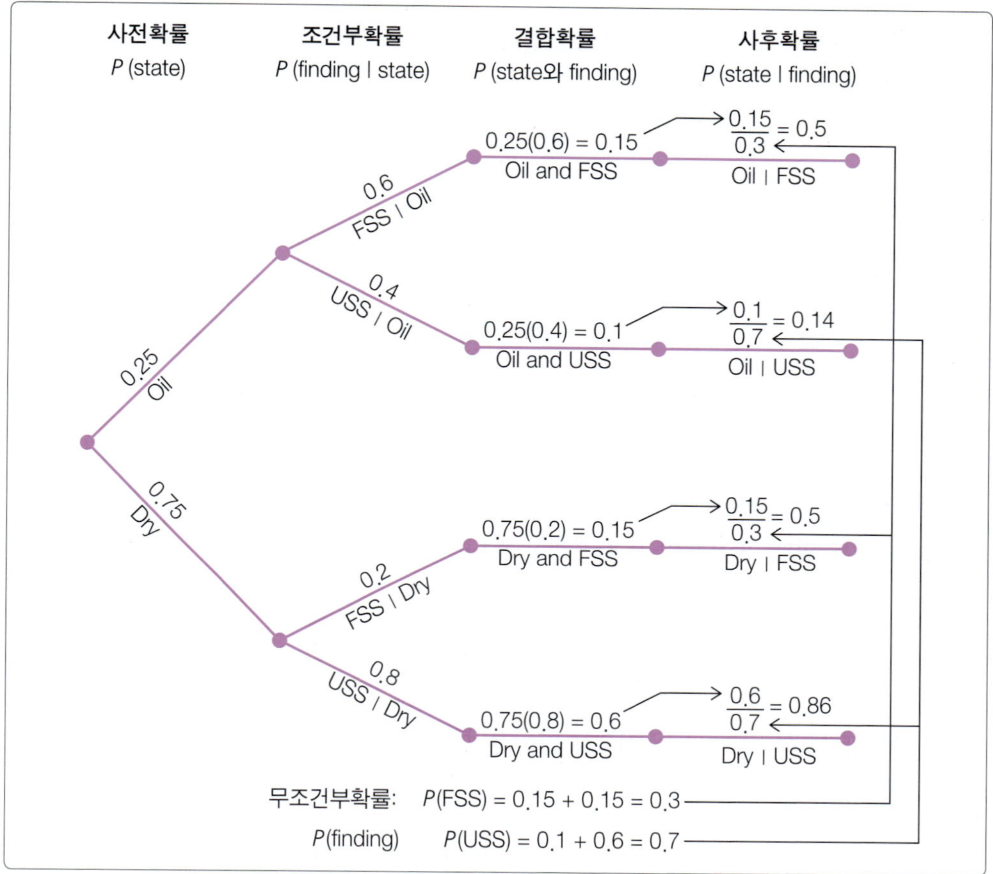

황과 무관하게 특정 지질조사 결과가 발생할 확률을 구하는 것이다. 특정 지질조사 결과는 어떤 상황에서도 발생 가능하므로 특정 결과의 확률계산을 위한 식은 다음과 같다.

$$P(\text{finding}) = P(\text{oil과 finding}) + P(\text{dry와 finding})$$

예를 들면, 지질조사 결과가 긍정적일 확률은 다음과 같다.

$$\begin{aligned} P(\text{FSS}) &= P(\text{Oil과 FSS}) + P(\text{Dry와 FSS}) \\ &= 0.15 + 0.15 = 0.3 \end{aligned}$$

여기에서 이 식의 오른쪽에 있는 두 결합확률은 확률나무그림의 세 번째 열의 첫 번째 가지와 세 번째 가지에서 구할 수 있다. $P(\text{FSS})$와 $P(\text{USS})$의 계산은 그림의 아래에서 볼 수 있다. (두 번째 열에 작성된 특정 상황에서 특정 지질조사 결과가 나올 확률인 조건부확률과 구별하기 위해, 이 값은 무조건부확률unconditional probability이라고 불린다).

이제 특정 지질조사 결과가 나왔을 때 특정 상황이 발생할 확률인 사후확률을 계산할 준비가 모두 끝났다. 사후확률을 계산하기 위해서는 다음과 같이 세 번째 열에서의 결합확률과 그림 아래 부분의 무조건부확률을 필요로 한다.

$$P(\text{state} \mid \text{finding}) = \frac{P(\text{state와 finding})}{P(\text{finding})}$$

예를 들면, 지질조사 결과가 긍정적으로 나왔을 때(FSS), 실제로 원유가 발견(Oil)될 사후확률은 다음과 같다.

$$P(\text{Oil} \mid \text{FSS}) = \frac{P(\text{Oil과 FSS})}{P(\text{FSS})} = \frac{0.15}{0.3} = 0.5$$

확률나무그림의 네 번째 열은 모든 사후확률의 계산 결과를 보여준다. 화살표는 분자에 들어갈 세 번째 열의 결합확률과 분모에 들어갈 그림 아래의 무조건부확률을 가리킨다.

결합확률과 무조건부확률을 구하기 위한 수식을 이용하고, 사전확률(첫 번째 열)과 조건부확률(두 번째 열)을 활용하여 각 사후확률을 다음과 같이 계산한다.

$$P(\text{state} \mid \text{finding}) = \frac{P(\text{state})\, P(\text{finding} \mid \text{state})}{P(\text{Oil})\, P(\text{finding} \mid \text{Oil}) + P(\text{Dry})\, P(\text{finding} \mid \text{Dry})}$$

예를 들어, 지질조사 결과가 긍정적으로 나왔을 때(FSS) 실제로 원유가 발견될 사후확률은 다음과 같이 구한다.

$$P(\text{Oil} \mid \text{FSS}) = \frac{P(\text{Oil})\, P(\text{FSS} \mid \text{Oil})}{P(\text{Oil})\, P(\text{FSS} \mid \text{Oil}) + P(\text{Dry})\, P(\text{FSS} \mid \text{Dry})}$$

$$= \frac{0.25(0.6)}{0.25(0.6) + 0.75(0.2)} = 0.5$$

사후확률에 대한 이 공식은 개발자인 Bayes 신부를 기념하기 위해 **Bayes 정리**Bayes' theorem로 널리 알려져 있다. Bayes 신부는 어떤 의사결정문제에서도, 가능한 상황의 수가 아무리 많아도 Bayes 정리를 이용하면 사후확률을 구할 수 있다는 것을 발견하였다. 분모는 모든 가능한 상황의 확률을 포함한다. 위의 긴 수식을 사용하지는 않았지만, 확률나무그림도 Bayes 정리를 적용한 것이라고 할 수 있다.

〈표 12-8〉은 〈그림 12-12〉에서 계산된 사후확률들을 요약해서 보여준다.

사후확률 계산의 원리를 배웠으므로 앞으로는 이러한 긴 계산은 컴퓨터를 사용할 것을 권장

〈표 12-8〉 지질조사 결과가 주어졌을 때, 각 가능한 상황이 발생할 사후확률

결과	P(finding ∣ state)	
	원유 발견(Oil)	원유 미발견(Dry)
긍정적(FSS)	$P(\text{Oil} \mid \text{FSS}) = 1/2$	$P(\text{Dry} \mid \text{FSS}) = 1/2$
부정적(USS)	$P(\text{Oil} \mid \text{USS}) = 1/7$	$P(\text{Dry} \mid \text{USS}) = 6/7$

〈그림 12-13〉 Goferbroke사 문제의 사후확률 계산용 템플릿(www.mhhe.com/Hillier7e에서 다운로드 가능)

	A	B	C	D	E	F	G	H
1	**Template for Posterior Probabilities**							
2								
3		**Data:**		*P*(Finding I State)				
4		State of	Prior	Finding				
5		Nature	Probability	FSS	USS			
6		Oil	0.25	0.6	0.4			
7		Dry	0.75	0.2	0.8			
8								
9								
10								
11								
12		**Posterior**		*P*(State I Finding)				
13		**Probabilities:**		State of Nature				
14		Finding	*P*(Finding)	Oil	Dry			
15		FSS	0.3	0.5	0.5			
16		USS	0.7	0.143	0.857			
17								
18								
19								

	B	C	D
12	**Posterior**		*P*(State I Finding)
13	**Probabilities:**		State of Nature
14	Finding	*P*(Finding)	=B6
15	=D5	=SUMPRODUCT(C6:C10,D6:D10)	=C6*D6/SUMPRODUCT(C6:C10,D6:D10)
16	=E5	=SUMPRODUCT(C6:C10,E6:E10)	=C6*E6/SUMPRODUCT(C6:C10,E6:E10)
17	=F5	=SUMPRODUCT(C6:C10,F6:F10)	=C6*F6/SUMPRODUCT(C6:C10,F6:F10)
18	=G5	=SUMPRODUCT(C6:C10,G6:G10)	=C6*G6/SUMPRODUCT(C6:C10,G6:G10)
19	=H5	=SUMPRODUCT(C6:C10,H6:H10)	=C6*H6/SUMPRODUCT(C6:C10,H6:H10)

한다. www.mhhe.com/hillier7e에서는 이 장의 엑셀 파일에 (Posterior Probability라고 이름 붙인) 템플릿을 준비했다. 〈그림 12-13〉은 Goferbroke사 문제에 대한 템플릿 사용법을 나타내고 있다. 사용자는 〈그림 12-12〉의 첫 2개의 열인 사전확률과 조건부확률을 템플릿의 윗부분(이 사례에서는 6행과 7행)에 입력하기만 하면 된다. 값들을 입력하면, 그 즉시 사후확률이 그림의 아랫부분(이 사례에서는 D15:E16)에 나타난다. (E열에서 H열까지의 셀에 입력된 수식은 D열의 수식과 비슷하다.)

Max의 반응

Max: 지질조사 결과가 긍정적이라고 하더라도 원유를 발견할 확률이 두 번 중 한 번밖에 없구나. 긍정적인 지질조사 결과가 나온 후에 시추를 했음에도 불구하고 실패했던 일이 많았던 것이 이상한 일이 아니었어. 나는 그러한 조사가 좀 더 신뢰할 만한 것이라고 생각했었지. 지질조사를 위해 3만 달러를 지불해야 한다는 것이 더욱 회의적으로 생각되는구나.

Maria: 그러나 두 곳 중 한 번의 기회는 좋은 가능성이지요.

Max: 그건 그렇지. 그렇지만 3만 달러를 쓰고 부정적인 조사보고를 받을 가능성이 높다고 볼 수 있다.

Maria: 제 계산으로는 그런 일이 일어날 확률이 70% 정도인 것 같네요.

Max: 내가 왜 그런지 알겠지?

Maria: 그러나 부정적인 보고서도 나름 의미가 있어요. 그 보고서는 매장 가능성이 일곱 번 중 한 번의 확률이라는 것을 말하죠. 조사 결과를 보고나면 시추는 할 필요성이 없다고 결정할 수 있어요. 지질조사는 원유가 나올 확률을 좀 더 정확하게 만들어주죠.

Max: 네 말이 일리가 있구나. 나는 지질학자의 추정치를 좀 더 정확하게 개선하고 싶다. 너는 지질조사를 추천하고 싶은 모양이구나.

Maria: 실은 저도 아직은 확실하지 않아요. 우선 우리가 할 것은 지질조사를 할지 안 할지에 대한 의사결정과 그 후에 시추를 할지 토지를 매각할 것인지에 대한 의사결정을 보여주는 의사결정나무를 그리는 거예요. 그 다음에 의사결정나무에 각 의사결정에 대한 기대성과를 구해야겠지요.

Max: 좋다, 해보자. 의사결정을 빨리 하고 싶구나.

복습문제

1. 가능한 상황의 사후확률이란 무엇인가?
2. Goferbroke사 문제에서 지질조사를 했을 때의 가능한 결과는 무엇인가?
3. 사후확률 계산을 시작하기 위해서 사전확률 외에 어떤 확률을 추가로 추정해야 하는가?
4. 확률나무그림에서 고려해야 할 다섯 종류의 확률은 무엇인가?
5. P(state와 finding)의 계산공식은 무엇인가?
6. P(finding)의 계산공식은 무엇인가?
7. P(state와 finding)와 P(finding)으로부터 사후확률 P(state | finding)을 구하는 계산공식은 무엇인가?
8. 사후확률 계산을 위해 사용되는 유명한 정리의 이름은 무엇인가?

12.7 의사결정나무를 이용한 다단계 의사결정문제 분석

이제부터는 의사결정나무를 이용하여 Goferbroke사의 전체 문제를 분석한다. 전체 문제를 분석하기 위해서는, 다음과 같은 두 가지 의사결정이 단계적으로 이루어져야 한다. 첫째, 지질조사를 할 것인가 말 것인가? 둘째, 만약 지질조사를 한다면, 지질조사 결과를 받은 후에 시추를 할 것인가 아니면 토지를 매각할 것인가?

일반적인 의사결정문제는 Goferbroke사 전체 문제와 같이 일련의 의사결정이 단계적으로 이루어진다. 어떤 경우에는 의사결정이 2단계보다 많이 이루어지기도 한다. 의사결정나무는 이러한 문제를 구조화하고 분석하기에 유용한 도구이다. (다단계 의사결정문제를 분석하는 다른 도구들도 있지만, 본 도서의 범위를 벗어나므로 다루지 않는다.)

12.3절에서 설명한 바와 같이, **의사결정나무**decision tree는 의사결정과 무작위 사건의 발생 및 진행과정을 도식화하여 보여준다. 〈그림 12-2〉는 시추와 매각만을 결정하는 1차 Goferbroke사 문제의 의사결정나무이다. 〈그림 12-6〉은 동일한 의사결정나무를 Analytic Solver를 이용하여 구성하고 해를 구하는 내용을 보여준다. 지금부터는 이 의사결정나무를 확장하여, 일련의 단계적인 의사결정을 요구하는 Goferbroke사 전체 문제에 적용한다.

의사결정나무 작성

지질조사의 실행 여부가 먼저 정해져야 하므로 〈그림 12-14〉는 이를 반영하여 기존의 모형

〈그림 12-14〉 첫 번째 의사결정이 지질조사 실시 여부인 Goferbroke사 전체 문제의 (숫자를 입력하기 전) 의사결정나무

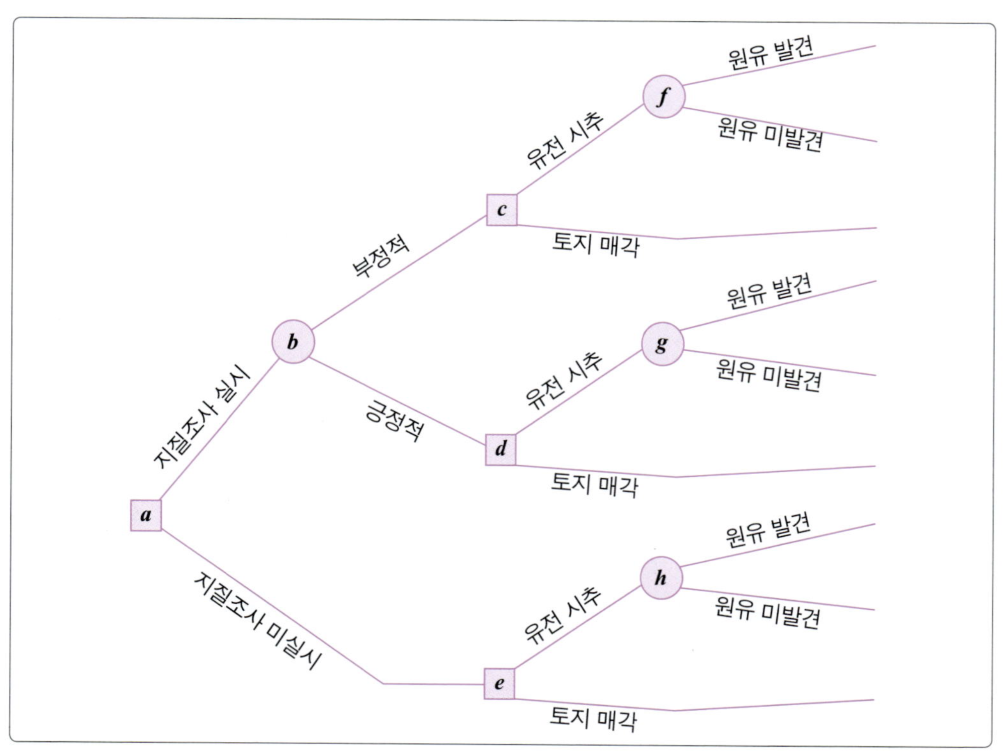

을 확장한 의사결정나무를 보여준다. (숫자는 아직 입력하지 않았다.) 의사결정나무에서 각각의 사각형은 의사결정마디이며 의사결정을 내려야 하는 시점을 의미하고, 각각의 원은 기회마디이며 무작위 사건이 발생하는 시점을 의미한다.

첫 번째 의사결정(지질조사를 할 것인가?)은 〈그림 12-14〉에서 의사결정마디 *a*로 나타난다. 이 마디에서 시작한 2개의 가지는 이 의사결정에 대한 2개의 대안을 나타낸다. 마디 *b*는 지질조사 결과라는 무작위 사건을 나타내는 기회마디이다. 마디 *b*에서 시작하는 2개의 가지는 2개의 가능한 지질조사 결과를 나타낸다. 다음에는 두 가지의 선택이 가능한 두 번째 의사결정(마디 *c*, *d*, *e*)가 나타난다. 만약 의사결정이 유전 시추라면, 또 다른 기회마디(마디 *f*, *g*, *h*)를 생성시키는데, 여기에서 2개의 가지는 2개의 가능한 상황을 나타낸다.

다음 단계는 〈그림 12-15〉에서처럼 의사결정나무에 숫자를 입력하는 것이다. 가지의 위쪽 또는 아래쪽의 괄호가 없는 숫자는 해당 가지에서 발생하는 현금흐름(단위: 1,000달러)을 나타낸다. 마디 *a*부터 마지막 가지까지 통과하는 각 경로에 대하여, 경로상의 이 숫자들이 모두 더해져서 마지막 가지 오른쪽에 굵은 글자체로 작성된 총성과가 구해진다. 〈그림 12-15〉에서 굵은 글자체로 작성된 것은 성과값이 유일한데, 이는 성과값을 확률 및 현금흐름 값과 구별하기 위해서이다.

〈그림 12-15〉 성과와 무작위 사건의 발생확률을 입력한 의사결정나무

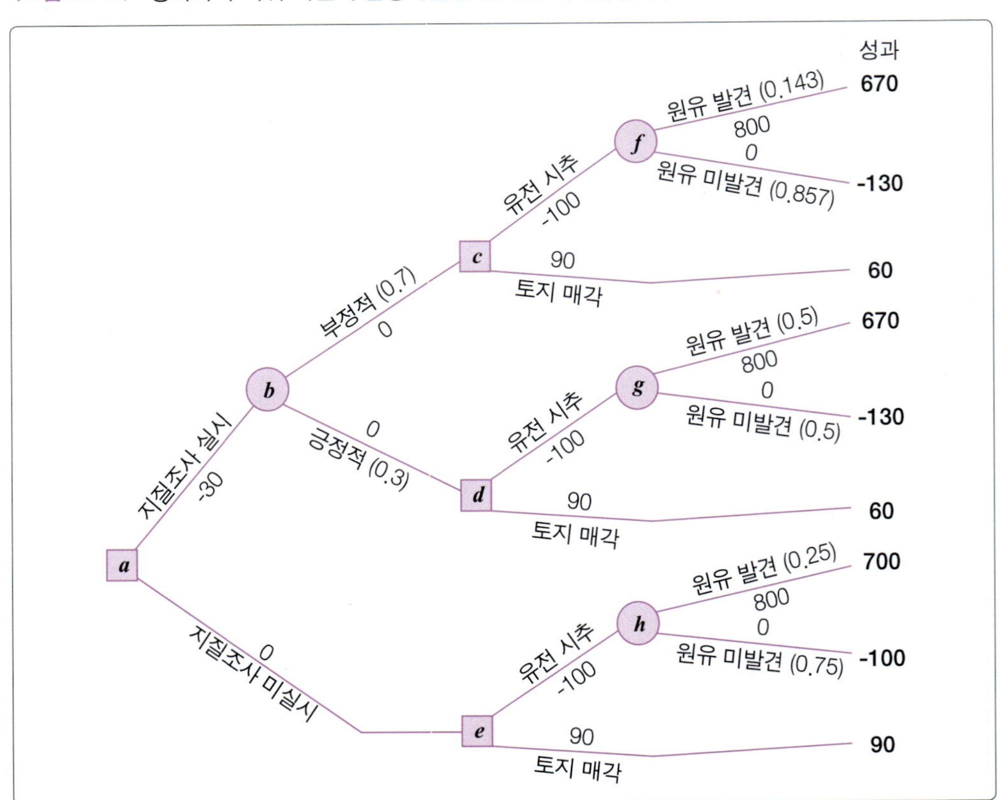

응용사례

소아마비는 영구적인 근육 약화 (특히 다리에서) 또는 심지어 사망까지 초래할 수 있는 심각한 전염병이다. 어린이가 특히 취약하지만 성인도 예외는 아니다. 치료법이 없었기 때문에, 20세기 초반까지는 매우 두려운 질병이었다. 다행히도, 대부분의 환자에게 효과적으로 작용하는 소아마비 백신이 1950년대에 개발되었다.

그러나 광범위한 예방접종 및 재접종 프로그램에도 불구하고 소아마비 발병은 계속 되고 있다. 소아마비 바이러스는 감염된 사람과의 접촉을 통해 전염된다. 감염된 사람 중 일부는 아무런 증상도 보이지 않고 일부는 이미 예방접종을 받았기 때문에, 이러한 접촉은 피할 수 없다. 그 결과, 1988년까지도 전 세계적으로 약 350,000명의 소아마비 발병 사례가 보고되었다.

따라서 전 세계에서 소아마비를 박멸하기 위한 글로벌 소아마비 박멸 프로그램(Global Polio Eradication Initiative)이 1988년 시작되었다. 이 캠페인의 선두 주자 중 하나가 미국 질병통제예방센터(CDC)이다.

이 캠페인의 초창기에는 상당한 진전이 있었다. 그러나 내전, 내부 갈등, 외부인에 대한 적대감 등과 같이 의료진들의 업무를 제약하는 일들이 생기면서, 업무를 수행하기 위해 더 많은 노력이 필요해졌다. 이러한 상황에서, (일상적인 예방접종과 추가 예방접종의 장소 및 시기, 발병 시 대응방법, 백신 비축, 감염우려 지역에 대한 감시 등) 상호연관되어 있는 일련의 의사결정들을 수행하는 것이 그 어느 때보다도 어려워졌다. 따라서 21세기 초반에 CDC 경영진은 제한된 자원을 최대한 활용할 수 있는 방법을 찾기 위해 다양한 규범적인 분석을 실시했다. 이러한 기법 중 가장 중요한 것은 의사결정분석이었다. 상호연관된 일련의 의사결정을 수행하기 위해 대규모 의사결정나무를 작성하고 이를 활용하여 해를 구했다.

이 방법을 통해 소아마비 박멸 캠페인은 성공적으로 진행되고 있다. 전 세계의 연간 소아마비 진단 건수는 수십만 건에서 2015년 100건 미만으로 감소했다.(2021년 기준으로 아프가니스탄과 파키스탄을 제외한 전 세계 대부분의 지역에서 소아마비는 종식된 것으로 알려졌다.) 이 캠페인을 통해 소아마비의 완전한 종식을 위해 노력하고 있는 국가들에게 2014년까지 400~500억 달러(연간 약 15억 달러)에 해당하는 혜택을 제공했을 뿐만 아니라, 이미 소아마비가 종식된 국가들은 이보다 더 큰 혜택을 누리고 있다.

이와 같이 중요한 캠페인에 규범적인 분석이 결정적인 기여를 했으므로, 미국 질병통제예방센터(CDC)는 2014년 경영과학 분야의 최고 권위인 Franz Edelman Award의 1등상을 수상했다.

출처: K. M. Thompson, R. J. Duintjer Tebbens, M.A. Pallansch, S. G. F. Wassilak, and S.L. Cochi, "Polio Eradicators Use Integrated Analytical Models to Make Better Decisions," *Interfaces* (현 *INFORMS Journal on Applied Analytics*) 45, no. 1 (January-February 2015), pp. 5–25. (이 사례에 대한 논문은 www.mhhe.com/hillier7e에서 볼 수 있다.)

의사결정나무에 마지막으로 입력해야 하는 값들은 무작위 사건의 발생 확률이다. 괄호 안의 숫자들은 기회마디에서 발생 가능한 무작위 사건의 확률이다. 기회마디 h에서 나오는 확률들은 지질조사를 하지 않는 상황에서의 사전확률이다. 그러나 기회마디 f와 g는 지질조사를 하기로 결정한 뒤의 무작위 사건이므로, 이 마디들에서 나오는 확률은 지질조사 결과가 주어진 상황에서의 사후확률이다. 이 숫자들은 〈표 12-8〉 또는 〈그림 12-13〉의 D15:E16 셀에서 확인할 수 있다.

마지막으로, 기회마디 b로부터 두 가지가 뻗어 나왔다. 이 가지 위의 수치는 지질조사 결과가 긍정적(FSS) 또는 부정적(USS)이 될 확률이며, 〈그림 12-12〉의 확률나무그림 아랫부분 또는 〈그림 12-13〉의 셀 C15:C16에서 구한 값이다.

분석실행

숫자가 입력된 의사결정나무가 작성되었으면 다음 절차에 따라 분석한다.

1. 의사결정나무의 오른쪽에서 시작하여 한 번에 한 열씩 왼쪽으로 이동한다. 각 열에서는 해당 마디가 기회마디이면 단계 2를, 해당 마디가 의사결정마디이면 단계 3을 실행한다.
2. 기회마디에서는 그 마디에서 나온 각 가지의 기대성과(가지의 오른쪽에 굵은 글자체로 표기된다)와 발생 확률을 곱한 후 합산해서, 기회마디의 기대성과를 구한다. 기회마디의 기대성과는 마디 옆에 굵은 글자체로 기록한다. 이 값은 그 기회마디에 도착하는 가지의 기대성과이기도 하다.
3. 의사결정마디에서는 각 가지의 기대성과를 비교하여 가장 큰 기대성과를 갖는 가지의 대안을 선택한다. 선택된 대안을 의사결정마디 옆에 기록한다.

이 절차를 시작하기 위해서 마디의 가장 오른쪽 열의 기회마디 f, g, h에 단계 2를 적용하면 그 기대성과(EP)는 다음과 같이 계산된다.

$$\text{EP} = \frac{1}{7}(670) + \frac{6}{7}(-130) = -15.7 \qquad \text{마디 } f$$

$$\text{EP} = \frac{1}{2}(670) + \frac{1}{2}(-130) = 270 \qquad \text{마디 } g$$

$$\text{EP} = \frac{1}{4}(700) + \frac{3}{4}(-100) = 100 \qquad \text{마디 } h$$

이 기대성과는 〈그림 12-16〉에서 보듯이 마디 위에 표시되었다.

다음은 왼쪽으로 한 열씩 이동하여 의사결정마디 c, d, e로 간다. 기회마디로 향하는 가지의 기대성과는 이미 해당 기회마디의 윗부분에 굵은 글자체로 기록되어 있다. 따라서 단계 3은 다음과 같이 적용할 수 있다.

마디 c: 대안 '유전 시추'의 EP = −15.7
대안 '토지 매각'의 EP = 60
60 > −15.7이므로 '토지 매각'을 선택한다.

마디 d: 대안 '유전 시추'의 EP = 270
대안 '토지 매각'의 EP = 60
270 > 60이므로 '유전 시추'를 선택한다.

마디 e: 대안 '유전 시추'의 EP = 100
대안 '토지 매각'의 EP = 90
100 > 90이므로 '유전 시추'를 선택한다.

〈그림 12-16〉 Goferbroke사 전체 문제에 기대화폐가치기준을 적용해 분석을 완료한 최종 의사결정나무

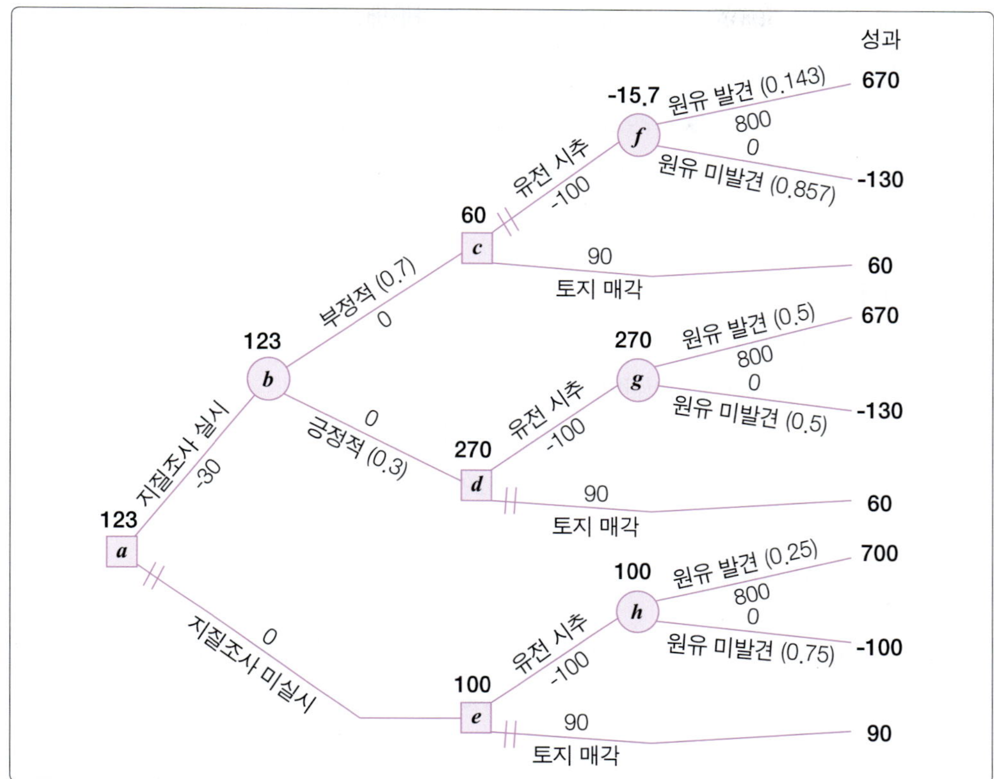

각 선택된 대안의 기대성과는 〈그림 12-16〉에서 보듯이 각 의사결정마디 위에 굵은 글자체로 기록된다. 이때 기각된 대안은 중복사선을 그어 표시한다.

다음, 왼쪽으로 한 열 더 이동하여 마디 b로 가보자. 이것은 기회마디이기 때문에 단계 2를 적용한다. 각 가지의 기대성과는 우측 의사결정마디 위에 기록되어 있다. 따라서 마디 b의 기대성과는 〈그림 12-16〉에 기록된 것과 같이 다음과 같다.

$$EP = 0.7(60) + 0.3(270) = 123 \qquad \text{마디 } b$$

마지막으로, 의사결정마디인 마디 a로 이동하자. 단계 3을 적용하여 산출하면 다음과 같다.

마디 a: 대안 '지질조사 실시'의 EP = 123
대안 '지질조사 미실시'의 EP = 100
123>100이므로 '지질조사 실시'를 선택한다.

〈그림 12-16〉에서와 같이 기대성과 123은 마디 위에 기록하고, 기각된 가지에는 중복사선을 긋는다.

이 절차는 분석을 위해서 오른쪽에서 왼쪽으로 이동하였다. 의사결정나무에 대한 분석이

끝났으면, 의사결정자는 사건의 실질적인 진행을 보기 위해서 왼쪽에서 오른쪽으로 읽는다. 중복사선은 바람직하지 않은 경로를 의미하며, 따라서 해당 경로는 고려하지 않는다. 그 결과 오른편에 최종 결과에 대한 성과가 주어졌다. Bayes 의사결정기준은 가능한 가장 큰 기대성과를 달성하기 위해서 왼쪽에서 오른쪽으로 선택된 경로만을 따라가면 된다.

Bayes 의사결정기준에 따라 〈그림 12-16〉의 왼쪽에서 오른쪽으로 선택된 경로를 따라가면 다음과 같은 최적정책을 가져온다.

최적정책

지질조사를 실시하라.
만약 지질조사 결과가 부정적이면, 토지를 매각하라.
만약 지질조사 결과가 긍정적이면, 유전을 시추하라.
그때의 기대성과(지질조사비용 포함)는 123(12만3,000달러)이다.

표본정보의 기대가치

Goferbroke사의 문제에서 지질조사 비용은 3만 달러라고 가정했다. 그러나 이 비용이 불확실하다고 가정해보자. 위의 분석은 어떻게 바뀌어야 하는가?

비용의 불확실성은 지질조사를 통해 얼마나 많은 가치가 추가되는지에 대한 새로운 질문을 제기한다. 다른 말로 하면, 지질조사 비용이 어느 정도로 증가할 때, 지질조사가 필요없어지는가를 물어보는 것이다. 이 값을 **표본정보의 기대가치**expected value of sample information(EVSI)로 지칭하며, 여기서 표본정보란 지질조사의 결과를 의미한다.

EVSI를 구하기 위한 분석은 두 개의 중요한 숫자를 파악하는 것에서 시작한다.

EP(추가정보) = 지질조사를 할 때의 기대성과(지질조사비용은 제외)
EP(추가정보 없음) = 지질조사를 하지 않을 때의 기대성과

여기에서 이 숫자들을 구할 때에는 Bayes 의사결정 기준이 사용된다. EP(추가정보)는 〈그림 12-16〉의 의사결정나무에서 구할 수 있는데, 마디 a에서 마디 b로 향하는 가지(지질조사 수행)의 기대성과인 123에서 (알려지지 않은) 지질조사 비용의 효과를 제거해야 한다. 원 문제에서는 지질조사 비용을 30으로 가정하였으므로, 이를 고려하면 EP(추가정보)는 다음과 같이 구할 수 있다.

$$\text{EP(추가정보)} = 123 + 30 = 153$$

EP(추가정보 없음)은 12.5절의 시작 부분에서 설명된 바와 같이, 사전확률을 가정한 Bayes 의사결정기준으로 구한 기대성과이다. 〈그림 12-1〉 또는 〈그림 12-7〉의 셀 A10에서 볼 수 있듯이 이때의 기대성과는 100이다.

EP(추가정보 없음) = 100

이제 **표본정보의 기대가치**[EVSI]를 다음과 같이 계산한다.

EVSI = EP(추가정보) − EP(추가정보 없음)
= 153 − 100 = 53

다음과 같이 C를 정의하면

C = 지질조사 비용의 추정치(단위: 1,000달러)

분석의 마지막 단계는 C와 EVSI를 비교하는 것이다.

만약 C<EVSI 이면, 지질조사를 수행한다.
만약 C≥EVSI이면, 지질조사를 하지 않는다.

Analytic Solver의 사용

12.3절에 설명된 절차를 활용하면, Analytic Solver의 Decision Tree 기능을 사용하여 스프레드시트에서 의사결정나무를 작성하고 문제를 해결할 수 있다. 〈그림 12-17〉은 Analytic Solver로 작성된 의사결정나무를 보여준다. 형태는 조금 다르지만, 이 의사결정나무는 〈그림 12-16〉과 완전히 동일하다. Analytic Solver는 의사결정나무를 스프레드시트에 손쉽게 작성할 수 있게 해줄 뿐만 아니라 의사결정나무를 자동으로 해결한다는 장점이 있다. 〈그림 12-16〉에서와 같이 손으로 계산하는 것이 아니라, 의사결정나무를 작성하기만 하면 Analytic Solver는 각 단계의 모든 기대성과를 계산하여 각 마디의 좌하단 셀에 보여준다. Analytic Solver는 중복사선을 사용하지 않고, 각 의사결정마디에 숫자를 기록하여 선택할 가지를 나타낸다(의사결정마디에서 나온 가지는 위에서부터 아래로 순서대로 번호가 주어진다고 가정한다).

의사결정나무의 작성과 해결에 널리 사용되는 또 다른 소프트웨어는 TreePlan 이다. Treeplan의 사용법은 www.mhhe.com/Hillier7e의 보충 자료에서 확인할 수 있다.

Max의 반응

Max: 이 의사결정나무는 각 대안을 비교할 수 있는 숫자들을 계산해 주는구나. 그렇지만 이러한 수치를 얼마나 신뢰할 수 있지?

Maria: 의사결정마디에 있는 대안들의 평균성과는 오른쪽에 기입된 성과와 기회마디의 확률에 의해 산출되었다는 것을 명심하세요. 이 확률값들은 지질학자들이 제시한 것과 아빠가 제시한 수치에 근거한 것이에요.

Max: 그 수치들은 정확하게 산출되지 않았단다. 나는 지질학자의 수치에 대해 회의적이고, 내

〈그림 12-17〉 지질조사 여부를 포함한 Goferbroke사 전체 문제를 해결하기 위해 Analytic Solver로 작성된 의사결정나무

	A	B	C	D	E	F	G	H	I	J	K	L	M	N	O	P	Q	R	S
1	**Decision Tree for Goferbroke Co. Problem (with Survey)**																		
2																			
3																14.286%			
4																Oil			
5																			670
6												Drill				800	670		
7																			
8												-100	-15.714			85.714%			
9								70%								Dry			
10								Unfavorable											-130
11										2						0	-130		
12								0	60										
13																			
14												Sell							
15																			60
16												90	60						
17				Do Survey															
18																50%			
19				-30	123											Oil			
20																			670
21												Drill				800	670		
22																			
23												-100	270			50%			
24								30%								Dry			
25								Favorable											-130
26										1						0	-130		
27								0	270										
28																			
29		1										Sell							
30	123																		60
31												90	60						
32																			
33												25%							
34												Oil							
35																			700
36								Drill				800	700						
37																			
38								-100	100			75%							
39												Dry							
40				No Survey															-100
41						1						0	-100						
42				0	100														
43																			
44								Sell											
45																			90
46								90	90										

가 제시한 수치들은 아주 개략적인 추정치들이란 말이지.

Maria: 아빠 말이 맞아요. 그래서 의사결정나무에 나타난 평균성과도 단지 근사치이지요. 지질조사를 고려하기 전에 우리가 했던 민감도 분석이 도움이 될 수 있어요.

Max: 좋아, 그러면 해보자.

복습문제

1. 의사결정나무는 무엇을 보여주는가?
2. 의사결정마디에서는 무슨 일이 일어나는가?
3. 기회마디에서는 무슨 일이 일어나는가?
4. 분석을 시작하기 전에 의사결정나무에 어떤 값들이 입력되어야 하는가?
5. 의사결정나무를 분석할 때, 어디에서 시작하며 어느 방향의 마디로 이동하는가?
6. 기회마디에서는 어떤 계산이 이루어지는가?
7. 의사결정마디에서는 어떤 비교가 이루어지는가?
8. 표본정보의 기대가치의 의미는 무엇이며 어떻게 사용되는가?

12.8 연속의사결정 문제의 민감도 분석

12.4절에서는 지질조사를 하지 않고 시추를 할 것인지 매각을 할 것인지에 대해 의사결정을 하는 1차 Goferbroke사 문제의 민감도 분석(그림 12-6, 그림 12-7)을 Analytic Solver로 수행하는 방법을 소개했다. 원유 매장에 대한 사전확률이 주요 분석 대상이므로 사전확률이 여러 값으로 바뀔 때 의사결정이 어떻게 바뀌는지를 알아보는 것이 주요 내용이었다. 변경된 값들에 대해서 어떤 결과가 나타났는지 시행착오 기법으로 먼저 알아보고(그림 12-8), 또한, 엑셀의 데이터 표 기능(그림 12-10)을 사용하여 체계적으로 분석하는 방법을 알아보았다.

이제 Max는 시추 또는 매각에 대한 의사결정 전에 지질조사 수행 여부를 결정해야 하기 때문에 〈그림 12-6〉에 있는 의사결정나무가 아니라 〈그림 12-17〉에 있는 의사결정나무를 고려해야 한다. 의사결정이 단계적으로 이루어지고 사후확률에 대해서도 고려해야 하므로 **민감도 분석**sensitivity analysis은 이전보다 더 복잡해진다.

스프레드시트의 구성

12.4절의 방법과 동일하게, 분석과정은 문제의 자료와 결과를 〈그림 12-18〉 의사결정나무 아래의 스프레드시트에 입력하는 것에서 시작한다. 의사결정나무의 각 자료셀은 그림 우측에 있는 입력자료셀(셀 V4:V11)의 값을 참조하도록 한다. 또한, 의사결정나무 우측의 요약 결과는 의사결정나무의 출력셀(의사결정마디인 셀 B29, F41, J11, J26과 셀 A30의 기대성과)의 값을 참조하도록 한다.

〈그림 12-18〉 Goferbroke사 전체 문제의 민감도분석을 위해, 의사결정나무 오른쪽에 자료와 결과가 함께 표현된 스프레드시트

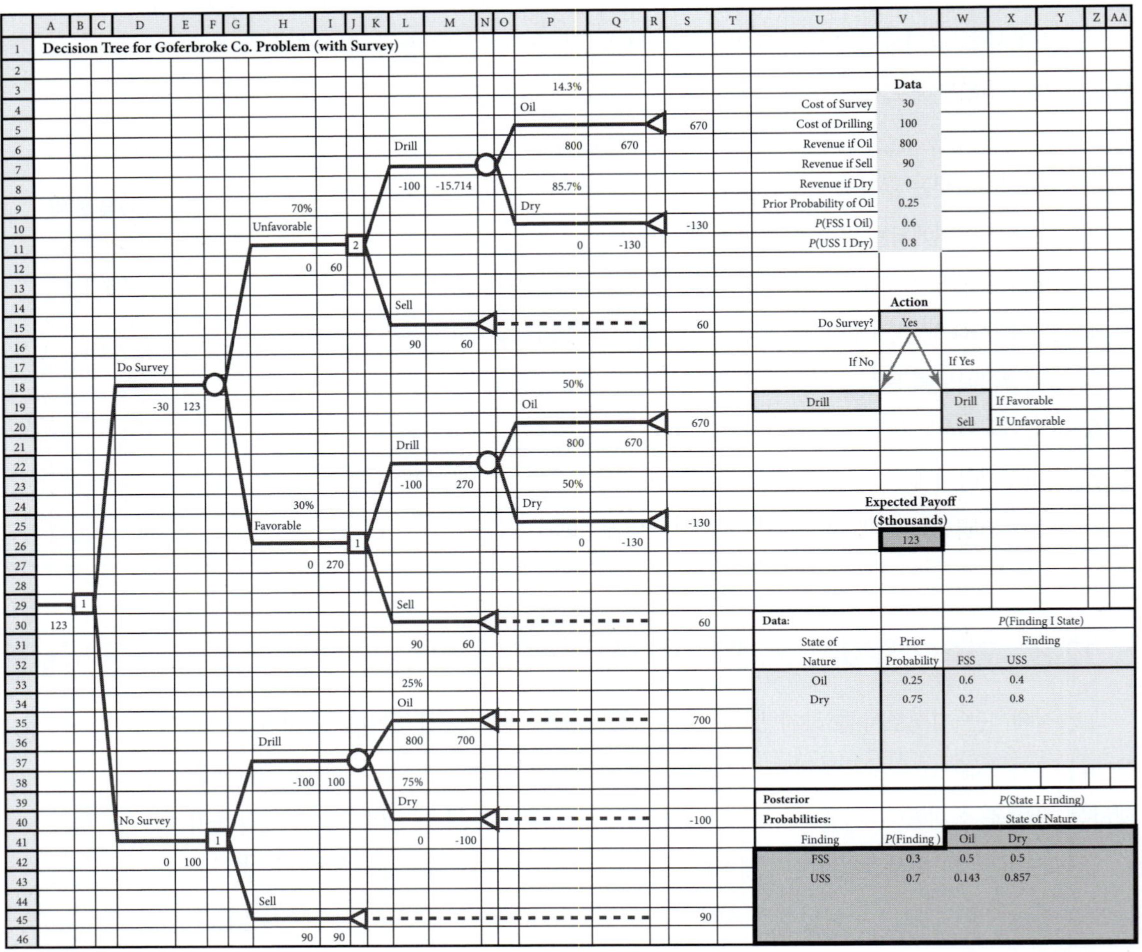

Range Name	Cell
CostOfDrilling	V5
CostOfSurvey	V4
PriorProbabilityOfOil	V9
ProbDryGivenFSS	X42
ProbDryGivenUSS	X43
ProbFSS	V42
ProbFSSGivenOil	V10
ProbOilGivenFSS	W42
ProbOilGivenUSS	W43
ProbUSS	V43
ProbUSSGivenDry	V11
RevenueIfDry	V8
RevenueIfOil	V6
RevenueIfSell	V7

	U	V	W	X
14		**Action**		
15	Do Survey?	=IF(B29=1,"Yes","No")		
16				
17	If No		If Yes	
18				
19	=IF(F41=1,"Drill","Sell")		=IF(J26=1,"Drill","Sell")	If Favorable
20			=IF(J11=1,"Drill","Sell")	If Unfavorable

	P
3	=ProbOilGivenUSS
4	Oil
5	
6	=RevenueIfOil
7	
8	=ProbDryGivenUSS
9	Dry
10	
11	=RevenueIfDry

	V
23	**Expected**
24	**Payoff**
25	**($thousands)**
26	=A30

	U	V	W	X
30	**Data:**		*P*(Finding I State)	
31	State of	Prior	Finding	
32	Nature	Probability	FSS	USS
33	Oil	=PriorProbabilityOfOil	=ProbFSSGivenOil	=1−ProbFSSGivenOil
34	Dry	=1−PriorProbabilityOfOil	=1−ProbUSSGivenDry	=ProbUSSGivenDry

사전확률 값 중 어느 하나라도 변할 때마다 사후확률 값이 변하므로, 의사결정나무의 확률계산은 매우 복잡하다. 다행히, 사후확률 계산을 위한 템플릿(그림 12-13)을 사용하면 좀 더 수월해진다. 템플릿의 해당되는 부분(B3:H19)을 〈그림 12-18〉의 스프레드시트(U30:AA46)에 복사한다. 템플릿 안의 자료는 〈그림 12-18〉의 아랫부분에 있는 셀 V33:X34의 수식과 같이 자료셀인 PriorProbabilityOfOil(V9), ProbFSSGivenOil(V10), ProbUSSGivenDry(V11)의 값을 참조한다. 템플릿은 데이터의 변화에 따른 사후확률(셀 V42:X43)의 결과값을 자동으로 계산한다. 의사결정나무는 〈그림 12-18〉의 셀 P3:P11에서와 같이, 변경된 확률 값을 참조하여 작성된다.

모든 자료와 결과를 통합해서 작성하는 것은 시간도 많이 걸리고 상호참조 작업도 번거롭지만, 민감도 분석을 위해서는 꼭 필요하다. 의사결정나무에서 어떤 데이터들은 여러 곳에서 사용된다. 예를 들면, Goferbroke사가 원유를 발견할 때 발생하는 수익은 셀 P6, P21, L36에 사용된다. 자료를 통합해서 작성하면, 이에 대한 민감도 분석을 세 군데(셀 P6, P21, L36)의 값을 모두 바꾸는 것이 아니라 한 군데(셀 V6)의 값을 바꾸는 것으로 해결할 수 있다. 이렇게 통합하여 표현하는 것은 확률의 경우에 더욱 편리하다. 사전확률 중 어느 하나라도 변경되면, 모든 사후확률값은 변하게 된다. 템플릿을 사용하면, 사전확률의 변화를 한 개의 셀에서만 바꿔주면 나머지 모든 확률값이 자동으로 계산되고 갱신된다.

〈그림 12-18〉에서 비용, 수익 또는 확률에 대한 데이터를 바꾸면 사후확률 템플릿과 의사결정나무에서 자동으로 계산이 이루어져서 새로운 결과를 보여준다. 따라서 시행착오 기법으로 다양한 데이터 값을 실험할 수 있으므로 민감도 분석을 위한 좋은 방법이 된다.

다음의 내용은 데이터 표를 사용하여 이러한 민감도 분석을 어떻게 체계적으로 할 수 있는지 보여준다.

데이터 표를 사용한 체계적인 민감도 분석

원유 매장에 대한 사전확률의 변화에 따른 의사결정 및 기대성과의 변화를 체계적으로 파악하기 위해서, 12.4절과 동일하게 엑셀의 데이터 표 기능을 사용한다. 먼저, 〈그림 12-19〉의 Y열에서 AD까지 표를 만들고 각 열의 제목을 입력한다. 표의 첫 번째 열인 (Y5:Y15)에는 자료셀(원유 매장의 사전확률)에 입력할 값들을 나열한다. 이때 첫 행은 비워둔다. 두 번째 이후 열의 제목은 평가대상인 출력셀의 이름을 나타낸다. 각 열의 첫 행(Y4:AD4)은 해당 출력셀을 참조하는 수식을 입력한다. 이 사례에서 관심 있게 봐야할 셀은 (1) 지질조사 실시 여부에 대한 의사결정(V15), (2) 지질조사를 한다면, 조사 결과가 긍정적 또는 부정적일 때 시추 여부에 대한 의사결정(W19와 W20), (3) 지질조사를 하지 않았을 때 시추 여부에 대한 의사결정(U19), (4) 기대성과인 ExpectedPayoff(V26) 등이다. 이 출력셀들을 참조하는 셀Y4:AD4의 수식은 〈그림 12-19〉의 스프레드시트 아래에서 볼 수 있다.

다음에는 전체 표(Y4:AD15)를 선택하고 데이터 탭의 가상분석 메뉴에서 데이터 표를 선택

〈그림 12-19〉 다양한 원유 매장의 사전확률값에 대한 최적정책과 기대성과를 보여주는 데이터 표

	Y	Z	AA	AB	AC	AD
1	Prior					Expected
2	Probability	Do	If Survey	If Survey	If No	Payoff
3	of Oil	Survey?	Favorable	Unfavorable	Survey	($thousands)
4		Yes	Drill	Sell	Drill	123
5	**0**	**No**	Sell	Sell	**Sell**	**90**
6	**0.1**	**No**	Drill	Sell	**Sell**	**90**
7	**0.2**	**Yes**	**Drill**	**Sell**	Sell	**102.8**
8	**0.3**	**Yes**	**Drill**	**Sell**	Drill	**143.2**
9	**0.4**	**No**	Drill	Drill	**Drill**	**220**
10	**0.5**	**No**	Drill	Drill	**Drill**	**300**
11	**0.6**	**No**	Drill	Drill	**Drill**	**380**
12	**0.7**	**No**	Drill	Drill	**Drill**	**460**
13	**0.8**	**No**	Drill	Drill	**Drill**	**540**
14	**0.9**	**No**	Drill	Drill	**Drill**	**620**
15	**1**	**No**	Drill	Drill	**Drill**	**700**

	Y	Z	AA	AB	AC	AD
1	Prior					Expected
2	Probability	Do	If Survey	If Survey	If No	Payoff
3	of Oil	Survey?	Favorable	Unfavorable	Survey	($thousands)
4		=V15	=W19	=W20	=U19	=ExpectedPayoff

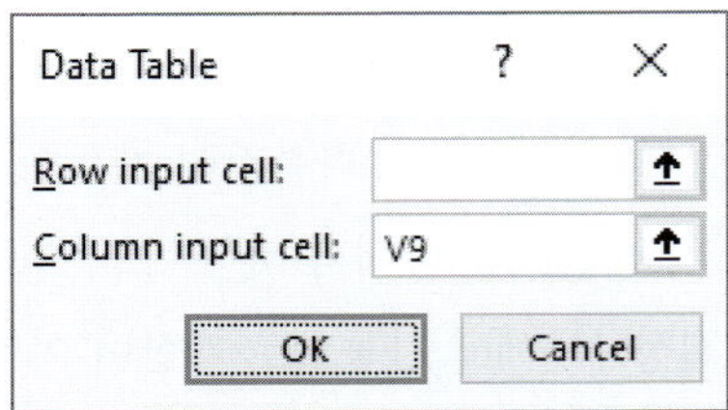

한다. 〈그림 12-19〉의 하단 우편에 있는 데이터 표 대화상자의 열 입력셀column input cell에는 V9를 입력하는데, 이 셀은 표의 첫 번째 열에 표시되는 값들이 입력되는 자료셀이다.

OK를 클릭하면 〈그림 12-19〉의 표가 나타난다. 표의 첫 열에 있는 값들을 사용하여 계산된 해당 출력셀 값들이 다른 열에 나타난다. 데이터 표의 일부 결과는 무시해야 한다. 예를 들면, Z열에서의 결과가 지질조사를 하지 않는 것으로 나타난 경우에는 AA열와 AB열의 결과(긍정적 조사 결과 또는 부정적 조사 결과에서 어떻게 할지)는 무시한다. 비슷하게, Z열에서의 결과가 지질조사를 하는 것으로 나타는 경우에는 AC열의 결과(지질조사를 하지 않는 경우 어떻게 할지)는 무시한다. 무시되는 결과와의 구별을 위해서, 적절한 결과만 굵은 글자체로 표시하였다.

〈그림 12-19〉에서 보듯이 원유 매장의 사전확률이 0.1에서 0.2 사이일 때 최적의사결정이 지질조사 없이 매각에서 지질조사 실시로 바뀌었다. 또한, 원유 매장의 사전확률이 0.3에서 0.4 사이일 때 지질조사 없이 시추하는 것으로 바뀌었다. 〈그림 12-18〉의 스프레드시트를 이용하여 시행착오 기법으로 분석한 결과, 원유 매장의 사전확률에 따른 최적정책은 다음과 같다.

최적정책

p = 원유의 사전확률

만약 $p \leq 0.168$이면, 토지를 매각한다(지질조사는 하지 않음).

만약 $0.169 \leq p \leq 0.308$이면, 지질조사를 한다. 조사 결과가 긍정적이면 시추를 하고, 아니면 토지를 매각한다.

만약 $p \geq 0.309$이면, 시추를 한다(지질조사는 하지 않음).

Max의 반응

Max: 숫자가 바뀔 때마다 어떻게 될지를 알려주는 스프레드시트 민감도 분석은 편리하구나. 특히 마음에 드는 점이 하나 있다.

Maria: 뭔데요?

Max: 원유 매장의 사전확률에 대해 내가 예상하는 모든 값을 적용해도 동일한 결론을 준다는 거지. '지질조사를 하고 지질조사 결과가 긍정적이면 시추를 한다. 만약 그렇지 않으면 땅을 매각한다.' 지질학자가 추정한 사전확률이 많이 틀려도 이대로 하는 것이 잘하는 것이구나.

Maria: 예, 그것이 제일 중요한 발견이죠? 그러면 지질조사를 하고 그 결과에 따라서 시추를 하거나 토지를 매각하는 것에 만족하세요?

Max: 그렇지 않아. 아직도 한 가지가 마음에 걸린단다.

Maria: 무엇인데요?

Max: 지질조사의 결과가 긍정적이라서 시추를 한다고 가정하자. 그런데 만약 원유가 없으면 13만 달러를 손해 보게 되고 이는 회사를 파산지경으로 만들 거야. 이것이 불안하단다. 현재 평소보다 운영자금이 부족한 상황이야. 지금 13만 달러를 손해보는 것은 매우 위험하단다. 이 방법은 이 점을 고려하지는 않은 것 같구나.

Maria: 아빠가 맞아요. 그런 점을 고려하지 않고 평균 화폐가치를 가지고 접근했어요. 만약 큰 이익과 손해가 걸려 있다면 이 방법은 적절하지 않아요. 예를 들어, 동전을 던져서 13만 달러를 따거나 잃는 것을 결정하는 일은 하지 않겠지요.

Max: 당연히 안 하지.

Maria: 맞아요. 우리가 이 문제를 처음 생각할 때 말한 것처럼, 이러한 상황에서는 가능한 상황들을 고려할 때 화폐가치 이상의 것들을 고려해야 해요. 의사결정 분석에서는 효용utility을 사용해서 이런 점을 극복할 수 있어요. 결과의 화폐가치가 아니라 결과의 효용이 아빠가 느끼는 진정한 가치를 나타낸다는 것이지요. 성과를 효용으로 측정하면, 의사결정나무의 각 마디는 평균 기대화폐가치가 아니라 평균 효용을 계산해요. 따라서 가능한 가장 큰 평균 효용을 주는 것을 선택하게 되죠.

복습문제

1. 민감도 분석을 하기 위해서 의사결정나무가 있는 스프레드시트를 어떻게 구성해야 하는가?
2. 특정 데이터에 대한 민감도 분석을 하려면 스프레드시트에서 얼마나 많은 부분의 값을 바꾸어야 하는가?
3. Goferbroke사 전체 문제에서 원유 매장의 사전확률에 따라 의사결정이 어떻게 이루어져야 하는지 결론을 내리시오.

12.9 성과의 가치를 반영하기 위한 효용의 활용

지금까지 Bayes 의사결정기준을 적용할 때 각 대안의 기대성과를 화폐가치 기준으로 비교했다. 그러나 거액이 걸린 경우라면 화폐가치 기준은 부적합한 성과척도이다.

예를 들어 한 개인에게 (1) 10만 달러를 얻을 가능성이 50%인 기회와 (2) 확실하게 4만 달러를 받는 선택을 제안했다고 가정하자. 성공할 확률이 50%인 10만 달러의 기대성과는 5만 달러이지만 아마도 많은 사람은 4만 달러를 선호할 것이다. 또한, 기업은 신제품 개발로 인한 기대이익이 상당히 크다고 할지라도, 투자 실패위험이 있고 그것으로 파산까지 갈 수 있다면 신제품에 많은 돈을 투자하는 것을 꺼리게 될 것이다. 같은 맥락에서, 사람들은 기대성과 측면에서 손해 보는 투자임에도 불구하고 혹시 모를 큰 위험에 대비하기 위해서 보험을 구매한다.

이러한 예들을 볼 때 Bayes 의사결정기준은 쓸모없는 것인가? 의사결정분석에서는 Bayes 의사결정기준을 적용하는 또 다른 방법을 제공한다. 화폐가치로 평가되는 성과가 의사결정자의 선호도를 적절히 반영하지 못 한다면, 화폐가치 대신 의사결정자가 성과로 부터 느끼는 진정한 가치를 사용할 수 있다. 이와 같이 특정 결과에 대해 의사결정자가 느끼는 가치를 해당 결과의 효용utility이라고 한다. 화폐가치 성과대신 효용을 사용하는 Bayes 의사결정기준에서는 가장 큰 기대효용을 제공하는 대안을 선택한다.

효용에 대한 설명을 위해, 앞에서 언급했던 (1) 50%의 확률로 10만 달러를 받거나 (2) 확실히 4만 달러를 받을 수 있는 사례를 다시 생각해 보자. 만약 이 개인이 두 개의 대안에 대해 동일한 가치를 느낀다고 가정하자. 그렇다면, 효용이론에서는 이 개인이 10만 달러를 받을 때 가지는 효용이 4만 달러를 받을 때 가지는 효용의 2배라고 판단한다.(10만 달러를 받을 가성이 50%이기 때문이다) 또한, Bayes 의사결정기준에서는 두 대안의 기대효용이 동일하므로, 둘 중 어느 대안을 선택해도 차이가 발생하지 않는다.

효용이론에서 까다로운 부분은 화폐가치 성과와는 달리 다양한 성과에 대해서 의사결정자가 느끼는 "진정한 가치"를 효용에 할당하는 방법이 명확하지 않다는 것이다.

다행히도, 화폐가치를 의사결정자의 주관적 선호도에 부합하는 적절한 척도로 바꾸는 방법이 있으며, 이 척도를 화폐효용함수utility function for money라고 부른다.

화폐효용함수

〈그림 12-20〉은 화폐금액 M에 대한 전형적인 **화폐효용함수 $U(M)$**utility function U(M)를 보여주고 있다. 이러한 효용함수를 갖는 사람은 3만 달러가 1만 달러보다 두 배 더 가치가 있다고 여기며, 10만 달러를 3만 달러보다 두 배 더 가치가 있다고 여긴다. 이 사람은 최초 1만 달러를 획득했을 때의 효용 증가가 가장 크게 나타난다. 금액이 증가함에 따라 효용함수의 기울기가 감소하는 현상을 화폐의 한계효용체감decreasing marginal utility for money이라고 부른다. 화폐금액 가치에 대해 이러한 성향을 가진 사람을 **위험회피자**risk averse라고 부른다.

그러나 모든 사람이 화폐의 한계효용체감 성향을 갖는 것은 아니다. 위험회피자 대신에 **위험선호자**risk seeker도 있다. 일확천금을 추구하는 사람들이 이에 해당한다. 금액이 증가함에 따라 그들의 효용함수의 기울기는 증가하며, 이 경우 화폐의 한계효용체증increasing marginal utility for money 성향이 있다고 한다.

〈그림 12-21〉은 위험회피자와 위험선호자의 화폐효용함수를 보여주고 있다. 또한, 액면가치만큼 화폐의 가치를 평가하는 **위험중립자**risk neutral의 사례도 보여주고 있다. 위험중립자의 효용은 화폐금액에 정비례한다. 금액이 소액일 때 위험중립자로 보이는 사람이 거액인 경우에도 여전히 위험중립자인 경우는 흔하지 않다.

이러한 성향들이 혼재되어 나타나기도 한다. 예를 들어, 소액에 대해서는 위험중립적인 사

〈그림 12-20〉 전형적인 화폐효용함수. $U(M)$은 화폐금액 M을 얻을 때의 효용

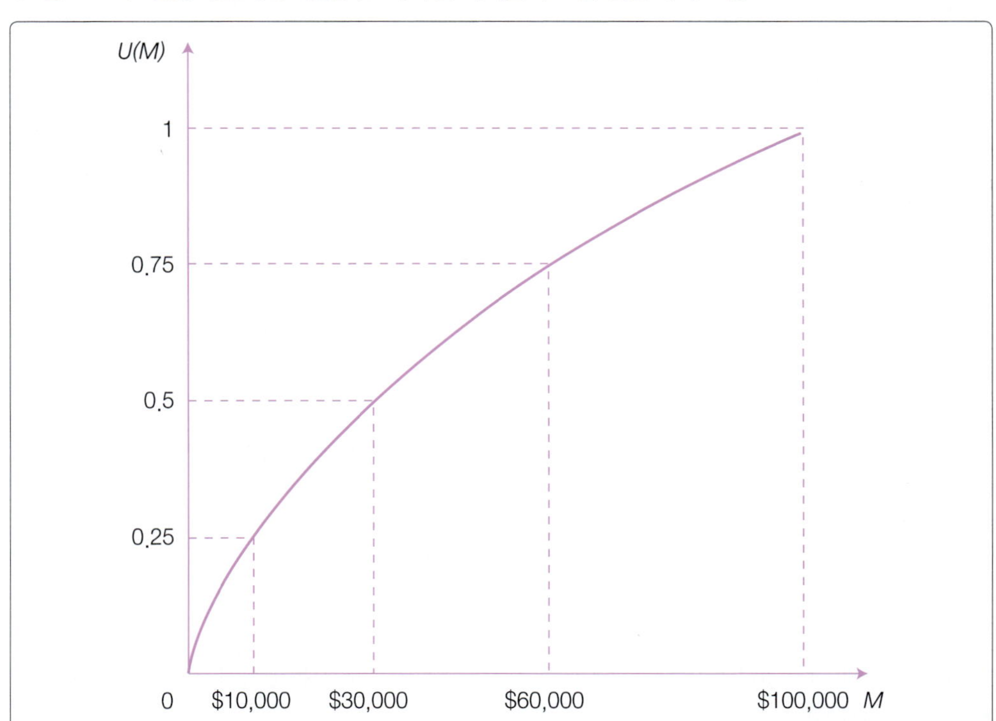

〈그림 12-21〉 화폐효용함수의 형태. (a) 위험회피자, (b) 위험선호자, (c) 위험중립자

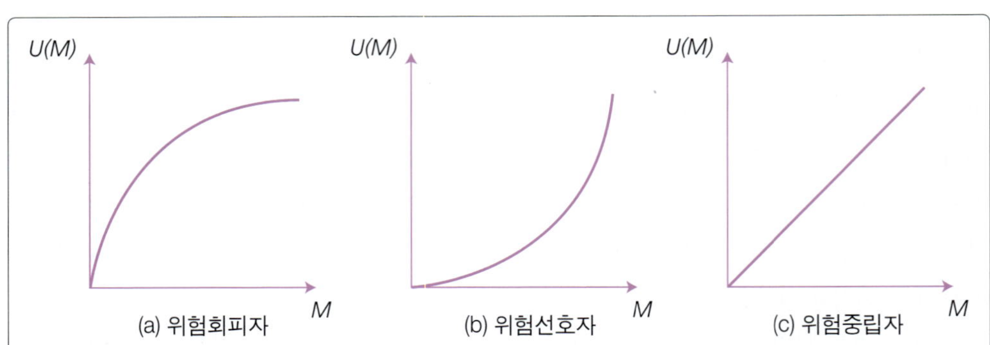

람이 금액이 조금 더 커지면 위험선호자가 되고 금액이 아주 커지면 위험회피자가 되기도 한다. 개인의 위험 성향은 상황에 따라 바뀌기도 한다.

기업의 관리자는 의사결정을 내릴 때 회사가 처한 상황과 최고경영진의 가치관을 고려하여 위험 성향을 결정해야 한다.

사람마다 화폐효용함수가 다르다는 사실은 불확실성하의 의사결정에 다음과 같은 중요한 시사점을 제시한다.

> 의사결정 분석에서 화폐효용함수를 사용할 경우, 효용함수는 의사결정자의 현재 선호도와 가치관을 고려하여 구성해야 한다. (의사결정자는 개인일 수도 있고 그룹일 수도 있다.)

의사결정자의 위험성향을 적합하게 나타내는 효용함수를 구하고자 할 때는 다음에 나오는 효용함수의 기본성질을 고려해야 한다.

> **기본 성질:** 효용이론의 가정에 의하면, 효용함수가 가지는 특징은 두 대안의 기대효용expected utility이 동일하다면 의사결정자는 두 대안에 대해 무차별적indifferent이라는 것이다.

이를 설명하기 위해, 의사결정자의 효용함수가 〈그림 12-20〉과 같다고 가정하자. 의사결정자는 다음의 기회를 제안받았다.

제안: 확률 p로 10만 달러(효용=1)를 얻고, 확률 1−p로 아무것도 얻지 못하는(효용=0) 기회

이 제안의 기대효용은 각 효용에 해당 확률을 가중치로 곱하여 다음과 같이 구한다.

$$E(\text{효용}) = p + 0(1-p) = p$$

위의 제안에서 확률 p값을 아래와 같이 세 가지로 적용할 때 기본성질에 의하여 의사결정자는 두 대안에 대해 중립(무차별)이라는 것을 확인할 수 있다.

1. 첫 번째 대안: p=0.25인 제안의 경우, E(효용)=0.25
   두 번째 대안: 확실하게 1만 달러를 얻는 경우, 효용=0.25
2. 첫 번째 대안: p=0.5인 제안의 경우, E(효용)=0.5
   두 번째 대안: 확실하게 3만 달러를 얻는 경우, 효용=0.5
3. 첫 번째 대안: p=0.75인 제안의 경우, E(효용)=0.75
   두 번째 대안: 확실하게 6만 달러를 얻는 경우, 효용=0.75

이 예제는 의사결정자의 화폐효용함수를 구하는 방법을 보여주기도 한다. 확률 p로 고액(예를 들면 10만 달러)을 벌고 $1-p$로 아무것도 얻지 못하는 제안을 의사결정자에게 한다고 하자. 소액(예를 들면 1만 달러, 3만 달러, 6만 달러)을 확실하게 벌 수 있는 제안과 위의 제안에서 p의 값이 어떤 값일 때 두 제안이 의사결정자에게 무차별한지 질문한다. 소액에 대한 효용은 확률 p와 고액의 효용(예에서는 10만 달러의 효용)을 곱하여 얻을 수 있다. 〈그림 12-20〉과 같이, 고액의 효용을 1로 정하면 소액의 효용은 p이다. 〈그림 12-20〉의 효용 값은 의사결정자가 M=1만 달러일 때 p=0.25를 선택하고, M=3만 달러일 때 p=0.5를 선택하고, M=6만 달러일 때 p=0.75를 선택했다는 것을 의미한다(이 방법으로 효용함수를 구하는 것은 나중에 다룰 등가복권방법의 예이다).

효용함수의 실제 크기는 무엇이든 상관이 없다. 즉, 〈그림 12-20〉에서 점선의 $U(M)$값이 각각 0.25, 0.5, 0.75, 1이든 아니면 10,000, 20,000, 30,000, 40,000이든 상관이 없다. 중요한 것은 두 번째, 세 번째, 네 번째의 $U(M)$값은 첫 번째 $U(M)$값의 2배, 3배, 4배가 되어야 한다는 것이다. 또한, 최대 기대효용을 가지는 대안에 영향을 미치지 않는 선에서, 같은 상수를 모든 효용에 더하는 것도 가능하다.

더 높은 금전적 가치가 더 높은 효용을 갖는다는 전제하에, $U(M)$의 값은 사용자가 자유롭게 설정할 수 있다. 일반적으로는 〈그림 12-20〉과 같이, M의 최솟값에 $U(M)$=0을 설정하고, M의 최댓값에 $U(M)$=1로 설정하는 것이 가장 편리하다. 최악의 결과에 0의 효용을 할당하고 최상의 결과에 1의 효용을 부여한 다음, 그에 따라 다른 결과의 효용을 결정함으로써 각 결과의 상대적인 효용을 쉽게 파악할 수 있기 때문이다.

의사결정 분석에서 효용함수의 기본 역할을 요약해보면 다음과 같다.

> 의사결정자의 화폐효용함수를 이용하여 가능한 상황들의 상대적 가치를 측정한다면, Bayes 의사결정기준은 화폐가치가 아니라 이에 해당하는 효용을 이용하여 의사결정을 한다. 따라서 기대효용을 최대화하는 것이 최적의 의사결정이다.

이 절에서는 화폐에 대한 효용함수만 논하고 있으나, 가끔은 의사결정대안의 중요한 결과가 화폐로 측정되지 않더라도 효용함수를 구할 수 있다(예를 들면, 의사가 환자를 치료할 때의 의사결정대안의 결과는 미래의 환자의 건강상태로 측정된다). 무형의 결과가 가지는 상대적 가치를 정하는 것은 판단이 필요하기 때문에 쉬운 일이 아니다. 그러나 어떤 환경에서는 의사결정 과정에서 이러한 가치판단을 하는 것이 중요하다.

Goferbroke사 문제

Goferbroke사는 자본이 많지 않은 상태에서 운영되고 있으므로, 10만 달러의 손실은 회사에 심각한 타격이 될 것이다. 최악의 시나리오는 지질조사로 3만 달러를 사용하고, 그 후 시추하여 원유가 발견되지 않을 때 추가로 10만 달러를 잃는 것이다. 이는 회사를 파산하게 할 정도는 아니더라도 심각한 재무적 어려움에 처하게 할 것이 확실하다.

반면, 유전이 발견된다면, 70만 달러의 수익이 예상되고 이것은 회사의 자본상태를 탄탄하게 할 것이다.

이 문제의 의사결정자는 Max이므로, 이 문제를 화폐효용관점에서 의사결정하기 위해 Max의 화폐효용함수 $U(M)$을 구해야 한다. 여기에서 화폐 M은 1,000달러 단위로 표기한다.

가장 작은 성과에는 효용 0, 가장 큰 성과에는 효용 1을 할당한다. 가장 작은 성과는 $M=-130$(13만 달러 손실)이고 가장 큰 성과는 $M=700$(70만 달러 이익)이므로 $U(-130)=0$, $U(700)=1$로 한다.

다른 가능한 성과에 대한 효용을 결정하기 위해 Max의 위험에 대한 성향을 조사할 필요가 있다. 특히 중요한 것은 가능한 최악의 손실(13만 달러)과 가능한 최선의 이익(70만 달러)의 결과에 관한 그의 생각과 그가 결과를 어떻게 상대적으로 비교하는 것인가이다. Maria가 Max의 생각을 분석하는 대화를 들어보자.

Max와의 인터뷰

Maria: 자, 효용은 여러 가지 가능한 성과의 진정한 가치에 대한 아빠의 생각을 반영하기 위한 거예요. 성과에 대한 아빠의 효용이 무엇인지 정확히 알기 위해서, 이러한 성과를 어떻게 느끼는지, 회사에는 어떤 결과를 가져다줄지에 대해 이야기할 필요가 있어요.

Max: 좋아.

Maria: 최상의 경우와 최악의 경우에서 시작할게요. 70만 달러 이익을 보거나 13만 달러 손실을 볼 가능성 말이예요.

Max: 그 상황들은 중요하지.

Maria: 지질조사를 하지 않고 원유를 발견한다고 가정하면 이익은 70만 달러 정도가 되요. 이 돈으로 무엇을 할 생각이세요?

Max: 할 것이 많지. 이 분야에서 좀 더 중요한 기업으로 성장하는 자금이 될 수 있단다. 내가 평소 말하던 아주 큰 유전발견을 시도할 수도 있고.

Maria: 좋아요. 이제는 최악의 손실을 얻게 되는 경우의 결과를 말해보죠. 지질조사를 하고 시추를 했는데 원유를 발견할 수 없었다고 가정하면 13만 달러의 손실이 발생하지요. 이는 얼마나 나쁜 상황인가요? 회사의 미래는 어떻게 될까요?

Max: 회사는 재무적으로 아주 불안한 상황에 빠지게 된단다. 자금을 구하기 위해서 나는 아주 열심히 노력해야 하지. 그 상황에서 빠져나오기 위해서는 저위험이면서 저수익인 시추를 다른 회사와 동업으로 조심스럽게 해야 한단다. 그렇지만 해낼 수는 있지. 전에도 몇 번 그렇게 어려운 상황에 처했다가 빠져나왔거든. 괜찮을 거야.

Maria: 위험을 감당할 만큼의 큰 성과가 있고 성공확률이 어느 정도 있다면, 그런 손해에 대해서는 심각하게 걱정하지 않으신다는 것으로 받아들여도 될까요?

Max: 그렇지.

Maria: 좋아요. 간단한 상황을 가정해볼게요. 선택할 수 있는 대안들은 다음과 같아요. 하나는 시추를 하는 거예요. 원유를 발견하면 70만 달러의 이익을 얻고, 원유를 발견하지 못하면 13만 달러의 손해를 보지요. 다른 대안은 9만 달러에 토지를 매각하는 거예요. 물론, 70만 달러 성과는 지질조사 비용을 포함하지 않은 것이고, 13만 달러 손해는 지질조사 비용을 포함한 것이니까 실제 상황은 아니에요.

Max: 우리가 직면하고 있는 것과 다른 상황에 대해서 왜 이야기를 하는지 이해할 수가 없구나.

Maria: 저를 믿으세요. 이것은 아빠의 효용을 결정하게 해줄 거예요.

Max: 좋아.

Maria: 70만 달러의 수익과 13만 달러의 손실이 발생할 기회가 각각 50%라면, 아빠는 시추하시겠지요.

Max: 물론이지.

Maria: 그러나 70만 달러의 수익을 얻을 기회가 네 번 중에 한 번이고 13만 달러의 손실이 발생할 기회가 네 번 중에 세 번이라면, 시추를 하거나 혹은 9만 달러에 토지를 매각하는 것 중에 어떤 것을 선택할까요?

Max: 지질조사를 고려하기 전의 원래의 문제와 비슷한 것 같구나. 그렇지만 한 가지 차이가 있네. 원유가 없을 때의 손해가 10만 달러가 아닌 13만 달러라고 가정하라고 했지. 손해액이 클수록 더 힘들지. 네 번 중의 한 번 70만 달러의 이익을 얻는다는 위험을 선택하지는 않을 것 같구나.

Maria: 좋아요. 아빠가 시추를 할지 안 할지 거의 차이가 없게 느껴지는 점은 네 번 중의 한 번 기회와 50-50의 기회로 70만 달러의 이익을 얻는 중간이에요. 50-50과 네 번 중 한 번이라는 범위 안에서 아빠의 **무차별점**point of indifference이 어디에 있는지 확인해보죠. 이제는 성공 확률이 세 번 중 한 번이라고 생각해봐요. 세 번 중 한 번의 기회로 70만 달러의 이익을 얻고 세 번 중 두 번은 13만 달러의 손해를 보는 시추를 하시겠어요, 아니면 9만 달러에 토지를 매각하시겠어요?

Max: 음. 명확하지가 않구나. 이 경우 평균 성과는 얼마지?

Maria: 약 14만7,000달러에요.

Max: 그리 나쁘진 않군. 세 번 중에 한 번은 70만 달러의 이익이라, 매력적인데. 그러나 세 번 중의 두 번은 문제가 많은 13만 달러의 손해가 있으니 … 9만 달러는 확실한 이익이고. 힘들구나.

Maria: 이렇게 해보죠. 70만 달러의 이익이 생기는 확률이 세 번 중의 한 번보다 조금 더 크다고 가정해보세요. 시추하시겠지요?

Max: 그래.

Maria: 확률이 세 번 중의 한 번보다 조금 더 작다면?

Max: 그러면 시추하지 않을 생각이야.

Maria: 알았어요. 아빠의 무차별점이 세 번 중의 한 번이라는 것에 확신이 섰어요. 이것이 바로 제가 알려고 했던 거지요.

U(90) 산출

Max는 90의 성과(9만 달러의 이익)에 대한 효용인 $U(90)$을 결정하는 데 필요한 정보를 Maria에게 확실하게 주었다. $U(-130)=0$, $U(700)=1$로 하기로 이미 정해 놓았다. $U(90)$를 구하기 위한 절차는 다음과 같다.

의사결정자인 Max는 두 가지 대안 A_1과 A_2를 제안받았다.

A_1: p의 확률로 700의 성과 획득
$1-p$의 확률로 −130의 성과 획득

A_2: 90의 성과를 확실히 획득

의사결정자에게 질문: 두 대안을 무차별로 만드는 p값은 얼마인가? Max는 $p=1/3$로 선택했다.

p를 선택했을 때 A_1의 기대효용은 다음과 같다.

$$
\begin{aligned}
E(A_1\text{의 효용}) &= pU(700) + (1-p)U(-130) \\
&= p(1) + (1-p)(0) = p
\end{aligned}
$$

의사결정자가 두 대안을 무차별하게 느낀다면, 효용함수의 기본성질에 의해 두 대안은 동일한 기대효용을 가진다. 따라서 A_2의 기대효용 역시 p이다. Max는 무차별점으로 $p=1/3$를 선택했으므로 A_2의 효용은 1/3, 즉 $U(90)=1/3$이다.

효용을 구하는 등가복권방법

위에서 $U(90)$을 구하는 절차를 보면, 성과 M의 효용을 구하는 핵심 요소는 의사결정자가 두 가지 대안 간의 무차별점을 선택하는 것이다. 여기서 대안 중 하나(A_1)는 최대의 성과와 최소의 성과가 있는 복권이라고 할 수 있다. 나머지 대안(A_2)은 확실한 성과 M을 얻는 것이다. 무차별점에서 복권은 확실한 성과와 동일한 기대효용을 가진다. 이와 같은 절차를 **등가복권 방법**equivalent lottery method이라고 하며 정리해보면 다음과 같다.

등가복권방법

1. 가장 큰 성과(최댓값)를 파악하고, 그 효용을 1로 한다.
   U(최댓값) = 1
2. 가장 작은 성과(최솟값)를 파악하고, 그 효용을 0으로 한다.
   U(최솟값) = 0
3. 다른 잠재적 성과의 효용을 구하기 위해, 의사결정자에게 다음과 같은 두 개의 가상 대안을 제시한다.
   A_1: p의 확률로 최댓값의 성과 획득
   $1-p$의 확률로 최솟값의 성과 획득
   A_2: M의 성과를 확실히 획득

의사결정자에게 하는 질문: 당신은 어떤 p값에서 두 대안이 무차별하다고 생각하는가? p값이 정해지면 $U(M)=p$로 한다.

Max의 화폐효용함수 구하기

지금까지 Goferbroke의 세 가지 가능한 성과(−130, 90, 700)에 대한 효용을 구했다. 얻어진 화폐성과 M에 대한 효용 $U(M)$ 값들을 그래프에 나타내고, 이 점들을 따라 완만한 곡선을 그리면 〈그림 12-22〉와 같은 곡선이 된다.

이 곡선은 Max의 화폐효용함수의 추정치이다. 다른 가능한 성과(−100, 60, 670)에 대한 효용을 구하기 위해 Max는 $M=-100$, $M=60$, $M=670$으로 가정하고 등가복권방법의 단계 3을 반복할 수 있다. 그러나 −100은 −130에, 60은 90에, 670은 700에 가까우므로, 단계 3을 반복하는 대신 〈그림 12-22〉의 곡선에서 $M=-100$, $M=60$, $M=670$일 때의 효용값으로 추정할 수 있다. 그림의 짧은 점선으로 표시된 선을 따라가 보면 $U(-100)=0.05$, $U(60)=0.30$, $U(670)=0.97$로 추정되었다. 〈표 12-9〉는 지금까지 얻어진 가능한 성과와 그 효용의 목록을 보여준다.

비교를 위하여, 〈그림 12-22〉의 긴 점선은 Max가 완전히 위험중립적인 경우의 효용함수를 나타낸다. 원래 Max는 위험선호자라 할 수 있으나, 회사의 어려운 재무 상황 때문에 현재의 의사결정에서 위험회피적인 입장을 취하여 회사가 파산하지 않도록 하려고 한다.

〈그림 12-22〉 Goferbroke사 소유주로서의 Max의 화폐효용함수

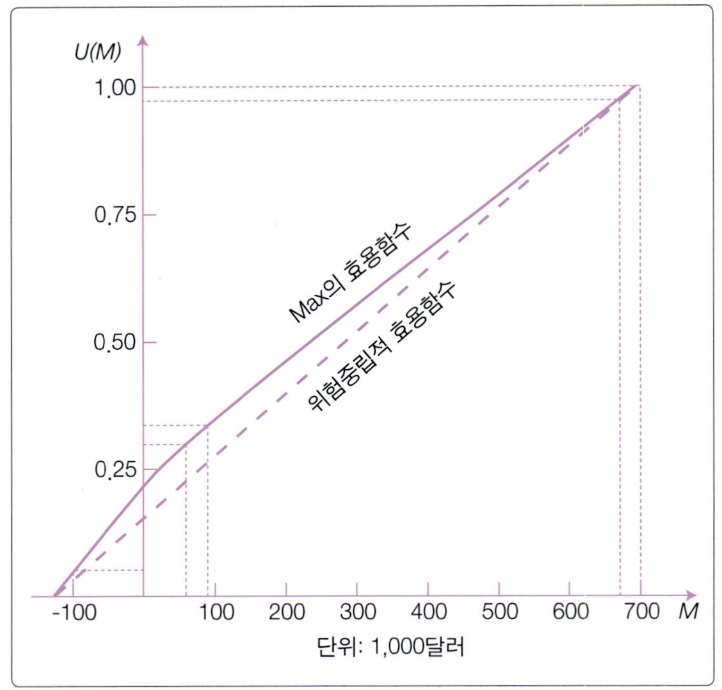

〈표 12-9〉 Goferbroke사 문제의 효용

화폐성과 M	효용 $U(M)$
−130	0
−100	0.05
60	0.30
90	0.333
670	0.97
700	1

효용기반 문제분석을 위한 의사결정나무의 활용

Max의 화폐효용함수는 〈표 12-9〉와 〈그림 12-22〉에 작성되어 있다. 이 정보는 다음과 같이 의사결정나무에 사용될 수 있다.

> 의사결정나무를 활용하여 이 문제를 분석하는 절차는 화폐가치로 측정된 성과를 효용으로 대치하는 것을 제외하고는 12.7절에 언급된 절차와 동일하다. 의사결정나무의 각 마디를 평가하는 척도는 화폐가치로로 측정된 기대성과가 아니라 기대효용이다. 따라서 Bayes 의사결정기준에 의해 선택한 최적정책은 전체 문제에 대한 기대효용을 최대화한다.

〈그림 12-23〉은 기대효용을 최대화하는 의사결정나무를 보여주는데, 이는 Analytic Solver를 이용하여 구해졌다. 이 의사결정나무는 12.7절의 〈그림 12-17〉에 있는 의사결정나무와 거의 유사하다. 의사결정나무의 마디와 가지, 기회마디에서 뻗어 나오는 각 가지의 확률은 정확하게 동일하다. 그러나 〈그림 12-17〉과의 차이점은 각 최종마디의 오른쪽에 작성되었던 화폐성과가 〈표 12-9〉에서는 효용으로 대체되었다는 것이다. (최종가지에는 현금흐름 대신에 효용을 입력하고, 앞의 가지에는 현금흐름 대신에 0을 입력한다.) Analytic Solver는 이 효용 값들을 이용하여 모든 마디의 기대효용을 구한다.

〈그림 12-23〉 Max의 화폐효용함수를 활용하여 Goferbroke사 전체 문제를 해결하기 위해 Analytic Solver로 작성된 의사결정나무

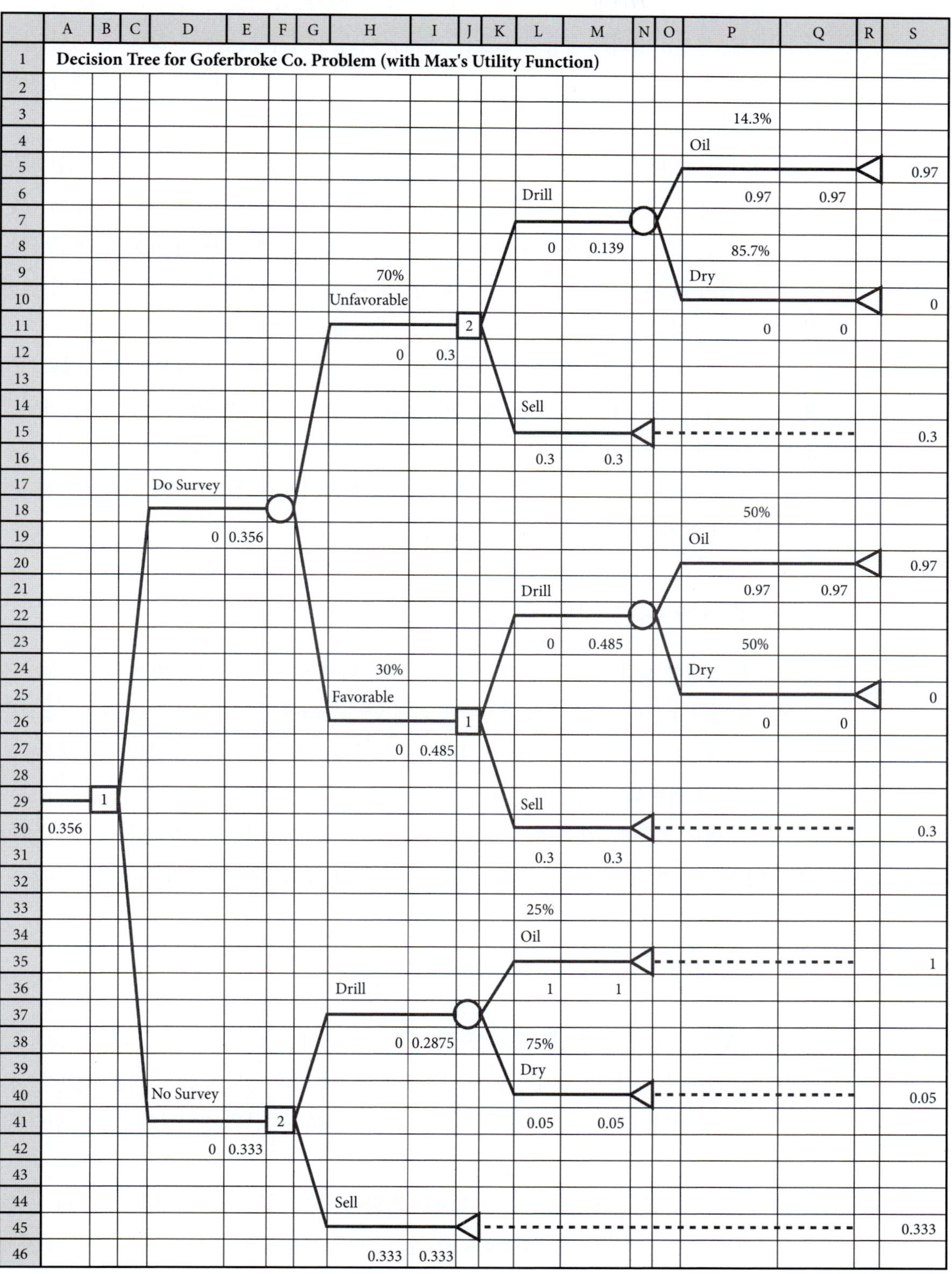

기대효용을 사용하여 구한 의사결정 결과는 셀 F41을 제외하고 모든 마디에서 〈그림 12-17〉과 같다. 셀 F41 마디에서는 의사결정이 시추에서 매각으로 변했다. 그러나 셀 B29의 결과가 1이므로, 셀 F41 마디는 사용되지 않을 것이다. 따라서 최적의 정책은 〈그림 12-17〉의 결과(지질조사를 실시한다. 만약 결과가 부정적이면 토지를 매각하고, 결과가 긍정적이면 유전을 시추하라)와 동일하다.

앞 절에서 설명한, 기대화폐성과의 최대화를 위한 접근법은 의사결정자가 위험중립일 때의 결과와 동일하다. 적절한 효용함수를 사용하는 효용이론을 활용할 때, 최적해는 위험에 관한 의사결정자의 태도를 반영한다. Max는 위험회피적 자세를 조금만 취했기 때문에 최적정책은 이전과 변함이 없었다. 보다 위험회피적인 의사결정자들의 최적해는 토지를 즉시 매각하는(지질조사를 하지 않고) 좀 더 보수적인 접근법으로 바뀌게 될 것이다.

Maria와 Max가 의사결정에 효용을 고려한 것은 칭찬받을 만한 일이다. 효용은 불확실성 하의 의사결정에 합리적인 접근법을 제공한다. 그러나 많은 관리자는 비교적 추상적인 개념인 효용을 사용하는 것과 효용함수를 구하기 위해 확률을 사용하는 것에 아직 익숙하지 않다. 따라서 효용이론은 Bayes 의사결정기준(화폐성과), 의사결정나무 등 이 장에서 언급된 의사결정 분석의 다른 기법들만큼 폭넓게 이용되지는 못하고 있다.

U(*M*) 추정을 위한 다른 접근법

앞에서 설명한 절차에 따르면, *U*(*M*)를 구하기 위해서는 의사결정자가 반복적으로 등가복권 방법을 행해야 한다. 즉, 두 대안을 무차별하게 만드는 확률을 선택하는 어려운 의사결정을 반복해야 한다. 많은 관리자는 이런 의사결정에 불편함을 느낀다. 따라서 때로는 화폐효용함수를 추정하기 위해 다른 접근법이 사용되기도 한다.

이 접근법은 효용함수가 특정 수식의 형태를 갖는다고 가정하고, 이 형태를 의사결정자의 위험성향과 가능한 유사하도록 만드는 것이다. 상대적으로 간단해서 널리 사용되는 형태 중 하나는 **지수효용함수**exponential utility function이다.

$$U(M) = 1 - e^{-\frac{M}{R}}$$

여기에서 *R*은 의사결정자의 위험허용한도risk tolerance이다. 이 효용함수는 〈그림 12-21〉 (a)와 같은 형태를 가지며, 위험회피자에 맞도록 설계되었다. 위험회피 정도가 크면 작은 *R*값(곡선을 급격하게 굽게 한다)을 갖고, 위험회피 정도가 작으면 큰 *R*값(곡선을 점진적으로 굽게 한다)을 갖는다.

의사결정자의 위험허용한도는 시간과 재무 상황에 따라 변화한다. 상대적으로 재무 상황이 양호해지면, 일반적으로 위험허용한도가 높아진다. 그러나 지수효용함수는 의사결정자가 아무리 많은(또는 적은) 돈을 가지고 있어도 위험에 대한 회피도가 변하지 않는 상수(고정되어 있는 *R*값)라고 가정한다. 이것은 합리적인 가정이다. 그러나 Max는 최악의 상황(13만 달러 손실)에 대해서는 높은 위험회피 성향을 보이지만 수익이 높을 때는 매우 높은 위험허용한도를 나타낸다. 이는 앞의 가정과는 다소 차이가 있다. 이것이 Maria가 지수효용함수를 고려하지 않은 이유이다.

잠재적 손실이 크지 않을 때에는 지수효용함수를 가정하는 것이 합리적인 방법이라 할 수 있다. 이러한 경우 적절한 *R*값을 추정하는 쉬운 방법이 있다. 의사결정자는 다음의 두 대안을 무차별하게 하는 *R*값을 선택한다.

A_1: 0.5의 확률로 R달러를 얻거나, 0.5의 확률로 R/2 달러를 잃는다.

A_2: 손실도 이익도 없다.

예를 들면, 의사결정자가 아무것도 하지 않는 대안과 0.5의 확률로 1,000달러의 이익을 얻거나 0.5의 확률로 500달러의 손해를 보는 대안에 대하여 무차별적이라면 *R*=1,000이다.

지수효용함수를 활용한 Analytic Solver 사용

Analytic Solver에는 지수효용함수 기능이 포함되어 있다. Analytic Solver의 옵션 버튼을 클릭하고 Tree탭을 선택하면 〈그림 12-24〉와 같은 대화상자가 나타난다. Certainty Equivalent 섹션에서 Expected Value 또는 Exponential Utility Function 두 가지 중의 하나를 선택할 수 있다. 후자를 선택하면 의사결정나무는 지수효용함수를 사용한다. Decision Node EV/CE섹션에서는 Maximize 또는 Minimize 두 가지 중 하나를 선택한다. 이는 의사결정의 목적이 성과척도(이 경우 기대효용)를 최대화하는 것인지 또는 성과척도를 최소화하는 것인지를 나타낸다(기본값은 최대화이다). Risk Tolerance 상자에는 지수효용함수를 계산할 때 사용하는 R 값을 입력한다. (이 옵션은 Analytic Solver의 Model창 Platform탭에서도 사용할 수 있다.)

〈그림 12-24〉 Analytic Solver 옵션 대화상자의 Tree탭에서는 의사결정나무의 해결을 위한 옵션 선택이 가능함. 이 사례에서는 *R*=1,000인 지수효용함수를 이용하여 수익을 최대화함

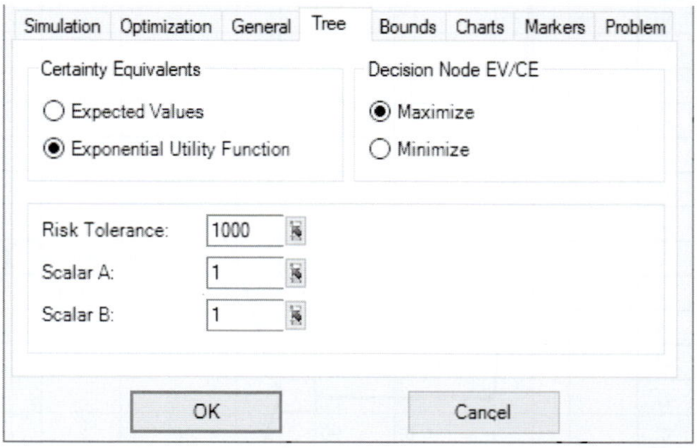

Simulation | Optimization | General | Tree | Bounds | Charts | Markers | Problem

Certainty Equivalents
○ Expected Values
◉ Exponential Utility Function

Decision Node EV/CE
◉ Maximize
○ Minimize

Risk Tolerance: 1000
Scalar A: 1
Scalar B: 1

OK | Cancel

Goferbroke사 전체 문제를 분석하기 위한 개략적인 추정치로 위험허용한도 *R*=1,000인 지수효용함수를 가정하자. (이 문제에서는 성과를 천 달러 단위로 표현했기 때문에 *R*=1,000으로 설정했고, 만약 성과가 달러 단위라면 *R*=1,000,000이 된다.) 〈그림 12-25〉는 분석된 의사결정나무를 보여준다. 각 마디의 좌측 하단에 두 개의 숫자가 있다. 두 개 중 아래에 있는 숫자는 그 단계에서의 기대효용 값이고

〈그림 12-25〉 R=1,000인 지수효용함수를 활용하여 Goferbroke사 전체 문제를 해결하기 위해 Analytic Solver로 작성된 의사결정나무

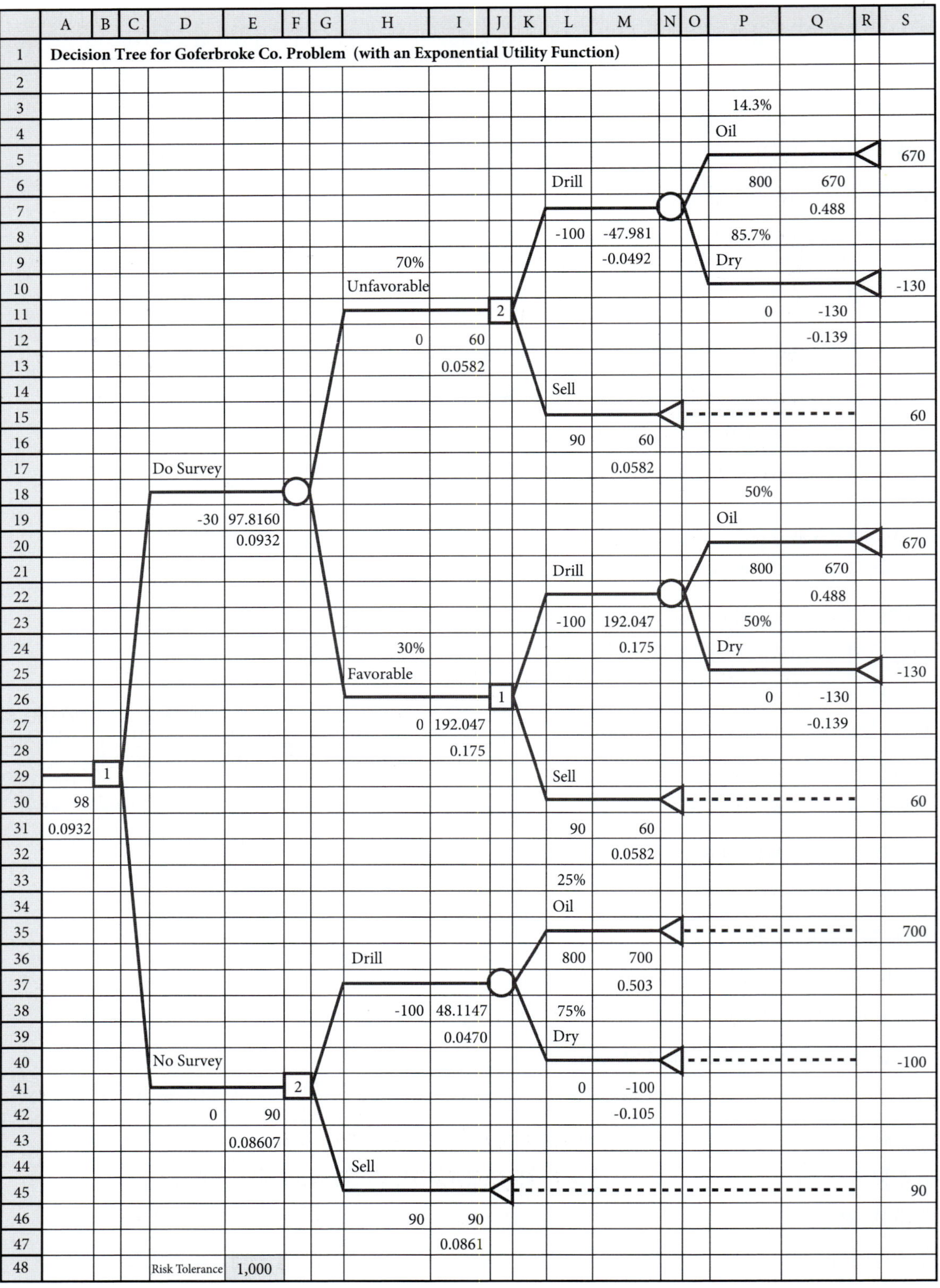

Range Name	Cells
RiskTolerance	E48

위의 숫자는 그 기대효용에 해당하는 성과이다. 예를 들어, 셀 A31은 이 의사결정의 지수효용함수 기대값이 0.0932임을 보여주고 있다. 이 기대효용 값은 셀 A30에 있는 9만8,000달러 성과에 해당한다.

지수효용함수를 사용하더라도 〈그림 12-23〉과 동일한 의사결정을 하는 것이 최적이다. 즉, 여전히 최적정책은 지질조사를 한 후, 지질조사 결과가 부정적이면 토지를 매각하고 결과가 긍정적이면 시추를 하는 것이다. 그러나 R의 값이 감소하면 최적정책이 바뀐다. R 값이 728보다 작아지면 최적정책은 지질조사를 하지 않고 토지를 매각하는 것이다. 따라서 더 위험회피적인 의사결정자라면 토지를 매각하고 확실하게 9만 달러를 얻는 안전한 의사결정을 선택할 것이다.

복습문제

1. 효용은 무엇을 반영하려 하는가?
2. 위험회피자의 화폐효용함수는 어떤 형태인가? 위험선호자는? 위험중립자는?
3. 효용함수의 기본성질이란 무엇인가?
4. 등가복권방법을 사용할 때 복권이란 무엇인가?
5. 하나는 확률 p를 포함하고 하나는 확률을 포함하지 않는 두 개의 가상 대안을 감안할 때, 이 두 가지 대안 사이의 무차별점은 무엇을 의미하는가?
6. 효용을 이용한 의사결정나무에서 각 마디를 평가하기 위해 어떤 값을 사용하는가?
7. Max는 Goferbroke사 전체 문제에서 어떤 의사결정을 할 것인가?

12.10 의사결정 분석의 실제 활용

Goferbroke사 문제는 의사결정 분석의 전형적인 사례이다. Max는 불확실성이 큰 상황 하에서 의사결정(지질조사를 할 것인가 말 것인가? 유전을 시추할 것인가 아니면 토지를 매각할 것인가?)을 해야 한다. 이러한 의사결정은 성과예측이 불확실하기 때문에 어렵다. 성과는 Max가 통제할 수 없는 요소(원유 매장 여부)에 의해 결정된다. 그는 이와 같은 불확실한 환경에서 합리적 의사결정을 할 수 있는 분석틀과 방법이 필요했다. 이것이 의사결정 분석 적용의 일반적 특성이다.

그러나 다른 면에서 볼 때, Goferbroke사 문제는 전형적인 적용 사례가 아니다. 이 문제는 가능한 상황이 단지 두 가지밖에 없다고 단순하게 가정했지만, 실제로는 상당히 많은 상황이 발생할 수 있다. 예를 들면, 실제 가능한 상황이 원유 매장량에 따라 불모지, 소량, 중간 정도의 양, 대량, 막대한 양일 수 있고, 시추 비용이 유전의 깊이와 지질 조건에 따라 여러 가지일 수도 있다. 또한, Max는 두 번의 의사결정 각각에 대해서 단지 2개의 대안만을 고려하고 있다. 그러나 실제 문제는 더 많은 의사결정, 더 많은 대안, 더 많은 상황을 고려한다.

Goferbroke사 문제와 같은 단순한 문제는 손으로 쉽게 분석하고 풀 수 있다. 그러나 실제 적용사례는 일반적으로 대규모 의사결정나무로 나타나며, 이를 작성하고 분석하려면 Analytic Solver와 같은 소프트웨어를 필요로 한다. 어떤 경우에는 의사결정나무가 수천 개의 가지를 갖는 규모로 확대될 수도 있다. 그와 같은 거대한 문제를 해결하기 위해 특별한 수학적 기법이 이용되기도 한다.

의사결정나무 외에도 그래프를 사용하여 의사결정문제를 해결하는 방법들이 있다. 널리 사용되는 방법 중 하나는 의사결정자의 대안, 불확실성, 가치 사이의 관계를 보여주는 **Influence 다이어그램**Influence diagram이다.

Goferbroke사 문제에는 1명의 분석가(Maria)에 의해서 지원되는 1명의 의사결정자(Max)만 있지만, 기업의 전략적 의사결정 대부분은 여러 명의 관리자에 의해 집단적으로 이루어진다. 그룹의사결정에 사용되는 기법 중 하나는 **의사결정회의**decision conferencing라고 불리는 것이다. 이것은 그룹 구성원들이 함께 모여 분석가와 진행자의 도움을 받으면서 의사결정회의에서 토론을 조율하는 과정이다. 진행자는 토론 구성 및 집중, 창조적인 아이디어 도출, 개념의 명확화, 관련 이슈 전반의 점검 등을 그룹 구성원과 함께 한다. 분석가는 다양한 의사결정 대안의 영향을 탐구하는 그룹을 지원하기 위해 의사결정 분석을 한다. 분석가는 의사결정 분석 기법을 사용하여 다양한 의사결정대안의 의미 탐색을 지원한다. 분석가는 컴퓨터 그룹의사결정지원시스템을 활용하여 그 자리에서 모델작성, 문제 해결 및 민감도 분석을 수행하고, 그룹에서 요구한 What-If 질문에 응답한다.

일반적으로 의사결정 분석을 적용할 때는, 의사결정자(개인이든 그룹이든)와 경영과학 및 비즈니스 분석 교육을 받은 분석가(개인이든 팀이든) 사이에 동반자 관계가 필요하다. 대부분의 경영자는 분석가로서의 자질을 갖춘 Maria와 같은 참모가 없다. 그래서 의사결정 분석에 전문화된 많은 경영컨설팅 회사가 이러한 역할을 수행한다.

의사결정 분석 기법의 현실 적용에 대하여 더 읽어 보고 싶으면, 2004년에 창간되어 의사결정 분석 분야의 실용 연구에 초점을 둔 학술지인 「Decision Analysis」의 첫 번째 호, 첫 번째 논문을 참조하라.[2] 이 논문은 의사결정에 대한 다양한 현실적인 문제에 대한 자세한 토론을 다룬다. 이 학술지의 후속 호에서는 의사결정 분석 분야의 이론 연구와 실제 적용에 대한 다양한 내용을 심도 있게 다루고 있다.

복습문제

1. Goferbroke사 문제를 전형적인 의사결정 분석 사례와 비교하면 어떠한가?
2. Influence 다이어그램의 목적은 무엇인가?

---

[2] D. L. Keefer, C. W. Kirkwood, and J. L. Corner, "Perspective on Decision Analysis Applications," Decision Analysis 1 (2004): 4-22.

3. 의사결정회의의 대표적인 참가자는 누구인가?
4. 의사결정 분석과정에서 분석을 담당할 참모가 없다면, 관리자는 어디서 전문가의 도움을 받을 수 있는가?

복습문제

12.11 요약

의사결정 분석은 불확실성이 큰 상황에서 의사결정을 해야 할 때 필요한 기법이다. 결과가 불확실한 환경에서 합리적인 의사결정을 하기 위한 방법과 체계를 제공한다.

일반적인 상황에서, 의사결정자는 한 단계 혹은 일련의 다단계 의사결정(의사결정 사이에 추가적인 정보가 사용될 수도 있다)을 한다. 각 의사결정에는 여러 개의 대안이 있다. 통제할 수 없는 우연한 요인에 의하여 의사결정 대안의 성과가 결정된다. 우연한 요소에 의해 발생하는 결과를 가능한 상황이라고 한다.

여러 개의 가능한 상황 중 실제로 어떤 상황이 발생하는지는 의사결정이 이루어지고 난 후에 알게 된다. 그러나 의사결정 이전에 각 가능한 상황에 대한 사전확률을 추정하는 것이 가능할 수도 있다.

의사결정을 위한 다양한 의사결정기준이 있다. 가장 많이 사용되는 기준은 사전확률을 사용하여 각 의사결정 대안에 대한 기대성과를 구하고 가장 큰 기대성과를 가지는 대안을 선택하는 Bayes 의사결정기준이다. 이 기준은 실제로 가장 많이 사용되며(민감도 분석과 함께 사용된다), 이 장의 대부분이 이를 대상으로 한다.

민감도 분석은 확률, 수익, 비용 등 자료가 부적절하게 추정되었을 때, 불확실한 추정치의 영향을 평가하는 데에 유용하다. 엑셀의 데이터 표 기능은 자료의 값을 체계적으로 변동시키고, 이에 따라 최적의 의사결정 및 기대성과가 어떻게 변하는지 보여준다.

때로는 가능한 상황의 발생 확률에 대한 추가적인 정보를 얻기 위한 조사 또는 실험을 할 수도 있다. 완전정보의 기대가치를 계산하는 것은 이와 같은 조사와 실험이 가치가 있는지 확인하는 손쉬운 방법이다.

추가정보를 얻어서 수정된 확률을 사후확률이라고 한다. 확률나무그림은 사후확률을 계산하는 데에 유용하다.

다단계의 의사결정이 필요한 문제(추가적인 정보를 더 얻을 것인지에 대한 의사결정을 포함하여)를 위해서는 의사결정 및 무작위 사건의 진행을 그림으로 보여주는 의사결정나무가 사용된다. Bayes 의사결정기준을 적용하기 위한 계산은 의사결정나무에서 직접 이루어진다. Analytic Solver와 같은 소프트웨어는 의사결정나무를 구성하고 해를 구하는 데에 유용하게 사용된다.

상당히 큰 손실이 발생할 가능성이 있다면, 효용을 사용하여 의사결정자의 위험에 대한 태도를 고려해야 한다. 이 경우, 화폐가치가 아닌 효용으로 기대성과를 표현하여 Bayes 의사결정 기준을 적용한다.

의사결정분석을 활용한 사례에서는 복수의 성과척도를 동시에 고려해야 하는 경우도 있다. 19장에서는 이러한 환경에서 널리 사용되는 목표계획법에 대해서 소개한다. 19장의 내용은 www.mhhe.com/Hillier7e에서 볼 수 있다.

의사결정 분석은 널리 사용되는 방법이다. PC용 범용소프트웨어들은 의사결정 분석을 현실사례에 적용하는 데 중요한 역할을 한다.

용어

가능한 상황 state of nature 의사결정대안의 성과에 영향을 주는 무작위 사건의 가능한 결과. (12.1절)

가지 branch 의사결정나무에서 마디로부터 뻗어 나온 선. (12.3절)

기대화폐가치기준 expected monetary value(EMV) criterion 화폐가치로 기대성과를 평가하는 Bayes 의사결정기준을 부르는 이름. (12.2절)

기대성과 expected payoff(EP) 의사결정대안의 기대성과는 가능한 상황의 발생확률을 가중치로 하여 가능한 상황의 성과를 가중평균함으로써 얻어짐. (12.2절)

기회마디 event node 무작위 사건이 일어나는 의사결정나무의 시점. (12.3절)

대안 alternatives 고려 중인 의사결정을 위해 의사결정자가 선택할 수 있는 옵션. (12.1절)

등가복권방법 equivalent lottery method 2개의 가상 대안을 비교하여, 특정량의 화폐에 대한 의사결정자의 효용을 구하는 절차. (12.9절)

마디 node 의사결정나무의 분기점. (12.3절)

무차별점 point of indifference 등가복권방법에서 고려하는 두 가상 대안이 무차별이 되는 지점. (12.9절)

민감도 분석 sensitivity analysis 가능한 상황의 발생 확률(또는 성과)이 최종의사결정에 얼마나 영향을 주는가에 대한 연구. (12.4, 12.8절)

사전확률 prior probabilities 실험 또는 설문조사를 통한 추가 정보를 얻기 이전의, 가능한 상황에 대한 추정확률. (12.1절)

사후확률 posterior probabilities 사전확률을 개선하기 위해서 실험 또는 설문조사를 한 후 얻어진, 가능한 상황의 추정확률. (12.5, 12.6절)

성과 payoff 의사결정 대안과 가능한 상황으로부터 나타난 결과의 측정값. (12.1절)

성과표 payoff table 의사결정 대안과 가능한 상황의 각 조합에 대한 성과가 기록된 표. (12.1절)

완전정보의 기대가치 expected value of perfect information (EVPI) 의사결정 전에 실제 상황을 알 수 있다면 얻을 수 있는 기대성과의 증가분. (12.4, 12.5절)

위험선호자 risk-seeking individual 금액이 증가할 때, 화폐효용함수의 기울기가 증가하는 사람. (12.9절)

위험중립자 risk-neutral individual 화폐효용이 금액에 비례하는 사람. (12.9절)

위험회피자 risk-averse individual 금액이 증가할 때, 화폐효용함수의 기울기가 감소하는 사람. (12.9절)

의사결정나무 decision tree 의사결정의 진행과 무작위 사건을 그래프로 표현한 그림. (12.3, 12.7절)

의사결정마디 decision node 의사결정을 필요로 하는 의사결정나무의 시점. (12.3절)

의사결정자 decision maker 고려 중인 의사결정에 책임이 있는 개인 또는 그룹. (12.1절)

의사결정회의 decision conferencing 그룹의사결정을 위한 절차. (12.10절)

지수효용함수 exponential utility function 위험회피자에게 적합하게 설계된 효용함수. (12.9절)

최우 의사결정기준 maximum likelihood criterion 발생 가능성이 가장 높은 상황에 초점을 둔 의사결정기준. (12.2절)

표본정보의 기대가치 expected value of sample information

(EVSI) 추가정보를 위한 조사를 함으로써 얻을 수 있는 기대 성과의 증가분. 단, 조사비용은 포함하지 않음. (12.7절)

화폐효용함수 utility function for money *U(M)* 화폐 M에 대한 효용을 그린 함수. (12.9절)

확률나무그림 probability tree diagram 가능한 상황의 사후확률 계산을 위한 다이어그램. (12.6절)

효용 utility 발생한 결과에 대해 의사결정자가 느끼는 진정한 가치. (12.1, 12.9절)

Bayes 의사결정기준 Bayes' decision rule 널리 사용되는 의사결정기준으로, 의사결정대안의 기대성과를 계산하기 위해 확률을 이용하고 그중 가장 큰 기대성과를 갖는 대안을 선택함. (12.2절)

Bayes 정리 Bayes' theorem 가능한 상황의 사후확률을 계산하기 위한 공식. (12.6절)

Influence 다이어그램 Influence diagram 의사결정 분석 문제를 표현하고 분석하는 다이어그램이며 의사결정나무를 보완함. (12.10절)

maximax 의사결정기준 maximax criterion 사전확률을 사용하지 않고, 단순히 가장 큰 성과가 나올 대안을 선택하는 낙천적인 의사결정 기준. (12.2절)

maximin 의사결정기준 maximin criterion 사전확률을 사용하지 않고, 각 대안의 최악의 성과를 비교하여 그중 가장 좋은 대안을 선택하는 비관적인 의사결정 기준. (12.2절)

이 장에 대한 학습지원

모든 학습지원 자료는 www.mhhe.com/Hillier7e에 제공된다.

엑셀 파일:

Bayes for Goferbroke
Decision Tree for First Goferbroke
Data Table for First Goferbroke
EP Perfect Info Goferbroke
Decision Tree for EVPI
Posterior Probabilities
Decision Tree for Full Goferbroke
Goferbroke with Max Utility Function
Goferbroke with Exponential Utility

엑셀 추가기능:

Analytic Solver

이 장의 보충 자료:

Decision Criteria
Using TreePlan Software for Decision Trees

Excel Files for Supplement 1 to This Chapter:

Maximax Criterion
Maximin Criterion
Realism Criterion
Minimax Regret Criterion
Maximum Likelihood Criterion
Equally Likely Criterion

학습문제

풀이는 www.mhhe.com/Hillier7e에 제공된다.

12.S1. 신차의 출시

General Ford Motors Corporation(GFMC)는 새로운 SUV인 Vector를 출시하려고 한다. 생산을 위한 두 가지의 대안이 있다. 첫 번째 대안은 Vector를 인디애나에 있는 기존 공장에서 현재 생산하고 있는 미니밴과 생산라인을 공유하여 생산하는 것이다. Vector의 판매량이 보통 수준이면 같은 공장에서 두 종류의 차를 함께 생산할 수 있는 충분한 생산용량이 있으므로 문제가 없다. 그러나 Vector의 수요가 크면 3교대로 운영해야 하므로 이 대안은 비용이 상당히 많이 발생한다.

두 번째 대안은 조지아에 새로운 공장을 세우는 것이다. 이 공장은 Vector의 수요가 최대 예측치만큼 발생한다고 해도 용량이 충분하다. 그러나 수요가 보통이면 공장은 완전히 활용되지 못하고 비효율적이 된다.

신차는 새로운 디자인이라서 매출을 예측하기가 어렵다. 그러나 GFMC는 대규모 매출(연간 판매량 10만 대)이 발생할 확률을 60%, 적정 수준의 매출(연간 판매량 5만 대)이 발생할 확률을 40%로 예측했다. Vector 한 대에서 발생하는 평균 수익은 3만 달러이다. 차 한 대당 발생하는 생산비용은 다음 표와 같이 각 대안에 따라 매출별로 다르게 발생한다.

Vector의 1대당 기대 생산비용(단위: 1,000달러)

	적정 수준 매출	대규모 매출
인디애나의 공장	16	24
조지아의 공장	22	20

조지아 공장을 위한 공장 건설과 관련된 고정비의 연간 감가상각비용은 매출과 상관없이 4억 달러이다. 인디애나에서 Vector의 생산에 필요한 고정비는 연간 2억 달러이다.

a. 고정비, 생산비용, 매출을 고려하여 연간 기대이익을 최대화하는 생산 대안을 결정하는 의사결정나무를 그리시오.

b. Vector의 기대 매출이 가지는 불확실성 때문에, GFMC는 대규모 매출이 발생할 가능성을 더 잘 예측하기 위해서 Vector에 대한 고객의 반응을 파악할 마케팅 조사를 고려하고 있다. 마케팅 조사는 두 가지 결과(디자인에 대한 긍정적 반응 또는 부정적 반응) 중의 하나를 알려준다. GFMC는 다른 차를 위해 마케팅 조사를 이용했었다. 결과적으로 대규모 매출이 발생한 차의 경우에 마케팅 조사의 70%는 긍정적 반응을 나타냈고 30% 정도는 부정적 반응을 나타냈었다. 결과적으로 적절한 매출이 발생한 차의 경우에 마케팅 조사의 20%는 긍정적 반응을 나타냈고 80%는 부정적 반응을 나타냈었다. GFMC가 이러한 마케팅 조사를 실시한다고 가정하고 회사가 어떻게 해야 하는지, 연간 기대이익(마케팅 조사비용은 무시하라)은 어떻게 될지를 결정하기 위한 의사결정나무를 구하시오.

c. b에서 표본정보의 기대가치는 얼마인가? 이를 바탕으로 마케팅 조사의 비용이 얼마나 크면 마케팅 조사가 필요 없는지를 구하시오.

12.S2. 합의 또는 소송

Meredith Delgado는 컴퓨터에서 음악을 정리하고 들려주는 소프트웨어를 개발하는 중소기업의 창업자이다. 소프트웨어에는 그녀가 특허를 가지고 있는 몇 가지 중요한 기능이 있어서 회사의 전망은 낙관적이었다.

그러나 불길한 상황이 전개되었다. 연간 매출이 10억 달러가 넘는 MusicMan Software라고 하는 대기업에서 그녀가 가지고 있는 특허의 몇 가지 중요한 기능을 도용하여 유사한 소프트웨어를 개발했다. Meredith는 낙담했다. MusicMan Software는 그녀의 아이디어를 훔쳤고 그 회사의 마케팅 능력은 시장을 차지하고 Meredith를 파산하게 할 가능성이 높다.

Meredith는 MusicMan Software를 특허 침해로 고소하기로 했다. 변호사 비용과 기타 비용으로 재판을 하는 비용은 이기든지 지든지 상관없이 100만 달러가 될 것으로 예측된다. 그녀는 60%의 확률로 이길 것으로 생각하며 이기는 경우에는 손해배상으로 500만 달러를 받을 것이다. 만약 재판에 지면 50%의 확률로 재판관은 Meredith에게 MusicMan의 재판비용과 변호사 비용(100만 달러의 추가 비용)을 지급하라고 할 것이다. MusicMan Software는 이 사건을 재판으로 가져가지 않고 합의하면 Meredith에게 150만 달러를 주겠다고 제의했다.

a. Meredith는 기대성과를 최대화하려 한다는 가정하에서 그녀가 소송을 할 것인지 합의 제안을 받아들일지 결정하기 위한 의사결정나무를 구하시오.

b. 등가복권방법을 적용하여 모든 가능한 성과에 대한 효용값을 구하려면 Meredith에게 어떤 질문을 하여야 하는가?

연습문제

번호에 A가 있는 문제는 Analytic Solver를 사용할 수 있다. T는 사후확률의 템플릿이 사용될 수 있음을 표시한다. 번호에 별표(*)가 있는 문제는 책 뒷부분에 정답의 일부가 있다.

12.1 의사결정 분석을 위하여 확률이 주어지지 않은 성과표(단위: 1,000달러)가 다음에 있다.

대안	가능한 상황		
	S_1	S_2	S_3
A_1	6	2	4
A_2	3	4	3
A_3	8	1	5

a. Maximax 의사결정기준에 따르면 어떤 대안을 선택하는가?

b. Maximin 의사결정기준에 따르면 어떤 대안을 선택하는가?

12.2 다음과 같은 성과표에서 문제 12.1을 반복하시오.

대안	가능한 상황			
	S_1	S_2	S_3	S_4
A_1	25	30	20	24
A_2	17	14	31	21
A_3	22	22	22	22
A_4	29	21	26	27

12.3 Jean Clark은 Midtown Saveway 식품점의 관리자이다. 그녀는 지금 딸기를 공급받아야 한다. 단골 공급자는 그녀가 원하는 만큼의 딸기를 공급해줄 수 있다. 그러나 딸기는 너무 익었기 때문에 내일까지 팔아야 하고 팔리지 않은 것은 버려야 한다. Jean은 내일 10, 11, 12, 혹은 13 상자를 팔 수 있을 것으로 추정했다. 그녀는 한 상자당 3달러에 딸기를 구입할 수 있고 한 상자당 8달러에 팔고 있다. Jean은 지금 몇 상자를 구매해야 하는지를 결정해야 한다.

Jean은 딸기의 일일 판매실적을 조사했다. 이것을 토대로 내일 10, 11, 12, 13 상자의 딸기가 팔릴 수 있는 사전확률을 0.2, 0.4, 0.3, 0.1로 추정하였다.

a. 의사결정대안, 가능한 상황, 성과표를 작성하시오.

b. 만약 Jean이 사전확률의 정확성에 의심이 가서 Maximax의사결정기준을 사용한다면 몇 상자의 딸기를 구매해야 하는가?

c. 만약 Maximin의사결정기준을 따른다면 몇 상자의 딸기를 구매해야 하는가?

d. 최우 의사결정기준을 따른다면 몇 상자의 딸기를 구매해야 하는가?

e. Bayes의사결정기준을 따른다면 몇 상자의 딸기를 구매해야 하는가?

f. Jean은 10상자와 13상자 판매의 정확한 사전확률을 갖고 있다고 생각한다. 그러나 11상자와 12상자에 대한 사전확률에 대해서는 불확실하다. 11, 12상자의 사전확률이 (1) 0.2와 0.5, (2) 0.3과 0.4, (3) 0.5와 0.2일 때 Bayes 의사결정기준을 재적용하시오.

12.4* Warren Buffy는 전설적인 투자비법을 가지고 부를 축적한 재벌 투자자이다. 그는 현재 세 가지의 투자를 권유받고 있으며 이 중 하나를 선택하려고 한다. 첫 번째는 경제가 좋아질 때에는 상당히 좋고 경제가 나빠질 때에는 적은 손실만 발생할 보수적 투자이다. 두 번째는 경제가 좋아질 때에는 아주 좋고 경제가 나빠질 때에는 큰 손실을 발생할 투기적 투자이다. 세 번째는 경제가 좋아질 때에는 손실이 발생하고 경제가 나빠질 때에는 이익이 발생할 경기대응적 투자(countercyclical investment)이다.

Warren은 투자기간 동안에 세 가지의 가능한 시나리오 중 하나가 발생할 것으로 믿는다. (1) 경제 상승, (2) 현행 유지, (3) 경제 악화. 그는 현재의 경제 상황에 대하여 비관적이라서 이 세 가지의 시나리오가 각각 0.1, 0.5, 0.4의 사전확률을 가질 것으로 추정했다. 그는 또한, 각각의 시나리오에서 그의 이익을 추정하여 다음 표를 작성했다(단위: 만달러).

	경제 상승	현행 유지	경제 악화
보수적 투자	3,000	500	−1,000
투기적 투자	4,000	1,000	−3,000
경기대응적 투자	−1,000	0	1,500
사전확률	0.1	0.5	0.4

다음의 기준을 따른다면 Warren은 어떤 투자를 하여야 하는가?

a. maximax 의사결정기준

b. maximin 의사결정기준

c. 최우 의사결정기준

d. Bayes 의사결정기준

12.5 문제 12.4를 다시 보자. Warren Buffy는 Bayes 의사결정기준이 가장 신뢰할 만한 기준이라고 생각한다. 그는 경제가 상승할 확률 0.1은 적절하다고 생각하지만, 현행 유지와 경제 악화가 발생할 확률에는 확신이 없다. 따라서 이 두 개의 사전확률에 대하여 민감도 분석을 하고 싶어 한다.

a. 현행 유지의 사전확률은 0.3, 경제 악화의 사전확률은 0.6일 때, Bayes 의사결정기준을 다시 적용하시오.
b. 현행 유지의 사전확률은 0.7, 경제 악화의 사전확률은 0.2일 때, Bayes 의사결정기준을 다시 적용하시오.
c. 원래의 사전확률을 가지는 의사결정나무를 손으로 그리시오.
A d. Analytic Solver를 이용하여 원래의 사전확률을 가지는 의사결정나무를 만들고 문제를 해결하시오.
A e. d에서 만든 의사결정나무의 민감도 분석을 준비하기 위하여, 문제의 입력자료와 결과를 해당 스프레드시트에 통합해서 작성하시오(〈그림 12-7〉 참조).
A f. d와 e에서 구한 스프레드시트(의사결정나무를 포함)를 사용하여 a와 b를 다시 구하시오.
A g. 스프레드시트를 확장하여, 현행 유지의 사전확률이 0, 0.1, 0.2, 0.3, 0.4, 0.5, 0.6, 0.7, 0.8, 0.9일 때의 의사결정과 기대성과를 보여주는 데이터 표를 만드시오.
h. 현행 유지의 사전확률이 0일 때와 0.9일 때(경제 상승의 사전확률은 0.1로 고정), 세 가지 투자의 기대성과를 구하시오. 세로축은 기대성과, 가로축은 현행 유지의 사전확률인 그래프를 그리고, 앞에서 구한 기대성과들을 점으로 표시하시오. 세 가지 투자별로 그래프 상의 점들을 잇는 선을 그려서 현행 유지의 사전확률이 변함에 따라 기대성과가 어떻게 변하는지를 보이시오. 이 그래프를 이용하여 현행 유지의 사전확률에 따라 투자 선택이 어떻게 변하는지를 설명하시오.

12.6* 성과(단위:1,000달러)가 다음의 성과표와 같이 주어지는 의사결정 분석 문제를 고려한다.

대안	가능한 상황	
	S_1	S_2
A_1	80	25
A_2	30	50
A_3	60	40
사전확률	0.4	0.6

a. Maximax 의사결정기준을 적용할 때, 어떤 대안을 선택해야 하는가?
b. Maximin 의사결정기준을 적용할 때, 어떤 대안을 선택해야 하는가?
c. 최우 의사결정기준을 적용할 때, 어떤 대안을 선택해야 하는가?
d. Bayes 의사결정기준을 적용할 때, 어떤 대안을 선택해야 하는가?
A e. Analytic Solver를 이용하여 의사결정나무를 작성하고 문제를 해결하시오.
A f. 의사결정나무를 작성한 스프레드시트를 확장하여 S_1의 사전확률이 0.2일 때와 0.6일 때의 의사결정나무를 다시 풀어 민감도 분석을 하시오.
A g. S_1의 사전확률이 0.2에서 0.6까지 0.04씩 증가할 때, Bayes 의사결정기준에 의한 최적의 대안과 그때의 기대성과를 구하는 데이터 표를 작성하고, 민감도 분석을 수행하시오.

12.7 의사결정 분석을 위하여 다음과 같은 성과표가 주어졌다(단위:1,000달러).

대안	가능한 상황		
	S_1	S_2	S_3
A_1	220	170	110
A_2	200	180	150
사전확률	0.6	0.3	0.1

a. Maximax 의사결정기준에 따르면 어떤 대안을 선택하여야 하는가?
b. Maximin 의사결정기준에 따르면 어떤 대안을 선택하여야 하는가?
c. 최우 의사결정기준에 따르면 어떤 대안을 선택하여야 하는가?
d. Bayes 의사결정기준에 따르면 어떤 대안을 선택하여야 하는가?
e. 이 문제의 의사결정나무를 손으로 그리시오.
A f. Analytic Solver를 이용하여 의사결정나무를 그리고 문제를 해결하시오.
A g. S_3의 사전확률은 원래 값으로 고정되고 S_1의 사전확률이 0.3에서 0.7까지 0.05씩 증가할 때 무슨 일이 생기는지를 보여줄 데이터 표를 작성하고, 이를 이용하여 민감도 분석을 수행하시오. 그리고 시행착오 기법을 사용하여 S_1의 사전확률이 어디까지 증가할 때 최적의 의사결정이 변하는지 구하시오.
A h. S_2의 사전확률이 원래 값으로 고정된다고 가정하고, g를 반복하시오.
A i. S_1의 사전확률은 원래 값으로 고정되고 S_2의 사전확률이 0에서 0.4까지 0.05씩 증가할 때 g를 반복하시오.

j. 가능한 상황의 실제 확률이 주어진 사전확률의 10% 이내에 있다면, 어떤 대안을 선택하겠는가?

12.8 Dwight Moody는 1,000에이커의 경작지를 가진 대규모 농장의 경영자이다. 효율성을 높이기 위해서 Dwight는 농장에 항상 하나의 농작물만을 재배한다. 그는 다음 계절에 재배해야 할 4개의 농작물 중 하나를 선택하는 의사결정을 하고자 한다. Dwight는 다양한 날씨조건하에서 농작물 수확량과 부셀(bushel)당 순수입의 예측치를 다음 표와 같이 얻었다.

	기대 수확량(부셀/에이커)			
날씨	**농작물 1**	**농작물 2**	**농작물 3**	**농작물 4**
건조	20	15	30	40
중간	35	20	25	40
습함	40	30	25	40
부셀당 순수입	$1.00	$1.50	$1.00	$0.50

과거의 기상기록을 조회한 후, Dwight는 다음 계절의 날씨에 관한 사전확률을 다음과 같이 추정하였다.

건조: 0.3　　중간: 0.5　　습함: 0.2

a. 의사결정대안, 가능한 상황, 성과표를 작성하고, 의사결정을 위한 수식을 수립하시오.

[A]b. 이 문제의 의사결정나무를 작성하고, Bayes 의사결정기준을 사용하여 어느 농작물을 재배할지 결정하시오.

[A]c. Bayes 의사결정기준을 이용하여, 건조한 날씨의 사전확률은 변하지 않고 중간 날씨의 사전확률이 0.2, 0.3, 0.4, 0.6일 때 중간 날씨와 습한 날씨의 사전확률에 대한 민감도 분석을 하시오.

12.9 Barbara Miller는 Bayes 의사결정기준에 따라서 의사결정을 한다. 현재의 문제를 위해서 Barbara는 다음과 같은 성과표(단위: 1,000달러)를 구하였고 기대성과를 최대화하려고 한다.

	가능한 상황		
대안	S_1	S_2	S_3
A_1	$2x$	50	10
A_2	25	40	90
A_3	35	$3x$	30
사전확률	0.4	0.2	0.4

x값은 현재 50이지만 추가적인 투자를 통해 x를 증가시킬 수 있는 기회가 있다. x를 75로 증가시키기 위해서 최대 얼마나 많은 돈을 사용할 수 있는가?

12.10 의사결정문제를 위한 다음의 성과표(단위: 1,000달러)가 주어졌다.

	가능한 상황		
대안	S_1	S_2	S_3
A_1	4	0	0
A_2	0	2	0
A_3	3	0	1
사전확률	0.2	0.5	0.3

a. Bayes 의사결정기준에 따르면 어떤 대안을 선택할 것인가?

b. 완전정보의 기대가치를 구하시오.

[A]c. 의사결정나무를 이용해서 다시 계산한 후, b의 답이 적절한지 확인하시오.

d. 1,000달러를 지불하면 가능한 상황에 대한 추가정보를 얻을 수 있다. b에서 구한 답을 고려할 때, 이 돈을 지불하는 것이 적절한가?

12.11* Betsy Pitzer는 Bayes 의사결정기준에 따라 의사결정을 한다. 그녀는 현재 고민 중인 문제에 대해 다음의 성과표를 구성하였다(단위: 1달러)

	가능한 상황		
대안	S_1	S_2	S_3
A_1	50	100	−100
A_2	0	10	−10
A_3	20	40	−40
사전확률	0.5	0.3	0.2

a. Betsy는 어떤 대안을 선택할 것인가?

b. 완전정보의 기대가치를 구하시오.

[A]c. 의사결정나무를 이용해서 다시 계산한 후, b의 답이 적절한지 확인하시오.

d. 미래 상황에 관한 추가정보를 얻기 위해서 Betsy는 최대 얼마까지 지불할 수 있는가?

12.12 Bayes 의사결정기준을 사용하여 다음과 같은 성과표(단위: 1,000달러)를 가지는 의사결정문제를 생각해 보자.

	가능한 상황		
대안	S_1	S_2	S_3
A_1	−100	10	100
A_2	−10	20	50
A_3	10	10	60
사전확률	0.2	0.3	0.5

a. 어떤 대안을 선택하여야 하는가? 그때의 기대성과는

얼마인가?

b. 가능한 상황 S_1의 발생 여부를 확실하게 알 수 있는 정보를 얻을 수 있는 기회가 주어졌다. 이러한 정보를 위하여 최대 얼마까지 지불할 수 있는가? 이러한 정보를 얻었다고 가정하고 대안을 선택할 때 이 정보를 어떻게 사용하는가? 그 때의 기대성과는 얼마인가? (정보 획득에 지불한 비용은 제외)

c. 주어진 정보가 S_1이 아니라 S_2에 대한 것일 때에 b를 반복하시오.

d. 주어진 정보가 S_1이 아니라 S_3에 대한 것일 때에 b를 반복하시오.

^A^e. 어떤 가능한 상황이 발생할지 확실하게 알 수 있는 정보(완전정보)를 얻을 수 있는 기회가 주어졌다. 이러한 정보를 위하여 최대 얼마까지 지불할 수 있는가? 이러한 정보를 얻었다고 가정하고 대안을 선택할 때 이 정보를 어떻게 사용하는가? 그 때의 기대성과는 얼마인가? (정보 획득에 지불한 비용은 제외)

f. 가능한 상황에 대한 부분적인 추가정보(완전정보가 아님)를 줄 수 있는 조사를 할 기회가 주어졌다면, 이정보를 위해서 최대 얼마까지 지불할 수 있는가?

12.13 12.6절과 12.7절의 분석을 포함하여 Goferbroke사 문제를 다시 생각해보자. 지질학자의 도움으로 Maria Flyer는 Max가 비슷한 땅에서의 긍정적 지질조사 결과가 나올 가능성에 대하여 추정한 것보다 더 정확한 정보를 주는 과거 자료를 얻었다. 구체적으로, 땅에 원유가 있을 때의 지질조사 결과 중 80%는 긍정적인 것이었다. 반면, 땅에 원유가 없을 때에는 40%였다.

a. 〈그림 12-12〉를 수정하고 새로운 사후확률을 구하시오.

^T^b. 엑셀 템플릿을 사용하여 a의 결과를 확인하시오.

c. 〈그림 12-16〉을 수정하여 새로운 의사결정나무를 구하시오. 최적의 의사결정 정책은 무엇인가?

^A^d. Analytic Solver를 사용하여 새로운 의사결정나무를 구하고 문제를 해결하시오.

12.14 12.7절의 응용사례가 나온 논문을 찾아서 읽고, 의사결정 분석이 이 논문에서 어떻게 사용되었는지 간단히 설명하시오. 이 사례에서 재무적 혜택과 비재무적 혜택을 나열하시오.

12.15* Vincent Cuomo는 Fine Fabrics Mill사의 신용관리자이다. 그는 의류제조업체인 신규 고객사에게 10만 달러의 신용대출을 허용할지 말지 고민하고 있다. Vincent는 회사의 신용도를 높은 위험, 평균 위험, 낮은 위험 세 가지로 분류하고 있다. 그는 새로운 고객사가 어떤 신용도로 분류될지 모른다. 과거 경험에 의하면, 이와 유사한 의류제조업체 중 20%는 높은 위험, 50%는 평균 위험, 30%는 낮은 위험이었다. 신용대출이 허용되면, 높은 위험의 기대이익은 −15,000달러, 평균 위험의 기대 이익은 10,000달러, 낮은 위험의 기대 이익은 20,000달러이다. 만약 신용대출이 허용되지 않는다면, 이 고객사는 다른 경쟁사에게 갈 것이다. Vincent는 한 회사당 5,000달러를 지불하면 신용평가기관의 도움을 받을 수 있다. 신용거래 기록으로 확인된 회사들의 실제 신용기록과 이 회사들에 대한 신용평가기관의 신용평가 보고서가 분류한 비율은 다음의 표와 같다.

	실제 신용 기록		
신용평가	**높은 위험**	**평균 위험**	**낮은 위험**
높은 위험	50%	40%	20%
평균 위험	40	50	40
낮은 위험	10	10	40

a. 신용평가기관을 사용하지 않을 때의 의사결정 대안, 가능한 상황, 성과표를 작성하고, 의사결정을 위한 수식을 수립하시오.

b. 신용평가기관을 사용하지 않을 때 어떤 의사결정 대안을 선택할지 Bayes 의사결정기준을 사용하여 결정하시오.

c. 완전정보의 기대가치를 구하시오. 이 결과는 신용평가기관의 활용을 고려하는 것이 필요하다는 것을 의미하는가?

d. 신용평가기관을 사용한다고 하자. 확률나무그림을 그려서 세 가지 가능한 신용평가 결과에 대한 각각의 가능한 상황의 사후확률을 구하시오.

^T^e. d의 답을 엑셀의 템플릿을 사용하여 구하시오.

f. 전체 문제의 의사결정나무를 손으로 그리시오. 의사결정나무를 이용하여 Vincent의 최적 정책을 구하시오.

^A^g. Analytic Solver를 이용하여 의사결정나무를 그리고 문제를 해결하시오.

^A^h. 표본정보의 기대가치를 구하시오. 만약 신용평가기관의 비용에 대하여 협상이 가능하다면, 비용을 얼마까지 지불해야 신용평가기관의 사용이 가치가 있는가?

12.16 의사결정문제를 위한 다음의 성과표(단위: 1달러)가 주어졌다.

대안	가능한 상황	
	S_1	S_2
A_1	400	−100
A_2	0	100
사전확률	0.4	0.6

100 달러를 투자하여 미래 상황에 대한 연구를 수행할 수 있다. 실제 상황이 S_1일 때 연구결과가 S_1이 발생할 것이라고 예측할 확률은 60%이다(연구결과는 40%의 확률로 S_2를 예측하는 오류를 범한다). 실제 상황이 S_2일 때 연구결과는 80%의 확률로 S_2를 예측한다(20%의 확률로 S_1을 예측하는 오류를 범한다).

a. 연구결과를 사용하지 않을 때 어떤 의사결정 대안을 선택할지 Bayes 의사결정기준을 사용하여 결정하시오.

A b. 의사결정나무를 이용하여 완전정보의 기대가치를 구하시오. 이 결과로 미루어볼 때, 연구를 수행할만한 가치가 있는가?

c. 연구가 이루어졌을 때, 다음 각 쌍의 결과에 대한 결합확률을 구하시오. (1) 가능한 상황 S_1이 발생하고 연구결과는 S_1을 예측, (2) 가능한 상황 S_1이 발생하고 연구결과는 S_2를 예측, (3) 가능한 상황 S_2가 발생하고 연구결과는 S_1을 예측, (4) 가능한 상황 S_2가 발생하고 연구결과는 S_2를 예측.

d. 연구결과가 S_1을 예측할 무조건부확률을 구하시오. 또한, 연구결과가 S_2를 예측할 무조건부확률을 구하시오.

e. c와 d의 결과를 활용하여, 연구결과의 가능한 상황에 대한 사후확률을 구하시오.

T f. 엑셀 템플릿을 이용하여 e의 결과를 구하시오.

g. 연구결과가 S_1을 예측했을 때 Bayes 의사결정기준에 의한 최적의 의사결정은 무엇이고 이때의 기대성과는 얼마인가?

h. 연구결과가 S_2를 예측했을 때 g를 다시 수행하시오.

i. 연구가 수행되었을 때 Bayes 의사결정기준에 의한 기대성과은 얼마인가?

j. 앞의 결과들을 사용하여, 연구 수행 여부와 어떤 대안을 선택해야하는지를 결정하시오.

A k. 전체 문제의 의사결정나무를 그리고 문제를 해결하시오.

12.17 경기연맹은 소속 선수들에 대한 약물검사를 실시했는데, 10%의 선수가 약물을 복용하는 것으로 나타났다. 그러나 약물검사의 신뢰도는 95%이다. 즉, 실제 약물을 복용한 선수의 검사결과가 양성일 확률이 0.95이고 음성일 확률이 0.05이다. 반면, 약물을 복용하지 않은 선수의 검사결과가 음성일 확률 역시 0.95이고 양성일 확률은 0.05이다.

선수의 약물복용 검사결과로부터 다음의 각 사후확률을 결정하기 위한 확률나무그림을 작성하시오.

a. 검사 결과가 양성일 때 선수가 약물을 복용했을 경우.

b. 검사 결과가 양성일 때 선수가 약물을 복용하지 않았을 경우.

c. 검사 결과가 음성일 때 선수가 약물을 복용했을 경우.

d. 검사 결과가 음성일 때 선수가 약물을 복용하지 않았을 경우.

T e. 위의 답을 계산하는 데 엑셀 템플릿을 이용하시오.

12.18 Telemore사의 경영진은 신제품 개발 및 마케팅을 고려 중이다. 신제품의 성공 가능성은 실패 가능성보다 두 배 높은 것으로 추정된다. 신제품이 성공한다면 기대성과는 150만 달러이다. 만약 실패한다면 기대 손실은 180만 달러이다. 신제품의 성공 여부에 대한 마케팅 조사에는 10만 달러가 소요된다. 과거 경험에 의하면 성공했던 제품의 80%는 마케팅 조사 결과가 성공으로 나타났으며, 실패했던 제품의 70%는 마케팅조사 결과가 실패로 나타났다.

a. 마케팅조사를 하지 않았을 때의 의사결정 대안, 가능한 상황, 성과표를 작성하고, 의사결정을 위한 수식을 수립하시오.

b. 마케팅조사를 하지 않을 때, 어떤 의사결정 대안을 선택할지 Bayes 의사결정기준을 사용하여 결정하시오.

c. 완전정보의 기대가치를 구하시오. 이 결과에 의하면 마케팅조사를 고려하는 것이 필요한가?

T d. 마케팅조사를 수행했다고 가정하자. 마케팅조사의 가능한 상황에 대한 사후확률을 구하시오.

A e. Analytic Solver를 이용하여 전체 문제에 대한 의사결정나무를 그리고 문제를 해결하시오.

12.19 다음과 같은 의사결정나무가 주어졌다. 괄호 안의 숫자는 확률이고 오른쪽에 있는 숫자는 최종마디에서의 성과를 나타낸다.

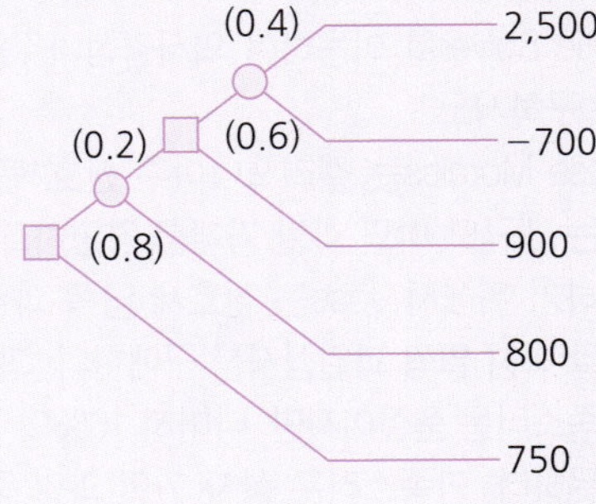

a. 의사결정나무를 분석하고 최적정책을 수립하시오.

[A]b. Analytic Solver를 이용하여 동일한 의사결정나무를 작성하고 해를 구하시오.

12.20 기회마디에서의 확률은 괄호 안에, 최종마디에서의 성과는 오른쪽에 기록한 의사결정나무가 주어졌다. 의사결정나무를 분석하여 최적정책을 수립하시오.

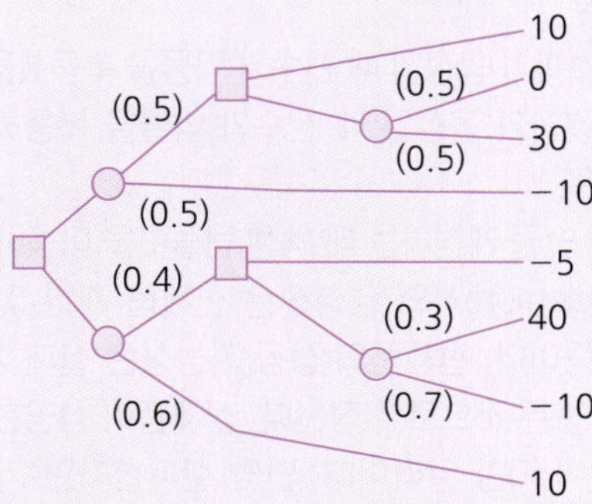

12.21 특정 주식의 월요일 종가는 10달러이다. 이 주식의 화요일 종가가 9달러, 10달러, 11달러일 가능성은 각각 0.3, 0.3, 0.4로 예측된다. 수요일 종가는 다음의 확률로 화요일 종가대비 10% 하락, 보합, 10% 상승일 것으로 예측된다.

화요일 종가	10% 하락	보합	10% 상승
$ 9	0.4	0.3	0.3
10	0.2	0.2	0.6
11	0.1	0.2	0.7

화요일 오전, 당신은 목요일 전까지 해당 주식 100주를 매수하라는 업무지시를 받았다. 모든 매수는 그 날의 종가로 이루어진다. 따라서 당신은 화요일 폐장 후 또는 수요일 폐장 후에 주식을 매수할 수 있다. 화요일 종가를 안다고 할 때, 기대매수가격을 최소화하기 위해서 화요일에 매수할 것인지 또는 수요일까지 매수를 연기할 것인지에 대한 최적전략을 결정하기를 원한다.

a. 최적전략 수립을 위한 의사결정나무를 수작업으로 작성하고, 이를 평가하시오.

[A]b. Analytic Solver를 이용하여 의사결정나무를 구성하고 해를 구하시오.

[A]**12.22** Jose Morales는 캘리포니아주 산호세의 중산층 지역에 있는 대규모 야외 과일 가게를 경영하고 있다. 물량을 준비하기 위해서 Jose는 산호세 남쪽 과일 재배자로부터 매일 아침 일찍 과일상자를 구매한다. 과일상자의 90%는 만족스러운 품질이지만, 나머지 10%의 품질은 만족스럽지 못하다. 만족스러운 상자 안의 과일 중 80%는 우수한 품질이며, Jose에게 200달러의 이익을 가져다준다. 반면에, 불만족스러운 상자 안의 과일 중 30%만이 우수한 품질이며, 1,000달러의 손실이 발생한다. Jose는 과일상자의 구매 결정 전에, 과일 하나를 뽑아서 품질의 우수성을 테스트할 수 있다. 이 표본의 품질을 근거로, 대금 지불 없이 그 상자를 거절할 선택권을 갖고 있다. Jose는 (1) 이 재배자로부터 계속 구매할 것인가, (2) 만약 그렇다면, 상자에서 과일 하나를 채취할 가치가 있는지, (3) 만약 그렇다면 이 채취의 결과에 기초하여 상자를 수락 또는 거절할 것인지를 고민하고 있다.

Analytic Solver(또한, 사후확률 계산을 위한 엑셀 템플릿)를 이용하여 이 문제에 대한 의사결정나무를 작성하고 해를 구하시오.

12.23 12.9절에서 다룬 효용을 고려한 Goferbroke사 문제를 다시 고려해보자. Max는 회사의 재정상태를 고려할 때, 좀 더 위험회피적인 접근을 해야한다고 결정했다. 그래서 그는 〈표 12-9〉에 주어진 효용을 다음과 같이 수정하기로 했다.

$U(-130)=0$　　$U(-100)=0.07$　　$U(60)=0.40$
$U(90)=0.45$　　$U(670)=0.99$　　$U(700)=1$

a. 새로운 최적정책을 수립하기 위하여, 수작업으로 〈그림 12-23〉에 대응하는 수정된 의사결정나무를 작성하고 분석하시오.

[A]b. Analytic Solver를 이용하여 수정된 의사결정나무를 작성하고 해를 구하시오.

12.24 당신의 부모는 대학 졸업 선물로 두 가지 대안을 제안하였다. 첫 번째 대안은 19,000달러의 현금 선물이고, 두 번째 대안은 당신의 이름으로 투자를 하는 것이다. 이 투자의 가능한 성과는 다음의 두 가지이다.

성과	확률
$10,000 수익	0.3
$30,000 수익	0.7

화폐 M에 대한 효용은 효용함수 $U(M)=\sqrt{M+6}$이다(M의 단위: 1,000달러). 기대효용을 최대화하기 위해서 당신은 어떤 선택을 할 것인가?

12.25 당신은 화폐 M(단위: 1,000달러)에 대하여 개인적으로 측정한 효용함수 $U(M)$을 작성하려고 한다. $U(0)=0$으로 설정하고, 10,000달러에 대한 효용은 $U(10)=1$로 설정하였다. 이제 당신은 $U(1)$과 $U(5)$를 구하려고 한다.

a. 다음과 같은 두 개의 가상 대안을 고려한다.

A_1: 확률 p로 10,000달러를 얻는다.
확률 1−p로 0을 얻는다.
A_2: 확실하게 1,000달러를 얻는다.
두 대안을 무차별하게 하는 p값이 얼마인지 스스로에게 물어본다. 만약 당신의 답이 p=0.125라면 U(1)은 얼마인지 구하시오.

b. 두 번째 대안에서 수령하는 금액이 5,000달러라고 가정하고, a의 절차를 반복하여 적용한다. 이 두 대안을 무차별하게 하는 p의 값이 p=0.5625일 때 U(5)를 구하시오.

c. 당신이 직접 p를 선택하고 a와 b를 반복하시오.

12.26 다음과 같은 성과표가 주어졌다.

대안	가능한 상황 S_1	가능한 상황 S_2
A_1	25	36
A_2	100	0
A_3	0	49
사전확률	p	1−p

a. 성과에 대한 효용함수가 $U(x)=\sqrt{x}$라 가정하자. p값에 대한 각 의사결정대안의 기대효용을 그래프로 그리시오. 각 의사결정대안에 대하여, 해당 의사결정의 기대효용을 최대로 하는 p값의 범위를 구하시오.

A b. 효용함수가 위험허용한도 R=50을 갖는 지수효용함수라고 가정하자. Analytic Solver를 이용하여 p=0.25, p=0.5, p=0.75인 의사결정나무를 구성하고 해를 구하시오.

통합사례 12-1: 백만장자가 되고 싶은 사람은?

당신은 '백만장자가 되고 싶은 사람은?'이라는 퀴즈 프로그램의 참가자이다. 당신은 25만 달러짜리 문제를 해결했고, 이제 50만 달러짜리 문제에 도전할지를 결정해야 한다. 당신은 25만 달러에서 멈출 수도 있고, 50만 달러짜리 문제에 도전할 수도 있다. 50만 달러짜리 문제에 도전하여 정답을 맞히면, 50만 달러를 가지고 그만 둘 수도 있고 100만 달러짜리 문제에 도전할 수도 있다. 만약 100만 달러짜리 문제를 맞히면, 게임은 끝나고 당신은 100만 달러를 가지게 된다. 만약 50만 달러 또는 100만 달러 문제를 틀리면, 당신은 단지 3만2,000달러만 가지게 된다.

'백만장자가 되고 싶은 사람은?'이라는 게임의 특징은 '50-50', '방청객에게 물어보기', '친구에게 전화하기'라는 세 개의 찬스를 사용할 수 있다는 것이다. 현재, 당신은 두 개의 찬스를 사용했기 때문에, 남아 있는 찬스는 '친구에게 전화하기' 뿐이다. 이 찬스를 선택하면, 문제의 답을 말하기 전에 친구에게 전화하여 정답에 대한 조언을 들을 수 있다. 당신은 이 찬스를 한 번만 사용할 수 있다. (즉, 50만 달러 문제 또는 100만 달러 문제에서 단 한 번 사용할 수 있다.) 친구들 중 몇 명은 당신보다 똑똑하므로, '친구에게 전화하기'를 사용하면 정답을 맞힐 가능성이 높아진다. '친구에게 전화하기'를 사용하지 않고 50만 달러 문제의 정답을 맞힐 가능성은 65%이고, 100만 달러 문제의 정답을 맞힐 가능성은 50%이다.(문제의 난이도는 뒤로 갈수록 높아진다.) '친구에게 전화하기'를 사용한다면, 50만 달러 문제의 정답을 맞힐 가능성은 80%이고 100만 달러 문제의 정답을 맞힐 가능성은 65%이다.

a. Analytic Solver를 사용하여 의사결정나무를 작성하고 어떻게 할 것인지 결정하시오. 기대 상금을 최대로 하기 위한 최적의 방안은 무엇인가?

b. 등가복권방법을 사용하여 당신의 효용함수를 구하시오. (이 게임에서 가능한 모든 성과에 대한 효용을 구하시오.)

c. 성과를 효용으로 바꾸고, 기대효용을 최대로 하는 의사결정나무를 작성하여 해결하시오. 이렇게 하면 최적의 방안이 바뀌는가?

대기행렬 모형

13 CHAPTER

학습목표: 13장을 학습한 후에는,

1. 대기행렬 모형의 요소를 설명할 수 있어야 한다.
2. 대기행렬 모형에 자주 사용되는 확률분포의 특성을 알아야 한다.
3. 자주 다루어지는 여러 가지 대기행렬 시스템에 대한 많은 예를 들 수 있어야 한다.
4. 대기행렬시스템에 대한 주요 성과척도들과 이들 척도 사이의 관계를 알아야 한다.
5. 기본적인 대기행렬시스템의 주요 형태를 설명할 수 있어야 한다.
6. 고려 중인 대기행렬시스템에 대한 설명을 보고 가장 적합한 대기행렬 모형을 결정할 수 있어야 한다.
7. 대기행렬시스템에 대한 주요 성능 척도를 구하기 위하여 대기행렬 모형을 응용할 수 있어야 한다.
8. 고객의 중요도에 있어서 어떤 차이가 우선순위 대기행렬에 반영될 수 있는지를 설명할 수 있어야 한다.
9. 대기행렬시스템을 설계하는 데 있어서 대기행렬 모형이 어떠한 시사점을 제공하는지를 설명할 수 있어야 한다.
10. 대기행렬시스템에서 제공되는 서버의 수를 결정하기 위하여 경제성분석을 응용할 수 있어야 한다.
11. 행동 대기행렬론이 무엇을 의미하는지 설명할 수 있어야 한다.

대기행렬queue, waiting line은 일상생활의 한 부분이다. 우리는 영화관에서 표를 사기 위해, 은행에서 입금하거나 인출하기 위해, 대형할인점에서 물건 값을 지불하기 위해, 우체국에서 우편물을 발송하기 위해, 셀프서비스 식당에서 음식을 선택하고 값을 지불하기 위해, 놀이공원에서 놀이기구를 타기 위해 대기행렬 속에서 기다린다. 이렇게 기다리는 것에 상당히 익숙해져 있다고는 하나 지나치게 오래 기다리게 되면 불쾌해진다.

기다려야 한다는 것을 단지 개인적인 불쾌감으로 생각할 것이 아니다. 한 국가의 국민이 대기행렬에서 기다리며 낭비하는 시간의 양은 국민 생활의 질과 국가 경제의 효율성을 결정하는 중요한 요인이다.

사람만 줄을 서는 건 아니다. 고장 난 기계가 수리를 위해 기다리는 것은 생산활동의 손실을 의미한다. 하역을 기다리는 운송기기(선박, 트럭, 화물열차 등)들은 그 다음에 있을 선적을 지연시킨다. 이착륙을 기다리는 비행기는 그 다음 비행 일정에 차질을 줄 수가 있으며, 통신회선의 포화로 인한 전송 지연은 데이터 오류를 초래할 수 있다. 제조공정에서의 작업의 지연으로 인한 대기는 그 후속 작업에 차질을 준다. 납기를 지키지 못하는 서비스 업무는 미래의 사업 기회를 놓치는 결과를 초래할 수가 있다.

대기행렬이론queueing theory은 이러한 다양한 형태의 기다림에 대한 연구로서, 현실에서 나타나는 다양한 형태의 대기행렬시스템queueing system을 대기행렬 모형queueing model을 이용하여 표현한다. 각 모형에 대한 수식은 여러 가지 상황 변화에 따라 평균대기시간을 포함하여 대기행렬시스템이 어떻게 되는지를 알게 해준다.

따라서 대기행렬 모형은 대기행렬시스템을 가장 효율적으로 운용할 방법을 결정하는 데 매우 유용하게 사용된다. 시스템을 운용하기 위해 지나친 서비스를 제공하면 비용이 많이 드는 반면, 충분한 서비스를 제공하지 않으면 오랜 기다림이 발생하고 그 결과 좋지 않은 여러 결과가 초래된다. 대기행렬 모형을 이용하면 서비스 비용과 대기시간의 길이 사이의 적절한 균형을 찾을 수 있다.

이 장의 처음 3개 절은 대기행렬 모형의 구성요소를 설명하고, 대기행렬 모형을 적용할 수 있는 대표적인 대기행렬시스템의 여러 가지 예와 함께, 이들 시스템의 성과척도들을 제시한다. 13.4절에서는 이 장에서 다룰 사례연구를 소개한다. 그 다음 3개절에서는 이 사례와 관련된 중요한 대기행렬 모형들을 설명한다. 13.8절에서는 앞의 사례연구에서 나온 중요한 결과를 대기행렬시스템의 설계와 관련하여 설명한다. 그리고 13.9절에서는 대기행렬시스템의 서버server의 수를 결정하는 데에 경제성 분석이 어떻게 이용되는지 설명한다. 13.10절에서는 실제 대기행렬시스템에서 인간 서버와 고객의 일반적인 행동을 규명하는데 초점을 둔 행동 대기행렬론을 소개한다. 추가적인 대기행렬 모형은 www.mhhe.com/Hillier7e에서 이 장에 대한 보충 자료에 설명되어 있다.

13.1 대기행렬 모형의 구성요소

여기서는 대기행렬 모형에서 가정하고 있는 대기행렬시스템의 기본적인 유형을 설명한다.

기본 대기행렬시스템

〈그림 13-1〉은 전형적인 **대기행렬시스템**queueing system을 나타내고 있다. **고객**customer은 서비스를 받기 위해 개별적으로 시스템에 도착한다. 만약 도착한 고객이 도착 즉시 서비스를 받지 못하면, 그 고객은 **대기행렬**queue에서 기다린다(대기행렬에는 서비스를 받고 있는 고객은 포함하지 않는다). 서비스 시설에서는 1명 이상의 **서버**server가 서비스를 제공한다. 각 고객은 서버 중 1명으로부터 개별적으로 서비스를 받은 후 시스템을 떠난다.

〈그림 13-1〉 4명의 서버와 단일 대기행렬이 있는 기본 대기행렬시스템 (C=고객, S=서버)

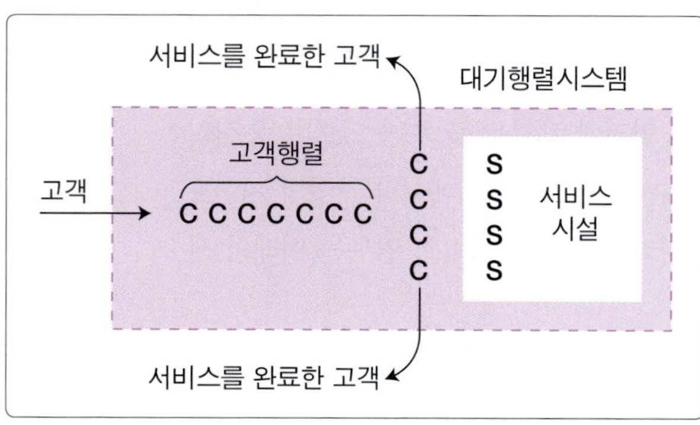

어떤 대기행렬시스템에서 고객은 사람일 수도 있고, 차량(예: 이륙 대기 중인 비행기), 기

계(예: 수리를 기다리고 있는 기계), 기타 물건(가공 공정을 기다리고 있는 작업) 등이 될 수도 있다. 하나의 서버는 보통 1명의 사람이지만, 때로는 서비스를 제공하기 위해 함께 일하는 집단일 수도 있고, 경우에 따라서는 기계나 차량, 전자장비 등일 수도 있다.

서버는 흔히 한 명의 사람이지만 그러나 각 고객을 함께 서비스하는 사람들의 집단이 될 수도 있다. 서버는 또한, 기계, 차량, 전자장치 등이 될 수도 있다.

대부분의 경우 대기행렬은 서서 기다리는 줄waiting line이다. 그러나 고객이 반드시 서비스 시설 앞에서 줄을 서 있어야 하는 것만은 아니다. 고객은 순번이 정해진 상태에서 대기실에 앉아 있을 수 있고, 수리를 받기 위해 고정된 위치에서 서버를 기다리는 기계들과 같이 여기저기 흩어져 있을 수도 있다.

다음 절에서는 〈그림 13-1〉과 위의 설명에 해당되는 여러 가지 중요한 대기행렬시스템의 예를 제시한다. 이 장의 모든 대기행렬 모형은 이 그림에 바탕을 두고 있다.

그러나 현실에는 보다 더 복잡한 대기행렬시스템이 존재한다. 예를 들어 한 서버가 여러 고객을 동시에 서비스할 수도 있다. 고객 또한, 개별적으로 도착하지 않고 집단으로 함께 도착할 수도 있다. 인내심이 부족한 고객은 서비스를 받기 전에 떠나버리기도 한다. 어떤 대기행렬시스템에는 여러 서버가 있고, 각 서버마다 대기행렬이 따로 있으며, 고객들은 때때로 대기행렬을 바꿀 수도 있다. 또한, 여러 개의 서비스시설이 있고 필요한 서비스를 받기 위하여 하나 이상의 시설을 방문하는 고객이 있는 대기행렬시스템도 있다(이 시스템을 대기행렬네트워크라고 한다). 이러한 대기행렬시스템도 매우 중요하지만, 이 장에서는 이런 시스템들을 분석하기 위해 개발된 복잡한 대기행렬 모형은 다루지 않기로 한다. 다음 2개의 장에서 이런 복잡한 대기행렬시스템을 분석하기 위해 자주 사용되는 컴퓨터 시뮬레이션이라는 기법을 설명한다.

대기행렬시스템의 예제

Herr Cutter는 혼자 이발소를 운영하고 있다. 따라서 그의 이발소는 그가 유일한 서버인 기본적인 대기행렬시스템이다. 그는 주중(월요일부터 금요일까지) 매일 아침 8시에 이발소 영업을 시작한다. 〈표 13-1〉은 영업 중인 이 대기행렬시스템의 전형적인 아침 시간대를 보여주고 있다. 이 표는 처음 다섯 고객 각각에 대한 도착시각, 이발을 시작한 시각, 이발에 소요된 시간, 이발이 끝난 시각을 나타내고 있다.

〈그림 13-2〉는 영업시작 후 처음 100분간 이 대기행렬시스템 내의 고객 수를 나타내고 있다. 이 숫자는 대기하고 있는 고객과 이발 중인 고객을 모두 포함하고 있다. 따라서 시스템 내부에 고객이 하나도 없을 때를 제외하고는(이 경우는 시스템 내의 고객 수=대기행렬의 고객 수=0) 대기하고 있는 고객(대기행렬에 있는 고객)의 수는 시스템 내의 고객 수보다 하나 적다.

이 예를 기준으로 기본 대기행렬시스템의 여러 부분에 대해 대기행렬 모형이 필요로 하는 가정들을 살펴보자.

〈표 13-1〉 Herr Cutter 이발소의 처음 다섯 고객에 대한 자료

고객	도착시각	이발을 시작한 시각	이발에 소요된 시간	이발이 끝난 시각
1	8:03	8:03	17분	8:20
2	8:15	8:20	21분	8:41
3	8:25	8:41	19분	9:00
4	8:30	9:00	15분	9:15
5	9:05	9:15	20분	9:35
6	9:43	–	–	–

〈그림 13-2〉 〈표 13-1〉의 자료에 의한 100분간(오전 8:00부터 오전 9:40까지) Herr Cutter 이발소의 고객 수 변화

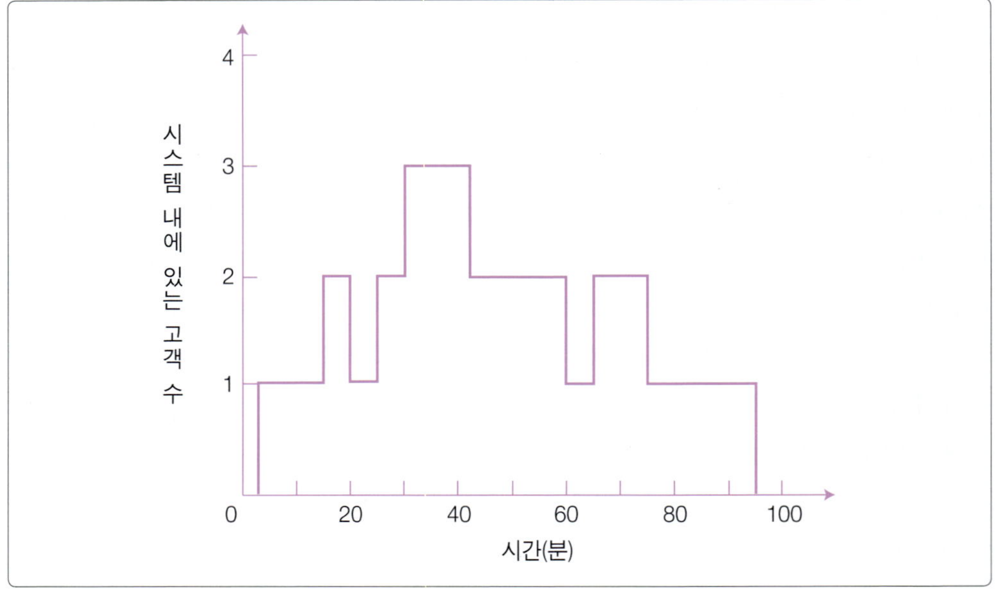

도착

대기행렬시스템에서 고객의 도착과 다음 고객 도착 사이의 시간을 **도착간격시간**interarrival times이라고 한다. 〈표 13-1〉의 두 번째 열은 Herr Cutter 이발소의 도착간격시간이 12분, 10분, 5분, 35분, 38분임을 알려준다. 이처럼 도착간격시간 간에 큰 차이가 있는 것은 대기행렬시스템에서 흔히 나타나는 현상이다. 따라서 Herr Cutter 이발소와 같이 일반적으로 대기행렬시스템에서 다음 고객의 도착시각이 언제가 될지를 예측하는 것은 거의 불가능하다. 그러나 〈표 13-1〉의 두 번째 열과 같은 자료를 충분히 많이 수집하면 다음과 같은 두 가지 일을 할 수가 있다.

1. 단위시간당 평균 도착고객 수를 추정한다. 이 값을 일반적으로 **평균도착률**mean arrival rate이

라고 하며, 그리스 문자 λ로 표시한다.

2. 도착간격시간에 대한 확률분포의 형태를 추정한다.

이 확률분포의 평균은 위의 평균도착률로부터 구할 수 있다. 왜냐하면

$$\lambda = \text{대기행렬시스템에 도착하는 고객들의 평균도착률}$$

이기 때문에 도착간격시간에 대한 확률분포의 평균은

$$\frac{1}{\lambda} = \text{평균 도착간격시간}$$

이다. 예를 들어 더 많은 자료를 수집한 후 Herr Cutter는 100시간 동안 300명의 고객이 도착했다는 사실을 알았다고 하자.[1] 그러면 λ의 추정치는

$$\lambda = \frac{300\text{명}}{100\text{시간}} = \text{평균적으로 시간당 3명}$$

이고, 이에 해당하는 평균 도착간격시간의 추정치는 다음과 같다.

$$\frac{1}{\lambda} = \frac{1}{3}\text{시간(평균적으로 고객 간 } \frac{1}{3} \text{ 시간)}$$

대부분의 대기행렬 모형은 도착간격시간에 대한 확률분포로 아래에서 설명할 지수분포를 가정하고 있다.

도착간격시간에 대한 지수분포

〈그림 13-3〉은 지수분포의 모양을 나타내고 있다. 각 시간에서의 곡선의 높이는 그 시간이 발생할 상대적 가능성relative likelihood을 의미한다. 그림을 보면 0에 가까운 짧은 시간대에서 곡선의 높이가 가장 높고, 시간이 늘어날수록 곡선의 높이가 지수적으로 감소하는 것을 알 수 있다. 이것은 대부분의 도착간격시간이 평균 이하의 짧은 시간일 가능성이 매우 높다는 것을 나타낸다. 그러나 분포의 긴 꼬리는 발생 가능성은 희박하지만 평균보다 매우 큰 도착간격시간도 발생할 수 있음을 나타낸다. 이런 것들이 실제로 관측되는 도착간격시간의 특징이다. 많은 고객이 짧은 간격으로 연이어 도착하기도 하지만, 그 다음 고객은 오랜 시간이 경과된 후에 도착하기도 한다.

이와 같은 도착간격시간의 큰 변동성 때문에 다음 고객이 언제 도착할지를 예측하는 것은

[1] 300명 중에는 너무 오래 기다려야 하기 때문에 기다리지 않고 바로 떠난 고객도 포함되어 있다. 바로 떠난 고객으로 인한 영향은 www.mhhe.com/Hillier7e의 보충 자료에 분석되어 있다.

〈그림 13-3〉 도착간격시간의 분포로 자주 사용되는 지수분포의 모양

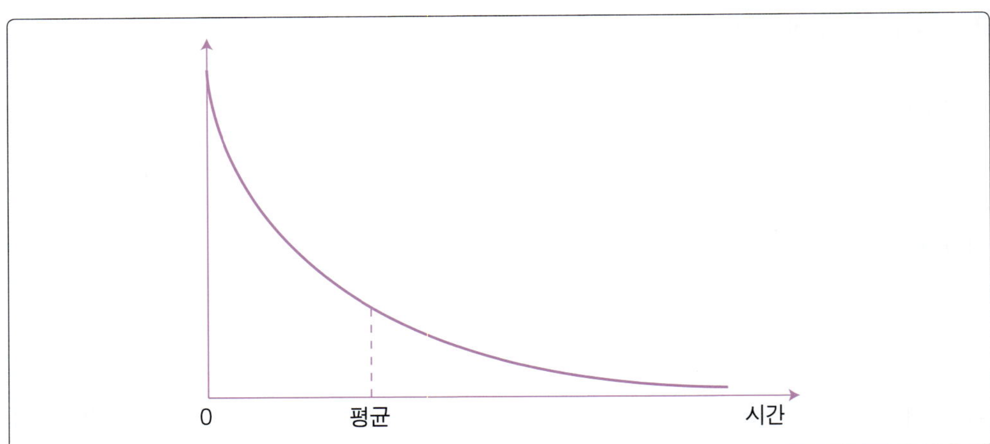

불가능하다. 도착간격시간의 변동성이 지수분포에서와 같이 클 경우를 랜덤도착random arrival이라고 한다.

랜덤도착의 성질: 대부분의 대기행렬시스템에서 서버는 고객의 도착시각을 통제할 수 없다. 이런 경우 고객은 일반적으로 랜덤하게 도착한다. 랜덤하게 도착한다는 것은 바로 다음 1분 내에 도착할 가능성과 미래의 다른 1분이라는 시간 동안에 도착할 가능성이 동일하다는 것으로, 이는 도착시각을 전혀 예측할 수 없다는 것을 의미한다. 가장 최근의 도착 이후 시간이 얼마나 경과했는지가 다음 도착시각에 전혀 영향을 미치지 않는다. 지수분포는 랜덤도착을 적절히 묘사하는 유일한 확률분포이다.

최근의 도착이 언제 있었는가가 다음 도착시점의 결정에 전혀 영향을 미치지 못하는 특성을 **무기억성**lack-of-memory property 또는 마코프특성Markovian property이라고 부른다. 이것은 지금부터 다음 도착이 발생할 때까지의 시간에 대한 확률분포가 가장 최근의 도착이 방금 전에 있었는지 아니면 아주 오래 전에 있었는지 상관없이 항상 동일하다는 독특한 특성이다. 따라서 지금부터 다음 도착까지의 시간에 대한 확률분포는 〈그림 13-3〉에 주어진 전체 도착간격시간의 확률분포와 동일하다(이 특성으로 인하여 다음 순간에 도착이 있을 확률은 언제나 동일하게 된다). 무기억성의 개념은 쉽게 이해되지 않지만, 이것이 바로 랜덤도착이 의미하는 중요한 부분이다.

대기행렬

대기행렬은 고객이 서비스를 받기 전에 기다리는 곳이다. Herr Cutter 이발소의 경우 대기행렬에 있는 고객은 의자에 앉아서 기다린다. 대기행렬 모형에서는 다음과 같은 용어들을 사

용하여 고객의 수를 두 가지 다른 의미로 구분하여 사용한다.

> **대기행렬에 있는 고객의 수**number of customers in the queue(대기행렬의 크기)는 서비스를 받기 위해 기다리고 있는 고객의 수이며, **시스템 내에 있는 고객의 수**number of customers in the system는 대기행렬에 있는 고객의 수와 현재 서비스를 받고 있는 고객의 수를 합한 것이다.

예를 들면 〈그림 13-1〉은 대기행렬에 있는 고객의 수 7명과 4명의 서버에 의해 서비스를 받고 있는 4명의 고객을 합하여 시스템 내에 있는 고객의 수는 총 11명이라는 것을 나타내고 있다. Herr Cutter 이발소에는 Herr Cutter 자신이 유일한 서버이므로 대기행렬에 있는 고객 수는 〈그림 13-2〉에 주어진 시스템 내에 있는 고객 수보다 1명 적다. 단, 예외적으로 이발소에 고객이 한 명도 없을 때에는 대기행렬에 있는 고객 수와 시스템 내에 있는 고객 수가 동일하게 0명이다.

대기행렬의 용량queue capacity이란 대기행렬에서 기다릴 수 있는 최대 고객 수를 말한다. **무한대기행렬**infinite queue은 실질적으로 수용할 수 있는 고객의 수에 제한을 두지 않는 것을 말한다. 반면, 대기행렬의 용량이 작아서 대기하는 고객의 수에 제한을 두어야하는 경우 **유한대기행렬**finite queue이라 한다. 유한대기행렬이 가득 차 있을 때 도착하는 고객은 즉시 시스템을 떠나게 된다.

Herr Cutter의 대기행렬은 실제로 유한대기행렬이다. 그의 이발소에는 3개의 대기용 의자가 있기 때문에 대기행렬의 용량은 3이다. 이 의자들이 모두 점유되어 있을 때 도착하는 고객은 모두 이발을 하기 위해 기다리는 시간이 너무 길다고 생각하고 바로 떠난다.

특별히 언급하지 않는 한, 관례적으로 대기행렬 모형은 무한대기행렬을 가정한다. 이 장의 모든 대기행렬 모형은 이 가정을 한다. 그러나 www.mhhe.com/Hillier7e에는 유한대기행렬을 가정한 모형들을 소개한다. 이 모형을 이용하여 Herr Cutter의 이발소를 분석할 수 있다.

대기행렬규칙queue discipline은 대기행렬에 있는 고객들의 서비스 받을 순서를 말한다. 가장 일반적인 규칙은 선입선출법FCFS(first-come, first-served)이다. 그 외에도 무작위선택법random selection, 우선순위법priority procedure, 후입선출법LCFS(last-come, first-served) 등이 있다. 후입선출법은 공장에서 가공할 재공품들을 기계 앞에 하나씩 도착하는 대로 쌓아 놓았다가, 다음 가공할 재공품을 맨 위에서 갖고 오는 경우를 말한다.

13.7절에서는 우선순위 대기행렬 모형에 대해 설명한다. 나머지 절에서는 편의상 선입선출법을 가정한다.

서비스

기본 대기행렬시스템에서 각 고객은 1명의 서버로부터 개별적으로 서비스를 받는다. 2명

이상의 서버가 있는 시스템을 복수서버시스템multiple-server system이라고 하고, Herr Cutter 이발소와 같이 1명의 서버만 있는 시스템을 단일서버시스템single-server system이라고 한다.

한 명의 고객이 서비스를 받기 시작하는 순간부터 서비스가 완료되는 순간까지의 경과 시간을 **서비스시간**service time이라고 한다. 서비스시간은 일반적으로 고객마다 다르다. 기본 대기행렬 모형에서 서비스시간은 서버와 상관없이 특정한 확률분포를 갖는다고 가정한다.

서비스시간의 확률분포에 대한 평균을 나타내는 데에 사용되는 기호는

$$\frac{1}{\mu} = \text{평균 서비스시간}$$

이며, 여기서 μ는 그리스문자 뮤이다. μ에 대한 해석은 다음과 같다.

μ = 한 명의 쉬지 않고 일하는 서버가 단위시간당 서비스를 완료하는 평균 고객 수

이 값을 **평균서비스율**mean service rate이라고 부른다. 예를 들면 Herr Cutter가 이발하는 데 걸리는 평균 시간은

$$\frac{1}{\mu} = 20\text{분} = \frac{1}{3}\text{시간(고객당 }\frac{1}{3}\text{시간)}$$

따라서 그의 평균서비스율 μ=3이다.

각 대기행렬 모형은 아래에 설명할 서비스시간 분포 중에서 하나를 가정한다.

몇 가지 서비스시간 분포

서비스시간에 대한 확률분포로서 대표적인 것은 **지수분포**exponential distribution이다. 지수분포의 모양은 이미 <그림 13-3>에서 보았다. 이 분포를 선택하는 주된 이유는 다른 분포보다 분석하기가 쉽다는 점이다. 이 분포는 대부분의 상황에 있어서 도착간격시간에는 매우 적합하지만, 서비스시간에 대해서는 반드시 그렇지는 않다. 대기행렬시스템의 성질에 따라 지수분포는 실제 서비스시간 분포에 대한 적절한 근사일 수도 있고, 그렇지 않을 수도 있으므로 주의가 필요하다.

<그림 13-3>에 나타낸 바와 같이 지수분포에서 대부분의 서비스시간은 (평균보다 훨씬 작게) 매우 짧지만 드물게 매우 길다(평균보다 훨씬 크게). 이것은 대부분의 고객은 서버와 거래하는 일의 양이 매우 적고, 가끔 일의 양이 많은 고객이 있는 대기행렬시스템을 잘 나타낸다. 예를 들어 서버가 은행 창구의 직원인 경우 대부분의 고객은 한 건의 입금 혹은 인출을 위해 오지만, 간혹 여러 건의 거래를 하러 오는 고객도 있다.

그러나 지수분포는 서비스시간이 모든 고객에게 거의 동일한 고정된 일련의 작업으로 이루어지는 대기행렬시스템에는 적합하지 않다. 예를 들면 서버가 ATM 기계인 경우 서비스시간

이 고객 간에 약간의 차이가 있을지 모르지만 대체로 거의 일정하다.

후자의 대기행렬시스템에 대해서는 모든 고객의 서비스시간이 동일한 **일정한 서비스시간**constant service time을 가정하는 것이 훨씬 더 적합할 것이다. 이것을 확정적 분포degenerate distribution를 한다고 한다.

서비스시간에 대한 분포로는 이외의 확률분포도 사용되고 있다. 예를 들면 얼랑분포Erlang distribution는 지수분포와 확정적 분포 사이의 중간 값에 해당하는 서비스시간의 변동성을 나타내는 데 사용할 수 있다. 얼랑분포는 www.mhhe.com/Hillier7e의 보충 장에 더 자세하게 설명되어 있다. 불행하게도 얼랑분포와 같이 서비스시간에 적용할 수 있는 다른 분포들은 지수분포나 확정적 분포만큼 다루기에 편리하지 않다.

대기행렬 모형의 표기법

기본 대기행렬시스템에 대한 대기행렬 모형에서 서비스시간(그리고 도착간격기간)에 대한 확률분포는 편의상 다음과 같이 나타낸다.

(도착간격시간의 분포) / **(서비스시간의 분포)** / **(서버의 수)**

서비스시간 또는 도착간격시간에 대한 특정 확률분포를 의미하는 기호들은 다음과 같다.

M = 지수분포(마코비안)
D = 확정적 분포(일정한 시간)

예를 들면 $M/M/1$ 모형은 도착간격시간과 서비스시간이 모두 지수분포를 따르는 단일서버 모형이다. $M/M/2$ 모형은 서버가 2명 있는 것을 제외하고는 $M/M/1$ 모형과 동일한 모형이다. s가 서버의 수를 나타내는 기호라고 하면, $M/M/s$ 모형은 도착간격시간과 서비스시간이 모두 지수분포를 따르며 s명의 서버가 있는 모형이다. $M/D/s$ 모형은 도착간격시간이 지수분포를 따르고, 서비스시간이 일정하며, s명의 서버가 있는 모형이다. (예를 들면, 일정한 서비스시간은 서버가 모든 고객에게 동일한 시간의 서비스를 제공하는 기계의 경우 발생한다.)

도착간격시간도 지수분포 대신에 확정적 분포를 따를 수 있다. $D/M/s$는 일정한 도착간격시간과 지수분포를 따르는 서비스시간을 가지며, s명의 서버가 있는 모형이다. (고객이 일정하게 정해진 기간 단위로 도착하는 경우 일정한 도착간격시간으로 도착하는 경우가 된다.)

위에서 언급한 모든 대기행렬시스템에 대해서는 이 장의 끝에서 이러한 대기행령시스템이 얼마나 잘 운영되는지를 요약하여 설명하고자 한다.

도착간격시간 혹은 서비스시간의 분포가 위에 언급한 것 외의 다른 임의의 확률분포를 갖는 대기행렬 모형도 있다. 이 경우에 사용되는 기호는

GI = 서로 독립인 일반 도착간격시간 분포(임의의 분포 허용)

G = 일반 도착간격시간 분포(임의의 분포 허용)

이다. 따라서 $GI/M/s$ 모형은 도착간격시간이 서로 독립인 임의의 분포이고, 서비스시간은 지수분포를 따르며, 서버가 s명 있는 모형이다. $M/G/1$ 모형은 도착간격시간이 지수분포, 임의의 서비스시간 분포와 단일 서버를 갖는 모형이다.

모형에 대한 가정의 요약

기본 대기행렬시스템에 대한 대기행렬 모형이 일반적으로 설정하고 있는 가정을 나열하면 아래와 같다. 별도로 언급하지 않는 한 항상 이들 가정이 전제된다고 보아야 한다.

1. 도착간격시간은 지정된 확률분포에 따라 서로 독립적이고 동일하게 분포를 한다.
2. 모든 도착고객은 대기행렬시스템에 들어오고 서비스가 완료될 때까지 그곳에 머무른다.
3. 대기행렬시스템은 하나의 무한대기행렬을 갖는다. 따라서 무한히 많은 고객을 수용할 수 있다.
4. 대기행렬규칙은 선입선출법이다.
5. 대기행렬시스템에는 정해진 수의 서버가 있고, 각 서버는 어떤 고객이든 서비스할 수 있다.
6. 각 고객은 1명의 서버에게 개별적으로 서비스를 받는다.
7. 서버는 현재의 고객을 서비스 완료한 직후에 또 다른 고객을 서비스하는 데 이용된다.
8. 서비스시간은 특정 확률분포에 따라 서로 독립이고 동일하게 분포를 한다.

복습문제

1. 대기행렬시스템의 고객은 사람 외에 어떠한 것이 있을 수 있는가?
2. 대기행렬시스템의 서버는 사람 이외에 어떤 것이 있을 수 있는가?
3. 평균도착률과 도착간격시간의 평균 사이에는 어떤 관계가 있는가?
4. 지수분포의 모양은 어떠한가?
5. 지수분포로 주어진 서비스시간의 변동성의 정도는 어떻게 나타낼 수 있는가?
6. 고객이 랜덤하게 도착한다는 의미는 무엇인가? 어떤 분포가 랜덤도착간격시간에 적합한가?
7. 대기행렬에 있는 고객 수와 시스템 내에 있는 고객 수 사이는 어떤 차이가 있는가?
8. 대기행렬용량에 대한 대부분의 대기행렬 모형에서는 어떤 가정을 하고 있는가? 대기행렬 규칙에 대해서는 어떤 가정을 하고 있는가?
9. 서비스시간의 평균과 평균 서비스율 사이에는 어떤 관계가 있는가?
10. 가장 중요한 두 가지 서비스시간분포로는 무엇인가?
11. 대기행렬 모형에 대한 레이블의 세 부분이 어떤 정보를 나타내는가?

13.2 대기행렬시스템의 몇 가지 예

앞 절의 대기행렬시스템에 관한 설명은 매우 추상적이고 특별한 상황에만 적용될 수 있는 것처럼 보일지도 모른다. 그러나 이와는 달리 대기행렬시스템은 광범위한 분야에서 많이 사용되고 있다. 대기행렬 모형의 응용에 관한 이해를 넓히기 위해 실제의 대기행렬시스템에 대한 다양한 예를 간략하게 살펴보자.

일상생활에서 늘 경험하는 중요한 대기행렬시스템의 하나는 외부 고객이 어떤 상업조직으로부터 서비스를 받는 **상업서비스시스템**commercial service system이다. 〈표 13-2〉의 제1열은 대표적인 상업서비스시스템들을 나열한 것이다. 2열과 3열에는 해당 고객과 서버가 각각 표시되어 있다.

〈표 13-2〉 상업서비스시스템의 예

시스템 형태	고객	서버
이발소	사람	이발사
은행창구서비스	사람	은행 직원
ATM서비스	사람	ATM
가게 계산대	사람	계산원
배관공사 서비스	막힌 파이프	배관 기술자
극장 매표소	사람	매표원
공항 체크인 카운터	사람	항공사
중개서비스	사람	증권 중계인
주유소	자동차	펌프
상품 주문 콜센터	사람	상담원
기술지원 콜센터	사람	기술자
여행사	사람	여행사
자동차 수리점	자동차 소유자	수리 기계
자판기 서비스	사람	자판기
치과 서비스	사람	치과의사
지붕수리 서비스	기와	기와장이

대부분의 경우 고객은 고정된 위치에 있는 서버에게 오고 서비스를 받기 위해 기다릴 필요가 있을 때 그 앞에서 대기행렬을 형성한다. 그러나 배관공사 서비스와 지붕수리 서비스의 경우 서버가 고객을 찾아가고 대기행렬에 있는 고객은 지리적으로 흩어져 있다. 어떤 경우에 서비스는 전화로 이루어지기도 한다. 일부 고객은 대기한 후 통화를 하게 된다.

대부분의 조직은 자신의 **내부서비스시스템**internal service system을 가지고 있다. 이 경우 고객은 조직 내부에 있다. 〈표 13-3〉에 있는 예와 같이 이들 또한, 대기행렬시스템이다. 경우에 따라서 고객은 조직의 직원, 운반되어야 할 짐, 수리받을 기계, 검사받을 부품, 작업해야 할 일 등이 된다.

수송서비스시스템transportation service system도 중요한 대기행렬시스템의 예다. 〈표 13-4〉는 여러 가지 예를 보여주고 있다. 차량이 고객인 경우도 있지만, 차량이 서버인 경우도 있다. 이 중 일부 예는 앞 절에서 설명한 기본 대기행렬시스템의 범위를 넘어선다. 특히 항공기, 엘리베이터 서비스의 예에서는 하나의 서버가 한 번에 여러 명의 고객을 동시에 집단적으로 서비스한다. 주차장의 경우 대기행렬용량은 0이다. 왜냐하면 주차장에 들어오는 차(고객)는 주차할 공간(서버)이 없으면 바로 다른 곳으로 가버리기 때문이다.

위의 범주 중 어느 것에도 속하지 않는 대기행렬시스템의 예도 많다. 예를 들면 재판시스템은 법정이 서비스 시설이고 판사가 서버이며 재판을 기다리는 사건이 고객인 대기행렬네트워크queueing network이다. 병원 응급실과 같은 의료서비스시스템 또한, 대기행렬시스템이다. 예를 들면 X-ray 기계와 병실은 대기행렬시스템의 서버로 볼 수 있다. COVID-19 팬데믹 동안 병

〈표 13-3〉 내부서비스시스템의 예

시스템 형태	고객	서버
비서의 서비스	직원	비서
복사 서비스	직원	복사기
컴퓨터 프로그래밍 서비스	직원	프로그래머
컴퓨터 본체	직원	컴퓨터
응급실	직원	간호사
팩스 서비스	직원	팩스 기기
자제 처리 시스템	작업물	자제 처리 장치
수리보전 시스템	기계	수리 기사
검사실	부품	검사원
생산시스템	작업	기계
반자동기계	기계	운용자
공구보관소	기계 운용자	직원

〈표 13-4〉 수송서비스시스템의 예

시스템 형태	고객	서버
고속도로 요금소	자동차	요금징수원
트럭 짐 싣는 곳	트럭	작업 인부
항만 짐 하역장소	배	작업 인부
비행기의 이륙 대기	비행기	활주로
비행기의 착륙 대기	비행기	활주로
항공 서비스	사람	비행기
택시 서비스	사람	택시
엘리베이터 서비스	사람	엘리베이터
소방서	화재	소방차
주차장	자동차	주차공간
응급차 서비스	사람	응급차

실 부족이 항상 이슈가 되었고 부족한 병실을 관리하는데 대기행렬모형이 이용되었다.

대기행렬론을 최초로 응용한 것은 전화 교환기의 대기 현상을 분석이었고, 일반 통신 분야는 지금도 대기행렬이론의 매우 중요한 응용 분야가 되고 있다. 또한, 사람들 각자 개인적으로도 대기행렬을 갖고 있다. 예를 들어 해야 할 숙제, 읽어야 할 책 등은 서버인 자기자신에 대한 고객이다. 이와 같이 대기행렬시스템은 사회의 많은 영역에 널리 존재하고 있다.

복습문제

1. 상업서비스시스템이란 무엇인가? 〈표 13-2〉에 없는 대기행렬시스템의 새로운 예를 들고 각 시스템의 고객과 서버를 제시하시오.
2. 내부서비스시스템이란 무엇인가? 〈표 13-3〉에 없는 대기행렬시스템의 새로운 예를 들고 각 시스템의 고객과 서버를 제시하시오.
3. 수송서비스시스템이란 무엇인가? 〈표 13-4〉에 없는 대기행렬시스템의 새로운 예를 들고 각 시스템의 고객과 서버를 제시하시오.

13.3 대기행렬시스템의 성과척도

대기행렬시스템을 관리하는 관리자는 주로 다음 두 가지 형태의 성과척도에 관심을 갖는다.

1. 대기행렬시스템에 대체로 얼마나 많은 고객이 기다리고 있는가?

2. 대기 고객들은 대체로 얼마나 오래 기다리는가?

이 척도들은 어느 정도 서로 관련이 있다. 왜냐하면 고객이 기다리는 시간은 자신이 도착하였을 때 거기에 이미 얼마나 많은 고객이 기다리고 있느냐에 따라 어느 정도 결정되기 때문이다. 어느 척도가 더 관심의 대상인가는 상황에 따라 다르다.

성과척도의 선택

내부서비스시스템에 있어서는 위의 두 척도 중 첫 번째 척도가 훨씬 더 중요하다. 이와 같은 상황에서 고객을 기다리게 하면 기다리는 동안 그들은 조직의 비생산적인 구성원이 된다. 예를 들면 공구 보관실에서 대기하고 있는 기사 혹은 수리를 기다리는 고장 난 기계 등이 이 경우에 해당한다. 이러한 고객이 기다리면 생산성의 손실을 초래하고 그 손실의 양은 대기 고객의 수와 직접적인 관계가 있다. 일하고 있는 구성원이 1~2명의 쉬고 있는 구성원의 업무를 대신할 수 있을지 모르지만 그 이상의 경우에는 불가능하다.

상업서비스시스템에 있어서는 두 번째 척도에 더 중요성을 두는 경향이 있다. 이러한 대기행렬시스템에 있어서 중요한 목표는 고객을 만족시켜 그들이 다시 찾아오도록 하는 것이다. 고객은 그 곳에 얼마나 많은 다른 고객이 있는가보다 얼마나 오래 기다려야만 하느냐에 더 많은 관심이 있다. 고객을 너무 오래 기다리게 하면 미래 사업기회의 손실로 나타나고 이는 이익의 감소를 초래한다.

성과척도의 정의

위의 두 가지 척도는 일반적으로 그들의 평균값(기대치)으로 표현된다. 그렇게 하기 위해서 대기행렬에 있는 고객만 고려할 것인지 아니면 시스템 내에 있는 고객 모두를 고려할 것인지를 명확히 해야 한다. 이 두 기준을 위의 두 가지 척도에 적용하면 네 가지 구체적인 성과척도로 정의할 수 있다. 이들 네 가지 성과척도와 그에 대한 기호는 아래와 같다.

L = 서비스 중인 고객을 포함하여 **시스템 내에 있는 평균 고객 수**
L_q = 서비스 중인 고객을 제외하고 **대기행렬에 있는 평균 고객 수**
W = 각 고객의 **시스템 내에서의 평균대기시간**(서비스시간 포함)
W_q = 각 고객의 **대기행렬에서의 평균대기시간**(서비스시간 제외)

이러한 정의는 대기행렬시스템이 **안정상태조건**steady-state condition, 즉 시스템이 어느 정도 가동된 후 정상상태에 있다고 가정하고 있다. 고객이 없는 상태로 대기행렬시스템이 가동된 후 평균 고객 수가 정상 수준에 도달할 때까지는 약간의 시간이 걸린다. 이 수준에 도달한 후에야 시스템은 안정상태에 있다고 할 수 있다(이 조건은 러시아워rush hour 같은 평균도착률의 일시적인 상승 등 비정상적인 운영 조건은 제외한다).

전체 대기행렬시스템에 초점을 둘 것인지(L 혹은 W), 대기행렬에만 초점을 둘 것인지(L_q 혹은 W_q)는 대기행렬시스템의 특성에 따라 선택한다. 병원 응급실 혹은 소방서의 경우에는, 서비스 개시 전까지인 대기행렬이 더 중요할 것이며, 내부시스템에 있어서는 대기행렬시스템 전체(그곳에서 유휴 중인 구성원의 수)가 더 중요할 것이다.

L, W, L_q, W_q 간의 관계

W와 W_q의 유일한 차이는 W는 평균서비스시간을 포함하고 W_q는 그렇지 않다는 것이다. 따라서 $1/\mu$이 평균서비스시간을 나타내는 기호이므로(μ는 평균서비스율),

$$W = W_q + \frac{1}{\mu}$$

예를 들어 W_q=3/4시간이고 $1/\mu$=1/4시간이라고 하면

$$W = \frac{3}{4}\text{시간} + \frac{1}{4}\text{시간} = 1\text{시간 (대기행렬시스템 내에서의 평균대기시간)}$$

대기행렬이론에 있어서 가장 중요한 공식은 아마도 L과 W 사이의 직접적인 관계를 나타내는 다음 식일 것이다.

$$L = \lambda W$$

여기서, λ = 대기행렬시스템에 들어오는 고객의 평균도착률

이 식은 저명한 경영과학자이며 MIT대학 교수였던 John D. C. Little에 의해 1961년에 최초로 증명되었으며, 이를 기념하여 **리틀의 공식**[Little's formula]이라고 부른다. 만약

W = 1시간(대기행렬시스템에서 평균대기시간)

λ = 3명/시간(단위시간당 평균 도착고객 수)

이라고 하면, 리틀의 공식을 적용하여

$$\begin{aligned} L &= (3\text{명/시간}) \times (1\text{시간}) \\ &= 3\text{명 (대기행렬시스템 내에 있는 평균 고객 수)} \end{aligned}$$

리틀의 공식을 직관적으로 살펴보면, L은 임의의 시점에서 대기행렬시스템 내에 있는 평균 고객 수이기 때문에 서비스를 완료한 특정 고객이 시스템을 떠나면서 시스템을 되돌아보면 거기에는 평균적으로 L명의 고객이 있음을 보게 될 것이다. 선입선출방식의 대기행렬규칙에 있어서 이 L명의 고객은 모두 시스템을 막 떠나는 이 특정고객의 시스템 내에서의 대기시간 동

안에 도착한 사람들이다. 이 특정고객의 평균대기시간은 W이다. λ는 단위시간당 평균 도착고객 수이므로 λW는 이 특정고객의 시스템 내에서의 대기시간 동안 도착한 평균 고객 수가 된다. 따라서 $L=\lambda W$가 성립한다.

$L=\lambda W$의 관계는 L_q와 W_q 사이에도 성립함을 알 수 있다. 그러므로 리틀의 공식에 대한 또 다른 표현은 다음과 같다.

$$L_q = \lambda W_q$$

예를 들어 W_q=3/4시간이고 λ=3명/시간이라고 하면

$$L_q = (3\text{명}/\text{시간}) \times (\frac{3}{4}\text{시간}) = \frac{9}{4}\text{명}$$

위의 관계들로부터 L과 L_q 사이에 다음과 같은 관계가 성립함을 알 수 있다.

$$L = \lambda W = \lambda\left(W_q + \frac{1}{\mu}\right) = L_q + \frac{\lambda}{\mu}$$

예를 들어 L_q=9/4, λ=3, μ=4이면

$$L = 2\frac{1}{4} + \frac{3}{4} = 3$$

이 관계들은 매우 중요하다. 왜냐하면 이들 관계로부터 4개의 기본적인 값 L, W, L_q, W_q 중 어느 하나를 분석하여 구하면 나머지 값은 즉시 결정되기 때문이다. 한편, 대기행렬시스템을 분석할 때 이 넷 중 몇몇은 다른 값보다 훨씬 쉽게 구할 수 있다는 점은 참 다행스러운 일이다.

성과척도로 확률의 사용

관리자는 흔히 대기행렬시스템에서 평균적으로 무엇이 일어나는지와 그 이상의 문제에도 관심을 가지고 있다. 예를 들면 L, L_q, W, W_q가 어떤 목표치를 초과하지 않기를 바랄 뿐 아니라, 최악의 시나리오에도 관심을 기울일 것이다. 즉, 일어날 가능성은 거의 희박하다고 생각되지만 시스템 내(혹은 대기행렬 내) 최대 고객 수는 얼마나 될 것인가? 시스템 내(혹은 대기행렬 내)에서의 최대 대기시간은 얼마가 될 것인가? 관리자는 이러한 최대치가 어떤 값을 초과하지 않게 대기행렬시스템이 설계되도록 명시할 수도 있다.

이 같은 목적을 달성하기 위해서는 고객 수 및 대기시간에 대한 안정상태 확률분포를 사용하는 것이 필요하다. 예를 들어 적어도 95%의 시간 동안은 시스템 내에 3명 이상의 고객이 없도록 하는 것이 목표라고 하자.

$$P_n = \text{시스템 내에 명의 고객이 있을 안정상태 확률}(n=0, 1, 2, \cdots)$$

이라고 하면, 이 목표를 달성하기 위해서는 다음 조건이 필요하다.

$$P_0 + P_1 + P_2 + P_3 \geq 0.95$$

마찬가지로 또 다른 목표는 95% 이상의 고객의 시스템 내 대기시간이 2시간을 초과하지 않아야 한다고 가정해보자. $\mathscr{W}$를 시스템이 안정 상태에 있을 때 각 고객의 시스템 내에서의 대기시간을 나타내는 확률변수라고 하자. 이 확률변수에 대한 분포를 사용하면 목표를 충족시키기 위해서는 다음 조건이 요구된다.

$$P(\mathscr{W} \leq 2\text{시간}) \geq 0.95$$

만약 목표가 시스템 내가 아니라 대기행렬 내에서의 대기시간에 관한 것이라면, 이 대기시간을 나타내는 확률변수 $\mathscr{W}_q$를 위와 동일한 방법으로 이용하면 된다.

이 장에서 앞으로 다룰 여러 가지 대기행렬 모형에 대하여 위 확률들을 계산하기 위한 공식들이 있다. 또한, www.mhhe.com/Hillier7e에 있는 엑셀 템플릿을 이용하여 이러한 계산을 할 수 있다.

복습문제

1. 내부서비스시스템에서는 어떤 성과척도가 더 중요하다고 볼 수 있는가?
2. 상업서비스시스템에서는 어떤 성과척도가 더 중요하다고 볼 수 있는가?
3. 평균값으로 나타낸 네 가지 기본적인 성과척도는 무엇이며, 이들 각각의 기호는 무엇인가?
4. 대기행렬시스템이 안정상태에 있다는 것은 무엇을 의미하는가?
5. W와 W_q 간의 관계식을 쓰시오.
6. L과 W의 관계 및 L_q와 W_q의 관계를 나타내는 리틀의 공식은 무엇인가?
7. L과 L_q 간의 관계식을 쓰시오.
8. 어떤 종류의 확률이 대기행렬시스템의 성과척도로 사용될 수 있는가?

13.4 사례연구: Dupit사

Dupit사는 오랫동안 사무복사기 업계에서 선두를 유지하고 있다. 그런 이유 중의 하나는 고객에게 제공하는 양질의 서비스이다. Dupit사는 훌륭한 서비스에 대한 좋은 평판을 지키려고 한다.

배경

Dupit사는 자사 제품에 대한 수리요청이 있을 때 신속히 수리해줌으로써 고객에게 양질의 서비스를 제공하는 업무를 담당하고 있는 서비스 지원본부가 있다. 고장 난 기계는 이 회사의 수리 전문기사가 고객을 방문하여 수리한다.

각 기사에게는 배정된 지역이 있고, 그 지역에 대한 책임이 주어진다. 이렇게 함으로써 고객은 매번 동일한 기사로부터 서비스를 받기 때문에 개인적인 서비스를 받고 있다고 느끼며, 또한, 기사는 그 지역 관리자로서의 느낌을 갖게 되어 그 역할에 자부심을 갖는다.

서비스 지원본부의 책임자인 이 회사 수석 부사장 John Phixitt는 수리기사로 취직한 이후 줄곧 이 회사에서 일해 왔다. 기사로 일하면서 그는 수리기사들이 고객에게 회사를 대표하는 대리인으로서 중요한 역할을 갖고 있다는 것을 깊이 인식하였다. 그는 이런 메시지를 주위에 꾸준히 전달하여 왔다. 그의 노력 덕에 서비스 지원본부의 사기는 매우 높다.

John은 정기적으로 이 회사 고객을 무작위 추출하여 고객에게 제공된 서비스의 질에 대한 반응을 조사하고 확인할 것을 강조하고 있다. 그는 이런 유형의 조사 결과를 참조하는 것을 선호한다. 그리고 이 정보를 고객 정보로서 기사와 관리자에게 전달되게 한다.

John의 또 다른 과제는 기사에게 과중한 업무 부담이 없도록 하는 것이다. 그 자신이 기사였을 당시 회사는 근무시간(하루 8시간)의 90%를 수리하는 데 투입되도록 각 기사에게 업무를 할당하였다. 그 의도는 값비싼 인력에 대한 높은 이용률을 유지하려는 것이었다. 그러나 자신의 경험에 의하면 이 정책은 성공적이지 않았다. 그는 근무시간의 10%에 해당하는 유휴시간을 서류작성 및 장비보수 등에 유용하게 사용하였다. 그러나 그는 빈번히 기다리는 고객들로 인해 여유가 없이 바빴다. 기다리는 고객은 많아지고 그들의 불만은 커져갔다.

John은 현재의 직책에 오른 직후 고객에게 신속한 서비스 제공을 보장하기 위해서 기사들이 좀 더 많은 여유시간을 갖도록 하는 것이 필요하다고 최고경영진에게 제안하였다. 그는 고객의 반응에 의하면 아래의 회사의 슬로건 중 두 번째와 세 번째는 아직 달성하지 못하고 있는 것으로 나타났다고 주장하였다.

1. 양질의 제품
2. 양질의 서비스
3. 효율적인 약속 이행

이 회사 사장은 수년간 이 슬로건을 장려해왔기 때문에 그의 주장에 설득력이 있다고 생각했다. 그 결과 계속되는 비용 절감 압력에도 불구하고 아래와 같이 수리기사에 대한 회사 정책을 수정하기 위한 John의 제안이 받아들여졌다.

현 정책: 각 기사의 담당지역에는 근무시간의 약 75%를 수리 업무와 이동하는 데 투입

> 되도록 기계가 할당된다. 계속해서 작업하면 각 기사는 하루 평균 4대의 기계를 수리할 수 있다(이동시간을 포함하며 1대를 수리하는 데 평균 2시간이 소요된다). 고객의 대기시간을 최소화하기 위해 향후 목표는 각 기사가 하루 평균 3회의 수리요청을 받도록 하는 것이다. 현재 회사의 기계는 평균 50일마다 한 번의 수리요청이 있으므로(평균 고장간격시간이 50일) 각 기사의 담당지역에 약 150대의 기계를 할당하도록 한다.

이런 정책하에 현재 약 10,000명의 기사가 있고, 연간 약 6억 달러의 급여(수당 포함)가 지급되고 있다.

최고경영진이 직면한 문제

Dupit사를 오랫동안 업계의 선두주자가 되게 한 것은 일련의 성공적인 제품들이다. 특히 최근의 신제품은 대성공이었다. 그것은 현대적 사무실에 어울리는 예술적 경지의 고성능 컬러 프린터 겸 복사기이다. 판매실적은 영업담당 부사장의 낙관적인 예측치마저 상회하였다.

이러한 성공에는 문제점도 있었다. 이 기계가 다양한 주요 기능을 수행하므로 쉴 틈 없이 사용되는 사무실의 필수품이 되었다. 한번 고장이 발생하면 수리를 기다리는 단 몇 시간조차도 업무를 볼 수 없는 큰 불편을 겪는다. 결과적으로 기사가 과거와 같은 수준의 서비스를 한다고 해도 수리될 때까지의 기다림에 대한 불만은 크게 늘어났다.

이런 위기 상황에 대해 John은 최고경영진에게 서비스의 수준은 조금도 나빠진 것이 없다고 했다. 결과적으로 최고경영진은 회사가 스스로의 성공의 희생물이 되었다는 것을 공감하게 되었다. 신제품은 고객에게 너무나 중요한 것이기에 상당히 높은 수준의 서비스가 필요한 것이다.

신제품에 요구되는 높은 수준의 서비스를 어떻게 하면 달성할 수 있을 것인지에 대해 충분한 논의가 이루어진 후 사장은 이 문제를 해결하기 위해 다음과 같은 4단계의 접근 방법을 제안하였다.

1. 제공해야 할 서비스의 수준에 대한 새 기준을 마련한다.
2. 이 기준을 달성하기 위한 방법으로 몇 가지 대안을 개발한다.
3. 각 대안에 대한 비용과 효과를 철저히 분석하기 위해 John Phixitt와 함께 연구할 분석팀을 운영한다.
4. 최종 의사결정을 하기 위해 최고경영진 회의를 다시 소집한다.

서비스 수준에 대한 새 기준을 마련하기 위한 회의에서 John은 고객의 평균대기시간(고객의 수리 요청 시점으로부터 기사가 고객을 향하여 출발하는 시점까지의 시간)이 어떤 최대 수치를 넘어서는 안 된다는 것을 이 기준에 명시해야 한다고 제안하였고, 좀 더 구체적으로 평균대기시간이 2시간(현재 약 6시간)을 넘지 않아야 한다는 의견을 제시하였다. 이 모든 의견이 받아들여져 분석팀의 심도 있는 분석 결과가 나올 때까지 실험적으로 2시간을 기준으로 채택하였다.

제안된 새로운 서비스 기준: 한 기사가 고장이 접수된 기계를 수리하기 위해서 고객이 있는 곳으로 이동하기 시작할 때까지의 고객의 평균대기시간은 2시간을 초과하지 않아야 한다.

문제 해결을 위한 대안

위의 새 기준을 달성하기 위한 다양한 방법이 논의되고 난 후 회의가 종료되었다. 사장은 방법을 제안한 사람 각자에게 자신의 방법에 대해 더 깊이 생각하고, 그 방법이 확실히 좋다는 결론에 도달하면 그런 결론을 뒷받침하는 내용을 요약하여 사장에게 보고하도록 하였다.

얼마 후 사장은 다음 네 가지 방법(대안)에 대한 요약 보고서를 받았다.

John Phixitt가 제안한 방법: 현 정책을 수정하여 기사가 기계를 수리하는 데 소요하는 시간의 비율을 줄인다. 이것은 각 기사에게 할당된 기계 수를 줄이고, 더 많은 기사를 충원하는 것이다. 이 방법은 시장의 새로운 요구를 충족시키기 위해 서비스 수준을 강화시키면서, 과거에 잘 해왔던 서비스 지원본부의 운영방식을 지속할 수 있다.

기술담당 부사장이 제안한 방법: 오래 걸리는 수리 소요시간을 줄일 수 있도록 새로운 고성능 장비를 기사에게 공급한다. 이 방법은 비용이 들지만, 평균 수리시간을 크게 줄일 수 있고, 더 중요한 것은 수리시간의 변동성을 크게 줄임으로써 평균대기시간을 줄일 수 있을 것이다.

재무담당 임원이 제안한 방법: 현재 1인 기사 담당 지역들을 여러 명의 기사가 함께 근무하는 넓은 지역으로 통합한다. 바쁜 시간 동안 서로 지원할 수 있도록 팀을 만들면 추가로 기사를 고용하지 않고도 충분히 대기시간을 줄일 수 있을 것이다.

영업담당 부사장이 제안한 방법: 새로운 제품(프린터 겸 복사기)의 소유자에게 다른 고객보다 수리의 우선순위를 부여한다. 지연되는 서비스에 대한 불평은 대부분 이들 고객으로부터 나오기 때문에 이 방법은 다른 고객에게도 적절한 서비스를 제공하면서 신제품을 보유한 고객들이 요구하는 수준의 서비스를 제공할 수 있을 것이다.

다음 단계는 이들의 접근 방법을 서비스 지원부문 수석부사장 John Phixitt과 함께 상세하게 분석할 분석팀(회사에서 3명, 외부 자문 1명)을 구성하는 것이다. 이들은 6주 이내에 분석 결과와 권고안을 최고경영진에 다시 보고해야 한다.

이후에 나올 분석팀의 분석 결과를 보기 전에 자신은 어느 방법을 선택할 것인가를 생각해보고 자신의 결정과 분석팀의 분석 결과를 비교해보기 바란다.

문제에 대한 분석팀의 견해

분석팀은 이 문제를 분석하기 위해 대기행렬이론을 적용해야 한다는 것을 인식했다. 즉, 각 기사의 담당 지역은 아래에 기술한 것과 같은 대기행렬시스템으로 볼 수 있다.

각 기사의 담당지역에 대한 대기행렬시스템

1. **고객:** 수리해야 할 기계
2. **고객의 도착:** 기사에게 수리를 요청하는 전화 호출
3. **대기행렬:** 각 장소에서 수리를 기다리는 기계
4. **서버:** 수리기사
5. **서비스시간:** 기계가 있는 곳으로 이동하는 시간과 기계를 수리하는 데 소요되는 시간(기사가 기계가 있는 곳으로 이동하기 시작할 때 서비스가 시작되는 것으로 간주한다).

재무담당 임원이 제안한 방법을 따르는 경우는 단일서버가 아니라 복수서버 대기행렬시스템이 된다. 이제 분석팀은 제시된 네 가지 방법(대안)을 분석하기 위해서 각 대안에 어떤 대기행렬 모형이 가장 적합한가를 결정해야 한다. 13.5절과 그 이후 절에서 중요한 대기행렬 모형들을 소개하면서, 위의 네 가지 대안에 대한 분석 내용을 설명한다.

복습문제

1. 기사의 작업량에 대한 회사의 현행 정책은 무엇인가?
2. 최고 경영진이 현재 직면한 문제점은 무엇인가?
3. 새로이 제안된 실험적인 서비스 기준은 무엇인가?
4. 최고 경영진이 직면한 문제를 해결하기 위해 몇 가지 방법이 제시되었는가?
5. 이 문제를 대기행렬시스템으로 볼 때 고객과 서버는 무엇인가?

13.5 단일서버 대기행렬 모형

이 절에서는 1명의 서버가 있는 기본 대기행렬시스템에 대해서 고찰한다. 13.1절에서 정의한 주요 기호는 그대로 사용한다. 즉,

λ = 대기행렬시스템에 도착하는 고객의 평균도착률
= 단위시간당 평균 도착고객 수
μ = 평균서비스율(연속적으로 바쁜 서버에 대해)
= 단위시간당 평균 서비스완료 수

또한, $1/\lambda$은 평균 도착간격시간, $1/\mu$은 각 고객에 대한 평균 서비스시간이다. 이 절에서는 하나의 새로운 기호를 다음과 같이 정의한다.

$$\rho = \frac{\lambda}{\mu}$$

여기서 ρ를 **이용률**utilization factor이라고 한다. 왜냐하면 이것은 전체 시간에 대해 서버가 고객을 서비스하는 데 사용한 시간의 평균비율을 나타내기 때문이다.

Dupit사의 사례연구에서 회사의 현행 정책에서는 λ= 3고객/일, μ= 4고객/일이다. 따라서

$$\rho = \frac{3}{4} = 0.75$$

이므로 기사는 근무시간의 75%를 기계 수리하는 데에 사용한다.

각 대기행렬 모형에 대하여 13.3절에서 소개한 성과척도를 살펴보고자 한다. 리틀의 공식을 포함하여 4개의 기본 척도 L, L_q, W, W_q 사이의 관계식으로부터 이들 중 어느 하나의 값이 결정되면 나머지는 바로 구할 수 있다. 그러므로 모형들에 대해 때로는 이들 성과척도 중 하나만 고려할 것이다.

M/M/1 모형

13.1절의 끝 부분에 소개한 대기행렬 모형에 대한 표현 방법을 사용하면 $M/M/1$에 있어서 첫 번째 기호(M)는 도착간격시간에 대한 확률분포, 두 번째 기호(M)는 서비스시간에 대한 분포, 세 번째 기호(1)는 서버의 수를 각각 나타낸다. M은 지수분포를 의미하는 기호이기 때문에 $M/M/1$ 모형은 다음과 같은 가정을 하고 있다.

가정

1. 도착간격시간은 평균이 $1/\lambda$인 지수분포를 따른다.
2. 서비스시간은 평균이 $1/\mu$인 지수분포를 따른다.
3. 서버는 1명이다.

13.1절에서 논의한 것과 같이 첫 번째 가정은 고객이 랜덤도착한다는 것을 나타낸다. 이 가정은 현실의 대기행렬시스템에 대해서 일반적으로 유효한 가정이다.

두 번째 가정도 대부분의 서비스시간은(평균 이하로) 매우 짧지만 간혹 긴 서비스시간도 있는 대기행렬시스템에는 적합한 가정이다. 어떤 대기행렬시스템에는 이 가정이 적합하지만 전혀 그렇지 않은 대기행렬시스템도 있다.

복수서버인 $M/M/s$와 함께 $M/M/1$ 모형은 가장 많이 사용되는 대기행렬 모형이다. 그 이유는 이 모형의 결과들이 이미 알려져 있어 분석이 용이하기 때문이다. 공식이 비교적 간단하며 모든 성과척도에 대한 식은 아래와 같다(이 모든 성과척도는 대기행렬시스템이 안정상태에 있다는 것을 가정하고 있다).

M/M/1모형에 관한 공식

$\rho=\lambda/\mu$를 이용하면 시스템 내에 있는 평균 고객 수에 대한 식은 다음과 같다.

$$L = \frac{\rho}{1-\rho} = \frac{\lambda}{\mu-\lambda}$$

리틀의 공식($L=\lambda W$)을 이용하면, 시스템 내에서의 평균대기시간은 다음과 같다.

응용사례

지난 수십 년 동안 GM(General Motors Corporation)은 세계에서 가장 큰 자동차 제조회사의 지위를 누려왔다. 그러나 1980년대 후반 이후 GM 공장의 생산성은 산업계에서 거의 최하위에 속했고, 회사의 시장점유율은 외국 경쟁사의 지속적 성장으로 인해 점차 쇠퇴하였다.

이 외국 경쟁사에 대응하기 위해 GM 경영자는 여러 국가에 있는 회사의 수백개의 생산라인의 생산성을 예측하고 개선하기 위하여 진행 중인 경영과학 프로젝트를 시작하였다. 목적은 제조공정에서 회사의 생산성을 최대로 향상시켜 GM의 경쟁력을 향상시키는 것이었다.

이 프로젝트에서 사용된 가장 중요한 분석도구는 기본 구성요소로 단순대기행렬 모형을 사용한 복잡한 대기행렬 모형이었다. 전체 모형은 도착간격시간이 일정하고 서비스시간도 일정한 각각 단일서버 대기행렬 시스템으로 이루진 두 개의 공정을 갖는 생산라인으로 시작하였다. 다만 각 공정에서 서버(일반적으로 기계)는 종종 고장이 발생하고 수리가 완료될 때까지 서비스(생산)을 재개할 수 없다. 또한, 첫 번째 공정에 있는 서버는 자신의 작업이 완료되고 공정사이의 버퍼가 가득 차게 되면 멈춘다(고장). 두 번째 공정에 있는 서버는 자신의 작업을 완료하고 아직 다른 작업을 받지 못하였을 때 멈추게 된다.

다음 단계에서는 이러한 2개의 공정을 갖는 생산라인을 임의의 개수의 공정을 갖는 생산라인으로 확대하였다. 이 대규모 모형을 사용하여 회사의 생산성을 극대화하기 위하여 생산라인을 어떻게 설계하여야 하는지를 분석하였다. (다음 2개의 장에서 설명되는 컴퓨터 시뮬레이션 기법 또한, 비교적 복잡한 생산라인에 대한 이와 같은 분석을 하는 데 사용되었다.)

대기행렬론(그리고 컴퓨터시뮬레이션, 자료수집 지원시스템과 함께)의 적용으로 GM은 막대한 이득을 얻었다. 그 결과 한 때 산업계에서 최하위에 속해 있던 GM의 생산성은 지금의 최상위 수준에 속하게 되었다. 30개 자동차 공장과 10개 국가에 걸친 생산성 향상으로 인하여 21억 달러의 이득을 얻었다(2005).

단일서버 대기행렬을 포함한 이러한 혁신적인 경영과학 기법의 적용으로 2005년 ORMS에서 시행하는 Franz Edelman Award for Achievement 국제 대회에서 상을 받았다.

출처: J. M. Alden, L. K. Burns, T. Costy, R. D. Hutton, C. A. Jackson, D. S. Kim, K. A. Kohls, J. H. Owen, M. A. Turnquist, and D. J. Vander Veen, "General Motors Increases Its Production Throughput," *Interfaces* (현 *INFORMS Journal on Applied Analytics*) 36, no.1 (january-February 2006), pp.6-25. (이 사례에 대한 링크는 www.mhhe.com/hillier7e에서 볼 수 있다.)

$$W = \frac{1}{\lambda}L = \frac{1}{\mu - \lambda}$$

따라서 대기행렬에서의 평균대기시간(서비스시간 제외)은

$$W_q = W - \frac{1}{\lambda} = \frac{1}{\mu - \lambda} - \frac{1}{\lambda} = \frac{\mu - (\mu - \lambda)}{\mu(\mu - \lambda)} = \frac{\lambda}{\mu(\mu - \lambda)} = \rho\frac{1}{\mu - \lambda}$$

이다. 리틀의 공식의 다른 형태($L_q = \lambda W_q$)를 이용하면 대기행렬에 있는 평균 고객 수(서비스 중인 고객 제외)는

$$L_q = \lambda W_q = \frac{\lambda^2}{\mu(\mu - \lambda)} = \frac{\rho^2}{1 - \rho}$$

이다. 또한, 여러 가지 확률에 대한 식도 비교적 간단하다. 시스템 내에 n명의 고객이 있을 확률은

$$P_n = (1 - \rho)\rho^n \quad (n = 0, 1, 2, \cdots)$$

이다. 따라서

$$P_0 = 1 - \rho$$
$$P_1 = (1 - \rho)\rho$$
$$P_2 = (1 - \rho)\rho^2$$
$$\vdots$$

시스템 내에서의 대기시간이 어떤 값 t를 초과할 확률은

$$P(\mathscr{W} > t) = e^{-\mu(1-\rho)t} \quad (t \geq 0)$$

이며, 여기서 e(약 2.718과 같음)는 수학에서 광범위하게 사용되는 수이다. 대기행렬 내에서의 대기시간이 t를 초과할 확률은

$$P(\mathscr{W}_q > t) = \rho e^{-\mu(1-\rho)t} \quad (t \geq 0)$$

이다. 고객이 도착할 때 시스템 내에 고객이 없으면 대기행렬에서의 대기시간이 0이기 때문에 다음이 성립한다.

$$P(\mathscr{W}_q = 0) = P_0 = 1 - \rho$$

이 모든 식은 서버가 통제 가능한 이용률($\rho = \lambda/\mu$)을 갖는다고 가정하고 있다. 즉,

$$\rho < 1$$

단일서버 대기행렬 모형은 모두 이 가정을 하고 있다. $\rho > 1$일 때, 즉 평균도착률 λ가 평균서비스율 μ보다 크면 서버는 도착고객을 모두 다 처리할 수 없게 되고, 시스템은 결코 안정상태에

도달할 수 없게 된다. 이것은 ρ=1일 때도 마찬가지이다.

몇 가지 유용한 엑셀 템플릿

비록 모형에 대한 공식은 비교적 간단하지만 많이 존재한다. 다행이 MS 코스웨어에 모형에 대한 **엑셀 템플릿**이 있고, 이것을 이용하여 대기시간 확률을 포함하며 모든 성과척도를 계산할 수 있다. 사례연구에 대하여 〈그림 13-4〉에 예시한 것처럼, 여러분은 s=1로 설정하고, λ와 μ값을 정하기만 하면 된다(만약 대기시간 확률을 구하고자 한다면 t값을 추가 설정). λ와 μ는 평균도착률과 평균서비스율에 대한 추정치이기 때문에 λ와 μ에 여러 가지 값을 대입하여 템플릿을 재실행시키면 λ와 μ에 대한 민감도 분석을 할 수 있다.

현행 정책에서 사례연구에 M/M/1 모형의 적용

Dupit사의 분석팀은 이 회사의 대표적인 기사 몇 명의 과거 경험에 대한 자료를 수집하였다. 그들은 기사의 업무량에 관한 현행 정책(75%의 시간을 기계 수리하는 데 보낸다는 것)이 의도한 대로 운영되고 있다고 결론 내렸다. 기사 간에 약간의 편차는 있지만, 보통 하루 평균 3건의 수리 의뢰를 받으며, 기계 1대를 수리하는 데 약간의 이동시간을 포함해서 평균 2시간 정도 소요된다. 따라서 하루 8시간의 작업시간 동안 쉬지 않고 일한다면 1명의 기사는 평균 4대의 기계를 수리할 수 있다는 것이다. 이것은 현행 정책하에서 가정한 대로 각 서비스 지역 대기행렬시스템에 있어서 하루 평균도착률과 평균서비스율에 대한 가장 좋은 추정치로는 각각 λ=3명/일, μ=4명/일($\rho=\lambda/\mu$=0.75)이라는 것을 의미한다. 여기서 λ와 μ에 대한 단위시간은 1일을 사용하였는데, 이것을 1시간으로 해도 된다. 중요한 것은 λ와 μ 모두에 동일한 단위시간을 사용해야 한다는 것이다.

또한, 팀은 고객의 도착(수리를 의뢰하는 전화호출)이 랜덤하게 발생한다고 판단하였다. 따라서 $M/M/1$ 모형의 첫 번째 가정(도착간격시간이 지수분포라는 가정)은 이 상황에 적절한 것이다. 총서비스시간(이동시간+수리시간)은 지수분포에서와 같이 극단적으로 짧은 경우는 없기 때문에 두 번째 가정(서비스시간이 지수분포라는 가정)에 대해 크게 확신하기가 어렵다. 그러나 지수분포를 적용해도 무방할 정도로 대부분의 서비스시간은 평균 이하로 짧은 편이고, 간혹 상당히 긴 경우도 있었다. 다행히 서비스시간에 대해 얻어진 자료를 가지고 계산한 결과 서비스시간의 표준편차는 평균과 거의 같았다(지수분포에 있어서 이 두 값은 동일하다). 따라서 팀은 현행 정책하에서 이 대기행렬시스템을 나타내기 위해 $M/M/1$ 모형을 사용하는 것이 적합하다고 결정하였다.

〈그림 13-4〉의 엑셀 템플릿은 이 대기행렬시스템에 적용한 $M/M/1$ 모형의 여러 가지 식을 이용하여 얻어진 결과를 나타내고 있다. 먼저 G열의 윗부분에 있는 결과를 보자. 수리를 필요로 하는 평균 기계수는 L=3대이다. 현재 수리 중인 기계를 제외할 때, 수리를 기다리는 평

〈그림 13-4〉 Dupit사의 현행 정책을 유지하는 경우에 M/M/1 모형(λ=3, μ=4)을 적용한 결과

	A	B	C	D	E	F	G
1	***M/M/*1 Queueing Model for the Dupit Corp. Problem**						
2							
3			**Data**				**Results**
4		λ =	3	(mean arrival rate)		L =	3
5		μ =	4	(mean service rate)		L_q=	2.25
6		s =	1	(# servers)			
7						W =	1
8		Pr($\mathcal{W}$> t) =	0.368			W_q=	0.75
9		when t =	1				
10						ρ =	0.75
11		Prob($\mathcal{W}_q$> t) =	0.276				
12		when t =	1			n	P_n
13						0	0.2500
14						1	0.1875
15						2	0.1406
16						3	0.1055
17						4	0.0791
18						5	0.0593
19						6	0.0445
20						7	0.0334
21						8	0.0250
22						9	0.0188
23						10	0.0141

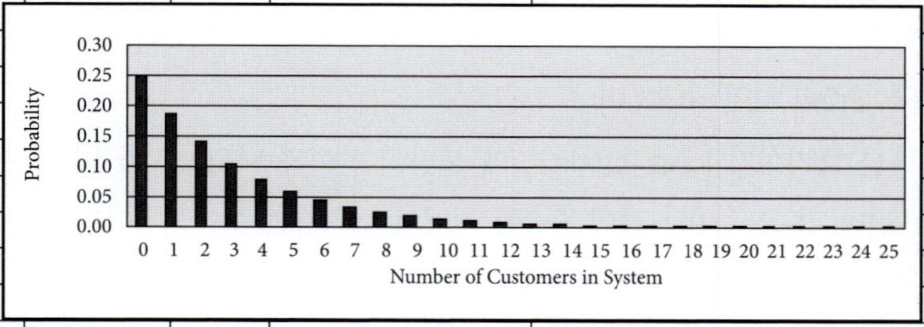

Probability
0.30 0.25 0.20 0.15 0.10 0.05 0.00
0 1 2 3 4 5 6 7 8 9 10 11 12 13 14 15 16 17 18 19 20 21 22 23 24 25
Number of Customers in System

Range Name	Cells
L	G4
Lambda	C4
L_q	G5
Mu	C5
n	F13:F38
P_0	G13
P_n	G13:G38
Rho	G10
s	C6
Time1	C9
Time2	C12
W	G7
W_q	G8

	B	C
8	Pr($\mathcal{W}$ >t) =	=EXP(-Mu*(1-Rho)*C9)

	B	C
11	Prob($\mathcal{W}$ $_q$>t) =	=Rho*EXP(-Mu*(1-Rho)*C12)

	F	G
4	L =	=Lambda/(Mu-Lambda)
5	L_q=	=Lambda)^2/(Mu*(Mu-Lambda)
6		
7	W =	=1/(Mu-Lambda)
8	W_q=	=Lambda/(Mu*(Mu-Lambda))
9		
10	ρ =	=Lambda/Mu
11		
12	n	P_n
13	0	=1-Rho
14	1	=(1-Rho)*Rho^@n
15	2	=(1-Rho)*Rho^@n
16	3	:
17	4	:

균 기계수는 L_q=2.25대이다. 기사가 서비스 요청을 접수한 후부터 수리가 완료될 때까지의 평균대기시간은 W=1일, 수리시간을 제외하였을 때 서비스가 시작될 때까지의 평균대기시간은 W_q=0.75일이다. 이 결과들은 앞에서도 언급했지만, 기사가 수리할 기계가 있는 곳으로 이동을 시작하는 순간을 기계(고객)가 대기행렬에서 기다리는 것을 마치고 서비스를 받기 시작하는 순간으로 보고 분석한 결과이다.

데이터를 수집하는 동안 분석팀은 고장 난 기계에 대한 서비스가 시작될 때까지 고객의 평균대기시간이 하루 근무시간인 8시간의 3/4인 대략 6시간 정도가 된다는 것을 알았다. 이

시간이 모형에 의해 구한 값 W_q(=0.75일)와 일치한다는 사실은 이 사례에 적용한 대한 $M/M/1$ 모형의 타당성을 입증하는 것이다.

이제 G열의 P_n값을 보자. P_0=0.25이므로 기사는 75%의 시간(가동률 ρ=0.75가 나타내는 바와 같이)은 기계 수리로 바쁠 것이다. $P_0+P_1+P_2$=0.58이기 때문에 기사는 근무시간 중 절반 이상은 수리해야 할 기계가 2대 이하가 되는 셈이다(현재 수리 중인 기계를 포함하여). 그러나 가끔 일이 밀릴 때도 있다. 예를 들면 $P_0+P_1+\cdots+P_7$=0.9가 나타내는 것은 10%의 시간은 수리해야 할 기계가 8대(약 2일 이상의 작업량)가 될 수도 있다는 것이다. 이와 같이 대기행렬시스템에 내재되어 있는 랜덤성(도착간격시간과 서비스시간에 대한 큰 변동성) 때문에 이용률이 0.75임에도 불구하고 이처럼 일이 많이 밀릴(불만에 찬 고객이 많아질) 경우도 간혹 발생한다.

마지막으로 C8:C12셀을 보자. t=1로 두면 고객이 고장 난 기계가 다시 가동될 때까지 하루(8시간) 이상 기다려야 할 확률은 $P(\mathscr{W}_q>1$일)=0.368이다. 수리가 시작될 때까지 하루 이상을 기다려야 할 확률은 $P(\mathscr{W}_q>1$일)=0.276이다.

위의 모든 결과를 보자마자 John Phixitt는 왜 불만이 쏟아져 나왔는지를 더 잘 이해하게 되었다. 새 기계(프린터 겸 복사기)와 같이 중요한 기계의 소유자는 수리되기까지 하루 이상이 걸린다고 생각한 사람은 아무도 없었을 것이다.

John Phixitt가 제안한 방법에 M/M/1 모형의 적용

분석팀은 서비스 시작 전까지 평균대기시간을 2시간(1/4 근무일) 이하로 하기 위해 제안된 네 가지 방법(대안)을 분석하기 위한 준비가 되었다. 여기서 새로운 제약조건은 다음과 같다.

$$W_q \le \frac{1}{4}$$

John Phixitt가 제안한 첫 번째 대안은 새로운 서비스 수준을 만족시킬 수 있도록 기사의 이용률을 충분히 감소시키는 쪽으로 현행 정책을 수정하는 것이다. 이 안은 각 기사에게 할당되는 기계의 수를 현재의 150대에서 그 이하로 줄이는 것이다. 각 기계는 평균 50일 만에 한번 고장 나기 때문에 각 지역에 배정된 기계의 대수를 줄이면 평균도착률은 λ=3에서

$$\lambda = \frac{\text{기사에 할당된 기계 수}}{50}$$

로 감소한다. μ=4로 고정하고 λ를 감소시키면 이용률 $\rho=\lambda/\mu$가 감소한다.

λ가 감소하면 W_q가 감소하기 때문에 W_q<1/4(일)을 만족하는 λ의 최댓값은 W_q=1/4(일)이 되는 값이다. 이 λ값을 찾는 가장 쉬운 방법은 W_q=0.25가 될 때까지 엑셀 템플릿에 여러 가지 λ값을 대입해보는 시행착오를 거치는 것이다. 〈그림 13-5〉는 λ=2일 때 W_q=0.25가 됨을 보여주고 있다(W_q에 대한 공식을 이용하여 대수적으로 W_q=1/4을 만족하는 λ=2를 얻을 수도 있다).

〈그림 13-5〉 μ=4일 때, λ=3에서 λ=2로 변경될 때 Dupit사의 강화된 새로운 서비스 수준을 만족시키는 $M/M/1$ 모형(λ=2, μ=4)의 W_q=0.25임을 보여줌

	A	B	C	D	E	F	G
1	*M/M/1* Queueing Model for John Phixitt's Approach (Reduce Machines/Rep)						
2							
3			Data				Results
4		λ =	2	(mean arrival rate)		*L* =	1
5		μ =	4	(mean service rate)		L_q=	0.5
6		*s* =	1	(# servers)			
7						W =	0.5
8		Pr(*W* > *t*) =	0.135			W_q=	0.25
9		when *t* =	1				
10						ρ =	0.5
11		Prob(W_q > *t*) =	0.0677				
12		when *t* =	1			*n*	P_n
13						0	0.5
14						1	0.25
15						2	0.125
16						3	0.0625
17						4	0.0313
18						5	0.0156
19						6	0.00781
20						7	0.00391
21						8	0.00195
22						9	0.00098
23						10	0.00049

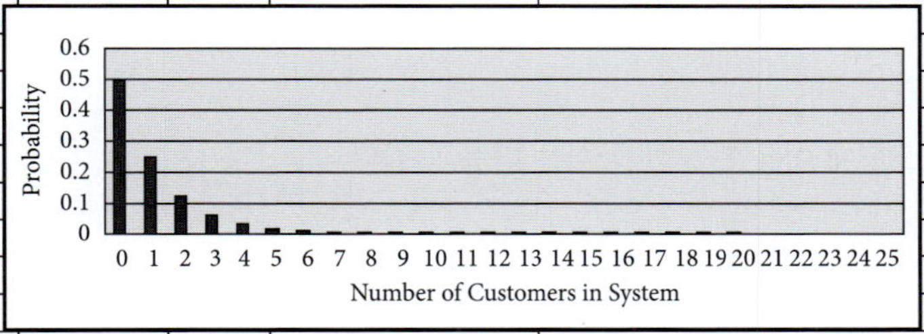

λ가 3에서 2로 감소하려면 각 기사에 할당되는 기계의 수가 150에서 100으로 감소되어야 한다. 이 100은 W_q<1/4의 요구를 만족하는 최댓값이다. λ=2, μ=4일 경우 각 기사에 대한 이용률은 다음과 같다.

$$\rho = \frac{\lambda}{\mu} = \frac{2}{4} = 0.5$$

10,000명에 가까운 기사의 급여 총액(수당 포함)이 연간 약 6억 달러인 것을 고려하자. 각 기사에 할당되는 기계 수가 150에서 100으로 감소하면, 모든 기계를 담당할 수 있으려면 약 5,000명의 기사를 추가로 고용해야 한다. 추가되는 급여비용은 연간 약 2억7,000만 달러가 될 것으로 추정된다(새로 채용되는 기사는 경력이 적어 급여 수준이 낮을 수 있기 때문에 3억 달러보다는 약간 적은 금액임). 그러나 분석팀의 분석에 의하면 급여 외에 교육훈련비, 업무수행 경비, 수리장비 추가 구입비, 기사들을 관리할 서비스 관리자의 추가 배치로 인한 인건비 등으로 인해 급여를 포함하여 연간 총 3억 달러의 추가 비용이 발생할 것으로 추정된다.

John Phixitt가 제안한 방법에 대한 총추가 비용: 연간 약 3억 달러

M/G/1 모형

이 대기행렬 모형은 *M/M/*1 모형과는 두 번째 가정만 다르다.

가정

1. 도착간격시간은 평균이 $1/\lambda$인 지수분포를 한다.
2. 서비스시간은 임의의 확률분포를 가질 수 있다. 이 분포의 형태를 결정할 필요는 없다. 단지 분포의 평균($1/\mu$)과 표준편차(σ)만 추정하면 된다.
3. 서버가 1명이다.

따라서 이것은 랜덤도착(첫 번째 가정)과 단일서버라는 사항과 λ, μ와 σ의 추정만을 필요로 하는 매우 유연성 있는 모형이다.

M/G/1 모형에 대한 공식

$\rho=\lambda/\mu$로 두면 이 모형에 이용 가능한 공식은 다음과 같다.

$$P_0 = 1 - \rho$$

$$L_q = \frac{\lambda^2\sigma^2 + \rho^2}{2(1 - \rho)}$$

$$L = L_q + \rho$$

$$W_q = \frac{L_q}{\lambda}$$

$$W = W_q + \frac{1}{\mu}$$

이러한 성과척도들은 대기행렬시스템이 안정상태에 도달할 수 있도록 $\rho<1$이어야 계산이 가능하다.

서비스시간 분포가 평균이 $1/\mu$인 지수분포를 따른다고 하자. 그러면 표준편차 σ는

$$\sigma = \text{평균} = \frac{1}{\mu}$$

이기 때문에 L_q에 대한 식은 *M/M/*1 모형과 같다. 즉,

$$L_q = \frac{\lambda^2\left(\frac{1}{\mu^2}\right) + \rho^2}{2(1-\rho)} = \frac{\rho^2 + \rho^2}{2(1-\rho)} = \frac{\rho^2}{(1-\rho)}$$

이다. 또한, $\sigma=1/\mu$이면 L, W_q, W에 관한 식도 *M/M/*1 모형과 동일하다. 즉, *M/M/*1 모형은 $\sigma=1/\mu$인 *M/G/*1 모형의 특별한 경우이다(그러나 *M/M/*1 모형은 *M/G/*1 모형으로부터는 얻을

수 없는 몇 가지 결과를 더 제공한다).

M/G/1 모형에 의한 통찰

*M/G/*1 모형에 대한 또 다른 특수한 경우로 *M/D/*1 모형이 있다. 여기서 서비스시간은 일정하다. 따라서 확정적 분포에서 σ=0이므로 L_q는 다음과 같다.

$$L_q = \frac{\lambda^2(0) + \rho^2}{2(1-\rho)} = \frac{\rho^2}{2(1-\rho)}$$

이 값은 *M/M/*1의 절반에 해당한다. 따라서 높은 변동성을 갖는 서비스시간분포(지수분포)에서 변동성이 없는 분포(확정적 분포)로 변경되면 L_q에 커다란 영향을 미친다는 것을 알 수 있다.

위 예에서 본 것과 같이 *M/G/*1 모형에 대한 L_q식은 서비스시간 분포의 변동성(표준편차 σ로 측정됨)이 성과척도에 어떤 영향을 미치는가를 나타내는 식이다. λ, μ 및 ρ의 고정된 값에 대하여 서비스시간의 변동성이 감소하면(즉, σ가 감소하면) L_q도 분명히 감소한다. L, W, W_q에 대해서도 같은 현상이 나타난다. 따라서 서버의 균일성이 대기행렬시스템의 성능에 주된 영향을 미친다. 평균속도($1/\mu$)가 동일한 두 서버 중 1명을 선택해야 한다면 작은 변동성(작은 σ)을 갖는 서버를 선택하는 것이 좋다.

임의의 서비스시간 분포를 허용하는 모형을 분석하는 데 따른 복잡성을 고려하면 이와 같이 간단한 식으로 L_q를 얻을 수 있다는 것은 놀라운 일이다. 이 식은 사용의 편의성과 아울러 실제로 *M/G/*1 대기행렬시스템이 현실에 많이 존재한다는 점을 고려할 때 중요한 식 중의 하나이다. L_q(혹은 W_q)에 대한 이 식을 일반적으로 폴라첵-킨친Pollaczek-Khintchine의 공식이라고 부르는데, 이는 1930년대 초에 각자 개별적으로 이 공식을 유도한 대기행렬이론의 두 선구자의 이름을 따서 붙인 것이다.

기술담당 부사장이 제안한 방법에 M/G/1 모형의 적용

기술담당 부사장은 긴 시간을 요구하는 수리시간을 대폭 줄일 수 있도록 고성능 장비를 각 기사에게 지급할 것을 제안하였다. 그렇게 하면 평균 수리시간을 줄일 수 있으며, 수리시간의 변동성을 크게 줄일 수 있다.

부사장으로부터 더 많은 정보를 얻고 이것을 좀 더 분석한 후 분석팀은 이 방법이 서비스시간 분포에 미치는 효과에 대하여 다음과 같이 추정하였다.

평균은 1/4일에서 1/5일로 감소하고,
표준편차는 1/4일에서 1/10일로 감소할 것이다.

〈그림 13-6〉 기술담당 부사장이 제안한 방법에 *M/G/*1 모형을 적용한 결과

	A	B	C	D	E	F	G
1	***M/G/*1 Model for VP of Engineering's Approach (New Equipment)**						
2							
3			**Data**				**Results**
4		λ =	3	(mean arrival rate)		L =	1.163
5		1/μ =	0.2	(expected service time)		L_q=	0.563
6		σ =	0.1	(standard deviation)			
7		s =	1	(# servers)		W =	0.388
8						W_q=	0.188
9							
10						ρ =	0.6
11							
12						P_0 =	0.4

Range Name	Cell
L	G4
Lambda	C4
L_q	G5
OneOverMu	C5
Rho	G10
s	C7
Sigma	C6
W	G7
W_q	G8

	F	G
4	L =	=L_q+Rho
5	L_q=	=((Lambda)^2)*(Sigma^2)+(Rho^2))/(2*(1-Rho))
6		
7	W =	=W_q+OneOverMu
8	W_q=	=L_q/Lambda
9		
10	ρ =	=Lambda*OneOverMu
11		
12	P_0 =	=1-Rho

따라서 표준편차는 이전의 평균과 동일한 수준(지수분포에서처럼)에서 새로운 평균의 1/2 수준으로 감소한다. μ=1/평균이기 때문에 μ=4에서 μ=5로 변경된다.

www.mhhe.com/Hillier7e에 있는 *M/G/*1 모형에 대한 엑셀 템플릿에 σ=0.1을 적용하면 〈그림 13-6〉과 같은 결과를 얻는다. W_q=0.188에 주목하자. 현행 정책의 W_q=0.75(그림 13-4)에서 이와 같은 큰 감소는 σ의 큰 감소에 따른 것이다. 만약 서비스시간 분포가 지수분포일 경우 μ가 4에서 5로의 증가하면 W_q는 0.75일에서 0.3일으로 감소하게 된다. 이와 같이 W_q가 0.3일에서 0.188일로 추가적으로 감소한 것은 서비스시간의 변동성이 크게 감소하였기 때문이다.

제안된 새 서비스 기준은 $W_q \leq 0.25$일이기 때문에 기술담당 부사장이 제안한 방법은 이 기준을 만족하게 된다. 불행하게도 분석팀은 다음과 같이 이 방법은 너무 비용이 많이 드는 것으로 결론을 내렸다.

기술담당 부사장이 제안한 방법에 대한 총추가 비용: 약 5억 달러의 1회성 비용(기사 1인당 새 장비 구입 가격이 약 5만 달러).

복습문제

1. 기호 λ와 μ는 무엇을 나타내는가? 또한, $1/\lambda$과 $1/\mu$, ρ는 무엇을 나타내는가?
2. M/M/1 모형의 가정은 무엇인가?
3. M/M/1 모형에 대해 이용 가능한 공식은 어느 성과척도(평균 및 확률)에 대한 것인가?
4. 단일서버 대기행렬시스템에서 ρ의 어떤 값에 대해서 시스템이 안정 상태에 도달할 수 있는가?
5. 현행 정책에서 고장 난 기계에 대한 수리가 시작되기 전까지 고객의 평균대기시간은 얼마인가?
6. 각 기사에게 할당되는 기계의 수를 줄여 평균대기시간을 1/4일까지 감소시키기 위해 비용을 얼마나 지불해야 하는가?
7. $M/G/1$ 모형과 $M/M/1$ 모형은 어떻게 다른가?
8. $M/D/1$과 $M/E_k/1$ 모형에서는 각각 어떤 서비스시간 분포를 가정하고 있는가?
9. $M/G/1$ 모형에서 서비스시간 분포에 대한 표준편차의 감소는 L_q, L, W, W_q에 어떤 영향을 미치는가?
10. 기술담당 부사장의 제안을 따를 경우 추가 비용은 얼마인가?

13.6 복수서버 대기행렬 모형

많은 대기행렬시스템은 1명 이상의 서버를 가지고 있다. 따라서 복수서버 대기행렬 모형에 대해 고찰해보고자 한다. 특히 앞 절에서 소개한 단일서버모형에 대한 결과를 복수서버모형에서도 이용할 수 있는지에 대해 논의하고자 한다.

대기행렬 모형에 대한 표현 방법에서 세 번째 기호는 서버 수를 나타내는 것이었다. 예를 들면 $M/M/2$ 모형에는 2명의 서버가 있다. $M/M/s$ 모형에는 임의의 수의 서버가 있을 수 있고 s는 서버의 수를 의미하는 기호이다. 또한, $\rho(=\lambda/\mu)$는 단일서버 대기행렬시스템에 있어서 서버에 대한 이용률을 나타내는 기호로 사용되었다. 복수서버에 대한 이용률의 식은 다음과 같이 된다.

$$\rho = \frac{\lambda}{s\mu} \text{ (이용률)}$$

여기서 λ는 평균도착률이며($1/\lambda$은 평균도착간격시간), μ는 서버 1명의 평균서비스율이다($1/\mu$는 평균서비스시간) 이 모형에서는 모든 서버가 동일한 서비스시간 분포를 따른다고 가정하고 있다. 따라서 모든 서버에 대하여 μ는 동일하다.

λ = 단위시간당 평균 도착고객 수

$s\mu$ = 명의 서버가 모두 서비스 중일 때 단위시간당 평균 서비스완료 수

따라서 $\rho=\lambda/s\mu$는 개개의 서버가 고객을 서비스하는 데 이용된 시간의 평균 비율이다.

서버가 관리 가능한 이용률을 가지기 위해서는 다음 조건이 필요하다.

$$\rho < 1$$

13.1절에서 설명한 기본 대기행렬 모형에 대한 모든 복수서버 모형은 대기행렬시스템이 안정상태에 도달하기 위해서는 이 조건을 필요로 한다.

앞에서 논의한 3개의 단일서버 모형(*M/M/*1, *M/G/*1, *M/D/*1) 중에서 *M/G/*1 모형만은 복수서버모형에서 이용 가능한 분석 결과가 없다. 임의의 서비스시간 분포를 허용함에 따른 복잡함과 복수서버로 인한 복잡함이 결합되면 문제를 다루기가 무척 어려워진다.

Dupit사 사례에 응용하는 것을 포함하여 먼저 *M/M/s* 모형에 대하여 고찰하고, *M/D/s* 모형으로 얻을 수 있는 제한된 결과에 대해 논의하고자 한다.

M/M/s 모형

M/M/s 모형의 아래 가정 중 마지막 것을 제외하고는 *M/M/*1 모형의 가정과 동일하다.

가정

1. 도착간격시간은 평균이 $1/\lambda$인 지수분포를 따른다.
2. 서비스시간은 평균이 $1/\mu$인 지수분포를 따른다.
3. 대기행렬시스템에는 s명의 서버가 있다.

*M/M/*1 모형에서 고려한 모든 성과척도(확률을 포함하여)에 대한 정확한 식을 유도할 수 있다. 그러나 $s>1$일 때 식을 일일이 손으로 계산하기에는 너무 복잡하기 때문에 *M/M/s* 모형에 대해서는 이런 결과값을 구하기 위하여(그림 13-4와 13-5에서와 같이) 엑셀 템플릿을 사용하면 된다.

또 다른 방법으로는 〈그림 13-7〉을 이용하는 것이다. 이 그림은 s의 여러 가지 값에 대해 이용률 ρ에 대한 L의 값을 나타내고 있다. 여기서 주의할 것은 세로축이 로그 척도로 표시되어 있다는 것이다. 이 그래프로부터 L을 추정하고, 리틀의 공식($L= \lambda W$, $L_q=\lambda W_q$)과 $W=W_q+1/\mu$을 이용하여 W, W_q 및 L_q를 계산할 수 있다.

재무담당 임원이 제안한 방법에 M/M/s 모형의 적용

재무담당 임원은 현재 기사 1인이 담당하는 지역들 몇 개를 여러 명의 기사가 공동으로 서비스하는 보다 넓은 지역으로 통합하는 안을 제시하였다. 이 제안의 의도는 기사의 수를 늘리지 않고, 단지 조직의 재정비를 통하여 W_q를 현재 값(W_q=0.75일)으로부터 새 서비스 기준(W_q

〈그림 13-7〉 $M/M/s$ 모형에서 다양한 서버의 수 s값에 대한 L의 값

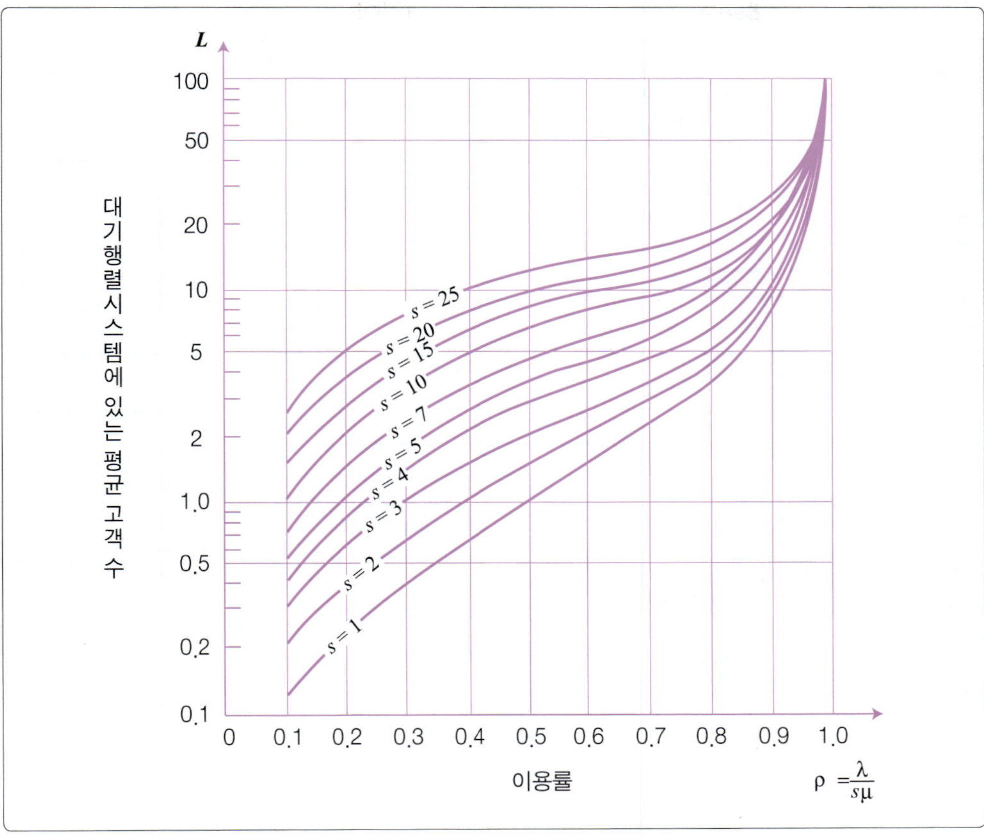

≤0.25일)을 만족하도록 감소시키려는 데 있다.

우선, 2개 지역을 하나로 통합하여 2명의 기사를 그 지역에 할당하는 것을 검토해보자.

2명의 기사를 한 지역으로 통합

기계 수:	300	(이전에 150)
평균도착률:	$\lambda=6$	(이전에 $\lambda=3$)
평균서비스율:	$\mu=4$	(이전과 같다)
서버 수:	$s=2$	(이전에 $s=1$)
이용률:	$\rho=\lambda/s\mu=0.75$	(이전과 같다)

위의 자료를 $M/M/s$ 모형에 적용하면 $W_q=0.321$을 포함하여 〈그림 13-8〉에 나타난 결과를 얻는다(출력셀에 들어 있는 식은 매우 복잡하기 때문에 이 그림에 넣지 않았지만 이 장의 엑셀 파일에서 볼 수 있다). 이것은 지금까지의 $W_q=0.75$에서 크게 개선된 것이나 새 서비스 기준인 $W_q\leq0.25$는 아직 만족시키지 못하고 있다.

이번에는 3개 지역을 하나로 통합하여 3명의 기사를 각 지역에 할당한다면 어떤 결과가 얻

〈그림 13-8〉 2명의 기사를 한 지역으로 통합하는 방법(재무담당 임원의 제안)에 *M/M/s* 모형을 적용한 결과

	A	B	C	D	E	F	G
1	***M/M/s* Model for CFO's Approach (Combine into Teams of Two)**						
2							
3			**Data**				**Results**
4		λ =	6	(mean arrival rate)		L =	3.429
5		μ =	4	(mean service rate)		L_q =	1.929
6		s =	2	(# servers)			
7						W =	0.571
8		Pr(W > t) =	0.169			W_q =	0.321
9		when t =	1				
10						ρ =	0.75
11		Prob(W_q > t) =	0.087				
12		when t =	1			n	P_n
13						0	0.1429
14						1	0.2143
15						2	0.1607
16						3	0.1205
17						4	0.0904
18						5	0.0678
19						6	0.0509
20						7	0.0381
21						8	0.0286
22						9	0.0215
23						10	0.0161

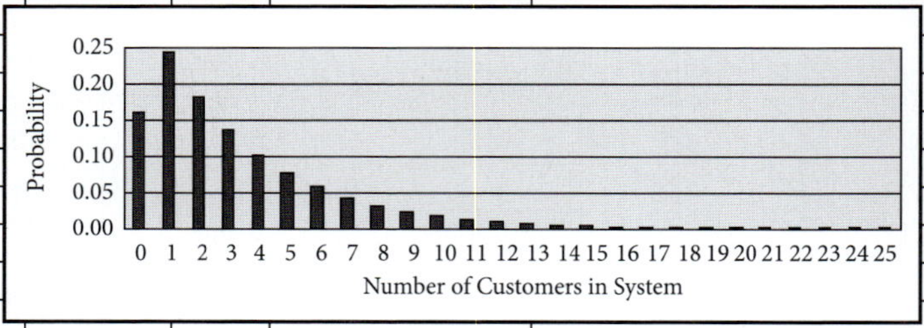

어지는가를 알아보자.

3명의 기사를 한 지역으로 통합

기계 수:	450	(이전에 150)
평균도착률:	λ=9	(이전에 λ=3)
평균서비스율:	μ=4	(이전과 같다)
서버 수:	s=3	(이전에 s=1)
이용률:	$\rho=\lambda/s\mu$=0.75	(이전과 같다)

〈그림 13-7〉에서 이용률 0.75에 해당하는 L값은 4에 매우 근접한 값임을 알 수 있다. 4를 근사값으로 사용하여 13.3절에 소개한 관계식(리틀의 공식 등)을 적용하면 다음과 같다.

$$W = \frac{L}{\lambda} = \frac{4}{9} = 0.44\text{일}$$

$$W_q = W - \frac{1}{\mu} = 0.44 - 0.25 = 0.19\text{일}$$

〈그림 13-9〉의 엑셀 템플릿에서는 좀 더 정확하게 L=3.9533 및 W_q=0.1893을 얻는다. 1일 작업시간이 8시간이기 때문에 평균대기시간은 1시간 30분을 약간 넘는다(8시간×0.1893=1.5144

〈그림 13-9〉 3명의 기사를 한 지역으로 통합하는 방법에 *M/M/s* 모형을 적용한 결과

	A	B	C	D	E	F	G
1	***M/M/s* Model for CFO's Approach (Combine into Teams of Three)**						
2							
3			**Data**				**Results**
4		λ =	9	(mean arrival rate)		L =	3.9533
5		μ =	4	(mean service rate)		L_q =	1.7033
6		s =	3	(# servers)			
7						W =	0.4393
8		Pr($W > t$) =	0.0898			W_q =	0.1893
9		when t =	1				
10						ρ =	0.75
11		Prob($W_q > t$) =	0.0283				
12		when t =	1			n	P_n
13						0	0.0748
14						1	0.1682
15						2	0.1893
16						3	0.1419
17						4	0.1065
18						5	0.0798
19						6	0.0599
20						7	0.0449
21						8	0.0337
22						9	0.0253
23						10	0.0189

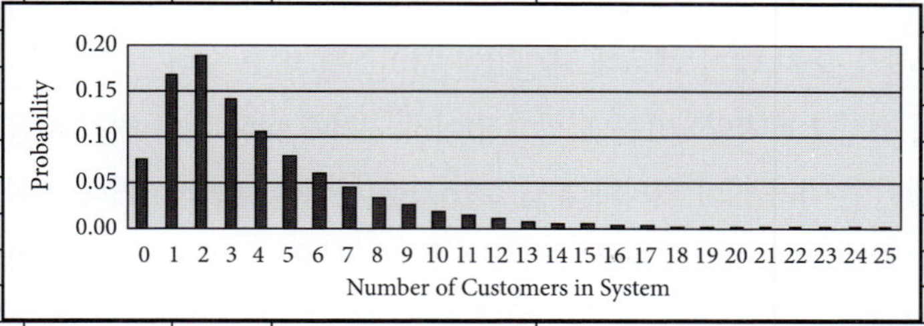

Probability
0.20
0.15
0.10
0.05
0.00
0 1 2 3 4 5 6 7 8 9 10 11 12 13 14 15 16 17 18 19 20 21 22 23 24 25
Number of Customers in System

시간).

결론적으로 3인 지역은 제안된 새 서비스 기준인 $W_q \leq 0.25$일(2시간)을 쉽게 만족한다. 넓은 지역에서는 각 기사의 이동시간이 다소 증가하는 것을 감안하더라도 서비스 기준을 충분히 만족시키게 되는 것이다.

〈표 13-5〉는 기사 1인, 2인 또는 3인을 한 지역으로 통합하는 각 경우에 대한 자료와 W_q값을 요약하여 보여주고 있다. 이용률의 변화 없이 기사의 수가 증가함에 따라 W_q가 얼마나 급격히 감소하는지를 볼 수 있다. W_q값이 s=2인 경우는 s=1인 경우의 1/2보다 작고, s=3인 경우에는 s=1인 경우의 약 1/4이다.

이러한 결과는 4개 이상의 지역을 하나로 통합하여 4명 이상의 기사를 한 지역에 할당하면 W_q가 훨씬 더 감소될 수 있다는 것을 암시하고 있다. 그러나 담당지역이 넓으면 불리한 면

〈표 13-5〉 지역의 크기에 따른 W_q값의 비교

기사 수	기계 수	λ	μ	s	ρ	W_q
1	150	3	4	1	0.75	0.75일(6시간)
2	300	6	4	2	0.75	0.321일(2.57시간)
3	450	9	4	3	0.75	0.189일(1.51시간)

도 있다. 하나는 기사가 고장 난 기계가 있는 곳으로 이동하는 평균시간이 상당히 증가할 가능성이 있다는 것이다. 둘 혹은 세 개의 지역이 하나로 통합될 때는 각 기사가 있는 위치에서 기계와의 근접도에 따라 수리할 기계를 효과적으로 배분할 수 있기 때문에 평균 이동시간은 크게 증가하지 않을 것이다. 그러나 더 많은 기사를 더 큰 지역에 할당하게 되면 이러한 배분이 효과적으로 이루어지기 어렵게 되고, 그 결과 때때로 이동시간이 매우 길어지게 된다. 수리지역까지의 이동시간은 수리시간의 일부분이기 때문에 평균서비스율 μ는 기사의 수가 3명 이상이 되었을 때 〈표 13-5〉에 가정한 1일 4대에서 약간 감소할 것이다. 기사의 수가 정해진 상태에서 μ가 감소하면 W_q는 증가한다. 그러므로 지역당 기사의 수를 3명 이상으로 증가시킬 경우 W_q가 얼마나 더 감소할 것인가는 명확하지 않다.

각 지역에 많은 기사를 할당하면, 기사들 간의 조정이 더 어렵게 되고, 고객은 서비스를 받을 때마다 동일한 기사가 오지 않기 때문에 개인적인 서비스를 받고 있다는 느낌을 잃게 된다. 게다가 기사 또한, 자신만의 지역이라는 느낌이 없어져 지역에 대한 애정 내지 자긍심이 줄게 된다. 그리고 한 지역을 여러 명의 기사가 분담하면 그들 사이에 개인적이거나 직업상의 충돌이 일어날 수 있고 팀이 커지면 커질수록 이러한 충돌의 기회는 증가하게 된다. 이와 같은 이유로 John Phixitt는 각 지역에 3명의 기사를 할당하는 것이 넓은 지역으로 인한 불이익을 최소화하고 동시에 만족할 만한 수준으로 W_q을 줄일 수 있는 최선의 절충점trade-off이라고 결론을 내렸다.

결론: 재무담당 임원의 제안은 만약 3개의 인접한 1인 기사 지역을 하나의 큰 지역으로 통합하여 3명의 기사가 공동으로 서비스하면 새 서비스 기준($W_q \leq 0.25$)을 만족한다. 기사의 총수는 변하지 않기 때문에 이 방법을 이행함에 있어서 위에서 지적한 넓은 지역에 의한 불이익 이외에 다른 추가 비용은 없다. 이러한 불이익을 최소화하려면 지역당 기사가 3명을 초과할 정도로 커져서는 안 된다.

M/D/s 모형

많은 대기행렬시스템에 있어서 서비스시간은 *M/M/s* 모형에서 가정한 것보다는 훨씬 변동성이 적다. 어떤 경우에는 서비스시간에 전혀 변동성이 없을 수도 있다(혹은 거의 변동성이 없다). *M/D/s*모형은 이러한 경우에 이용하기 적합하다.

가정: 서비스시간이 모두 같다는 것을 제외하고는 *M/M/s* 모형과 같다. 이 모형의 일정한 서비스시간을 $1/\mu$로 나타낸다. 이것을 확정적 서비스시간 분포라고 부르고 기호 *D*로 나타낸다.

일정 서비스시간은 각 고객에 대한 서비스가 완전히(거의) 동일한 작업일 때 발생한다. 서버가 기계일 때는 글자 그대로 서비스시간에 전혀 변동성이 없을 수 있다. 일정 서비스시간에 대한 가정은, 만약에 서버가 모든 고객에게 동일한 작업을 반복 수행한다면 사람이 서버인 경우에도 적용될 수 있다.

앞 절에서 s=1일 때 $M/D/1$ 모형에 대한 L_q값이 $M/M/1$ 모형의 1/2임을 보여주고 있다. $s>1$일 때도(특히 이용률 ρ값이 큰 경우) 두 모형에 대한 L_q값에는 비슷한 차이가 있다. W_q, W 및 L값에 대해서도 두 모형 사이에는 큰 차이가 있다.

이와 같은 L_q, W_q, W 및 L값에 대한 모형 간의 큰 차이는 분석 대상 대기행렬시스템에 가장 적합한 모형을 사용하는 것이 매우 중요하다는 것을 말해준다. $M/M/s$ 모형이 가장 편리하기 때문에 대부분의 응용 분야에 이 모형을 관례적으로 사용한다. 그러나 그렇게 하면 서비스시간에 변동성이 거의 없거나 전혀 없을 때에는 성과척도 값에 큰 오차가 있게 된다.

$M/D/s$ 모형에 대한 여러 가지 성과척도를 계산하는 과정은 $M/M/s$ 모형에서 보다 훨씬 더 복잡하기 때문에 이 모형에 대한 엑셀 템플릿은 없다. 그러나 이 경우의 성과척도를 계산하기 위해서 특수한 프로젝트가 수행되었다. 〈그림 13-10〉은 s의 여러 가지 값에 대하여 ρ의 변화에 따른 L값의 변화를 보여주고 있다. 이를 이용하여 L값을 구할 수 있고, L값을 알면 다른 주

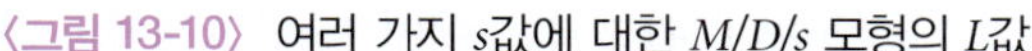
〈그림 13-10〉 여러 가지 s값에 대한 $M/D/s$ 모형의 L값

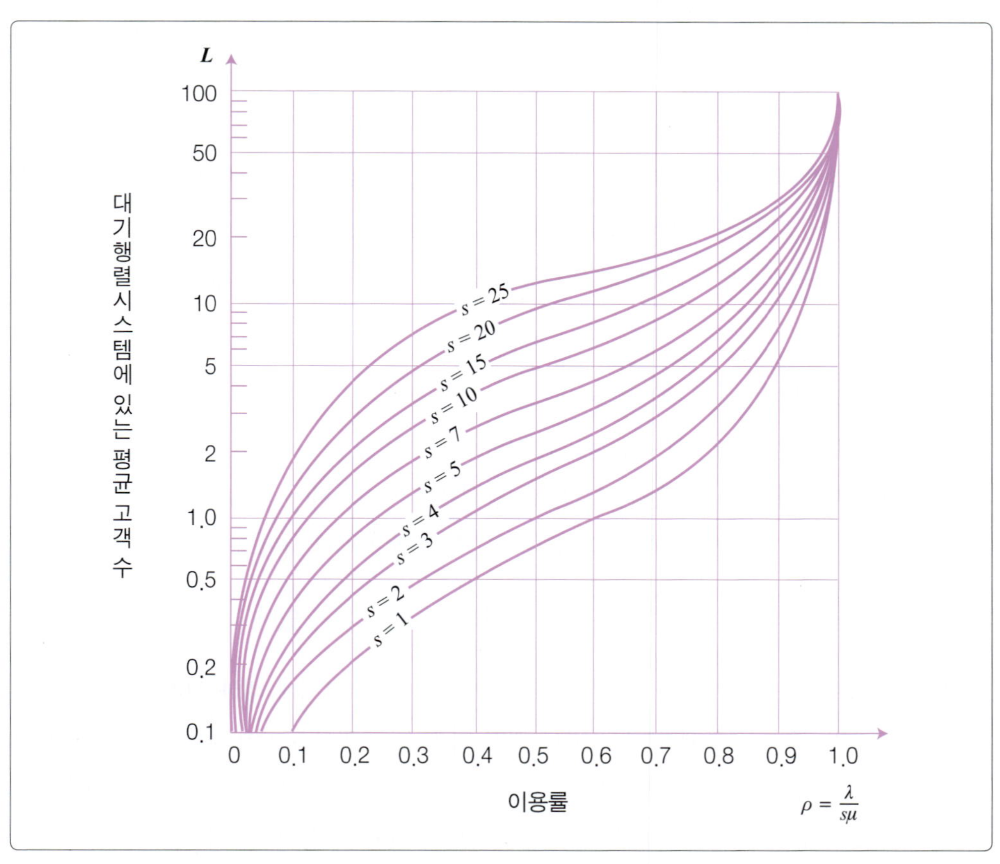

요 척도들(W, W_q 및 L_q)은 리틀의 공식 등을 통하여 구할 수 있다(13.3절 참조).

복습문제

1. 복수서버 대기행렬시스템에서의 이용률 ρ에 대한 공식은 무엇인가? 서버가 그들의 시간을 어떻게 사용하는가라는 관점에서 ρ의 의미는 무엇인가?
2. 시스템이 안정상태에 도달하려면 ρ값이 어떻게 되어야 하는가?
3. $M/M/1$ 모형에 대해서는 계산할 수 있지만 $M/M/s$ 모형에서는 계산할 수 없는 성과척도가 있는가?
4. Dupit사의 새로운 서비스 기준을 만족시키기 위해서 몇 개의 1인 기사 지역을 하나로 통합할 필요가 있는가?
5. 서비스시간의 변동성을 가지고 $M/M/s$, $M/D/s$ 모형을 비교하시오.

13.7 우선순위 대기행렬 모형

지금까지 논의한 모든 대기행렬 모형은 고객이 선입선출 방식으로 서비스된다고 가정하고 있다. 모든 대기행렬시스템이 이와 같이 운용되는 것은 아니다. 어떤 시스템에서는 중요한 고객이 더 오래 기다린 다른 고객보다 먼저 서비스를 받는다. 관리자는 어떤 특정 고객에게 다른 고객보다 우선순위를 부여할 수 있다. 대기행렬시스템의 고객이 처리되어야 할 작업인 경우에 보통 납기[deadline]가 이들 고객의 서비스 순서를 결정한다. 즉, 급히 서둘러야 할 작업은 다른 작업보다 먼저 수행될 필요가 있다.

병원 응급실은 우선순위가 저절로 적용되는 대기행렬시스템의 한 예이다. 중환자는 당연히 이미 대기 중인 다른 일반 환자보다 먼저 치료되어야 한다.

이러한 대기행렬시스템을 위한 모형은 다음과 같은 일반 가정을 하고 있다.

일반 가정

1. 고객은 여러 부류가 있다. 각 부류마다 **우선순위 계층**[priority class]이 다르다. 우선순위 계층이 상대적으로 높은 고객이 우선적으로 서비스를 받는다.
2. 우선순위 계층이 같은 고객들은 선입선출 방식으로 서비스된다. 따라서 동일 우선순위 계층 내에서는 대기행렬시스템에서 더 오래 기다린 고객이 먼저 서비스를 받는다.

다음에 설명하는 바와 같이 실제로는 두 가지 형태의 우선순위가 있다.

- **비축출형 우선순위**[nonpremeptive priority]: 일단 서버가 어떤 고객에 대한 서비스를 시작하였다면 그 서비스가 끝날 때까지는 우선순위가 더 높은 고객이 도착하더라도 현재의 서비스를 중단하지 않고 끝까지 계속한다. 그러나 현재 서비스가 완료되면, 대기행렬 내에 고객 중 우선순위가 가장 높은 고객을 선택하여 서비스한다. 우선순위가 가장 높은 계층의 고

객이 여러 명이면 그들 중에서는 가장 오래 기다린 고객을 선택한다.

- **축출형 우선순위**preemptive priority: 서비스 중인 고객은 자신보다 우선순위가 더 높은 고객이 도착할 때마다 축출되고(대기행렬로 되돌아옴), 서버는 즉시 새로 도착한 더 높은 우선순위의 고객에 대한 서비스를 시작하게 된다. 서버가 서비스를 끝내고 계속해서 서비스를 할 때, 다음 고객은 위에서 설명한 비축출형 우선순위에서와 같이 선택된다(축출된 고객은 대기행렬 내에서 자신과 동일한 우선순위의 고객 중 가장 오래 기다린 고객이 되어 곧 서비스가 재개되고, 상황에 따라 몇 번 더 축출 과정을 반복한 후 서비스가 완료될 것이다).

이 절에서는 이러한 두 가지 형태의 우선순위에 의한 기본 대기행렬 모형을 다룬다.

축출형 우선순위 대기행렬 모형

위에서 본 우선순위에 관한 일반 가정과 함께 본 모형에서는 다음과 같이 추가적인 가정을 한다.

추가 가정

1. 위에 설명한 축출형 우선순위를 적용한다(n은 우선순위 계층의 수).
2. 우선순위 계층 $i(i=1, 2, \cdots, n)$ 고객의 도착간격시간은 평균이 $1/\lambda_i$인 지수분포를 따른다.
3. 서비스시간은 우선순위 계층에 관계없이 모두 평균이 $1/\mu$인 지수분포를 따른다.
4. 대기행렬시스템에는 1명의 서버가 있다.

따라서 축출형 우선순위를 사용하는 복잡함을 제외하면 $M/M/1$ 모형에 대한 가정과 동일하다. λ_i는 우선순위 계층 $i(i=1, 2, \cdots, n)$ 고객의 평균도착률이기 때문에 $\lambda = (\lambda_1+\lambda_2+\cdots+\lambda_n)$은 모든 고객에 대한 전체 평균도착률이다. 따라서 서버이용률은

$$\rho = \frac{\lambda_1 + \lambda_2 + \cdots + \lambda_n}{\mu}$$

이다. 이전 모형들에서와 같이 모든 우선순위 계층에 대해서 대기행렬시스템이 안정상태에 도달할 수 있으려면 $\rho<1$이어야 한다. 우선순위를 사용하는 이유는 우선순위가 높은 고객의 대기시간을 줄이려는 데 있다. 이것은 우선순위가 낮은 고객의 대기시간을 증가시키는 대가로 얻어진다. $\rho<1$을 가정하면 각 우선순위 계층에 대한 주요 성과척도(L, W, L_q 및 W_q)를 계산하기 위한 공식을 도출할 수 있다. www.mhhe.com/Hillier7e에 있는 엑셀 템플릿을 사용하면 이들을 신속하게 계산할 수 있다.

비축출형 우선순위 대기행렬 모형

위의 일반 가정과 함께 이 모형에 대하여 다음 가정을 한다.

추가 가정

1. 앞에서 설명한 비축출형 우선순위를 적용한다.
2, 3. 축출형 우선순위 대기행렬 모형의 가정과 같다.
4. 대기행렬시스템은 임의의 수의 서버를 가질 수 있다.

비축출형 우선순위를 적용하는 것 이외는 *M/M/s* 모형의 가정과 동일하다.

서버 이용률은 다음과 같다.

$$\rho = \frac{\lambda_1 + \lambda_2 + \cdots + \lambda_n}{s\mu}$$

모든 우선순위 계층에 대하여 시스템이 안정상태에 도달할 수 있기 위해서는 역시 $\rho<1$일 필요가 있다. 앞에서와 마찬가지로 www.mhhe.com/Hillier7e에 있는 엑셀 템플릿을 이용하여 각 우선순위 계층에 대한 주요 성과척도를 계산할 수 있다.

영업담당 부사장의 제안에 비축출형 우선순위 대기행렬 모형의 적용

영업담당 부사장은 서비스 제공에 있어서 다른 기계에 비해 프린터-복사기 겸용 기계에 우선순위를 부여하는 것을 제안하였다. 다시 말하면, 기사가 1대의 수리를 마쳤을 때 프린터-복사기 겸용 기계와 다른 기계가 동시에 수리를 기다리고 있다면 다른 기계가 더 오래 기다렸다고 하더라도 다음 수리 대상으로 항상 프린터-복사기 겸용 기계(그중에서 가장 오래 기다린 것)를 선택하게 된다. 이 제안의 논리적 근거는 프린터-복사기 겸용 기계가 매우 중요한 기능을 수행하고 있기 때문에 그 소유자는 수리될 때까지 다른 기계만큼 오래 기다릴 수가 없다는 것이다. 다른 기계 소유자도 그만큼 기다리고 있음에도 불구하고 과도한 대기시간에 대한 불만은 거의 모두 프린터-복사기 겸용 기계 소유자로부터 나왔다. 영업담당 부사장은 새 서비스 기준($W_q \leq$2시간)은 프린터-복사기 겸용 기계에만 적용할 필요가 있다고 생각한다. 그들에게 우선순위를 부여하면 다른 기계에 대해서도 만족할 만한 서비스를 제공하면서 그들에게 새 기준을 충족시킬 수 있을 것이다.

이것을 검토하기 위하여 분석팀은 비축출형 우선순위 대기행렬 모형을 적용하기로 한다. 2개의 우선순위 계층은 다음과 같다.

우선순위 계층 1: 프린터-복사기 겸용 기계
우선순위 계층 2: 그 외의 다른 기계

각 지역의 대기행렬시스템에 도착하는 고객을 위와 같이 두 가지 형태로 구분한다. 각 우선순위 계층에 대한 평균도착률(각각을 λ_1 및 λ_2로 표시)을 결정하기 위해 분석팀은 현재 기사에게 할당된 기계 중 1/3이 프린터-복사기 겸용 기계라는 사실을 확인하였다. 또한, 이 겸용 기계는 다른 기계와 같은 빈도의(약 50일에 한 번) 서비스를 요구한다는 것도 알아냈다. 결과적으로 각 기사 담당 지역의 모든 기계에 대한 총평균도착률이 하루 3대이기 때문에 λ_1과 λ_2는 다음과 같다.

λ_1 = 1 (현재)
λ_2 = 2 (현재)

그러나 프린터-복사기 겸용 기계의 비율이 2~3년 이내에 약 50% 수준까지 계속 증가할 것으로 예상하고 있다. 그 시점에서 평균도착률은 다음과 같이 변경될 것이다.

λ_1 = 1.5 (2~3년 후)
λ_2 = 1.5 (2~3년 후)

기사의 평균서비스율은 우선순위를 적용하더라도 변하지 않는다. 따라서 μ=4이다. 현 정책에서 각 지역의 대기행렬시스템은 단일서버를 갖는다(s=1). 지금이나 2~3년 후에도 (λ_1+λ_2)=3이기 때문에 이용률은 다음과 같다.

$$\rho = \frac{\lambda_1 + \lambda_2}{s\mu} = \frac{3}{4}$$

〈그림 13-11〉은 현재(λ_1=1, λ_2=2)의 대기행렬시스템에 비축출형 우선순위 대기행렬 모형을 적용하여 엑셀 템플릿으로 얻은 결과를 나타내고 있다. 〈그림 13-12〉는 나중에 예상되는 조건(λ_1=1.5, λ_2=1.5)에 동일한 모형을 적용하여 얻어진 결과를 나타내고 있다.

분석팀은 두 그림의 마지막 열에 주어진 평균대기시간 W_q에 특별한 관심을 가지고 있다. 이 값들을 〈표 13-6〉에 요약하였으며 여기서 첫째 행은 〈그림 13-11〉에서 두 번째 행은 〈그림 13-12〉에서 구한 것이다.

프린터-복사기 겸용 기계에 대해서 W_q=0.25일은 새 서비스 기준 $W_q \leq$0.25일을 가까스로 만족하지만, 2~3년 후에는 0.3일로 악화된다. 따라서 이 방법으로는 안심할 수 없다.

더욱이 다른 기계는 평균대기시간이 현재 W_q=1일로부터 2~3년 후에는 W_q=1.2일로 된다. 현 정책하에서의 평균대기시간 W_q가 0.75일(그림 13-4 참조)에서 이와 같이 크게 증가하면 상당수의 고객을 잃게 될지도 모른다.

앞 절에 있는 〈표 13-5〉는 담당지역의 통합이 평균대기시간을 줄이는 데 얼마나 큰 영향을 미치는가를 보여주었다. 그래서 분석팀은 지역통합 방법을 비축출형 우선순위와 결합하여 적용해보기로 하였다.

〈그림 13-11〉 영업담당 부사장이 제안한 방법에 비축출형 우선순위 대기행렬 모형을 적용한 결과

	A	B	C	D	E	F	G
1	**Nonpreemptive Priorities Model for VP of Marketing's Approach**						
2	**(Current Arrival Rates)**						
3							
4		n =	2	(# of priority classes)			
5		μ =	4	(mean service rate)			
6		s =	1	(# servers)			
7							
8							
9			λ_i	L	L_q	W	W_q
10		Priority Class 1	1	0.5	0.25	0.5	0.25
11		Priority Class 2	2	2.5	2	1.25	1
12							
13							
14							
15							
16		λ =	3				
17		ρ =	0.75				

〈그림 13-12〉 프린터-복사기의 비중이 변한 뒤의 자료를 이용하여 〈그림 13-11〉을 수정한 결과

	A	B	C	D	E	F	G
1	**Nonpreemptive Priorities Model for VP of Marketing's Approach**						
2	**(Future Arrival Rates)**						
3							
4		n =	2	(# of priority classes)			
5		μ =	4	(mean service rate)			
6		s =	1	(# servers)			
7							
8							
9			λ_i	L	L_q	W	W_q
10		Priority Class 1	1.5	0.825	0.45	0.55	0.3
11		Priority Class 2	1.5	2.175	1.8	1.45	1.2
12							
13							
14							
15							
16		λ =	3				
17		ρ =	0.75				

〈표 13-6〉 Dupit사 문제에 비축출형 우선순위 대기행렬 모형을 적용하였을 때의 평균대기시간

s	시점	λ_1	λ_2	μ	ρ	W_q (프린터-복사기)	W_q (다른 기계)
1	현재	1	2	4	0.75	0.25일(2시간)	1일(8시간)
1	이후	1.5	1.5	4	0.75	0.3일(2.4시간)	1.2일(9.6시간)
2	현재	2	4	4	0.75	0.107일(0.86시간)	0.429일(3.43시간)
2	이후	3	3	4	0.75	0.129일(1.03시간)	0.514일(4.11시간)
3	현재	3	6	4	0.75	0.063일(0.50시간)	0.252일(2.02시간)
3	이후	4.5	4.5	4	0.75	0.076일(0.61시간)	0.303일(2.42시간)

2개의 1인 담당지역을 하나로 통합하면 두 우선순위 계층의 평균도착률(λ_1 및 λ_2)은 2배가 된다. 각 서버의 평균서비스율 μ는 변화가 없고, 대신 서버의 수가 2배로 되기 때문에(s=1에서 s=2로) 이용률 ρ는 변함이 없다. 그 결과는 〈표 13-6〉의 세 번째, 네 번째 행에 주어져 있다. 이 경우의 W_q값은 마지막 두 열에 표시되어 있다. s=1인 경우보다 W_q값이 크게 감소한 좋은 결과를 얻었다. 즉, 프린터-복사기 겸용 기계에 대한 W_q는 새 서비스 기준($W_q \leq 2$시간)의 최대치의 약 1/2 수준에 불과하다. 다른 기계에 대한 W_q는 이 최대치(2시간)를 초과하지만, 이 정도의 대기시간은 이 우선순위 계층으로부터 큰 불만 없이 지나온 현재의 평균대기시간(6시간)보다는 작다. John Phixitt의 반응은 호의적이다. 그는 $W_q \leq 2$시간의 서비스 기준은 프린터-복사기를 염두에 두고 한 제안이었기 때문에 다른 최고관리자들도 아마 〈표 13-6〉의 세 번째, 네 번째 행에 나타낸 W_q값에 만족하게 될 것이라고 생각한다.

〈표 13-5〉는 우선순위 없이 3개 지역을 하나로 통합하는 경우 W_q값이 상당히 좋다는 것을 보여준다. 따라서 분석팀은 여기에 우선순위까지 고려하여 분석해보는 것이 좋겠다는 결론을 내렸다. 〈표 13-6〉의 마지막 두 행은 이 경우에 대한 분석 결과를 보여주고 있다. s=3인 경우 W_q값은 s=2인 경우보다도 훨씬 작고, 현재 시점에서 다른 기계에 대해서도 제안된 새 서비스 기준을 거의 만족하는 것을 알 수 있다. 그러나 John Phixitt는 3인 통합지역이 2인 통합지역과 비교하여 상당히 불리하다고 지적하였다. 즉, 기계가 있는 곳까지 이동하는 시간이 길어지고, 3명이 수리하러 다니면 2명일 때보다 개인적인 서비스를 받고 있다는 느낌을 고객에게 주지 못한다는 것이다. 게다가 또 다른 중요한 이유는 기사들 사이의 작업 조정이 3명일 때가 2명일 때보다 훨씬 더 어려울 것이라는 것이다. 이런 관점에서 John은 s=3에 의한 W_q의 감소가 이러한 불이익을 충분히 상쇄하지 못한다고 생각한다.

결론: 우선순위 부여는 프린터-복사기 겸용 기계에 대한 서비스를 개선하려는 것이기 때문에 수리 시 다른 기계보다 우선순위를 부여하는 것을 강력히 고려해야 한다. 그러나 만약 현재와 같이 1인 지역을 계속 유지하면 프린터-복사기 겸용 기계와 다른 기계의 대기시간은 여전히 만족스럽지 못하게 될 것이다. 2인 지역으로 통합하면 이러한 대

기시간이 큰 추가적인 비용 없이 만족할 만한 수준으로 감소하게 될 것이다. 그러나 지역을 이보다 더 크게 통합하는 것은 큰 지역에 따르는 불이익을 고려할 때 별 이점이 없을 것이다.

경영진의 결론

Dupit사의 사장으로부터 제안된 네 가지 방법에 대한 분석을 지시받은 이 회사 분석팀과 John Phixitt은 분석 결과를 경영진에 보고하도록 되어 있었다. 따라서 그들은 분석 결과 보고서를 작성하여 경영진의 구성원들에게 전달하였다. 보고서에는 분석을 요청 받은 네 가지 방법 각각에 대한 결론(앞의 절들에서 설명한 내용)이 담겨 있다. 물론 각 방법을 따를 경우에 예상되는 성과척도의 값들도 〈표 13-5〉 및 〈표 13-6〉과 같이 계산되어 있었다.

〈표 13-7〉은 분석팀에 의해 정리된 네 가지 안을 요약한 것이다.

John은 보고서 발표에서 현행 시스템인 1인 기사 지역의 여러 가지 장점을 강조하는 것으로 시작하였다. 〈표 13-7〉의 첫 두 안은 현 시스템을 계속 유지할 수 있지만 비용이 매우 많이 든다. 그는 비용이 너무 많이 든다는 것과 아울러 시장이 요구하는 서비스를 효율적으로 제공하기 위하여 현 시스템을 이제는 개선해야 한다는 결론에 도달했다고 말했다.

이제 〈표 13-7〉의 세 번째, 네 번째 방법만 남아있다. John은 3인 지역에 비해 2인 지역이 훨씬 이점이 있다고 이전에 분석팀에게 한 주장을 다시 하였다. 그리고 네 번째 제안이 2인 지역일 뿐만 아니라 프린터-복사기 겸용 기계 수리를 위한 평균대기시간이 세 번째 제안보다 작다는 것을 지적하였다. 고객상담부장이 다른 기계의 평균대기시간이 제안된 새 서비스 기준(2시간 이하)을 만족하지 않는다고 이의를 제기하였지만, John은 다른 기계의 대기시간도 현재 수준(6시간)보다 상당히 줄어들게 되고, 이들 기계 소유자는 지금도 불평을 하지 않고 있다는 것을 강조하였다. 결론적으로 John은 네 번째 제안의 채택을 추천하였다.

〈표 13-7〉 경영진에 의해 고려된 네 가지 방법

제안자	제안	추가 비용
John Phixtt	현 1인 담당지역을 유지하고 기계할당 대수를 150대에서 100대로 축소	연간 3억 달러
기술담당	부사장현 1인 담당지역을 유지하고 기사에게 고성능 수리장비 지급	단 한 번의 5억 달러
재무담당 임원	3인 담당 지역으로 변경	없음, 지역이 넓어지는 단점 있음
영업담당 부사장	프린터-복사기에 수리의 우선권을 주고 2인 지역으로 변경	없음, 지역이 넓어지는 단점 있음

이후 토론에서 다른 기계 소유자가 2등급 고객 취급을 당한다고 느낄 가능성을 포함하여 몇 가지 조그마한 우려가 제기되었다. 따라서 John은 새로운 서비스 정책을 공표하지 말아야 한다고 주장했다. John은 또한, 만약 고객에게 알려진다고 하더라도 고객을 쉽게 납득시킬 수 있다는 것을 지적하였다. 결과적으로 이 회사 경영진은 곧 John의 추천을 받아들였다.

의사결정: 〈표 13-7〉에 있는 네 번째 안을 채택함

마지막으로 John은 현재 1인 지역 중 인구밀도가 낮아(넓은 지역에 주민이 흩어져 거주함) 그들을 2개로 통합할 경우 기사의 지나친 이동시간을 필요로 하는 곳이 몇 개 있다고 지적하였다. 이것은 새 정책의 목표를 저해하기 때문에 이들 지역에 한해서는 예외적으로 두 번째 안의 채택을 제안하고 앞으로 서비스 요구가 증가할 것에 대비하여 모든 기사에게 새 장비를 지급할 것인지에 대한 향후의 의사결정에 이들의 새 장비 사용경험을 이용할 것을 제안하였다. 이 회사 경영진은 다음 결정 내용에 모두 동의하였다.

의사결정: 새 정책에 대한 예외로서 현재 1인 지역 중 특별히 인구밀도가 낮은 지역에 대해서는 〈표 13-7〉에 있는 두 번째 안을 채택한다. 이들 지역의 모든 기사에게 새 장비를 구입하여 지급할 것인지에 대한 향후의 의사결정에 도움을 주기 위해 이들 지역에서의 새 장비 사용에 대한 경험을 면밀히 관찰한다.

복습문제

1. 우선순위를 사용하는 것은 선입선출방식으로 고객을 서비스하는 것과 어떻게 다른가?
2. 비축출형 우선순위와 축출형 우선순위 사이의 차이점은 무엇인가?
3. 축출형 우선순위를 사용하는 것을 제외하면 축출형 우선순위 모형의 가정은 어떤 기본 대기행렬 모형과 동일한가?
4. 비축출형 우선순위를 사용하는 것을 제외하면 비축출형 우선순위 모형의 가정은 어떤 기본 대기행렬 모형과 동일한가?
5. 이런 모형에 있어서 모든 우선순위 계층에 대해서 대기행렬시스템이 안정상태에 도달할 수 있도록 하는 이용률 ρ의 값은?
6. Dupit사의 사례에 비축출형 우선순위 대기행렬 모형을 적용할 때 두 가지 우선순위 계층은 무엇인가?
7. Dupit사의 사례에서 수리를 위해 기다리는 시간을 만족할 만한 수준까지 줄이기 위해 요구되는 지역당 최소 기사 수에 대한 결론은 무엇인가?
8. 제안된 네 가지의 제안 중에서 (특별히 인구밀도가 낮은 지역을 제외하고) Dupit사 최고경영진의 의사결정은 무엇인가?

13.8 대기행렬시스템 설계에 관한 고찰

Dupit사의 사례를 통하여 대기행렬시스템을 어떻게 설계할 것인가에 관해 대기행렬 모형이 시사하는 몇 가지 중요한 점을 알게 되었다. 이 절에서는 이에 대하여 알아보고자 한다.

Dupit사 사례연구가 주는 시사점은 네 가지로, Dupit사 문제에서 제안된 네 가지 대안 각각을 분석할 때 하나씩 나타난다. 이 네 가지의 시사점을 요약한 다음, 이들이 사례연구에 어떻게 적용되는지 간략히 살펴보고 보다 일반적인 관점에서 다시 설명한다.

시사점 1: 단일서버 대기행렬시스템을 설계할 때 서버에 대해 높은 이용률(작업량)을 부과하면 시스템의 성과척도가 놀랄 정도로 나쁘게 나타난다는 것을 알아야 한다.[2]

이 시사점은 13.5절에서 기사에 대한 이용률을 감소시켜 새로운 서비스 기준(수리를 위한 최대 평균대기시간을 2시간 이하로 하는)을 충족시키려는 John Phixitt의 제안을 분석할 때 나타났다. 현재 ρ=0.75에서의 평균대기시간은 이 기준에 훨씬 못 미치는 6시간이다. 이 기준을 만족시키기 위해서는 ρ=0.5수준까지 줄여야 할 필요가 있었다.

〈그림 13-13〉은 이 점을 좀 더 살펴보기 위해 s=1, μ=1(따라서 이용률 $\rho=\lambda$)을 갖는 $M/M/s$ 모형(그림 13-8, 13-9에 나타낸 것과 같이)에 대해 엑셀 템플릿을 이용하여 구한 것이다. 이 결과는 다음과 같은 단계를 거쳐 얻어진다. 우선 〈그림 13-13〉과 같이 열제목($\lambda=\rho$, L, L_q)과 함께 I, J, K열에 표를 만든다. 이 표의 첫 번째 열인 셀 I5:I16에는 분석하기 원하는 평균도착률(이 경우는 이용률과 같음)을 입력한다. 첫째 줄인 I4셀은 빈칸으로 둔다. 다음 두 열(J열와 K열)의 열제목은 어떤 결과값을 보고자 하는 것을 나타낸다. 이 두 열의 첫째 줄(J4와 K4셀)에는 적절한 수식을 넣는다. 즉, 시스템 내의 평균 고객 수(L)과 대기행렬 내의 평균 고객 수(L_q)를 계산하는 식이어야 한다.

다음으로 표 전체(I4:K16)를 선택하고 데이터[Data] 탭의 What-If Analysis에서 데이터 표[Data Table] 탭을 선택한다. 데이터 표의 대화상자(그림 13-13의 왼쪽 아래)에서 열 입력셀(Lambda 혹은 C4)을 지정한다. 이것은 표의 첫 번째 셀에 있는 변경 될 데이터 셀을 표시한다. 지금의 경우에 데이터 셀의 시행값[trial value]의 목록으로 사용되는 행은 없기 때문에 행 입력셀에는 아무것도 입력하지 않는다.

그런 다음 '확인'을 클릭하면 〈그림 13-13〉에 있는 데이터 표가 생성된다. 표의 첫째 열에 기재된 데이터 셀의 값이 변함에 따라 표의 다른 두 열에 있는 출력셀의 값들이 계산되어 나타난다. 기본 $M/M/1$ 모형에 적합한 임의의 단일서버 대기행렬시스템에 대하여 이 스프레드시트는 여러 가지 ρ값에 대한 L과 L_q값을 표로 나타내고, 오른쪽에는 여러 가지 ρ값에 대한 L값

[2] 하나의 예외는 일정한(또는 거의 일정한) 도착간격시간과 서비스시간을 갖는 대기행렬시스템이다. 이와 같은 시스템은 높은 이용률에 대해서도 매우 좋은 성능을 보인다.

〈그림 13-13〉 시사점 1의 고찰

	A	B	C	D	E	F	G
1	Template for *M*/*M*/*s* Queueing Model						
2							
3			Data				Results
4		λ =	0.5	(mean arrival rate)		*L* =	1.0000
5		μ =	1	(mean service rate)		L_q=	0.5000

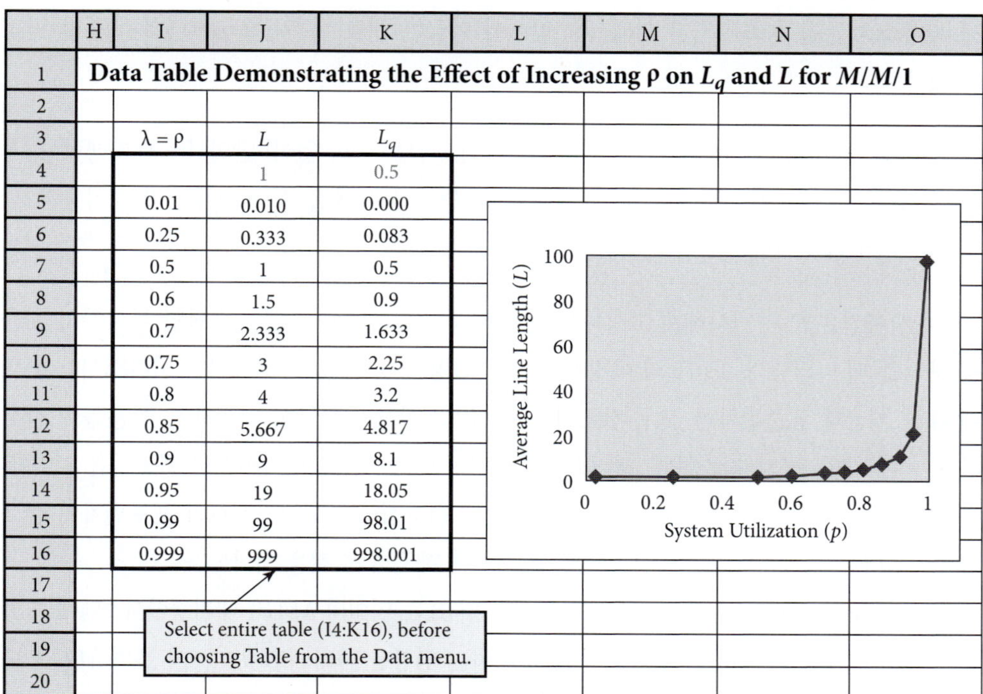

	H	I	J	K
1	Data Table Demonstrating the Effect of Increasing ρ on L_q and *L* for *M*/*M*/1			
2				
3		λ = ρ	*L*	L_q
4			1	0.5
5		0.01	0.010	0.000
6		0.25	0.333	0.083
7		0.5	1	0.5
8		0.6	1.5	0.9
9		0.7	2.333	1.633
10		0.75	3	2.25
11		0.8	4	3.2
12		0.85	5.667	4.817
13		0.9	9	8.1
14		0.95	19	18.05
15		0.99	99	98.01
16		0.999	999	998.001

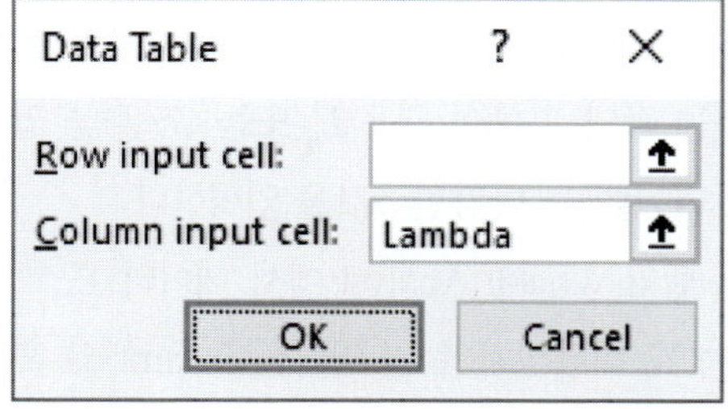

	J	K
3	*L*	L_q
4	=*L*	=L_q

Range Name	Cell
L	G4
Lambda	C4
L_q	G5

을 그래프로 그린 것이다(리틀의 공식에 의해 L_q와 L을 평균도착률 λ로 나누어서 W_q와 W를 구한다).

계산된 결과를 보면 ρ가 조금만 증가해도 L_q와 L은 급격히 증가하는 것을 알 수 있다. 예를 들면 ρ가 0.5에서 0.75로 증가할 때 L은 3배가 되고, 0.75에서 0.9로 증가할 때 다시 3배가 된다. ρ가 0.9 이상으로 증가하면 L_q와 L은 천문학적으로 증가한다.

관리자는 일반적으로 그들의 종업원, 기계, 장비 등에 대한 이용률을 높이려고 노력한다.

이것은 사업을 효율적으로 운영하는 데 중요한 부분이다. 0.9 혹은 그 이상의 이용률은 바람직한 것으로 여겨질 수 있다. 그러나 종업원, 기계, 혹은 장비가 도착간격시간과 서비스시간에 상당한 변동성을 갖는($M/M/1$ 시스템에 있어서와 같이) 단일서버 대기행렬시스템의 서버가 될 때 이것은 완전히 바뀐다. 이와 같은 시스템에 대하여, 대부분의 관리자는 시스템 내에 평균 9명의 고객이 대기하고 있는 것(ρ=0.9일 때 L=9)을 바라지는 않을 것이다. 그렇다면 0.9보다 다소 작은(아마 훨씬 작은) 이용률이 요구된다. 예를 들면 John Phixitt가 제안한 방법으로 새 서비스 기준을 충족시키기 위해서는 앞에서 언급한 대로 이용률을 ρ=0.5까지 줄일 필요가 있다.

시사점 2: 서비스시간의 변동성을 줄이는 것이(평균은 변화 없이) 단일서버 대기행렬시스템의 성능을 크게 향상시킨다(이것은 또한, 높은 이용률을 갖는 복수서버 대기행렬 시스템에 대해서도 성립한다).

이 시사점은 모든 기사에게 고성능의 새 장비를 지급하도록 하는 기술담당 부사장의 제안을 분석할 때 나타났다. 13.5절의 마지막 부분에 설명한 것과 같이 이 제안은 서비스시간 분포에 대한 평균과 표준편차를 모두 감소시킨다. 서비스시간의 평균이 감소하면, 이용률이 감소하고, 이에 따라 W_q도 감소한다. 서비스시간의 표준편차(이는 서비스시간의 변동성을 의미함)를 감소시키면 W_q가 추가적으로 37.5% 감소된다. 시사점 2는 서비스시간의 표준편차의 감소가 W_q와 다른 성과척도의 커다란 향상을 가능하게 해준다는 것을 의미한다.

〈그림 13-14〉의 C19:F23셀에 있는 2차원 데이터 표는 임의의 $M/G/1$ 대기행렬시스템에 대하여 서비스시간의 표준편차 ρ의 감소가 L_q에 미치는 영향을 나타내고 있다. (이 표는 $M/G/1$ 모형에 대한 〈그림 13-6〉에서 소개한 엑셀 템플릿으로 만들어졌다).

이 2차원 데이터 표를 만들기 위하여 〈그림 13-14〉의 19~23행에 있는 열과 행의 제목을 갖는 표를 만든다. 표의 왼쪽 상단(C19)에는 얻고자 하는 값의 수식(이 경우 L_q 또는 G5셀)을 입력한다. C20:C23셀에는 다양한 λ값을 입력한다. D19:F19셀에는 다양한 σ값을 입력한다.

그 다음 표 전체(C19:F23)를 선택하고 데이터^Data 탭의 What-If Analysis에서 데이터 표^Data Table 탭을 선택한다. 〈그림 13-14〉의 왼쪽 하단에 있는 표 대화상자의 '열 입력셀'에 Lambda 혹은 C4셀을 지정하고, '행 입력셀'에 Sigma 혹은 C6셀을 지정한다. '열 입력셀'과 '행 입력셀'은 각각 표의 첫째 열과 첫째 행에 다양한 값으로 표시된 데이터 셀을 의미한다.

이제 표 대화상자의 '확인'을 클릭하면 〈그림 13-14〉의 표가 자동으로 생성된다. 이 데이터 표를 생성하기 전에 서비스시간의 평균은 C5셀에 $1/\mu$=1로 설정되어 있다. 그래서 $\rho=\lambda$가 되는 것이다. 따라서 열 제목으로 입력된 σ=1, σ=0.5, σ=0은 각각 σ=평균, σ=평균/2, σ=0에 해당한다. 그러므로 표의 L_q값을 왼쪽에서 오른쪽으로 읽으면 σ는 서비스시간의 평균과 같은 값($M/M/1$ 모형의 경우와 같음)에서 시작하여 평균의 1/2로, 그 다음에 σ=0($M/D/1$ 모형의 경우와

〈그림 13-14〉 시사점 2의 고찰

	A	B	C	D	E	F	G	H	I
1		**Template for the *M/G/1* Queueing Model**							
2									
3			**Data**				**Results**		
4		λ =	0.5	(mean arrival rate)		L =	0.8125		
5		1/μ =	1	(expected service time)		L_q=	0.3125		
6		σ =	0.5	(standard deviation)					
7		s =	1	(# servers)		W =	1.625		
8						W_q=	0.625		
9									
10						ρ =	0.5		
11									
12						P_0 =	0.5		
13									
14		**Data Table Demonstrating the Effect of Decreasing σ on L_q for *M/G/1***							
15									
16				Body of Table Shows L_q Values					
17									
18					σ				
19			0.3125	1	0.5	0			
20			0.5	0.500	0.313	0.250			
21		ρ(=λ)	0.75	2.250	1.406	1.125			
22			0.9	8.100	5.063	4.050			
23			0.99	98.010	61.256	49.005			

Select entire table (C19:F23), before choosing Table from the Data menu.

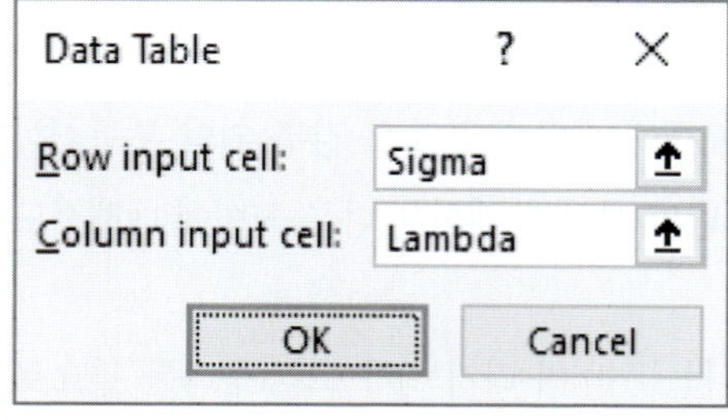

	C
19	=L_q

Range Name	Cell
Lambda	C4
L_q	G5
Sigma	C6

같음)으로 감소한다. 만약 평균이 1이 아닌 다른 값인 경우에도, 서비스시간의 표준편차 σ가 σ=평균, σ=평균/2, σ=0이면, 셀 C20:C23에 제시된 $\rho(=\lambda/\mu)$값 각각에 대해 L_q값들이 〈그림 13-14〉의 데이터 표와 동일하게 나온다.

이 표의 각 행의 네 번째 열(σ=0인 경우)에 있는 값은 각 행의 두 번째 열(σ=1인 경우)에 있는 값의 1/2밖에 되지 않는다. 따라서 서비스시간의 변동성을 완전히 제거하면 L_q값이 크게 개선된다. 또한, 세 번째 열(σ=0.5인 경우)에 있는 값은 두 번째 열(σ=1인 경우)에 있는 값의 62.5%에 불과하다. 따라서 서비스시간의 변동성을 반만 줄여도 변동성을 완전히 줄여서 얻게 되는 개선의 대부분을 얻을 수 있다. 따라서 서비스시간의 변동성을 조금만 줄일 수 있어도 시스템의 성과척도는 상당히 개선될 수 있다.

시사점 3: 복수서버 대기행렬시스템은 다소 높은 이용률을 가지고도 단일서버 대기행렬시스템보다 만족스러운 성능을 낸다. 예를 들면 독립된 단일서버 대기행렬시스템 여러 개를 하나의 복수서버 시스템으로 통합하면 (이용률의 변화 없이도) 성과척도가 크게 개선된다.

이 시사점은 1인 기사 지역을 여러 명의 기사가 공동으로 서비스하는 넓은 지역으로 통합하고자 한 재무담당 임원의 제안을 검토하는 과정에서 나타났다. 13.6절의 〈표 13-5〉는 이 제안이 평균대기시간(W_q)을 개선하는 데 미치는 효과가 얼마나 큰가를 요약해서 나타내고 있다. 이 표를 보면 이용률은 세 가지 경우 모두 동일하지만, 2인 지역에 대한 W_q는 1인 지역의 1/2보다 작고, 3인 지역에 대한 W_q는 1인 지역의 1/4 정도다. 이와 같은 엄청난 개선은 전혀 이상할 것이 없다. 아래 설명하는 것과 같이 여러 서버를 합할 경우(이후 합동서버라 함) 항상 이와 같은 개선 효과가 있다는 사실이 밝혀졌다.

합동서버의 효과: *M*/*M*/1 모형에 해당하는 *n*개의 동일한 단일서버 대기행렬시스템이 있다고 하자. 그리고 이들 *n*개의 시스템을(이용률의 변화 없이) 서버의 수가 $s=n$인 *M*/*M*/*s* 모형이 되는 하나의 복수서버 대기행렬시스템으로 통합한다고 하자. 이 경우 통합시스템의 W_q값은 언제나 단일서버 시스템의 W_q값을 *n*으로 나눈 것보다도 더 많이 개선된다. 즉,

$$W_q(\text{통합시스템}) < \frac{W_q(\text{각 단일서버시스템})}{n}$$

대기행렬시스템이 위와 같이 *M*/*M*/1과 *M*/*M*/*s* 모형에 해당되지 않을 경우 위의 부등식이 성립된다고 보장할 수 없지만, 시스템 통합을 통한 W_q의 상당한 개선은 다른 모형에 대해서도 성립한다.

Dupit사 사례의 일반적이지 않은 현상 중의 하나는 서버(수리기사)가 고객(수리를 필요로 하는 기계)에게로 거꾸로 이동하는 것이다. 이동시간은 서비스시간에 포함되기 때문에 한 명이 하는 서비스지역에서 2명 혹은 3명으로 변경하는 데 따른 불이익은 이동시간이 증가하고, 따라서 서비스시간이 증가하면 평균대기시간이 증가하게 된다. 따라서 Dupit 사례에서 하나의 핵심적인 사항은 서버가 고객에게로 이동할 때 이동시간이 크게 증가로 인해 평균대기시간에 미치는 부정적 영향을 커버할 수 있을 만큼 평균대기시간을 줄이기 위한 합동서버의 큰 장점이 가능한 가치가 있는 것이다. 다행이도 Dupit 사례에서는 염려할 만큼 이동시간의 증가는 나타나지 않았다.

고객이 서버에게로 이동할 필요가 있는 분석의 경우에도 이러한 이동시간을 고객의 대기시간에 포함시켜야 하는가? 만약 서버가 서로 가까이 있지 않다면 고객은 통상 가장 가까이 있는 서버에게로 간다면 결론은 위에서 설명한 것과 유사하다. 합동서버는 평균대기시간을

줄이는 데 큰 영향을 미친다. 그러나 이러한 영향은 이동시간의 증가로 이러한 효과가 없어지지 않아서 평균대기시간이 너무 크게 증가하지 않을 때만 가치가 있다.

고객이 이동할 필요가 있는 때, 서버는 통상 서로 가까이 있는 경우가 일반적이다. (서버가 은행의 점원, 가게 직원 혹은 우체국 직원 등) 이러한 경우 합동 서버가 고객의 이동시간을 크게 증가시키지 않기 때문에 분석은 앞의 상황과는 매우 다르다. 이 경우에 두 가지 주요 조건을 고려할 수 있다.

조건 1: 각각의 서버가 단일서버 대기행렬시스템으로 자신의 대기행렬을 가진다.

조건 2: 모든 고객은 단일 대기행렬을 이루고 대기행렬의 맨 앞에 있는 고객이 서비스를 할 수 있는 다음 합동서버에게로 간다.

평균대기시간 축소에 대한 합동서버의 주요 영향에 대한 위와 같은 결과가 주어졌다면 이는 아마도 조건 2가 항상 더 좋은 선택일 수 있다. 그러나 어느 조건이 더 좋은지가 명확하지 않는가에 대한 몇 가지 이유가 있다. 조건 1은 도착하는 고객이 모든 대기행렬을 볼 수 있어서 일반적으로 대기행렬이 가장 짧은 곳에 줄을 서게 된다. 또한, 이후에 다른 대기행렬이 짧아지면 그 쪽으로 이동하려고 한다(jockeying이라고 부름). 따라서 그 고객은 조건 2에 따라 긴 하나의 줄에 서 있는 것보다 동일한 시간에 더 빨리 서버 앞으로 다가갈 수 있다. 또한, 최근 대기행렬시스템에 관한 몇 가지 연구결과에 따르면 서버가 사람인 경우 자신의 대기행렬을 가진 서버가 하나의 대기행렬로 여러 서버 중의 하나로 일할 때 보다 성심껏 그리고 효율적으로 일하는 경향이 있는 것으로 나타났다. 이러한 이유로 인하여 실제로 물리적 배치가 긴 하나의 대기행렬을 수용할 수 있는지 여부에 따라서 어떤 대기행렬시스템은 조건 1에 적합하고, 다른 것은 조건 2에 적합하다. 하나의 긴 대기행렬이 고객에게는 약간 더 공평한 경향이 있고, 조건 2가 더 효율적이지만 아마도 평균대기시간의 축소는 합동 서비스의 영향에 대한 위의 결과만큼 크지는 않을 것이다.

시사점 4: 서비스 받을 고객을 선택할 때 우선순위를 적용하면 높은 우선순위를 갖는 고객에 대한 성과척도를 크게 개선시킬 수 있다.

이 시사점은 다른 기계보다 프린터-복사기 겸용 기계를 수리하는 데 보다 높은 우선순위(비축출형)를 주도록 하는 영업담당 부사장의 제안을 검토하는 과정에서 나타났다. 〈표 13-6〉은 이 제안하에서 프린터-복사기 겸용 기계와 다른 기계에 대한 W_q값을 보여주고 있다. 이를 우선순위가 없는 〈표 13-5〉의 값과 비교하면 프린터-복사기 겸용 기계에 우선순위를 주면 그들의 대기시간이 현저하게 줄어든다는 것을 보여주고 있다(그러나 다른 기계에 대한 대기시간은 증가한다). 나중에 프린터-복사기 겸용 기계의 비중이 1/3에서 1/2로 커지게 되면 대기시간이 위와 같이 많이 감소하지는 않는다.

다른 대기행렬시스템에 대해서도 마찬가지로 우선순위의 적용효과는 각 우선순위 계층의 고객 비율에 어느 정도 의존한다. 만약 최우선순위 계층의 비율이 낮으면 그들 고객에 대한 성과척도는 크게 개선될 것이며, 그 비율이 높으면 성과척도의 개선효과는 작아지게 될 것이다.

축출형 우선순위는 비축출형 우선순위보다도 우선순위가 높은 고객에게 더 강력한 우선권을 부여하는 것이다. 그러므로 축출형 우선순위를 적용하면 비축출형 우선순위를 적용하는 것보다 최우선 계층의 고객에 대한 성과척도를 더 많이 개선시킬 수 있다.

복습문제

1. 단일서버 대기행렬시스템에 있어서 서버에게 비교적 큰 이용률(작업량)을 부여하면 어떤 효과가 나타나는가?
2. $M/M/1$ 모형에서 ρ가 0.9 이상으로 증가하면 L_q 및 L값에 어떤 일이 일어나는가?
3. 단일서버 대기행렬시스템에서 서비스시간의 평균은 변화시키지 않고 서비스시간의 변동성만 줄이면 어떤 효과가 있는가?
4. $M/G/1$ 대기행렬시스템에서 서비스시간의 변동성(표준편차)을 절반으로 줄이면 변동성을 완전히 제거함으로써 얻어지는 개선의 대부분을 달성할 수 있는가?
5. 개별적인 단일서버 대기행렬시스템을(이용률은 그대로 유지한 채로) 복수서버 대기행렬시스템으로 통합하면 어떤 효과가 있는가?
6. 서비스 받을 고객을 선택할 때 우선순위를 적용하면 어떤 효과가 있는가?
7. 축출형 우선순위 혹은 비축출형 우선순위 중 어느 것이 최우선순위 계층 고객의 성과척도를 더 개선시키는가?

13.9 서버의 수에 대한 경제성 분석

대기행렬시스템을 설계할 때 중요한 문제는 얼마나 많은 서버를 둘 것인가 하는 것이다. 너무 많은 서버를 두면 과다한 비용이 발생하고, 너무 적게 하면 고객의 대기시간이 길어진다. 그러므로 서버의 수를 결정한다는 것은 서버와 관련된 비용과 고객의 대기시간 사이에 적절한 절충점trade-off을 찾는 것이다.

많은 경우에 고객을 기다리게 함으로써 발생되는 비용을 **대기비용**waiting cost으로 나타낼 수 있다. 대기비용은 특히 고객이 조직 내부인일 때 더 명확하다. 종업원을 기다리게 하면 생산성이 저하되고, 그 결과는 수익의 감소로 나타난다. 이러한 수익감소가 바로 대기비용이다.

관리자는 총비용을 최소화하고자 한다. 따라서

TC = 단위시간당 평균 총비용

SC = 단위시간당 평균 서비스비용

WC = 단위시간당 평균 대기비용

이라고 하면, 관리자의 목표는 다음 식을 만족하는 서버의 수를 결정하는 것이다.

$$\text{최소화 } \mathrm{TC} = \mathrm{SC} + \mathrm{WC}$$

각 서버의 비용이 동일할 때 **서비스비용**service cost은 다음과 같다.

$$\mathrm{SC} = C_s s$$

여기서, C_s = 단위시간당 1명의 서버에 대한 비용
s = 서버의 수

대기비용이 (서비스시간을 포함한) 대기시간에 비례할 때 대기비용은 다음과 같이 나타낼 수 있다.

$$\mathrm{WC} = C_w L$$

여기서, C_w = 대기행렬시스템에 있는 각 고객에 대한 단위시간당 대기비용
L = 대기행렬시스템에 있는 평균 고객 수

그러므로 상수 C_s와 C_w를 추정한 후, 다음 식이 성립하는 s를 결정하면 된다.

$$\text{최소화 } \mathrm{TC} = C_s s + C_w L$$

분석 대상의 대기행렬시스템에 적합한 대기행렬 모형을 선택하면, 여러 가지 s의 값에 대하여 L값을 구할 수 있다. s가 증가하면 L이 처음에는 빠르게, 그 후에는 점차 느리게 감소한다.

〈그림 13-15〉는 서버의 수 s에 대한 SC, WC 및 TC 곡선의 일반적인 모양을 보여준다(개념적으로 좀 더 쉽게 나타내기 위해 실제 s의 값은 s=1,2,⋯이지만 곡선으로 그렸다). TC가 감소를 멈추고 증가하기 시작할 때의 s값이 총비용 TC를 최소화하는 서버의 수 s이다. 다음 예제는 이런 과정을 설명하고 있다.

〈그림 13-15〉 서버의 수를 결정하기 위한 비용곡선의 여러 모양

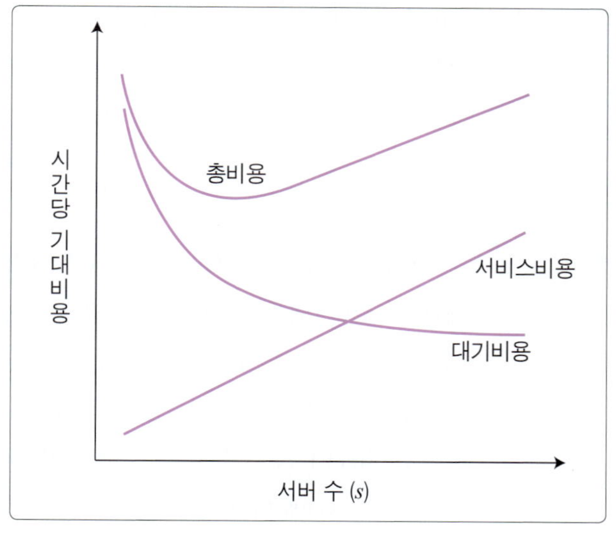

예제

Acme Machine Shop은 기계 수리공들이 필요로 하는 공구를 보관하고 관리하는 공구보관소에 2명의 직원을 배치하고 있다. 직원이 하는 일은 수리공이 도착하여 요구하는 공구를

찾아 주고 사용 후 반환하면 반납을 받는 것이다. 최근 수리공이 공구보관소에서 공구를 받기 위해 기다리는 시간이 너무 길어 많은 시간이 낭비되고 있다고 현장 감독자들로부터 불평이 있었다. 따라서 공구보관소에 더 많은 직원이 배치되어야 할 것 같다. 반면, 이 회사 경영진은 공장에서의 간접비overhead를 줄이려고 노력하고 있었다. 경비 절감은 직원의 감원을 의미한다. 이와 같이 현장 감독자와 경영진으로부터의 상충되는 압력을 해결하기 위해서 공구보관소에 몇 명의 직원을 배치할 것인가를 결정하기 위한 경영과학 연구가 이루어졌다.

공구보관소는 보관소 직원이 서버이고 수리공이 고객인 대기행렬시스템을 이루고 있다. 분석팀은 도착간격시간과 서비스시간에 대한 자료를 수집한 후, 이 대기행렬시스템에 가장 적합한 대기행렬 모형은 *M/M/s* 모형이라는 결론을 내렸다. 조사 결과 평균도착률 λ와 평균서비스율(서버당) μ의 추정치는 다음과 같다.

λ = 120(단위시간당 고객 수)
μ = 80(단위시간당 고객 수)

따라서 2명의 직원이 배치될 경우의 이용률은

$$\rho = \frac{\lambda}{s\mu} = \frac{120}{2(80)} = 0.75$$

공구보관소 직원 1명을 1시간 고용하는 데 약 20달러가 든다. 따라서 C_s=20달러이다. 그리고 수리공 1명이 1시간 작업하여 회사에 가져다주는 이익은 시간당 평균 48달러이다. 따라서 C_w=48달러이다. 그러므로 분석팀은 이제 다음 식을 만족하는 서버(공구보관소의 직원)의 수 s를 구하면 된다.

$$\text{최소화} \quad \text{TC} = \$20s + \$48L$$

www.mhhe.com/Hillier7e에 *M/M/s* 모형을 이용해 이들 비용을 계산할 수 있는 엑셀 템플릿이 있다. 템플릿에 C_s, C_w 그리고 원하는 서버의 수 s 등을 비롯한 자료를 입력하면 SC, WC, 그리고 TC를 계산할 수 있다. 〈그림 13-16〉은 이 예제에서 s=3인 경우의 결과를 나타내고 있다. 다른 s값을 반복해서 입력하면 TC를 최소화하는 s값을 알아낼 수 있다.

〈그림 13-17〉은 s=1, 2, 3, 4, 5에 대해 엑셀 템플릿으로 계산을 반복해서 구한 결과를 보여주고 있다. s=1에 대한 이용률은 ρ=1.5이기 때문에 1명의 직원으로는 도착하는 고객들을 감당할 수 없다(이 경우 대기비용 계산이 불가능하여 K6, M6, N6셀에는 N/A로 표시되어 있다). 따라서 이 경우는 분석 대상에서 제외한다. 다른 모든 s값에 대해서는 비용 계산에는 문제가 없으며, s=3인 경우에 총비용이 최소가 된다. s=3인 경우 s=2인 경우보다 총비용이 시간당 평균 61.20달러나 감소된다. 그러므로 경비(공구보관소 직원에 대한 비용을 포함하여)를 줄이려는 경영진의 방침에도 불구하고 분석팀은 공구보관소에 세 번째 직원을 추가 배치할 것을 권고하

〈그림 13-16〉 Acme 사례에서 서버의 수를 결정하기 위해 $M/M/s$ 모형을 적용한 경제성 분석(s=3인 경우)

	A	B	C	D	E	F	G
1	**Economic Analysis of Acme Machine Shop Example**						
2							
3			**Data**				**Results**
4		λ =	120	(mean arrival rate)		L =	1.736842105
5		μ =	80	(mean service rate)		L_q=	0.236842105
6		s =	3	(# servers)			
7						W =	0.014473684
8		Pr($\mathcal{W}$ > t) =	0.02581732			W_q=	0.001973684
9		when t =	0.05				
10						ρ =	0.5
11		Prob($\mathcal{W}_q$> t) =	0.00058707				
12		when t =	0.05			n	P_n
13						0	0.210526316
14		**Economic Analysis:**				1	0.315789474
15		C_s =	$20.00	(cost/server/unit time)		2	0.236842105
16		C_w =	$48.00	(waiting cost/unit time)		3	0.118421053
17						4	0.059210526
18		Cost of Service	$60.00			5	0.029605263
19		Cost of Waiting	$83.37			6	0.014802632
20		Total Cost	$143.37			7	0.007401316

	B	C
18	Cost of Service	= C_s*s
19	Cost of Waiting	= C_w*L
20	Total Cost	= CostOfService+CostOfWaiting

Range Name	Cell
CostOfService	C18
CostOfWaiting	C19
C_s	C15
C_w	C16
L	G4
s	C6
TotalCost	C20

였다. 이 권고를 따를 경우 공구보관소 직원에 대한 이용률이 0.75에서 0.5로 감소한다. 그러나 수리공들이 공구보관소에서 기다리면서 낭비하는 시간을 줄임으로써 공구보관소 직원보다 비용이 훨씬 비싼 수리공들의 생산성이 크게 개선된다는 것을 알게 된 이 회사 경영진은 이 권고안을 받아들였다.

복습문제

1. 대기행렬시스템에서 서버의 수를 선택할 때 어떤 것을 서로 절충해야 하는가?
2. 대기행렬시스템의 고객이 회사의 종업원일 때 대기비용의 본질은 무엇인가?
3. 대기비용이 대기시간에 정비례할 때 대기비용은 어떻게 표현되는가?
4. 대기행렬시스템에서 서버의 이용률을 비교적 높게 유지하려고 하는 견해에 대하여 Acme 사의 예제는 무엇을 보여주고 있는가?

〈그림 13-17〉 Acme의 사례에서 다양한 서버의 수에 대한 시간당 평균비용 비교표

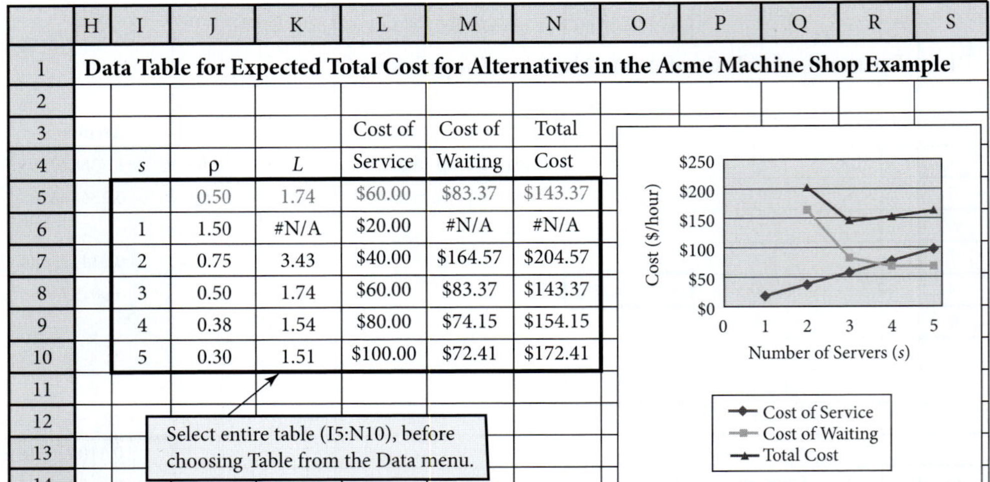

	H	I	J	K	L	M	N
1	Data Table for Expected Total Cost for Alternatives in the Acme Machine Shop Example						
2							
3					Cost of	Cost of	Total
4		*s*	ρ	*L*	Service	Waiting	Cost
5			0.50	1.74	$60.00	$83.37	$143.37
6		1	1.50	#N/A	$20.00	#N/A	#N/A
7		2	0.75	3.43	$40.00	$164.57	$204.57
8		3	0.50	1.74	$60.00	$83.37	$143.37
9		4	0.38	1.54	$80.00	$74.15	$154.15
10		5	0.30	1.51	$100.00	$72.41	$172.41
11							
12							
13							
14							

Select entire table (I5:N10), before choosing Table from the Data menu.

	J	K	L	M	N
3			Cost of	Cost of	Total
4	ρ	*L*	Service	Waiting	Cost
5	=Rho	=*L*	=CostOfService	=CostOfWaiting	=TotalCost

Range Name	Cell
CostOfService	C18
CostOfWaiting	C19
L	G4
Rho	G10
s	C6
TotalCost	C20

13.10 행동 대기행렬론

이 장에서는 대기행렬론의 중요한 모형 중 몇 가지를 소개하였다. 이러한 모형의 분석은 매우 어려운 경향이 있다. 따라서 이러한 모형은 대기행렬시스템이 항상 작동하는 방법에 대한 몇 가지 구체적인 단순화 가정을 해야 한다. 예를 들어, 일반적으로 서비스 시간에 대한 확률 분포는 모든 고객에게 동일하다고 가정한다. 그러나 인간인 서버와 고객의 행동은 모형의 가정에서 약간의 편차를 일으킬 수 있는 상황이 흔하게 있다.

대기행렬론에 있어서 중요한 최근 발전은 행동 요인이 대기행렬시스템의 성능 척도에 미치는 영향에 대한 경험적 연구이다. 이제는 수학적 모형을 공식화하기보다는 실제 대기행렬시스템에서 인간 서버와 고객의 일반적인 행동을 규명하는 데 초점을 맞추고 있다. 예를 들어, 인간 서버는 현재 처리해야할 일이 증가할 때(대기 중인 고객 수가 증가할 때) 더 빠르게 일하는(더 높은 서비스율) 경향이 있는가? 반면에, 다중 서버가 있는 대기행렬시스템에서, 인간 서버는 그들이 유일한 서버였을 때보다 느리게 일하는(더 낮은 서비스율) 경향이 있는가? 이러한 질문과 다른 유사한 질문을 다룰 때 핵심 도구는 관찰, 실험 및 심리학 문헌 연구이다. 인간 서버와 고객이 항상 이러한 가정을 만족하도록 프로그래밍 된 로봇처럼 작동할 것이라는 단순화 가정을 하기보다는 인간 서버와 고객의 실제적인 일반적 행동을 사용하여 고려 중

인 대기행렬 모형에서 보다 정확한 성능 측도 값을 얻는 것이 목표이다. 이러한 목표를 추구하는 것을 **행동 대기행렬론**behavioral queueing theory(또는 행동 대기 과학behavioral queueing science)이라고 한다.

행동 대기행렬론과 경제학 분야 내 행동 경제학의 부상 사이의 밀접한 유사성에 주목하는 것은 흥미롭다. 20세기 내내 경제 이론은 인간이 항상 합리적인 의사결정을 한다고 가정하는 합리적인 선택 이론에 크게 기반을 두었다. 이러한 단순화 가정은 정교한 고전 이론을 개발하는 것을 가능하게 했다. 그러나 이 모든 것은 심리학자들과 경제학자들이 이러한 가정이 너무 비현실적이라고 주장한 세기의 전환기에 모두 바뀌었고, 새로운 이론은 대신 인간과 그들의 조직의 실제적인 일반적인 행동을 고려하게 되었다. 이것은 개인과 기관의 경제적 결정에 대한 심리적, 인지적, 감정적, 문화적, 사회적 요인들의 영향과 그러한 결정들이 고전 이론에 의해 제시되는 것들과 어떻게 다른지를 연구하는 행동 경제학의 부흥으로 이어졌다. 이러한 업적으로 대니얼 카너먼(2002년), 로버트 실러(2013년), 리처드 탈러(2017년)에게 노벨 경제학상을 수여했다. 리처드 탈러의 최근은 상은 "행동 경제학에 대한 그의 기여와 사람들이 경제 이론을 따르지 않을 것으로 예측할 수 있을 정도로 비합리적이라는 것을 확립한 그의 선구적인 업적"으로 수여되었다.

행동 경제학과 행동 대기행렬론 사이의 유사성이 눈에 띤다. 실제로 리처드 탈러에 대한 수상을 참조하면 인적 서버와 고객 또한, 대기행렬 이론의 고전적인 모형을 따르지 않을 것으로 예측할 수 있을 정도로 비이성적이다. 인간 서버가 지속적으로 편안하고 안정적인 속도로 일는 것이 합리적인 것처럼 보일 수 있지만, 이러한 현상이 발생하지 않는 두 가지 중요한 것이 있다. 하나는 현재 해야 할 일의 증가로 인한 **서버 속도 향상**이다. 상당히 많은 연구에서 대기행렬의 크기가 증가함에 따라 인간 서버의 속도가 빨라지는 경향이 있다는 것을 발견하였다. 이러한 효과는 인간 서버의 성능이 경영진이나 고객에게 더 직접적으로 보일 때 특히 두드러진다.

서비스 비율이 변화할 수 있는 두 번째 방법은 **사회적 빈둥거림**social loafing의 행동 효과이다. 이 절에서 이 두 번째 문장은 다음과 같은 질문을 제기했다: 다중 서버가 있는 대기행렬시스템에서 인간 서버는 혼자 일하는 단일 서버일 때 일하는 속도보다 느리게 일하는(낮은 서비스 속도) 경향이 있는가? 심리학 문헌의 일부를 포함한 다양한 연구들에서 답은 일반적으로 '그렇다'라는 것을 발견하였다. 그럴듯한 설명은 직원이 자신이 열심히 일한 만큼의 혜택을 충분히 받지 못할 수도 있다는 것을 깨닫기 때문에, 그녀가 단독으로 일을 수행하는 것에 대한 책임감과 보상이 있을 경우에 자신이 할 수 있는 것보다 더 적은 노력을 하도록 유도한다는 것이다. 이것을 사회적 빈둥거림이라고 한다.

이러한 행동 효과는 대기행렬시스템을 설계하는 방법에 영향을 미칠 수 있다. 예를 들어, 〈그림 13-18〉과 같이 다중 서버를 가진 대기행렬시스템에 대해 두 가지 가능한 설계를 고려해

〈그림 13-18〉 각 고객은 C로, 각 서버는 S로 표시되는 두 대기행렬시스템 설계의 비교. PQ 시스템은 각각 전용 서버가 있는 병렬 대기행렬이 있고, SQ 시스템은 서버 풀에 의해 서비스되는 단일 대기행렬이 있다.

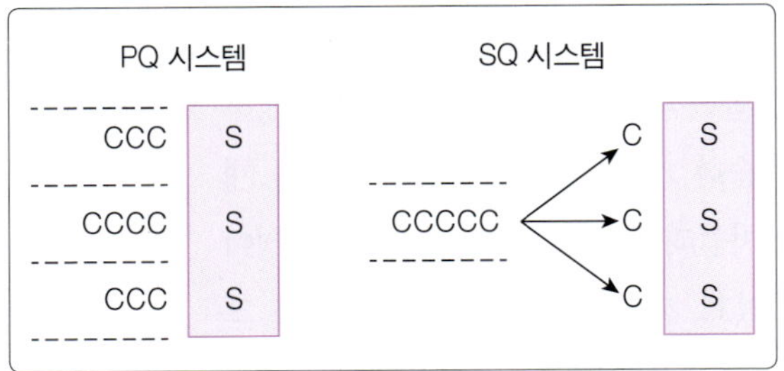

보자. PQ 설계에는 단일 서버 병렬 대기행렬이 있으므로, 각 서버는 자신의 전용 대기행렬로 도착한 것을 처리한다. (도착하는 인간 고객이 대기행렬을 선택하는 방법은 다른 옵션을 사용할 수 있다.) SQ 설계에서는 하나의 대기행렬로의 도착을 처리하기 위하여 모든 서버를 하나의 풀로 통합한다. 고객이 단일 대기행렬 앞에 도달하면 풀에서 다음에 이용가능하게 되는 서버로부터 서비스를 제공받게 된다.

PQ 설계와 SQ 설계의 이러한 비교는 특히 흥미로운 것인데, 이는 풀링 서버(SQ 설계)가 대기행렬시스템에 대한 일반적인 가정 하에서 PQ 설계보다 상당히 우수하다는 알려진 결과가 대기행렬 이론 문헌에 있기 때문이다. (이는 최고 재무 책임자가 13.6절에서 제안한 접근 방식을 분석하는 사례연구에서 보았다.) 그러나 경험적 연구에서는 행동 요인(서버 속도 향상 및 사회적 빈둥거림 포함)을 분석에 고려한 후에는 PQ 설계가 종종 더 우수하다는 것을 보여주었다.

행동 대기행렬 이론의 연구는 아직 초기 단계에 있다. 대기행렬론에서 이 분야는 미래에 점점 더 큰 영향을 미치게 될 것으로 보인다.

복습문제

1. 행동 대기행렬론에서 관심 무엇인가?
2. 행동 대기행렬론과 행동 경제학의 유사점은 무엇인가?
3. 서버 속도 향상이란 무엇이며, 그 이유는 무엇인가?
4. 이와 관련해서 사회적 빈둥거림은 무엇이며 왜 발생할 수 있는가?
5. 다중 서버가 있는 대기행렬시스템을 설계하는 두 가지 방법은 어떤 것이며 단일 서버 병렬 대기행렬을 갖는 것이 더 나은 이유는 무엇인가?

13.11 요약

대기행렬시스템은 사회 전반에 널리 존재하고 있다. 이러한 시스템의 적절성은 삶의 질과 경제의 생산성에 중요한 영향을 미친다.

대기행렬시스템의 주요 요소는 도착고객, 그들이 서비스를 받기 위해 기다리는 대기행렬, 서비스를 제공하는 서버 등이다. 대기행렬시스템을 나타내는 대기행렬 모형에서는 서버 수, 도착간격시간의 분포, 그리고 서비스시간의 분포를 규정할 필요가 있다. 일반적으로 지수분포는 랜덤하게 발생하는 도착에 공통적으로 해당되기 때문에 도착간격시간에 대한 분포로 사용된다. 지수분포는 때로는 같은 이유로 서비스시간의 분포에도 적용되고, 특히 분석이 용이하기 때문에 편리하게 사용된다. 서비스시간의 분포로 가끔 사용되는 다른 확률분포로는 확정적 분포(일정한 서비스시간)가 있다.

대기행렬시스템의 주요 성과척도는 대기행렬 혹은 시스템 내(서비스 중인 고객 포함)에 있는 고객 수와 대기행렬 혹은 시스템 내에서의 대기시간에 대한 기대치이다. 리틀의 공식을 포함하여 이들 기대치 사이의 일반적인 관계로부터 하나의 값이 결정되면 나머지 값을 바로 구할 수 있다. 기대치와 함께 이들 값에 대한 확률분포도 성과척도로 종종 사용된다.

이 장의 사례연구에는 어려운 문제에 직면한 Dupit사의 최고경영자를 다루고 있다. 회사의 고객은 최근 회사로부터 구입한 복사기(특히 새 프린터-복사기)가 신속히 수리될 수 있도록 훨씬 더 높은 수준의 서비스를 요구하고 있다. Dupit사는 이들 복사기를 수리하는 데 이미 연간 6억 달러를 지출하고 있다. 각 수리기사의 담당지역은 기사가 서버이고 수리를 필요로 하는 기계가 고객인 대기행렬시스템을 가지고 있다. 분석팀은 이러한 대기행렬시스템을 재설계하기 위한 대안을 분석하기 위해 *M/M/*1 모형, *M/G/*1 모형, *M/M/s* 모형, 비축출형 우선순위 모형을 이용할 수 있다는 것을 안다. 이 분석 결과에 따라 최고경영자는 한 지역에 1명의 기사를 두는 서비스 영역을 2개씩 통하여 한 지역 2명의 기사를 두도록 서비스 영역을 통합하고 프린터-복사기의 수리에 우선순위를 부여하는 정책을 채택하였다. 그 결과 비용 면에서 큰 증가 없이 필요로 하는 서비스 수준을 달성하였다.

이 장에서 논의한 다른 대기행렬 모형은 *M/D/*1과 *M/D/s* 모형, 축출형 우선순위 모형이다. www.mhhe.com/Hillier7e에 있는 본 장의 보충 자료에는 *M/M/s* 모형에 대한 유한 대기행렬 모형과 유한 모집단을 고려한 모형을 소개하고 있다.

13.8절에서 대기행렬시스템이 어떻게 설계되어야 할 것인가에 대해서 대기행렬 모형이 제공하는 네 가지 주요 사항을 소개하였다. 또한, 이러한 각 사항은 Dupit사의 사례연구에서 예로 들고 있다.

대기행렬시스템을 설계할 때 흔히 가지게 되는 주요 관심 사항은 얼마나 많은 수의 서버를 제공할 것인가이다. 13.9절에서 서버에 소요되는 비용과 고객을 기다리게 함으로써 발생하는 비용을 포함하여 대기행렬시스템의 총기대비용을 최소화하는 서버의 수를 어떻게 결정하여야 하는지를 논의하고 있다.

13.10절에서 행동 대기행렬론이라고 불리는 대기행렬 이론의 비교적 새로운 분야를 소개했다. 이 분야는 실제 대기행렬시스템에서 인간 서버와 고객의 일반적인 행동을 규명하는 데 중점을 두고 있다.

용어

고객 customer 서비스를 받기 위해 대기행렬시스템으로 들어오는 모든 종류의 실체(사람, 차량, 기계, 부품 등)를 나타내는 일반적인 명칭. (13.1절)

내부서비스시스템 internal service system 서비스를 받으려는 고객이 서비스를 제공하는 조직의 내부에 있는 대기행렬시스템. (13.2절)

대기비용 waiting cost 대기행렬시스템 내에서 고객을 기다리게 하는 것과 관련된 비용. (13.9절)

대기행렬 queue 대기행렬시스템에서 서비스를 받기 위해 기다리는 줄. 대기행렬에는 서비스를 받고 있는 고객은 포함하지 않는다. (13.1절)

대기행렬규칙 queue discipline 대기행렬에 있는 고객들을 서비스하는 순서를 결정하는 규칙. (13.1절)

대기행렬 내에서의 대기시간 waiting time in the queue 각 고객이 서비스가 시작되기를 기다리면서 대기행렬 내에서 보낸 시간. (13.3절)

대기행렬 내의 고객 수 number of customers in the queue 자신에게 서비스가 시작되기를 기다리는 고객 수. (13.1, 13.3절)

대기행렬시스템 queueing system 고객들이 (대기행렬에서 기다린 후 또는 기다리지 않고 바로) 서버로부터 어떤 종류의 서비스를 받는 장소. (13.1절)

대기행렬용량 queue capacity 대기행렬에 수용할 수 있는 고객의 최대 수. (13.1절)

도착간격시간 interarrival time 대기행렬시스템에서 연이은 두 도착의 발생시점 사이의 경과시간. (13.1절)

리틀의 공식 Little's formula 공식 $L=\lambda W$ 혹은 $L_q=\lambda W_q$를 의미한다. (13.3절)

무기억성 lack-of-memory property 도착과 관련하여 설명하면, 이 성질은 지금부터 다음 도착까지의 시간이 최근의 도착이 언제 있었는가에 전혀 영향을 받지 않는다는 것이다. 마코프 성질이라고도 불린다. (13.1절)

무한대기행렬 infinite queue 근본적으로 무제한의 고객을 수용할 수 있는 대기행렬. (13.1절)

비축출형 우선순위 nonpreemptive priorities 서버가 서비스를 완료한 직후 다음 서비스할 고객을 선택할 때 우선순위가 높은 고객을 선택하는 것을 말한다. 그러나 비축출형 우선순위는 이미 서비스가 시작된 고객은 우선순위가 높은 고객이 도착하더라도 영향을 받지 않고 서비스가 완료될 때까지 계속 서비스를 받는다. (13.7절)

상업서비스시스템 commercial service system 상업 조직이 외부 고객에게 서비스를 제공하는 대기행렬시스템. (13.2절)

서버 server 대기행렬시스템에 들어오는 고객을 서비스하는 실체. (13.1절)

서비스비용 service cost 대기행렬시스템에서 서버를(들을) 제공하는 것과 관련된 비용. (13.9절)

서비스시간 service time 고객 1명에 대한 서비스의 시작부터 완료까지의 경과 시간. (13.1절)

수송서비스시스템 transportation service system 수송이 포함된 대기행렬시스템. 따라서 고객 혹은 서버 둘 중 하나는 차량(수송장비)이 된다. (13.2절)

시스템 내에서의 대기시간 waiting time in the system 각 고객이 서비스 시작 전과 서비스를 받는 동안 시스템 내에서 보낸 시간. (13.3절)

시스템 내의 고객 수 number of customers in the system 대기행렬시스템 내에 있는 총고객 수, 즉 자신에게 서비스가 시작되기를 기다리는 고객과 현재 서비스를 받는 중인 고객을 다 포함한다. (13.1, 13.3절)

안정상태조건 steady-state condition 1보다 작은 이용률($\rho<1$)을 갖는 대기행렬시스템이 얼마 동안 운영된 뒤에 놓이게 되는 정상조건. (13.3절)

우선순위 계층 priority classes 서비스를 받는 데 있어서 여러 우선순위의 고객들이 있는 대기행렬시스템에서 같은 우선순위에 속하는 고객 집단. (13.7절)

유한대기행렬 finite queue 제한된 수의 고객만을 수용할 수 있는 대기행렬. (13.1절)

이용률 utilization factor 서버가 고객을 서비스하는 데 투입한 시간의 평균 비율. (13.5, 13.6절)

일정 서비스시간 constant service times 모든 고객이 똑같은 서비스시간을 가지는 경우를 말한다. (13.1절)

지수분포 exponential distribution 도착간격시간 및 서비스시간에 대한 확률분포로서 가장 자주 이용되는 분포. 〈그림 11-3〉은 이 분포의 모양을 보여주고 있다. (13.1절)

축출형 우선순위 preemptive priorities 비축출형 우선순위처럼 우선순위가 높은 고객을 먼저 서비스하는데, 대기행렬시스템에 막 들어온 높은 우선순위 고객을 서비스하기 위해서 현재 서비스 중인 보다 낮은 우선순위 고객을 대기행

렬로 내보내는 서비스 규칙. (13.7절)

평균도착률 mean arrival rate 단위시간당 대기행렬시스템에 도착하는 평균 고객 수. (13.1절)

평균서비스율 mean service rate 계속 바쁜 하나의 서버가 단위시간당 완료하는 서비스 수의 평균. (13.1절)

행동 대기행렬론 behavioral queueing theory 실제 대기행렬 시스템에서 인간 서버와 고객의 일반적인 행동을 규명하는 데 중점을 두고 있는 비교적 새로운 분야의 대기행렬 이론. (13.10절)

주요 기호

λ = 평균도착률 (13.1절)

μ = 평균서비스율 (13.1절)

s = 서버 수 (13.1절)

L = 시스템 내의 평균 고객 수 (13.3절)

L_q = 대기행렬 내의 평균 고객 수 (13.3절)

W = 시스템 내에서의 평균대기시간 (13.3절)

W_q = 대기행렬 내에서의 평균대기시간 (13.3절)

ρ = 서버에 대한 이용률 (13.5절, 13.6절)

이 장에 대한 학습지원

모든 학습지원 자료는 www.mhhe.com/Hillier7e에 제공된다.

엑셀 파일:

M/M/s
M/G/1
M/D/1
Nonpreemptive Priorities
Preemptive Priorities
M/M/s Economic Analysis

보충 자료:

Additional Queueing Model

엑셀 파일의 보충 자료:

Finite Queue
Finite Calling Population
M/E/1

학습문제

풀이는 www.mhhe.com/Hillier6e에 제공된다.

13.S1. 시애틀 First은행의 대기행렬 관리

Sally Gordon은 MBA 과정을 막 수료하고 시애틀 First은행의 고객 서비스 담당 부사장에 진급한 것을 자랑으로 여기고 있다. 그녀의 업무 중의 하나는 고객에게 서비스를 제공할 창구 직원 수를 관리하는 것이다. 따라서 그녀는 은행창구업무를 열심히 관찰하고 있다. 직원의 서비스를 필요로 하는 고객은 시간당 평균 30명의 비율로 랜덤하게 도착한다. 고객은 한 줄로 서서 기다리고 자신이 대기행렬의 맨 앞에 있을 때 이용 가능한 직원에게 서비스를 받는다. 각 고객의 서비스 시간은 서로 다르지만(지수분포를 한다고 가정) 평균적으로 3분 정도 걸린다. 창구직원은 시간당 평균 18달러의 급여를 받는다.

a. 만약 2명의 직원을 배치할 경우 직원의 서비스를 받기 전에 고객의 평균대기시간은 얼마가 되는가? 서비스를 받고 있는 고객을 포함하여 평균적으로 얼마나 많은 고객이 은행에 있는가?
b. 회사의 정책이 5분 이상 기다리는 고객의 비율이 10% 이상 되지 않도록 하는 것일 경우, 이 기준을 충족시키기 위하여 얼마나 많은 직원을 배치하여야 하는가?
c. Sally는 고객을 기다리게 함으로써 발생하는 미래의 잠재적 사업 손실 때문에 막대한 비용이 소요된다고 생각하고 있다. Sally는 1명의 고객이 은행에서 소비하는 분당(대기시간+서비스시간) 비용을 0.5달러로 추정하고 있다. 이러한 비용이 주어졌을 때 Sally는 얼마나 많

은 직원을 채용하여야 하는가?

d. First은행은 기업고객과 일반고객의 두 가지 형태의 고객이 있다. 각 형태의 고객의 평균도착률은 시간당 15명이다. 두 형태의 고객은 현재 같은 줄에서 기다리며 동일한 처리능력(서비스시간)을 가지는 직원에 의해 서비스된다. 그러나 Sally는 한 줄은 기업고객을 다른 한 줄은 일반고객을 대기하게 하는 2줄 시스템을 고려하고 있다. 각 대기행렬에는 각각 1명의 직원이 배치된다. 각 형태의 고객이 서비스를 받기 전 평균대기시간은 얼마인가? 평균적으로 현재 서비스를 받고 있는 고객을 포함하여 얼마나 많은 고객이 은행 내에 머물게 되는가? a의 결과와 비교하시오.

e. Sally는 직원을 기업고객과 일반고객에 맞게 전문화한다면 업무의 효율이 향상되어 평균서비스시간이 3분에서 2.5분으로 될 것으로 생각한다. 이러한 새로운 평균서비스시간에 대하여 문제 d에 답하시오.

연습문제

문제 번호에 T를 표시한 문제는 www.mhhe.com/Hillier7e에 있는 템플릿이 도움이 되는 문제이다. 문제 번호에 별표(*)가 있는 문제는 책 뒷부분에 정답의 일부가 있다.

13.1 전형적인 병원의 응급실을 고려하자.

a. 왜 이것이 대기행렬시스템이 되는지 설명하시오.

b. 이 경우 대기행렬은 무엇인가? 적용할 수 있는 대기행렬규칙은 어떤 것이 있는지를 설명하시오.

c. 고객의 도착이 랜덤도착이라고 볼 수 있는가?

d. 이 경우 서비스시간은 무엇인가? 서비스시간에 많은 변동성이 있다고 보는가?

13.2* 도착간격시간에 대한 확률분포로서 지수분포를 사용하는 것에 관한 다음 각 문장에 대해서 참 혹은 거짓이라고 쓰고, 이 장의 해당 내용을 참조하여 답이 타당함을 보이시오.

a. 랜덤도착에 적합한 유일한 도착간격시간의 분포이다.

b. 다음 도착이 언제 있을 것인가에 대해 전혀 기억할 수 없기 때문에 무기억성을 갖는다.

c. 대부분의 상황에 대한 도착간격시간에 아주 적합하다.

13.3 대기행렬시스템서 대기행렬에 관한 다음 각 문장에 대해 참 혹은 거짓이라고 쓰고, 이 장의 해당 내용을 참조하여 답이 타당함을 보이시오.

a. 대기행렬은 대기행렬시스템에서 고객이 서비스를 완료할 때까지 기다리는 곳이다.

b. 대기행렬 모형은 일반적으로 대기행렬에 한정된 수의 고객만 수용할 수 있다고 가정한다.

c. 가장 일반적인 대기행렬규칙은 선입선출법이다.

13.4 Midtown Bank에는 항상 2명의 창구직원이 일하고 있다. 고객은 창구직원의 서비스를 받기 위해 시간당 평균 40명 정도 도착한다. 창구직원 1명이 고객 1명을 서비스하는 데는 평균 2분이 소요된다. 창구직원 2명이 모두 고객을 서비스하고 있을 때 도착하는 고객들은 도착순으로 한 줄로 서서 기다린다. 경험에 비추어볼 때 고객들은 서비스를 받기 시작할 때까지 평균 1분을 기다린다고 한다.

a. 이것이 어떻게 대기행렬시스템이 되는지를 설명하시오.

b. 이 대기행렬시스템에 대해 성과척도 L, L_q, W 및 W_q를 구하시오. (힌트: 도착간격시간과 서비스시간에 대한 확률분포를 모르기 때문에, 이 질문에 답하기 위해서는 이들 성과척도들 사이의 관계를 이용해야 한다.)

13.5 Mom-and-Pop식품점에는 가게 옆에 고객전용으로 3대를 주차할 수 있는 주차장을 가지고 있다. 영업을 하는 동안, 주차장이 만차가 아니면 고객의 차량은 주차장에 시간당 2대의 비율로 들어와서 주차공간 중의 하나를 사용한다. 주차장이 만차가 되면 도착하는 차는 그대로 떠나고 되돌아오지 않는다. 현재 n개의 주차공간이 사용 중일 확률 P_n은 P_0=0.2, P_1=0.3, P_2=0.3, P_3=0.2이다.

a. 이 주차장이 어떻게 대기행렬시스템이 되는지를 설명하라. 특히, 고객과 서버를 명시하시오. 이 대기행렬시스템에서의 서비스는 무엇인가? 서비스시간은 무엇을 의미하는가? 대기행렬의 용량은 얼마인가? (힌트: 〈표 13-5〉 참조)

b. 기본적인 성과척도인 L, L_q, W 및 W_q를 구하시오. (힌트: 주어진 확률을 이용하여 사용 중인 평균 주차공간의 수를 구할 수 있다.)

c. b에서 얻어진 결과를 이용하여 차가 주차장에서 머무는 평균 시간을 구하시오.

13.6* Newell과 Jeff는 그들이 소유하고 운영하는 이발소의 이발사이다. 그들은 고객이 이발을 시작할 때까지 기다릴 수 있도록 2개의 의자를 준비해 두고 있다. 따라서 이발소 내의 고객 수는 0과 4 사이에서 변한다. n명의 고객이 이발소 내에 있을 확률 P_n은 P_0=1/16, P_1=4/16,

P_2=6/16, P_3=4/16, P_4=1/16이다.

a. $L=0P_0+1P_1+2P_2+3P_3+4P_4$를 이용하여 L을 계산하시오. Newell과 Jeff에게 L의 의미를 어떻게 설명하겠는가?

b. 대기행렬시스템 내에 있을 수 있는 각 고객 수에 대하여, 얼마나 많은 고객이 대기행렬 내에 있는지를 명시하시오. 대기행렬 내에 있는 각 고객 수와 그 값을 가질 확률을 곱한 후 이들을 모두 더하여 L_q를 계산하시오. Newell과 Jeff에게 L_q의 의미를 어떻게 설명하겠는가?

c. 시간당 평균 4명의 고객이 도착하여 이발을 하기 위해서 기다린다고 할 때 W와 W_q를 구하시오. 이 두 값의 의미를 Newell과 Jeff에게 설명하시오.

d. Newell과 Jeff가 똑같은 속도로 이발을 한다고 가정할 때, 고객 1명을 이발하는 데 걸리는 평균시간은 얼마인가?

13.7 13.5절에 요약하여 소개한 응용사례에 관한 논문을 자세히 읽고 대기행렬 모형이 이 연구에 어떻게 적용되었는지 간단하게 기술하시오. 그리고 이 연구로부터 얻어진 재정적, 비재정적 이득을 나열하시오.

13.8 Friendly Neighbor 식품점은 1명의 점원이 일하는 하나의 계산대를 가지고 있다. 고객은 시간당 평균 30명의 비율로 랜덤하게 계산대에 도착하고 있다. 서비스시간의 분포는 평균이 1.5분인 지수분포이다. 이런 상황에서 가끔 긴 대기행렬이 생겨, 고객으로부터 불만이 나오곤 하였다. 그러나 두 번째 계산대를 설치할 공간이 없기 때문에 이 식품점 경영자는 고객이 구입한 식료품을 봉지에 넣어 주는 보조점원 1명을 고용하려고 한다. 이렇게 하면 1명의 고객을 처리하는 데 걸리는 평균시간은 1분으로 줄어들고, 분포는 여전히 지수분포이다. 경영자는 계산대에 2명을 초과한 고객이 있을 시간의 비율을 25% 이하로 줄이고자 한다. 또한, 서비스를 받기 전까지 5분 이상 혹은 서비스가 완료될 때까지 7분 이상을 기다리는 고객이 5% 이하가 되도록 하고자 한다.

a. 현재의 운영 방법에 대하여 $M/M/1$ 모형에 대한 공식을 이용하여 L, W, W_q, L_q, P_0, P_1 및 P_2를 계산하시오. 계산대에 2명을 초과한 고객이 있을 확률은 얼마인가?

ᵀb. 이 모형에 대한 엑셀 템플릿을 이용하여 a의 계산 결과를 확인하시오. 또한, 서비스를 시작하기 전까지의 대기시간이 5분 이상일 확률과 서비스를 완료하기까지의 대기시간이 7분 이상일 확률을 구하시오.

c. 경영자가 고려 중인 보조점원 1명을 고용하는 대안에 대해 a의 각 항목을 계산하시오.

ᵀd. 그 대안에 대하여 b의 각 항목을 계산하시오.

e. 경영자가 설정한 목표를 가능한 한 근접하게 만족하기 위해서 경영자는 어느 방법을 이용하여야 하는가?

13.9* 4M사는 공장 작업장에 핵심 작업센터에 한 대의 터릿 선반을 가지고 있다. 작업물은 하루에 평균 2개의 비율로 이 작업센터에 랜덤하게 도착한다. 각 작업물의 처리시간은 평균이 1/4일인 지수분포를 따른다. 작업물의 부피가 너무 크기 때문에 작업 중이지 않은 작업물은 기계와 약간 떨어진 곳에 보관되어 있다. 그러나 작업물을 가지고 오는 데 걸리는 시간을 절약하기 위하여 생산과장은 현재 가공 중인 것 외에 3개의 작업물을 보관할 수 있도록 선반 옆에 충분한 재공품 저장공간을 둘 것을 제안하고 있다(3개를 초과한 작업물은 계속해서 조금 떨어진 곳에 보관된다.) 이 제안에 따른다고 하면 선반 옆의 이 저장공간이 모든 대기작업물을 수용할 수 있는 시간의 비율은 얼마인가?

a. 이용이 가능한 공식을 사용하여 해를 계산하시오.

ᵀb. 엑셀 템플릿을 사용하여 해를 구하시오.

ᵀ13.10 $M/M/1$ 모형에 적합한 어떤 대기행렬시스템에 대해 W=120분이고 L=8명이라고 가정하자. W에 대한 공식을 이용하여 λ와 μ를 구하시오. 그리고 이 시스템에 대한 여러 가지 다른 성과척도를 구하시오.

13.11* Seabuck and Roper사는 회사의 가구 판매점들로부터 구매 요청이 있을 때까지 회사의 가구를 보관하기 위해 캘리포니아 남부에 큰 창고를 가지고 있다. 창고의 하적장에 도착하는 트럭에 짐을 싣거나 내리기 위해 4명으로 구성된 작업반이 있다. 경영진은 비용을 절감하기 위해 작업반의 인원을 줄이려고 하고 있다.

트럭은 시간당 평균 1대의 비율로 하적장에 랜덤하게 도착하고 있다. 작업반이 트럭에서 짐을 내리거나 싣는 데 걸리는 시간은(작업반 규모에 관계없이) 지수분포를 따른다. 4명의 작업반이 일할 경우는 평균이 15분이다. 작업반의 인원(현재는 4명)이 변하면, 작업반의 평균 서비스율 μ(현재 시간당 μ=4 고객)는 그 인원에 비례하는 것으로 추정된다. 작업반의 각 작업자에 대한 인건비는 시간당 20달러이다. 1대의 트럭을 사용하지 못함으로써(하적장에 세워져 있는 동안은 트럭이 사용되지 못함) 발생하는 비용은 시간당 30달러이다.

a. 이 대기행렬시스템에 대하여 고객과 서버를 명시하시오. 현재 서버의 수는 얼마인가?

ᵀb. 작업반의 인원이 4명인 경우, 이 대기행렬시스템에 대한 여러 가지 성과척도를 구하시오(엑셀 템플릿에서 대기시간에 대한 확률 계산 시 t=1로 둘 것).

ᵀc. 작업반의 인원이 3명인 경우에 대해 b를 푸시오.

[T]d. 작업반의 인원이 2명인 경우에 대해 b를 푸시오.
e. 작업반의 인원이 1명인 경우에 대해서도 분석해야 하는지를 설명하시오.
f. 위의 결과들이 주어졌을 때 경영진은 작업반의 인원을 몇 명으로 해야 하는가?
g. 비용 곡선을 사용하여 시간당 평균비용을 최소로 하는 작업반의 인원을 결정하시오.

[T]**13.12** Centerville 국제공항은 2개의 활주로를 가지고 있다. 하나는 이륙 전용으로, 다른 하나는 착륙 전용으로 사용하고 있다. 비행기는 시간당 평균 10대의 비율로 Centerville 상공에 랜덤하게 도착하여 착륙 허가를 요청한다. 비행기가 착륙 허가를 받은 후 착륙하기까지 걸리는 시간은 평균이 3분인 지수분포를 따르고, 이 과정은 다른 비행기에게 착륙허가를 하기 전에 완료되어야 한다. 착륙허가를 기다리는 비행기는 공항 상공을 선회해야 한다.

연방항공국(FAA)은 착륙대기 중인 비행기의 혼잡도와 관련한 안전 수준에 대한 몇 가지의 기준을 가지고 있다. 이 기준들은 착륙할 수 있는 활주로의 수와 같은 공항과 관련된 몇 가지 요인들에 의해 결정된다. Centerville 국제공항에 대한 기준은 다음과 같다. ① 착륙허가를 받기 위해 기다리는 비행기 대수의 평균은 1대를 초과하지 않아야 한다. ② 95% 시간은 착륙허가를 받기 위해 기다리는 비행기의 실제 수가 4대를 초과해서는 안 된다. ③ 99%의 비행기는 착륙허가를 받기 전에 공항을 선회하는 시간이 30분을 초과해서는 안 된다(이 시간을 초과하면 연료가 모두 소모되기 전에 비상착륙을 해야 하므로 흔히 다른 공항으로 비행노선을 변경해야 한다).

a. 이 기준들이 현재 얼마나 만족되고 있는지 평가하시오.
b. 어느 대형 항공사가 이 공항을 자사의 허브 공항으로 지정할 계획을 하고 있다. 그렇게 되면 비행기의 평균 도착률이 시간당 15대로 증가한다. 이렇게 되면 위의 기준들이 얼마나 만족되는지를 평가하시오.
c. 사업의 규모를 확대하기 위해서(위의 b에서 설명한 어느 대형 항공사를 포함해서) 공항관리자는 착륙 전용의 두 번째 활주로를 추가하려고 한다. 이 경우 궁극적으로 평균도착률이 시간당 25대로 증가할 것으로 예측된다. 이렇게 되면 위의 기준들이 얼마나 만족되는지 평가하시오.

13.13* $M/G/1$ 대기행렬 모형을 고려하자. 만약에 $1/\lambda$, $1/\mu$ 및 σ가 모두 현재의 1/2로 줄어든다면 L_q와 W_q에 어떤 영향을 미치는가?

13.14 $M/G/1$ 대기행렬 모형에 대한 다음 문항을 고려하자. σ^2은 서비스시간의 분산이다. 각 문장이 참인지 거짓인지를 밝히고, 그 근거를 설명하시오.

a. σ^2이 증가하면(λ와 μ는 변동시키지 않고) L_q와 L은 증가하지만 W_q와 W는 변하지 않을 것이다.
b. 서버로서 거북이(작은 μ와 σ^2)와 토끼(큰 μ와 σ^2) 중 하나를 선택해야 할 때, 더 작은 L_q를 달성하려면 거북이를 선택해야 한다.
c. 고정된 λ와 μ값에 대해서 서비스시간이 지수분포를 하는 경우의 Lq값은 서비스시간이 일정할 때의 2배이다.

13.15 경영과학 연구에 대하여 13.6절에 요약된 응용사례에 관한 논문을 읽으시오. 대기행렬론이 이 사례연구에 어떻게 적용될 수 있는지를 간단하게 설명하시오. 그리고 이 연구로부터 얻어지는 여러 가지 재무적, 비재무적인 이익을 나열하시오.

13.16* Jim Buck사는 트랙터 생산을 위해 몇 가지 부분 조립품을 생산하고, 최종 조립라인에서 그들 부분 조립품을 조립하여 트랙터를 완성한다. 이렇게 하여 하루에 약 3대의 트랙터가 생산된다. 부분 조립품은 최종 조립라인에 투입되기 전에 재공품 검사장에서 검사를 거친다. 현재 검사장에는 2명의 검사원이 있고 그들은 각 부분 조립품을 함께 검사한다. 검사시간은 평균이 15분인 지수분포를 한다. 이 검사시스템에 드는 비용은 시간당 40달러이다.

1명의 검사원이 처리할 수 있도록 검사공정을 변경하려는 제안이 있다. 이 검사원는 먼저 부분 조립품의 외관을 눈으로 검사하고, 다음으로 새로운 장비를 이용하여 검사를 완료한다. 이 검사공정으로 하면 검사시간 분포의 평균이 15분에서 16분으로 약간 증가되지만, 분포의 분산은 현재의 40%로 줄어든다. 이 경우 시간당 비용은 30달러이다.

부분 조립품은 검사장에 시간당 평균 3개의 비율로 랜덤하게 도착한다. 부분 조립품이 검사장에서 대기하는 데 따른(그 결과 재공품 재고가 증가하여, 후속 생산이 중단될 수도 있다) 비용은 각 부분 조립품당 시간당 20달러이다.

관리자는 현재의 검사방법을 유지할 것인지 아니면 새로운 제안을 채택할 것인지 의사결정을 해야 한다.

[T]a. 현 대기행렬시스템에 대해 주요 성과척도인 L, L_q, W 및 W_q를 구하시오.
[T]b. 새로운 제안에 의한 대기행렬시스템에 대해 a의 질문에 답하시오.
c. a, b의 결과로부터 관리자는 어떤 의사결정을 내려야 하나?
d. 현 상태와 새로운 제안에 대한 시간당 평균 총비용을 구하고 비교하시오.

T13.17 Security & Trust Bank의 어느 지점에 고객을 서비스하기 위해 4명의 직원이 배치되었다. 고객은 분당 평균 2명의 비율로 랜덤하게 도착한다. 그러나 현재 사업이 지속적으로 성장하고 있어서 이 은행 경영진은 1년 뒤에는 평균도착률이 분당 3명이 될 것으로 예측하고 있다. 은행원이 고객을 서비스하는 데 소요되는 시간은 평균이 1분인 지수분포를 한다.

경영진은 고객에게 만족할 만한 수준의 서비스를 제공하기 위해 다음과 같은 지침을 수립하였다. 서비스가 시작될 때까지 줄을 서서 기다리는 평균 고객 수는 1명을 초과해서는 안 된다. 적어도 95%의 시간은 서비스를 위해 기다리는 고객 수가 5명을 초과하지 않아야 한다. 적어도 95%의 고객은 서비스가 시작될 때까지 대기행렬에서 기다리는 시간이 5분을 초과하지 않아야 한다.

a. $M/M/s$ 모형을 사용하여 위의 지침이 현재 얼마나 만족되고 있는지를 평가하시오.
b. 만약 은행의 직원 수에 대한 변화가 없다면, 1년 뒤에는 위의 지침이 얼마나 만족되는지를 평가하시오.
c. 1년 뒤에 위의 지침을 완벽하게 만족하기 위해 필요한 직원의 수를 구하시오.

T13.18* Blue Chip 생명보험회사에서는 어떤 투자 상품에 대한 입금과 인출 업무가 2명의 직원에 의해 분리되어 처리되고 있다. 입금전표는 시간당 평균 16개의 비율로 직원인 Clara의 책상에 랜덤하게 도착한다. 인출전표는 시간당 평균 14개의 비율로 직원인 Clarence의 책상에 랜덤하게 도착한다. 각 업무를 처리하는 데 걸리는 시간은 평균이 3분인 지수분포를 한다. 입금전표와 인출전표의 시스템 내에서의 평균 대기시간을 줄이기 위하여 보험통계부는 다음과 같은 권고안을 마련하였다. ① 입금업무와 인출업무를 모두 담당할 수 있도록 직원을 교육시킨다. ② 입금전표와 인출전표를 하나의 대기행렬에 두고, 두 직원이 이를 담당한다.

a. 각 종류의 전표에 대해서 현재의 처리 방법으로 시스템 내에서의 평균대기시간을 구하시오. 그리고 이 두 결과를 결합하여(입금전표에 대한 평균대기시간 W에 16/30을 곱하고, 인출전표에 대한 평균대기시간 W에 14/30를 곱한 다음 이 둘을 더한다) 두 가지 형태의 전표를 구분하지 말고 랜덤하게 도착하는 하나의 전표에 대한 시스템 내에서의 평균대기시간을 구하시오.
b. 만약 권고안을 채택하였을 경우, 랜덤하게 도착하는 하나의 전표에 대한 시스템 내에서의 평균대기시간을 구하시오.
c. 권고안의 채택으로 평균 처리시간이 약간 증가한다고 가정하자. 이 모형에 대한 엑셀 템플릿을 이용하여 시행착오적인 방법으로 현재 처리 방법의 경우와 권고안의 경우 임의의 랜덤도착에 대한 평균대기시간이 같게 되는 평균처리시간을 구하시오.

T13.19 People's Software사는 회사의 새로운 S/W패키지에 대한 기술적 지원을 하기 위해 콜센터를 설치하였다. 2명의 기술담당 직원이 전화에 응답하고 있고, 각 직원이 고객의 질문에 대답하는 데 걸리는 시간은 평균이 8분인 지수분포를 따른다. 문의전화는 시간당 평균 10회의 비율로 랜덤하게 걸려오고 있다.

내년에는 문의전화의 평균도착률이 시간당 5회로 감소할 것으로 예상된다. 따라서 내년에는 기술담당 직원을 한 명으로 줄일 계획을 하고 있다. 현재의 대기행렬시스템과 내년의 시스템에 대해서 L, L_q, W 및 W_q를 구하라. 이들 4개의 성과척도 각각에 대해, 어느 시스템이 더 작은 값을 갖게 되는가?

13.20* Southeast 항공사는 주로 플로리다주에서 운항하는 소규모 통근용 항공회사이다. 올랜도 공항에 있는 매표창구에는 1명의 직원이 근무하고 있다. 거기에는 별도로 2개의 대기행렬이 있다. 하나의 줄은 1등석 승객용이고, 또 다른 하나는 2등석 승객용이다. 직원이 서비스를 마치고 다음 승객을 서비스할 준비가 되었을 때, 대기 중인 1등석 승객이 있으면, 그를 먼저 서비스하고, 그렇지 않을 경우 대기 중인 2등석 승객을 서비스한다. 서비스시간은 두 가지 형태의 승객에 대하여 동일하게 평균이 3분인 지수분포를 따른다. 매표창구는 하루에 12시간 영업을 하고 있으며, 1등석 승객은 시간당 평균 2명, 2등석 승객은 시간당 평균 10명의 비율로 랜덤하게 도착한다.

a. 어떤 종류의 대기행렬 모형이 이 대기행렬시스템에 적합한가?
Tb. 1등석 승객과 2등석 승객 각각에 대해서 L, L_q, W 및 W_q를 구하시오.
c. 1등석 승객의 서비스 시작 전까지의 평균대기시간은 2등석 승객의 몇 배인가?
d. 하루 동안 매표창구의 직원이 바쁜 시간(실제 일을 한 시간)은 평균 얼마인가?

13.21 County 병원 응급실에는 항상 1명의 의사가 당직근무를 하고 있다. 과거에는 1명의 의사로 충분하였다. 그러나 가정의에게 가기보다는 이 병원을 이용하려는 응급환자가 증가하는 추세이기 때문에 응급실을 방문하는 환자 수가 꾸준히 증가하고 있다. 내년에는 가장 붐빌 시간대(저녁 무렵)에는 시간당 평균 2명의 환자가 랜덤하게 도착할 것으로 예상된다. 따라서 내년에는 이 시간대에 의

사 1명을 추가 배치하자는 안이 제시되었다. 병원경영자(HMO)는 이 안에 반대하고 있지만, 경영과학자에게 내년에도 1명의 의사로 충분한지 아닌지를 분석하도록 요청하였다.

환자는 도착순으로 진료되지는 않는다. 간호사는 먼저 환자를 다음 세 가지 부류 중 하나로 분류한다. ① 중환자: 생명을 유지하기 위해서는 신속한 진료가 절대적으로 필요한 경우, ② 응급환자: 더 악화되는 되는 것을 방지하기 위해서는 신속한 진료가 중요한 경우, ③ 경환자: 진료가 조금 지연되어도 크게 지장이 없는 경우. 그 다음 환자는 이 우선순위에 따라 진료된다. 같은 부류에 속하는 환자들은 도착순으로 진료된다. 의사는 우선순위가 높은 새 환자가 도착하면 현재 진료 중인 환자의 진료를 중단하고 우선순위가 높은 환자를 먼저 진료한다. 약 10%의 환자는 첫 번째 부류에, 30%의 환자는 두 번째 부류에, 그리고 60%의 환자는 세 번째 부류에 속한다. 대체로 중환자, 응급환자는 응급 진료를 받은 후 추가 진료 및 치료를 위해 병원으로 보내지기 때문에 응급실에서의 평균 진료시간은 이들 부류 사이에 큰 차이가 없다. 그들 모두에 대하여 진료시간은 대체로 평균이 20분인 지수분포를 따른다.

HMO는 다음과 같은 방침을 수립하였다. 진료가 시작되기 전까지 응급실에서의 평균대기시간은 중환자의 경우 2분, 응급환자의 경우 15분, 경환자의 경우 2시간을 초과해서는 안 된다.

a. 어떤 종류의 대기행렬 모형이 이 대기행렬시스템에 적합한가?

T b. 이 모형을 사용하여 1명의 의사가 당직근무를 할 경우, 내년에 HMO의 방침이 만족되는지를 평가하시오.

c. $M/M/1$ 모형에서의 W_q의 공식을 사용하여 만약에 치료가 도착순으로 이루어진다면 이 방침이 만족되는지를 평가하시오.

T d. 내년에 가장 붐비는 시간대에 시간당 환자의 평균도착률이 2명이라는 것은 추정치이다. 이 평균도착률이 시간당 2.25명인 경우에 대해 위 b의 질문에 대한 답을 하고, 민감도 분석을 하시오.

T **13.22*** 패스트푸드 햄버거 레스토랑인 McBurger의 경영자인 Jim McDonald는 신속한 서비스를 제공하는 것이 이러한 레스토랑에 있어서 성공의 열쇠라고 생각하고 있다. 오래 기다린 고객은 다음에는 시내의 다른 패스트푸드 레스토랑으로 갈 가능성이 있기 때문이다. Jim은 서비스가 완료될 때까지 고객이 기다리는 시간은 1분당 30%의 장래 사업손실로 이어진다고 추정하고 있다. 따라서 그는 충분한 계산대를 운영하여 대기시간을 줄이고자 한다. 각 계산대에는 1명의 파트타임 직원이 있으며, 이 파트타임 직원은 고객이 주문한 음식을 가져오고 요금을 받는다. 파트타임 직원 1인당 비용은 시간당 9달러이다.

점심 시간대에 고객은 시간당 평균 66명의 비율로 랜덤하게 도착한다. 고객 1명을 서비스하는 데 소요되는 시간은 평균이 2분인 지수분포를 따르는 것으로 추정된다.

Jim은 시간당 평균 총비용을 최소화하기 위하여 점심 시간대에 몇 개의 계산대를 운영해야 하는가?

통합사례 13-1: 재공품 재고 줄이기

Northern Airplane사의 부사장인 Jim Wells는 오늘 아침 회사의 주요 공장을 시찰하는 과정에 매우 화가 났다. 그의 사무실에 불려온 공장 생산부장 Jerry Carstairs에게 화를 냈다.

"Jerry, 지금 막 공장을 돌아보고 왔는데, 무척 당황스러웠습니다."

"무슨 문제가 있었습니까, Jim."

"내가 재공품 재고를 줄여야 한다고 얼마나 강조하였는지 잘 알지 않습니까?"

"예, 그 문제를 해결하려고 열심히 노력해 왔습니다."

"충분하지 않아요!" Jim은 좀 더 목소리를 높였다. "내가 프레스 옆에서 어떤 광경을 보았는지 압니까?"

"글쎄요..."

"5개의 철판이 날개 부분으로 가공되기 위해 쌓여 있었고, 그 다음 검사부에서는 총 13개의 날개가 있었고, 검사원은 그중 하나를 검사하고 있었고 나머지 12개는 여전히 쌓여있었습니다. 이들 날개 하나에 수십만 달러가 묶여있다는 것을 알고 있지 않습니까! 프레스와 검사 공정 사이에 수백만 달러에 달하는 아주 비싼 철판이 쌓여 있는 것입니다. 그것들을 그렇게 두면 안 됩니다."

억울한 생각이 든 Jerry는 대답했다. "그렇습니다, Jim. 나는 검사공정이 애로공정이라는 것을 잘 알고 있습니다. 그러나 거기가 애로공정이긴 하지만 늘 오늘 아침에 목격하신 것과 같지는 않습니다. 프레스공정에서는 훨씬 적습니다. 오늘 아침은 아주 좋지 않은 경우를 보신 것입니다."

"나도 그러기를 바랍니다. 그러나 오늘과 같은 일이 거의 일어나지 않도록 노력할 필요가 있어요. 당신은 그렇게 하기 위하여 어떤 계획을 가지고 있나요?"

Jerry는 자신 있게 대답하였다. "예, 실제로 이미 이 문제에 대해 연구하여 왔습니다. 공식적으로 몇 가지 대안을 가지고 저희 경영과학팀에 이 대안을 분석하여 보고서를 제출하도록 지시하였습니다."

"좋아요, 이 문제를 최우선적으로 처리하고 가능한 한 빨리 나에게 보고하기 바랍니다."

"그렇게 하겠습니다."

다음은 Jerry와 그의 경영과학팀이 가지고 있는 문제이다. 특수 가공한 큰 철판을 날개 부분들로 가공하는 데는 10대의 프레스가 사용되고 있다. 철판은 시간당 평균 7개의 비율로 랜덤하게 도착한다. 철판에서 하나의 날개부분을 가공하는 데 걸리는 시간은 평균이 1시간인 지수분포를 한다. 가공이 완료되면 날개는 프레스에서의 도착률과 동일한 비율로 검사공정에 랜덤하게 도착한다. 명세대로 가공되었는지를 검사하기 위하여 한 명의 검사원이 풀타임으로 일하고 있다. 각 검사에는 7.5분이 소요되어 시간당 8개를 검사할 수 있다. 이 검사율이 검사공정에서의 평균 재공품 재고의 량에 영향을 미치게 된다.

이러한 재공품 재고에 따른 비용은 프레스공정에서 각 철판 혹은 검사 공정에서 각 날개에 대하여 시간당 약 8달러가 소요되는 것으로 추정되었다. 따라서 Jerry는 평균 재공품 재고를 낮추기 위하여 두 가지 대안을 고려하고 있다.

대안 1은 프레스의 파워를 약간 줄임으로써(이렇게 하면 날개 가공시간이 평균 1.2시간으로 증가함) 검사원이 그의 효율을 더 좋게 할 수 있다. 또한, 각 기계 비용(운영비와 자본회수비용)을 시간당 7달러에서 6.5달러로 낮출 수 있다. (한편, 반대로 최대로 파워를 증가시키면 날개 가공시간은 개당 평균 0.8시간으로 감소하지만 비용은 시간당 7.5달러로 증가한다.)

대안 2는 검사원을 보다 젊은 직원으로 교체하는 것이다. 젊은 직원들은 작업 속도가 약간 빠르다(경험부족 때문에 검사시간에 어느 정도 변동성은 크지만). (젊은 직원들의 검사시간은 평균이 7.2분이고 표준편차가 5분인 확률분포를 따른다. 그들의 보수는 시간당 19달러로 현재 직원의 시간당 17달러보다 높은 직급에 속한다. 이들 검사원의 검사시간은 같은 직급에 속하는 사람들과 같다.)

당신이 이 문제를 분석하도록 요청 받은 Jerry 경영과학팀의 멤버라고 하자. Jerry는 각 대안이 재공품 재고를 얼마나 감소시킬 수 있는지를 경영과학 기법을 사용하여 조사하기를 원하고 있다.

a. 프레스와 검사공정에서 재공품 재고량의 기대치를 구하라. 그리고 프레스와 검사공정에 대한 시간당 총비용의 기대치를 구하시오.
b. 대안 1의 효과는 어떤가? 왜 그런가? a에서의 결과를 비교하여 그 결과를 Jerry에게 설명하라.
c. 대안 2의 효과는 무엇인가? a에서의 결과를 비교하여 그 결과를 Jerry에게 설명하라.
d. 검사공정과 기계 그룹에서 평균 재공품 재고를 줄이기 위한 제안서를 작성하라. 그 제안을 뒷받침하기 위하여 a에서 실시한 것과 같은 수리적인 분석 결과를 첨부하라. a의 결과와 비교하고 자신의 제안이 어떤 개선된 결과를 가져오는지를 밝혀라.

컴퓨터 시뮬레이션: 기본 개념

14 CHAPTER

↳ 학습목표: 14장을 학습한 후에는,

1. 시뮬레이션의 기본 기념을 설명할 수 있어야 한다.
2. 많은 경영과학 연구에서 컴퓨터 시뮬레이션의 역할을 설명할 수 있어야 한다.
3. 단순이산분포를 따르는 확률사건을 생성하기 위하여 난수를 사용할 수 있어야 한다.
4. 스프레드시트로 기초적인 컴퓨터 시뮬레이션을 수행하기 위하여 엑셀을 사용할 수 있어야 한다.
5. 기초적인 대기행렬시스템에 대한 컴퓨터 시뮬레이션을 수행하기 위하여 Queueing Simulator를 사용하고 그 결과를 해석할 수 있어야 한다.
6. 확률시스템에 대한 시뮬레이션 모형의 기본 요소를 설명하고 사용할 수 있어야 한다.
7. 주요 시뮬레이션 연구 단계를 개괄적으로 말할 수 있어야 한다.

이 장에서는 경영과학 분석기법 중 마지막에 해당하는 컴퓨터 시뮬레이션computer simulation(또는 그냥 시뮬레이션으로 지칭)에 대해 알아본다. 컴퓨터 시뮬레이션은 매우 광범위하게 사용되는 기법이다. 또한, 컴퓨터 시뮬레이션은 매우 유연하고 강력하며 직관적이기 때문에 그 활용이 급속하게 확산되고 있으며, 많은 관리자가 가장 유용한 의사결정 지원 수단으로 생각한다.

이 기법은 컴퓨터를 이용하여 전체 과정에 대한 운영이나 시스템의 운영을 모의imitate, simulate한다. 예를 들면, 금융시스템에 대한 위험 분석을 목적으로 발생 가능한 결과에 대한 전체 모습을 만들어내기 위하여 규정된 거래를 반복적으로 모의 실험하는 데 자주 사용된다. 또한, 컴퓨터 시뮬레이션은 장기간 지속적으로 운영되는 시스템을 분석하는 데도 폭넓게 활용된다. 이와 같은 시스템에 대해서 컴퓨터는 시스템이 마치 실제로 운영되고 있는 것처럼 유도하는 여러 가지 사건events을 무작위로(랜덤하게) 발생시키고 기록한다. 컴퓨터는 빠른 처리속도로 수년간의 운영을 단 몇 초 안에 모의할 수 있다. 설계 혹은 운영 절차에 대한 다양한 대안에 대해서도 시스템을 모의운영하고 그 결과를 기록하여, 하나의 대안을 선택하기에 앞서 이들 대안을 비교, 평가하는 것을 가능하게 한다. 지금은 이런 작업을 스프레드시트 소프트웨어를 이용하여 할 수도 있다.

컴퓨터 시뮬레이션의 활용 분야는 매우 광범위하다. 이 장의 사례연구는 대기행렬시스템의 설계와 운영에 컴퓨터 시뮬레이션을 활용하는 방법을 보여줄 것이다. 이 외에도 배송시스템의 설계와 운영은 물론 제조시스템의 설계와 운영, 재고시스템의 관리와 정해진 기한까지 프로젝트를 완료할 확률 예측, 재무위험분석 등에 활용되며 건강관리를 위한 활용 예도 많다.

14.1절에서는 컴퓨터 시뮬레이션의 본질에 대하여 설명하고, 14.2절 및 14.3절에서는 이 장의 사례연구(13장의 Herr Cutter 이발소 사례 재탐구)를 소개하고 분석한다. 다음 절에서는 컴퓨터 시뮬레이션을 적용하기 위한 전반적인 절차를 기술한다. 15장에서는 스프레드시트로 꽤 복잡한 컴퓨터시뮬레이션을 효율적으로 수행하기 위하여 Analytic Solver를 이용하는 방법을 설명한다. (www.mhhe.com/Hillier7e에 있는 보충 장인 22장에는 엑셀 추가기능으로 쓸 수 있는 Crystal Ball을 사용하여 동일한 분석을 하는 방법을 소개하고 있다.)

14.1 컴퓨터 시뮬레이션의 본질

설계사들은 오랫동안 시뮬레이션 기법을 중요한 도구로 사용하여 왔다. 예를 들면, 새로운 비행기를 설계할 때 풍동에서의 모의비행은 흔한 일이다. 설계 요소가 변하였을 때 비행기의 성능이 어떻게 변하는가에 대해 실제와 동일한 정보를 얻는 것이 이론적으로 물리학 법칙에 의해 가능해 보이지만, 이 모든 것을 물리학적 분석으로 하기에는 너무 복잡하다. 다른 방법으로는 여러 가지 설계 대안에 따라 실물 비행기를 만들어 실제 비행실험을 하는 것이다. 그러나 이것은 비용이 너무 많이 들 뿐 아니라 안전도 보장할 수 없다. 그러므로 초기에 이론적 분석을 통하여 개략적으로 설계한 후, 특정 세부 설계에 대한 실험은 풍동에서의 모의비행을 하는 것이 필수적이다. 이러한 시뮬레이션은 비행기의 실제 성능을 추정하기 위해서 통제된 환경에서 비행기의 성능을 실물과 똑같이 모의하는 것이다. 이러한 방법을 통하여 상세한 설계가 완성되면 원형모형prototype model이 만들어지고, 실제 비행실험을 통하여 최종설계를 세밀하게 수정하고 조정한다.

컴퓨터 시뮬레이션의 역할

컴퓨터 시뮬레이션은 다양한 경영과학 연구에서도 근본적으로 위와 같은 역할을 한다. 그러나 경영과학팀은 비행기를 설계하기보다는 어떤 시스템을 설계하거나 시스템의 운영 절차를 개발하는 데 관심이 있다. 대부분의 경우 이 시스템이란 다음과 같은 확률시스템이다.

> **확률시스템**stochastic system이란 그 상태가 하나 혹은 그 이상의 확률분포에 따라 시간과 함께 변화하는 시스템이다. 예를 들어, 앞 장에서 설명한 대기행렬시스템들은 도착간격시간과 서비스시간이 확률분포에 따라 대기행렬의 길이 등 상태가 생성되기 때문에 모두 확률시스템이다.

컴퓨터 시뮬레이션은 시스템에서 일어나는 여러 가지 사건(예를 들어, 대기행렬시스템에서의 반복적인 도착과 서비스 완료)을 랜덤하게 생성randomly generate하기 위해서 해당 확률분포를 사용하여 이와 같은 시스템의 운영을 모의한다. 그러나 물리적인 시스템을 실제로 운영하기보다는 모의한simulated 사건의 발생과 그에 따른 결과를 컴퓨터가 기록하는 것이다.

컴퓨터 시뮬레이션이 경영과학 연구의 한 부분으로 사용될 때 일반적으로 비행기 설계에 대하여 설명한 것과 같은 단계를 거친다. 특히 시스템에 대한 개략적인 설계를 하기 위해서 먼저(근사적인 수리 모형을 이용하여) 몇 가지 사전 분석을 실시한다. 그 다음에 특정 설계안들에 대하여 각각이 얼마나 좋은 결과를 내는지를 추정하기 위한 실험에 컴퓨터 시뮬레이션을 이용한다. 이와 같은 방법으로 상세설계가 완성되고 선택된 후, 최종설계를 세밀하게 수정하고 조정하기 위해 시스템을 실제로 사용하면서 실험한다.

비교적 복잡한 시스템을 다룰 때 컴퓨터 시뮬레이션은 비용이 많이 드는 경향이 있다. 시뮬레이션을 시작하기 위해서는 관심 대상 시스템의 운영을 잘 묘사하도록, 그리고 그 시스템이 어떻게 모의 실험되는가를 기술하도록 상세한 모형을 작성해야 한다. 그리고 시뮬레이션을 수행하기 위해 필요한 컴퓨터 프로그램을 개발하고 오류를 수정하는 데는 종종 많은 시간이 소요된다. 그 다음에 시스템에 대한 여러 가지 설계안의 성능performance에 대한 유의한 추정치를 얻으려면 오랜 시간 동안 컴퓨터 실행을 할 필요가 있다. 마지막으로 최종 결론을 내리기 전에 이 모든 자료를 면밀히 분석해야 한다. 이와 같은 전 과정을 거치려면 일반적으로 많은 시간과 노력이 요구된다. 그러므로 동일한 정보를 얻을 수 있는 더 저렴한 다른 방법을 이용할 수 있다면 컴퓨터 시뮬레이션은 사용하지 말아야 한다.

컴퓨터 시뮬레이션은 분석 대상 확률시스템이 너무 복잡하여 앞 장에서 설명한 수리 모형(예: 대기행렬 모형)들을 이용하여 만족스러운 분석을 하기 어려울 때 이용된다. 수리 모형의 주요 장점 중 하나는 문제의 본질을 추출하여 문제의 기본 구조를 밝히고, 그 결과로부터 시스템 내부의 인과 관계에 대한 정보를 제공하는 것이다. 그러므로 모형 설계자가 문제를 적절히 근사시키고 동시에 해를 얻을 수 있는 수리 모형을 구축할 수 있으면, 그 방법이 컴퓨터 시뮬레이션보다 일반적으로 더 좋다. 그러나 많은 문제는 이런 방법을 사용하기에는 너무 복잡하기 때문에 실제로 컴퓨터 시뮬레이션이 문제 해결을 위한 유일한 실용적인 접근 방법이 되는 경우가 빈번하다.

컴퓨터 시뮬레이션에 대한 기본 개념을 설명하기 위해 몇 가지 예를 살펴보도록 하자. 이들 예제는 주요 개념을 보다 쉽게 설명하기 위해서 일반적인 시뮬레이션의 응용 예보다 훨씬 간단하게 되어 있다. 또한, 이들 예제의 경우 시스템의 성능에 대한 분석적인 해를 구할 수 있어서 컴퓨터 시뮬레이션에 의해 얻어진 성능에 대한 추정치와 비교할 수 있다.

예제 1: 동전 던지기 게임

당신은 모 회사 경품행사의 행운권에 당첨되어 라스베가스의 한 특급 호텔의 숙박료와 그 호텔 카지노에서 사용할 수 있는 일정량의 칩chip이 제공되는 상품권을 받았다.

당신은 이 호텔의 카지노에 들어서며 게임 규칙이 다음과 같은 새로운 게임을 발견하였다. 물론 이 호텔 카지노에는 블랙잭, 룰렛 등과 같은 통상적인 게임도 있다.

게임 규칙

1. 동전을 던져서 앞면과 뒷면이 나온 횟수의 차이가 3이 될 때까지 동전 던지기를 반복한다.
2. 게임을 시작하면 동전을 한 번 던질 때마다 1달러를 지불하고 게임이 진행되는 도중에는 그만둘 수 없다.
3. 게임이 끝나면 8달러를 받는다.

따라서 게임이 끝날 때까지 던진 횟수가 8보다 작으면 돈을 벌고, 8보다 크면 돈을 잃게 된다. 여기서 몇 가지 예를 보자(H는 앞면, T는 뒷면을 나타냄).

HHH	던진 횟수= 3	$5 번다
THTTT	던진 횟수= 5	$3 번다
THHTHTHTTTT	던진 횟수=11	$3 잃는다

이 게임을 할 것인지 말 것인지를 어떻게 결정하면 좋은가?

많은 사람들이, 비록 시뮬레이션이라고 부르지 않을지도 모르지만, 시뮬레이션을 근간으로 의사결정을 할 것이다. 이 경우 시뮬레이션은 게임을 할 가치가 있는지 없는지가 분명해질 때까지 혼자서 게임의 규칙에 따라 여러 번 모의해보는 것이다. 혼자서 30분 동안 동전을 반복해서 던지고, 이 게임의 규칙에 따라 번 금액과 잃은 금액을 기록해보면 될 것이다. 이것은 실제로 돈을 벌거나 잃는 것 없이 실제 게임을 모의하는 것이기 때문에 시뮬레이션이다.

이 장의 주제는 컴퓨터 시뮬레이션이기 때문에 이와 같은 모의실험simulated experiment을 하는 데 있어서 컴퓨터가 어떻게 이용되는지를 알아보자. 컴퓨터가 직접 동전을 던질 수는 없지만 아래에 정의한 일련의 난수를 발생시켜서 모의실험simulate할 수 있다.

> 0과 1 사이의 모든 수의 발생 가능성을 동일하게 하여 이 중 하나의 수를 생성하였다면 이 수를 0과 1 사이의 **난수**random number라고 한다. 예를 들어, 만약 소수점 이하 네 자리를 사용한다면 0.0000과 0.9999 사이의 10,000개의 수는 모두 발생 가능성이 동일해야 한다. 따라서 0과 1 사이의 난수는 0과 1 사이의 일양분포uniform distribution로부터의 랜덤 관측치random observation이다. (이후에는 이러한 난수를 말할 때 0과 1 사이라는 문구는 생략한다.)

엑셀에서는 **RAND()** 함수를 사용하여 쉽게 난수를 발생시킬 수 있다. 예를 들면, 〈그림 14-1〉의 왼쪽 아래를 보면 C13셀에 =RAND()를 입력하고, 이것을 C14:C62셀에 복사하여 붙여 넣은 것이다. 이렇게 하면 엑셀은 스프레드시트의 C13:C62셀에 난수를 생성시킨다(이 함수에는 ()가 있지만 그 안에는 아무 것도 입력되어 있지 않다. 또한, 27~56행은 공간을 줄이기 위해 숨겼다).

C13:C62셀에 있는 이 수들이 모두 난수로서의 중요한 성질을 가지고 있지만 엑셀은 실제로 생성 과정을 초기화하기 위하여 기초값seed value을 부여하여 시작하고 앞의 숫자로부터 각 난수를 생성하기 위해 미리 정해진 식을 사용한다. 이들 일련의 난수는 동일한 초기 값을 다시 사용하여 재생산하는 의미에서, 예측 가능하기 때문에 이들 숫자를 의사난수pseudo random number라고 부르기도 한다.

동전 던지기의 결과에 대한 확률은

$$P(\text{앞면}) = \frac{1}{2} \qquad P(\text{뒷면}) = \frac{1}{2}$$

이다. 따라서 동전 던지는 것을 모의하기 위해서 컴퓨터는 발생 가능한 난수의 절반을 앞면에 대응시키고 나머지 절반을 뒷면에 대응시키면 된다. 난수와 동전 던지기의 결과를 다음과 같이 대응시키기로 한다.

0.0000에서 0.4999는 앞면에 대응
0.5000에서 0.9999는 뒷면에 대응

〈그림 14-1〉의 D열의 셀(D13:D62) 각각에 다음 식을 입력하면 엑셀은 난수가 0.5보다 작으면 '앞면Heads'을, 그렇지 않으면 '뒷면Tails'을 나타낸다.

= IF(RandomNumber < 0.5, 'Heads', 'Tails')

결과적으로 C열에 생성된 처음 11개의 난수는 다음과 같은 일련의 앞면(H)과 뒷면(T)이 나온 것을 의미한다.

HTTTHHHTHHH

이 시점에서 앞면의 수(7)가 뒷면의 수(4)를 3개 초과하기 때문에 게임은 끝난다. D7과 D8셀은 동전을 던진 횟수(11)와 수익(8달러−11달러=−3달러)을 나타내고 있다.

따라서 〈그림 14-1〉은 컴퓨터 시뮬레이션으로 게임을 한 번 완료한 것을 나타내고 있다. 게임이 완료될 때까지 진행하기 위해 50번의 동전 던지기를 모의하였다. E와 F열은 매번 던진 후의 각각 앞면과 뒷면이 나온 누적 횟수를 나타내고 있다. G열의 각 셀에 있는 식은 앞면과 뒷면이 나온 누적 횟수의 차이가 3이 되기 직전까지는 공란으로 남겨 두고, 3이 되면 Stop이 표

〈그림 14-1〉 동전 던지기 게임의 컴퓨터 시뮬레이션을 위한 스프레드시트 모형

	A	B	C	D	E	F	G
1	**Coin-Flipping Game**						
2							
3			Required Difference	3			
4			Cash at End of Game	$8			
5							
6				**Summary of Game**			
7			Number of Flips	11			
8			Winnings	−$3			
9							
10							
11			Random		Total	Total	
12		Flip	Number	Result	Heads	Tails	Stop?
13		1	0.3039	Heads	1	0	
14		2	0.7914	Tails	1	1	
15		3	0.8543	Tails	1	2	
16		4	0.6902	Tails	1	3	
17		5	0.3004	Heads	2	3	
18		6	0.0383	Heads	3	3	
19		7	0.3883	Heads	4	3	
20		8	0.6052	Tails	4	4	
21		9	0.2231	Heads	5	4	
22		10	0.4250	Heads	6	4	
23		11	0.3729	Heads	7	4	Stop
24		12	0.7983	Tails	7	5	NA
25		13	0.2340	Heads	8	5	NA
26		14	0.0082	Heads	9	5	NA
57		45	0.7539	Tails	26	19	NA
58		46	0.2989	Heads	27	19	NA
59		47	0.6427	Tails	27	20	NA
60		48	0.2824	Heads	28	20	NA
61		49	0.2124	Heads	29	20	NA
62		50	0.6420	Tails	29	21	NA

Range Name	Cells
CashAtEndOfGame	D4
Flip	B13:B62
NumberOfFlips	D7
RandomNumber	C13:C62
RequiredDifference	D3
Result	D13:D62
Stop?	G13:G62
TotalHeads	E13:E62
TotalTails	F13:F62
Winnings	D8

	C	D
6		**Summary of Game**
7	Number of Flips	=COUNTBLANK(Stop?)+1
8	Winnings	=CashAtEndOfGame–NumberOfFlips

	C	D	E	F
11	Random		Total	Total
12	Number	Result	Heads	Tails
13	=RAND()	=IF(@RandomNumber<0.5,"Heads","Tails")	=IF(@Result="Heads",1,0)	=@Flip-@TotalHeads
14	=RAND()	=IF(@RandomNumber<0.5,"Heads","Tails")	=E13+IF(@Result="Heads",1,0)	=@Flip-@TotalHeads
15	=RAND()	=IF(@RandomNumber<0.5,"Heads","Tails")	=E14+IF(@Result="Heads",1,0)	=@Flip-@TotalHeads
16	:	:	:	:
17	:	:	:	:

	G
12	Stop?
13	
14	
15	=IF(ABS(@TotalHeads-@TotalTails)>=RequiredDifference,"Stop","")
16	=IF(G15="",IF(ABS(@TotalHeads-@TotalTails)>=RequiredDifference,"Stop",""),"NA")
17	=IF(G16="",IF(ABS(@TotalHeads-@TotalTails)>=RequiredDifference,"Stop",""),"NA")
18	:
19	:

시되게 하고, 그 후에는 NA[Not Applicable]가 표시되게 한다.

이 스프레드시트를 이용하여 원하는 횟수만큼 이 게임에 대한 시뮬레이션을 반복해서 실시할 수 있다. F9키를 누르면 C13:C62셀에 있는 난수를 새롭게 생성하여 엑셀은 전체 스프레드시트를 다시 계산한다. (만약 주어진 난수를 고정하고 싶으면, 즉 게임에 대한 특정한 한 가지 결과를 저장하기를 원할 경우, 그 난수의 범위를 선택하고 마우스 오른쪽 버튼을 클릭하여 복사한 다음, 다시 마우스의 오른쪽 버튼을 클릭하여 선택하여 붙여넣기 중 값(V) 옵션을 선택하면 된다.)

컴퓨터 시뮬레이션은 평균치 결과[average outcome]에 대한 보다 신뢰할 수 있는 추정치를 얻기 위해서 일반적으로 많은 횟수를 반복 실시한다. 〈그림 14-2〉는 데이터 표[data table]를 이용하여 어떻게 엑셀로 14회의 시뮬레이션을 반복하게 하는지를 보여준다. 우선 J, K, L열의 제목이 있는 표를 만든다. 표의 첫 번째 열(J7:J20)은 14회의 게임을 표시하기 위해 이용된다. 여기서 첫 번째 행은 공란으로 둔다. 그 다음 두 열의 제목은 어떤 결과를 평가할 것인지를 나타낸다. 이 두 열의 첫 번째 행(K6:L6셀)은 해당 출력셀을 참조하는 수식을 입력하는 데 이용된다.

〈그림 14-2〉 동전 던지기 게임에 대한 (모의실험을 14회 한 경우의) 데이터 테이블

	I	J	K	L	M
1	Data Table for Coin-Flipping Game				
2	(14 Replications)				
3					
4			Number		
5		Play	of Flips	Winnings	
6			3	$5	
7		1	9	–$1	
8		2	5	$3	
9		3	7	$1	
10		4	11	–$3	
11		5	5	$3	
12		6	3	$5	
13		7	3	$5	
14		8	11	–$3	
15		9	7	$1	
16		10	15	–$7	
17		11	3	$5	
18		12	7	$1	
19		13	9	–$1	
20		14	5	3	
21					
22		Average	7.14	$0.86	

Select the whole table (J6:L20), before choosing Table from the Data menu.

Range Name	Cell
NumberOfFlips	D7
Winnings	D8

	K	L
4	Number	
5	of Flips	Winnings
6	=NumberOfFlips	=Winnings

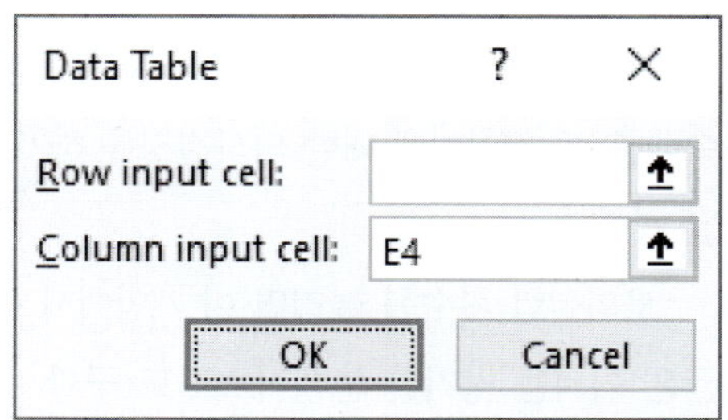

22	J	K	L
22	Average	=AVERAGE(K7:K20)	=AVERAGE(L7:L20)

이 경우 관심이 있는 셀은 동전을 던진 횟수Number of Flips와 수익Winnings이므로 K6:L6셀에 들어갈 수식은 〈그림 14-2〉의 스프레드시트 오른쪽에 보이는 것과 같다.

그 다음 표 전체(J6:L20)를 선택한 후, 데이터 탭 가상분석What-If Analysis 메뉴에서 데이터 표Data Table를 선택한다. 데이터 표 대화상자(〈그림 14-2〉의 오른편에 보여주고 있음)에서 열 입력셀column input cell에 공란으로 있는 임의의 셀(〈그림 14-2〉에서는 임의로 E4를 선택했음)을 입력하고, 행 입력셀row input cell에는 아무 것도 입력하지 않는다. 이제 확인(OK)을 클릭하면 〈그림 14-2〉와 같은 데이터 표가 생성된다.

데이터 표를 생성할 때 엑셀이 맨 처음 하는 것은 표의 첫 번째 열(J7:J20셀)의 숫자를 열 입력셀인 E4셀에 한 번에 하나씩 입력하는 것이다. 이것으로 인해 시뮬레이션 결과에 미치는 직접적인 영향은 없다. 그렇지만 열 입력셀(E4)에 새로운 숫자가 입력될 때마다 엑셀은 〈그림 14-1〉의 스프레드시트 전체(C13:G62셀)를 다시 계산하여, 그 결과를 출력셀(D7과 D8셀)뿐 아니라 데이터 표의 K와 L열의 해당 행에 입력한다. 결국 우리는 엑셀로 하여금 시뮬레이션을 14회 반복하게 한 것이다. 매회의 시뮬레이션마다 C열에는 새로운 난수들이 생성되어 완전히 새로운 시뮬레이션이 수행된다.

K22셀은 14회의 게임으로 구성된 표본에서 던진 횟수에 대한 표본평균sample average이 7.14임을 나타내고 있다. 표본평균은 한 게임에서 동전을 던져야 할 횟수에 대한 확률분포의 모평균에 대한 추정치이다. 표본평균이 7.14라는 것은 게임을 1회 할 때마다 평균적으로 약 0.86(L22셀)달러를 번다는 것을 의미한다. 그러므로 만약 위험에 대한 강한 회피성향이 없으면, 이 게임을 하기로, 그것도 많은 횟수를 하기로 결정하게 될 것이다.

그러나 컴퓨터 시뮬레이션을 사용하는 데 있어서 하나의 공통된 오류는 결론이 대체로 너무 작은 표본에 근거하여 이루어진다는 점을 주의하여야 한다. 왜냐하면 표본이 너무 작으면 통계적 분석이 부적절하였거나 통계적 분석이 전체적으로 결여되어 있기 때문이다. 컴퓨터 시뮬레이션으로 실시할 실험을 설계하는 데에는 통계학자의 도움을 받는 것이 중요하다. 이 경우, 주의 깊게 통계적 분석(신뢰구간 등을 사용)을 하면, 여러 번의 게임에서 이득이 볼 것인지 손해를 볼 것인지에 대한 의사결정을 하기 전에 수백 번의 모의실험을 해야 하는 것으로 나타날 것이다.

모의실험 횟수를 늘리면 이 게임에서 동전을 던지는 횟수에 대한 모평균이 9가 된다(이 평균은 쉽지는 않지만 분석적으로도 구할 수 있다). 따라서 장기적인 관점에서 보면 게임을 한 번 할 때마다 평균적으로 1달러씩 손해를 보게 된다. 위의 모의실험이 이와 같은 결론을 유도하지 못한 이유는 임의의 1회 게임에서 큰 손해를 볼 확률은 적고, 1회 게임에서 결코 5달러 이상은 벌지 못한다는 데 있다. 그러나 14회의 모의실험은 한 번의 게임에서 벌거나 잃을 금액에 대한 확률분포의 양극단에 있는 관측치를 얻기에는 불충분하다. 14회의 모의실험에서 오직 한 게임에서만 3달러를 초과한 손해를 보는데, 그것도 7달러밖에 되지 않는다.

〈그림 14-3〉은 1,000회의 게임을 모의한 시뮬레이션 수행 결과를 나타내고 있다(이 그림에서는 17번째 행부터 1,000번째 행까지는 숨겨져 있다). K1008셀은 평균 던진 횟수가 모평균 9에 아주 가까운 8.97임을 보여주고 있다. L1008셀에 있는 평균 −0.97달러의 이득은 이 게임으로 이득을 볼 수 없다는 결론을 내는 데 신뢰할 수 있는 근거를 제공한다(아마도 카지노 측은 이미 이런 사실을 컴퓨터 시뮬레이션으로 확인하였을 것이다).

〈그림 14-3〉 동전 던지기 게임에 대한 (모의실험을 1,000회 한 경우의) 데이터 테이블

	I	J	K	L	M
1		**Data Table for Coin-Flipping Game**			
2		**(1,000 Replications)**			
3					
4			Number		
5		Play	of Flips	Winnings	
6			5	$3	
7		1	3	$5	
8		2	3	$5	
9		3	7	$1	
10		4	11	–$3	
11		5	13	–$5	
12		6	7	$1	
13		7	3	$5	
14		8	7	$1	
15		9	3	$5	
16		10	9	–$1	
1001		995	5	$3	
1002		996	27	–$19	
1003		997	7	$1	
1004		998	3	$5	
1005		999	9	–$1	
1006		1,000	17	–$9	
1007					
1008		Average	8.97	–$0.97	

예제 2: 사후보전과 예방보전

Heavy Duty사는 새로운 생산공정에 사용할 대형기계를 구입하였다. 이 기계는 모터에 의해 작동되는데, 모터가 가끔 고장을 일으켜 수리를 해야 한다. 그래서 이 기계 제조회사는 기계당 예비모터 1개를 제공하였다. 두 모터는 교대로 사용된다. 즉, 검사를 위해 하나가 제거되면 다른 하나가 교체되어 그 자리에 들어간다.

기계 사용계획이 정해지면 제조업자는 모터의 내구성durability(고장이 날 때까지의 사용일수)에 관한 정보를 제공한다. 이 정보는 〈표 14-1〉의 첫 두 열에 나타나 있다. 첫 번째 열은 현재까지의 기계 사용일수를 나타내고 있다. 두 번째 열은 첫 번째 열의 각 날에 대해 고장이 날 확률을 의미한다. 4, 5, 6일을 제외하고는 고장 날 확률은 0이기 때문에 고장은 항상 4일째, 5일째, 혹은 6일째에 발생한다. 세 번째 열은 난수들을 각 확률값에 대응되도록 하는 직관적인 방법을 제공한다.

다행히 모터를 수리하는 데는 3일을 초과하지 않는다. 따라서 모터가 고장이 났을 때, 대체할 모터는 항상 준비되어 있다. 모터가 고장이 나면 그 날의 나머지 시간(필요하면 잔업 시

〈표 14-1〉 Heavy Duty사의 모터의 고장 확률분포와 해당 난수

사용일수	고장 확률	해당 난수
1, 2, 3	0	
4	0.25	0.0000~0.2499
5	0.5	0.2500~0.7499
6	0.25	0.7500~0.9999
7 혹은 그 이상	0	

간을 더해서) 동안은 고장 난 모터를 제거하고 예비 모터를 설치하여, 다음 날 아침에 기계는 다시 작동하게 된다. 각 교체 사이클replacement cycle(모터를 교체하기 시작한 순간부터 다음 교체가 있기 직전까지의 시간) 동안 들어가는 평균비용은 다음 표와 같다.

교체 사이클당 평균비용(고장 시 교체)	
모터의 교체	$ 2,000
교체로 인한 생산의 손실	$ 5,000
모터의 수리	$ 4,000
계	$ 11,000

Heavy Duty사의 관리자는 모터 교체 시점에 대한 정책을 고민하고 있다. 하나의 선택은 사후보전corrective maintenance으로 모터를 제거하고 교체하기 전에 고장 날 때까지 기다리는 것이다. 다른 하나는 예방보전preventive maintenance으로 고장 전에 모터를 교체하는 것이다. 후자에는 고장 전 조기 교체가 요구된다는 가정하에 3일 후 교체, 4일 후 교체 또는 5일 후 교체의 세 가지 상황이 있다. 아래에서 사후보전 옵션을 먼저 분석한 후 예방보전 옵션을 분석한다.

사후보전을 위한 컴퓨터 시뮬레이션 이용

반복해서 일어나는 모터의 교체로 인해 발생하는 비용의 1일 평균값, 즉 일일평균비용average daily cost이 얼마인가를 추정하기 위해서 컴퓨터 시뮬레이션을 이용할 수 있다. 이때 모의과정에서 언제 고장이 나는가를 결정하기 위해 난수를 사용한다. 〈표 14-1〉의 두 번째 열에 있는 확률에 의하면 난수의 25%는 4일째, 50%는 5일째, 나머지 25%는 6일째의 고장에 대응시키면 된다. 〈표 14-1〉의 맨 오른쪽 열은 이 대응 방법을 나타내고 있다.

엑셀은 난수와 해당 사건을 대응시켜주는 데에 편리한 VLOOKUP함수를 제공하고 있다. 〈그림 14-4〉는 이 함수의 사용 예를 보여주고 있다. 첫 번째 단계는 I, J, K열에 있는 표를 만드는 것이다. 여기서 K와 I열은 각각 〈표 14-1〉의 처음 두 열에 있는 것이다. J열은 K열에 있는 날(일수) 이전까지의 누적확률을 나타내고 있다. 따라서 J8=I7, J9=I7+I8이 된다. J7:K9셀 영역은 VLOOKUP함수를 위한 Lookup 표가 된다. 그림의 하단은 D열의 셀들에 VLOOKUP 명령어를 어떻게 입력하는지를 보여주고 있다. 이 함수에서 첫 번째 요소는 사용되는 난수가 같은 행의 C열에 있는 셀에 있음을 가리킨다. 두 번째 요소는 Lookup 표의 범위를 나타낸다. 세 번째 요소(2)는 D열의 각 셀에 들어가는 숫자로써 Lookup 표의 두 번째 열에 있는 수임을 나타낸다. Lookup 표의 두 번째 열에 있는 수의 선택은 난수가 이 표의 첫 번째 열의 어느 난수 범위에 해당하느냐에 따라 결정된다. 즉,

〈그림 14-4〉 Heavy Duty사의 모터 사후보전에 대한 컴퓨터 시뮬레이션을 위한 스프레드시트 모형

	A	B	C	D	E	F	G	H	I	J	K
1	Heavy Duty Company Corrective Maintenance Simulation										
2											
3			Random	Time since Last	Cumulative		Cumulative		Distribution of		
4		Breakdown	Number	Breakdown	Day	Cost	Cost		Time between Breakdowns		
5		1	0.7142	5	5	$11,000	$11,000				Number
6		2	0.4546	5	10	$11,000	$22,000		Probability	Cumulative	of Days
7		3	0.3142	5	15	$11,000	$33,000		0.25	0	4
8		4	0.1722	4	19	$11,000	$44,000		0.5	0.25	5
9		5	0.0932	4	23	$11,000	$55,000		0.25	0.75	6
10		6	0.3645	5	28	$11,000	$66,000				
11		7	0.1636	4	32	$11,000	$77,000		Breakdown Cost	$11,000	
12		8	0.7572	6	38	$11,000	$88,000				
13		9	0.3067	5	43	$11,000	$99,000				
14		10	0.9520	6	49	$11,000	$110,000				
30		26	0.8548	6	131	$11,000	$286,000				
31		27	0.7464	5	136	$11,000	$297,000				
32		28	0.9781	6	142	$11,000	$308,000				
33		29	0.6584	5	147	$11,000	$319,000		Average Cost per Day		
34		30	0.8829	6	153	$11,000	$330,000			$2,157	

	C	D	E	F	G
3	Random	Time Since Last	Cumulative		Cumulative
4	Number	Breakdown	Day	Cost	Cost
5	=RAND()	=VLOOKUP(@RandomNumber,$J$7:$K$9,2)	=@TimeSinceLastBreakdown	=BreakdownCost	=@Cost
6	=RAND()	=VLOOKUP(@RandomNumber,$J$7:$K$9,2)	=E5+@TimeSinceLastBreakdown	=BreakdownCost	=G5+@Cost
7	=RAND()	=VLOOKUP(@RandomNumber,$J$7:$K$9,2)	=E6+@TimeSinceLastBreakdown	=BreakdownCost	=G6+@Cost
8	:	:	:	:	:
9	:	:	:	:	:

Range Name	Cells
AverageCostPerDay	J34
Breakdown	B5:B34
BreakdownCost	J11
Cost	F5:F34
CumulativeCost	G5:G34
CumulativeDay	E5:E34
RandomNumber	C5:C34
TimeSinceLastBreakdown	D5:D34

	J
33	Average Cost per Day
34	=@CumulativeCost/@CumulativeDay

만약, $0 \le$ RAND() < 0.25이면 4일 선택

$0.25 \le$ RAND() < 0.75이면 5일 선택

$0.75 \le$ RAND() < 1이면 6일 선택

이것은 바로 〈표 14-1〉의 난수와 관련 사건 사이의 대응관계와 일치한다.

이와 같은 방법으로 〈그림 14-4〉의 D열에 30번의 모의된 고장을 생성하면 E, F, G열에는 각각 누적일수, 각 교체 사이클에 대한 추정된 비용, 해당 교체 사이클까지의 누적비용이 계산된다. 이번 시뮬레이션에서의 총사용일수(E34셀)는 153일이고, 누적비용(G34셀)은 330,000달러

이기 때문에, G36셀에 있는 일일평균비용은 다음과 같이 계산된다.

$$\text{일일평균비용} = \frac{330{,}000\text{달러}}{153\text{일}} = 2{,}157\text{달러}$$

예제 1과 비교

위의 컴퓨터 시뮬레이션을 동전 던지기 게임에 대한 시뮬레이션과 비교해보면 두 가지 흥미로운 차이점이 있다. 첫 번째 차이점은 동전 던지기 게임에서는 난수로부터 동전을 던져 나온 모의 결과를 생성하기 위해 엑셀의 IF함수를 사용하였지만(〈그림 14-1〉의 D열의 셀들에 입력된 함수를 다시 한 번 보라), 모터 교체 문제에서는 VLOOKUP함수를 사용하였다는 것이다. VLOOKUP함수는 동전 던지기에도 사용될 수 있지만, 그 경우에는 IF함수가 더 편리하다. 반대로 모터 교체 문제에서도 IF함수를 중첩하여 사용하면 되지만 VLOOKUP함수가 사실 더 편리하다. 일반적으로 두 가지 값만을 갖는 확률분포로부터 랜덤 관측치를 생성하기 위해서는 IF함수를 사용하는 것이 더 편리하고, 분포가 3개 이상의 서로 다른 값을 가질 때는 VLOOKUP함수가 더 편리하다.

두 번째 차이점은 두 컴퓨터 시뮬레이션의 반복을 기록하는 방법에 있다. 동전 던지기 게임에서는 한 번의 게임을 모의하는 데 〈그림 14-1〉에서 보여준 62개 행을 갖는 스프레드시트가 필요하다. 그러므로 여러 회의 반복 결과를 기록하기 위해서는 〈그림 14-2〉와 같이 한 줄에 각 반복의 결과를 요약하여 나타내는 데이터 표를 생성해야 한다. 그러나 모터 교체 문제에 있어서는 각 반복이 〈그림 14-4〉에 있는 원래 스프레드시트의 한 행에서 실시되고 기록되기 때문에 별도의 데이터 표가 필요 없다.

두 예제의 한 가지 유사점은 분석적인 결과를 얻을 수 있을 만큼 단순하게 만들었다는 점이다. 그렇게 함으로써 분석적인 결과와 시뮬레이션 결과를 비교할 수 있도록 한 것이다. 사실 Heavy Duty사의 모터 교체 문제에 대한 해는 분석적으로 바로 구할 수 있다. 〈표 14-1〉에 있는 확률을 사용하면 고장 날 때까지 평균사용일수는

$$\begin{aligned} E(\text{고장 날 때까지의 시간}) &= 0.25(4\text{일}) + 0.5(5\text{일}) + 0.25(6\text{일}) \\ &= 5\text{일} \end{aligned}$$

그러므로 일일비용의 기대치(통계적인 의미에서)는 다음과 같다.

$$E(\text{일일비용}) = \frac{11{,}000\text{달러}}{5\text{일}} = 2{,}200\text{달러/일}$$

컴퓨터 시뮬레이션에 의해 얻어진 일일평균비용 2,157달러(〈그림 14-4〉의 J34셀)는 참 기대치 2,200달러에 대한 추정치이다.

Heavy Duty사의 모터 교체 문제에 컴퓨터 시뮬레이션을 사용할 필요가 없다는 사실은

시뮬레이션이라는 기법의 함정을 말해주고 있다. 조금만 생각하고 분석하면 시뮬레이션보다 더 정확한 정보를 더 빨리 얻을 수 있는 경우에도 컴퓨터 시뮬레이션은 사용하기 쉽다는 이유로 성급하게 시뮬레이션을 사용하는 경향이 있다. 다른 경우로 컴퓨터 시뮬레이션을 적용하기 위한 사전 조사로서 간단한 분석적 모형을 가지고 분석을 시작하면 문제를 좀 더 정확하게 작성하여 상세한 분석을 하는 데에 필요한 많은 중요한 정보를 얻을 수 있다.

예방보전

지금까지는 모터가 고장 난 후에만 교체하고 수리하는 사후보전 정책을 가정하였다. 그러나 많은 회사는 예방보전 정책을 실시하고 있다. 이 정책은 계획된 일정에 따라 비록 고장이 나지 않았더라도 정해진 시점에 수리를 위해 모터를 제거하고 교체한다. 이렇게 하는 목적은 고장을 예방하기 위해 사전에 보전하는 것이다. 또한, 예방보전을 하여 기계를 사용하지 않는 편리한 시간에 검사(수리) 일정을 정하면 생산 손실도 발생하지 않는다. 예를 들면, 기계를 제거하거나 수리하는 데 추가 근무비용을 지불해서라도 일과 후에 실시하면 그 기계는 다음 날 아침에는 가동할 수 있게 된다. 한 가지 방법은 3일마다 검사(수리)를 실시하여 확실하게 고장을 예방하는 것이다. 다른 방법은 검사(수리)를 4일 혹은 5일 뒤에(그때까지 고장이 나지 않았다면) 실시하여 가까운 미래에 거의 확실히 발생할 고장으로 인한 생산 중단을 예방하는 것이다. 이러한 방법들을 평가하고 비교하기 위해서 분석적인 해를 구할 수 없을 때 컴퓨터 시뮬레이션을 사용할 수 있다.

3일 뒤에 수리를 위해 모터를 제거(교체)하는 방법을 고려하자. 이렇게 할 때마다 소요되는 평균비용은 다음과 같다.

교체 사이클당 평균비용(고장 전 교체)	
근무시간 후에 모터의 교체	$ 3,000
교체로 인한 생산의 손실	$ 0
고장 나기 전에 모터의 수리	$ 3,000
계	$ 6,000

3일마다 6,000달러의 비용이 발생하기 때문에 이 방법에 대한 일일비용의 기대치는

$$E(\text{일일비용}) = \frac{6{,}000\text{달러}}{3\text{일}} = 2{,}000\text{달러/일}$$

이다. 이 비용은 분석적으로 얻어지기 때문에 컴퓨터 시뮬레이션이 필요 없다.

이제 나머지 두 가지, 즉 아직 고장이 나지 않았다면 4일 혹은 5일 뒤에 제거(교체)하는 방법에 대하여 고려하자. 이 방법에 대한 기대비용은 분석적으로 구하기는 좀 어렵기 때문에 컴퓨터 시뮬레이션을 사용하자. 어느 경우든 교체 사이클당 평균비용은 교체가 고장 전에 실시

되는가, 아니면 고장 후에 실시되는가에 따라 달라진다. 앞의 설명에 따르면 평균비용 다음과 같다.

고장으로 시작되는 교체 사이클당 비용 = 11,000달러
고장 없이 시작되는 교체 사이클당 비용 = 6,000달러

〈그림 14-5〉는 4일 뒤에 모터를 교체하는 방법에 대한 컴퓨터 시뮬레이션 적용 결과를 나타내고 있다. D열(〈그림 14-5〉의 15~29행은 생략되었음)은 고장 전에 교체가 없을 경우 30개의 모터 각각이 고장 날 때까지의 시간을 나타내고 있다. 이 시간이 4(4일째 고장)인 경우는 교체 전에 고장 나는 모터에 해당한다. 이런 경우는 6, 9, 13, 14행과 생략된 행 중 5개 행에서 나타난다. 첫 번째 사이클은 5행에 나타난 것처럼 4일 뒤의 첫 모터의 교체로부터 시작된다. G열은 각 사이클의 종료시점에서의 누적일수를 나타내고 있다. F열은 각 사이클이 고장으로 종료되었는지, 고장을 예방하기 위한 교체로 종료되었는지를 나타내고, H열은 해당 비용을 나타내고 있다. I열은 이 비용의 누적치를 나타내고 있다. 30개의 사이클이 120일(G34셀) 동안 계속되고, 총비용은 225,000달러(I34셀)이기 때문에 시뮬레이션 결과로부터 4일 뒤에 모터를 교체하는 방법에 대한 일일기대비용(실제로 1,812달러)의 추정치인 일일평균비용은 다음과 같다.

$$\text{일일평균비용} = \frac{225{,}000\text{달러}}{120\text{일}} = 1{,}875\text{달러}$$

〈그림 14-6〉은 5일 뒤에 모터를 교체하는 방법에 대한 시뮬레이션 결과를 나타내고 있다. 만약 고장이 6일째에 난다면, 5일째에 교체가 이루어져 고장을 방지한다. 그런데 D열에 있는 시간이 대부분 4일 혹은 5일이기 때문에 사이클 중 대부분에서는 고장이 일어난다. 따라서 30개의 사이클이 120일보다 약간 긴 141일(G34셀) 동안 지속되었고, 이에 대한 총비용도 225,000달러보다 많은 300,000달러(I34셀)이다. 따라서 5일 뒤에 모터를 교체하는 방법에 대한 일일기대비용(실제 기대비용은 2,053달러)의 추정치는 다음과 같다.

$$\text{일일평균비용} = \frac{300{,}000\text{달러}}{141\text{일}} = 2{,}128\text{달러}$$

위 분석 결과에 의하면 비용을 최소화하기 위해서는 추정 일일기대비용이 1,875달러인 4일 뒤에 모터를 교체하는 방법을 선택해야 한다. 〈그림 14-5〉의 시뮬레이션에 의한 추정치가 실제 기대비용보다 63달러 과대 추정하고 있지만, 이 방법이 여전히 가장 적은 비용이 소요되는 방법이다.

실제로 시뮬레이션을 할 경우에는 비용에 대한 보다 정확한 추정치를 얻기 위해서 〈그림 14-4〉, 〈그림 14-5〉, 〈그림 14-6〉에서 보여준 것보다도 훨씬 오랫동안 시뮬레이션을 실행해야 한다. 또한, 실제 시뮬레이션에서는 일반적으로 고장이 난 날 어느 시각에 고장이 나는지까지 고려하여 생산 손실비용을 좀 더 정확히 계산할 수 있도록 보다 상세한 내용이 포함되어야 한다.

〈그림 14-5〉 Heavy Duty사의 모터 예방보전(4일 후 교체)에 대한 컴퓨터 시뮬레이션을 위한 스프레드시트 모형

	A	B	C	D	E	F	G	H	I	J	K	L	M
1	**Heavy Duty Company Preventive Maintenance Simulation (Replace after 4 Days)**												
2													
3			Random	Time until	Scheduled Time	Event That	Cumulative		Cumulative		**Distribution of**		
4		Cycle	Number	Breakdown	until Replacement	Concludes Cycle	Day	Cost	Cost		**Time between Breakdowns**		
5		1	0.7861	6	4	Replacement	4	$6,000	$6,000				Number
6		2	0.0679	4	4	Breakdown	8	$11,000	$17,000		Probability	Cumulative	of Days
7		3	0.9296	6	4	Replacement	12	$6,000	$23,000		0.25	0	4
8		4	0.4430	5	4	Replacement	16	$6,000	$29,000		0.5	0.25	5
9		5	0.1223	4	4	Breakdown	20	$11,000	$40,000		0.25	0.75	6
10		6	0.4530	5	4	Replacement	24	$6,000	$46,000				
11		7	0.3972	5	4	Replacement	28	$6,000	$52,000		Breakdown Cost	$11,000	
12		8	0.9289	6	4	Replacement	32	$6,000	$58,000		Replacement Cost	$6,000	
13		9	0.2195	4	4	Breakdown	36	$11,000	$69,000				
14		10	0.0706	4	4	Breakdown	40	$11,000	$80,000		Replace after	4	days
30		26	0.8720	6	4	Replacement	104	$6,000	$201,000				
31		27	0.8902	6	4	Replacement	108	$6,000	$207,000				
32		28	0.3839	5	4	Replacement	112	$6,000	$213,000				
33		29	0.7404	5	4	Replacement	116	$6,000	$219,000			Average Cost per Day	
34		30	0.7264	5	4	Replacement	120	$6,000	$225,000			$1,875	

	C	D	E	F
3	Random	Time until	Scheduled Time	Event That
4	Number	Breakdown	until Replacement	Concludes Cycle
5	=RAND()	=VLOOKUP(@RandomNumber,$L$7:$M$9,2)	=ReplaceAfter	=IF(@TimeUntilBreakdown<=@ScheduledTimeUntilReplacement,"Breakdown","Replacement")
6	=RAND()	=VLOOKUP(@RandomNumber,$L$7:$M$9,2)	=ReplaceAfter	=IF(@TimeUntilBreakdown<=@ScheduledTimeUntilReplacement,"Breakdown","Replacement")
7	=RAND()	=VLOOKUP(@RandomNumber,$L$7:$M$9,2)	=ReplaceAfter	=IF(@TimeUntilBreakdown<=@ScheduledTimeUntilReplacement,"Breakdown","Replacement")
8	:	:	:	:
9	:	:	:	:

Range Name	Cells
AverageCostPerDay	L34
BreakdownCost	L11
Cost	H5:H34
CumulativeCost	I5:I34
CumulativeDay	G5:G34
Cycle	B5:B34
Event	F5:F34
RandomNumber	C5:C34
ReplaceAfter	L14
ReplacementCost	L12
ScheduledTimeUntilReplacement	E5:E34
TimeUntilBreakdown	D5:D34

	G	H	I
3	Cumulative		Cumulative
4	Day	Cost	Cost
5	=MIN(D5,E5)	=IF(@Event="Breakdown",BreakdownCost,ReplacementCost)	=@Cost
6	=G5+MIN(D6,E6)	=IF(@Event="Breakdown",BreakdownCost,ReplacementCost)	=I5+@Cost
7	=G6+MIN(D7,E7)	=IF(@Event="Breakdown",BreakdownCost,ReplacementCost)	=I6+@Cost
8	:	:	:
9	:	:	:

	L
33	Average Cost per Day
34	=@CumulativeCost/@CumulativeDay

〈그림 14-6〉 Heavy Duty사의 모터 예방보전(5일 후 교체)에 대한 컴퓨터 시뮬레이션을 위한 스프레드시트 모형

	A	B	C	D	E	F	G	H	I	J	K	L	M
1	Heavy Duty Company Preventive Maintenance Simulation (Replace after 5 Days)												
2													
3			Random	Time until	Scheduled Time	Event That	Cumulative		Cumulative		Distribution of		
4		Cycle	Number	Breakdown	until Replacement	Concludes Cycle	Day	Cost	Cost		Time between Breakdowns		
5		1	0.0558	4	5	Breakdown	4	$11,000	$11,000				Number
6		2	0.0690	4	5	Breakdown	8	$11,000	$22,000		Probability	Cumulative	of Days
7		3	0.1889	4	5	Breakdown	12	$11,000	$33,000		0.25	0	4
8		4	0.9471	6	5	Replacement	17	$6,000	$39,000		0.5	0.25	5
9		5	0.9173	6	5	Replacement	22	$6,000	$45,000		0.25	0.75	6
10		6	0.3541	5	5	Breakdown	27	$11,000	$56,000				
11		7	0.7035	5	5	Breakdown	32	$11,000	$67,000		Breakdown Cost	$11,000	
12		8	0.0350	4	5	Breakdown	36	$11,000	$78,000		Replacement Cost	$6,000	
13		9	0.5755	5	5	Breakdown	41	$11,000	$89,000				
14		10	0.8910	6	5	Replacement	46	$6,000	$95,000		Replace after	5	days
30		26	0.7386	5	5	Breakdown	122	$11,000	$261,000				
31		27	0.2648	5	5	Breakdown	127	$11,000	$272,000				
32		28	0.6239	5	5	Breakdown	132	$11,000	$283,000				
33		29	0.9988	6	5	Replacement	137	$6,000	$289,000			Average Cost per Day	
34		30	0.0061	4	5	Breakdown	141	$11,000	$300,000			$2,128	

응용사례

기업식 농업 분야의 대표적인 글로벌 기업인 신젠타(Syngenta) AG는 스위스 바젤에 본사를 두고 있으며, 농약과 종자 부분에서 전 세계 시장을 보유하고 있지만 매출의 절반 이상이 신흥시장에서 발생하고 있다. 2017년에서 2020년 사이에 이루어진 여러 건의 인수를 통해 2020년에 신젠타 그룹이 설립되었으며, 설립 당시 그룹에는 약 49,000명의 직원이 있었고 연간 매출은 230억 달러였다. 농작물 보호와 종자는 신젠타 AG의 핵심 사업으로 계속 포함되어왔다.

세계 인구가 빠른 속도로 계속 증가함에 따라 향후 수십 년 동안 수십억 명의 사람이 더 많은 식량을 공급받아야 하지만 필요한 작물 생산량 증가에 필요한 가용한 물, 토지 및 에너지 자원은 더 부족해지고 있다. 세계 식량 안보 문제를 해결하기 위해 신젠타는 2013년 9월 Good Growth Plan을 발표하였다. 목표 중 하나는 더 많은 토지, 물 또는 기타 자원을 사용하지 않고 세계 주요 작물의 평균 생산성을 20% 높이는 것이다. 이러한 결정은 높은 영양가로 세계적으로 중요한 식품인 대두를 이용하여 이를 이루기 위해 진행 중인 프로젝트에 계속 집중하기로 한 결정으로 시작되었다.

신젠타 대두 연구 및 개발팀은 대두로 이 목표를 달성하기 위해서는 농부들이 에이커당 생산하는 대두의 품질과 양을 개선하기 위한 광범위한 게놈 연구 프로그램의 수행과 대두 종자에 대한 더 나은 육종 원칙을 개발해야 한다는 것을 알고 있었다. 이를 위해서는 새로운 대두 식물 품종을 개발하는 데 필요한 시간을 줄이는 동시에 대두 식물 품종의 개체군 내에서 유리한 형질의 빈도 증가가 요구된다.

대두 종자에 대한 게놈 연구 수행에는 교배 가능한 두 대두 품종(부모 품종)에 대한 다양한 결정과 일련의 세대를 통해 반복되는 진화를 관찰하는 것이 포함되며, 상당히 많은 수의 대안들이 고려되어야 한다. 실제 재식(planting)을 통해 이를 수행하는 것은 수년이 걸리는 거대한 프로젝트가 될 것이지만, 다행히도 예측 및 처방분석(predictive and prescriptive analytics)이 훨씬 더 나은 방법을 제공한다.

특별히 신젠타는 주어진 일련의 교배 결정에 대해 원하는 특성을 새로운 종자로 성공적으로 이전하는 비용, 시간 및 확률의 추정에 컴퓨터 시뮬레이션을 사용하였다. 많은 수의 시뮬레이션 실행을 통해 최상의 대두 육종 계획 결정에 시뮬레이션 최적화(15.8절의 주제)를 사용하였다.

이러한 결과로 신젠타는 2012년에서 2016년 사이에 2억 8,700만 달러 이상(연간 평균 5,700만 달러 이상)을 절감한 것으로 추정하고 있으며, 비슷한 규모의 절감은 이후에도 수년간 지속되었다. 또한, 이러한 경험은 신젠타 작물 플랫폼의 나머지 부분에 걸쳐 유사한 방법을 고객화하고 시작하기 위한 프로젝트 지침 수립에 활용되었다.

계속 증가하는 세계 인구를 보다 효과적으로 부양하기 위해 진행 중인 이 프로젝트에 대한 예측 및 처방분석의 중요한 기여를 이유로, 신젠타는 2015년에 고급 분석, 운용과학, 경영과학의 성과분야로 영예로운 1등상(현 프란츠 에델만상)을 수상하였다.

출처: J. Byrum, and 10 co-authors, "Advanced Analytics for Agricultural Product Development," *Interfaces* (현 *INFORMS Journal on Applied Analytics*) 46, no.1 (January–February 2016): 5–17. (이 사례에 대한 논문은 www.mhhe.com/Hillier7e에서 볼 수 있다.)

예제 1과 2에서는 난수를 사용하여 이산형 확률분포discrete probability distribution로부터 랜덤 관측치를 생성하였다. 많은 컴퓨터 시뮬레이션에서는 연속형 확률분포continuous probability distribution로부터 랜덤 관측치를 생성해야 한다. 다음은 이산형 혹은 연속형 확률분포로부터 랜덤 관측치를 생성하는 일반적인 방법에 대하여 설명한다.

확률분포로부터 랜덤 관측치의 생성

예제 1과 2는 모두 이산형 확률분포로부터 난수를 생성하였다. 예제 2에서 본 것과 같이 엑셀의 VLOOKUP함수는 임의의 이산형 분포를 따르는 난수를 생성하는 데 유용하게 사용된다.

그러나 많은 컴퓨터 시뮬레이션의 경우 연속형 확률분포로부터의 관측치를 생성해야 하는 경우가 많다. 이산형이거나 혹은 연속형 확률분포로부터 랜덤 관측치를 생성하기 위하여 **역변환법**inverse transformation method이라고 부르는 수리적 절차를 이용할 수 있다. 이 절차는 www.mhhe.com/Hillier7e에 있는 이 장의 보충 자료에 설명되어 있다.

그러나 비교적 복잡한 확률분포에 대해서는 역변환법을 적용하기가 어렵다. 그 한 예가 정규분포이다. 정규분포는 매우 중요한 분포이기 때문에 이 분포로부터 랜덤 관측치를 생성하기 위한 보다 편리하고 특별한 방법이 개발되어 있다. 엑셀에서는 다음 함수에 정규분포의 평균 μ와 표준편차 σ의 값을 대입하면 된다.

$$\text{NORMINV(RAND()}, \mu, \sigma)$$

다음 장에서는 두 가지 다른 중요한 연속형 분포 — 일양분포와 지수분포 — 로부터 랜덤 관측치를 어떻게 생성하는지를 설명한다.

다양한 확률분포로부터 랜덤 관측치를 바로 생성하기 위한 특수 함수를 포함하여 표준 엑셀 패키지에는 시뮬레이션 수행 능력을 강화하기 위한 여러 가지 엑셀 추가기능이 개발되어 있다. 예를 들어, 다음 장에서는 본 장에서 설명한 다른 기능들에 추가하여 Analytic Solver가 이러한 기능을 모두 수행할 수 있음을 보여줄 것이다. (이러한 기능을 가지고 있는 또 다른 추가기능인 Crystal Ball은 www.mhhe.com/Hillier7e에 있는 22장에 소개되어 있다.)

복습문제

1. 컴퓨터 시뮬레이션은 확률시스템의 운영을 어떻게 모의하는가?
2. 왜 컴퓨터 시뮬레이션은 상대적으로 비싼 방법인가?
3. 비용이 비교적 많이 드는 데도 불구하고 컴퓨터 시뮬레이션을 사용하는 경우는 언제인가?
4. 난수란 무엇인가? 난수는 어떤 목적으로 사용되는가?

14.2 사례연구: Herr Cutter의 이발소 (재논의)

13.1절에서 기본 대기행렬시스템의 예로써 Herr Cutter의 이발소를 소개하였다(대기행렬시스템이란 고객들이 대기행렬이라고 하는 줄에서 (때로는 기다린 후) 서버로부터 서비스를 받는 장소이다). 앞 장을 학습하지 않았어도 걱정하지 마라. 이 장은 13장에 대한 사전 지식을 필요로 하지 않으며 필요한 대기행렬시스템에 대한 정보는 주어질 것이다. Herr Cutter는 혼자서 이발소를 경영하고 있는 독일인 이발사이다. 그는 주중에 아침 8시에 영업을 시작한다. 손님은 시간당 평균 2명의 비율로 랜덤하게 도착하며 각 고객의 이발에는 20분이 소요된다. (다른 상세한 사항에 대하여 13.1절을 참조할 필요는 없다.)

사례연구는 아래 설명된 문제에 관한 것이다.

Herr Cutter가 직면한 의사결정

Herr Cutter는 약 25년 동안 같은 장소에서 이발소를 운영해오고 있다. 그의 부친은 자신처럼 아들이 의사가 되기를 원했다. 그러나 Herr Cutter는 아랑곳하지 않고 이발사의 길을 택했으며 지금까지 한 번도 자신의 결정을 후회하지 않았다. 그는 여유로운 작업 환경, 규칙적인 생활, 고객과의 대화 등을 즐기고 있다.

해가 지날수록 단골손님이 늘어났다. 그는 자신의 일에 긍지를 느끼고 있는 훌륭한 이발사이다. 사업이 번창함에 따라 손님들은 이발을 시작하기 전까지 자주 기다리게 되었다(때로는 30분 이상). 그러나 오래된 손님들은 기꺼이 기다린다.

이발소는 성장하는 도시에 있다. Herr Cutter는 사회 전반적으로 생활이 바빠짐에 따라 새로운 고객, 특히 오래 기다린 경험이 있는 고객이 다시 찾아오는 경우가 이전보다 감소한다는 것을 알았다. 그는 이것을 기다림에 대한 인내심의 부족 탓으로 돌렸다. 그러나 새로운 단골 고객을 많이 확보하고 있지 않기 때문에 그의 사업규모는 시간당 고객의 평균도착률이 2명 수준에서 정체되어 있었다.

그는 나이가 들어감에 따라 같이 일할 보조이발사 고용에 대해 점차 진지하게 고려하게 되었다. 그렇게 할 경우 보조이발사로 인해 고객의 대기시간을 상당히 줄일 수 있게 될 것이며, 어느 정도 고객이 늘어나서 사업규모가 확대되는 이점도 있을 것이다.

그러나 보조이발사를 고용하는 것을 주저하게 만드는 것은 그의 개인적인 수입 감소에 대한 두려움이다. 그는 은퇴를 대비해 많은 돈을 저축해야 할 필요가 있고, 현재의 줄어든 수입에서 더 이상의 감소를 감당할 수 없다. 그가 보조이발사에게 지급할 급여와 수수료를 감안할 때, 현재의 수입을 유지하기 위해서는 사업이 현재보다 거의 2배로 늘어나야 한다. 그는 사업이 그 정도로 성장할 수 있을지 의문이다.

그러나 이제 결정해야 할 시기가 다가왔다. 시내에 있는 친구인 동료 이발사가 은퇴를 하고 폐업을 하기로 결정하였다. 그는 여러 해 동안 한 명의 보조이발사와 함께 일했었는데 그를 고용해주도록 Herr Cutter에게 부탁하였다. 친구는 그를 적극적으로 추천하면서 보조이발사가 사업에 크게 도움이 된다고 강조하였다. 그래서 Herr Cutter는 그를 고용하는 모험을 택할 것인지에 대해 깊은 고민에 빠졌다.

다행히 그의 친구는 Herr Cutter에게 「The Barber's Journal」이라는 잡지에 실린 재미있는 최근의 논문을 보여주었다. 그 논문에는 최근의 고객들이 이발을 하기 전까지 얼마나 기다리려고 하는지에 대한 연구결과가 실려 있었다. 그 논문에서는 두 가지 경험적인 결론을 내리고 있었다.

첫 번째 경험법칙: 오랜 단골손님들이 많고 잘 운영되고 있는 이발소의 경우, 단골손님은 이발이 시작될 때까지 약 20분의 평균대기시간은 인내한다.

Herr Cutter는 이 사실이 그의 상황과 일치한다고 생각하였다. 그는 한 번도 고객의 대기시간을 추정하려고 시도하지는 않았지만, 평균 20분 정도라고 추측은 하고 있었다.

두 번째 경험법칙: 잘 운영되고 있는 이발소의 경우, 새로운 고객은 이발이 시작될 때까지 약 10분의 평균대기시간은 인내한다(그 이상 기다리게 되면 다음에는 다른 곳으로 가는 경향이 있다).

Herr Cutter는 이 결론 또한, 자신의 경험과 일치한다고 생각하였다.

두 번째 결론은 그가 의사결정을 하는 데 좋은 아이디어를 제공하였다. 보조이발사가 있으면 단골 고객의 평균대기시간이 10분 미만으로 줄게 될 것이다. 이러한 신속한 서비스로 점차 새로운 고객(폐업하는 이발소의 보조이발사 고객을 포함하여)을 끌어들이고 유지할 수 있게 될 것이다. 위의 두 번째 결론에 따르면 평균대기시간이 약 10분이 될 때까지 고객의 수가 증가하여 사업규모가 확대될 것이다. 그 시점에서 사업규모를 평가하면 가게 수입과 그의 몫이 얼마인지를 알게 될 것이다. 문제는 그가 이런 사업규모를 어떻게 추정하는지 그 방법을 모르고 있다는 데 있다.

Herr Cutter는 조카인 Fritz(경영학을 전공하는 대학생)에게 이 고민을 어떻게 풀어야 할 것인지 도움을 요청하였고, Fritz는 컴퓨터 시뮬레이션을 이용하면 된다고 하였다.

Fritz는 최근에 경영과학을 수강하였고, 삼촌의 이발소와 같은 대기행렬시스템을 시뮬레이션하기 위한 (www.mhhe.com/Hillier7e에 있는) Queueing Simulator 프로그램을 가지고 있다. Fritz는 이 프로그램이 컴퓨터 시뮬레이션을 위한 고가의 상업용 소프트웨어 패키지처럼 세련된 프로그램은 아니지만, 보조이발사가 있으면 사업규모가 어떨지를 어떻게 잘 추정할 수 있는가를 삼촌에게 설명하였다.

Fritz는 삼촌에게 관련 자료를 수집해야 하고 컴퓨터 시뮬레이션을 하기 위해서 시뮬레이션 모형을 개발해야 한다고 제의했다. 우선 현재의 평균대기시간을 추정하기 위해 운영 중인 이발소에 대해 시뮬레이션한다. 이 시뮬레이션 결과와 이발소에서 실제로 일어나는 것을 비교하는 것은 시뮬레이션 모형의 유효성을 알아보는 데 도움이 될 것이다. 필요하다면 실제 시스템을 좀 더 잘 나타낼 수 있도록 시뮬레이션 모형을 수정해야 한다. 이어서 보조자가 있는 경우의 이발소에 대해 시뮬레이션을 해야 한다. 보조자의 이발 속도는 Herr Cutter와 같다고 가정한다. 평균이 다른 여러 가지 도착간격시간의 분포에 대해 시뮬레이션을 실시하여 어느 것(사업규모)이 이발하기 전 평균대기시간을 10분이 되게 하는가를 결정하게 된다. Fritz는 삼촌에게 위의 계획대로 진행할 것인가를 물었는데 Herr Cutter는 그렇게 하라고 하였다.

이 절의 나머지 부분에서는 이 계획을 진행하는 것과 이런 시뮬레이션을 어떻게 수행하는지에 대해 설명한다. 다음 절에서는 실제 시뮬레이션의 결과와 Herr Cutter가 어떻게 해야 하는지에 대한 분석을 소개한다.

자료수집

다른 기본 대기행렬시스템과 마찬가지로, 이발소에서의 주요 사건은 서비스(이발)완료와 고객의 도착이다. 13.1절의 〈표 13-1〉은 어느 날 아침에 이들 사건들이 일어난 시간을 나타내고 있다. 〈그림 13-2〉는 〈표 13-1〉의 자료를 다른 형태인 시스템 내에 있는 고객 수로 그린 것이다.

현재의 운영 상태에서 이발소에 대한 다양한 성과척도를 추정하기 위하여 더 오랜 기간 동안 이발소를 관찰하여 자료 양을 확대할 수 있다. 그러나 이와 같은 자료를 얻는 데 몇 달 혹은 몇 년을 투입할 필요는 없다. 일단 준비가 되면 컴퓨터 시뮬레이션으로 장기간(원한다면 수년간)에 걸친 이발소의 운영을 몇 초 이내에 모의 수행할 수 있다. 그러나 시뮬레이션을 실행하려면 우선 약간의 자료를 수집해야 한다.

특히 시스템 내의 랜덤 사건(서비스 완료와 고객 도착)에 관련된 확률분포를 추정해야 한다. 이런 확률분포는 서비스시간(이발하는 데 걸린 시간)의 분포와 고객의 도착간격시간(연이은 도착 간의 시간간격)에 대한 분포이다.

Herr Cutter는 이발하는 데 걸리는 시간이 고객의 머리카락의 양, 원하는 헤어스타일 등에 따라 15분에서 25분 정도 걸린다는 것을 알고 있다. 또한, 15분과 25분 사이에 균일equally likely하게 분포하는 것으로 추정된다. 이것은 아래의 분포를 의미하는 것이다.

서비스시간에 대한 추정된 분포: 15분과 25분 사이의 일양분포

이발소의 고객은 랜덤도착을 하기 때문에 도착간격시간에 대한 분포는 13.1절에서 설명한 지수분포이어야 한다.

도착간격시간(연속된 도착들 간의 시간간격)에 대한 추정된 분포: 평균이 30분인 지수분포(13.1절 참조)

주어진 확률분포로부터 랜덤 관측치 생성

이발소 운영에 대한 컴퓨터 시뮬레이션을 실행하기 위해서는 위에서 정의한 분포로부터 일련의 랜덤 관측치를 생성해야 한다. 이때 일반적으로 난수가 사용된다. 그러나 이들 확률분

포는 연속형 분포이기 때문에, 예제 1과 예제 2에서 이산형 분포에 대해 설명한 방법(엑셀의 IF 함수와 VLOOKUP함수를 사용하는 방법)을 이용하기는 불편하다.

다행히도 15분과 25분 사이에 일양분포하는 하나의 관측치를 생성하는 것은 비교적 쉽다. 먼저 0과 1 사이에 일양분포하는 랜덤 관측치, 즉 0과 1 사이의 난수를 엑셀함수 RAND()를 사용하여 생성한다. 마찬가지로 10×RAND()는 0과 10 사이에 일양분포하는 난수를 생성한다. 그리고 이러한 랜덤 관측치에 15를 더하면 15와 25 사이에 일양분포를 하게 된다.

따라서 Herr Cutter의 이발소 운영에 대한 시뮬레이션 모형을 개발할 때 이와 같은 일양분포를 하는 랜덤 관측치를 필요로 하는 셀에 다음 식을 입력하면 된다.

$$= 15 + 10\times\text{RAND()}$$

하한값와 상한값이 15와 25가 아닌 다른 일양분포에 대해서는 15 대신에 그 하한치를, 10 대신에 양 극한값의 차이를 대입하면 된다. (이것은 역변환법inverse transformation method을 이용하여 확률분포로부터 랜덤 관측치를 어떻게 생성하는지를 보여주는 아주 단순한 예이다. 이 방법은 www.mhhe.com/Hillier7e에 있는 이 장의 보충 자료에 자세히 설명되어 있다.)

지수분포는 일양분포보다 더 복잡하지만, 평균이 30분인 지수분포(Herr Cutter 이발소에

응용사례

미국 연방항공청(FAA)은 국내 항공교통 관리 책임을 맡고 있다. 항공교통 관제사는 개별 항공기를 안전하게 다른 항공기와 분리되도록 유도한다. 또한, FAA는 각 공항에서 관리할 수 있는 수준으로 도착을 유지하고 악천후에 대비해 필요할 때 항로를 변경함으로써 항공기의 총합적 흐름을 통제한다. 날씨가 좋지 않거나 혼잡이 발생할 경우 교통 관제사는 어느 항공기를 지상에 대기시키고 이미 이륙한 어느 항공기의 항로를 변경할 것인지를 결정하곤 한다.

항공기 관제사에게 특별히 어려운 문제는 낙뢰를 동반한 폭풍의 광범위한 전선이 주요 항로를 막고 있을 때 발생한다. 이러한 광범위에 걸친 심각한 날씨로 인해 연간 운영비가 수백만 달러 증가하고 승객들의 불편이 증가함은 물론 항공사는 큰 손실을 입는다. 따라서 2005년 FAA는 이러한 상황에서 항공 관제사에게 보다 나은 운용 절차를 개발하기 위하여 경영과학팀에 의해 1년간에 걸친 시뮬레이션 연구를 의뢰하였다.

만들어진 시뮬레이션 모형은 FAA의 시설에 의해 통제되는 수백 혹은 수천대의 항공기가 상호 작용하는 매우 복잡한 모형이었다. 수개월 동안 이 모형은 전형적인 악천후에서 여러 가지 운용 절차를 시험하고 최적의 절차를 결정하는 데 사용되었다. 그 이후 이러한 결정들은 전산화된 의사결정지원시스템으로 구축되어 유사한 날씨 조건에서 관제사가 그들의 의사결정을 하는 데 사용되고 있다.

이러한 혁신으로 항공기 지연과 결항을 줄여 10~30억 달러의 운영비 절감을 가져온 것으로 추정된다. 또한, 승객에 대한 지연시간을 연간 100만 시간 이상 줄인 것으로 추정된다.

이러한 극적인 컴퓨터 시뮬레이션의 활용은 FAA가 2008년에 고급 분석, 운용과학, 경영과학의 성과 분야에서 현재 프란츠 에델만상으로 전 세계적인 6대 기업의 최종 후보에 오르는 영예로 이어졌다.

출처: V. P. Sud, M. Tanino. J.Wethery, M. Brennan, M. Lehky, K. Howard, and R. Oiesen. "Reducing Flight Delays through Better Traffic Management," *Interface* (현 *INFORMS Journal on Applied Analytics*) 39, no.1(January-February 2009), pp.35-45. (이 사례에 대한 논문은 www.mhhe.com/hillier7e에서 볼 수 있다.)

도착하는 고객의 도착간격시간 분포) 하는 랜덤 관측치를 생성하기 위하여 역시 엑셀함수를 사용할 수 있다. www.mhhe.com/Hillier7e에 있는 이 장의 보충 자료에는 엑셀함수 LN()을 사용하여 역변환법을 이용하는 방법이 설명되어 있다.

특히, 이 지수분포를 따르는 랜덤 관측치를 필요로 하는 스프레드시트 모형의 각 셀에 다음과 같은 엑셀식을 입력하면 된다.

$$= -30 \times \mathrm{LN(RAND())}$$

평균이 다른 지수분포에 대해서는 위 식에서 30 대신에 그 분포의 평균을 대입하면 된다.

Analytic Solve는 46가지의 확률분포를 따르는 랜덤값(또는 임의값)을 생성하는 함수를 포함하고 있다. Analytic Solver 리본의 Distribution 메뉴에서 분포를 선택하여 이 함수를 셀에 입력하면 분포의 매개변수를 특정지을 수 있는 대화상자가 열리고, 특정 분포를 따르는 하나의 임의값을 계산하는 함수가 셀에 입력된다. (여기서 논의된 두 개의 분포는 =@PsiUniform(15, 25)와 =@PsiExponential(30)이다). 다음 장에서 Analytic Solver에 대해 더 상세히 살펴볼 것이며, 이 장의 예제는 Analytic Solver 없이 할 수 있을 만큼 단순한 것들이다.

확률시스템에 대한 시뮬레이션 모형의 기본 구성요소

14.1절의 앞부분에서 하나 또는 그 이상의 확률분포들을 따르는 시간에 따라 변하는 시스템으로 확률시스템을 정의한 것을 기억하자. Herr Cutter의 이발소는 위에 언급한 두 개의 확률분포를 따르는 시간에 따라 진행되기 때문에 확률시스템이다.

컴퓨터 시뮬레이션은 확률시스템에 주로 적용된다. 복수의 확률분포가 관련된 본 사례는 컴퓨터 시뮬레이션이 흔히 적용되는 전형적인 확률시스템이 그러하듯이 매우 복잡하다. 이처럼 비교적 복잡한 시스템에 대한 시뮬레이션을 준비할 때는 체계적인 시뮬레이션 모형을 구축하는 것이 도움이 된다.

> **시뮬레이션 모형**simulation model이란 모의 실험할 시스템에 대해 시뮬레이션이 어떻게 수행되는가를 기술한 것이다.

확률시스템에 대한 전형적인 시뮬레이션 모형의 기본적인 구성요소는 다음과 같다.

1. 시스템의 구성 요소와 이들이 어떻게 운영되고 서로 관련되어 있는지에 대한 기술
2. 시뮬레이션 시계
3. 시스템 상태에 대한 정의
4. 시간의 경과와 함께 발생하는 (모의)사건을 랜덤하게 생성하는 방법
5. 사건이 발생할 때마다 시스템 상태를 변화시키는 방법

6. 시뮬레이션 시계의 시간을 진행시키는 방법

다음은 Herr Cutter 이발소 사례를 통하여 이들 각 구성요소에 대해 설명한다.

13.1절에서 설명한 것처럼 Herr Cutter의 이발소는 단일서버 대기행렬시스템의 기본적인 유형이다. 이 시스템의 구성요소component는 고객, 대기행렬 그리고 서버인 Herr Cutter이다(여기서 대기행렬은 이발하기 위해 기다리는 손님들을 의미한다). 서비스시간 및 도착간격시간에 대해 가정된 분포는 이 절의 앞부분에서 설명하였다.

일단 컴퓨터 시뮬레이션이 시작되면 모의되고 있는 시스템 내의 시간의 경과를 추적해야 한다. 시점 0에서 시뮬레이션이 시작된다고 하고,

$$t = \text{지금까지 경과한 모의시간}$$

이라고 하자. 컴퓨터 프로그램에서 변수 t가 바로 **시뮬레이션 시계**simulation clock이다. 프로그램은 시뮬레이션이 진행됨에 따라 지속적으로 이 변수의 값을 갱신한다. 최근의 성능 좋은 컴퓨터를 이용할 경우, 모의시간simulated time은 컴퓨터의 실행시간running time보다 수백만 배 빠르게 진행시킬 수 있다.

Herr Cutter 이발소의 경우 시뮬레이션 시계는 아침 8시에 영업을 시작한 후 지금까지 경과된 모의시간(분 단위로)을 기록한다. 정확한 시뮬레이션은 이발소에 대한 모의 운영이 여러 날 계속되는 경우 날마다 다시 새롭게 시작한다. 짧은 실행시간으로 수년간의 시스템 운영을 모의할 수 있다.

시스템의 현재 상태를 정의하는 주요 정보를 **시스템 상태**state of the system라고 한다. Herr Cutter 이발소의 경우 시스템 상태는 다음과 같다.

$$N(t) = \text{시점 } t\text{에 시스템 내에 있는 고객의 수}$$

시뮬레이션을 위한 컴퓨터 프로그램은 다른 성과척도(예를 들면, 고객의 대기시간)와 마찬가지로 시스템이 각 상태에서 머문 누적시간을 기록한다.

이발소와 같은 대기행렬시스템에서의 주요 사건은 고객의 도착과 서비스의 완료이다. 컴퓨터 시뮬레이션에서 도착간격시간의 분포와 서비스시간의 분포로부터 랜덤 관측치를 생성하여 어떻게 이들 사건을 랜덤하게 생성하는가에 대해 앞 절에서 설명하였다.

이 두 가지 사건은 시스템 상태를 변화시킨다. 상태를 변화(재설정)시키는 방법은 다음과 같다.

$$N(t) = \begin{cases} N(t)+1, \text{ 시점 } t\text{에 도착이 있으면} \\ N(t)-1, \text{ 시점 } t\text{에 서비스가 완료되면} \end{cases}$$

시뮬레이션 시계의 시간을 경과시키는 방법을 **다음-사건 시간진행**next-event time advance이라고

부른다.

다음-사건 시간진행 절차

1. 시뮬레이션 시계의 현재 시간 t와 다음에 발생할 수 있는 각 사건에 대해 발생시점까지의 시간을 관찰한다. 어느 사건이 가장 먼저 발생하는지 결정한다.
2. 시뮬레이션 시계의 시간을 가장 먼저 발생한 다음 사건의 발생시점으로 진행시킨다.
3. 이 사건으로 야기되는 새로운 시스템 상태를 결정하고, 이 상태에서 발생할 수 있는 모든 사건의 다음 발생시점까지의 시간을 랜덤하게 생성하여 시스템을 갱신한다. 또한, 시스템 성능에 관한 필요한 정보를 기록한다. 그 다음 앞의 단계 1로 되돌아간다.

이 절차는 컴퓨터 시뮬레이션이 종료될 때까지 계속된다.

컴퓨터 시뮬레이션 과정의 예

〈그림 14-7〉에 있는 엑셀 스프레드시트는 Herr Cutter의 이발소(보조이발사 없이)에 100명의 고객이 도착할 때까지의 운영에 대한 컴퓨터 시뮬레이션을 보여주고 있다. 각 고객에 대한 관련 자료는 스프레드시트의 각 행에 기록되어 있다(11~95번째 도착한 고객에 대한 행들은 숨겨져 있다). 모든 시간은 분 단위로 표시되어 있다. 그림 아랫부분의 수식에 나타나 있는 것처럼 C열과 F열에 표시되는 도착간격시간과 서비스시간에 대한 랜덤 관측치를 구하기 위해서 역변환법이 사용되었다. 이 두 가지 시간을 가지고 순서대로 각 고객에 대한 다른 관련 시간을 계산해 낼 수 있다. H열은 각 고객의 이발 시작 전까지의 대기시간을 나타내고, I열은 각 고객의 이발소 내에서의 총대기시간(이발시간을 포함한)을 나타내고 있다.

이 시뮬레이션에서는 다음-사건 시간진행 절차를 적용한다. 이 절차는 D와 G열에 기록되어 있는 두 가지 종류의 사건(고객의 도착과 서비스 완료)에 초점을 맞추어 시간 순서대로 이들 사건을 따라 진행된다. 시작시점에서는 t=0, $N(t)$=0(영업시작 시점에는 이발소 내에 고객이 아무도 없으므로)으로 놓는다. 고객이 아무도 없으면 서비스 완료는 일어날 수 없으므로, 다음에 일어날 수 있는 사건의 종류는 고객의 도착뿐이다. 따라서 시뮬레이션 시계의 시간은 t=0분에서 첫 번째 고객의 도착 시점인 t=0.5분(D16셀)으로 경과된다. 계속해서 시뮬레이션 시계의 시간은 t=22.3분(G16셀, 첫 번째 고객의 서비스완료)으로 진행되고, 다음은 t=46.0분(D17셀, 두 번째 고객의 도착)으로, 그리고 t=48.6분(D18셀, 세 번째 고객의 도착)으로, 또 t=50.1분(D19셀, 네 번째 고객의 도착)으로, 그 다음 t=67.9분(G17셀, 두 번째 고객의 서비스 완료)으로 시간순서대로 발생한 사건을 따라 계속 진행된다.

〈그림 14-8〉은 처음 100분 동안의 이 시스템의 상태(이발소 내에 있는 고객 수)의 변화를 보여주고 있다. 이 100분 동안 이발소에 있는 고객의 수는 0과 3 사이에서 변하는 것을 볼 수 있다.

〈그림 14-7〉 Herr Cutter 이발소의 운영(고객100명이 도착할 때까지)에 대한 컴퓨터 시뮬레이션

	A	B	C	D	E	F	G	H	I
1		**Herr Cutter's Barber Shop**							
2									
3				(exponential)					
4			Mean Interarrival Time	30	minutes				
5									
6				(uniform)					
7			Min Service Time	15	minutes				
8			Max Service Time	25	minutes				
9									
10			Average Time in Line (W_q)	12.8	minutes				
11			Average Time in System (W)	33.0	minutes				
12									
13				Time	Time		Time	Time	Time
14		Customer	Interarrival	of	Service	Service	Service	in	in
15		Arrival	Time	Arrival	Begins	Time	Ends	Line	System
16		1	0.5	0.5	0.5	21.9	22.3	0.0	21.9
17		2	45.6	46.0	46.0	21.9	67.9	0.0	21.9
18		3	2.6	48.6	67.9	20.8	88.8	19.4	40.2
19		4	1.5	50.1	88.8	18.9	107.7	38.7	57.6
20		5	27.6	77.7	107.7	17.2	124.9	30.0	47.2
21		6	29.2	106.9	124.9	16.3	141.2	18.0	34.3
22		7	18.6	125.5	141.2	24.6	165.8	15.7	40.3
23		8	21.8	147.4	165.8	22.7	188.6	18.5	41.2
24		9	7.4	154.8	188.6	24.3	212.9	33.8	58.1
25		10	12.1	166.9	212.9	18.4	231.3	46.0	64.4
111		96	48.8	3,132.8	3,132.8	22.2	3,155.0	0.0	22.2
112		97	12.3	3,145.1	3,155.0	25.0	3,180.0	9.9	34.9
113		98	82.7	3,227.7	3,227.7	19.0	3,246.7	0.0	19.0
114		99	4.0	3,231.8	3,246.7	20.1	3,266.8	14.9	35.0
115		100	85.2	3,317.0	3,317.0	19.5	3,336.5	0.0	19.5

Range Name	Cells
AverageTimeInLine	D10
AverageTimeInSystem	D11
InterarrivalTime	C16:C115
MaxServiceTime	D8
MeanInterarrivalTime	D4
MinServiceTime	D7
ServiceTime	F16:F115
TimeInLine	H16:H115
TimeInSystem	I16:I115
TimeOfArrival	D16:D115
TimeServiceBegins	E16:E115
TimeServiceEnds	G16:G115

	C	D
10	Average Time in Line (W_q)	=AVERAGE(TimeInLine)
11	Average Time in System (W)	=AVERAGE(TimeInSystem)

	C	D	E	F
13		Time	Time	
14	Interarrival	of	Service	Service
15	Time	Arrival	Begins	Time
16	=-MeanInterarrivalTime*LN(RAND())	=@InterarrivalTime	=@TimeOfArrival	=MinServiceTime+(MaxServiceTime-MinServiceTime)*RAND()
17	=-MeanInterarrivalTime*LN(RAND())	=D16+@InterarrivalTime	=MAX(G16,D17)	=MinServiceTime+(MaxServiceTime-MinServiceTime)*RAND()
18	=-MeanInterarrivalTime*LN(RAND())	=D17+@InterarrivalTime	=MAX(G17,D18)	=MinServiceTime+(MaxServiceTime-MinServiceTime)*RAND()
19	:	:	:	:
20	:	:	:	:

	G	H	I
13	Time	Time	Time
14	Service	in	in
15	Ends	Line	System
16	=@TimeServiceBegins+@ServiceTime	=@TimeServiceBegins-@TimeOfArrival	=@TimeServiceEnds-@TimeOfArrival
17	=@TimeServiceBegins+@ServiceTime	=@TimeServiceBegins-@TimeOfArrival	=@TimeServiceEnds-@TimeOfArrival
18	=@TimeServiceBegins+@ServiceTime	=@TimeServiceBegins-@TimeOfArrival	=@TimeServiceEnds-@TimeOfArrival
19	:	:	:
20	:	:	:

〈그림 14-8〉 Herr Cutter 이발소 내의 고객 수 변화(〈그림 14-7〉의 컴퓨터 시뮬레이션에서 처음 100분 동안 수행한 결과)

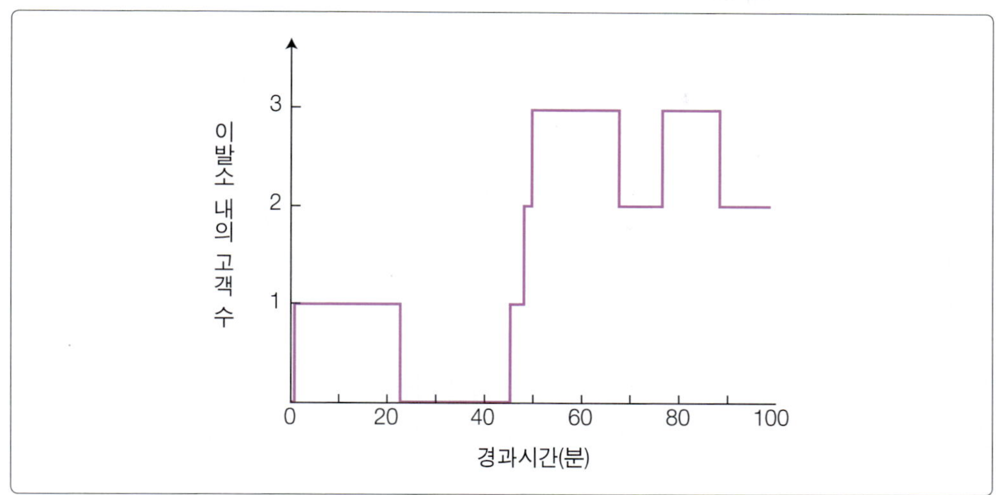

성과척도의 추정

시스템에 대해 컴퓨터 시뮬레이션을 실시하는 목적은 시스템의 성과척도를 추정하기 위한 것이다. Herr cutter 이발소에 있어서 가장 중요한 성과척도는 이발을 시작하기 전까지의 고객의 평균대기시간이다. H열에 있는 모든 대기시간을 평균하면 평균대기시간에 대한 추정치 12.8분(D10셀)을 얻는다. 마찬가지로, D11셀의 값은 I열의 값들을 평균한 것으로, 이발시간(서비스시간)까지 포함한 이발소 내에서의 평균대기시간에 대한 추정치는 33.0분이다(13장에서 대기행렬 모형을 설명하며 소개한 기호 중 W_q와 W가 각각 이들 평균대기시간을 나타낸다).

이 시뮬레이션으로 여러 가지 다른 성과척도도 추정할 수 있다. 예를 들면, 고객이 이발 시작 전까지 20분 이상을 기다려야 할 확률은 H열에서 20보다 큰 값을 갖는 고객의 비율로 추정할 수 있다. 시스템 내(이발 중인 고객 포함)에 있는 평균 고객 수에 대한 추정치는 I열에 있는 시간들을 합한 후 총 시뮬레이션 시간으로 나누어 추정한다. 마찬가지로 이발을 기다리는 대기중인 평균 고객 수는 H열의 시간들을 합한 후 총 시뮬레이션 시간으로 나누어 추정한다.

시스템 내에 있는 고객 수에 대한 확률분포도 알아볼 필요가 있다. 〈그림 14-8〉에 나타난 것과 같이 특정 수의 고객이 시스템 내에 있을 확률은 시스템이 그 상태(시스템 내에 특정 수의 고객이 있는 상태)에 머무른 시간의 비율로 추정할 수 있다.

〈그림 14-7〉에 나타낸 시뮬레이션은 매우 짧은 시간 동안 실시한 것이기 때문에 성과척도에 대한 정확한 추정치를 제공하지는 못한다. 보다 정확한 추정치를 얻기 위해서는 컴퓨터 시뮬레이션으로 수년 동안의 모의 운영을 실시해야 한다. 이에 대해서는 다음 절에서 설명하기로 한다.

보조이발사를 채용한 경우에 대한 시뮬레이션

〈그림 14-7〉과 〈그림 14-8〉은 보조이발사 없이 운영되고 있는 현재의 이발소 운영에 대한 시뮬레이션을 보여주고 있다. 보조이발사가 있는 이발소에 대한 절차도 많은 면에서 동일하다. 각 도착시점(혹은 영업 시작시점)마다 다음 도착간격시간을 랜덤하게 생성해야 하고, 마찬가지로 고객이 서비스를 받기 시작할 때마다 서비스시간을 랜덤하게 생성해야 한다.

유일한 차이점은 다음-사건 시간진행 절차에서 어떤 사건이 다음에 발생하는가를 결정할 때이다. 다음에 발생 가능한 사건으로는 두 가지가 아니라 여기서는 아래와 같이 세 가지가 있다.

1. Herr Cutter가 이발을 완료하여 발생하는 고객의 떠남
2. 보조이발사가 이발을 완료하여 발생하는 고객의 떠남
3. 고객의 도착

그러나 이러한 두 가지 떠남 각각에 대해 다음 떠남이 발생할 때까지의 시간을 별도로 추적하는 것 이외는 보조이발사가 없는 경우의 시뮬레이션과 기본적으로 동일하게 진행된다.

다음 절은 보조이발사가 있는 경우와 없는 경우의 이발소 운영에 대해 컴퓨터 시뮬레이션의 수행시간을 길게 하여 진행한 결과를 보여준다.

복습문제

1. Herr Cutter가 직면한 의사결정은 무엇인가?
2. 이 의사결정에 도움이 되는 두 가지 경험적인 결론은 무엇인가?
3. 이 사례연구에 컴퓨터 시뮬레이션을 적용하려면 어떤 확률분포를 추정해야 하는가?
4. 시뮬레이션 시계란 무엇인가?
5. 시뮬레이션 시계에 시간을 진행시키는 주요 절차(방법)의 이름은 무엇인가?
6. Herr Cutter 이발소에 있어서 시스템 상태란 무엇인가?
7. Herr Cutter 이발소에 대한 시뮬레이션에 있어서 보조이발사가 있는 경우와 없는 경우에 대한 기본적인 차이는 무엇인가?

14.3 사례연구 분석

앞 절에서 Herr Cutter가 직면한 의사결정은 그와 함께 일할 보조이발사를 고용할 것인가 고용하지 않을 것인가에 관한 것이었다. 중요한 것은 보조이발사를 고용할 경우 적어도 현재의 수입을 유지할 수 있는가였다.

재무적 요소

이 의사결정 문제를 다루기 위한 주요 재무적 요소는 다음과 같다.

이발료 수입 = 15달러/인
평균 팁 = 2달러/인
이발소 유지비용 = 50달러/영업일(보조이발사에 관계없이)
보조이발사의 급료 = 120달러/근무일
보조이발사의 수당 = 5달러/보조이발사가 담당한 고객 1인

보조이발사는 급료 및 수당과 함께 자신의 팁을 가진다. 그 외의 수익은 Herr Cutter의 몫이다.

이발소는 오전 8시에 영업을 시작해서 오후 5시에 문을 닫고 새로운 고객은 받지 않는다. 따라서 이 이발소는 9시간 동안 고객을 받아들인다. Herr Cutter와 보조이발사는 대기중인 고객이 없을 때 도시락을 먹거나 휴식을 취한다. 따라서 정해진 9시간 동안은 이발하기를 원하는 고객은 언제나 이발소에 들어올 수 있다.

보조이발사가 없는 경우에 대한 분석

앞 절에서 설명한 것과 같이 도착간격시간의 평균은 30분이다. 따라서 Herr Cutter 이발소에는 시간당 평균 2명, 즉 하루에 평균 18명의 고객이 도착한다. 그러므로 이발소 유지비용을 빼면 하루 평균 순수입은

1일 순수입 = (15달러 + 2달러) × (18명) − 50달러
= 306달러 − 50달러
= 256달러

Herr Cutter의 조카 Fritz는 www.mhhe.com/Hillier7e에 있는 Queueing Simulator를 사용하여 이발소에 대한 컴퓨터 시뮬레이션을 수행함으로써 이 의사결정 문제를 분석한다. Queueing Simulator는 여러 가지 대기행렬시스템에 대해 장시간의 시뮬레이션을 효율적으로 실행할 수 있도록 설계되어 있다. 이것은 기본적으로는 〈그림 14-7〉에 나타낸 것과 같은 방식으로 수행되지만, 다음에 설명하는 바와 같이 보다 다양한 형태의 시스템에 적용할 수 있는 유연성이 있고 훨씬 더 많은 결과값을 얻을 수 있다.

Queueing Simulator의 특징

1. 13.1절에서 설명한 기본 대기행렬시스템의 여러 유형에 대해 컴퓨터 시뮬레이션을 수행할 수 있다.
2. 서버의 수는 최대 25까지 가능하다.

3. 도착간격시간이나 서비스시간에 대한 확률분포로 다음의 확률분포들을 사용할 수 있다.
   a. 확정적 시간 (일명 degenerate distribution)
   b. 지수분포 (13.1절과 14.2절에서 설명됨)
   c. 변형 지수분포 (확정적 시간 + 지수분포의 시간)
   d. 일양분포
   e. 얼랑분포 (13.1절에서 설명됨)
4. 13.3절에서 설명한 다음과 같은 주요 성과척도들에 대한 추정치를 제공한다. 즉,
   L = (서비스를 받고 있는 고객을 포함한) 시스템 내 고객 수의 기대치
   L_q = (서비스를 받고 있는 고객을 제외한) 대기행렬 내 고객 수의 기대치
   W = 고객의 시스템 내에서의 대기시간(서비스시간을 포함)의 기대치
   W_q = 고객의 대기행렬 내에서의 대기시간(서비스시간을 제외)의 기대치
   P_n = 시스템 내에 n명의 고객이 있을 확률(n=0, 1, 2, ⋯, 10)

Fritz는 14.2절에서 보여준 자신의 시뮬레이션 모형에 대한 유효성을 검증해보기 위해서 먼저 현재의 이발소 운영 방식에 대해 시뮬레이션을 시행한다. 이미 〈그림 14-7〉에서 대략 1주일간(100명의 고객이 도착하려면 대략 1주일 정도 소요됨)의 모의운영에 대한 시뮬레이션을 실시하였다. 이제 수년간(10만 명의 고객 도착)의 운영을 모의하려고 한다.

〈그림 14-9〉는 Fritz가 컴퓨터 시뮬레이션을 통하여 얻은 결과를 보여주고 있다. 독자 여러분은 대기행렬 시뮬레이터를 이용하여 이 시뮬레이션을 다시 실행해볼 수 있다. 시뮬레이션을 다시 실행하면 다른 난수를 이용하게 되어 결과가 약간 다르게 나오지만, 거의 비슷한 결과를 얻게 된다.

E열에 있는 성과척도들은 13.3절에서 임의의 대기행렬시스템에 대하여 정의된 것들과 동일하다. F열의 값은 성과척도들에 대한 **점추정치**point estimate로서, 이 시뮬레이션 실행으로부터 얻은 가장 좋은 하나의 추정치이다. 통계이론을 이용하여 G와 H열에는 각 성과척도에 대한 95% **신뢰구간**confidence interval을 제시하고 있다. 따라서 성과척도에 대한 참값이 이 구간에 있을 확률이 95%이다. 상당히 긴 시간 동안(10만 명 도착) 시뮬레이션을 실행하였기 때문에 신뢰구간의 간격이 매우 좁다.

시뮬레이션 모형의 타당성 검증

컴퓨터 시뮬레이션을 이용하는 연구를 시작할 때, 우선 분석적 결과를 얻을 수 있는 단순화한 시스템에 대해 시뮬레이션 모형을 실행해보는 것이 좋다. 그렇게 하면 시뮬레이션 결과와 분석적 결과를 비교하여 시뮬레이션 모형의 타당성에 대한 검증을 할 수가 있다.

13.5절에서 소개한 $M/G/1$ 대기행렬 모형을 이용하면 〈그림 14-9〉에서 가정한 것과 동일한

〈그림 14-9〉 www.mhhe.com/Hillier7e에 있는 이 장의 엑셀 파일 중 하나인 Queueing Simulator를 이용하여 보조이발사가 없는 Herr Cutter 이발소에 대해 10만 명의 고객이 도착하는 동안 실시한 시뮬레이션 결과

	A	B	C	D	E	F	G	H
1	Queueing Simulator for Herr Cutter's Barber Shop							
2								
3		Number of Servers	1			Point	95% Confidence Interval	
4						Estimate	Low	High
5		**Interarrival Times**			$L =$	1.358	1.332	1.385
6		Distribution	Exponential		$L_q =$	0.689	0.666	0.712
7		Mean	30		$W =$	40.582	39.983	41.180
8					$W_q =$	20.577	19.980	21.174
9								
10		**Service Times**			$P_0 =$	0.330	0.326	0.335
11		Distribution	Uniform		$P_1 =$	0.310	0.307	0.313
12		Minimum	15		$P_2 =$	0.183	0.180	0.185
13		Maximum	25		$P_3 =$	0.0942	0.0920	0.0963
14					$P_4 =$	0.0451	0.0433	0.0469
15		**Length of Simulation Run**			$P_5 =$	0.0206	0.0192	0.0220
16		Number of Arrivals	100,000		$P_6 =$	0.00950	0.00849	0.0105
17					$P_7 =$	0.00432	0.00360	0.00503
18					$P_8 =$	0.00219	0.00163	0.00274
19		Run Simulation			$P_9 =$	0.000876	0.000540	0.00121
20					$P_{10} =$	0.000372	0.000165	0.000579

대기행렬시스템에 대해 어느 정도 정확한 분석적 결과를 얻을 수 있다. 이 대기행렬 모형은 4개의 매개변수를 사용하고 있다.

λ = 평균도착률 = 1/30 고객/분

μ = 평균서비스율 = 1/20 고객/분

$$\rho = \frac{\lambda}{\mu} = \frac{1/30}{1/20} = \frac{1}{3}$$

σ = 서비스시간 분포의 표준편차

0과 1 사이의 일양분포에 대한 표준편차는 $1/\sqrt{12}$이기 때문에, 15와 25 사이에 일양분포하는 서비스시간의 분포의 표준편차는 다음과 같다.

$$\sigma = \frac{10}{\sqrt{12}} = 2.887$$

www.mhhe.com/Hillier7e의 13장에 있는 $M/G/1$ 모형에 대한 엑셀 템플릿에 위의 λ, $1/\mu$, σ 값을 입력하면 〈그림 14-10〉에 있는 결과를 얻는다. 이렇게 얻은 성과척도에 대한 분석적인 값들이 〈그림 14-9〉에 제시된 95% 신뢰구간 안에 포함되어 있는 것으로 확인되고 있다. 이것은 시

〈그림 14-10〉 모형에 대하여 엑셀 템플릿을 이용하여 구한 보조이발사가 없는 Herr Cutter 이발소의 기본적인 성과척도

	A	B	C	D	E	F	G
1	**Analytical *M/G/1* Queueing Results for Herr Cutter**						
2							
3			**Data**				**Results**
4		λ =	0.0333	(Mean arrival rate)		L =	1.344
5		$1/\mu$ =	20	(Expected service time)		L_q=	0.678
6		σ =	2.887	(Standard deviation)			
7		s =	1	(# servers)		W =	40.356
8						W_q=	20.356
9							
10						ρ =	0.666
11							
12						P_0 =	0.334

Range Name	Cell
L	G4
Lambda	C4
L_q	G5
OneOverMu	C5
Rho	G10
s	C7
Sigma	C6
W	G7
W_q	G8

	F	G
4	L =	=L_q+Rho
5	L_q=	=((Lambda^2)*(Sigma^2)+(Rho^2))/(2*(1-Rho))
6		
7	W =	=W_q +OneOverMu
8	W_q=	=L_q /Lambda
9		
10	ρ =	=Lambda*OneOverMu
11		
12	P_0 =	=1-Rho

뮬레이션 모형과 컴퓨터 시뮬레이션이 의도대로 운용되고 있다는 것을 의미한다.

시뮬레이션 모형의 타당성을 좀 더 확인하기 위해, Fritz는 〈그림 14-9〉의 F열의 값들을 Herr Cutter에게 보여주고 그가 이발소를 운영하며 경험한 것과 일치하는 것으로 볼 수 있느냐고 물었다. Herr Cutter는 이와 관련한 자료를 기록 유지해오지는 않았지만 값들이 상당히 정확하다는 느낌을 받았다. 또한, Herr Cutter는 이발하기 전까지 기다리는 시간의 평균이 약 20분이라는 것은 The Barber's Journal에 게재된 논문의 첫 번째 경험적 결론과 일치한다는 것도 발견하였다.

그러나 보조이발사가 있는 Herr Cutter 이발소에 해당하는 2인 서버 대기행렬 모형(*M/G/2*)에 대해서는 이용 가능한 유용한 분석적 결과가 없다(13장에서 설명한 복수서버 대기행렬 모형은 이 이발소의 서비스시간 분포에 유사한 것이 없다). 따라서 보조이발사가 있는 이발소가 어떻게 운영되는가에 대한 좋은 추정치를 구하기 위해서는 컴퓨터 시뮬레이션을 이용해야 한다. Fritz는 자신의 시뮬레이션 모형에 대해 위에서와 같이 타당성을 검증한 후 모형이 좋은 추정치를 제공할 것으로 확신하게 되었다.

Fritz는 시뮬레이션 모형(대기행렬 모형과 같은)이 다음과 같은 두 가지 단순화 가정을 하고 있으므로, 자신의 모형은 이발소가 실제 운영되는 것에 대한 근사 모형일 뿐이라는 것을 알고 있다.

단순화 가정

1. 시스템(이발소)은 무한대기행렬infinite queue을 가진다. 따라서 도착하는 고객은 대기하고 있는 고객 수에 관계없이 항상 이발소에 들어온다고 가정한다(실제로는 3명의 고객이 이미 대기하고 있으면 도착고객은 들어오지 않고 되돌아간다. 따라서 현재는 대기 고객용으로 3개의 의자만 준비하고 있다).
2. 일단 영업을 시작하면 개점과 폐점을 반복하지 않고 계속해서 영업한다고 가정한다(실제로는 오후 5시에 폐점하고 다음 날 아침 8시에 개점하는 것을 반복한다).

첫 번째 가정에 의한 영향을 평가하기 위해서, Fritz는 〈그림 14-9〉에 있는 결과로부터 다음 사실을 발견하였다.

$$
\begin{aligned}
P_0 + P_1 + P_2 + P_3 + P_4 &= 0.330 + 0.310 + 0.183 + 0.094 + 0.045 \\
&= 0.962
\end{aligned}
$$

따라서 시뮬레이션 실행의 결과 이발소에 있는 고객이 4명을 초과하는 경우는 전체 시간의 4%가 조금 안 되는 정도의 시간에 불과하다. 많지는 않지만 최대치 4를 초과하는 것에 대한 영향으로 L, L_q, W, W_q의 추정치가 참값보다 약간 크게 나타난다. 따라서 〈그림 14-9〉에 있는 숫자들은(지나치게 낙관적인 것보다는 좋은) 보수적인 추정치이다. 만약에 보조이발사를 고용한다면 Herr Cutter는 대기용 의자를 3개 추가로 준비할 것이다. 또한, 이 경우 이발 전 대기시간이 줄어들기 때문에 들어오지 못하는 고객은 거의 없을 것이다. 그러므로 보조이발사가 있는 이발소에 대한 시뮬레이션을 하는 경우 첫 번째 단순화 가정은 타당해보인다.

두 번째 단순화 가정에 의한 영향으로 역시 L, L_q, W, W_q의 추정치가 참값보다 약간 크게 나타난다. 그 이유는 실제 이발소는 매일 아침 반복적으로 고객이 없는 상태로 시작해서 점차 안정상태steady-state condition로 접어들지만, 시뮬레이션 모형에서는 시뮬레이션 실행 초기를 제외하고는 항상 안정상태에서 운영 중인 이발소가 되기 때문이다. 다행히 보조이발사를 고용하면 이발소에 있는 고객의 수는 안정상태에서도 아주 적은 수준까지 줄어든 상태를 유지할 수 있게 된다. 그 결과 아침 일찍부터 빨리 안정상태에 도달하게 된다. 따라서 보조이발사가 있는 이발소를 모의하는 데에 있어서 이 가정으로 인해 발생하는 추정오차는 상당히 작을 것이다.

좀 더 비싼 컴퓨터 시뮬레이션 패키지를 구입하고 좀 더 많은 준비시간을 들이면 이와 같은 두 가지 단순화 가정을 하지 않으면서 이발소의 운영을 실제와 좀 더 유사하게 모의할 수 있다. 컴퓨터 시뮬레이션의 주요 장점은 실제 현상의 특징을 원하는 만큼 모형에 반영할 수 있다는 것이다.

그러나 다른 경영과학 기법을 위한 수리 모형과 마찬가지로 시뮬레이션 모형의 현실성 반영 정도와 시뮬레이션 모형의 이용 용이성 사이에는 항상 상충관계[trade-off]가 존재한다. 시뮬레이션 모형은 실제 시스템을 완벽하게 있는 그대로 묘사할 필요는 없다. 많은 시뮬레이션 모형은 지나치게 이상적이기보다는 지나치게 사실적으로 치우치는 경향이 있다. 지나치게 사실적인 모형은 시뮬레이션 실행으로부터 얻어지는 추정치에 별다른 영향을 미치지 않는 중요하지 않은 세부 항목까지도 포함하게 된다. 이와 같은 모형은 흔히 오류를 찾기가 매우 어렵고, 완벽하게 오류를 수정하지 못하는 수도 있다. 또한, 작은 정보를 얻는 데도 많은 양의 프로그램을 작성해야 하고, 긴 컴퓨터 실행시간을 요구하게 된다. 목표는 관리자가 적시에 정확한 의사결정을 할 수 있을 정도의 정보를 얻기 위해 시스템의 중요 현상(특징)들만 모형에 반영하는 것이다.

Fritz는 현재 자신의 모형이 이러한 목표에 부합한다고 생각했다.

보조이발사를 고용하는 안에 대한 분석

Herr Cutter와 조카 Fritz는 보조이발사의 서비스시간 분포는 Herr Cutter와 같은 것으로 가정했다. 14.2절에 주어진 두 번째 경험적 결론에 근거하여, 보조이발사를 고용하면 (1) 이발 시작 전의 평균대기시간이 10분 미만으로 줄고, (2) 그 후 평균대기시간이 약 10분에 도달할 때까지 점진적으로 새로운 고객이 늘어날 것으로 가정한다. 사업의 규모(하루 평균 고객 수)는 도착간격시간에 대한 확률분포의 평균으로 결정한다. 그러므로 평균 대기시간이 약 10분이 되는 평균 도착간격시간을 구하기 위해서 도착간격시간의 평균값을 바꾸어가며 여러 번 컴퓨터 시뮬레이션을 실시한다. 해당 사업규모가 얻어지면, 다음으로 재무적인 분석을 실시한다.

도착간격시간 분포에 대한 현재(보조이발사를 고용하지 않은 상태)의 평균은 30분이다. 따라서 Fritz는 Queueing Simulator를 이용하여 〈표 14-2〉의 첫 번째 열에 있는 여러 평균값에 대

〈표 14-2〉 Queueing Simulator를 이용하여 평균도착간격시간을 달리하면서 보조이발사를 고용한 Herr Cutter 이발소에 1만 명의 고객이 도착하는 동안 실시한 시뮬레이션 결과로 얻은 *Wq*에 대한 추정치

평균도착간격시간	W_q의 점 추정치	W_q에 대한 95% 신뢰구간
20분	3.33분	3.05 ~ 3.61분
15분	8.10분	6.98 ~ 9.22분
14분	10.80분	9.51 ~ 12.08분
14.2분	9.83분	8.83 ~ 10.84분
14.3분	9.91분	8.76 ~ 11.05분

해서 반복적으로 시뮬레이션을 실시하였다. 평균의 참값 근처로 빨리 도달하기 위해서 모의운영시간을 각 10,000명의 도착(약 6개월간의 모의 운영)으로 줄여 시뮬레이션을 하였다. 두 번째 열에 있는 W_q에 대한 점 추정치는 10분인 W_q의 참값이 되는 평균도착간격시간은 14.3분에 근사한 값이라는 것을 나타내고 있다. 맨 오른쪽 열에 있는 W_q에 대한 95% 신뢰구간을 보면 이 도착간격시간의 평균이 거의 14.3분을 중심으로 0.5분 이내에 있을 것임을 암시하고 있다.

이것을 좀 더 확인하기 위해 Fritz는 14.3분을 도착간격시간분포의 평균으로 하여 오랜 시간(10만 명 고객 도착)동안 시뮬레이션을 실시하였다. 〈그림 14-11〉은 모든 성과척도에 대한 결과를 보여주고 있다. W_q에 대한 점 추정치는 10분을 약간 초과한다. 그러나 Fritz는 앞 절에서 논의한 두 가지 단순화 가정 때문에 이발소에 대한 W_q의 추정치는 참값보다 약간 크게 나타날 것이라는 것을 알고 있다. 따라서 평균대기시간이 약 10분이 되는 가장 좋은 평균도착간격시간의 추정치는 14.3분이라고 결론지었다.

Fritz는 좀 더 좋은 추정치를 찾아내기 위해 14.3분과 약간 다른 평균을 가지고 수행시간이 긴 컴퓨터 시뮬레이션을 할 수 있도록 시간을 더 투입할 수도 있다고 생각한다. 그러나 그는 〈표 14-2〉에 있는 신뢰구간으로부터 14.3분이 매우 근사한 값이라는 것을 이미 알고 있다. 나아가 두 가지 단순화 가정으로 인해 시뮬레이션 모형에 내재되어 있는 작은 오차 때문에 지금의 추정치보다 더 정확한 평균에 대한 추정치를 얻고자 시도할 필요가 없다. 그것

〈그림 14-11〉 Queueing Simulator를 이용하여 보조이발사를 고용한 Herr Cutter 이발소에 대해 10만 명의 고객이 도착하는 동안 실시한 시뮬레이션 결과

	A	B	C	D	E	F	G	H
1	**Queueing Simulator for Herr Cutter's Barber Shop with an Associate**							
2								
3		Number of Servers	2			Point	95% Confidence Interval	
4						Estimate	Low	High
5		**Interarrival Times**			$L =$	2.126	2.090	2.163
6		Distribution	Exponential		$L_q =$	0.719	0.689	0.748
7		Mean	14.3		$W =$	30.212	29.833	30.591
8					$W_q =$	10.211	9.834	10.588
9								
10		**Service Times**			$P_0 =$	0.163	0.160	0.166
11		Distribution	Uniform		$P_1 =$	0.266	0.262	0.270
12		Minimum	15		$P_2 =$	0.233	0.230	0.235
13		Maximum	25		$P_3 =$	0.1541	0.1518	0.1564
14					$P_4 =$	0.0877	0.0855	0.0898
15		**Length of Simulation Run**			$P_5 =$	0.0467	0.0448	0.0487
16		Number of Arrivals	100,000		$P_6 =$	0.02417	0.02264	0.0257
17					$P_7 =$	0.01282	0.01162	0.01401
18					$P_8 =$	0.00634	0.00546	0.00722
19		**Run Simulation**			$P_9 =$	0.003208	0.002530	0.00389
20					$P_{10} =$	0.001546	0.001076	0.002017

은 오직 정확성에 대한 잘못된 판단을 하게 할 뿐이다. 그는 14.3분이 평균에 대한 적절하고도 보수적인 추정치라고 만족해했다.

이 추정치에 따라 Fritz는 보조이발사를 고용하게 되면 사업규모가 아래 설명하는 수준까지 점차 번성하게 될 것이라고 결론지었다. 평균도착간격시간이 14.3분이면

$$
\begin{aligned}
\text{평균도착률} &= 60/14.3\,(\text{명/시간}) \\
&= 4.2\,(\text{명/시간}) \\
&= 4.2 \times 9\,(\text{명/일}) \\
&= 37.8\,(\text{명/일})
\end{aligned}
$$

이 된다. 이 사업규모는 현재 하루 평균도착률인 18명의 2배가 넘는다. 도착하는 고객들을 Herr Cutter와 보조이발사가 반씩 나누어 서비스할 것이기 때문에 각각 평균 18.9명의 고객을 이발하게 된다.

따라서 이 절의 앞부분에서 주어진 비용 요소(재무적 요소)를 사용하면 Herr Cutter의 하루 평균 순수입은 다음과 같다.

$$
\begin{aligned}
\text{하루 순수입} &= 37.8\text{명} \times 15\text{달러} && (\text{이발료 수입}) \\
&\quad + 18.9\text{명} \times 2\text{달러} && (\text{Herr Cutter가 받는 팁}) \\
&\quad - 50\text{달러} && (\text{이발소 유지비}) \\
&\quad - 120\text{달러} && (\text{보조이발사의 급료}) \\
&\quad - 18.9\text{명} \times 5\text{달러} && (\text{보조이발사의 수당}) \\
&= 567\text{달러} + 37.80\text{달러} - 50\text{달러} - 120\text{달러} - 94.50\text{달러} \\
&= 340.30\text{달러}
\end{aligned}
$$

이것을 Herr Cutter의 현재 하루 순수입 256달러와 비교하면 보조이발사를 고용할 경우 다음과 같이 하루 순수입이 증가하는 것으로 추정된다.

$$
\begin{aligned}
\text{하루 순수입의 변화} &= 340.30\text{달러} - 256\text{달러} \\
&= 84.30\text{달러}
\end{aligned}
$$

따라서 그의 수입은 실제로 상당히 증가한다.

Fritz는 분석 결과를 삼촌에게 설명할 때 이 84.30달러의 숫자는 사업의 규모가 새로운 규모(하루 평균 37.8명의 고객)까지 증가한 후 발생할 수 있는 추정치라는 것을 강조했다. 새로운 사업규모까지는 바로 도달할 수도 있고 1~2년이 걸릴 수도 있다. 처음에는 Herr Cutter의 수입이 현재보다 더 감소할지도 모른다. 더욱이, 앞서 언급한 대로 궁극적으로 수입이 상당히 증가할 것이라는 낙관적인 결론은 「The Barber's Journal」에 게재된 논문의 두 번째 경험적 결론

응용사례

Sasol은 남아프리카에 본사를 두고 38개 국가에서 영업 중인 통합 에너지-화학 회사이다. 이 회사는 2015년 기준 시가 총액이 180억 달러를 넘는다.

역사적으로, 석유화학 산업은 사업 의사결정을 생산 공정의 생산율에 기반을 두어왔다. 그러나 Sasol의 경영과학팀은 실제로 이러한 생산 공정이 상당한 변동성과 동적 상호작용도 포함되어 있는 확률시스템(stochastic system)이라는 사실을 인식하였다. 그러므로 산업계에서 최초로 이 팀은 이러한 모든 변동성과 동적 상호작용의 영향을 훨씬 더 정확하게 고려하기 위하여 컴퓨터 시뮬레이션 사용을 소개하였다.

Sasol의 요구에 맞게 3개의 대규모 컴퓨터 시뮬레이션 모형이 개발되었다. 가스공장 모형은 원료로부터 합성원유를 생산하는 공정으로 되어 있다. 액체공장 모형은 합성 원유를 정제하고 관련 화학 제품 공정을 시뮬레이션한다. 연료혼합 모형은 다른 연료 구성으로 여러 등급의 가솔린과 디젤로 혼합하는 공정을 다룬다.

이 산업은 정부의 규제, 연료의 사양, 이용 가능한 원료, 이들 원료의 가격 때문에 그 시설과 생산 공정에 자주 변화가 요구되고 있는 산업 중의 하나이다. Sasol은 필요할 때마다 시설과 생산 공정의 변경에 대해 실행 가능한 대안들을 평가하기 위하여 컴퓨터 시뮬레이션 모형들을 사용한다.

산업계에서 선구적으로 컴퓨터 시뮬레이션을 사용하여 Sasol은 신속하게 그들의 의사결정을 개선할 수 있게 되었다. 시뮬레이션 모형을 사용하여 연간 2,300만 달러를 초과하는 가치 증대가 추정되었다.

출처: M. Meyer and 11 other co-authors, "Innovative Decision Support in a Petrochemical Production Environment," *Interfaces* (현 *INFORMS Journal on Applied Analytics*) 41, no.1(January-February 2011), pp.79-92. (이 사례에 대한 논문은 www.mhhe.com/hillier7e에서 볼 수 있다.)

이 증명되어야 하며, 그 결론을 이 이발소에도 적용할 수 있다고 하는 불확실한 전제에 근거하고 있다. 이 전제에 의하면 궁극적으로 그의 사업규모가 2배 이상 될 것으로 추정된다. 이발 시작 전 평균대기시간의 대폭적인 감소로 인해 이와 같은 사업규모의 급격한 증가를 달성하기 위해서는 보조이발사가 현재 그의 이발소로부터 자신의 고객을 상당수 데려와야 하고, 또한, 두 사람이 많은 새로운 고객을 유치할 경우에만 가능하다.

Herr Cutter는 그들이 이를 달성할 수 있으리라 확신했다. 왜냐하면 보조이발사는 그의 친구가 강력히 추천한 사람이다. 더욱이 Herr Cutter는 자신의 이발 기술로 보아 그가 혼자서는 처리할 수 없었던 새로운 고객을 많이 끌어올 것이라고 생각하고 있다. 날로 성장하는 도시에서는 이런 가능성이 충분히 있다. Herr Cutter는 또한, 보조이발사를 고용하여 자신의 단골손님의 대기시간을 줄임으로써 서비스 수준을 상당히 개선할 수 있다는 사실에 흡족해 하고 있다. 또한, 궁극적으로 훌륭한 보조이발사가 지닌, 돈으로 환산할 수 없는 많은 개인적인 장점을 잘 알고 있다. 그러므로 그는 1, 2년 이내에 그의 수입이 현재의 수준이나 그 이상이 된다면 한시적인 수입 감소는 감내할 수 있다. 실제로 수입의 증가는 즐거운 보너스가 될 것이다.

위와 같은 이유들로 Herr Cutter는 보조이발사를 고용하기로 결론내리고, 이 의사결정을 위해서 컴퓨터 시뮬레이션을 만들어 도움을 준 조카에게 고마워했다.

복습문제

1. Fritz는 그의 첫 번째 시뮬레이션 시행에서 무엇을 모의실험 하였는가? 어떤 목적으로 하였는가?
2. 대기행렬 시뮬레이터에 의해 얻은 성과척도에 대한 두 가지 형태의 추정치는 무엇인가?
3. Fritz가 그의 시뮬레이션 모형의 타당성을 검증하기 위해 사용한 두 가지 방법은 무엇인가?
4. Fritz의 시뮬레이션 모형은 어떤 단순화 가정을 하였는가? 시뮬레이션 모형이 반드시 현실 시스템을 완벽하게 있는 그대로 묘사할 필요가 있는가?
5. Fritz의 분석에 따르면 보조이발사를 고용하게 되면 궁극적으로 추정되는 수입은 현재와 비교하여 증가하는가, 감소하는가?

14.4 컴퓨터 시뮬레이션 연구의 개요

지금까지 이 장에서는 컴퓨터 시뮬레이션의 수행 과정과 몇 가지 응용 예를 살펴보았다. 이제 경영과학팀이 컴퓨터 시뮬레이션을 기반으로 연구할 때 진행하는 전형적인 단계를 간략하게 살펴봄으로써 시뮬레이션에 대한 보다 광범위한 이해를 갖도록 하자(다른 경영과학 기법을 적용하는 연구에서도 이와 거의 유사한 단계를 밟는다).

단계 1: 문제를 구성하고 연구계획을 수립한다

경영과학팀은 다음과 같은 종류의 질문에 대한 답을 얻기 위해 관리자와 회의할 필요가 있다.

1. 관리자가 연구하기를 원하는 문제는 무엇인가?
2. 연구의 전체적인 목적은 무엇인가?
3. 해결해야 할 주제는 무엇인가?
4. 고려할 수 있는 시스템 구성과 운영절차의 대안으로 어떤 것이 있는가?
5. 관리자가 관심을 가지고 있는 성과척도는 무엇인가?
6. 연구를 수행하는 데 주어진 시간적 제약은 무엇인가?

또한, 팀은 시스템이 어떻게 운영되는가를 자세히 알기 위해 엔지니어 및 운영 부서와 회의를 가질 필요가 있다(팀에는 보통 시스템을 잘 알고 있는 사람이 한두 명 포함되어 있다).

단계 2: 자료를 수집하고 시뮬레이션 모형을 작성한다

필요한 자료의 종류는 모의할 시스템의 특성에 따라 다르다. Herr Cutter 이발소의 경우 주요 자료는 도착간격시간의 분포와 서비스시간의 분포였다. 마찬가지로 대부분의 다른 경우에서도 관련 자료에 대한 확률분포가 필요하게 된다. 일반적으로 이들 분포는 추정할 수밖에 없지만 이러한 추정은 매우 중요하다. 시스템이 어떻게 작동하는지에 대한 시나리오를 생성하기 위하여 단순히 평균치를 이용하는 것보다는 컴퓨터 시뮬레이션을 이용하여 이들 분포로부터 랜덤 관측치를 생성하는 것이 필수적이다.

단계 3: 시뮬레이션 모형의 정확성을 확인한다

컴퓨터 프로그램을 작성하기 전에 경영과학팀은 시스템이 어떻게 작동하는가를 정확히 알고 있는 사람들을 시뮬레이션 모형의 정확성을 확인하는 과정에 개입시키고 활용해야 한다. 이것을 하기 위해 흔히 관련 있는 모든 주요 인사 앞에서 오버헤드 프로젝터를 사용하여 개념적인 모형에 대한 체계적인 리허설을 실시한다. 이 자리에서 모형에 대한 몇 가지 틀린 가정이 발견되고 수정되며 없었던 몇 가지 가정이 추가될 것이다. 그리고 모형의 어느 부분을 어느 정도까지 상세히 기술할 것인가에 대한 답도 얻을 수 있을 것이다.

단계 4: 소프트웨어를 선택하고 컴퓨터 프로그램을 작성한다

컴퓨터 시뮬레이션에 사용되는 소프트웨어는 여러 종류가 있다. 그중 하나는 스프레드시트 소프트웨어spreadsheet software이다. 14.1절에서는 엑셀을 이용하여 기본적인 컴퓨터 시뮬레이션을 스프레드시트로 수행하는 방법에 대해 설명하였다. 또한, 스프레드시트에 의한 모형 작성의 기능을 대폭 향상시킨 몇 가지 잘 개발된 엑셀 추가기능add-in이 있다. 15장은 추가기능 중 하나인 Analytic Solver에 중점을 두고 있다. (www.mhhe.com/Hillier7e에 있는 22장은 다른 추가기능인 Crystal Ball을 다룬다.)

또 다른 종류의 컴퓨터시뮬레이션 소프트웨어는 스프레드시트를 사용하는 편리함은 없지만 보다 광범위한 응용에 목표를 두고 있다. 이와 같은 종류 중의 하나는 C, FORTRAN, PASCAL, BASIC 등과 같은 범용-프로그램 언어general-purpose programming language이다. 이들 범용-프로그램 언어(그리고 그 이전의 프로그램언어)는 어떤 종류의 시뮬레이션 프로그래밍도 가능한 유연성을 갖고 있어서 과거에는 많이 사용되었으나, 프로그램을 작성하는 데 많은 시간이 소요되기 때문에 지금은 예전처럼 많이 사용되고 있지는 않다. 그리고 범용-프로그램 언어를 제대로 사용하려면 이 언어에 대한 기본적인 것들을 배워야 한다.

스프레드시트를 사용하지 않은 많은 상업용 소프트웨어 패키지는 특수한 분야의 시뮬레이션을 수행하기 위하여 개발되었다. 역사적으로 이러한 시뮬레이션 소프트웨어 패키지는 범용-시뮬레이션 언어와 응용-기반 시뮬레이터 두 가지 부류로 나뉘어져 왔다. 범용-시뮬레이션 언어general-purpose simulation language는 편리하게 임의의 시뮬레이션 모형을 프로그래밍할 수 있도록 필요한 여러 가지 기능을 제공한다. 응용-기반 시뮬레이터application-oriented simulator(혹는 간단히 simulator라고도 함)는 아주 특정한 형태의 시스템을 시뮬레이션하기 위하여 개발되었다. 그러나 시간이 지남에 따라 이러한 두 가지 부류 사이의 차이가 거의 없어졌다. 범용-시뮬레이션 언어도 이제는 특정한 시스템에 맞추어 시뮬레이션을 수행할 수 있도록 특정한 기능들을 많이 가지고 있다. 반대로 최근의 시뮬레이터도 다양한 종류의 시스템을 다룰 수 있도록 이전보다 더 많은 유연성을 가지는 경향이 있다.

시뮬레이션 소프트웨어 패키지를 분류하는 또 다른 방법은 이산-사건 시뮬레이션 모델링discrete-event simulation modeling에 있어서 사건 지향event-scheduling approach으로 하느냐 프로세스 지향process approach으로 하느냐로 분류할 수 있다. 사건 지향은 14.2절에서 설명한 다음-사건 시간진행 절차next-event time-advance procedure를 따른다. 프로세스 지향은 기본적으로 다음-사건 시간진행 절차를 따르지만 모델링은 사건을 생성하는 프로세스를 기술하는 데 중점을 둔다. 대부분의 최신 시뮬레이션 소프트웨어 패키지는 프로세스 지향을 사용한다.

시뮬레이션 소프트웨어 패키지가 컴퓨터 시뮬레이션을 동적으로 표현하기 위하여 애니메이션animation을 포함하는 것이 점차 일반화되고 있다. 애니메이션에서는 모의 중인 시스템의 상태가 변할 때마다 모양, 색상 혹은 위치가 변화하는 아이콘들에 의해 시스템의 주요 요소가 컴퓨터 화면에 표시된다. 애니메이션에 대한 인기가 늘어나고 있는 주요 이유는 관리자나 관련된 주요 인사들에게 시뮬레이션 모형(혹은 컴퓨터 시뮬레이션 실행)의 본질을 효과적으로 전달하고 이해시키는 데 유용하기 때문이다.

단계 5: 시뮬레이션 모형의 타당성을 검증한다

컴퓨터 프로그램이 작성되고 오류가 수정된 후, 다음 단계는 프로그램으로 작성된 시뮬레이션 모형이 시스템에 대한 유효한 결과를 제공하고 있는지를 검증하는 것이다. 구체적으로, '시뮬레이션 모형에 의해 얻어진 성과척도의 값은 실제 시스템에 대한 성과척도의 값과 근사한가?'를 확인하는 것이다.

어떤 경우에는 실제 시스템을 단순화한 것으로부터 결과(성과척도)를 구하기 위하여 수리 모형을 이용할 수 있다. 이런 경우에는 이 수리 모형을 이용하여 얻은 결과와 시뮬레이션 모형의 결과를 비교해보아야 한다.

예를 들어, Herr Cutter 이발소에 대한 사례연구를 보자. 현재 운영 중인 이발소의 이발사는 Herr Cutter 혼자이다. 따라서 14.3절에서 설명('시뮬레이션 모형의 타당성 검증' 참조)한 것과 같이 Fritz는 적용 가능한 대기행렬 모형으로부터 얻은 결과와 시뮬레이션 결과를 비교하였다.

시뮬레이션 결과와 비교할 실제 자료가 없을 때는 현장 시험field test을 통하여 자료를 얻는 방법이 있다. 이 방법은 제안된 여러 가지 시스템 형태에 대한 소규모 원형prototype을 만들어 실제로 운영해보는 것이다.

또 다른 유용한 타당성 검증 방법은 관련 지식이나 경험이 풍부한 전문가 또는 현장 실무자가 모의되는 시스템의 형태가 변할 때 시뮬레이션의 결과가 어떻게 변하는가에 대한 신뢰성을 조사하게 하는 것이다. 시뮬레이션 수행을 애니메이션으로 보는 것 또한, 시뮬레이션 모형의 타당성을 검증하는 또 다른 방법이다.

단계 6: 수행할 시뮬레이션 모형을 계획한다

이제 어떤 시스템 형태를 모의할 것인가를 결정해야 할 시점이다. 이것은 여러 형태의 시스템에 대한 초기 결과를 이용하여 어느 형태의 시스템을 상세하게 조사할 것인가를 판단하는 과정이다.

또한, 시뮬레이션 수행시간의 길이 등에 대한 의사결정도 해야 한다. 컴퓨터 시뮬레이션으로는 시스템의 성과척도에 대한 정확한 값을 얻을 수 없다는 것을 명심하라. 각각의 시뮬레이션 수행은 모의되는 시스템의 성능에 대한 통계적 관측치를 생성하는 통계적 실험으로 보아야 하기 때문이다. 이들 관측치를 이용하여 시스템의 성과척도에 대한 통계적 추정치를 구한다. 시뮬레이션 수행시간의 길이를 증가시키면 이들 추정치의 정확도가 향상된다.

컴퓨터 시뮬레이션에 의해 진행할 통계적 실험을 설계하기 위한 통계적 이론은 실제 시스템의 성능을 직접 관찰하는 실험을 설계하는 것과 약간 다르다. 그러므로 이 단계에서는 전문 통계학자(혹은, 적어도 통계적 지식을 겸비한 경험이 많은 시뮬레이션 분석가)의 도움이 대단히 중요하다.

단계 7: 시뮬레이션을 실행하고 결과를 분석한다

시뮬레이션을 실행하여 얻은 결과는 관심 있는 형태의 시스템의 성과척도에 대한 통계적 추정치이다. 각 척도에 대한 점추정치와 함께 일반적으로 그 척도의 참값이 포함될 가능성이 높은 범위를 나타내는 신뢰구간도 구해진다.

이런 결과로부터 하나의 시스템 형태가 다른 것보다 우수하다는 것을 바로 알 수도 있다. 그러나 흔히 최선의 안이 될 수 있는 몇 가지 후보를 제시하기도 한다. 후자의 경우 이들 후보들을 좀 더 자세히 비교하기 위해서 보다 긴 시간 동안 시뮬레이션을 실행할 필요가 있다. 최선의 안에 대해 세부 항목을 면밀히 조정하기 위해서는 추가로 시뮬레이션 수행simulation runs을 할 수도 있다.

단계 8: 경영진에게 권고할 내용을 제시한다(보고서 작성)

분석을 완료한 후, 경영과학팀은 그들의 권고안을 경영진에게 제시해야 한다. 이것은 보통

연구 중인 시스템에 대한 의사결정권을 가지고 있는 관리자에게 보고서와 함께 구두 발표를 통해서 한다.

보고서와 발표는 시뮬레이션 모형의 타당성에 대한 설명과 함께 연구가 어떻게 이루어졌는가를 요약해야 한다. 시뮬레이션의 진행 모습을 보여주는 애니메이션의 시연은 시뮬레이션 과정을 보다 잘 전달하기 위해, 또한 신뢰감을 주기 위해 포함되면 좋다. 권고 안에 대한 근거 내지 타당성을 보여주는 수치 결과도 포함될 필요가 있다.

복습문제

1. 컴퓨터 시뮬레이션 연구를 시작할 때 경영과학팀은 몇 가지 중요한 질문을 하고 시스템의 운영 상태를 자세히 파악하기 위해 누구를 만나야 하는가?
2. 경영과학팀은 시뮬레이션 모형의 정확성을 확인하기 위해 누구를 활용해야 하는가?
3. 범용-시뮬레이션 언어와 응용기반 시뮬레이터와의 차이는 무엇인가?
4. 실행 중인 컴퓨터 시뮬레이션을 시각적으로 보여주기 위해 애니메이션을 사용할 때 시스템의 핵심 요소는 어떻게 표시되는가?
5. 시뮬레이션 모형의 타당성을 검증할 때 던져지는 질문은 무엇인가?
6. 시뮬레이션 수행을 어떤 종류의 통계적 실험으로 볼 수 있는가?
7. 시뮬레이션 수행으로부터 어떤 종류의 추정치가 얻어지는가?
8. 경영과학팀이 경영진에게 그들의 권고안을 제시하는 두 가지 방법은 무엇인가?

14.5 요약

컴퓨터 시뮬레이션은 유연성이 있고, 강력하며, 직관적인 도구이기 때문에 인기 있는 경영과학 기법 중 하나다. 이것은 전체 과정 혹은 전체 시스템의 운용을 모의(모방)하기 위해서 컴퓨터를 사용한다. 하나 이상의 확률분포에 따라 시간과 함께 변화하는 모의시스템에서 시간의 경과와 함께 일어나는 여러 가지 사건을 생성시키기 위해 이들 확률분포로부터 랜덤 관측치를 생성한다. 컴퓨터 시뮬레이션은 제안된 시스템의 운용이 얼마나 잘 수행되는가를 조사하기 위해서 실제로 시스템을 구축하고 운용하는 데 따른 비싼 비용을 들이지 않고도 비교적 빨리 조사할 수 있는 방법이다. 따라서 사용할 시스템을 결정하기 전에 미리 여러 가지 대안을 조사하고 비교할 수 있다.

Herr Cutter의 이발소는 보조이발사를 고용함에 따라 이발소인 확률시스템에 변화가 일어나는지 아닌지를 결정하는 데 필요한 정보를 얻기 위해 컴퓨터 시뮬레이션을 사용한 사례연구이다. 다른 많은 경우에서처럼 이 확률시스템은 대기행렬시스템이지만 대기행렬 모형을 사용하여 단독으로 분석하기엔 너무 복잡하다.

이 사례연구는 모의할 시스템을 나타내는 시뮬레이션 모형의 구성요소와 시뮬레이션을 실시하는 방법을 보여주고 있다. 중요한 구성요소 중의 하나는 지금까지 모의한 시간을 나타내는 컴퓨터 프로그램 내의 변수인 시뮬레이션 시계이다. 다음-사건 시간진행 절차는 현재의 사건에서 모의하는 시스템에서 일어날 다음 사건으로 반복해서 이동하는 식으로 시뮬레이션 시계의 시간을 진행시킨다.

컴퓨터 시뮬레이션은 몇 초 혹은 몇 분 이내에 일반적인 시스템의 몇 년분의 운용을 모의할 수 있다. 매번의 시뮬레이션 실행으로 모의기간 동안 시스템의 성능 척도에 대한 일련의 통계적 관측치를 얻는다. 이들 관측치를 이용하여 시스템에 대해 관심 있는 성과척도를 추정한다. 각 척도에 대해서 점추정치와 신뢰구간 모두를 구할 수 있다.

어떤 컴퓨터 시뮬레이션은 문제점을 파악하고 있는 관리자가 직접 간단하게 수행할 수도 있지만, 복잡한 문제의 경우에는 직원이나 훈련받은 경영과학팀에 의뢰하게 될 것이다. 컴퓨터 시뮬레이션을 이용한 주요 경영과학 연구는 시뮬레이션 실행으로부터 결과를 얻기 전에 중요한 일련의 몇 가지 단계를 거치게 된다. 관리자의 관점에서 문제를 적절하게 정의하기 위해 그들에게 몇 가지 질문을 해야 한다. 일반적으로 좋은 자료를 얻는 것은 어려운 일이고 시간을 필요로 하는 과정이다. 또 다른 큰 문제는 시뮬레이션 모형을 수립하고, 모형의 정확도를 검증하고, 모의하는 시스템을 잘 나타내고 있는지에 대한 모형의 유효성을 검증하는 것이다. 경영과학팀의 중요한 의사결정 중의 하나는 사용할 소프트웨어를 선택해야 하는 것이다. 여러 가지 뛰어난 범용-시뮬레이션 언어를 사용할 수 있다. 특수한 형태의 시스템을 시뮬레이션하기 위해 만들어진 시뮬레이터도 개발되어 있다. 대부분의 시뮬레이션 소프트웨어 공급자는 애니메이션 능력을 갖춘 소프트웨어를 제공하고 있다. 애니메이션은 경영자와 다른 핵심 관계자에게 시뮬레이션의 결과를 훨씬 더 설득력을 가지고 설명하는 데 매우 유용하다.

컴퓨터 프로그램이 준비된 후, 컴퓨터 시뮬레이션을 통하여 처리될 통계적 실험을 설계할 필요가 있다. 그 다음 시뮬레이션을 실행하고 결과를 분석한다. 마지막으로 경영과학팀은 경영자측에 권고안을 제시하기 위해 보고서를 작성하고 구두발표 준비를 하게 된다.

용어

난수 random number 0과 1 사이의 일양분포로부터 추출된 랜덤 관측치. (14.1절)

다음-사건 시간진행 next-event time advance 모의되는 시스템에서 현재 사건으로부터 그 다음 발생하는 사건으로 계속 이동하면서 시뮬레이션 시계의 시간을 진행시키는 절차. (14.2절)

시뮬레이션 모형 simulation model 모의할 시스템을 나타내는 것으로 시뮬레이션이 어떻게 수행되는지를 기술한 것. (14.2절)

시뮬레이션 시계 simulation clock 지금까지의 모의한 시간을 기록하는 컴퓨터 프로그램 내의 하나의 변수. (14.2절)

시스템 상태 state of the system 시스템의 현재 상태를 정의하는 주요 정보. (14.2절)

신뢰구간 confidence interval 성과척도에 대한 참값을 포함하고 있을 구간. (14.3절)

애니메이션 animation 컴퓨터 시뮬레이션에서 일어나고

있는 상황을 나타내는 아이콘이 있는 컴퓨터 디스플레이. (14.4절)

역변환법 inverse transformation method 확률분포로부터 랜덤 관측치를 생성하기 위한 방법. (14.1절)

점추정치 point estimate 성과척도에 대한 가장 좋은 추정치인 하나의 수. (14.3절)

확률시스템 stochastic system 하나 또는 그 이상의 확률 분포에 의해 시간이 경과함에 따라 변화하는 시스템. (14.1절)

이 장에 대한 학습지원

모든 학습지원 자료는 www.mhhe.com/Hillier7e에 제공된다.

엑셀 파일:

Coin-Flipping
Heavy Duty
Herr Cutter
Queueing Simulator
MG1

엑셀 추가기능:

Analytic Solver (to be featured in the next chapter)

이 장의 보충 자료:

The inverse Transformation Method for Generating Random Observations

학습문제

풀이는 www.mhhe.com/Hillier7e에 제공된다.

14.S1. 보험 청구 비용의 추정

General Manufacturing사의 종업원은 Wellnet에서 지급하는 그룹 보험을 통하여 건강보험을 받는다. 지금까지 종업원의 40%는 전혀 보험금을 청구하지 않았고, 40%는 소액을 청구하였으며, 20%는 많은 금액을 청구하였다. 소액 청구 금액은 0과 2,000달러 사이에 균등하게 분포하고, 큰 금액 청구는 2,000달러에서 20,000달러 사이에 균등하게 분포한다.

이러한 경험에 근거하여, Wellnet은 회사와 내년도 종업원당 보험료를 협상하고 있다. 경영과학 분석가인 당신에게 종업원의 보험금에 대한 평균 비용을 추정하는 업무가 주어졌다고 하자.

a. 일양난수 0.4071, 0.5228, 0.8185, 0.0193을 사용하여 5명의 종업원 각각이 보험금을 청구하지 않는지, 소액을 청구하는지, 많은 금액을 청구하는지를 시뮬레이션 하시오. 그 다음 난수 0.9823, 0.0188, 0.8771, 0.9872, 0.4129를 사용하여 청구금액의 크기를 결정하시오. 종업원의 보험금 청구 금액의 크기에 대한 분포의 평균을 추정하기 위하여 이들 청구 금액의 평균을 구하시오.
b. 스프레드시트 모형을 이용하여 종업원 300명의 보험 청구 금액에 대한 시뮬레이션을 수행하시오.
c. 종업원의 건강보험료 청구 금액에 대한 분포의 실제 평균이 2,600달러라고 하자. a와 b에서 얻은 평균의 추정치와 실제 평균치를 비교하시오.

연습문제

문제 번호에 있는 E 표시는 엑셀을, Q 표시는 Queueing Simulator을 사용하라는 것을 의미한다. 문제 번호에 별표(*)가 있는 문제는 책 뒷부분에 정답의 일부가 있다.

14.1* 〈그림14-1〉의 C13:C18셀에 있는 난수를 사용하여 다음 각 상황에 대한 6개의 랜덤 관측치를 생성하시오.

a. 동전 던지기.
b. 60%는 스트라이크를, 40%는 볼을 던지는 야구 피처.
c. 40%의 시간은 녹색, 10%의 시간은 노란색, 50%의 시간은 빨간색 불이 켜지는 신호등에 랜덤하게 도착하는

승용차가 보게 되는 신호등의 색깔.

14.2 〈그림 14-1〉, 〈그림 14-2〉, 〈그림 14-3〉에서 컴퓨터 시뮬레이션으로 분석한 14.1절의 동전 던지기 게임과 관련한 다음 질문들에 답하시오.

a. 1회 게임이 완료될 때까지 동전을 반복해서 던지는 것을 시뮬레이션하여, 그 결과를 〈그림 14-1〉의 열 B, D, E, G에 표시한 것처럼 기록하시오. 이것이 만약 진짜 게임이었다면 당신은 얼마를 벌거나 잃었을까?

ᴱb. 동전 던지기를 위한 랜덤 관측치를 생성하기 위해 엑셀의 IF함수 대신에 VLOOKUP함수를 사용하여 〈그림 14-1〉의 스프레드시트 모형을 재작성하시오. 그리고 그것을 가지고 1회 게임을 시뮬레이션하시오.

ᴱc. b에서 재작성된 스프레드시트 모형을 이용하여 〈그림 14-2〉와 같이 게임을 14회 반복 시뮬레이션한 결과를 데이터 테이블로 만드시오.

ᴱd. b에서 재 작성된 스프레드시트 모형을 이용하여 〈그림 14-3〉과 같이 게임을 1,000회 반복 시뮬레이션한 결과를 데이터 테이블로 만드시오.

14.3 동전을 3회 던질 때, 앞면이 0, 1, 2, 3회 나올 확률은 각각 1/8, 3/8, 3/8, 1/8이다. 그러므로 동전 3회 던지기를 8번 반복할 경우, 평균적으로 한번은 앞면이 없고, 3번은 앞면이 1회, 또 다른 3번은 앞면이 2회, 나머지 한번은 앞면이 3회 나오게 된다.

a. 자신이 가지고 있는 동전을 24번 던져서 3번씩 8개의 그룹으로 나누고, 앞면이 나오지 않은 그룹의 수, 앞면이 1회 나온 그룹의 수, 앞면이 2회 나온 그룹의 수, 앞면이 3회 나온 그룹의 수를 기록하시오.

b. 〈그림 14-4〉의 C열의 셀들에 주어진 난수들과 〈그림 14-5〉의 C5:C13셀에 있는 난수들을 사용하여 a에서 설명한 동전 던지기를 시뮬레이션하고 a에서 한 관찰의 결과를 기록하시오.

ᴱc. 동전 3회 던지기를 위한 컴퓨터 시뮬레이션 수행과 앞면의 수를 기록하기 위한 스프레드시트 모형을 만들어, 동전 3회 던지기 게임을 1번 시뮬레이션하시오.

ᴱd. 이 스프레드시트를 사용하여 8번의 시뮬레이션을 수행하고 데이터 테이블을 작성하시오. 이 시뮬레이션 결과로 얻은 앞면이 나온 횟수에 대한 빈도분포와 3회 동전을 던지는 경우 나오는 앞면의 수에 대한 확률분포를 비교하시오.

ᴱe. 800번의 시뮬레이션을 수행한 후 위 d의 질문에 답하시오.

14.4 날씨는 매일매일 확률적으로 변하기 때문에 확률시스템으로 생각할 수 있다. 어떤 지역에서의 날씨에 대한 확률적 변화가 다음과 같다고 하자. 만약 오늘 비가 오고 있다면 내일도 비가 올 확률은 0.6, 오늘 맑다면 내일도 맑을 확률은 0.8이다.

a. 〈그림 14-1〉의 C17:C26셀에 있는 난수를 사용하여 맑은 날 다음 날부터 시작하여 10일 동안의 날씨의 변화를 시뮬레이션하시오.

ᴱb. 스프레드시트를 이용하여 엑셀에 의해 생성된 난수를 가지고 a에서 요구한 것을 컴퓨터 시뮬레이션하시오.

14.5* 크랩 게임은 참가자가 이기거나 질 때까지 2개의 주사위를 한 번 혹은 그 이상 던진다. 만약 첫 번째 던진 결과의 합이 7 혹은 11이 나오거나 첫 번째 합이 4, 5, 6, 8, 9, 10이고 합이 7이 나오기 전에 동일한 결과가 나오면 이기고, 반대로 첫 번째 합이 2, 3, 12이거나 첫 번째 합이 4, 5, 6, 8, 9, 10이고 동일한 결과가 나오기 전에 합이 7이 나오면 지게 된다.

ᴱa. 크랩 게임을 컴퓨터 시뮬레이션하기 위한 스프레드시트 모형을 만들어 1회의 게임을 시뮬레이션하시오.

ᴱb. 이 시뮬레이션을 25회 반복하시오.

c. 각 경기가 이전 경기가 끝난 후에 시작될 때 b에 시행한 25회의 모의게임 중 게임 참가자가 이긴 횟수를 구하시오.

14.6 Midtown 백화점의 주방기구 매장 책임자인 Jessica Williams는 요즘 조리용 스토브의 재고 수준이 필요 이상으로 높다고 느낀다. 스토브에 대한 재고정책을 변경하기 전에, 그녀는 최근 25일간 매일 판매량을 기록하고 다음 표와 같이 정리해보았다.

하루 판매량	2	3	4	5	6
해당 일수	4	7	8	5	1

a. 이 자료를 이용하여 하루 판매량에 대한 확률분포를 추정하시오.

b. a에서 구한 분포의 평균을 계산하시오.

c. 하루 판매량을 시뮬레이션하기 위해 난수를 어떻게 사용해야 하는지 설명하시오.

d. 난수 0.4476, 0.9713, 0.0629를 사용하여 3일간의 일일 판매량을 시뮬레이션하고 평균을 b에서 구한 평균과 비교하시오.

ᴱe. 하루 판매량에 대해 컴퓨터 시뮬레이션을 실행하기 위한 스프레드시트 모형을 작성하시오. 300회의 모의실험을 하고, 이 300일간의 평균 판매량을 구하시오.

14.7 난수 0.0965, 0.5692, 0.6658을 사용하여 −10과 40 사이의 일양분포로부터 3개의 랜덤 관측치를 생성하시오.

14.8 경영과학 연구에 대하여 14.2절에 요약된 응용사례에 관한 논문을 읽으시오. 컴퓨터시뮬레이션이 이 사례연구에 어떻게 적용될 수 있는지를 간단하게 설명하시오. 그리고 이 연구로부터 얻어지는 여러 가지 재무적, 비재무적인 이익을 나열하시오.

14.9 William Graham Entertainment사는 지역에서 개최되는 다양한 행사의 입장권을 고객들이 예매할 수 있도록 새 매표소를 설치할 예정이다. 컴퓨터 시뮬레이션을 사용하여, 매표소 담당 직원을 1명으로 할 것인지 2명으로 할 것인지에 대해 분석하고자 한다. 매표소에서 어느 날 영업을 시뮬레이션하는 동안, 첫 번째 고객은 매표소를 연 후 5분 뒤에 도착하고, 그 다음 4명의 고객의 도착간격시간(순서대로)은 각각 3분, 9분, 1분, 4분이고, 그 후 다음 고객이 도착할 때까지는 상당히 긴 시간이 걸렸다. 이들 5명의 고객에 대한 서비스시간은 각각 8분, 6분, 2분, 4분, 7분이다.

a. 1명의 직원을 두는 경우에 대해서, 이 기간 동안 매표소에서의 고객 수의 변화를 나타내는 〈그림 14-8〉과 같은 그림을 그리시오.
b. 이 그림을 이용하여 이 대기행렬시스템에 대한 13.3절과 14.3절에서 정의한 일반적인 성과척도 L, L_q, W, W_q 및 P_n을 추정하시오.
c. 2명의 직원을 두는 경우에 대해 위의 a를 반복하시오.
d. 2명의 직원을 두는 경우에 대해 위의 b를 반복하시오.

14.10 〈그림 14-7〉과 〈그림 14-8〉에 있는 처음 100분 동안의 Herr Cutter 이발소에 대한 컴퓨터 시뮬레이션을 다시 보자. 여기서는 보조이발사를 고용하는 대안을 고려하자. 〈그림 14-7〉에 있는 것과 동일한 도착간격시간과 서비스시간을 사용하여 손으로 계산하여 이 대안에 대한 시뮬레이션을 실시하시오.

a. 처음 100분 동안에 도착하는 5명의 고객이 이발하기 전까지 기다리는 대기시간을 구하시오. 이것을 이용하여 이발하기 전까지의 평균대기시간 W_q를 구하시오.
b. 이 100분 동안 이발소 내에 있는 고객의 수의 변화를 나타내는 〈그림 14-8〉을 다시 그리시오.

14.11 경영과학 연구에 대하여 14.4절에 요약된 응용사례에 관한 논문을 읽으시오. 컴퓨터시뮬레이션이 이 사례연구에 어떻게 적용될 수 있는지를 간단하게 설명하시오. 그리고 이 연구로부터 얻어지는 여러 가지 재무적 비재무적인 이익을 나열하시오.

14.12 대표적인 금융기관 중 하나인 Best Bank는 Littletown에 새로운 지점을 설치하려 한다. 예비 조사에 의하면 새 지점에는 2개의 창구와 2명의 직원을 두어야 할 것 같다. 그러나 추가적인 분석 후에 최종 결정을 내리기로 했다. 시장조사에 의하면 신설되는 Littletown 지점은 창구직원의 서비스를 필요로 하는 고객들은 평균적으로 1분에 1명꼴로 지점에 도착할 것으로 예상된다. 즉, 고객들의 도착간격시간의 평균이 1분으로 추정된다.

지점이 설치될 부근에는 현재 주차공간이 없으므로 은행 고객만을 위한 주차장을 확보하려 한다. 주차장에는 은행 고객임을 확인하고 주차를 허용하는 임무를 맡을 주차관리요원 1명이 배치된다. 주차에는 최소 0.5분 소요된다. 따라서 은행 내부로 들어오는 고객의 도착간격시간은 최소 0.5분이 된다. 도착간격시간이 0.5분을 초과하는 양은 평균이 0.5분인 지수분포로 추정된다. 따라서 총도착간격시간은 평균이 (0.5+0.5)=1.0분인 변형지수분포(translated exponential distribution)를 따른다. (변형지수분포는 상수값이 더해진 지수분포가 된다).

과거 다른 지점의 경험을 토대로 보면, 1명의 창구직원이 고객 1명을 서비스하는 데 걸리는 시간은 고객마다 큰 차이가 있지만 평균적으로 약 1.5분 걸린다. 또한, 과거 경험으로 볼 때 서비스시간의 분포는 평균이 1.5분이고 형상 매개변수 k=4인 얼랑분포로 추정된다. 이 경우 표준편차는 0.75분이 된다.

이런 자료를 볼 때 2명의 창구직원으로 도착하는 고객을 잘 처리할 것으로 보인다. 그러나 경영진은 고객이 긴 대기행렬을 자주 보게 되거나, 서비스를 받기 전까지 과도하게 기다리는 일이 없도록 확실히 하고자 한다. 그래서 컴퓨터 시뮬레이션을 이용하여 시스템의 성과척도를 알아보고자 한다.

Q a. 2명의 창구직원이 있는 이 대기행렬시스템의 성과척도를 5,000명의 고객 도착분에 대해 Queueing Simulator를 이용하여 시뮬레이션하여 추정하시오.
Q b. 위의 a를 3명의 창구직원이 있을 경우에 대하여 반복하시오.
Q c. 사업이 현재 예상하고 있는 것보다 잘되는 경우에 대해 민감도 분석을 하시오. 구체적으로 고객들의 평균 도착간격시간이 0.9분(0.5분에 지수분포의 평균 0.4분을 더한 것)이라 가정하시오. 이 가정하에 창구직원이 2명인 경우와 3명인 경우에 대해 분석하시오.
d. 당신이 이 지점의 지점장이라면 위의 컴퓨터 시뮬레이션 결과를 이용하여 몇 명의 창구직원을 둘 것인지에 대해 의사결정을 하고, 그 이유를 설명하시오.

14.13* Hugh's Repair Shop은 독일제 자동차와 일본제 자동차를 전문적으로 수리하고 있다. 정비소에는 2명의 정비사가 있다. 1명은 독일차만 수리하고 다른 1명은 일

본차만 수리한다. 두 경우 모두 자동차 1대를 수리하는 데 걸리는 시간은 평균이 0.2일인 지수분포를 한다. 사업은 꾸준히 성장하여, 독일차 수리는 내년에는 하루에 평균 4대의 비율로 랜덤하게 도착할 것이라고 예상하고 있다. 따라서 도착간격시간은 평균이 0.25일인 지수분포를 하게 된다. 일본차의 평균도착률은 하루에 2대로 예상된다. 따라서 도착간격시간 분포는 평균이 0.5일인 지수분포를 하게 된다.

Hugh는 어떤 종류의 차든 정비소 내에서 수리가 완료될 때까지의 평균대기시간이 0.5일을 초과하지 않도록 하고자 한다.

[E] a. 내년에 각 자동차의 수리가 완료될 때까지의 평균 대기시간을 추정하기 위해 컴퓨터 시뮬레이션을 실행하기 위한 스프레드시트 모형을 만드시오.

[E] b. 100대의 자동차가 도착하는 기간 동안 독일 자동차에 대해 위 시뮬레이션을 하시오.

[E] c. 일본 자동차에 대해 위의 b와 같은 시뮬레이션을 실시하시오.

[Q] d. Queueing Simulator를 이용하여 각각 10,000대의 자동차가 도착하는 기간 동안 위의 b와 c의 시뮬레이션을 실시하시오.

[Q] e. Hugh는 2대의 독일 자동차를 동시에 수리할 수 있도록 독일 자동차를 전문적으로 수리하는 두 번째 정비사를 고용하고자 한다(어느 차든 정비는 1명이 담당한다). Queueing Simulator를 이용하여 10,000대의 독일차가 도착하는 기간 동안 시뮬레이션을 하여 두 번째 정비사를 고용하는 대안에 대해 평가하시오.

[Q] f. 또 다른 대안은 정비사가 어느 자동차든 수리할 수 있도록 현재의 정비사 2명을 교육시키는 것이다. 이렇게 하면 평균 수리시간이 0.2일에서 0.22일로 10% 증가한다. Queueing Simulator를 이용하여 두 종류의 차를 합하여 20,000대가 도착하는 동안 시뮬레이션을 실행하여 이 대안을 평가하시오.

[E] g. 도착간격시간과 서비스시간에 대한 분포가 모두 지수분포이기 때문에 13.5절과 13.6절에 소개한 $M/M/1$과 $M/M/s$ 대기행렬 모형을 이용하여 위의 대안들을 분석적으로 평가할 수 있다. 13장의 $M/M/s$ 대기행렬 모형(s=1 또는 2로 놓고)에 대한 엑셀 템플릿을 이용하여 위의 b에서 f까지 의 각 경우에 대하여 수리가 완료될 때까지의 평균 대기시간 W를 구하시오. 이들 각 경우에 대하여 컴퓨터 시뮬레이션에 의해 얻어진 W의 추정치와 $M/M/s$ 대기행렬 모형을 이용하여 구한 분석적인 값을 비교하시오.

h. 당신이 Hugh라면 위 결과로부터 어느 대안을 선택할 것인가? 그 이유는 무엇인가?

14.14 Vistaprint사는 컴퓨터의 모니터와 프린터를 생산하고 있다. 과거에는 이들 중 일부만 샘플링 검사를 하였다. 그러나 새로운 정책에 의하면 이들을 출고하기 전에 모두 검사하도록 하고 있다. 이 정책에 따라 모니터와 프린터가 완성되면 한번에 1개씩 검사장으로 옮겨진다. 모니터의 도착간격시간은 10분과 20분 사이의 일양분포를 하고, 프린터는 15분 간격으로 일정하게 도착된다. 검사장에는 2명의 검사원이 있다. 1명은 모니터만을 검사하고 다른 1명은 프린터만을 검사한다. 어느 경우든 검사 시간은 평균이 10분인 지수분포를 따른다. 새로운 정책을 실시하기 전에, 경영자 측은 모니터와 프린터가 검사장에서 얼마나 대기하면서 머물지를 평가하고자 한다.

[E] a. 모니터와 프린터 각각에 대한 평균 대기시간(W와 W_q)을 추정하기 위해 컴퓨터 시뮬레이션을 실행할 스프레드시트 모형을 작성하시오.

[E] b. 모니터에 대해 100대의 도착이 있을 때까지 시뮬레이션을 실행하시오.

[E] c. 프린터에 대하여 위의 b를 반복하시오.

[Q] d. Queueing Simulator를 사용하여 위의 b와 c 각 경우에 대하여 10,000대의 도착이 있을 때까지 시뮬레이션을 실행하시오.

[Q] e. 경영진은 검사원들에게 새로운 검사 장비를 제공하려고 한다. 이 장비를 사용하면 검사하는 데 걸리는 평균 시간은 변화가 없지만, 검사 시간의 변동성은 감소된다. 좀 더 구체적으로 말하면, 어느 제품에 대해서든 검사 시간은 평균이 10분이고 형상 매개변수 k=4인 얼랑분포이다. 새로운 검사 장비를 검사원들에게 제공하는 이 대안에 대해 Queueing Simulator를 이용하여 위의 d를 반복하시오. 여기서 얻어진 결과를 d에서 얻어진 결과와 비교하시오.

14.15 14.2절에서 소개한 사례를 다시 보자. 이발소의 운영을 관찰한 후 Herr Cutter의 조카 Fritz는 이발하는 데 걸리는 시간의 분포가 15분과 25분 사이의 일양분포라고 하는 삼촌의 추정이 실제 이발시간의 분포와 거리가 멀다고 느낀다. Fritz는 자신이 수집한 자료를 근거로 이발시간의 분포는 평균이 20분이고 형상 매개변수 k=8인 얼랑분포로 추정하였다.

a. 〈그림 14-9〉를 얻기 위해 실행한 시뮬레이션과 동일한 시뮬레이션(보조이발사가 없으며, 도착간격시간의 평균이 30분인)을 이발시간의 분포만 새로운 분포로 하여 실행하시오.

b. 〈그림 14-11〉을 얻기 위해 실행한 시뮬레이션과 동일한 시뮬레이션(보조이발사가 있으며, 도착간격시간의 평균이 14.3분)을 이발시간의 분포만 새로운 분포로 하여 실행하시오.

통합사례 14-1: 절삭반 운용계획 수립

Carl Schilling이 2층 사무실에서 주요 간부회의에 출석하도록 요청받은 것은 이번이 처음이었다. 그리고 그는 이것이 마지막이기를 바라고 있다. 그는 공장 작업장의 절삭반장으로서 겪어온 문제들을 처리하는 것만으로도 충분히 스트레스를 받아왔기 때문에 더 이상의 스트레스를 원하지 않는다. 지난달은 얼마나 악몽 같았는가!!

다행히 회의는 Carl이 염려했던 것보다 잘 이루어졌다. 간부들은 회사가 직면한 문제의 해결방안에 대해 Carl의 도움을 얻고자 하였다. 문제의 근원은 절삭부서가 작업물량을 따라잡기가 어렵다는 것이다. 자주 처리해야 할 작업물이 많이 쌓여 있었고, 이러한 대기현상은 다음 생산일정에 심각한 영향을 미쳤다. 그 결과로 유휴 장비의 비용과 생산 손실의 초래는 물론, 재공품 재고비용이 크게 증가하였다. 그들은 이것이 Carl의 잘못은 아니라는 것을 이해하고 있었고 절삭부서에서의 이러한 애로공정을 제거하기 위하여 무엇을 변경해야 하는지 Carl의 의견을 듣고 싶어 했다.

Carl은 회의에서 자신이 생각하는 중요한 두 가지 문제점을 털어놓고 얘기할 수 있었다. 한 가지는 절삭반이 하나 더 필요하다는 것으로 그의 상사에게 수개월 동안 얘기해온 것이다. 그러나 아무것도 이루어진 것이 없다. 그의 상사는 지금 있는 절삭반도 가용시간이 작업시간의 100%가 아닌데 어떻게 장비를 더 추가할 수 있냐고 말할 뿐이었다. 그의 상사는 작업시간 동안에 쌓인 많은 작업물에 대해 제대로 이해하지 못한 걸까?

그리고 다른 문제는 자신의 부서로 몰려오는 작업량의 기복에 관한 것이었다. 종종 작업물이 엄청나게 들어와 재고가 많이 쌓이게 된다. 그러나 그 후에는 한참 동안 작업량이 적어서 얼마동안 일없이 서있는 절삭반도 있다. 만약 그의 부서로 주물을 보내는 부서들이 협조하여 작업량 흐름의 균형을 맞추기만 하면 절삭반에 쌓여 있는 많은 재공품 재고는 사라질 것이다.

Carl은 회사 간부들이 이런 문제에 대한 그의 설명을 듣고 동의하는 듯 고개를 끄덕이는 것을 보고 기뻤다. 간부들이 이 문제를 진실로 이해하고 Carl에게 고마움을 표시하였다. 이제 이런 문제들의 해결을 위해 어떤 일이 실제로 진행되고 있는지도 모른다.

다음은 Carl과 간부들이 주목한 상세한 상황이다. 현재 회사는 커다란 주물에 표면을 평평하게 자르는 2대의 절삭반을 가지고 있다. 절삭반은 현재 두 가지 목적으로 사용되고 있다. 하나는 큰 수력 리프트의 가압관 표면을 만드는 것이고, 다른 하나는 땅을 고르는 장비의 감속기하우징의 표면을 만드는 작업이다. 각 형태의 작업을 수행하는 데 소요되는 시간은 약간의 변동성이 있다. 특히 플래튼과 하우징 각각에 대한 절삭반 가공시간은 다음과 같은 이동지수분포를 따른다. 즉, 최소 시간은 10분이고 10분을 초과하는 시간은 평균이 10분인 지수분포를 따른다.

두 가지 형태의 주물은 절삭부에 한 번에 하나씩 도착한다. 플래튼을 만들 주물은 시간당 평균 2개의 비율로 랜덤하게 도착한다. 하우징을 만들 주물도 시간당 평균 2개의 비율로 랜덤하게 도착한다.

Carl Shilling의 조언에 따라 경영자는 경영과학자인 여러분에게 절삭부에서의 애로공정을 해소하기 위하여 다음과 같은 두 가지 대안을 분석하도록 요청하였다.

대안 1: 1대의 절삭반을 추가. 총증분비용(자본회수비용 포함)은 시간당 30달러로 추정되었다. (이 추정치는 1대의 절삭반 추가에도 불구하고 모든 절삭반의 가동시간은 동일할 것이라는 사실을 반영한 것이다.)

대안 2: 주물의 도착간격시간의 변동성 제거. 따라서 주물은 플래튼 주물과 하우징 주물이 번갈아 가며 매 15분당 1개씩 규칙적으로 도착한다. 이것은 이전 생산 공정을 약간 변경하여야 하며, 이를 위하여 시간당 60달러의 증분비용이 발생한다.

이들 대안은 상호배타적이지 않다. 따라서 임의의 조합도 가능하다.

(가공시간을 포함하여) 주물이 가공 완료까지 대기하는 동안 발생하는 비용은 대기시간이 지나치지 않다면 플래튼 주물은 시간당 200달러, 하우징 주물은 시간당 100달러이다. 과도한 대기를 피하기 위하여 모든 주물은 가능한 한 도착순(first-come first-served basis)으로 가공된다.

경영자의 목표는 시간당 기대 총비용을 최소화하는 것이다.

시뮬레이션을 사용하여 현재의 상태를 포함하여 모든

대안과 대안들의 조합에 대해 평가하고 비교하라. 그리고 경영자에게 추천안을 마련하라. 당신이 추천하고자 하는 별도의 대안이 있는가?

통합사례 14-2: 재공품 재고 줄이기

통합사례 13-1에서 어떻게 재공품 재고를 가능한 한 많이 줄일 것인가를 결정하기 위해 현재와 제안된 시스템을 대기행렬 모형을 통해 분석하였다. 또한, www.mhhe.com/Hillier7e에 있는 Queueing Simulator을 이용한 컴퓨터 시뮬레이션을 이 장의 엑셀 파일에 활용함으로써 동일한 대기행렬시스템을 효과적으로 분석할 수 있다.

컴퓨터 시뮬레이션을 활용하여 이 사례에서 요구되는 모든 분석을 수행하라.

Analytic Solver를 활용한 컴퓨터 시뮬레이션

15 CHAPTER

학습목표: 15장을 학습한 후에는,

1. 컴퓨터 시뮬레이션 구현을 통해 Analytic Solver의 기능을 이해할 수 있어야 한다.
2. 표준 엑셀로 구현할 수 없었던 다양하고 기초적인 컴퓨터 시뮬레이션 모형을 Analytic Solver로 구현할 수 있어야 한다.
3. 컴퓨터 시뮬레이션를 시행할 때 Analytic Solver에 의해 생성되는 결과를 해석할 수 있어야 한다.
4. 요구되는 정확도 성취 후에 시뮬레이션을 중단하는 Analytic Solver의 기능을 이해할 수 있어야 한다.
5. Analytic Solver를 활용한 컴퓨터 시뮬레이션에 포함되어 있는 다양한 확률분포의 특성을 이해할 수 있어야 한다.
6. 과거 자료에 가장 잘 맞는 연속확률분포를 결정하기 위한 Analytic Solver 절차를 이해할 수 있어야 한다.
7. Analytic Solver를 이용하여 의사결정을 돕기 위한 매개변수 분석 보고서와 추세도표를 생성할 수 있어야 한다.
8. Analytic Solver를 이용하여 시뮬레이션 모형에 대한 최적해를 찾을 수 있어야 한다.

앞 장에서 컴퓨터 시뮬레이션의 기본 개념을 소개하였으며, 이는 기초적인 컴퓨터 시뮬레이션의 시행을 위한 스프레드시트 모형화에 중점을 두고 있다. 14장에서 대기행렬 모형을 분석하기 위해 대기행렬 시뮬레이터[queueing simulator]를 이용한 것 외에는 모든 컴퓨터 시뮬레이션은 표준 엑셀만을 이용하여 구현하였다.

엑셀 자체만으로도 기초적인 시뮬레이션을 할 수 있지만, 최근에 시뮬레이션 기능을 한층 강화시킨 엑셀 추가기능[Excel add-ins]이 개발되었다. 이러한 추가기능 중 하나가 매우 다양한 기능을 제공하는 Frontline systems의 Analytic Solver 플랫폼이다. 이 제품의 학습자 친화적인 버전이 Analytic Solver이며, 앞선 장들에서 이미 다양한 응용문제를 통해 소개했다. 이 장을 통해서 Analytic Solver에 컴퓨터 시뮬레이션을 위한 강력한 기능도 있음을 볼 것이다. (www.mhhe.com/Hillier7e의 22장에 많이 사용되고 있는 또 다른 엑셀 추가기능인 크리스탈볼[Crystal Ball]이 소개되어 있다.) Analytic Solver의 설치방법은 www.mhhe.com/Hillier7e에 나와있다.

이 장에서는 Analytic Solver를 이용하여 구현 가능한 진보된 스프레드시트 시뮬레이션 모형을 소개하고 설명하고자 한다. 22장에 소개된 크리스탈볼을 위시한 스프레드시트 시뮬레이션을 위한 엑셀 추가기능은 유사한 기능을 제공한다. 15.1절은 사례연구를 다루며, 이 사례는 15.7과 15.8절에서 다시 논의된다. 15.2~15.5절에서는 Analytic Solver를 활용한 컴퓨터 시뮬레이션으로 효과적으로 다룰 수 있는 몇몇 경영 관련 예제를 소개한다. 15.6절에서는 컴퓨터 시뮬레이션에 입력하기에 적합한 확률분포를 정하는 방법을 다룬다. 15.7절에서는 매개변수 분석 보고서를 어떻게 작성하고, 시뮬레이션 대상 문제에 대해 의사결정을 내리기 위해 어떻게 활용하는지 기술한다. 마지막으로, 15.8절에서는 최적해를 찾기 위해 Analytic Solver의 Solver 기능과 컴퓨터 시뮬레이션을 결합하여 활용하는 방법에 대해 설명한다.

15.1 사례연구: 신문팔이 소년 Freddie 문제

이 사례는 어느 대도시의 중심가에 위치한 신문판매대에 관한 예이다. 이 신문판매대는 대부분의 사람이 기억하는 것보다 오랫동안 그곳에 있었으며, Freddie로 불리는 유명한 인물이 운영하여 왔다. (그의 성은 아무도 모른다.) 그가 대부분의 고객보다 상당히 나이가 많지만 고객들은 그를 친근하게 신문팔이 소년 Freddie라고 부른다.

Freddie는 다양한 종류의 신문과 잡지를 판매한다. 그중 가장 값비싼 신문은 양이 많으며 중앙일간지인 Financial Journal이다. 사례연구는 이에 대한 것이다.

Freddie의 문제

Financial Journal 신문은 배급업자로부터 매일 새벽에 신문판매대로 배달되며, 당일에 판매되지 않고 남은 신문은 다음날 배급업자에게 반납된다. 그러나 많은 양의 주문을 권장하기 위해 배급업자는 미판매 부수에 대해 약간의 금액을 환불해주고 있다.

Freddie의 관련 비용 내역은 다음과 같다.

Freddie는 한 부당 1.5달러에 구입하여
Freddie는 한 부당 2.5달러에 판매하며
Freddie는 미판매 1부당 0.5달러를 환급받는다.

Freddie는 항상 많이 공급받고 있다. 환급받을 수 있는 것이 그 이유 중 하나다. 그러나 그는 거의 매일 반복되는 미판매 신문의 반납으로 매우 큰 금액을 지불하고 있음을 알게 되었다. 따라서 현재 그는 최소한의 부수를 주문하여 추가 비용을 절약하려고 한다.

이 문제를 더 조사하기 위해 Freddie는 일간 판매량을 기록해 왔으며, 다음을 알 수 있었다.

- Freddie는 하루에 40부에서 70부 사이를 판매한다.
- 40부에서 70부 사이의 각 판매량은 빈도는 대체로 같다.

Freddie는 그의 평균 일간 수익을 최대화하기 위해 배급업자에게 주문할 일일 주문부수를 결정하고 싶어한다.

운영관리 과목에서 재고관리를 배운 적이 있다면, 이 문제가 신문팔이 소년 문제news vendor problem임을 알 수 있다. www.mhhe.com/Hillier7e에 있는 보충 자료의 하나인 21장에서는 기초 재고모형을 이용하여 동일 사례의 단순화된 모형을 분석하고 있지만, 이 장에서는 컴퓨터 시뮬레이션을 활용하여 분석한다.

이 문제의 스프레드시트 모형

〈그림 15-1〉은 이 문제의 스프레드시트 모형을 보여주고 있다. 셀 C4:C6에 데이터가 주어져 있고, 결정변수인 주문량은 셀 C9에 입력되어 있다. (그림에서 입력된 60은 처음에 적절한 값으로 추측된 임의적인 수이다.) 그림의 아래에는 출력셀 C14:C16의 값을 계산하기 위한 식들이 제시되어 있으며, 이 출력셀을 이용하여 수익 출력셀(C18)이 계산된다.

스프레드시트에서 셀 C12의 일간 수요만이 확정되지 않은 입력 값이다. 일간 수요는 40과 70 사이의 모든 값을 가질 수 있다. 40과 70 사이의 각 값에 대한 빈도가 거의 같기

〈그림 15-1〉 신문팔이 소년 Freddie 문제를 시뮬레이션하기 위한 스프레드시트 모형

	A	B	C	D	E	F
1	**Freddie the Newsboy**					
2						
3			**Data**			
4		Unit Sale Price	$2.50			
5		Unit Purchase Cost	$1.50			
6		Unit Salvage Value	$0.50			
7						
8			**Decision Variable**			
9		Order Quantity	60			
10					Lower	Upper
11			**Simulation**		Limit	Limit
12		Demand	44	*Integer Uniform*	40	70
13						
14		Sales Revenue	$110.00			
15		Purchasing Cost	$90.00			
16		Salvage Value	$8.00			
17						
18		Profit	$28.00			
19						
20		Mean Profit	$46.45			

	B	C
12	Demand	=@PsiIntUniform(E12,F12)
13		
14	Sales Revenue	=UnitSalePrice*MIN(OrderQuantity,Demand)
15	Purchasing Cost	=UnitPurchaseCost*OrderQuantity
16	Salvage Value	=UnitSalvageValue*MAX(OrderQuantity-Demand,0)
17		
18	Profit	=SalesRevenue-PurchasingCost+SalvageValue + @PsiOutput()
19		
20	Mean Profit	=@PsiMean(C18)

Range Name	Cell
Demand	C12
MeanProfit	C20
OrderQuantity	C9
Profit	C18
PurchasingCost	C15
SalesRevenue	C14
SalvageValue	C16
UnitPurchaseCost	C5
UnitSalePrice	C4
UnitSalvageValue	C6

때문에 셀 D12:F12에 명시된 것처럼 일간수요의 확률분포는 40과 70 사이의 값을 갖는 정수일양분포integer uniform distribution로 가정할 수 있다. (40과 70 사이의 모든 정수값은 동일한 가능성을 갖는다.) Analytic Solver는 수요량 셀(C12)에 하나의 고정된 값이 아니라 확률분포를 입력한다. Analytic Solver를 사용하여 주어진 확률분포를 따르는 하나의 랜덤 관측치random observation를 생성함으로써 쉽게 출력셀의 값을 계산할 수 있다. 이러한 과정을 Analytic Solver에서는 하나의 **시행**trial이라고 부른다. 컴퓨터 시뮬레이션은 사용자에 의해 지정된 시행 회수만큼 (보통 수백 또는 수천) 랜덤 관측치의 값을 출력셀에 생성한다. Analytic Solver는 주요 관심 사항(Freddie의 일간 수익) 출력셀의 정보를 기록하며, 마지막에 Freddie의 일간 수익 확률분포 추정치를 여러 편리한 형태로 보여준다. (다음에 더 자세히 언급한다.)

Analytic Solver의 활용

〈그림 15-1〉에서처럼 스프레드시트를 사용하여 Analytic Solver를 활용한 컴퓨터 시뮬레이션을 시행하려면 다음의 5단계가 필요하다.

1. 변수셀 정의
2. 결과셀 정의
3. 원하는 통계셀(예: 평균 수익) 정의
4. 시뮬레이션 옵션 선택
5. 시뮬레이션 시행

이 5단계의 각 단계를 살펴보자.

변수셀 정의

변수셀uncertain variable은 (Financial Journal의 일간 수요와 같은) 무작위 값을 가지므로 하나의 고정된 값 대신에 추정된 확률분포가 입력되어야 한다. 〈그림 15-1〉에서 변수셀은 수요인 C12 하나이다.

변수셀의 정의는 다음 과정에 따른다.

변수셀 정의 과정

1. 셀을 클릭하여 선택한다.
2. 〈그림 15-2〉와 같이 Analytic Solver 리본 중 분포 메뉴에서 확률분포를 선택한다.
3. 분포 대화상자를 이용하여 선택된 분포의 매개변수parameter를 입력한다. 이때 매개변수 값이 있는 스프레드시트의 셀 참조를 통한 매개변수 값의 입력이 선호된다.
4. 저장하기를 누른다.

〈그림 15-2〉 Analytic Solver 리본의 분포 메뉴가 이산 하위메뉴 아래의 가능한 분포들을 보여주고 있다.

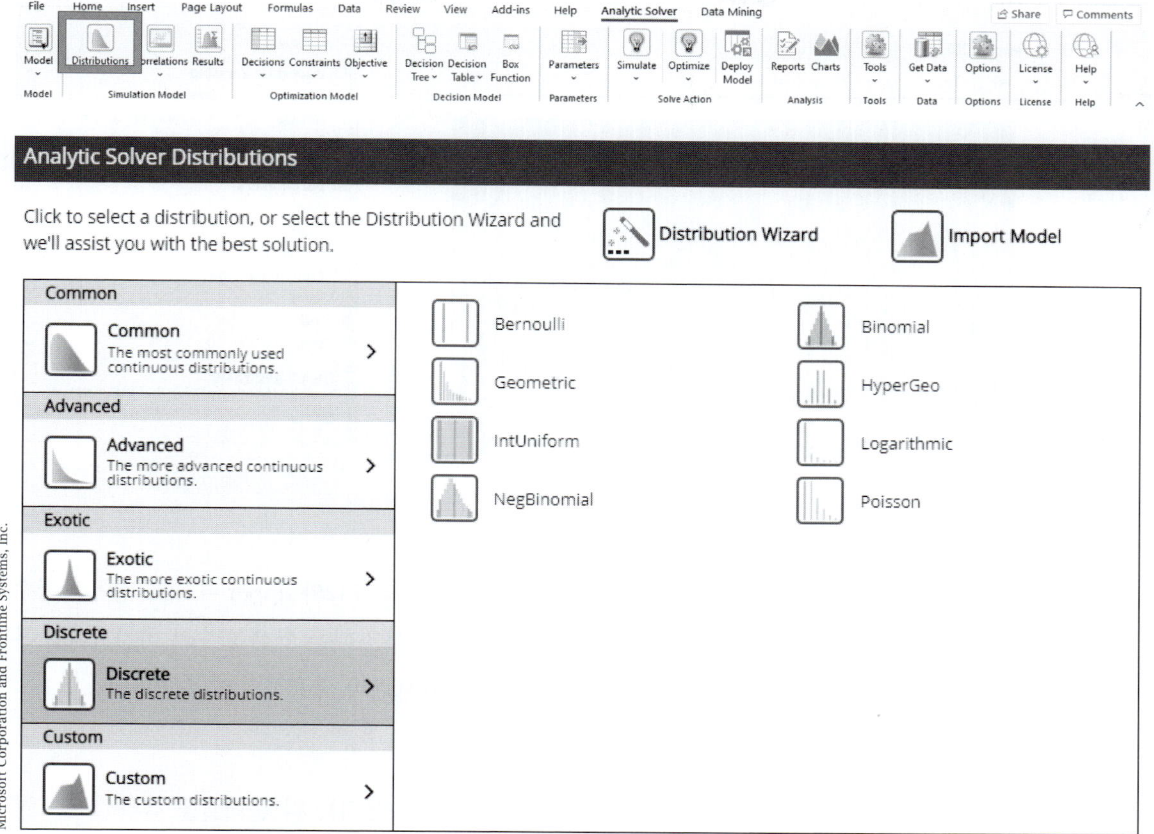

단계 2에서 소개된 **분포 메뉴**Distribution menu는 여러 개의 하위메뉴를 가지고 있으며, 50종 이상의 다양한 확률분포를 제공한다. 〈그림 15-2〉는 이산discrete 하위메뉴 아래에 있는 8개의 분포를 보여주며, 다른 하위메뉴 아래에 보다 많은 분포가 있다. (15.6절에서는 어떻게 정확한 분포를 선택할 것인지를 다룬다.)

Freddie의 사례에는 어느 분포가 적합한가? 신문 판매량은 항상 정수이기 때문에 이산 하위메뉴 아래에서 선택하는 것이 적절하다. (다른 하위메뉴 아래의 다양한 연속분포는 분수를 허용한다.) 판매량의 빈도가 40과 70 사이에서 거의 동일하기 때문에 IntUniform(정수일양)분포가 최선의 선택이다. 정수일양분포는 최솟값과 최댓값 사이의 모든 정수값이 동일한 가능성을 가짐을 가정한다.

분포 메뉴에서 정수일양분포를 선택하면 〈그림 15-3〉과 같이 분포의 매개변수를 입력하기 위한 대화상자가 나타난다. 하한과 상한 범위, 각 매개변수는 스프레드시트의 셀 E12와 F12의 값을 참조한다. 저장(save)을 누르면 Analytic Solver는 분포를 따르는 무작위 값random value을 계산하기 위해 셀에 공식을 입력한다. 수요인 셀 C12에 정의된 정수일양분포의 공식은 =@

〈그림 15-3〉 〈그림 15-1〉의 스프레드시트 모형의 변수셀인 수요(C12)에 정의된 정수일양분포의 매개변수를 구체적으로 명시하기 위한 대화상자

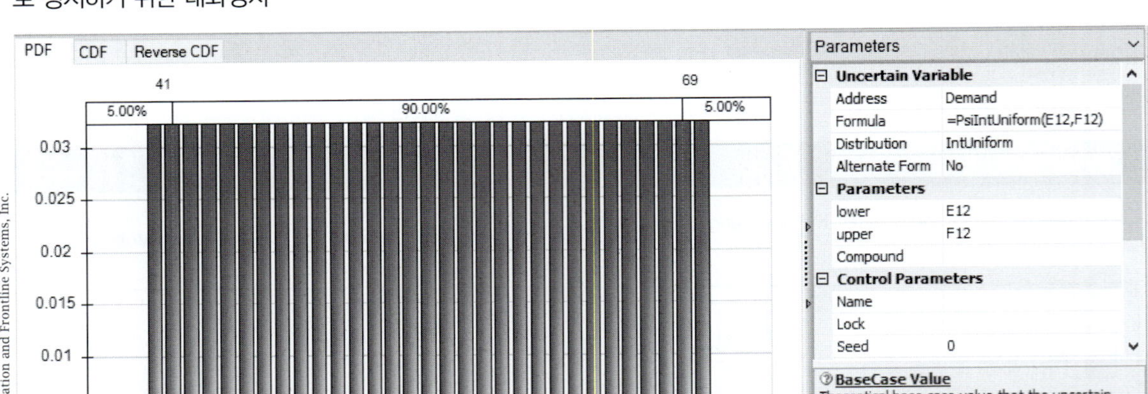

PsiIntUnifrom(E12, F12)이다. 이 공식은 parameters lower =E12와 upper =F12로 정의된 정수일양분포를 따르는 하나의 무작위 값을 생성한다. 이 공식은 다른 엑셀 함수와 마찬가지로 복사 및 붙여넣기가 가능하다. (15.2절의 예제에서 이것이 얼마나 유용한지 알 수 있다.)

결과셀 정의

컴퓨터 시뮬레이션에서 성과척도를 예측하기 위해 사용되는 각 출력셀을 **결과셀**results cell이라 부른다. 컴퓨터 시뮬레이션을 위한 스프레드시트 모형은 목표셀이 없는 경우가 흔하지만, 결과셀이 동일한 역할을 한다.

신문팔이 소년 Freddie 문제의 관심 성과척도는 Financial Journal로부터 얻는 일간 수익이며, 하나의 결과셀인 수익은 〈그림 15-1〉에서 C18이다. 이러한 결과셀의 정의는 다음 과정을 따른다.

결과셀 정의 과정

1. 셀을 클릭하여 선택한다.
2. Analytic Solver 리본 중 결과 메뉴에서 출력/입력셀을 선택한다.

〈그림 15-1〉에서 결과셀 C18은 28달러의 수익을 보이고 있다. 이것은 현재 스프레드시트가 보여주고 있는 것과 같이 변수인 수요가 44인 경우로, 단지 특정 무작위 값에 대한 결과임을 인지하는 것이 중요하다. 이것은 시뮬레이션 시행 결과가 아니며, 더욱이 전체 시뮬레이션의 평균 수익도 아니다. 이것은 단지 하나의 시행 결과이다. 전체 시뮬레이션 시행 결과를 얻기 위해서 결과셀을 더블클릭하면 모든 결과를 포함하는 도표를 얻을 수 있다. (다음에 더 자세히 언급한다.)

통계셀 정의

더 많은 결과를 보기 위해 결과셀을 더블클릭하기 전에 결과셀에 있는 수는 단지 한 번의 시뮬레이션 실행 결과를 보여주기 때문에, 스프레드시트에서 전체 시뮬레이션 실행 결과를 요약하는 성과척도에 대한 통계량을 직접 보여주는 것은 유용하다. Analytic Solver는 이러한 셀을 **통계셀**statistic cell이라 부른다. 〈그림 15-1〉에서 셀 C20은 통계셀로 평균 수익 46.45달러를 보여주고 있다. Analytic Solver는 다음의 과정에 따라 통계셀을 정의한다.

통계셀 정의 과정

1. 통계량이 보이길 원하는 결과셀을 클릭한다.
2. 〈그림 15-4〉와 같이 Analytic Solver 리본 중 결과Results 메뉴 아래의 통계Statistics 하위메뉴에서 평균과 같이 원하는 하나의 통계량을 선택한다.
3. 통계량의 값이 보이길 원하는 통계셀을 클릭한다.

〈그림 15-4〉 통계(Statistics) 하위메뉴 아래의 가용한 통계량을 보여주는 Analytic Solver 리본의 결과(Results) 메뉴

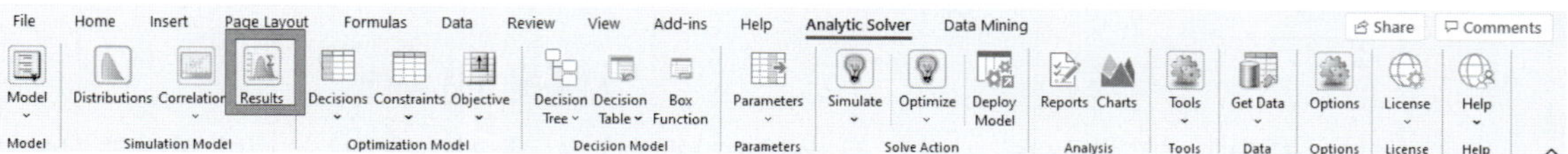

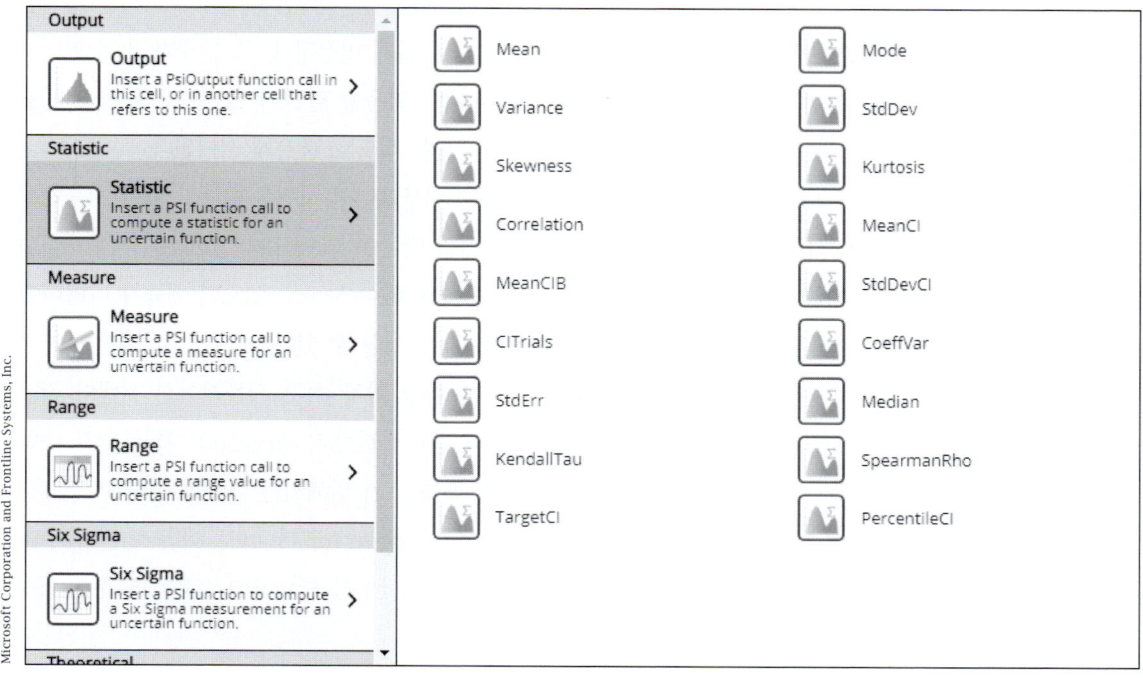

〈그림 15-5〉 시뮬레이션 탭 선택 후의 Analytic Solver 옵션 대화상자

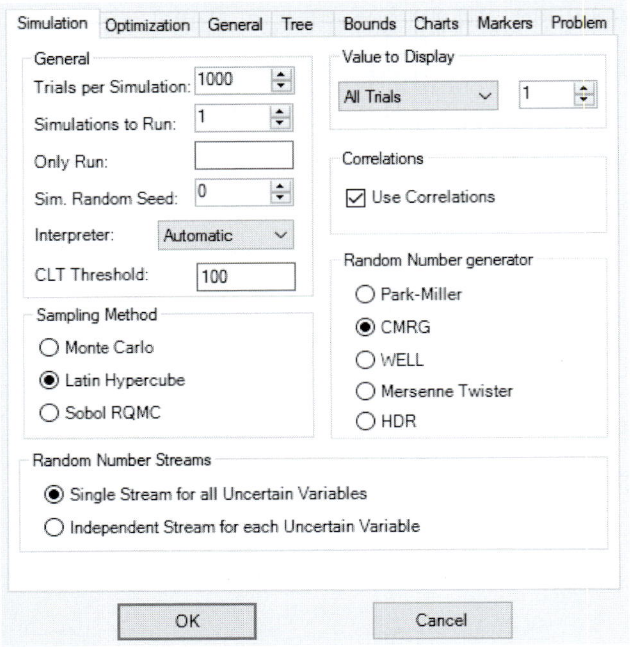

Microsoft Corporation and Frontline Systems, Inc.

시뮬레이션 옵션 설정

네 번째 단계는 시뮬레이션 시행 횟수와 컴퓨터 시뮬레이션 시행을 위한 여러 옵션 등 시뮬레이션 옵션을 설정하는 것이다. 이 단계는 Analytic Solver 리본의 옵션 단추를 클릭하고 시뮬레이션 탭을 선택하여 시작된다. 그러면 〈그림 15-5〉와 같은 시뮬레이션 옵션 대화상자가 나타난다. 가장 중요한 옵션은 아마도 시뮬레이션 시행횟수이다. 그림에서는 1,000번의 시행을 지정하였다. 다른 옵션으로는 Analytic Solver가 사용할 표본추출법sampling method 또는 난수생성법random number generator을 선택할 수 있다. 이들 옵션은 초기값으로 유지하자.

시뮬레이션 시행

컴퓨터 시뮬레이션의 시행을 설정하는 단계이다. 사실, 시뮬레이션은 이미 화면에 보이지 않고 시행되었다. 〈그림 15-2〉 또는 〈그림 15-4〉처럼, Analytic Solver 리본의 시뮬레이트 단추Simulate button에는 전구모양의 그림이 있다. 이 전구가 노랑색으로 켜져 있으면 Analytic Solver는 상호작용하는 시뮬레이션 상태이다. 이 상태에서 모형을 변경하면 화면에 보이지는 않지만 시뮬레이션이 자동적으로 변경되어 시행되며 결과가 새롭게 변경된다. 즉, 전구가 켜져 있다면 시뮬레이션은 이미 시행되었으며 시행 결과가 준비되어 있음을 말한다. 소 또는 중 규모의 모형에 대한 시뮬레이션은 시행되고 있음을 인지하지 못할 정도로 빠르게 시행된다.

전구가 회색으로 꺼져 있으면, Analytic Solver는 시뮬레이션 시행을 요구할 때만 시뮬레이션을 시행한다. 시뮬레이션을 시행하려면 시뮬레이션 단추를 클릭하여 상호작용 시뮬레이션을 키면 된다. 다른 방법으로는, 시뮬레이션 단추를 클릭하여 누르고 있으면 메뉴가 나타나고 한 번 시행Run Once을 선택함으로써 시뮬레이션 모형을 시행할 수 있다.

상호작용 시뮬레이션이 켜져 있을 때, 통계셀은 항상 가장 최근 시뮬레이션 시행의 결과를 보여준다. 예를 들면, 〈그림 15-1〉에서 평균수익 결과셀(C20)은 Freddie의 평균 일간 수익이 46.45달러임을 보여주고 있다. 보다 광범위한 결과를 보기 위해서는 마우스로 수익 결과셀(C18)을 더블클릭하면 된다. 이렇게 하면 'Click here to open full chart'로 이름 붙은 단추와 함께 모든 결과에 대한 빠른 요약도표를 볼 수 있다. 이 단추를 클릭하면 〈그림 15-6〉에 소개된 결과들이 나타난다.

기본 그림은 왼쪽의 도수분포도표와 오른쪽의 통계표이다. 도수분포도표의 수직선의 높

이는 시뮬레이션 시행 동안 얻어진 다양한 수익에 대한 상대빈도를 나타낸다. 예를 들어, 수익이 60달러인 경우에 높이를 보자. 도표의 오른쪽 축으로부터 빈도가 대략 350번임을 읽을 수 있다. 이는 1,000번의 시행 중 대략 350번은 60달러의 수익을 나타냈음을 의미한다. 그러므로 도표의 왼쪽 축으로부터 60달러의 수익에 대한 추정 확률이 350/1000=0.35임을 알 수 있다. 이것은 수요량이 주문량 60과 같거나 60보다 많을 때 나타나는 수익이다. 나머지 시행에서는 수익이 20달러와 58달러 사이에 상당히 동등하게 분포되어 있다. 이러한 수익들은 수요가 40과 59 사이인 경우의 시행에 대응하는 값들로 수익의 하위 값은 수요가 40에 가까울 때, 상위 값은 수요가 60에 가까울 때 얻어진다.

〈그림 15-6〉의 오른쪽 통계표는 1,000번의 컴퓨터 시뮬레이션 시행 결과를 요약한 것이다. 1,000번의 시행은 Freddie의 일간 수익에 대한 잠재 확률분포로부터 1,000개의 랜덤 관측치를 생성한다. 주어진 표에서 제공되는 가장 흥미로운 통계자료는 평균 46.45달러, 표준편차 13.67달러 그리고 최빈값mode 60달러이다. 표준편차는 시행에 따른 수익의 변동성의 척도이며, 최빈값은 가장 빈도가 많은 수익의 값을 의미한다. 표의 아래에 있는 최솟값minimum과 최댓값maximum 또한, 유용한 정보이다.

〈그림 15-6〉의 도수분포도표와 통계표 외에 시뮬레이션 시행 결과를 보여주는 다른 유용한 방법들이 있다. 도수분포도표 상단의 알맞은 탭을 클릭하면, 누적도수분포cumulative

〈그림 15-6〉 〈그림 15-1〉의 Freddie 신문팔이 소년 사례의 시뮬레이션 수행결과를 요약하기 위해 Analytic Solver가 제공하는 도수분포도표와 통계표

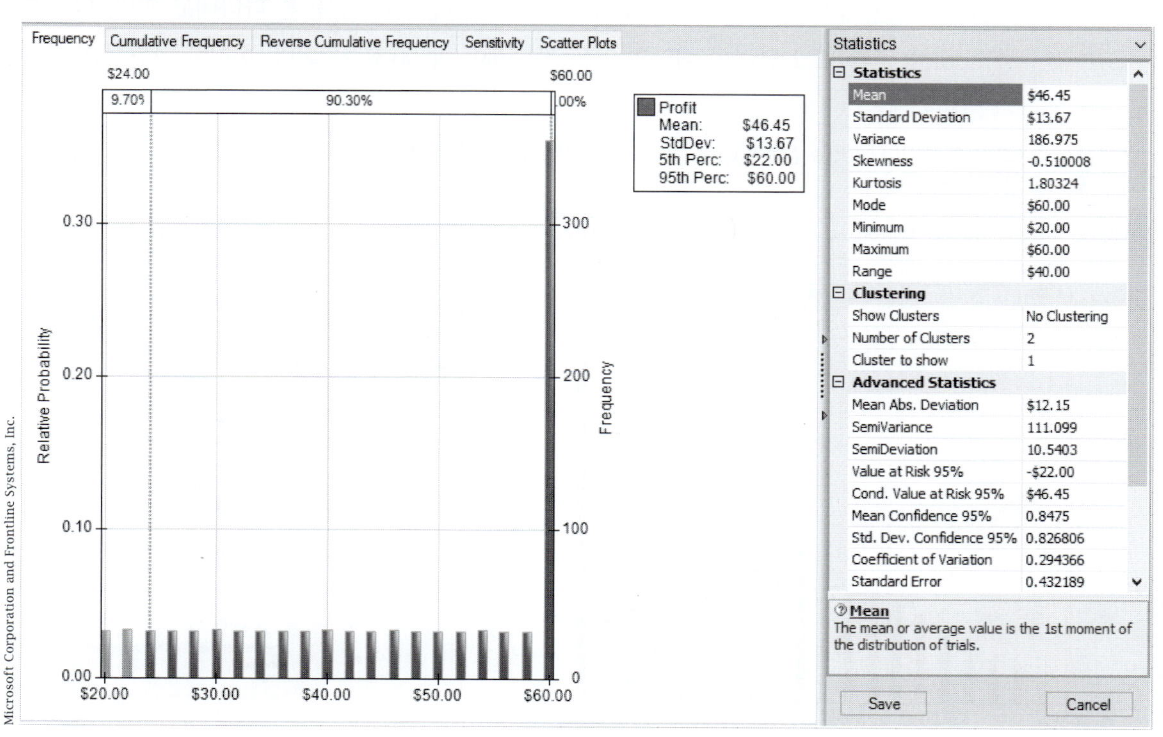

frequency, 역누적도수분포reverse cumulative frequency, 민감도차트 또는 산포도를 볼 수 있다. 또한, 통계표 상단 메뉴에서 도표의 다양한 옵션의 변경을 포함해 통계자료 또는 백분위수표를 선택할 수 있다. 〈그림 15-7〉은 현재 시뮬레이션 시행 결과에 대한 누적도수분포도표를 왼쪽에 백분위수표를 오른쪽에 보여주고 있다. 백분위수표는 1,000번 시행으로 생성된 수익 목록을 오름차순으로 10개씩 100개의 부분으로 나눈 후 각 부분의 마지막 값을 기록한다. 목록으로부터 5% 값은 22달러, 10% 값은 26달러라는 내용 등을 알 수 있다. (예를 들어, 10% 백분위수 26달러는 시뮬레이션 시행 중 10%는 26달러와 같거나 작은 수익을 갖는 것으로, 시행 중 나머지 90%는 26달러와 같거나 큰 수익을 갖는 것으로 직관적으로 설명된다. 따라서, 수익 26달러는 수익들을 작은 10%와 큰 90%로 나누는 값이다.)

〈그림 15-7〉의 왼쪽 누적도수분포도표는 최소-최대로 (오름차순으로) 정렬된 수익목록에 대해 유사한 (보다 상세한) 정보를 제공하고 있다. 도표의 가로축은 발생 가능한 수익의 최솟값(20달러)에서 최댓값(60달러)의 모든 범위를 보여주고 있다. 도표는 1,000번의 시행에서 얻어지는 실제 수익이 범위 내의 각 값 이하인 경우에 대한 누적횟수를 보여주고 있다. 누적횟수는 오른쪽의 빈도수와 같으며, 이 값을 시행횟수로 나누면 왼쪽의 확률이 된다.

또한 Analytic Solver는 결과값이 특정 범위 내에 속할 (발생)가능성에 대한 추정치를 제공할 수 있다. 〈그림 15-6〉에는 현재 24달러와 60달러의 값 범위를 지정하는 두 개의 차단선(수직 점선)이 있다(60달러의 차단선은 막대에 의해 다소 가려져 보이지 않고 있음). 그래프의 맨 위에 표시된 백분율은 결과값의 9.7%는 24달러 차단선 아래에, 90.3%는 24달러와 60달러 차단선 사이에, 0%의 결과값은 60달러의 차단선 위에 있음을 나타내고 있다. 따라서 Freddie는 적어도 24달러의 이익을 얻을 가능성이 약 90.3%가 된다. 이러한 차단선은 임의

〈그림 15-7〉 〈그림 15-1〉의 Freddie 신문팔이 소년 사례의 시뮬레이션 수행결과를 보여주는 두 가지 추가방법 (누적빈도수분포도표와 백분위수표)

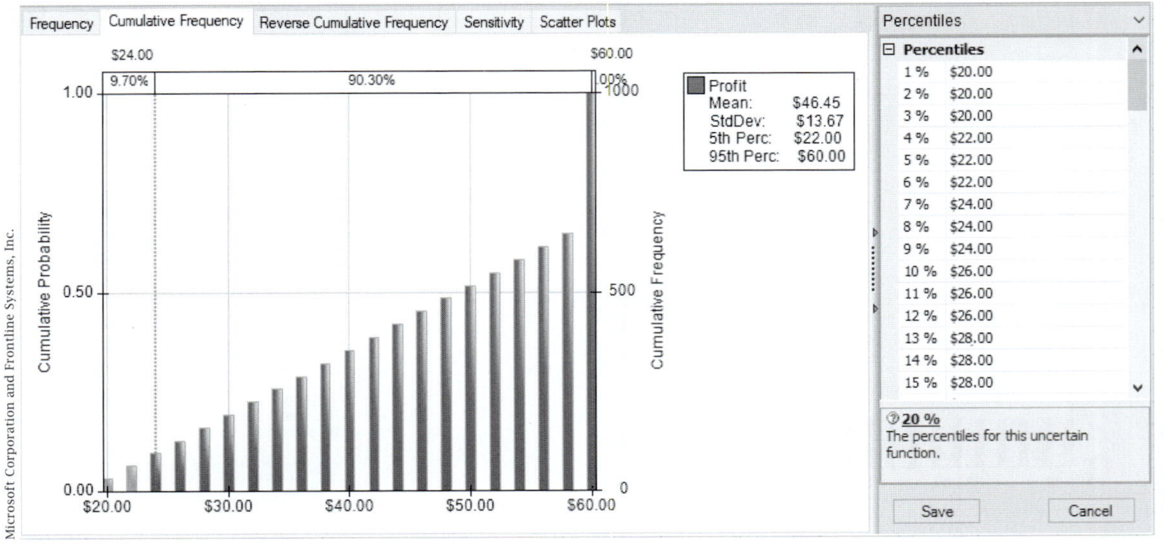

〈그림 15-8〉 요구되는 수익의 하위 차단점을 40달러로 설정하면 우도 상자는 Freddie 모형의 시뮬레이션 시행에서 설정된 하위 차단점 이상의 수익을 얻는 경우가 64.5%임을 보여준다.

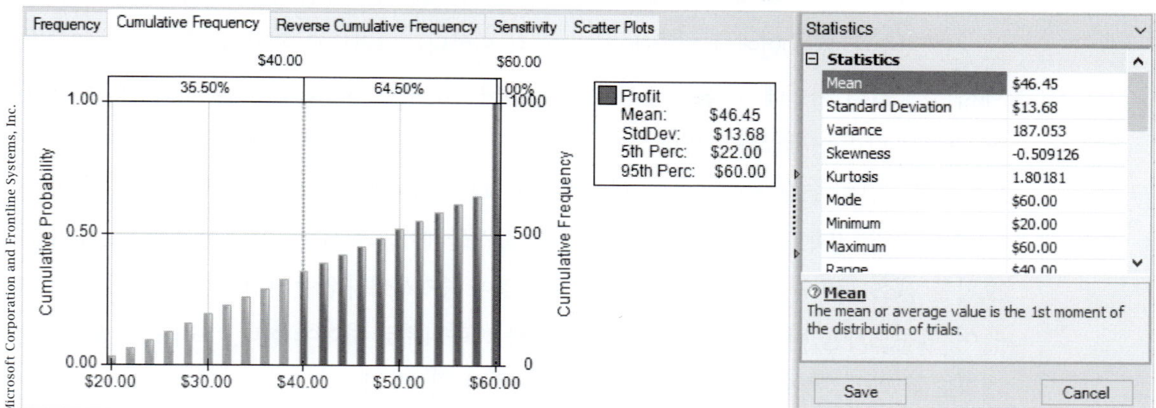

의 범위 값에 대한 가능성을 알기 위해 왼쪽 또는 오른쪽으로 끌 수 있다.

〈그림 15-8〉은 Analytic Solver를 이용하여 시뮬레이션 시행 결과로부터 의미 있는 정보를 얻어낼 수 있는 방법을 설명하고 있다.

Freddie는 Financial Journal 판매로부터 최소 40달러 이상의 수익을 얻으면 꽤 성공적인 날이라고 생각한다. 그러므로 Freddie는 그가 현재 주문량 60을 따른다면 이 만큼의 수익을 기대할 수 있는 날에 대한 확률을 알고 싶어한다. Analytic Solver를 이용하여 이 확률을 구하기 위해서는 왼쪽 차단선을 40달러까지 끌기하거나 차단선 위의 예전 값(〈그림 15-6〉의 24달러)을 클릭하고 새로운 특정 값(40달러)을 입력하면 된다. 〈그림 15-8〉은 Freddie가 약 64.5 퍼센트의 확률로 40달러의 수익을 기대할 수 있음을 보이고 있다. 그러면, 이 확률의 추정치 64.5%가 바로 아래 우도 상자Likelihood box와 왼쪽 도표의 상단에 보인다. 하위 차단점Lower Cutoff과 상위 차단점Upper Cutoff 모두에 값을 입력하면 두 값 사이의 수익을 얻을 수 있는 확률을 구할 수도 있다.

시뮬레이션 결과가 얼마나 정확한가

〈그림 15-6〉에서 중요한 수는 평균 46.45달러이다. 이것은 1,000번의 시행에서 생성되는 Freddie의 일간 수익에 대한 잠재 확률분포로부터 얻어지는 1,000번의 랜덤 관측치의 평균이다. 이런 이유로 표본평균 46.45달러는 이 분포의 평균의 참값에 대한 추정치를 제공한다. 참값은 아마 46.45달러에서 약간 벗어나 있을 것이다. 이 추정치가 얼마나 정확한지를 기대할 수 있는가?

이 중요 문제에 대한 답은 〈그림 15-6〉 통계표의 아래에 있는 표준오차standard error 0.43달러이다. 특히, 평균의 참값은 표본평균에서 표준오차만큼 얼마든지 벗어날 수 있지만(대략 68% 정도), 그 이상으로 거의 벗어나지는 않는다. 따라서 46.02(=46.45−0.43)달러에서 46.88(=46.45+0.43)달러까지의 구간이 평균의 참값에 대한 68% 신뢰구간이 된다.

유사한 방법으로 평균에서 표준오차의 적절한 배수를 더하거나 뺌으로써 보다 넓은 신뢰구간을 얻을 수 있다. 예를 들어, 95% 신뢰구간에 적절한 배수는 1.965이므로, 95% 신뢰구간은 45.60(=46.45−1.965(0.43))달러에서 47.30(=46.45+1.965(0.43))달러까지이다(이 배수 1.965는 시행횟수가 1,000번에서 변함에 따라 다소 변한다). 그러므로 평균의 참값은 45.60달러에서 47.30달러 사이에 있을 가능성이 매우 높다. Analytic Solver는 95% 신뢰구간을 구하는 간편한 방법을 제공하고 있다. 통계표 하단의 평균 신뢰 95%Mean Confidence 95% 0.85달러는 95% 신뢰구간이 45.60(=46.45−0.85)달러에서 47.30(=46.45+0.85)달러까지임을 보여주고 있다.

보다 높은 정확도가 요구된다면, 일반적으로 시뮬레이션의 시행횟수를 증가함으로써 표준오차를 감소시킬 수 있다. 그러나 시행횟수를 많이 증가시키지 않는다면 감소량은 적다. 예를 들어, 표준오차를 반으로 줄이려면 시행횟수를 대략 4배로 하여야 한다. 그러므로 요구되는 정확도를 얻기 위해서는 매우 많은 수의 시행횟수가 필요하다.

Freddie의 결론

〈그림 15-6〉에 있는 결과는 Freddie의 Financial Journal 일간 주문량이 60으로 고정된 경우(〈그림 15-1〉의 스프레드시트 셀 C9에 나타난 것처럼)의 시뮬레이션 시행 결과이다. 많은 날(대략 2/3)에 수요를 충분히 맞추는 주문량과 미판매 부수를 줄이는 주문량 사이에 적절한 절충이 있을 것 같아 Freddie는 우선적으로 이 주문량으로 시도해보길 원했다. 그러나 시행 결과는 그의 평균 일간 수익을 최대로 하는 최적 주문량이 60임을 보여주지는 못한다. 최적 주문량을 결정(최소한 추정)하기 위해서는 다른 주문량을 고려한 보다 많은 시뮬레이션 시행이 필요하다. Analytic Solver의 상호작용 시뮬레이션 상태를 활용하면 시행착오법trial-and-error으로 이것을 간단하게 할 수 있다. 〈그림 15-9〉처럼 모형의 C9에 새로운 주문량OrderQuantity 값을 입력한다. 상호작용 시뮬레이션 상태가 활성화되어 있다면 새로운 시뮬레이션이 바로 시행되고 통계셀 C20(MeanProfit)에 평균 수익의 새로운 값이 즉시 나타난다. 변하는 결정변수가 하나일 때 시행착오법은 최적 주문량에 집중하기 위해 매우 빠르게 사용될 수 있다. (시행해보라!) 주문량을 60에서 한 번에 한 단위씩 감소시키면 평균 수익은 증가한다. 아마도 이 현상은 주문량이 55 아래로 감소할 때까지 계속되며, 주문량이 55일 때 평균 수익은 감소하기 시작한다. (그러나 시뮬레이션 시행을 통해 얻은 평균 수익은 단지 하나의 추정치이고, 랜덤오차random error 때문에 방향의 변화가 정확히 55에서 일어나지 않을 수 있음을 기억하자.) 〈그림 15-9〉처럼 시행착오법은 현재의 시뮬레이션 시행 결과에 따라 주문량이 55일 때 평균 수익이 최댓값 47.26달러를 얻을 수 있음을 제안한다.

15.7절에서는 8장의 최적화 모형에서 사용하였던 매개변수 분석 보고서parameter analysis report와 추세도표trend chart를 이용한 서로 다른 주문량을 비교하는 보다 체계적인 방법을 소개한다. 15.8절에서는 5장에서 11장까지 논의되었던 것처럼 Analytic Solver에 포함되어 있는 Solver가 최적 주문량을 찾기 위해 시뮬레이션과 결합하여 어떻게 이용되는지를 설명하고 사례연구를 마친다.

〈그림 15-9〉 이 그림은 결정변수인 주문량(C20)이 시행착오법에 따라 변화할 때 통계셀인 평균수익(C20)에 어떤 변화가 있는지를 설명한다.

	A	B	C	D	E	F
1	**Freddie the Newsboy**					
2						
3			**Data**			
4		Unit Sale Price	$2.50			
5		Unit Purchase Cost	$1.50			
6		Unit Salvage Value	$0.50			
7						
8			**Decision Variable**			
9		Order Quantity	55			
10					Lower	Upper
11			**Simulation**		Limit	Limit
12		Demand	40	*Integer Uniform*	40	70
13						
14		Sales Revenue	$100.00			
15		Purchasing Cost	$82.50			
16		Salvage Value	$7.50			
17						
18		Profit	$25.00			
19						
20		Mean Profit	$47.26			

알아야 할 것이 여전히 많지만, Freddie는 주문량 60이 대략 46.45달러의 괜찮은 평균 일간 수익을 발생시킴을 〈그림 15-6〉으로부터 이미 알고 있다. 이것은 단지 추정치이다. 하지만 Freddie는 95% 신뢰구간으로부터 평균 일간 수익이 아마도 45.60달러와 47.30달러 사이의 값임을 역시 알고 있다. 또한, Freddie는 〈그림 15-8〉로부터 보다 적은 주문량 55가 보다 큰 평균 일간 수익 약 47.26달러를 발생시킴을 알았다.

그러나 컴퓨터 시뮬레이션으로부터 얻은 수익 값들은 〈그림 15-1〉의 셀 D12:F12에 정의된 바와 같이 수요가 40과 70 사이의 정수일양분포를 따름을 가정한 스프레드시트 모형에 기초를 두고 있다. 그러므로 이러한 수익 값들은 이러한 가정이 유효한 경우에만 정확하다. 가정된 분포가 적절한지를 검증하거나 Freddie가 실제 경험한 일간 수요자료에 더 적합한 다른 확률분포를 밝히는 추가 작업이 필요하다. 이에 대한 논의는 15.6절에서 다룬다.

Analytic Solver를 이용한 컴퓨터 시뮬레이션은 무수히 많은 경영상의 쟁점을 다룰 수 있는 매우 유용한 도구이다. 그러므로 15.6~15.8절에서 이 사례에 대한 분석을 계속하기 전에 Analytic Solver를 이용한 컴퓨터 시뮬레이션의 응용에 대한 4개의 추가 사례를 먼저 살펴보자.

복습문제

1. 신문팔이 소년 Freddie가 필요로 하는 의사결정은 무엇인가?
2. Analytic Solver를 사용할 때 변수셀은 무엇인가?
3. Analytic Solver를 사용할 때 결과셀은 무엇인가?
4. Freddie의 스프레드시트 모형에서 결과셀에 무엇이 입력되는가?

복습문제

5. Analytic Solver를 사용할 때 통계셀은 무엇인가?
6. Analytic Solver를 사용할 때 도수분포도표에서 알 수 있는 정보는 무엇인가?
7. Analytic Solver를 사용할 때 통계표에서 제공되는 중요 통계량은 무엇인가?
8. 컴퓨터 시뮬레이션 결과의 표본오차는 어떤 의미인가?
9. 신문팔이 소년 Freddie의 주문량이 얼마가 되어야 한다는 것에 대해 현재까지 알게 된 것들은 무엇인가?

15.2 건설사업 입찰: Reliable Construction CO. 사례연구의 서막

경영자들은 빈번하게 의사결정을 해야 하며, 의사결정의 결과는 경쟁사들의 경영진이 내린 의사결정에 크게 영향을 받는다. 예를 들자면, 마케팅 관련 의사결정이 종종 이러한 분류에 속한다. 시장에 내놓을 신제품의 가격을 결정하는 사례를 고려해보자.

이러한 의사결정이 얼마나 잘 작용할 것인가는 경쟁제품을 상품화하는 경쟁기업에 의해 거의 동시에 결정되는 가격에 매우 의존적이다. 유사하게 의사결정의 성공은 경쟁사의 제품이 출시되기 전에 개발 중인 제품을 얼마나 단기간에 시장화하는가에 따라 크게 결정된다.

경쟁사의 대응 의사결정을 알기 전에 의사결정이 이루어져야 한다면, 분석은 경쟁사의 의사결정이 무엇인지를 둘러싼 불확실성에 대한 설명을 필요로 한다. 컴퓨터 시뮬레이션은 경쟁사의 의사결정을 표현하기 위해 변수셀을 이용함으로써 이에 대한 자연스러운 방법을 제공한다.

다음 예제는 3곳의 경쟁사도 각자 입찰을 준비하고 있는 건설사업의 입찰가를 결정하는 과정을 설명하고 있다.

Reliable Construction Co.의 입찰 문제

www.mhhe.com/Hillier7e의 18장 전체에서 다루고 있는 사례연구는 Reliable Construction Co.와 주요 제조업자를 위한 새로운 공장을 건설하는 그들의 사업을 포함하고 있다. 18장에서 사업책임자 David Perty는 그 사업 경영진의 이해를 돕기 위해 어떻게 PERT모형을 광범위하게 사용하는지를 설명하고 있다.

18.1절의 시작 문구처럼, 이 사례연구는 입찰에 성공한 입찰가 540만 달러의 결정으로 시작된다. 회사 경영진이 그 사업의 입찰가로 540만 달러을 선택하기 위한 지침을 얻기 위해 Analytic Solver를 활용한 컴퓨터 시뮬레이션을 어떻게 이용하였는지를 설명하는 시간을 가져보자. 이 예제의 이해를 위해 18장의 사례를 다시 검토할 필요는 없다.

이 과정에서 Reliable Co.가 해야 할 첫 단계는 사업을 수주하였을 때 회사의 총비용이 얼마인지를 추정하는 것이다. 총비용은 455만 달러로 결정되었으며, 이 금액은 가능성이 매우 낮은 지연 벌금과 조기완료에 대한 상여금을 제외한 금액이다. 사업비용 추정과 경쟁 입찰전략분석을 포함한 입찰준비 비용 약 5만 달러가 여기에 추가된다.

3곳의 경쟁사들 역시 이 사업에 대한 입찰을 요청받았다. 3곳 모두 Reliable Co.의 오랜 경쟁 상대이기 때문에 그들의 입찰전략에 대해 잘 알고 있다. 입찰 준비 사무국의 전문분석가는 경쟁사들이 입찰가를 추정하는 일을 맡았다. 이 과정에는 매우 많은 불확실성이 존재하기 때문에 분석가는 이 추정치 각각이 확률분포의 형태를 갖는 것으로 결정하였다. 경쟁사 1은 총(직접)사업비의 30%를 이윤으로 책정할 것으로 알려졌다. 그러나 사업비의 참값을 높은 정확도를 가지고 예측할 수 있는 능력의 부족으로 경쟁사 1은 특히 예측할 수 없는 입찰자이다. 과거 입찰에서의 실제 이윤의 폭은 -5%에서 60%였다. 경쟁사 2는 25%의 이윤을 원하며, 사업비의 추정에 있어 경쟁사 1보다는 정확하다. 과거 입찰에서 이윤의 폭은 -15%에서 15%였고 이를 여전히 고수하고 있다. 반면에 경쟁사 3은 Reliable Construction과 마찬가지로 사업비의 추정에 있어 매우 정확하다. 경쟁사 3은 경쟁사에 대한 평가, 현재 밀린 일과 다른 다양한 요인들에 따라 이윤이 20~30%의 값을 균등하게 갖도록 입찰전략을 수정하기로 하였다.

경쟁사에 대한 이러한 정보는 매우 중요하지만, 정보를 생산한 분석가는 이러한 정보가 완전하지 않음을 알고 있다. 이러한 숫자에 기초하여 분석가는 각 경쟁사가 입찰할 입찰가에 대한 확률분포의 추정치를 개발하는 것이 여전히 필요하다.

경쟁사 3의 경우에 이 일은 비교적 간단하다. 분석가가 경쟁사 3은 이윤이 20~30%의 값을 균등하게 갖도록 추정하였기 때문에 입찰가는 총사업비의 120~130%의 값을 균등하게 가질 것이다. 이 경우에 맞는 확률분포는 120~130%의 일양분포이다.

하지만 경쟁사 1과 2의 경우는 쉽지 않다. 다행히도 분석가는 각 경쟁사의 이윤에 대한 최소, 최빈most likely, 최대 3개의 주요 값을 추정할 수 있었다. 여기에 100%를 더하여 총사업비의 비율을 입찰가로 결정할 수 있다. 예를 들면, 분석가가 경쟁사 1의 입찰가는 총사업비에 대한 비율로 표현하여 최소 95%, 최빈 130%, 최대 160%로 추정하였다. (경쟁사 2에 대한 값은 최소 110%, 최빈 125%, 최대 140%이다.) 동일한 3개의 주요 값에 기초한 아주 편리한 확률분포로 삼각분포Triangular distribution가 있다. 〈그림 15-10〉은 삼각분포의 형태를 보여주고 있다. 이 분포의 3개의 매개변수는 최솟값min, 최빈값likely, 최댓값max이다. (〈그림 15-10〉은 최빈값이 최댓값보다 최솟값에 가깝게 보이지만, 최빈값은 최솟값과 최댓값 사이의 어떤 값이라도 될 수 있다.) 이 3개의 매개변수는 경쟁사 1과 2에 대한 입찰이 분포를 잘 표현하고 있기 때문에 분석가는 가장 좋은 추정분포로 삼각분포

〈그림 15-10〉 삼각분포의 형태와 3개의 매개변수의 위치

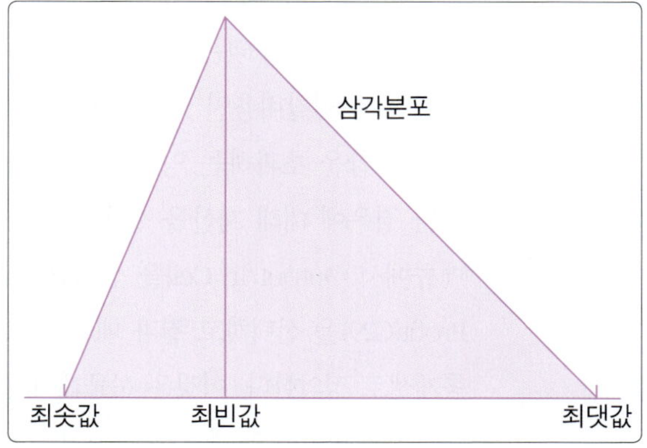

를 선택하였다. (삼각분포는 컴퓨터 시뮬레이션 수행에 있어 매우 선호되는 선택이다.)

요약하면, Reliable Co.의 총사업비 평가금액 455만 달러에 대한 비율로 표현된 경쟁사 3곳의 입찰가에 대한 추정확률분포는 다음과 같다.

경쟁사 1: 최소 95%, 최빈 130%, 최대 160%의 값을 갖는 삼각분포
경쟁사 2: 최소 110%, 최빈 125%, 최대 140%의 값을 갖는 삼각분포
경쟁사 3: 120%와 130% 사이의 값을 갖는 일양분포

컴퓨터 시뮬레이션을 적용하기 위한 스프레드시트 모형

〈그림 15-11〉은 Reliable Co.가 입찰할 가능성이 있는 입찰가에 대한 평가를 위해 세심하게 만들어진 스프레드시트 모형이다. 경쟁사의 입찰가에 대한 불확실성 때문에 이 모형은 변수셀 CompetitorBids(C8:E8)이 필요하며, 이 셀들에 앞서 정의한 확률분포가 입력된다. 앞선 절에서 설명한 바와 같이, 이것은 순차적으로 각 셀을 선택하고 Analytic Solver의 리본의 분포 메뉴에서 적절한 분포를 선택(이 예제의 경우 공통 하위메뉴)함으로써 완성된다. 그러면, 선택된 분포의 대화상자가 나타난다. 〈그림 15-12〉는 경쟁사 1의 매개변수(최소, 최빈, 최대)를 설정하기 위한 삼각분포의 대화상자를 보여주고 있다. 경쟁사 2의 경우도 비슷하게 다루어진다. 경쟁사 1에 대한 매개변수들은 셀 C18:C20를 참조하고 있다. 셀 C18:C20은 셀 C13:C15에 비율(%)로 표기된 매개변수 값들에 OurProjectCost(C4)를 곱하여 금액(달러)으로 변환한 값들이다. 대신에 셀 E8의 경쟁사 3에 대한 매개변수들을 설정하기 위해서는 일양분포 대화상자를 이용한다.

MinimumCompetitorBid(C23)은 컴퓨터 시뮬레이션 각 시행에서 경쟁사 입찰가 중 최솟값을 기록한다. OurBid(C25)에 입력된 값이 이 경쟁사의 최솟값보다 작은 경우에만 특정 시행의 입찰에서 이긴 것이다. WinBid?(C27)에 입력된 IF 함수는 입찰에 성공하면 1 그렇지 않으면 0을 돌려준다.

경영진은 입찰가를 결정하고 (입찰에 성공한다면) 사업을 진행하는 전체 과정에서 발생되는 기대 수익을 최대화하기를 원하기 때문에 이 모형의 결과셀은 Profit(C29)이다. 특정 시행에서 얻어지는 수익은 입찰에서의 성공 여부에 영향을 받는다. 입찰에 성공하지 못하면, 실제 수익은 입찰비용인 5만 달러 손실이다. 그러나 입찰에 성공하면 입찰가가 사업비용과 입찰비용의 합을 초과하는 양만큼이 수익이 된다. Profit(C29)에 입력된 수식은 어느 쪽이든 적용되는 경우에 대해 계산을 실행한다. Profit(C29)은 셀을 클릭하고 Analytic Solver 리본의 결과메뉴에서 Output/In Cell을 선택함으로써 결과셀로 정의된다. 최종적으로 MeanProfit(C31)은 Profit(C29)을 선택하고 결과 메뉴의 통계 하위메뉴에서 Mean을 선택한 후 셀 C31을 클릭하여 통계셀로 정의한다. 이것은 시뮬레이션의 실행 후에 평균 수익 값을 보여준다.

이 모형의 주요 셀에 대한 요약은 다음과 같다.

〈그림 15-11〉 컴퓨터 시뮬레이션을 Reliable Construction Co.의 계약 입찰문제에 응용한 스프레드시트 모형

	A	B	C	D	E	F
1	**Reliable Construction Co. Contract Bidding**					
2						
3		**Data**				
4		Estimated Project Cost ($million)	4.550			
5		Accuracy of Estimate (+/−)	10%			
6		Our Bid Cost ($million)	0.050			
7					Minimum	Maximum
8		**Actual Project Cost if Win Bid ($million)**	4.828	*Uniform*	4.095	5.005
9						
10		**Competitor Bids**	Competitor 1	Competitor 2	Competitor 3	
11		Bid ($million)	5.974	5.561	5.743	
12						
13		Distribution	*Triangular*	*Triangular*	*Uniform*	
14						
15	Competitor Distribution Parameters (Proportion of Our Project Cost)					
16		Minimum	95%	110%	120%	
17		Most Likely	130%	125%		
18		Maximum	160%	140%	130%	
19						
20		Competitor Distribution Parameters ($millions)				
21		Minimum	4.323	5.005	5.460	
22		Most Likely	5.915	5.688		
23		Maximum	7.280	6.370	5.915	
24						
25		**Minimum Competitor Bid ($million)**	5.561			
26						
27		**Our Bid ($million)**	5.4			
28						
29		**Win Bid?**	1	(1=yes, 0=no)		
30						
31		**Profit ($million)**	0.522			
32						
33		**Mean Profit ($million)**	0.487			

Range Name	Cells
AccuracyOfEstimate	C5
ActualProjectCost	C8
CompetitorBids	C11:E11
EstimatedProjectCost	C4
MeanProfit	C33
MinimumCompetitorBid	C25
OurBid	C27
OurBidCost	C6
Profit	C31
WinBid?	C29

	B	C
7		
8	Actual Project Cost if Win Bid ($million)	=@PsiUniform(E8,F8)

	E	F
7	Minimum	Maximum
8	=EstimatedProjectCost*(1−AccuracyOfEstimate)	=EstimatedProjectCost*(1+AccuracyOfEstimate)

	B	C	D	E
10	**Competitor Bids**	Competitor 1	Competitor 2	Competitor 3
11	Bid ($million)	=@PsiTriangular(C21,C22,C23)	=@PsiTriangular(D21,D22,D23)	=@PsiUniform(E21,E23)

	B	C	D	E
21	Minimum	=EstimatedProjectCost*C16	=EstimatedProjectCost*D16	=EstimatedProjectCost*E16
22	Most Likely	=EstimatedProjectCost*C17	=EstimatedProjectCost*D17	
23	Maximum	=EstimatedProjectCost*C18	=EstimatedProjectCost*D18	=EstimatedProjectCost*E18

	B	C
25	**Minimum Competitor Bid ($million)**	=MIN(C11:E11)
26		
27	**Our Bid ($million)**	5.4
28		
29	**Win Bid?**	=IF(OurBid<MinimumCompetitorBid, 1,0)
30		
31	**Profit ($million)**	=WinBid?*(OurBid-ActualProjectCost)-OurBidCost +@ PsiOutput()
32		
33	**Mean Profit ($million)**	=@PsiMean(C31)

〈그림 15-12〉 삼각분포 대화상자

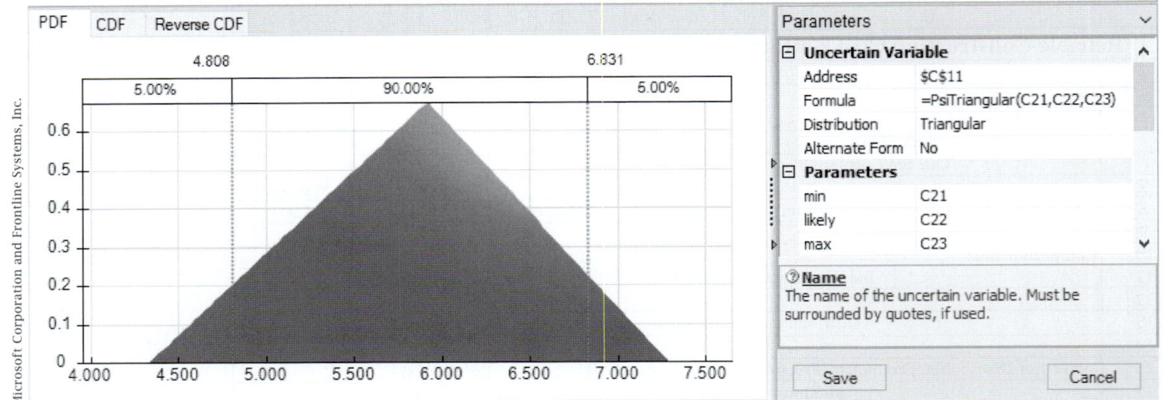

변수셀: ActualProjectCost(C8), CompetitorBids(C11:E11)
결정변수: OurBid(C27)
결과셀: Profit(C31)
통계셀: MeanProfit(C33)

(셀을 정의하는 상세한 방법은 15.1절 참조하라.)

시뮬레이션 결과

OurBid(C25)에 입력된 가능한 입찰가 540만 달러를 평가하기 위해 컴퓨터 시뮬레이션을 1,000번 시행하자. 〈그림 15-13〉은 시뮬레이션 결과를 도수분포도표와 통계표의 형태로 보여주고 있다. 백만 달러 단위로 표현하면, 각 시행의 수익은 단지 두 가지 값, 즉 입찰에 실패한 경우의 손실 −0.050와 입찰에 성공한 경우의 수익 0.800을 가진다. 도수분포도표에 따르면 손실 5만 달러는 1,000번 중 약 380번 발생한 반면, 수익 80만 달러는 나머지 620번 발생하였다. 1,000번의 시행 결과 평균 수익은 0.487(487,000달러)이며, 다른 통계량들은 통계표에 기록되어 있다.

이러한 결과들만 가지고는 540만 달러가 최선의 입찰가임을 보여주지는 못한다. 추가적인 시뮬레이션 시행을 통해 다른 입찰가가 더 큰 기대수익을 낼 수 있는지에 대한 추정이 필요하다. 앞선 절에서 본 바와 같이, 이것은 시행착오법을 통해 가능하다. 이를 위해 15.8절에서는 매개변수 분석 보고서를 이용하여 어떻게 540만 달러를 최종 입찰가로 선택하게 되었는지를 설명한다. 이 가격은 Reliable Construction Co.의 낙찰가격으로 밝혀졌으며, 이 내용은 18장의 사례연구로 이어진다.

〈그림 15-13〉 〈그림 15-11〉의 Reliable Construction Co.의 계약 입찰문제에 대한 시뮬레이션 모형의 수행결과를 요약하는 도수분포도표와 통계표

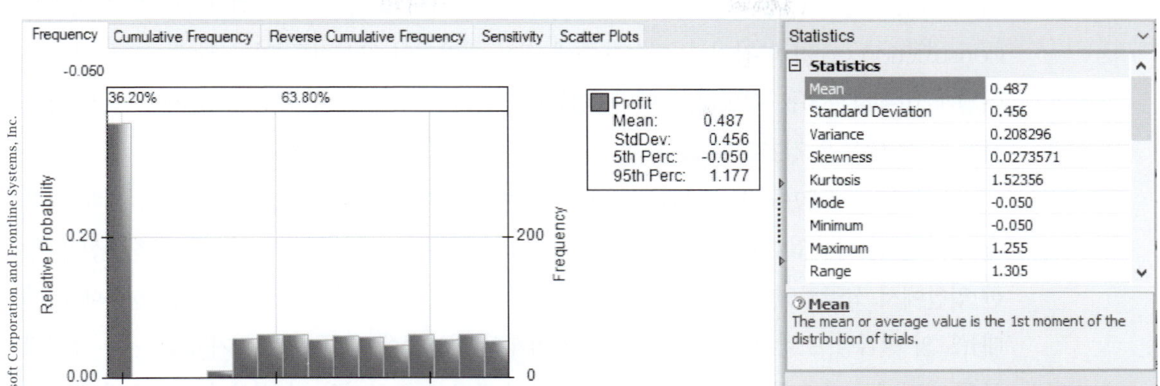

복습문제

1. Reliable Construction Co.가 입찰하려는 사업은 무엇인가?
2. 경쟁사의 입찰가는 어떤 형태를 띠는 것으로 추정되는가?
3. 컴퓨터 시뮬레이션을 활용하기 위한 이 예제의 스프레드시트 모형에서 변수셀의 값은 무엇인가?
4. 이 스프레드시트 모형의 결과셀에는 무슨 값들이 나타나는가?
5. 이 컴퓨터 시뮬레이션의 각 시행에서 가능한 결과는 무엇인가?

15.3 사업관리: Reliable Construction Co. 사례연구의 재논의

사업관리자의 중요한 책무 중 하나는 사업기한을 지키는 것이다. 그러므로 능숙한 사업관리자는 사업기한을 준수할 가능성을 키우기 위해 필요하다면 사업 수행계획을 조정한다. 사업관리자가 특정 사업계획에 따른 사업기한 준수확률을 어떻게 추정하는가? 18.4절은 PERT에 의한 하나의 방법을 설명하고 있다. 컴퓨터 시뮬레이션이 어떻게 보다 나은 방법을 제공하는지를 설명하고자 한다.

이 예제는 근사 수학모형을 대상으로 수행된 예비 분석 결과를 개선하는 컴퓨터 시뮬레이션의 보편적 역할을 보여주고 있다. 시간times에 대한 변수셀을 고려할 것이다. 이 예제의 또 다른 흥미로운 특성은 민감도차트라는 Analytic Solver의 특별한 도표의 사용이다. 이 도표는 사업계획을 어떻게 변경해야 하는지에 대한 핵심 통찰을 제공해준다.

문제 정의

앞선 절의 문제와 같이, www.mhhe.com/Hillier7e에 있는 18.1절에 소개되고 18장에

서 계속 언급된 Reliable Con-struction Co. 사례연구를 중심으로 다룬다. 이 문제는 18장에서 설명된 앞부분보다는 사례연구의 중간 부분에서 발생한다. 특히 18.4절은 Reliable Construction Co.가 마감기한 준수확률에 대한 대략적인 근사치를 얻기 위해 PERT 절차를 어떻게 이용하는지를 설명하고 있다. 컴퓨터 시뮬레이션이 보다 좋은 근사치를 얻기 위해 사용될 수 있음을 강조하고 있다. 이제 이것이 어떻게 이루어지는지 설명한다.

현 예제의 사례연구에 요구되는 기본 정보는 다음과 같다. (보다 상세한 내용을 위해 18장을 참조할 필요는 없다.) Reliable Construction Co.는 주요 제조업체의 새로운 공장건설을 위한 입찰에서 성공하였다. 그러나 계약은 47주 후인 건설 마감기한을 지키지 못할 경우에 대한 대규모의 벌금을 포함하고 있다. 따라서 건설계획 대안들에 대한 주요 평가요소는 각 계획에 따른 마감기한 준수확률이다. 〈그림 15-14〉의 오른쪽의 목록처럼 이 건설사업을 수행에는 14개의 주요 활동이 포함되어 있다. (〈그림 18-1〉에 한 번 더 나와있다.) 그림의 사업 망은 활동들 간의 선행관계를 나타내고 있다. 사업종료를 위해 완료되어야 하는 모든 활동에 대해 6개의 활동순차(망을 통과하는 경로)가 있다. 6개의 활동순차 목록은 다음과 같다.

경로 1: 시작 → A → B → C → D → G → H → M → 완료
경로 2: 시작 → A → B → C → E → H → M → 완료
경로 3: 시작 → A → B → C → E → F → J → K → N → 완료
경로 4: 시작 → A → B → C → E → F → J → L → N → 완료
경로 5: 시작 → A → B → C → I → J → K → N → 완료
경로 6: 시작 → A → B → C → I → J → L → N → 완료

사업망에서 활동 옆의 숫자는 일반적인 상황에서의 활동에 소요되는 기간에 대한 추정 값이다. 〈표 18-2〉와 같이 경로상의 각 활동시간을 합하면 경로 4가 총 44주로 필요 활동시간이 가장 긴 경로가 된다. 가장 긴 경로가 완료되면 전체 사업이 종료될 수 있기 때문에 사업의 종료시간은 마감기한보다 3주 짧은 44주에 완료될 수 있다.

문제의 가장 중요한 부분을 살펴보자. 〈그림 15-14〉의 활동들에 대한 소요시간은 단지 추정 값이며 실제로 각 활동의 기간은 적지 않은 불확실성을 가지고 있다. 그러므로 전체 사업기간은 추정 값 44주와 상당히 다를 수 있기 때문에 사업의 마감기한인 47주를 넘길 충분한 가능성이 있다. 마감기한을 넘길 가능성은 얼마인가? 이 확률을 추정하기 위하여 사업기한의 확률분포에 대한 추가적인 학습이 필요하다.

이것이 18.4절에서 PERT 3점-추정치[PERT three-estimate] 접근법을 설명하는 이유이다. 이 접근법은 각 활동의 활동기간에 대한 3개의 추정치(최빈 추정치, 낙관적 추정치, 비관적 추정치)를 필요로 한다. (〈표 18-4〉는 고려하고 있는 사업의 14개 활동에 대한 이러한 추정치를 목록화한 것이다.) 3개의 값은 각각 최빈 활동기간, 최소 활동기간, 최장 활동기간을 의미한다. 이 값들

〈그림 15-14〉 Reliable Construction Co.의 사업망

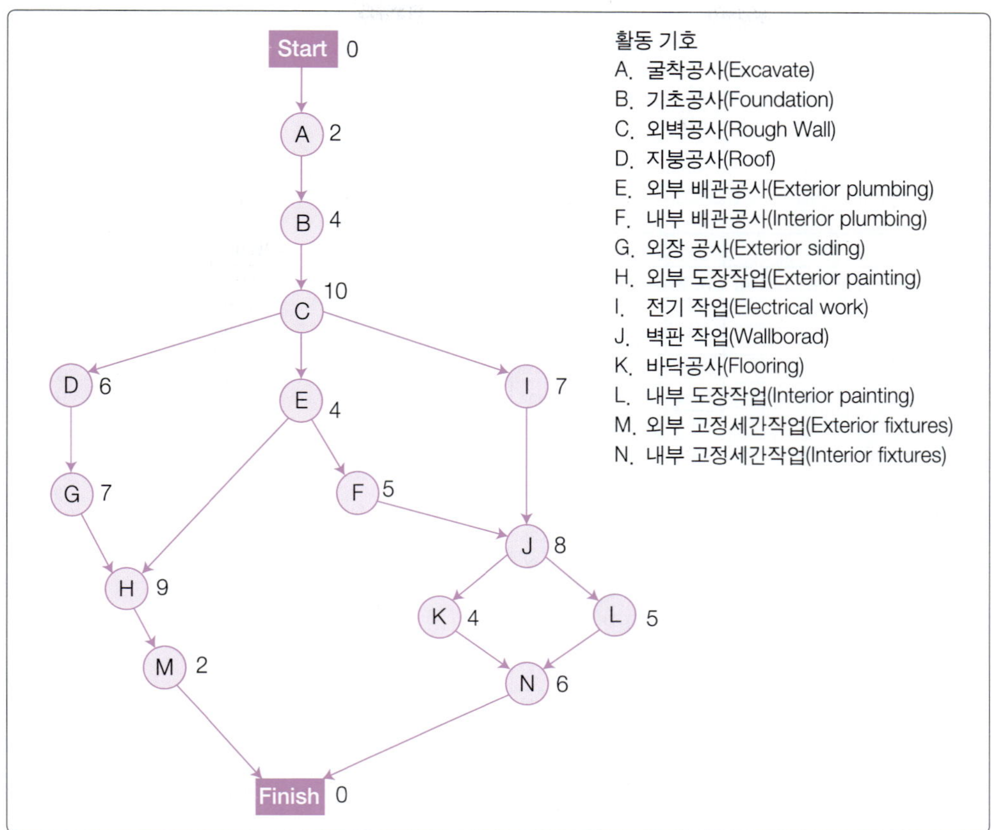

을 이용하여 PERT에서는 다소 임의적이지만 각 활동의 활동기간에 대한 확률분포로 베타분포^beta distribution^를 가정하고 있다. 18.4절에서 설명한 것처럼 3개의 단순화된 근사치는 사업마감기한을 준수할 확률의 대략적 근사치에 대한 분석적 방법을 제공한다. 이렇게 얻어진 사업마감시한 준수 확률에 대한 어림셈 값은 0.84이다.

컴퓨터 시뮬레이션의 주요 장점은 분석적 방법에서 요구되는 단순화된 근사치를 필요로 하지 않는 것이다. 또 다른 장점은 사용할 확률분포에 대해 많은 융통성이 있어, 분석적 편리를 위해 특정 분포를 선택할 필요가 없다.

활동의 활동기간을 다룰 때 컴퓨터 시뮬레이션은 일반적으로 활동기간의 분포로 삼각분포를 사용한다. 삼각분포의 3개의 매개변수는 PERT 3점-추정치 접근법의 3개의 추정치에 잘 대응되기 때문에 삼각분포는 PERT 3점-추정치 접근법에 매우 잘 맞는다. 〈그림 15-10〉은 삼각분포의 형태와 3개의 매개변수(최소, 최빈, 최대)를 보여주고 있다. 최소=낙관적 추정치, 최빈=최빈 추정치, 최대=비관적 추정치로 설정된 삼각분포로 각 활동의 활동기간을 가정한다. 이러한 분포를 따르는 각 변수셀에 대해 삼각분포의 대화상자(min, likely, max)에 셀 참조를 통하여 3개의 추정치를 입력한다.

컴퓨터 시뮬레이션 활용을 위한 스프레드시트 모형

〈그림 15-15〉는 Reliable Construction Co.의 사업기간 시뮬레이션을 위한 스프레드시트 모형을 보이고 있다. 열 D, E, F에 있는 o, m, p는 〈표 18-4〉로부터 얻어진 값이다. 열 G와 I에

〈그림 15-15〉 컴퓨터 시뮬레이션을 Reliable Co.의 사업 일정문제에 응용한 스프레드시트 모형

	A	B	C	D	E	F	G	H	I
1		**Simulation of Reliable Construction Co. Project**							
2									
3								Activity	
4			Immediate	Time Estimates			Start	Time	Finish
5		Activity	Predecessor	*o*	*m*	*p*	Time	(*triangular*)	Time
6		A	–	1	2	3	0	2.28	2.28
7		B	A	2	3.5	8	2.28	3.52	5.80
8		C	B	6	9	18	5.80	15.37	21.17
9		D	C	4	5.5	10	21.17	6.86	28.04
10		E	C	1	4.5	5	21.17	4.18	25.35
11		F	E	4	4	10	25.35	5.44	30.80
12		G	D	5	6.5	11	28.04	6.80	34.83
13		H	E, G	5	8	17	34.83	7.33	42.16
14		I	C	3	7.5	9	21.17	3.55	24.72
15		J	F, I	3	9	9	30.80	6.64	37.44
16		K	J	4	4	4	37.44	4.00	41.44
17		L	J	1	5.5	7	37.44	5.45	42.89
18		M	H	1	2	3	42.16	2.47	44.63
19		N	K, L	5	5.5	9	42.89	5.77	48.67
20									
21							Project Completion		48.67
22									
23						Mean Project Completion			46.25

	G	H	I
3		Activity	
4	Start	Time	Finish
5	Time	(*triangular*)	Time
6	0	=@PsiTriangular(D6,E6,F6)	=AStart+ATime
7	=AFinish	=@PsiTriangular(D7,E7,F7)	=BStart+BTime
8	=BFinish	=@PsiTriangular(D8,E8,F8)	=CStart+CTime
9	=CFinish	=@PsiTriangular(D9,E9,F9)	=DStart+DTime
10	=CFinish	=@PsiTriangular(D10,E10,F10)	=EStart+ETime
11	=EFinish	=@PsiTriangular(D11,E11,F11)	=FStart+FTime
12	=DFinish	=@PsiTriangular(D12,E12,F12)	=GStart+GTime
13	=MAX(EFinish,GFinish)	=@PsiTriangular(D13,E13,F13)	=HStart+HTime
14	=CFinish	=@PsiTriangular(D14,E14,F14)	=IStart+ITime
15	=MAX(FFinish,IFinish)	=@PsiTriangular(D15,E15,F15)	=JStart+JTime
16	=JFinish	=@PsiTriangular(D16,E16,F16)	=KStart+KTime
17	=JFinish	=@PsiTriangular(D17,E17,F17)	=LStart+LTime
18	=HFinish	=@PsiTriangular(D18,E18,F18)	=MStart+MTime
19	=MAX(KFinish,LFinish)	=@PsiTriangular(D19,E19,F19)	=NStart+NTime
20			
21		Project Completion	=MAX(MFinish,NFinish) + @PsiOutput()
22			
23		Mean Project Completion	=@PsiMean(I21)

Range Name	Cell
AFinish	I6
AStart	G6
ATime	H6
BFinish	I7
BStart	G7
BTime	H7
CFinish	I8
CStart	G8
CTime	H8
DFinish	I9
DStart	G9
DTime	H9
EFinish	I10
EStart	G10
ETime	H10
FFinish	I11
FStart	G11
FTime	H11
GFinish	I12
GStart	G12
GTime	H12
HFinish	I13
HStart	G13
HTime	H13
IFinish	I14
IStart	G14
ITime	H14
JFinish	I15
JStart	G15
JTime	H15
KFinish	I16
KStart	G16
KTime	H16
LFinish	I17
LStart	G17
LTime	H17
MFinish	I18
MeanProjectCompletion	I23
MStart	G18
MTime	H18
NFinish	I19
NStart	G19
NTime	H19
ProjectCompletion	I21

있는 셀에 입력된 수식은 각 활동의 시작시간과 종료시간을 의미한다. 시뮬레이션의 각 시행에서 마지막 두 개의 활동 M과 N의 종료시간 중 최댓값이 사업기간(주)을 나타내며, 결과셀 ProjectCompletion(I21)에 나와있다.

활동시간은 일반적으로 가변적이기 때문에, 셀 H6:H19 모두는 변수셀로 설정된다. 〈그림 15-16〉은 활동 A의 활동시간을 범위명^range name^ ATime(H6)에 기록하는 셀로, 첫 번째 변수셀의 매개변수를 지정하기 위한 삼각분포의 대화상자를 보여준다. 〈그림 15-16〉의 오른쪽은 삼각분포를 따르는 하나의 무작위 값을 계산하기 위해 Analytic Solver가 자동적으로 수식 =@PsiTriangular(D6,E6,F6)를 ATime(H6)에 입력함을 보이고 있다. 이 과정을 다른 모든 변수셀에 반복하기보다는 단순히 복사 및 붙여넣기를 하는 것이 빠르다. H6의 수식을 H7에서 H19까지 복사하기 위해서는 셀 H6을 선택한 후 채움 손잡이^fill handle^(셀 커서의 오른쪽 아래 모서리에 있는 작은 상자)를 셀 H19까지 끌어내린다. 이렇게 하면 Analytic Solver가 삼각분포(매개변수 min=D6, likely=E6, max=F6)로부터 하나의 무작위 값을 계산하기 위해 사용된 H6의 수식(=@PsiTriangular(D6,E6,F6))을 셀 H7부터 H19까지 복사한다. 셀 H6의 매개변수(D6,E6,F6)들은 상대참조이기 때문에 매개변수들의 행 번호는 복사 및 붙여넣기를 하는 동안 올바른 행의 자료를 참조하도록 적절하게 갱신된다. 예를 들면, H7의 수식은 =@PsiTriangular(D7,E7,F7)로 자동적으로 변경된다.

이 모형의 주요 셀에 대한 요약은 다음과 같다.

변수셀: 셀 H6:H15와 셀H17:H19
결과셀: ProjectCompletion(I21)
통계셀: MeanProjectCompletion(I23)

(변수셀, 결과셀, 통계셀의 정의 방법에 대한 자세한 내용은 15.1절을 참조하라.)

〈그림 15-16〉 〈그림 15-15〉에 있는 스프레드시트 모형의 첫 번째 변수셀 ATime(H6)에 매개변수D6=1, E6=2, F6=3을 입력한 삼각분포

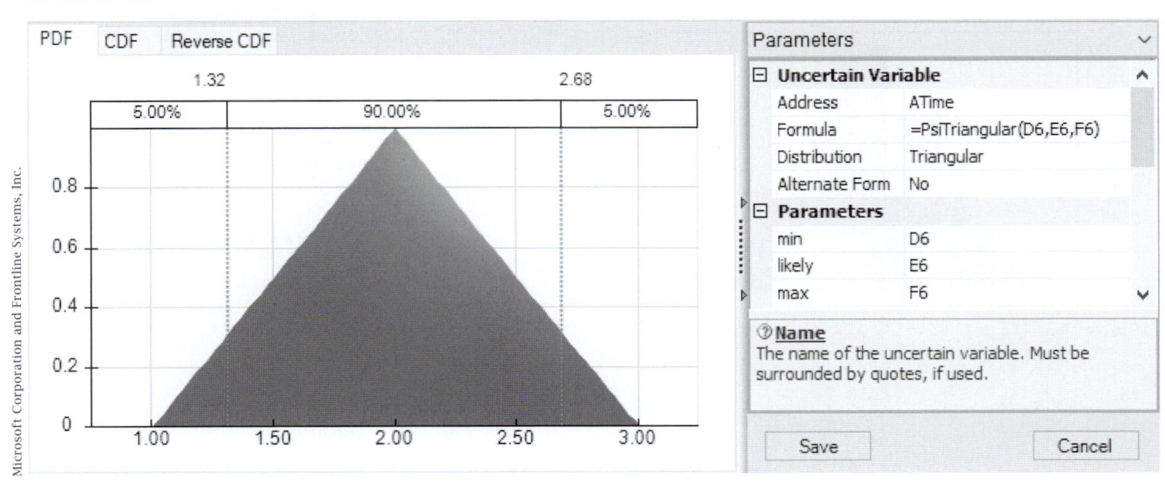

시뮬레이션 결과

이제 〈그림 15-15〉의 스프레드시트 모형의 컴퓨터 시뮬레이션을 평가할 준비가 되었다. 〈그림 15-17〉은 1,000번의 시뮬레이션 시행 후 결과를 도수분포도표와 통계표의 형태로 보여주고 있다. 이 결과는 매우 넓은 범위의 사업가능기간을 보여주고 있다. 통계표에 따르면 1,000번의 시행 중 한 번의 시행이 35.44주의 짧은 기간을, 반면에 다른 한 번의 시행이 58.00주의 긴 기간을 나타냈다. 도수분포도표는 1,000번의 시행 중 가장 발생빈도가 많은 기간은 사업의 마감기한인 47주 근처임을 보여주고 있다. 하지만 47주보다 몇 주 짧거나 긴 기간을 보이는 빈도도 상당히 많음을 알 수 있다. 평균 46.25주는 마감기한인 47주에 매우 근접하여 사업일정 불이행에 대해 여유를 갖지 못하고 있다.

Reliable Co.의 경영진에게 특히 관심이 가는 통계량은 현재 사업계획에 따른 47주의 사업기한을 준수할 확률이다. 〈그림 15-17〉은 상위 차단점Upper Cutoff을 47로 두었을 때 시행 중 약 59.9%가 마감기한을 만족함을 보이고 있다.

만약 시뮬레이션을 1,000번 더 시행한다면 이 확률은 아마 조금 변할 것이지만, 이처럼 많은 시뮬레이션 시행에도 확률의 차이는 미미할 것이다. 그러므로 확률 0.599는 〈그림 15-15〉의 스프레드시트 모형에서 마감기한을 준수할 참인 확률 값에 근접한 추정치이다. 이 절의 앞부분에서 PERT를 이용한 근사법에 의해 어림한 이 확률 값이 0.84이라고 언급하였는데, 이 값은 컴퓨터 시뮬레이션으로 구한 상대적으로 정확한 값인 0.599보다 상당히 큼에 주목하자. 그러므로 시뮬레이션 추정치는 경영진에게 사업마감기한을 맞출 가능성을 증가시키기 위해 사업계획을 변경할 것인가를 결정하는 좋은 지침을 제공한다. 이것은 컴퓨터 시뮬레이션이 근사적 분석 결과에 의한 결과를 개선하는 데 있어 얼마나 유용한가를 잘 설명해주고 있다.

〈그림 15-17〉 〈그림 15-15〉의 Reliable Construction Co.의 사업일정계획문제에 대한 시뮬레이션 모형의 수행결과를 요약하는 도수분포도표와 통계표

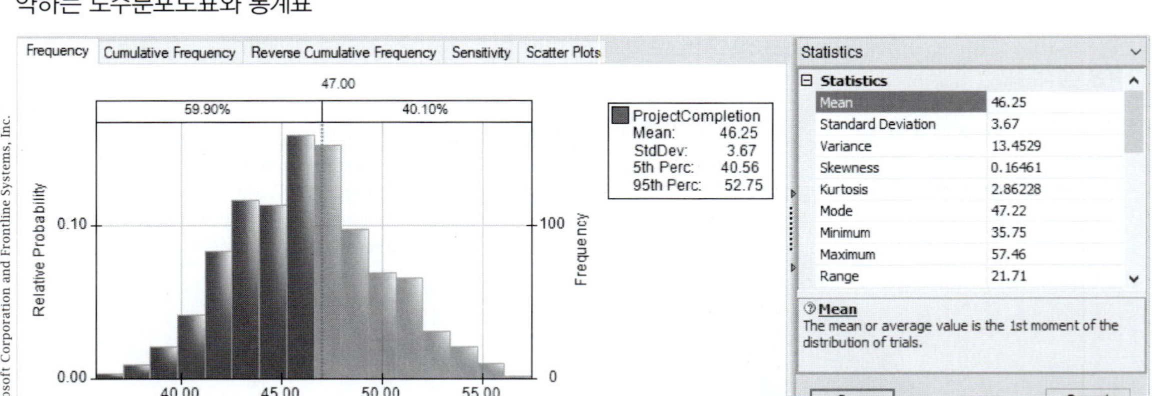

민감도차트가 제공하는 주요 통찰

사업마감기한을 맞출 (낮은) 가능성 0.599가 주어지면, Reliable Co.의 사업책임자 David Perty는 그 가능성을 높이기 위해 사업계획의 수정을 원하다. Analytic Solver는 민감도차트라는 또 다른 도구를 가지고 있다. 민감도차트는 사업계획의 어떤 변경이 가장 이로운지를 확인하는데 있어 강력한 지침을 제공한다.

시뮬레이션 수행 후 민감도차트를 보기 위해서는 결과셀 도표 위의 민감도 탭을 클릭하면 된다. 그러면 〈그림 15-18〉과 같은 민감도차트가 나타난다. 차트 왼쪽에 〈그림 15-15〉의 스프레드시트 모형의 열 H에 있는 활동시간에 대한 다양한 변수셀을 범위명range name을 이용하여 보여준다.

차트의 막대들은 각 변수셀과 결과셀 간의 (모멘트에 기초한) 상관계수correlation coefficient를 나타낸다. 상관계수는 두 변수 간의 선형관계의 강도를 측정하는 것으로, 〈그림 15-18〉의 각 상관계수는 활동시간이 사업완료시간에 얼마나 강한 영향을 미치는지를 나타낸다. 상관계수가 높다면 이 영향이 크다는 것이다. 그러므로 가장 큰 상관계수를 갖는 활동들의 활동시간을 줄이기 위한 노력이 필요하다.

〈그림 15-18〉에서 CTime이 다른 어느 활동보다 매우 큰 상관계수를 보이고 있다. 〈그림 15-14〉와 〈그림 15-15〉에서 그 이유를 찾을 수 있다. 〈그림 15-14〉에서 활동 C가 활동 A와 B를 제외한 다른 모든 활동의 선행활동이기 때문에 활동 C의 (완료) 지연이 다른 모든 활동의 시작시간을 지연시킨다. 더 나아가, 〈그림 15-15〉의 셀 D8:F8은 CTime의 최빈 추정치와 낙관적 추정치사이가 9주로 넓게 퍼져있어 매우 변동적이므로 최빈 추정치 이상의 지연이 자주 발생함을 보이고 있다.

CTime의 높은 상관계수는 활동 C의 활동시간(과 이의 변동) 감소가 사업완료시간(과 이의 변동)을 감소시키는 가장 좋은 방법임을 제안하고 있다. 이것은 활동 C에 보다 많은 인원과

〈그림 15-18〉 민감도차트는 Reliable Construction Co. 사업의 다양한 활동이 사업의 완료시간에 얼마나 영향을 미치는지를 보여준다

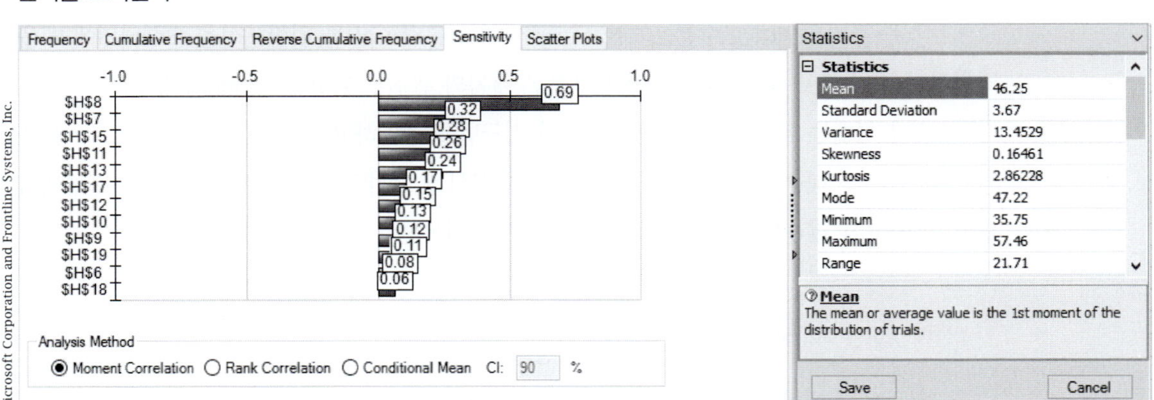

보다 좋은 장비, 보다 강력한 감시 등을 할당하도록 하는 사업계획의 변동을 통해 이룰 수 있다. Analytic Solver의 민감도차트는 사업계획의 어느 부분이 변경되어야 하는지에 대한 통찰을 명확하게 알려준다.

복습문제

1. 이 절의 예제에서 고려하고 있는 사업은 무엇인가?
2. PERT 절차는 어떤 중요한 값에 대한 대략적 근사치를 얻을 수 있으며, 컴퓨터 시뮬레이션은 이 값에 대해 보다 근접한 추정치를 얻는 데 사용된다. 이 중요한 값은 무엇인가?
3. 컴퓨터 시뮬레이션은 일반적으로 활동의 활동기간분포로 어느 확률분포를 사용하는가?
4. PERT 3점-추정치 접근법에 의해 얻어지는 것들로 각 활동의 활동기간분포의 매개변수로 사용되는 3개의 추정치는 무엇인가?
5. 단지 첫 번째 활동의 활동기간 분포의 대화상자를 이용한 후에 모든 변수셀에 이러한 매개변수들을 빠르게 입력하기 위해 어떻게 하나?
6. 이 예제의 스프레드시트 모형의 결과셀에 무슨 값이 나타나는가?
7. 이 스프레드시트 모형의 컴퓨터 시뮬레이션 시행에서 사업마감기한을 준수하는 정확한 확률을 구하기 위해 무엇을 해야 하나?
8. 사업마감기한을 맞출 가능성을 가장 많이 개선하기 위해 사업계획의 어느 부분을 개선해야 하는지를 명확하게 알기 위해서는 어떤 도표를 이용할 수 있나?

15.4 재무위험분석: Think-Big Development CO. 문제 재논의

컴퓨터 시뮬레이션의 응용이 빠른(1960년대) 분야 중 하나는 재무위험분석이며, 오늘날에도 중요한 응용 분야 중 하나이다.

금융투자(또는 투자포트폴리오)를 평가할 때 투자수익과 투자위험간의 균형이 중요하다. 모든 것이 현재 예상과 같이 진행된다면, 이 두 가지 중에 결정하기 덜 어려운 것은 수익이다. 그러나 위험을 평가하는 것은 상대적으로 어렵다. 다행히도 컴퓨터 시뮬레이션은 **위험명세서**risk profile, 즉 투자수익의 도수분포frequency distribution를 통해 이러한 위험분석을 수행하기에 매우 적합하다. 도수분포 중 손해를 반영한 부분은 투자와 관련된 위험을 명확하게 설명한다.

다음의 예제는 부동산투자 맥락에서 이 접근법을 설명하고 있다. 앞절의 Everglade 문제와 같이, 이전의 분석은 미래의 현금흐름의 불확실성을 고려할 수 없었기 때문에 이 선형계획법에 의한 분석 결과를 개선하기 위해 컴퓨터 시뮬레이션이 사용됨을 알 수 있다.

Think-Big 재무위험분석문제

6.2절에서 소개한 바와 같이 Think-Big Development Co.는 상업 부동산개발 사업의 주

응용사례

1914년에 설립된 후 거의 1세기 동안 Merrill Lynch는 모든 사람이 쉽게 금융시장에 접근할 수 있게 함으로써, 월스트리트를 금융 중심지로 만들기 위해 분투해 온 포괄적인 투자정보서비스의 선두기업이었다. 2008년에 Bank of America에 팔린 후 합병기업과 투자은행의 부문을 Merrill Lynch Wealth Management로 사명을 바꾸었고, 지금은 Bank of America Merrill Lynch로 불린다.

합병 전에 Merrill Lynch는 미국 전역과 36개국에 걸쳐 15,000명 이상의 잘 훈련된 재무상담자를 고용하였다. 2005년에 순수익 260억 달러의 Fortune 100대 기업으로 1조 7,000억 달러의 고객자산을 관리했다. 합병 후에 작은 변화가 있었다. Merrill Lynch는 2015년에 15,000명 이상의 재무상담자를 계속 고용하고 있으며 관리하는 고객 자산도 2조 2,000억 달러로 증가하였다.

할인중개회사와 전자중개회사와의 격심해지는 경쟁을 직면한 21세기 자산운용산업에서 이러한 우월한 지위를 유지할 수 있도록 Merrill Lynch는 어떻게 관리해왔을까? 해답의 주요 부분은 시장의 도전에 대응하는 제품과 서비스를 권고하기 위해 구성된 경영과학 전담반의 공헌이다. Merrill Lynch의 경영과학그룹은 고객을 위한 두 가지의 새로운 가격정책 옵션에 대한 상세한 분석 책무를 맡았다. 한 가지 옵션은 개별거래에 대한 요금부과를 Merrill Lynch에 있는 고객자산에 대한 고정비율로 요금부과를 변경하고 거래횟수를 제한하지 않으며 재무상담사와의 최대 접근권을 보장하는 것이다. 또 다른 옵션은 재무상담사의 자문없이 거래당 고정된 낮은 비용으로 온라인상으로 자기주도형 직접투자를 허용하는 것이다.

경영과학그룹이 직면한 큰 도전은 손실위험을 줄이면서 사업을 확장하고 수익을 증대할 것 같은 이 옵션의 가장 효율적인 가격을 결정하는 것이다. 이 문제를 해결하기 위한 중요한 분석도구는 컴퓨터 시뮬레이션임을 알고 있다. 컴퓨터 시뮬레이션 연구에 착수하기 위해 경영과학그룹은 회사의 500만 고객의 자산과 거래에 대한 방대한 자료를 모으고 평가하였다. 고객의 각 부분을 대상으로 경영판단, 시장조사, 고객과의 경험을 이용해 제안-채택에 대한 세심한 분석이 행해졌다. 효율적인 가격결정을 위해 이러한 정보로부터 경영과학그룹은 다양한 가격 시나리오에 대한 컴퓨터 시뮬레이션 모형을 개발하고 실행하였다.

이러한 결과의 실행은 Merrill Lynch의 경쟁력에 엄청난 영향을 미쳤으며 회사가 선도적 지위를 다시 찾도록 해주었다. 극심하고 새로운 경쟁에서 후퇴하지 않고 회사가 관리하는 고객자산이 220억 달러 증가했으며 18개월 동안의 수익 증가분이 8,000만 달러에 이르렀다. Merrill Lynch의 CEO는 새로운 전략을 "회사가 지난 20년간 내린 의사결정 중 가장 중요한 결정이다"라고 말했다.

출처: S. Altschuler, D. Batavia, J. Bennett, R. Labe, B. Liao, R. Nigam, and J. Oh, "Pricing Analysis for Merrill Lynch Integrated Choice," *Interfaces* (현 *INFORMS Journal on Applied Analytics*) 32, no.1(January-February 2002), pp.5-19. (이 사례에 대한 논문은 www.mhhe.com/hillier7e에서 볼 수 있다.)

투자자이다. 이 회사는 고층빌딩, 호텔, 쇼핑센터, 3개의 대규모 건설 사업의 지분 취득을 고려하고 있다. 각 사업에서 투자자들은 3년의 공사기간 동안 투자하고, 그 후 3년간 소유하다가 7년째에 건물을 매각한다. 기대현금흐름 추정치를 이용하여 6.2절은 Think-Big이 각 사업의 지분을 얼마나 취득해야 하는지에 대한 다음의 제안을 얻기 위해 선형계획법을 어떻게 이용하였는지를 설명하고 있다.

제안

고층빌딩사업의 지분은 취득하지 않는다.
호텔사업의 지분 16.50%를 취득한다.
쇼핑센터사업의 지분 15.11%를 취득한다.

이 제안에 따르면 Think-Big은 순현가net present value(NPV)로 1,811만 달러의 이익을 얻는다. (순현가NPV는 돈에 시간의 가치를 고려하기 위해 미래의 현금흐름을 할인하고 이 할인된 미래의 현금흐름 모두를 현재의 현금흐름에 더해서 총수익을 계산한다. 현금흐름에서 유입은 양의 값이고 유출은 음의 값이다.)

그러나 Think-Big 경영진은 이러한 의사결정이 위험에 대한 고려 없이는 내려질 수 없음을 잘 알고 있다. 수년 후에 건물들이 운영에 들어갔을 때 시장에서 경쟁력이 있을지가 명확하지 않기 때문에 이러한 사업은 매우 위험하다. 처음 3년간의 건설비용은 대략적으로 추정이 가능하지만, 다음 3년간의 운영 수입은 매우 불확실하다.

결론적으로 7년 후에 각 건물의 매각 가격의 범위는 매우 넓다. 그러므로 경영진은 이 제안으로부터 얻어지는 순현가NPV가 얼마인지에 대한 위험명세서를 얻기 위해 컴퓨터 시뮬레이션을 이용한 위험분석의 수행을 원한다.

이러한 위험분석 수행을 위해 Think-Big 직원은 다음 7년 동안 각 사업의 현금흐름에 대한 불확실성 정도를 추정하는 데에 상당한 시간을 할애하고 있다. 각 사업의 100% 지분 취득을 기준으로 한 자료(단위: 백만 달러)가 〈표 15-1〉에 요약되어 있다. 따라서 사업의 취득 지분이 이보다 작은 경우는 표의 값들은 Think-Big의 지분 비율에 따라 감액되어야 한다.

각 사업의 1년부터 6년까지는 현금흐름의 확률분포로 정규분포normal distribution를 가정하였다. 정규분포의 첫 번째 값은 추정된 평균을 두 번째 값은 추정된 표준편차를 나타낸다. 7년차의 건물 매각가격은 첫 번째 값과 두 번째 값 사이의 범위를 갖는 일양분포uniform distribution를 가정하였다.

순현가NPV를 계산하기 위한 연간이자율은 10%로 가정하였다. 그러면 n년의 현금흐름을 $(1.1)^n$으로 나눈 후, 이 할인된 현금흐름의 합을 구하면 순현가를 구할 수 있다.

〈표 15-1〉 호텔과 쇼핑센터 사업의 100% 지분 취득에 기준한 추정된 현금흐름

호텔사업		쇼핑센터사업	
연도	현금흐름(백만 달러)	연도	현금흐름(백만 달러)
0	−80	0	−90
1	정규분포(−80, 5)	1	정규분포(−50, 5)
2	정규분포(−80, 10)	2	정규분포(−20, 5)
3	정규분포(−70, 15)	3	정규분포(−60, 10)
4	정규분포(+30, 20)	4	정규분포(+15, 15)
5	정규분포(+40, 20)	5	정규분포(+25, 15)
6	정규분포(+50, 20)	6	정규분포(+40, 15)
7	일양분포(+200, 844)	7	일양분포(160, 600)

컴퓨터 시뮬레이션을 활용한 스프레드시트 모형

이 문제에 대한 스프레드시트 모형은 〈그림 15-19〉에 소개되어 있다. 현재(0년도)의 현금흐름에는 불확실성이 없기 때문에 셀 D6과 D16는 자료셀이다. 그러나 1~7년에는 불확실성이 있기 때문에 이 연도들에 대한 시뮬레이션된 현금흐름을 갖는 셀 D7:D13, D17:D23은 변수셀이다. (〈그림 15-19〉에서 이 셀들에 있는 값들은 시뮬레이션의 마지막 시행에서 나타날 수 있는 하나의 실현 가능한 무작위 값이다.) 〈표 15-1〉은 현금흐름에 대해 추정된 확률분포와 매개변수들을 명시하고 있다. 분포의 형태는 셀 E7:E13과 E17:E23에, 이에 상응하는 매개변수들은 셀 F7:G13과 F17:G23에 기록되어 있다. 〈그림 15-20〉은 첫 번째 변수셀 D7에 정의된 정규분포의 평균과 표준편차를 입력하기 위해 사용된 정규분포 대화상자를 보이고 있다. 평균과 표준편차는 셀 F7과 G7의 참조를 통해 정의된다. 셀 D7를 복사 및 붙여넣기하여 셀 D8:D12와 D17:D22에 지정된 변수셀을 정의한다. 앞서 소개한 〈그림 15-3〉의 정수일양분포와 비슷한 방법으로 변수셀 D13과 D23에 정의된 분포의 매개변수(최솟값과 최댓값)을 일양분포 대화상자를 통해 입력한다.

셀 D6:D13과 D16:D23의 시뮬레이션된 현금흐름은 호텔사업과 쇼핑센터사업의 100% 지분 소유를 기준으로 한 값이다. 이 현금흐름은 Think-Big의 지분비율에 따라 감액되어야 한다. 분석된 제안은 셀 H28:H29의 값만큼 지분을 취득하도록 한다. 〈그림 15-19〉의 아래에 소개된 바와 같이, 셀 D28:D35에 입력된 수식들은 Think-Big의 두 사업의 지분에 따른 각 연도에서의 총현금흐름을 보여준다.

Think-Big 경영진은 이 제안으로부터 얻어지는 총 NPV가 얼마인지에 대한 위험명세서를 원하다. 그러므로 NetPresentValue(D37)은 결과셀로 정의하고, 시뮬레이션 실행을 통해 평균 NPV를 구하기 위해 MeanNPV(D30)는 통계셀로 정의한다.

이 모형의 주요 셀에 대한 요약은 다음과 같다.

변수셀: 셀 D7:D13과 D17:D23

결정변수셀: HotelShare(H28)과 ShoppingCenterShare(H29)

결과셀: NetPresentValue(D37)

통계셀: MeanNPV(D39)

(변수셀, 결과셀, 통계셀의 정의방법에 대한 자세한 내용은 15.1절을 참조하라.)

시뮬레이션 결과

〈그림 15-21〉은 〈그림 15-19〉의 스프레드시트 모형의 시뮬레이션 옵션 대화상자에 1,000번의 시행을 설정한 경우에 대한 컴퓨터 시뮬레이션 결과를 보여주고 있다. 도수분포도표는

〈그림 15-19〉 컴퓨터 시뮬레이션을 Think-Big의 재무위험분석 문제에 응용한 스프레드시트 모형

	A	B	C	D	E	F	G	H
1	**Simulation of Think-Big Development Co. Problem**							
2								
3				**Project Simulated**				
4				**Cash Flow**				
5	**Hotel Project**			**($millions)**				
6		Construction Costs	Year 0	-80				
7			Year 1	-79.057	*Normal*	-80	5	(mean, st. dev.)
8			Year 2	-80.343	*Normal*	-80	10	(mean, st. dev.)
9			Year 3	-73.063	*Normal*	-70	15	(mean, st. dev.)
10		Revenue per Share	Year 4	14.059	*Normal*	30	20	(mean, st. dev.)
11			Year 5	29.746	*Normal*	40	20	(mean, st. dev.)
12			Year 6	81.373	*Normal*	50	20	(mean, st. dev.)
13		Selling Price per Share	Year 7	395.247	*Uniform*	200	844	(lower,upper)
14								
15	**Shopping Center Project**							
16		Construction Costs	Year 0	-90				
17			Year 1	-42.329	*Normal*	-50	5	(mean, st. dev.)
18			Year 2	-15.124	*Normal*	-20	5	(mean, st. dev.)
19			Year 3	-54.653	*Normal*	-60	10	(mean, st. dev.)
20		Revenue per Share	Year 4	21.923	*Normal*	15	15	(mean, st. dev.)
21			Year 5	10.122	*Normal*	25	15	(mean, st. dev.)
22			Year 6	14.780	*Normal*	40	15	(mean, st. dev.)
23		Selling Price per Share	Year 7	494.378	*Uniform*	160	615	(lower,upper)
24								
25				**Think-Big's**				
26				**Simulated Cash Flow**				
27				**($millions)**				**Share**
28			Year 0	-24.999			Hotel	16.50%
29			Year 1	-18.594		Shopping Center		13.11%
30			Year 2	-15.239				
31			Year 3	-19.221		Cost of Capital		10%
32			Year 4	5.194				
33			Year 5	6.235				
34			Year 6	15.364				
35			Year 7	130.029				
36								
37		Net Present Value ($millions)		13.879				
38								
39		MeanNPV ($millions)		18.120				

	C	D
3		**Project Simulated**
4		**Cash Flow**
5		**($millions)**
6	Year 0	-80
7	Year 1	=@PsiNormal(F7,G7)
8	Year 2	=@PsiNormal(F8,G8)
9	Year 3	=@PsiNormal(F9,G9)
10	Year 4	=@PsiNormal(F10,G10)
11	Year 5	=@PsiNormal(F11,G11)
12	Year 6	=@PsiNormal(F12,G12)
13	Year 7	=@PsiUniform(F13,G13)
14		
15		
16	Year 0	-90
17	Year 1	=@PsiNormal(F17,G17)
18	Year 2	=@PsiNormal(F18,G18)
19	Year 3	=@PsiNormal(F19,G19)
20	Year 4	=@PsiNormal(F20,G20)
21	Year 5	=@PsiNormal(F21,G21)
22	Year 6	=@PsiNormal(F22,G22)
23	Year 7	=@PsiUniform(F23,G23)

	C	D
25		**Think Big's**
26		**Simulated Cash Flow**
27		**($millions)**
28	Year 0	=HotelShare*D6+ShoppingCenterShare*D16
29	Year 1	=HotelShare*D7+ShoppingCenterShare*D17
30	Year 2	=HotelShare*D8+ShoppingCenterShare*D18
31	Year 3	=HotelShare*D9+ShoppingCenterShare*D19
32	Year 4	=HotelShare*D10+ShoppingCenterShare*D20
33	Year 5	=HotelShare*D11+ShoppingCenterShare*D21
34	Year 6	=HotelShare*D12+ShoppingCenterShare*D22
35	Year 7	=HotelShare*D13+ShoppingCenterShare*D23
36		
37	Net Present Value ($millions)	=CashFlowYear0+NPV(CostOfCapital,CashFlowYear1To7) +@PsiOutput()
38		
39	Mean NPV ($millions)	=@PsiMean(D37)

Range Name	Cells
CashFlowYear0	D28
CashFlowYear1To7	D29:D35
CostOfCapital	H31
HotelShare	H28
MeanNPV	D39
NetPresentValue	D37
ShoppingCenterShare	H29

〈그림 15-20〉 〈그림 15-19〉의 스프레드시트 모형에서 첫 번째 변수셀 D7에 입력된 정규분포와 매개변수 F7(=−80)과 G7(=5)

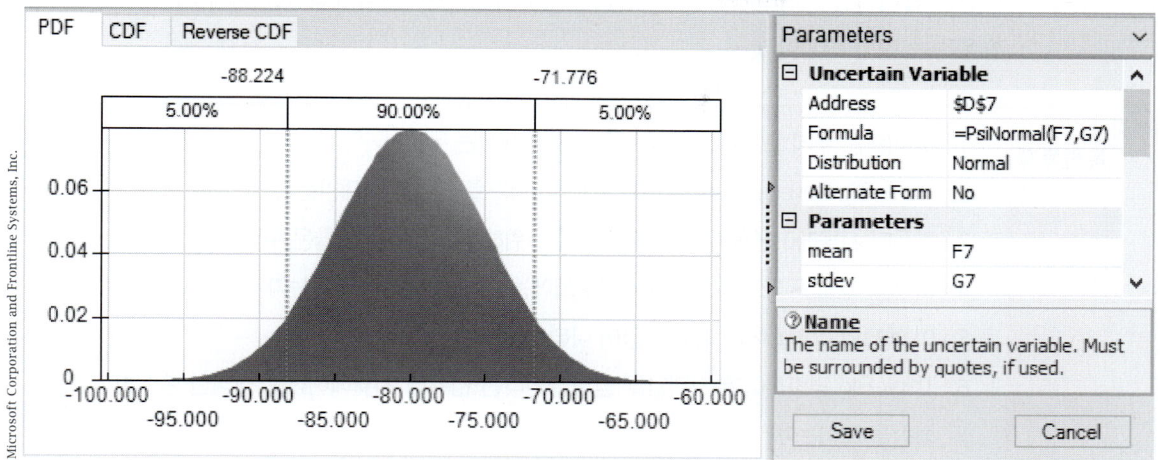

〈그림 15-21〉 Think-Big Development Co. 재무위험분석문제에 대해 〈그림 15-19〉에 소개된 시뮬레이션 모형의 실행 결과를 요약한 도수분포도표와 통계표

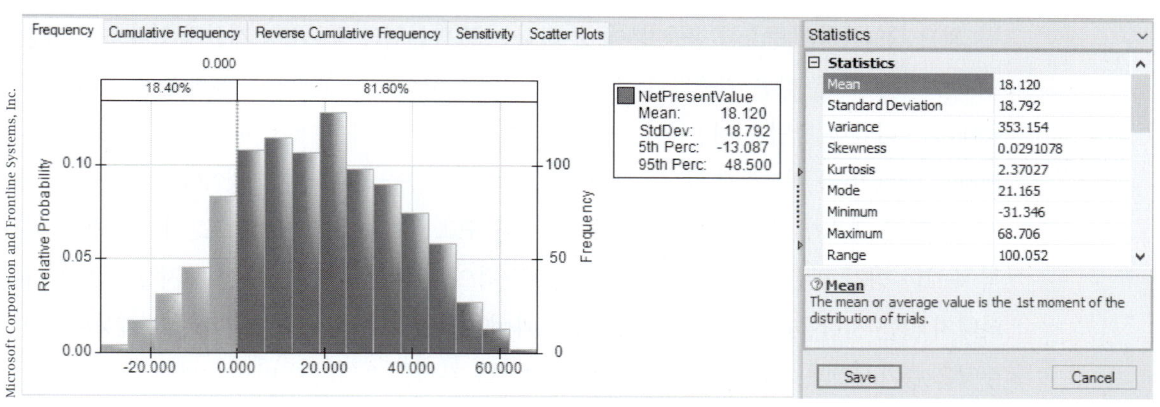

상대 NPV가 음수인 경우를 포함하여 다양한 NPV에 대한 상대적인 가능성을 보여주기 때문에 〈그림 15-21〉의 도수분포도표는 이 제안에 대한 위험명세서를 제공해준다. 평균은 1,812만 달러이며 이는 매우 매력적인 값이다. 그러나 1,000번의 시행이 −2,800만 달러에서 6,200만 달러 사이의 모든 값을 가지는, 상당히 넓은 범위의 NPV 값을 생성하였다. 그래서 대규모의 손실이 발생할 상당한 가능성이 있다. 통계 탭의 하위 차단점 상자에 0을 입력하면 우도상자Likelihood box는 시행 중 81%에서 수익(양의 NPV 값)이 발생함을 보인다. 이것은 동시에 일정 규모의 손실이 발생할 가능성이 대략 19%가 된다는 좋지 않은 소식이기도 하다. 도표에서 0의 왼쪽으로 덜 어두운 부분은, 대부분의 손실은 대략 1,000만 달러까지이지만 상당수의 경우에는 손실범위가 1,000만 달러에서 거의 3,000만 달러까지임을 보이고 있다.

이 모든 정보를 가지면, 꽤 큰 수익의 가능성이 소규모의 또는 어쩌면 대규모의 손실발생에 대한 큰 위험을 정당화할 수 있는지에 대한 의사결정을 내릴 수 있다. 컴퓨터 시뮬레이션이 역할은 합리적인 의사결정을 위한 정보를 제공하는 것이나 의사결정을 위해 최고의 판단력을 활용하는 것이 경영이다.

복습문제

1. 투자(또는 투자 포트폴리오)에 대한 위험명세서는 무엇인가?
2. Think-Big Development Co.의 경영진이 평가를 원한 투자제안은 무엇인가?
3. 컴퓨터 시뮬레이션을 이 문제에 응용하기 위해 필요한 추정치들은 무엇인가?
4. 이 예제의 스프레드시트 모형의 변수셀에는 어떠한 값이 나타나는가?
5. 이 예제의 결과셀에는 어떠한 값이 나타나는가?
6. Think-Big 경영진이 투자제안을 받아들인다면 컴퓨터 시뮬레이션은 상당한 손실발생 가능성을 보이는가?

15.5 관광산업의 수익경영

최근 경영과학의 중요한 응용 분야 중 하나는 관광산업의 수익경영 개선에 있다. 수익경영 revenue management은 다른 범주의 고객에 다른 운임을 설정하는 것과 같은 방법을 통해 수익을 증대하는 다양한 방법을 지칭한다. 목적은 각각의 세부시장이 기꺼이 지불할 상위 운임을 설정하고, 그에 따라 적절하게 좌석을 배정함으로써 총수입을 최대화하는 것이다.

이 절의 예제가 설명하는 것처럼 수익경영의 주요 분야는 초과예약으로, 이는 가용한 좌석 수보다 약간 많은 예약을 받는 것이다. 일반적으로 노쇼no-shows(예약을 해지하지 않고 나타나지 않는 사람들)이 소수 있기 때문에 초과예약은 가용한 좌석을 기본적으로 채움으로써 수익을 증가시킨다. 그러나 도착 고객 수가 가용한 좌석을 초과하면 비용이 발생한다. 그러므로 초과예약의 양은 좌석 채움과 예약고객거절 필요성 회피 사이에서 적절히 균형을 이루기 위해 주의 깊게 설정되어야 한다.

American Airlines은 수익경영을 개선하기 위한 경영과학의 폭넓은 사용에 있어 선구자였다. 지도 좌우명이 '제때에 정량의 좌석을 알맞은 고객에게 판매할 것'이었다. 이러한 노력은 1991년에 전 세계를 통틀어 경영과학의 올해의 최우수 응용으로 Franz Edelman Award를 수상하였다. 이러한 응용은 American Airlines에 5억 달러 이상의 연간 수익의 증대를 가져왔다. 이 증가분의 거의 반은 새로운 초과예약 모형에서 비롯되었다.

American Airlines에서의 이러한 혁신에 뒤이어, 다른 항공사들도 유사한 방법으로 빠르게 경영과학의 응용을 강화하였다. 수익경영에 대한 응용은 전 세계적에 걸쳐 관광산업의 다른 분야(열차 여행, 크루즈 라인, 임대 자동차, 호텔 등)로 퍼져나갔다. 아래에 소개된 예제는 항공사의 초과예약에 대한 것이다.

Transcontinental Airlines 초과예약 문제

Transcontinental Airlines은 샌프란시스코에서 시카고까지 주중 매일 운항하고 있는데, 주로 출장자들이 이용한다. 하나의 선실에 150개의 좌석이 있으며 좌석당 평균 운임은 300달러이다. 이 운임은 환불되므로 노쇼no-shows는 전액 환불받는다. 비행기 운항의 고정비용은 3만 달러이고, 하루에 100명 이상의 예약자가 있어야 수익이 생긴다.

대부분의 운항에서는 예약 신청자의 수가 가용 좌석 수보다 상당히 많다. 회사의 경영과학그룹은 지난 몇 개월 동안의 운항당 예약 신청자의 수에 대한 자료를 모아왔다. 평균 수는 195이지만, 항공편마다 평균의 양방향으로 상당한 변동이 있다. 자료에 대한 도수분포도표로부터 자료가 대략 종 모양 곡선을 따름을 알 수 있었다. 그래서 경영과학그룹은 항공편당 예약 신청자의 수는 평균 195, 표준편차 30인 정규분포로 추정하였다.

대략적으로 예약고객의 10%가 노쇼no-shows였기 때문에 회사의 정책은 거의 모든 항공편에 대해서 가용 좌석 수보다 10% 많게 예약을 받는다. 그러나 특정 항공편의 경우 이와 상당히 다르기 때문에 예외가 인정되고 특정 항공편에 대해서는 어떠한 초과예약 정책이 좋을지를 결정하기 위해 경영과학그룹의 분석이 필요하다. 다음은 샌프란시스코에서 시카고까지의 항공편에 대한 실례이다. 예약석인 165석의 좌석은 모두 예약되었으나 (대부분의 항공편에 대해 발생하는) 일반적으로 상당수의 빈 좌석이 있다. 자료를 모으는 동안에 경영과학그룹은 그 이유를 밝혔다. 평균적으로 예약한 고객의 80%만이 실제로 비행기를 타기 위해 나타났다. 나머지 20%는 운임 전액을 환불받았다(또는 대부분의 경우 그들의 회사에게 그렇게 하도록 허용하였다).

자료가 모였기 때문에 경영과학그룹은 이 운항의 예약 허용자 수를 190까지 증가시키는 것에 대한 옵션을 조사함으로써 분석을 시작하기로 결정하였다. 만약 특정한 날에 예약 신청자 수가 실제로 이 수에 도달한다면, (있을 수 있는) 많은 빈 좌석을 피할 수 있을 만큼 이 수는 커야 한다. 동시에, 이 수는 공항에 나타나는 고객 수가 가용한 좌석 수(150)를 초과하여 고객이 비행기를 못 타게 되는 경우가 많지 않을 만큼 충분히 작아야 한다. 190은 빈 좌석이 많은 경우와 많은 고객을 타지 못하게 하는 경우를 피해 적절한 균형을 얻을 수 있는 좋은 첫 번째 추측 값이다.

고객이 이 항공편의 탑승을 거절당하면, Transcontinental Airlines은 다른 항공사를 통해 다음 가능한 시카고행 항공편을 마련해준다. 이 경우의 평균 비용은 150달러이다. 추가로 향후 여행에 쓸 수 있는 200달러 상당의 상품권을 제공한다. 거절당한 고객 쪽의 호의 손실에 대해 추가로 100달러의 무형 비용을 평가한다. 그러므로 고객 거절에 대한 총비용은 450달러(수익에 대한 손실을 넘어)로 추정된다.

경영과학그룹은 매일의 항공편에 대해 다음의 세 가지 성과척도에 대한 도수분포도표를 생성하기 위하여 컴퓨터 시뮬레이션을 이용한 190명 예약옵션의 평가를 원하고 있다.

1. 수익
2. 좌석 점유 수
3. 거절 고객 수

컴퓨터 시뮬레이션을 활용한 스프레드시트 모형

〈그림 15-22〉는 이 문제에 대한 스프레드시트 모형을 소개하고 있다. 3개의 관심 척도가 있기 때문에 스프레드시트 모형은 3개의 결과셀을 갖는다. 이 결과셀들은 Profit(F23), NumberOfFilledSeats(C20)과 NumberDeniedBoarding(C21)이다. 추가로, 시뮬레이션 실행에 대한 각 결과셀의 평균을 계산하기 위한 3개의 통계셀이 셀 C23:C25에 정의되어 있다. 결정변수 ReservationsToAccept(C13)는 현재의 옵션을 평가하기 위해 190으로 설정되어 있다. 몇몇의 기초 자료는 스프레드시트의 윗부분인 셀 C4:C7에 입력되어 있다.

컴퓨터 시뮬레이션의 각 시행은 하나의 항공편에 해당한다. 각 항공편에 관련된 2개의 임의 입력값이 있다. 하나는 예약을 요청한 고객 수(셀 B10에 Ticket Demand로 표기)이고 다른 하나는 탑승을 위해 실제로 나타난 고객 수(셀 B17에 Number That Show로 표기)이다. 따라서 이 모형에서 두 개의 변수셀은 SimulatedTicket Demand(C10)와 NumberThatShow(C17)이다.

경영과학그룹은 예약 신청고객 수를 평균 195, 표준편차 30인 정규분포로 추정하였고, 이 정보는 셀 D10:F10에 입력되어 있다. 〈그림 15-20〉에 나와있는 정규분포 대화상자는 이 분포와 분포의 매개변수를 SimulatedTicketDemand(C10)에 입력하기 위해 사용된 것이다. 예약자의 수는 정수값을 가져야 하는 반면에 정규분포는 연속분포이기 때문에 Demand(C11)는 엑셀 함수 ROUND를 이용하여 SimulatedTicketDemand(C10)의 값을 가까운 정수로 반올림한다.

두 번째 변수셀 NumberThatShow(C17)의 임의 입력 값은 2개의 중요한 값에 종속되어 있다. 하나는 Demand(C11)와 ReservationsToAccept(C13) 중 최솟값을 가지는 TicketsPurchased(E17)이다. 다른 하나는 예약고객이 실제로 탑승을 위해 나타나는 확률이다. 이 확률은 ProbabilityToShowUp(F17)에 최근 달에 탑승을 위해 나타난 고객의 평균인 80%로 설정되어 있다.

그러나 특정한 날에 나타나는 고객들의 실제 확률은 이 평균값을 중심으로 양 방향으로 변한다. 그러므로 NumberThatShow(C17)이 셀 E17과 F17의 곱한 값에 상당히 가까운 값을 가질 것으로 기대하더라도 확률분포에 따른 변동은 있다. 이 변수셀에 대한 적절한 분포는 무엇일까? 15.6절은 다양한 분포의 특성들을 설명하고 있다. 이 변수셀의 특성에 맞는 분포는 이항분포binomial distribution로 밝혀진다.

15.6절에서 명시한 것처럼, 이항분포는 일정 횟수의 기회들 중 특정한 사건의 발생 횟수에 대한 분포이다. 이 경우 관심 사건은 탑승을 위해 나타난 고객이다. 이 사건발생에 대한 기회는 고객이 비행을 예약할 때 일어난다. 이러한 기회들은 보통 시행(컴퓨터 시뮬레이션의 시행

〈그림 15-22〉 컴퓨터 시뮬레이션을 Transcontinental Airlines의 초과예약 문제에 응용한 스프레드시트 모형

	A	B	C	D	E	F
1	**Transcontinental Airlines Overbooking**					
2						
3			**Data**			
4		Available Seats	150			
5		Fixed Cost	$30,000			
6		Avg. Fare / Seat	$300			
7		Cost of Bumping	$450			
8						
9					Mean	Standard Dev.
10		Ticket Demand	179.74	*Normal*	195	30
11		Demand (rounded)	180			
12						
13		Reservations to Accept	190			
14						
15					Tickets	Probability
16					Purchased	to Show Up
17		Number That Show	153	*Binomial*	180	80%
18						
19						
20		Number of Filled Seats	150		Ticket Revenue	$45,000
21		Number Denied Boarding	3		Bumping Cost	$1,350
22					Fixed Cost	$30,000
23		Mean Filled Seats	142.244		Profit	$13,650
24		Mean Denied Boarding	2.044			
25		Mean Profit	$11,753			

	B	C
17	Number that Show	=@PsiBinominal(TicketsPurchased,ProbabilityToShowUp)

	B	C
10	Ticket Demand	=@PsiNormal(E10,F10)
11	Demand (rounded)	=@ROUND(SimulatedTicketDemand,0)

Range Name	Cell
AvailableSeats	C4
AverageFare	C6
BumpingCost	F21
CostOfBumping	C7
Demand	C11
FixedCost	C5
MeanDeniedBoarding	C24
MeanFilled Seats	C23
MeanProfit	C25
NumberDeniedBoarding	C21
NumberOfFilledSeats	C20
NumberThatShow	C17
ProbabilityToShowUp	F17
Profit	F23
ReservationsToAccept	C13
SimulatedTicketDemand	C10
TicketRevenue	F20
TicketsPurchased	E17

	B	C
20	Number of Filled Seats	=MIN(AvailableSeats,NumberThatShow) + @PsiOutput()
21	Number Denied Boarding	=MAX(0,NumberThatShow - AvailableSeats) + @PsiOutput()
22		
23	Mean Filled Seats	=@PsiMean(C20)
24	Mean Denied Boarding	=@PsiMean(C21)
25	Mean Profit	=@PsiMean(F23)

	E	F
20	Ticket Revenue	=AverageFare*NumberOfFilledSeats
21	Bumping Cost	=CostOfBumping*NumberDeniedBoarding
22	Fixed Cost	=FixedCost
23	Profit	=TicketRevenue - BumpingCost - FixedCost + @PsiOutput()

〈그림 15-23〉 매개변수 TicketsPurchased(E17)와 ProbabilityToShowUp(F17)이 변수셀 NumberThatShow(C17)에 입력된 이항분포

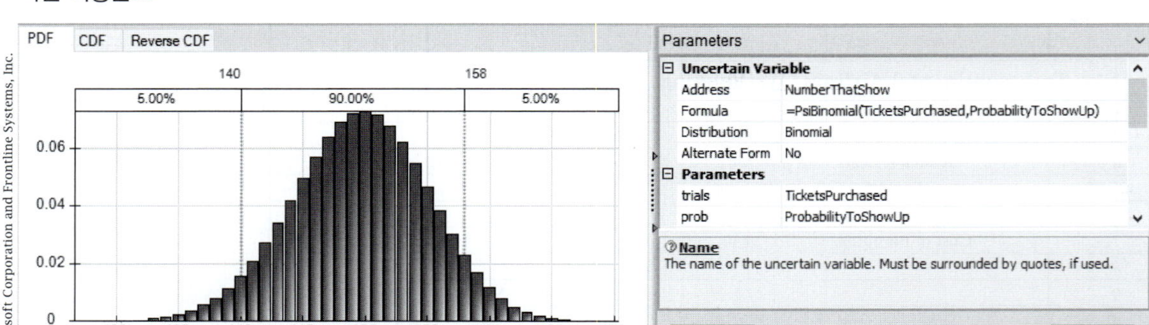

과 혼동하지 말자)들로 지칭된다. 이항분포는 시행들이 통계적으로 독립임을 그리고 각 시행에서 사건발생 확률이 고정(이 예제의 경우 80%)되어 있음을 가정한다. 분포의 매개변수들은 고정 확률과 시행횟수이다.

〈그림 15-23〉은 매개변수 TicketsPurchased(E17)와 ProbabilityToShowUp(F17)을 참조하여 이 분포를 NumberThatShow(C17)에 입력하는 이항분포 대화상자를 보이고 있다. 이항분포의 시행에 대한 실제값은 임의적인 항공권 수요에 영향을 받는 구매 항공권 수에 의존적이기 때문에 시뮬레이션 시행마다 변한다. 그러므로 Analytic Solver는 임의적인 NumberThatShow(C17)를 발생시키기 전에 TicketsPurchased(E17)의 값을 결정해야만 한다. 다행히도 Analytic Solver는 다양한 변수셀을 발생순서를 자동적으로 고려하기 때문에 문제가 되지 않는다.

모든 출력셀, 결과셀과 통계셀들에 입력된 수식들은 〈그림 15-22〉의 아래에 소개되어 있다. 이 모형의 주요 셀에 대한 요약은 다음과 같다.

변수셀: SimulatedTicketDemand(C10)와 NumberThatShow(C17)
결정변수셀: ReservationsToAccept(C13)
결과셀: Profit(F23), NumberOfFilledSeats(C20)와 NumberDeniedBoarding(C21)
통계셀: MeanFilledSeats(C23), MeanDeniedBoarding(C24)과 MeanProfit(C25)

(변수셀, 결과셀, 통계셀의 정의방법에 대한 자세한 내용은 15.1절을 참조하라.)

시뮬레이션 결과

〈그림 15-24〉은 〈그림 15-22〉의 스프레드시트 모형에서 ReservationsToAccept(C13)을 190으로 설정하고 1,000번의 컴퓨터 시뮬레이션을 적용한 후의 3개의 결과셀 각각에 대한 도수분포도표를 보이고 있다.

〈그림 15-24〉 Transcontinental Airlines의 초과예약 문제에 대한 〈그림 15-22〉의 컴퓨터 시뮬레이션 수행으로부터 얻은 각 결과셀

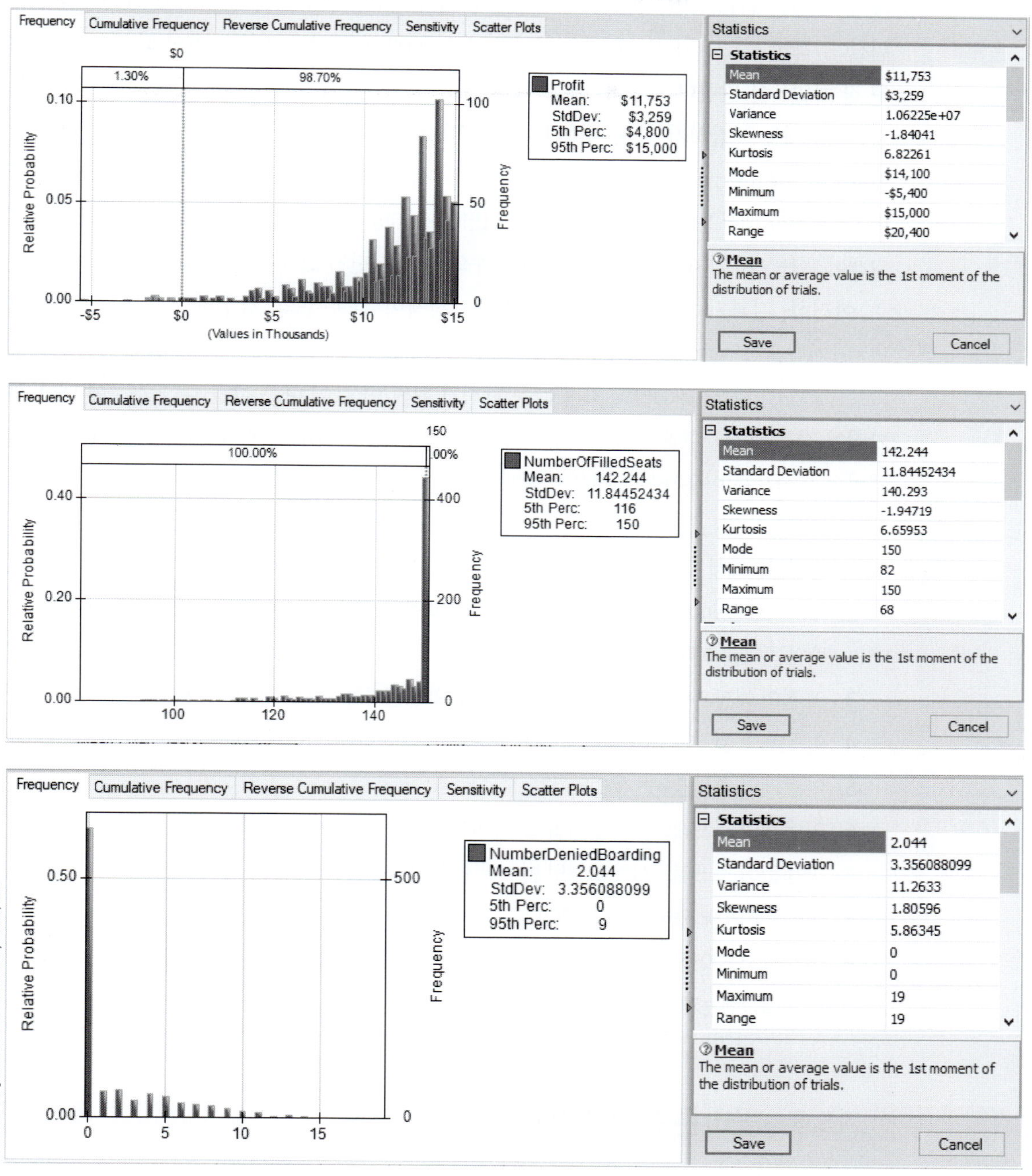

비행당 평균 수익 11,753달러의 수익결과를 나타내고 있다. 그러나 이것은 최대 빈도를 갖는 수익보다 약간 작은 값이다. 그 이유는 심지어 손실을 보는 몇몇 경우를 포함하여 적은 수의 시행에서 평균보다 많이 작은 수익을 보여 평균을 다소 감소시켰기 때문이다. 차단점에 0을 넣으면 수익도표 위의 퍼센트는 시행의 98.7%가 그날의 비행에서 수익을 냈음을 알려준다.

NumberOfFilledSeats(C20)에 대한 도수분포도표는 1,000번의 시행 중 거의 절반에서 150좌석 모두가 채워졌음을 보인다. 더 나아가, 나머지 시행의 대부분에서도 적어도 130좌석이 채워졌다. 평균 142,244가 150에 매우 가까운 것은 190명의 예약을 받는 정책이 좌석 채움을 매우 잘 하였음을 말한다.

좌석 채움을 잘하기 위해 지불된 대가는 다소의 비행에서 몇몇 고객의 탑승이 거절된 것이다. NumberDeniedBoarding(C21)에 대한 도수분포도표는 이것이 약 40%임을 보이고 있으며 이 경우의 대부분에서 거절 고객 수는 1명에서 10명 사이의 범위를 갖는다. 탑승이 거절된 고객이 없는 경우가 60%이고 거절된 고객 수의 평균은 단지 2.044이다.

이러한 결과가 190명의 예약을 받는 정책이 대부분의 경우에 매력적임을 보이고 있지만, 이 옵션이 필연적으로 최선의 옵션임을 설명하지는 못한다. 결정변수 ReservationsToAccept(C13)의 최적 값을 밝히기 위해 이 값이 다른 값을 갖는 경우에 대한 추가적인 시뮬레이션 수행이 필요하다. 이것은 시행착오법에 의해 꽤 쉽게 해결된다. 15.7절의 매개변수 분석표를 이용하여 이것을 어떻게 효율적으로 할 수 있는지 설명한다.

복습문제

1. 관광산업에서 수익경영이 의미하는 바는 무엇인가?
2. American Airlines의 수익경영에 대한 경영과학의 선구적인 응용에서 어느 정도의 연간 수익 증가를 이루었는가?
3. 이 절의 예제에서 Transcontinental Airlines의 경영과학그룹은 어떠한 문제를 언급하였나?
4. 이 문제의 설명에 있어 무슨 균형이 고려되어야 하는가?
5. 이 문제의 결정변수는 무엇인가?
6. 이 문제의 스프레드시트 모형의 결과셀에 나타난 값은 무엇인가?
7. 어떤 값이 스프레드시트 모형의 변수셀에 나타나는가?
8. 이항분포의 매개변수는 무엇인가?
9. 이 절에서 얻어진 시뮬레이션 결과는 고려 중인 항공편에 대해 몇 명의 예약을 받아야 한다고 결정했는가?

15.6 올바른 분포 선택하기

15.1절에서 언급한 것처럼 Analytic Solver의 분포 메뉴를 이용하여 다양한 확률분포의 선택이 가능하다. 소개된 수십 개의 확률분포 중 하나를 선택하여 변수셀에 들어갈 확률분포를 결정할 수 있다. 앞 절들에서는 이들 중 5개의 분포(정수일양, 일양, 삼각, 정규 그리고 이항)의 사용에 대해서는 설명하였지만, 특정 분포를 선택한 이유를 상세히 설명하지는 않았다.

이 절에서는 올바른 분포를 어떻게 선택하는가에 대해 설명한다. 먼저 분포에 대한 특성을 알아보고, 이들 특성을 통해 어떻게 가장 올바른 분포를 선택하는지를 살펴보자. 다음으로 분포 모두가 적합하지 않을 때 가용한 8개의 사용자정의분포 중 하나를 생성하는 Analytic Solver의 기능을 설명한다. 그 다음 15.1절에서 다룬 사례연구로 되돌아가 Analytic Solver의 또 다른 기능을 설명한다. 이 기능은 실측자료가 있는 경우에 주어진 자료에 가장 잘 맞는 분포와 매개변수를 함께 찾아준다. 찾아준 분포에 만족하지 못할 경우를 위해 이 기능은 두 번째, 세 번째 등 다음으로 잘 맞는 분포도 함께 알려준다.

가용한 분포의 특성

확률분포는 확률변수가 가질 수 있는 가능한 값들의 상대적인 가능성을 보여준다. 연속분포continuous distribution는 확률변수가 정수값과 분수값을 포함하여 특정 구간 내의 모든 실수값을 가질 수 있는 경우에 사용된다. 반면에 이산분포discrete distribution는 확률변수가 특정한 값(예: 특정 구간 내의 정수값)만을 가질 수 있는 가능한 경우에 사용된다. 그러나 확률변수의 값이 상대적으로 넓은 구간에 걸쳐있는 정수값들일 경우 분수값을 가장 근접한 정수로 반올림함으로써 연속분포를 근사치로 사용될 수 있다. (이러한 근사치는 〈그림 15-22〉의 스프레드시트 모형의 셀 C10:C11에서 사용되었다.) Analytic Solver의 분포 메뉴는 연속분포와 이산분포, 모두를 포함하고 있다. 우선 연속분포에 대해 살펴보자.

〈그림 15-25〉의 오른쪽은 분포 메뉴의 공통 하위메뉴에 있는 3개의 대표적인 연속분포의 대화상자를 보여주고 있다. 각 대화상자에 나타난 그래프는 각 분포의 전형적인 확률밀도함수probability density function를 나타낸다. 확률밀도함수의 높이는 가로축의 값들에 대응되는 상대적 가능성을 보여준다. 각 분포는 확률밀도함수가 정점에 다다른 곳에서 하나의 최빈값을 가진다. 또한, 상대적으로 높은 가능성을 갖는 점 모두는 정점(최빈값)의 근처에 있다. 이것은 최빈값 근처에 있는 중심값들 중 하나가 발생할 가능성이 큰 경향이 있음을 말한다. 그러므로 이러한 분포들을 중심경향분포central-tendency distribution라고 부른다. 이 분포들의 특성이 〈그림 15-25〉의 왼쪽에 나열되어 있다.

정규분포

정규분포normal distribution는 많은 자연현상을 잘 설명하기 때문에 경영과학자 외에도 여러 사람이 광범위하게 사용한다. 정규분포가 빈번하게 쓰이는 이유 중 하나는 정규분포가 아닌 여러 확률변수의 합이 근사적으로 정규분포를 갖는 경향이 있기 때문이다. 이 분포를 이용하기 위해서는 평균과 표준편차의 추정이 필요한데, 정규분포는 좌우대칭인 분포이기 때문에 평균은 최빈값과 일치한다. 평균은 직관적으로 쉽게 추정할 수 있지만 표준편차는 그렇지 못하다. 분포 중 약 2/3는 평균을 중심으로 표준편차만큼 떨어진 범위 이내에 존재한다. 따라서 표준편차의 추정을 위한 실측자료가 없다면, 무작위 값이 평균에서 어느 정도의 범

〈그림 15-25〉 Analytic Solver 분포 메뉴의 공통하위 메뉴에 있는 3개의 대표적인 중심경향분포의 대화상자: (1) 정규분포 (2) 삼각분포 (3) 로그정규분포

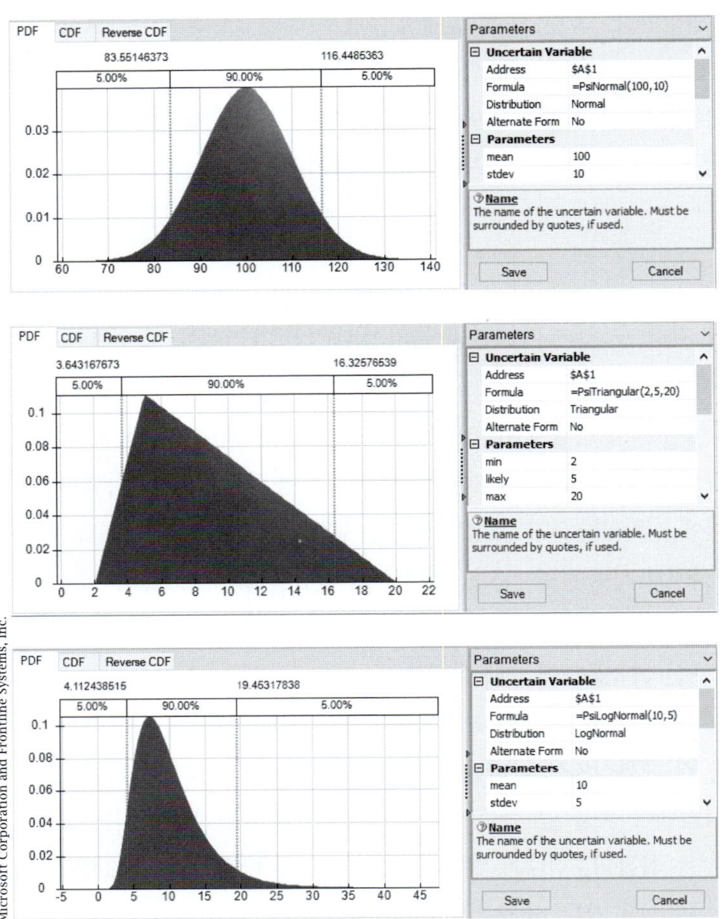

위 이내에 약 2/3 정도가 있을 것인가를 알만한 전문가에게 문의함으로써 대략적인 추정치를 이끌어낼 수 있다.

몇몇 응용에 정규분포를 적용할 때 한 가지 위험은 실제로 음(–)의 값을 가질 수 없음에도 이 분포가 음의 값을 제시할 수 있다는 것이다. 다행히 평균이 표준편차의 3배보다 작은 경우에만 음의 값이 나타날 가능성이 크다. 예를 들면, 〈그림 15-22〉에서 예약 신청고객 수를 표현하기 위한 변수셀에 정규분포가 입력된 경우를 보자. 이 경우에 음의 값은 의미가 없으므로 음의 값이 발생하면 문제가 된다. 하지만 평균 195가 표준편차의 3배인 90(=3×30)보다 매우 크기 때문에 음의 값은 거의 발생하지 않아 문제가 되지 않는다. (〈그림 15-19〉에서 현금흐름을 표현하기 위한 변수셀에 정규분포가 입력된 경우에 평균은 작은 값이거나 심지어 음의 값이 되기도 한다. 하지만 현금흐름은 양 또는 음의 값이 모두가 될 수 있기 때문에 음의 값이 나와도 문제가 되지 않는다.)

삼각분포

〈그림 15-25〉에 있는 삼각분포triangular distribution와 정규분포의 모양을 비교해보면 몇 개의 중요한 차이점을 알 수 있다. 그 하나는 삼각분포는 고정된 최솟값과 최댓값을 갖는 반면에 정규분포는 발생 가능성은 희박하지만 분포의 꼬리 양끝에 있는 극한값을 허용한다는 것이다. 다른 하나는 정규분포는 항상 좌우대칭이지만, 삼각분포는 최빈값이 범위의 중간값과 일치하지 않아도 되기 때문에 (그림처럼) 좌우비대칭일 수도 있다. 이러한 점이 삼각분포의 유연성을 증가시킨다. 또 다른 중요한 차이점은 모든 매개변수(최소min, 최빈likely, 최대max)가 매우 직관적인 값들로 비교적 추정하기 쉽다는 것이다.

이러한 장점들로 인해 컴퓨터 시뮬레이션에서 삼각분포가 자주 이용된다. 삼각분포가 〈그림 15-11〉의 건설사업 예제에서 경쟁기업의 입찰가를, 〈그림 15-15〉에서 활동시간을 나타내기 위해 사용된 이유가 이 때문이다.

그러나 삼각분포 역시 단점을 가지고 있다. 그 하나는 많은 시뮬레이션에서 분포 꼬리의 극한값이 드물기는 하지만 가능한 값이기 때문에 고정된 최솟값과 최댓값을 갖는 것은 상당히 인위적인 면이 있다. 따라서 삼각분포의 극한값에 대한 유의미한 추정을 어렵게 한다. 또 다른 단점은 정규분포의 종모양 곡선과 같은 기울기가 점진적으로 변화는 곡선이 삼각분포의 직선부분보다 분석 대상 분포를 더 정확하게 설명할 수 있다는 것이다.

로그정규분포

〈그림 15-25〉의 아래에 나와있는 로그정규분포lognormal distribution는 정규분포와 삼각분포의 몇 가지 장점을 모아놓은 분포이다. 기울기가 점진적으로 변화는 곡선을 가지고 있으며, 발생 가능성이 낮기는 하지만 오른쪽 극한값을 허용한다. 그리고 음의 값을 허용하지 않는다. 따라서 로그정규분포는 평균이 표준편차의 3배보다 작아 정규분포가 가끔 음의 값을 가질 때와 같이 적합하지 않은 경우에 음의 값을 회피하고자 할 때 특히 유용하다.

로그정규분포는 항상 '양의 왜곡도positively skewed'를 갖는다. 양의 왜곡도란 분포의 긴 꼬리가 오른쪽을 향하고 있음을 말하며, 이는 최빈값이 평균의 왼쪽에 (평균은 최빈값의 오른쪽에) 위치함을 의미한다. 따라서 로그정규분포는 삼각분포보다 융통성이 떨어진다. 로그정규분포의 또 다른 단점은 정규분포와 같이 평균과 표준편차를 매개변수로 갖는다는 것이다. 이 때문에 실측자료가 없다면 덜 직관적인 매개변수인 표준편차는 추정하기가 어렵다.

음의 값을 허용하지 않으며 양의 왜곡도를 갖는 분포가 필요한 경우 로그정규분포는 매력적이다. 이것이 이 분포가 주식가격 또는 부동산가격을 표현하기 위해 자주 사용되는 이유이다.

일양 또는 정수일양분포

앞서 언급한 3개의 분포는 모두 중심경향분포이지만, 〈그림 15-26〉에 소개된 일양분포uniform distribution와 정수일양분포integer uniform distribution는 그렇지 않다. 이들 분포는 고정된 최솟값과 최댓값을 갖는다. 이 두 경계값 사이의 어떠한 값도 발생 가능성이 같다. 그러므로 (발생 가능성이 낮은 극한값을 제외하면) 동일한 범위를 갖는 중심경향분포보다 일양분포는 변동성이 크다.

이 두 분포 중의 선택은 최솟값과 최댓값 사이에서 어떠한 값이 가능한가에 따라 결정된다. 이 범위 내에서 분수를 포함한 모든 값이 가능하다면 일양분포를 선택하고, 단지 정수값만이 가능하다면 정수일양분포를 선택해야 한다.

두 분포 모두 직관적인 하한값과 상한값, 두 값을 매개변수로 가지기 때문에 특히 사용이 편리하여 자주 사용되고 있다. 이 장의 앞부분에서 정수일양분포는 〈그림 15-1〉에서 신문수요를, 일양분포는 〈그림 15-11〉에서 한 경쟁사의 건설사업 입찰금액을 생성하기 위해 사용되었다.

일양분포의 단점은 일반적으로 분석 대상 분포의 대략적인 근사분포라는 것이다. 최솟값 또는 최댓값이 두 값 사이의 다른 값과는 같은 가능성을 갖는 반면에, 범위 바로 밖의 다른 값들은 발생이 불가능한 것은 비현실적이다.

〈그림 15-26〉 Analytic Solver의 분포 메뉴의 일양분포의 특성과 대화상자

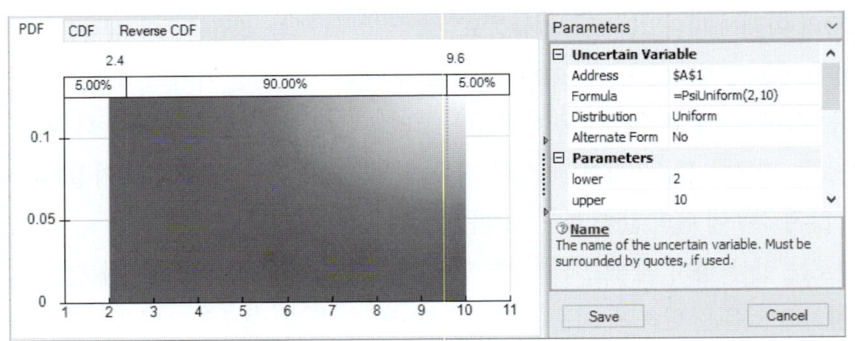

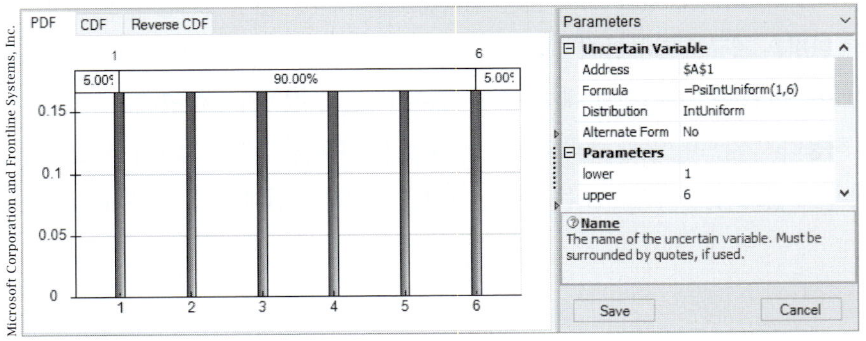

지수분포

13장의 대기행렬 모형을 학습하였다면, 가장 일반적으로 활용되는 대기행렬 모형들이 서비스를 받기 위해 도착하는 고객의 도착간격시간으로 지수분포exponential distribution를 가정함을 기억하자. 이러한 가정의 이유는 대부분의 상황에서 고객도착은 임의 (무작위로 발생하는) 사건인데 지수분포가 바로 임의 사건들 간의 시간에 대한 확률분포이기 때문이다. 13.1절은 지수분포의 이러한 특성을 보다 상세히 설명하고 있다.

〈그림 13-3〉에 처음 소개된 것처럼, 지수분포는 〈그림 15-27〉처럼 특이한 형태를 가지고 있다. 특히, 정점이 0에 있으며 오른쪽으로 긴 꼬리를 가지고 있다. 이는 평균보다 작은 값들이 빈번하게 발생하지만 매우 큰 값도 역시 (희박하지만) 가능함을 말한다. 이것이 임의 사건들 간의 발생간격 시간의 본질이다.

다음 사건이 발생할 때까지의 평균 시간만을 하나의 매개변수로 가지기 때문에, 지수분포는 상대적으로 사용하기 용이하다.

포아송분포

앞에 소개된 대부분의 것처럼 지수분포는 연속분포이지만, 포아송분포Poisson distribution는 이산분포이다. 가능한 값은 0, 1, 2, ⋯과 같이 비음 정수뿐이다. 그러나 다음 이유로 포아송분포는 지수분포와 밀접한 관계가 있다. 사건과 사건 사이의 발생간격시간이 지수분포를 갖는다면

〈그림 15-27〉 임의 사건이 관련된 두 분포의 특성과 대화상자. Analytic Solver의 분포 메뉴에 있는 분포는 (1) 지수분포 (2) 포아송분포

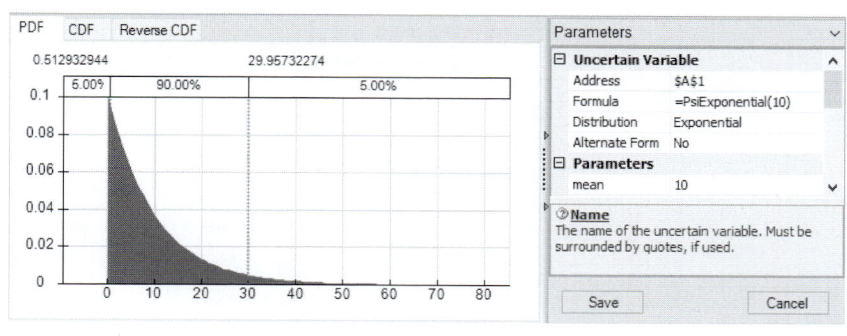

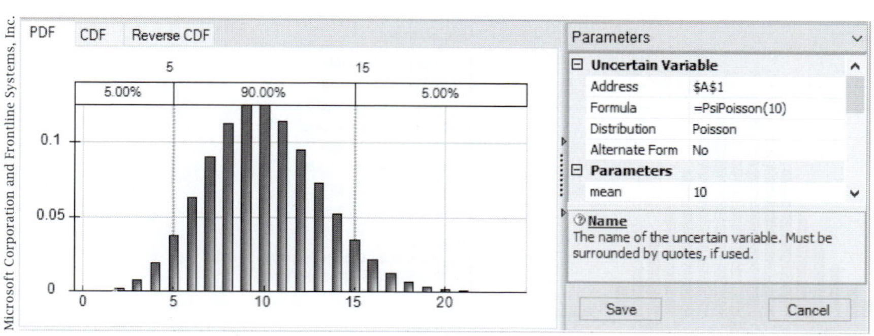

(사건들이 임의적으로 발생한다면), 일정기간 내에 발생하는 사건 수는 포아송분포를 따른다. 뿐만 아니라 포아송분포는 다른 응용이 가능하다.

일정기간 내에 발생하는 사건 수를 고려한다면 대화상자의 매개변수에 입력되는 평균은 그 기간 내에 발생하는 사건의 평균 수가 된다.

베르누이와 이항분포

베르누이분포Bernoulli distribution는 〈그림 15-28〉처럼 단지 2개의 가능한 값(0 또는 1)만을 갖는 매우 단순한 이산분포이다. 이것은 특정 사건의 발생 여부를 시뮬레이션하는 데 이용된다. 이 분포의 단 하나의 매개변수는 사건의 발생 확률이다. 베르누이분포는 이 확률로 1(사건 발생을 의미)의 값을 주고, 그렇지 않으면 0(사건 미발생을 의미)을 준다.

이항분포binomial distribution는 베르누이분포를 사건이 여러 번 발생할 수 있을 때로 확장한 것이다. 〈그림 15-28〉에 나타난 것처럼, 이항분포는 발생할 사건에 대한 독립시행 횟수가 주어지고 사건의 발생 확률이 모든 시행에서 동일할 때, 특정 사건의 발생 횟수에 대한 확률분포이다. 예를 들면, 관심 사건이 동전 던지기에서 앞면이 나올 사건이라면, 확률 0.5의 이항분포는 지정된 동전 던지기 시행에서 앞면이 나온 수에 대한 분포를 나타낸다. 매 번의 동전 던지기는 고정 확률 0.5로 사건(앞면)이 발생하는 하나의 시행이다. 이항분포는 시행횟수가 1이면 베르누이분포와 동일하다.

〈그림 15-28〉 Analytic Solver의 분포 메뉴에 있는 베르누이분포와 이항분포의 특성과 대화상자

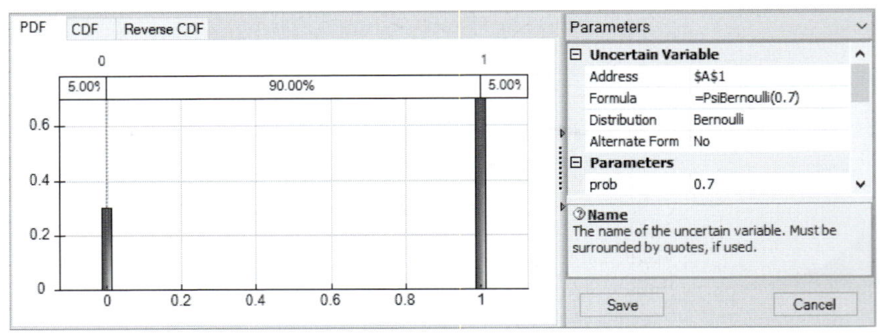

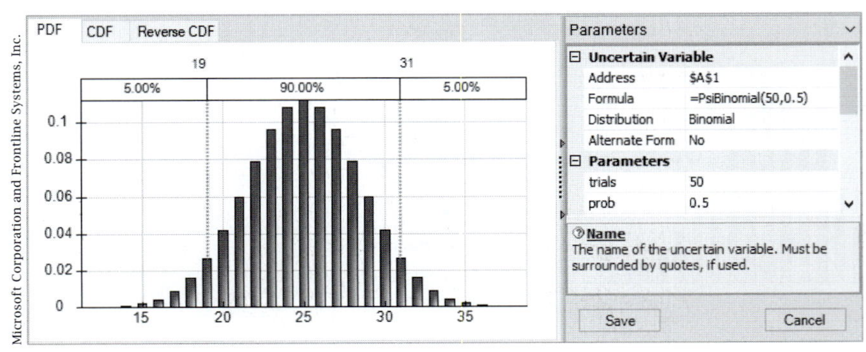

앞절 〈그림 15-22〉의 변수셀 NumberThatShow(C17)에 이항분포가 입력된 예제를 볼 수 있다. 항공사 초과예약 예제에서 탑승을 위해 나타나는 고객들이 사건이 되고 시행은 예약한 고객들이며, 예약한 고객이 실제로 탑승할 확률은 고정확률로 가정하였다.

이항분포의 매개변수들은 시행횟수와 각 시행에서 사건발생 확률이다.

기하분포와 음이항분포

〈그림 15-29〉에는 시행횟수와 각 시행에서 사건발생에 대한 고정된 확률을 갖는 2개의 분포가 소개되어 있으며, 이들 분포는 이항분포와 관련된 분포이다. 기하분포geometric distribution는 사건이 처음으로 발생할 때까지의 시행횟수에 대한 분포이다. 음이항분포negative binomial distribution 대화상자의 suc 항에 양의 정수값을 입력하면, 음이항분포는 suc 항에 정의된 횟수의 사건이 발생할 때까지의 시행횟수에 대한 분포가 된다. 여기서 suc 항은 발생해야 할 성공 사건의 횟수를 의미한다. 따라서 suc 항은 음이항분포의 매개변수이며, 각 시행에서의 사건발생에 대한 고정확률은 기하분포와 음이항분포 모두의 매개변수이다.

이 분포들을 설명하기 위해, 동전던지기(한 번의 시행)에서 앞면을 얻을 사건을 다시 생각해보자. 확률 0.5의 기하분포는 처음 앞면이 나올 때까지의 던진 횟수에 대한 분포를 말한다. 5번의 앞면이 나올 사건에 관심이 있다면, Prob.=0.5와 suc=5인 음이항분포는 5번의 앞면이 나올 때까지의 던진 동전 횟수에 대한 분포를 나타낸다.

〈그림 13-29〉 사건이 발생할 때까지의 시행횟수에 대한 두 가지 분포의 특성과 대화상자. Analytic Solver의 분포 메뉴에 있는 (1) 기하분포 (2) 음이항분포

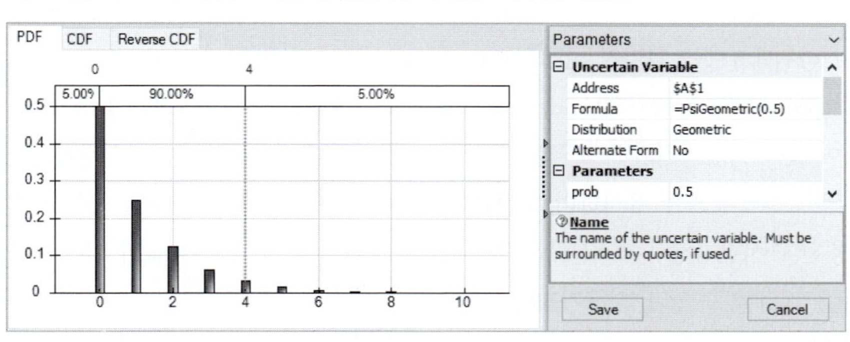

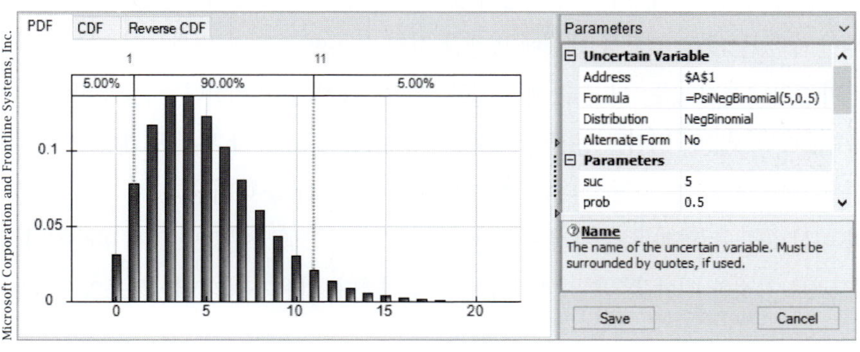

이와 비슷하게, 50%의 수율[yield]을 가지는 생산공정을 고려한다면, 각 생산단위는 0.5의 확률로 합격된다. 확률 0.5의 기하분포는 하나의 합격품 생산에 필요한 생산단위에 대한 분포를 나타낸다. 만약 고객이 5개의 합격품을 주문했다면, Prob.=0.5와 suc=5인 음이항분포는 이 주문을 만족하기에 필요한 생산단위의 크기의 분포를 말한다.

기타 분포

분포 메뉴는 베타[beta], 감마[gamma], 웨이불[Weibull], 퍼트[Pert], 파레토[Pareto], 얼랑[Erlang] 등과 같이 다양하다. 이러한 분포들은 컴퓨터 시뮬레이션에서 광범위하게 사용되지 않기 때문에 상세한 설명은 생략한다.

적합한 분포가 없을 때 사용자가 자신의 분포를 정의할 수 있는 사용자정의 하위메뉴가 있다.

사용자정의분포

분포 메뉴에 있는 수십 개의 분포는 확률 또는 통계 교과목에서 논의된 표준형태이다. 대부분의 경우, 이 표준분포 중 하나가 변수셀에서 필요로 하는 것이다. 그러나 표준분포가 적합하지 않은 독특한 환경이 때때로 생긴다. 분포 메뉴의 사용자정의 하위메뉴에 원하는 분포를 정의할 수 있다.

사용자정의분포[custom distribution]는 분포로 정의될 때까지는 확률분포가 아니다. 사용자정의 하위메뉴의 구성원을 선택하여 사용자가 직면한 특별한 상황에 맞는 자신만의 사용자정의 확률분포를 정의할 수 있다.

사용자정의 하위메뉴에는 11가지 선택 — Cumul(cumulative 축약어), CumulD, Discrete, Disuniform(discrete uniform 축약어), General, Histogram, Metalog, MetalogSPD, Resample, Sip과 Slurp — 이 있다. 사용자정의 누적[custom cumulative], 사용자정의 일반[custom general], 사용자정의 히스토그램[custom histogram]은 모두 유사하며, 고정된 최솟값과 최댓값을 갖는 연속확률분포를 정의하는 데 사용된다. 사용자정의 누적분포는 최솟값과 최댓값 사이에 몇 개의 값과 이에 대응되는 누적확률을 정의할 수 있다. 사용자정의 누적D[custom cumulativeD]분포는 누적확률이 내림차순으로 입력된 역누적 확률인 것만 다르다. 사용자정의 일반분포는 최솟값과 최댓값 사이에 몇 개의 값을 정의할 수 있는데, 누적확률 대신에 발생할 값의 목록에 근접한 결과들의 가능성에 대한 상대적인 가중치(목록에 있는 다른 값에 근접한 결과에 대한)를 입력한다. 사용자정의 히스토그램은 최솟값과 최댓값의 범위를 동일한 크기의 부분으로 나누고, 각 부분에 대해 임의의 결과가 그 부분에 속할 상대적인 가능성(다른 부분에 대한 상대적인)을 나타낸다.

사용자정의 이산[custom discrete]과 사용자정의 이산일양[custom discrete uniform]분포도 역시 유사하다. 둘 다 가능한 결과로 가정한 이산값[discrete value]의 집합을 입력한다. 사용자정의 이산분포의 각 값

(결과)에 따른 확률을 할당하는 반면에 사용자정의 이산일양분포는 모든 이산값이 동일한 확률을 갖는 것으로 가정한다. 사용자정의 Metalog 분포는 거의 모든 모양을 허용하는 매우 유연한 분포로 유계 또는 무계일 수 있다. 과거 데이터에 분포를 적합시키는 데 유용하게 사용된다.

마지막으로, 사용자정의 resample, 사용자정의 sip[custom sip]와 사용자정의 slurp[custom slurp]는 실측자료가 있고 이 실측자료로부터 직접 변수의 표본을 얻고자 할 때 사용된다. 이 분포는 미래상황이 과거상황과 유사할 것이 기대될 때 적합하다.

사용자정의 하위메뉴의 분포를 사용하는 두 가지 예제를 살펴보자. 첫 번째 예제는 사용자정의 이산분포에 대한 예제이고, 두 번째 예제는 사용자정의 일반분포의 예제이다.

첫 번째 예제에서는 한 회사가 신제품을 개발 중인데, 향후 이 제품을 생산하기 위한 세 가지 공정 중 어느 공정이 필요한지 확실하지 않은 상황이다. 단위당 생산비용은 공정에 따라 10달러, 12달러, 14달러이다. 이러한 각 비용의 이산값에 대한 확률은 다음과 같다.

비용 10달러는 20% 가능성
비용 12달러는 50% 가능성
비용 14달러는 30% 가능성

이 분포를 입력하기 위해 Analytic Solver 리본의 분포 메뉴의 사용자정의 하위메뉴에서 이산[Discrete]을 먼저 선택한다. 〈그림 15-30〉과 같이, 각 이산값과 가중치(확률을 나타내기 위해 소수로 표현)를 중괄호 안에 목록의 형태로 입력한다.

두 번째 예제 역시 신제품을 개발 중인 회사에 대한 예제이다. 이 예제의 문제는 다른 회사도 경쟁제품을 개발 중이라는 것이다. 어느 회사가 먼저 제품을 시장에 출시하여 시장을 선점할지는 알 수 없다. 이러한 관점에서 우리 회사의 신제품에 대한 예상 판매량(단위: 1,000)은 다음과 같다.

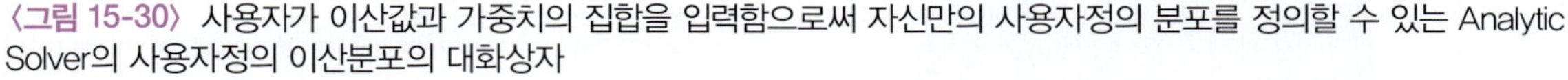
〈그림 15-30〉 사용자가 이산값과 가중치의 집합을 입력함으로써 자신만의 사용자정의 분포를 정의할 수 있는 Analytic Solver의 사용자정의 이산분포의 대화상자

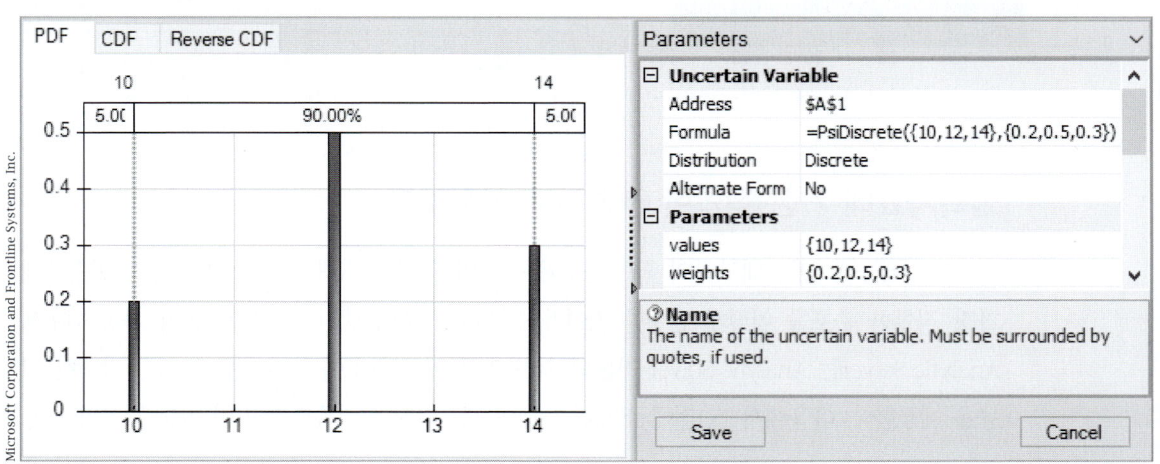

경쟁제품이 먼저 시장에 출시되는 경우: 0~20 (최빈값 10)
두 제품이 동시에 시장에 출시되는 경우: 20~30 (모두 균등하게)
우리 회사의 제품이 먼저 시장에 출시되는 경우: 30~50 (최빈값 40)

시장에 먼저 출시될 가능성은 두 제품 모두 동일하며, 두 제품이 동시에 시장에 출시되는 경우보다는 약 3배의 가능성을 갖는다.

이 분포를 입력하기 위해, 먼저 분포 메뉴의 사용자정의 하위메뉴의 일반을 선택하면 〈그림 15-31〉의 대화상자가 나타난다. 처음 두 매개변수 min=0과 max=50는 판매량(단위: 1,000)의 최솟값과 최댓값을 명시하기 위해 사용된다. 값Value 상자에는 최솟값과 최댓값 사이의 어떠한 값이든지 중괄호 안에 목록으로 입력이 가능하다. 이 목록의 각 값에 대응되는 가중치를 가중치weight 상자에 입력한다. 가중치는 목록의 다른 값에 대한 각 값의 상대적인 가능성을 명시하는 값이다. 1만 또는 4만 근처의 판매량은 각각 2만과 3만 사이의 판매량의 약 3배의 가능성을 갖기 때문에, {10, 20, 30, 40}의 가중치는 {3, 1, 1, 3}로 입력된다. 최종결과는 대화상자 왼쪽의 도표와 같이 두 개의 서로 다른 정점을 갖는 양봉분포bimodal distribution로 알려진 분포이다.

〈그림 15-31〉 사용자가 자신만의 사용자정의 분포를 정의할 수 있는 Analytic Solver의 사용자정의 일반분포의 대화상자

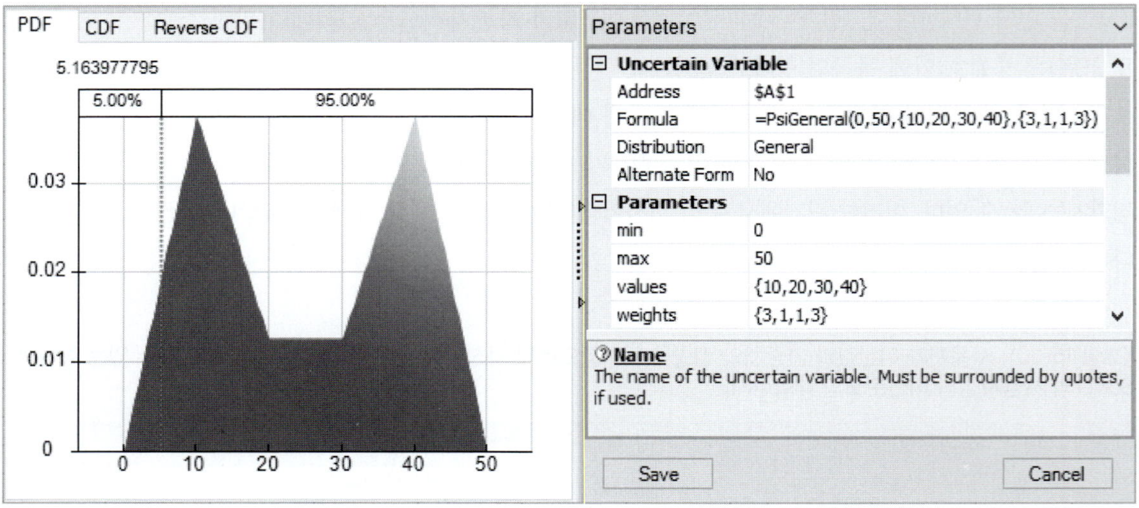

실측자료에 가장 적합한 연속분포 선정하기

분포 메뉴에 있는 대부분의 확률분포와 분포의 특성에 대해 살펴보았다. 특정 변수셀에 가장 적합한 분포를 어떻게 선정할 것인가에 대한 의문이 생긴다. 실측자료가 가용하다면, Analytic Solver는 Analytic Solver 리본의 Fit 단추를 이용하여 이를 선정할 수 있는 강력한 기능을 제공한다. 다음에서 15.1절에 소개된 사례연구를 다시 살펴봄으로써 이 기능을 설명한다.

신문판매소년 Freddie가 신문가판대에서 판매하는 대중적인 신문 중 하나는 일간 Financial Journal임을 상기하자. Freddie는 신문배급업자로부터 매일 아침 일찍 구매한다. Freddie에게 일간 미판매 부수는 손실이기 때문에 적정 미래 주문량을 결정하려고 노력한다. 이에 대한 모형이 15.1절에 소개된 〈그림 15-1〉의 스프레드시트 모형이다. 변수셀 Demand(C12)에는 40에서 70 사이의 범위에서 정의된 이산일양분포가 입력되어 있다.

적정 미래 주문량에 대한 보다 나은 결정을 위해 Freddie는 매일의 수요(신문에 대한 요구 고객 수)를 기록해왔다. 〈그림 15-32〉는 과거 60일간의 수요에 대한 기록 중 일부(셀 F4:F63)와 〈그림 15-1〉의 스프레드시트 모형의 일부를 보여주고 있다. 이 기록으로부터 일간 판매량이 40에서 70까지로 변화가 많음을 알 수 있다. 그러나 이 값들로부터 이러한 자료를 가장 잘 설명

〈그림 15-32〉 셀 F4:F63은 15.1절에 소개된 Freddie 신문팔이 소년 사례연구를 위해 수집된 실측자료를 포함하고 있다.

	A	B	C	D	E	F
1	**Freddie the Newsboy**					
2						
3			**Data**			Historical
4		Unit Sale Price	$2.50			Demand
5		Unit Purchase Cost	$1.50		Day	Data
6		Unit Salvage Value	$0.50		1	62
7					2	45
8			**Decision Variable**		3	59
9		Order Quantity	60		4	65
10					5	50
11			**Simulation**		6	64
12		Demand	44		7	56
13					8	51
14		Sales Revenue	$110.00		9	55
15		Purchasing Cost	$90.00		10	61
16		Salvage Value	$8.00		11	40
17					12	47
18		Profit	$28.00		13	63
19					14	68
20		Mean Profit	$46.45		15	67
21					16	67
60					55	41
61					56	42
62					57	64
63					58	45
64					59	59
65					60	70

하는 분포를 분포 메뉴에서 선택하기는 어렵다.

다음 절차를 통해 Analytic Solver는 이러한 논지를 고려할 수 있다.

자료에 가장 적합한 분포 선정절차

1. 변수셀에 입력될 가장 적합한 분포를 선정하기 위해 필요한 자료를 수집한다.
2. 시뮬레이션 모형을 포함한 스프레드시트 모형에 자료를 입력한다.
3. 자료를 포함하고 있는 셀들을 선택한다.
4. Analytic Solver 리본의 Fit 단추 클릭하면 Fit 옵션 대화상자가 나타난다.
5. 실측자료의 범위에 맞도록 이 대화상자의 범위상자 값을 확인한다.
6. 적합한 분포의 종류(연속 또는 이산)를 명시한다.
7. 변이분포shifted distribution의 허용 여부와 표본독립성검정을 수행할 것인지 여부를 명시한다.
8. 자료에 적합한 분포들의 순위를 평가하기 위한 순위결정법ranking method을 선택한다.
9. Fit 단추를 클릭하면, 자료에 가장 적합한 분포를 보여주는 적합도결과Fit Results가 나타난다.
10. 분포를 보기 원하면 대화상자 왼쪽 목록의 아래에 있는 상자를 체크한다. 대화상자는 자료에 적합한 순서로 다른 분포들(분포의 매개변수를 함께)을 보여준다.
11. 단계 9와 10을 통해 사용할 분포를 결정한 후에 오른쪽 위 모서리의 닫기상자close box를 눌러 상자를 닫고 예Yes를 누르면 선택된 분포를 수락하게 된다.
12. 변수셀로 정의될 셀을 클릭하면 선택된 분포가 셀에 입력된다.

〈그림 15-32〉는 셀 F4:F63에 필요한 자료가 이미 입력되어 있기 때문에, 자료를 선택함으로써 이 절차를 Freddie 문제에 응용할 수 있다. Fit 단추를 클릭하면 〈그림 15-33〉에 있는 Fit 옵션 대화상자가 나타난다. 〈그림 15-32〉의 자료범위 F4:F63가 대화상자의 범위상자에 이미 입력되어 있다. 적합한 분포로 고려되는 분포의 종류로 여기서는 기본값인 연속분포를 선택하였다. 판매량은 항상 정수이기 때문에 이산값이 보다 논리적인 선택이 될 것이다. 하지만 넓은 범위의 모든 정수가 가능한 경우(이 예제의 경우 40과 70 사이의 31개의 정수값)에는 분포의 형태가 연속분포와 유사한 것으로 볼 수 있다.

더 나아가 Analytic Solver에는 이산분포보다 더 많은 연속분포가 있다. 자료에 보다 적합한 연속분포를 찾을 가능성이 더 크다. (15.5절의 항공사 예약초과 예제에서 〈그림

〈그림 15-33〉 Fit 옵션 대화상자

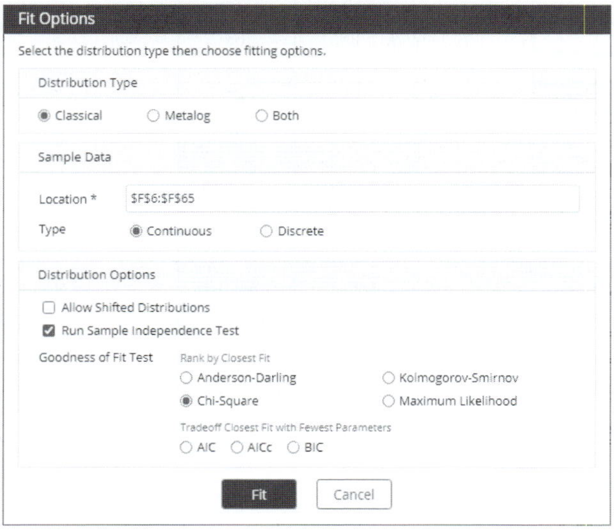

Fit Options
Select the distribution type then choose fitting options.
Distribution Type
◉ Classical ○ Metalog ○ Both
Sample Data
Location * $F$6:$F$65
Type ◉ Continuous ○ Discrete
Distribution Options
☐ Allow Shifted Distributions
☑ Run Sample Independence Test
Goodness of Fit Test
Rank by Closest Fit
○ Anderson-Darling ○ Kolmogorov-Smirnov
◉ Chi-Square ○ Maximum Likelihood
Tradeoff Closest Fit with Fewest Parameters
○ AIC ○ AICc ○ BIC
Fit Cancel

〈그림 15-34〉 적합도결과(Fit Results) 대화상자의 왼쪽에는 가장 적합한 연속분포를 좋은 것에서 나쁜 것의 순으로 위에서 아래로 나열하여 보여준다.

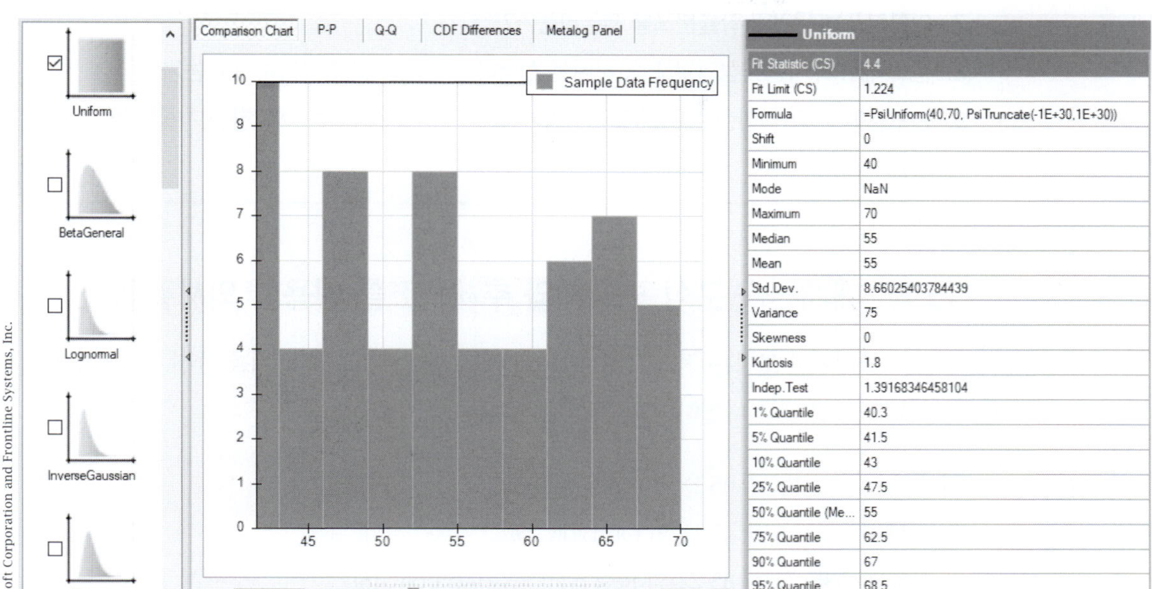

15-22〉의 셀 C11에서 예약자 수에 대해 했던 것처럼) 변수셀의 각 값을 가까운 정수값으로 반올림함으로써 연속분포를 정수값을 얻기 위해 사용할 수 있다. 순위결정법으로는 카이제곱검정법chi-square test을 선택하였다. Fit을 클릭하면 〈그림 15-34〉의 적합도결과Fit Results 도표가 나타난다.

〈그림 15-34〉에 있는 적합도결과 도표의 왼쪽은 적합한 분포들을 카이제곱검정의 순위에 따라 보여준다. 카이제곱검정은 통계학에서 폭넓게 쓰이는 검정방법이며, 값이 작을수록 더 좋은 적합도를 의미한다. 일양분포가 가장 적합한 분포로 나타났다. 신문의 수요량은 실제로 정수이어야 한다는 사실과 이 결과를 함께 고려한다면, 〈그림 15-1〉에 있는 Freddie 스프레드시트 모형의 변수셀 Demand(C12)를 정수일양분포로 정의한 것은 적절하다. 사실, 〈그림 15-33〉에서 분포의 종류로 연속분포 대신에 이산분포를 선택했다면 Analytic Solver는 가장 적합한 분포로 정수일양분포를 찾았을 것이다. 이 경우에는 연속 또는 이산 또는 모두가 적합하기 때문에 동일하게 일양분포가 선택되었을 것이다.

복습문제

1. Analytic Solver의 분포 메뉴에서 몇 개의 분포가 이용 가능한가?
2. 연속분포와 이산분포의 차이점은 무엇인가?
3. 변수셀에 정규분포를 가정하면 어떠한 가능위험이 있는가?
4. 삼각분포를 선택하면 어떠한 장점이 있는가?
5. 로그정규분포를 정규분포, 삼각분포와 비교하면 어떠한가?

복습문제

6. 변수셀에 대해 일양분포가 때때로 편리한 선택이 되는 이유는 무엇인가?
7. 이항분포는 무엇의 확률분포를 제공하는가?
8. 분포 메뉴의 사용자정의분포 중 하나를 선택하는 것은 무엇을 가능하게 하는가?
9. 변수셀에 가장 적합한 분포를 결정하기 위해 Analytic Solver는 어떠한 절차를 제공하는가?

15.7 매개변수 분석 보고서와 추세도표를 이용한 의사결정

많은 시뮬레이션 모형은 적어도 하나의 결정변수를 가지고 있다. 예를 들면, 이 장에서 접한 결정변수 중 몇 개를 나열하면 다음과 같다.

사례연구: 〈그림 15-1〉의 OrderQuantity(C9)
입찰 예제: 〈그림 15-11〉의 OurBid(C25)
초과예약 예제: 〈그림 15-22〉의 ReservationsToAccept(C13)

각 경우에서 Analytic Solver를 활용한 컴퓨터 시뮬레이션이 결과셀에 수많은 산출물을 제공함으로써 특정한 결정변수를 잘 평가할 수 있음을 보았다. 그러나 (선형계획법과 의사결정 분석 포함해) 앞선 장에서 소개되어 있는 많은 경영과학기법에 반하여 컴퓨터 시뮬레이션은 결정변수에 대한 최적해를 찾지 못한다. 다행히도 Analytic Solver는 매개변수셀parameter cell을 이용하여 복수의 시뮬레이션을 체계적으로 수행하는 방법을 제공한다. 이것은 한 개 또는 두 개의 결정변수를 갖는 문제의 최적해에 대해 적어도 근사치를 찾기 쉽게 한다. 이 절에서는 이러한 접근 방법을 살펴보고 위에 열거한 3개의 결정변수에 순차적으로 적용하여 설명한다. (다음 절에서는 시뮬레이션 모형에 대한 최적해를 찾기 위한 또 다른 접근 방법인 Analytic Solver의 Solver 활용법을 소개한다.)

최적해를 찾는 하나의 직관적인 방법은 시행착오법이다. 다른 값을 갖는 결정변수, 각각에 대해 시뮬레이션을 수행하고 어떤 값이 선택된 성과척도에 대한 가장 좋은 추정치를 제공하는지를 확인하는 것이다. Analytic Solver의 상호작용 시뮬레이션 상태에서는 결정변수의 값의 변화에 따라 통계셀의 결과가 즉각적으로 변화하기 때문에 이것이 쉽게 가능하다. 매개변수셀을 이용하면 동일한 분석을 보다 체계적으로 할 수 있다. 매개변수셀을 정의한 후 요구되는 시뮬레이션을 모두 실행하면 결과가 **매개변수 분석 보고서**parameter analysis reports에 곧 나타난다. 원한다면 결과에 대한 추가적인 상세정보를 제공하는 **추세도표**trend chart를 볼 수 있다.

8장에서 체계적인 민감도 분석을 위해 Analytic Solver의 Solver와 매개변수셀을 이용한 매개변수 분석 보고서를 이미 생성해보았다. 시뮬레이션 모형에 대한 매개변수 분석 보고서도 동일한 역할을 한다. 매개변수 분석 보고서에서 동시에 변할 수 있는 최대 결정변수의 수는 2개이다.

이 장의 사례연구로 돌아가서 매개변수셀을 이용하여 복수의 시뮬레이션을 수행하는 방법을 살펴보자.

사례연구에 대한 매개변수 분석 보고서와 추세도표

Freddie 신문팔이 소년은 Financial Journal의 일간 주문량을 결정하고 싶어한다. 15.1절의 〈그림 15-1〉~〈그림 15-9〉는 주문량 60인 경우를 평가하는 컴퓨터 시뮬레이션 응용 모형이다. 이 주문량에 대한 평균 일간 수익의 최종 추정치는 46.45달러이다. 〈그림 15-32〉에 나타난 것처럼, Freddie의 고객들이 구매를 원하는 부수는 하루하루 크게 변한다. 〈그림 15-34〉에 있는 적합도결과[Fit Result] 도표는 이러한 변동을 가장 잘 설명하는 확률분포로 40과 70 사이에서 정의된 정수일양분포를 제안한다. 이와 같은 높은 변동성일 때에는 주문량을 40과 70 사이의 범위로 설정할 것인지 명확하지 않다. 주문량을 60과 다른 값으로 설정함으로써 46.45달러보다 큰 평균 일간 수익을 얻을 수 있는가? 40과 70 사이의 어떠한 주문량이 평균 일간 수익을 최대로 하는가?

이러한 질문에 답하기 위해 가능한 주문량의 표본, 말하자면 40, 45, 50, 55, 60, 65, 70을 시도해보는 것이 현명한 듯하다. 이것을 하기 위한 첫 번째 단계는 분석될 결정변수를 다음 절차에 따라 매개변수셀로 정의하는 것이다.

결정변수를 매개변수셀로 정의하기 위한 절차

1. 결정변수를 포함하는 셀을 클릭하여 선택한다.
2. Analytic Solver 리본의 매개변수 메뉴[parameter menu]에서 시뮬레이션을 선택한다.
3. 결정변수가 시뮬레이션될 값의 하한범위와 상한범위를 입력한다.
4. OK를 클릭한다.

〈그림 15-35〉는 이 절차를 Freddie 문제에 적용한 것을 보여준다. 시뮬레이션이 40에서 70까지의 범위를 갖는 주문량에 대해 실행되기 때문에 이 범위의 한계가 입력되어 있다.

매개변수셀의 다른 값들에 대한 시뮬레이션 실행을 통해 매개변수 분석 보고서를 생성할 준비가 되었다. 맨 처음에는 Analytic Solver 리본에 있는 Report>Simulation 메뉴로부터 매개변수 분석 보고서를 선택한다. 그러면 변경될 매개변수셀과 시뮬레이션 실행 후 결과를 명시할 수 있는 〈그림 15-36〉의 대화상자가 나타난다. 변경될 매개변수의 선택은 대화상자의 중간 아래에 있는 Parameters에서 정의된다. 기호 >>를 클릭하면 지금까지 정의된 모든 매개변수를 선택할 수 있다. 선택된 매개변수들은 오른쪽 상자로 이동된다. 이 예제의 경우에는 하나의 매개변수만 정의되어 있기 때문에 하나의 매개변수 OrderQuantity만 오른쪽에 나타난다. 하나이상의 매개변수가 정의되어 있는 경우에는 분석을 원하는 특정 매개변수셀들을 클

〈그림 15-35〉 이 매개변수 셀 대화상자는 〈그림 15-1〉의 Freddie 신문팔이 소년 사례연구에 대한 시뮬레이션 모형에서의 결정변수 OrderQuantity(C9)의 특성을 지정하고 있다.

Function Arguments ? ×

PsiSimParam

Values_or_lower 40 = 40

Upper 70 = 70

Base_case =

= 40

PsiSimParam provides a list of different values that a variable should have in different simulations, where the value is the same for all trials in one simulation.

Base_case Optional: Pass the upper limit for the parameter.

Formula result = 40

Help on this function OK Cancel

Microsoft Corporation and Frontline Systems, Inc.

〈그림 15-36〉 이 매개변수 분석 대화상자는 변경될 매개변수셀과 시뮬레이션 실행 후에 보일 결과를 지정하고 있다. 여기서는 매개변수셀 OrderQuantity(C9)의 값이 상이한 7개의 값으로 변경되고, 7번의 시뮬레이션 실행 각각에 대한 평균값이 보인다.

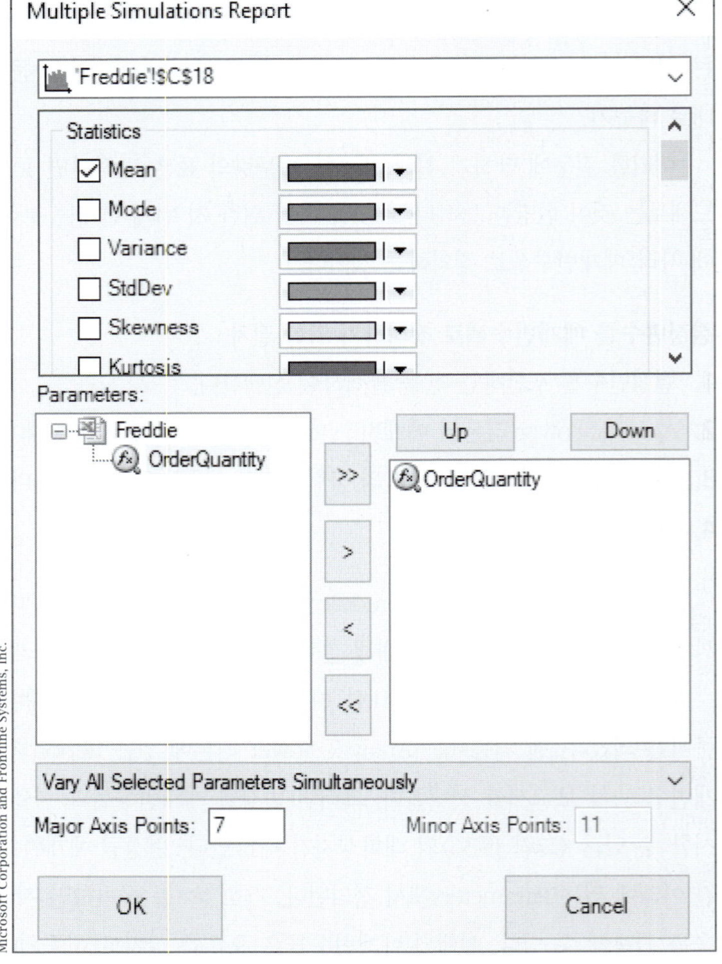

릭하고 기호 >를 이용하여 각 매개변수를 오른쪽 목록으로 이동시키면 된다.

중간 위에 있는 대화상자를 통해 매개변수셀의 변화에 따라 어떤 시뮬레이션 결과를 보일 것인가를 선택할 수 있다. 평균Mean 열의 상자를 선택하면 시뮬레이션 실행 동안 관찰된 평균 수익이 매개변수셀의 상이한 값에 따라 나타난다.

마지막으로 매개변수 분석 보고서에 포함될 매개변수셀의 상이한 값들의 수를 지정하는 장축점Major Axis Points의 수를 입력한다. 값들은 〈그림 15-35〉의 매개변수셀 대화상자에 정의된 하위 값과 상위 값의 사이에서 균등하게 나누어진다. 하위 값이 40이고 상위 값이 70일 때 7개의 장축점을 정의하면, 시뮬레이션은 40, 45, 50, 55, 60, 65, 70의 주문량을 가지고 실행된다. OK를 클릭하면 Analytic Solver는 각 시뮬레이션을 실행한다.

〈그림 15-37〉 15.1절에 소개된 사례연구에 대한 매개변수 분석 보고서

	A	B
1	**OrderQuantity**	**Mean**
2	40	$40.00
3	45	$44.03
4	50	$46.45
5	55	$47.26
6	60	$46.45
7	65	$44.03
8	70	$40.00

Analytic Solver가 시뮬레이션을 실행한 후에 〈그림 15-37〉에 소개된 것처럼 새로운 스프레드시트에 매개변수 분석 보고서가 생성된다. A열에 있는 각 주문량에 대해 B열은 시뮬레이션의 모든 실행에서 얻어진 결과셀 Profit(C18)의 평균값을 보여준다. 셀 B2:B8은 주문량이 55일 때 가장 큰 평균 수익 47.26달러를 보이고 있는 반면에 주문량이 50과 60일 때는 동일하게 다음으로 가장 큰 평균 수익을 나타낸다.

이러한 주문량의 양쪽에서 평균 수익이 급감하는 것은 최적 주문량이 50과 60 사이에 (아마도 55에 가깝게) 있음을 사실상 확신한다. 이것을 보다 정확하게 밝히기 위해 논리적인 다음 단계는 50과 60 사이의 모든 정수 주문량을 고려하는 또 다른 매개변수 분석 보고서를 생성하는 것이다. 연습문제 15.14를 통해 이를 직접 구현해보자.

Analytic Solver는 매개변수셀의 상이한 값에 대한 시뮬레이션 실행 결과를 보여줄 다양한 도표를 생성할 수 있다. 매개변수셀을 정의한 후에 시뮬레이션 실행 횟수의 지정이 필요하다. 이 값의 지정을 위해 Analytic Solver 리본의 옵션Option단추를 클릭하고 시뮬레이션 탭을 선택하면 〈그림 15-38〉과 같은 시뮬레이션 옵션Simulation Option 대화상자가 나타난다. 시뮬레이션할 매개변수셀 값의 희망요구 수를 Simulation to Run 상자에 입력한다. 이 수는 매개변수 분석 보고서를 생성할 때 〈그림 15-36〉의 장축점Major Axis Points과 동일한 역할을 한다. 매개변수의 결과값은 〈그림 15-35〉의 매개변수셀 대화상자에 정의된 하위 값과 상위 값의 사이에서 균등하게 나누어진다. 예를 들면, 〈그림 15-38〉과 같이 실행될 시뮬레이션이 7번이면 주문량은 40, 45, 50, 55, 60, 65, 70이 된다.

일단 실행될 시뮬레이션의 횟수가 지정되면, Analytic Solver 리본의 Charts>Multiple Simulation 메뉴에서 하나의 도표를 선택함으로써 다양한 도표를 생성할 수 있다. 예를 들면, 이 메뉴에서 매개변수 분석Parameter Analysis을 선택하면 〈그림 15-37〉의 매개변수 분석 보고서와

〈그림 15-38〉 매개변수셀의 상이한 값의 수만큼 시뮬레이션 수행 결과를 보여줄 도표를 선택하기 전에 이 시뮬레이션 옵션 대화상자를 통해 시뮬레이션 실행 횟수를 지정한다.

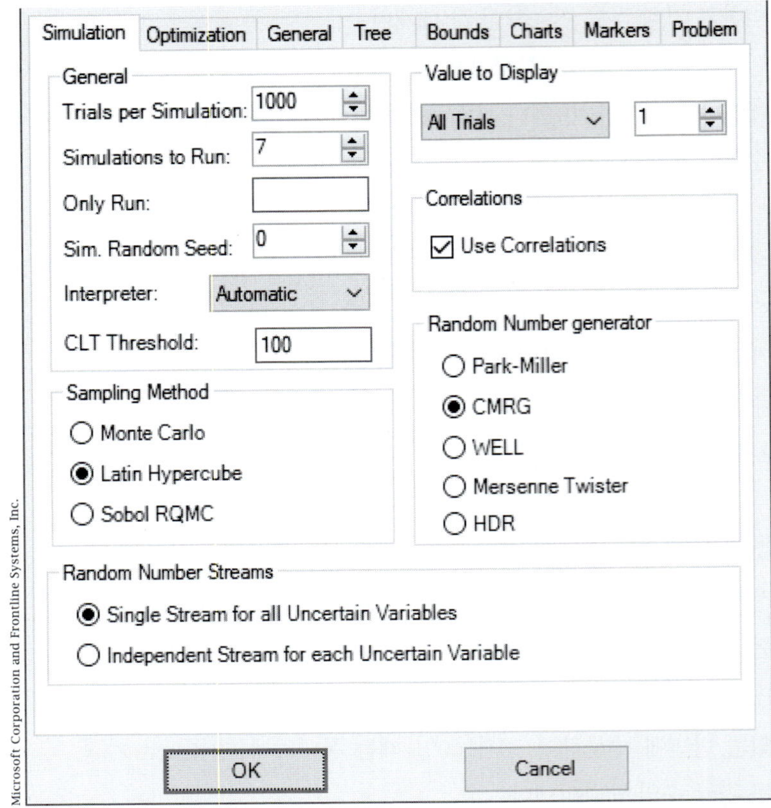

동일한 정보를 그래프 형태로 얻을 수 있다.

특히 흥미로운 도표는 추세도표trend chart이다. Charts>Multiple Simulation 메뉴에서 Trend Chart를 선택하면 〈그림 15-39〉에 소개된 대화상자가 나타난다. 이 대화상자는 추세도표에 시뮬레이션 중 어떤 것을 보일 것인지를 선택하는 데 사용된다. 기호 >>를 클릭하면 7개의 모든 시뮬레이션을 추세도표에 보이도록 지정한다. 다음으로 OK를 클릭하면 〈그림 15-40〉의 추세도표를 생성한다.

추세도표의 가로축은 시뮬레이션이 실행된 매개변수셀의 7개 값(주문량 40, 45, ⋯, 70)을 보여준다. 수직축은 시뮬레이션 실행으로부터 얻어진 수익 값을 나타낸다. 중간의 곡선은 상이한 주문량에 각각에 대한 시뮬레이션 실행 결과인 평균 수익을 나타낸다. 평균선을 둘러싼 것은 각 시뮬레이션 실행으로부터 얻은 수익의 도수분포에 대한 정보를 요약하는 두 가지 띠이다. (컬러 모니터에서 띠는 밝은 회색(회백색)과 진한 녹색(암녹색)으로 나타난다.) 중앙의 회백색 띠는 수익의 중간 75%를 포함하는 반면에 바깥쪽의 녹색을 띠는 (포함된 회색 부분과 함께) 수익의 중간 90%를 포함한다. (이러한 비율은 추세도표의 위에 나열되어 있다.) 따라서 각 시뮬레이션의 시행에서 생성된 수익의 5%는 상단 띠의 위에, 5%는 하단 띠의 아래에 있다.

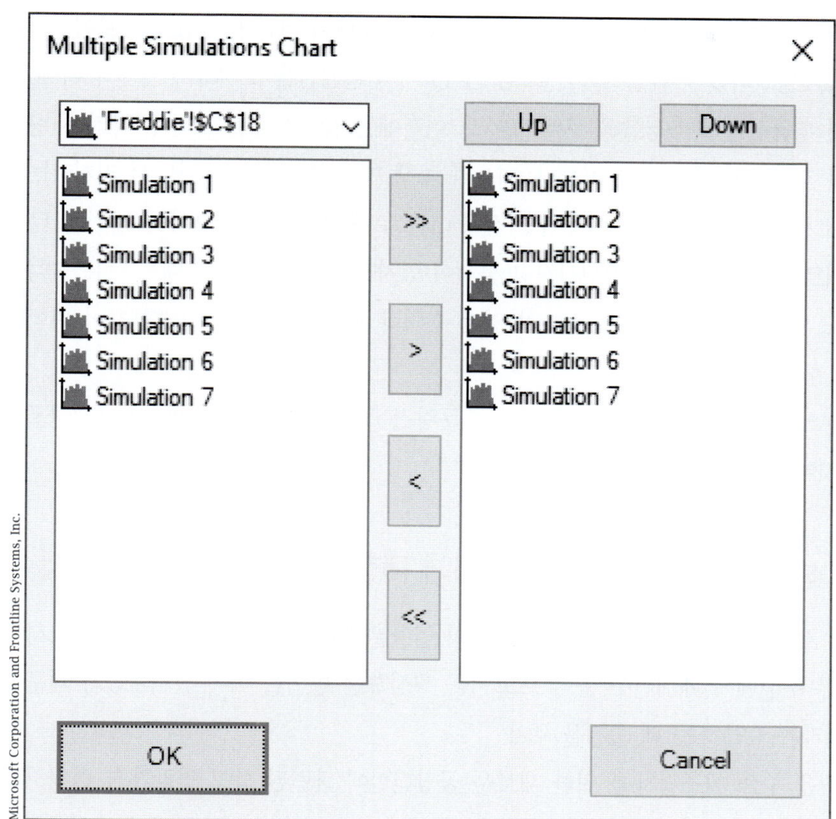

〈그림 15-39〉 이 추세도표 대화상자는 어떤 시뮬레이션 결과를 볼일 것인지를 지정하기 위해 사용된다.

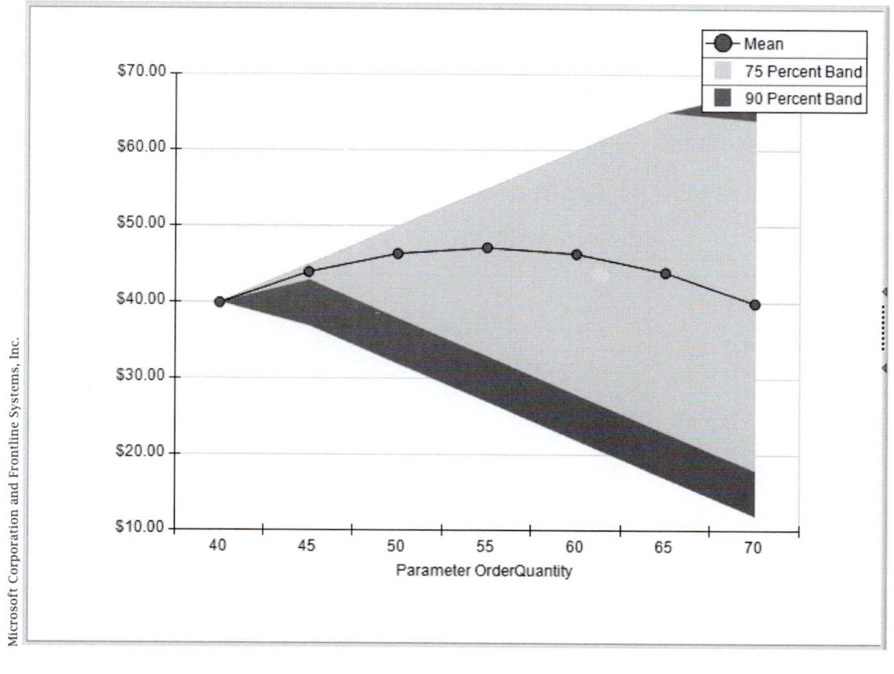

〈그림 15-40〉 이 추세도표는 Freddie 문제에서 주문량의 증가에 따른 평균과 도수분포의 추세를 보이고 있다.

추세도표는 결정변수(이 경우에는 주문량) 값의 증가에 따른 추세를 도식적으로 보여주기 때문에 추세도표로 명명되었다. 예를 들어, 〈그림 15-43〉에서 평균선을 고려하자. 주문량이 40에서 55로 변하면 평균선은 증가경향을 보이지만, 그 이후에는 감소경향을 보인다. 따라서 평균 수익은 주문량 55 근처에서 정점에 이른다. 회색과 녹색 띠가 오른쪽으로 가면서 퍼져있는데 이는 주문량이 증가하면서 수익의 변동이 커짐에 대한 추가적인 통찰을 보여준다. 가장 많은 주문량이 때때로 매우 큰 수익을 발생시킬 가능성이 있지만, 이것은 때때로 매우 낮은 수익을 얻을 가능성도 있음을 의미한다. Freddie가 일간 수익의 변동성에 관심이 있다면 이 위험 명세서는 그에게 유의미하다.

다음 절에서 Analytic Solver의 Solver가 최적 주문량을 찾기 위해 사용될 때 이 사례연구로 다시 살펴볼 것이다.

Reliable Construction Co.의 입찰 문제에 대한 매개변수 분석 보고서

이제 15.2절에 소개된 Reliable Construction Co.의 입찰문제에 대한 매개변수 분석 보고서를 생성해보자. 앞 부절에서 매개변수 분석 보고서를 생성하는 방법을 이미 살펴보았기 때문에 여기에서는 결과를 요약하는 데 중점을 두자.

회사의 경영진은 주요 제조업자를 위한 새로운 공장건설에 관련된 사업 입찰가를 결정하는 데에 관심이 있음을 상기하자. 그러므로 〈그림 15-11〉의 스프레드시트 모형에서 결정변수는 OurBid(C25)이다. 〈그림 15-41〉의 매개변수셀 대화상자는 이 결정변수를 더 상세히 설명하기 위해 사용된다. 경영진은 입찰가는 480만 달러에서 580만 달러 사이에 있을 것을 생각하고 있기 때문에 이 대화상자의 Bounds 상자에 이 수들(단위: 백만 달러)을 입력한다.

경영진은 기대 수익을 최대로 하는 입찰가를 선택하기를 원한다. 결론적으로 스프레드시트 모형에서 결과셀은 Profit(C29)이다. Analytic Solver 리본의 Reports > Simulation에서 매개

〈그림 15-41〉 이 매개변수셀 대화상자는 Reliable Construction Co.의 입찰문제에 대한 〈그림 15-11〉에서의 결정변수 OurBid(C25)의 특성을 지정한다.

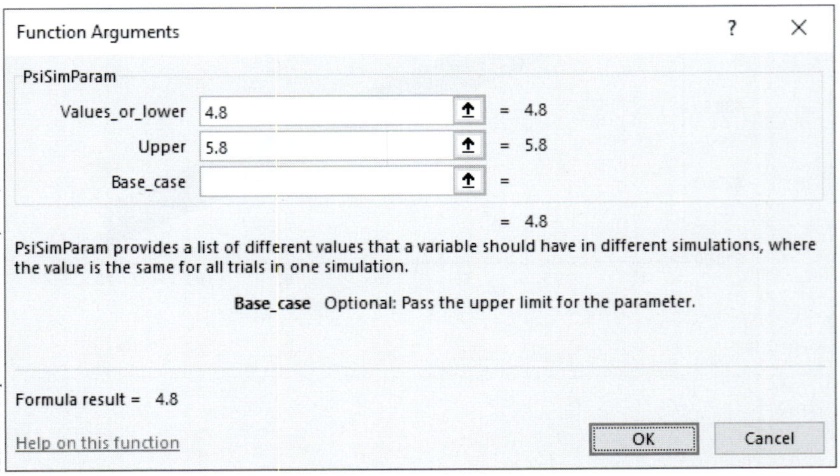

Function Arguments ? ×

PsiSimParam

Values_or_lower	4.8	= 4.8
Upper	5.8	= 5.8
Base_case		=

= 4.8

PsiSimParam provides a list of different values that a variable should have in different simulations, where the value is the same for all trials in one simulation.

Base_case Optional: Pass the upper limit for the parameter.

Formula result = 4.8

Help on this function OK Cancel

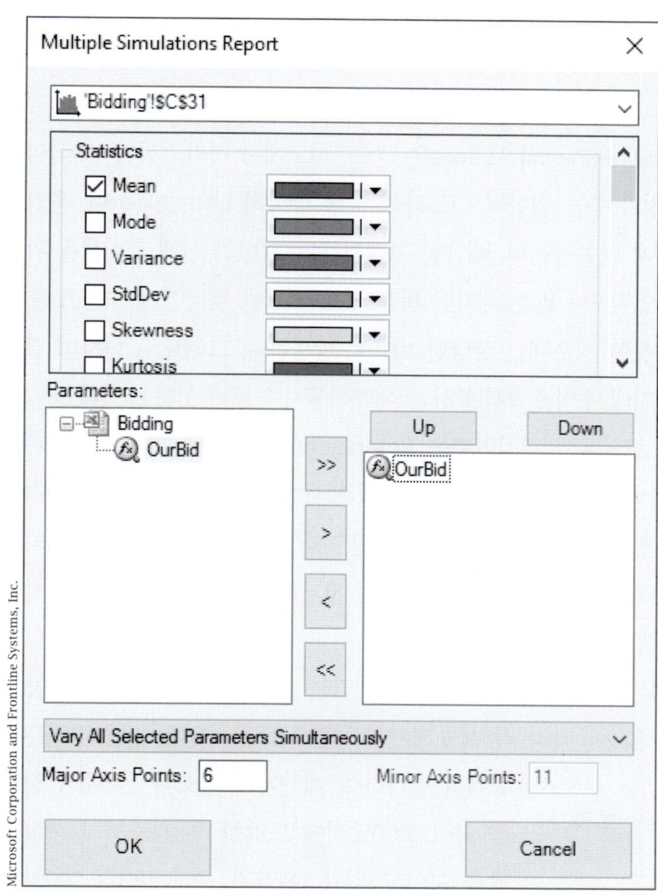

〈그림 15-42〉 이 매개변수 분석 대화상자를 통해 어떤 매개변수셀이 변화는지와 각 시뮬레이션의 실행 후 어떤 결과를 보여줄 것인지를 지정한다.

변수 분석 보고서를 선택한 후에 나타나는 〈그림 15-42〉의 대화상자는 매개변수셀 OurBid이 6개의 장축점에 걸친 변화에 따르는 Profit의 평균을 볼 수 있도록 지정하기 위해 사용된다. 이 6개의 값은 〈그림 15-41〉에 지정된 범위에서 자동적으로 균등하게 분배되기 때문에 시뮬레이션은 입찰가 4.8, 5.0, 5.2, 5.4, 5.6, 5.8(단위: 백만 달러)에 대해 실행된다.

〈그림 15-43〉은 산출된 매개변수 분석 보고서를 보여준다. 입찰가 540만 달러는 1,000번의 시뮬레이션 시행에서 가장 큰 평균 수익을 낸다. 셀 B5에 있는 이 평균값 48만 2,000달러는 이 입찰가로부터 얻을 수 있는 기대수익에 가까운 추정치이다. www.mhhe.com/Hillier7e에 있는 18장의 사례연구는 회사가 이 입찰가로 입찰에 성공한 것으로 시작하였다.

연습문제 15.17에서는 이 분석을 520만 달러에서 560만 달러 사이에서 5만 달러의 배수인 모든 입찰가를 고려하는 매개변수 분석 보고서를 생성하여 개선하도록 요구하고 있다.

〈그림 15-43〉 15.2절에 소개된 Reliable Construction Co. 사업계약 입찰문제에 대한 매개변수 분석 보고서

	A	B
1	**OurBid**	**Mean**
2	4.8	0.188
3	5.0	0.356
4	5.2	0.472
5	5.4	0.482
6	5.6	0.257
7	5.8	0.024

Transcontinental Airlines 초과예약 문제에 대한 매개변수 분석 보고서와 추세도표

15.5절에서 소개한 것처럼 Transcontinental Airlines은 샌프란시코에서 시카고까지 150석의 항공편을 매일 운영한다. 예약 신청자 수는 일반적으로 좌석 수를 상당히 많이 초과한다. 운임은 환불 가능하며, 노쇼 고객은 전액 환불받는다. 예약한 고객의 평균 80%만 실제로 비행을 위해 나타나기 때문에 탑승 가능한 인원보다 많은 예약을 받는 것이 적절한 것처럼 보인다. 또한, 만약 예약한 고객이 탑승을 하지 못할 경우에는 상당한 비용이 발생한다. 그러므로 회사의 경영과학그룹은 비행으로부터 얻는 기대 수익을 최대화하는 예약허용자수를 분석하고 있다.

〈그림 15-22〉의 스프레드시트 모형에서 결정변수는 ReservationsToAccept(C13)이며 결과셀은 Profit(F23)이다. 경영과학그룹은 결정변수의 정수값을 150에서 200 사이의 범위에서 고려하기를 원하고 있으며, 변수를 이 범위로 지정하기 위해 매개변수 대화상자를 이용한다. 6개의 ReservationsToAccept(C13) 값을 평가하기로 결정하였기 때문에 시뮬레이션은 150과 200 사이에서 10 간격의 값에 대해서 실행된다.

결과는 〈그림 15-44〉에 소개되어 있다. 그림의 위쪽에 있는 매개변수 분석 보고서는 ReservationsToAccept(C13) 값의 증가에 따라 각 시뮬레이션 실행으로부터 얻은 평균 수익은 급격히 증가하여 예약자 수 180과 190에서 정점 약 12,000달러에 도달한 후 감소하기 시작함을 보이고 있다. 예약자 수가 180과 190일 때 평균이 이 정점에 매우 가깝기 때문에 180과 190 사이에 가장 많은 수익을 내는 예약자 수가 있는 것은 명확한 듯하다. (이제 고려되어야 할 숫자의 범위가 여기까지 좁혀졌기 때문에 연습문제 15.21에서는 이 범위의 모든 정수를 고려하는 매개변수 분석 보고서를 생성하여 분석이 계속되기를 요구한다.)

〈그림 15-44〉 15.5절 소개된 Transcontinental Airlines 초과예약 문제에 대한 매개변수 분석 보고서와 추세도표

	A	B
1	**ReservationsToAccept**	**Mean**
2	150	$5,790
3	160	$7,970
4	170	$9,984
5	180	$11,608
6	190	$11,777
7	200	$10,510

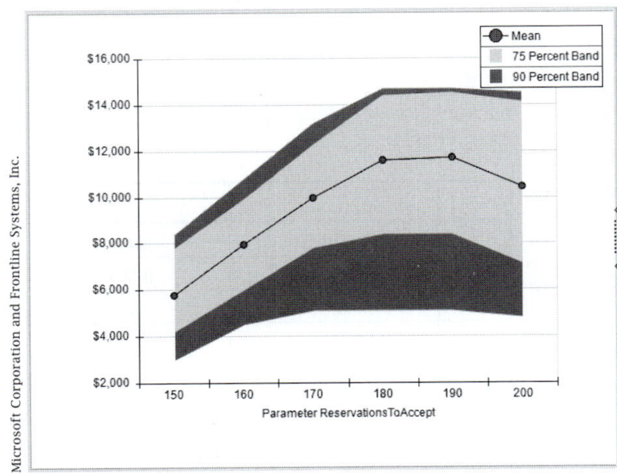

〈그림 15-44〉의 아래쪽에 있는 추세도표는 추가적인 통찰을 보여준다. 예약허용자수가 180에서 190에 도달할 때까지는 이 추세도표의 띠들은 상승추세를 보인 후 천천히 감소추세를 보인다. 이것은 각 시뮬레이션 실행에서 전체 도수분포가 예약자 수 180인 경우까지는 계속적으로 증가한 후 예약자 수 190에서 감소하기 시작함을 보여준다. 또한, 7개 띠들 전체

의 폭이 예약자 수가 180인 경우의 시뮬레이션 실행까지는 증가한 후 그 이후에는 대략 같은 값으로 남아있음에 주의하자. 이것은 수익에 있어 예약자 수 180인 경우의 시뮬레이션까지 변동성의 크기 역시 증가하다가 그 이후에 거의 동일하게 남아있음을 말한다.

복습문제

1. 매개변수 분석 보고서는 하나의 값을 갖는 결정변수에 대한 한 번의 시뮬레이션 실행이 하지 못하는 무엇을 가능하게 하는가?
2. 결정변수의 상이한 값들을 시도하기 위해 시행착오적으로 각각에 대한 시뮬레이션을 반복 실행하는 대신에 매개변수 분석 보고서를 사용하는 것의 장점은 무엇인가?
3. 매개변수 분석 보고서에서 동시에 변할 수 있는 결정변수의 수는 최대 몇 개인가?
4. Reports>Simulation 메뉴에서 Parameter Analysis를 선택하기 전에 필요한 절차는 무엇인가?
5. 추세도표의 띠에 의해 어떤 종류의 정보가 요약되는가?
6. 고려될 필요가 있는 결정변수 값의 범위를 좁히기 위해 매개변수 분석 보고서가 사용된 후에 결정변수의 최적 값에 대한 보다 좋은 근사치를 구하기 위해 또 다른 매개변수 분석 보고서가 어떻게 사용될 수 있는가?

15.8 Analytic Solver를 이용한 컴퓨터 시뮬레이션을 활용한 최적화

앞선 절에서 때때로 하나의 최적해에 근접한 근사치를 찾기 위해 매개변수 분석 보고서와 추세도표가 사용될 수 있음을 보았다. 소개된 3개의 예제는 이러한 도구가 잘 활용되는 종류의 문제를 잘 설명하고 있다. 3개의 예제 모두는 단지 하나의 결정변수를 가지고 있다. (매개변수 분석 보고서는 최대 2개의 결정변수를 고려할 수 있으며, 추세도표는 하나의 결정변수만을 고려할 수 있음을 기억하자.) 더 나아가, 이 중 2개의 예제(신문팔이 소년 Freddie 문제와 항공사 초과예약 문제)에서 하나의 결정변수는 적정한 수의 가능한 값을 갖는 이산변수(즉, 적절히 적은 범위에서의 정수들)이다. 이것은 최적해를 얻을 수 있는 적은 범위의 값들을 확인하기 위해 매개변수 분석 보고서를 사용 가능하게 한다. 원한다면, 이러한 적은 범위 내에서 결정변수의 모든 가능한 값을 평가하기 위한 두 번째 매개변수 분석 보고서가 생성될 수 있다.

그러나 하나의 결정변수가 연속변수이거나 광범위의 가능한 값을 갖는 이산변수일 때는 이러한 접근법은 효율적이지 않다. 결정변수가 두 개인 경우에는 더욱 어렵다. 두 개 이상의 결정변수와 많은 가능한 해를 갖는 큰 규모의 문제에서는 실현 불가능하다. 실제로 많은 문제가 이러한 경우에 속한다.

다행히도, Analytic Solver는 많은 결정변수를 갖는 시뮬레이션 모형에 대한 최적해를 자동적으로 찾아주는 Solver라 불리는 도구를 가지고 있다. 이 Solver는 표준 엑셀 Solver와 공통적인 몇 개의 해찾기 방법solving method을 포함하고 있으며, 이 해찾기 방법은 여러 장chapter에서 선형계획법linear programming 모형과 11장의 비선형계획법nonlinear programming 모형에 대한 최적해를 찾는 데 사용되었다. 그러나 Analytic Solver의 Solver는 엑셀 Solver에는 없는 시뮬레이션 역량 같은 몇몇의 추가 기능을 가지고 있다. 특히 Analytic Solver의 시뮬레이션 도구들을 이용함으로써 Analytic Solver의 Solver는 선형과 비선형계획법 모형들을 다루는 방법과 대체로 동일한 방법으로 시뮬레이션 모형에 대한 최적해를 찾는 데 사용될 수 있다. 이후에서는 Analytic Solver의 Solver를 간단히 Solver로 지칭한다.

Solver는 일련의 유력한 최적해 후보에 대한 일련의 시뮬레이션 실행을 수행함으로써 해를 찾는다. 현재까지의 결과를 이용하여 남은 후보 중 가장 뛰어난 후보를 다음에 시도될 후보로 결정한다. Solver가 가장 좋은 해라고 계산한 해가 최적의 해라는 것을 보장하지는 못한다. 그러나 만약 충분한 시간이 주어진다면 최적해를 찾거나 최적해에 근접한 해를 찾는다. 몇 개의 이산 결정변수를 가지는 문제에 대해서는 종종 꽤 빠른 단계에서 최적해를 찾고 나머지 시간은 다른 후보 해들을 배제하는 데 사용된다. 따라서 Solver가 언제 최적해를 찾았는지는 알 수 없지만, 다른 유력 후보들이 현재까지 찾은 가장 좋은 해보다 좋지 않음(시뮬레이션 실행에서 정의된 정밀도 범위 내에서)을 추정할 수 있다.

매우 쉽게 다룰 수 있는 예제인 신문팔이 소년 Freddie 사례연구를 통해 Solver의 사용법을 설명한다. 전반적인 절차를 요약한 후 과제선택과 관련된 보다 도전적인 예제를 살펴본다.

컴퓨터 시뮬레이션과 Solver의 사례연구 응용

앞 절의 〈그림 15-37〉에서 생성된 매개변수 분석 보고서는 Freddie가 매일 50에서 60부 사이의 Financial Journal을 주문하는 것으로 나타났다. 이제 Solver가 그의 일간 평균 수익이 최대가 되는 특정 주문량을 어떻게 추정하는지를 살펴보자.

Solver를 이용하기 전의 초기 단계는 15.1절에 소개된 하나의 시뮬레이션 실행을 시작하기 위한 준비와 같다. 〈그림 15-1〉처럼 스프레드시트에 시뮬레이션 모형을 만든 후에 Analytic Solver를 이용하여 변수셀 Demand(C12), 결과셀 Profit(C18), 통계셀 MeanProfit(C20)을 정의한다. 일반적인 방법으로 시뮬레이션 옵션 대화상자를 이용하며, Analytic Solver에 있는 이러한 정의와 옵션은 모형의 해를 구할 때 사용된다.

Freddie 문제의 목표는 그가 매일 얻는 평균 수익을 최대화하는 주문량을 결정하는 것이다. MeanProfit(C20)은 주어진 주문량에 따른 시뮬레이션을 실행하는 동안 평균 수익을 기록한다. 이 셀을 선택한 후 Objective 메뉴에서 Max > Normal을 선택하면 이 셀의 양을 최대화하는 목적이 지정된다.

다음으로 결정변수를 정의한다. Freddie 문제에서는 단지 OrderQuantity(C9)의 값에 대한 의사결정이 필요하기 때문에 하나의 결정변수가 있다. 이 셀을 선택한 후 Decisions 메뉴에서 Normal을 선택하면 이 셀을 보통normal 결정변수로 정의할 수 있다. Solver는 결정변수의 가장 좋은 값을 찾기 위해 하나의 검색엔진search engine을 이용한다. 그러므로 검색공간search space(Solver가 검색해야 할 가능해의 수로 측정)이 작을수록 Solver는 문제의 해를 보다 빠르게 구할 수 있다. 그러므로 결정변수의 가능해에 대한 제약을 고려해야만 한다. OrderQuantity는 정수이어야 하기 때문에 셀을 다시 선택하고 Constraints > Variable Type/Bound 메뉴에서 정수Integer를 선택한다. 이것은 정수만 고려하기 때문에 검색해야 할 가능해의 수를 크게 감소시킨다. 추가적으로, 수요가 하위 값 40과 상위 값 70 사이의 무작위 값이기 때문에 주문량 역시 이 범위 내의 어떠한 값이 될 것임은 명확하다. OrderQuantity가 40과 70 사이임을 지정하기 위해 한 쌍의 범위 제약식을 추가한다. 우선 셀을 선택하고 Constraints > Variable Type/Bound 메뉴에서 >=를 선택한다. 그러면 〈그림 15-45〉의 첫 Add Constraint 대화상자가 나타난다. Constraint 상자를 클릭하고 OrderQuantity >=E12(=40)을 지정하기 위해 셀 E12를 선택한 후 OK를 누른다. 유사한 방법으로, Constraints > Variable Type/Bound 메뉴에서 <=를 선택하고 OrderQuantity <=F12(=70)를 지정하기 위해 Constraint 상자를 이용한다. 이 3개의 제약식에 대한 최종적인 결과가 OrderQuantity가 40과 70 사이의 정수를 의미한다. 이것이 검색공간을 단지 31개의 가능해로 감소시킨다.

〈그림 15-45〉 두 개의 제약식 추가(Add Constraint) 대화상자는 결정변수 Order Quantity(C9)의 범위를 지정한다.

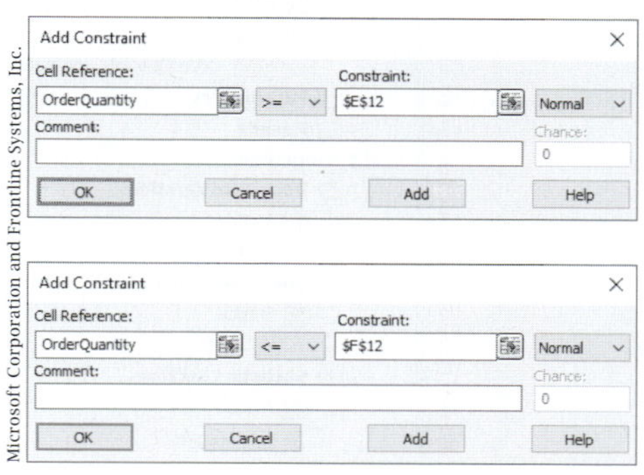

이제 〈그림 15-46〉의 왼쪽에 보이는 것처럼 모형 판Model pane의 모형 탭Model tab이 나타난다. (만약 모형 판이 스프레드시트의 왼쪽에 보이지 않으면, Analytic Solver 리본의 모형 단추를 클릭하여 켰다 껐다 할 수 있다.) 모형 판은 (1) 목적이 MeanProfit(C20)을 최대화, (2) 결정변수는 OrderQuantity(C9), (3) OrderQuantity는 40과 70 사이의 정수임을 보여준다. 또한, Demand(C12)를 변수셀로, Profit(C18)을 결과셀로, MeanProfit(C20)을 통계셀로 정의한 시뮬레이션 설정을 보여준다.

Freddie 문제의 최적화를 위해 Solver를 실행하기 전에 〈그림 15-46〉의 오른쪽에 보이는 모형 판의 엔진 탭의 설정을 고려해야 한다. 특히, Solver가 자동적으로 문제에 가장 적합한 검색엔진을 선택하도록 하기 위해 Automatically Select Engine의 체크박스check box를 선택해야 한다. 다음으로 Max Time and/or Max Time without Improvement가 지정되어야 한다. Max Time은 검색이 진행되는 시간에 대한 제한(초)를 설정한다. 〈그림 15-46〉에서 이 값을 빈칸으로 두었는데, 이는 검색시간에 대한 제한은 없는 것을 의미한다. 대신에 Max Time without Improvement를 10초로 설정하였다. 이것은 Solver가 개선된 해를 찾지 못하더라도 최소 10초 동안은 계속 검색하도록 검색엔진을 유지한다는 것을 의미한다.

〈그림 15-46〉 Freddie 문제에 대한 모형 판의 모형 탭과 엔진 탭

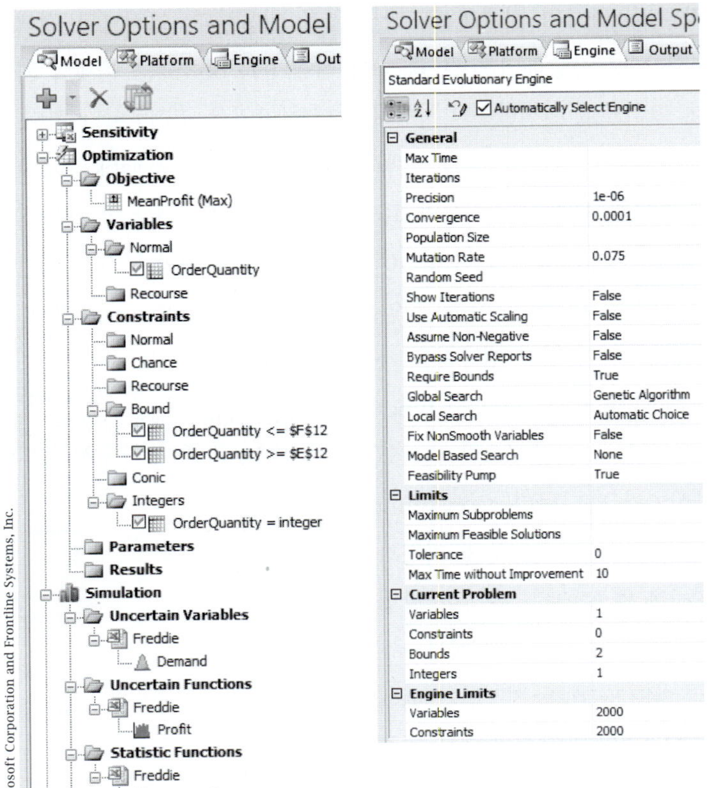

이 시점에서 Analytic Solver 리본의 Optimize를 클릭하면 최적해를 위한 검색이 시작된다. Solver는 검색공간에 있는 모든 상이한 주문량을 검색하며, 시뮬레이션 실행을 통해 각 주문량에 대한 평균 수익을 계산한다. Solver는 현재까지의 결과를 평가하여 다음에 시도할 가장 뛰어난 주문량의 후보를 결정한다. 이 과정은 모든 주문량을 평가하거나 또는 하나의 정지규칙stopping rule(Max Time 또는 Max Time without Improvement)에 도달할 때까지 계속된다. Analytic Solver는 스프레드시트에 가장 좋은 주문량(가장 큰 평균 수익을 갖는 주문량)을 직접 보여준다. Freddie 문제의 경우 정확한 최적해인 평균 수익 약 47.26달러를 갖는 주문량 55를 구해준다. 이 경우의 스프레드시트는 시행착오법으로 구한 최적해인 〈그림 15-9〉와 같다.

Freddie 문제에 Solver를 활용하는 전체 절차를 요약하면 다음과 같다.

Solver를 활용하는 절차

1. 스프레드시트에 시뮬레이션 모형을 만든다.
2. Analytic Solver를 이용하여 변수셀, 결과셀, 통계셀을 정의하고 시뮬레이션 옵션을 설정한다.
3. Analytic Solver를 이용하여 결정변수와 목적을 정의한다.

4. 가능하다면, 검색공간을 줄이기 위해 결정변수에 대한 제약식을 정의한다.
5. 모형 판의 엔진 탭을 이용하여 Analytic Solver가 자동적으로 검색엔진을 선택하게 하고, 정지규칙(Max Time and/or Max Time without Improvement)을 설정한다.
6. 최적화를 실행하기 위해 Optimize를 클릭한다.

컴퓨터 시뮬레이션과 Solver의 과제선정문제 응용

Solver를 활용하는 보다 도전적인 예제를 살펴보자. 이 예제는 6장 뒷부분의 통합사례 6-7에 기초를 두고 있다. 기본 정보는 다음과 같다.

제약회사인 Tazer Corp.는 새로운 돌파구가 되는 약을 탐색하기 시작했다. 다음의 다섯 가지 잠재적인 연구개발사업이 이러한 약을 개발하기 위한 시도로 확인되었다.

프로젝트 업 Up: 심각한 기분의 두드러진 변화를 일으키지 않는 보다 효과적인 항우울제 개발
프로젝트 스테이블 Stable: 조울증을 다루는 약 개발
프로젝트 초이스 Choice: 보다 덜 거슬리는 여성용 산아제한 방법 개발
프로젝트 호프 Hope: 에이즈 감염방지 백신 개발
프로젝트 릴리즈 Release: 보다 효과적인 저혈압 약 개발

이 사례에 대해서 Tazer 경영진은 회사가 이 사업 모두를 착수할 만큼의 충분한 금액을 연구개발에 투자할 수 없다는 결론은 내렸다. 단지 12억 달러가 가용한데, 이는 단지 2개 또는 3개의 사업에 충분한 금액이다. 〈표 15-2〉의 2번째 열은 각 사업에 필요한 총금액(단위: 백만 달러)이다. 표의 3번째 열은 각 사업이 성공적으로 약을 개발할 가능성의 추정치이다. 만약 사업이 성공적이면, 약으로부터 어느 정도의 수익이 얻어지는지는 매우 불확실하다. 수익의 총액(단위: 백만 달러)에 대한 추정치는 표의 마지막 2개의 열에 주어진 평균과 표준편차를 갖는 정규분포를 따른다.

〈표 15-2〉 Tazer 과제선정 문제의 자료

	연구개발 투자		성공할 경우의 수익(백만 달러)	
프로젝트	백만 달러	성공률	평균	표준편차
업	400	50%	1,400	400
스테이블	300	35%	1,200	400
초이스	600	35%	2,200	600
호프	500	20%	3,000	900
릴리즈	200	45%	600	200

〈그림 15-47〉 컴퓨터 시뮬레이션을 Tazer Corp.의 사업선택 문제에 응용한 스프레드시트 모형

	A	B	C	D	E	F	G	H	I	J
1		**Budget-Constrained Project Selection**								
2										
3					Estimated Revenue					
4			R&D		$millions if Successful					
5			Investment	Success	(Normal Distribution)			Revenue ($millions)		
6		Project	($millions)	Rate	Mean	St. Dev.	Success?	(if Successful)	Profit	Decisions
7		Up	400	50%	1,400	400	1	1,677	0.00	0
8		Stable	300	35%	1,200	400	1	1,547	0.00	0
9		Choice	600	35%	2,200	600	0	1,975	0.00	0
10		Hope	500	20%	3,000	900	0	3,852	0.00	0
11		Release	200	45%	600	200	1	135	0.00	0
12										
13		Invested	0					Total Profit ($millions)	0.00	
14			<=							
15		Budget	1,200					Mean Profit ($millions)	0.00	
16										
17								Min Acceptable Profit ($million)	100	
18								Prob(Profit > Min Acceptable)	0.000	

Range Name	Cells
Budget	C15
Decisions	J7:J11
Invested	C13
MinAccetableProfit	I17
MeanProfit	I15
ProbProfitAcceptable	I18
Profit	I7:I11
RandDInvestment	C7:C11
Revenue	H7:H11
Success?	G7:G11
TotalProfit	I13

	G	H	I
5		Revenue ($millions)	Profit
6	Success?	(if Successful)	=@Decisions*(@Success?*@Revenue-@RandDInvestment)
7	=@PsiBernoulli(D7)	=@PsiNormal(E7,F7)	=@Decisions*(@Success?*@Revenue-@RandDInvestment)
8	=@PsiBernoulli(D8)	=@PsiNormal(E8,F8)	=@Decisions*(@Success?*@Revenue-@RandDInvestment)
9	=@PsiBernoulli(D9)	=@PsiNormal(E9,F9)	=@Decisions*(@Success?*@Revenue-@RandDInvestment)
10	=@PsiBernoulli(D10)	=@PsiNormal(E10,F10)	=@Decisions*(@Success?*@Revenue-@RandDInvestment)
11	=@PsiBernoulli(D11)		
12			
13		Total Profit ($millions)	=SUM(Profit)
14			
15		Mean Profit ($millions)	=@PsiMean(Profit)
16			
17		Min Acceptable Profit($million)	100
18		Prob(Profit > Min Acceptable)	=1-@PsiTarget(TotalProfit, MinAcceptable Profit)

	B	C
13	Invested	=SUMPRODUCT(RandDInvestment,Decisions)

Tazer 경영진은 결과로 초래되는 기대 총이익을 최대로 하기 위해서는 어떠한 사업이 착수되어야 하는지 결정하고 싶어한다. 발생할 총수익은 매우 불확실하기 때문에 경영진은 만족할 만한 총이익(적어도 1억 달러)을 얻을 가능성이 상당히 높기를 원한다.

〈그림 15-47〉은 이 문제에 대한 스프레드시트상의 시뮬레이션 모형을 보여주고 있다. 〈표 15-2〉에 있는 자료는 셀 C7:F11로 바로 복사되어 있다. 다음 열에 있는 셀 Success? (G7:G11)은 변수셀로 각 시뮬레이션 시행에 따라 0 또는 1의 값을 갖는다. (〈그림 15-47〉의 열 G에 있는 값들은 마지막 시뮬레이션 시행에서 얻어진 하나의 무작위 값이다.) 이 값은 시행에서 착수된 대상 사업(프로젝트)의 실패(0의 값) 또는 성공(1의 값) 여부를 알려준다. 따라서 각 변수셀에 입력된 확률분포는 15.6절에서 소개된 이항분포이다. 이항분포의 매개변수인 각 시행에서의 성공확률은 열 D에 주어져 있다. 열 H에 있는 셀 Revenue(H7:H11) 역시 변수셀이다. 각각의 확률분포는 열 E와 F에 주어진 값을 매개변수로 갖는 정규분포이다.

열 J에 있는 셀 Decision(J7:J11)은 모형의 결정변수다. 변수 각각은 0 또는 1의 두 가지 값만을 갖는 이항변수[binary variable]이다. 이 변수를 정의하기 위해서는 셀을 선택하고 Analytic

Solver 리본의 Decision 메뉴의 Normal를 선택하면 된다. 그 다음에, 셀이 여전히 선택된 상태에서 Constraints > Variable Type/Bound 메뉴에서 이항binary를 선택하여 셀을 이항으로 만들 수 있다. 열 B의 목록에 있는 각 사업에 대응되는 열 J의 결정변수는 다음으로 해석된다.

$$\text{결정변수} = \begin{cases} 1, \text{사업이 승인되면} \\ 0, \text{사업이 거절되면} \end{cases}$$

Budget(C15)는 이러한 연구개발 사업에 투자될 수 있는 최대 금액을 말한다. 출력셀 Invested(C13)은 승인된 사업들에 따라 투자된 총금액을 기록한다. 이 셀에 입력된 수식은 〈그림 15-47〉의 왼쪽 스프레드시트 아래에 소개되어 있다. 제한된 예산은 결정변수가 다음의 제약식을 만족해야 함을 의미한다.

$$\text{Invested(C13)} \leq \text{Budget(C15)}$$

이 제약식을 Solver에 입력하기 위해 셀 Invested(C13)을 선택한 후 Constraints > Normal Constraint 메뉴에서 기호 <=를 선정한다. 다음으로 Add Constraint 대화상자의 Constraint 상자에서 제약식의 우변으로 Budget(C13)을 선택한다.

출력셀 Profit(I7:I11)은 시뮬레이션 실행의 각 시행에서 각 사업의 수익(=수입금−투자금)을 산출한다. 사업이 거절되면 사업의 수익은 0이다. 사업이 승인되었지만 사업이 성공하지 못하면(열 G에서 대응되는 행의 값이 0으로 나타남) 수익은 0이다. 사업이 성공적(열 G에서 대응되는 행의 값이 1로 나타남)이면 그 시뮬레이션 시행에서의 수익은 열 H에서 대응되는 행에 임의의 값을 갖는다. Profit(I7:I11)에 입력된 수식은 〈그림 15-47〉의 오른쪽 아래에 소개되어 있다. 또한, 셀SUM(Profit)은 결과셀 TotalProfit(I13)의 값을 보여준다.

Tazer 경영진은 〈그림 15-47〉에서 평균 TotalProfit(I13)을 최대화하는 해를 찾고 있다. 그러므로 MeanProfit(I15)는 시뮬레이션 실행에서 얻어지는 Profit(I13)의 평균을 계산하기 위한 통계셀이다. Objective 메뉴에서 Max > Normal를 선택하여 MeanProfit을 목적으로 정의한다.

Analytic Solver를 이용하여 모든 변수셀, 결과셀, 통계셀을 (위에서 설명한 바와 같이 결정변수, 제약식, 목적도 함께) 정의한 후의 완성된 모형이 〈그림 15-48〉과 같이 모형 판의 모형 탭에 소개되어 있다. 엔진 탭을 이용하여 Analytic Solver가 검색엔진을 자동으로 선택하고 개선된 해를 찾지 못하더라도 최소 10초 동안은 계속 검색하도록 지정한다.

Optimize 단추를 클릭하면 Solver가 MeanProfit(I15)의 값을 최대로 하는 Decisions(J7:J11)의 값을 검색하기 시작한다. 결과는 다음과 같다.

Project Choice, Project Release, Project Up을 선택

평균 총수익 = 5억 4,554만 달러

〈그림 15-48〉 Tazer 사업선정 문제에 대한 모형 판의 모형 탭과 엔진 탭

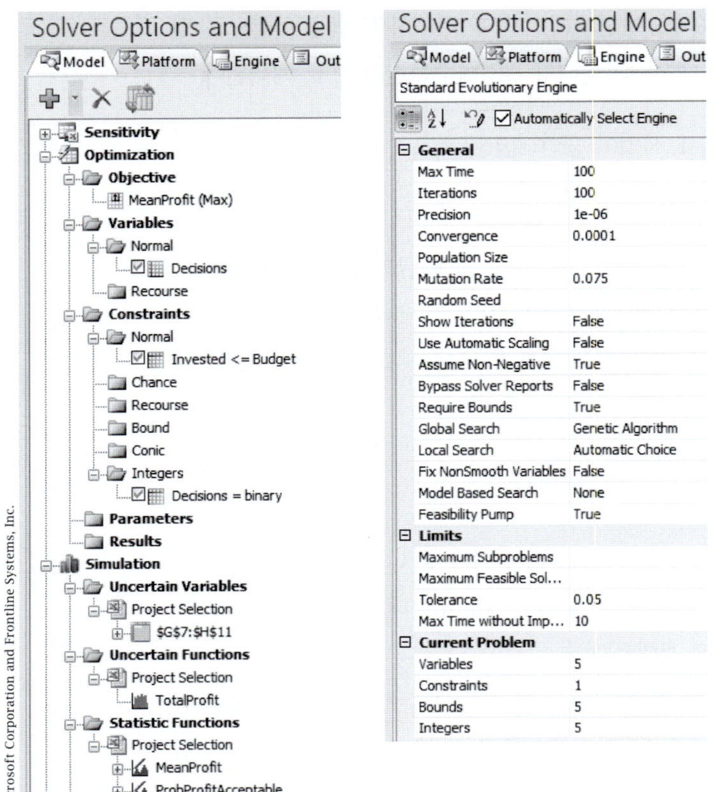

〈그림 15-49〉 Tazer 사업선정 문제에서 MeanProfit을 최대화하는 경우에 얻어진 최선의 해

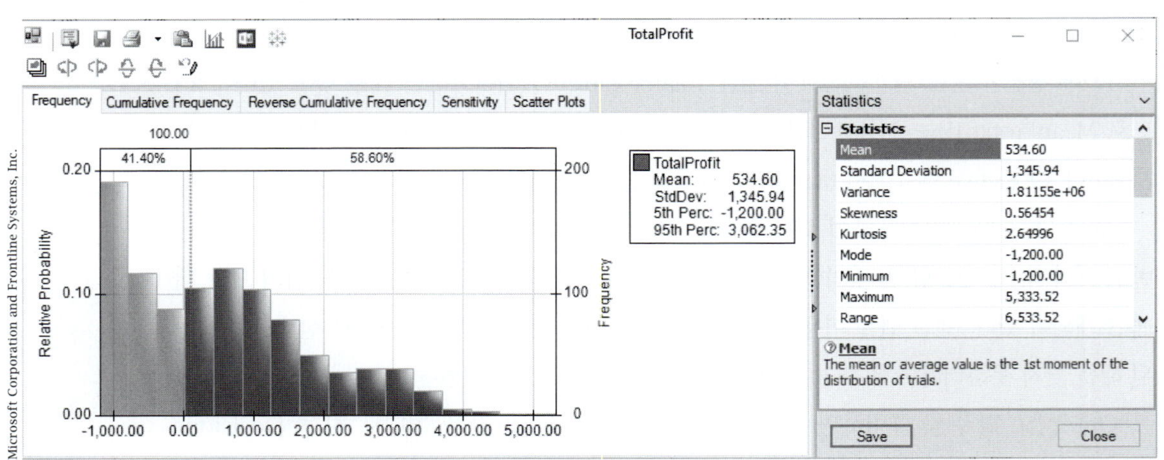

〈그림 15-49〉는 최선의 해를 이용한 시뮬레이션 실행으로부터 얻은 도수분포도표와 통계표이다. 이 도표는 시뮬레이션의 다양한 시행에서 얻어지는 수익에 큰 변동성이 있음을 보이고 있다. (이 산업에서 흔히 있는 일이지만) 선택된 연구개발 사업들이 손실을 발생할 가능성

이 상당히 크다. 1,000번의 시행 중 거의 200번에서 3개의 사업 모두가 실패하여 12억 달러의 손실을 초래하였다. 다행히도 상당히 큰 수익을 내는 경우도 있다. Tazer 경영진은 적어도 1억 달러의 총수익을 얻을 확률이 높기를 원하기 때문에 이 값을 통계표 상단의 하위 차단점으로 입력하였다. 우도 상자는 시행 중 적어도 이 값 이상을 보이는 확률이 58.8%임을 보인다.

Tazer 경영진은 적어도 1억 달러의 총수익을 얻을 확률이 높은 것을 희망하고 있다. 그러므로 연구개발 사업의 다른 조합이 이 확률을 높일 수 있을지 궁금해한다.

이 궁금증을 다루기 위해서는 새로운 통계셀의 정의가 필요하다. 평균 수익을 아는 것에 추가하여 수익이 적어도 1억 달러일 확률을 측정하기 위한 통계치가 필요하다. Analytic Solver는 이러한 통계치를 제공하고 있다. 이러한 통계셀을 정의하기 위해서는 결과셀 Profit(I13)을 선택하고 Results > Range 메뉴에서 Target을 선택한 후 셀 I18을 클릭한다. 그러면 공식 =@PsiTarget(TotalProfit, 0)이 셀 I18에 입력된다. @PsiTarget 함수는 결과셀의 누적확률을 계산하기 때문에, 여기서는 공식의 두 번째 매개변수가 기본값인 0으로 입력되어 있기 때문에 TotalProfit이 0 이하일 확률을 계산한다. TotalProfit이 100 이상일 확률에 관심이 있기 때문에 이것은 원하는 것과 일치하지 않는다. 따라서 이 공식을 두 가지 방법으로 변경하여야 한다. 첫 번째로는 〈그림 15-47〉에 있는 셀 MinAcceptableProfit을 참조하여 0을 100으로 변경한다. 그러면 공식 =@PsiTarget(TotalProfit, MinAcceptableProfit)은 1억 달러인 MinAcceptableProfit보다 작은 수익을 낼 확률을 계산한다. MinAcceptable Profit보다 큰 수익을 얻을 확률을 계산하기 위해서는 이 확률을 1에서 빼주면 된다. 따라서 〈그림 15-47〉에 사용된 최종 공식은 ProbProfitAcceptable(I18)=1−@PsiTarget (TotalProfit, MinAcceptableProfit)이다.

다음으로, Solver에 있는 목적을 적어도 1억 달러의 수익을 얻을 확률을 최대화하는 것으로 변경한다. 이 확률을 계산하는 셀 ProbProfitAcceptable(I18)을 선택하고 Objective 메뉴에서 Max > Normal을 선택한다. 새로운 목적을 가진 Solver는 다음의 해를 찾아준다.

Project Up, Project Stable를 선택
총수익 ≥ 1억 달러일 확률 62.9%

〈그림 15-49〉의 해에서 변경된 것에 따르면 이보다 보수적인 해는 만족스러운 총수익을 얻을 것으로 추정된 확률이 58.8%에서 62.9%로 증가되도록 한다.

그러나 〈그림 15-50〉에 있는 도수분포도표와 통계표는 이 보수적인 해의 단점을 보여주고 있다. 이 해의 평균 총수익은 단지 4억 3,661만 달러이다. 반면에 〈그림 15-49〉에 소개된 목적이 평균 수익을 최대화하는 경우에 얻은 최적해의 평균 총수익은 5억 4,554만 달러였다. 또한, 보수적인 해의 최대 가능손실은 12억 달러에서 7억 달러로 줄었다.

결론적으로, Solver는 Tazer 경영진에게 사업선택에 대한 두 가지 해와 각각에 대한 중요한 정보를 함께 제공하고 있다. 하나는 평균적으로 총수익을 최대로 하기 때문에 가능한 고위험

〈그림 15-50〉 적어도 1억 달러의 수익을 얻을 확률을 최대화하는 경우에 얻어진 최선의 해

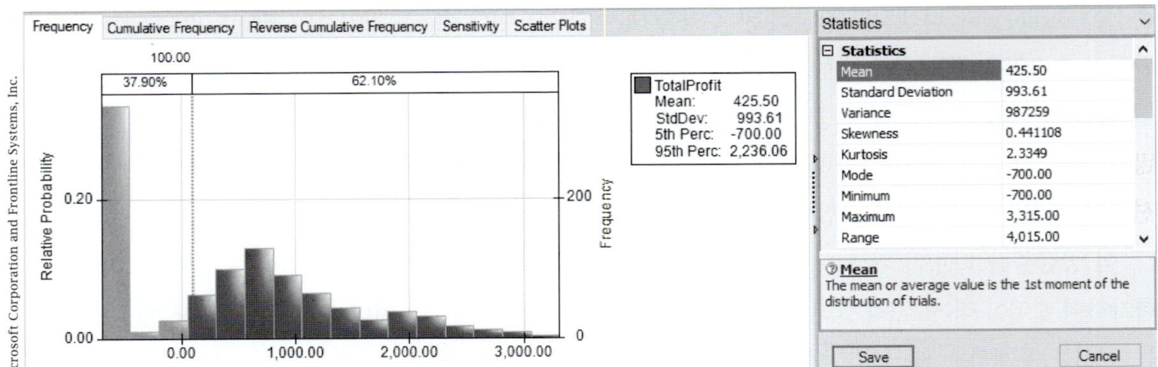

고수익의 해이며, 다른 하나는 만족스러운 수익을 얻을 가능성을 최대로 하기 때문에 가능한 보수적인 해이다. 위험과 보상 사이의 균형에 따라 경영진은 어떠한 해를 사용할 것인가에 대해 판단할 수 있다.

복습문제

1. 결정변수를 갖는 시뮬레이션 모형에서 Solver는 무엇을 검색하는가?
2. Solver는 매개변수 분석 보고서가 다루지 못하는 어떠한 종류의 문제를 다룰 수 있는가?
3. Solver는 항상 시뮬레이션 모형에 대한 최적해를 찾을 수 있는가?
4. 사업선정 예제에 대해 어떠한 종류의 결정변수가 요구되는가?
5. 어떠한 종류의 통계셀이 결과셀이 특정한 값 이하 또는 이상일 확률을 측정할 수 있는가?

15.9 요약

컴퓨터 시뮬레이션의 실행을 위해 스프레드시트 소프트웨어가 점점 더 많이 사용되고 있다. 앞 장에서 설명한 것처럼 표준 엑셀 패키지로 충분한 경우도 있다. 더 나아가 요즘은 이러한 기능이 크게 향상된 몇몇 엑셀 추가기능이 있다. Analytic Solver는 이러한 강력한 추가기능 중 하나이다.

Analytic Solver를 사용할 때 임의의 값을 갖는 각각의 입력셀을 변수셀로 정의한다. Distributions 메뉴의 수십 개의 확률분포 중 하나를 선택하여 변수셀에 분포를 입력한다. 실측자료가 있다면 Analytic Solver는 자료에 가장 적합한 연속분포를 밝히는 절차를 제공한다.

성과척도를 예측하기 위해 사용되는 출력셀은 결과셀로 정의된다. 시뮬레이션 실행의 각 시행은 각 결과셀에 값을 생성한다. 시뮬레이션 실행이 완료되면 Analytic Solver는 도수분포, 통계표, 백분위도표, 누적도표를 포함한 다양한 종류의 유용한 형태로 결과를 제공한다.

시뮬레이션 모형이 하나 또는 두 개의 결정변수를 가지고 있다면, Analytic Solver는 최적해

에 대한 (적어도) 근사치를 찾는 데에 컴퓨터 시뮬레이션을 체계적으로 응용하는 매개변수 분석 보고서를 제공한다. 또한, 추세도표는 의사결정에 있어 도움이 되는 추가적인 통찰을 제공한다.

추가적으로 Analytic Solver는 Solver라는 강력한 최적화 모듈을 가지고 있다. 이 모듈은 많은 결정변수가 포함된 시뮬레이션 모형의 최적해를 찾기 위해 효율적으로 일련의 시뮬레이션 실행을 이용한다.

이러한 강력한 소프트웨어의 유용성은 관리자들이 중요한 경영상의 문제를 분석하기 위한 경영과학적 기법의 하나로 컴퓨터 시뮬레이션을 인식하게 만들었다. 이 장의 다양한 예제는 컴퓨터 시뮬레이션의 중요 응용에 대한 여러 가능성 중 일부를 설명하고 있다.

용어

결과셀 results cell 출력셀로 성과척도 계산을 위해 컴퓨터 시뮬레이션에 의해 사용된다. (15.1절)

매개변수 분석 보고서 parameter analysis report Analytic Solver의 모듈로 하나 또는 두 개의 결정변수 값의 전 범위에 걸쳐 컴퓨터 시뮬레이션을 체계적으로 응용하며 결과를 표로 보여준다. (15.7절)

변수셀 uncertain variable cell 하나의 무작위 값을 갖는 입력셀로 하나의 값을 영구적으로 입력하는 대신에 셀에 확률분포를 입력한다. (15.1절)

분포 메뉴 Distribution menu Analytic Solver 리본에 있는 메뉴로 포함된 47개의 확률분포 중 하나를 선택하여 변수셀에 입력한다. (15.1절, 15.6절)

시행 trial 스프레드시트에 입력된 각 확률분포로부터 하나의 랜덤 관측치를 생성하는 과정에 대한 하나의 응용으로 출력셀을 계산하고 관심 있는 결과를 기록한다. (15.1절)

위험명세서 risk profile 투자수익에 대한 도수분포. (15.4절)

추세도표 trend chart 결정변수가 증가할 때 결과셀에 있는 값의 추세를 보여주는 도표. (15.7절)

통계셀 statistic cell 전체 시뮬레이션 실행 결과를 요약하는 성과척도를 보여주는 셀. (15.1절)

Solver Analytic Solver의 구성요소로 많은 결정변수를 갖는 시뮬레이션 모형에 대한 최적해를 자동적으로 찾아준다. (15.8절)

이 장에 대한 학습지원

모든 학습지원 자료는 www.mhhe.com/Hillier7e에 제공된다.

엑셀 파일:

Freddie the Newsboy
Reliable Bidding
Reliable Project Scheduling
Think-Big Risk Analysis
Airlines Overbooking
Tazer Project Selection
Sales Data 1
Sales Data 2

엑셀 추가기능:

Analytic Solver

학습문제

풀이는 www.mhhe.com/Hillier7e에 제공된다.

15.S1. 은퇴예금

John Morrow는 은퇴가 10년 남았다. 그는 10만 달러의 저축금(nest egg)을 모았으며 이를 노후를 위해 투자하기를 원한다. 더욱이 그는 은퇴할 때까지 매년 1만 달러를 더 투자할 수 있을 것이라고 확신한다. 그는 앞으로 10년 후의 은퇴까지 얼마의 비상금이 누적될지 매우 궁금하다. John은 단기금융자산 투자신탁펀드, 국내주식형펀드, 국외주식형펀드, 공격적 성장형 투자신탁펀드, 이 네 가지 투자 안에 균등하게 나누어 투자할 계획이다. 과거 성과 자료에 근거하여 Patrick은 향후 10년 동안 매년 각 펀드가 오른쪽 표에 있는 분포에 따라 수익을 낼 것으로 기대하고 있다.

펀드	분포
단기금융자산 투자신탁펀드	일양분포(최소=2%, 최대=5%)
국내주식형펀드	정규분포(평균=6%, 표준편차 5%)
국외주식형펀드	정규분포(평균=8%, 표준편차 10%)
공격적 성장형 투자신탁펀드	정규분포(평균=11%, 표준편차 16%)

초기 저축금 10만 달러와 첫 해의 투자금 1만 달러는 지금(0년) 바로 네 가지 펀드에 균등하게, 즉 각 펀드에 27,500달러씩 투자됨을 가정하자. 각 펀드의 수익은 동일한 펀드에 누적되어 재투자되며, 은퇴 전에 재분배는 허용되지 않는다. 더 나아가, 1만 달러씩 9번의 추가 투자금도 네 가지 펀드에 균등하게 각 2,500달러씩 매년 투자된다.

재정 자문가는 John에게 10년까지 다른 퇴직소득과 더하여 30만 달러를 모으면 편안하게 은퇴할 수 있다고 조언하였다. 다음의 각각을 추정하기 위해 1,000번의 Analytic Solver 시뮬레이션을 수행하라.

a. 10년에 John의 저축금의 기대값(평균)은 얼마인가?
b. 10년에 John의 저축금의 표준편차는 얼마인가?
c. 10년에 총저축금이 적어도 30만 달러가 될 확률은 얼마인가?

연습문제

Analytic Solver를 이용하여 문제를 푸시오. 번호에 별표(*)가 있는 문제는 책 뒷부분에 정답의 일부가 있다.

15.1 시뮬레이션 실행의 결과들은 본질적으로 임의적이다. 이 문제는 이러한 임의성에 대한 시뮬레이션 시행횟수의 영향을 설명한다. 15.1절에 소개된 신문팔이 소년 Freddie 사례연구를 살펴보자. 스프레드시트 모형은 www.mhhe.com/Hillier7e에 있다. Simulation Options에서 Monte Carlo 샘플링 방법(Monte Carlo Sampling Method)을 선택하고 주문량 60을 사용하자.

a. Simulation Options에서 시뮬레이션당 시행횟수를 100으로 설정하고, Freddie 문제에 대한 시뮬레이션을 5회 실행하시오. 각 시뮬레이션 실행에 대한 평균 수익에 주목하시오.
b. Simulation Options에서 시뮬레이션당 시행횟수를 1,000으로 설정하고 a를 반복하시오
c. a와 b의 결과를 비교하고 차이점을 논하시오.

15.2 15.3절에 소개된 Reliable Construction 회사의 사업일정계획 예제를 고려하자. 사업완료시간을 준수할 가능성을 추정하기 위해 시뮬레이션이 사용되었고, 〈그림 15-17〉은 시뮬레이션 시행 중 57.7%에서 완료 일이 준수됨을 보였다. 이 결과의 해석에서 언급한 것과 같이 사업완료 일이 준수될 가능성은 시뮬레이션의 실행마다 변한다. 이 문제는 이러한 임의성에 대한 시뮬레이션 시행횟수의 영향을 설명한다. 스프레드시트 모형은 www.mhhe.com/Hillier7e에 있다. Simulation Options에서 Monte Carlo 샘플링 방법을 선택하자.

a. Simulation Options에서 시뮬레이션당 시행횟수를 100으로 설정하고, 시뮬레이션을 5회 실행하시오. 각 시뮬레이션 실행에 대한 평균 사업완료일과 47주 이내에 사업을 완료할 확률에 주목하시오.
b. Simulation Options에서 시뮬레이션당 시행횟수를 1,000으로 설정하고 a를 반복하시오.
c. a와 b의 결과를 비교하고 차이점을 논하시오.

15.3* www.mhhe.com/Hillier7e에 있는 엑셀 파일 'Sales

Data 1'의 실측자료를 고려하자. Analytic Solver를 이용하여 이 자료에 적합한 연속분포를 선정해보자.

a. 실측자료에 가장 적합한 분포와 그 분포의 매개변수들은 무엇인가?
b. 다음으로 실측자료에 가장 적합한 분포와 그 분포의 매개변수들은 무엇인가?

15.4 www.mhhe.com/Hillier7e에 있는 엑셀 파일 'Sales Data 2'의 실측자료를 고려하자. Analytic Solver를 이용하여 이 자료에 적합한 연속분포를 선정해보자.

a. 실측자료에 가장 적합한 분포와 그 분포의 매개변수들은 무엇인가?
b. 다음으로 실측자료에 가장 적합한 분포와 그 분포의 매개변수들은 무엇인가?

15.5 ADC(Aberdeen Development Corporation)는 Aberdeen Resort Hotel 사업을 고려하고 있다. 호텔은 Grays Harbor의 그림 같은 강기슭에 위치하고 있으며 선수권대회급의 골프 코스를 가지고 있다.

토지 구매비용은 100만 달러이며, 바로 지불해야 한다(0년). 건축비용은 대략 200만 달러이고 1년 말에 지불하면 된다. 그러나 건축비용은 불확실하며, 추정치 200만 달러에서 상하로 20%까지 변동된다. 건축비용은 삼각분포를 따르는 것으로 가정하자.

호텔 건축 후에 발생하는 연간 운영수익(또는 손실)은 매우 불확실하다. 2, 3, 4년에 발생하는 연간 운영수익에 대한 최선의 예측치는 70만 달러이며, 각 해의 운영수익에 대한 표준편차도 이와 같은 70만 달러이다. 각 해의 연간 수익은 통계적으로 서로 독립이며 정규분포를 따른다고 가정하자.

5년 후에 ADC는 호텔을 매각하려고 계획하고 있다. 매각가격은 400만 달러에서 800만 달러 사이의 일양분포를 따를 것이다. ADC는 연간 10%의 할인율을 사용하여 순현가(NPV)를 계산한다. (순현가를 계산하기 위해 각 연도의 수익은 연말에 발생하는 것으로 가정하자.) 스프레드시트상에서 Analytic Solver를 이용하여 이 사업의 컴퓨터 시뮬레이션을 1,000번 시행하시오.

a. 이 사업의 평균 순현가(NPV)가 얼마인가? (힌트: 엑셀의 NPV(rate, cash stream)함수는 현금흐름이 현 시점에서 1년 후부터 시작하는 것으로 가정한 흐름의 NPV를 계산해준다. 예를 들면, NPV(10%, C5:F5)는 10% 할인율로 C5가 1년 말, D5가 2년 말, E5가 3년 말, F5가 4년 말인 현금흐름에 대한 NPV를 계산해준다.)
b. 사업이 200만 달러 이상인 NPV를 나타낼 추정 확률은 얼마인가?
c. ADC는 또한, 2, 3, 4, 5년의 현금흐름에도 관심을 가지고 있다. Analytic Solver를 이용하여 4년 동안 발생하는 최소 연간운영수익(비할인)의 분포를 추정하라. 4년 동안의 최소 연간운영수익의 평균이 얼마인가?
d. 4년 모두에서 0달러 이상의 연간운영수익을 얻을 확률은 얼마인가?

15.6 Ivy University는 새로운 경영대학 건물을 건축할 계획이다. 다음 표에 있는 이 사업의 모든 활동이 완료되어야만 사업이 완료된다. 한 활동이 시작되기 위해서는 그 사업의 선행활동이 모두 완료되어야 한다. 예를 들면, 기초공사는 건축설계와 택지조성이 끝나야 시작할 수 있다.

펀드	선행활동	펀드	선행활동
A. 자금확보	—	F. 전기공사	E
B. 건축설계	A	G. 배관공사	E
C. 택지조성	A	H. 벽과 지붕공사	F, G
D. 기초공사	B, C	I. 마감공사	H
E. 골조공사	D	J. 조경공사	H

자금확보에는 약 6개월이 소요되며(표준편차는 1개월) 정규분포를 따른다고 가정하자. 건축설계는 6개월에서 10개월이 소요될 것으로 예상되며, 일양분포를 따른다고 가정하자. 일반적인 계약은 각 건축활동에 대해 3개의 추정치, 낙관적 시나리오(날씨와 다른 모든 여건이 좋은 경우로 최소 소요시간이 필요), 최빈 시나리오, 비관적 시나리오(날씨와 다른 여건들이 좋지 않은 경우로 최대 소요시간이 필요)를 제공한다. 이러한 추정치들은 다음 표에 나와있다. 각 건축활동 시간은 삼각분포를 따른다고 가정하자. 마지막으로 조경공사는 5개월에 마칠 수 있다고 확신한다.

건축활동시간 추정치(월)

활동	낙관적 시나리오	최빈 시나리오	비관적 시나리오
C. 택지조성	1.5	2	2.5
D. 기초공사	1.5	2	3
E. 골조공사	3	4	6
F. 전기공사	2	3	5
G. 배관공사	3	4	5
H. 벽과 지붕공사	4	5	7
I. 마감공사	5	6	7

Analytic Solver를 이용하여 이 사업의 컴퓨터 시뮬레이션을 1,000번 시행하라. 시뮬레이션 결과를 이용하여 다음의 질문에 답하시오.

a. 사업의 평균 완료시간은 얼마인가?
b. 사업이 36개월 이내에 완료될 확률은 얼마인가?
c. 민감도차트를 생성하시오. 생성된 민감도차트에 근거하여 어떤 활동이 사업의 완료시간에 가장 큰 영향을 미치는가?

15.7* 사업기간 추정과 사업완료일 준수확률 추정, 모두를 고려하는 문제 18.12(www.mhhe.com/Hillier7e의 18장)를 살펴보자. 각 활동기간은 문제 18.12에 나와있는 3개의 추정치에 근거한 삼각분포를 따르는 것으로 가정하자. 스프레드시트상에서 Analytic Solver를 이용하여 이 사업의 컴퓨터 시뮬레이션을 1,000번 시행하시오.
a. 사업의 평균 완료시간은 얼마인가?
b. 사업이 22개월 이내에 완료될 확률은 얼마인가?
c. 민감도차트를 생성하시오. 생성된 민감도차트에 근거하여 어떤 활동이 사업의 완료시간에 가장 큰 영향을 미치는가?

15.8 General Manufacturing Corp.의 종업원은 Wellnet이 발행한 단체계약을 통해 의료보험을 받는다. 작년에 종업원의 40%는 전혀 보험청구를 하지 않았고, 400%는 소액을, 20%는 큰 금액을 청구하였다. 소액청구는 0달러에서 2,000달러 사이에 균등하게 퍼져있는 반면에 큰 금액의 청구는 2,000달러에서 20,000달러 사이에 균등하게 퍼져있다.

이러한 경험에 기초하여 Wellnet은 다음 해의 종업원당 회사보험료지불액을 협상하고 있다. 회사 종업원들을 위한 보험담보 범위의 평균 비용에 대한 보다 정확한 추정을 위해 종업원의 의료보험자료에 대한 1,000번의 컴퓨터 시뮬레이션을 스프레드시트상에서 Analytic Solver를 이용하여 시행하고, 도수분포도표와 통계표를 생성하시오.

15.9 14.1절의 예제 2에 소개된 Heavy Duty Co. 문제를 다시 살펴보자. 스프레드시트상에서 Analytic Solver를 이용하여 다음 a~c에서 소개된 3개 옵션 각각에 대한 컴퓨터 시뮬레이션을 1,000번 시행하여 일간 평균 비용을 추정하시오. 평균을 구하고 도수분포도표를 생성하시오.
a. 고장이 발생할 때까지 모터를 교환하지 않는 옵션.
b. 고장이 발생하면 바로 교체하고 고장이 발생하지 않으면 4일 후에 모터를 교체하는 옵션.
c. 고장이 발생하면 바로 교체하고 고장이 발생하지 않으면 5일 후에 모터를 교체하는 옵션.
d. 모터가 3일마다 교체될 경우에 2,000달러의 일간 평균 비용이 필요하다는 분석 결과가 있다. 이 결과와 앞선 3개의 옵션을 비교하시오. 이 중 어떤 옵션이 최소의 일간 평균 비용을 나타내는가?

15.10 Avery Co. 공장은 생산공정 중 하나에서 제어판 유지관리 문제를 가지고 있다. 이 제어판은 문제를 야기시키는 4개의 동일한 전기기계식 계전기(relay)를 포함하고 있다. 문제는 계전기가 상당히 자주 고장을 일으켜 교체가 될 때까지 제어판(과 제어판에 의해 제어가 되고 있는 생산공정)의 동작을 멈추게 한다는 것이다. 현재 관행은 계전기가 고장이 났을 때만 교체한다. 이때의 평균 총비용은 시간당 3.19달러이다. 이 비용을 줄이기 위한 방법으로, 4개의 계전기 중 하나가 고장이 날 때 4개의 계전기 모두를 한번에 교체하여 제어판이 멈추는 빈도를 줄이는 방안이 제안되었다. 이 제안이 실제로 비용을 줄이는가?

관련 자료는 다음과 같다. 각 계전기의 고장까지의 가동시간은 1,000시간에서 2,000시간 사이의 일양분포를 따른다. 계전기 교체를 위한 제어판의 가동중지시간은 계전기 1개를 교체하는 경우 1시간, 4개를 모두 교체하는 경우에는 2시간이다. 제어판의 가동중지와 계전기 교체의 총비용은 시간당 1,000달러와 교체되는 계전기당 200달러의 합이다.

제안된 방안의 비용을 평가하고 현재 관행과 비교하기 위해 스프레드시트에 컴퓨터 시뮬레이션을 구현하고 이를 이용하시오. Analytic Solver를 이용하여 1,000번의 시뮬레이션을 시행(제어판의 정지의 종료시간과 각 시행의 종료시간을 동일시하여)하고 시간당 평균 비용을 구하시오.

15.11 Aplus Company에서 생산한 새 제품은 금속 사각형 덩어리에 구멍을 뚫어 부싱(bushing: 베어링의 일종)을 넣고 원통형 손잡이를 부싱에 넣어야 한다. 손잡이는 적어도 1.0000인치의 반지름을 가져야 하며, 반지름은 이보다 약간 커야 한다. 제안된 손잡이 생산공정에 따르면 손잡이의 반지름은 최소 1.0000인치, 최빈 1.0010인치, 최대 1.0020인치인 삼각분포를 따른다. 부싱에 구멍을 뚫는 제안된 방법에 따르면 부싱의 반지름은 평균 1.0020인치와 표준편차 0.0010인치인 정규분포를 따른다. 부싱과 손잡이의 간격은 반지름의 차이이다. 이것들이 임의적으로 선택되기 때문에 부싱과 손잡이를 맞출 때 종종 간섭(음의 간격)이 생긴다.

경영진은 새로운 제품의 생산에 있어서 이러한 간섭에 의해 발생하는 혼란을 걱정하고 있다. 이러한 간섭을 줄이기 위해서는 아마도 손잡이와 부싱의 생산공정은 상당한 비용을 들여 개선되어야 한다. 이러한 개선에 대한 평가를 위해 경영진은 현재의 생산공정에서 얼마나 자주 간섭이 발생하는지 알고 싶어한다.

간섭의 확률을 추정하기 위해 스프레드시트에서 Analytic Solver를 이용하여 컴퓨터 시뮬레이션을 1,000번 시행하시오.

15.12 15.4절에 소개된 재무위험분석예제와 〈그림 15-21〉에 소개된 그 결과를 참조하라. Think-Big의 경영진은 제안에 대한 위험명세서에 많은 관심이 있다. 2개의 통계량이 특별한 관심을 불러일으키고 있다. 하나는 거의 20%의 손실(음의 NPV) 가능성이다. 두 번째는, 평균 수익 1,800만 달러의 반을 넘는 1,000만 달러 이상의 손실 가능성이 6%가 넘는다. 그러므로 경영진은 두 개의 사업 중 단지 하나의 사업만 진행해야 하는지에 대해 궁금해하고 있다.

따라서 옵션 1(주어진 제안)에 추가하여 호텔사업 지분 16.50%만을 취득하는 옵션 2(쇼핑센터사업에 참여하지 않음)와 쇼핑센터사업의 지분 15.11%만을 취득하는 옵션 3(호텔사업에 참여하지 않음)을 고려하고 있다. 경영진은 3개의 옵션 중 하나의 옵션을 선택하길 원한다. 뒤의 두 가지 옵션을 평가하기 위해서는 위험명세서가 필요하다.

a. 옵션 2에 대한 컴퓨터 시뮬레이션을 1,000번 실행하고 평균 NPV와 NPV가 0달러 이상일 확률을 추정하시오.
b. 옵션 3에 대해 a를 반복하시오.
c. 당신이 Think-Big Development Co.의 CEO라고 가정하자. 경영 의사결정을 위한 기초자료로 옵션 1에 대한 〈그림 15-21〉의 결과와 다른 두 가지 옵션에 대한 결과와 함께 이용한다면 세 가지 옵션 중 어떤 옵션을 선택하겠는가? 그 결정에 대한 정당성을 밝히시오.

15.13 크랩게임을 다룬 문제 14.5를 다시 살펴보자. 목적은 게임에서 이길 확률을 추정하는 것이다. 만약 이길 확률이 0.5보다 크다면 당신은 Las Vegas로 가서 상당히 많은 돈을 딸 때까지 수 차례 게임을 하길 원할 것이다. 하지만 이길 확률이 0.5보다 작다면 가지 않을 것이다.

이 확률을 추정하기 위하여 스프레드시트상에서 컴퓨터 시뮬레이션을 수행하기로 결정하였다. 다음에 지시된 시행횟수(게임횟수)에 따라 Analytic Solver을 이용하여 시뮬레이션을 실행하시오.

a. 100번
b. 1,000번
c. 10,000번
d. 확률의 참 값은 0.493이다. 앞선 시뮬레이션 실행 결과에 따르면 확률의 참값에서 0.007 이내의 추정값을 얻기 위해서는 몇 번의 시행이 필요한가?

15.14 15.1절에 소개된 신문팔이 소년 Freddie 사례연구를 다시 살펴보자. 스프레드시트 모형은 www.mhhe.com/Hillier7e에 있다. Freddie 문제에 대해 15.7절에서 생성된 〈그림 15-37〉의 매개변수 분석 보고서는 최적 주문량으로 55를 제안하였다. 하지만 이 표는 주문량으로 5의 배수만을 고려하였다. 50과 60 사이의 모든 정수 주문량을 고려하는 Freddie 문제의 매개변수 분석 보고서를 생성하여 검색을 개선하라.

15.15* Michael Wise는 도심의 분주한 교차로에서 신문 가판대를 운영한다. Sunday Times의 수요는 평균 300부, 표준편차 50부인 정규분포를 따른다. Michael은 한 부에 0.75달러로 구매하여 1.25달러에 판매한다. 매일의 미판매 잔여부수는 금전적 보상 없이 재활용된다.

a. 매 일요일 아침에 Michael은 350부를 구매한다고 가정하자. 스프레드시트상에서 Analytic Solver를 이용하여 이 사업의 컴퓨터 시뮬레이션을 1,000번 시행하시오. Sunday Times의 판매로 얻는 평균 수익은 얼마인가? Michael이 적어도 0달러 이상의 수익을 낼 확률은 얼마인가?
b. 250에서 350 사이에서 5개의 가능 주문량을 고려하기 위한 매개변수 분석 보고서를 생성하시오. Michael의 평균 수익을 최대로 하는 주문량은 몇 부인가?
c. b에서 고려한 5개의 주문량에 대한 추세도표를 생성하시오.
d. Analytic Solver의 Solver를 이용하여 Michael의 평균 수익을 최대로 하는 주문량을 찾으시오.

15.16 Susan은 암표상이다. 그녀는 Los Angeles Lakers 팀의 시합 입장권을 시즌 전에 장당 100달러에 구입한다. 입장권은 경기일 전에 다 팔리기 때문에 Susan은 경일 당일에 장당 150달러에 팔 수 있다. 경기 당일에 판매되지 못한 잔여 입장권은 가치가 없다. 과거의 경험에 의해 Susan은 다음 표와 같이 그녀가 판매할 수 있는 입장권 수에 대한 확률분포를 예상할 수 있다.

입장권	확률	입장권	확률
10	0.05	15	0.15
11	0.10	16	0.10
12	0.10	17	0.10
13	0.15	18	0.05
14	0.20		

a. Susan은 시합당 14매의 입장권을 구매한다고 가정하자. 스프레드시트상에서 Analytic Solver를 이용하여 이 사업의 컴퓨터 시뮬레이션을 1,000번 시행하시오. Susan이 입장권 판매로 얻는 평균 수익은 얼마인가? Susan이 적어도 0달러 이상의 수익을 낼 확률은 얼마인가? (힌트: 입장권 수요를 시뮬레이션하기 위해 사용자정의 이산분포를 이용하시오.)

b. 10에서 18 사이의 모두 9개의 가능 구입량을 고려하기 위한 매개변수 분석 보고서를 생성하시오. Susan의 평균 수익을 최대로 하는 구입량은 몇 개인가?

c. b에서 고려한 9개의 구입량에 대한 추세도표를 생성하시오.

d. Analytic Solver의 Solver를 이용하여 Susan의 평균 수익을 최대로 하는 구입량을 찾으시오.

15.17 15.2절에 소개된 Reliable Construction Co.의 입찰문제를 살펴보자. 스프레드시트 모형은 www.mhhe.com/Hillier7e에 있다. 이 문제에 대해 15.7절에서 생성된 〈그림 15-43〉의 매개변수 분석 보고서는 최적 입찰가로 540만 달러를 제안하였다. 하지만 이 표는 입찰가로 20만 달러의 배수만을 고려하였다.

a. 520만~560만 달러 사이에서 5만 달러의 배수가 되는 모든 입찰가를 고려하는 이 입찰문제의 매개변수 분석 보고서를 생성하여 검색을 개선하시오.

b. Analytic Solver의 Solver를 이용하여 Reliable Construc-tion Co.의 평균 수익을 최대로 하는 입찰가를 찾으시오. 입찰가는 480만 달러에서 580만 달러 사이의 값이다.

15.18 RPI(Road Pavers, Inc.)는 비포장도로의 도로건설 사업에 입찰을 고려하고 있다. RPI는 사업비로 500만 달러를, 입찰준비 비용으로는 5만 달러를 추정하고 있다. RPI의 경쟁사 4곳도 입찰에 참여한다. 이들 경쟁사들과의 과거 경험으로부터 각 경쟁사들의 입찰가는 사업비보다 20% 높게 책정될 가능성이 가장 높고, 크게는 사업비보다 40% 높게, 작게는 사업비보다 5% 높게 책정될 것으로 알고 있다. 각 입찰가는 삼각분포를 따른다고 가정하자.

a. 이 사업에 대한 RPI의 입찰가는 570만 달러임을 가정하자. 스프레드시트상에서 Analytic Solver를 이용하여 이 사업의 컴퓨터 시뮬레이션을 1,000번 시행하시오. RPI가 이 사업의 입찰에서 이길 확률은 얼마인가? RPI의 평균 수익은 얼마인가?

b. 530만~600만 달러 사이의 8개 가능 입찰가를 고려하기 위한 매개변수 분석 보고서를 생성하고 RPI의 평균 수익을 예측하시오. 어떤 입찰가가 RPI의 평균 수익을 최대로 하는가?

c. b에서 고려한 8개의 입찰가에 대한 추세도표를 생성하시오.

d. Analytic Solver의 Solver를 이용하여 RPI의 평균 수익을 최대로 하는 입찰가격을 찾으시오.

15.19 15.4절에 소개된 응용사례에 요약되어 있는 경영과학 사례에 대한 전문을 읽고, 컴퓨터 시뮬레이션이 이 사례에 어떻게 응용되었는지 간단하게 설명하시오. 다음으로 이 사례연구의 결과인 다양한 금융 및 비금융 혜택을 나열해보시오.

15.20 15.8절에 소개된 응용사례에 요약되어 있는 경영과학 사례에 대한 전문을 읽고, 컴퓨터 시뮬레이션이 이 사례에 어떻게 응용되었는지 간단하게 설명하시오. 다음으로 이 사례연구의 결과인 다양한 금융 및 비금융 혜택을 나열해보시오.

15.21 15.5절에서 논의한 항공사 초과예약문제를 살려보자. 스프레드시트 모형은 www.mhhe.com/Hillier7e에 있다. 이 문제에 대해 15.7절에서 생성된 〈그림 15-44〉의 매개변수 분석 보고서는 최적 예약가능자수로 185명을 제안하였다. 하지만 예약자 수로 5의 배수만을 고려하였다.

a. 180에서 190 사이의 모든 정수의 예약허용자수를 고려하는 초과예약 문제에 대한 매개변수 분석 보고서를 생성하여 검색을 개선하시오.

b. a에서 고려한 11개의 예측치에 대한 추세도표를 생성하시오.

c. Analytic Solver의 Solver를 이용하여 항공사의 평균 수익을 최대로 하는 예약허용자수를 찾으시오. 예약허용자수는 150에서 200 사이의 정수로 가정한다.

15.22 시애틀과 샌프란시스코 사이를 운항하는 Flight 120은 휴가와 출장 여행자에게 매우 인기 있는 항공편이다. Flight120은 하나의 선실에 112명의 승객이 탑승할 수 있다. 운임은 7일 선불할인운임과 전액운임의 두 가지가 있다. 항공사의 경영진은 (1) 7일 선불할인운임에 몇 개의 좌석을 배정해야 하는가, (2) 총 몇 개의 탑승권을 발매해야 하는가를 결정하려고 한다.

할인탑승권은 150달러에 판매되며 환불되지 않는다. 7일 선불할인운임에 대한 수요는 전형적으로 50에서 150 사이의 값이고, 최빈값이 90인 삼각분포를 따른다고 가정하자. 탑승수속 전에 전액 환불 가능한 전액운임의 가격은 400달러이며 선결제를 요구하지 않는다. 탑승권 구매 후 탑승수속 전에 취소한 승객들을 제외한 수요는 30에서 70 사이에서 균등하다. 기본적으로 모든 수요는 비행 일주 내에 일어난다. 평균 노쇼(no-show) 비율은 환불불가 할인탑승권의 경우 5%, 환불가능 전액탑승권의 경우 15%이다. 예매한 승객 수가 가용 좌석 수보다 많다면 초과된 승객은 탑승이 거부된다. 탑승 거부된 승객은 다른 비행에 다시 예약되고, 향후 여행에 쓸 수 있는 무료탑승 상품권을 받는다. 탑승 거부된 승객 한 명당 항공사의 총 비용은 600달러이다. 비행의 고정운영비는 1만 달러이다.

두 가지 사안에 대한 의사결정이 필요하다. 첫 번째는, 비행시간 일주일 전에 몇 개의 할인탑승권을 발매할 것인가? 너무 많으면 잠재적인 전액운임 승객을 잃게 될 위험이 있으며, 너무 적으면 좌석을 다 채우지 못한 채 비행해야 하는 위험이 있다. 두 번째는, 총 몇 개의 탑승권을 발매해야 하는가? 너무 많으면 탑승이 거부되는 승객이 증가하는 위험이 있고, 너무 적으면 역시 좌석을 다 채우지 못한 채 비행해야 하는 위험이 있다.

a. 할인탑승권은 최대 75개, 총 탑승권은 최대 120개를 발매하는 것으로 가정하자. Analytic Solver를 이용하여 시뮬레이션을 1,000번 시행하여, 수익, 좌석 점유 수, 탑승 거부된 승객 수에 대한 분포를 예측하시오.
b. 다음에 소개된 2개의 결정변수 값에 대한 모든 조합에 따른 평균수익을 얻기 위한 2차원 매개변수 분석도표를 생성하라. (1) 할인탑승권의 최대 발매허용 수는 50과 90 사이에서 10의 배수이다. (2) 총 발매허용 탑승권의 수는 112, 117, 122, 127, 132이다.
c. Analytic Solver의 Solver를 이용하여 항공사의 평균 수익을 최대로 하는 최대 할인탑승권 발매 수와 최대 총 탑승권 발매 수를 찾으시오.

15.23 현재 중학생인 Jennifer의 부모는 그녀의 대학교육을 위해 저축을 증액해야만 한다는 것을 알았다. 그들은 대학교육이 얼마나 비싼지 알기때문에 예금을 현명하게 투자하여 5년후에 그녀가 대학교육을 시작할 때까지 약 10만 달러를 모으기를 희망한다.

Jennifer의 부모는 대학교육펀드를 위해 즉시 투자할 수 있는 2만 5천 달러를 가기도 있다. 더 나아가 향후 4년 동안 매년 말에 투자할 자금 1만 달러와 5년째에는 또다른 1만 달러를 모을 계획이다. 그들은 투자를 결정할 때마나 특정 주식형펀드와 특정 채권형펀드에 균등하게 투자할 계획이다. 과거 자료에 따르면 주식형펀드는 연간 수익은 평균 8%, 표준편차 6%이고, 채권형펀드의 연간 수익은 평균 4%, 표준편차 3%인 정규분포를 따른다.

다음을 가정하자. 초기 투자금 2만 5천 달러는 지금 당장(0년도) 두 펀드에 균등하게 1만 2500달러씩 투자된다. 각 펀드의 수익금은 누적되어 동일한 펀드에 재투자되며, Jennifer가 대학교육을 시작하기 전까지 재분배는 허용되지 않는다. 또한, 4번의 추가 투자금 1만 달러는 매년(1, 2, 3, 4년도) 두 개의 펀드에 균등하게 5,000달러씩 투자된다. 여기에 Jennifer가 대학교육을 시작하기 직전인 5년도에 또다른 1만 달러가 더해질 것이다. 1,000번의 Analytic Solver 시뮬레이션을 시행하여 다음을 추정하자.

a. 5년도에 이 대학교육펀드의 평균 금액은 얼마인가?
b. 5년도에 이 대학교육펀드의 표준편차는 얼마인가?
c. 5년도에 이 대학교육펀드가 최소 8만 5천 달러 이상일 확률은 얼마인가?
d. 5년도에 이 대학교육펀드가 최소 10만 달러 이상일 확률은 얼마인가?

15.24 7장에 소개되고 엑셀 파일로 주어진 〈그림 7-5〉에서 풀어본 Everglade 사례연구를 다시 살펴보자. 향후 10년(2024~2033)에 걸쳐 추정된 순현금흐름은 〈표 7-1〉에 확정적인 것으로 가정하자. 그러나 Everglade 경영자는 이러한 현금흐름이 현실화되기에는 많은 불확실성이 있음을 알고 있기 때문에 이러한 불확실성을 참작하기 위해 추가 분석을 원하고 있다.

다음 표는 10년 동안의 현금흐름에 대한 최솟값과 최댓값, 최빈값의 추정값이다. 각 현금흐름을 매개변수로 갖는 삼각분포를 따름을 가정하고, 〈그림 7-5〉에 있는 스프레드시트와 EndBalance를 결과셀, MeanEndBalance를 통계셀로 지정하여 기업현금흐름 경영자 문제를 컴퓨터 시뮬레이션을 1,000회 시행하자. 또한, 〈그림 7-5〉에 나온 것처럼 2024년에 장기대출은 465만 달러이고, 매 연말잔고가 최소 50만 달러를 유지할 수 있도록 단기대출를 이용할 수 있다고 가정하자. (힌트: 매년 대출전 잔고를 계산한 후 이를 이용하여 단기대출금액을 계산하라.) 결과를 도수분포도표와 통계표의 하한값을 0으로 설정한 통계표로 보여라.

연도	현금흐름(단위: 백만 달러)		
	최솟값	**최빈값**	**최댓값**
2024	−9	−8	−7
2025	−4	−2	1
2026	−7	−4	0
2027	0	3	7
2028	3	6	9
2029	1	3	5
2030	−6	−4	−2
2031	4	7	12
2032	−5	−2	4
2033	5	10	18

통합사례 15-1: Adventure사의 액션피규어

Adventure Toy사는 액션피규어(action figure) 제품을 생산하여 개당 10달러의 도매가격으로 장난감 가게에 납품하고 있다. 이 제품은 크리스마스 전과 봄에 판매량이 가장 많고, 크리스마스 이후 겨울철에 판매량이 가장 적은 계절적인 수요가 있다.

매월 기준 판매량은 평균이 바로 전 달의 실제 기준 판매량과 같고 표준편차가 500개인 정규분포를 따른다. 임의 달의 실제 판매량은 월 기준 판매량에 다음 표에 주어진 그 달의 계절요인을 곱한 것이 된다. 2018년 12월의 기준 판매량은 6000개, 실제 판매량은 7,080개 (1.18×6000)였다. 현재는 2019년 1월 1일이다.

현금 판매량은 보통 월 판매량의 약 40%를 차지한다. 그러나 이 숫자는 어떤 달에는 28% 정도로 낮기도 하고 48% 정도로 높기도 하다. 나머지 판매량에 대해서는 1개월 신용판매로 이루어져 배달 후 1개월 후에 전액을 받는다. 2018년 12월에는 판매량의 42%가 현금 판매이고 58%는 신용판매였다.

생산비용은 노무비와 재료비에 따라 결정된다. 액션피규어 제조에 필요한 플라스틱은 시장상황에 따라 매월 변한다. 이러한 변동으로 인하여 생산비용은 대략 6달러에서 8달러 사이가 된다. 이러한 변동 생산비용 외에 액션피규어 생산을 위해 월 15,000달러의 고정비용이 들어간다.

월	계절요인	월	계절요인
1	0.79	7	0.74
2	0.88	8	0.98
3	0.95	9	1.06
4	1.05	10	1.10
5	1.09	11	1.16
6	0.84	12	1.18

회사는 주문 생산을 하고 있다. 특정 액션피규어의 주문을 받으면 즉시 제조되어 2~3일 이내에 출고된다.

회사는 액션피규어 형상을 만들기 위하여 8대의 몰딩 머신을 사용하고 있다. 이들 기계는 종종 고장이 나고 부품을 교체하는 데 5,000달러가 소요된다. 각 기계는 매월 10%의 확률로 부품 교체를 하게 된다.

회사의 자금 운영 정책은 매월 말 적어도 20,000달러의 현금잔고를 유지하는 것이다. 2018년 말(2019년 1월 시작 시점)의 잔고는 25,000달러이다. 필요할 경우 회사는 경비에 충당하고 최소 잔고를 유지하기 위하여 단기(1개월) 대출을 하게 된다. 대출금은 그 다음 달에 이자(현재 달의 대출 이율 적용)와 함께 갚아야 한다. 예를 들면, 3월 연 이자율이 6%(따라서 월 이자율은 0.5%)이고, 3월에 1,000달러를 대출하였다면 4월에 1,005달러를 갚아야 한다.

매 월말잔고(최소 잔고를 포함) 다음 달로 이월되고 저축 이자가 붙는다. 예를 들면, 3월 말 잔고가 20,000달러이고, 3월 저축이율이 연 3%(월 0.25%)이면 4월에는 저축이자로 50달러의 이득이 있게 된다.

대출이자율과 저축이자율은 기준 금리에 따라 매월 결정되며 대출이자율은 기준금리 +2%, 저축이자율은 기준금리 −2%로 결정된다. 그러나 대출이자율은 9%를 초과하지 않으며, 저축이자율은 2% 아래로 떨어지지는 않는다.

2018년 12월의 기준 금리는 연 5%였다. 이 이율은 연방준비제도 이사회에서 정해진다. 특히, 매월 70%의 확률로 이자율 변동이 없지만, 10%의 확률로 25포인트(0.25%) 상승하거나, 10%의 확률로 25포인트(0.25%) 하락하게 되며, 5%의 확률로 50포인트 상승하거나, 5%의 확률로 50포인트 하락하게 된다.

a. 회사의 월별 현금흐름을 추적하기 위하여 스프레드시트에 시뮬레이션 모형을 수립하시오. Analytic Solver를 이용하여 2019년도에 대한 컴퓨터 시뮬레이션을 1,000번 시행하시오.

b. Adventure Toy의 경영자는 2019년도 말의 회사의 순자산가치가 얼마가 될 것인지에 대한 정보와 순자산가치가 0달러보다 클 확률을 알고자 한다(여기서 순자산가치는 연도 말 현금잔고에 저축 이자와 외상 매출을 더하고 갚아야 할 대출금과 대출이자를 뺀 것으로 정의한다). 자신이 생각하는 여러 가지 형태를 가지고 a의 시뮬레이션을 실시하여, 이 문제를 분석하는 경영자에게 도움이 될 결과를 제시해보시오.

c. 2019년도에 필요한 단기대출에 대해 은행으로부터의 특정 신용한도를 받기 위한 조정이 필요하게 되었다. 따라서 회사 경영자는 2019년도에 어느 정도의 단기대출금이 필요하게 될 것인지에 대한 정보도 알고자 한다. 자신이 생각하는 여러 가지 형태를 가지고 a의 시뮬레이션을 실시하여, 이 문제를 분석하는 경영자에게 도움이 될 결과를 제시해보시오.

통합사례 15-2: 가격책정

Elise Sullivan은 미국 전역에 걸쳐 중개서비스를 제공하는 대규모의 투자은행인 FirstBank의 고객 서비스부서에서 분석가로, 그녀의 첫 번째 직장근무를 시작하기 위해 9월에 뉴욕으로 이사하였다. 경영학 학위를 받고 뉴욕 시에 도착했을 때부터 그녀의 바쁜 일정이 시작되었다. 그녀는 처음 6주 동안 그녀와 같은 새로운 FirstBank 분석가들을 만났고, 회계에 대한 FisrtBank의 접근법, 현금흐름분석, 고객 서비스, 연방법규에 대한 기초를 배웠다.

훈련을 마친 후 Elise는 근무를 시작하기 위해 맨해튼에 있는 FirstBank 빌딩의 40층에 위치한 사무실로 옮겼다. 그녀는 그녀에게 일을 위임하는 상급직원들의 지시 하에 그녀에게 처음 할당된 몇몇의 일에 대한 요령을 터득하였다.

최근 그녀는 자신의 능력을 보여줄 수 있는 기회를 갖게 되었다. 그녀의 상사인 Michael Steadman은 그녀가 완전히 지휘하고 통제할 수 있는 임무를 그녀에게 배정하였다. 매우 괴짜이며 부유한 고객이자 열렬한 투자자인 Emery Bowlander는 12주 후인 2월 1일에 44.00달러에 Fellare 주식을 구매할 수 있는 권한인 유럽형 콜옵션(European Call Option)의 매수에 관심이 있다. Fellare는 프랑스에 있는 항공우주제조사이다. Bowlander는 유럽우주기관이 1월에 Fellare와 국제우수정거장의 일 부분을 건설하는 계약을 할 것으로 굳게 믿고 있다. 유럽우주기관이 Fellare와 계약을 한다면 회사의 능력과 성장에 대한 투자자들의 신념을 반영하여 Bowlander는 주식이 급등할 것으로 믿고 있다. 그러나 Fellare가 계약을 성사시키지 못하면 Bowlander는 주식은 현재의 하향추세를 계속해서 따를 것으로 믿는다. 후자의 경우를 경계하기 위해서 Bowlander는 현재 Fellare 주식의 전면적인 매수를 꺼리고 있다.

Michael은 Elise에게 이 옵션의 가격책정을 부탁하였다. Bowlander가 옵션 매수를 결정한다면 오늘 거래가 이루어질 수 있도록 주식시장이 끝나기 전에 수치를 알기를 원한다.

불행히도 Elise가 학부에서 수강했던 투자론은 옵션이론을 다루지 않았고, 가치평가, 위험, 자본예산, 시장효율성만을 다루었다. 그녀는 가치평가로부터 적절한 이자율로 2월 1일의 옵션가치를 할인해서 현재의 옵션가치를 구한다는 것을 기억한다. 12주에 걸쳐 할인해야 하기 때문에 옵션의 할인에 사용되는 공식은 '옵션의 가치/(1+주당 이자율)'이다. 계산을 위해 그녀는 연간 이자율 8%를 사용하기로 결정하였다. 그러나 2월 1일에 옵션가치를 어떻게 계산할 것인가를 결정해야 한다.

Elise는 2월 1일에 Bowlander는 다음 두 가지 중 한 가지를 행위를 취할 것을 알고 있다. 옵션을 행사하고 Fellare의 주식을 구매하거나 옵션을 행사하지 않는 것이다. Bowlander는 2월 1일에 Fellare의 주식가격이 옵션행사가격 44.00달러를 넘으면 옵션을 행사할 것이다. 이 경우에 Fellare의 주식을 44.00달러에 매수하고 2월 1일의 시장가격으로 즉시 매도한다. 이때의 옵션가치는 주식가격과 옵션행사가격과의 차이이다. Fellare의 주식가격이 옵션행사가격 44.00달러보다 낮다면 Bowlander는 옵션을 행사하지 않을 것이다. 이 경우에 그는 아무것도 하지 않으며 옵션가치는 0달러이다.

그러므로 옵션가치는 2월 1일의 주식가격에 따라 결정된다. Elise는 2월 1일의 주식가격은 불확실하며, 가격에 대한 확률분포로 표현됨을 알고 있다. Elise는 학부 경영과학 수업에서 컴퓨터 시뮬레이션을 이용하여 주식가격 분포의 평균을 추정할 수 있음을 기억해 냈다. 그러나 시뮬레이션 모형을 만들기 전에 주식가격의 변동을 알아야 한다. 그녀는 학부 확률 및 통계수업에서 주식가격은 랜덤워크(random walk)와 로그정규분포에 따라 성장과 쇠락을 거듭하는 모형으로 모형화될 수 있음을 알고 있다. 그러므로 이 모형에 따른 다음 주말의 주식가격은 이번 주말의 주식가격에 성장률을 곱한 것이 된다. 이 성장률은 정규분포를 따르는 확률변수를 승수로 갖는 지수함수로 표현된다. 즉, 다음과 같다.

$$s_n = e^N s_c$$

여기서 s_n은 다음 주말의 주식가격을, s_c는 이번 주말의 주식가격을, N은 정규분포를 따르는 확률변수를 나타낸다.

분석을 시작하기 위해, Elise는 신문에서 Fellare의 이번 주말의 주식가격이 42.00달러임을 확인하였다. 그녀는 이 가격을 12주의 분석을 위한 시작 가격으로 결정하였다. 따라서 첫 주말의 주식가격은 이 가격에 성장률을 곱한 것이 첫 주말의 주식가격이 된다. 다음으로 성장률의 계산에 사용될 정규분포를 따르는 확률변수의 평균과 표준편차를 추정하였다. 이 확률변수는 주식의 변동성의 정도를 결정하기 때문에 Elise는 평균과 표준편차의 추정을 위한 기초자료로 현재의 연간 이자율과 주식의 과거 연간 변동성을 이용하기로 결정하였다.

현재의 연간 이자율 r은 8%이고, 항공우주산업 주식의 과거 연간 변동성은 30%이다. 그러나 Elise는 주식가격을 연간 변동이 아닌 주간 변동으로 계산하려고 한다. 그러므로 그녀는 주간 성장률에 대한 평균과 표준편차를 구하기 위해 과거 주간 주식가격 변동성을 계산하여야 한다. 다음 계산식에 따라 주간 이자율 w를 구한다.

$$w = (1 + r)^{(1/52)} - 1$$

과거 주간 주식가격 변동성은 과거 연간 변동성을 52의 제곱근으로 나눈 것과 같다. 정규분포를 따르는 확률변수에 대한 평균은 주간 이자율 w에서 주간 주식가격 변동성의 제곱의 1/2을 빼서 계산하였다.

$$\text{평균} = w - 0.5(\text{주간 주식가격 변동성})^2$$

정규분포를 따르는 확률변수의 표준편차는 단순히 주간 주식가격 변동성과 같다.

Elise는 이제 그녀의 시뮬레이션 모형을 구현할 준비가 되었다.

a. 스프레드시트에 현재가치로 옵션의 가치를 계산하기 위한 시뮬레이션 모형을 구현하시오. Analytic Solver를 이용하여 콜 옵션의 가치를 추정하고 현재가치로 옵션의 가격을 추정하기 위한 3개의 독립적인 시뮬레이션을 수행하시오. 첫 번째 시뮬레이션은 100번의 시뮬레이션을, 두 번째 시뮬레이션은 1,000번의 시뮬레이션을, 세 번째 시뮬레이션은 10,000번의 시뮬레이션을 시행하시오. 각 시뮬레이션에 대해 현재가치의 옵션가격을 기록하시오.

b. Elise는 계산하고 Michael에게 가격을 추천하였다. 그는 매우 감동받았으나 싱긋 웃으며 옵션가격의 계산을 위한 단순하고 간결한 접근법인 블랙숄즈(Black-Scholes) 공식이 존재한다고 알려주었다. Michael은 책상 위의 책장에서 투자론 책을 꺼내 매우 강력하고 복잡한 블랙숄즈 공식을 보여주었다.

$$V = N(d_1)P - N(d_2)PV(K)$$

$$\text{여기서, } d_1 = \frac{\ln[P/PV(K)]}{\sigma\sqrt{t}} + \frac{\sigma\sqrt{t}}{2}$$

$$d_2 = d_1 - \sigma\sqrt{t}$$

$N(x) =$ $x=d_1$ 또는 $x=d_2$인 엑셀 함수 NORMSDIST(x)

$P =$ 주식의 현재 가격

$K =$ 옵션행사가격

$PV(K) =$ 옵션행사가격의 현재가치 $= \dfrac{K}{(1+w)^t}$

$t =$ 옵션행사 일까지의 주 수

$\sigma =$ 주식의 주간 변동성

블랙숄즈의 공식을 이용하여 콜 옵션의 가치와 옵션의 가격을 계산하시오. a에서 얻은 값과 비교하시오.

c. Fellare 주식가격에 대한 특정사례에서, 위에서 언급한 랜덤워크(random walk)가 주식가격의 변동을 완벽하게 설명하고 있다고 생각하는가? 그렇거나 그렇지 않거나 그 이유는 무엇인가?

통합사례 15-3: 은퇴 재무설계

오랜 직장 생활 끝에 Jennifer Eleanor는 지금부터 10년 후에 은퇴를 계획하고 있으며 그녀는 순자산 2백만 달러 정도면 편안하게 은퇴할 수 있을 것으로 기대하고 있다. 경영학 전공 학생시절에 처음 배운 스프레드시트 모델링 기법을 그녀는 직장생활 내내 자주 활용해 왔기 때문에 10년 후의 재무 설계에 이 접근법을 사용하기로 했다.

Jennifer는 금융업계에서 종사하고 있고 현재 세후 실소득으로 연간 10만 달러의 급여를 받고 있지만 많은 변동성이 있다. 급여 인상과 승진도 가능하지만 해고될 가능성도 있다. 매년 해고되지 않고 현 직업을 유지할 가능성은 85%이다. 현 직업을 유지할 경우 승진 가능성은 20%이며, 승진의 경우 급여 인상폭은 10~20%이고 승진이 아닌 경우의 없는 급여 인상폭은 0~5%이다. 급여 인상은 주어진 범위내에서 모든 값이 동일한 가능성을 갖는 것으로 가정하고 있다. 반면에, 해고된다면 그녀는 새로운 일자리를 찾을 것이며, 충분한 재능이 있는 Jennifer는 빠르게 새로운 일자리를 구할 수 있을 것으로 확신하고 있다. 하지만 새로운 일자리의 급여수준은 매우 불확실하며 현재보다 낮은 급여를 받을 가능성이 높은데, Jennifer는 세후 실소득은 해고되기 직전 급여의 최저 50%, 최고 115%, 최빈 90%를 갖는 삼각분포를 따를 것으로 가정하고 있다.

Jennifer는 현재 50만 달러로 평가되는 본인 부담 은퇴

자금을 가지고 있다. 지금부터 매년 초에 1만 달러를 추가로 투자하고 퇴직 연금의 주식펀드에 40%, 채권펀드에 60%가 투자되도록 재조정할 계획이다. 과거의 자료에 따르면 주식펀드는 평균 연수익률 8%, 표준편차 16%인 정규분포를, 채권펀드의 연수익률은 최빈 4%, 최저 -2%, 최고 13%인 삼각분포를 보이고 있다.

Jennifer는 부채 없이 자신의 집을 소유하고 있으며 집의 평가액은 현재 60만 달러이다. 지역 주택시장은 연간 평균 3%, 표준편차 6%인 정규분포에 따라 가격이 상승하고 있다.

Jennifer는 현재 고금리 예금계좌에 예금된 현금 10만 달러가 있다. 현재 이자율은 2%이고, 이자율은 매년 0.5%의 범위내에서 균등하게 오르내릴 것이지만 결코 0.5% 아래로 내려가지는 않을 것으로 예견하고 있다.

Jennifer는 그녀의 모든 수입을 이 예급계좌에 저축하고 있으며 모든 지출과 은퇴 자금 투자도 이 계좌에서 이루어진다. 그녀의 일상적인 생활비는 수입에 따라 오르고 내린다. (그녀는 더 많이 벌면 더 쓰는 경향이 있다.) 생활비는 평균 실소득의 70%, 표준편차 5%인 정규분포를 갖는 것으로 가정하고 있다. 생활비 외로 간헐적으로 집 수리비가 발생하는데, 수리비는 매우 임의적으로 지난번 수리시점과 무관하게 언제든지 발생할 수 있다. 평균적으로 연간 1회 정도 수리하며 통상 1만 달러 정도의 비용이 필요한 것으로 가정하고 있다. 모든 수입이 저축되고 비용이 지출된 후에 계좌에 남은 잔고는 다음 해로 이월되고 다음 해의 초에 년간 예금이자를 받는다(예금 이자는 앞절을 참조). 예를 들면, 2년의 연말잔고가 10만 달러이고 2년의 예금이자율이 2%이면, 3년도 초에 2000 달러의 예금이자를 받는다. 초기 현금잔고 10만 달러는 이미 예금이자율 산정에 포함되었기 때문에 1년도의 이자는 없는 것으로 가정한다.

a. Analytic Solver를 활용하여 향후 10년에 대한 시뮬레이션을 1,000번 시행하시오. 모형의 단순화를 위해 승진, 급여인상, 또는 해고(연계된 새로운 일자리)는 매년 말에 발생하는 것으로 가정하여 다음 해까지는 실소득에 영향을 미치지 않도록 하자. 역시 단순화를 위해 모든 현금흐름(수입, 지출, 투자 등)은 매 년초에 모두 동시에 발생하는 것으로 가정하자. 시뮬레이션 결과에 근거하여 10년도 말에 Jennifer의 평균 순자산(은퇴 자금, 집, 예금계좌)의 평가액은 얼마인가?
b. 시뮬레이션 결과에 근거하여 Jennifer의 순자산이 2백만 달러를 초과할 확률은 얼마인가?
c. Analytic Solver의 Solver를 활용하여 Jennifer의 순자산이 2백만 달러를 초과할 확률을 최대로 하는 은퇴자금의 최적 주식-채권 투자 배분율을 구하라. (주식-채권 투자 비율은 10년간 동일하게 사용되는 것으로 가정한다.)

부록: 연습문제 답 (일부)

2장

2.6 **a.** 참

2.12 **b.** 평균 졸업률 = 0.68.

2.16 **b.** 대출 1455의 연간 소득이 $83로 입력되어 있다. $83,000이 되어야 할 것이다.
대출 2457의 신용 점수가 5.40으로 입력되었다. 소수점(540)이 잘못 입력되었을 수 있다.
대출 4504는 기본값을 N으로 입력되었다. 아마도 No로 입력해야 한다.

3장

3.3 Right-left-right, 태양광 설치로 예측

3.6 분류: 아니오(졸업할 것 같지 않음), 졸업 확률 ≈ 0.375

3.13 **a.** 대학 성적 ≈ 2.91

3.24 **a.** Yes(채무불이행 할 것 같음), 채무불이행 확률 ≈ 0.109

4장

4.1 **a.** 39 **b.** 26 **c.** 36

4.5 2,091

4.9 **b.** MAD =5.18 **c.** MAD=3 **d.** MAD=3.93

4.12 62%

4.15 **b.** y=410+17.6x **d.** 640

5장

5.6 d. 첫 번째 친구 사업 참여 지분 = 0.667, 두 번째 친구 사업 참여 지분 = 0.667,
이익 = $12,000

5.13 b. x_1 = 13, x_2 = 5, 이익 = $31

6장

6.2 **c.** 활동 1 = 3.333, 활동 2 = 3.333, 이익 = 166.67달러

6.5 **d.** 제품 1 = 26, 제품 2 = 54.76, 제품 3 = 20, 이익 = 2,904.76달러

6.10 **b.** 옥수수 = 1.14kg, 알팔파 = 2.43kg, 비용 = 2.42달러

6.15 **b.** 비용 = 410,000달러

수송량	고객 1	고객 2	고객 3
공장 1	300	0	100
공장 2	0	200	300

6.17 **c.** 연도 1에 투자안 A에 60,000달러, 연도 3에 투자안 A에 84,000달러, 연도 5에 투자안 D에 117,600달러, 연도 6 초기에 총누적투자액 152,880달러

6.19 **a.** 이익 = 13,330달러

화물 배치	앞부분	중간 부분	뒷부분
화물 1	0	5	10
화물 2	7.333	4.167	0
화물 3	0	0	0
화물 4	4.667	8.333	0

7장

7.2 **d.** 보조탁자 0개, 커피탁자 40개, 식탁 30개. 총 이윤 10,600 달러

7.4 **e.** 프로젝트 A에 18.75%, 프로젝트 B에 0%, 프로젝트 C에 100% 참여한다. 최종 잔액은 5,950만 달러가 된다.

7.9 **d.** 풀타임 4명 (오전 8시 ~ 오후 4시), 풀타임 2명 (정오 ~ 오후 8시), 풀타임 6명 (오후 4시 ~ 자정), 파트타임 2명 (오전 8시 ~ 정오), 파트타임 2명 (정오 ~ 오후 4시), 파트타임 4명 (오후 4시 ~ 오후 8시), 파트타임 0명 (오후 8시 ~ 자정). 일일 총비용 = 2,180 달러

8장

8.1 **e.** 장난감 생산에 대한 단위이익의 허용범위: 2.5달러에서 5달러까지.
조립부품 생산에 대한 단위이익의 허용범위: −3달러에서 −1.5달러까지.

8.4 **f.** a에 대해: (10달러의 허용증가치 내에 있으므로) 최적해는 변하지 않는다.
b에 대해: (5달러의 허용감소치를 넘어섰으므로) 최적해에 변화가 있다.
c에 대해: 목적함수 계수들이 동시에 변할 때의 100% 법칙에 의해 최적해가 그대로일 수도 있고 변할 수도 있다.
고용비용(오후8시~오후4시):
160달러→165달러의 허용 가능한 증가치에 대한 비율 = $100 \times \frac{165-160}{10} = 50\%$
고정비용(오후 4시~자정):
180달러→170달러의 허용 가능한 감소치에 대한 비율 = $100 \times \frac{180-170}{5} = 200\%$
합계 = 250%

8.10 **a.** 장난감 2,000개, 조립부품 1,000개 생산하고 총이윤은 3,500달러이다.
b. 조립부품 A의 잠재가는 0.5달러이고 이것은 회사가 지불할 수 있는 최대의 프리미엄이다.

8.14 **a.** 광고예산에 추가적으로 1,000달러를 사용할 때마다 총기대광고노출은 3,000이 증가한다.
b. 250,000달러까지 증가하는 동안 유효하다.
e. 우변상수가 동시에 변하는 것에 대한 100% 법칙에 의해 잠재가는 아직 유효하다. 단위를 1,000달러로 하면,
광고예산:
4,000달러→4,100달러의 허용 가능한 증가치에 대한 비율 = $100 \times \frac{4,100-4,000}{250} = 40\%$
기획예산:
1,000달러→1,100달러의 허용 가능한 증가치에 대한 비율 = $100 \times \frac{1,100-1,000}{450} = 22\%$
합계 = 62%

8.19 활동 1은 0.866, 활동2는 1.893, 총비용은 4.09달러.

8.22 활동 1은 1.583, 활동2는 1.584, 총비용은 4.75달러.

9장

9.2 **b.** 0 (출발지1-도착지1), 10 (출발지1-도착지2), 30 (출발지1-도착지3), 30 (출발지2-도착지1), 30 (출발지2-도착지2), 0 (출발지2-도착지3). 총비용=580달러.

9.6 **c.** 2,187,000 달러

9.10 최대흐름 = 15

9.16 **b.** 1년 후 교체한다. 총비용 = 29,000 달러

10장

10.2 **b.** Eve가 장보기와 설거지를 담당하고, Steven이 요리와 세탁을 담당한다.
총시간 = 18.4시간

10.6 최적경로 = OADT, 총거리 = 10마일

11장

11.7 **c.** 최소허용기대이익이 13,000달러인 경우, 주식 1에 46,667달러, 주식 2에 3,333달러를 투자한다.
최소허용기대이익이 15,000달러인 경우, 주식 1에 33,333달러, 주식 2에 16,667달러를 투자한다.

11.11 **d.** Dorwyn은 창문 1개, 문 1개를 생산해야 한다.

12장

12.4 **a.** 투기적 투자 **d.** 경기대응적 투자

12.6 **b.** A_3 **c.** A_2

12.11 **a.** A_1 **b.** 18달러

12.15 **c.** EVPI=3,000달러. 신용평가기관을 사용하지 않아야 한다.

13장

13.2 **a.** 참 **b.** 거짓 **c.** 참

13.6 **a.** $L = 2$ **b.** $L_q = 0.375$ **c.** $W = 30$분, $W_q = 5.625$분

13.9 **a.** 운영시간의 96.9% 시간

13.11 **b.** $L = 0.333$ **g.** 2명

13.13 L_q는 변하지 않고, W_q는 절반으로 감소함

13.16 **a.** $L = 3$
d. 현 상태에 대한 총비용 = 85달러/시간
새로운 제안에 대한 총비용 = 73달러/시간

13.18 **a.** 0.211시간 **c.** 약 3.43분

13.20 **c.** 0.4 **d.** 7.2시간

13.22 Jim은 4개의 계산대를 운영해야 하고, 시간당 기대비용은 80.59달러이다.

14장

14.1 b. 난수 0.0000~0.5999는 스트라이크에, 난수 0.6000~0.9999는 볼에 할당한다.
투수에 대한 랜덤 관측치는 스트라이크 0.3039, 볼 0.7914, 볼 0.8543, 볼 0.6902, 스트라이크 0.3004, 스트라이크 0.0383이다.

14.5 a. 시뮬레이션의 예

Summary of Results:	
Win? (1=Yes, 0=No)	0
Number of Tosses =	3

Simulated Tosses				Results		
Toss	Die 1	Die 2	Sum	Win?	Lose?	Contiune?
1	4	2	6	0	0	Yes
2	3	2	5	0	0	Yes
3	6	1	7	0	1	No
4	5	2	7	NA	NA	No
5	4	4	8	NA	NA	No
6	1	4	5	NA	NA	No
7	2	6	8	NA	NA	No

14.11 a. 난수 0.0000~0.3999는 소규모 수리에, 난수 0.4000~0.9999는 대규모 수리에 할당하면, 평균 수리시간은 (1.224+0.950+1.610)/3 = 1.26시간이다.

14.13 b. 평균대기시간이 약 1일은 되어야 한다.
c. 평균대기시간이 약 0.33일은 되어야 한다.

15장

15.3 a. Mode=170.3, Scale=50.9, Shift=320.0인 최소극단분포(Min Extreme distribution)

15.7 a. 사업의 평균 완료시간은 약 33개월이다.
c. 활동 B와 J가 사업의 완료시간의 변동에 가장 큰 영향을 미친다.

15.15 a. 평균수익은 약 107달러이며, 0달러 이상의 이익을 낼 확률은 약 96.5%이다.

찾아보기

ㅇ

ㅈ

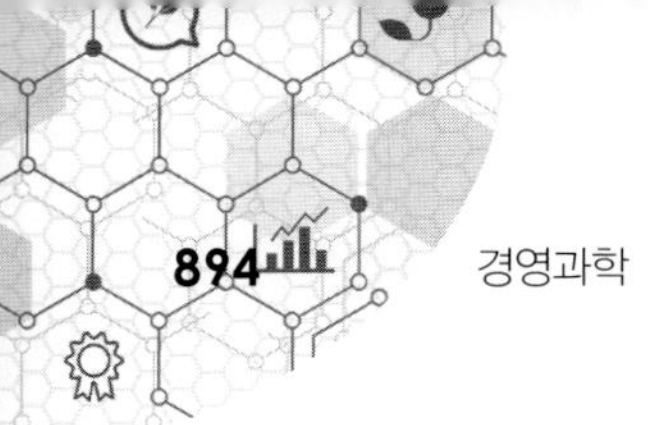

역자 소개

김성문 kimsm@yonsei.ac.kr
연세대학교 경영대학 교수
연세대학교 기계설계학과 학사, University of Michigan의 Industrial & Operations Engineering에서 경영과학 전공으로 석사 및 박사 학위를 받았다. 현재 한국경영과학회 부회장을 맡고 있으며, 연세대학교에서는 경영대학 및 경영전문대학원에서 학장 겸 원장을 맡고 있다. 최근 주요 관심 분야는 금융공학, 의료경영, 시스템 최적화 등이다.

김진민 tristan1031@korea.ac.kr
고려대학교 표준·지식학과 교수
고려대학교 경영대학 경영학과에서 학사·석박사통합과정으로 박사학위를 받았다. 경영과학 및 Operations Management 분야의 국내외 학술지에 다수의 논문을 게재하였으며, 최근의 주요 관심 분야는 E-Services, Service Standardization, Supply Chain optimization, and Digital Transformation 등이다.

서동원 dwseo@khu.ac.kr
경희대학교 경영대학 경영학과 교수
성균관대학교 공과대학 산업공학과에서 학사와 석사를, 미국 조지아공대(Georgia Institute of Technology) 산업시스템공학과에서 박사학위를 받았다. 한국시뮬레이션학회 이사 및 한국시뮬레이션학회 논문지의 편집위원장을 역임하였으며, 연구 분야는 확률과정론, max-plus algebra, 시뮬레이션 응용, 수익경영 등이다.

이근철 gclee@konkuk.ac.kr
건국대학교 경영대학 교수
고려대학교 공과대학에서 공학사, 한국과학기술원에서 산업공학으로 석사와 박사 학위를 받았다. 경영과학 분야의 국내외 학술지에 다수의 논문을 게재하였으며, 주요 관심 연구 분야는 시계열 분석 및 예측, 제조 및 서비스 시스템의 설계와 운영에 관한 최적화/휴리스틱 방법론 등이다.

정예림 yerimchung@yonsei.ac.kr
연세대학교 경영대학 교수
연세대학교 경영학 학사, University of Paris 1, Pantheon-Sorbonne에서 응용수학 및 경영과학 전공으로 석사 및 박사 학위를 받았다. 현재 연세대학교 경영대학 부학장을 맡고 있다. 최근 주요 관심 분야는 조합최적화, 물류네트워크 최적화 등이다.

진현웅 jin@hnu.kr
한남대학교 경영학과 교수
연세대학교 상경대학에서 응용통계학을 전공했으며, KAIST에서 산업공학 석사 및 박사 학위를 받았다. International Journal of Applied Management Science의 편집위원을 맡고 있다. 주요 관심 분야는 Design Thinking, Supply Chain Risk Management 등이다.

| 역자 소개 |

최성용 sungyongchoi@hanyang.ac.kr
한양대학교 경영대학 교수

카이스트 경영과학과에서 이학사, 미시간주립대 대학원에서 통계학 석사, 럿거스대 대학원에서 경영학박사 학위를 받았다. 현재 한국경영과학회 이사 그리고 프로젝트경영학회 편집위원장을 맡고 있으며, 한국경영과학회, 한국생산관리학회 등의 편집위원을 역임하고 있다. 최근의 주요 관심 분야는 공급사슬관리 리스크 모델링과 응용, 재고관리, 애널리틱스와 데이터 기반 최적화, 오퍼레이션·금융·마케팅 융합적 주제, 지속가능 공급망관리, 문제중심학습과 플립러닝 등이다.

홍성조 sjhong@dongguk.edu
동국대학교 산업시스템공학과 교수

동국대학교 공과대학에서 공학사, 동국대학교 대학원에서 공학석사, 일본쓰쿠바대학교 대학원에서 공학박사 학위를 받았다. 한국시뮬레이션학회 회장과 한국공학교육학회 부회장을 역임하였다. 현재 주요 관심 분야는 대기행렬론 및 산업, 의료, 국방분야 시뮬레이션 응용 등이다.

경영과학 (7판)

역　자　김성문 김진민 서동원 이근철
정예림 진현웅 최성용 홍성조

발행일　2023년 11월 20일

발행처　**한경사**

발행인　이계남

등록사항　제10-1951호 2000년 4월 14일

주　소　서울시 마포구 신수로 59-1 (3층)

전　화　02_717_7264~5

팩　스　02_717_7226

홈페이지　hankyungsa.co.kr

이메일　hankyungsa@hanmail.net

ISBN　978-89-6844-476-0　93320

가　격　39,000원